Zmarzlik/Zipperer/Viethen/Vieß
Mutterschutzgesetz – Mutterschaftsleistungen
9. Auflage

Mutterschutzgesetz
Mutterschaftsleistungen
– mit Mutterschutzverordnung –

Kommentar

Erläutert von

Dr. Johannes Zmarzlik †
Ministerialrat im Bundesministerium für Arbeit und Sozialordnung, a. D.

Dr. Manfred Zipperer
Ministerialdirektor im Bundesministerium für Gesundheit, a. D.

Hans Peter Viethen
Ministerialrat im Bundesministerium für Wirtschaft und Arbeit

Dr. Gerhard Vieß
Regierungsdirektor im Bundesministerium für Gesundheit und Soziale Sicherung

unter Mitwirkung von
Angelika Wascher
Oberamtsrätin im Bundesminiserium für Wirtschaft und Arbeit

9., neubearbeitete Auflage

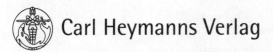

Bibliografische Information der Deutschen Bibliothek

Die Deutsche Bibliothek verzeichnet diese Publikation in der Deutschen Nationalbibliografie, detaillierte bibliografische Daten sind im Internet unter http://dnb.ddb.de abrufbar.

Das Werk ist urheberrechtlich geschützt. Die dadurch begründeten Rechte, insbesondere die der Übersetzung, des Nachdrucks, der Entnahme von Abbildungen, der Funksendung, der Wiedergabe auf photomechanischem oder ähnlichem Wege und der Speicherung in Datenverarbeitungsanlagen, bleiben vorbehalten.

Verlag und Autoren übernehmen keine Haftung für inhaltliche oder drucktechnische Fehler.

© Carl Heymanns Verlag KG · Köln · Berlin · München 2006
50926 Köln
E-Mail: service@heymanns.com
http://www.heymanns.com
ISBN 3-452-25025-3
Gesamtherstellung: Grafik + Druck GmbH, München
Gedruckt auf säurefreiem und alterungsbeständigem Papier

Vorwort

Ziel der 9. Auflage des Kommentars ist, der Rechtsentwicklung auf den Gebieten Mutterschutz und Mutterschaftsleistungen seit dem Erscheinen der 8. Auflage vor fast 7 Jahren Rechnung zu tragen. Das hierzu im Jahre 2005 vorliegende Material wurde für die betroffenen Arbeitnehmerinnen, sowie für die betroffenen Betriebe, Verwaltungen, Krankenkassen, Verbände und Gerichte aktuell aufbereitet.

Die inzwischen eingetretenen Änderungen wurden praxisnah erläutert. Den Schwerpunkt im Mutterschutzgesetz (MuSchG) bilden die Änderungen durch das Zweite Gesetz zur Änderung des Mutterschutzrechts, die zur Neufassung des MuSchG am 2.7.2002 führten. Daneben sind die Mutterschaftsleistungen durch mehrere Gesetze, die das Recht der gesetzlichen Krankenversicherung betrafen, geändert worden. Die Verfasser haben sich mit dem Verlag im Hinblick auf angedachte Änderungen des Bundeserziehungsgeldgesetzes darauf verständigt, aktuelle Erläuterungen dieses Gesetzes in einem eigenständigen Teil folgen zu lassen.

Die Erläuterungen zu den durch die genannten Gesetze nicht geänderten Vorschriften wurden unter Berücksichtigung der neuesten Gesetzgebung, Rechtsprechung, Literatur, Betriebs- und Verwaltungspraxis, der neuesten Empfehlungen und Richtlinien der obersten Behörden des Bundes und der Länder sowie der Spitzenverbände der Krankenkassen praxisnah überarbeitet. Dabei wurde der Einfluss internationaler Regelungen, insbesondere der Europäischen Gemeinschaften, sowie der Rechtsprechung des Europäischen Gerichtshofes auf das deutsche Recht berücksichtigt.

Der Anhang wurde gekürzt und ebenso wie das Sachregister auf den neuesten Stand gebracht.

Dabei wurde an die bisherige Arbeit von Johannes Zmarzlik angeknüpft, der bis zur 8. Auflage den Mutterschutz bearbeitet hatte und sich bis zu seinem Tod um die Entwicklung und Weiterführung des Kommentars große Verdienste erworben hat. Bei der 9. Auflage haben bearbeitet:
Hans Peter Viethen mit Angelika Wascher die §§ 1 bis 10, 18, 19 und 24 bis 26 MuSchG und
Manfred Zipperer mit Gerhard Vieß die §§ 11 bis 17, 20 und 21 MuSchG sowie die §§ 195 bis 200b RVO.

Bonn, im Oktober 2005   Die Verfasser

Inhalt

Vorwort V
Abkürzungen, Schrifttum XI

Teil A Gesetzestexte 1

I. Mutterschutz 1
II. RVO, Mutterschaftsleistungen 13

Teil B Einführung 17

I. Aufgaben des Mutterschutzes 17
II. Geschichte des Mutterschutzes 18
III. Überblick über den Mutterschutz 32

Teil C Erläuterungen zum Mutterschutzgesetz 39

Erster Abschnitt: Allgemeine Vorschriften

§ 1 Geltungsbereich 39
§ 2 Gestaltung des Arbeitsplatzes 52
Ergänzung zu §§ 2 und 4 MuSchG: Mutterschutzverordnung ... 64

Zweiter Abschnitt: Beschäftigungsverbote

Vorbemerkung vor § 3 83
§ 3 Beschäftigungsverbote für werdende Mütter 92
§ 4 Weitere Beschäftigungsverbote 109
§ 5 Mitteilungspflicht, ärztliches Zeugnis 139
§ 6 Beschäftigungsverbote nach der Entbindung 151
§ 7 Stillzeit 169
§ 8 Mehrarbeit, Nacht- und Sonntagsarbeit 175
§§ 8a bis 8d *Mutterschaftsurlaub (weggefallen)*

Dritter Abschnitt: Kündigung

§ 9 Kündigungsverbot 195
§ 10 Erhaltung von Rechten 241

Inhalt

Vierter Abschnitt: Leistungen

§ 11	Arbeitsentgelt bei Beschäftigungsverboten	249
§ 12	Sonderunterstützung für im Familienhaushalt Beschäftigte (weggefallen)	285
§ 13	Mutterschaftsgeld	285
§ 14	Zuschuß zum Mutterschaftsgeld	300
§ 15	Sonstige Leistungen bei Schwangerschaft und Mutterschaft	324
§ 16	Freistellungen für Untersuchungen	325
§ 17	Erholungsurlaub	328

Fünfter Abschnitt: Durchführung des Gesetzes

§ 18	Auslage des Gesetzes	332
§ 19	Auskunft	336
§ 20	Aufsichtsbehörden	339

Sechster Abschnitt: Straftaten und Ordnungswidrigkeiten

§ 21	Straftaten und Ordnungswidrigkeiten	347
§ 22	Handeln für einen anderen (weggefallen)	357
§ 23	Verletzung der Aufsichtspflicht (weggefallen)	357

Siebenter Abschnitt: Schlußvorschriften

§ 24	In Heimarbeit Beschäftigte	358
§ 25	Geltung im Lande Berlin (weggefallen)	361
§ 26	Inkrafttreten	362

Teil D Erläuterungen zu den Vorschriften der RVO über Mutterschaftsleistungen ... 363

Einführung zu den Mutterschaftsleistungen ... 363

§ 195	Leistungen bei Schwangerschaft und Mutterschaft	367
§ 196	Ärztliche Betreuung, Hebammenhilfe, Arznei-, Verband- und Heilmittel	379
§ 197	Stationäre Entbindung	391
§ 198	Häusliche Pflege	398
§ 199	Haushaltshilfe	402
§ 200	Mutterschaftsgeld	406
§ 200 a	Pauschbetrag des Bundes je Leistungsfall (weggefallen)	452
§ 200 b	Entbindungsgeld (weggefallen)	452

Exkurs: Leistungen der Krankenkassen bei Empfängnisverhütung, Sterilisation und Schwangerschaftsabbruch ... 455

Inhalt

Teil E Anhang (Übersicht) 461

0. Grundgesetz 463
1. Bundeserziehungsgeldgesetz 464
2. Bürgerliches Gesetzbuch, SGB X (Fristen, Termine) 479
3. Bundesbeamtengesetz (Beurlaubung, Mutterschutz) 481
4. Verordnung über den Mutterschutz für Beamtinnen 484
4.1 Verordnung über den Mutterschutz für Soldatinnen 489
5. MutterschutzrichtlinienVO (MuschRiV) 492
6. Arbeitsstättenverordnung (Auszug) 495
7. Berufskrankheiten-Verordnung (Auszug) 512
8. Chemikaliengesetz (Auszug) 520
8.1 Gefahrstoffverordnung (Auszug) 529
9. Röntgenverordnung (Auszug) 571
10. Strahlenschutzverordnung (Auszug) 574
11. Gesetz über die Krankenversicherung der Landwirte (Auszug) 586
12. SGB V, Krankenversicherung (Auszug) 590
13. SGB VI, Rentenversicherung, Kindererziehungszeiten (Auszug) 592
14. SGB XII, Sozialhilfe (Auszug) 598
15. Bundesvertriebenengesetz (Spätaussiedlerinnen – Auszug) 599
16. SGB III, Arbeitsförderung (Auszug) 601
17. Hebammenhilfe-Gebührenverordnung 602
18. Mutterschafts-Richtlinien über ärztliche Betreuung 614
19. EG-Mutterschutz-Richtlinie (92/85/EWG) 629
20. EG-Änderungs-Richtlinie Gleichbehandlung (2002/73/EG) 638

Sachverzeichnis 651

Abkürzungen, Schrifttum

a.A.	anderer Ansicht
a.a.O.	am angegebenen Ort
ABl. EG	Amtsblatt der Europäischen Gemeinschaften
Abs.	Absatz
abw.	abweichend
ÄndG 1997	Gesetz zur Änderung des Mutterschutzrechts vom 20.12.1996
a.F.	alte Fassung
AFG	Arbeitsförderungsgesetz
AGB	Arbeitsgesetzbuch der ehemaligen DDR
AiB	Arbeitsrecht im Betrieb, Zeitschrift
Allg. M.	allgemeine Meinung
AM	Arbeitsminister
AMBl. Bay.	Amtsblatt des Bayerischen Staatsministeriums für Arbeit
AMG	Arzneimittelgesetz
Amtsbl.	Amtsblatt
Amtl.	Mitteilungen, Amtliche Mitteilungen
Anh.	Anhang
Anm.	Anmerkung, Randziffer
AnwBl.	Anwaltsblatt, Zeitschrift
Anzinger/Bieneck	Anzinger/Bieneck, Arbeitssicherheitsgesetz, 1. Aufl., 1998
AOK	Allgemeine Ortskrankenkasse
AöR	Archiv für öffentliches Recht, Zeitschrift
AP	Arbeitsrechtliche Praxis, Entscheidungssammlung
ArbG	Arbeitsgericht
ArbGG	Arbeitsgerichtsgesetz
AR-Blattei	Arbeitsrechtsblattei
ArbPlSchG	Arbeitsplatzschutzgesetz
ArbSch	Arbeitsschutz, Fachteil des Bundesarbeitsblattes, Zeitschrift
Arb.- u. Leist.	Arbeit und Leistung, Zeitschrift
ARb. u. SozM	Arbeits- und Sozialminister
Arb. u. SozRecht	Arbeits- und Sozialrecht, Zeitschrift
ArbStättV	Arbeitsstättenverordnung
ArbStoffV	Verordnung über gefährliche Arbeitsstoffe, siehe jetzt GefStoffV
ArbuR	Arbeit und Recht, Zeitschrift
ArbZG	Arbeitszeitgesetz
ArbZRG	Arbeitszeitrechtsgesetz vom 6.6.1994 (BGBl. I S. 1170)
Art.	Artikel
ArVNG	Arbeiterrentenversicherungs-Neuregelungsgesetz
ASiG	Gesetz über Betriebsärzte, Sicherheitsingenieure und andere Fachkräfte für Arbeitssicherheit
AsylVfG	Asylverfahrensgesetz
AÜG	Arbeitnehmerüberlassungsgesetz
AuslG	Ausländergesetz
AVG	Angestellten-Versicherungsgesetz

Abkürzungen, Schrifttum

Aye/Heinke/Marburger	*Aye/Heinke/Marburger, Mutterschutzrecht und Mutterschaftshilfe, Handkommentar, 6. Aufl. Loseblatt Stand 1997*
AZO	Arbeitszeitordnung
BAG	Bundesarbeitsgericht
BAGE	Entscheidungen des Bundesarbeitsgerichts, amtliche Sammlung
BAföG	Bundesausbildungsförderungsgesetz
BAGE	Entscheidungen des Bundesarbeitsgerichts, amtliche Sammlung
BAnz.	Bundesanzeiger
BArbBl.	Bundesarbeitsblatt, Zeitschrift
BAT	Bundes-Angestelltentarifvertrag
BayOblG	Bayerisches Oberlandesgericht
Bad.-Württb.	Baden-Württemberg
BB	Der Betriebsberater, Zeitschrift
BBesG	Bundesbesoldungsgesetz
BBG	Bundesbeamtengesetz
BBiG	Berufsbildungsgesetz
Bd.	Band
Becker/Kreikebaum	*Becker/Kreikebaum, Zeitarbeit, 2. Auflage, 1982*
BEG	Bundesentschädigungsgesetz
BErzGG	Bundeserziehungsgeldgesetz
Besch.	Bescheid
BeschFG	Beschäftigungsförderungsgesetz
Betrieb	Der Betrieb, Zeitschrift
BetrAVG	Gesetz zur Verbesserung der betrieblichen Altersversorgung
BetrVG	Betriebsverfassungsgesetz
BFH	Bundesfinanzhof
BG	Berufsgenossenschaft
BGB	Bürgerliches Gesetzbuch
BGBl. I	Bundesgesetzblatt, Teil I
BGBl. II	Bundesgesetzblatt, Teil II
BGH	Bundesgerichtshof
BGHSt.	Entscheidungen des Bundesgerichtshofes in Strafsachen
BGHZ	Entscheidungen des Bundesgerichtshofes in Zivilsachen
BildscharbV	Bildschirmarbeitsverordnung
BKGG	Bundeskindergeldgesetz
BKK	Die Betriebskrankenkasse, Zeitschrift
BKVO	Berufskrankheiten-Verordnung
BLStSozArbR	Blätter für Steuerrecht, Sozialversicherung
BMA	Bundesminister für Arbeit und Sozialordnung
BMF	Bundesminister der Finanzen
BMFFJ	Bundesminister für Familie, Frauen und Jugend
BMFSFJ	Bundesministerium für Familie, Senioren, Frauen und Jugend
BMG	Bundesminister für Gesundheit
BMGS	Bundesministerium für Gesundheit und Soziale Sicherung
BMI	Bundesminister des Innern
BMI MuSchG	Rundschreiben des BMI zur Durchführung des Mutterschutzgesetzes vom 7.10.1998, D III 1-220 731/1
BMVg	Bundesminister der Verteidigung
BMWA	Bundesministerium für Wirtschaft und Arbeit
BPersVG	Bundespersonalvertretungsgesetz

Abkürzungen, Schrifttum

BR	Bundesrat
Brackmann	Brackmann, Handbuch der Sozialversicherung, Stand März 2005
BR-Drucks.	Drucksache des Bundesrates
Breithaupt	Breithaupt, Sammlung von Entscheidungen auf dem Gebiet der Sozialversicherung
BRRG	Beamtenrechtsrahmengesetz
BSG	Bundessozialgericht
BSGE	Entscheidungen des Bundessozialgerichts, amtliche Sammlung
BSHG	Bundessozialhilfegesetz
BT	Deutscher Bundestag
BT-Drucks.	Drucksache des Deutschen Bundestages
Buchst.	Buchstabe
Bulla/Buchner	Bulla/Buchner, Mutterschutzgesetz, Kommentar, 5. Auflage, 1981, mit Ergänzung 1982
Buchner/Becker	Buchner/Becker, Mutterschutzgesetz und Erziehungsgeldgesetz, 7. Aufl., 2003
BUrlG	Bundesurlaubsgesetz
BVA	Bundesversicherungsamt
BVerfG	Bundesverfassungsgericht
BVerfGE	Entscheidungen des Bundesverfassungsgerichts, amtliche Sammlung
BVerwG	Bundesverwaltungsgericht
BVerwGE	Entscheidungen des Bundesverwaltungsgerichts, amtliche Sammlung
BVG	Bundesversorgungsgesetz
bzw.	beziehungsweise
CDU	Christlich Demokratische Union
Cramer	Cramer, Schwerbehindertengesetz, 8. Auflage, 1998
CSU	Christlich Soziale Union
Dalheimer	Dalheimer, Die Leistungen der gesetzlichen Krankenversicherung bei Schwangerschaft und Mutterschaft, 6. Auflage, 2002
DB	Der Betrieb, Zeitschrift
dB(A)	Dezibel mit der Bewertung A
DDR	Deutsche Demokratische Republik, ehemalige
DED	Deutscher Entwicklungsdienst
DGB	Deutscher Gewerkschaftsbund
Denecke/Neumann/Biebl	Denecke/Neumann/Biebl, Arbeitszeitordnung, Kommentar, 11. Auflage, 1991
Dietz/Richardi	Dietz/Richardi, Betriebsverfassungsgesetz, 6. Auflage, 1981, vormals, jetzt Richardi
DIN	Deutsche Industrie Normen
d. h.	das heißt
DM	Deutsche Mark
DÖV	Die öffentliche Verwaltung, Zeitschrift
DOK	Die Ortskrankenkasse, Zeitschrift
DVBl.	Deutsches Verwaltungsblatt, Zeitschrift
DVO	Durchführungsverordnung
Dütz	Dütz, Arbeitsrecht, 10. Auflage, 2005

Abkürzungen, Schrifttum

DZWir	Deutsche Zeitschrift für Wirtschaftsrecht
EG	Europäische Gemeinschaft
EG-MuSch-RL	EG-Mutterschutz-Richtlinie
EGV	Vertrag zur Gründung der Europäischen Gemeinschaft
EhfG	Entwicklungshelfergesetz
Eicher/Haase/ Rauschenbach	Eicher/Haase/Rauschenbach, Die Rentenversicherung der Arbeiter und Angestellten, Stand: 1997
Einf.	Einführung
Eisel	Eisel, Mutterschutzgesetz, Erläuterungen und Materialien, bearbeitet von Hans Peter Adomaitis, Stand: 1993
Entsch.	Entscheidung
Erbs/Kohlhaas	Strafrechtliche Nebengesetze, Loseblatt-Kurzkommentar, 5. Auflage, 1993
ErfK/Bearbeiter	Erfurter Kommentar zum Arbeitsrecht, 5. Auflage, 2005
Erl.	Erlaß
Ersk	Die Ersatzkasse, Zeitschrift
Ermann	Ermann, Handkommentar zum Bürgerlichen Gesetzbuch, 11. Auflage, 2004
EStG	Einkommensteuergesetz
EU	Europäische Union
EuGH	Gerichtshof der Europäischen Gemeinschaft
EWG	Europäische Wirtschaftsgemeinschaft
EzA	Entscheidungssammlung zum Arbeitsrecht
FamRZ	Zeitschrift für das gesamte Familienrecht
FDP	Freie Demokratische Partei
ff.	folgende
Fitting/Engels/ Schmidt/Trebinger/ Linsenmeyer	Fitting/Engels/Schmidt/Trebinger/Linsenmeyer, Betriebsverfassungsgesetz, Kommentar, 22. Auflage, 2004
FKPG	Gesetz zur Umsetzung des Föderalen Konsolidierungsprogramms
Fn.	Fußnote
FuR	Familie und Recht, Zeitschrift
Fußn.	Fußnote
Gagel	Gagel/Friedrich-Marczyk/Pitschas/Richter/Steinmeyer, Wieczorek, Arbeitsförderungsgesetz, Loseblatt-Kommentar, Stand: 1993
Galperin/Löwisch	Galperin/Löwisch, Kommentar zum Betriebsverfassungsgesetz, 6. Auflage, Bd. I 1982, Bd. II 1985
GastG	Gaststättengesetz
Gaul	Gaul, Björn, Sonderleistungen und Fehlzeiten, 1994
Gaul Arb	Gaul, Dieter, Das Arbeitsrecht im Betrieb, 8. Aufl., 1986
GBl.	Gesetzblatt
GefStoffV	Verordnung zum Schutz vor gefährlichen Stoffen, Gefahrstoffverordnung
GG	Grundgesetz
gem.	gemäß

Abkürzungen, Schrifttum

Germelmann	Germelmann/Matthes/Prütting/Müller-Glöge, Arbeitsgerichtsgesetz, Kommentar, 5. Auflage, 2004
Ges.	Gesetz
Ges.Bl.	Gesetzblatt
Gew.Arch.	Gewerbearchiv, Zeitschrift
GewO	Gewerbeordnung
Geyer/Knorr/Krasney	Geyer/Knorr/Krasney, Entgeltfortzahlung, Krankengeld, Mutterschaftsgeld, Stand 2005, vormals Schmatz/Fischwasser
ggf.	gegebenenfalls
Giese	Giese, Sozialgesetzbuch SGB I und X, Kommentar, 2. Auflage, 1986
Gitter	Gitter, Sozialrecht, Kurz-Lehrbuch, 4. Auflage, 1997
GK-BUrlG	Gemeinschaftskommentar zum Bundesurlaubsgesetz von Stahlhacke, Bachmann, Bleistein, Berscheid, 5. Auflage, 1992
Göhler	Göhler, Ordnungswidrigkeitengesetz, 13. Auflage, 2002
Grönert	Grönert, Alles was man über Erziehungsgeld, Mutterschutz, Erziehungsurlaub wissen muß, 1993
Gröninger/Thomas	Gröninger/Thomas, Mutterschutzgesetz, Kommentar, Stand 2005
Gottschick/Giese	Gottschick/Giese, Bundessozialhilfegesetz, 9. Auflage, 1985
GRG	Gesundheits-Reformgesetz
Grundordnung K	Grundordnung des kirchlichen Dienstes im Rahmen kirchlicher Arbeitsverhältnisse vom 22.9.1993
Grunsky	Grunsky, Arbeitsgerichtsgesetz, Kommentar, 7. Auflage, 1995
GSG	Gerätesicherheitsgesetz, auch: Gesundheitsstrukturgesetz
GVBl.	Gesetz- und Verordnungsblatt
HAG	Heimarbeitsgesetz
Hauck/Haines	Hauck/Haines, Sozialgesetzbuch SGBV, Loseblatt-Kommentar, Stand: 2005
HebG	Hebammengesetz
HebGebO	Hebammen-Gebührenordnung
Heilmann	Heilmann, Mutterschutzgesetz, Kommentar, 2. Auflage, 1993
Henning/Kühl/Heuer	Henning/Kühl/Heuer/Henke, Arbeitsförderungsgesetz, Kommentar, Stand: 1992
Herschel/Löwisch	Herschel/Löwisch, Kündigungsschutzgesetz, 6. Auflage, 1984, jetzt Löwisch
HGB	Handelsgesetzbuch
h. M.	herrschende Meinung
HO	Handwerksordnung
HRG	Hochschulrahmengesetz
Hueck/Nipperdey	Hueck/Nipperdey, Lehrbuch des Arbeitsrechts, Band I, 7. Auflage, 1963
IAO	Internationale Arbeitsorganisation
i. e.	im einzelnen
i. d. F.	in der Fassung
Igl	Igl, Kindergeld und Erziehungsgeld, 4. Auflage, 1998
i. S.	im Sinne
i. S. d.	im Sinne des
i. V. m.	in Verbindung mit

XV

# Abkürzungen, Schrifttum

Jahn	*Jahn, Gesetzliche Krankenversicherung SGB V, 1989*
JArbSchG	Jugendarbeitsschutzgesetz
JurBüro	Das Juristische Büro, Zeitschrift
JWG	Gesetz für Jugendwohlfahrt
Käss/Schroeter	*Käss/Schroeter, Bundeskindergeldgesetz, Loseblattwerk, 1992*
Kaiser	*Kaiser, Erziehungs- und Elternurlaub in Verbundsystemen kleiner und mittlerer Unternehmen, 1993*
Kaiser/Dunkel/ Hold/Kleinsorge	*Kaiser/Dunkel/Hold/Kleinsorge, Entgeltfortzahlungsgesetz, 5. Auflage, 2000*
Kass/Bearbeiter	*Kasseler Kommentar zum SGB/Bearbeiter, Stand 2005*
Kater/Leube	*Kater/Leube, Gesetzliche Unfallversicherung, SGB VII, 1997*
KHG	Krankenhausfinanzierungsgesetz
KJHG	Kinder- und Jugendhilfegesetz
Klempt	*Klempt, Erziehungsurlaub, HzA Gruppe 6, Stand 1992*
Knack	*Knack, Verwaltungsverfahrensgesetz, Kommentar, 5. Auflage, 1996*
Knopp/Fichtner	*Knopp/Fichtner, Bundessozialhilfegesetz, Kommentar, 8. Auflage, 1998*
Knopp/Kraegeloh	*Knopp/Kraegeloh, Jugendarbeitsschutzgesetz, Kommentar, 4. Auflage, 1985*
Köst	*Köst, Kommentar zum Mutterschutz, 1968*
Kopp/Schönke, VWGO	*Kopp/Schönke, Verwaltungsgerichtsordnung, 13. Auflage, 2003*
Kopp, VwVfG	*Kopp, Verwaltungsverfahrensgesetz, 8. Auflage, 2003*
Krauskopf	*Krauskopf (Hrsg.), Soziale Krankenversicherung, Pflegeversicherung, Kommentar, Stand: April 2005*
KR-Becker	*Kündigungsschutzgesetz, Gemeinschaftskommentar von Bekker, Etzel u. a., 5. Auflage, 1998*
KrV	Die Krankenversicherung, Zeitschrift
KSchG	Kündigungsschutzgesetz
KSVG	Künstlersozialversicherungsgesetz
Kuntzmann/Auert	*Kuntzmann/Auert, Mutterschutzgesetz, Kommentar, 1996*
KVÄG	Krankenversicherungs-Änderungsgesetz, Gesetz zur Weiterentwicklung des Rechts der gesetzlichen Krankenversicherung
KVKG	Krankenversicherungs-Kostendämpfungsgesetz
KVLG	Gesetz über die Krankenversicherung der Landwirte
KVRS	Krankenversicherung in Rechtsprechung und Schrifttum
KVWG	Krankenversicherungs-Weiterentwicklungsgesetz
LAG, LArbG	Landesarbeitsgericht
LAGE	Lastenausgleichsgesetz, Entscheidungen der Landesarbeitsgerichte, Sammlung
LasthandhabV	Lastenhandhabungsverordnung
lfd.	laufenden
Leinemann/Link	*Leinemann/Link, Urlaubsrecht, 2. Auflage, 2001*
LFZG	Lohnfortzahlungsgesetz
LG	Landgericht
Löwisch/Kaiser	*Löwisch, Betriebsverfassungsgesetz, Kommentar, 6. Auflage, 2004*
Löwisch	*Löwisch, Kündigungsschutzgesetz, 9. Auflage, 2004*
LSG	Landessozialgericht

Abkürzungen, Schrifttum

LVA	Landesversicherungsanstalt
MAK-Werte	Maximale Arbeitsplatz-Konzentrations-Werte
Maaßen/Schermer/ Wiegand/Zipperer	*Maaßen/Schermer/Wiegand/Zipperer, SGB V – Gesetzliche Krankenversicherung*, Loseblatt-Kommentar, Stand: 2005
Maurer	*Maurer, Allgemeines Verwaltungsrecht*, 15. Auflage, 2004
MDR	Monatszeitschrift für Deutsches Recht, Zeitschrift
MedR	Medizinrecht, Zeitschrift
Meisel	*Meisel, Mutterschaftsurlaub*, 1979
Meisel/Sowka	*Meisel/Sowka, Mutterschutzgesetz, Mutterschaftshilfe, Erziehungsgeld*, Kommtar, 5. Auflage, 1999
Meyer-Ladewig	*Meyer-Ladewig, Sozialgerichtsgesetz*, 7. Auflage, 2002
MinBl.	Ministerialblatt
Molitor/Volmer/ Germelmann	*Molitor/Volmer/Germelmann, Jugendarbeitsschutzgesetz*, Kommentar, 3. Auflage, 1986
Müller	*Müller, Bernd, Arbeitsrecht im öffentlichen Dienst*, 2. Auflage, 1992
MünchArb/Bearbeiter	*Münchner Handbuch zum Arbeitsrecht/Bearbeiter* 1992/1993
MuSchArbV	Verordnung zum Schutze der Mütter am Arbeitsplatz
MuSchG	Mutterschutzgesetz
MuSchÄndG 1997	Gesetz zur Änderung des Mutterschutzrechts vom 20.12.1996
2. MuSchÄndG 2002	Zweites Gesetz zur Änderung des Mutterschutzrechts von 2002
MuSchRiV	Mutterschutzrichtlinienverordnung 15.4.1997
MuSchVO	Mutterschutzverordnung für Beamtinnen
MuSchSoldV	Mutterschutzverordnung für Soldatinnen
m. w. N.	mit weiteren Nachweisen
Nachr.	Nachrichten
Nds.	Niedersachsen
Neumann/Fenski	*Neumann/Fenski, Bundesurlaubsgesetz*, Kommentar, 9. Auflage, 2003
n. F.	neue Fassung
Niesel	*Niesel, SGB III, Arbeitsförderung*, Kommentar 1998
Nikisch	*Nikisch, Arbeitsrecht*, 3. Auflage, 1961
NJW	Neue Juristische Wochenschrift
Nr.	Nummer
NRW	Nordrhein-Westfalen
NZA	Neue Zeitschrift für Arbeitsrecht
Oesterreicher	*Oesterreicher/Schelter/Kunz, Bundessozialhilfegesetz*, Loseblatt-Kommentar, 5. Auflage, 1998
OLG	Oberlandesgericht
Opfermann/Streit	*Opfermann/Streit, Arbeitsstätten*, Stand 1995
Otten	*Otten, Heim- und Telearbeit*, 1996
OVG	Oberverwaltungsgericht
OWiG	Gesetz über Ordnungswidrigkeiten
Palandt	*Palandt, Bürgerliches Gesetzbuch*, 64. Auflage, 2005
Peters	*Peters, Handbuch der Krankenversicherung II*, Loseblattwerk, 2005
PersVG	Personalvertretungsgesetz

XVII

Abkürzungen, Schrifttum

PflegeVG	Pflege-Versicherungsgesetz
PStV	Verordnung zur Ausführung des Personenstandsgesetzes
RAM	Reichsarbeitsministerium
RArbBl.	Reichsarbeitsblatt
RdA	Recht der Arbeit
RdErl.	Runderlaß
Rdnr.	Randnummer
RechtsVO	Rechtsverordnung
Reg.Bl.	Regierungsblatt
RGBl. I	Reichsgesetzblatt Teil I
Richardi	*Richardi, Betriebsverfassungsgesetz, 9. Auflage, 2004*
RKG	Reichsknappschaftsgesetz
RöV	Röntgenverordnung
Rpfleger	Der Deutsche Rechtspfleger, Zeitschrift
RVA	Reichsversicherungsamt
RVO	Reichsversicherungsordnung, Rechtsverordnung
RzK	Rechtsprechung zum Kündigungsrecht, BErzGG und MuSchG, Entscheidungssammlung
S.	Satz, Seite
SAE	Sammlung arbeitsrechtlicher Entscheidungen
Schaub	*Schaub, Arbeits-Handbuch, 11. Auflage, 2005*
Schieckel	*Schieckel, Bundeskindergeldgesetz, 38. Auflage, 1985*
Schickel/Grüner	*Schickel/Grüner, Arbeitsförderungsgesetz, Loseblatt-Kommentar, 1992*
Schmatz/Fischwasser	*Schmatz/Fischwasser, Vergütung der Arbeitnehmer bei Krankheit und Mutterschaft, Stand: 1993, vormals, jetzt Geyer*
Schmatz/Nöthlichs	*Schmatz/Nöthlichs, Sicherheitstechnik, 1992*
Schmidt/Koberski	*Schmidt/Koberski/Wascher, Heimarbeitsgesetz, 4. Auflage, 1998*
Schönke/Schröder	*Strafgesetzbuch, Kommentar, fortgeführt von Leckner, Cramer, Eser, Stree, 26. Auflage, 2000*
Schroeder-Printzen/ Bearbeiter	*Schroeder-Printzen/Engelmann/Schmalz/Wiesner/Wulffen, Sozialgesetzbuch, Verwaltungsverfahren – SGB X, Kommentar, 3. Auflage, 1996*
Schulin	*Schulin, Handbuch des Sozialversicherungsrechts, Bd. 1 Krankenversicherungsrecht, 1994*
Schulte-Langforth	*Schulte-Langforth/Welzel, Jugendarbeitsschutzgesetz, Kommentar, 2. Auflage, 1966*
Schulte/Trenk	*Schulte/Trenk-Hinterberger, Bundessozialhilfegesetz, 3. Auflage, 1998*
SchwbG	Schwerbehindertengesetz
SdL	Soziale Sicherheit in der Landwirtschaft, Zeitschrift
SeemG	Seemannsgesetz
SG	Sozialgericht
SGB I	Sozialgesetzbuch – Allgemeiner Teil
SGB II	Sozialgesetzbuch – Zweites Buch, Grundsicherung für Arbeitssuchende
SGB III	Sozialgesetzbuch – Drittes Buch, Arbeitsförderung
SGB IV	Sozialgesetzbuch – Viertes Buch, Sozialversicherung, Gemeinsame Vorschriften

Abkürzungen, Schrifttum

SGB V	Sozialgesetzbuch, Fünftes Buch, Gesetzliche Krankenversicherung
SGB VI	Sozialgesetzbuch – Sechstes Buch, Gesetzliche Rentenversicherung
SGB VII	Sozialgesetzbuch – Siebtes Buch, Gesetzliche Unfallversicherung
SGB VIII	Sozialgesetzbuch – Achtes Buch, Kinder- und Jugendhilfe
SGB IX	Sozialgesetzbuch – Neuntes Buch, Rehabilitation und Teilhabe behinderter Menschen
SGB X	Sozialgesetzbuch – Zehntes Buch, Verwaltungsverfahren
SGB XI	Sozialgesetzbuch – Elftes Buch, Soziale Pflegeversicherung
SGB XII	Sozialgesetzbuch – Zwölftes Buch, Sozialhilfe
2. SGBÄndG	Zweites Gesetz zur Änderung des Sozialgesetzbuchs vom 13.6.1994
SGb	Die Sozialgerichtsbarkeit, Zeitschrift
SGG	Sozialgerichtsgesetz
SKWPG 1. bzw. 2.	Erstes bzw. Zweites Gesetz zur Umsetzung des Spar-, Konsolidierungs- und Wachstumsprogramms
SMBl.	Sammlung des bereinigten Ministerialblatts
sog.	sogenannte
Söllner	*Söllner, Grundriß des Arbeitsrechts, 13. Auflage, 2003*
SozG	Sozialgericht
SozR	Sozialrecht, Entscheidungssammlung des BSG
SozSich	Soziale Sicherheit, Zeitschrift
SozVers	Die Sozialversicherung, Zeitschrift
Sp.	Spalte
Specke	*Specke, Die Leistungen der Krankenkassen bei Mutterschaft, 2. Auflage, 1971*
SRH	*von Maydell/Ruland (Hrsg.), Sozialrechtshandbuch, 2. Auflage, 1996*
Staats-Anz.	Staatsanzeiger
StGB	Strafgesetzbuch
StPO	Strafprozeßordnung
Streit	Streit, Zeitschrift
StrlSchV	Strahlenschutzverordnung
SVBG	Gesetz über Sozialversicherung Behinderter vom 7.5.1975
SVG	Gesetz über die Sozialversicherung der ehemaligen DDR
SVO	Verordnung zur Sozialpflichtversicherung der Arbeiter und Angestellten der ehemaligen DDR
Töns	*Töns, Mutterschaftshilfe und Mutterschutzgesetz, Kommentar, Loseblattwerk, Stand: 1997*
Tröndle/Fischer	*Tröndle/Fischer, Strafgesetzbuch und Nebengesetze, 52. Auflage, 2004*
TVG	Tarifvertragsgesetz
tw.	teilweise
TzBfG	Teilzeit- und Befristungsgesetz
u. a.	unter anderem, unter andere
USK	Urteilssammlung für die gesetzliche Krankenversicherung
u. U.	unter Umständen

Abkürzungen, Schrifttum

UVV	Unfallverhütungsvorschrift
VBG	Vorschriften der Berufsgenossenschaft
VBL	Versicherungsanstalt des Bundes und der Länder
VermBG	Fünftes Vermögensbildungsgesetz
VG	Verwaltungsgericht
VGH	Verwaltungsgerichtshof
VGH BW Rsp	Rechtsprechungsdienst des Verwaltungsgerichtshofs Baden-Württemberg
Viethen/Schwedes	*Viethen/Schwedes, Arbeitsrecht in der betrieblichen Praxis, 2005*
vgl.	vergleiche
VO	Verordnung
VO (EWG)/(EG)	Verordnung der Europäischen Gemeinschaften
Vorbem.	Vorbemerkung
VwGO	Verwaltungsgerichtsordnung
VwVfG	Verwaltungsverfahrensgesetz
VwVG	Verwaltungsvollstreckungsgesetz
Wannagat/Bearbeiter	*Wannagat/Bearbeiter, Sozialgesetzbuch, Kommentar, Loseblattwerk, 1998*
Weber	*Weber, Mutterschutzgesetz, 23. Auflage, 2002*
Wickenhagen/Krebs	*Wickenhagen/Krebs, Bundeskindergeldgesetz, Loseblattwerk 1991, jetzt Seewald*
Winterfeld	*Winterfeld, Mutterschutz und Erziehungsurlaub, 1986*
Wlotzke	*Wlotzke, Betriebsverfassungsgesetz, Kommentar, 5. Auflage, 1997*
Woelk	*Woelk, Mutterschutz, 1990*
WzS	Wege zur Sozialversicherung, Zeitschrift
Zacher	*Zacher, Sozialgesetzbuch, Kommentar, Stand 1991*
z. B.	zum Beispiel
Zbl. Arb.-Arbsch.	Zentralblatt für Arbeitsmedizin und Arbeitsschutz, Zeitschrift
Zbl. Arb.-Wiss.	Zentralblatt für Arbeitswissenschaft und soziale Betriebspraxis, Zeitschrift
ZfS	Zentralblatt für Sozialversicherung, Zeitschrift
Zmarzlik, AZO	*Zmarzlik, Arbeitszeitordnung, Kommentar, 1967*
Zmarzlik/Anzinger, ArbZG	*Zmarzlik/Anzinger, Arbeitszeitgesetz, Kommentar, 1994*
Zmarzlik/Anzinger, JArbSchG	*Zmarzlik/Anzinger, Jugendarbeitsschutzgesetz, Kommentar, 5. Auflage, 1998*
Zöllner/Loritz	*Zöllner/Loritz, Arbeitsrecht, 5. Auflage, 1998*
ZPO	Zivilprozeßordnung

Teil A   Gesetzestexte

I. Mutterschutzgesetz

Gesetz zum Schutze der erwerbstätigen Mutter
(Mutterschutzgesetz – MuSchG)
Neugefaßt durch Bekanntmachung vom 20. 6. 2002, BGBl. I 2318; zuletzt geändert durch Art. 32 des Gesetzes vom 14. 11. 2003, BGBl. I 2190

Erster Abschnitt   Allgemeine Vorschriften

§ 1   Geltungsbereich

Dieses Gesetz gilt
1. für Frauen, die in einem Arbeitsverhältnis stehen,
2. für weibliche in Heimarbeit Beschäftigte und ihnen Gleichgestellte (§ 1 Abs. 1 und 2 des Heimarbeitsgesetzes vom 14. März 1951 BGBl. I S. 191), soweit sie am Stück mitarbeiten.

§ 2   Gestaltung des Arbeitsplatzes

(1) Wer eine werdende oder stillende Mutter beschäftigt, hat bei der Einrichtung und der Unterhaltung des Arbeitsplatzes einschließlich der Maschinen, Werkzeuge und Geräte und bei der Regelung der Beschäftigung die erforderlichen Vorkehrungen und Maßnahmen zum Schutze von Leben und Gesundheit der werdenden oder stillenden Mutter zu treffen.

(2) Wer eine werdende oder stillende Mutter mit Arbeiten beschäftigt, bei denen sie ständig stehen oder gehen muss, hat für sie eine Sitzgelegenheit zum kurzen Ausruhen bereitzustellen.

(3) Wer eine werdende oder stillende Mutter mit Arbeiten beschäftigt, bei denen sie ständig sitzen muss, hat ihr Gelegenheit zu kurzen Unterbrechungen ihrer Arbeit zu geben.

(4) Die Bundesregierung wird ermächtigt, durch Rechtsverordnung mit Zustimmung des Bundesrates
1. den Arbeitgeber zu verpflichten, zur Vermeidung von Gesundheitsgefährdungen der werdenden oder stillenden Mütter oder ihrer Kinder Liegeräume für diese Frauen einzurichten und sonstige Maßnahmen zur Durchführung des in Absatz 1 enthaltenen Grundsatzes zu treffen,

2. nähere Einzelheiten zu regeln wegen der Verpflichtung des Arbeitgebers zur Beurteilung einer Gefährdung für die werdenden oder stillenden Mütter, zur Durchführung der notwendigen Schutzmaßnahmen und zur Unterrichtung der betroffenen Arbeitnehmerinnen nach Maßgabe der insoweit umzusetzenden Artikel 4 bis 6 der Richtlinie 92/85/EWG des Rates vom 19. Oktober 1992 über die Durchführung von Maßnahmen zur Verbesserung der Sicherheit und des Gesundheitsschutzes von schwangeren Arbeitnehmerinnen, Wöchnerinnen und stillenden Arbeitnehmerinnen am Arbeitsplatz (ABl. EG Nr. L 348 S. 1).

(5) Unabhängig von den auf Grund des Absatzes 4 erlassenen Vorschriften kann die Aufsichtsbehörde in Einzelfällen anordnen, welche Vorkehrungen und Maßnahmen zur Durchführung des Absatzes 1 zu treffen sind.

Zweiter Abschnitt   Beschäftigungsverbote

§ 3   Beschäftigungsverbote für werdende Mütter

(1) Werdende Mütter dürfen nicht beschäftigt werden, soweit nach ärztlichem Zeugnis Leben oder Gesundheit von Mutter oder Kind bei Fortdauer der Beschäftigung gefährdet ist.

(2) Werdende Mütter dürfen in den letzten sechs Wochen vor der Entbindung nicht beschäftigt werden, es sei denn, dass sie sich zur Arbeitsleistung ausdrücklich bereit erklären; die Erklärung kann jederzeit widerrufen werden.

§ 4   Weitere Beschäftigungsverbote

(1) Werdende Mütter dürfen nicht mit schweren körperlichen Arbeiten und nicht mit Arbeiten beschäftigt werden, bei denen sie schädlichen Einwirkungen von gesundheitsgefährdenden Stoffen oder Strahlen von Staub, Gasen oder Dämpfen, von Hitze, Kälte oder Nässe, von Erschütterungen oder Lärm ausgesetzt sind.

(2) Werdende Mütter dürfen insbesondere nicht beschäftigt werden
1. mit Arbeiten, bei denen regelmäßig Lasten von mehr als fünf kg Gewicht oder gelegentlich Lasten von mehr als zehn kg Gewicht ohne mechanische Hilfsmittel von Hand gehoben, bewegt oder befördert werden. Sollen größere Lasten mit mechanischen Hilfsmitteln von Hand gehoben, bewegt oder befördert werden, so darf die körperliche Beanspruchung der werdenden Mutter nicht größer sein als bei Arbeiten nach Satz 1,
2. nach Ablauf des fünften Monats der Schwangerschaft mit Arbeiten, bei denen sie ständig stehen müssen, soweit diese Beschäftigung täglich vier Stunden überschreitet,

3. mit Arbeiten, bei denen sie sich häufig erheblich strecken oder beugen oder bei denen sie dauernd hocken oder sich gebückt halten müssen,
4. mit der Bedienung von Geräten und Maschinen aller Art mit hoher Fußbeanspruchung, insbesondere von solchen mit Fußantrieb,
5. mit dem Schälen von Holz,
6. mit Arbeiten, bei denen sie infolge ihrer Schwangerschaft in besonderem Maße der Gefahr, an einer Berufskrankheit zu erkranken, ausgesetzt sind oder bei denen durch das Risiko der Entstehung einer Berufskrankheit eine erhöhte Gefährdung für die werdende Mutter oder eine Gefahr für die Leibesfrucht besteht,
7. nach Ablauf des dritten Monats der Schwangerschaft auf Beförderungsmitteln,
8. mit Arbeiten, bei denen sie erhöhten Unfallgefahren, insbesondere der Gefahr auszugleiten, zu fallen oder abzustürzen, ausgesetzt sind.

(3) Die Beschäftigung von werdenden Müttern mit
1. Akkordarbeit und sonstigen Arbeiten, bei denen durch ein gesteigertes Arbeitstempo ein höheres Entgelt erzielt werden kann,
2. Fließarbeit mit vorgeschriebenem Arbeitstempo ist verboten. Die Aufsichtsbehörde kann Ausnahmen bewilligen, wenn die Art der Arbeit und das Arbeitstempo eine Beeinträchtigung der Gesundheit von Mutter oder Kind nicht befürchten lassen. Die Aufsichtsbehörde kann die Beschäftigung für alle werdenden Mütter eines Betriebes oder einer Betriebsabteilung bewilligen, wenn die Voraussetzungen des Satzes 2 für alle im Betrieb oder in der Betriebsabteilung beschäftigten Frauen gegeben sind.

(4) Die Bundesregierung wird ermächtigt, zur Vermeidung von Gesundheitsgefährdungen der werdenden oder stillenden Mütter und ihrer Kinder durch Rechtsverordnung mit Zustimmung des Bundesrates
1. Arbeiten zu bestimmen, die unter die Beschäftigungsverbote der Absätze 1 und 2 fallen,
2. weitere Beschäftigungsverbote für werdende und stillende Mütter vor und nach der Entbindung zu erlassen.

(5) Die Aufsichtsbehörde kann in Einzelfällen bestimmen, ob eine Arbeit unter die Beschäftigungsverbote der Absätze 1 bis 3 oder einer von der Bundesregierung gemäß Absatz 4 erlassenen Verordnung fällt. Sie kann in Einzelfällen die Beschäftigung mit bestimmten anderen Arbeiten verbieten.

§ 5 Mitteilungspflicht, ärztliches Zeugnis

(1) Werdende Mütter sollen dem Arbeitgeber ihre Schwangerschaft und den mutmaßlichen Tag der Entbindung mitteilen, sobald ihnen ihr Zustand bekannt ist. Auf Verlangen des Arbeitgebers sollen sie das Zeugnis eines Arztes oder einer Hebamme vorlegen. Der Arbeitgeber hat die Aufsichtsbehörde unver-

züglich von der Mitteilung der werdenden Mutter zu benachrichtigen. Er darf die Mitteilung der werdenden Mutter Dritten nicht unbefugt bekannt geben.

(2) Für die Berechnung der in § 3 Abs. 2 bezeichneten Zeiträume vor der Entbindung ist das Zeugnis eines Arztes oder einer Hebamme maßgebend; das Zeugnis soll den mutmaßlichen Tag der Entbindung angeben. Irrt sich der Arzt oder die Hebamme über den Zeitpunkt der Entbindung, so verkürzt oder verlängert sich diese Frist entsprechend.

(3) Die Kosten für die Zeugnisse nach den Absätzen 1 und 2 trägt der Arbeitgeber.

§ 6 Beschäftigungsverbote nach der Entbindung

(1) Mütter dürfen bis zum Ablauf von acht Wochen, bei Früh- und Mehrlingsgeburten bis zum Ablauf von zwölf Wochen nach der Entbindung nicht beschäftigt werden. Bei Frühgeburten und sonstigen vorzeitigen Entbindungen verlängern sich die Fristen nach Satz 1 zusätzlich um den Zeitraum der Schutzfrist nach § 3 Abs. 2, der nicht in Anspruch genommen werden konnte. Beim Tod ihres Kindes kann die Mutter auf ihr ausdrückliches Verlangen ausnahmsweise schon vor Ablauf dieser Fristen, aber noch nicht in den ersten zwei Wochen nach der Entbindung, wieder beschäftigt werden, wenn nach ärztlichem Zeugnis nichts dagegen spricht. Sie kann ihre Erklärung jederzeit widerrufen.

(2) Frauen, die in den ersten Monaten nach der Entbindung nach ärztlichem Zeugnis nicht voll leistungsfähig sind, dürfen nicht zu einer ihre Leistungsfähigkeit übersteigenden Arbeit herangezogen werden.

(3) Stillende Mütter dürfen mit den in § 4 Abs. 1, 2 Nr. 1, 3, 4, 5, 6 und 8 sowie Abs. 3 Satz 1 genannten Arbeiten nicht beschäftigt werden. Die Vorschriften des § 4 Abs. 3 Satz 2 und 3 sowie Abs. 5 gelten entsprechend.

§ 7 Stillzeit

(1) Stillenden Müttern ist auf ihr Verlangen die zum Stillen erforderliche Zeit, mindestens aber zweimal täglich eine halbe Stunde oder einmal täglich eine Stunde freizugeben. Bei einer zusammenhängenden Arbeitszeit von mehr als acht Stunden soll auf Verlangen zweimal eine Stillzeit von mindestens 45 Minuten oder, wenn in der Nähe der Arbeitsstätte keine Stillgelegenheit vorhanden ist, einmal eine Stillzeit von mindestens 90 Minuten gewährt werden. Die Arbeitszeit gilt als zusammenhängend, soweit sie nicht durch eine Ruhepause von mindestens zwei Stunden unterbrochen wird.

(2) Durch die Gewährung der Stillzeit darf ein Verdienstausfall nicht eintreten. Die Stillzeit darf von stillenden Müttern nicht vor- oder nachgearbeitet und nicht auf die in dem Arbeitszeitgesetz oder in anderen Vorschriften festgesetzten Ruhepausen angerechnet werden.

Mutterschutzgesetz § 8 MuSchG

(3) Die Aufsichtsbehörde kann in Einzelfällen nähere Bestimmungen über Zahl, Lage und Dauer der Stillzeiten treffen; sie kann die Einrichtung von Stillräumen vorschreiben.

(4) Der Auftraggeber oder Zwischenmeister hat den in Heimarbeit Beschäftigten und den ihnen Gleichgestellten für die Stillzeit ein Entgelt von 75 vom Hundert eines durchschnittlichen Stundenverdienstes, mindestens aber 0,38 Euro für jeden Werktag zu zahlen. Ist die Frau für mehrere Auftraggeber oder Zwischenmeister tätig, so haben diese das Entgelt für die Stillzeit zu gleichen Teilen zu gewähren. Auf das Entgelt finden die Vorschriften der §§ 23 bis 25 des Heimarbeitsgesetzes vom 14. März 1951 (BGBl. I S. 191) über den Entgeltschutz Anwendung.

§ 8 Mehrarbeit, Nacht- und Sonntagsarbeit

(1) Werdende und stillende Mütter dürfen nicht mit Mehrarbeit, nicht in der Nacht zwischen 20 und 6 Uhr und nicht an Sonn- und Feiertagen beschäftigt werden.

(2) Mehrarbeit im Sinne des Absatzes 1 ist jede Arbeit, die
1. von Frauen unter 18 Jahren über 8 Stunden täglich oder 80 Stunden in der Doppelwoche,
2. von sonstigen Frauen über 8 1/2 Stunden täglich oder 90 Stunden in der Doppelwoche hinaus geleistet wird. In die Doppelwoche werden die Sonntage eingerechnet.

(3) Abweichend vom Nachtarbeitsverbot des Absatzes 1 dürfen werdende Mütter in den ersten vier Monaten der Schwangerschaft und stillende Mütter beschäftigt werden
1. in Gast- und Schankwirtschaften und im übrigen Beherbergungswesen bis 22 Uhr,
2. in der Landwirtschaft mit dem Melken von Vieh ab 5 Uhr,
3. als Künstlerinnen bei Musikaufführungen, Theatervorstellungen und ähnlichen Aufführungen bis 23 Uhr.

(4) Im Verkehrswesen, in Gast- und Schankwirtschaften und im übrigen Beherbergungswesen, im Familienhaushalt, in Krankenpflege- und in Badeanstalten, bei Musikaufführungen, Theatervorstellungen, anderen Schaustellungen, Darbietungen oder Lustbarkeiten dürfen werdende oder stillende Mütter, abweichend von Absatz 1, an Sonn- und Feiertagen beschäftigt werden, wenn ihnen in jeder Woche einmal eine ununterbrochene Ruhezeit von mindestens 24 Stunden im Anschluss an eine Nachtruhe gewährt wird.

(5) An in Heimarbeit Beschäftigte und ihnen Gleichgestellte, die werdende oder stillende Mütter sind, darf Heimarbeit nur in solchem Umfang und mit solchen Fertigungsfristen ausgegeben werden, dass sie von der werdenden Mutter voraussichtlich während einer 8-stündigen Tagesarbeitszeit, von der stillenden Mutter voraussichtlich während einer 7 1/4-stündigen Tagesarbeitszeit an

Werktagen ausgeführt werden kann. Die Aufsichtsbehörde kann in Einzelfällen nähere Bestimmungen über die Arbeitsmenge treffen; falls ein Heimarbeitsausschuss besteht, hat sie diesen vorher zu hören.

(6) Die Aufsichtsbehörde kann in begründeten Einzelfällen Ausnahmen von den vorstehenden Vorschriften zulassen.

Abschnitt 2 a   Mutterschaftsurlaub

§§ 8a bis 8d   (weggefallen)

Dritter Abschnitt   Kündigung

§ 9   Kündigungsverbot

(1) Die Kündigung gegenüber einer Frau während der Schwangerschaft und bis zum Ablauf von vier Monaten nach der Entbindung ist unzulässig, wenn dem Arbeitgeber zur Zeit der Kündigung die Schwangerschaft oder Entbindung bekannt war oder innerhalb zweier Wochen nach Zugang der Kündigung mitgeteilt wird; das Überschreiten dieser Frist ist unschädlich, wenn es auf einem von der Frau nicht zu vertretenden Grund beruht und die Mitteilung unverzüglich nachgeholt wird. Die Vorschrift des Satzes 1 gilt für Frauen, die den in Heimarbeit Beschäftigten gleichgestellt sind, nur, wenn sich die Gleichstellung auch auf den Neunten Abschnitt – Kündigung – des Heimarbeitsgesetzes vom 14. März 1951 (BGBl. I S. 191) erstreckt.

(2) Kündigt eine schwangere Frau, gilt § 5 Abs. 1 Satz 3 entsprechend.

(3) Die für den Arbeitsschutz zuständige oberste Landesbehörde oder die von ihr bestimmte Stelle kann in besonderen Fällen, die nicht mit dem Zustand einer Frau während der Schwangerschaft oder ihrer Lage bis zum Ablauf von vier Monaten nach der Entbindung in Zusammenhang stehen, ausnahmsweise die Kündigung für zulässig erklären. Die Kündigung bedarf der schriftlichen Form und sie muss den zulässigen Kündigungsgrund angeben.

(4) In Heimarbeit Beschäftigte und ihnen Gleichgestellte dürfen während der Schwangerschaft und bis zum Ablauf von vier Monaten nach der Entbindung nicht gegen ihren Willen bei der Ausgabe von Heimarbeit ausgeschlossen werden; die Vorschriften der §§ 3, 4, 6 und 8 Abs. 5 bleiben unberührt.

§ 9a   (weggefallen)

Mutterschutzgesetz §§ 10, 11 MuSchG

§ 10 Erhaltung von Rechten

(1) Eine Frau kann während der Schwangerschaft und während der Schutzfrist nach der Entbindung (§ 6 Abs. 1) das Arbeitsverhältnis ohne Einhaltung einer Frist zum Ende der Schutzfrist nach der Entbindung kündigen.

(2) Wird das Arbeitsverhältnis nach Absatz 1 aufgelöst und wird die Frau innerhalb eines Jahres nach der Entbindung in ihrem bisherigen Betrieb wieder eingestellt, so gilt, soweit Rechte aus dem Arbeitsverhältnis von der Dauer der Betriebs- oder Berufszugehörigkeit oder von der Dauer der Beschäftigungs- oder Dienstzeit abhängen, das Arbeitsverhältnis als nicht unterbrochen. Dies gilt nicht, wenn die Frau in der Zeit von der Auflösung des Arbeitsverhältnisses bis zur Wiedereinstellung bei einem anderen Arbeitgeber beschäftigt war.

Vierter Abschnitt Leistungen

§ 11 Arbeitsentgelt bei Beschäftigungsverboten

(1) Den unter den Geltungsbereich des § 1 fallenden Frauen ist, soweit sie nicht Mutterschaftsgeld nach den Vorschriften der Reichsversicherungsordnung beziehen können, vom Arbeitgeber mindestens der Durchschnittsverdienst der letzten 13 Wochen oder der letzten drei Monate vor Beginn des Monats, in dem die Schwangerschaft eingetreten ist, weiter zu gewähren, wenn sie wegen eines Beschäftigungsverbots nach § 3 Abs. 1, §§ 4, 6 Abs. 2 oder 3 oder wegen des Mehr-, Nacht- oder Sonntagsarbeitsverbots nach § 8 Abs. 1, 3 oder 5 teilweise oder völlig mit der Arbeit aussetzen. Dies gilt auch, wenn wegen dieser Verbote die Beschäftigung oder die Entlohnungsart wechselt. Wird das Arbeitsverhältnis erst nach Eintritt der Schwangerschaft begonnen, so ist der Durchschnittsverdienst aus dem Arbeitsentgelt der ersten 13 Wochen oder drei Monate der Beschäftigung zu berechnen. Hat das Arbeitsverhältnis nach Satz 1 oder 3 kürzer gedauert, so ist der kürzere Zeitraum der Berechnung zugrunde zu legen. Zeiten, in denen kein Arbeitsentgelt erzielt wurde, bleiben außer Betracht.

(2) Bei Verdiensterhöhungen nicht nur vorübergehender Natur, die während oder nach Ablauf des Berechnungszeitraums eintreten, ist von dem erhöhten Verdienst auszugehen. Verdienstkürzungen, die im Berechnungszeitraum infolge von Kurzarbeit, Arbeitsausfällen oder unverschuldeter Arbeitsversäumnis eintreten, bleiben für die Berechnung des Durchschnittsverdienstes außer Betracht. Zu berücksichtigen sind dauerhafte Verdienstkürzungen, die während oder nach Ablauf des Berechnungszeitraums eintreten und nicht auf einem mutterschutzrechtlichen Beschäftigungsverbot beruhen.

(3) Die Bundesregierung wird ermächtigt, durch Rechtsverordnung mit Zustimmung des Bundesrates Vorschriften über die Berechnung des Durchschnittsverdienstes im Sinne der Absätze 1 und 2 zu erlassen.

§ 12 (weggefallen)

§ 13 Mutterschaftsgeld

(1) Frauen, die Mitglied einer gesetzlichen Krankenkasse sind, erhalten für die Zeit der Schutzfristen des § 3 Abs. 2 und des § 6 Abs. 1 sowie für den Entbindungstag Mutterschaftsgeld nach den Vorschriften der Reichsversicherungsordnung oder des Gesetzes über die Krankenversicherung der Landwirte über das Mutterschaftsgeld.

(2) Frauen, die nicht Mitglied einer gesetzlichen Krankenkasse sind, erhalten, wenn sie bei Beginn der Schutzfrist nach § 3 Abs. 2 in einem Arbeitsverhältnis stehen oder in Heimarbeit beschäftigt sind, für die Zeit der Schutzfristen des § 3 Abs. 2 und des § 6 Abs. 1 sowie für den Entbindungstag Mutterschaftsgeld zu Lasten des Bundes in entsprechender Anwendung der Vorschriften der Reichsversicherungsordnung über das Mutterschaftsgeld, höchstens jedoch insgesamt 210 Euro. Das Mutterschaftsgeld wird diesen Frauen auf Antrag vom Bundesversicherungsamt gezahlt. Die Sätze 1 und 2 gelten für Frauen entsprechend, deren Arbeitsverhältnis während ihrer Schwangerschaft oder der Schutzfrist des § 6 Abs. 1 nach Maßgabe von § 9 Abs. 3 aufgelöst worden ist.

(3) Frauen, die während der Schutzfristen des § 3 Abs. 2 oder des § 6 Abs. 1 von einem Beamten- in ein Arbeitsverhältnis wechseln, erhalten von diesem Zeitpunkt an Mutterschaftsgeld entsprechend den Absätzen 1 und 2.

§ 14 Zuschuss zum Mutterschaftsgeld

(1) Frauen, die Anspruch auf Mutterschaftsgeld nach § 200 Abs. 1, 2 Satz 1 bis 4 und Abs. 3 der Reichsversicherungsordnung, § 29 Abs. 1, 2 und 4 des Gesetzes über die Krankenversicherung der Landwirte oder § 13 Abs. 2, 3 haben, erhalten während ihres bestehenden Arbeitsverhältnisses für die Zeit der Schutzfristen des § 3 Abs. 2 und § 6 Abs. 1 sowie für den Entbindungstag von ihrem Arbeitgeber einen Zuschuss in Höhe des Unterschiedsbetrages zwischen 13 Euro und dem um die gesetzlichen Abzüge verminderten durchschnittlichen kalendertäglichen Arbeitsentgelt. Das durchschnittliche kalendertägliche Arbeitsentgelt ist aus den letzten drei abgerechneten Kalendermonaten, bei wöchentlicher Abrechnung aus den letzten 13 abgerechneten Wochen vor Beginn der Schutzfrist nach § 3 Abs. 2 zu berechnen. Nicht nur vorübergehende Erhöhungen des Arbeitsentgeltes, die während der Schutzfristen des § 3 Abs. 2 und § 6 Abs. 1 wirksam werden, sind ab diesem Zeitpunkt in die Berechnung einzubeziehen. Einmalig gezahltes Arbeitsentgelt (§ 23a des Vierten Buches Sozialgesetzbuch) sowie Tage, an denen infolge von Kurzarbeit, Arbeitsausfällen oder unverschuldeter Arbeitsversäumnis kein oder ein vermindertes Arbeitsentgelt erzielt wurde, bleiben außer Betracht. Zu berücksichtigen sind dauerhafte Verdienstkürzungen, die während oder nach Ablauf des Berech-

nungszeitraums eintreten und nicht auf einem mutterschutzrechtlichen Beschäftigungsverbot beruhen. Ist danach eine Berechnung nicht möglich, so ist das durchschnittliche kalendertägliche Arbeitsentgelt einer gleichartig Beschäftigten zugrunde zu legen.

(2) Frauen, deren Arbeitsverhältnis während ihrer Schwangerschaft oder während der Schutzfrist des § 6 Abs. 1 nach Maßgabe von § 9 Abs. 3 aufgelöst worden ist, erhalten bis zum Ende dieser Schutzfrist den Zuschuss nach Absatz 1 zu Lasten des Bundes von der für die Zahlung des Mutterschaftsgeldes zuständigen Stelle.

(3) Absatz 2 gilt für den Zuschuss des Bundes entsprechend, wenn der Arbeitgeber wegen eines Insolvenzereignisses im Sinne des § 183 Abs. 1 Satz 1 des Dritten Buches Sozialgesetzbuch seinen Zuschuss nach Absatz 1 nicht zahlen kann.

(4) Der Zuschuss nach den Absätzen 1 bis 3 entfällt für die Zeit, in der Frauen die Elternzeit nach dem Bundeserziehungsgeldgesetz in Anspruch nehmen oder in Anspruch genommen hätten, wenn deren Arbeitsverhältnis nicht während ihrer Schwangerschaft oder während der Schutzfrist des § 6 Abs. 1 vom Arbeitgeber zulässig aufgelöst worden wäre. Dies gilt nicht, soweit sie eine zulässige Teilzeitarbeit leisten.

§ 15 Sonstige Leistungen bei Schwangerschaft und Mutterschaft

Frauen, die in der gesetzlichen Krankenversicherung versichert sind, erhalten auch die folgenden Leistungen bei Schwangerschaft und Mutterschaft nach den Vorschriften der Reichsversicherungsordnung oder des Gesetzes über die Krankenversicherung der Landwirte:
1. ärztliche Betreuung und Hebammenhilfe,
2. Versorgung mit Arznei-, Verband- und Heilmitteln,
3. stationäre Entbindung,
4. häusliche Pflege,
5. Haushaltshilfe.

§ 16 Freistellung für Untersuchungen

Der Arbeitgeber hat die Frau für die Zeit freizustellen, die zur Durchführung der Untersuchungen im Rahmen der Leistungen der gesetzlichen Krankenversicherung bei Schwangerschaft und Mutterschaft erforderlich ist. Entsprechendes gilt zugunsten der Frau, die nicht in der gesetzlichen Krankenversicherung versichert ist. Ein Entgeltausfall darf hierdurch nicht eintreten.

§ 17 Erholungsurlaub

Für den Anspruch auf bezahlten Erholungsurlaub und dessen Dauer gelten die Ausfallzeiten wegen mutterschutzrechtlicher Beschäftigungsverbote als Beschäftigungszeiten. Hat die Frau ihren Urlaub vor Beginn der Beschäftigungsverbote nicht oder nicht vollständig erhalten, so kann sie nach Ablauf der Fristen den Resturlaub im laufenden oder im nächsten Urlaubsjahr beanspruchen.

Fünfter Abschnitt Durchführung des Gesetzes

§ 18 Auslage des Gesetzes

(1) In Betrieben und Verwaltungen, in denen regelmäßig mehr als drei Frauen beschäftigt werden, ist ein Abdruck dieses Gesetzes an geeigneter Stelle zur Einsicht auszulegen oder auszuhängen.

(2) Wer Heimarbeit ausgibt oder abnimmt, hat in den Räumen der Ausgabe und Abnahme einen Abdruck dieses Gesetzes an geeigneter Stelle zur Einsicht auszulegen oder auszuhängen.

§ 19 Auskunft

(1) Der Arbeitgeber ist verpflichtet, der Aufsichtsbehörde auf Verlangen
1. die zur Erfüllung der Aufgaben dieser Behörde erforderlichen Angaben wahrheitsgemäß und vollständig zu machen
2. die Unterlagen, aus denen Namen, Beschäftigungsart und -zeiten der werdenden und stillenden Mütter sowie Lohn- und Gehaltszahlungen ersichtlich sind, und alle sonstigen Unterlagen, die sich auf die zu Nummer 1 zu machenden Angaben beziehen, zur Einsicht vorzulegen oder einzusenden.

(2) Die Unterlagen sind mindestens bis zum Ablauf von zwei Jahren nach der letzten Eintragung aufzubewahren.

§ 20 Aufsichtsbehörden

(1) Die Aufsicht über die Ausführung der Vorschriften dieses Gesetzes und der auf Grund dieses Gesetzes erlassenen Vorschriften obliegt den nach Landesrecht zuständigen Behörden (Aufsichtsbehörden).

(3) Die Aufsichtsbehörden haben dieselben Befugnisse und Obliegenheiten wie nach § 139b der Gewerbeordnung die dort genannten besonderen Beamten. Das Grundrecht der Unverletzlichkeit der Wohnung (Artikel 13 des Grundgesetzes) wird insoweit eingeschränkt.

Sechster Abschnitt Straftaten und Ordnungswidrigkeiten

§ 21 Straftaten und Ordnungswidrigkeiten

(1) Ordnungswidrig handelt der Arbeitgeber, der vorsätzlich oder fahrlässig
1. den Vorschriften der §§ 3, 4 Abs. 1 bis 3 Satz 1 oder § 6 Abs. 1 bis 3 Satz 1 über die Beschäftigungsverbote vor und nach der Entbindung,
2. den Vorschriften des § 7 Abs. 1 Satz 1 oder Abs. 2 Satz 2 über die Stillzeit,
3. den Vorschriften des § 8 Abs. 1 oder 3 bis 5 Satz 1 über Mehr-, Nacht- oder Sonntagsarbeit
4. den auf Grund des § 4 Abs. 4 erlassenen Vorschriften, soweit sie für einen bestimmten Tatbestand auf diese Bußgeldvorschrift verweisen,
5. einer vollziehbaren Verfügung der Aufsichtsbehörde nach § 2 Abs. 5, § 4 Abs. 5, § 6 Abs. 3 Satz 2, § 7 Abs. 3 oder § 8 Abs. 5 Satz 2 Halbsatz 1,
6. den Vorschriften des § 5 Abs. 1 Satz 3 über die Benachrichtigung,
7. der Vorschrift des § 16 Satz 1, auch in Verbindung mit Satz 2, über die Freistellung für Untersuchungen oder
8. den Vorschriften des § 18 über die Auslage des Gesetzes oder des § 19 über die Einsicht, Aufbewahrung und Vorlage der Unterlagen und über die Auskunft zuwiderhandelt.

(2) Die Ordnungswidrigkeit nach Absatz 1 Nr. 1 bis 5 kann mit einer Geldbuße bis zu fünfzehntausend Euro, die Ordnungswidrigkeit nach Absatz 1 Nr. 6 bis 8 mit einer Geldbuße bis zu zweitausendfünfhundert Euro geahndet werden.

(3) Wer vorsätzlich eine der in Absatz 1 Nr. 1 bis 5 bezeichneten Handlungen begeht und dadurch die Frau in ihrer Arbeitskraft oder Gesundheit gefährdet, wird mit Freiheitsstrafe bis zu einem Jahr oder mit Geldstrafe bestraft.

(4) Wer in den Fällen des Absatzes 3 die Gefahr fahrlässig verursacht, wird mit Freiheitsstrafe bis zu sechs Monaten oder mit Geldstrafe bis zu einhundertachtzig Tagessätzen bestraft.

§§ 22 und 23 (weggefallen)

MuSchG §§ 24, 25

Siebenter Abschnitt Schlussvorschriften

§ 24 In Heimarbeit Beschäftigte

Für die in Heimarbeit Beschäftigten und die ihnen Gleichgestellten gelten
1. die §§ 3, 4 und 6 mit der Maßgabe, dass an die Stelle der Beschäftigungsverbote das Verbot der Ausgabe von Heimarbeit tritt,
2. § 2 Abs. 4, § 5 Abs. 1 und 3, § 9 Abs. 1, § 11 Abs. 1, § 13 Abs. 2, die §§ 14, 16, 19 Abs. 1 und § 21 Abs. 1 mit der Maßgabe, dass an die Stelle des Arbeitgebers der Auftraggeber oder Zwischenmeister tritt.

§ 25 (weggefallen)

II. RVO, Mutterschaftsleistungen

Vorschriften der Reichsversicherungsordnung über Leistungen bei Schwangerschaft und Mutterschaft
zuletzt geändert durch Artikel 8 des Gesetzes zur Modernisierung der gesetzlichen Krankenversicherung (GKV-Modernisierungsgesetz – GMG) vom 19. November 2003, BGBl. I S. 2190

§ 195 Leistungsumfang bei Schwangerschaft und Mutterschaft

(1) Die Leistungen bei Schwangerschaft und Mutterschaft umfassen
1. ärztliche Betreuung und Hebammenhilfe,
2. Versorgung mit Arznei-, Verband- und Heilmitteln,
3. stationäre Entbindung,
4. häusliche Pflege,
5. Haushaltshilfe,
6. Mutterschaftsgeld.

(2) Für die Leistungen nach Absatz 1 gelten die für die Leistungen nach dem Fünften Buch Sozialgesetzbuch geltenden Vorschriften entsprechend, soweit nichts Abweichendes bestimmt ist. § 16 Abs. 1 des Fünften Buches Sozialgesetzbuch gilt nicht für den Anspruch auf Mutterschaftsgeld. Bei Anwendung des § 65 Abs. 2 des Fünften Buches Sozialgesetzbuch bleiben die Leistungen nach Absatz 1 unberücksichtigt.

§ 196 Ärztliche Betreuung, Hebammenhilfe, Versorgung mit Arznei-, Verband- und Heilmittel

(1) Die Versicherte hat während der Schwangerschaft, bei und nach der Entbindung Anspruch auf ärztliche Betreuung einschließlich der Untersuchungen zur Feststellung der Schwangerschaft und zur Schwangerenvorsorge sowie auf Hebammenhilfe. Die ärztliche Betreuung umfasst auch die Beratung der Schwangeren zur Bedeutung der Muttergesundheit für Mutter und Kind einschließlich des Zusammenhangs zwischen Ernährung und Krankheitsrisiko sowie die Einschätzung oder Bestimmung des Übertragungsrisikos von Karies.

(2) Bei Schwangerschaftsbeschwerden und im Zusammenhang mit der Entbindung gelten die §§ 31 Abs. 3, § 32 Abs. 2 und § 33 Abs. 2 des Fünften Buches Sozialgesetzbuch nicht.

§ 197 Stationäre Entbindung

(1) Wird die Versicherte zur Entbindung in ein Krankenhaus oder eine andere Einrichtung aufgenommen, hat sie für sich und das Neugeborene auch Anspruch auf Unterkunft, Pflege und Verpflegung, für die Zeit nach der Entbindung jedoch für längstens sechs Tage. Für diese Zeit besteht kein Anspruch auf

Krankenhausbehandlung. § 39 Abs. 2 des Fünften Buches Sozialgesetzbuch gilt entsprechend.

§ 198 Häusliche Pflege

Die Versicherte hat Anspruch auf häusliche Pflege, soweit diese wegen Schwangerschaft oder Entbindung erforderlich ist. § 37 Abs. 3 und 4 des Fünften Buches Sozialgesetzbuch gilt entsprechend.

§ 199 Haushaltshilfe

Die Versicherte erhält Haushaltshilfe, soweit ihr wegen Schwangerschaft oder Entbindung die Weiterführung des Haushalts nicht möglich ist und eine andere im Haushalt lebende Person den Haushalt nicht weiterführen kann. § 38 Abs. 4 des Fünften Buches Sozialgesetzbuch gilt entsprechend.

§ 200 Mutterschaftsgeld

(1) Weibliche Mitglieder, die bei Arbeitsunfähigkeit Anspruch auf Krankengeld haben oder denen wegen der Schutzfristen nach § 3 Abs. 2 und § 6 Abs. 1 des Mutterschutzgesetzes kein Arbeitsentgelt gezahlt wird, erhalten Mutterschaftsgeld.

(2) Für Mitglieder, die bei Beginn der Schutzfrist nach § 3 Abs. 2 des Mutterschutzgesetzes in einem Arbeitsverhältnis stehen oder in Heimarbeit beschäftigt sind oder deren Arbeitsverhältnis während ihrer Schwangerschaft oder der Schutzfrist nach § 6 Abs. 1 des Mutterschutzgesetzes nach Maßgabe von § 9 Abs. 3 des Mutterschutzgesetzes aufgelöst worden ist, wird als Mutterschaftsgeld das um die gesetzlichen Abzüge verminderte durchschnittliche kalendertägliche Arbeitsentgelt der letzten drei abgerechneten Kalendermonate vor Beginn der Schutzfrist nach § 3 Abs. 2 des Mutterschutzgesetzes gezahlt. Es beträgt höchstens 13 Euro für den Kalendertag. Einmalig gezahltes Arbeitsentgelt (§ 23a des Vierten Buches Sozialgesetzbuch) sowie Tage, an denen infolge von Kurzarbeit, Arbeitsausfällen oder unverschuldeter Arbeitsversäumnis kein oder ein vermindertes Arbeitsentgelt erzielt wurde, bleiben außer Betracht. Ist danach eine Berechnung nicht möglich, ist das durchschnittliche kalendertägliche Arbeitsentgelt einer gleichartig Beschäftigten zugrunde zu legen. Übersteigt das Arbeitsentgelt 13 Euro kalendertäglich, wird der übersteigende Betrag vom Arbeitgeber oder vom Bund nach den Vorschriften des Mutterschutzgesetzes gezahlt. Für andere Mitglieder wird das Mutterschaftsgeld in Höhe des Krankengeldes gezahlt. Für Mitglieder, deren Arbeitsverhältnis während der Mutterschutzfristen vor oder nach der Geburt beginnt, wird das Mutterschaftsgeld von Beginn des Arbeitsverhältnisses an gezahlt. Übersteigt das Arbeitsentgelt 13 Euro kalendertäglich, wird der übersteigende Betrag vom

Arbeitgeber oder vom Bund nach den Vorschriften des Mutterschutzgesetzes gezahlt. Für andere Mitglieder wird das Mutterschaftsgeld in Höhe des Krankengeldes gezahlt.

(3) Das Mutterschaftsgeld wird für die letzten sechs Wochen vor der Entbindung, den Entbindungstag und für die ersten acht Wochen, bei Mehrlings- und Frühgeburten für die ersten zwölf Wochen nach der Entbindung gezahlt. Bei Frühgeburten und sonstigen vorzeitigen Entbindungen verlängert sich die Bezugsdauer um den Zeitraum, der nach § 3 Abs. 2 des Mutterschutzgesetzeses nicht in Anspruch genommen werden konnte. Für die Zahlung des Mutterschaftsgeldes vor der Entbindung ist das Zeugnis eines Arztes oder einer Hebamme maßgebend, in dem der mutmaßliche Tag der Entbindung angegeben ist. Das Zeugnis darf nicht früher als eine Woche vor Beginn der Schutzfrist nach § 3 Abs. 2 des Mutterschutzgesetzeses ausgestellt sein. Bei Geburten nach dem mutmaßlichen Tag der Entbindung verlängert sich die Bezugsdauer vor der Geburt entsprechend.

(4) Der Anspruch auf Mutterschaftsgeld ruht, soweit und solange das Mitglied beitragspflichtiges Arbeitsentgelt oder Arbeitseinkommen erhält. Dies gilt nicht für einmalig gezahltes Arbeitsentgelt.

§ 200 a (weggefallen)

§ 200 b (weggefallen)

Teil B Einführung

I. Aufgaben des Mutterschutzes

Der gesetzliche Mutterschutz hat die Aufgabe, die im Arbeitsverhältnis stehende Mutter und das werdende Kind vor Gefahren, Überforderung und Gesundheitsschädigung am Arbeitsplatz, vor finanziellen Einbußen und vor dem Verlust des Arbeitsplatzes während der Schwangerschaft und einige Zeit nach der Entbindung zu schützen. Der Arbeitnehmerin soll ein vom Arbeitsverhältnis ungestörter Schwangerschafts- und Geburtsverlauf und eine vom Arbeitsverhältnis ungestörte Rückbildung der mit der Schwangerschaft und Entbindung zusammenhängenden organischen, hormonellen und psychischen Veränderungen ermöglicht werden. Sie soll durch das Arbeitsverhältnis nicht davon abgehalten werden, Mutter zu werden und ihre Pflichten als Mutter zu erfüllen. 1

Den Gefahren am Arbeitsplatz soll durch Vorschriften über die Gestaltung des Arbeitsplatzes (§ 2) und durch die Beschäftigungsverbote und Beschäftigungsbeschränkungen (§§ 3, 4, 6, 7 und 8) sowie durch die Mutterschutzverordnung – MuSchArbV (§ 2 Rdnr. 39 ff.) begegnet werden. Diese Bestimmungen und die Vorschriften über die Mutterschaftshilfe (§ 15 MuSchG, §§ 195 bis 199 RVO), vor allem aber die Schutzfristen vor und nach der Entbindung (§ 3 Abs. 2, § 6 Abs. 1) und die Vorschrift über die Klinikentbindung (§ 199 RVO) sollen einen **ungestörten Schwangerschafts- und Geburtsverlauf ermöglichen**. Eine ungestörte **Rückbildung** der Veränderungen soll vor allem die Schutzfrist nach der Entbindung (§ 6 Abs. 1) ermöglichen. 2

Damit die Arbeitnehmerin in der Lage ist, diesen Schutz in Anspruch zu nehmen, wird sie durch die Fortzahlung des Arbeitsentgelts bei Beschäftigungsverboten (§ 11), die Zahlung des Mutterschaftsgeldes (§ 13 MuSchG, § 200 RVO) und des Zuschusses zum Mutterschaftsgeld (§ 14) während der Schutzfristen finanziell sichergestellt. Sie soll ohne wirtschaftliche Sorgen Mutter werden und ihre Pflichten als Mutter wenigstens in der besonders wichtigen ersten Lebensphase ihres Kindes erfüllen können. Die Vorschrift über die Anrechnung eines Arbeitsentgelts auf das Mutterschaftsgeld (§ 200 Abs. 4 RVO) und das Verbot der Beschäftigung während der Schutzfristen (§ 3 Abs. 2 und § 6 Abs. 1) sollen der Mutter jeden finanziellen Anreiz nehmen, entgegen den Schutzvorschriften des Mutterschutzgesetzes einer Erwerbsarbeit nachzugehen. Die finanziellen Leistungen nach den §§ 11, 13 und 14 MuSchG sowie nach § 200 RVO haben zum Ziel, die Arbeitnehmerin finanziell so zu stellen, wie sie ohne Schwangerschaft stehen würde, und ihr damit ihren **Lebensstandard vor Beginn der Schwangerschaft** zu erhalten. Durch die Vorschriften über die Zahlung des Mutterschaftsgeldes und des Zuschusses zum Mutterschaftsgeld 3

Einf. *Einführung*

während der Schutzfristen (§ 13 Abs. 2 und § 14 MuSchG, § 200 RVO) wird dieses Ziel auch tatsächlich erreicht, weil diese Zahlungen dem bisherigen Durchschnittsverdienst voll entsprechen.

4 Vor dem Verlust des **Arbeitsplatzes** soll das **Kündigungsverbot** des § 9 schützen. Die Arbeitnehmerin muß Gewißheit haben, daß sie während der Schwangerschaft und Entbindung und der damit zusammenhängenden Freistellungen ihren Arbeitsplatz, d. h. ihre Existenzgrundlage, nicht verliert. Andernfalls würde sie sich wegen der Sorge um ihren Arbeitsplatz beunruhigen und aufregen und damit sich und ihr Kind schädigen.

II. Geschichte des Mutterschutzes

1. Entwicklung bis 1942

5 Die Geschichte des Mutterschutzes in Deutschland beginnt mit der Freistellung der Arbeiterinnen von der Arbeit im Betrieb für drei Wochen nach der Entbindung in Form eines **Beschäftigungsverbots im Jahre 1878**. Gewerbliche Arbeiterinnen durften als Wöchnerinnen drei Wochen nach der Entbindung nicht beschäftigt werden (§ 135 GewO i. d. F. des Gesetzes betreffend die Abänderung der Gewerbeordnung vom 17.7.1878, RGBl. S. 199). **Finanzielle Ausgleichszahlungen** während dieser Zeit erhielten die Arbeiterinnen **vom Jahre 1883** ab, und zwar eine Krankenunterstützung in Höhe der Hälfte des Tageslohns für drei Wochen nach der Entbindung (§ 20 Nr. 2 des Gesetzes betreffend die Krankenversicherung der Arbeiter vom 15.6.1883, RGBl. S. 73). Im Jahre 1891 wurde das Beschäftigungsverbot generell von drei auf vier Wochen nach der Entbindung ausgedehnt; in der fünften und sechsten Woche nach der Entbindung war die Beschäftigung möglich, wenn dies ein ärztliches Zeugnis für zulässig erklärte (§ 137 GewO i. d. F. des Gesetzes betreffend die Abänderung der Gewerbeordnung vom 1.6.1891, RGBl. S. 261, des sog. Arbeiterschutzgesetzes). Die Unterstützung für Wöchnerinnen in Höhe des Krankengeldes wurde durch § 20 Nr. 2 des Krankenversicherungsgesetzes vom 10.4.1892 (RGBl. S. 417) auf die verlängerte Dauer des Beschäftigungsverbots – für vier Wochen generell und für zwei weitere Wochen je nach dem ärztlichen Zeugnis – und durch das Gesetz betreffend weitere Abänderungen des Krankenversicherungsgesetzes vom 25.5.1903 (RGBl. S. 233) auf generell sechs Wochen nach der Entbindung ausgedehnt (Art. 1 Ziffer IX, § 20 Abs. 1 Nr. 2). Das Gesetz von 1903 führte auch freie Hebammendienste und freie ärztliche Behandlung der Schwangerschaftsbeschwerden als Kannleistung der Krankenkasse ein (Art. I Ziffer X, § 21 Abs. 1 Nr. 4).

6 **Im Jahre 1908** wurde die **Freistellung von der Beschäftigung** im Betrieb aus Anlaß der Mutterschaft auf **insgesamt acht Wochen** festgesetzt (§ 137 GewO i. d. F. des Gesetzes betreffend die Abänderung der Gewerbeordnung vom 28.12.1908, RGBl. S. 667). Sechs von diesen acht Wochen mußten unmittelbar

nach der Entbindung genommen werden. Frauen, deren Männer Kriegsdienst leisteten, erhielten während des Krieges eine Wochenhilfe, und zwar für acht Wochen ein Wochengeld von einer Mark täglich, einen Entbindungskostenbeitrag von 25 Mark, eine Beihilfe von 10 Mark für Hebammendienste und ärztliche Behandlung, ein Stillgeld von einer halben Mark täglich bis zum Ablauf von zwölf Wochen nach der Entbindung (Bekanntmachung betreffend Wochenhilfe während des Krieges vom 3. 12. 1914, RGBl. S. 492). Die Kosten für die Wochenhilfe wurde, soweit sie über die Kassenleistung der Krankenkassen nach § 195 RVO hinausgingen, den Krankenkassen vom Reich erstattet (§ 5 der Bekanntmachung).

Nach dem Krieg wurde diese Kriegsregelung durch das **Gesetz über** 7 **Wochenhilfe und Wochenfürsorge vom 26. 9. 1919** (RGBl. S. 1757), das insbesondere die bisherigen Vorschriften der §§ 195 und 205 RVO durch die §§ 195a und 205a RVO ersetzte, im Grundsatz für alle Versicherten übernommen. Wöchnerinnen, die in der gesetzlichen Krankenversicherung versichert waren, erhielten als Wochenhilfe von ihren Krankenkassen zu deren Lasten: 1. einen Entbindungskostenbeitrag von 50 Mark, 2. ein Wochengeld in Höhe des Krankengeldes (halber Grundlohn), mindestens jedoch einundeinehalbe Mark täglich, für zehn Wochen, von denen sechs Wochen nach der Entbindung liegen mußten, 3. eine Beihilfe für Hebammendienste und ärztliche Behandlung bei Schwangerschaftsbeschwerden bis zu 25 Mark, 4. Stillgeld in Höhe des halben Krankengeldes, mindestens 75 Pfennig, bis zum Ablauf von 12 Wochen nach der Entbindung (§ 195a RVO i. d. F. des Gesetzes über Wochenhilfe und Wochenfürsorge vom 26. 9. 1919). Ehefrauen und Töchter von Versicherten erhielten die Wochenhilfe als Familienhilfe, von den Geldleistungen die Mindestbeträge (§ 205a RVO).

Eine wesentliche **Erweiterung der Wochenhilfeleistungen** der Krankenkas- 8 sen brachte das Zweite Gesetz über die Abänderung des Zweiten Buches der Reichsversicherungsordnung vom **9. 7. 1926** (RGBl. I S. 407) und des Gesetzes über Wochenhilfe vom **18. 5. 1929** (RGBl. I S. 98). Der § 195a RVO über die Wochenhilfe hat von 1926/1929 an mit einer geringfügigen Änderung durch das Gesetz über Wochenhilfe und Genesendenfürsorge in der Krankenversicherung vom 28. 6. 1935 (RGBl. I S. 811) bis zu seiner Ersetzung durch die §§ 195 bis 200d RVO in der Fassung des Finanzänderungsgesetzes 1967 vom 21. 12. 1967 (BGBl. I S. 1259) im wesentlichen unverändert fortgegolten, also bis etwa 1965/1968. Frauen, die in den letzten zwei Jahren vor der Entbindung mindestens zehn Monate in der gesetzlichen Krankenversicherung versichert waren, erhielten nach § 195a Abs. 1 RVO von den Krankenkassen als Wochenhilfe:
1. bei der Entbindung oder bei Schwangerschaftsbeschwerden Hebammenhilfe, Arznei und kleinere Heilmittel sowie, falls erforderlich, ärztliche Behandlung,
2. einen einmaligen Beitrag zu den sonstigen Kosten der Entbindung und bei Schwangerschaftsbeschwerden in Höhe von 10 Mark,

Einf. *Einführung*

3. ein Wochengeld in Höhe des Krankengeldes, jedoch mindestens 50 Pfennig täglich für vier Wochen vor und sechs Wochen unmittelbar nach der Entbindung, für die Zeit vor der Entbindung drei Viertel des Grundlohnes, solange die Schwangere keine Beschäftigung gegen Entgelt ausübte,
4. solange sie ihre Neugeborenen stillten, ein Stillgeld in Höhe des halben Krankengeldes, jedoch mindestens 25 Pfennig täglich bis zum Ablauf der zwölften Woche nach der Entbindung.

9 Die Dauer des Wochengeldbezuges vor der Entbindung wurde auf zwei weitere Wochen erstreckt, also auf insgesamt sechs Wochen vor der Entbindung, wenn die Schwangere während dieser Zeit keine Beschäftigung gegen Entgelt ausübte (§ 195a Abs. 2 RVO).

10 Familienhilfe erhielten die Ehefrauen und Töchter eines Versicherten nach § 205a RVO. Als Familienwochenhilfe wurden die im § 195a Abs. 1 bis 4 RVO bezeichneten Leistungen gewährt; das Wochengeld betrug 50 Pfennig, das Stillgeld 25 Pfennig täglich.

11 Der arbeitsrechtliche Mutterschutz wurde für krankenversicherungspflichtige Arbeitnehmerinnen mit Ausnahme der Arbeitnehmerinnen in der Land-, Forst- und Hauswirtschaft durch das **Gesetz über Beschäftigung vor und nach der Niederkunft vom 16.7.1927** (RGBl. I S. 184) und vom 29.10.1927 (RGBl. I S. 325) ausgebaut: Während der sechs Wochen vor der Entbindung hatte die Arbeitnehmerin das Recht, die Arbeitsleistung zu verweigern. Für die sechs Wochen nach der Entbindung galt ein absolutes Beschäftigungsverbot. Für weitere sechs Wochen nach der Entbindung war sie bei Krankheit als Folge der Schwangerschaft oder Entbindung berechtigt, die Arbeitsleistung zu verweigern (§ 2). Während der sechs Monate nach der Entbindung hatten stillende Frauen einen Anspruch auf Stillpausen (§ 3). Während der sechs Wochen vor und nach der Entbindung, bei Krankheit bis zu zwölf Wochen nach der Entbindung, galt für den Arbeitgeber ein Kündigungsverbot; Kündigungen aus einem wichtigen, mit der Schwangerschaft oder Entbindung nicht zusammenhängenden Grund waren jedoch möglich (§ 4). Die Aufsicht über die Ausführung des Gesetzes wurde der Gewerbeaufsicht übertragen, im öffentlichen Dienst den die allgemeine Dienstaufsicht ausübenden Behörden (§ 4a). Außerdem wurde eine Strafvorschrift eingeführt. Verstöße gegen die Vorschriften des § 2 über das Aussetzen mit der Arbeit und des § 3 über die Stillpausen wurden mit Strafe bedroht (§ 5).

12 Mit dem Gesetz über die Beschäftigung vor und nach der Niederkunft vom 16.7.1927 wurde dem Internationalen Übereinkommen Nr. 3 über die Beschäftigung der Frauen vor und nach der Niederkunft vom 29.11.1919 (RGBl. II 1927 S. 497) Rechnung getragen. Eine Abstimmung der arbeitsrechtlichen Freistellung mit den Wochenhilfeleistungen der Reichsversicherungsordnung fehlte. Die Freistellung konnte daher ihren Zweck nicht ganz erreichen, da nicht alle Frauen ohne Lohnersatz mit der Arbeit aussetzen konnten.

Geschichte des Mutterschutzes Einf.

2. Mutterschutzgesetz von 1942

Die Abstimmung zwischen dem arbeits- und versicherungsrechtlichen Mutterschutz führte das Mutterschutzgesetz vom 17.5.1942 (RGBl. I S. 321) durch. Das **Leistungsverweigerungsrecht** in den letzten sechs Wochen **vor der Entbindung** ist bestehen geblieben (§ 2 Abs. 3 MuSchG 1942), ebenso das generelle absolute **Beschäftigungsverbot** bis zum Ablauf von sechs Wochen **nach der Entbindung**; für stillende Mütter wurde diese Frist auf acht Wochen, für stillende Mütter nach Frühgeburten auf zwölf Wochen verlängert (§ 3 Abs. 1 MuSchG 1942). Während dieser Zeiten erhielten Frauen, die in der gesetzlichen Krankenversicherung versichert waren und mit der Arbeit aussetzten, ein **Wochengeld** in Höhe des Durchschnittsverdienstes der letzten dreizehn Wochen, mindestens aber zwei Reichsmark; Frauen, die nicht in der gesetzlichen Krankenversicherung versichert waren, war das regelmäßige Arbeitsentgelt während der Schutzfristen weiterzugewähren (§ 7 Abs. 1 MuSchG 1942). Darüber hinaus erhielten stillende Frauen, die in der gesetzlichen Krankenversicherung versichert waren, ein **Stillgeld** von 0,50 Reichsmark täglich bis zum Ablauf der sechsundzwanzigsten Woche nach der Entbindung (§ 7 Abs. 2 MuSchG 1942). Das Wochen- und Stillgeld wurde von den Krankenkassen ausgezahlt, Beträge, die über die Kassenleistung des § 195 a RVO hinausgingen, zu Lasten des Reiches (§ 14 Abs. 3 Satz 2; Erlaß vom 16.6.1943, RABl. 1943 II S. 277).

Der Geltungsbereich des Mutterschutzes wurde auf alle Arbeitnehmerinnen in Betrieben und Verwaltungen jeder Art ausgedehnt. Einzelne Vorschriften konnten auch auf **Hausgehilfinnen** und Heimarbeiterinnen ausgedehnt werden (§ 1 Abs. 1 MuSchG 1942).

Der Gesundheitsschutz der werdenden Mutter wurde erheblich verbessert. In § 2 Abs. 1 wurde das im Grundsatz bis heute geltende **individuelle Beschäftigungsverbot** eingeführt: Eine werdende Mutter durfte nicht beschäftigt werden, wenn nach ärztlichem Zeugnis Leben und Gesundheit von Mutter oder Kind gefährdet waren (§ 2 Abs. I MuSchG 1942). Darüber hinaus wurden **generelle Beschäftigungsverbote eingeführt**: Werdende Mütter durften nicht mit schweren körperlichen Arbeiten, z.B. mit Heben und Tragen schwerer Lasten, und nicht mit Arbeiten beschäftigt werden, bei denen sie schädlichen Einwirkungen von gesundheitsgefährlichen Stoffen oder Strahlen, von Staub, Gasen oder Dämpfen, von Hitze, Kälte oder Nässe oder von Erschütterungen ausgesetzt waren. Die Beschäftigung im Akkord, mit Prämienarbeit oder am laufenden Band war unzulässig, wenn die durchschnittliche Arbeitsleistung die Kräfte werdender Mütter überstieg (§ 2 Abs. 2 MuSchG 1942). Setzten die Mütter wegen der Beschäftigungsverbote mit der Arbeit aus, war ihnen der **Durchschnittsverdienst** der letzten dreizehn Wochen vom **Arbeitgeber** weiter zu zahlen (§ 2 Abs. 2 Satz 4 MuSchG 1942).

Ohne **Lohnersatz** war Mehrarbeit, Nachtarbeit sowie Sonn- und Feiertagsarbeit verboten (§ 4 MuSchG 1942); außerdem konnte das Gewerbeaufsichtsamt besondere Maßnahmen zum Schutze von stillenden Müttern und von Frauen

Einf. *Einführung*

anordnen, die nach ärztlichem Zeugnis in den ersten Monaten nach der Entbindung nicht voll leistungsfähig waren (§ 3 Abs. 2 MuSchG 1942). Außerdem wurde die Regelung der Stillpausen verbessert und ausdrücklich bestimmt, daß ein Lohnausfall durch die Stillpausen nicht eintreten darf (§ 5 MuSchG 1942).

17 Das **Kündigungsverbot** von 1927 für sechs Wochen vor bis sechs Wochen nach der Entbindung wurde auf die ganze Schwangerschaft und bis zum Ablauf von vier Monaten nach der Entbindung ausgedehnt. Allerdings konnte eine Ausnahme genehmigt werden, wenn ein wichtiger Grund die Lösung des Arbeitsverhältnisses erforderte (§ 6 MuSchG 1942).

18 Jeder **Verstoß** gegen eine Vorschrift des Mutterschutzgesetzes wurde mit **Strafe bedroht** (§ 11 MuSchG 1942). Die Aufsicht über die Ausführung der Vorschriften des Gesetzes oblag den Gewerbeaufsichtsämtern, im öffentlichen Dienst den vorgesetzten Dienstbehörden (§ 12 MuSchG 1942).

3. *Mutterschutzgesetz von 1952*

19 Mit dem Zusammenbruch des Dritten Reiches im Jahre 1945 stellte das Reich die Zahlung der Erstattungsbeträge für das erhöhte Wochen- und Stillgeld nach § 7 MuSchG 1942 ein. Die Krankenkassen beschränkten sich auf die niedrigeren Wochenhilfeleistungen des § 195 a RVO. Nach der Verabschiedung des Grundgesetzes, das in Art. 6 Abs. 4 jeder Mutter einen Anspruch auf Schutz und Fürsorge der Gemeinschaft gibt, wurde auf den Initiativantrag der SPD-Fraktion des Deutschen Bundestages vom 18. 7. 1950 (BT-Drucks. Nr. 1182) hin das Mutterschutzgesetz vom 24. 1. 1952 (BGBl. I S. 69) erlassen (vgl. dazu die Berichte über die 80. und 180. Sitzung des Deutschen Bundestages vom 27. 7. 1950, S. 2996 D – 3001 D und vom 12. 12. 1951, S. 7518 C – 7529 D, den Bericht über die 75. Sitzung des Bundesrates vom 20. 12. 1951, S. 867 B – 868 A sowie die BT-Drucks. Nr. 2876). Dabei wurden die bisherigen Erfahrungen verwertet und der Mutterschutz weiter ausgebaut. In seinen Grundzügen gilt dieses Gesetz heute noch.

20 Gegenüber dem MuSchG 1942 wurde der **Geltungsbereich** des Gesetzes auf alle Arbeitnehmerinnen – **auch im Haushalt** – und **Heimarbeiterinnen** ausgedehnt (§ 1 MuSchG 1952). Hausgehilfinnen und Tagesmädchen wurden aber den anderen Arbeitnehmerinnen nicht in allen Punkten voll gleichgestellt. Ihre Schutzfrist vor der Entbindung betrug nicht sechs, sondern vier Wochen (§ 3 Abs. 2 MuSchG 1952). Das Verbot der Sonn- und Feiertagsarbeit galt für sie nicht (§ 8 Abs. 1 MuSchG 1952), das Verbot der Mehrarbeit nur in abgewandelter Form (§ 8 Abs. 2 MuSchG 1952), das Kündigungsverbot nur bis zum Ende des fünften Monats der Schwangerschaft (§ 9 Abs. 1 Satz 2 MuSchG 1952). Für gekündigte **Hausgehilfinnen** und **Tagesmädchen** wurde aber eine **Sonderunterstützung** bis zum Einsetzen der Wochengeldzahlungen eingeführt (§ 11 MuSchG 1952).

Geschichte des Mutterschutzes

Das Leistungsverweigerungsrecht für die Dauer von **sechs Wochen vor der** 21
Entbindung wurde in ein **Beschäftigungsverbot** von gleicher Dauer mit der Möglichkeit, sich ausdrücklich zur Arbeitsleistung bereitzuerklären, umgewandelt (§ 3 Abs. 2 MuSchG 1952). Das Beschäftigungsverbot **nach der Entbindung** des MuSchG 1942 von sechs, für **stillende** Mütter von acht, für stillende Mütter **nach Frühgeburten von zwölf Wochen** wurde beibehalten. Für diese Schutzfristen hinaus war die Beschäftigung unzulässig, solange die Frau nach ärztlichem Zeugnis arbeitsunfähig war; Frauen, die in den ersten Monaten nach der Entbindung nicht voll leistungsfähig waren, durften nicht zu einer ihre Leistungsfähigkeit übersteigenden Arbeit herangezogen werden (§ 6 Abs. 1 Satz 2 und Abs. 2 MuSchG 1952). Die generellen Beschäftigungs-, Mehr-, Nacht- und Sonntagsarbeitverbote wurden weiter ausgebaut und auf stillende Mütter ausgedehnt (§ 4, § 6 Abs. 3 und § 8 MuSchG 1952). Das **generelle Beschäftigungsverbot** wurde in § 4 Abs. 1 zu einer umfassenden **Generalklausel** verselbständigt; in § 4 Abs. 2 begann man mit einer Konkretisierung; in § 4 Abs. 3 und 4 wurden umfassende Ermächtigungen zur weiteren Konkretisierung und Erweiterung des Schutzes geschaffen.

Die Fortzahlung des Arbeitsentgelts bei Beschäftigungsverboten wurde ent- 22
sprechend ihrer Ergänzung weiter ausgebaut, das Mehr-, Nacht- und Sonntagsarbeitsverbot aber auch diesmal nicht einbezogen (§ 10 MuSchG 1952).

Der Entgeltschutz während der Schutzfristen vor und nach der Entbindung 23
des MuSchG 1942 wurde im Grundsatz mit ergänzenden Detailregelungen mit folgender Besonderheit beibehalten: **Wochen- und Stillgeld** erhielten nur Frauen, die in der gesetzlichen Krankenversicherung pflichtversichert waren; Frauen, die in der gesetzlichen Krankenversicherung freiwillig versichert waren, wurde ebenso wie nicht versicherten Frauen das Arbeitsentgelt während der Schutzfristen vom Arbeitgeber weitergezahlt (§§ 12 und 13 MuSchG 1952). Die strittige Frage der Tragung der Kosten für das Wochen- und Stillgeld zwischen dem Bund und den Krankenkassen wurde dahingehend geregelt, daß der Bund den Krankenkassen die Kosten ersetzte, die die Kosten der Wochenhilfe nach der Reichsversicherungsordnung überstiegen.

Die **Aufsicht** über die Ausführung der Vorschriften des Mutterschutzgesetzes 24
wurde generell den **Gewerbeaufsichtsämtern** übertragen, zum ersten Mal auch im öffentlichen Dienst (§ 19 MuSchG 1952). Die **Strafvorschriften** wurden entsprechend dem damaligen Stand gefaßt (§§ 20–23 MuSchG 1952).

4. Der Weg zum Mutterschutzgesetz 1968

Bereits im Mai 1961 schlug der Deutsche Gewerkschaftsbund im Hinblick auf 25
neuere medizinische Erkenntnisse und die gegenüber anderen Ländern vergleichsweise höhere Mütter- und Säuglingssterblichkeit in der Bundesrepublik Deutschland eine Novelle zum Mutterschutzgesetz vor (RdA 1961 S. 342).

Am 29.6.1962 brachte die Fraktion der SPD einen Initiativantrag – BT- 26
Drucks. IV/562 – als Entwurf eines Zweiten Gesetzes zur Änderung und

Ergänzung des Mutterschutzgesetzes ein. In dem Antrag waren u.a. die Verlängerung der Schutzfristen vor und nach der Entbindung auf zehn Wochen und das völlige Verbot der Akkord- und Fließarbeit vorgesehen. Außerdem sollten nach dem Entwurf alle Frauen, und zwar ohne Rücksicht darauf, ob sie in einem Arbeitsverhältnis standen oder nicht, einen Anspruch auf kostenfreie Schwangerschaftsuntersuchungen und auf kostenfreie Entbindung in einer Anstalt oder im eigenen Heim erhalten.

27 Im März 1965 legten die Fraktionen der CDU/CSU, FDP gemeinsam zwei Initiativentwürfe vor, nämlich den »Entwurf eines Gesetzes zur Änderung des Mutterschutzgesetzes und der Reichsversicherungsordnung« – BT-Drucks. IV/3125 (neu) – und den »Entwurf eines Gesetzes über Vorsorgemaßnahmen für werdende Mütter und Wöchnerinnen« – BT-Drucks. IV/3170. Die erste Lesung beider Gesetzentwürfe fand am 25.3.1965 statt. Der Entwurf IV/3170, der allen werdenden Müttern insbesondere das Recht auf kostenfreie Vorsorgeuntersuchungen während der Schwangerschaft einräumen sollte, wurde beraten, vom Bundestag aber u.a. aus verfassungsrechtlichen Gründen nicht mehr verabschiedet.

28 Der federführende Ausschuß für Arbeit beriet die Initiativanträge der Fraktionen der SPD und der CDU/CSU, FDP – IV/562 und 3125 (neu) – und schloß seine Beratungen am 15.6.1965 ab. Die entscheidenden Verbesserungen, die der Ausschuß gegenüber dem bisher geltenden Recht beschlossen hatte, betrafen insbesondere die Übernahme der Kosten für das Mutterschaftsgeld durch den Bund, die Verlängerung der Schutzfrist nach der Entbindung auf acht Wochen, nach Früh- und Mehrlingsgeburten auf zwölf Wochen, die Gestaltung des Arbeitsplatzes und das grundsätzliche Verbot der Akkord- und Fließarbeit. Außerdem sollten alle versicherten Frauen das Recht auf kostenfreie Schwangerschaftsuntersuchungen, kostenfreie Entbindung in einer Krankenanstalt und auf einen Entbindungskostenbeitrag von 100 DM erhalten (BT-Drucks. IV/3652 und zu BT-Drucks. IV/3652). Der Entwurf wurde in zweiter Lesung am 1.7.1965 und in dritter Lesung in einer Sondersitzung am 6.6.1965 beraten (Protokolle über die 195.–197. Sitzung des Deutschen Bundestages, Vierte Wahlperiode S. 9968 B ff., S. 10005 A ff., S. 10005 D ff.). Der Haushaltsausschuß hatte gegen die Übernahme der Kosten für das Mutterschaftsgeld durch den Bund keine Einwendungen erhoben (BT-Drucks. IV/3731).

29 Der Bundesrat hatte dem Änderungsgesetz in der Sitzung vom 16.7.1965 zugestimmt (BR-Drucks. 408/65).

30 **Das Gesetz zur Änderung des Mutterschutzgesetzes und der Reichsversicherungsordnung vom 24.8.1965** ist im BGBl. I S. 912 veröffentlicht worden. Es sollte mit seinen Vorschriften, soweit sie das Mutterschutzrecht betrafen, am 1.1.1966, mit seinen Vorschriften betreffend die Erhöhung der Krankenversicherungspflichtgrenze bereits am 1.9.1965 in Kraft treten. Vom 1.1.1966 ab sollte u.a. das Mutterschaftsgeld zu Lasten des Bundes gezahlt werden, und zwar für Arbeitnehmerinnen, die in der gesetzlichen Krankenversicherung nicht

Geschichte des Mutterschutzes **Einf.**

versichert waren, in vollem Umfang, und für Arbeitnehmerinnen, die in der gesetzlichen Krankenversicherung versichert waren, den Betrag, der 150 DM pro Entbindungsfall überstieg. Der Bundesminister für Arbeit und Sozialordnung hatte das Mutterschutzgesetz in der sich aus dem Änderungsgesetz ergebenden Fassung am 9.11.1965 im BGBl. I S. 1821 bekanntgemacht. Es ist jedoch in dieser Fassung niemals in Kraft gewesen.

Die **schwierige Haushaltslage des Bundes** hat zur Verabschiedung des Haushaltssicherungsgesetzes vom 20.12.1965 (BGBl. I S. 2065) geführt. Durch Art. 5 Nr. 3 dieses Gesetzes ist das Inkrafttreten insbesondere der Vorschriften des Änderungsgesetzes vom 24.8.1965, die mit dem Mutterschaftsgeld und der Mutterschaftshilfe zusammenhingen, bis zum 1.1.1967 hinausgeschoben worden. Nach dem Finanzplanungsgesetz vom 23.12.1966 (BGBl. I S. 697) sollte der Schwebezustand bis zum Inkrafttreten eines Gesetzes zur Neuregelung der gesetzlichen Krankenversicherung, spätesten bis zum 31.12.1968, dauern. Art. 1 Nr. 6 und Art. 3 § 8 bis § 10 des Finanzänderungsgesetzes 1967 vom 21.12.1967 (BGBl. I S. 1259) haben diesen ungewöhnlichen Schwebezustand beseitigt – vgl. den Regierungsentwurf in BT-Drucks. V/2149, den schriftlichen Bericht des Haushaltsausschusses in BT-Drucks. V/2341 und die »zu« Drucks. sowie den stenografischen Bericht über die 142. Sitzung des Deutschen Bundestages am 8.12.1967 S. 7290 –. Die suspendierten Vorschriften des Änderungsgesetzes vom 24.8.1965 sind am 1.1.1968 in Kraft getreten, z.T. allerdings in veränderter Form. Die Unübersichtlichkeit und Rechtsunsicherheit der letzten Jahre auf diesem Gebiet ist damit in materieller Hinsicht beseitigt worden. Zur Beseitigung der formellen Unklarheiten hat der Bundesminister für Arbeit und Sozialordnung die sich aus den zahlreichen Änderungen ergebende Neufassung des Mutterschutzgesetzes aufgrund des Art. 3 § 9 des Finanzänderungsgesetzes 1967 im BGBl. I S. 315 in der Fassung vom 18.4.1968 bekanntgemacht. 31

5. Mutterschutzgesetz von 1968

Das Mutterschutzgesetz in der **Fassung vom 18.4.1968** (BGBl. 1 S. 315) brachte eine **neue gesetzessystematische Grundkonzeption**. Es enthielt für die in der gesetzlichen Krankenversicherung versicherten Arbeitnehmerinnen materiell nur noch die **arbeitsschutzrechtlichen Bestimmungen**. Das Wochengeld während der Schutzfristen wurde in **Mutterschaftsgeld** umbenannt und als §§ 200 und 200a in die **Reichsversicherungsordnung** eingefügt. Die übrige Wochenhilfe des § 195a RVO wurde zur Mutterschaftshilfe der §§ 195–199 RVO ausgebaut und von Versicherungszeiten nicht mehr abhängig gemacht. Damit wurde deutlich zum Ausdruck gebracht, daß es Aufgabe der gesetzlichen Krankenversicherung ist, ihren Mitgliedern bei Mutterschaft Leistungen zu erbringen (BT-Drucks. IV/3652 S. 8 zu Art. 2 Nr. 1). 32

Die **Schutzfrist vor der** Entbindung wurde **für alle** Arbeitnehmerinnen, auch für Hausgehilfinnen und Tagesmädchen auf **sechs Wochen** festgesetzt (§ 3 Abs. 2 MuSchG 1968). Die Schutzfrist **nach der Entbindung** wurde von sechs 33

Einf. *Einführung*

auf acht Wochen, für Mütter nach **Früh- und Mehrlingsgeburten** generell auf zwölf Wochen verlängert (§ 6 Abs. 1 MuSchG 1968). Während dieser Schutzfristen erhielt die Arbeitnehmerin den Durchschnittsverdienst der letzten drei Monate bzw. dreizehn Wochen vor Beginn der Schutzfrist als **Mutterschaftsgeld** bis zu 25 DM für den Kalendertag bzw. bis zu etwa 750 DM im Monat von der Krankenkasse (§ 13 MuSchG 1968, § 200 RVO), den darüber hinausgehenden Betrag als Zuschuß zum Mutterschaftsgeld **vom Arbeitgeber** (§ 14 MuSchG 1968). Der Bund beteiligte sich an den Kosten für das Mutterschaftsgeld mit einem Pauschbetrag von 400 DM für jeden Leistungsfall (§ 200d RVO). Die Arbeitgeber wurden von der Fortzahlung des Arbeitsentgelts an nichtversicherte Arbeitnehmerinnen wahrend der Schutzfristen entlastet, § 12 MuSchG 1952 wurde gestrichen. Nichtversicherte Arbeitnehmerinnen erhielten ihr Mutterschaftsgeld von der Ortskrankenkasse zu Lasten des Bundes (§ 13 MuSchG 1968).

34 Zur Beseitigung der Mütter- und Säuglingssterblichkeit sind vor allem die Leistungen der Mutterschaftshilfe der §§ 195 bis 199 RVO eingeführt worden, und zwar ärztliche Betreuung und Hilfe sowie Hebammenhilfe, Versorgung mit Arznei-, Verband- und Heilmitteln, Pflege in einer Entbindungs- oder Krankenanstalt sowie Hilfe und Wartung durch Hauspflegerinnen (vgl. BT-Drucks. IV/3652 S. 2).

35 Neu eingefügt wurde die Vorschrift über die besondere **Gestaltung des Arbeitsplatzes** zugunsten der werdenden und stillenden Mutter (§ 2 MuSchG 1968). Die **generellen Beschäftigungsverbote** wurden durch das Verbot der Beschäftigung unter schädlichen Einwirkungen von Lärm und bei erhöhten Unfallgefahren und durch ein generelles Akkord- und Fließarbeitsverbot mit Erlaubnisvorbehalt ergänzt (§ 4 MuSchG 1968). Die Vorschrift über die Fortzahlung des Arbeitsentgelts bei Beschäftigungsverboten wurde durch Berechnungsbestimmungen verbessert und auf das Mehr-, Nacht- und Sonntagsarbeitsverbot ausgedehnt (§ 11 MuSchG 1968). Die zulässigen Höchstarbeitszeiten sind von 96 auf 90 Stunden in der Doppelwoche verkürzt worden (§ 8 Abs. 2 Nr. 3 MuSchG 1968).

36 Die Frist für die **Mitteilung der Schwangerschaft** zur Auslösung des Kündigungsverbots wurde von einer auf zwei Wochen verlängert (§ 9 Abs. 1 Satz 1 MuSchG 1968). Anstelle eines schon damals geforderten Mutterschaftsurlaubs ist die Möglichkeit eingeführt worden, das Arbeitsverhältnis zum Ende der Schutzfrist nach der Entbindung zu kündigen, um. sich bei der Rückkehr ins Arbeitsverhältnis bestimmte Rechte zu erhalten (§ 10 MuSchG 1968, vgl. BT-Drucks. IV/3652 S. 6 zu Nr. 11).

37 Die Strafvorschriften wurden in Ordnungswidrigkeiten umgewandelt und näher präzisiert (§§ 21 bis 23 MuSchG 1968). Die §§ 22 und 23 sind später durch Art. 167 Abs. 1 des Einführungsgesetzes zum Gesetz über Ordnungswidrigkeiten vom 24.5.1968 (BGBl. I S. 503) am 1.10.1968 außer Kraft gesetzt worden. § 21 Abs. 3 und 4 wurde durch Art. 246 des Einführungsgesetzes zum

Geschichte des Mutterschutzes **Einf.**

Strafgesetzbuch vom 2.3.1974 (BGBl. I S. 469) an die Grundsätze der Strafrechtsreform angepaßt.

§§ 13 und 15 MuSchG 1968 über das Mutterschaftsgeld und die Mutterschaftshilfe wurden in den Verweisungen an das Gesetz über die Krankenversicherung der Landwirte vom 10.8.1972 (BGBl. I S. 1433) angepaßt. Dieses Gesetz übertrug die Vorschriften der §§ 195 bis 200d und des § 205a RVO über die Mutterschaftshilfe in seinen §§ 22 bis 31 und 33 auf die Landwirtschaft. 38

6. Änderung 1979, Mutterschaftsurlaub

Mit dem **Gesetz zur Einführung eines Mutterschaftsurlaubs vom 25.6.1979** (BGBl. I S. 797) wurden in konsequenter Fortentwicklung der Freistellung der Arbeitnehmerin von der Beschäftigung im Betrieb aus Anlaß der Mutterschaft die Vorschrift des § 8a über den Mutterschaftsurlaub, die Vorschrift des § 9a über das Kündigungsverbot bei Mutterschaftsurlaub und die Vorschrift des § 10 Abs. 1 Satz 2 über das Sonderkündigungsrecht der Arbeitnehmerin zum Ende ihres Mutterschaftsurlaubs in das Mutterschutzgesetz eingefügt und in das bisherige System eingebaut. Während des Mutterschaftsurlaubs wurde der Arbeitnehmerin das Mutterschaftsgeld nach § 13 Abs. 3 MuSchG und § 200 Abs. 4 RVO weitergezahlt. Die beurlaubte Arbeitnehmerin blieb beitragsfrei in der Renten- und Krankenversicherung sowie in der Arbeitslosenversicherung versichert (BT-Drucks. 8/2613; vgl. ferner die 3. und 4. Auflage dieses Kommentars). 39

Der Einführung des Mutterschaftsurlaubs lag die Erfahrung und Erkenntnis zugrunde, daß eine Mutter wegen der mit der Schwangerschaft und Entbindung zusammenhängenden Veränderungen über die Schutzfrist von in der Regel acht Wochen nach der Entbindung hinaus schonungsbedürftig ist. Zwar ist die Rückbildung der Organe meistens innerhalb von sechs bis acht Wochen nach der Entbindung abgeschlossen. Die gesamte Regeneration des mütterlichen Organismus nimmt jedoch wesentlich längere Zeit in Anspruch. Insbesondere das vegetative Nervensystem und die mit der Schwangerschaft und Entbindung zusammenhängenden hormonellen Veränderungen brauchen erheblich mehr Zeit als nur acht Wochen, um wieder den Zustand vor der Schwangerschaft zu erreichen. Mit dem Mutterschaftsurlaub sollten deshalb die im Arbeitsverhältnis stehenden leiblichen Mütter für sechs Monate nach der Entbindung von der Beschäftigung im Betrieb freigestellt werden, damit sie sich von der Schwangerschaft und Entbindung erholen konnten. Hierzu trug auch der durch ein Arbeitsverhältnis nicht gestörte Umgang mit dem Neugeborenen bei (vgl. im einzelnen Zmarzlik, DB 1981 S. 843). Die Fortzahlung des Mutterschaftsgeldes während dieser Zeit sollte ihren Lohn wenigstens teilweise ersetzen und ihr damit helfen, von der verlängerten Freistellung Gebrauch zu machen (BT-Drucks. 8/2613 S. 9 und 21; vgl. ferner BT-Drucks. 8/2797 S. 1, 3 und 15). 40

Die **finanzielle Last** für die Fortzahlung des Mutterschaftsgeldes während des **Mutterschaftsurlaubs trug der Bund** (§ 13 Abs. 3 MuSchG, § 200d Abs. 3 41

27

Einf. *Einführung*

RVO). Damit war die gesamte finanzielle Last aus Anlaß der Mutterschaft von Arbeitnehmerinnen auf die drei Hauptbeteiligten besser verteilt. Arbeitgeber: Kosten für Fortzahlung des Arbeitsentgelts bei Beschäftigungsverboten und für den Zuschuß zum Mutterschaftsgeld während der Schutzfristen (§§ 11 und 14 MuSchG), Krankenkassen: Kosten für Mutterschaftsgeld während der Schutzfristen über 400 DM für jeden Leistungsfall (§ 200d Abs. 1 RVO) und Kosten für die Leistungen der sonstigen Mutterschaftshilfe nach §§ 196 bis 199 RVO, Bund: Kosten für Pauschbetrag von 400 DM für jeden Leistungsfall der Krankenkassen bei der Zahlung des Mutterschaftsgeldes während der Schutzfristen und Kosten für Fortzahlung des Mutterschaftsgeldes während des Mutterschaftsurlaubs (§ 200d Abs. 1 und 3 RVO), ferner Kosten für die Sonderunterstützung für im Familienhaushalt Beschäftigte (§ 12 MuSchG), für das gesamte Mutterschaftsgeld der in der gesetzlichen Krankenversicherung nichtversicherten Frauen (§ 13 Abs. 2 und 3 MuSchG) und für den Zuschuß zum Mutterschaftsgeld der aus dem Arbeitsverhältnis ausgeschiedenen Frauen (§ 14 Abs. 2 MuSchG).

42 Frauen, die in der gesetzlichen Krankenversicherung versichert waren, erhielten das Mutterschaftsgeld von den Krankenkassen, auch das während des Mutterschaftsurlaubs fortzuzahlende, weil es Aufgabe der gesetzlichen Krankenkassen ist, ihren Mitgliedern Leistungen bei Mutterschaft zu gewähren (BT-Drucks. 8/2613 S. 14 zu Art. 2). Frauen, die nicht in der gesetzlichen Krankenversicherung versichert waren, erhielten das Mutterschaftsgeld nicht mehr von der Ortskrankenkasse, sondern vom Bundesversicherungsamt (§ 13 Abs. 2 und 3 MuSchG), weil die Erbringung von Leistungen an Nichtmitglieder nicht zu den eigentlichen Aufgaben der gesetzlichen Krankenkasse gehört.

43 Für das Gesetz zur Einführung des Mutterschaftsurlaubs waren folgende Drucksachen und Protokolle von Bedeutung: Stenographischer Bericht über die 103. Sitzung des Deutschen Bundestages vom 20.9.1978 Plenarprotokoll 8/103 S. 8119 ff.; BR-Drucks. 4/79; Bericht über die 469. Sitzung des Bundesrates vom 16.2.1979 Plenarprotokoll 469 S. 23 ff.; BR-Drucks. 4/79 (Beschluß); BT-Drucks. 8/2613; Stenographischer Bericht über die 144. Sitzung des Deutschen Bundestages vom 15.3.1979 Plenarprotokoll 8/144 S. 11381; BT-Drucks. 8/2797; BT-Drucks. 8/2828; BT-Drucks. 8/2829; Stenographischer Bericht über die 151. Sitzung des Deutschen Bundestages vom 10.5.1979 Plenarprotokoll 8/151; BR-Drucks. 221/79 und zu Drucks. 221/79; Bericht über die 473. Sitzung des Bundesrates vom 1.6.1979 Plenarprotokoll 473 S. 119 ff.; BR-Drucks. 8/2937; BR-Drucks. 297/79 und Bericht über die 474. Sitzung des Deutschen Bundesrates vom 22.6.1979 Plenarprotokoll 474 S. 162 ff. Gleichzeitig wurde das Gesetz zur Änderung des Einkommensteuergesetzes und des Mutterschutzgesetzes vom 27.6.1979 (BGBl. I S. 474) behandelt und verabschiedet: BT-Drucks. 8/2667; BT-Drucks. 8/2816; BT-Drucks. 8/2831 und BR-Drucks. 222/79; BT-Drucks. 8/2938 und BR-Drucks. 298/79. Der Entwurf eines Gesetzes über die stufenweise Einführung eines Familiengeldes (Bundesfamiliengeld-

gesetz BFGG) vom 14.3.1979 (BT-Drucks. 8/2650, BT-Drucks. 8/2815 und BT-Drucks. 8/2830), nach dem ein nichterwerbstätiger Elternteil ein Familiengeld von 400,– DM monatlich während der ersten eineinhalb Lebensjahr eines Kindes erhalten sollte, ist nicht verabschiedet worden.

7. Änderungen 1981 und 1983

Durch Art. 15 des 2. **Haushaltsstrukturgesetzes** vom 22.12.1981 (BGBl. I S. 1523) wurde die Inanspruchnahme des Mutterschaftsurlaubs durch Einfügung des jetzigen § 8a Abs. 1 Satz 2 MuSchG von zeitlichen Voraussetzungen abhängig gemacht. Hierdurch sollten Fehlentwicklungen beim Bezug von Mutterschaftsgeld während des Mutterschaftsurlaubs beseitigt und ca. 20 Mio. DM im Bundeshaushalt eingespart werden (BT-Drucks. 9/842 S. 15, 44, 61; BT-Drucks. 9/985, zu Drucks. 9/971 S. 16). Außerdem wurden mit dem Auslaufen der Frist für die Erstattungen der Beitragsausfälle an die Träger der gesetzlichen Kranken- und Rentenversicherung zum 31.12.1981 (Art. 7 des Gesetzes zur Einführung eines Mutterschaftsurlaubs vom 25.6.1979, BGBl. I S. 797) ab 1.1.1982 pro Jahr ca. 245 Mio. DM im Bundeshaushalt gespart (vgl. BT-Drucks. 9/1210). In Art. 4 des Kostendämpfungs-Ergänzungsgesetzes vom 22.12.1981 (BGBl. I S. 1578) wurde durch Anfügung des letzten Halbsatzes in § 13 Abs. 2 Satz 1 das Mutterschaftsgeld der Frauen, die nicht in der gesetzlichen Krankenversicherung versichert sind, für die Schutzfristen vor und nach der Entbindung auf insgesamt 400,– DM pro Fall beschränkt und der Bund hierdurch um 10 Mio. DM entlastet (vgl. BT-Drucks. 9/798 S. 8, 15, 17).

Im Jahre 1983 sind im Bereich des Mutterschaftsgeldes **weitere Sparmaßnahmen** durchgeführt worden. In Art. 1 Nr. 4b und Nr. 5, Art. 14 Nr. 3b und Nr. 4 sowie in Art. 18 des Haushaltsbegleitgesetzes 1984 vom 22.12.1983 (BGBl. I S. 1532) wurde das Mutterschaftsurlaubsgeld zur Entlastung des Bundeshaushalts gekürzt. Mit Wirkung vom 1.1.1984 erhielten die im Arbeitsverhältnis stehenden Mütter ein Mutterschaftsurlaubsgeld von 17,– DM pro Kalendertag (ca. 510,– DM im Monat, bis dahin 25,– DM pro Kalendertag und ca. 750,– DM im Monat). Durch die Kürzung des Mutterschaftsurlaubsgeldes sollte der Bundeshaushalt im Jahre 1984 um 320 Mio. DM sowie im Jahre 1985 und im Jahre 1986 um je 430 Mio. DM entlastet werden (BT-Drucks. 10/335 S. 69). Die Einsparungen sollten dazu dienen, das Mutterschaftsurlaubsgeld in Höhe von 17,– DM pro Kalendertag bzw. von ca. 510,– DM im Monat ab 1.1.1987 für vier Monate nach der Entbindung allen Müttern zu zahlen (vgl. BT-Drucks. 10/335 S. 2, 64; BT-Drucks. 10/690 S. 2; BT-Drucks. 10/691 S. 20).

8. Änderungen 1985, Erziehungsgeld und Erziehungsurlaub

Durch § 22 Nr. 2 und § 38 Nr. 1 des **Bundeserziehungsgeldgesetzes (BErzGG) vom 6.12.1985** (BGBl. I S. 2154) wurden die §§ 8a, 8b, 8c, 8d, 9a, 10 Abs. 1 Satz 2 und § 13 Abs. 3 MuSchG sowie der § 200 Abs. 4, § 200a Abs. 2 und 3 und § 200d Abs. 3 RVO über den Mutterschaftsurlaub und das Mutterschaftsurlaubsgeld aufgehoben. Der Mutterschaftsurlaub und das Mutterschaftsurlaubsgeld sind in dem Erziehungsurlaub und Erziehungsgeld des BErzGG, das die CDU/CSU-Fraktion im Deutschen Bundestag schon seit 1974 erstrebt hat, aufgegangen (vgl. BT-Drucks. 8/2650, BT-Drucks. 8/2815 und BT-Drucks. 8/2830). Zur Weiterentwicklung des Erziehungsgeldes und des Erziehungsurlaubs vgl. Vorauflage, Teil B, Einführung Rdnr. 47, 50, 51 und Teil E, Erläuterungen zum Bundeserziehungsgeldgesetz. Zur Übersicht über die aktuellen Regelungen der Elternzeit vgl. Viethen/Schwedes, Kap. 17.

9. Änderungen 1987, 1988, 1989, 1990

47 Durch die Vierte Zuständigkeitsanpassungs-Verordnung vom 7.10.1987 (BGBl. I S. 2265) wurde die Ermächtigung zum Erlaß von Rechtsverordnungen entsprechend der Neuregelung der Zuständigkeit für den Mutterschutz innerhalb der Bundesregierung vom Bundesminister für Arbeit und Sozialordnung auf den Bundesminister für Jugend, Familie, Frauen und Gesundheit mit Wirkung vom 7.7.1987 übertragen. Nunmehr ist der Bundesminister für Frauen und Jugend zuständig.

48 Die seit 1965 geltenden Vorschriften der §§ 195 ff. RVO und der §§ 22 ff. KVLG über Mutterschaftshilfe wurden durch Art. 5 und 6 des Gesundheits-Reformgesetzes vom 20.12.1988 (BGBl. I S. 2477) neugefaßt und in Vorschriften über Leistungen bei Schwangerschaft und Mutterschaft umbenannt (vgl. Einf. vor § 195 RVO). Dieser Neufassung entsprechend wurden durch Art. 52 des Gesundheits-Reformgesetzes die Vorschriften der §§ 12 bis 16 MuSchG geändert.

49 Durch Art. 2 des Gesetzes zur Änderung des Bundeserziehungsgeldes und anderer Vorschriften vom 30.6.1989 (BGBl. I S. 1297) wurde in § 14 MuSchG ein Abs. 4 angefügt und darin klargestellt, daß der Zuschuß zum Mutterschaftsgeld für die Zeit entfällt, in der Erziehungsurlaub genommen wird.

50 **In den neuen Bundesländern** und in Ostberlin sind das Mutterschutzgesetz, die Vorschriften der RVO und des KVLG über Mutterschaftsleistungen sowie das Bundeserziehungsgeldgesetz für Geburten nach dem 12.12.1990 gemäß der Anlage I des Einigungsvertrages vom 31.8.1990 am 1.1.1991 in Kraft getreten.

10. Änderungen 1992, 1994

51 Durch das Erste Gesetz zur Änderung des Mutterschutzgesetzes vom 3.7.1992 (RGBl. I S. 1192) wurde der Ausnahmekatalog vom Verbot der Nachtarbeit in § 8 Abs. 3 MuSchG durch eine Ausnahme für Künstlerinnen bei Musikaufführungen, Theatervorstellungen und ähnlichen Aufführungen bis 23 Uhr ergänzt. In § 9 Abs. 1 Satz 1 MuSchG wurde die Zweiwochenfrist für die Mitteilung der Frau über ihre Schwangerschaft oder Entbindung, die bis dahin als Ausschlußfrist galt, zugunsten der Frau dahin geändert, daß das Überschreiten dieser Zweiwochenfrist unschädlich ist, wenn es auf einem von der Frau nicht zu vertretenden Grund beruht und die Mitteilung unverzüglich nachgeholt

wird. Durch das Änderungsgesetz wurde ferner die Zuständigkeit des Bundesministers für Frauen und Jugend für das MuSchG bestätigt. Durch Art. 10 ArbZRG von 1994 wurde das Wort »Bundesminister« durch das Wort »Bundesministerium« und in § 7 Abs. 2 das Wort »Arbeitszeitordnung« durch das Wort »Arbeitszeitgesetz« ersetzt.

11. ÄndG Mutterschutzrecht 1996, Neufassung des MuSchG 1997, MuSchArbV

Das **Gesetz zur Änderung des Mutterschutzrechts vom 20.12.1996** 52 (BGBl. I S. 2110) diente vorrangig der Umsetzung der EG-Mutterschutz-Richtlinie 92/85 (vgl. Anh. 19). Darüber hinaus wurden mit diesem Gesetz die Gleichstellung der Hausangestellten mit den übrigen Arbeitnehmerinnen verwirklicht, die Schutzfristen für Mütter nach Frühgeburten verbessert und Beschäftigungsverbote präzisiert. Zur Verbesserung der Wettbewerbschancen junger Frauen in Handwerksbetrieben und anderen Kleinbetrieben wurde das Umlageverfahren »U 2« im Lohnfortzahlungsgesetz mit dem Ziel einer höheren Erstattung von Mutterschutzkosten der Arbeitgeber geändert. Daraus ergaben sich mutterschutzrechtliche Folgeänderungen in der Reichsversicherungsordnung und im Gesetz über die Krankenversicherung der Landwirte (vgl. BT-Drucks. 13/2763 S. 1 f., 6 ff.; BT-Drucks. 13/6110 S. 1 f., 10, 11 ff.).

Aufgrund der Ermächtigung des Art. 6 des Änderungsgesetzes wurde das 53 Mutterschutzgesetz von 1968, seitdem mehrfach geändert, am 17.1.1997 neugefaßt und die **Neufassung des Mutterschutzgesetzes vom 17.1.1997** (BGBl. S. 22, ber. S. 293) am 24.1.1997 im BGBl. S. 21 ff. veröffentlicht. Die Neufassung dient der besseren Übersichtlichkeit des seit 1.1.1997 geltenden Mutterschutzrechts (vgl. BT-Drucks. 13/6110 S. 13).

Die **Mutterschutzrichtlinienverordnung** (MuSchRiV) **vom 15.4.1997** 54 (BGBl. I S. 782, hier Anh. 5) diente der ergänzenden Umsetzung der Art. 4 bis 6 der EG-Mutterschutz-Richtlinie 92/85 (vgl. Anh. 19). Zu diesem Zweck wurde die Verordungsermächtigung in dem neugefaßten § 2 Abs. 4 MuSchG entsprechend erweitert (vgl. BT-Drucks. 13/2763 S. 8 f.; BR/Drucks. 94/97 S. 1, 10). Der wesentlichste Bestandteil dieser Verordnung ist deren Art. 1: **Verordnung zum Schutze der Mütter am Arbeitsplatz (MuSchArbV).** Die MuSchArbV ist in § 2 Rdnr. 39 ff. erläutert.

12. Änderungen 2000, 2001

Durch Art. 13 des Gesetzes zur Änderung des Begriffs »Erziehungsurlaub« 55 vom 30.11.2000 (BGBl. I S. 1638) ist § 14 Abs. 4 Satz 1 MuSchG geändert worden. Durch Art. 11 des Achten Euro-Einführungsgesetzes erfolgten Änderungen in §§ 13 Abs. 2, 14 Abs. 1 und § 21 Abs. 1 MuschG.

Einf. *Einführung*

13. 2. ÄndG Mutterschutzrecht 2002, Neufassung des MuSchG 2002

56 Das **Zweite Gesetz zur Änderung des Mutterschutzrechts vom 16. 6. 2002** (BGBl. I S. 1812) traf einige, meist kleinere deklaratorische Anpassungen sowie eine Regelung zum Erholungsurlaub und diente vorrangig der Umsetzung von Artikel 8 der EG-Mutterschutz-Richtlinie 92/85 (vgl. Anh. 19), der von dem der Richtlinienumsetzung dienenden Ersten Gesetz zur Änderung des Mutterschutzrechts ausgenommen war. Mit diesem Gesetz wurden vor allem alle Mütter, die vorzeitig entbinden, mit denen gleichgestellt, die am zuvor errechneten Termin entbinden: § 6 MuSchG ist dahingehend geändert worden, dass sich die Mutterschutzfrist wie bereits bei medizinischen Frühgeburten auch bei den sonstigen frühzeitigen Entbindungen zusätzlich um den Zeitraum der Schutzfrist nach § 3 Abs. 2 verlängert, der vor der Geburt nicht genommen werden konnte. Aufgrund des Art. 5 dieses Änderungsgesetzes ist das Mutterschutzgesetz am 20. 06. 2002 neugefaßt und die Neufassung des Mutterschutzgesetzes (BGBl. I S. 2318) am 2. 7. 2002 bekanntgemacht worden. Durch Art. 32 des Gesetzes zur Modernisierung der gesetzlichen Krankenversicherung vom 14. 11. 2003 (BGBl. I S. 2190) ist mit Wirkung vom 1. 1. 2004 in § 15 MuSchG das Entbindungsgeld gestrichen worden.

III. Überblick über den Mutterschutz

1. Geltungsbereich

a) Persönlicher Geltungsbereich

57 Das MuSchG gilt für Frauen, auch für Hausangestellte, die in einem Arbeitsverhältnis stehen und für weibliche in Heimarbeit Beschäftigte und ihnen Gleichgestellte, soweit sie am Stück mitarbeiten (§ 1). Ein Arbeitsverhältnis in diesem Sinne ist auch das Berufsausbildungsverhältnis.

58 Das MuSchG gilt nicht für Beamtinnen, Soldatinnen, selbständig berufs- oder erwerbstätige Frauen, Ehefrauen, die ausschließlich sog. Hausfrauen sind. Für Beamtinnen gelten die jeweiligen Beamtengesetze und die Verordnungen über den Mutterschutz für Beamtinnen des Bundes und der Länder. Für Soldatinnen gilt die entsprechende Mutterschutzverordnung.

b) Sachlicher Geltungsbereich

59 Das MuSchG gilt für Arbeitnehmerinnen in Betrieben und Verwaltungen aller Art sowie im Familienhaushalt einschließlich der Landwirtschaft, der Fischerei, der Schiffahrt und der Luftfahrt.

c) Räumlicher Geltungsbereich

60 Das MuSchG gilt, wenn der Arbeitsort im Bundesgebiet liegt, unabhängig von der Staatsangehörigkeit des Arbeitgebers und der Arbeitnehmerin und unab-

Überblick über den Mutterschutz **Einf.**

hängig vom Arbeitsstatut. Auch ausländische Grenzgängerinnen und Gastarbeitnehmerinnen fallen unter das MuSchG.

2. Gestaltung des Arbeitsplatzes

Ein Arbeitgeber, der eine werdende oder stillende Mutter beschäftigt, hat bei 61
der Einrichtung und der Unterhaltung des Arbeitsplatzes einschließlich der
Maschinen, Werkzeuge und Geräte und bei der Regelung der Beschäftigung
die erforderlichen Vorkehrungen und Maßnahmen zum Schutze von Leben und
Gesundheit dieser Frauen zu treffen (§ 2 Abs. 1). Er muß insbesondere Frauen,
die mit Arbeiten beschäftigt werden, bei denen sie ständig stehen oder gehen
müssen, Gelegenheit zu kurzen Unterbrechungen ihrer Arbeit geben (§ 2
Abs. 2). Frauen, die mit Arbeiten beschäftigt werden, bei denen sie ständig
sitzen müssen, müssen Gelegenheit zu kurzen Unterbrechungen ihrer Arbeit
erhalten (§ 2 Abs. 3).

Darüber hinaus muß der Arbeitgeber die Arbeitsbedingungen auf deren
Gefährdung von Mutter oder Kind hin beurteilen (§ 1 MuSchArbV). Werden
diese gefährdet, muß der Arbeitgeber die Mutter ggf. auf einen anderen Arbeitsplatz umsetzen. Bei einer Gefährdung der Mutter oder des Kindes durch chemische Gefahrstoffe, biologische Arbeitsstoffe u. ä. darf der Arbeitgeber die
Mutter nicht weiter beschäftigen (§ 4 MuSchArbV).

3. Mitteilungspflicht

Werdende Mütter sollen dem Arbeitgeber ihre Schwangerschaft und den 62
mutmaßlichen Tag der Entbindung mitteilen, sobald ihnen dies bekannt ist.
Der Arbeitgeber hat die Aufsichtsbehörde von dieser Mitteilung unverzüglich
zu benachrichtigen (§ 5 Abs. 1).

4. Beschäftigungsverbote

Die im MuSchG und in der MuSchArbV enthaltenen Beschäftigungsverbote 63
sind für den Arbeitgeber zwingend. Ihre Nichtbeachtung wird als Ordnungswidrigkeit, ggf. auch als Straftat, geahndet (vgl. § 21).

a) Schutzfristen vor und nach der Entbindung

Arbeitnehmerinnen dürfen in den letzten sechs Wochen vor der Entbindung 64
und bis zum Ablauf von acht Wochen nach der Entbindung, nach Früh- und
Mehrlingsgeburten bis zum Ablauf von zwölf Wochen nach der Entbindung
nicht beschäftigt werden (§ 3 Abs. 2, § 6 Abs. 1 Satz 1 und 2 erster Halbsatz).

Der Arbeitgeber darf die Frau während der Schutzfrist vor der Entbindung 65
beschäftigen, wenn sie sich zur Arbeitsleistung ausdrücklich bereit erklärt (§ 3
Abs. 2). Während der Schutzfrist nach der Entbindung ist dies nicht zulässig.
Während der Schutzfristen ist die Frau in der Kranken- und Arbeitslosenversicherung versichert (§§ 192 und 224 SGB V, § 123 Nr. 1 i.V.m. § 124 Abs. 2

Einf. *Einführung*

Nr. 2 SGB III). In der Rentenversicherung zählen diese Zeiten als Anrechnungszeiten (§ 58 Abs. 1 Nr. 2 SGB VI).

Für Mütter nach Frühgeburten und sonstigen vorzeitigen Entbindungen verlängert sich die Schutzfrist nach der Entbindung von zwölf Wochen um den Zeitraum, der von der Schutzfrist vor der Entbindung nicht genommen werden konnte (§ 6 Abs. 1 Satz 2).

b) Individuelle Beschäftigungsverbote

66 *Vor der Entbindung:* Werdende Mütter dürfen nicht beschäftigt werden, soweit nach ärztlichem Zeugnis Leben oder Gesundheit von Mutter oder Kind bei Fortdauer der Beschäftigung gefährdet ist (§ 3 Abs. 1). Das Beschäftigungsverbot wird mit Vorlage des ärztlichen Zeugnisses wirksam.

67 *Nach der Entbindung:* Frauen, die in den ersten Monaten nach der Entbindung nach ärztlichem Zeugnis nicht voll leistungsfähig sind, dürfen nach Ablauf der Schutzfrist nicht zu einer ihre Leistungsfähigkeit übersteigenden Arbeit herangezogen werden (§ 6 Abs. 2). Bei Krankheit haben sie Anspruch auf die übliche Lohnfortzahlung im Krankheitsfalle.

c) Generelle Beschäftigungsverbote

68 *Vor der Entbindung:* Werdende Mütter dürfen nicht mit schweren körperlichen Arbeiten und nicht mit Arbeiten beschäftigt werden, bei denen sie schädlichen Einwirkungen von gesundheitsgefährdenden Stoffen oder Strahlen, von Staub, Gasen oder Dämpfen oder von Hitze, Kälte oder Nässe, von Erschütterungen oder Lärm ausgesetzt sind (§ 4 Abs. 1).

Werdende Mütter dürfen insbesondere nicht beschäftigt werden
- mit dem Heben und Tragen von Lasten,
- mit Arbeiten, bei denen sie ständig stehen
- oder bei denen sie sich häufig erheblich strecken oder beugen oder bei denen sie dauernd hocken oder sich gebückt halten müssen,
- bei Gefahr einer Berufskrankheit,
- auf Beförderungsmitteln
- mit Arbeiten mit erhöhten Unfallgefahren,
- mit Akkord- und Fließarbeiten mit vorgeschriebenem Arbeitstempo (§ 4 Abs. 2 und 3).

69 Werdende Mütter dürfen darüber hinaus nicht bei den in § 5 MuSchArbV bezeichneten Gefahrstoffen beschäftigt werden.

Nach der Entbindung: Die generellen Beschäftigungsverbote gelten nach der Entbindung nur für Mütter, die ihre Kinder stillen (§ 6 Abs. 3).

d) Mehrarbeit, Nacht- und Sonntagsarbeit

Werdende und stillende Mütter dürfen – abgesehen von einigen Ausnahmen – grundsätzlich nicht mit Mehrarbeit, nicht in der Nacht zwischen 20 und 6 Uhr und nicht an Sonn- und Feiertagen beschäftigt werden (§ 8).   70

e) *Stillzeit*

Stillenden Müttern ist auf ihr Verlangen die zum Stillen erforderliche Zeit, mindestens aber zweimal täglich eine halbe Stunde ohne Lohnabzug freizugeben. Die Lage der Stillzeit hängt von den Umständen des Einzelfalles ab (§ 7).   71

5. Kündigung

a) *Kündigungsverbot*

Die Kündigung gegenüber einer Frau ist während der Schwangerschaft und bis zum Ablauf von vier Monaten nach der Entbindung unzulässig. Ist dem Arbeitgeber im Zeitpunkt des Ausspruchs der Kündigung die Schwangerschaft oder Entbindung nicht bekannt, muß die Frau, wenn sie sich den Kündigungsschutz erhalten will, dem Arbeitgeber grundsätzlich binnen zwei Wochen nach Zugang der Kündigung die Schwangerschaft oder die Entbindung mitteilen (§ 9 MuSchG).   72

Die Kündigung bedarf der schriftlichen Form, sie muß den zulässigen Kündigungsgrund angeben (§ 9 Abs. 3 Satz 2).   73

Der Arbeitgeber, der einer Frau verbotswidrig gekündigt hat, muß ihr das Arbeitsentgelt mit Ausnahme der Zeit der Schutzfristen grundsätzlich auch dann weiterzahlen, wenn er die Frau nicht beschäftigt.   74

Ausnahmen vom Kündigungsverbot kann nur die Aufsichtsbehörde in besonderen Fällen, die nicht mit dem Zustand einer Frau während der Schwangerschaft oder ihrer Lage bis zum Ablauf von vier Monaten nach der Entbindung in Zusammenhang stehen, zulassen (§ 9 Abs. 3). Während der Schutzfristen erhalten Frauen, deren Arbeitsverhältnis zulässig gekündigt ist, Mutterschaftsgeld nach § 13 Abs. 2 MuSchG oder nach § 200 RVO bzw. nach § 27 KVLG.   75

b) *Besonderes Kündigungsrecht der Frau*

Eine Frau kann während der Schwangerschaft und während der Schutzfrist nach der Entbindung das Arbeitsverhältnis ohne Einhaltung einer Frist zum Ende der Schutzfrist nach der Entbindung kündigen (§ 10 Abs. 1).   76

Wird die Frau innerhalb eines Jahres nach der Entbindung in ihrem bisherigen Betrieb wieder eingestellt, so gilt, soweit Rechte aus dem Arbeitsverhältnis von der Dauer der Betriebs- oder Berufszugehörigkeit oder von der Dauer der Beschäftigungs- oder Dienstzeit abhängen, das Arbeitsverhältnis als nicht unterbrochen (§ 10 Abs. 2).   77

Einf. *Einführung*

6. Fortzahlung des Arbeitsentgelts bei Beschäftigungsverboten

78 Setzt eine Frau vor oder nach den Schutzfristen wegen eines Beschäftigungsverbots völlig oder teilweise mit der Arbeit aus oder wechselt sie wegen eines Beschäftigungsverbots die Entlohnungsart, so muß ihr der Arbeitgeber grundsätzlich den vor Beginn der Schwangerschaft gezahlten Durchschnittsverdienst weiterzahlen (§ 11 Abs. 1). Spätere Verdiensterhöhungen sind zu berücksichtigen (§ 11 Abs. 2). Der Arbeitgeber braucht den Durchschnittsverdienst nicht zu zahlen, wenn er die Arbeitnehmerin auf einen anderen zumutbaren Arbeitsplatz umsetzt. Arbeitgebern mit nicht mehr als 20 Arbeitnehmern wird das von ihnen während eines Beschäftigungsverbots gezahlte Arbeitsentgelt (Mutterschutzlohn) nach § 10 Abs. 1 Nr. 3 LFZG voll erstattet.

7. Mutterschaftsgeld für die Zeit der Schutzfristen

a) Voraussetzungen und Dauer des Anspruchs

79 Frauen, die bei Beginn der Schutzfrist nach § 3 Abs. 2 in einem Arbeitsverhältnis stehen oder in Heimarbeit beschäftigt sind oder deren Arbeitsverhältnis während ihrer Schwangerschaft nach Maßgabe von § 9 Abs. 3 MuSchG aufgelöst worden ist, erhalten von der zuständigen Krankenkasse Mutterschaftsgeld.

80 Das Mutterschaftsgeld wird für sechs Wochen vor der Entbindung und für acht Wochen, bei Früh- und Mehrlingsgeburten für zwölf Wochen unmittelbar nach der Entbindung gewährt. Bei Frühgeburten und sonstigen vorzeitigen Entbindungen verlängert sich die Bezugsdauer um den Zeitraum, der nach § 3 Abs. 2 MuSchG nicht in Anspruch genommen werden konnte (§ 200 Abs. 3 RVO, § 29 Abs. 4 KVLG).

b) Höhe und Berechnung des Mutterschaftsgeldes

81 Als Mutterschaftsgeld wird das um die gesetzlichen Abzüge verminderte durchschnittliche kalendertägliche Arbeitsentgelt der letzten drei abgerechneten Kalendermonate, bei wöchentlicher Abrechnung der letzten 13 abgerechneten Wochen vor Beginn der Schutzfrist nach § 3 Abs. 2 MuSchG gewährt. Es beträgt höchstens 13 Euro für den Kalendertag (§ 200 Abs. 2 RVO, § 27 Abs. 2 KVLG). Für Frauen, die nicht in der gesetzlichen Krankenversicherung versichert sind, ist das Mutterschaftsgeld während der Schutzfristen durch § 13 Abs. 2 Satz 1 letzter Halbsatz MuSchG auf insgesamt 210 Euro pro Leistungsfall begrenzt.

c) Geltendmachung des Anspruchs

82 Das Mutterschaftsgeld wird Frauen, die in der gesetzlichen Krankenversicherung versichert sind, von der Krankenkasse gezahlt, bei der sie versichert sind, und zwar auf Antrag. Für nicht versicherte Frauen ist das Bundesversicherungsamt in Bonn zuständig (§ 13 Abs. 2 Satz 2 MuSchG).

Überblick über den Mutterschutz **Einf.**

8. Zuschuß zum Mutterschaftsgeld vom Arbeitgeber

Übersteigt das durchschnittliche kalendertägliche Nettoarbeitsentgelt der Arbeitnehmerin 13 Euro für den Kalendertag, muß ihr der Arbeitgeber einen Zuschuß in Höhe des Unterschiedsbetrages zwischen dem Mutterschaftsgeld und dem um die gesetzlichen Abzüge verminderten durchschnittlichen kalendertäglichen Arbeitsentgelt zahlen (§ 14 Abs. 1). Der Anspruch auf den Zuschuß besteht nur während der Dauer der Schutzfristen. Arbeitgebern mit nicht mehr als 20 Arbeitnehmern wird der von ihnen gezahlte Zuschuß nach § 10 Abs. 1 Nr. 2 LFZG voll erstattet. 83

Frauen, deren Arbeitsverhältnis während ihrer Schwangerschaft oder während der Schutzfrist des § 6 Abs. 1 nach Maßgabe von § 9 Abs. 3 MuSchG aufgelöst worden ist, erhalten den Zuschuß von der Krankenkasse oder vom Bundesversicherungsamt (§ 14 Abs. 2 MuSchG). 84

9. Sonstige Leistungen bei Schwangerschaft und Mutterschaft

Frauen, die in der gesetzlichen Krankenversicherung versichert sind, erhalten während der Schwangerschaft, bei und nach der Entbindung ärztliche Betreuung, Hebammenhilfe, Arznei-, Verband- und Heilmittel (§ 196 RVO, § 23 KVLG), Unterkunft und Pflege im Krankenhaus (§ 197 RVO, § 24 KVLG), häusliche Pflege (§ 198 RVO, § 25 KVLG), Haushaltshilfe (§ 199 RVO, §§ 26 bis 28 KVLG). § 200 b RVO, der die Gewährung eines Entbindungsgeldes in Höhe von 77 Euro an Frauen vorsah, die keinen Anspruch auf Mutterschaftsgeld hatten, ist mit Wirkung vom 1.1.2004 an aufgehoben worden (durch das Gesetz zur Modernisierung der gesetzlichen Krankenversicherung vom 14.11.2003, BGBl. I S. 2318). 85

Zur Durchführung der Untersuchungen im Rahmen der sonstigen Leistungen bei Schwangerschaft und Mutterschaft muß der Arbeitgeber der Frau die erforderliche Freizeit gewähren. Ein Entgeltausfall darf nicht eintreten (§ 16 MuSchG). 86

§ 16 MuSchG über die Freizeit für Untersuchungen gilt entsprechend zugunsten der Frauen, die nicht in der gesetzlichen Krankenversicherung versichert sind.

10. Erholungsurlaub

Die Ausfallzeiten wegen mutterschutzrechtlicher Beschäftigungsverbote gelten für den Anspruch auf bezahlten Erholungsurlaub und dessen Dauer als Beschäftigungszeiten. Soweit die Frau ihren Urlaub vor Beginn der Beschäftigungsverbote nicht oder nicht vollständig erhalten hat, kann sie den Resturlaub nach Ablauf der Fristen im laufenden oder im nächsten Urlaubsjahr beanspruchen (§ 17). 87

11. Andere Personen als Arbeitnehmerinnen

88 Hausfrauen, Selbständige, Studentinnen, Schülerinnen und andere Frauen erhalten Leistungen aus Anlaß der Schwangerschaft und Mutterschaft, wenn sie gesetzlich krankenversichert sind, im Rahmen der Vorschriften der §§ 195 ff. RVO oder der §§ 22 ff. KVLG, wenn sie Sozialhilfeempfänger sind, im Rahmen der Vorschriften des § 50 SGB XII.

Teil C   Erläuterungen zum Mutterschutzgesetz[1,2]

Gesetz zum Schutze der erwerbstätigen Mutter
(Mutterschutzgesetz – MuSchG)
in der Fassung der Bekanntmachung vom 20. Juni 2002 (BGBl. I S. 2318),
zuletzt geändert durch Gesetz vom 14. November 2003 (BGBl. I S. 2190)

Erster Abschnitt   Allgemeine Vorschriften

§ 1 Geltungsbereich
Dieses Gesetz gilt
1. für Frauen, die in einem Arbeitsverhältnis stehen,
2. für weibliche in Heimarbeit Beschäftigte und ihnen Gleichgestellte (§ 1 Abs. 1 und 2 des Heimarbeitsgesetzes vom 14. März 1951, BGBl. I S. 191), soweit sie am Stück mitarbeiten.

Inhaltsübersicht

1. Persönlicher Geltungsbereich 1–16
   a) Frauen 1
   b) Arbeitsverhältnis 2–4
   c) Arbeitnehmerin 5
   d) Frauen in Berufsausbildung 6
   e) Besondere Beschäftigungsverhältnisse. 7
   f) Öffentlicher Dienst, Kirchen 8
   g) Mittelbares Arbeitsverhältnis 9
   h) Leiharbeitsverhältnis 10
   i) Telearbeit 11
   j) Haushalt 12–13
   k) Nichterfaßte Frauen 14–16
2. Sachlicher Geltungsbereich 17–22
   a) Umfassend 17
   b) Hausangestellte 18–22
3. Räumlicher Geltungsbereich 23–26
4. Alliierte Streitkräfte, internationale Organisationen 27–29
5. Heimarbeit 30–33

1. Persönlicher Geltungsbereich

a) Frauen. Das MuSchG gilt für **alle im Arbeitsverhältnis** (Ausbildungsverhältnis) stehenden oder in Heimarbeit tätigen Frauen, soweit sie am Stück mitarbeiten, in der Bundesrepublik (vgl. ferner § 1 Rdnr. 23 ff.); für andere Frauen kraft gesetzlicher Bestimmung, z.B. für Frauen im freiwilligen sozialen Jahr, dagegen nicht für Selbständige, Hausfrauen, Studentinnen, Beamtinnen. Die Bezeichnung »Frau« umfaßt alle Personen weiblichen Geschlechts, ledige,

---
1 §§ ohne Zusatz in diesem Teil beziehen sich auf das Mutterschutzgesetz (MuSchG).
2 Der bloße Wortlaut des MuSchG ist auf Seite 1 ff. abgedruckt.

MuSchG § 1 *Geltungsbereich*

verheiratete oder verwitwete, jüngere oder ältere, minderjährige oder volljährige, in leitender oder einfacher Position, in haupt- oder nebenberuflicher Tätigkeit, in der gesetzlichen Krankenversicherung versicherte oder nicht versicherte, deutsche, ausländische oder staatenlose, mit hohem oder niedrigem Einkommen. Für die Anwendung des MuSchG ist allein entscheidend, ob die Frau im Arbeitsverhältnis steht oder in Heimarbeit tätig ist (allg. Ansicht, vgl. *BVerwG* vom 26.8.1970, AP Nr. 32 zu § 9 MuSchG = BB 1970, S. 1482; *Buchner/Becker*, § 1 Rdnr. 1 ff.; *Gröninger/Thomas*, § 1 Rdnr. 2 ff.; *Meisel/Sowka*, § 1 Rdnr. 1 ff.). Die materiellen Vorschriften der §§ 2 bis 8 MuSchG und die hierauf Bezug nehmenden weiteren Vorschriften des MuSchG gelten allerdings nur für werdende und stillende Mütter und deren Kinder bzw. Leibesfrucht, ausgenommen § 2 Abs. 4 Nr. 2 MuSchG und die danach erlassene MuSchArbV. Die Vorschriften gelten nicht für Adoptivmütter.

2   b) **Arbeitsverhältnis.** Das MuSchG gilt für Frauen, die in einem Arbeitsverhältnis stehen, auch bei Doppelarbeitsverhältnissen also für alle Arbeitnehmerinnen, nicht dagegen für arbeitslose – mit Ausnahme des § 13 Abs. 2 und § 14 Abs. 2 – oder selbständig tätige Frauen (vgl. *Buchner/Becker*, § 1 Rdnr. 10 ff.). Auf die Dauer, Art (auf Dauer, befristet, in Teilzeit, zur Probe, Ausbildung u. ä.) oder Form (mündlich oder schriftlich) des Arbeitsverhältnisses, die Lohnhöhe, kommt es nicht an. Auch geringfügig Beschäftigte i. S. d. § 8 SGB IV fallen unter den Geltungsbereich des MuSchG. Auch ärztliche oder zahnärztliche Tätigkeiten können im Rahmen eines Arbeitsverhältnisses ausgeübt werden (vgl. *BVerwG* vom 27.5.1993, NJW 1994 S. 401). Arbeitsverhältnis ist wie auch sonst das Rechtsverhältnis zwischen der einzelnen Arbeitnehmerin und ihrem Arbeitgeber, aufgrund dessen die Arbeitnehmerin dem Arbeitgeber zur Leistung von abhängiger Arbeit in seinem Dienst verpflichtet ist (zum Arbeitsverhältnis im einzelnen vgl. *MünchArb/Richardi* § 42 Rdnr. 1 ff.). Maßgebendes Kriterium ist vor allem die persönliche Abhängigkeit der Arbeitnehmerin gegenüber dem Arbeitgeber, die insbesondere durch die Weisungsgebundenheit der Arbeitnehmerin an die Weisungsbefugnis des Arbeitgebers gekennzeichnet ist. Die Zahlung von Lohnsteuer und Sozialversicherungsbeiträgen sind nur Indizien für das Bestehen eines Arbeitsverhältnisses (vgl. auch *Buchner/Becker*, § 1 Rdnr. 13 ff.; *Gröninger/Thomas*, § 1 Rdnr. 5 ff.).

3   **Umwandlungen.** Der Status einer Beschäftigten richtet sich nicht nach den subjektiven Vorstellungen der Vertragspartner, sondern danach, wie die Vertragsbeziehung nach ihrem Geschäftsinhalt einzuordnen ist, vgl. im einzelnen zur Umwandlung des Arbeitsverhältnisses einer Teilzeitbeschäftigten in ein freies Mitarbeiterverhältnis *BAG* vom 12.9.1996, DB 1997, 47. Wird die Arbeitnehmerin eines Vereins zum Vorstandsmitglied bestellt und im Hinblick darauf ein Dienstvertrag mit höheren Bezügen abgeschlossen, so wird im Zweifel das bisherige Arbeitsverhältnis aufgehoben, vgl. im einzelnen *BAG* vom 28.9.1995, *NZA* 1996, 143. **Keine Umwandlung:** Eine Versicherungsvertreterin bleibt

Persönlicher Geltungsbereich § 1 MuSchG

Arbeitnehmerin, wenn der Umwandlungsvertrag mit dem Versicherungsunternehmen es kumulativ ausschließt, für andere Versicherungsunternehmen tätig zu werden, für ihr Versicherungsunternehmen andere als die von diesem vorgegebene Kundenbeziehungen zu pflegen u. ä.; vgl. *ArbG Nürnberg* vom 31.7.1996, DB 1996, 2032. Lehrerinnen am Abendgymnasium sind regelmäßig Arbeitnehmer des Schulträgers, vgl. im einzelnen zum Status einer Lehrerin am Abendgymnasium *BAG* vom 12.9.1996, NZA 1997, 600. Zur immer schwieriger werdenden Grenzziehung zwischen einem Arbeitnehmer und einem Selbständigen vgl. *Hromatka,* NZA 1997, 569; *Popp,* BB 1997, 1790, 1792.

Die Gültigkeit des Arbeitsvertrages ist nicht entscheidend. Es genügt auch ein 4 sog. **faktisches Arbeitsverhältnis** (vgl. *BAG* vom 19.12.1966, BB 1967 S. 462 = DB 1967 S. 644; zur neueren Lehre zum »faktischen« Arbeitsverhältnis vgl. *MünchArb/Richardi* § 44 Rdnr. 61). In diesem Falle ist lediglich der Kündigungsschutz ausgenommen. Das faktische Arbeitsverhältnis kann durch einseitige Erklärung des Arbeitgebers gegenüber der Frau beendet werden (vgl. *Buchner/Becker,* § 1 Rdnr. 18 ff.; *Meisel/Sowka,* § 1 Rdnr. 32; *Gröninger/Thomas,* § 1 Rdnr. 7).

c) **Arbeitnehmerin.** Das MuSchG verwendet den Begriff »Arbeitnehmerin« 5 nicht ausdrücklich. Er liegt ihm jedoch zugrunde. Lehre und Rechtsprechung zu diesem Begriff können bei der Anwendung des MuSchG herangezogen werden. Arbeitnehmer sind danach Personen, die aufgrund eines privatrechtlichen Vertrages oder eines ihm gleichgestellten Rechtsverhältnisses im Dienst eines anderen zur Arbeit verpflichtet sind. Zu beachten ist, daß das MuSchG im Unterschied zu anderen Gesetzen eine Einschränkung des Arbeitnehmerbegriffes nicht kennt (vgl. auch *Gröninger/Thomas,* § 1 Rdnr. 6; zum Arbeitnehmerbegriff vgl. insbesondere *MünchArb/Richardi* § 24 Rdnr. 1 ff.).

Ob eine Frau Arbeitnehmerin ist oder eine arbeitnehmerähnliche Person, auf die das MuSchG außer im Bereich der Heimarbeit keine Anwendung findet, richtet sich ausschließlich danach, ob sie persönlich abhängig oder zwar rechtlich selbständig, aber wirtschaftlich abhängig und einer Arbeitnehmerin vergleichbar schutzbedürftig ist (vgl. *BAG* vom 16.7.1997, NZA 1997, 1126; zum Arbeitnehmerbegriff vgl. ferner *BAG* NZA 1996, 477 und NZA 1995, 622). Zur Abgrenzung Arbeitnehmerin, freie Mitarbeiterin oder Selbständige vgl. *BAG* vom 11.3.1998, BB 1998, 1265; *ArbG Passau* vom 13.3.1998, BB 1998, 1266; *Reiserer,* Arbeitnehmer, Scheinselbständiger oder Selbständiger in BB 1998, 1258 ff.

d) **Frauen in Berufsausbildung.** Das MuSchG gilt für weibliche **Auszubil-** 6 **dende,** Anlernlinge, Umschülerinnen, Volontärinnen, Praktikantinnen sowie für andere Frauen, die in einem der Ausbildung dienenden Beschäftigungsverhältnis stehen, das mit einem Ausbildungsverhältnis vergleichbar ist (vgl. *BVerwG* vom 26.8.1970, BB 1970, S. 1482). Hierzu gehören auch Schülerinnen in der Krankenpflege, Entbindungspflege und Krankenpflegehilfe, bei denen die praktische Unterweisung im Vordergrund der Ausbildung steht (vgl. auch *BAG* vom

MuSchG § 1 Geltungsbereich

29.10.1957, AP Nr. 10 zu § 611 BGB Lehrverhältnis; *BSG* vom 27.8.1965 – 3 RK 5/63 – und vom 19.8.1964, *BSG* 21, 247 = DOK 1964 S. 450; *Besch. BMA* vom 24.3.1965, DOK 1965 S. 275; *Buchner/Becker*, § 1 Rdnr. 46; vgl. ferner hier § 9 Rdnr. 108) und die anderen Ausbildungsverhältnisse für Heil- und Heilhilfsberufe i.S.d. § 107 BBiG. Inzwischen ist allgemeine Meinung, daß Berufsausbildungsverhältnisse i.S.d. § 3 BBiG und andere Vertragsverhältnisse i.S.d. § 19 BBiG unter das MuSchG fallen (vgl. *BVerwG* vom 26.6.1970, BB 1970, S. 1482), aber auch Fortbildungs- und Umschulungsverhältnisse (vgl. *Buchner/Becker*, § 1 Rdnr. 48; *Gröninger/Thomas*, § 1 Rdnr. 19; *Lenz*, § 1 Rdnr. 2). **Das MuSchG gilt nicht** für Ausbildungsverhältnisse i.S.d. § 83 BBiG, die mit dem ausschließlichen Ziel einer späteren Verwendung als Beamter begründet werden. Für sie gilt der Mutterschutz für Beamtinnen (vgl. § 1 Rdnr. 16). Kein Mutterschutz gilt für Praktika, die in landesrechtlichen Schul- oder Hochschulgesetzen als integrierte Bestandteile einer Schul- oder Hochschulausbildung vorgesehen sind; sie gehören zum öffentlich-rechtlichen Schul- oder Hochschulverhältnis (zu **Schülerinnen** vgl. ferner § 1 Rdnr. 14).

7   e) **Besondere Beschäftigungsverhältnisse.** Das MuSchG gilt auch für Arbeitnehmerinnen, die zur Probe (vgl. § 9 Rdnr. 107), **zur Aushilfe** (vgl. *LAG Kiel* vom 25.5.1955, BB 1955 S. 835), nebenberuflich, befristet (vgl. § 4 Abs. 2 TzBfG), **in Teilzeit** (vgl. § 4 Abs. 1 TzBfG), auch geringfügig oder in mehreren Arbeitsverhältnissen (vgl. *LAG Hamm* vom 16.12.1955, BB 1956 S. 307) beschäftigt werden (vgl. *Buchner/Becker*, § 1 Rdnr. 34ff.). Das MuSchG gilt ferner für die Tätigkeit von Frauen im Rahmen eines freiwilligen **sozialen Jahres** nach § 8 des Gesetzes zur Förderung eines freiwilligen sozialen Jahres. Ebenso gilt das MuSchG für die Tätigkeit von Frauen im Rahmen eines freiwilligen **ökologischen Jahres** nach § 8 des Gesetzes zur Förderung eines freiwilligen ökologischen Jahres. Auch Frauen, die als Entwicklungshelferinnen ein Dienstverhältnis besonderer Art eingehen, sind keine Arbeitnehmerinnen (BAG vom 27.4.1977, AP Nr. 1 § 611 BGB Entwicklungshelfer); auf sie ist jedoch das MuSchG nach § 4 Abs. 1 Nr. 4 EhfG anzuwenden (vgl. *Meisel/Sowka*, § 1 Rdnr. 24; *Buchner/Becker*, § 1 Rdnr. 105; *Lenz*, § 1 Rdnr. 1). Keine Arbeitnehmerinnen sind auch behinderte Frauen, die in einer Einrichtung der **beruflichen Rehabilitation** beschäftigt werden; für sie sind nach § 36 SGB IX jedoch die gesetzlichen Vorschriften des Arbeitsschutzes, somit auch das MuSchG, entsprechend anzuwenden (vgl. auch *Buchner/Becker*, § 1 Rdnr. 109). Hinsichtlich der **in Werkstätten für Behinderte** beschäftigten Frauen lässt sich eine generelle Einordnung des zugrunde liegenden Rechtsverhältnisses als »Arbeitsverhältnis« oder »arbeitnehmerähnliches Rechtsverhältnis« nicht treffen (vgl. § 138 SGB IX; vgl. auch *Schaub/Linck* § 186 Rdnr. 151, 152). Für die Annahme eines Arbeitsverhältnisses kommt es darauf an, ob die behinderte Frau eine kontinuierliche echte Arbeitsleistung erbringen und dabei Weisungen im Sinne des Direktionsrechts unterliegen soll. Sie sind keine Arbeitnehmerinnen, wenn ihre Beschäftigung nicht vorrangig dem Erwerb, sondern der Betreuung dient; dann sind sie in

Persönlicher Geltungsbereich § 1 MuSchG

einem arbeitnehmerähnlichen Rechtsverhältnis zu den Werkstätten, soweit sich aus dem zugrundeliegenden Sozialleistungsverhältnis nichts anderes ergibt (§ 138 Abs. 1 SGB IX). Bei Teilnahme an Maßnahmen im Eingangsverfahren und im Berufsbildungsbereich sind jedoch die Vorschriften des Arbeitsschutzes, somit auch das MuSchG, auf sie entsprechend anzuwenden (§§ 138 Abs. 4 i. V. m. § 36 SGB IX).

f) **Öffentlicher Dienst, Kirchen.** Für die Angestellten und Arbeiterinnen 8 des öffentlichen Dienstes bei Bund, Ländern, Gemeinden, Körperschaften, Stiftungen u. a. gilt das MuSchG in gleicher Weise wie für alle anderen Arbeitnehmerinnen, auch wenn sie mit öffentlichen Aufgaben betraut sind (ebenso *Gröninger/Thomas*, § 1 Rdnr. 21) oder als sog. Dienstordnungsangestellte bei Krankenkassen oder Berufsgenossenschaften beschäftigt sind (vgl. *Buchner/ Becker* § 1 Rdnr. 88; *MünchArb/Richardi* § 27 Rdnr. 12). Sie stehen nicht wie die Beamtinnen (vgl. § 1 Rdnr. 16) in einem öffentlich-rechtlichen Dienstverhältnis, sondern in einem privatrechtlichen Arbeitsverhältnis. Deshalb findet auf sie grundsätzlich Arbeitsrecht Anwendung; insbesondere kann das Arbeitsverhältnis durch Kündigung aufgelöst werden, für die das allgemeine und besondere Kündigungsschutzrecht gilt (vgl. *MünchArb/Richardi*, § 27 Rdnr. 7, vgl. dort auch zu Notariatsbediensteten in § 27 Rdnr. 14 ff.), bei Schwangerschaft und Entbindung auch das mutterschutzrechtliche Kündigungsverbot des § 9. Das MuSchG gilt auch für Angestellte und Arbeiterinnen im **kirchlichen Dienst** (verfaßte Kirche, Amtskirche), nicht aber für Kirchenbedienstete im öffentlich-rechtlich geregelten Dienstverhältnis; im übrigen ist der Mutterschutz im Rahmen der kirchlichen Regelungen (z. B. Grundordnung K) zu beachten.

g) **Mittelbares Arbeitsverhältnis.** Bei mittelbarem Arbeitsverhältnis – eine 9 Arbeitnehmerin verpflichtet sich gegenüber einem anderen (Mittelsmann, Zwischenmeister), der selbst Arbeitnehmer eines Dritten (Unternehmer) ist, zur Leistung von Arbeit, wobei die Arbeit tatsächlich mit Wissen des Dritten für diesen geleistet wird – muß das MuSchG vom Mittelsmann wie vom Unternehmer beachtet werden (vgl. zum mittelbaren Arbeitsverhältnis *MünchArb/Marschall*, § 165 Rdnr. 1 ff.). Hinsichtlich der Entgeltpflichten kann der Unternehmer nur herangezogen werden, wenn ein besonderer Verpflichtungsgrund besteht (vgl. *BAG* vom 8.8.1958, AP Nr. 3 zu § 611 BGB Mittelbares Arbeitsverhältnis). Der Kündigungsschutz nach § 9 ist nur gegenüber dem Mittelsmann von Bedeutung (*BAG* vom 9.4.1957, AP Nr. 2 zu § 611 BGB Mittelbares Arbeitsverhältnis = BB 1957 S. 645). Einzelfälle: Arbeitsverhältnis des Wirtes einer Gastwirtschaft mit dem Kapellmeister, mittelbares Arbeitsverhältnis mit den übrigen Mitgliedern der Kapelle; Arbeitsverhältnis des Hauseigentümers mit dem Hauswart, mittelbares Arbeitsverhältnis mit dessen Ehefrau als Reinigungskraft (vgl. auch *Buchner/Becker*, § 1 Rdnr. 40 f.; *Heilmann*, § 1 Rdnr. 13; *Meisel/Sowka*, § 1 Rdnr. 13; *Gröninger/Thomas*, § 1 Rdnr. 15).

h) **Leiharbeitsverhältnis, Arbeitnehmerüberlassung.** Stellt ein Arbeitgeber 10 (Verleiher) eine bei ihm beschäftigte Arbeitnehmerin, ohne sie aus ihren Diensten zu entlassen, einem anderen (Entleiher) für einige Zeit zur Arbeitsleistung zur Verfügung (Leiharbeitsverhältnis, teilweise auch als Zeitarbeit bezeichnet), dann hat die Beschäftigungsverbote der Entleiher zu beachten; die Entgeltpflichten und das Kündigungsverbot treffen dagegen den Verleiher (h. M., vgl. *Buchner/Becker*, § 1 Rdnr. 42, 43). Dies gilt auch bei einer Arbeitnehmerüberlassung durch eine Personal-Service-Agentur (vgl. *Buchner/Becker*, § 1 Rdnr. 43). Zum Leiharbeitsverhältnis vgl. ferner *BAG* vom 26.4.1995, DB 1995, 2427; *MünchArb/Marschall* § 165 Rdnr. 24 ff.). Das MuSchG findet auch Anwendung auf das **Heuerlingsverhältnis**, soweit die Familie des Pächters gegenüber dem Verpächter zwecks Ableistung des Pachtzinses zur Arbeitsleistung verpflichtet ist und diese erbringt. Ausgenommen ist der Kündigungsschutz des § 9, weil für die Beendigung des Heuerlingsverhältnisses das Pachtrecht maßgebend ist (vgl. *Buchner*, § 1 Rdnr. 42 f.).

11 i) **Telearbeit.** Eine gesetzliche Definition des Begriffs »Telearbeit« besteht nicht. Unter **Telearbeit** versteht man überwiegend jede auf Informationstechniken gestützte Tätigkeit, die mit gewisser Regelmäßigkeit ausschließlich oder teilweise an einem außerhalb des Betriebes liegenden Arbeitsplatz verrichtet wird, der üblicherweise mit der zentralen Betriebsstätte durch elektronische Kommunikationsmittel verbunden ist. Es wird zwischen folgenden **Telearbeitsformen** unterschieden: **mobile Telearbeit**, d. h. Telearbeit, die an wechselnden Orten, z. B. im Außendienst oder in Betrieben von Kunden oder Lieferanten erbracht wird; **alternierende Telearbeit**, die teilweise in der Wohnung der Telearbeiterin und teilweise in der Betriebsstätte erbracht wird; **Telearbeit in Satelliten- oder Nachbarschaftsbüros** oder Telezentren (hierbei wird die Telearbeit in ausgelagerten Büros des Unternehmens oder in einem Gemeinschaftsbüro unterschiedlicher Unternehmen in Wohnsitznähe der Telearbeiterin erbracht) und **Telearbeit**, die ausschließlich **zu Hause** geleistet wird. Telearbeit wird überwiegend in einem **Normalarbeitsverhältnis** (in Vollzeit- oder Teilzeitarbeit) ausgeübt. In der Regel ist eine Eingliederung der Telearbeiterin in eine fremdbestimmte Arbeitsorganisation, Bestimmung der Arbeitszeit durch den Arbeitgeber, örtliche Bindung der zu erbringenden Arbeitsleistung gegeben. Denkbar ist Telearbeit aber auch in der rechtlichen Form eines Heimarbeitsverhältnisses oder eines arbeitnehmerähnlichen Verhältnisses sowie in der Form einer selbständigen Tätigkeit (*Viethen/Schwedes*, Kap. 1 Nr. 12). Ob die in Telearbeit tätigen Frauen als Arbeitnehmerinnen oder Heimarbeiterinnen unter den Geltungsbereich des § 1 MuSchG fallen, hängt von der Ausgestaltung des Telearbeitsvertrages ab (vgl. *Meisel/Sowka*, § 1 Rdnr. 8 a; *MünchArb/Heenen*, § 232 Rdnr. 1 ff.); ausführlich zur Telearbeit vgl. *Schmidt/Koberski*, Heimarbeitsgesetz, HAG, § 2 Rdnr. 68 ff., und zwar zur Entwicklung der Telearbeit § 2 HAG Rdnr. 68 ff., zur Definition der Telearbeit § 2 HAG Rdnr. 73, zu deren Gestaltungsmöglichkeiten § 2 HAG Rdnr. 74 ff., zu deren Verbreitung § 2 HAG Rdnr. 80, zu deren arbeitsrechtlichen Einordnung § 2 HAG Rdnr. 86, zur Telearbeit im Arbeitsverhältnis § 2 Rdnr. 87 ff., zur Telearbeit im Heimarbeitsver-

Persönlicher Geltungsbereich § 1 MuSchG

hältnis § 2 HAG Rdnr. 93 ff.; zur Verantwortung des Arbeitgebers für den Sicherheits- und Gesundheitsschutz *Gitter,* BB 1998 Beilage 6 S. 4).

j) **Haushalt.** Das MuSchG galt und gilt auch für Frauen, die im privaten Haushalt beschäftigt sind. Voraussetzung war und ist, daß die Beschäftigung im Arbeitsverhältnis (vgl. § 1 Rdnr. 2 f.) erfolgt. Für diese **Hausangestellten** sah das MuSchG a. F. in § 8 Abs. 1 Satz 2 und Abs. 2 Nr. 1, § 9 Abs. 1 Satz 2, § 11 Abs. 3 und § 12 seit altersher eine Reihe von Sonderregelungen vor (zur Entwicklung dieser Sonderregelungen vgl. Vorauflage, § 1 Rdnr. 12). 12

Dadurch die Änderung des Mutterschutzrechts vom 20.12.1996 (BGBl. I S. 2110) wurde eine weitgehende mutterschutzrechtliche Gleichstellung der Hausangestellten erreicht (vgl. auch Vorauflage, § 1 Rdnr. 13). 13

k) **Nichterfaßte Frauen.** Das MuSchG gilt nach § 1 nur für Frauen, die im Arbeitsverhältnis – Ausbildungsverhältnis – oder in Heimarbeit tätig sind. Das MuSchG gilt daher nicht für: Hausfrauen, **Arbeitslose** (vgl. § 200 RVO Rdnr. 13, 77, 102 f.), **selbständig** berufs- oder **erwerbstätige Frauen** (vgl. § 1 Rdnr. 15), z. B. selbständige Ärztinnen, Rechtsanwältinnen, Architektinnen, Künstlerinnen, Schriftstellerinnen u. ä., auch in einem selbständigen Dienst-, Werkvertrags- oder einem arbeitnehmerähnlichen Rechtsverhältnis; Organmitglieder und Geschäftsführer juristischer Personen oder Gesellschaften (BAG vom 17.01.1985, AP Nr. 2 zu § 5 ArbGG 1979; BAG vom 18.12.1996, AP Nr. 3 zu § 2 ArbGG 1979 Zuständigkeitsprüfung; LAG Düsseldorf vom 15.07.1998, LAGE § 9 MuSchG Nr. 24; *BSG* vom 24.11.1983, DB 1984, S. 510; LSG Niedersachsen-Bremen vom 12.03.2003, SGb 2003, 577); **Handelsvertreterinnen** mit Ausnahme der unselbständigen Handelsvertreterinnen des § 84 Abs. 2 HGB; **Familienangehörige,** die nicht aufgrund eines Arbeitsverhältnisses – Indiz: Zahlung von Lohn, Lohnsteuer, Sozialversicherungsbeiträge –, sondern allein aufgrund gesetzlicher Verpflichtung mithelfen; Frauen in caritativer oder religiöser Tätigkeit als Angehörige geistlicher Orden oder Gemeinschaften oder des Roten Kreuzes im Unterschied zu den aufgrund eines Arbeitsvertrages angestellten Schwestern (vgl. *Heilmann,* § 1 Rdnr. 42), Helferinnen, Kindergärtnerinnen; unfreie Arbeiterinnen wie **Strafgefangene** (zu deren Mutterschutz vgl. §§ 76 bis 78 Strafvollzugsgesetz); sog. **Hausschwangere** in Entbindungsheimen ohne Begründung eines Arbeitsverhältnisses; **Schülerinnen** in der Schule oder **Studentinnen** auf der Hochschule, es sei denn, daß sie ein Arbeitsverhältnis begründen (vgl. *Gröninger/Thomas,* § 1 Rdnr. 20; vgl. ferner § 1 Rdnr. 6), wegen der Krankenpflegeschülerinnen vgl. § 1 Rdnr. 6; (*Meisel/Sowka* § 1 Rdnr. 18 – 27). Für **Sozialhilfeempfängerinnen** gilt ab 1.1.2004 § 50 SGB II; hinzu kommen die Vorschriften des SGB II über die laufende Hilfe zum Lebensunterhalt (vgl. Anh. 14). Auf **Asylbewerberinnen** findet das MuSchG Anwendung, wenn sie in der Bundesrepublik ein Arbeitsverhältnis begründen; Leistungen bei Schwangerschaft und Geburt erhalten sie nach § 4 Abs. 2 AsylbLG. 14

MuSchG § 1 *Geltungsbereich*

15 Art. 8 der Richtlinie 86/613/EWG des Rates der EG vom 11.12.1986 (EG ABl. Nr. 1 359/56 vom 19.12.1986) verpflichtet die Mitgliedstaaten zu prüfen, ob und unter welchen Bedingungen die **selbständig erwerbstätigen Frauen** sowie die Ehefrauen von selbständigen Erwerbstätigen während der Unterbrechung ihrer Erwerbstätigkeit wegen Schwangerschaft oder Mutterschaft Geldleistungen erhalten können. In der Bundesrepublik sind diese Frauen nach wie vor nicht in den Geltungsbereich des MuSchG einbezogen (vgl. § 1 Rdnr. 2 und 14). Sie können jedoch als Versicherte (vgl. hier § 200 RVO Rdnr. 12 ff.) Anspruch auf Mutterschaftsgeld nach § 200 Abs. 1 RVO haben. Bei Betreuung und Erziehung eines Kindes können sie Anspruch auf Erziehungsgeld bis zur Vollendung des 24. Lebensmonats des Kindes nach §§ 1 und 4 BErzGG haben (vgl. Vorauflage, § 1 BErzGG Rdnr. 6). Der Ausschluß der Selbständigen aus dem Geltungsbereich des MuSchG verstößt nicht gegen **Art. 3 Abs. 1 GG**. Das MuSchG ist ein Arbeitsschutzgesetz. Es ist aber durchgängiges Prinzip von Arbeitsschutzgesetzen, die Selbständigen aus dem Geltungsbereich solcher Gesetze auszunehmen. Der Ausschluß der Selbständigen beruht also schon deswegen auf einem sachlich vernünftigen Grund (vgl. ferner Art. 74 Nr. 12 GG). Hinzukommt, daß die besondere Schutzbedürftigkeit von in persönlicher Abhängigkeit vom Arbeitgeber beschäftigten Müttern nach wie vor einen sachlich einleuchtenden Differenzierungsgrund darstellt (vgl. *BVerwG* vom 27.5.1993, NJW 1994, S. 401). Der im Einzelfall ggf. notwendige Schutz einer Selbständigen bei Mutterschaft ist zumindest durch das SGB XII sichergestellt (vgl. Anh. 14).

16 Für **Beamtinnen** – auf Lebenszeit, auf Zeit, auf Probe, auf Widerruf – sowie für Ausbildungsverhältnisse i. S. d. § 83 BBiG (vgl. § 1 Rdnr. 6) gelten die beamtenrechtlichen Mutterschutzvorschriften, für Beamtinnen des Bundes die Verordnung über den Mutterschutz für Beamtinnen (vgl. Anh. 4), für die Beamtinnen der Länder die entsprechenden Landesverordnungen (ebenso *BSG* vom 25.11.1981, BKK 1982 S. 236; *Buchner/Becker*, § 1 Rdnr. 88f.; *Gröninger/Thomas*, § 1 Rdnr. 25), für Soldatinnen die Verordnung über den Mutterschutz für Soldatinnen (vgl. Anh. 4.1). Für Arbeiterinnen und Angestellte sowie Auszubildende des öffentlichen Dienstes, soweit sie mit dem Ziel der Verwendung als Arbeiterin oder Angestellte ausgebildet werden, gilt das MuSchG (vgl. *Meisel/Sowka*, § 1 Rdnr. 30f.). **DO-Angestellte** der Sozialversicherungsträger sind keine Beamtinnen, sondern Arbeitnehmerinnen (vgl. auch *Meisel/Sowka*, § 1 Rdnr. 30 a).

2. Sachlicher Geltungsbereich

17 a) **Umfassend.** Das MuSchG gilt für Arbeitnehmerinnen **in Betrieben und Verwaltungen** aller Art ohne Ausnahme, in privaten Büros, Instituten und Praxen von freien Berufen, in der Heimarbeit, im Familienhaushalt einschließlich der Landwirtschaft, der Fischerei, der Schiffahrt und der Luftfahrt, im

Sachlicher Geltungsbereich § 1 MuSchG

öffentlichen Dienst, soweit dort Frauen privatrechtlich als Arbeitnehmerinnen oder Dienstordnungsangestellte beschäftigt werden (vgl. § 1 Rdnr. 8, 16) bei Exterritorialen, bei Alliierten Streitkräften, bei Ausländern. Der sachliche Geltungsbereich ist umfassend (h. M., vgl. *Buchner/Becker*, § 1 Rdnr. 110 ff.; *Meisel/ Sowka*, § 1 Rdnr. 41; *Gröninger/Thomas*, § 1 Rdnr. 48 ff.; *Heilmann*, § 1 Rdnr. 46) Er erfaßt auch die Heimarbeit und die Telearbeit (vgl. § 1 Rdnr. 11). Den Besonderheiten einzelner Wirtschaftszweige oder Beschäftigungsarten wird durch die Sonderregelungen des MuSchG Rechnung getragen (vgl. *Gröninger/ Thomas*, § 1 Rdnr. 49).

b) **Hausangestellte.** Einer besonderen Hervorhebung an dieser Stelle bedürfen trotz der Gleichstellung der Hausangestellten mit den anderen Arbeitnehmerinnen durch das MuSchG ÄndG 1996 die Hausangestellten. Dies begründet sich bereits aus den Sonderregelungen des bisherigen Mutterschutzrechts (vgl. Vorauflage, § 1 Rdnr. 12 f.) sowie aus auch nach MuSchG ÄndG 1996 bestehen gebliebenen Besonderheiten. 18

Besonderheiten. Im Familienhaushalt dürfen werdende oder stillende Mütter abweichend vom Sonn- und Feiertagsarbeitsverbot des § 8 Abs. 1 beschäftigt werden (§ 8 Abs. 4). Dies ist erforderlich, um die Funktionsfähigkeit des Familienhaushalts auch an Sonn- und Feiertagen aufrechtzuerhalten. Die Arbeit an Sonn- und Feiertagen ist jedoch durch eine Ersatzruhezeit auszugleichen. 19

Familienhaushalt. Unter diesem Begriff ist die nicht auf Erwerb ausgerichtete, auf eine gewisse Dauer abgestellte Einrichtung einer Familie in einer Wohnung für ihren privaten Lebensbereich zur Befriedigung ihrer persönlichen Bedürfnisse zu verstehen, insbesondere zum Wohnen, Essen, Schlafen, zur Pflege und Erziehung der Kinder. Unter Familienhaushalt ist auch der Haushalt einer alleinstehenden Person, der Haushalt zweier miteinander nicht verheirateter Personen. Ein Familienhaushalt liegt auch dann noch vor; wenn familienfremde Personen z. B. eine Haushaltshilfe, eine Auszubildende, ein Untermieter in den Haushalt aufgenommen werden. 20

Vom privaten Familienhaushalt zu unterscheiden sind andere Einrichtungen, in denen zwar auch hauswirtschaftliche Arbeiten erledigt werden, die aber keine dem Privat- oder Familienhaushalt vergleichbare Einheit darstellen (*Gröninger/ Thomas*, § 1 Rdnr. 34). **Kein Familienhaushalt** ist der sog. Anstaltshaushalt, d. h. von Anstalten jeder Art, öffentlicher, gewerbsmäßiger, gemeinnütziger Art, z. B. von Gast- und Schankwirtschaften, Hotels, Pensionen, Krankenhäusern, Sanatorien, Erholungsheimen, Kinderheimen, Schullandheimen, Altersheimen, Pflegeheimen u. ä. 21

Der Begriff »Familienhaushalt« im **MuSchG** ähnelt dem gleichen Begriff in § 1 Abs. 2 **JArbSchG**. Er unterscheidet sich jedoch durch den unterschiedlichen Zweck. Im JArbSchG ermöglicht der Begriff die großzügigere Beschäftigung von Kindern und Jugendlichen im Familienhaushalt (vgl. zum JArbSchG *Zmarzlik/Anzinger*, JArbSchG, § 1 Rdnr. 43 ff.). 22

MuSchG § 1 *Geltungsbereich*

3. Räumlicher Geltungsbereich

23 Das MuSchG findet Anwendung, wenn der **Arbeitsort** der Frau **im Bundesgebiet** liegt, unabhängig von der Staatsangehörigkeit des Arbeitgebers und der Arbeitnehmerin – Deutsche oder Gastarbeiter – sowie unabhängig vom Arbeitsstatut und dem Wohnort der Frau. Dies gilt nicht nur für die Beschäftigungsverbote, sondern auch für den Lohn- und Kündigungsschutz. Das MuSchG findet auch auf Frauen Anwendung, die bei Zweigstellen ausländischer Unternehmer oder sonst bei Ausländern im Bundesgebiet, bei diplomatischen Vertretungen oder Konsulaten beschäftigt werden, selbst wenn im Einzelfall ausländisches Recht vereinbart wurde. Voraussetzung für die Anwendung des MuSchG auf eine bei einer internationalen Fluggesellschaft beschäftigte Flugbegleiterin ist der im Einzelfall nötige Inlandsbezug des Arbeitsverhältnisses (vgl. BAG vom 12.12.2001, MDR 2002, 950; *Lenz*, § 1 Rdnr. 6), z.B. Anwendbarkeit des deutschen Sozialversicherungsrechts, deutsche Staatsangehörigkeit, Wohnsitz in Deutschland, Beginn und Ende der Arbeitseinsätze in Deutschland. Exterritoriale Arbeitgeber unterliegen allerdings nicht der deutschen Gewerbeaufsicht und der deutschen Gerichtsbarkeit (h.M., vgl. *Buchner/Becker*, § 1 Rdnr. 114; *Gamillscheg*, Internationales Arbeitsrecht, 1959, S. 267; *Besch. BMA* v. 26.11.1954; *Eisel*, A 31; zur Geltung des Gesetzes bei amtlichen ausländischen Stellen im Bundesgebiet vgl. BArbBl.1954 S. 488). Auch ausländische Grenzgängerinnen und Gastarbeiterinnen fallen unter das MuSchG (*Besch. BMA* vom 7.11.1960 und 2.12.1970, *Eisel*, A 54 und A 107; vgl. auch *Buchner/Becker*, § 1 Rdnr. 116). Eine Abdingung der Vorschriften des MuSchG ist nicht zulässig, sie gelten auf jeden Fall als Mindestschutz (vgl. *Monjau*, DB 1965 S. 71; *Gröninger/Thomas*, § 1 Rdnr. 50; *Heilmann*, § 1 Rdnr. 51 f.).

24 Liegt der **Arbeitsort im Ausland,** dann ist das MuSchG mit seinen öffentlich-rechtlichen Vorschriften grundsätzlich auch dann nicht anwendbar, wenn der Wohnort des Arbeitgebers und der Arbeitnehmerin in der Bundesrepublik Deutschland liegt und beide die deutsche Staatsangehörigkeit besitzen (vgl. auch § 195 RVO Rdnr. 14 ff.). Für sie gelten die mutterschutzrechtlichen Gesetze des Gastlandes (vgl. *Besch. BMA* vom 27.5.1952 – Deutsche **Grenzgängerinnen** –, BB 1952 S. 605). Etwas anderes gilt, wenn der Arbeitsort lediglich infolge vorübergehender Entsendung im Ausland liegt und das Arbeitsverhältnis dem deutschen Recht unterstellt ist (vgl. *Buchner/Becker*, § 1 Rdnr. 120; *Gamillscheg*, a.a.O., S. 268; *Meisel/Sowka*, § 1 Rdnr. 42; *Gröninger/Thomas*, § 1 Rdnr. 52). Dies ist nach § 4 SGB IV zu beurteilen, soweit es um Geldleistungen geht. Für Dienstverhältnisse der weiblichen Ortskräfte bei den **Vertretungen** der Bundesrepublik Deutschland im Ausland gilt das MuSchG, wenn die Parteien des Arbeitsvertrags den »Tarifvertrag zur Regelung der Arbeitsbedingungen der bei Auslandsvertretungen der Bundesrepublik Deutschland beschäftigten deutschen nicht entsandten Angestellten« zugrunde gelegt haben (vgl. *BAG* vom 10.5.1962, AP Nr. 6 zu Internat. Privatrecht; *Gröninger/Thomas*, § 1 Rdnr. 52).

Leistungen zu Lasten der deutschen Krankenkassen können nicht vereinbart werden (ebenso *BSG* vom 12.6.1986, SGb 1986 S. 511). Für versicherungsrechtliche Leistungen, im Mutterschutz, insbesondere gemäß § 13 MuSchG, § 200a RVO, gilt § 4 SGB IV über die Ausstrahlung, § 5 SGB IV über die Einstrahlung, § 9 SGB IV über den Beschäftigungsort. Privatrechtliche Vereinbarung über die Geltung der Vorschriften des MuSchG haben nur privatrechtliche Bedeutung.

Zeiten eines Arbeitsverhältnisses, die Voraussetzung zur Beanspruchung von 25 Leistungen nach dem MuSchG oder nach der RVO sind und die **im Ausland** zurückgelegt wurden, werden grundsätzlich nur berücksichtigt, wenn dies im über- oder zwischenstaatlichen Recht ausdrücklich vorgeschrieben ist (*BMA* vom 9.11.1983, III b 3 – 37642). Zum **Erziehungsgeld** vgl. § 1 Abs. 2 und 4 BErzGG. Zu **Mutterschaftsleistungen** im Ausland vgl. § 195 RVO Rdnr. 15 ff. Bei **Entwicklungshelferinnen** gilt das MuSchG aufgrund der in § 4 Abs. 1 Entwicklungshelfergesetz vorgeschriebenen vertraglichen Vereinbarung. Die vertraglichen Unterhaltsleistungen sind für die Dauer der Schutzfristen nach § 3 Abs. 2 und § 6 Abs. 1 weiter zu gewähren, auch dann, wenn das Dienstverhältnis während der Schutzfristen endet (§ 8 Abs. 2 Entwicklungshelfergesetz; vgl. auch *Lenz*, § 1 Rdnr. 1; *MünchArb/Richardi* § 23 Rdnr. 98). Für versicherungsrechtliche Leistungen an Entwicklungshelfer vgl. § 10 Abs. 2 SGB IV. Zu **Aussiedlerinnen** vgl. § 13 Rdnr. 20, § 14 Rdnr. 20.

EWG. Die Leistungen bei Mutterschaft für **Wanderarbeiterinnen** innerhalb 26 der Europäischen Gemeinschaften sind in der Verordnung (EWG) Nummer 1408/71 des Rates vom 14.6.1971 (Amtsbl. der Europäischen Gemeinschaften Nr. L 149 vom 5.7.1971) und in der Verordnung (EWG) Nr. 574/72 des Rates vom 21.3.1972 (Amtsbl. der Europäischen Gemeinschaften Nr. L 74 vom 27.3.1972) geregelt (vgl. § 200 RVO Rdnr. 47). Leistungen bei Mutterschaft regeln ferner die Abkommen über die soziale Sicherheit der Grenzgänger zwischen der Bundesrepublik Deutschland und den Nachbarstaaten. Für die Beschäftigung von ausländischen Arbeitnehmerinnen aus dem EWG-Bereich gilt das besondere **Diskriminierungsverbot** des Art. 48 EWG-Vertrag. Unterschiedliche Behandlungen wegen der Nationalität müssen aber auch bei anderen ausländischen Arbeitnehmerinnen unterbleiben (vgl. *Monjau*, DB 1965 S. 71; vgl. ferner *Heilmann*, § 1 Rdnr. 56). In der EG gilt die EG-Mutterschutz-Richtlinie Nr. 92/85/EWG vom 19.10.1992 (vgl. Anh. 26), in der Bundesrepublik umgesetzt durch das MuSch-ÄndG 1996 und 2. MuSch-ÄndG 2002.

4. Alliierte Streitkräfte, internationale Organisationen

Das MuSchG gilt nach Art. 56 Abs. 1 Buchst. a des Zusatzabkommens zum 27 NATO-Truppenstatut vom 3.8.1959 (BGBl. 1961 II S. 1218), geändert durch Gesetz vom 28.9.1994 (BGBl. II S. 2594) auch für Frauen, die bei einer Truppe oder einem zivilen Gefolge einer Truppe der Alliierten Streitkräfte in der Bundesrepublik beschäftigt werden (vgl. *Buchner/Becker*, § 1 Rdnr. 119, § 9

MuSchG § 1 *Geltungsbereich*

Rdnr. 138; *Zierlein*, ArbSch 1964 S. 101). Für sie gilt auch der Kündigungsschutz des § 9. Zur Rechtslage vor dem Änderungsgesetz vom 28.9.1994 vgl. Vorauflage, § 1 Rdnr. 27.

28   Nach Art. 13 des Zusatzabkommens zum NATO-Truppenstatut werden dagegen die deutschen Bestimmungen über soziale Sicherheit und Fürsorge, zu denen auch die Bestimmungen über die finanzielle Sicherstellung der Frau im Fall der Schwangerschaft gehören, auf die **Mitglieder einer Truppe,** deren ziviles Gefolge und deren Angehörige nicht angewendet. Auch das deutsche Arbeitsrecht findet auf diesen Personenkreis keine Anwendung (vgl. Art. 56 Abs. 1 Buchst. a). Es gilt lediglich für die deutschen und ausländischen Arbeitnehmer, die bei der Truppe oder bei dem zivilen Gefolge im Arbeitsverhältnis beschäftigt werden. Für diese Auffassung spricht, daß Mitglieder einer Truppe, deren ziviles Gefolge und deren Angehörige lohnsteuer- und versicherungsfrei sind (vgl. *Besch. BMA* vom 24.10.1975 – IVa 1 – 4345.2 –). Für Arbeitnehmerinnen bei den Alliierten Streitkräften, die in einem anderen Mitgliedsstaat wohnen, berechnen die deutschen Versicherungsträger das für die Bemessung der Mutterschutzleistungen maßgebliche Nettoarbeitsentgelt so, als ob sie in der Bundesrepublik wohnten. Das gleiche gilt für die Berechnung des Zuschusses zum Mutterschaftsgeld nach § 14 (*BMF* Schreiben vom 17.2.1984, ZB 5 – P 2342 – 7/84).

29   **Internationale Organisationen** haben in der Regel für ihre Bediensteten ein eigenes System der Sozialen Sicherheit. Es entspricht daher internationaler Übung, daß diese Organisationen und das internationale Personal von den deutschen sozialversicherungsrechtlichen Vorschriften befreit werden, um so auch eine Doppelversicherung und doppelte Beitragsbelastung der Bediensteten zu vermeiden. Eine entsprechende Befreiungsregelung ist aufgrund der Verordnung über die Gewährung diplomatischer Vorrechte und Immunitäten im Bereich der Sozialen Sicherheit an durch zwischenstaatliche Vereinbarungen geschaffene Organisationen vom 5.8.1985 (BGBl. II S. 961) auch für die NATO und deren internationales Personal getroffen worden, Bekanntmachung des *BMA* vom 1.10.1985 (BAnz. vom 8.10.1985, Nr. 188 S. 12, 315).

5. Heimarbeit

30   **Geltung.** Nach **§ 1 Nr. 2** MuSchG gilt das MuSchG auch für weibliche in Heimarbeit Beschäftigte und ihnen Gleichgestellte (Bezugnahme auf § 1 Abs. 1 und 2 HAG), soweit sie am Stück mitarbeiten. Nach § 1 Abs. 1a und b sowie Abs. 2 HAG sind dies die Heimarbeiterinnen und die weiblichen Hausgewerbetreibenden sowie die Frauen, die durch Entscheidung des Heimarbeitsausschusses den weiblichen in Heimarbeit Beschäftigten gleichgestellt sind (zu diesen Fragen des HAG vgl. *Schmidt/Koberski,* HAG, § 1 Rdnr. 1 ff.; zum MuSchG vgl. z.B. *MünchArb/Heenen,* § 231 Rdnr. 1 ff.; *Buchner/Becker,* § 1 Rdnr. 57, *Gröninger/Thomas,* § 1 Rdnr. 44 ff.; *Meisel/Sowka,* § 1 Rdnr. 34 ff.).

Heimarbeit § 1 MuSchG

Begriffe. Unter einer **Heimarbeiterin** ist eine Frau zu verstehen, die erwerbs- 31
mäßig in selbstgewählter Arbeitsstätte (eigene Wohnung oder selbstgewählte
Betriebsstätte) allein oder mit ihren Familienangehörigen (§ 2 Abs. 5 HAG) im
Auftrag von Gewerbetreibenden oder Zwischenmeistern arbeitet, jedoch die
Verwertung der Arbeitsergebnisse dem auftraggebenden Gewerbetreibenden
überläßt (§ 2 Abs. 1 HAG, vgl. im einzelnen *Schmidt/Koberski*, HAG, § 2
Rdnr. 5 ff.). Unter einer weiblichen **Hausgewerbetreibenden** ist eine Frau zu
verstehen, die im Auftrag von Gewerbetreibenden oder Zwischenmeistern mit
nicht mehr als zwei fremden Hilfskräften oder Heimarbeitern Waren in eigener
Arbeitsstätte (eigene Wohnung oder Betriebsstätte) herstellt, wobei sie selbst
wesentlich am Stück mitarbeitet, jedoch die Verwertung der Arbeitsergebnisse
dem auftraggebenden Gewerbetreibenden überläßt (§ 2 Abs. 2 HAG, vgl. im
einzelnen *Schmidt/Koberski*, HAG, § 2 Rdnr. 25 ff.). Die sog. **Außenarbeiterin**,
die statt im Betrieb zu Hause arbeiten darf, ist keine Heimarbeiterin, sondern
Arbeitnehmerin, für die das MuSchG schon nach § 1 Nr. 1 MuSchG gilt (ebenso
Gröninger/Thomas, § 1 Rdnr. 45; *Schmidt/Koberski*, HAG, Anh. zu § 19
Rdnr. 4).

Erstreckung des Schutzes. Der Schutz des MuSchG kommt **allen Müttern** 32
zugute, die über das HAG in das MuSchG hineinkommen, allerdings nur,
soweit sie selbst am Stück mitarbeiten (§ 1 Nr. 2 letzter Halbsatz MuSchG).
Das Mitarbeiten am Stück ist auch wesentlicher Bestandteil des Begiffs »Hausgewerbetreibender« gemäß § 2 Abs. 2 HAG. Die fremden Hilfskräfte i. S. d. § 2
Abs. 6 HAG fallen als echte Arbeitnehmerinnen schon unter § 1 Nr. 1 MuSchG.

Bedeutung des Schutzes. Die Vorschriften des **MuSchG** gehen allen anderen 33
Arbeitsschutzvorschriften, auch denen im HAG (§ 7 a, §§ 12 bis 16 a HAG) als
Sonderregelung vor; es sei denn, daß letztere strenger sind als die Vorschriften
des MuSchG, z. B. des JArSchG. Die Vorschriften des MuSchG gelten mit den in
§ 24 MuSchG bestimmten Maßgaben (vgl. § 24 Rdnr. 1 ff.). § 7 MuSchG über die
Stillzeit gilt mit der Maßgabe des § 7 Abs. 4 MuSchG. § 8 MuSchG über die
Mehrarbeit, Nacht- und Sonntagsarbeit gilt mit der Maßgabe des § 8 Abs. 5
MuSchG. § 9 MuSchG über das Kündigungsverbot gilt mit der Maßgabe des § 9
Abs. 1 Satz 2 Halbsatz 2 sowie Abs. 4 MuSchG. § 18 MuSchG über die Auslage
des Gesetzes gilt mit der Maßgabe des § 18 Abs. 2 MuSchG (vgl. auch *MünchArb/Heenen*, § 231 Rdnr. 1 ff., *Buchner/Becker*, § 1 Rdnr. 56 ff.; *Gröninger/Thomas*, § 1 Rdnr. 44 ff.; *Meisel/Sowka*, § 1 Rdnr. 34 ff.).

§ 2 Gestaltung des Arbeitsplatzes

(1) Wer eine werdende oder stillende Mutter beschäftigt, hat bei der Einrichtung und der Unterhaltung des Arbeitsplatzes einschließlich der Maschinen, Werkzeuge und Geräte und bei der Regelung der Beschäftigung die erforderlichen Vorkehrungen und Maßnahmen zum Schutze von Leben und Gesundheit der werdenden oder stillenden Mutter zu treffen.

(2) Wer eine werdende oder stillende Mutter mit Arbeiten beschäftigt, bei denen sie ständig stehen oder gehen muß, hat für sie eine Sitzgelegenheit zum kurzen Ausruhen bereitzustellen.

(3) Wer eine werdende oder stillende Mutter mit Arbeiten beschäftigt, bei denen sie ständig sitzen muß, hat ihr Gelegenheit zu kurzen Unterbrechungen ihrer Arbeit zu geben.

(4) Die Bundesregierung wird ermächtigt, durch Rechtsverordnung mit Zustimmung des Bundesrates
1. den Arbeitgeber zu verpflichten, zur Vermeidung von Gesundheitsgefährdungen der werdenden oder stillenden Mütter oder ihrer Kinder Liegeräume für diese Frauen einzurichten und sonstige Maßnahmen zur Durchführung des in Absatz 1 enthaltenen Grundsatzes zu treffen,
2. nähere Einzelheiten zu regeln wegen der Verpflichtung des Arbeitsgebers zur Beurteilung einer Gefährdung für die werdenden oder stillenden Mütter, zur Durchführung der notwendigen Schutzmaßnahmen und zur Unterrichtung der betroffenen Arbeitnehmerinnen nach Maßgabe der insoweit umzusetzenden Artikel 4 bis 6 der Richtlinie 92/85/EWG des Rates vom 19. Oktober 1992 über die Durchführung von Maßnahmen zur Verbesserung der Sicherheit und des Gesundheitsschutzes von schwangeren Arbeitnehmerinnen, Wöchnerinnen und stillenden Arbeitnehmerinnen am Arbeitsplatz (ABl. EG Nr. L 348 S. 1).

(5) Unabhängig von den aufgrund des Absatzes 4 erlassenen Vorschriften kann die Aufsichtsbehörde in Einzelfällen anordnen, welche Vorkehrungen und Maßnahmen zur Durchführung des Absatzes 1 zu treffen sind.

Inhaltsübersicht

1. Allgemeines 1–8
    a) Entstehung, Zweck 1–2
    b) Allgemeiner Arbeitsschutz 3
    c) EG-Richtlinien 4–5
    d) Schwangeren-Richtlinie 6
    e) Grundsätzliches 7–8
2. Einrichtung und Unterhaltung des Arbeitsplatzes, Abs. 1 9–12
3. Regelung der Beschäftigung, Abs. 1. 13–14
4. Beschäftigung im Stehen, Abs. 2 15–16
5. Beschäftigung im Sitzen, Abs. 3 17–18
6. Schutz von Mutter und Kind 19
7. Grenzen der Verpflichtung, Arbeitsplatzwechsel 20–23
8. Rechtsverordnung, Abs. 4 24–25
9. Anordnungen der Aufsichtsbehörde, Abs. 5 26–28
10. Arbeitsbefreiung, Arbeitsentgelt 29–31
11. Aufgaben des Betriebsrats 32–36
12. Folgen bei Nichtdurchführung 37–38

Allgemeines § 2 MuSchG

Ergänzung zu §§ 2 und 4 MuSchG: Text und Erläuterungen zur Mutterschutzverordnung (MuSchArbV)

1. Allgemeines.......................... 39–42
2. Beurteilung der Arbeitsbedingungen, § 1 MuSchArbV.................... 43–66
   a) Vergleich MuSch-RL mit MuSchArbV.................... 43–44
   b) Inhalt, Zweck des § 1 MuSchArbV.................... 45–47
   c) Gefährdungsbeurteilung, § 1 Abs. 1 MuSchArbV.............. 48–53
   d) Gefährliche Stoffe, Faktoren, § 1 Abs. 1 Satz 1 MuSchArbV... 54–56
   e) Zeitpunkt der Beurteilungspflicht...................... 57–60
   f) Beauftragung von Personen, § 1 Abs. 3 MuSchArbV.................61
   g) Verstöße gegen § 1 MuSchArbV, Nachteile........................ 62–66
3. Unterrichtung, § 2 MuSchArbV..... 67–74
   a) Allgemeines.......................... 67
   b) Inhalt des § 2 MuSchArbV...... 68–70
   c) Zweck des § 2 MuSchArbV..........71
   d) Anforderungen an Unterrichtung, Nachteile, Entgelt................ 72–73
   e) Verstöße gegen § 2 MuSchArbV.....74
4. Weitere Folgerungen aus der Beurteilung, § 3 MuSchArbV........ 75–80
   a) Inhalt............................... 75
   b) Arbeitsentgelt..................... 76–78
   c) Verstöße gegen § 3 MuSchArbV. 79–80
5. Allgemeines zu §§ 4 und 5........... 81–82
6. Verbot der Beschäftigung, § 4 MuSchArbV...................... 83–90
   a) Inhalt des § 4 MuSchArbV 83–86
   b) Arbeitsentgelt..................... 87–88
   c) Verstöße......................... 89–90
7. Besondere Beschäftigungsbeschränkungen, § 5 MuSchArbV.... 91–104
   a) § 5 Abs. 1 Satz 1 MuSchArbV
      aa) Inhalt...................... 91
      bb) Im einzelnen, Nr. 1 bis 6 92–97
   b) § 5 Abs. 1 Satz 2 MuSchArbV....... 98
   c) § 5 Abs. 1 Satz 3 MuSchArbV....... 99
   d) § 5 Abs. 2 MuSchArbV........ 100–101
   e) Arbeitsentgelt....................... 102
   f) Verstöße........................ 103–104
8. Straftaten und Ordnungswidrigkeiten, § 6 MuSchArbV............ 105–108

1. Allgemeines

a) **Entstehung, Zweck.** Der öffentlich-rechtliche Betriebsschutz war bei der Einfügung des § 2 in das MuSchG in den §§ 120a, b, d und e, § 139g und h GewO für alle Arbeitnehmer und in § 28 JArbSchG für Jugendliche geregelt. Diese Vorschriften waren das Vorbild für § 2 (zur Entstehungsgeschichte im einzelnen vgl. *Zmarzlik*, ArbuR 1965, 294). Seit 7.8.1997 ist der allg. Arbeitsschutz im Arbeitsschutzgesetz (ArbSchG) und in mehreren der Sicherheit und Gesundheit dienenden Rechtsverordnungen geregelt. § 2 ist als Spezialregelung und Ergänzung geblieben, konkretisiert durch MuSchRiV. 1

Der **Zweck** des § 2 besteht darin, den Schutz der werdenden und stillenden Mütter unter Berücksichtigung ihres besonderen Zustands über den sachlichen und persönlichen Geltungsbereich der GewO und des JArbSchG auszudehnen und zu verbessern (ebenso *Buchner/Becker*, § 2 Rdnr. 3; *MünchArb/Heenen* § 225 Rdnr. 1). Gedacht hat der Gesetzgeber in erster Linie an Betriebe, in denen viele Frauen beschäftigt werden und die daher mit schwangeren Frauen ständig rechnen müssen (ebenso *Gröninger/Thomas*, § 2 Rdnr. 6; *Heilmann*, § 3 Rdnr. 2). 2

b) **Allgemeiner Arbeitsschutz.** § 2 Abs. 1 verpflichtet als lex spezialis den Arbeitgeber, die erforderlichen Vorkehrungen und Maßnahmen zum Schutze von Leben und Gesundheit der werdenden und stillenden Mütter zu treffen. Zu 3 den dem Arbeitgeber obliegenden Vorkehrungen und Maßnahmen in diesem Sinne gehörten ergänzend zu § 2 MuSchG in erster Linie die des Arbeitsschutzgesetzes (ArbSchG) vom 7.8.1996 (BGBl. I S. 1246), zuletzt geändert durch Gesetz vom 23.4.2004 (BGBl. I S. 602). Danach hat der Arbeitgeber die erforderlichen Maßnahmen des Arbeitsschutzes unter Berücksichtigung der Umstände zu treffen, die die Sicherheit und Gesundheit der Beschäftigten bei der Arbeit beeinflussen (§ 3 Abs. 1 Satz 1 ArbSchG). Der Arbeitgeber hat die Arbeit so zu gestalten, daß eine Gefährdung für Leben und Gesundheit möglichst vermieden und die Gefahren an der Quelle bekämpft werden (§ 4 Nr. 1 und 2 ArbSchG). Der Arbeitgeber hat durch eine Beurteilung der für die Beschäftigten mit ihrer Arbeit verbundenen Gefährdungen zu ermitteln, welche Maßnahmen des Arbeitsschutzes erforderlich sind (§ 5 Abs. 1 ArbSchG). Die möglichen Gefährdungen sind vom Arbeitgeber zu dokumentieren (§ 6 Abs. 1 ArbSchG). Dem ArbSchG nachrangig, aber im Bereich des MuSchG in Betracht kommende Vorschriften sind die PSA-Benutzungsverordnung, die Lastenhandhabungsverordnung, die Bildschirmarbeitsverordnung, die Arbeitsmittel-Benutzungsverordnung, ferner die Röntgen- und die Strahlenschutzverordnung, die Gefahrstoffverordnung, die Arbeitsstättenverordnung (im einzelnen vgl. *Koll*, ArbSchG, Teil A). Hier sind die Pflichten auf die besonderen Belange der werdenden und stillenden Mütter auszurichten. Schließlich gehört zu den dem Arbeitgeber obliegenden Vorkehrungen und Maßnahmen i.S.d. § 2 Abs. 1 die Durchführung der Unfallverhütungsvorschriften der Berufsgenossenschaften (zum allgemeinen Arbeitsschutz im einzelnen vgl. *MünchArb/Wlotzke* §§ 206 ff.).

4 c) **EG-Richtlinien:** Durch das ArbSchG wurde insbesondere die Arbeitsschutz-Rahmenrichtlinie 89/391/EWG vom 12.6.1989 (ABl. EG Nr. L 183 S. 1) umgesetzt. Diese **Rahmenrichtlinie** gilt für alle Beschäftigungsbereiche und alle Beschäftigten, auch im öffentlichen Dienst. Materiell brachte die Rahmenrichtlinie u. a. auch die Klarstellung, daß zum Arbeitsschutz auch Maßnahmen zur Vermeidung eintöniger Arbeit und die grundlegende Pflicht des Arbeitgebers gehören, die an den Arbeitsplätzen bestehenden Gesundheitsgefahren zu ermitteln und zu bewerten.

5 Die zugehörigen, hier in Betracht kommenden **Einzelrichtlinien** für bestimmte Bereiche, z.B. die **Bildschirm-Richtlinie** 90/270/EWG vom 29.5.1990, ABl. EG Nr. L 156 S. 14. Sie ist durch die Bildschirmarbeitsverordnung umgesetzt worden. Weitere durch die in § 2 Rdnr. 3 genannten Rechtsverordnungen umgesetzte EG-Einzelrichtlinien betreffen die Arbeitsstätten: 89/654/EWG vom 30.11.1989, ABl. EG Nr. L 393 S. 1; die Benutzung von Arbeitsmitteln: 89/655/EWG vom 30.11.1989, ABl. EG Nr. L 393 S. 13; die Benutzung persönlicher Schutzausrüstungen: 89/656/EWG vom 30.11.1989, ABl. EG Nr. L 393 S. 18; das Tragen schwerer Lasten: 90/269/EWG vom 29.5.1990, ABl. EG Nr. L 156 S. 9. Hervorzuheben sind hier ferner die EG-Einzelrichtlinien Krebserzeugende Stoffe: 90/394/EWG vom 28.11.1990, ABl. EG Nr. L 374 S. 1;

biologische Arbeitsstoffe: 90/679/EWG vom 26.11.1990, ABl. EG Nr. L 374 S. 1; Sicherheits- und Gesundheitsschutzkennzeichnung am Arbeitsplatz: 92/58/EWG vom 24.6.1992, ABl. EG Nr. L 245 S. 23.

d) **Schwangeren-Richtlinie.** Für schwangere und stillende Mütter gilt die Richtlinie 92/85 EWG vom 19.10.1992 (ABl. EG Nr. L 348 S. 1), EG-MuSch-RL vgl. Anh. 19. Sie war Anlaß und Richtschnur für das Gesetz zur Änderung des Mutterschutzrechts vom 20.12.1996 (BGBl. I S. 2110), die Neufassung des MuSchG vom 17.1.1997 (BGBl. I S. 22) und den Erlaß der Mutterschutzrichtlinienverordnung – MuSchRiV vom 15.4.1997 (BGBl. I S. 782). Vgl. die Erläuterungen bei den in Betracht kommenden Regelungen des MuSchG und der MuSchRiV.   6

e) **Grundsätzliches zu § 2.** Abs. 1 enthält einen allgemeinen Grundsatz. Abs. 2 und 3 enthalten eine Konkretisierung dieses Grundsatzes für die Beschäftigung im Stehen, Gehen und Sitzen (ebenso *Buchner/Becker,* § 2 Rdnr. 23). Weitere Konkretisierungen sind in Abs. 4 durch RechtsVO der Bundesregierung und in Abs. 5 durch Anordnung der Aufsichtsbehörde vorgesehen. Der Arbeitgeber ist verpflichtet, den allgemeinen Grundsatz des Abs. 1 auch dann zu beachten und zu realisieren, wenn und soweit keine RechtsVO oder Anordnung erlassen worden ist.   7

Die Vorschriften des § 2 enthalten **zwingende**, die allgemeine, privatrechtliche Fürsorgepflicht des Arbeitgebers in öffentlich-rechtlicher Form konkretisierende **Gebotsnormen**, seit 1.1.1997 auch zwingende Rechtsnormen zur Umsetzung der EG-MuSch-RL. Sie können zum Nachteil der Frau weder kollektiv- noch einzelvertraglich abbedungen werden (ebenso *Gröninger/Thomas,* § 2 Rdnr. 4f.; *Heilmann,* § 2 Rdnr. 16ff.; wegen der Rechtsfolgen vgl. § 2 Rdnr. 37f.). Gegenüber anderen ähnlichen Schutzvorschriften, z.B. den im ArbSchG, ist § 2 **lex spezialis,** d.h. der Schutz ist hier auf die werdenden und stillenden Mütter auszurichten (vgl. auch *Gröninger/Thomas,* § 2 Rdnr. 3; *Lenz,* § 2 Rdnr. 1).   8

2. Einrichtung und Unterhaltung des Arbeitsplatzes, Abs. 1

Arbeitsplatz ist in erster Linie die Stelle, an der die Frau arbeitet, gleichgültig ob innerhalb oder außerhalb des Betriebes, ferner der Raum, in dem die Frau arbeitet, und die Zugänge zu diesem Raum. Andere Räume, in denen werdende oder stillende Mütter sich aufhalten oder verkehren müssen, kommen für die besondere Arbeitsplatzgestaltung des § 2 erst dann in Betracht, wenn sich die allgemeinen Vorkehrungen und Maßnahmen als unzureichend erweisen (ebenso *Buchner/Becker,* § 2 Rdnr. 10; *Heilmann,* § 1 Rdnr. 28; vgl. auch *Meisel/Sowka,* § 2 Rdnr. 5; *MünchArb/Heenen* § 226 Rdnr. 3). Zum Begriff Arbeitsstätte vergleiche ferner § 2 Arbeitsstättenverordnung. Zu der ähnlichen Vorschrift des § 28 JArbSchG vgl. *Zmarzlik/Anzinger,* JArbSchG, § 28 Rdnr. 4ff.   9

MuSchG § 2   *Gestaltung des Arbeitsplatzes*

10 Die Arbeitsplätze der werdenden und stillenden Mütter einschließlich der Maschinen, Werkzeuge und Geräte, die sie bedienen bzw. benutzen, müssen so eingerichtet sein und unterhalten werden, daß Leben und Gesundheit der werdenden oder stillenden Mütter oder ihrer Kinder nicht gefährdet werden und Risiken für ihr Leben und ihre Gesundheit möglichst nicht entstehen. Dies ist im Einzelfall ggf. unter Hinzuziehung eines Arztes und des Betriebsrats zu beurteilen. Die **individuellen Verhältnisse**, insbesondere die Konstitution der Frau und das Stadium der Schwangerschaft sind zu berücksichtigen (vgl. auch *Buchner/Becker*, § 2 Rdnr. 11; *Heilmann*, § 2 Rdnr. 29; *Meisel/Sowka*, § 2 Rdnr. 4); jedoch können die technischen Einrichtungen und Arbeitsmittel nur auf den Regelfall ausgerichtet werden. Individuelle Schutzmaßnahmen kommen erst in Betracht, wenn durch andere Maßnahmen ein ausreichender Schutz nicht gewährleistet werden kann. Den Müttern sind geeignete Anweisungen zu erteilen. Grundsätzlich gilt auch hier, daß Gefährdungen möglichst zu vermeiden sind, individuelle Schutzmaßnahmen sind nachrangig (vgl. §§ 4 f. ArbSchG). Dem Betriebsrat steht ein Beteiligungsrecht zu (§§ 90 BetrVG).

11 Gedacht ist in erster Linie an **körpergerechte Arbeitsplätze** für werdende Mütter entsprechend ihren physiologischen Gegebenheiten, an einwandfreie Beleuchtung und Belüftung sowie an trittsichere Fußbodenbeläge, an die richtige Arbeitshöhe – bei herabhängendem Oberarm und rechtwinklig gebeugtem Ellenbogen in der Höhe der Ellenbeuge –, an in der Höhe verstellbare Stühle mit Rückenlehne (vgl. schon *Winkler*, ArbSch 1966 S. 138; *Paul*, Arbeit und Leistung 1968 S. 158, 164), an Verhinderung und Beseitigung von Staub, Gasen, Dämpfen und Lärm, an Vermeiden von Zugluft. Mindestens sind die Maßnahmen der Arbeitsstättenverordnung (vgl. Anh. 6) zu treffen (vgl. zu der ArbStättV *Opfermann/Streit*, Arbeitsstätten, Stand 1993; zur Gestaltung von Frauenarbeitsplätzen vgl. *Boetzel*, Verbesserung der Bedingungen am Arbeitsplatz, RKW-Förderung der Frauenarbeit, 1964). Zudem müssen die allgemein anerkannten Sicherheitstechnischen Regeln sowie Arbeitsmedizinischen Regeln beachtet werden (vgl. § 4 Nr. 3 ArbSchG).

12 Die öffentlich-rechtliche **Pflicht** des Arbeitgebers zur Arbeitsplatzgestaltung gemäß § 2 umfaßt nur die Gestaltung des Arbeitsplatzes (der Arbeitsstätte, vgl. § 2 Rdnr. 9) einer werdenden oder stillenden Mutter. Sie **erstreckt sich nicht** auf Räume, Plätze oder Wege, die nicht zum Arbeitsplatz einer werdenden oder stillenden Mutter gehören und die sie normalerweise auch nicht benutzen muß; sie erstreckt sich insbesondere nicht auf deren Weg von der Wohnung und zurück (ebenso *Meisel/Sowka*, § 2 Rdnr. 6). Andernfalls würde man die Pflicht des Arbeitgebers aus § 2 über dessen Wortlaut und Zweck hinaus ausdehnen. Ein im Einzelfall eventuell darüber hinaus notwendiger Schutz einer werdenden oder stillenden Mutter ist durch den allgemeinen Arbeitsschutz (vgl. § 2 Rdnr. 2 ff.), ggf. durch eines der Beschäftigungsverbote des MuSchG ausreichend gesichert.

3. Regelung der Beschäftigung, Abs. 1

Die Regelung der Beschäftigung betrifft nicht nur die Regelung der Arbeitsverrichtungen im einzelnen, sondern darüber hinaus die gesamte Tätigkeit der werdenden und stillenden Mütter einschließlich Art, Dauer, Lage und Tempo der Tätigkeit sowie der Schichteinteilung und des Tragens von Schutzkleidung. Soweit es der Schutz von Leben und Gesundheit der werdenden und stillenden Mütter oder ihrer Kinder erfordert, müssen z. B. eine besondere Regelung über Beginn und Ende sowie über die Dauer und Lage der täglichen Arbeitszeit getroffen und Pausen von angemessener Dauer (über den Wert zusätzlicher Pausen vgl. *Boetzel* in § 2 Rdnr. 11 S. 93 ff.) eingeführt werden, und zwar über die Pausen des § 4 ArbZG und des § 11 JArbSchG hinaus (ebenso *BMI* MuSchG zu 2.1). Ziel der Regelung der Beschäftigung muß es sein, eine Überforderung und Überanstrengung einer werdenden oder stillenden Mutter durch die Arbeitsorganisation oder den Arbeitsablauf zu vermeiden (vgl. auch *Heilmann*, § 2 Rdnr. 33; *Meisel/Sowka*, § 2 Rdnr. 8). Dem Betriebsrat steht ein Beteiligungsrecht zu (§ 90 BetrVG). 13

Der Arbeitgeber muß sich ferner davon überzeugen, ob eine werdende oder stillende Mutter im Hinblick auf ihren Zustand auf ihrem bisherigen Arbeitsplatz ohne Gefährdung weiter arbeiten kann. Wenn ein Werksarzt oder eine Werksfürsorgerin im Betrieb tätig ist, sollten auch Regelungen für den Besuch beim Werksarzt oder bei der Werksfürsorgerin getroffen werden. Besondere individuelle Verhältnisse einer Frau sind auch hier zu berücksichtigen (vgl. auch *Buchner/Becker*, § 2 Rdnr. 25 f.; *Gröninger/Thomas*, § 2 Rdnr. 12; *Meisel/Sowka*, § 2 Rdnr. 8). 14

4. Beschäftigung im Stehen oder Gehen, Abs. 2

§ 2 Abs. 2 kommt auf Arbeitsplätze zur Anwendung, auf denen die Arbeit ihrem Gesamtbild nach im Stehen oder Gehen ausgeübt werden muß, z. B. im Einzelhandel (vgl. *Buchner/Becker*, § 2 Rdnr. 23 ff.). In solchen Fällen müssen Sitzgelegenheiten zum kurzen Ausruhen vorhanden sein. Bereitgestellt ist eine Sitzgelegenheit nicht schon dann, wenn im Betrieb Stühle für das Personal zur Verfügung gestellt werden. Sie müssen auch tatsächlich zumindest in angemessenen Zeitabständen benutzt werden können, wenn auch nur für kurze Zeit, z. B. für 3-5 Minuten (vgl. auch *Buchner/Becker*, § 2 Rdnr. 27 ff.; *Gröninger/Thomas*, § 2 Rdnr. 13; *Meisel/Sowka*, § 2 Rdnr. 12). Nach Ablauf des fünften Monats der Schwangerschaft kommt das Beschäftigungsverbot gemäß § 4 Abs. 2 Nr. 2 in Betracht. 15

Die Sitzgelegenheit ist grundsätzlich am Arbeitsplatz zur Verfügung zu stellen. Kann sie nicht am Arbeitsplatz, sondern nur an einer anderen Stelle des Betriebs bereitgestellt werden, dann muß die Frau die Möglichkeit erhalten, den Arbeitsplatz nach Bedarf zum Ausruhen im Sitzen zu verlassen (vgl. auch § 6 16

MuSchG § 2 *Gestaltung des Arbeitsplatzes*

Abs. 3 Satz 4 ArbStättV). Die Frau ist aufgrund ihrer Treuepflicht verpflichtet, von § 2 Abs. 2 nicht über Gebühr Gebrauch zu machen (vgl. *Buchner/Becker*, § 2 Rdnr. 28). Hält sie sich im angemessenen Rahmen, hat sie insoweit einen Anspruch auf Freistellung, ihr Anspruch auf Entgeltfortzahlung bleibt ihr auch bei Arbeitsausfällen erhalten (vgl. *Gröninger/Thomas*, § 2 Rdnr. 19; vgl. hier § 2 Rdnr. 29). Auch nach Absatz 2 darf die Frau nicht willkürlich mit der Arbeit zurückhalten (vgl. *BAG* vom 17.7.1970, AP Nr. 3 zu § 11 MuSchG).

5. Beschäftigung im Sitzen, Abs. 3

17   Nach § 2 Abs. 3 hat der Arbeitgeber, der eine werdende oder stillende Mutter mit Arbeiten beschäftigt, bei denen sie ständig sitzen muß, ihr Gelegenheit zu kurzen **Unterbrechungen** ihrer Arbeit zu geben. Der Zweck dieser Vorschrift besteht vor allem darin, den Frauen, die nach dem Gesamtbild ihrer Arbeit eine sitzende Tätigkeit ausüben, Gelegenheit zu Ausgleichsbewegungen zu geben.

18   Die Unterbrechungen der Arbeit im Sitzen müssen hinsichtlich der Dauer und der Zeitabstände so angemessen sein, daß Ausgleichsbewegungen möglich werden, wenn auch nur für kurze Zeit, z.B. für 5 Minuten (vgl. auch *Buchner/ Becker*, § 2 Rdnr. 30ff.; *Lenz*, § 2 Rdnr. 4). Diese Möglichkeit darf die Frau jedoch nicht über Gebühr in Anspruch nehmen (vgl. auch § 2 Rdnr. 16; vgl. ferner *Gröninger/Thomas*, § 2 Rdnr. 14). § 2 Abs. 3 kommt z.B. bei Angestellten an Schreib- und Datensichtgeräten sowie bei Arbeiterinnen am Band zur Anwendung.

6. Schutz von Mutter und Kind

19   Die Regelungen des § 2 über die Gestaltung des Arbeitsplatzes dienen dem Schutz von Mutter und Kind. Ausdrücklich gesagt wird dies zwar nur in § 2 Abs. 4, während § 2 Abs. 1 lediglich vom Schutz der Mutter spricht. Es ist jedoch durchgängiges Prinzip der Schutzvorschriften des MuSchG, Mutter und Kind zu schützen. Außerdem ergibt sich diese Auslegung auch daraus, daß § 2 Abs. 1 in § 2 Abs. 4 und 5 ausdrücklich in Bezug genommen ist und konkretisiert werden soll (vgl. *Gröninger/Thomas*, § 2 Rdnr. 10; *Heilmann*, § 2 Rdnr. 24 und 42).

7. Grenzen der Verpflichtung, Arbeitsplatzwechsel

20   Die Grenze für die Verpflichtung des Arbeitgebers zur Gestaltung des Arbeitsplatzes ist danach zu beurteilen, ob und welche Maßnahmen und Vorkehrungen zum Schutz von Leben und Gesundheit der werdenden oder stillenden Mütter und ihrer **Kinder** erforderlich sind. Die sonst übliche Grenze »soweit ..., wie es die Natur des Betriebes gestattet« fehlt in § 2 MuSchG. Leben

Grenzen der Verpflichtung, Arbeitsplatzwechsel § 2 MuSchG

und Gesundheit von Mutter und Kind sind grundsätzlich vorrangig. Was erforderlich ist, ist in erster Linie nach dem Stand der Sicherheitstechnik, der Arbeitsmedizin und Arbeitswissenschaft zu beurteilen; besondere individuelle Verhältnisse einer Frau sind zu berücksichtigen (vgl. auch *Buchner/Becker*, § 2 Rdnr. 9; *Heilmann*, § 2 Rdnr. 31). Allerdings ist auch hier der allgemeine Grundsatz des § 4 Nr. 1 und 2 ArbSchG zu beachten, daß die Arbeit so zu gestalten ist, daß eine Gefährdung für Leben und Gesundheit möglichst vermieden werde und Gefahren an ihrer Quelle zu bekämpfen sind; jedoch eindeutig erforderliche und realisierbare Vorkehrungen und Maßnahmen zum Schutze von Leben und Gesundheit der werdenden oder stillenden Mütter oder ihrer Kinder dürfen nicht aus Kostengründen unterbleiben.

Richtschnur für das Erforderliche: Aufgrund des § 2 kann vom Arbeitgeber 21 grundsätzlich die Durchführung der **allgemein anerkannten sicherheitstechnischen**, arbeitsmedizinischen und hygienischen **Regeln** sowie der gesicherten arbeitswissenschaftlichen Erkenntnisse verlangt werden, zumindest soweit sie die werdende oder stillende Mutter oder ihre Kinder betreffen. Allgemein anerkannt sind sicherheitstechnische, arbeitsmedizinische und hygienische Regeln, wenn die Mehrheit der Fachleute aus dem jeweiligen Bereich von ihrer Richtigkeit überzeugt ist und die Regeln sich in der Praxis bewährt haben (herrschende Auffassung unter den technischen Praktikern. Im einzelnen siehe *MünchArb/Wlotzke* § 210 Rdnr. 10 ff. und § 206 Rdnr. 25 ff.).

Arbeitswissenschaftliche Erkenntnisse werden aus wissenschaftlichen 22 Untersuchungen gewonnen, insbesondere aus den Bereichen Ergonomie, Arbeitstechnologie, Arbeitsmedizin, Arbeitsphysiologie. Sie sind in Forschungsberichten und Fachveröffentlichungen zu finden und stellen häufig Vorstufen zu sicherheitstechnischen oder arbeitsmedizinischen Regeln dar, vgl. z.B. die Sicherheitsregeln für Bildschirmarbeitsplätze im Bürobereich (ZH 1/618), die MAK-Werte-Liste (Maximale Arbeitsplatzkonzentration), die Technischen Regeln für Gefahrstoffe (TRGS) 900. Gesichert sind die Erkenntnisse, wenn die Mehrheit der Fachleute aus dem jeweiligen Bereich von ihrer Zweckmäßigkeit überzeugt ist und die Erkenntnisse in mindestens einem Betrieb erprobt worden sind und dort zu einer Verbesserung der Arbeitsbedingungen geführt haben (vgl. im einzelnen *MünchArb/Wlotzke* § 210 Rdnr. 12).

Arbeitsplatzwechsel. Die Regelung des § 2 verfolgt das Ziel, einen mutter- 23 schaftsbedingten Arbeitsplatzwechsel der Arbeitnehmerin in deren Interesse zu **vermeiden.** Sie berührt die Arbeitspflicht der Arbeitnehmerin und die Beschäftigungspflicht des Arbeitgebers nicht und beschränkt sich darauf, den Arbeitgeber zu verpflichten, den bisherigen Arbeitsplatz einer werdenden oder stillenden Mutter so zu gestalten, daß diese dort weiter tätig sein kann, ohne sich oder ihr Kind zu gefährden. Ist eine solche Arbeitsplatzgestaltung nicht durchführbar oder wäre sie unverhältnismäßig, hat ihr der Arbeitgeber einen für sie und ihr Kind gefahrfreien Arbeitsplatz anzubieten. Die Arbeitnehmerin ist verpflichtet, den Arbeitsplatz anzunehmen (vgl. auch *Heilmann*, § 2 Rdnr. 32 und 34; *Meisel/Sowka*, § 2 Rdnr. 4).

8. Rechtsverordnung, Abs. 4

24 a) **Entstehung, Zweck.** § 2 Abs. 4 ist durch das MuSch **ÄndG 1996** neugefaßt worden. Anstelle des BMFSFJ ist Verordnungsgeber die Bundesregierung. Materiell entspricht § 2 Abs. 4 Nr. 1 im wesentlichen der bis dahin geltenden Fassung des § 2 Abs. 4. § 2 Abs. 4 Nr. 2 erweiterte die Verordnungsermächtigung zur vollständigen Umsetzung der Art. 4 bis 6 EG-MuSch-RL (vgl. BT-Drucks. 13/2763 S. 1, 7, 8).

25 b) **Ermächtigung zum stufenweisen Vorgehen. Erste** Stufe nach § 2 Abs. 4 Nr. 2 ist die Verpflichtung des Arbeitgebers zur **Beurteilung** einer mit der Beschäftigung im Einzelfall verbundenen Gefährdung der betroffenen Arbeitnehmerin, damit alle Risiken für Sicherheit und Gesundheit sowie alle Auswirkungen auf Schwangerschaft und Stillzeit abgeschätzt und die zu ergreifenden Maßnahmen bestimmt werden können. Als **zweite** Stufe enthält § 2 Abs. 4 Nr. 2 entsprechend Art. 5 und 6 EG-MuSch-RL die Rangfolge der notwendigen **Schutzmaßnahmen.** Zum Ausschluß der Gefährdungen sind zunächst die Arbeitsbedingungen bzw. die Arbeitszeiten umzugestalten. Wenn dies nicht möglich oder unzumutbar ist, hat der Arbeitgeber die erforderlichen Maßnahmen für einen Arbeitsplatzwechsel zu schaffen. Beim Fehlen dieser Möglichkeiten bzw. ihrer Unzumutbarkeit ist die betreffende Arbeitnehmerin zu beurlauben, ggf. sind die Beschäftigungsverbote nach Art. 6 EG-MuSch-RL zu beachten. Die **dritte Stufe** betrifft die **Unterrichtungspflicht** des Arbeitgebers wegen der Ergebnisse der Beurteilung und der für die Gestaltung des Arbeitsplatzes zu ergreifenden Maßnahmen zum Schutze dieser Frau (vgl. BT-Drucks. 13/2763 S. 9). Zur aufgrund des § 2 Abs. 4 Nr. 2 und des § 4 Abs. 4 MuSchG erlassenen **MuSchRiV** vom 15.4.1997 und zur in Artikel 1 enthaltenen Verordnung zum Schutze der Mütter am Arbeitsplatz vgl. § 2 Rdnr. 39ff.; vgl. auch *Buchner/Becker,* § 2 Rdnr. 14.

9. Anordnungen der Aufsichtsbehörde, Abs. 5

26 Die Verpflichtung des Arbeitgebers nach § 2 Abs. 1 kann durch Anordnung der Aufsichtsbehörde nach § 2 Abs. 5 im Einzelfall, d.h. für einen einzelnen Betrieb, für eine bestimmte Betriebsabteilung oder für eine einzelne Frau, konkretisiert werden (ebenso *Gröninger/Thomas,* § 2 Rdnr. 16; *Meisel/Sowka,* § 2 Rdnr. 29). Hierzu gehören auch Anordnungen, die früher aufgrund des § 4 Abs. 4 Satz 2 MuSchG a. F. in besonders schwierigen Fällen getroffen werden konnten, z.B. Pausenverlängerungen, Arbeitszeitverkürzungen. Die Vorkehrun-

gen und Maßnahmen müssen zu dem angestrebten Zweck in einem angemessenen Verhältnis stehen (ebenso *Buchner/Becker*, § 2 Rdnr. 17 ff.).

Die Aufsichtsbehörden haben dem Arbeitgeber für die Durchführung der 27 getroffenen Anordnungen nach den Grundsätzen des allgemeinen Verwaltungsrechts eine angemessene Frist zu lassen. Der Sofortvollzug (§ 80 Abs. 2 Nr. 4 VwGO) einer Anordnung gemäß § 2 Abs. 5 kann dann angeordnet werden, wenn für das Leben oder die Gesundheit der werdenden Mutter oder ihres Kindes eine unmittelbare Gefahr besteht. Wegen eventueller Rechtsmittel gegen eine Anordnung vgl. § 20 Rdnr. 15 ff.

Ist die Durchführung der erforderlichen Vorkehrungen und Maßnahmen 28 durch eine Anordnung wegen der Natur des Betriebs oder aus anderen wichtigen Gründen nicht möglich oder unzumutbar, dann kommt ein **Beschäftigungsverbot** der Aufsichtsbehörde nach § 4 Abs. 5 und nach § 6 Abs. 3 in Betracht. Bei Betrieben, in denen ständig schwangere Frauen beschäftigt werden, sollte die Aufsichtsbehörde im Laufe der Zeit grundsätzlich auf einer den werdenden und stillenden Müttern entsprechenden Gestaltung der Arbeitsplätze bestehen, insbesondere auch auf die Einrichtung von Möglichkeiten, sich hinlegen und ausruhen zu können im Hinblick auf § 6 Abs. 3 ArbStättV (vgl. Anh. 6). Sie kann über den Rahmen von Sicherheitsvorkehrungen hinausgehen und eine arbeitshygienisch und arbeitsphysiologisch einwandfreie Arbeitsplatzgestaltung verlangen (vgl. *Buchner/Becker*, § 2 Rdnr. 17 ff.).

10. Arbeitsbefreiung, Arbeitsentgelt

Besteht eine Vorkehrung oder Maßnahme nach § 2 in einer Arbeitsunter- 29 brechung, z. B. in einer Arbeitspause nach § 2 Abs. 1 oder Abs. 5, in einem Ausruhen nach § 2 Abs. 2, in einer Unterbrechung der Arbeit nach § 2 Abs. 3, hat die Arbeitnehmerin gegen den Arbeitgeber einen Anspruch auf Freistellung von der Arbeit. Dies ist zwar in § 2 nicht ausdrücklich geregelt, es folgt jedoch aus dem Sinn und Zweck der Regelung des § 2 (ebenso *Buchner/Becker*, § 2 Rdnr. 40 ff.; *Heilmann*, § 2 Rdn. 50).

Die **Entgeltfortzahlung** bei Arbeitsausfällen aufgrund von Vorkehrungen 30 und Maßnahmen des § 2 ist weder in § 2 noch in § 11 ausdrücklich geregelt. Ein Anspruch auf Fortzahlung des bisherigen Arbeitsentgelts kann jedoch aus dem Grundsatz des § 616 BGB und dem Sinn und Zweck des MuSchG hergeleitet werden, soweit es sich um ein vom Gesetzgeber gebotenes Aussetzen mit der Arbeit im Rahmen des § 2 handelt. Andernfalls würde der mit § 2 beabsichtigte Mutterschutz praktisch vereitelt (ebenso *BMI* MuSchG zu 2.2; *Buchner/Becker*, § 2 Rdnr. 46; *Heilmann*, § 2 Rdnr. 52). Sollte ein längeres Aussetzen mit der Arbeit geboten sein, ohne daß ein generelles Beschäftigungsverbot eingreift, wird sich für die Frau eine ärztliche Bescheinigung empfehlen, um das individuelle Beschäftigungsverbot des § 3 Abs. 1 und damit einen Entgeltanspruch nach § 11 auszulösen (vgl. auch *Meisel/Sowka*, § 2 Rdnr. 31).

31 Versäumt die Arbeitnehmerin rechtswidrig Arbeitszeit, z. B. durch längere oder häufigere Pausen als durch § 2 geboten, steht ihr insoweit kein Lohnanspruch zu (ebenso *Buchner/Becker*, § 2 Rdnr. 42; *Gröninger/Thomas*, § 2 Rdnr. 19; *Meisel/Sowka*, § 2 Rdnr. 31).

11. Aufgaben des Betriebsrats

32 Über die Einhaltung des § 2 hat der Betriebsrat nach § 80 Abs. 1 Nr. 1 BetrVG und der Personalrat nach § 68 Abs. 1 BPersVG und nach den entsprechenden Vorschriften in den Landespersonalvertretungsgesetzen zu wachen und bei der Bekämpfung von Unfall- und Gesundheitsgefahren für werdende und stillende Mütter und ihrer Kinder nach § 89 BetrVG bzw. nach § 81 BPersVG sowie den entsprechenden Vorschriften der Landespersonalvertretungsgesetze mitzuwirken.

33 Nach § 88 Nr. 1 BetrVG können **freiwillige Betriebsvereinbarungen** zur Verhütung von Unfällen und Gesundheitsschädigungen der werdenden und stillenden Mütter abgeschlossen werden, die z. B. die Beleuchtungsanlagen, die Einrichtungen zur Lüftung betreffen können. Nach § 85 Abs. 1 BetrVG hat der Betriebsrat auch **Beschwerden** von werdenden und stillenden Müttern entgegenzunehmen, und, falls sie berechtigt erscheinen, durch Verhandlung mit dem Arbeitgeber auf ihre Abstellung hinzuwirken. Nach § 80 Abs. 1 Nr. 2 und 4 BetrVG kann der Betriebsrat Maßnahmen, z. B. die Einrichtung von Liege- und **Stillräumen** zugunsten werdender und stillender Mütter beantragen und auch im übrigen ihre Eingliederung in den Betrieb fördern (vgl. auch *Heilmann*, § 1 Rdnr. 18 f.).

34 Der Arbeitgeber hat bei der Planung künftiger Veränderungen im Betrieb den Betriebsrat zu unterrichten, **Beteiligungsrecht** des Betriebsrats (§ 90 BetrVG). Ändert der Arbeitgeber die Arbeitsplätze, den Arbeitsablauf oder die Arbeitsumgebung in einer Weise, die den gesicherten arbeitswissenschaftlichen Erkenntnissen über die menschengerechte Gestaltung der Arbeit (vgl. § 2 Rdnr. 22) offensichtlich widerspricht (vgl. hierzu *Fitting*, BetrVG, § 91 Rdnr. 2), hat der Betriebsrat ein **Initiativrecht** (§ 91 BetrVG).

35 Wenn es nicht um geplante Änderungen, sondern um die menschengerechte Gestaltung der Arbeit an bestehenden Einrichtungen geht, steht dem Betriebsrat ein **Mitbestimmungsrecht** nach § 87 Abs. 1 Nr. 7 zu. Für den Personalrat vgl. § 75 Abs. 3 Nr. 16 und § 78 Abs. 5 BPersVG.

36 Diese und andere Aufgaben im Rahmen des MuSchG kann der Betriebsrat nur erfüllen, wenn ihm bekannt ist, welche werdenden und stillenden Mütter im Betrieb arbeiten. Der Arbeitgeber muß ihn daher hierüber auch unaufgefordert unterrichten. § 5 Abs. 1 Satz 4 steht der Mitteilung der Schwangerschaft an den Betriebsrat nicht entgegen (vgl. § 5). Eine solche Mitteilung ist grundsätzlich auch kein unzulässiger Eingriff in die Intimsphäre der Frau. Der Mutterschutz ist gegenüber dem Schutz der Intimsphäre in der Regel vorrangig. Dies zeigt

Aufgaben des Betriebsrats § 2 MuSchG

schon die Vorschrift des § 5 Abs. 1 Satz 1. Außerdem wäre die Berufung des Arbeitgebers auf die Intimsphäre der Frau eine unzulässige Einrede aus dem Recht eines Dritten (ebenso *Heilmann*, § 2 Rdnr. 22; *Leinemann*, DB 1970, S. 1735).

12. Folgen bei Nichtdurchführung

§ 2 enthält kein Beschäftigungsverbot. Mit Ausnahme des **§ 2 Abs. 5** (vgl. § 21 Abs. 1 Nr. 5) ist diese Vorschrift auch nicht **strafbewehrt**. Sie hat jedoch öffentlich-rechtlichen Charakter und bestimmt den Inhalt der Fürsorgepflicht des Arbeitgebers. Wird durch die Nichteinhaltung des § 2 eine Körperverletzung oder der Tod der werdenden oder stillenden Mutter oder ihrer Kinder verursacht, dann kann eine Bestrafung nach § 229 oder § 222 StGB erfolgen. Außerdem können die Beschäftigungsverbote des § 3 Abs. 1, § 4 oder des § 6 Abs. 2 und 3 mit ihren Straf- und Bußgelddrohungen zur Anwendung kommen (ebenso *Buchner/Becker*, § 2 Rdnr. 47, 51; *Heilmann*, § 2 Rdnr. 54).   37

§ 2 konkretisiert ebenso wie jede andere Schutzvorschrift des MuSchG als öffentlich-rechtliche Arbeitsschutzvorschrift die arbeitsvertragliche Fürsorgepflicht des Arbeitgebers (ebenso *Heilmann*, § 2 Rdnr. 55; *MünchArb/Wlotzke* § 209 Rdnr. 15 ff.) Bei Nichterfüllung der öffentlich-rechtlichen Pflichten nach § 2 kann der Frau je nach den Umständen des Einzelfalles ein auf § 273 BGB gestütztes **Leistungsverweigerungsrecht** (vgl. BAG vom 19.2.1997, DB 1997, 2623 wegen Asbestbelastung) und bei Schädigung ein Anspruch auf Ersatz des Schadens wegen Pflichtverletzung aus § 280 BGB zustehen. Darüber hinaus kommen **Schadensersatzansprüche** aus §§ 823 ff. BGB in Betracht. § 2 ist Schutzgesetz i.S.d. § 823 Abs. 2 BGB. Beruht der Schaden auf einem Arbeitsunfall, dann kann die Schadensersatzpflicht des Arbeitgebers durch die §§ 104 ff. SGB VII eingeschränkt sein. Bei schwerwiegenden Verletzungen der Pflichten des Arbeitgebers steht der Arbeitnehmerin ein außerordentliches Kündigungsrecht nach § 626 BGB zu (ebenso *Buchner/Becker*, § 2 Rdnr. 50; *Gröninger/ Thomas*, § 2 Rdnr. 21 f.; *Heilmann*, § 1 Rdnr. 56 ff;). Zur Einbeziehung des nasciturus in den Schutz der Unfallversicherung vgl. BVerfG vom 22.6.1977, NJW 1978 S. 207; zur Leibesfrucht vgl. § 12 SGB VII, davor § 555 a RVO. Zur Einwirkung von Arbeitsschutzvorschriften auf die Vertragspflichten des Arbeitgebers vgl. *MünchArb/Wlotzke* § 209 Rdnr. 15 ff.   38

MuSchG § 2

Mutterschutzverordnung

Ergänzung zu §§ 2 und 4 MuSchG: Mutterschutzverordnung (MuSchArbV)[1]

Verordnung zum Schutze der Mütter am Arbeitsplatz vom 15.4.1997 (BGBl. I S. 782), zuletzt geändert durch VO vom 23.12.2004 (BGBl. I S. 3758)

Text Mutterschutzverordnung (MuSchArbV)

§ 1 Beurteilung der Arbeitsbedingungen

(1) Der Arbeitgeber muß rechtzeitig für jede Tätigkeit, bei der werdende oder stillende Mütter durch die chemischen Gefahrstoffe, biologischen Arbeitsstoffe, physikalischen Schadfaktoren, die Verfahren oder Arbeitsbedingungen nach Anlage 1 dieser Verordnung gefährdet werden können, Art, Ausmaß und Dauer der Gefährdung beurteilen. Die Pflichten nach dem Arbeitsschutzgesetz bleiben unberührt.

(2) Zweck der Beurteilung ist es,

1. alle Gefahren für die Sicherheit und Gesundheit sowie alle Auswirkungen auf Schwangerschaft oder Stillzeit der betroffenen Arbeitnehmerinnen abzuschätzen und

2. die zu ergreifenden Schutzmaßnahmen zu bestimmen.

(3) Der Arbeitgeber kann zuverlässige und fachkundige Personen schriftlich damit beauftragen, ihm obliegende Aufgaben nach dieser Verordnung in eigener Verantwortung wahrzunehmen.

§ 2 Unterrichtung

Der Arbeitgeber ist verpflichtet, werdende oder stillende Mütter sowie die übrigen bei ihm beschäftigten Arbeitnehmerinnen und, wenn ein Betriebs- oder Personalrat vorhanden ist, diesen über die Ergebnisse der Beurteilung nach § 1 und über die zu ergreifenden Maßnahmen für Sicherheit und Gesundheitsschutz am Arbeitsplatz zu unterrichten, sobald das möglich ist. Eine formlose Unterrichtung reicht aus. Die Pflichten nach dem Arbeitsschutzgesetz sowie weitergehende Pflichten nach dem Betriebsverfassungs- und den Personalvertretungsgesetzen bleiben unberührt.

§ 3 Weitere Folgerungen aus der Beurteilung

(1) Ergibt die Beurteilung nach § 1, daß die Sicherheit oder Gesundheit der betroffenen Arbeitnehmerinnen gefährdet ist und daß Auswirkungen auf Schwangerschaft oder Stillzeit möglich sind, so trifft der Arbeitgeber die erforderlichen Maßnahmen, damit durch eine einstweilige Umgestaltung der Arbeits-

---

[1] Art. 1 der Mutterschutzrichtlinienverordnung-MuSchRiV.

Text Mutterschutzverordnung (MuSchArbV) § 2 MuSchG

bedingungen und gegebenenfalls der Arbeitszeiten für werdende oder stillende Mütter ausgeschlossen wird, daß sie dieser Gefährdung ausgesetzt sind.

(2) Ist die Umgestaltung der Arbeitsbedingungen oder gegebenenfalls der Arbeitszeiten unter Berücksichtigung des Standes von Technik, Arbeitsmedizin und Hygiene sowie sonstiger gesicherter arbeitswissenschaftlicher Erkenntnisse nicht möglich oder wegen des nachweislich unverhältnismäßigen Aufwandes nicht zumutbar, so trifft der Arbeitgeber die erforderlichen Maßnahmen für einen Arbeitsplatzwechsel der betroffenen Arbeitnehmerinnen.

(3) Ist der Arbeitsplatzwechsel nicht möglich oder nicht zumutbar, dürfen werdende oder stillende Mütter so lange nicht beschäftigt werden, wie dies zum Schutze ihrer Sicherheit und Gesundheit erforderlich ist.

§ 4 Verbot der Beschäftigung

(1) Werdende oder stillende Mütter dürfen nicht mit Arbeiten beschäftigt werden, bei denen die Beurteilung ergeben hat, daß die Sicherheit oder Gesundheit von Mutter oder Kind durch die chemischen Gefahrstoffe, biologischen Arbeitsstoffe, physikalischen Schadfaktoren oder die Arbeitsbedingungen nach Anlage 2 dieser Verordnung gefährdet wird. Andere Beschäftigungsverbote aus Gründen des Mutterschutzes bleiben unberührt.

(2) § 3 gilt entsprechend, wenn eine Arbeitnehmerin, die eine Tätigkeit nach Absatz 1 ausübt, schwanger wird oder stillt und ihren Arbeitgeber davon unterrichtet.

§ 5 Besondere Beschäftigungsbeschränkungen

(1) Nicht beschäftigt werden dürfen
1. *werdende oder stillende Mütter mit sehr giftigen, giftigen, gesundheitsschädlichen oder in sonstiger Weise den Menschen chronisch schädigenden Gefahrstoffen, wenn der Grenzwert überschritten wird;*
2. *werdende oder stillende Mütter mit Stoffen, Zubereitungen oder Erzeugnissen, die ihrer Art nach erfahrungsgemäß Krankheitserreger übertragen können, wenn sie den Krankheitserregern ausgesetzt sind;*
3. *werdende Mütter mit krebserzeugenden, fruchtschädigenden oder erbgutverändernden Gefahrstoffen;*
4. *stillende Mütter mit Gefahrstoffen nach Nummer 3, wenn der Grenzwert überschritten wird;*
5. *gebärfähige Arbeitnehmerinnen beim Umgang mit Gefahrstoffen, die Blei oder Quecksilberalkyle enthalten, wenn der Grenzwert überschritten wird;*
6. *werdende oder stillende Mütter in Druckluft (Luft mit einem Überdruck von mehr als 0,1 bar).*

In Nummer 2 bleibt § 4 Abs. 2 Nr. 6 des Mutterschutzgesetzes unberührt. Nummer 3 gilt nicht, wenn die werdenden Mütter bei bestimmungsgemäßem Umgang den Gefahrstoffen nicht ausgesetzt sind.
(2) Für Absatz 1 Satz 1 Nr. 1 bis 5 gelten die Vorschriften der Gefahrstoffverordnung entsprechend.

§ 6 Straftaten und Ordnungswidrigkeiten

(1) Ordnungswidrig im Sinne des § 25 Abs. 1 Nr. 1 des Arbeitsschutzgesetzes handelt, wer vorsätzlich oder fahrlässig entgegen § 2 eine werdende oder stillende Mutter nicht, nicht richtig oder nicht vollständig unterrichtet.
(2) Ordnungswidrig im Sinne des § 21 Abs. 1 Nr. 4 des Mutterschutzgesetzes handelt, wer vorsätzlich oder fahrlässig entgegen § 3 Abs. 3 oder § 5 Abs. 1 Satz 1 Nr. 1, 2, 3, 4 oder 6 eine werdende oder stillende Mutter beschäftigt.
(3) Ordnungswidrig im Sinne des § 26 Abs. 1 Nr. 8 Buchstabe b des Chemikaliengesetzes handelt, wer vorsätzlich oder fahrlässig entgegen § 5 Abs. 1 Satz 1 Nr. 5 eine gebärfähige Arbeitnehmerin beschäftigt.
(4) Wer vorsätzlich oder fahrlässig durch eine in Absatz 2 bezeichnete vorsätzliche Handlung eine Frau in ihrer Arbeitskraft oder Gesundheit gefährdet, ist nach § 21 Abs. 3, 4 des Mutterschutzgesetzes strafbar.
(5) Wer vorsätzlich oder fahrlässig durch eine in Absatz 3 bezeichnete Handlung das Leben oder die Gesundheit einer Frau gefährdet, ist nach § 27 Abs. 2 bis 4 des Chemikaliengesetzes strafbar.

Erläuterungen zur Mutterschutzverordnung (MuSchArbV)

1. Allgemeines

39 Die Verordnung zum Schutze der Mütter (MuSchArbV) am Arbeitsplatz ist der Art. 1 der Verordnung zur ergänzenden Umsetzung der EG-Mutterschutz-Richtlinie (Mutterschutzrichtlinienverordnung – MuSchRiV –) vom 15.4.1997, BGBl. I S. 782; vollständiger Text vgl. hier Anh. 5).

40 **Ermächtigung.** Ermächtigungsgrundlage für die MuSchRiV sind vorrangig Ermächtigungsvorschriften des MuSchG. Bezüglich § 2 MuSchG ist die MuSchRiV nach ihrem Einleitungssatz nur auf **§ 2 Abs. 4 Nr. 2** MuSchG gestützt. Dies war von vornherein auch Absicht des Gesetzgebers, weil er der Auffassung war, daß Art. 4 bis 6 MuSch-RL (vgl. Anh. 19) durch das MuSchG nur insoweit nicht ausreichend umgesetzt seien (vgl. BT-Drucks. 13/2763 S. 8). Der Verordnungsgeber wiederholt mit Recht diese Auffassung in der Begründung zur MuSchRiV (vgl. BR-Drucks. 94/97 1, 2, 10).

41 Neben der neugefaßten Ermächtigung in § 2 Abs. 4 Nr. 2 MuSchG ist als Ermächtigungsgrundlage die bisherige Ermächtigung in **§ 4 Abs. 4** MuSchG

aufgeführt. Bezüglich der **Folgeänderungen** sind § 18 Abs. 1 Chemikaliengesetz i. V. m. § 19 ArbSchG (wegen der GefahrstoffVO) und § 8 Satz 1 ArbZG (wegen der DruckluftVO) zitiert (vgl. BR-Drucks. 94/97 S. 1, 2, 10).

In der Ermächtigung des § 2 Abs. 4 Nr. 2 MuSchG sind **Kinder** als zu schützende Personen nicht ausdrücklich genannt. Dementsprechend erscheint in den §§ 1 bis 3 MuSchArbV das Wort »Kinder« wohl ebenfalls nicht (vgl. demgegenüber § 4 Abs. 1 MuSchArbV). Sollte es jedoch über § 4 Abs. 1 MuSchArbV hinaus erforderlich werden, auch Kinder im Rahmen der MuSchArbV zu schützen, ist m. E. die betreffende Vorschrift der MuSchArbV auch auf Kinder anwendbar. Eine dahin gehende Auslegung wäre durch die im Einleitungssatz gleichrangig genannte, durch »und« verbundene Ermächtigung des § 4 Abs. 4 MuSchG gedeckt. Außerdem ist im Bereich des Mutterschutzes mit dem Ausdruck »werdende Mutter« in der Regel auch deren Leibesfrucht und mit dem Ausdruck »stillende Mutter« das von ihr gestillte Kind gemeint, hier ausdrücklich in der Anlage 1 A 1 und 2 (»ungeborenes Kind«) sowie 3 (»Fötus«, »Plazenta«) zur MuSchRiV (vgl. Anh. 5). 42

2. Beurteilung der Arbeitsbedingungen, § 1 MuSchArbV

a) Vergleich MuSch-RL mit MuSchArbV

Die §§ 1 bis 5 MuSchArbV entsprechen **sinngemäß** den **Art. 4 bis 6 MuSch-RL** (vgl. BR-Drucks. 94/97 S. 1, 2, 10; zur MuSch-RL vgl. Anh. 26). Eine allgemeine Verpflichtung des Arbeitgebers zur Beurteilung von Arbeitsbedingungen enthält § 5 ArbSchG. Bei der Verpflichtung des Arbeitgebers zur Beurteilung der Arbeitsbedingungen in § 1 MuSchArbV handelt es sich demgegenüber um eine spezielle Verpflichtung für den Bereich des Mutterschutzes. Sie tritt neben die allgemeine Beurteilungsverpflichtung (vgl. BR-Drucks. 94/97 S. 11). 43

Eine **wörtliche Übernahme** der Art. 4 bis 6 MuSch-RL war **nicht möglich.** Die Betroffenen hätten die im deutschen Arbeitsschutzrecht ungewöhnlichen Begriffe der MuSch-RL, z. B. »Expositionen«, »Agenzien« u. a. wohl nicht verstanden. Sie wurden dementsprechend, durch sinngemäße deutsche Ausdrücke ersetzt (vgl. BR-Drucks. 94/97 S. 11). Bei Zweifeln kann die Auslegung auf den Wortlaut der MuSch-RL zurückgreifen (vgl. Anh. 19). 44

b) Inhalt, Zweck des § 1 MuSchArbV

Der Arbeitgeber muß für jede Tätigkeit, bei der werdende oder stillende **Mütter durch** chemische **Gefahrstoffe**, biologische Arbeitsstoffe, physikalische Schadfaktoren, Verfahren oder Arbeitsbedingungen nach Anlage I MuSchRiV **gefährdet** werden können, Art, Ausmaß und Dauer der Gefährdung rechtzeitig **beurteilen**. Es handelt sich um eine mutterschutzrechtliche **Sonderregelung,** eine Spezialverpflichtung zugunsten der Mütter (§ 1 Abs. 1 Satz 1 MuSchArbV). 45

MuSchG § 2 *Erläuterungen MuSchArbV*

Die allgemeine Verpflichtung des Arbeitgebers zur Beurteilung der Gefährlichkeit von Arbeitsbedingungen aller Beschäftigten (§ 5 ArbSchG), zur Dokumentation der Ergebnisse der Gefährdungsbeurteilung (§ 6 ArbSchG), zur arbeitsmedizinischen Vorsorge (§ 11 ArbSchG), zur Unterweisung (§ 12 ArbSchG) gelten auch im Bereich des Mutterschutzes (in § 1 Abs. 1 Satz 2 MuSchArbV ausdrücklich vorbehalten).

46 Der Arbeitgeber kann mit der Erfüllung der ihm obliegenden Aufgaben zuverlässige und fachkundige **Personen beauftragen** (§ 1 Abs. 3 MuSchArbV).

47 Der **Zweck** der Beurteilung ist in § 1 Abs. 2 MuSchArbV näher umschrieben. Danach ist Zweck der Beurteilung,
1. alle Gefahren für die Sicherheit und Gesundheit sowie alle Auswirkungen auf Schwangerschaft oder Stillzeit der betroffenen Arbeitnehmerinnen genau zu prüfen und abzuschätzen und
2. die zu ergreifenden Schutzmaßnahmen zu bestimmen (zu diesen Maßnahmen vgl. §§ 2 und 3 MuSchArbV). Darüber hinaus ist Zweck des § 1 Abs. 2 MuSchArbV, die allgemeine Beurteilungspflicht des § 5 ArbSchG für den Bereich des MuSchG zu konkretisieren.

c) Gefährdungsbeurteilung, § 1 Abs. 1 MuSchArbV

48 **Art und Weise.** Gegenüber der allgemeinen Gefährdungsbeurteilung nach dem ArbSchG handelt es sich bei der nach § 1 Abs. 1 MuSchArbV um eine **spezielle Gefährdungsbeurteilung** zugunsten werdender und stillender Mütter. Sie ist auf Gefährdungen werdender und stillender Mütter durch chemische Gefahrstoffe, biologische Arbeitsstoffe, physikalische Schadfaktoren sowie durch Verfahren oder Arbeitsbedingungen nach Anlage 1 MuSchRiV beschränkt. Es brauchen nur Art, Ausmaß und Dauer der durch sie entstehenden Gefährdung werdender und stillender Mütter beurteilt zu werden (vgl. § 1 Abs. 1 Satz 1 MuSchArbV); alle drei sind zu ermitteln und zu analysieren, damit ein zutreffendes und vollständiges Bild einer eventuellen Gefährdung werdender und stillender Mütter bzw. ihrer Kinder entsteht. Die spezielle Gefährdungsbeurteilung ist wie die allgemeine eine eigenverantwortliche **Aufgabe des Arbeitgebers** bzw. der von ihm beauftragten Personen (vgl. § 1 Abs. 3 MuSchArbV). Sie verdrängt die allgemeine Gefährdungsbeurteilung nicht, sie ergänzt diese.

49 **Schritte bei der Beurteilung.** Die spezielle Gefährdungsbeteilung sollte aus der Ermittlung der speziellen Gefahrenquellen für werdende und stillende Mütter, danach aus deren Bewertung daraufhin bestehen, ob eine Gefährdung i. S. d. § 1 Abs. 1 Satz 1 MuSchArbV zu bejahen ist. Bei der **Ermittlung** der Gefährdung kann ein vorausschauendes Erkennen und Feststellen eventueller Gefahren genügen. Daran sollte sich die **Bewertung der Gefahren** auf eine Gefährdung für Mütter und Kinder anschließen. Art, Grad und Ausmaß der Gefährdungsbeurteilung dürften in der Regel von der Art und Größe des Betriebs sowie von Art, Ausmaß und Dauer eventueller gesundheitsschädlicher

Erläuterungen MuSchArbV § 2 MuSchG

Einwirkungen auf werdende oder stillende Mütter und deren Kinder (vgl. § 4 Rdnr. 10 ff.) abhängen. Im Vordergrund steht die frühzeitige Prävention von Mutter und Kind. Es braucht keine wissenschaftliche Gefährdungsanalyse zu sein.

Die **Folgerungen** aus einer festgestellten Gefährdung von Müttern werden in §§ 2 und 3 MuSchArbV geregelt. 50

Weitere besondere Beurteilungspflichten, jedoch nicht nur zugunsten von Müttern und deren Kindern, gelten beim Umgang mit chemischen Gefahrstoffen (§ 16 GefStoffV), für gentechnische Arbeiten (§ 8 Gentechnik-Sicherheits-VO), ferner wenn Arbeitnehmer bei ihrer Arbeit gesundheitsgefährlichen Stoffen, Krankheitskeimen, Erschütterungen, Strahlung, Kälte, Wärme oder anderen gesundheitsgefährlichen Einwirkungen ausgesetzt sind (§ 45 der Unfallverhütungsvorschrift »Allgemeine Vorschriften« – VBG 1). Bei Müttern kommen diese besonderen **Beurteilungspflichten** allerdings nur in Betracht, soweit nicht nach § 4 MuSchG oder nach § 4 MuSchArbV ein Beschäftigungsverbot gilt. 51

Gegenstand und Umfang der speziellen Beurteilungspflicht im übrigen ergeben sich aufgrund der Verweisung in § 1 Abs. 1 Satz 2 MuSchArbV aus dem ArbSchG, d.h. aus den Vorschriften über die allgemeine Gefährdungsbeurteilung. Danach hat der Arbeitgeber die Beurteilung je nach Art der Tätigkeit vorzunehmen. Bei gleichartigen Arbeitsbedingungen ist die Beurteilung eines Arbeitsplatzes oder einer Tätigkeit ausreichend (§ 5 Abs. 2 ArbSchG). Das ArbSchG zählt in § 5 Abs. 3 beispielhaft auf, worauf bei der Beurteilung der Arbeitsbedingungen besonders zu achten ist: auf die Gestaltung der Arbeitsstätte und des Arbeitsplatzes, auf physikalische, chemische und biologische Einwirkungen, auf die Gestaltung, die Auswahl und den Einsatz von Arbeitsmitteln, insbesondere von Arbeitsstoffen, Maschinen, Geräten und Anlagen sowie den Umgang damit, auf die Gestaltung von Arbeits- und Fertigungsverfahren, Arbeitsabläufen, Arbeitszeit und deren Zusammenwirken, auf unzureichende Qualifikation und Unterweisung der Beschäftigten (vgl. im einzelnen *Koll*, ArbSchG, § 5 Rdnr. 3 ff.; *Kollmer/Vogl*, ArbSchG, Rdnr. 95 ff.). 52

Dokumentation. Aufgrund der Verweisung in § 1 Abs. 1 Satz 2 MuSchArbV auf das ArbSchG muß die Gefährdungsbeurteilung in Betrieben mit mehr als 10 Beschäftigten dokumentiert werden, d. h. der Arbeitgeber muß das Ergebnis der Gefährdungsbeurteilung schriftlich niederlegen, elektronisch speichern u. ä., ggf. aufgelistet, jederzeit verfügbar, für die Aufsichtsbehörde jederzeit zugänglich (vgl. im einzelnen *Koll*, ArbSchG, § 6 Rdnr. 3 ff.; *Kollmer/Vogl*, ArbSchG, Rdnr. 177 ff.). 53

d) Gefährliche Stoffe, Faktoren, § 1 Abs. 1 Satz 1 MuSchArbV

Konkretisierung. In § 1 Abs. 1 Satz 1 MuSchArbV werden die chemischen Gefahrstoffe, die biologischen Arbeitsstoffe, die physikalischen Schadfaktoren, die Verfahren oder Arbeitsbedingungen, durch die werdende oder stillende Mütter gefährdet werden können, benannt, jedoch nur allgemein (vgl. BR- 54

Drucks. 94/97 S. 11). Dem Verordnungsgeber war es unmöglich, diese Stoffe, Faktoren in der im deutschen Recht gebotenen Kürze und Klarheit zu benennen. Eine Auflistung aller maßgeblichen ca. 2000 Stoffe, die inzwischen von der Europäischen Kommission eingestuft sind, war dem deutschen Verordnungsgeber in den beiden Anlagen zur MuSchArbV nicht möglich. Verweisungen auf andere EG-Richtlinien, auch auf die deutsche Gefahrstoff-VO, waren nicht zu vermeiden (vgl. BR-Drucks. 94/97 S. 12). Die »biologischen Arbeitsstoffe« werden direkt nach den chemischen Gefahrstoffen aufgeführt. Damit wird verdeutlicht, daß im Mutterschutz zum Begriff »Arbeitsstoff« nicht nur chemische Stoffe gehören (vgl. § 2 Rdnr. 92).

55 **Hinweise auf Präzisierungen.** Die EG-Richtlinien, auf die in den beiden Anlagen zur MuSchRiV verwiesen wird, sind allerdings im Unterschied zu deutschen Schutzbestimmungen teilweise sehr allgemein gehalten; sie müssen für die praktische Anwendung konkretisiert werden. Im Bereich des Mutterschutzes erfüllten und erfüllen diese Aufgabe besonders § 4 Abs. 1 bis 3 MuSchG, die Gefahrstoff-VO mit ihren Anhängen, die Röntgen-VO, die Strahlenschutz-VO, die Druckluft-VO (vgl. BR-Drucks. 94/97 S. 12). Biologische Arbeitsstoffe, physikalische Schadfaktoren, Krankheitserreger werden nunmehr ausdrücklich in §§ 4 und 5 MuSchArbV geregelt mit Hinweisen auf Präzisierungen in den beiden Anlagen zur MuSchArbV.

56 **Gefahrstoff-VO.** Die chemischen Gefahrstoffe werden in der Gefahrstoffverordnung (GefStoffV) (vgl. Anh. 8.1), konkretisiert und präzisiert. Nach §§ 6 ff. GefStoffV müssen chemische Stoffe und Zubereitungen in der dort vorgeschriebenen Art und Weise gekennzeichnet werden. Die in Anlage I A 1a MuSchArbV genannten R-Stoffe z. B. weisen auf besondere Gefahrstoffe hin. Zum besseren Verständnis sei darauf hingewiesen: Die GefStoffV mit Anlagen ist den Betrieben und Betriebsräten im Anwendungsbereich der GefStoffV (vgl. § 2 GefStoffV) bekannt.

e) Zeitpunkt der Beurteilungspflicht

57 Ein bestimmter Zeitpunkt für die Vornahme der speziellen Gefährdungsbeurteilung gemäß § 1 MuSchArbV ist in der MuSchArbV im Unterschied z. B. zu § 28a JArbSchG (vor Beginn der Beschäftigung, bei wesentlicher Änderung der Arbeitsbedingungen) nicht ausdrücklich genannt. Er ergibt sich aber wie auch sonst **aus dem Sinn und Zweck** einer mutterschutzrechtlichen Regelung. Danach soll der Mutterschutz Frauen zur Verfügung stehen, die ihn brauchen, d. h. wenn sie schwanger werden, solange sie schwanger sind, wenn sie entbinden, wenn sie im Wochenbett sind, dann wenn sie ihr Kind stillen, vgl. ferner hier Einf. 1 ff., Rdnr. 1 vor § 3, § 6 Rdnr. 1 ff., § 8 Rdnr. 6.

58 Berücksichtigt man ferner den Präventivcharakter einer Gefährdungsbeurteilung, kommt man zu dem Ergebnis, daß die spezielle Gefährdungsbeurteilung gemäß § 1 MuSchArbV **vor allem in Betrieben** durchzuführen ist, in denen gebärfähige Arbeitnehmerinnen regelmäßig beschäftigt werden. Diese Betriebe

Erläuterungen MuSchArbV § 2 MuSchG

müssen immer wieder mit schwangeren und stillenden Frauen rechnen. Dafür spricht auch die gegenüber allen Arbeitnehmerinnen eines Betriebs bestehende Unterrichtungspflicht gemäß § 2 MuSchArbV.

Die Beurteilungspflicht des Arbeitgebers entsteht wie alle anderen Mutterschutzpflichten des Arbeitgebers spätestens dann, **sobald** ihm die Schwangerschaft einer bestimmten Frau bekannt ist, nachweisbar spätestens, wenn die Frau ihre Schwangerschaft dem Arbeitgeber gemäß § 5 MuSchG mitgeteilt hat. In Betrieben, in denen gebärfähige Arbeitnehmerinnen regelmäßig beschäftigt werden, entsteht die spezielle Beurteilungspflicht des Arbeitgebers gemäß § 1 MuSchArbV, sobald der Betrieb als ein solcher angesehen werden kann (vgl. § 2 Rdnr. 58). 59

Eine **Wiederholung** der speziellen Gefährdungsbeurteilung dürfte für den Arbeitgeber **bei wesentlicher Änderung der Arbeitsbedingungen** angebracht sein, z. B. wenn die Mutter mit neuen Gefahrstoffen umgehen soll und zu befürchten ist, daß die Gesundheit von Mutter und/oder Kind durch die neuen Gefahrstoffe gefährdet wird. Treten nur neue schwangerschaftsbedingte Schwierigkeiten auf, dürfte sich für die Mutter empfehlen, ein ärztliches Beschäftigungsverbot i. S. d. § 3 Abs, 1 MuSchG einzuholen. Im übrigen gilt die allgemeine Gefährdungsbeurteilung der §§ 5 ff. ArbSchG. 60

f) Beauftragung von Personen, § 1 Abs. 3 MuSchArbV

§ 1 Abs. 2 MuSchArbV stellt klar, daß der Arbeitgeber die Möglichkeit hat, ihm obliegende Arbeitsschutzpflichten auf zuverlässige und fachkundige Personen zur Wahrnehmung in eigener, öffentlich-rechtlicher Verantwortung zu übertragen; so die amtliche Begründung zum ähnlichen § 13 Abs. 2 ArbSchG (BT-Drucks 13/3540), vgl. ferner hier § 21 Rdnr. 6ff.). 61

g) Verstöße gegen § 1 MuSchArbV, Nachteile

Verstöße gegen die Vorschriften des § 1 MuSchArbV sind in § 6 MuSchArbV nicht straf- oder bußgeldbewehrt. Die Aufsichtsbehörde kann jedoch eine konkrete, vollziehbare Anordnung im Einzelfall zur Durchführung der Vorschrift des § 1 Abs. 1 Satz 1 MuSchArbV aufgrund des § 2 Abs. 5 MuSchG mit der Folge erlassen, daß ein Verstoß gegen die Anordnung gemäß § 21 Abs. 1 Nr. 5 MuSchG verfolgt werden kann (vgl. dazu § 21 Rdnr. 18); zu Verstößen, auch zum Schadensersatz vgl. ferner § 2 Rdnr. 38. 62

Beschwerden. Sind Frauen aufgrund konkreter Anhaltspunkte der Auffassung, daß die vom Arbeitgeber getroffenen Maßnahmen zur Erfüllung des § 1 MuSchArbV und damit zum notwendigen Mutterschutz auf den betreffenden Arbeitsplätzen nicht ausreichen, können sie sich nach fruchtlosem innerbetrieblichen Beschwerdeverfahren an die zuständige Aufsichtsbehörde wenden (§ 17 Abs. 2 ArbSchG; zu dieser Vorschrift im einzelnen vgl. *Kollmer/Vogl*, ArbSchG, Rdnr. 238 ff.). 63

64 **Leistungsverweigerungsrecht.** Nach Rechtsprechung und Lehre haben die betroffenen Arbeitnehmer, hier die Frauen, bei Verstößen gegen Vorschriften des öffentlich-rechtlichen Arbeitsschutzrechts, zu denen auch § 1 MuSchArbV gehört, ein Leistungsverweigerungsrecht aus § 273 BGB (vgl. *Zmarzlik/Anzinger*, ArbZG, § 1 Rdnr. 29; *Kollmer/Vogl*, ArbSchG, Rdnr. 247 je m.w.N.). Zum Leistungsverweigerungsrecht vgl. ferner § 2 Rdnr. 38.

65 Zu bedenken ist ferner, daß Arbeitgeber ohne Erfüllung ihrer Beurteilungspflicht aus § 1 MuSchArbV die ihnen obliegende **Unterrichtungspflicht** aus § 2 MuSchArbV **nicht erfüllen** können. Ein Verstoß gegen die Unterrichtungspflicht wird aber als Ordnungswidrigkeit aufgrund des § 6 Abs. 1 MuSchArbV i.V.m. § 25 Abs. 1 Nr. 1 ArbSchG verfolgt, damit also mittelbar auch die Unterlassung der Erfüllung oder die nicht ordnungsgemäße Erfüllung der Beurteilungspflicht.

66 **Keine Nachteile.** Bei unmittelbarer erheblicher Gefahr für die Sicherheit der Frauen müssen diese die geeigneten Maßnahmen zur Gefahrenabwehr und Schadensbegrenzung selbst treffen können, wenn der zuständige Vorgesetzte nicht erreichbar ist. Den Frauen dürfen aus ihrem Handeln keine Nachteile entstehen (§ 1 Abs. 1 Satz 2 MuSchArbV i.V.m. § 9 Abs. 2 Satz 2 und 3 ArbSchG), damit auch keine Nachteile finanzieller Art, insbesondere auch kein Entgeltausfall (vgl. hierzu § 2 Rdnr. 73).

3. Unterrichtung, § 2 MuSchArbV

a) Allgemeines

67 Nach Art. 4 bis 6 EG-Mutterschutz-Richtlinie hat der **Arbeitgeber** bei der Gestaltung des Arbeitsplatzes der betroffenen Frauen **stufenweise vorzugehen**. Die erste Stufe ist die Verpflichtung des Arbeitgebers zur Beurteilung einer mit der Beschäftigung verbundenen speziellen Gefährdung der werdenden und stillenden Mütter und ihrer Kinder, umgesetzt durch § 1 MuSchArbV. Die zweite Stufe betrifft die Rangfolge der ggf. notwendigen Schutzmaßnahmen, umgesetzt durch § 3 MuSchArbV. Die dritte Stufe betrifft die Unterrichtungspflicht gegenüber den Frauen und die weiteren Folgerungen aus der Beurteilung (Art. 4 Abs. 2 EG-Mutterschutz-Richtlinie), umgesetzt durch §§ 2 bis 4 MuSchArbV (vgl. BT-Drucks. 13/2763 S. 8f.; BR-Drucks. 94/97 S. 13f.).

b) Inhalt des § 2 MuSchArbV

68 **Unterrichtungspflicht.** Der Arbeitgeber hat die betroffenen werdenden oder stillenden **Mütter** sowie **die übrigen** bei ihm beschäftigten Frauen über die Ergebnisse der Beurteilung der Arbeitsbedingungen (§ 1 MuSchArbV) sowie über die daraufhin für die Sicherheit und den Gesundheitsschutz zu ergreifenden Maßnahmen (vgl. § 3 MuSchArbV) gemäß § 2 Satz 1 MuSchArbV zu unterrichten. Die Unterrichtung muß erfolgen, sobald der Arbeitgeber über die Ergebnisse der

Erläuterungen MuSchArbV § 2 MuSchG

Beurteilung verfügt und die notwendigen Maßnahmen übersehen kann. Es genügt eine formlose Information (BR-Drucks. 94/97 S. 13f.). Aus Beweisgründen (vgl. vor allem § 6 Abs. 1 MuSchArbV) empfiehlt sich jedoch die Schriftform. Die Ausdehnung der Unterrichtungspflicht auf alle Frauen beruht auf § 2 Satz 1 MuSchArbV i. V. m. § 2 Abs. 4 Nr. 2 MuSchG.

Unterweisung. Nach § 2 Satz 2 erster Halbsatz MuSchArbV bleiben die 69 Pflichten nach dem ArbSchG unberührt. Gemeint sind insbesondere die allgemeine Unterweisungspflicht gemäß § 12 ArbSchG und die Unterrichtungspflicht bei besonderen Gefahren gemäß § 9 Abs. 2 ArbSchG (vgl. im einzelnen *Kollmer/Vogl*, ArbSchG, Rdnr. 139ff.). Die Unterweisung umfaßt Anweisungen und Erläuterungen, die eigens auf den Arbeitsplatz oder den Aufgabenbereich der Beschäftigten ausgerichtet sind (§ 12 Abs. 1 Satz 2 ArbSchG; vgl. im einzelnen *Kollmer/Vogl*, ArbSchG, Rdnr. 138ff.). Bei der Anwendung der Vorschriften der §§ 9 und 10 ArbSchG im Bereich des MuSchG sind die Besonderheiten des Mutterschutzes zu berücksichtigen.

Betriebsrat. Die gleiche Unterrichtungspflicht wie gegenüber den Frauen 70 obliegt dem Arbeitgeber gegenüber dem Betriebs- oder Personalrat eines Betriebs (§ 2 Satz 1 MuSchArbV). Darüber hinaus bleiben nach § 2 Satz 2 erster Halbsatz MuSchArbV die weitergehenden Pflichten nach dem BetrVG und dem PersVG unberührt. Gemeint ist insbesondere § 87 Abs. 1 Nr. 7 BetrVG. Danach hat der Betriebsrat bei Regelungen über die Verhütung von Arbeitsunfällen und Berufskrankheiten sowie der Unfallverhütungsvorschriften mitzubestimmen. Bei § 2 MuSchArbV handelt es sich um eine durch Mitbestimmung ausfüllungsbedürftige, arbeitsschutzrechtliche Rahmenvorschrift i.S.d. Entscheidung des *BAG* vom 2.4.1996, BB 1997, 1259 = NZA 1996, 998 (vgl. ferner *Fabricius*, BB 1997, 1254; *Zmarzlik/Anzinger*, JArbSchG, § 28a Rdnr. 14ff.; *Kollmer/Vogl*, ArbSchG, Rdnr. 185ff.). Vergleichbare Regelungen sind in § 75 Abs. 3 Nr. 11, 16 und § 78 Abs. 5 BPersVG und in den Landespersonalvertretungsgesetzen.

c) Zweck des § 2 MuSchArbV

Die Unterrichtung dient der Prävention von Schäden und dem berechtigten 71 Informationsbedürfnis aller Frauen im Betrieb, vor allem der konkret betroffenen Frauen. Die Unterrichtung der insgesamt betroffenen Arbeitnehmerinnen und des Betriebs- bzw. Personalrats verstärkt mit dem breiteren Adressatenkreis die Schutzwirkung zum Wohle der Arbeitnehmerinnen (vgl. BR-Drucks. 94/97 S. 13).

d) Anforderungen an Unterrichtung, Nachteile, Entgelt

Die Unterrichtung muß nach Vorliegen des Ergebnisses der Beurteilung so 72 bald und so verständlich wie möglich erfolgen, gezielt auf die Sondersituation werdender und stillender Mütter ausgerichtet (§ 2 Satz 1 letzter Halbsatz MuSchArbV). Die Unterrichtungspflicht des Arbeitgebers steht im engen Zusammenhang zu den Regelungen des § 1 und der §§ 3 und 4 MuSchArbV;

MuSchG § 2 *Erläuterungen MuSchArbV*

deren Beachtung muß deshalb in Inhalt, Art und Umfang der Unterrichtung einbezogen werden.

73 **Gefahren, Nachteile.** Bei unmittelbarer erheblicher Gefahr für die Sicherheit der Mütter oder ihrer Kinder müssen die Mütter auch in die Lage versetzt werden, geeignete Maßnahmen zur Gefahrenabwehr und Schadensbegrenzung, selbst treffen zu können, wenn der zuständige Vorgesetzte nicht erreichbar ist, notfalls auch den Arbeitsplatz zu verlassen. Den Müttern dürfen hierdurch Nachteile nicht entstehen (§ 2 Satz 3 MuSchArbV i. V. m. § 9 Abs. 2 und 3 ArbSchG), damit auch keine Nachteile finanzieller Art, insbesondere **kein Entgeltausfall** (vgl. hierzu § 2 Rdnr. 37 f.).

e) Verstöße gegen § 2 MuSchArbV

74 Ordnungswidrig i. S. d. § 25 Abs. 1 Nr. 1 ArbSchG handelt der Arbeitgeber, der vorsätzlich oder fahrlässig entgegen § 2 MuSchArbV eine werdende oder stillende Mutter nicht, nicht richtig oder nicht vollständig unterrichtet (§ 6 Abs. 1 MuSchArbV). Ein Verstoß gegen die Unterrichtungspflicht des § 2 MuSchArbV gegenüber den anderen Frauen des Betriebs oder gegenüber dem Betriebs- bzw. Personalrat wird nicht gemäß § 6 Abs. 1 MuSchArbV verfolgt (vgl. jedoch § 2 Rdnr. 62). Zum Täterkreis im MuSchG vgl. § 21 MuSchG Rdnr. 1 ff., zur Rechtswidrigkeit und zum Verschulden vgl. § 21 MuSchG Rdnr. 21, zum Verfahren bei der Verfolgung vgl. § 21 MuSchG Rdnr. 26 f.

4. Weitere Folgerungen aus der Beurteilung, § 3 MuSchArbV

a) Inhalt

75 Bei möglicher Gefährdung der Sicherheit oder Gesundheit der betroffenen **Frauen** und bei möglichen Auswirkungen auf Schwangerschaft oder Stillzeit muß der Arbeitgeber die **Arbeitsbedingungen** und ggf. die Arbeitszeiten dieser Frauen **umgestalten** (§ 3 Abs. 1 MuSchArbV). Bei Unmöglichkeit oder Unzumutbarkeit der Umgestaltung der Arbeitsbedingungen bzw. Arbeitszeiten ist ein **Arbeitsplatzwechsel** geboten (§ 3 Abs. 2 MuSchArbV). Bei Unmöglichkeit oder Unzumutbarkeit eines Arbeitsplatzwechsels dürfen werdende oder stillende **Mütter** so lange nicht beschäftigt werden, wie dies zum Schutze ihrer Sicherheit und Gesundheit erforderlich ist: **Beschäftigungsverbot** (§ 3 Abs. 3 MuSchArbV). Vgl. zum von der bisherigen Rechtsprechung und dem Schrifttum entwickelten mutterschutzrechtlichen Umsetzungsrecht bzw. der Umsetzungspflicht des Arbeitgebers, Rdnr. 5 ff. vor § 3 und § 3 Rdnr. 27.

b) Arbeitsentgelt

76 **Rechtsgrundlagen.** Die Weiterzahlung des Arbeitsentgelts aus Anlaß und/ oder als Folge der in § 3 MuSchArbV vorgeschriebenen Maßnahmen ist weder in der MuSchArbV noch im MuSchG ausdrücklich geregelt, ausgenommen in § 7

Erläuterungen MuSchArbV § 2 MuSchG

Abs. 2 MuSchG (stillende Mütter) teilweise. Nach § 616 BGB und entsprechend dem Sinn und **Zweck des MuSchG**, vor allem des § 3 MuSchArbV und der dort vorgeschriebenen Maßnahmen, darf eine Minderung des Arbeitsentgelts nicht eintreten (vgl. § 2 Rdnr. 39f., vgl. ferner § 11 MuSchG Rdnr. 26).

Die Mütter können sich darüber hinaus bei Entgeltausfall auf **§ 9 Abs. 2 und 3 ArbSchG** berufen (ArbSchG anwendbar aufgrund § 1 Abs. 1 Satz 2 und § 2 Satz 2 MuSchArbV). Nach diesen Vorschriften dürfen ihnen schon bei drohender Gefahr für ihre Sicherheit keine Nachteile entstehen. Dies muß erst recht gelten, wenn die Beurteilung nach § 1 MuSchArbV ergibt, daß ihre Gesundheit gefährdet ist und daß vor allem Auswirkungen auf Schwangerschaft und Stillzeit möglich sind (§ 3 MuSchArbV). 77

Nachteilsausgleich. Die Worte »keine Nachteile« stehen in § 9 Abs. 2 und 3 ArbSchG ohne Zusatz. Mit diesen Worten sind daher Nachteile jeder Art gemeint, auch Nachteile finanzieller Art, insbesondere Entgeltausfall, Entgeltminderung. Praktisch bedeutet dies, daß der Mutter die Vergütung zu zahlen ist, die sie verdient hätte, wenn sie während der durch die Vorschriften bedingten Arbeitsunterbrechung bzw. Arbeitsminderung gearbeitet hätte. Bei Arbeiten im Zeitlohn ist der Mutter der volle Stundenlohn, bei Arbeiten im Akkordlohn u. ä. mindestens der durchschnittliche Akkordlohn u. ä. zu zahlen. Zum Arbeitsentgelt für Stillzeit vgl. § 7 Rdnr. 11 ff. Soweit die Regelung in § 7 MuSchG als Entgeltregelung nicht ausreicht, können stillende Mütter für den Restbetrag einen Nachteilsausgleich ebenso wie werdende Mütter verlangen. 78

c) Verstöße gegen § 3 MuSchArbV

Abs. 1 und 2. Ein Verstoß des Arbeitgebers gegen die öffentlich-rechtlichen Gebote zur Umgestaltung der Arbeitsbedingungen und der Arbeitszeiten sowie ggf. zum Arbeitsplatzwechsel (§ 3 Abs. 1 und 2 MuSchArbV) wird nicht gemäß § 6 Abs. 1 oder 2 MuSchArbV als Ordnungswidrigkeit verfolgt. Die Aufsichtsbehörde kann jedoch öffentlich-rechtliche Gebote aufgrund der Vorschriften über den Verwaltungszwang durchsetzen (vgl. §§ 6 ff. VwVG; vgl. ferner § 2 Rdnr. 37 ff. 79

Abs. 3. Ordnungswidrig i. S. d. § 21 Abs. 1 Nr. 4 MuSchG handelt der Arbeitgeber, der vorsätzlich oder fahrlässig der Vorschrift des § 3 Abs. 3 MuSchArbV zuwiderhandelt (§ 6 Abs. 2 MuSchArbV). Wer durch eine solche Zuwiderhandlung vorsätzlich oder fahrlässig eine Frau in ihrer Arbeitskraft oder Gesundheit gefährdet, ist nach § 21 Abs. 3, 4 MuSchG strafbar (§ 6 Abs. 4 MuSchArbV). Zum Täterkreis im MuSchG vgl. § 21 MuSchG Rdnr. 1 ff., zur Rechtswidrigkeit und zum Verschulden vgl. § 21 MuSchG Rdnr. 21 ff., zu Straftaten vgl. § 21 MuSchG Rdnr. 19 f., zum Verfahren bei der Verfolgung von Straftaten und Ordnungswidrigkeiten vgl. § 21 MuSchG Rdnr. 26 ff. 80

5. Allgemeines zu §§ 4 und 5 MuSchArbV

81 **Vergleich mit § 1 MuSchArbV.** Der Arbeitgeber muß gemäß § 1 MuSchArbV bei der Beschäftigung von werdenden und stillenden Müttern die Arbeitsbedingungen im einzelnen mit dem Ziel beurteilen, alle Risiken für Sicherheit und Gesundheit sowie für Schwangerschaft und Stillzeit abzuschätzen und die notwendigen Schutzmaßnahmen zu bestimmen (vgl. BR-Drucks. 94/97 Vorblatt). Im Blickpunkt der §§ 4 und 5 MuSchArbV stehen die chemischen Gefahrstoffe, die biologischen Arbeitsstoffe, die physikalischen Schadfaktoren (vgl. § 2 Rdnr. 54 ff.). Unterstrichen wird die Veränderung des Blickpunktes gegenüber § 1 MuSchArbV durch die Einbeziehung der Anlage 2 der MuSchArbV statt der Einbeziehung der Anlage 1 der MuSchArbV wie in § 1 Abs. 1 MuSchArbV. In § 3 MuSchArbV wird ferner in dessen Abs. 3 ein Beschäftigungsverbot erst als ultima ratio verfügt. In § 4 MuSchArbV wird dagegen die Regelung mit einem Beschäftigungsverbot schon am Anfang eingeleitet und in § 5 MuSchArbV mit weiteren Beschäftigungsverboten fortgeführt. Für Gefahrstoffe gelten die speziellen Ermittlungspflichten gemäß § 16 GefstoffV und die zusätzlichen Ermittlungspflichten beim Umgang mit krebserzeugenden und erbgutverändernden Gefahrstoffen gemäß §§ 36 und 40 GefstoffV (§ 5 Abs. 2 MuSchArbV).

82 **Konkretisierung, Ausdehnung, Auslegungshilfe.** Die Vorschriften der §§ 4 und 5 MuSchArbV sind zugleich Konkretisierungen der Beschäftigungsverbote des § 4 Abs. 1 und 2 MuSchG aufgrund der Ermächtigung des § 4 Abs. 4 Nr. 1 MuSchG. Bezüglich der biologischen Arbeitsstoffe handelt es sich um darüber hinausgehende, weitergehende Beschäftigungsverbote. Sie konnten aufgrund der Ermächtigung des § 4 Abs. 4 Nr. 2 MuSchG erlassen werden.

6. Verbot der Beschäftigung, § 4 MuSchArbV

a) Inhalt des § 4 MuSchArbV

83 **Abs. 1 Satz 1.** Werdende und stillende Mütter dürfen nicht mit Arbeiten beschäftigt werden (Beschäftigungsverbot), bei denen die Beurteilung ergeben hat, daß die Sicherheit oder Gesundheit von Mutter oder Kind durch chemische Gefahrstoffe, biologische Arbeitsstoffe, physikalische Schadfaktoren oder die Arbeitsbedingungen nach Anlage 2 der MuSchArbV gefährdet wird. **Zu Anlage 2 A 1** werden die Gefahr- und Arbeitsstoffe (Agenzien) und Schadfaktoren ohne Anspruch auf Vollständigkeit aufgeführt, die die Sicherheit oder Gesundheit von werdenden Müttern oder deren Kindern gefährden. Ausdrücklich genannt werden in der Anlage die biologischen Arbeitsstoffe Toxoplasma, Rötelnvirus. **Zu B 1 der Anlage 2** werden Gefahrstoffe (Agenzien) und Schadfaktoren ohne Anspruch auf Vollständigkeit aufgeführt, die die Sicherheit oder Gesundheit von **stillenden** Müttern oder deren Kinder gefährden. Biologische Arbeitsstoffe gehören nicht dazu, d. h. nicht zu B 2 der Anlage. Von den schädlichen **Arbeits-**

Erläuterungen MuSchArbV § 2 MuSchG

bedingungen für werdende und stillende Mütter werden in beiden Fällen nur die Tätigkeiten im Bergbau unter Tage genannt (jeweils unter 2. der Anlage). Das Beschäftigungsverbot des Abs. 1 gilt für den Fall, daß die Mutter bereits schwanger ist oder ein Kind stillt, bevor sie mit einer Tätigkeit nach Abs. 1 beginnt.

In **Abs. 1 Satz 2** wird besonders betont, daß **andere Beschäftigungsverbote** 84 als die in § 4 Abs. 1 Satz 1 aus Gründen des Mutterschutzes unberührt bleiben. Die Beschäftigungsverbote für Mütter sind also durch § 4 Abs. 1 Satz 1 MuSchArbV nicht auf Beschäftigungsverbote in der MuSchArbV beschränkt. Andere Beschäftigungsverbote in Satz 2 sind nach wie vor insbesondere die Beschäftigungsverbote vor und nach der Entbindung in den §§ 3 und 6 MuSchG, ferner die weiteren Beschäftigungsverbote für werdende Mütter in § 4 MuSchG und für stillende Mütter in § 6 Abs. 3 i. V. m. § 4 MuSchG und in § 7 Abs. 2 Satz 2 MuSchG.

Abs. 2. Das Beschäftigungsverbot des Abs. 1 gilt für Arbeitnehmerinnen, die 85 schon vor Aufnahme einer Tätigkeit nach Abs. 1 schwanger sind. Dagegen gilt Abs. 2 **für Arbeitnehmerinnen, die eine Tätigkeit** nach § 4 Abs. 1 MuSchArbV **bereits ausüben,** bevor sie schwanger werden oder ein Kind stillen. Nur für diese Arbeitnehmerinnen gilt § 3 MuSchArbV entsprechend. Voraussetzung für die entsprechende Anwendung ist ferner, daß die betreffende Arbeitnehmerin dem Arbeitgeber ihre Schwangerschaft oder ihre Stilltätigkeit mitteilt. Zur Mitteilung der Schwangerschaft im einzelnen vgl. § 5 MuSchG Rdnr. 5 ff. Bei der Stilltätigkeit wird im Unterschied zu § 7 Abs. 1 Satz 1 MuSchG ein »Verlangen« nicht vorausgesetzt. Es genügt wie bei der Schwangerschaft eine bloße Unterrichtung. Die zu § 5 MuSchG Rdnr. 5 ff. entwickelten Grundsätze können auch hier angewandt werden.

Entsprechende Anwendung. § 3 Abs. 1 MuSchArbV betrifft alle Arbeitneh- 86 merinnen eines Betriebs. Er kommt bereits dann zur Anwendung, wenn Auswirkungen auf Schwangerschaft oder Stillzeit für möglich gehalten werden, gleich bei welcher gebärfähigen Frau. § 4 Abs. 1 MuSchArbV kommt erst zur Anwendung, wenn die Frau schon schwanger ist oder ein Kind tatsächlich stillt und wenn Mutter oder Kind durch die in § 4 Abs. 1 MuSchArbV genannten Stoffe, Faktoren und/oder Arbeitsbedingungen tatsächlich gefährdet werden. Es war daher keine direkte, sondern nur eine entsprechende Anwendung möglich. Im übrigen kommen alle drei Stufen des § 3 MuSchArbV zum Zuge: Zunächst Umgestaltung der Arbeitsbedingungen, bei Unmöglichkeit oder Unzumutbarkeit ein Arbeitsplatzwechsel, bei Unmöglichkeit oder Unzumutbarkeit eines Arbeitsplatzwechsels als dritte Stufe ein Beschäftigungsverbot (vgl. im einzelnen § 2 Rdnr. 75 ff.).

b) Arbeitsentgelt

Bei dem Beschäftigungsverbot des § **4 Abs. 1** Satz 1 MuSchArbV handelt es 87 sich um eine Konkretisierung (vgl. § 2 Rdnr. 82) des Beschäftigungsverbots des

MuSchG § 2   *Erläuterungen MuSchArbV*

§ 4 Abs. 1 MuSchG. § 4 Abs. 1 MuSchG ist insoweit eine Grundvorschrift. Zudem bleibt nach § 4 Abs. 1 Satz 2 MuSchArbV das Beschäftigungsverbot des § 4 Abs. 1 MuSchG unberührt. Daher ist das Arbeitsentgelt wie aufgrund eines Beschäftigungsverbots des § 4 Abs. 1 MuSchG gemäß **§ 11 MuSchG weiterzugewähren**, wenn eine Mutter wegen des Beschäftigungsverbots des § 4 Abs. 1 Satz 1 MuSchArbV teilweise oder völlig mit der Arbeit aussetzen muß. Sie setzt damit zugleich wegen des Beschäftigungsverbots des § 4 Abs. 1 MuSchG mit der Arbeit aus (vgl. ferner § 11 MuSchG Rdnr. 26).

88 Die in **§ 4 Abs. 2** MuSchArbV angeordnete entsprechende Anwendung bedeutet bezüglich des Arbeitsentgelts, daß die in § 2 Rdnr. 87 dargelegten Grundsätze auch hier entsprechend anzuwenden sind.

c) Verstöße

89 **Abs. 1.** Ein Verstoß des Arbeitgebers gegen das Beschäftigungsverbot des § 4 Abs. 1 Satz 1 MuSchArbV wird nicht in § 6 MuSchArbV unter Strafe oder Geldbuße gestellt. Es handelt sich jedoch zugleich um einen Verstoß des Arbeitgebers gegen das Beschäftigungsverbot des § 4 Abs. 1 MuSchG (§ 2 Rdnr. 87). Ein vorsätzlicher oder fahrlässiger Verstoß des Arbeitgebers gegen das in § 4 Abs. 1 Satz 2 MuSchArbV aufrechterhaltene Beschäftigungsverbot des § 4 Abs. 1 MuSchG wird jedoch gemäß § 21 Abs. 1 MuSchG mit Strafe oder Geldbuße belegt (vgl. dazu § 21 MuSchG Rdnr. 16).

90 **Abs. 2.** Bei einem Verstoß des Arbeitgebers gegen § 4 Abs. 2 i.V.m. § 3 MuSchArbV gelten die Ausführungen zu § 2 Rdnr. 79 f. entsprechend.

7. Besondere Beschäftigungsbeschränkungen, § 5 MuSchArbV

a) § 5 Abs. 1 Satz 1 MuSchArbV

aa) Inhalt

91 **Abs. 1 Satz 1.** Diese Vorschrift enthält weitere sechs Beschäftigungsverbote. Dies folgt aus den einleitenden Worten »**dürfen nicht** beschäftigt werden«. Von diesen Beschäftigungsverboten gelten die Nrn. 1 bis 4 und 6 nur für werdende und/oder stillende Mütter, die Nr. 5 für alle gebärfähigen Arbeitnehmerinnen. Ein ausdrücklicher Bezug der Verbote zu den davor stehenden Vorschriften wird nicht wie in § 4 MuSchArbV hergestellt. Es handelt sich vielmehr um eine weitere Konkretisierung der Beschäftigungsverbote des § 4 Abs. 1 und 2 MuSchG, insbesondere als Ersatz für den in Art. 2 Nr. 2 MuSchRiV aufgehobenen § 15 b Abs. 5 bis 7 GefStoffV.

bb) Im einzelnen, Nr. 1 bis 6

92 **Nr. 1.** Das Verbot gilt für die Beschäftigung werdender und stillender Mütter mit sehr giftigen, giftigen, gesundheitsschädlichen oder in sonstiger Weise den Menschen chronisch schädigenden **Gefahrstoffen**, wenn der Grenzwert über-

Erläuterungen MuSchArbV § 2 MuSchG

schritten wird. Im Chemikaliengesetz (vgl. § 3 Nr. 1 ChemG, Anh. 8) sind nur **Stoffe** chemische Elemente oder chemische Verbindungen. **Gefahrstoffe sind** dementsprechend gefährliche Stoffe i. S. d. § 19 Abs. 2 Nr. 1 i. V. m. § 3a ChemG (Anh. 8), vgl. die gleiche Definition in § 3 Gefahrstoffverordnung (GefStoffV) und die Gefährlichkeitsmerkmale in § 4 Abs. 1 Nr. 6 bis 8 GefStoffV (Anh. 8.1). Chronisch schädigend sind Gefahrstoffe, wenn sie bei wiederholter oder länger andauernder Exposition einen ähnlichen Gesundheitsschaden verursachen können wie die anderen Gefahrstoffe. Zu Gefahrstoffen vgl. ferner vor allem die Anlagen 1 und 2 der MuSchArbV mit der Liste der Stoffe, die werdende und stillende Mütter sowie ihre Kinder besonders gefährden. In der **MuSchArbV** wird demgegenüber der Begriff »Stoff« als **Oberbegriff** für alle Stoffarten gebraucht (vgl. § 4 Rdnr. 22).

Nr. 2. Das Verbot gilt für die Beschäftigung werdender und stillender Mütter 93 mit Stoffen, Zubereitungen oder Erzeugnissen, die ihrer Art nach erfahrungsgemäß **Krankheitserreger** übertragen können, wenn sie den Krankheitserregern ausgesetzt sind (vgl. auch § 4 Rdnr. 29 mit Beispielen). **Zubereitungen sind** aus zwei oder mehreren Stoffen bestehende Gemenge, Gemische oder Lösungen (§ 3 Nr. 4 ChemG). **Erzeugnisse sind** Stoffe oder Zubereitungen, die bei der Herstellung eine spezifische Gestalt, Oberfläche oder Form erhalten haben, die deren Funktion mehr bestimmen als ihre chemische Zusammensetzung als solche oder in zusammengefügter Form (§ 3 Nr. 5 und § 19 Abs. 2 Nr. 4 ChemG), im Mutterschutz **nicht nur** Stoffe **chemischer Art** (vgl. § 2 Rdnr. 93; § 4 Rdnr. 28).

Nr. 3. Das Verbot gilt für die Beschäftigung **werdender Mütter** mit krebs- 94 erzeugenden, fruchtschädigenden oder erbgutverändernden Gefahrstoffen. **Krebserzeugend sind** Gefahrstoffe, wenn sie beim Einatmen, Verschlucken oder bei der Aufnahme über die Haut Krebs erregen oder die Krebshäufigkeit erhöhen (§ 4 Abs. 1 Nr. 12 GefStoffV). **Fortpflanzungsgefährdend, fruchtschädigend sind** Gefahrstoffe, wenn sie bei Einatmen, Verschlucken oder Aufnahme über die Haut nicht vererbbare Schäden der Nachkommenschaft oder der Fortpflanzungsfunktionen zur Folge haben (vgl. im einzelnen § 4 Abs. 1 Nr. 12 und 13 GefStoffV). **Erbgutverändernd sind** Gefahrstoffe, wenn sie bei Einatmen, Verschlucken oder Aufnahme über die Haut vererbbare genetische Schäden zur Folge haben oder deren Häufigkeit erhöhen können (vgl. § 4 Abs. 1 Nr. 14 GefStoffV). Zu den Begriffsbestimmungen krebserzeugende und erbgutverändernde Gefahrstoffe vgl. ferner § 3 Abs. 2 GefStoffV (vgl. Anh. 8.1).

Nr. 4. Das Verbot gilt für die Beschäftigung **stillender Mütter** mit Gefahr- 95 stoffen nach Nr. 3, wenn der Grenzwert überschritten wird (zum Grenzwert vgl. § 19 Abs. 3 Nr. 2a ChemG und § 3 Abs. 6 bis 9 GefStoffV; § 4 MuSchG Rdnr. 14 ff.).

Nr. 5. Das Verbot gilt für die Beschäftigung **gebärfähiger Arbeitnehme-** 96 **rinnen** mit Gefahrstoffen, die Blei oder Quecksilberalkyle enthalten, wenn der Grenzwert überschritten wird. Anlage 2 der MuSchArbV nennt ausdrücklich

MuSchG § 2 *Erläuterungen MuSchArbV*

unter A 1 a und B 1 a Blei und 1 Bleiderivate, soweit die Gefahr besteht, daß diese Gefahrstoffe vom menschlichen Organismus absorbiert werden. Anlage 1 der MuSchArbV nennt ausdrücklich unter A 1 c Quecksilber und Quecksilberderivate.

97 Nr. 6. Das Verbot gilt für die Beschäftigung werdender und stillender Mütter in Druckluft (Luft mit einem Überdruck von mehr als 0,1 bar), und zwar wegen der besonderen Belastung bei Arbeiten in Druckluft, die für werdende und stillende Mütter gesundheitsschädlich wäre. Die entsprechenden Vorschriften der Druckluftverordnung sind in Art. 3 MuSchRiV gestrichen bzw. aufgehoben worden.

b) § 5 Abs. 1 Satz 2 MuSchArbV

98 In Nr. 2 bleibt § 4 Abs. 2 Nr. 6 MuSchG unberührt (§ 5 Abs. 1 Satz 2 MuSchArbV). Das bedeutet, daß das Beschäftigungsverbot für werdende Mütter mit demselben Wortlaut wie bisher weitergilt. Nach wie vor ist es also verboten, werdende Mütter mit Arbeiten zu beschäftigen, bei denen sie infolge ihrer Schwangerschaft in besonderem Maße der Gefahr, an einer Berufskrankheit zu erkranken, ausgesetzt sind oder bei denen durch das Risiko der Entstehung einer Berufskrankheit eine erhöhte Gefährdung für werdende Mütter oder eine Gefahr für die Leibesfrucht besteht (§ 4 Abs. 2 Nr. 6 MuSchG; vgl. hierzu § 4 Rdnr. 49 ff.). Das Verbot gemäß § 5 Abs. 1 Nr. 2 MuSchArbV für die Beschäftigung werdender und stillender Mütter mit Stoffen, Zubereitungen oder Erzeugnissen, die ihrer Art nach erfahrungsgemäß **Krankheitserreger** übertragen können, ist unter diesen Umständen ein über § 4 Abs. 2 Nr. 6 MuSchG hinausgehendes Verbot.

c) § 5 Abs. 1 Satz 3 MuSchArbV

99 Das Verbot der Beschäftigung mit den in § 5 Abs. 1 Nr. 3 MuSchArbV genannten Gefahrstoffen gilt nicht, wenn die werdende Mutter bei bestimmungsgemäßem Umgang nicht den Gefahrstoffen ausgesetzt ist. Das erfordert die Durchführung von zusätzlichen Ermittlungspflichten, von Vorsorge- und Schutzmaßnahmen (vgl. im einzelnen § 7 f. GefStoffV). Darüber hinaus müssen beim Umgang mit krebserzeugenden, erbgutverändernden oder fruchtbarkeitsgefährdenden Gefahrstoffen am Arbeitsplatz die in § 11 Abs. 2 GefStoffV bestimmten zusätzlichen Maßnahmen ergriffen werden. Zu den Unterrichtungspflichten vgl. § 19 GefStoffV.

d) § 5 Abs. 2 MuSchArbV

100 Für die in § 5 Abs. 1 Nr. 1 bis 5 MuSchArbV genannten Gefahrstoffe gelten die Vorschriften der GefStoffVO entsprechend. »Entsprechend« bedeutet keine strikte Bindung an die GefStoffV, sondern im Rahmen von Sinn und Zweck des MuSchG, Leben und Gesundheit der Mütter und ihrer Kinder zu schützen. Im

Zweifel ist zugunsten des Mutterschutzes zu entscheiden. Diese Auslegung gebieten auch die Grenzen der Ermächtigung (§ 4 Abs. 4 MuSchG) für die MuSchArbV.

Entsprechend bedeutet z.B., daß statt des Wortes »Arbeitnehmer« je nach dem Inhalt der Vorschrift der GefStoffV eines der Worte »Arbeitnehmerin«, »Frau«, »werdende oder stillende Mutter« zu lesen ist. Die ärztlichen Untersuchungen sollten bei werdenden und stillenden Müttern ggf. im Einvernehmen mit dem behandelnden Arzt der werdenden oder stillenden Mutter durchgeführt werden. Persönliche Schutzausrüstungen (vgl. § 9 Abs. 3 GefStoffV) dürften für werdende und stillende Mütter in der Regel nicht geeignet sein, ggf. sollte auch hier der behandelnde Arzt hinzugezogen werden, nicht zuletzt wegen eines individuellen Beschäftigungsverbots gemäß § 3 Abs. 1 MuSchG. Letztlich kann das Wort »entsprechend« nur eine Orientierungshilfe im Rahmen des MuSchG sein. 101

e) Arbeitsentgelt

Bei den Beschäftigungsverboten des § 5 Abs. 1 Satz 1 MuSchArbV handelt es sich wie bei dem Beschäftigungsverbot des § 4 Abs. 1 Satz 1 MuSchArbV um eine Konkretisierung (vgl. § 2 Rdnr. 91) des Beschäftigungsverbots des § 4 Abs. 1 MuSchG. § 4 Abs. 1 MuSchG ist insoweit die Grundvorschrift. Daher ist das Arbeitsentgelt wie aufgrund eines Beschäftigungsverbots des § 4 Abs. 1 MuSchG gemäß **§ 11 MuSchG weiterzugewähren**, wenn eine Mutter wegen des Beschäftigungsverbots des § 5 Abs. 1 Satz 1 MuSchArbV teilweise oder völlig mit der Arbeit aussetzen muß. Sie setzt damit zugleich wegen des Beschäftigungsverbots des § 4 Abs. 1 MuSchG mit der Arbeit aus (vgl. auch § 11 MuSchG Rdnr. 26). 102

f) Verstöße

Ordnungswidrig i.S.d. § 21 Abs. 1 Nr. 4 MuSchG handelt der Arbeitgeber, der vorsätzlich oder fahrlässig den Vorschriften des § 5 Abs. 1 Satz 1 Nr. 1, 2, 3, 4 oder 6 MuSchArbV zuwiderhandelt (§ 6 Abs. 2 MuSchArbV). Wer durch eine solche Zuwiderhandlung vorsätzlich oder fahrlässig eine Frau in ihrer Arbeitskraft oder Gesundheit gefährdet, ist nach § 21 Abs. 3, 4 MuSchG strafbar (§ 6 Abs. 4 MuSchArbV). Zum Täterkreis im MuSchG vgl. § 21 MuSchG Rdnr. 1 ff., zur Rechtswidrigkeit und zum Verschulden vgl. § 21 MuSchG Rdnr. 21 ff., zu Straftaten vgl. § 21 MuSchG Rdnr. 19 f., zum Verfahren bei der Verfolgung von Straftaten und Ordnungswidrigkeiten vgl. § 21 MuSchG Rdnr. 26 ff. 103

Zum Leistungsverweigerungsrecht vgl. § 2 Rdnr. 64. 104

8. Straftaten und Ordnungswidrigkeiten, § 6 MuSchArbV

105 Abs. 1. Zu Verstößen gegen § 2 MuSchArbV i. V. m. § 25 Abs. 1 Nr. 1 ArbSchG vgl. § 2 Rdnr. 74.

106 Abs. 2 und 4. Zu Ordnungswidrigkeiten und Straftaten gegen § 3 Abs. 3 MuSchArbV i. V. m. § 21 Abs. 1 Nr. 4 MuSchG vgl. § 2 Rdnr. 79 f. Zu Ordnungswidrigkeiten und Straftaten gegen § 5 Abs. 1 Nr. 1 bis 4 und 6 MuSchArbV i. V. m. § 21 Abs. 1 Nr. 4 MuSchG vgl. § 2 Rdnr. 103.

107 Abs. 3 und 5. Ordnungswidrig i. S. d. § 26 Abs. 1 Nr. 8 **Chemikaliengesetz** handelt, wer vorsätzlich oder fahrlässig entgegen **§ 5 Abs. 1 Satz 1 Nr. 5 MuSchArbV** eine gebärfähige Arbeitnehmerin beschäftigt, d. h. beim Umgang mit Gefahrstoffen, die Blei oder Quecksilberalkyle enthalten, wenn der Grenzwert überschritten ist (vgl. ferner § 2 Rdnr. 96). Wer durch eine solche Zuwiderhandlung vorsätzlich oder fahrlässig das Leben oder die Gesundheit einer Frau gefährdet, ist nach § 27 Abs. 2 bis 4 ChemG strafbar.

108 Der unterschiedliche Wortlaut der Strafvorschriften von MuSchG und ChemG beruht auf deren unterschiedlicher Entstehung. Die gravierendsten Unterschiede: Das MuSchG verlangt eine »vorsätzliche«, das ChemG eine »vorsätzliche oder fahrlässige« Zuwiderhandlung als Voraussetzung für eine Straftat. Das MuSchG läßt auch eine »Gefährdung der Arbeitskraft« genügen. Zu dieser Voraussetzung vgl. § 21 Rdnr. 19 f. Im ChemG fehlt »Gefährdung der Arbeitskraft« sie wird nicht von »Gefährdung der Gesundheit« miterfaßt, wohl dagegen die »Gefährdung des Lebens« als gravierendste Art und Form der »Gefährdung der Gesundheit«.

Beschäftigungsverbote vor § 3 MuSchG

Zweiter Abschnitt Beschäftigungsverbote

Vorbemerkung vor § 3

Inhaltsübersicht

1. Zweck der Beschäftigungsverbote 1
2. Arten der Beschäftigungsverbote 2
3. Rechtswirkungen der Beschäftigungsverbote 3–9
   a) Bestand des Arbeitsverhältnisses 3
   b) Leistungsverweigerungsrecht 4
   c) Umsetzungsrecht 5–8
   d) Gewerbeaufsicht..................... 9
   e) Schadensersatzansprüche 10
4. Auswirkung von Fehlzeiten 11–26
   a) Gratifikationen...................... 11
   b) Vermögenswirksame Leistungen. 12, 13
   c) Erholungsurlaub 14–16
   d) Krankheit 17–20
   e) Krankenversicherung 21
   f) Pflegeversicherung 22
   g) Rentenversicherung 23
   h) Arbeitslosenversicherung 24, 25
   i) Ausbildungsverhältnis 26

1. Zweck der Beschäftigungsverbote

Schwangerschaft und Entbindung sind keine Krankheit, sondern normale physiologische Zustände im Leben einer Frau (ebenso *BAG* vom 14.11.1985, DB 1985 S. 710; vgl. ferner Rdnr. 16 vor § 3). Eine normal verlaufende Schwangerschaft hindert die Frau in der Regel nicht, ihre berufliche Tätigkeit im Arbeitsverhältnis auszuüben. Während dieser Zeit werden jedoch vom mütterlichen Organismus erhöhte Leistungen gefordert. Die körperlichen Veränderungen der Frau erschweren mit zunehmender Schwangerschaft ihre Beweglichkeit und Anpassungsfähigkeit. Das werdende Leben ist gegenüber Umwelteinflüssen besonders empfindlich. Mutter und Kind müssen daher während dieser Zeit besonders geschützt werden. Nach der Entbindung muß der Frau Gelegenheit zur Erholung und zur vom Arbeitsverhältnis ungestörten Rückbildung der durch Schwangerschaft und Entbindung verursachten Organveränderungen gegeben werden. Diese Aufgaben erfüllen die Beschäftigungsverbote des MuSchG. **Sie schützen Mutter und Kind** vor Überforderung und Überbeanspruchung im Arbeitsverhältnis sowie vor Gefahren am Arbeitsplatz. Sie verfolgen insbesondere das Ziel, Gefahren für Leben und Gesundheit von Mutter und Kind durch ungeeignete, schwere oder gesundheitsgefährdende Arbeiten (§ 3 Abs. 1, § 4, § 6 Abs. 2 und 3) oder durch Mehr-, Nacht- oder Sonntagsarbeit (§ 8) zu vermeiden, und stellen die Mutter 6 Wochen vor und 8 Wochen – bei Früh- und Mehrlingsgeburten 12 Wochen – nach der Entbindung (§ 3 Abs. 2, § 6 Abs. 1 Satz 1), bei Frühgeburten und sonstigen vorzeitigen

1

Entbindungen zusätzlich um den nicht vor der Entbindung genommenen Zeitraum (§ 6 Abs. 1 Satz 2), von jeder Arbeit im Betrieb frei (vgl. ferner hier Einf. Rdnr. 1 ff).

2. Arten der Beschäftigungsverbote

2   Die Beschäftigungsverbote werden in individuelle und generelle Verbote eingeteilt. Die **individuellen** Beschäftigungsverbote sind auf den individuellen persönlichen Gesundheitszustand der Frau bezogen und werden erst und in dem Umfang wirksam, wenn und soweit die Arbeitsleistung aufgrund eines ärztlichen Zeugnisses untersagt wird (§ 3 Abs. 1, § 6 Abs. 2). Die generellen Beschäftigungsverbote gelten unabhängig vom individuellen Gesundheitszustand einer Frau und ihrer körperlichen Konstitution. Hierzu zählen das Verbot der Beschäftigung während der Schutzfristen vor und nach der Entbindung (§ 3 Abs. 2, § 6 Abs. 1), das Verbot der Beschäftigung mit schweren und gesundheitsgefährdenden Arbeiten (§ 4 Abs. 1 und 2, § 6 Abs. 3 MuSchG sowie § 3 Abs. 3 und §§ 4 und 5 MuSchArbV), das Verbot der Beschäftigung mit Akkord- und Fließarbeit (§ 4 Abs. 3, § 6 Abs. 3), das Verbot der Beschäftigung mit Mehr-, Nacht- und Sonntagsarbeit (§ 8), das Verbot der Beschäftigung während der Stillzeiten (allg. Meinung; vgl. z.B. *Buchner/Becker*, Rdnr. 10 ff. vor §§ 3–8; *Meisel/Sowka*, Rdnr. 2 ff. vor § 3). Die Beschäftigungsverbote sind **unabdingbar**.

3. Rechtswirkungen der Beschäftigungsverbote

3   a) **Bestand des Arbeitsverhältnisses.** Die Verbote untersagen die tatsächliche Beschäftigung. Sie berühren den Bestand des Arbeitsverhältnisses nicht. Ist die Frau bereits bei Abschluß des Arbeitsvertrages schwanger, hängt die Wirksamkeit des Arbeitsvertrages nicht davon ab, ob die Beschäftigung mit den Arbeiten, zu denen sie sich verpflichtet hat, ganz oder teilweise während der Schwangerschaft verboten ist. Durch die Beschäftigungsverbote wird die Wirksamkeit des Arbeitsvertrages nicht berührt. Selbst wenn alle Arbeiten ganz oder überwiegend unter die Beschäftigungsverbote fallen und eine Umsetzung während der Schwangerschaft nicht möglich ist, ist der Arbeitsvertrag nicht nach § 134 BGB nichtig. Eine andere Beurteilung (vgl. noch Vorauflage, vor § 3 Rdnr. 3) wäre nach der Rechtsprechung des EuGH (insbes. vom 3.2.2000, AP Nr. 18 zu § 611a BGB) eine Benachteiligung wegen des Geschlechts (ausführlich dazu § 5 Rdnr. 19; ebenso auch § 4 Rdnr. 6). Zu Verträgen mit Nacht- und Sonntagsarbeit vgl. § 8 Rdnr. 2. Während der Schutzfristen ruht die Arbeits- und Lohnzahlungspflicht. Der Arbeitsvertrag, die Betriebszugehörigkeit und die gegenseitige Treue- und Fürsorgepflicht bleiben bestehen (vgl. auch § 6 Rdnr. 8).

Rechtswirkungen vor § 3 MuSchG

b) **Leistungsverweigerungsrecht.** Nach der heute herrschenden Rechtsauffassung ist der Arbeitgeber aufgrund seiner allgemeinen Fürsorgepflicht vertraglich gehalten, alles zum Schutze seiner Arbeitnehmer Notwendige zu tun. Dazu gehört auch das, was dem Arbeitgeber als öffentlich-rechtliche Pflicht auferlegt wird. Die Arbeitnehmerin hat daher gegen den Arbeitgeber auch einen arbeitsvertraglichen Anspruch auf Beachtung und Einhaltung der Beschäftigungsverbote. Sie hat außerdem ein Leistungsverweigerungsrecht (zum Arbeitsschutz generell vgl. *MünchArb/Wlotzke* § 209 Rdnr. 24 ff.). Sie kann die Erledigung von Arbeiten verweigern, die unter die Beschäftigungsverbote fallen, ohne hierdurch ihre Pflichten aus dem Arbeitsvertrag zu verletzen oder in Leistungsverzug zu kommen. Dagegen kommt der Arbeitgeber in Gläubigerverzug (§ 293 BGB) und muß der Arbeitnehmerin das Arbeitsentgelt weiterzahlen (§ 615 BGB), wenn er ihr nicht eine andere zumutbare Arbeit anbietet (vgl. *BAG* vom 26.4.1954, AP Nr. 5 zu § 9 MuSchG; *Buchner/Becker*, Rdnr. 25 f. vor §§ 3–8; *Gröninger/Thomas*, § 3 Rdnr. 6; *Meisel/Sowka*, Rdnr. 18 vor § 3). 4

c) **Umsetzungsrecht.** Der Arbeitgeber ist in den Fällen, in denen die Beschäftigung einer Arbeitnehmerin nach dem MuSchG mit bestimmten Arbeiten oder während einer bestimmten Dauer oder Lage der Arbeitszeit verboten wird, berechtigt, die Arbeitnehmerin mit anderen nicht verbotenen, jedoch zumutbaren Arbeiten oder während einer nicht verbotenen kürzeren Arbeitszeit oder während einer anderen Lage der Arbeitszeit zu beschäftigen, um die Lohnzahlungspflicht aus § 11 abzuwenden. Es handelt sich nicht um eine Versetzung im üblichen Sinne, zu der eine wegen § 9 nicht zulässige Änderungskündigung erforderlich wäre, sondern um ein **mutterschutzrechtliches** Umsetzungsrecht. **Umfang und Grenzen** des Umsetzungsrecht bestimmen sich nicht allein nach dem Inhalt des Arbeitsvertrages; entscheidend ist der Grundsatz von Treu und Glauben, aus dem die Zumutbarkeit für beide Arbeitsvertragspartner abzuleiten ist (so mit Recht die h. M. zusammenfassend *Gröninger/Thomas*, § 3 Rdnr. 9). Dieses Umsetzungsrecht steht dem Arbeitgeber zu, weil ihm durch die Beschäftigungsverbote und die daran anknüpfenden Entgeltzahlungspflichten nach § 11 besondere Belastungen zugemutet werden, die Arbeitnehmerin andererseits aufgrund ihrer Treue- und Rücksichtspflicht sich bemühen muß, die Zahlungspflicht des Arbeitgebers aus § 11 möglichst gering zu halten und von ihm alle vermeidbaren Schäden fernzuhalten (*BAG* vom 5.3.1968, DB 1968 S. 1361). 5

Es kommt daher nicht darauf an, ob die Arbeitnehmerin nach dem im Arbeitsvertrag festgelegten Tätigkeitsbereich zur Leistung der angebotenen neuen Arbeit verpflichtet wäre. Ob und welche andere Arbeit die Frau übernehmen muß, bestimmt sich allein nach der Treue- und Rücksichtspflicht der Arbeitnehmerin auf der einen und der durch den Mutterschutz geprägten Fürsorge- und Rücksichtspflicht des Arbeitgebers auf der anderen Seite. Dabei genügt es nicht, daß der Arbeitgeber eine erlaubte Arbeit anbietet. Vielmehr sind alle wesentlichen Umstände des Falles nach **Zumutbarkeitsgesichtspunk-** 6 ten zu berücksichtigen. Das gilt nicht nur für die Art der neuen Arbeit; die Arbeitnehmerin braucht z. B. kein Arbeitsangebot anzunehmen, in dem eine Maßregelung oder Ehrenkränkung zum Ausdruck kommt oder in dem ihr bis dahin völlig ungewohnte schwere körperliche Arbeiten zugemutet werden (*BAG* vom 8.2.1984, 5 AZR 182/82). Das Angebot muß auch auf die berechtigten persönlichen Belange der Arbeitnehmerin, gegebenenfalls auch außerhalb des Arbeitsverhältnisses Rücksicht nehmen, z. B. auf die Betreuung ihrer Kinder (*LAG Bad.-Wttbg.* vom 3.12.1969, ArbSch 1971 S. 101). Durch die neue Arbeit darf der Arbeitnehmerin auch keine vermehrte Belastung zugemutet werden (*BAG* vom 31.3.1969 und vom 14. 4.1972, AP Nr. 2 und 6 zu § 11 MuSchG = DB 1969 S. 1250 und 1972 S. 2070), auch nicht durch zusätzliche Schwierigkeiten bei der An- und Rückreise zur umgesetzten Arbeit (*LAG Bad.-Wttbg.* vom 3.12.1969, ArbSch 1971 S. 101; vgl. auch § 8 Rdnr. 18; vgl. ferner *Buchner/Becker*, Rdnr. 27 vor §§ 3–8; *Gröninger/Thomas*, § 3 Rdnr. 9f.; *Heilmann*, Rdnr. 19ff. vor § 3; *Meisel/Sowka*, Rdnr. 11ff. vor § 3; *MünchArb/Heenen* § 226 Rdnr. 11). Vgl. ferner das durch § 3 MuSchArbV geregelte stufenweise Umsetzungsrecht, aber auch die Umsetzungspflicht des Arbeitgebers in § 2 Rdnr. 75ff.

7   Es genügt, daß der Arbeitgeber ein objektiv **zumutbares Angebot** macht. Er ist hierfür beweispflichtig. Es ist Sache der Arbeitnehmerin, die Gründe darzulegen, aus denen sie die Ablehnung des Angebots herleitet. Im Streitfall ist sie insoweit beweispflichtig. Sind die Gründe der Arbeitnehmerin im Sinne der Zumutbarkeit berechtigt, dann muß ihnen der Arbeitgeber durch ein geändertes Angebot Rechnung tragen; andernfalls bleibt seine Zahlungspflicht aus § 11 bestehen (vgl. *BAG* in Rdnr. 5 vor § 3). Erforderlich ist aber immer ein Angebot des Arbeitgebers. Die Arbeitnehmerin ist nicht verpflichtet, sich selbst um eine andere erlaubte Tätigkeit zu bemühen, auch nicht, wenn es um eine vorübergehende Unterbringung bei einem anderen Arbeitgeber geht (vgl. *BAG* vom 9.9.1971, AP Nr. 5 zu § 11 MuSchG 1968). Die Umsetzung ist **mitbestimmungspflichtig** nach § 99 BetrVG, wenn sie für einen längeren Zeitraum erfolgen soll (vgl. *Buchner/Becker*, Rdnr. 38f. vor §§ 3–8). Lehnt die Arbeitnehmerin eine andere zumutbare Arbeit ab, kommt sie in Leistungsverzug mit den Folgen der §§ 280, 286 BGB. Sie hat auch keinen Anspruch aus § 11 (vgl. § 11 Rdnr. 11; vgl. auch *Gröninger/Thomas*, § 3 Rdnr. 11). Das Arbeitsverhältnis wird jedoch durch die Weigerung für sich allein nicht aufgelöst. Bei **Auszubildenden** ist das Verbot der Übertragung ausbildungsfremder Verrichtungen des § 6 Abs. 2 BBiG zu beachten. Für die Ersatztätigkeit einer Schwangeren ist zu beachten: Die Zuweisung einer Ersatztätigkeit während eines schwangerschaftsbedingten Beschäftigungsverbots muß zumutbar sein, d.h. sie muß billiges Ermessen wahren und darf die Schwangere nicht über Gebühr belasten. Maßgebend sind die Umstände des Einzelfalles (vgl. *BAG* vom 22.4.1998, DB 1998, 1920 = NZA 1998, 936: Zumutbare Ersatztätigkeit einer schwangeren Flugbegleiterin).

8   **Beschäftigungspflicht des Arbeitgebers.** Der Arbeitgeber hat beim Eingreifen von Beschäftigungsverboten nicht nur ein Umsetzungsrecht. Er ist vielmehr

aufgrund der ihm obliegenden Fürsorgepflicht verpflichtet, eine schwangere Arbeitnehmerin im Rahmen der betrieblichen Möglichkeiten auf einen anderen, für sie geeigneten Arbeitsplatz umzusetzen und dort zu beschäftigen (vgl. auch § 3 Rdnr. 16; vgl. ferner *Gröninger/Thomas*, § 3 Rdnr. 10; *Heilmann*, Rdnr. 32 vor § 3). Die schwangere Arbeitnehmerin hat einen dementsprechenden **Anspruch auf** Umsetzung und **Beschäftigung**, der gegen den Arbeitgeber im Verfahren der einstweiligen Verfügung durchgesetzt werden kann (zum Beschäftigungsanspruch des Arbeitnehmers aufgrund der Fürsorgepflicht des Arbeitgebers vgl. *BAG* vom 27.2.1985, AP Nr. 14 zu § 611 BGB). Eine einseitige Suspendierung der Arbeitnehmerin durch den Arbeitgeber von jeder Arbeit kommt nur in Betracht, wenn schwerwiegende Gründe die Umsetzung und Beschäftigung der Arbeitnehmerin unzumutbar machen. Typische Schwangerschaftsbeschwerden und Auswirkungen schwangerschaftsbedingter Belastungen auf das Arbeitsverhältnis sind keine die Suspendierung rechtfertigenden Gründe (vgl. *ArbG Regensburg* vom 15.2.1993, AiB 1993 S. 336 mit zustimmender Rdnr. von *Weinmann*). Zum **Arbeitsentgelt**, Mutterschutzlohn vgl. § 3 Rdnr. 18.

d) **Gewerbeaufsicht.** Soll eine werdende Mutter wegen eines speziellen Beschäftigungsverbots des MuSchG mit einer anderen Arbeit oder zu einer anderen Zeit beschäftigt werden, so ist für die Beurteilung, ob diese andere Arbeit oder die andere Arbeitszeit für die werdende Mutter zumutbar ist, das Gewerbeaufsichtsamt **nicht zuständig**. Die Beurteilung der Zumutbarkeit ist eine arbeitsrechtliche Angelegenheit; in Streitfällen sind daher die Arbeitsgerichte zuständig. Das Gewerbeaufsichtsamt hat lediglich zu prüfen, ob die andere Arbeit oder die andere Arbeitszeit mit den Vorschriften der Arbeitsschutzgesetze in Einklang steht.

e) **Schadensersatzansprüche.** Hält der Arbeitgeber die Beschäftigungsverbote schuldhaft (vorsätzlich oder fahrlässig) nicht ein und wird hierdurch die Arbeitnehmerin oder ihr Kind geschädigt, so hat sie gegen ihren Arbeitgeber einen vertraglichen Schadensersatzanspruch aus § 280 BGB wegen Pflichtverletzung. Für Erfüllungsgehilfen haftet der Arbeitgeber nach § 278 BGB. Darüber hinaus kommen Schadensersatzansprüche wegen unerlaubter Handlung aus § 823 ff. BGB in Betracht (zum Arbeitsrecht allgemein vgl. *MünchArb/Wlotzke* § 209 Rdnr. 36 ff.). Die Beschäftigungsverbote sind Schutzgesetze i.S.d. § 823 Abs. 2 BGB. Für Verrichtungsgehilfen haftet der Arbeitgeber hier nach § 831 BGB. Im Rahmen des Schadensersatzanspruchs wegen Verletzung des Körpers oder der Gesundheit kann die Arbeitnehmerin u. U. Schmerzensgeld nach § 253 BGB verlangen. Mitwirkendes Verschulden wird der geschädigten Arbeitnehmerin nach § 254 BGB angerechnet (h.M., vgl. z.B. *Buchner/Becker*, Rdnr. 44 f. vor § 3; *Gröninger/Thomas*, § 3 Rdnr. 14 f.; *Meisel/Sowka*, Rdnr. 19 vor § 3).

4. Auswirkung von Fehlzeiten

11 **a) Gratifikationen.** Fehlzeiten im Betrieb, die infolge der Vorschriften des MuSchG entstehen, sind unverschuldet. Sie brauchen auch nach Beendigung des Mutterschutzes nicht nachgearbeitet werden. Für die Stillzeiten ist dies in § 7 Abs. 2 ausdrücklich angeordnet; im übrigen ergibt sich dies aus dem Sinn und Zweck der einzelnen Regelung (ebenso *Gröninger/Thomas*, § 3 Rdnr. 19, 21; *Meisel/Sowka*, Rdnr. 20 vor § 3). Die früher streitige Frage (vgl. Vorauflage, vor § 3 Rdnr. 10f.), ob Fehlzeiten infolge der Beschäftigungsverbote und infolge der Schutzfristen auf Gratifikationen, das 13. Gehalt oder andere ähnliche Jahressonderleistungen, deren Höhe von einer bestimmten Dauer der Betriebsanwesenheit abhängig sind, sich mindernd auswirken können, ist durch die Rechtsprechung des EuGH und BAG beantwortet. Während der Fehlzeiten infolge der Beschäftigungsverbote und der Schutzfristen hat die Mutter Anspruch auf den Durchschnittsverdienst nach § 11 bzw. auf Mutterschaftsgeld zuzüglich Arbeitgeberzuschuß nach §§ 13 und 14. Die Vergütungspflicht des Arbeitgebers wird also während dieser Zeiten trotz fehlender Arbeitsleistung nicht in vollem Umfang aufgehoben. Der Sinn und Zweck dieser Regelungen besteht darin, die im Arbeitsverhältnis stehenden Mütter vor wirtschaftlichen Nachteilen infolge der Schwangerschaft und Entbindung zu bewahren und ihnen während dieser Fehlzeiten ihren bisherigen aus der Berufstätigkeit herrührenden Lebensstandard zu sichern. Diesem Sinn und Zweck würde es zuwiderlaufen, wollte man eine Kürzung von Jahressonderleistungen für Fehlzeiten infolge der Beschäftigungsverbote und der Schutzfristen zulassen. Allein dies rechtfertigt bereits den Schluß, daß sich die Zeiten der Beschäftigungsverbote nach §§ 3 Abs. 2, 6 Abs. 1 MuSchG nicht anpruchsmindernd auf ein 13. Monatsgehalt, das als arbeitsleistungsbezogene Sonderzahlung vereinbart ist, auswirken (vgl. BAG vom 25.11.1998, AP Nr. 212 zu § 611 BGB Gratifikation). Nach dem EuGH (vom 21.10.1999, AP Nr. 14 zu Art. 119 EG-Vertrag) verbietet Artikel 141 des EG-Vertrages generell, auch bei Sondervergütungen mit reinem Entgeltcharakter, die Zeiten der Beschäftigungsverbote nach dem MuSchG anspruchsmindernd zu berücksichtigen. Auch kann die Inanspruchnahme der Schutzfrist nach § 3 Abs. 2 auch bei anderslautender tarifvertraglicher Regelung nicht zum Wegfall der Gratifikation, z.B. des Urlaubsgeldes, führen (BAG vom 20.8.2002, AP Nr. 10 zu Art. 6 Abs. 4 GG Mutterschutz). Entgegenstehende Vereinbarungen, auch Tarifverträge, sind daher insoweit unwirksam (*BAG* vom 13.10.1982, DB 1983 S. 1050 und vom 15.8.1984, NZA 1985 S. 223). Fehlzeiten aufgrund der Mutterschutzfristen der §§ 3 und 6 MuSchG sind vielmehr für die Zahlung einer tariflichen Jahresleistung einer tatsächlichen Arbeitsleistung gleichzusetzen (vgl. *Buchner/Becker*, Rdnr. 44 vor §§ 3–8, *MünchArb/Heenen* § 226 Rdnr. 12; a.A. *Meisel/Sowka*, vor § 3 Rdnr. 25.

12 **b) Vermögenswirksame Leistungen.** Die Zahlung vermögenswirksamer Leistungen ist nicht gesetzlich vorgeschrieben. Ob eine Verpflichtung des

Auswirkung von Fehlzeiten vor § 3 MuSchG

Arbeitgebers zur Fortzahlung vermögenswirksamer Leistungen bei Freistellung von der Arbeit, z. B. während der Schutzfristen besteht, hängt vom Inhalt des Vertrags (Tarifvertrag, Betriebsvereinbarung, Einzelarbeitsvertrag) ab, aufgrund dessen vermögenswirksame Leistungen zu erbringen sind. Ist eine solche Verpflichtung vereinbart, hat der Arbeitgeber der Arbeitnehmerin die auf diese Leistungen entfallende Arbeitnehmer-Sparzulage wie sonst auszuzahlen. Es ist aber auch rechtlich zulässig, einen Anspruch auf Abführung vermögenswirksamer Leistungen während der Schutzfristen auszuschließen, weil die vermögenswirksamen Leistungen bereits bei der Berechnung des Arbeitgeberzuschusses zum Mutterschaftsgeld nach § 14 Abs. 1 mitberücksichtigt sind (*BAG* vom 15.8.1984, NZA 1985 S. 223, vgl. ferner § 14 Rdnr. 78; § 15 BErzGG Rdnr. 41).

Nach dem Vermögensbildungsgesetz kann nur Arbeitslohn vermögenswirksam angelegt werden. Das Mutterschaftsgeld ist kein Arbeitslohn, sondern Lohnersatz und kann daher nicht vermögenswirksam angelegt werden. Arbeitnehmerinnen, die während des Bezugs von Mutterschaftsgeld die Vergünstigungen des Vermögensbildungsgesetzes nicht in Anspruch nehmen können, brauchen in den meisten Fällen dennoch keine Nachteile bei der Arbeitnehmer-Sparzulage hinzunehmen: Wenn sie rechtzeitig vor oder nach dem Bezug von Mutterschaftsgeld entsprechende Beträge des Arbeitslohns vermögenswirksam anlegen lassen, können sie auch dadurch den begünstigten Höchstbetrag des Vermögensbildungsgesetzes im jeweiligen Kalenderjahr voll ausnutzen; dieser Höchstbetrag ist ein Jahresbetrag, der zu einem beliebigen Zeitpunkt während des Kalenderjahres ausgeschöpft werden kann. 13

c) **Erholungsurlaub.** Die Fehlzeiten infolge von Beschäftigungsverboten lassen den Anspruch auf Erholungsurlaub grundsätzlich unberührt, da dieser Anspruch nicht an die tatsächliche Arbeitsleistung, sondern an das Bestehen eines Arbeitsverhältnisses anknüpft. Während der Fehlzeiten besteht aber das Arbeitsverhältnis weiter. Im übrigen ist seit dem 2. MuSchG-ÄndG 2002 in § 17 Satz 1 klargestellt, daß für den Anspruch auf bezahlten Erholungsurlaub und dessen Dauer die Ausfallzeiten wegen mutterschutzrechtlicher Beschäftigungsverbote als Beschäftigungszeiten gelten (vgl. § 17 Rdnr. 1 ff.; zur Rechtslage vor der Novellierung vgl. Vorauflage vor § 3 Rdnr. 13 ff.). 14

Damit verbietet § 17 Satz 1 eine Kürzung des Erholungsurlaubs für Ausfallzeiten wegen mutterschutzrechtlicher Beschäftigungsverbote (*Viethen/Schwedes*, Kapitel 15 Nr. 14). **Freistellungen** von der Arbeit infolge von Beschäftigungsverboten können **mit** dem **Erholungsurlaub** auch schon deshalb nicht ohne weiteres **verrechnet** werden, weil diese Freistellungen einen anderen Zweck (vgl. hierzu Einf. 1 und Rdnr. 1 vor § 3) haben als der Erholungsurlaub. 15

Die Rechtslage zum Verfall bzw. zur Übertragung des Urlaubs, der wegen der Beschäftigungsverbote nicht genommen wurde, ist durch den im 2. MuSchG-ÄndG 2002 eingefügten § 17 erheblich geändert worden: Hat die Frau ihren Urlaub vor Beginn der Beschäftigungsverbote nicht oder nicht vollständig 16 erhalten, so kann sie nach Ablauf der Fristen den Resturlaub im laufenden oder im nächsten Urlaubsjahr beanspruchen (vgl. dazu § 17 Rdnr. 1 ff.).

17   d) **Krankheit.** Eine biologisch-medizinisch normal verlaufende Schwangerschaft und Entbindung ist keine Krankheit (zum Begriff Krankheit vgl. § 195 RVO Rdnr. 2, zum Begriff Schwangerschaft vgl. § 3 Rdnr. 1; zum Begriff Entbindung vgl. § 6 Rdnr. 6), sondern ein normaler physiologischer Zustand im Leben einer Frau. Dies gilt auch für Beschwerden und Störungen (vgl. hierzu § 3 Rdnr. 3 f.), soweit sie nicht über das schwangerschaftstypische Normalmaß hinausgehen (ebenso *BAG* vom 14.11.1985, DB 1985 S. 710). Erst darüber hinausgehende Schwangerschaftsbeschwerden können als Krankheit i.S.d. Krankenversicherungs- und Entgeltfortzahlungsrechts in Betracht kommen. Wenn alle **Schwangerschaftsbeschwerden** als Krankheit zu werten wären, wäre die eigenständige Regelung der §§ 13 bis 15 MuSchG und der §§ 195 RVO überflüssig (vgl. auch *LSG NW* vom 24.6.1992, Meso B 210/5; vgl. ferner *BAG* vom 22.3.1995, NJW 1995, 2434; *BAG* vom 5.7.1995, DB 1995, 2480). Zur Schwierigkeit der Abgrenzung zwischen Krankheit und Schwangerschaftsbeschwerden vgl. § 3 Rdnr. 3 ff., § 3 Rdnr. 18 ff. und § 11 Rdnr. 18 ff.

18   **Bei Fehlzeiten** infolge Schwangerschaft und Entbindung kann die Frau daher nicht auf die beschränkte Entgeltfortzahlung im Krankheitsfalle verwiesen werden. Ihr steht beim Aussetzen mit der Arbeit infolge von Beschäftigungsverboten der weitergehende Anspruch auf Mutterschaftslohn nach § 11 und während der Schutzfristen der weitergehende Anspruch auf Mutterschaftsgeld nach § 13 MuSchG und § 200 RVO sowie auf den Zuschuß zum Mutterschaftsgeld nach § 14 zu. Ist die schwangere Frau oder Wöchnerin gleichzeitig krank, gilt für ihre Zahlungsansprüche folgendes:

19   Während der **Schutzfristen** von sechs Wochen vor und acht Wochen nach, bei Früh- und Mehrlingsgeburten von zwölf Wochen nach der Entbindung geht der Anspruch auf Mutterschaftsgeld dem Anspruch auf Entgeltfortzahlung im Krankheitsfalle und auf Krankengeld vor (§ 3 Abs. 1 Entgeltfortzahlungsgesetz, § 49 Abs. 1 Nr. 3 SGB V). Beim Zusammentreffen der Ansprüche auf Entgeltfortzahlung im Krankheitsfalle und auf **Mutterschutzlohn** nach § 11 (sonstige Beschäftigungsverbote) geht der Anspruch auf Entgeltfortzahlung im Krankheitsfalle vor, da bei einem Aussetzen mit der Arbeit infolge Krankheit der nach § 11 geforderte ursächliche Zusammenhang mit einem Beschäftigungsverbot nach dem MuSchG fehlt (vgl. § 11 Rdnr. 13).

20   Arbeitnehmerinnen, die bei Arbeitsunfähigkeit infolge **Krankheit** Anspruch auf **Entgeltfortzahlung** nach § 3 Abs. 1 Entgeltfortzahlungsgesetz haben, erhalten bis zur Dauer von sechs Wochen grundsätzlich das Arbeitsentgelt, das sie erhalten hätten, wenn sie nicht krank geworden wären (vgl. im einzelnen § 3 ff. Entgeltfortzahlungsgesetz, für Auszubildende § 12 Abs. 1 Satz 2 BBiG). Nach Ablauf der sechs Wochen tritt an die Stelle der Entgeltfortzahlung ein **Krankengeld** in Höhe von 70 % des Bruttoverdienstes, aber höchstens in Höhe von 90 % des Nettoverdienstes (§ 47 Abs. 1 SGB V), das von der Krankenkasse

Auswirkung von Fehlzeiten vor § 3 MuSchG

gezahlt wird. Die arbeitsunfähige Arbeitnehmerin kann das Krankengeld sofort (nicht erst nach sechs Wochen) beanspruchen, wenn der Arbeitgeber entgegen seiner Verpflichtung das Entgelt nicht fortzahlt, weil er z.B. glaubt, die Arbeitnehmerin sei gesund. Die Krankenkasse darf sich dann an den Arbeitgeber halten. Eine Klage der Arbeitnehmerin gegen ihren Arbeitgeber auf Entgeltfortzahlung ist damit in der Praxis meist entbehrlich, weil die Krankenkasse einspringt.

e) **Krankenversicherung.** Während der Zeiten, in denen die Frau wegen der Beschäftigungsverbote nicht beschäftigt werden darf, bleibt der krankenversicherungsrechtliche Status erhalten. Soweit sie bei den sonstigen Beschäftigungsverboten Arbeitsentgelt nach § 11 erhält, hat der Arbeitgeber daraus die Beiträge zur Sozialversicherung abzuführen. Soweit sie während der Schutzfristen Anspruch auf Mutterschaftsgeld hat, bleibt das Versicherungsverhältnis in der gesetzlichen Krankenversicherung nach § 192 Abs. 1 Nr. 2 SGB V bestehen (vgl. den Gesetzestext in Anh. 12). Solange die Frau während dieser Zeiten Anspruch auf Mutterschaftsgeld hat, braucht sie Beiträge nicht zu entrichten, und zwar sowohl als freiwilliges wie auch als pflichtversichertes Mitglied (§ 224 SGB V). Haben Frauen ausnahmsweise einen solchen Anspruch nicht, müssen sie als versicherungspflichtige Mitglieder den Beitrag nach ihren letzten beitragspflichtigen Einnahmen allein tragen; freiwillig versicherte Frauen zahlen in diesem Falle ihren bisherigen Beitrag weiter (vgl. § 250 Abs. 2 SGB V). 21

f) **Pflegeversicherung.** Während der Schutzfristen mit Bezug von Mutterschaftsgeld besteht Beitragsfreiheit in der Pflegeversicherung nach § 56 Abs. 3 SGB XI. Diese Beitragsfreiheit tritt im Unterschied zur Beitragsfreiheit in der Krankenversicherung (vgl. vor § 3 Rdnr. 21) nicht schon bei bestehendem Anspruch, sondern erst bei tatsächlichem Bezug von Mutterschaftsgeld ein (vgl. Vorauflage, Anh. 16; ebenso *Buchner/Becker*, vor §§ 3–8 Rdnr. 51). Soweit die Arbeitnehmerin wegen sonstiger Beschäftigungsverbote nicht beschäftigt werden darf und Arbeitsentgelt nach § 11 erhält, hat der Arbeitgeber daraus Beiträge zur Pflegeversicherung zu entrichten. 22

g) **Rentenversicherung.** In der **Rentenversicherung** zählen Zeiten, in denen Versicherte wegen Schwangerschaft oder Mutterschaft während der Schutzfristen nach dem MuSchG eine versicherte Beschäftigung oder selbständige Tätigkeit nicht ausgeübt haben, als Anrechnungszeiten (§ 58 Abs. 1 Nr. 2 SGB VI). Soweit die Arbeitnehmerin wegen sonstiger Beschäftigungsverbote nicht beschäftigt werden darf und der Arbeitgeber das Arbeitsentgelt nach § 11 zu zahlen hat, hat er die normalen Beiträge zur Rentenversicherung abzuführen. 23

h) **Arbeitslosenversicherung.** Die Schutzfristen beeinträchtigen den Schutz für den Fall der Arbeitslosigkeit grundsätzlich nicht. Zeiten des Bezuges von Mutterschaftsgeld werden als die Beitragspflicht begründende Beschäftigungszeiten gewertet (§ 24 f. SGB III) und werden bei der Erfüllung der Anwartschaft nach § 123 SGB III und bei der Berechnung der Dauer des Anspruchs auf Arbeitslosengeld nach § 127 SGB III berücksichtigt. 24

25 Mutterschaft und Erziehung eines Kindes schließen einen Anspruch einer arbeitslosen Frau auf Arbeitslosengeld nicht aus, sofern die Betreffende weiterhin arbeitslos ist, d. h. insbesondere eine Beschäftigung sucht und der Arbeitsvermittlung des Arbeitsamtes zur Verfügung steht (§ 119 SGB III). Dies gilt auch während der Schutzfrist nach § 3 Abs. 2. Soweit jedoch ein Anspruch auf Mutterschaftsgeld zuerkannt ist, ruht der Anspruch auf Arbeitslosengeld (§ 142 Abs. 1 Nr. 2). Mütter, die den Bezug von Arbeitslosengeld wegen der Betreuung und Erziehung eines Kindes unterbrechen, können einen nicht verbrauchten Restanspruch – bei Vorliegen der Voraussetzungen im übrigen (§§ 117 bis 119) – nach der Unterbrechung wieder geltend machen, wenn seit der Entstehung des Arbeitslosengeldanspruchs noch keine vier Jahre verstrichen sind (§ 147 Abs. 2 SGB III).

26 **i) Ausbildungsverhältnis.** Für die Auswirkungen der Beschäftigungsverbote und der mutterschutzrechtlich bedingten Fehlzeiten auf das Berufsausbildungsverhältnis gilt grundsätzlich das gleiche wie für die Auswirkungen auf das Arbeitsverhältnis. Bei Umsetzungen ist allerdings § 6 Abs. 2 BBiG zu beachten, wonach einem Auszubildenden nur Verrichtungen übertragen werden dürfen, die dem Ausbildungszweck dienen. Die Dauer des Berufsausbildungsverhältnisses wird durch Schwangerschaft und Entbindung oder durch mutterschutzrechtliche Fehlzeiten nicht verlängert. Es kann auch nicht unter Berufung auf das Kündigungsverbot des § 9 ausgedehnt werden. Für das **Berufsausbildungsverhältnis** gilt § 14 Abs. 1 BBiG. Danach endet das Berufsausbildungsverhältnis unabhängig vom Mutterschutz mit dem Ablauf der Ausbildungszeit. Dem berechtigten Anliegen, die Auszubildende vor Nachteilen infolge mutterschutzrechtlicher Fehlzeiten zu schützen, kann durch eine Verlängerung der Ausbildungszeit nach § 29 Abs. 3 BBiG Rechnung getragen werden. Danach kann die für die Ausbildung zuständige Stelle auf Antrag der Auszubildenden die Ausbildungszeit verlängern, wenn die Verlängerung erforderlich ist, um das Ausbildungsziel zu erreichen; der Ausbildende wird nur gehört, § 29 Abs. 4 BBiG (vgl. auch *Buchner/Becker*, Rdnr. 54f. vor §§ 3–8; *Gröninger/Thomas*, § 3 Rdnr. 20; *Meisel/Sowka*, Rdnr. 22 vor § 3; zur Auflösung des Berufsausbildungsverhältnisses vgl. § 9 Rdnr. 41).

§ 3 Beschäftigungsverbote für werdende Mütter

(1) Werdende Mütter dürfen nicht beschäftigt werden, soweit nach ärztlichem Zeugnis Leben oder Gesundheit von Mutter oder Kind bei Fortdauer der Beschäftigung gefährdet ist.

(2) Werdende Mütter dürfen in den letzten sechs Wochen vor der Entbindung nicht beschäftigt werden, es sei denn, daß sie sich zur Arbeitsleistung ausdrücklich bereit erklären; die Erklärung kann jederzeit widerrufen werden.

Verbot vor der Entbindung § 3 MuSchG

Inhaltsübersicht

1. Individuelles, ärztliches Verbot vor der Entbindung (Abs. 1).............. 1–29
   - a) Voraussetzungen................ 1–20
     - aa) Schwangerschaft................... 2
     - bb) Gefährdung..................... 3–6
     - cc) Ärztl. Zeugnis................ 7–17
     - dd) Keine Krankheit............. 18–20
   - b) Wirksamwerden des Verbots.... 21–22
   - c) Inhalt, Umfang und Dauer des Verbots........................ 23–26
   - d) Umsetzung, Arbeitsentgelt...... 27–29
2. Generelles Verbot, Schutzfrist vor der Entbindung (Abs. 2)................. 30–42
   - a) Allgemeines..................... 30–31
   - b) Voraussetzungen................ 32–33
   - c) Dauer und Berechnung.......... 34–35
   - d) Verbot........................... 36–37
   - e) Ausnahme vom Verbot.......... 38–42
3. Arbeitsentgelt, Auswirkungen....... 43–45
4. Befugnis der Aufsichtsbehörde.......... 46
5. Aufgaben des Betriebsrats........... 47–48
6. Folgen bei Nichtdurchführung.......... 49

1. Individuelles, ärztliches Verbot vor der Entbindung (Abs. 1)

a) Voraussetzungen. Das Beschäftigungsverbot des § 3 Abs. 1 gilt für werdende Mütter, die in einem Arbeitsverhältnis stehen (§ 1 Nr. 1), also für schwangere **Arbeitnehmerinnen** (§ 1 Rdnr. 1 ff.) sowie für schwangere im Bereich der Heimarbeit Beschäftigte (§ 1 Nr. 2). Es gilt vom Beginn der Schwangerschaft an; praktisch wird es jedoch erst mit Vorlage des ärztlichen Zeugnisses wirksam (vgl. § 3 Rdnr. 7, 10), um das sich die schwangere Frau selbst bemühen muß. Dabei kommt es allein auf den biologischen, in einem ärztlichen Zeugnis bestätigten Tatbestand der Schwangerschaft an, nicht auf deren Art, nicht auf deren sittliche Bewertung. Das Beschäftigungsverbot des § 3 Abs. 1 gilt für **jede schwangere** Arbeitnehmerin, ledig, verheiratet, geschieden oder verwitwet, jung oder alt, minderjährig oder volljährig usw. Unerheblich ist es, ob die Schwangerschaft durch natürliche oder künstliche Befruchtung herbeigeführt wurde. Deshalb gilt das Beschäftigungsverbot auch für sog. »**Leihmütter**«, sofern sie im Arbeitsverhältnis stehen, d.h. für Mütter, die ein Kind für andere Frauen austragen (vgl. auch *Meisel/Sowka*, § 3 Rdnr. 4a), weil es nicht darauf ankommt, auf welche Weise sie schwanger geworden sind. Nicht erfaßt werden Pflegemütter, Adoptivmütter; bei ihnen fehlt der Tatbestand der Schwangerschaft. 1

aa) Schwangerschaft. Die Schwangerschaft beginnt im Normalfall mit der Befruchtung (Konzeption) der Eizelle, nicht erst mit der Nidation, der Einnistung der befruchteten Eizelle in der Gebärmutter. Bei »Leihmüttern« beginnt die Schwangerschaft mit der Implantation der im Reagenzglas befruchteten Eizelle einer anderen Frau. Die Schwangerschaft endet mit der Entbindung oder Fehlgeburt oder dem Schwangerschaftsabbruch (vgl. auch Rdnr. 1 vor § 3). Schwangerschaft ist aus Gründen der Rechtssicherheit und des Schutzes der werdenden Mutter auf jeden Fall anzunehmen, wenn ein so hoher Grad von Wahrscheinlichkeit für das Bestehen der Schwangerschaft spricht, daß nach dem Stand der medizinischen Wissenschaft und nach den Erfahrungen des Lebens vernünftige Zweifel am Vorhandensein der Schwangerschaft nicht bestehen können (h. M., vgl. *Buchner/Becker*, § 3 Rdnr. 5; *MünchArb/Heenen* § 226 Rdnr. 15). Jedoch ist die Arbeitnehmerin dann nicht als schwanger anzusehen, 2

MuSchG § 3 Beschäftigungsverbote

wenn sie nur glaubt, schwanger zu sein. Wenn eine solche krankhafte **Scheinschwangerschaft** Arbeitsunfähigkeit der Arbeitnehmerin zur Folge hat, können allerdings Ansprüche auf Entgeltfortzahlung im Krankheitsfall nach § 3 ff. EFZG gegenüber dem Arbeitgeber bestehen (vgl. *Meisel/Sowka*, § 3 Rdnr. 4 b). Auch eine Bauchhöhlenschwangerschaft (Extrauteringravidität) ist eine Schwangerschaft, da sich auch bei ihr ein befruchtetes menschliches Ei im Körper der Frau einnistet, wenn auch an verkehrter Stelle, und es für die Anwendung der für die Schwangerschaft maßgebenden Vorschriften nur auf die Tatsache der Schwangerschaft ankommt, nicht aber darauf, daß ein gesundes Kind geboren wird (vgl. auch *Buchner/Becker*, § 1 Rdnr. 124; *Heilmann*, Rdnr. 1 vor § 1; *Meisel/Sowka*, § 3 Rdnr. 4 c; a. A. *Bärker/Siedentopf*, BB 1970, S. 930). Für den Arbeitgeber ist entscheidend, ob die Schwangerschaft durch ein ärztliches Zeugnis bestätigt wird, ggf. genügt ein vorläufiges ärztliches Zeugnis (vgl. auch *Meisel/Sowka*, § 3 Rdnr. 6).

3 bb) **Gefährdung.** Aus dem ärztlichen Zeugnis muß sich auch ergeben, ob Leben oder Gesundheit von **Mutter oder Kind** gefährdet sind. Dabei kommt es nach dem Wortlaut des Gesetzes auf die Ursache und die Art der Gefährdung nicht an. Entscheidend ist allein, ob sich aus dem ärztlichen Zeugnis – ohne daß eine Krankheit vorliegt – ergibt, daß Leben oder Gesundheit von Mutter oder Kind gefährdet ist, wenn die Beschäftigung in der bisherigen Weise fortgesetzt wird (ebenso *Heilmann*, § 3 Rdnr. 4; *MünchArb/Heenen* § 226 Rdnr. 26). Das MuSchG will unter allen Umständen vermeiden, daß Leben oder Gesundheit von Mutter oder Kind durch die Fortsetzung der Beschäftigung im Arbeitsverhältnis gefährdet wird. In der Praxis wird eine eindeutige Differenzierung zwischen einer Gefährdung infolge Schwangerschaft oder ausschließlich aus anderen Gründen schwierig sein (vgl. § 3 Rdnr. 20). Der Arzt muß auf jeden Fall prüfen, ob die Gesundheitsgefährdung ursächlich mit der Schwangerschaft und deren Auswirkungen zusammenhängt (vgl. *BMI MuSch* zu 3.1).

4 Von § 3 Abs. 1 werden **nicht nur die normalen Beschwerden** während der Schwangerschaft (z. B. Brechreiz während der ersten drei Monate, Rückenschmerzen) und die typischen Symptome für eine Gefährdung der Schwangerschaft (drohende Früh- oder Fehlgeburt, z. B. bei rezidierenden Blutungen, Mißbildungen) erfaßt, sondern auch pathologische Symptome wie s. oben das unstillbare Erbrechen in der ersten Zeit der Schwangerschaft (Steigerung des harmlosen, morgendlichen Erbrechens, meist Vergiftung des mütterlichen Körpers durch von der Frucht abgegebene Stoffe), Kreislauflabilität im Rahmen der üblichen Schwangerschaftssymptomatik, Schwangerschaftsallergie und Schwangerschaftstoxikosen wie die Eklampsie oft im letzten Drittel einer Schwangerschaft. Die Auffassung, § 3 Abs. 1 finde generell keine Anwendung auf Beschwerden, die über das übliche Maß hinausgehen, entspricht weder dem Wortlaut noch dem Sinn des Gesetzes (ebenso *Buchner/Becker*, § 3 Rdnr. 9 ff.; *Gröninger/Thomas*, § 3 Rdnr. 28; a. A. *Köst*, § 3 Rdnr. 2). Andererseits kann eine mit außergewöhnlichen Beschwerden verbundene Schwangerschaft als

Verbot vor der Entbindung § 3 MuSchG

Krankheit i.S.d. § 3 Abs. 1 EFZG anzusehen sein, z.B. wenn sie mit häufigen, graviditätsbedingten Erkrankungen einhergeht (so *BAG* vom 14.11.1984, DB 1985 S. 710, ohne allerdings die speziellen mutterschutzrechtlichen Fragen zu prüfen; vgl. ferner Rdnr. 17 vor § 3). In vielen Fällen wird sich aber eine Unterscheidung zwischen einer Gefährdung infolge Schwangerschaft und einer Gefährdung infolge Krankheit nur schwer treffen lassen. Aus Gründen der Rechtssicherheit und des Schutzes der werdenden Mutter, nicht zuletzt wegen Art. 6 Abs. 4 GG (so *ArbG Hameln* vom 30.1.1992, BB 1992, S. 354) sollte im Zweifel der Arzt ein Beschäftigungsverbot nach § 3 Abs. 1 verordnen, z.B. bei Risikoschwangerschaften (ebenso *Lenz*, § 3 Rdnr. 2; Beispiel in *BAG* vom 1.10.1997, DB 1998, 80, 81), bei Anämie, drohender Frühgeburt, Lageanomalie, Mehrlingsgeburten, Mißbildungen, Thromboseneigung, Zervixinsuffizienz, Zustand nach Aborten (vgl. *Friebel*, Zur Abgrenzung von Arbeitsunfähigkeit und Beschäftigungsverboten in der Schwangerschaft, Das öffentliche Gesundheitswesen 1990, S. 575, 578). Zu medizinischen Hinweisen für eine Abgrenzung, auch zu Risikoschwangerschaften, vgl. *Schliemann/König*, NZA 1998, 1030, 1034. Vgl. jedoch auch § 3 Rdnr. 18. Vgl. ferner § 3 Rdnr. 20, § 11 Rdnr. 20 und § 195 RVO Rdnr. 2.

Die Gefährdung infolge Schwangerschaft braucht nicht auf der jeweiligen 5 Berufsarbeit zu beruhen. Nach dem Wortlaut des Gesetzes genügt eine **Gefährdung bei Fortdauer der Beschäftigung**; andererseits ist es aber erforderlich, daß die Gefährdung gerade von der Fortsetzung der Arbeit ausgeht (vgl. im einzelnen *BAG* vom 1.10.1997, DB 1998, 80f.). Dies ist nicht nur dann der Fall, wenn die Art der Arbeit für Leben oder Gesundheit von Mutter oder Kind gefährlich ist, sondern auch dann, wenn zwar die Art der Arbeit objektiv ungefährlich ist, Leben oder Gesundheit von Mutter oder Kind jedoch wegen der individuellen Verhältnisse einer Frau, z.B. wegen eines unstillbaren Erbrechens, wegen schwacher Konstitution oder wegen besonderer Verhältnisse im Betrieb, z.B. ansteckende Krankheiten wie Röteln, bei Fortdauer der Beschäftigung gefährdet wären (vgl. auch *BAG* vom 22.3.1995, NJW 1995, 2434 = DB 1995, 2274; *Buchner/Becker*, § 3 Rdnr. 10; *Herschel*, BArbBl. 1952 S. 102; *Gröninger/Thomas*, § 3 Rdnr. 24 und 26); ferner wegen tiefsitzender Plazenta (vgl. *BAG* vom 1.10.1997, DB 1998, S. 86).

Zu der Gefährdung wegen individueller persönlicher Verhältnisse gehört auch 6 eine Gefährdung durch sehr beschwerliche **An- und Abfahrwege** zur Arbeitsstätte, insbesondere dann, wenn hierdurch die Gefahr einer Fehlgeburt hervorgerufen wird. Zwar sind An- und Abfahrwege, sofern es sich nicht um betriebsbedingte Wege- und Dienstreisezeiten handelt, noch nicht Teil der Beschäftigung im Betrieb. Eine Beschäftigung im Betrieb ohne An- und Abfahrwege und damit ohne Gefährdung für Mutter oder Kind ist jedoch in diesen Fällen nicht möglich, es sei denn, daß die Gefahren durch einen Werkspersonenverkehr vermieden werden können. Daher muß auch in diesen Fällen die Fortsetzung der Beschäftigung nach ärztlichem Zeugnis verboten werden können

MuSchG § 3 *Beschäftigungsverbote*

(ebenso *LAG Bayern* vom 23.10.1967, DB 1968 S. 762; *LAG Hamm* vom 12.9.1969, ArbuR 1970, S. 190; *Lenz*, § 3 Rdnr. 2; a. A. *BAG* vom 7.8.1970, DB 1970, S. 1980 = ArbuR 1971 S. 30 mit kritischer Anmerkung von *Hessel*, *Buchner/Becker* § 3 Rdnr. 12 f., die eine rechtspolitische Notwendigkeit bejahen; *Gröninger/Thomas*, § 3 Rdnr. 27; *Meisel/Sowka*, § 3 Rdnr. 10, § 4 Rdnr. 25; *MünchArb/Heenen* § 226 Rdnr. 17).

7   cc) **Ärztliches Zeugnis.** Die drohende Gefährdung von Leben und Gesundheit von Mutter oder Kind muß durch ein ärztliches Zeugnis nachgewiesen werden (zur Bedeutung des Zeugnisses vgl. § 3 Rdnr. 10 ff.).

8   Ein amts- oder fachärztliches Zeugnis ist nicht erforderlich. Es genügt das Zeugnis jedes approbierten Arztes, also auch eines Werksarztes, nicht dagegen das Zeugnis einer Hebamme. Das ärztliche Zeugnis soll die Art der Gefährdung möglichst genau angeben (vgl. § 3 Rdnr. 11 ff.). Arbeitet die Arbeitnehmerin in einem Betrieb mit betriebsärztlicher Betreuung, wird es sich für den behandelnden Arzt empfehlen, sich mit dem Betriebsarzt in Verbindung zu setzen. Um das Zeugnis muß sich die Frau selbst bemühen und es dem Arbeitgeber vorlegen. Die Kosten des Zeugnisses trägt die Frau, bei einem im Rahmen des § 196 RVO hergestellten Zeugnisses die Krankenkasse (h. M., *Buchner/Becker*, § 3 Rdnr. 16 ff.; *Gröninger/Thomas*, § 3 Rdnr. 23; *Heilmann*, § 3 Rdnr. 9; zu den Kosten vgl. ferner § 5 Rdnr. 17 f.).

9   Das ärztliche Beschäftigungsverbot wird i. d. R. schriftlich erklärt. Eine bestimmte **Form** ist aber im Wortlaut des § 3 Abs. 1 **nicht vorgeschrieben.** Für ein Verbot – gleich in welcher Form – spricht auch der Sinn und Zweck des MuSchG, insbesondere des Abs. 1, die Gesundheit von Mutter oder Kind vor einer Fortdauer gefährdender Beschäftigung im Betrieb zu schützen. Von besonderer Bedeutung in diesem Zusammenhang ist ferner der § 11, der die Mutter vor einem Lohnausfall im Rahmen des § 11 schützen will. Für die Mutter soll jeder Anreiz entfallen, entgegen dem gesetzlichen Beschäftigungsverbot die Arbeit fortzusetzen. Dieser Zweck würde gefährdet, wenn der gesetzliche Schutz allein wegen unterlassener schriftlicher Ausstellung eines mündlich ausgesprochenen Beschäftigungsverbots entfiele. Das ärztliche Beschäftigungsverbot kann daher vom Arzt gegenüber schwangeren Arbeitnehmerin auch mündlich ausgesprochen werden (vgl. *BAG* vom 1.10.1997, DB 1998, 80, 81 = NJW 1998, 3439); vgl. auch *Lembke*, NZA 1998, 349, 350).

10   Wenn danach das ärztliche Beschäftigungsverbot auch mündlich ausgesprochen werden kann, so ändert das nichts an der Darlegungs- und **Beweislast** der schwangeren Arbeitnehmerin **für** das Vorliegen der Voraussetzungen eines **Beschäftigungsverbots gemäß § 3 Abs. 1.** I. d. R. genügt die Arbeitnehmerin ihrer Darlegungs- und Beweislast durch die Vorlage der schriftlichen ärztlichen Bescheinigung. Kann die Arbeitnehmerin eine solche nicht vorlegen, so steht es ihr zwar frei, den ihr obliegenden Beweis für den Ausspruch eines Beschäftigungsverbots nach § 3 Abs. 1 auf andere Weise zu führen. Sie kann insbesondere den Arzt als Zeugen benennen. Beweiserleichterungen kommen ihr allerdings in

einem solchen Falle nicht zugute (vgl. *BAG* vom 1.10.1997, DB 1998, 80, 81; vgl. zu den Beweisnachteilen des mündlichen Verbots *Lembke*, NZA 1998, 349, 350). Wird das zunächst nur mündlich erklärte Zeugnis rückwirkend vom Arzt schriftlich bestätigt, so ist es wie ein von Anfang an schriftlich ausgestelltes Zeugnis zu behandeln (vgl. auch *Schliemann/König*, NZA 1998, 1030, 1033).

Die **Erstellung des ärztlichen Zeugnisses** obliegt dem behandelnden Arzt. 11 Der Gesetzgeber hat das Aussprechen eines Beschäftigungsverbots gemäß § 3 Abs. 1 in seine Entscheidung gestellt, und zwar den Inhalt, den Umfang und die Dauer des Beschäftigungsverbots (vgl. § 3 Rdnr. 12ff.). **Angaben zum Gesundheitszustand**, zum Verlauf der Schwangerschaft und die medizinische Begründung des Beschäftigungsverbots gehören mit Rücksicht auf das Persönlichkeitsrecht der Schwangeren nicht in die ärztliche Bescheinigung, so wie ähnliche Angaben nicht in die Arbeitsunfähigkeitsbescheinigung gehören (vgl. *BAG* vom 1.10.1997, DB 1998, 80, 81; *Lembke*, NZA 1998, 349, 350; *Schliemann/König*, NZA 1998, 1030, 1033). Auf berechtigtes Verlangen des Arbeitgebers oder der Arbeitnehmerin muß der Arzt verständliche Hinweise für seine Entscheidung darlegen. Eine für die Arbeitnehmerin oder für den Arbeitgeber nicht verständliche Diagnose dürfte als Antwort i.d.R. nicht genügen.

Dem ordnungsgemäß hergestellten, schriftlichen **ärztlichen Zeugnis** kommt 12 ein **hoher Beweiswert** zu, ein noch höherer als der einer Arbeitsunfähigkeitsbescheinigung (vgl. *BAG* vom 1.10.1997, DB 1998, 80, 81 und *BAG* vom 5.7.1995, DB 1995, 2480, 2481; *Gröninger/Thomas*, § 3 Rdnr. 29). Es kann aber nicht angenommen werden, das ärztliche Beschäftigungsverbot sei unangreifbar (vgl. *BAG* vom 31.7.1996, DB 1997, 101, 102 = NJW 1997, 819, 820; BAG vom 21.3.2001, NZA 2001, 1017; vgl. auch *Buchner/Becker*, § 3 Rdnr. 26ff.; *Lembke*, NZA 1998, 349, 350).

Der Beweiswert eines zunächst nicht näher begründeten ärztlichen Beschäftigungsverbots ist erschüttert, wenn die Arbeitnehmerin trotz Aufforderung des Arbeitgebers keine ärztliche Bescheinigung vorlegt, aus der hervorgeht, von welchen Arbeitsbedingungen der Arzt beim Ausspruch des Beschäftigungsverbotes ausgegangen ist und welche Einschränkungen für die Arbeitnehmerin bestehen. Solche Angaben sind vor dem Hintergrund der erheblichen finanziellen Folgen eines mutterschutzrechtlichen Beschäftigungsverbots für den Arbeitgeber erforderlich. Nur wenn der Arbeitgeber diese Umstände kennt, kann er prüfen, ob er der Arbeitnehmerin andere zumutbare Arbeiten zuweisen kann, die dem Beschäftigungsverbot nicht entgegenstehen (vgl. dazu BAG vom 21.4.1999, AP Nr. 5 zu § 4 MuSchG 1968). Solche Angaben verletzen nicht das Persönlichkeitsrecht der Arbeitnehmerin. Vom Arzt wird nämlich nicht die Mitteilung des ärztlichen Befunds verlangt, sondern die Angabe von Verhaltensanordnungen, die er der Arbeitnehmerin auf der Grundlage seiner Untersuchungen erteilt hat. So muss der Arzt auf Nachfrage beispielsweise mitteilen, ob und inwieweit die Arbeitnehmerin Arbeiten sitzend oder stehend verrichten soll und ob sie körperlich belastende Arbeiten verrichten kann.

MuSchG § 3 *Beschäftigungsverbote*

Bei einem auf die besonderen Bedingungen des Arbeitsplatzes gestützten Beschäftigungsverbot kann der Arbeitgeber die konkrete Beschreibung der zugrunde liegenden Umstände verlangen. Unterbleibt eine entsprechende Erläuterung der tatsächlichen Voraussetzungen des Beschäftigungsverbots, so ist dessen Beweiswert erschüttert (vgl. BAG vom 9.10.2002, AP Nr. 23 zu § 11 MuSchG 1968).

13 Zeugnisänderung. War die Frau zunächst in einem ärztlichen Zeugnis gemäß § 3 Abs. 1 arbeitsunfähig geschrieben und stellt der Arzt später ihre Arbeitsfähigkeit für leichte Arbeiten fest, so genügt es in der Regel, wenn die Frau dies bei Arbeitsaufnahme mündlich erklärt. Die Vorlage eines neuen ärztlichen Zeugnisses kann nur unter besonderen Umständen und auf Kosten des Arbeitgebers verlangt werden (vgl. im einzelnen *BAG* vom 5.3.1957, AP Nr. 1 zu § 10 MuSchG; *Buchner/Becker*, § 3 Rdnr. 22 ff.). Erklärt der Arzt erst im Gerichtsverfahren, daß zwischenzeitlich auch ein halbtägiges Beschäftigungsverbot gerechtfertigt gewesen wäre, so ist dies der Frau nicht zuzurechnen (vgl. *LAG Bremen* vom 25.1.1991, MDR 1991 S. 648, 649).

14 Hat die **Arbeitnehmerin** begründete **Zweifel an** der Richtigkeit des **ärztlichen Zeugnisses** oder an der Ablehnung des behandelnden Arztes, ein ärztliches Zeugnis gemäß § 3 Abs. 1 zu erstellen, schreibt der Arzt gar die Arbeitnehmerin statt dessen arbeitsunfähig krank, kann die Arbeitnehmerin den Arzt auffordern, seine ärztliche Bescheinigung zu überprüfen. Die Arbeitnehmerin kann auch einen anderen Arzt aufsuchen. Sie kann aber auch beim örtlich zuständigen Arbeitsgericht beantragen, die ärztliche Bescheinigung mit dem Ziel einer Änderung zu überprüfen, wenn die Arbeitnehmerin Tatsachen, Umstände vortragen kann, die den Schluß zulassen, daß der Arzt ein Beschäftigungsverbot gemäß § 3 Abs. 1 zu Unrecht nicht erteilt hat. Ggf. kann die Arbeitnehmerin den Nachweis für ein Beschäftigungsverbot auch auf andere Weise führen (vgl. *BAG* vom 5.7.1995, DB 1995, 2480, 2481; *Gröninger/Thomas*, § 3 Rdnr. 29).

15 Das Gericht (i.d.R. Arbeitsgericht) wird das nachvollziehbare fachliche Urteil des Arztes weitgehend zu respektieren haben. Es kann nicht seine »eigenen Fachkenntnisse« zum Anlaß nehmen, sich über die ärztliche Prognose hinwegzusetzen. Dazu reicht die Angabe einzelner Befunde nicht aus. Die Diagnose »unstillbares Erbrechen« z.B. kann eine schwangerschaftbedingte Beschwerde sein, die ein ärztliches Beschäftigungsverbot gemäß § 3 Abs. 1 erfordert. Das »unstillbare Erbrechen« kann aber auch eine Krankheit im üblichen arbeitsrechtlichen Sinne sein, die wegen der unterschiedlichen finanziellen Folgen (vgl. § 3 Rdnr. 18 ff.) die ärztliche Bescheinigung »die Arbeitnehmerin ist für die Dauer von ... Wochen arbeitsunfähig krank« erfordert.

16 Hat der Arbeitgeber begründete **Zweifel an der Richtigkeit** des ärztlichen Zeugnisses, dann kann er eine **Nachuntersuchung** der schwangeren Frau, ggf. durch einen anderen Arzt, verlangen. Die Frau ist aus der ihr obliegenden arbeitsvertraglichen Treuepflicht heraus verpflichtet, sich nachuntersuchen zu

Verbot vor der Entbindung § 3 MuSchG

lassen. Andernfalls kann der Arbeitgeber ihrem Anspruch auf Mutterschutzlohn nach § 11 den Einwand des Rechtsmißbrauchs entgegenhalten (vgl. *LAG Bremen* vom 25.1.1991, MDR 1991, S. 648, 649). Eine Nachuntersuchung durch einen bestimmten Arzt, insbesondere durch einen Werksarzt, kann der Arbeitgeber nicht verlangen, da die Frau freie Arztwahl hat. Schlägt der Arbeitgeber jedoch einen Amtsarzt oder Facharzt vor, muß die Arbeitnehmerin triftige Gründe für ihre Ablehnung vorbringen (für völlige Wahlfreiheit der Frau auch in diesen Fällen *Heilmann*, § 3 Rdnr. 10). Die Kosten der Nachuntersuchung muß der Arbeitgeber tragen (vgl. *BAG* vom 5.3.1957, AP Nr. 1 zu § 10 MuSchG = BB 1957 S. 475), und zwar auch dann, wenn die Untersuchung durch einen Obergutachter erforderlich werden sollte (vgl. *Buchner/Becker*, § 3 Rdnr. 24; *Gröninger/Thomas*, § 3 Rdnr. 29). Einigen sich Arbeitgeber und Arbeitnehmerin auf eine Nachuntersuchung durch einen vom Arbeitgeber auszuwählenden dritten Arzt, findet der Arbeitgeber jedoch keinen zur Untersuchung bereiten Arzt, kann der Arbeitgeber nicht die Zahlung des Mutterschutzlohns nach § 11 mit der Begründung verweigern, das ihm vorliegende ärztliche Zeugnis sei unrichtig (vgl. *LAG Bremen* vom 25.1.1991, MDR 1991, S. 648 = BB 1991, S. 837). Die **Kosten** der Nachuntersuchung trägt grundsätzlich der Arbeitgeber (ebenso *MünchArb/Heenen* § 226 Rdnr. 19; a.A. *BMI MuSch* zu 3.1) in Analogie zu § 5 Abs. 3 (ebenso *Heilmann*, § 3 Rdnr. 9).

Der **Arbeitgeber** kann aber auch ähnlich wie die Arbeitnehmerin (vgl. § 3 Rdnr. 14) beim örtlich zuständigen **Arbeitsgericht** beantragen, die ärztliche Bescheinigung mit dem Ziel einer Änderung zu überprüfen, wenn er Tatsachen, Umstände vortragen kann, die den Schluß zulassen, daß der Arzt ein Beschäftigungsverbot gemäß § 3 Abs. 1 zu Unrecht erteilt hat, statt eine Krankheitsbescheinigung gemäß § 3 Entgeltfortzahlungsgesetz (EFZG) auszustellen. Das Gericht wird das nachvollziehbare fachliche Urteil des Arztes weitgehend zu respektieren haben. Der Arbeitgeber muß schon gegen das ärztliche Urteil ganz gewichtige, gegenteilige Tatsachen, Umstände darlegen. Eine gewichtige Tatsache wäre z.B., wenn der Arbeitgeber nachweist, daß die ärztliche Bescheinigung auf einer unrichtigen Schilderung der Schwangeren über die Gefährlichkeit ihres Arbeitsplatzes beruht, so durch Vorlage des Ergebnisses der Beurteilung der Arbeitsbedingungen gemäß § 1 MuSchArbV (vgl. § 2 Rdnr. 48 ff.). 17

dd) Keine Krankheit. § 3 Abs. 1 und § 11 Abs. 1 hängen zusammen. Die schwangere Arbeitnehmerin erhält Mutterschutzlohn nach § 11 Abs. 1 Satz 1, wenn sie wegen eines Beschäftigungsverbots nach § 3 Abs. 1 mit der Arbeit aussetzt, aber nur wenn dieses Verbot die alleinige Ursache für das Aussetzen mit der Arbeit ist (zuletzt BAG vom 9.10.2002, AP Nr. 23 zu § 11 MuSchG 1968). Das ärztliche Beschäftigungsverbot nach § 3 Abs. 1 und eine auf Schwangerschaft beruhende krankheitsbedingte Arbeitsunfähigkeit schließen sich insoweit gegenseitig aus. Dabei ist es gleich, ob und wann die Arbeitnehmerin während der Schwangerschaft arbeitsunfähig krank im üblichen Sinne wird. § 11 soll nach der Bewertung des BAG nur das Risiko des Verdienstausfalls 18 wegen mutterschutzrechtlicher Beschäftigungsverbote sichern, nicht aber ein Verdienstausfallrisiko in der Zeit der Schwangerschaft aus anderen Gründen (so *Buchner/Becker*, § 11 Rdnr. 53; a. A. *Lembke*, NZA 1998, 349 ff.; *Gutzeit*, NZA 2003, 81).

19 Ist die schwangere **Arbeitnehmerin arbeitsunfähig krank**, allein oder zusätzlich zu schwangerschaftsbedingten Beschwerden, erhält sie nur Entgeltfortzahlung nach § 3 EFZG. Ist der Entgeltfortzahlungsanspruch nach 6 Wochen erschöpft, ist die schwangere Arbeitnehmerin allein auf die Leistungen der Krankenversicherung (§ 44 SGB V) verwiesen, falls sie weiterhin arbeitsunfähig krank ist. Das Beschäftigungsverbot des § 3 Abs. 1 und der Mutterschutzlohn nach § 11 Abs. 1 Satz 1 leben als Ursache für das Nichtleisten der Arbeit nicht allein deshalb auf, weil der Entgeltfortzahlungsanspruch gegen den Arbeitgeber erschöpft ist (ständige Rechtsprechung, zuletzt *BAG* vom 5. 7. 1995, DB 1995, 2480; *BSG* vom 17. 4. 1991, BB 1991, 1642; h. M., vgl. z. B. *Gröninger/ Thomas*, § 3 Rdnr. 25 und § 11 Rdnr. 49; *Meisel/Sowka*, § 11 Rdnr. 11). Vgl. ferner die Erläuterungen zu § 11 Rdnr. 13 f.

20 In der Praxis dürfte die begriffliche **Abgrenzung schwierig** sein, insbesondere bei Risikoschwangerschaften. Nach dem MuSchG obliegt dem behandelnden **Arzt**, in solchen Fällen abzuwägen und verantwortlich zu entscheiden, ob die nicht normal verlaufende Schwangerschaft Krankheitswert hat oder ob – im Vorfeld einer krankheitsbedingten Arbeitsunfähigkeit – die schwangere Arbeitnehmerin mit der Arbeit aussetzen muß, also ohne daß eine Krankheit vorliegt, um Mutter und/oder Kind vor andernfalls zu befürchtenden Schäden zu schützen. Hierbei steht dem Arzt ein Beurteilungsspielraum zu. Er muß jedoch eine verantwortliche Prognose mit deutlichen und greifbaren Hinweisen aus medizinischer Sicht abgeben, auch zur Dauer seines Beschäftigungsverbots (vgl. *BAG* vom 5. 7. 1995, DB 1995, 2480, 2481 und *BAG* vom 1. 10. 1997, DB 1998, 80, 81 darin insbesondere die Beweiswürdigung des LAG unter II 2; vgl. zur Schwierigkeit auch *Lembke*, NZA 1998, 349, 351; Fortsetzung der Rechtsprechung zuletzt durch BAG vom 9. 10. 2002, AP Nr. 23 zu § 11 MuSchG 1968; vgl. auch *Lenz*, § 3 Nr. 2).

21 b) **Wirksamwerden des Verbots.** Das Beschäftigungsverbot des § 3 Abs. 1 wird erst mit Vorlage des ärztlichen Zeugnisses an den Arbeitgeber oder den hierfür Beauftragten (vgl. auch § 9 Rdnr. 22 f.) oder der Mitteilung eines mündlichen erklärten Verbots (vgl. § 3 Rdnr. 9) wirksam, und zwar entsprechend dem Inhalt des Zeugnisses. Dies gilt auch dann, wenn das Zeugnis unrichtig ist oder wenn sich der Arzt bei Zweifeln zwischen einem schwangerschafts- und einem krankheitsbedingten Aussetzen mit der Arbeit (vgl. § 3 Rdnr. 4, 18 ff.) für das Beschäftigungsverbot des § 3 Abs. 1 entschieden hat, zumal da es nach dem Wortlaut des § 3 Abs. 1 lediglich auf die Gefährdung »von Mutter oder Kind bei Fortdauer der Beschäftigung« ankommt (vgl. § 3 Rdnr. 3), nicht aber darauf, ob für das Aussetzen mit der Arbeit die Schwangerschaft oder eine Krankheit ursächlich ist. Der Arbeitgeber hat ferner die Möglichkeit, zur Klärung dieser

Fragen eine Nachuntersuchung durch einen anderen Arzt zu verlangen. Es würde dem Sinn und Zweck des MuSchG sowie dem durch Art. 5 Abs. 4 GG gewährleisteten Schutz der Mutter widersprechen, wenn die Klärung solcher Fragen zu Lasten der Mutter gehen würde (vgl. auch *ArbG Hameln* vom 30.1.1992, BB 1992, S. 354).

Liegt das Zeugnis dem Arbeitgeber vor, dann muß er die Frau entsprechend seinem Inhalt von der Arbeit ganz oder teilweise freistellen. Er kann nicht seine Beurteilung an die Stelle der Beurteilung des Arztes setzen. Hat er berechtigte Zweifel an der Richtigkeit des Zeugnisses, dann hat er die Möglichkeit, eine Nachuntersuchung zu verlangen (vgl. ferner § 3 Rdnr. 16). Bis zur Vorlage eines zweiten Zeugnisses oder einer rechtskräftigen gerichtlichen Entscheidung muß er das Beschäftigungsverbot **in dem vom ersten Arzt angegebenen Umfang** beachten. Das Beschäftigungsverbot des § 3 Abs. 1, wie es sich aus dem ärztlichen Zeugnis ergibt, **ist zwingend.** Der Arbeitgeber darf die Mutter entgegen dem ärztlichen Zeugnis auch nicht mit Zustimmung der Mutter beschäftigen bzw. weiterbeschäftigen (ebenso *Buchner/Becker* § 3 Rdnr. 33 ff.; *Gröninger/Thomas*, § 3 Rdnr. 30).

22

c) **Inhalt, Umfang und Dauer des Beschäftigungsverbots.** Sie sind aufgrund des ärztlichen Zeugnisses festzustellen, obwohl sich das Beschäftigungsverbot selbst nicht auf das ärztliche Zeugnis, sondern auf § 3 Abs. 1 gründet (vgl. *ArbG Göttingen*, DB 1952, S. 860). Das ärztliche Zeugnis sollte daher möglichst genaue und allgemein verständliche Angaben enthalten, insbesondere auch darüber, ob leichtere Arbeiten oder verkürzte Arbeitszeit zulässig bleiben (vgl. auch *MünchArb/Heenen* § 226 Rdnr. 18). Im Zweifel ist das Zeugnis insoweit auslegungsfähig (vgl. hierzu einerseits *LAG Hamm* vom 27.2.1953, BArbBl. 1953, S. 404 = BB 1953, S. 322 = DB 1953, S. 276, das die Bemerkungen des Arztes »32stündige Arbeitszeit wird ärztlicherseits dringend empfohlen« als Beschäftigungsverbot behandelt hat, andererseits *ArbG Bremen* vom 31.5.1956, AP Nr. 1 zu § 4 MuSchG = BB 1956, S. 1105, das die allgemein gehaltene Äußerung des Arztes, bekanntlich seien Frauen mit Schwangerschaftserbrechen sehr empfindlich gegen jede Art von Gerüchen, nicht als Beschäftigungsverbot angesehen hat; vgl. auch *Buchner/Becker*, § 3 Rdnr. 31). Ist der gegenständliche **Umfang** des Beschäftigungsverbots im ärztlichen Zeugnis **nicht** näher **umschrieben,** so bezieht es sich zumindest auf die von der Schwangeren zuletzt ausgeführte Tätigkeit. Will der Arbeitgeber die Schwangere anderweitig beschäftigen, so ist der Umfang des Beschäftigungsverbots zu präzisieren. Entsprechende Fragen hat der Arzt zu beantworten, soweit der Schwangeren eine sachgerechte Antwort nicht selbst möglich ist (*BAG* vom 1.10.1997, DB 1998, 80; BAG vom 9.10.2002, AP Nr. 23 zu § 11 MuSchG 1968).

23

Der Arbeitgeber ist berechtigt, von dem Arzt, der das Zeugnis ausgestellt hat, nähere bzw. **weitere Auskünfte** über Art, Umfang und Dauer des Beschäftigungsverbots zu verlangen. Insoweit bedarf es keiner Entbindung des Arztes von der Schweigepflicht (ebenso *MünchArb/Heenen* § 226 Rdnr. 18; *Gröninger/*

24

Thomas, § 3 Rdnr. 29; *Buchner/Becker*, § 3 Rdnr. 30; vgl. auch *BAG* 5.7.1995, DB 1995, 2480, 2481). Antwortet der Arzt nicht, muß der Arbeitgeber sich trotzdem an das ihm vorliegende ärztliche Zeugnis halten, die Arbeitnehmerin im Zweifel ganz von der Arbeit freistellen und ihr den Mutterschutzlohn nach § 11 im vollen Umfang zahlen (vgl. *LAG Bremen* vom 25.1.1991, MDR 1991 S. 648 = BB 1991 S. 837). Er hat aber die Möglichkeit, von der Arbeitnehmerin zu verlangen, erneut ihren behandelnden Arzt aufzusuchen und diesen um ein präziseres, ausführlicheres Attest zu bitten. Er hat aber auch die Möglichkeit, eine Nachuntersuchung durch einen anderen Arzt zu verlangen oder durch das Arbeitsgericht klären zu lassen (vgl. § 3 Rdnr. 17).

25 In dem ärztlichen Zeugnis kann die Beschäftigung ganz oder teilweise (»soweit«) oder für die ganze **Dauer** der Schwangerschaft untersagt sein. Ist die **Beschäftigung ganz untersagt**, dann darf der Arbeitgeber die Frau auch mit ihrer Zustimmung nicht beschäftigen. Ist er der Auffassung, daß eine Beschäftigung mit leichten Arbeiten oder halbtags möglich wäre, ist dies nur aufgrund eines neuen entsprechenden Zeugnisses möglich (vgl. § 3 Rdnr. 8; vgl. ferner *Buchner/Becker*, § 3 Rdnr. 31; *Gröninger/Thomas*, § 3 Rdnr. 30). Dies gilt selbst dann, wenn der Arzt irrigerweise angenommen hat, er könnte die Beschäftigung nur insgesamt untersagen (vgl. *LAG Bremen* vom 25.1.1991, MDR 1991, S. 648 = BB 1991, S. 837; *MünchArb/Heenen* § 226 Rdnr. 20).

26 Ist die **Beschäftigung teilweise untersagt**, z.B. mit bestimmten Arbeiten oder während einer bestimmten Dauer der täglichen Arbeitszeit, dann genügt der Arbeitgeber dem Gesetz, wenn er die Frau von der als gefährdend bezeichneten Arbeit befreit, bzw. wenn er die Frau nur noch während der im ärztlichen Zeugnis angegebenen Arbeitszeitdauer beschäftigt (vgl. auch *Buchner/Becker*, § 3 Rdnr. 31). Beschäftigt der Arbeitgeber trotz eines nur teilweisen Beschäftigungsverbots die Frau überhaupt nicht mehr, kann diese unter Berufung auf die allgemeine vertragliche Fürsorgepflicht verlangen, im zulässigen Umfang beschäftigt zu werden, ggf. auf einem anderen Arbeitsplatz (vgl. § 3 Rdnr. 27 ff.).

27 **d) Umsetzung, Arbeitsentgelt.** Der Arbeitgeber ist in den Fällen, in denen die Beschäftigung nach ärztlichem Zeugnis nur mit bestimmten Arbeiten oder während einer bestimmten Dauer der Arbeitszeit verboten wird, im Rahmen des mutterschutzrechtlich modifizierten Weisungsrechtes berechtigt, die Frau **mit anderen zumutbaren Arbeiten** oder während einer kürzeren Arbeitszeit zu beschäftigen (vgl. Rdnr. 5 ff. vor § 3; vgl. ferner *MünchArb/Heenen* § 226 Rdnr. 11). Lehnt die Frau eine andere zumutbare Arbeit ab, dann kommt sie in Leistungsverzug mit den Folgen der §§ 280, 286 BGB. Sie hat auch keinen Anspruch aus § 11 (vgl. § 11 Rdnr. 28). Hat die Frau begründete Bedenken, ob die neue zugewiesene Arbeit Gefährdungen für sie selbst oder ihr Kind zur Folge haben wird, dann mußte sie sich bisher um ein weiteres ärztliches Zeugnis bemühen (so z.B. *Meisel/Sowka*, § 3 Rdnr. 24, 25). Die Kosten des neuen Zeugnisses mußte jedoch der Arbeitgeber tragen, wenn die Bedenken der Frau bei objektiver Beurteilung begründet waren (vgl. *Buchner/Becker*, vor § 3

Rdnr. 23; *Gröninger/Thomas* § 3 Rdnr. 9 ff.). Nach Erlaß der MuSchArbV ist es in erster Linie Aufgabe des Arbeitgebers, die Arbeitsbedingungen auf ihre Gefährdung für werdende oder stillende Mütter gemäß § 1 MuSchArbV zu beurteilen, bei notwendigem Arbeitsplatzwechsel gemäß § 3 MuSchArbV (vgl. § 2 Rdnr. 43 ff.; § 2 Rdnr. 75).

Eine **Verpflichtung** des Arbeitgebers **zur Umsetzung** kann nicht aus § 11 hergeleitet werden, weil die Frau hiernach einen Anspruch auf Fortzahlung des Durchschnittsverdienstes auch bei völligem Aussetzen mit der Arbeit hat, wobei es gleichgültig ist, ob dies auf einem totalen Beschäftigungsverbot oder darauf beruht, daß der Arbeitgeber der Frau bei einem teilweisen Beschäftigungsverbot eine andere zumutbare Arbeit nicht angeboten hat. Eine Verpflichtung zur Umsetzung kann sich jedoch aus der vertraglichen Fürsorgepflicht in ihrer besonderen mutterschutzrechtlichen Prägung ergeben. Bietet er eine andere zumutbare Arbeit nicht an, dann kommt er auf jeden Fall in Annahmeverzug (§§ 293, 615 BGB, vgl. *Buchner/Becker*, Rdnr. 40 vor § 3; zur Umsetzung vgl. hier Rdnr. 5 ff. vor § 3). Wegen der Verrechnung der Freistellung wegen eines Beschäftigungsverbots mit dem **Erholungsurlaub** vgl. Rdnr. 14 vor § 3 und § 17 Rdnr. 1 ff. 28

Wenn und soweit eine Frau wegen eines Beschäftigungsverbots nach § 3 Abs. 1 teilweise oder völlig mit der Arbeit aussetzen oder die Beschäftigung oder die Entlohnungsart wechseln muß, erhält sie **Mutterschutzlohn** nach § 11. Andernfalls ist ihr das bisherige Arbeitsentgelt weiterzuzahlen, es sei denn, sie hat sich zu Unrecht geweigert, sich umsetzen zu lassen. Der Anspruch auf Mutterschutzlohn besteht ab dem **Zeitpunkt**, in dem ein Arzt ein Beschäftigungsverbot ausgesprochen hat, weil Leben oder Gesundheit von Mutter oder Kind bei Fortdauer der Beschäftigung gefährdet ist, gleich ob mündlich oder schriftlich, weil § 11 Abs. 1 nur voraussetzt, daß die Schwangere »wegen eines Beschäftigungsverbots nach § 3 Abs. 1 ...« mit der Arbeit aussetzt (vgl. *BAG* vom 1.10.1997, DB 1998, 80, 81). 29

2. Generelles Verbot, Schutzfrist vor der Entbindung (Abs. 2)

a) **Allgemeines.** Die Dauer des generellen Beschäftigungsverbots des § 3 Abs. 2, der Schutzfrist vor der Entbindung, beträgt **seit dem MuSchG 1968** für alle Arbeitnehmerinnen und Heimarbeiterinnen (§ 1) einheitlich 6 Wochen vor der Entbindung (vgl. Einf. Rdnr. 32 f.). Die Anforderungen des Art. 8 EG-MuSch-RL (Anh. 19) waren in der Bundesrepublik Deutschland damit bereits erfüllt (vgl. *Zmarzlik*, DB 1991, 96, 97). Änderungen des § 3 Abs. 2 waren deshalb weder durch das MuschG-ÄndG 1996 noch durch das 2. MuSchG-ÄndG 2002 erforderlich. 30

Der **Arbeitgeber** muß das generelle Beschäftigungsverbot von sich aus **beachten**, sobald ihm die Schwangerschaft bekannt ist, gleich auf welche Weise. Das Verbot ist für den Arbeitgeber zwingend. Die schwangere Arbeitnehmerin kann 31 sich zwar zur Arbeitsleistung bereit erklären, die Erklärung aber auch jederzeit widerrufen (§ 3 Abs. 2, vgl. im einzelnen § 3 Rdnr. 38 ff.; vgl. auch *Gröninger/ Thomas*, § 3 Rdnr. 32).

32   b) **Voraussetzung** für die Anwendung des Beschäftigungsverbots des § 3 Abs. 2 ist, daß die Frau **sechs Wochen** vor dem mutmaßlichen Tag der **Entbindung** steht und dies dem Arbeitgeber bekannt ist. Deshalb soll die Frau dem Arbeitgeber nach § 5 Abs. 1 den mutmaßlichen Tag der Entbindung mitteilen. Ist dem Arbeitgeber nur die Tatsache der Schwangerschaft bekannt, wobei es gleichgültig ist, auf welchem Wege er dies erfahren hat (vgl. *LAG Düsseldorf* vom 22. 9. 1964, BB 1965 S. 223), dann muß er von sich aus die Frau nach dem mutmaßlichen Termin der Entbindung fragen und ggf. die Vorlage eines Zeugnisses eines Arztes oder einer Hebamme auf seine Kosten (vgl. § 5) verlangen. Der Arbeitgeber muß von sich aus aktiv auf die Einhaltung des Beschäftigungsverbots des § 3 Abs. 2 bedacht sein. Ohne Vorlage des Zeugnisses braucht er eine Arbeitsbefreiung nicht zu gewähren (vgl. *Buchner/Becker*, § 3 Rdnr. 37; *Gröninger/Thomas*, § 3 Rdnr. 33). Die Regelung des § 3 Abs. 2 i. V. m. § 6 Abs. 2 entspricht Art. 8 EG-MuSch-RL (vgl. Anh. 19), der einen Mutterschaftsurlaub vor und nach der Entbindung von 14 Wochen verlangt (vgl. *Zmarzlik* DB 1991, 96, 97).

33   **Zeitnahes Zeugnis.** Für die Frau dürfte es sich empfehlen, mit der Arbeit erst aufzuhören, wenn sie das Zeugnis eines Arztes oder einer Hebamme gemäß § 200 Abs. 3 RVO in Händen hat, da der Bezug des Mutterschaftsgeldes während der Schutzfristen von diesem Zeugnis abhängt. Dieses Zeugnis darf nicht früher als eine Woche vor Beginn der Schutzfrist ausgestellt sein (§ 200 RVO Rdnr. 116 f. und 124). Für nicht versicherte Frauen empfiehlt sich ein entsprechend zeitnahes Zeugnis auf Kosten des Arbeitgebers (§ 5 Abs. 3). Aus diesem Zeugnis muß sich das Bestehen der Schwangerschaft und der mutmaßliche Tag der Entbindung ergeben; andererseits genügt ein solcher **Inhalt**. Bei begründeten Zweifeln an der Richtigkeit des Zeugnisses kann der Arbeitgeber eine Nachuntersuchung auf seine Kosten verlangen (vgl. § 3 Rdnr. 16). Mit einer Schwangerschaftsvermutung braucht sich der Arbeitgeber nicht zu begnügen (ebenso *Gröninger/Thomas*, § 3 Rdnr. 33).

34   c) **Dauer und Berechnung.** Die Schutzfrist beträgt für alle Arbeitnehmerinnen einheitlich sechs Wochen vor dem mutmaßlichen Tag der Entbindung. Irrt sich der Arzt oder die Hebamme über den Zeitpunkt der Entbindung, so verkürzt oder verlängert sich diese Frist entsprechend (§ 5 Abs. 2; vgl. aber § 6 Abs. 1 Satz 2; vgl. auch § 200 Abs. 3 RVO). Wird ein ärztliches Zeugnis durch ein abweichendes neues ersetzt, ist dieses der Bestimmung der Sechswochenfrist zugrunde zu legen (ebenso *Meisel/Sowka*, § 3 Rdnr. 31).

35   Die Dauer der Sechswochenfrist ist nach §§ 187 und 188 BGB (vgl. Anh. 2) zu **berechnen**, und zwar in der Weise, daß von dem in dem Zeugnis des Arztes oder der Hebamme angegebenen mutmaßlichen Entbindungstag zurückzurechnen ist; sie darf nicht rückschauend vom Tage der Geburt berechnet werden (vgl.

Generelles Verbot, Schutzfrist **§ 3 MuSchG**

BSG vom 12.9.1984, 8 RK 16/84 und vom 29.4.1971, BSGE 32, 270, 273; *BAG* vom 27.10.1983, NZA 1985 S. 222 und vom 12.12.1985, BB 1986, S. 1987; *BAG* vom 7.5.1998, DB 1998, 1870 = BB 1998, 202; vgl. auch § 9 Rdnr. 52). Ist also der mutmaßliche Entbindungstag ein Mittwoch, so beginnt die Schutzfrist am Mittwoch der 6. Woche vor diesem mutmaßlichen Tag. Die Arbeitnehmerin ist aufgrund ihrer arbeitsvertraglichen Treuepflicht gehalten, den Arbeitgeber über den mutmaßlichen Entbindungstag und seine eventuellen Änderungen zu informieren (h.M., vgl. *Buchner/Becker*, § 3 Rdnr. 40; vgl. auch hier § 5 Rdnr. 6, vor allem § 9 Rdnr. 53).

d) **Verbot.** Während der Schutzfrist gilt ein totales Beschäftigungsverbot 36 ungeachtet der Konstitution oder der Gesundheit der Arbeitnehmerin (*Buchner/Becker*, § 3 Rdnr. 41; zur Wirkung des Beschäftigungsverbots im übrigen vgl. Rdnr. 3ff. vor § 3). Verboten ist **jede Art der Beschäftigung**, auch eine sog. schwangerschaftsgemäße, durch einen Arbeitgeber, den bisherigen oder einen neuen. Ein Arbeitgeber darf eine werdende Mutter in den letzten 6 Wochen vor der Entbindung bis auf den Fall des § 3 Abs. 2 letzter Halbsatz (Einverständniserklärung) auch nicht zum Bereitschaftsdienst, zur Rufbereitschaft oder zu anderen Formen des Bereithaltens zur Arbeit heranziehen; denn auch das Heranziehen zum Bereithalten zur Arbeit ist eine Form der Beschäftigung. Auf den wirtschaftlichen Wert der Betätigung kommt es dabei nicht an. Eine unzulässige Beschäftigung liegt schon dann vor, wenn der Arbeitgeber eine Betätigung einer werdenden Mutter duldet, statt sie zu verhindern (vgl. *BayObLG* vom 17.9.1981, GewArch 1981, S. 386). Zulässig ist dagegen jede Form der Freizeitbetätigung der werdenden Mutter.

Das Beschäftigungsverbot gilt, wie aus § 21 Abs. 1 Nr. 1 zu ersehen ist, nur 37 für die Beschäftigung **durch einen Arbeitgeber**, nicht aber durch andere Personen oder Stellen. So steht das Beschäftigungsverbot der Teilnahme der Mutter am Unterricht, z.B. einer Verwaltungs- oder Berufsschule, oder an einer Prüfung nicht entgegen (*BMI MuSchG* zu 3.6; ebenso *Meisel/Sowka*, § 3 Rdnr. 34). Ein schwangeres Betriebsratsmitglied wird durch das Beschäftigungsverbot des § 3 Abs. 2 nicht gehindert, während der Schutzfrist die Betriebsratstätigkeit auszuüben (vgl. *ArbG Gießen* vom 26.2.1986, NZA 1986, S. 614).

e) **Ausnahme von Verbot.** Das Beschäftigungsverbot vor der Entbindung 38 gemäß § 3 Abs. 2 ist im Unterschied zu anderen Beschäftigungsverboten des MuSchG nicht absolut zwingend, sondern für die Arbeitnehmerin **dispositiv**. Nach § 3 Abs. 2 letzter Halbsatz kann sich eine werdende Mutter in den letzten 6 Wochen vor der Entbindung entsprechend internationalen Mutterschutzregelungen (vgl. auch Art. 8 EG-MuSch-RL in Anh. 19) zur Arbeitsleistung bereit erklären. Sie muß es im deutschen Recht ausdrücklich erklären. Der Arbeitgeber wird durch § 3 Abs. 2 nicht verpflichtet, das Angebot der werdenden Mutter zur Weiterarbeit anzunehmen. Er ist hierzu auch nicht aufgrund des allgemeinen Vertragsrechts verpflichtet, es sei denn, daß er vorher auf die Weiterarbeit Wert gelegt hat (vgl. *Buchner/Becker*, § 3 Rdnr. 42; *Meisel/Sowka*,

MuSchG § 3 *Beschäftigungsverbote*

§ 3 Rdnr. 36). Der Ausnahmeregelung liegt die **Erfahrung zugrunde**, daß es für eine Schwangere psychisch günstiger sein kann, sich durch die bisherige, gewohnte Arbeit, solange wie gesundheitlich möglich, abzulenken. Nimmt der Arbeitgeber das Angebot der Arbeitnehmerin zur Weiterarbeit an, kommt zwischen ihm und der Arbeitnehmerin ein Vertrag zustande, von dem diese sich allerdings einseitig durch einen Widerruf lösen kann (vgl. *Buchner/ Becker,* § 3 Rdnr. 40).

39 An die **Einverständniserklärung** der Frau zur Arbeitsleistung während der Schutzfrist sind **strenge Anforderungen** zu stellen, weil der Wortlaut eine ausdrückliche Erklärung verlangt und weil die Betriebsarbeit während der Schutzfrist in vielen Fällen nicht ungefährlich ist. Eine stillschweigende Fortbeschäftigung genügt in keinem Falle, und zwar auch dann nicht, wenn der Arbeitgeber die Frau auf den Lauf der Schutzfrist hingewiesen hat (ebenso *Heilmann,* § 3 Rdnr. 25; a. A. insoweit wohl *Meisel/Sowka,* § 3 Rdnr. 35; *Buchner/Becker,* § 3 Rdnr. 42). Man wird vielmehr, wie der Wortlaut und der Zweck der Regelung es verlangt, eine wirklich ausdrückliche, eindeutige Erklärung der Frau, verlangen müssen. Die Erklärung ist zwar im übrigen formfrei und muß insbesondere nicht schriftlich erfolgen (vgl. *Meisel/Sowka,* § 3 Rdnr. 35). Für beide Seiten ist eine schriftliche Erklärung jedoch zweckmäßig (vgl. *Lenz* § 3 Rdnr. 5; *Buchner/Becker,* § 3 Rdnr. 42).

40 Der Arbeitgeber sollte eine ausdrückliche Erklärung der Frau zur Weiterarbeit nicht schon dann genügen lassen, wenn er sie über das Beschäftigungsverbot während der Schutzfrist unterrichtet hat. Er muß sie auch darüber **unterrichten**, daß ihr Anspruch auf das Mutterschaftsgeld in dem Umfang entfällt, in dem sie aus einer freiwilligen Weiterarbeit Arbeitsentgelt bezieht (vgl. § 200 Abs. 4 RVO), ferner ggf. darüber, daß sie keinen Anspruch auf Zuschuß zum Mutterschaftsgeld hat (vgl. § 14 Rdnr. 26; ebenso *BMI Musch* zu 3.3; *Heilmann,* § 3 Rdnr. 26). Dies folgt nicht zuletzt daraus, daß der Gesetzgeber die Ausnahme für die Weiterarbeit bei der Änderung des Gesetzes u. a. nur deswegen beibehalten hat, weil er davon ausgegangen ist, daß für die Frau ein finanzieller Anreiz zur Weiterarbeit nicht besteht (vgl. Schriftl. Bericht, *BT-Drucks.* zu IV/3652 S. 3; ebenso *Heilmann,* § 3 Rdnr. 28; *Kuntzmann/Auert,* § 3 Rdnr. 5; Erlaß d. Finanzministers NW vom 28.4.1983, MBl. NW S. 904 zu 3.3; a. A. *Buchner/Becker,* § 3 Rdnr. 35, jedoch wohl nur bezüglich § 200 RVO, nicht dagegen bezüglich §§ 13 und 14 MuSchG).

41 Die ausdrückliche Erklärung in Kenntnis aller Umstände kann nur von der volljährigen Frau abgegeben werden. Die **minderjährige Frau**, auch eine Auszubildende, bedarf der Zustimmung des gesetzlichen Vertreters, und zwar auch dann, wenn der gesetzliche Vertreter die Minderjährige zum Abschluß des Arbeitsvertrages gemäß § 113 BGB ermächtigt hat (ebenso *Buchner/Becker,* § 3 Rdnr. 44; *Gröninger/Thomas,* § 3 Rdnr. 35; *Herschel,* BArbBl. 1952 S. 102; *MünchArb/Heenen* § 226 Rdnr. 21; a. A. *Köst,* § 3 Rdnr. 17; *Meisel/Sowka,* § 3 Rdnr. 35, die allerdings über § 113 Abs. 2 BGB praktisch zu demselben Ergebnis

kommen). § 113 BGB ist seinem Sinn und seiner Entstehung nach auf die Erklärung des § 3 Abs. 2 nicht anwendbar, auf einen Ausbildungsvertrag überhaupt nicht.

Die Frau kann **ihre Erklärung zur Weiterarbeit** ohne Angabe von Gründen 42 jederzeit gegenüber dem Arbeitgeber **widerrufen** (ebenso *BMI MuSch* zu 3.3). Auf dieses Widerrufsrecht kann sie nicht verzichten, sie darf es aber auch nicht mißbräuchlich ausüben. Bei der Ausübung des Widerrufsrechts ist die Arbeitnehmerin durch § 3 Abs. 2 an keine Frist (»jederzeit«) oder Form gebunden. Sie muß aber auf die Interessen des Arbeitgebers Rücksicht nehmen. Da es sich um den Widerruf einer Erklärung handelt, muß außerdem der Widerruf für den Arbeitgeber als Widerrufserklärung erkennbar sein (vgl. auch *Buchner/Becker*, § 3 Rdnr. 45ff.; *Gröninger/Thomas*, § 3 Rdnr. 35; *MünchArb/Heenen* § 226 Rdnr. 21; *Lenz*, § 3 Rdnr. 5).

3. Arbeitsentgelt, Auswirkungen

Abs. 1. Die Frau hat im Rahmen des § 11 (vgl. im einzelnen die Rdnr. hierzu) 43 einen Anspruch auf Fortzahlung des durchschnittlichen Arbeitsentgelts (**Mutterschutzlohn**), wenn sie wegen eines Beschäftigungsverbots nach § 3 Abs. 1 teilweise oder völlig mit der Arbeit aussetzen muß oder wenn wegen des Beschäftigungsverbots die Beschäftigung oder Entlohnungsart wechselt (zu Fragen der Umsetzung vgl. Rdnr. 5f. vor § 3 und § 3 Rdnr. 27f.). Der Anspruch auf Mutterschutzlohn beginnt an dem Tag, an dem die Frau ein ärztliches Zeugnis i.S.d. § 5 Abs. 2 dem Arbeitgeber vorlegt und sie mit der Arbeit entsprechend dem Inhalt dieses Zeugnisses teilweise oder völlig aussetzt. Der Anspruch endet mit dem Tage, der dem Tag des Beginns der Schutzfrist vorangeht (vgl. § 11 Rdnr. 80f.; *BMI MuSch* zu 3.4).

Abs. 2. Während der Schutzfrist gemäß § 3 Abs. 2 kann die Frau Ansprüche 44 auf **Mutterschaftsgeld** nach § 13 Abs. 2 oder nach § 200 RVO und den Zuschuß zum Mutterschaftsgeld geltend machen, sofern sie nicht Arbeitsentgelt erhält (vgl. § 200 Abs. 4 RVO). Arbeitet sie weiter, hat sie Anspruch auf das dafür vertraglich zustehende Arbeitsentgelt, gleich, ob höher oder geringer als das Mutterschaftsgeld und der Arbeitgeberzuschuß zum Mutterschaftsgeld (ebenso *Gröninger/Thomas*, § 3 Rdnr. 36). Im öffentlichen Dienst finden während der Schutzfrist die Konkurrenzvorschriften des Ortszuschlags weiterhin Anwendung (§ 29 Abschn. B Abs. 5 Satz 1 zweiter Halbsatz und Abs. 6 Satz 1 zweiter Halbsatz BAT; *BMI MuSch* zu 3.4).

Wegen der sonstigen **Auswirkungen** der Beschäftigungsverbote des § 3 45 Abs. 1 und 2 auf das **Arbeitsverhältnis** vgl. Rdnr. 3ff. vor § 3, § 6 Rdnr. 27.

Zur Zulässigkeit der **Überbrückung** eines mutterschutzbedingten **Arbeitsausfalles** durch vorhandenes Personal innerhalb seiner regulären Arbeitszeit vgl. *BAG* vom 10.1.1996, DB 1996, 1477, durch Aushilfen NZA 1996, 825.

MuSchG § 3 *Beschäftigungsverbote*

4. Befugnis der Aufsichtsbehörde

46 Die Aufsichtsbehörde hat im Unterschied zu § 4 Abs. 5 keine Befugnis, im Rahmen des § 3 Beschäftigungsverbote irgendwelcher Art zu erlassen, sie kann insbesondere das Beschäftigungsverbot des § 3 Abs. 1 nicht anstelle eines Arztes bestimmen (ebenso *Gröninger/Thomas*, § 3 Rdnr. 31). Die Aufsichtsbehörde kann jedoch aufgrund des § 20 (vgl. § 20 Rdnr. 9, 10) die Einhaltung der Verbote zwangsweise durchsetzen, wenn die Voraussetzungen gegeben sind. Sie kann zwar, wie *Buchner/Becker*, § 3 Rdnr. 34 mit Recht ausführen, keine Aufsichtsmaßnahmen gegenüber der Arbeitnehmerin ergreifen, jedoch gegenüber dem Arbeitgeber. Aufgrund des § 20 hat die Aufsichtsbehörde auch die Möglichkeit, eine ärztliche Untersuchung zu verlangen, wenn sie gegen die Fortsetzung der Beschäftigung erhebliche Bedenken hat (a. A. *Heilmann*, § 3 Rdnr. 18). Zu den Aufgaben der Aufsichtsbehörde bei einer Umsetzung vgl. Rdnr. 9 vor § 3.

5. Aufgaben des Betriebsrats

47 Zu den dem Betriebsrat nach § 89 BetrVG und dem Personalrat nach § 81 BPersVG obliegenden Aufgaben gehört auch, daß er auf die Bekämpfung der Gesundheitsgefahren für werdende Mütter achtet und sich für die Durchführung der Beschäftigungsverbote des § 3 einsetzt. Er sollte nicht nur den Arbeitgeber, sondern auch die werdende Mutter auf Gesundheitsgefahren aufmerksam machen und ggf. eine ärztliche Untersuchung i. S. d. § 3 Abs. 1 anregen (vgl. hier § 2 Rdnr. 32 f.).

48 Die Beschäftigungsverbote nach § 3 Abs. 1 und 2 lassen als abschließende Regelung (vgl. § 87 Abs. 1 Eingangssatz BetrVG, § 75 Abs. 3 Eingangssatz BPersVG) ein **Mitbestimmungsrecht** des Betriebsrats nicht zu; insoweit besteht auch kein Raum für Konkretisierungen oder Ergänzungen durch Betriebs- oder Dienstvereinbarungen (vgl. *BVerwG* vom 19.5.1992, *BVerwG* 6 P 5.90; *BAG* vom 6.12.1983, AP Nr 7 zu § 87 BetrVG Überwachung).

6. Folgen bei Nichtdurchführung

49 Eine Verletzung der Beschäftigungsverbote kann als Straftat oder Ordnungswidrigkeit nach § 21 geahndet werden. Außerdem können der Frau Schadensersatzansprüche aus Pflichtverletzung und (§ 280 BGB) aus unerlaubter Handlung (§ 3 Schutzgesetz i. S. d. § 823 Abs. 2 BGB) zustehen, wenn der Arbeitgeber entgegen den Beschäftigungsverboten die Arbeit verlangt und die Frau oder das Kind einen Schaden erleidet (vgl. Rdnr. 10 vor § 3 und § 2 Rdnr. 37 f.). Zur Einwirkung von Arbeitsschutzvorschriften auf die Vertragspflichten des Arbeitgebers vgl. *MünchArb/Wlotzke* § 209 Rdnr. 15 ff.; *Zmarzlik/Anzinger*, ArbZG, § 1 Rdnr. 21 ff. Die werdende Mutter kann bei Nichtbeachtung der Beschäfti-

gungsverbote des § 3 durch ihren Arbeitgeber die zuständige Aufsichtsbehörde (§ 20) anrufen (vgl. *MünchArb/Wlotzke* § 202 Rdnr. 31).

§ 4 Weitere Beschäftigungsverbote

(1) Werdende Mütter dürfen nicht mit schweren körperlichen Arbeiten und nicht mit Arbeiten beschäftigt werden, bei denen sie schädlichen Einwirkungen von gesundheitsgefährdenden Stoffen oder Strahlen, von Staub, Gasen oder Dämpfen, von Hitze, Kälte oder Nässe, von Erschütterungen oder Lärm ausgesetzt sind.

(2) Werdende Mütter dürfen insbesondere nicht beschäftigt werden
1. mit Arbeiten, bei denen regelmäßig Lasten von mehr als 5 kg Gewicht oder gelegentlich Lasten von mehr als 10 kg Gewicht ohne mechanische Hilfsmittel von Hand gehoben, bewegt oder befördert werden. Sollen größere Lasten mit mechanischen Hilfsmitteln von Hand gehoben, bewegt oder befördert werden, so darf die körperliche Beanspruchung der werdenden Mutter nicht größer sein als bei Arbeiten nach Satz 1,
2. nach Ablauf des fünften Monats der Schwangerschaft mit Arbeiten, bei denen sie ständig stehen müssen, soweit diese Beschäftigung täglich vier Stunden überschreitet,
3. mit Arbeiten, bei denen sie sich häufig erheblich strecken oder beugen oder bei denen sie dauernd hocken oder sich gebückt halten müssen,
4. mit der Bedienung von Geräten und Maschinen aller Art mit hoher Fußbeanspruchung, insbesondere von solchen mit Fußantrieb,
5. mit dem Schälen von Holz,
6. mit Arbeiten, bei denen sie infolge ihrer Schwangerschaft in besonderem Maße der Gefahr, an einer Berufskrankheit zu erkranken, ausgesetzt sind oder bei denen durch das Risiko der Entstehung einer Berufskrankheit eine erhöhte Gefährdung für die werdende Mutter oder eine Gefahr für die Leibesfrucht besteht,
7. nach Ablauf des dritten Monats der Schwangerschaft auf Beförderungsmitteln,
8. mit Arbeiten, bei denen sie erhöhten Unfallgefahren, insbesondere der Gefahr auszugleiten, zu fallen oder abzustürzen, ausgesetzt sind.

(3) Die Beschäftigung von werdenden Müttern mit
1. Akkordarbeiten und sonstigen Arbeiten, bei denen durch ein gesteigertes Arbeitstempo ein höheres Entgelt erzielt werden kann,
2. Fließarbeit mit vorgeschriebenem Arbeitstempo

ist verboten. Die Aufsichtsbehörde kann Ausnahmen bewilligen, wenn die Art der Arbeit und das Arbeitstempo eine Beeinträchtigung der Gesundheit von Mutter oder Kind nicht befürchten lassen. Die Aufsichtsbehörde kann die Beschäftigung für alle werdenden Mütter eines Betriebes oder einer Betriebsabteilung bewilligen, wenn die Voraussetzungen des Satzes 2 für alle im Betrieb oder in der Betriebsabteilung beschäftigten Frauen gegeben sind.

(4) Die Bundesregierung wird ermächtigt, zur Vermeidung von Gesundheitsgefährdungen der werdenden oder stillenden Mütter und ihrer Kinder durch Rechtsverordnung mit Zustimmung des Bundesrates
1. Arbeiten zu bestimmen, die unter die Beschäftigungsverbote der Absätze 1 und 2 fallen,
2. weitere Beschäftigungsverbote für werdende und stillende Mütter vor und nach der Entbindung zu erlassen.

(5) Die Aufsichtsbehörde kann in Einzelfällen bestimmen, ob eine Arbeit unter die Beschäftigungsverbote der Absätze 1 bis 3 oder einer von der Bundesregierung gemäß Absatz 4 erlassenen Verordnung fällt. Sie kann in Einzelfällen die Beschäftigung mit bestimmten anderen Arbeiten verbieten.

Inhaltsübersicht

1. Allgemeines.............................1–8
   a) Entstehung, Zweck....................1
   b) Systematik..........................2
   c) EG-MuSch-Richtlinie.................3
   d) Verantwortung des Arbeitgebers......4
   e) Allgem. Arbeitsschutz..............5–6
   f) Wirksamkeit von Verträgen...........7
   g) Werdende und stillende Mütter.......8
2. Verbote des Abs. 1, schwere Arbeiten, Arbeiten unter schädlichen Einwirkungen....................... 9–41
   a) Generalklausel......................9
   b) Auslegungsgrundsätze...........10–11
   c) Schwere Arbeiten................12–13
   d) Schädliche Einwirkungen........14–18
   e) Stoffe.............................19
      aa) Begriff »Stoff«...............20–21
      bb) Biologische Stoffe............22–23
      cc) Chemische Stoffe.............24–33
   f) Strahlen........................34–36
   g) Hitze, Kälte.......................37
   h) Erschütterungen...................38
   i) Lärm............................39–41
3. Verbote des Abs. 2, konkretisierte Arbeiten............................ 42–71
   a) Zu Abs. 2 Nr. 1, Lasten.............42
   b) Zu Abs. 2 Nr. 2, Stehen.........43–45
   c) Zu Abs. 2 Nr. 3, Strecken, Hocken ..46
   d) Zu Abs. 2 Nr. 4, Fußbeanspruchung..47
   e) Zu Abs. 2 Nr. 5, Schälen von Holz ..48
   f) Zu Abs. 2 Nr. 6, Berufskrankheiten........................... 49–67

   aa) Neufassung...................49–50
   bb) Stillende Mütter..................51
   cc) Begriff »Berufskrankheiten«.......................52–53
   dd) Konkurrenzen....................54
   ee) Erster Tatbestand............55–57
   ff) Zweiter Tatbestand..........58–60
   gg) Dritter Tatbestand...........61–67
   g) Zu Abs. 2 Nr. 7, Beförderungsmittel.............................68–70
   h) Zu Abs. 2 Nr. 8, Unfallgefahren.....71
4. Verbote des Abs. 3, Akkordarbeit u. ä....................72–77
   a) Zweck.............................72
   b) Akkordarbeit.......................73
   c) Sonstige Arbeiten...............74–75
   d) Fließarbeit........................76
   e) Stillende Mütter....................77
5. Ausnahmen von den Verboten des Abs. 3.............................78–81
   a) Voraussetzungen...................78
   b) Kein Rechtsanspruch...............79
   c) Bewilligung.....................80–81
6. Verbote durch Rechtsverordnung der Bundesregierung nach Abs. 4....82–83
7. Verbote durch Aufsichtsbehörde nach Abs. 5........................84–88
8. Aufgaben des Betriebsrates............. 89
9. Umsetzung, Arbeitsentgelt............. 90
10. Folgen bei Nichtdurchführung......91–92

Allgemeines § 4 MuSchG

1. **Allgemeines**
   a) **Entstehung, Zweck.** § 4 geht auf § 2 Abs. 2 MuSchG 1942 zurück (vgl. 1
   Einf. Rdnr. 15). Er ist durch § 4 MuSch 1952 wesentlich erweitert worden (vgl.
   Einf. Rdnr. 21). Die heute geltende Fassung des § 4 beruht auf dem Gesetz zur
   Änderung des MuSchG und der RVO von 1965 (vgl. Einf. Rdnr. 30 und *BT* zu
   Drucks. IV/3652 S. 3 zu Nr. 4). Die Vorschrift hat den Zweck, den schwangeren
   Arbeitnehmerinnen über das individuelle (ärztliche) Beschäftigungsverbot des
   § 3 Abs. 1 hinaus einen vom jeweiligen Gesundheitszustand der einzelnen
   Arbeitnehmerin unabhängigen generellen Schutz vor den Gefahren des Arbeitslebens speziell für werdende und stillende Mütter und ihre Kinder nach objek-
   tiven Kriterien möglichst umfassend sicherzustellen (vgl. auch *OVG Berlin* vom
   13.7.1992, NZA 1992 S. 1083, 1084). Im Hinblick auf die sehr hohen Rechts-
   güter »Leben und Gesundheit von Mutter und ihrer Kinder« genügt auch eine
   geringe, abstrakte Gesundheitsgefahr für das Eingreifen der Beschäftigungsverbote des § 4 (vgl. *BVerfG* vom 27.5.1993, NJW 1994 S. 401).
   b) **Systematik.** § 4 Abs. 1 i.V. mit § 6 Abs. 3 enthält einen, dem Wissensstand 2
   von 1965 und den Änderungsjahren danach, entsprechend formulierten, Schutz
   zugunsten der werdenden und stillenden Mütter in Form von generalklauselartig
   gefaßten, generellen Beschäftigungsverboten. In § 4 Abs. 2 sind 8 konkretisierte
   Verbote beispielhaft aufgeführt. Weitere Konkretisierungen sind durch Rechtsverordnung der Bundesregierung in § 4 Abs. 4 Nr. 1 (vgl. § 4 Rdnr. 82f.) und
   durch Verwaltungsakt der jeweils zuständigen Aufsichtsbehörde in § 4 Abs. 5
   Satz 1 (vgl. § 4 Rdnr. 85f.) vorgesehen. In § 4 Abs. 4 Nr. 2 wird die Bundesregierung (vgl. § 4 Rdnr. 83) und in § 4 Abs. 5 Satz 2 wird die Aufsichtsbehörde
   (vgl. § 4 Rdnr. 84ff.) ermächtigt, über die Beschäftigungsverbote des § 4 Abs. 1
   und 2 hinaus weitere Beschäftigungsverbote für werdende und stillende Mütter
   zu erlassen. Damit ist der **Schutz** von Mutter und Kind vor den Gefahren des
   Arbeitslebens **umfassend** geregelt; es bleibt keine Lücke im MuSchG (vgl. auch
   OVG Berlin vom 13.7.1992, NZA 1992 S. 1083, 1084). Die Bundesregierung
   hat von der Ermächtigung zuletzt in der Mutterschutzarbeitsplatzverordnung
   (MuSchArbV) Gebrauch gemacht, vgl. insbesondere § 2 Rdnr. 39ff.
   c) **EG-MuSch-Richtlinie.** Für die Auslegung und Anwendung des § 4 ist die 3
   EG-MuSch-Richtlinie 92/85 (vgl. Anh. 19; vgl. ferner Einf. 89ff.) und deren
   Umsetzung durch die MuSchRiV (vgl. Anh. 5) von erheblicher Bedeutung.
   Durch die Art. 4 bis 6 dieser Richtlinie und die zugehörigen Anhänge I und II
   wird insbesondere verdeutlicht, daß unter die Generalklausel des § 4 Abs. 1 auch
   biologische Agenzien fallen (vgl. § 4 Rdnr. 22f.). Unter den deutschen Begriff
   »Stoffe« in § 4 Abs. 1 fallen danach nicht nur chemische, sondern auch biologi-
   sche Stoffe, d.h. natürliche und gentechnisch veränderte Mikroorganismen,
   Zellkulturen und Parasiten, die Infektionen, Allergien oder toxische Wirkungen
   hervorrufen können, z.B. die/der in Anh. II A 1b der Richtlinie genannte/r
   Toxoplasma, Rötelvirus. Zum Rötelvirus vgl. auch § 4 Rdnr. 22. Mit dem

MuSchÄndG 1997 und der MuSchRiV (Anh. 5) hat die Bundesrepublik die EG-MuSch-Richtlinie voll umgesetzt. Die Beschäftigungsverbote der §§ 4 und 5 **MuSchArbV** (§ 2 Rdnr. 81 ff.), Hauptbestandteil der MuSchRiV, gehen sogar darüber hinaus.

4 **d) Verantwortung des Arbeitgebers.** Er muß im Unterschied zu dem individuellen (ärztlichen) Beschäftigungsverbot des § 3 Abs. 1 die generellen Beschäftigungsverbote des § 4 von sich aus auch dann beachten, wenn kein ärztliches Zeugnis vorliegt (ebenso *Buchner/Becker*, § 4 Rdnr. 6). Selbst wenn sich die Frau nicht auf ein Beschäftigungsverbot beruft, muß er, sobald ihm die Schwangerschaft bekannt ist (vgl. § 3 Rdnrn. 1 u. 11), in eigener, und zwar auch strafrechtlicher Verantwortung (vgl. § 21), entscheiden, ob ein Beschäftigungsverbot auf die einzelne Frau zur Anwendung kommt und mit welchen anderen zulässigen Arbeiten er die Frau ggf. beschäftigen darf (vgl. auch *Gröninger/ Thomas*, § 4 Rdnr. 2f.). Das bedeutet, es ist zu prüfen, ob das jeweilige Beschäftigungsverbot tatsächlich jeder Beschäftigung der werdenden oder stillenden Mutter entgegensteht. Dies gilt z.B. nicht ohne weiteres bei dem Verbot der Akkordarbeit des § 4 Abs. 3, weil die Frau auch im Zeitlohn beschäftigt werden kann (vgl. auch LAG Berlin vom 13.6.1977, BB 1977, S. 1554; *Gröninger/Thomas*, § 4 Rdnr. 4; MünchArb/*Heenen* § 226 Rdnr. 11, 23; vgl. ferner hier Rdnr. 3 vor § 3 und § 8 Rdnr. 1 ff.; a.A. *Heilmann*, § 4 Rdnr. 6). Der Arbeitgeber kann sich nicht darauf berufen, daß eine VO nach § 4 Abs. 4 oder eine Anordnung der Aufsichtsbehörde nach § 4 Abs. 5 nicht erlassen worden ist. Ohne Bedeutung ist ferner, ob sich eine Frau zu einer nach § 4 verbotenen Arbeit ausdrücklich bereit erklärt oder auf die Einhaltung der Verbote verzichtet (vgl. *Lenz* § 4 Rdnr. 2).

5 **e) Allgem. Arbeitsschutz.** Neben den Beschäftigungsverboten des MuSchG muß der Arbeitgeber auch die zahlreichen allgemeinen Beschäftigungsverbote und Beschäftigungsbeschränkungen in anderen Gesetzen, Verordnungen und Unfallverhütungsvorschriften des sog. technischen Arbeitsschutzes beachten; vgl. insbesondere das Arbeitsschutzgesetz, die LastenhandhabungsVO, die BildschirmarbeitsVO, die ArbeitsmittelbenutzungsVO, die ArbeitsstättenVO (Anh. 6), die GefahrstoffVO (Anh. 8.1).

6 **Rauchen am Arbeitsplatz.** Ein generelles Rauchverbot am Arbeitsplatz ist bisher nicht erlassen worden. Nach § 5 Abs. 1 ArbStättV muß der Arbeitgeber jedoch die erforderlichen Maßnahmen treffen, damit die nicht rauchenden Beschäftigten in Arbeitsstätten wirksam vor den Gesundheitsgefahren durch Tabakrauch geschützt sind. In Arbeitsräumen, die gemeinsam von Nichtrauchern und Rauchern benutzt werden, löst diese Pflicht praktisch ein Rauchverbot aus.

In Arbeitsräumen mit Publikumsverkehr hat der Arbeitgeber nach § 5 Abs. 2 ArbStättV Schutzmaßnahmen für Nichtraucher nur insoweit zu treffen, als die Natur des Betriebs und die Art der Beschäftigung es zulassen. So hat das BAG bisher einen allgemeinen Rechtsanspruch auf ein Rauchverbot abgelehnt, zuletzt Passagierflugzeuge (vgl. BAG vom 8.5.1996, NZA 1996, S. 927). Für werdende und stillende Mütter ist darüber hinaus in Einzelfällen Abhilfe durch § 4 Abs. 5 MuSchG und durch §§ 1 bis 4 MuSchArbV, ggf. auch durch § 3 Abs. 1 MuSchG möglich. Zum betrieblichen Rauchverbot vgl. *LAG Düsseldorf* vom 17.6.1997, DB 1998, 376) in Schlacht- und Frischfleischbetrieben. Arbeitnehmer haben dann einen arbeitsvertraglichen Anspruch (§ 618 BGB) auf einen tabakfreien Arbeitsplatz, wenn das aus gesundheitlichen Gründen geboten und dem Arbeitgeber zumutbar ist, z.b. wegen einer chronischen Atemwegserkrankung (*BAG* vom 17.2.1998, DB 1998, 475 und DB 1998, 2068 = BB 1998, 2113). Zum Rauchen am Arbeitsplatz vgl. auch *Buchner/Becker*, § 4 Rdnr. 22.

f) **Wirksamkeit von Verträgen.** Die Beschäftigungsverbote beeinträchtigen den Bestand eines gültig abgeschlossenen Arbeitsvertrages grundsätzlich nicht. Sie geben aber der Frau einen Anspruch auf Freistellung von der verbotenen Arbeit und ein **Leistungsverweigerungsrecht** (vgl. zum Arbeitsverweigerungsrecht wegen Asbestbelastung im Betriebsgelände, sowie zur Beweislast des Arbeitnehmers hinsichtlich der Gesundheitsgefährdung *BAG* vom 19.2.1997, DB 1997 S. 2623 m.w.N. insbesondere auf *BAG* vom 8.5.1996, DB 1996, S. 2446 = NZA 1997 S. 86). War die Frau bereits bei Abschluß des Arbeitsvertrages schwanger und kann sie in dem Betrieb nur mit Arbeiten beschäftigt werden, die völlig überwiegend nach § 4 verboten sind, so ist der Arbeitsvertrag nicht nach § 134 BGB rechtsunwirksam. Eine andere Beurteilung wäre nach der Rechtsprechung des EuGH (insbes. vom 3.2.2000, AP Nr. 18 zu § 611a BGB eine Benachteiligung wegen des Geschlechts (ausführlich dazu § 5 Rdnr. 19; zur früheren Rechtsprechung vgl. Vorauflage, § 4 Rdnr. 6). 7

g) **Werdende und stillende Mütter.** In den Beschäftigungsverboten des § 4 Abs. 1 bis 3 werden nur werdende Mütter genannt. Durch § 6 Abs. 3 werden die meisten dieser Beschäftigungsverbote auch auf stillende Mütter ausgedehnt. Die Anwendung der anderen Beschäftigungsverbote auf stillende Mütter kann, sofern notwendig, aufgrund der Ermächtigungsvorschriften des § 4 Abs. 4 und 5 auf stillende Mütter sowie durch die Vorschrift des § 6 Abs. 3 Satz 2 sichergestellt werden (vgl. § 6 Rdnr. 31 ff.). 8

2. Verbote des Abs. 1

a) **Generalklausel.** Die Generalklausel des § 4 Abs. 1 enthält **zwei Hauptarten** von Beschäftigungsverboten: 1. das Verbot der Beschäftigung mit schweren körperlichen Arbeiten und 2. das Verbot der Beschäftigung mit Arbeiten unter schädlichen Einwirkungen. Das zweite Verbot zerfällt in Verbote beim Umgang mit gesundheitsgefährdenden Stoffen, Strahlen, Klimaeinflüssen, Erschütterungen, Lärm. Das umfassendste Verbot ist das Verbot beim Umgang mit gesundheitsgefährdenden Stoffen. Es erfaßt Stoffe in jeder Form, auch in Form von Staub, Gasen und Dämpfen. Der Begriff Stoffe ist nicht auf chemische Stoffe beschränkt. Unter diesen Begriff fallen daher auch biologische Stoffe (zum Begriff vgl. § 4 Rdnr. 22). 9

10 b) **Auslegungsgrundsätze.** Eine **Richtschnur** für die Anwendung dieser Generalklausel gibt die in § 4 Abs. 2 enthaltene beispielhafte Aufzählung einzelner Beschäftigungsverbote (»insbesondere«) zumindest insofern, als hieraus die Gewichtigkeit der Gründe zu ersehen ist, die zu einem Verbot der Beschäftigung führen, aber auch die Art und die Ausrichtung der Gründe, vgl. z. B. »infolge ihrer Schwangerschaft in besonderen Maße« »erhöhte Gefährdung für die werdende Mutter« (§ 4 Abs. 2 Nr. 6 und Nr. 7). Konkretisierungen sind inzwischen insbesondere in den §§ 4 und 5 der neuen MuSchArbV getroffen worden (vgl. § 2 Rdnr. 81 ff.). In weiter auftretenden zweifelhaften Einzelfällen sollte die Aufsichtsbehörde um eine Entscheidung nach § 4 Abs. 5 ersucht werden (vgl. auch *Gröninger/Thomas*, § 4 Rdnr. 5 und 9).

11 Bei der Prüfung der Frage, ob eine Arbeit schwer oder anderweitig gesundheitsschädlich ist, braucht hier nicht auf die individuellen Verhältnisse einer Frau, z. B. auf eine besonders anfällige Konstitution, abgestellt zu werden. Die individuellen Verhältnisse werden bereits durch § 3 Abs. 1 berücksichtigt. Entscheidend ist, ob eine Arbeit für eine schwangere Frau von **durchschnittlicher Belastbarkeit oder Kondition** schwer oder anderweitig gesundheitsschädlich ist (h. M.; vgl. z. B. *Buchner/Becker*, § 4 Rdnr. 11; *MünchArb/Heenen* § 226 Rdnr. 24). Dabei muß die Schwangerschaft und ihre Gefährdung durch die Arbeit im Vordergrund der Betrachtung stehen.

12 c) **Schwere Arbeiten.** Verboten sind nach § 4 Abs. 1 schwere körperliche Arbeiten, d. h. Arbeiten, die die körperlichen Kräfte einer schwangeren Frau mittlerer Konstitution übersteigen (vgl. *Buchner/Becker*, § 4 Rdnr. 7; *Gröninger/Thomas*, § 4 Rdnr. 6 und 9; *Meisel/Sowka*, § 4 Rdnr. 4; *Lenz*, § 4 Rdnr. 3). Schwere Arbeiten sind zugleich physikalische Schadfaktoren i. S. d. § 1 Abs. 1 Anlage I A 3 b MuSchArbV. Von diesem Beschäftigungsverbot werden dagegen die Arbeiten nicht erfaßt, die die psychischen Kräfte einer schwangeren Frau übersteigen, wie dies z. B. bei einem sehr hohen Maß von Konzentration oder Schnelligkeit der Fall sein kann (ebenso *MünchArb/Heenen* § 226 Rdnr. 24; a. A. *Heilmann*, § 4 Rdnr. 11, der jedoch nicht bedenkt, daß der Gesetzgeber, wenn er auch psychische Belastungen meint, das Wort »körperlich« wegläßt, z. B. in § 22 Abs. 1 Nr. 1 JArbSchG). In diesen Fällen kann jedoch ein Beschäftigungsverbot nach § 3 Abs. 1 oder nach § 4 Abs. 5 in Betracht kommen.

13 Der Katalog des § 4 Abs. 2 konkretisiert den Begriff der schweren körperlichen Arbeit. Soweit die dort angegebenen Belastungsgrenzen erreicht werden, liegt auch ein Verbot nach § 4 Abs. 1 vor. Weitere Konkretisierungen in § 1 Abs. 1, § 4 Abs. 1, Anlage I A 3 b MuSchArbV über physikalische Schadfaktoren. Schwere körperliche Arbeiten liegen jedoch auch dann vor, wenn sie pro Arbeitsschicht einen Aufwand von mehr als 1500 kcal erfordern. Arbeiten mit einem geringeren Kalorienumsatz können schon dann schwer sein, wenn sie bestimmte Organe oder Körperteile besonders belasten, z. B. Tätigkeiten mit einer hohen statischen Belastung der Muskulatur (vgl. *Winkler*, ArbSch 1966 S. 139; vgl. auch *Buchner/Becker* § 4 Rdnr. 8 ff.; *Meisel/Sowka*, § 4 Rdnr. 4, 5).

Verbote des Abs. 1 § 4 MuSchG

Als schwere Arbeit ist z. B. das Austragen von Zeitungen wegen des Treppensteigens anzusehen (vgl. *Köst*, § 4 Rdnr. 2), der Postzustell-, Päckchenverteil-, Verlade- und Briefkastenentleerungsdienst, der Reinigungs- und Küchendienst verbunden mit Heben und Tragen schwerer Lasten. Werdende Mütter sind daher sofort nach Bekanntwerden der Schwangerschaft aus diesen Diensten zurückzuziehen. Wegen der besonderen körperlichen Belastung, der Arbeitnehmer bei Arbeiten in Druckluft ausgesetzt sind, ist in § 5 Abs. 1 Nr. 6 MuSchArbV ein Beschäftigungsverbot für werdende und stillende Mütter ausgesprochen. Vgl. ferner §§ 1 bis 4 MuSchArbV (§ 2 Rdnr. 39), § 2 LasthandhabV. Zum besonderen mutterschutzrechtlichen Schutz beim Überdruck in Druckkammern, beim Tauchen u. a. vgl. §§ 1 bis 4 MuSchArbV mit dazugehöriger Anlage 2 A Nr. 1 c und B Nr. 1 b (vgl. Anh. 5).

d) **Schädliche Einwirkungen.** Die Anwendung des Beschäftigungsverbots des § 4 Abs. 1 auf andere als schwere körperliche Arbeiten hängt davon ab, ob die Mutter oder die Leibesfrucht, ihr Kind, bei diesen Arbeiten schädlichen Einwirkungen von gesundheitsgefährdenden Stoffen, Strahlen, Stäuben usw. ausgesetzt ist, d. h. ob die Gefahr besteht, daß die Mutter oder ihr Kind aufgrund der Einwirkungen eine Gesundheitsschädigung erleidet. Entscheidend ist hierbei, ob generell eine solche Gefahr besteht. Die besondere Anfälligkeit der einzelnen Mutter oder ihres Kindes wird nicht hier, sondern bei einem evtl. Verbot nach § 3 Abs. 1 oder § 4 Abs. 5 berücksichtigt. Andererseits kommt das Beschäftigungsverbot nicht nur dann zur Anwendung, wenn durch die schädlichen Einwirkungen Dauerschäden zu befürchten sind, sondern schon dann, wenn eine vorübergehende Gesundheitsschädigung zu befürchten ist. Eine schädliche Einwirkung in diesem Sinne ist anzunehmen, **wenn das Risiko besteht,** daß gesundheitsgefährdende Stoffe oder Strahlen, Staub, Gase oder Dämpfe, Hitze, Kälte oder Nässe, Erschütterungen oder Lärm akut oder chronisch eine Gesundheitsschädigung verursachen (ebenso *MünchArb/Heenen* § 226 Rdnr. 25; vgl. auch *Buchner/Becker*, § 4 Rdnr. 12 ff.; *Lenz*, § 4 Rdnr. 4).

14

Dies ist der Fall, wenn
1. der »Arbeitsplatzgrenzwert« (AGW; entspricht dem MAK-Wert nach der bis zum 31. 12. 2004 geltenden Gefahrstoffverordnung) überschritten wird;
2. der »biologische Grenzwert« überschritten wird;
3. beim Umgang mit gefährlichen Stoffen, die durch die Haut aufgenommen werden können, ein unmittelbarer Hautkontakt besteht;
4. beim Umgang mit krebserzeugenden Stoffen eine Exposition nicht sicher ausgeschlossen ist.

15

Der durch die neue Gefahrstoffverordnung vom 23. 12. 2004 (vgl. Anh. 8.1) anstelle des MAK-Wertes eingeführte Begriff des Arbeitsplatzgrenzwertes (AGW) ist der Grenzwert für die zeitlich gewichtete durchschnittliche Konzentration eines Stoffes in der Luft am Arbeitsplatz in Bezug auf einen gegebenen Referenzzeitraum. Er gibt an, bei welcher Konzentration eines Stoffes akute oder chronische schädliche Auswirkungen auf die Gesundheit im Allgemeinen

16

MuSchG § 4 *Weitere Beschäftigungsverbote*

nicht zu erwarten sind (§ 3 Abs. 3 GefStoffV). Arbeitsplatzgrenzwerte und biologische Grenzwerte für Gefahrstoffe sind von dem beim Bundesministerium für Wirtschaft und Arbeit gebildeten Ausschuss für Gefahrstoffe (AGS) vorzuschlagen und regelmäßig zu überprüfen (§ 21 Abs. 1 und 3 GefStoffV). Bis zu einer erstmaligen Festlegung von Arbeitsplatzgrenzwerten durch den Ausschuss ist die MAK-Werte-Liste weiterhin zu beachten.

17 Die Senatskommission der Deutschen Forschungsgemeinschaft zur Prüfung gesundheitsschädlicher Arbeitsstoffe hatte eine Liste maximaler Arbeitsplatzkonzentrationen (MAK-Werte) aufgestellt, die auf Beschluß des Ausschusses für gefährliche Arbeitsstoffe als TRGS 900 in das technische Regelwerk für Gefahrstoffe aufgenommen worden ist. Die Kommission hatte einige der bisher erfaßten Stoffe daraufhin überprüft, ob ein Risiko der Fruchtschädigung bei Einhaltung der **MAK-Werte** und der BAT-Werte ausgeschlossen werden kann. Für die meisten Stoffe ist es vorerst nicht möglich, eine Aussage zum Risiko der **Fruchtschädigung** zu machen. Daher kann eine schädliche Einwirkung im Sinne des § 4 Abs. 1 MuSchG auch dann vorliegen, wenn der MAK-Wert unterschritten wird (ebenso *OVG Berlin* vom 13.7.1992, NZA 1992 S. 1083, 1085), soweit der entsprechende Stoff bisher nicht auf fruchtschädigende Wirkung untersucht worden ist (vgl. TRGS 900 »MAK-Werte 1992«, BArbBl. Nr. 2/1993, S. 57; vgl. ferner *Schönberger-Friedel*, Fruchtschädigungen am Arbeitsplatz, Die BG Unfallversicherung 1986 S. 292). Darüber hinaus sind gegebenenfalls auch die stoffspezifischen Beschäftigungsverbote in den technischen Regeln für gefährliche Arbeitsstoffe zu berücksichtigen (vgl. Nr. 7.3 der TRGS 505 »Blei«; vgl. jedoch auch § 4 Rdnr. 20).

18 Eine schädliche **Einwirkung** ist in der Regel **nicht anzunehmen**, wenn aufgrund ausreichender ärztlicher oder betrieblicher Erfahrungen das Risiko einer Gesundheitsschädigung nicht besteht. Im Zweifelsfall ist es nach § 4 Abs. 5 Aufgabe der örtlich zuständigen Aufsichtsbehörde, nach einer Überprüfung des betreffenden Arbeitsplatzes zu entscheiden, ob auf dem Arbeitsplatz eine werdende oder stillende Mutter beschäftigt werden darf (vgl. *OVG Berlin* vom 13.7.1992, NZA 1992 S. 1083; *Gröninger/Thomas*, § 4 Rdnr. 5; *Zmarzlik/Anzinger*, JArbSchG, § 22 Rdnr. 17). Eine schädliche Einwirkung kann ferner verneint werden, wenn sie durch Schutzeinrichtungen oder Körperschutzmittel abgewendet werden kann. Allerdings ist zu beachten, daß die Arbeit hierdurch nicht zu einer unzulässigen schweren körperlichen Arbeit i.S.d. § 4 Abs. 1 erste Alternative wird (zum allg. Problem vgl. *BAG* vom 13.10.1993 – 10 AZR 335/92, NZA 1994, 626). Eine wesentliche Hilfe kann heute § 1 MuSchArbV über die Beurteilung der Arbeitsbedingungen sein (vgl. § 2 Rdnr. 45ff.).

19 e) **Stoffe.** Das Beschäftigungsverbot bei schädlichen Einwirkungen von gesundheitsgefährdenden Stoffen steht bei der Aufzählung der Beschäftigungsverbote in § 4 Abs. 1 zweiter Halbsatz an erster Stelle. Es ist das umfassendste und bedeutendste Beschäftigungsverbot der in § 4 Abs. 1 zweiter Halbsatz aufgezählten Beschäftigungsverbote. Es sollte von Anfang an mit dazu bei-

Verbote des Abs. 1 § 4 MuSchG

tragen, jede gesundheitsschädliche Einwirkung, die nicht von den anderen dort aufgezählten Beschäftigungsverboten erfaßt wird, von der werdenden Mutter und ihrem Kind am Arbeitsplatz abzuwehren. Nunmehr in §§ 1 bis 5 MuSchArbV ergänzt bzw. ergänzend klargestellt (vgl. § 2 Rdnr. 39 ff.).

aa) **Begriff »Stoff«.** Dieser Begriff ist im MuSchG nicht definiert. In der Praxis ist unter diesem Begriff, insbesondere unter dem Einfluß des Chemikaliengesetzes (ChemG) und der Gefahrstoffverordnung (GefStoffV, vgl. hier Anh. 8 und 8.1), bisher in der Regel ein lebloses **chemisches Element** oder eine leblose chemische Verbindung oder Zubereitung verstanden worden (vgl. die Definitionen in § 3 Nr. 1 bis 5 ChemG). Als **gefährliche Stoffe** oder Zubereitungen werden dementsprechend in § 3a Abs. 1 ChemG und in § 4 GefStoffV u. a. giftige, ätzende, krebserzeugende, fruchtschädigende, erbgutverändernde Stoffe und Zubereitungen genannt (zur Erläuterung dieser Begriffe für Zwecke des Arbeitsschutzes im Bereich der GefStoffV im einzelnen vgl. § 4 GefStoffV). Diese Regelungen bringen schon damit eine nicht zu unterschätzende Klärung des sehr weiten Begriffs »gesundheitsgefährdende Stoffe« auch im MuSchG. 20

Lebende Organismen. Die **MuSchArbV** ist über § 15b Abs. 6 GefStoffV a. F. hinausgegangen. Sie erfaßt zum Schutze der Mütter und ihrer Kinder auch lebende Organismen (vgl. § 2 Rdnr. 39 ff.). 21

bb) **Biologische Stoffe.** Unter den Begriff »Stoff« in § 4 Abs. 1 fallen auch andere als lebloses, chemische Stoffe, Zubereitungen und Erzeugnisse, so die in letzter Zeit zunehmend verwendeten biologischen Stoffe, insbesondere die natürlichen sowie die gentechnisch veränderten Mikroorganismen, Zellkulturen und Humanendoparasiten, die Infektionen, Allergien oder toxische Wirkungen nicht zuletzt bei werdenden oder stillenden Müttern oder deren Kindern hervorrufen können, wegen ihres besonderen Zustands sogar verstärkt (s. VO über den Schutz gegen Gefährdung durch biologische Arbeitsstoffe bei der Arbeit). Das Beschäftigungsverbot des § 4 Abs. 1 kommt in solchen Fällen zur Anwendung, wenn die werdende Mutter mit Arbeiten beschäftigt wird, bei denen sie schädlichen Einwirkungen dieser gesundheitsgefährdenden biologischen Stoffe ausgesetzt ist, und zwar auch dann, wenn sie ohne einen chemischen Träger auf Mutter oder Kind direkt gesundheitsgefährdend einwirken, z. B. als Rötelvirus. Beim Rötelvirus kommt ferner das Beschäftigungsverbot des § 4 Abs. 2 Nr. 6 zur Anwendung (vgl. § 4 Rdnr. 49). 22

Die **MuSchArbV** bezieht die »biologischen Arbeitsstoffe« ausdrücklich in den Mutterarbeitsschutz mit ein, und zwar unmittelbar hinter den »chemischen Gefahrstoffen« und gebraucht, wenn sie beide Stoffarten meint, den **Oberbegriff »Stoffe«**, Gefahrstoffe, so in § 5 Abs. 1 Nr. 1 bis Nr. 5 MuSchArbV.

Der **Arbeitgeber** muß in solchen Fällen wie auch sonst in eigener, strafrechtlicher Verantwortung prüfen und entscheiden, ob er die werdende Mutter weiter mit Arbeiten beschäftigen darf, bei denen sie schädlichen Einwirkungen von gesundheitsgefährdenden biologischen Stoffen ausgesetzt ist. Er kann sich nicht darauf berufen, daß eine entsprechende VO nach § 4 Abs. 4 oder eine Anord- 23 nung nach § 4 Abs. 5 noch nicht erlassen worden ist (vgl. § 4 Rdnr. 4). Zur Umsetzung der werdenden Mutter ist er auf jeden Fall dann verpflichtet, wenn er sie mit Arbeiten beschäftigt, bei denen sie schädlichen Einwirkungen von gesundheitsgefährdenden biologischen Stoffen ausgesetzt ist, die in der Anhangliste zu Art. 4 Abs. 1 oder zu Art. 6 **EG-MuSch-Richtlinie** (vgl. hier Anh. 19) als für werdende und stillende Mütter gesundheitsgefährliche Agenzien eingestuft sind, gleich, ob mit oder ohne einen chemischen Träger. Insoweit ist bereits eine Klarstellung in der EG-MuSch-Richtlinie erfolgt.

Die **MuSchArbV** enthält nunmehr in § 6 Abs. 2 und 4 eine ausdrückliche Straf- und Bußgeldvorschrift.

24 cc) **Chemische Stoffe.** Das Beschäftigungsverbot des § 4 Abs. 1 beim Umgang mit gesundheitsgefährdenden Stoffen ist, auch soweit es sich um chemische Stoffe handelt, durch **§ 5 Abs. 1 MuSchArbV** konkretisiert und weiter präzisiert (vgl. § 2 Rdnr. 91 ff.) sowie durch besondere mutterschutzrechtliche Beurteilungspflichten ergänzt worden (vgl. § 2 Rdnr. 45 ff.).

25 Nach § 5 Abs. 1 Nr. 1 MuSchArbV darf der Arbeitgeber werdende oder stillende **Mütter nicht beschäftigen** mit sehr giftigen, giftigen, mindergiftigen oder in sonstiger Weise den Menschen chronisch schädigenden **Gefahrstoffen** (zur Erläuterung dieser Begriffe vgl. § 4 GefStoffV in Anh. 8.1), wenn der Grenzwert überschritten wird. Außerdem darf der Arbeitgeber werdende oder stillende Mütter nicht mit Stoffen, Zubereitungen oder Erzeugnissen beschäftigen, die ihrer Art nach erfahrungsgemäß Krankheitserreger übertragen können, wenn sie diesen Krankheitserregern ausgesetzt sind. **Krebserzeugenden**, fruchtschädigenden oder erbgutverändernden Stoffen dürfen werdende Mütter bei der Beschäftigung nicht ausgesetzt werden (§ 5 Abs. 1 Nr. 3 MuSchArbV, § 4 Abs. 1 Rdnr. 14 bis 15).

26 Bei der **Anwendung der MuSchArbV** ist zu prüfen, ob und inwieweit die Anwendung der Beschäftigungsverbote des § 5 an technische Regeln oder an das Überschreiten einer Auslöseschwelle (vgl. § 4 Rdnr. 16) oder eines Grenzwertes gebunden ist (vgl. § 2 Rdnr. 100 f.).

27 Die **Gefahrstoffe** sind nach § 5 GefStoffV **einzustufen** und nach § 6 GefStoffV zu **kennzeichnen** und zu verpacken (vgl. Anh. 8.1).

28 Die **Liste** eingestufter **gefährlicher chemischer Stoffe** und Zubereitungen nach § 4a GefStoffV a.F. ist von *Ursula Vater*, GefStoffV Bd. 2 S. 252, 6. Aufl. Stand 08.1996 zusammengestellt und überarbeitet. Die Liste entspricht inhaltlich dem Anh. I der EGRl. 67/548/EWG. Der Anhang der EGRl. wird fortlaufend dem technischen Fortschritt angepaßt. Dementsprechend wird die Deutsche Liste vom BMWA ergänzt und im Bundesanzeiger bekanntgemacht. Nach § 7 Abs. 1 GefStoffV hat der Arbeitgeber festzustellen, ob es sich bei den Stoffen, mit denen er umgeht, um Gefahrstoffe handelt. In der Praxis sind daher die giftigen und gesundheitsschädlichen Arbeitsstoffe, mit denen eine werdende oder stillende Mutter nicht beschäftigt werden darf, falls sie dabei den Einwirkungen dieser Stoffe ausgesetzt wäre, leicht erkennbar. Die Frage, ob diese

Verbote des Abs. 1 § 4 MuSchG

Stoffe tatsächlich gesundheitsgefährdend sind, braucht nicht untersucht zu werden. Ihre Gesundheitsgefährlichkeit wird mit der Aufnahme in die Liste der gefährlichen Stoffe als giftig bzw. gesundheitsschädlich unterstellt. Bei der Änderung und Ergänzung der Liste zur GefStoffV ist künftig die Liste in Anh. I zu Art. 4 Abs. 1 und in Anh. II zu Art. 6 der EG-Musch-RL (vgl. hier Anh. 19) und damit die Anlagen zu § 1 Abs. 1 und § 4 Abs. 1 MuSchArbV zu berücksichtigen.

Stoffe, die ihrer Art nach erfahrungsgemäß **Krankheitserreger** übertragen 29 (§ 5 Abs. 1 Nr. 2 MuSchArbV, vgl. § 2 Rdnr. 39, sind z.B. infiziertes Blut, infizierter Speichel (jedenfalls extracorporal, vgl. *BVerwG* vom 27.5.1993, NJW 1994 S. 401), infizierte Körperausscheidungen, jedoch auch alle übrigen Stoffe, von denen anzunehmen ist, daß sie im konkreten Einzelfall Krankheitserreger enthalten. Verboten ist der Umgang mit diesen Stoffen nur dann, wenn die werdende Mutter hierbei den Krankheitserregern ausgesetzt ist. Das Beschäftigungsverbot, zumindest in der Fassung des § 4 Abs. 1 (Stoffe und die Konkretisierung des § 5 Abs. 1 Nr. 2 MuSchArbV), dürfte in den Bereichen vermehrt zur Anwendung kommen, in denen häufig mit infizierten Stoffen umgegangen wird, z.B. in den Infektionsabteilungen der Krankenhäuser, in Dialysestationen, in denen hepatitiskranke (Typ B oder non A non B) oder aidskranke Patienten behandelt werden (vgl. auch § 4 Rdnr. 49), beim Einsammeln und Beseitigen von Klinikmüll sowie in mikrobiologischen Laboratorien. Ein Beschäftigungsverbot kann auch dort geboten sein, wo intramuskuläre Injektionen und Blutentnahmen durchgeführt werden (vgl. *VG Berlin* vom 19.6.1990, VG 8 A 127.90), aber auch in Zahnarztpraxen (vgl. *BVerwG* vom 27.5.1993, NJW 1994 S. 401). In den übrigen Bereichen dürfen werdende Mütter nur dann beschäftigt werden, wenn durch betriebliche Maßnahmen oder durch persönliche Schutzausrüstung eine Einwirkung von Krankheitserregern verhindert wird (vgl. Informationsblatt der Landesanstalt für Arbeitsschutz NRW; UVV »Gesundheitsdienst« (VGB 103); *Zmarzlik/Anzinger*, JArbSchG, § 22 Rdnr. 23, § 26 Rdnr. 10). Eine auch nur sehr geringe Wahrscheinlichkeit einer Infektion der werdenden Mutter oder ihres Kindes mit Aids- oder Hepatitisviren reicht für ein Beschäftigungsverbot des § 5 Abs. 1 Nr. 2 MuSchArbV aus (vgl. *BVerwG* vom 27.5.1993, NJW 1994 S. 401, 401 = DVBl. 1993, 1277).

Zur Beschäftigung Schwangerer in medizinischen **Laboratorien** im einzelnen 30 vgl. bereits den Bericht in Arbeitsmed. Sozialmed. Präventivmed. 1985 Heft 20 S. 244 ff. Berichte einer Arbeitsgruppe der Deutschen *Vereinigung zur Bekämpfung der Viruskrankheiten* e.V., »Beschäftigung Schwangerer in medizinischen Laboratorien«, Bundesgesundheitsblatt 1985 S. 298 ff. und 1988 S. 24 ff. Zur Berufskrankheiten-VO Nr. 3101 im Anh. 7. Vgl. *Sabine Kaiser*, Fruchtschädigende und erbgutverändernde Stoffe, Frauen und Arbeit 1987 S. 8 ff. Zu Hygienemaßnahmen vgl. §§ 8 Abs. 2, 9 Abs. 9 GefStoffV.

Stoffe, die nicht im Bundesanzeiger veröffentlicht sind, deren Gefährlichkeit 31 jedoch bekannt ist, sind auch **in Form von Gasen, Dämpfen oder Stäuben** in

MuSchG § 4 *Weitere Beschäftigungsverbote*

der MAK-Werte-Liste veröffentlicht worden. Die Beschäftigung beim Umgang mit diesen Stoffen ist nach § 4 Abs. 1 verboten, wenn die werdende Mutter dabei einer schädlichen Einwirkung ausgesetzt ist. Dies ist insbesondere anzunehmen, wenn am Arbeitsplatz bei wiederholten Messungen der Arbeitsplatzgrenzwert überschritten wird (TRGS 402, Ermittlung und Beurteilung der Konzentrationen gefährlicher Stoffe in der Luft in Arbeitsbereichen).

32 Darüber hinaus kann die Beschäftigung **auch bei Einhaltung** bzw. Unterschreitung der Arbeitsplatzgrenzwerte (bisher **MAK-Werte**) verboten sein, da zahlreiche in der MAK-Werte-Liste enthaltene Stoffe bisher nicht oder nicht ausreichend auf fruchtschädigende Wirkung untersucht worden sind. Beim Einsatz werdender Mütter im Bereich der Anästhesie hat sich in den letzten Jahren gezeigt, daß das ständige Einatmen auch kleiner Mengen von **Narkosegasen** bei werdenden Müttern zu Frühgeburten und anomalen Schwangerschaftsverläufen führen kann. Daher dürfen schwangere Anästhesistinnen und Krankenschwestern gemäß § 4 Abs. 1 in den Operationsbereichen von Krankenhäusern normalerweise nicht beschäftigt werden. Etwas anderes gilt, wenn durch besondere technische Vorkehrungen (Absorbtionsfilter oder Absaugvorrichtungen) sichergestellt ist, daß die im Operationsbereich Beschäftigten keinen gesundheitsschädlichen Einwirkungen von Gasen ausgesetzt sind. Schädliche Einwirkungen von Narkosegasen können auch in Aufwachräumen für Frischoperierte auftreten. Eine ausreichende mechanische Lüftung muß auch hier als Voraussetzung für die Beschäftigung werdender Mütter angesehen werden.

33 **Benzol** ist durch die GefStoffV und die TRGS 900 als krebserzeugender Stoff anerkannt. Einen Wert für die maximale Arbeitsplatzkonzentration, d.h. einen MAK-Wert für Benzol, gab es bislang nicht. Der TRK-Wert (s. § 3 Abs. 7 GefStoffV a.F.) für Benzol diente nach der TRGS 900 dazu, Richtwerte für den Arbeitsschutz beim technisch unvermeidlichen Umgang mit krebserzeugenden Stoffen zu geben. Die Einhaltung der TRK-Werte sollte dieses Risiko mindern, schloß es aber nicht völlig aus. Durch fortgesetzte Verbesserung der technischen Gegebenheiten und der Schutzmaßnahmen sind Konzentrationen anzustreben, die Risiken für Arbeitnehmer möglichst zu vermeiden. Das gilt schon für durchschnittlich belastbare Arbeitnehmer. Die Schwangere und das werdende Kind sind jedoch einem erheblich erhöhten Erkrankungsrisiko ausgesetzt, weil das krebsabwehrende Immunsystem unter den Belastungen der Schwangerschaft störanfälliger ist. Ein Beschäftigungsverbot nach § 5 Abs. 1 Nr. 1 und 3 MuSchArbV für eine im Kassenraum einer **Tankstelle** beschäftigte werdende Mutter war daher auch dann zu bejahen, wenn der Benzolgehalt in der Atemluft infolge des Tankstellenbetriebs unterhalb des bisher geltenden TRK-Wertes für Benzol von 16 m/m^3 blieb (vgl. *OVG Berlin* vom 13.7.1992, NZA 1992 S. 1084). Heute gelten auch allgemeine Verwendungsverbote für Benzol gemäß Anh. IV Nr. 4 der GefStoffV. Allgemeine Verwendungsverbote gelten auch für Asbest gemäß Anh. IV Nr. 1 der GefStoffV. Vgl. dort auch wegen weiterer Verwendungsverbote.

Verbote des Abs. 1 § 4 MuSchG

f) Strahlen. Das Verbot der Beschäftigung werdender Mütter mit Arbeiten, 34
bei denen sie schädlichen Einwirkungen von Strahlen ausgesetzt sind, gilt vor
allem beim Umgang mit Röntgenstrahlen und radioaktiven Strahlen. Nach § 22
Abs. 1 Nr. 2 Buchst. d der Röntgenverordnung (RÖV) vom 8.1.1987 (BGBl. I
S. 114), i.d.F. der Bekanntmachung vom 30.4.2003 (BGBl. I S. 604) und nach
§ 37 Abs. 1 Nr. 2 Buchst. d der Strahlenschutzverordnung (StrlSchV) i.d.F. vom
20.7.2001 (BGBl. I S. 1459), geändert durch Verordnung vom 18.6.2002
(BGBl. I S. 1869) dürfen sich schwangere Frauen im sogenannten Kontrollbereich (s. § 19 Abs. 1 Nr. 2 RÖV und § 36 Abs. 1 Nr. 2 StrlSchV) nur aufhalten,
wenn der fachkundige Strahlenschutzverantwortliche oder der Strahlenschutzbeauftragte dies gestattet und durch geeignete Überwachungsmaßnahmen
sicherstellt, daß die Dosisgrenzwerte eingehalten und dies dokumentiert wird.
Als Patientin ist schwangeren Frauen das Betreten des Kontrollbereichs-Röntgen erlaubt (§ 22 Abs. 1 Nr. 2 Buchst. b i.V.m. Buchst. d RÖV). Nach § 37
Abs. 2 StrlSchV ist schwangeren Frauen der Zutritt zu Sperrbereichen (s. § 36
Abs. 1 Nr. 3 StrlSchV) nicht gestattet, es sei denn, ihr Aufenthalt als Patientin ist
erforderlich.

Nach § 43 Abs. 2 StrlSchV sind die Arbeitsbedingungen einer schwangeren
oder stillenden Frau so zu gestalten, daß eine innere berufliche Strahlenexposition (zum Begriff s. § 3 Abs. 2 Nrn. 31 und 32 StrlSchV) ausgeschlossen ist.

Die **Bildschirmarbeitsplätze** sind, soweit eine Regelung derzeit erforderlich 35
erschien, in der **Bildschirmarbeitsverordnung** (BildscharbV) geregelt. Bildschirmgerät i.S.d. § 2 Abs. 1 BildscharbV ist ein Bildschirm zur Darstellung
alphanummerischer Zeichen oder zur Grafikdarstellung. Bildschirmarbeitsplatz
i.S.d. BildscharbV ist ein Arbeitsplatz mit einem Bildschirmgerät, der gemäß § 2
Abs. 2 BildscharbV ausgestattet sein kann (vgl. im einzelnen § 2 Abs. 2 BildscharbV). Beschäftigte i.S.d. § 2 Abs. 3 BildscharbV sind Beschäftigte, die
gewöhnlich bei einem nicht unwesentlichen Teil ihrer normalen Arbeit ein
Bildschirmgerät benutzen. § 4 BildscharbV enthält Vorschriften über die Anforderungen an Bildschirmarbeitsplätze, näher konkretisiert im zugehörigen
Anhang. Nach § 5 BildscharbV hat der Arbeitgeber die Tätigkeit der Beschäftigten so zu organisieren, daß die tägliche Arbeit an Bildschirmgeräten regelmäßig durch andere Tätigkeiten oder durch Pausen unterbrochen wird, die
jeweils die Belastung durch die Arbeit am Bildschirmgerät verringern. Die
BildscharbV dient i.V.m. dem ArbSchG der Umsetzung der Richtlinie
90/270/EWG des Rates vom 29.05.1990 über die Mindestvorschriften bezüglich
der Sicherheit und des Gesundheitsschutzes bei der Arbeit an Bildschirmgeräten
(ABl. EG Nr. L 156 S. 14). Der Erlaß einer RVO für Bildschirmarbeitsplätze
aufgrund des § 4 Abs. 4 Nr. 1 erschien bisher nicht geboten. Dringende Abhilfe
in Einzelfällen ist nach § 4 Abs. 5 möglich, ggf. nach §§ 1 bis 4 MuSchArbV
(Anlage 1 A 3, Physikalische Schadfaktoren) und nach § 3 Abs. 1 MuSchG.

Von den Strahlen an Bildschirmgeräten sind die **Laserstrahlen** zu unterschei- 36
den. Der zunehmende Einsatz von Laserstrahlen, z.B. in der Schweißtechnik,

MuSchG § 4   *Weitere Beschäftigungsverbote*

wird in der Unfallverhütungsvorschrift Laserstrahlung, VBG 93 und den dazugehörenden Durchführungsanweisungen geregelt (vgl. auch *Meisel/Sowka*, § 4 Rdnr. 71). Ein typischer Frauenbeschäftigungsbereich, in dem Laserstrahlen eingesetzt werden, sind die Scannerkassen (to scan = abtasten) im Einzelhandel. Die obersten Arbeitsbehörden der Länder haben in gleichlautenden Erlassen Mindestanforderungen an **Kassenarbeitsplätze** aufgestellt. Auf dieser Grundlage ist die VBG Kassen erlassen worden. Die Erlasse und die VBG Kassen gehören zu den gesicherten arbeitswissenschaftlichen Erkenntnissen, nach denen der Arbeitgeber die Kassen nach § 3 Abs. 1 ArbStättV einzurichten und zu betreiben hat (vgl. auch VG Ansbach vom 26.3.1986, GewArch 1986, 233). Der Erlaß einer RVO für Laserstrahlen-Arbeitsplätze aufgrund des § 4 Abs. 4 Nr. 1 erschien bisher nicht geboten. Wegen einer dringenden Abhilfe vgl. § 4 Rdnr. 35.

37   g) **Hitze, Kälte.** Das Beschäftigungsverbot des **§ 4 Abs. 1** bei schädlichen Einwirkungen von Hitze kann vor allem in sog. **Hitzebetrieben**, d.h. in Betrieben mit starker Wärmeentwicklung, wie in Glashütten, Härtereien, keramischen Fabriken und chemischen Betrieben, und zwar in der Nähe von Öfen oder heißen Massen in Betracht kommen. Die Bestimmungen im Anhang 3.5 zu § 3 Abs. 1 ArbStättV über Raumtemperaturen sollten bei der Beschäftigung schwangerer Frauen besonders sorgfältig beachtet werden. Das Beschäftigungsverbot bei schädlichen Einwirkungen von **Kälte** kann vor allem in der Nahrungsmittelindustrie bei der Herstellung und dem Vertrieb von Tiefkühlkost zur Anwendung kommen. An Verkaufsständen im Freien sollten schwangere Frauen grundsätzlich nicht beschäftigt werden. Im Anhang zu § 3 Abs. 1 der ArbStättV sind auch die Anforderungen an im Freien liegende Arbeitsstätten geregelt. Das Beschäftigungsverbot bei schädlichen Einwirkungen von **Nässe** kann vor allem bei der Fischaufbereitung, in Schlachthöfen und Brauereien in Betracht kommen. Dringende Abhilfe in Einzelfällen ist nach § 4 Abs. 5 MuSchG und nach §§ 1 bis 4 MuSchArbV Anlage 1 A 3f. möglich, ggf. nach § 3 Abs. 1 MuSchG.

38   h) **Erschütterungen.** Das Beschäftigungsverbot bei schädlichen Einwirkungen von Erschütterungen kann vor allem bei der Tätigkeit auf und in der Nähe von Maschinen, die mechanische Schwingungen verursachen, sowie auf Beförderungsmitteln in Betracht kommen; nach Ablauf des dritten Schwangerschaftsmonats gilt für Beförderungsmittel § 4 Abs. 2 Nr. 7. Erschütterungen sind mechanische Schwingungen unter dem Hörbereich. Durch sie kann der Stütz- und Bewegungsapparat geschädigt und eine Fehlgeburt verursacht werden. Die Gesundheit eines Menschen im Normalzustand ist schon bei Schwingungen im Frequenzbereich zwischen 0,5 und 80 Hz gefährdet. Hitze, Kälte, Nässe, ferner Erschütterungen und Lärm sind physikalische **Schadfaktoren** i.S.d. § 1 Abs. 1, § 4 Abs. 1 Anlage I A 3a MuSchArbV.

39   i) **Lärm.** Eine schädliche Einwirkung von Lärm liegt dann vor, wenn die auf die werdende Mutter einwirkenden Geräusche geeignet sind, ihre Gesundheit

Verbote des Abs. 1 § 4 MuSchG

oder Arbeitsfähigkeit zu beeinträchtigen. Gemeint ist in § 4 Abs. 1 allerdings nur der **Betriebslärm**, nicht der Lärm aus anderen Quellen, z. B. Straßenlärm, Flugzeuglärm, Lärm von Baumaschinen auf benachbarten Grundstücken (vgl. *BT-zu Drucks.* IV/3652 S. 3 zu Nr. 4; ebenso *Meisel/Sowka,* § 4 Rdnr. 8; a. A. *Buchner/Becker,* § 4 Rdnr. 36; *Heilmann,* § 4 Rdnr. 21, der die Entstehungsgeschichte nicht bedenkt). Bei Straßen- und Flugzeuglärm sowie Baulärm kann sich jedoch ein Beschäftigungsverbot aus § 3 Abs. 1 ergeben. Der Beurteilungspegel für den Lärm am Arbeitsplatz beträgt nach Anhang 3.7 zu § 3 Abs. 1 Arbeitsstättenverordnung 85 dB(A); vgl. ferner die UVV »Lärm« (VBG 121) und den *Erlaß zur Lärmeinwirkung* (vgl. auch *Gröninger/Thomas,* § 4 Rdnr. 7).

Von welcher Lautstärke ab ein Geräusch als Lärm im Sinne des § 4 Abs. 1 40 anzusehen ist, ist im Gesetz nicht angegeben. Ein Anhaltspunkt ergibt sich daraus, daß in § 4 Abs. 1 der Lärm ausdrücklich genannt ist, obwohl die Beschäftigung werdender Mütter mit Arbeiten, bei denen die Gefahr der Lärmschwerhörigkeit oder Lärmtaubheit besteht – nach der VDI-Richtlinie 2058 (ArbSch. 1970, S. 346) ab 90 dB(A) –, bereits durch § 4 Abs. 2 Nr. 6 verboten ist. Durch § 4 Abs. 1 ist daher auf jeden Fall die Beschäftigung werdender Mütter mit solchen Arbeiten verboten, bei denen sie der Gefahr der Entstehung einer Lärmschwerhörigkeit oder Lärmtaubheit, d. h., bei denen sie Lautstärken über 90 dB(A) ausgesetzt werden. Die Tatsache, daß § 4 Abs. 1 weder diese noch andere Dezibel-Angaben enthält, zeigt andererseits, daß der Gesetzgeber eine untere Grenze weder bei 80 noch bei 70 dB(A) setzen noch eine Überschreitung dieser Grenzen im Einzelfall ausschließen wollte. Ob sich daher Geräusche von 80 oder 70 dB(A) oder auch darunter schädlich auf werdende Mütter auswirken, muß im Einzelfall unter Berücksichtigung der mittleren Konstitution einer schwangeren Frau geprüft werden (vgl. § 4 Rdnr. 11). Ggf. ist eine Entscheidung der Aufsichtsbehörde nach § 4 Abs. 5 einzuholen und eine Lärmmessung am Arbeitsplatz durchzuführen (vgl. auch *Buchner/Becker,* § 4 Rdnr. 36 f.).

Allgemein ist festzustellen, daß **Geräusche** mit hohen Frequenzanteilen (über 41 1000 Hz) sowie besonders störende Geräusche, z. B. hervortretende Einzeltöne oder Impulsgeräusche wie Knalle, Schläge u. dgl., die Gesundheit von werdenden Müttern besonders schädigen. Arbeitgeber und Gewerbeaufsichtsämter sollten in Zukunft folgende dringende Empfehlung eines Forschungsberichts aus dem Jahre 1973 beachten: höchstzulässiger Lärmgrenzwert für werdende Mütter am Arbeitsplatz 80 dB(A), keine Exposition werdender Mütter gegenüber impulshaltigem Arbeitslärm, besonders wenn dadurch Schreckreaktionen hervorgerufen werden können (vgl. *Klosterkötter,* Experimentelle Untersuchungen zur Frage der Lärmgrenzwerte für werdende Mütter am Arbeitsplatz, Forschungsbericht Nr. 132 der Bundesanstalt für Arbeitsschutz und Unfallforschung). In diesen Fällen ist die werdende Mutter, wenn Lärmschutzmaßnahmen nicht ausreichen, auf einen anderen Arbeitsplatz umzusetzen (vgl. auch *Gröninger/Thomas,* § 4 Rdnr. 3; *Heilmann,* § 4 Rdnr. 22; *Meisel/Sowka,* § 4 Rdnr. 8, 8 a). Dringende Abhilfe in Einzelfällen ist nach § 4 Abs. 5 MuSchG

MuSchG § 4 *Weitere Beschäftigungsverbote*

und nach §§ 1 bis 4 mit Anlage 1 A Nr. 3 c MuSchArbV, ggf. nach § 3 Abs. 1 MuSchG, möglich.

3. Verbote des Abs. 2, konkretisierte Arbeiten

42 a) **Zu Abs. 2 Nr. 1, Lasten.** Das Verbot kommt auf jeden Fall dann zur Anwendung, wenn es die »Regel« ist, daß Lasten von mehr als 5 kg Gewicht ohne mechanische Hilfsmittel von Hand gehoben, bewegt oder befördert werden, Gegensatz, gelegentlich (vgl. auch *Meisel/Sowka*, § 4 Rdnr. 11). Hieraus kann nicht im Wege des Umkehrschlusses gefolgert werden, daß die werdende Mutter mit dem Heben, Bewegen oder Befördern von Lasten von weniger als 5 kg Gewicht schlechthin, insbesondere die ganze Schicht über, beschäftigt werden darf. Das Heben, Bewegen oder Befördern von Lasten kann vielmehr im Einzelfall auch dann eine schwere körperliche Arbeit und damit nach § 4 Abs. 1 verboten sein, wenn die Last weniger als 5 kg Gewicht beträgt (ebenso *Lenz*, § 4 Rdnr. 6). Größere Lasten dürfen ohne mechanische Hilfsmittel nur gelegentlich, d. h. hin und wieder, gehoben, bewegt und befördert werden (vgl. auch *Buchner/Becker*, § 4 Rdnr. 39 ff.; *Gröninger/Thomas*, § 4 Rdnr. 10). Zur Beförderung von Lasten mit mechanischen Hilfsmitteln vgl. § 4 Abs. 2 Nr. 1 Satz 2. Zur manuellen Handhabung von Lasten vgl. die allgemeine Lastenhandhabungsverordnung, speziell für werdende Mütter §§ 1 bis 4 MuSchArbV mit Anlage 1 A 36 MuSchArbV.

43 b) **Zu Abs. 2 Nr. 2, Stehen.** Das Verbot der Beschäftigung im Stehen kommt nach Ablauf des 5. **Monats** der Schwangerschaft ohne Rücksicht darauf zur Anwendung, ob eine Sitzgelegenheit zum Ausruhen bereitgestellt ist oder nicht. Der Arbeitgeber ist jedoch berechtigt, die Frau für die über 4 Stunden hinausgehende Arbeitszeit auf einen anderen, zumutbaren Arbeitsplatz umzusetzen (h. M.; vgl. z. B. *Buchner/Becker*, § 4 Rdnr. 44 f.; zur Umsetzung vgl. Rdnr. 27–34 vor §§ 3–8). Vor Ablauf des 5. Monats der Schwangerschaft kann das Beschäftigungsverbot des § 4 Abs. 1 zur Anwendung kommen, wenn die Arbeit im Stehen eine schwere körperliche Arbeit ist, insbesondere, wenn der Beckenboden der Mutter durch das ständige Stehen so stark belastet wird, daß eine Fehlgeburt zu befürchten ist (vgl. auch *Meisel/Sowka*, § 4 Rdnr. 12).

44 Unter »**Monat**« i. S. d. § 4 Abs. 2 Nr. 2 sind Kalendermonate und nicht Schwangerschaftsmonate im medizinischen Sinne gemeint. Bei der Berechnung ist auszugehen von einer durchschnittlichen Dauer der Schwangerschaft von 280 Tagen (ebenso *Lenz*, Rdnr. 2 vor § 1). Von dem im Zeugnis des Arztes oder der Hebamme angegebenen mutmaßlichen Termin der Entbindung ist um 280 Tage zurückzurechnen. Auf diese Weise kann man den mutmaßlichen Tag des Beginns der Schwangerschaft feststellen. Die **Fünfmonatsfrist** beginnt mit dem auf diesen Tag folgenden Tag und endet im fünften Monat danach an dem Tage, der durch seine Zahl dem Tage des Schwangerschaftsbeginns ent-

Verbote des Abs. 2 § 4 MuSchG

spricht (vgl. auch *Gröninger/Thomas*, § 4 Rdnr. 12; zur Rechtsprechung vgl. hier § 3 Rdnr. 35, vgl. ferner § 9 Rdnr. 52, 65).

Das Verbot des § 4 Abs. 2 Nr. 2 findet nach seinem Wortlaut nur auf solche Arbeiten Anwendung, bei denen die Frau **ständig stehen** muß. Es gilt also nicht, wenn die Arbeit ihrer Art nach durch Gehen oder Sitzen unterbrochen wird, z. B. die Arbeit von Verkäuferinnen, die nicht ständig an einer Stelle stehen müssen, sondern sich bei Verrichtung ihrer Arbeit auch im Raum bewegen und sitzen können, oder wenn die Arbeit ganz im Gehen oder Sitzen durchgeführt wird (ebenso *BAG* vom 25.6.1970, BB 1970, S. 1253 = DB 1970, S. 1933; *Buchner/Becker*, § 4 Rdnr. 43f.). Für Arbeiten, bei denen die Mutter **ständig gehen** oder bei denen sie ständig **sitzen** muß, gelten nur die Erleichterungen des § 2 Abs. 2 (Sitzgelegenheit zum kurzen Ausruhen) oder Abs. 3 (kurze Arbeitsunterbrechungen). Andererseits beseitigen solche Erleichterungen nicht das Verbot für Arbeiten im ständigen Stehen (vgl. auch *Meisel/Sowka*, § 4 Rdnr. 12); bis zum fünften Monat der Schwangerschaft behalten sie ihre Bedeutung. Unabhängig von allen Fristen gilt das Verbot aufgrund einer ärztlichen Bescheinigung gemäß § 3 Abs. 1. Beschäftigungen im Stehen, Strecken, Hocken gehören zu den physikalischen Schadfaktoren i. S. d. Anlage 1 A 3 der MuSchArbV. Zur Beurteilung des Arbeitsplatzes aufgrund des § 1 MuSchArbV vgl. § 2 Rdnr. 45 ff. 45

c) **Zu Abs. 2 Nr. 3, Strecken, Hocken.** Voraussetzung für das Beschäftigungsverbot ist häufiges Strecken oder Beugen bzw. dauerndes Hocken oder Bücken. Gelegentliche Bewegungen dieser Art erfüllen diese Voraussetzung nicht. Eine Beschäftigung von werdenden Müttern wird u. a. an Webstühlen und Spinnmaschinen in fast allen Fällen nach § 4 Abs. 2 Nr. 3 unzulässig sein (ebenso *Buchner/Becker*, § 4 Rdnr. 48; *Lenz*, § 4 Rdnr. 8; vgl. auch *Gröninger/Thomas*, § 4 Rdnr. 13; a. A. *Meisel/Sowka*, § 4 Rdnr. 16), es sei denn, es handelt sich um vollmechanisierte Maschinen, bei denen ein häufiges Strecken oder Beugen bzw. ein dauerndes Hocken oder Sich-gebückt-Halten nicht mehr üblich ist, z.B. bei Rotor-Spinnmaschinen. Das Beschäftigungsverbot des § 4 Abs. 1 Nr. 3 kann ferner bei der Beschäftigung schwangerer und stillender Kassiererinnen an Umpackkassentischen in Selbstbedienungsläden eingreifen, wenn sich die Kassiererinnen an den Kassentischen während eines bedeutenden Teils der Arbeitszeit häufig erheblich strecken oder beugen müssen. Eine Tätigkeit mit häufigem Strecken oder Beugen kann auch die Tätigkeit der Masseusen sein. 46

d) **Zu Abs. 2 Nr. 4, Fußbeanspruchung.** Danach ist z. B. die Beschäftigung an Maschinen, bei denen die Betätigung der Fußeinrückung sich so schnell wiederholt, daß eine Überlastung des Standbeins und der Bauchmuskulatur zu befürchten ist, verboten (vgl. schon *Erl. des RAM* vom 9.1.1936, RArbBl. III S. 34), ferner die Beschäftigung an Seifenpressen mit reinem Fußantrieb (so bereits *Erl. des RAM* vom 4.10.1939, RArbBl. III S. 333), Dosenverschließmaschinen, Heftmaschinen u. ä. mit mechanischem Fußantrieb, nicht dagegen 47 kraftbetriebene Maschinen auf Knopfdruck (h. M., vgl. z. B. *Buchner/Becker*, § 4 Rdnr. 49).

48 e) **Zu § 4 Abs. 2 Nr. 5, Schälen von Holz**. Danach ist die Beschäftigung werdender und stillender Mütter mit dem Schälen von Holz verboten, z. B. mit dem Entfernen von Rinde, Borke und Bast, gleich ob manuell oder maschinell, vom Beginn der Schwangerschaft an. Entstehen beim Schälen von Holz gesundheitsgefährdende Stoffe oder Stäube, gilt darüber hinaus das Verbot des § 4 Abs. 1; ferner gelten die §§ 1 bis 4 MuSchArbV.

f) **§ 4 Abs. 2 Nr. 6, Berufskrankheiten**

49 aa) Zu § 4 Abs. 2 Nr. 6. Durch das MuSchG ÄndG 1996 (Gesetz zur Änderung des Mutterschutzrechts vom 20. 12. 1996, BGBl. 1996 S. 2110) wurde diese Nummer neugefaßt. Danach dürfen **werdende Mütter** nicht beschäftigt werden mit Arbeiten, bei denen sie infolge ihrer Schwangerschaft in besonderem Maße der Gefahr, an einer Berufskrankheit zu erkranken, ausgesetzt sind oder bei denen durch das Risiko der Entstehung einer Berufskrankheit eine erhöhte Gefährdung für werdende Mütter oder eine Gefahr für die Leibesfrucht besteht. Die Neufassung war nicht wegen der EG-Musch-RL geboten; mit ihr wurde den Ergebnissen der Rechtsprechung, des Schrifttums und der Verwaltungspraxis Rechnung getragen (vgl. BT-Drucks. 13/2763 S. 7 zu Nr. 3, S. 9 zu Nr. 2 a; vgl. auch *Gröninger/Thomas*, § 4 Rdnr. 16; *Meisel/Sowka*, § 4 Rdnr. 19 bis 21 a).

50 Die Neufassung berücksichtigt auch die Einbeziehung des Risikos der Entstehung einer Berufskrankheit, dadurch erhöhte Gefährdung für die werdende Mutter, dadurch Gefahr für die Leibesfrucht. Damit erhielt diese Regelung im Unterschied zur **Vorfassung 3 Alternativen**, 3 Tatbestände, wie schon die Verwendung des Wortes »oder« (2 x) zwischen den Tatbeständen zeigt. Es wurde außerdem der Gesetzeszweck, Schutz von Mutter und Kind vor Berufskrankheiten und ihren Folgen, klargestellt (vgl. BT-Drucks. 13/2763 S. 9 zu Nr. 2 a).

51 bb) **Stillende Mütter**. Nach § 6 Abs. 3 gilt die Regelung des § 4 Abs. 2 Nr. 6 auch für **stillende Mütter**. Naturgemäß kommt für sie die 3. Alternative »Leibesfrucht« nicht in Betracht. Dies folgt auch aus § 12 SGB VII. Danach ist Versicherungsfall auch der Gesundheitsschaden einer Leibesfrucht infolge der Schwangerschaft der Mutter. Der Regelung des § 4 Abs. 2 Nr. 6 liegt insoweit die spezielle Regelung der gesetzlichen Unfallversicherung i. d. F. des § 12 SGB VII zugrunde.

52 cc) **Begriff »Berufskrankheiten«**. Nach § 9 Abs. 1 Satz 1 SGB VII (gesetzliche Unfallversicherung) **sind** Berufskrankheiten **Krankheiten**, die die Bundesregierung durch Rechtsverordnung mit Zustimmung des Bundesrates als Berufskrankheiten bezeichnet (**Berufskrankheitenverordnung** – BKV – vgl. Anh. 7) **und** die Versicherte **infolge einer** den Versicherungsschutz nach §§ 2, 3 oder 6 SGB VII begründeten **Tätigkeit** (Arbeit) erleiden (zur Ermächtigung im einzelnen vgl. § 9 Abs. 1 Satz 2 und 3 SGB VII).

Verbote des Abs. 2 § 4 MuSchG

Besondere Fälle. Die Unfallversicherungsträger haben eine Krankheit, die 53
nicht in der BKV bezeichnet ist oder bei der die dort bestimmten Voraussetzungen nicht vorliegen, wie eine Berufskrankheit als **Versicherungsfall anzuerkennen**, sofern im Zeitpunkt der Entscheidung nach neuen Erkenntnissen der medizinischen Wissenschaft die Voraussetzungen »Berufskrankheit« in der BKV erfüllt sind (§ 9 Abs. 2 SGB VII). Erkranken Versicherte, die infolge der besonderen Bedingungen ihrer versicherten Tätigkeit **in erhöhtem Maße der Gefahr der Erkrankung** an einer in der BKV genannten Berufskrankheit ausgesetzt waren, an einer solchen Krankheit und können Anhaltspunkte für eine Verursachung außerhalb der versicherten Tätigkeit nicht festgestellt werden, wird vermutet, daß diese infolge der versicherten Tätigkeit verursacht worden ist, **Beweisvermutung** (§ 9 Abs. 3 SGB VII). Folge: Unterlassung aller Tätigkeiten vor Anerkennung (§ 9 Abs. 4 SGB VII).

dd) **Konkurrenzen.** Bei einer Konkurrenz der Beschäftigungsverbote des § 4 54
Abs. 2 Nr. 6 mit anderen Beschäftigungsverboten des § 4 Abs. 1 oder 2 kann die Mutter alle Beschäftigungsverbote oder dasjenige geltend machen, das sie ausreichend darlegen und beweisen kann. Bei den Beschäftigungsverboten des § 4 Abs. 2 Nr. 6 kann sie sich wegen der ähnlich schwierigen Beweislage auf die Beweisvermutung in § 9 Abs. 3 SGB VII berufen; die Unfallversicherungsträger haben mit dem Arbeitgeber die Möglichkeit, die Beweisvermutung zu widerlegen. Eine Konkurrenz kommt vor allem bei Arbeiten in Betracht, bei denen **folgende Berufskrankheiten** entstehen können: Erkrankungen durch Blei, Quecksilber, Chrom, Cadmium, Mangan, Thallium, Arsen, Phosphor, Kohlenmonoxid, Halogenwasserstoffe, Benzol, Schwefelkohlenstoff, Methanol, Fluor, halogenierte Alkyl-, Aryl- oder Alkylaryloxide oder -sulfide; Erkrankungen durch Erschütterung bei Arbeit mit Druckluftwerkzeugen oder gleichartig wirkenden Werkzeugen oder Maschinen; Erkrankungen durch Arbeit in Druckluft; Lärmschwerhörigkeit; Erkrankungen durch ionisierende Strahlen; Infektionskrankheiten, z.B. Röteln, im Gesundheitsdienst, in der Wohlfahrtspflege oder in Laboratorien; Silikose, Asbestose, durch Asbest verursachtes Mesotheliom des Rippenfells und des Bauchfells, Erkrankungen an Lungenfibrose durch Metallstäube; Farmer-(Drescher-)Lunge und Byssinose (vgl. Nr. 4107 Anlage zu § 1 BKV hier im Anh. 7).

Die Tatbestände des § 4 Abs. 2 Nr. 6

ee) **Erster Tatbestand.** Er erfaßt nicht jede Arbeit, bei der die Gefahr einer 55
Berufserkrankung besteht, sondern nur solche Arbeiten, bei denen werdende Mütter infolge ihrer Schwangerschaft in besonderem Maße der Gefahr einer Berufserkrankung ausgesetzt sind, z.B. bei Toxoplasmose, bei infektiöser Hepatitis in Tierpflegebetrieben, bei Gefahr einer Infektion mit Hepatitis-Viren, z.B. beim intramuskulären Spritzen bei Blutentnahmen (vgl. *VG Berlin* vom 19.6.1990, Az. 8 A 127.90; zum Beschäftigungsverbot bei Hepatitisgefahr vgl. ferner § 4 Rdnr. 29). Die Krankheit Mumps stellt bei Erzieherinnen, die in

Kindergärten arbeiten, ebenfalls eine Berufskrankheit dar, die bei Fehlen hinreichender Antikörper zu einem Beschäftigungsverbot nach § 4 Abs. 2 Nr. 6 führt (vgl. OVG Rheinland-Pfalz vom 4.9.2003, NZA-RR 2004, 93–95). Es handelt sich um Fälle, in denen gerade die werdende Mutter wegen der Schwangerschaft Gefahr läuft, berufskrank zu werden, z.B. wegen ihres labilen Zustandes während der Schwangerschaft, wegen ihrer durch die Schwangerschaft herabgesetzten Abwehrkraft. Ferner handelt es sich um Fälle, in denen sich Berufskrankheiten besonders bei der werdenden Mutter nachteilig auswirken, so z.B. Berufserkrankungen durch Benzol (ebenso *Gröninger/Thomas*, § 4 Rdnr. 16; *Heilmann*, § 4 Rdnr. 32) und andere toxische Substanzen, die zu einer Früh- oder Fehlgeburt führen können, z.B. Narkosemittel (vgl. § 4 Rdnr. 32). Von dem Beschäftigungsverbot werden dagegen die Fälle nicht erfaßt, in denen Frauen der Gefahr einer Berufserkrankung ohne Rücksicht darauf ausgesetzt sind, ob sie schwanger sind oder nicht, und in denen die Schwangerschaft sich auch nicht gefahrerhöhend auswirkt, z.B. Sehnenscheidenentzündung bei Stenotypistinnen, Hauterkrankungen bei Friseusen (im Ergebnis *h.M.*; vgl. z.B. *Buchner/Becker*, § 4 Rdnr. 51 ff.; a.A. *Heilmann*, § 4 Rdnr. 33). Ein präziser Beurteilungsmaßstab für »in besonderem Maße« ist bisher nicht festgelegt worden.

56 **Die Gefahr**, infolge der Schwangerschaft bzw. infolge des Stillens an einer Berufskrankheit zu erkranken, muß von der werdenden oder stillenden Mutter im Einzelfall **substantiiert vorgetragen** und ggf. bewiesen werden. Geht die Mutter bei ihrer Arbeit mit Gefahrstoffen um, bei denen nachgewiesen ist, daß sie vom menschlichen Körper absorbiert werden, dürfte ein dahin gehender, ausreichender Vortrag genügen. Das gleiche dürfte von Arbeiten bei Überdruck der Fall sein, z.B. bei Arbeiten in Druckkammern, bei Arbeiten beim Tauchen (vgl. auch Anlage 1 und 2 MuSchArbV).

57 **Beweislastumkehr.** Mit der Einbindung des § 4 Abs. 2 Nr. 6 bezüglich der Berufskrankheit und der Leibesfrucht in §§ 9 und 12 SGB VII kann die Mutter innerhalb der Vorschrift des § 4 Abs. 2 Nr. 6 MuSchG auch die gesetzliche Vermutung des § 9 Abs. 3 SGB VII im Verhältnis zu ihrem Arbeitgeber in Anspruch nehmen. Sie ist hier wegen ihrer Schwangerschaft bzw. ihres Stillens ebenfalls in erhöhtem Maße der Erkrankung an einer Berufskrankheit ausgesetzt. Dementsprechend gilt m.E. hier: Erkrankt die Mutter an einer Berufskrankheit und können Anhaltspunkte für eine Verursachung außerhalb der beruflichen Arbeit nicht festgestellt werden, wird vermutet, daß diese infolge der Tätigkeit/Arbeit für den Arbeitgeber verursacht worden ist. Auf die Unterlassung solcher Tätigkeit/Arbeit bis zur Klärung der Ursache (§ 9 Abs. 4 SGB VII) wird hingewiesen. Der Arbeitgeber hat zusammen mit dem Unfallversicherungsträger im Rahmen der Prüfung der Verursachung die Möglichkeit, die gesetzliche Vermutung zu widerlegen (vgl. zum SGB *Wannagat/Jung*, § 9 SGB VII Rdnr. 31 f.).

Verbote des Abs. 2 § 4 MuSchG

ff) Zweiter Tatbestand. Es handelt sich um die zweite Alternative in § 4 Abs. 2 Nr. 6, auch i. V. m. § 6 Abs. 3. Sie besagt: Werdende/stillende Mütter dürfen nicht beschäftigt werden mit Arbeiten, bei denen durch das Risiko der Entstehung einer Berufskrankheit eine erhöhte Gefährdung für werdende/stillende Mütter und/oder ihre Kinder besteht. 58

Voraussetzungen. Dieses Beschäftigungsverbot kommt für alle Arbeiten in Betracht, bei deren Ausübung nach dem jeweiligen Stand der Arbeitswissenschaft und Arbeitsmedizin bei grundsätzlich allen Beschäftigten mit dem Risiko des Entstehens einer Berufskrankheit (Risiko = Wagnis, Gefahr) zu rechnen ist. Zweite Voraussetzung: Erhöhte Gefährdung des Entstehens einer Berufskrankheit für werdende/stillende Mütter und/oder ihre Kinder. 59

Darlegungs- und Beweislast. Die erste Voraussetzung dürfte ausreichend dargelegt und bewiesen sein, wenn die Mutter substantiiert darlegt und ggf. beweist, daß sie mit einer Arbeit beschäftigt wird, bei der sie mit einem in der BKV aufgeführten Gefahrstoff umgeht bzw. einer in der BKV aufgeführten mechanischen Einwirkung, Druckluft, Lärm, Strahlen oder einem der unter §§ 3, 4, 5 oder 6 BKV genannten Berufskrankheitenverursacher ausgesetzt ist (vgl. Anh. 7). Bei der zweiten Voraussetzung muß sie ihre Schwangerschaft bzw. ihre Stilltätigkeit ausreichend darlegen und ggf. nachweisen, ferner daß sie oder ihr Kind infolge ihrer Schwangerschaft bzw. ihrer Stilltätigkeit mit einer erhöhten Gefährdung des Entstehens dieser Berufskrankheit/en nach dem derzeitigen Stand der Arbeitswissenschaft und Arbeitsmedizin rechnen muß, z.B. beim Rötelnvirus, beim Toxoplasma, ggf. aufgrund einer dahin gehenden ärztlichen oder betriebsärztlichen Bescheinigung. Dabei kann sie sich auf die in § 4 Rdnr. 57 dargelegten Grundsätze zur Beweislastumkehr berufen. Im Zweifel entscheidet die Aufsichtsbehörde gemäß § 4 Abs. 5 Satz 1. 60

gg) Dritter Tatbestand, Inhalt. Es handelt sich um die dritte Alternative in § 4 Abs. 2 Nr. 6, ohne Einbeziehung stillender Mütter (vgl. § 6 Abs. 3). Die Vorschrift besagt: Werdende Mütter dürfen nicht mit Arbeiten beschäftigt werden, bei denen durch das Risiko der Entstehung einer Berufskrankheit (vgl. § 4 Rdnr. 55) eine erhöhte Gefährdung für werdende Mütter und damit für ihre Leibesfrucht besteht. Stillende Mütter sind in den dritten Tatbestand nicht einbezogen, weil i. d. R. nur Schwangere eine Leibesfrucht haben können. 61

Entstehung. Die frühere Bezugnahme in § 4 Abs. 2 Nr. 6 auf die Vorschriften über die Ausdehnung der Unfallversicherung ist durch die Neufassung des § 4 Abs. 2 Nr. 6 im ÄndG MuSchG 1996 entfallen. Grund: Berufskrankheit und Arbeitsunfall stehen inzwischen gleichberechtigt nebeneinander, vgl. jetzt §§ 7 bis 9 SGB VII (vgl. BT-Drucks. 13/2763 S. 9). Die Einfügung des § 555a über die Leibesfrucht als Versicherungsfall in die RVO, nunmehr in § 12 SGB VII, ist durch die Rechtsprechung und das Schrifttum veranlaßt, vgl. z.B. *BVerfG* vom 22. 6. 1977, NJW 1978, 207; *BSG* vom 30. 4. 1985, NJW 1986, 1569, 1571; *Gröninger/Thomas*, § 4 Rdnr. 16; *Meisel/Sowka*, § 4 Rdnr. 20; *Zmarzlik/Zipperer/Viethen*, § 4 Rdnr. 49 bis zur 7. Aufl. 62

MuSchG § 4   *Weitere Beschäftigungsverbote*

63   **Leibesfrucht.** § 4 Abs. 2 Nr. 6 korrespondiert mit § 12 SGB VII. Danach ist Versicherungsfall auch der Gesundheitsschaden einer Leibesfrucht infolge eines Versicherungsfalls der Mutter während der Schwangerschaft; die Leibesfrucht steht insoweit einem Versicherten gleich. Bei einer Berufskrankheit als Versicherungsfall genügt, daß der Gesundheitsschaden der Leibesfrucht durch besondere Einwirkungen verursacht worden ist, die generell geeignet sind, eine Berufskrankheit der Mutter zu verursachen (vgl. auch *BT-Drucks. 13/2763*, S. 9).

64   **Gemeinsamkeiten** von **§ 12 SGB VII** und **§ 4 Abs. 2 Nr. 6 MuSchG.** Nach § 12 Satz 2 SGB VII ist Versicherungsfall auch der Gesundheitsschaden einer Leibesfrucht infolge eines Versicherungsfalls der Mutter während der Schwangerschaft. Dabei genügt, daß der Gesundheitsschaden der Leibesfrucht durch besondere Einwirkungen verursacht worden ist, die generell geeignet sind, eine Berufskrankheit der Mutter zu verursachen. § 4 Abs. 2 Nr. 6 MuSchG setzt dagegen voraus, daß durch das Risiko der Entstehung einer Berufskrankheit (vgl. § 4 Rdnr. 55) eine erhöhte Gefährdung für werdende Mütter oder eine Gefahr für die Leibesfrucht besteht. In beiden Fällen sind **Infektionskrankheiten** für das Entstehen einer Berufskrankheit mit erhöhter Gefährdung für werdende Mütter und dadurch mit einer Gefahr für die Leibesfrucht **typisch**, z.B die Infektionskrankheiten Röteln, Toxoplasmose (vgl. auch Anlage 2 A 1 b MuSchArbV).

65   **Unterschiede.** Nach § 12 Satz 1 SGB VII steht die Leibesfrucht bei einem Gesundheitsschaden infolge eines Versicherungsfalls der Mutter während der Schwangerschaft einem Versicherten gleich: d. h., (die Leibesfrucht bzw.) das Kind erhält einen eigenen Leistungsanspruch gegen den Träger der gesetzlichen Unfallversicherung der Mutter. § 4 Abs. 2 Nr. 6 MuSchG dagegen gibt der Leibesfrucht bzw. dem **Kind keinen eigenen Leistungsanspruch gegen** den **Arbeitgeber.** Einen solchen hat nur die Mutter, z.B. auf Einhaltung des Beschäftigungsverbots gemäß § 4 MuSchG, auf Zahlung des Arbeitsentgelts gemäß § 11 MuSchG.

66   **Erhöhte Gefährdung.** Der Tatbestand des § 4 Abs. 2 Nr. 6 verlangt, daß durch das Risiko der Entstehung einer Berufskrankheit (vgl. § 4 Rdnr. 55) im Unterschied zu anderen Arbeitnehmern eine erhöhte Gefährdung für werdende Mütter oder eine Gefahr für die Leibesfrucht besteht. Unter erhöhter Gesundheitsgefährdung ist eine über die allgemeine Gesundheitsgefährdung hinausgehende, gesteigerte Gefährdung werdender Mütter zu verstehen, z. B. aufgrund der stärkeren körperlichen Beanspruchung der Mutter durch die Schwangerschaft. Bei der Leibesfrucht genügt die Tatsache einer Gesundheitsgefahr. Die erhöhte Gefährdung der werdenden Mutter bzw. die Gesundheitsgefahr für die Leibesfrucht muß im Einzelfall konkret festgestellt werden. Durch die substantiierte Darlegung der Erkrankung an einer für Schwangere typisch gefährlichen Infektionskrankheit hat die Mutter ihren Anspruch gegen ihren Arbeitgeber im ersten Schritt m. E. ausreichend begründet (vgl. ferner § 4 Rdnr. 56, 57).

Verbote des Abs. 2 § 4 MuSchG

Wie eine Berufskrankheit. Die Unfallversicherungsträger haben eine Krank- 67
heit, die nicht in der BKV bezeichnet ist oder bei der die dort bestimmten
Voraussetzungen nicht vorliegen, wie eine Berufskrankheit als Versicherungsfall
anzuerkennen, sofern im Zeitpunkt nach neuen Erkenntnissen der medizinischen Wissenschaft die Voraussetzungen für eine Bezeichnung nach § 9 Abs. 1
Satz 2 SGB VII erfüllt sind (§ 9 Abs. 2 SGB VII). »Neue Erkenntnisse« sind
möglich, a) wenn sie im Zeitpunkt des Erlasses der letzten BKV noch nicht
vorhanden waren oder b) wenn sie zwar vorhanden waren, dem Verordnungsgeber jedoch nicht bekannt waren, oder auch, c) wenn dieser die Gefährdung
einer bestimmten Personengruppe nicht erkannt hatte (*BSG* in BSGE 52, 272)
oder d) wenn sie dem Verordnungsgeber zwar bekannt waren, er sich jedoch
noch nicht mit der Prüfung ihrer Aufnahme in die Berufskrankheitenliste der
BKV befaßt hatte (verfassungskonforme Auslegung vgl. *BVerfG* vom
22.10.1981, BB 1982, 1238). Zudem muß es sich um Erkenntnisse handeln,
die von der überwiegenden Mehrheit der medizinischen Fachleute getragen
werden (vgl. *BT-Drucks.* 13/2204 S. 78; im einzelnen vgl. *Wannagat/Jung*, SGB,
§ 9 Abs. 2 SGB VII Rdnr. 24ff.). Läuft eine unter das MuSchG fallende Mutter
oder deren Kind Gefahr, an einer solchen Krankheit zu erkranken, kann die
Aufsichtsbehörde ein Beschäftigungsverbot nach § 4 Abs. 5 Satz 2 MuSchG
verfügen (vgl. auch *Buchner/Becker,* § 4 Rdnr. 57).

g) Zu Abs. 2 Nr. 7, Beförderungsmittel. Dieses Verbot greift nach Ablauf 68
des dritten Monats der Schwangerschaft ein, wenn die Beschäftigung **schwerpunktmäßig** oder während eines bedeutenden Teils der Arbeitszeit auf einem
Beförderungsmittel ausgeübt wird, z.B. beim Lenken eines Omnibusses, einer
Straßenbahn, eines Lastkraftwagens, einer Taxe oder bei der Tätigkeit als Schaffnerin, Kontrolleurin, Stewardeß oder als Verkaufsfahrerin oder Vertreterin in
einem großen Bezirk. Die Anwendung des § 4 Abs. 2 Nr. 7 auf Verkaufsfahrerinnen und Vertreterinnen ist zumindest dann zu bejahen, wenn ihre Fahrzeit
mehr als die Hälfte der Beschäftigungszeit ausmacht, weil dann das Führen des
Kraftfahrzeugs der Gesamttätigkeit ein entscheidendes Gepräge gibt. Das Beschäftigungsverbot gilt ferner nur für die Benutzung eines Beförderungsmittels
bei der betrieblichen Tätigkeit, nicht bei der Zurücklegung des Weges von zu
Hause zum Betrieb und zurück (vgl. ebenso *Buchner/Becker,* § 4 Rdnr. 62).
Beförderungsmittel im Sinne des § 4 Abs. 2 Nr. 7 sind **Fahrzeuge jeder Art**,
die der Beförderung von Personen oder Gütern dienen, also nicht nur Kraftfahrzeuge, sondern auch Aufzüge, Fahrstühle, Fuhrwerke, Karren, Fahrräder,
Flugzeuge (vgl. *BAG* vom 22.4.1998, DB 1998, 1920) u.a.

In anderen Fällen kommt § 4 Abs. 2 **Nr. 7 nicht zur Anwendung,** insbeson- 69
dere nicht, wenn das Beförderungsmittel nur gelegentlich, hin und wieder
benutzt wird (insoweit ebenso *Gröninger/Thomas*, § 4 Rdnr. 17) oder wenn
die Tätigkeit nicht schwerpunktmäßig bzw. nur während eines unbedeutenden Teils der Arbeitszeit auf dem Beförderungsmittel ausgeübt wird, z.B. die
Tätigkeit einer Gemeindeschwester, die schwerpunktmäßig an Kranken außer-

MuSchG § 4   *Weitere Beschäftigungsverbote*

halb des Beförderungsmittels durchgeführt wird (vgl. auch *Meisel/Sowka*, § 4 Rdnr. 24; *Lenz*, § 4 Rdnr. 12). Eine Gemeindeschwester wird nicht, wie § 4 Abs. 2 Nr. 7 es voraussetzt, »auf«, sondern nur »mit« einem Fahrzeug beschäftigt (vgl. auch *OVG Münster* vom 23.1.1979, BB 1979 S. 1719). In diesen Fällen ist aber zu prüfen, ob die schwangere Frau bei der Beschäftigung auf dem Beförderungsmittel schädlichen Einwirkungen durch Erschütterungen ausgesetzt ist und damit unter das Beschäftigungsverbot des § 4 Abs. 1 fällt oder ob sich ein Beschäftigungsverbot aufgrund eines entsprechenden ärztlichen Zeugnisses nach § 3 Abs. 1 ergibt.

70   Das Beschäftigungsverbot des § 4 Abs. 2 Nr. 7 kommt **nach Ablauf des dritten Monats** der Schwangerschaft zur Anwendung (zur Berechnung dieses Zeitpunktes vgl. § 4 Rdnr. 44 und § 9 Rdnr. 52). Das Verbot soll die schwangere Arbeitnehmerin und das ungeborene Kind vor den Gefahren durch Erschütterungen auf dem Beförderungsmittel und durch Zwangshaltungen beim Abbremsen und Beschleunigen eines Fahrzeugs schützen. Es besteht unabhängig davon, ob auf dem Fahrzeug Sachen oder Personen befördert werden. Vor Ablauf des dritten Monats der Schwangerschaft sind § 3 Abs. 1 und § 4 Abs. 1 sowie § 1 MuSchArbV zu beachten; vgl. zum Ganzen auch *Buchner/Becker*, § 4 Rdnr. 54ff.; *Lenz*, § 4 Rdnr. 12; *Gröninger/Thomas*, § 4 Rdnr. 17; zum Teil abweichend *OVG Münster* vom 23.1.1979, BB 1979 S. 1719).

Zum Eingreifen des Beschäftigungsverbots des § 4 Abs. 2 Nr. 7 bei einer **Flugbegleiterin** und deren Umsetzung vgl. *BAG* vom 22.4.1998, DB 1998, 1920 sowie im Anschluß daran BAG vom 21.4.1999, DB 1999, 1962f. Die Flugbegleiterin kann danach je nach den Umständen des Einzelfalles verpflichtet sein, bis zum Beginn des sechsten Monats der Schwangerschaft auch eine auswärtige Tätigkeit auszuüben, falls dies billigem Ermessen entspricht und die Schwangere nicht über Gebühr belastet. Nicht billigem Ermessen entspricht die Zuweisung einer Ersatztätigkeit an einem auswärtigen Arbeitsort nach Beginn der 6. Schwangerschaftswoche, wenn der Ersatzarbeitsort nur nach mehrstündiger Bahn- oder Flugreise erreicht werden kann (so BAG vom 21.4.1999 a.a.O.).

71   **h) Zu Abs. 2 Nr. 8, Unfallgefahren.** Diese Vorschrift verbietet die Beschäftigung mit Arbeiten, mit denen werdende und stillende Mütter (§ 6 Abs. 3) **erhöhten Unfallgefahren** ausgesetzt sind. Eine Unfallgefahr ist anzunehmen, wenn ein Zustand herbeigeführt ist, in dem nach den konkreten Umständen der Eintritt eines Unfalls naheliegt. Erhöht ist die Unfallgefahr, wenn besonders häufig mit besonders schweren Unfällen zu rechnen ist, hier insbesondere wegen des Zustandes der werdenden bzw. stillenden Mutter gegenüber anderen Frauen oder wegen der erhöhten Unfallfolgen für Mutter oder ihr Kind (vgl. ferner Rdnr. 66). Die Aufzählung der Gefahren des Ausgleitens, Fallens oder Abstürzens ist nicht ausschließlich, sondern nur beispielhaft. Die Beispiele geben den Grad der mit den Worten »erhöhten Unfallgefahr« gemeinten Gefahren an. Das Beschäftigungsverbot kommt insbesondere bei Arbeiten auf Leitern, Gerüsten,

Verbote des Abs. 3 § 4 MuSchG

Dächern (Schornsteinfegerin) und glitschigen Böden sowie beim Fensterputzen zur Anwendung. Es kann aber auch in anderen besonders gefährlichen Arbeitssituationen oder beim Umgang mit besonders gefährlichen Arbeitsmitteln in Betracht kommen (vgl. auch *Buchner/Becker*, § 4 Rdnr. 63 f.; *Gröninger/Thomas*, § 4 Rdnr. 18; *Heilmann*, § 4 Rdnr. 39; *Meisel/Sowka* § 4 Rdnr. 26). Zu prüfen ist ferner, ob § 1 MuSchArbV über die Beurteilung der Arbeitsbedingungen und deren Ergebnis heranzuziehen ist (vgl. § 2 Rdnr. 45 ff.).

4. Verbote des Abs. 3, Akkordarbeit u. ä.

a) **Zweck.** Die Beschäftigungsverbote des § 4 Abs. 3 sollen verhindern, daß 72
werdende Mütter durch ein zu hohes Arbeitstempo ihre Kräfte überbeanspruchen und dadurch sich selbst und das ungeborene Kind einer Gesundheitsgefährdung aussetzen. Unter die Beschäftigungsverbote des § 4 Abs. 3 fallen dementsprechend Arbeiten, bei denen die Entgelthöhe entscheidend vom Umfang der Arbeitsmenge abhängt, insbesondere von einem leistungsanreizenden Entgeltsystem, z. B.: die von der Arbeitnehmerin erzielte Arbeitsmenge wird entscheidend durch ein gesteigertes Arbeitstempo erzielt. Wird dagegen das Ergebnis der Arbeit weitgehend von der beruflichen Erfahrung oder von Faktoren bestimmt, auf die die Arbeitnehmerin keinen Einfluß hat, fehlt die Anreizwirkung für die Überforderung der Arbeitnehmerin. Für ein Beschäftigungsverbot nach § 4 Abs. 3 besteht kein zwingender Anlaß (vgl. *BAG* vom 25. 5. 1983, DB 1984, S. 52, 53). Die in § 4 Abs. 3 Nr. 1 und 2 genannten Arbeiten können physikalische Schadfaktoren i. S. d. Anlage 1 A 3 b und g zur MuSchArbV sein.

b) **Akkordarbeit.** Akkordarbeit ist die Arbeit, bei der sich die Löhne nicht 73
nach der Dauer (Stunden, Tage, Wochen, Monate), sondern **nach dem Ergebnis der Arbeit** bemessen (zum Akkordlohn insgesamt vgl. *MünchArb/Kreßel* § 67 Rdnr. 1 ff.). Ob die Arbeit als Akkordarbeit bezeichnet wird, ist unerheblich. Unwesentlich ist auch, um welche Art von Akkordarbeit es sich handelt und wie die Akkordarbeit bezeichnet wird (Geldakkord, Zeitakkord, Stückakkord, Einzelakkord, Gruppenakkord u. a.). Ohne Bedeutung ist ferner, ob eine Arbeit im Akkord geleistet werden könnte oder meist im Akkord geleistet wird. Entscheidend ist allein, ob die Arbeit tatsächlich im Akkord geleistet wird, selbst wenn dabei eine Leistungssteigerung und damit eine Erhöhung des Lohnes nur in geringem Maße möglich ist (vgl. zum Ganzen auch *Buchner/Becker*, § 4 Rdnr. 65 ff.; *Gröninger/Thomas*, § 4 Rdnr. 19). Wegen des mißverständlichen Gesetzestextes ist darauf hinzuweisen, daß § 4 Abs. 3 nicht bestimmte Tätigkeiten verbietet. Er verbietet vielmehr nur eine **mengenabhängige Lohngestaltung** oder einen Arbeitsvollzug, der eine bestimmte Mengenleistung fordert (so *Meisel/Sowka*, § 4 Rdnr. 28; zur ähnlichen Regelung im JArbSchG vgl. *Zmarzlik/Anzinger*, JArbSchG, § 23 Rdnr. 5).

MuSchG § 4 Weitere Beschäftigungsverbote

74 c) **Sonstige Arbeiten.** Hierunter ist jede Entlohnungsform gemeint, bei der durch ein gesteigertes Arbeitstempo ein höheres Entgelt erzielt werden kann. Im Zweifel ist nach dem Zweck der Bestimmung zu entscheiden, die verhindern will, daß eine werdende Mutter durch den Anreiz auf höheres Entgelt ihr Arbeitstempo übersteigert. Erfaßt werden außer dem Akkordlohn in der Regel die **Quantitätsprämien** (Mengen- und Schnelligkeitsprämien; zum Prämienlohn insgesamt vgl. *MünchArb/Kreßel* § 67 Rdnr. 76 ff.), insbesondere solche Entlohnungsformen, bei denen die Entgelthöhe entscheidend vom Umfang der Arbeitsmenge beeinflußt wird (vgl. *BAG* vom 25.5.1983, BB 1984 S. 277), auch die **Schreibdienste** im öffentlichen Dienst, auf die die Prämien-Richtlinien Anwendung finden (*BMI MuSch* zu 4.2). Nicht erfaßt werden vom Verbot die Qualitätsprämien (Prämien für besonders gute Qualität oder geringen Ausschuß) und die Wirtschaftlichkeitsprämien (Ersparnis, Material- und Energieausnutzung). Eine Tätigkeit mit einer nach dem Umsatz bemessenen Provision kann nur dann dem Beschäftigungsverbot für werdende Mütter unterliegen, wenn schon die Menge allein die Umsatzhöhe und damit das Entgelt unmittelbar bestimmt. Bei einer **Verkaufsprovision** im Einzelhandel ist dies in der Regel nicht der Fall (vgl. *BAG* vom 25.5.1983, BB 1984 S. 277 = DB 1984 S. 52).

75 **Bei gemischten Lohnformen,** bei denen sowohl die Qualität wie die Quantität berücksichtigt werden, kommt es darauf an, ob das Schwergewicht auf einer Steigerung des Arbeitstempos beruht (ebenso *MünchArb/Heenen* § 226 Rdnr. 26). Auf jeden Fall soll eine Schädigung der Gesundheit der werdenden Mutter durch ein zu schnelles Arbeitstempo verhindert werden. Die Teilnahme einer werdenden Mutter an einer Akkordgruppe ist, wenn sie selbst in Zeitlohn entlohnt wird, im Unterschied zu § 23 Abs. 1 Nr. 2 JArbSchG nicht verboten. Von dem Verbot des § 4 Abs. 3 werden überhaupt nicht berührt die sog. **Nebenprämien** für ein bestimmtes allgemeines Verhalten der Arbeitnehmerin im Betrieb oder am Arbeitsplatz, z.B. die Anwesenheits- und Pünktlichkeitsprämien, die Prämien für Vermeidung von Unfällen, die Prämien für Verbesserungsvorschläge, die Jahresabschlußprämien, die Weihnachtsgratifikation, die Treuepramien und andere ähnliche Leistungen, die in erster Linie von anderen Faktoren als der Leistung des einzelnen oder der Gruppe abhängig sind, z.B. von der Preis-, Gewinn- und Absatzentwicklung, der Dauer der Betriebszugehörigkeit u.a. (vgl. zum Ganzen auch *Buchner/Becker*, § 4 Rdnr. 75 ff.; *Gröninger/Thomas*, § 4 Rdnr. 20; *Meisel/Sowka*, § 4 Rdnr. 32 – 39; *Zmarzlik/Anzinger*, JArbSchG, § 23 Rdnr. 6 ff.).

76 d) **Fließarbeit.** Dies ist die Arbeit am »laufenden Band«, d.h. eine auf Arbeitszeitzerlegung beruhende fortschreitende Folge von Arbeitsverrichtungen, die so aufeinander abgestimmt sind, daß jeder seine Teilarbeit erst tun kann, wenn die vorhergehenden Teilarbeiten erledigt sind, also keine Lücke in der Fließarbeitsreihe entsteht. Erfaßt wird von § 4 Abs. 3 Nr. 2 insbesondere die Fließarbeit, bei der das Arbeitstempo durch das »laufende Band« vorgegeben ist, selbst wenn die Arbeitsgeschwindigkeit durch die Frau einer Schrittschaltung

Ausnahme von den Verboten des Abs. 3 § 4 MuSchG

u. ä. in mehr oder weniger großem Umfang – also nicht völlig ihren Bedürfnissen entspechend – variiert werden kann. Nicht erfaßt werden die Fälle, in denen die technische Einrichtung des Fließbandes nur eine Transporteinrichtung ohne Einfluß auf das jeweilige Arbeitstempo der Frau ist oder nur eine andere Anordnung der Fertigungskette, besonders der Maschinen, bedeutet (ebenso *Buchner/Becker*, § 4 Rdnr. 78 ff.; *Gröninger/Thomas*, § 4 Rdnr. 22; *Meisel/Sowka*, § 4 Rdnr. 40; *MünchArb/Heenen* § 226 Rdnr. 26; vgl. ferner zur Ausdehnung des Begriffs »Fließarbeit« auf »Tempoabhängige Arbeiten« *Zmarzlik/Anzinger*, JArbSchG, § 23 Rdnr. 12 ff.).

e) **Stillende Mütter.** Die Beschäftigungsverbote des § 4 Abs. 3 Satz 1 gelten gemäß § 6 Abs. 3 Satz 1 auch für stillende Mütter. Die Ausnahmevorschriften des § 4 Abs. 3 Satz 2 und 3 gelten für stillende Mütter entsprechend, d. h., die Aufsichtsbehörden müssen Eigenart und Zustand einer stillenden Mutter in besonderer Weise berücksichtigen. 77

5. **Ausnahme von den Verboten des Abs. 3**

a) **Voraussetzungen.** Die Aufsichtsbehörde kann nach § 4 Abs. 3 Satz 2 Ausnahmen vom Akkord- und Fließarbeitsverbot bewilligen. Ob die Art der Arbeit (z. B. einfache, leichte, körperlich und geistig nicht anstrengende Arbeit, unfallfreie Arbeit) und das Arbeitstempo eine Beeinträchtigung der Gesundheit von Mutter oder Kind nicht befürchten lassen, ist von der Aufsichtsbehörde nach Möglichkeit unter Hinzuziehung eines Arztes zu entscheiden. Für die **Entscheidung der Aufsichtsbehörde** sind in erster Linie die Gesundheitsverhältnisse von Mutter und Kind entscheidend. Darüber hinaus wird es u. a. darauf ankommen, ob die Arbeitsplätze den werdenden Müttern entsprechend eingerichtet sind – z. B. körpergerecht, mit elastischen Schrittschaltungen, mit »Puffern« zwischen den Arbeitsplätzen – und ob die Beschäftigung auch im übrigen dem Zustand der werdenden Mütter entsprechend geregelt ist – z. B. durch wesentliche Erhöhung der Vorgabezeiten, durch den Einsatz von Springerinnen (Bandaushelferinnen), durch zusätzliche Pausen – (vgl. im einzelnen *Kirn*, ArbSch 1965 S. 340; *Rutenfranz*, ArbSch 1965 S. 338; *Winkler*, ArbSch 1966 S. 139). Die Aufsichtsbehörden haben Weisung, eine Ausnahmegenehmigung nur befristet und unter Anlegung eines strengen Maßstabs zu erteilen. Für jugendliche werdende Mütter (unter 18 Jahren) dürfen Ausnahmen nur in den Fällen des § 23 Abs. 2 JArbSchG erteilt werden. 78

b) **Kein Rechtsanspruch.** Die Bewilligung der Ausnahme steht im pflichtgemäßen **Ermessen** der Aufsichtsbehörde. Sie muß vor allem abwägen zwischen dem Interesse an der Erhaltung der Gesundheit der werdenden oder stillenden Mutter und dem Interesse des Arbeitgebers an einer möglichst störungsfreien Weiterführung des Betriebs. Bei der Ermessensentscheidung muß der Gesundheit der werdenden oder stillenden Mutter Vorrang eingeräumt werden. Die Handhabung des Ermessens darf jedoch eine Ausnahmebewilligung nicht von 79

MuSchG § 4 *Weitere Beschäftigungsverbote*

vornherein ausschließen. Selbst wenn feststeht, daß die Art der Arbeit und das Arbeitstempo eine Beeinträchtigung von Mutter und Kind nicht befürchten lassen, hat der Arbeitgeber keinen Rechtsanspruch auf die Bewilligung einer Ausnahme. Die Entscheidung der Aufsichtsbehörde wäre u. a. auch dann nicht zu beanstanden, wenn sie das Fehlen betrieblicher Notwendigkeiten für eine Ausnahme als Ablehnungsgrund wertet oder wenn sie die Bewilligung vom Vorhandensein kurzzeitig auftretender, zumindest zeitlich absehbarer Ausnahmetatbestände abhängig macht (vgl. im einzelnen *BVerwG* vom 8.7.1964, AP Nr. 1 zu § 38 JArbSchG mit kritischer Anm. von *Volmer* = ArbSchG 1965 S. 54; ebenso *Buchner/Becker*, § 4 Rdnr. 83; *Gröninger/Thomas*, § 4 Rdnr. 24; *Lenz*, § 4 Rdnr. 16; z.T. abweichend *Meisel/Sowka*, § 4 Rdnr. 47; vgl. zum Ganzen auch *Zmarzlik/Anzinger*, JArbSchG, § 27 Rdnr. 24).

80   c) **Bewilligung.** Sie ist wegen der zu berücksichtigenden individuellen Verhältnisse der werdenden oder stillenden Mutter eine Einzelfallentscheidung. Sie kann jedoch auch für den ganzen Betrieb oder eine Betriebsabteilung erteilt werden, wenn gesundheitliche Beeinträchtigungen bei allen dort beschäftigten Schwangeren aufgrund der Art und Weise der Beschäftigung nicht auftreten können. Da die Aufsichtsbehörde hierbei die Schutzbelange aller dort beschäftigten Frauen berücksichtigen muß, wird an die Erfordernisse des Arbeitsplatzes und die Art und Weise der Beschäftigung ein strengerer Maßstab anzulegen sein (ebenso a.A. *Heilmann*, § 4 Rdnr. 53). Eine großzügige Erteilung genereller Ausnahmebewilligungen mit der Maßgabe, daß durch betriebsärztliche Überwachung ein individueller Schutz der einzelnen werdenden oder stillenden Mutter wieder erreicht wird, dürfte wegen der fehlenden Voraussetzungen des § 4 Abs. 3 Satz 2 nicht möglich sein (a. A. *Buchner/Becker*, § 4 Rdnr. 86).

Wirkt sich eine Arbeit nur bei einer einzelnen Mutter gesundheitsgefährdend aus, nicht aber generell, kann diese auf das ärztliche Beschäftigungsverbot des § 3 Abs. 1 bzw. des § 6 Abs. 2 hingewiesen werden.

81   Die Bewilligung kann mit **Auflagen** und Bedingungen, z.B. Kurzpausen, beschränkte Arbeitszeit, verbunden werden. Sie kann befristet und jederzeit widerrufen werden, und zwar im ganzen oder auch für bestimmte Frauen (wegen der Rechtsmittel vgl. § 20 Rdnr. 15 ff.). Eine bestimmte Form ist für den Antrag des Arbeitgebers nicht vorgesehen.

6. Verbote durch Rechtsverordnung der Bundesregierung nach Abs. 4

82   Nach § 4 Abs. 4 Nr. 1 hat die Bundesregierung die Möglichkeit zu einer authentischen, für alle verbindlichen Einbeziehung bestimmter Arbeiten in die bestehenden Beschäftigungsverbote des § 4 Abs. 1 und 2. Diese **Konkretisierung** muß allgemeiner Art sein. Eine Regelung im Einzelfall ist nicht möglich. Sie ist einer Entscheidung der Aufsichtsbehörde nach § 4 Abs. 5 vorbehalten (vgl. § 4 Rdnr. 84; *Buchner/Becker*, § 4 Rdnr. 91; *Meisel/Sowka*, § 4 Rdnr. 60). Aufgrund des § 4 Abs. 4 sind die Beschäftigungsverbote für werdende und

stillende Mütter in der Gefahrstoffverordnung, in der Röntgenverordnung und in der Strahlenschutzverordnung (vgl. Anh. 8 bis 10), erlassen worden, ohne allerdings zwischen der Ermächtigung in der Nr. 1 und 2 des § 4 Abs. 4 zu unterscheiden. Die MuSchArbV ist ebenfalls aufgrund § 4 Abs. 4 erlassen worden (vgl. § 2 Rdnr. 39 ff.).

Nach § 4 Abs. 4 Nr. 2 kann die Bundesregierung durch Rechtsverordnung über die Beschäftigungsverbote des § 4 Abs. 1 und 2 hinaus **weitere Beschäftigungsverbote** für werdende und stillende Mütter vor und nach der Entbindung erlassen. Diese Ermächtigung gibt der Bundesregierung die Möglichkeit, werdende und stillende Mütter vor Gefahren am Arbeitsplatz zu schützen, die durch neue Technologien, neue Arbeitsstoffe oder neue Arbeitsformen entstehen (ebenso *Buchner/Becker*, § 4 Rdnr. 91). Folgte man z. B. der Auffassung zu den biologischen Stoffen in § 4 Rdnr. 22 f. nicht, könnte zur Vermeidung von Gesundheitsgefährdungen von Mutter und Kind durch biologische Stoffe ein ergänzendes Beschäftigungsverbot aufgrund des § 4 Abs. 4 Nr. 2 erlassen werden. Die Verbote müssen für bestimmte Betriebsarten gelten und bestimmte Arbeitsweisen zum Inhalt haben. Im Einzelfall können Beschäftigungsverbote nur durch die Aufsichtsbehörde ausgesprochen werden (vgl. § 4 Rdnr. 84).

83

7. Verbote durch Aufsichtsbehörde nach Abs. 5

Die Aufsichtsbehörde kann in Einzelfällen nach **§ 4 Abs. 5 Satz 1** durch Verwaltungsakt verbindlich darüber entscheiden, ob eine Arbeit unter die Beschäftigungsverbote des § 4 fällt (vgl. *Buchner/Becker*, § 4 Rdnr. 92; *Lenz*, § 4 Rdnr. 18). Die **feststellende Entscheidung** erfolgt auf Antrag oder von Amts wegen. Der Antrag oder die Anregung zur Klärung von Zweifelsfragen kann vom betroffenen Arbeitgeber, vom Betriebs- oder Personalrat, von einzelnen oder mehreren betroffenen Frauen gestellt werden. Der Antrag, die Anregung kann mündlich, fernmündlich oder schriftlich gestellt werden. Eine bestimmte Form ist nicht vorgeschrieben. Begründete Anfragen, Anträge u. ä. muß die Aufsichtsbehörde sachlich und verbindlich entscheiden. § 4 Abs. 5 Satz 1 räumt der Aufsichtsbehörde insoweit keinen Handlungsspielraum, kein Ermessen ein. Sie ist lediglich ermächtigt, in Zweifelsfällen verbindlich festzustellen, ob im konkreten Einzelfall eine Arbeit unter die Beschäftigungsverbote des § 4 Abs. 1 bis 3 oder eine von der Bundesregierung gemäß Abs. 4 erlassene VO fällt (vgl. *OVG Berlin* vom 13.7.1992, NZA 1993 S. 1083, 1085).

84

Die feststellende Entscheidung der Aufsichtsbehörde ist ein **Verwaltungsakt** i. S. d. § 35 VwVfG und damit in der Regel gebührenpflichtig, wenn sie auf Antrag erfolgt. Die im Verwaltungsakt enthaltenen Ausführungen, ob eine Arbeit unter die Beschäftigungsverbote des § 4 Abs. 1 bis 3 oder einer gemäß § 4 Abs. 4 erlassenen Verordnung fällt, sind keine bloßen Auskünfte, sondern für alle Betroffenen verbindliche Feststellungen. Der Arbeitgeber muß die im Verwaltungsakt getroffene Feststellung in ihrer vollen Konsequenz beachten,

85

auch wenn er die von der Aufsichtsbehörde vertretene Auffassung nicht teilt, andernfalls verstößt er gegen § 21 Abs. 1 Nr. 5 i. V. m. § 4 Abs. 5 Satz 1. Gegen den Verwaltungsakt ist der Verwaltungsrechtsweg gegeben (ebenso *Gröninger/ Thomas*, § 4 Rdnr. 26; vgl. § 20 Rdnr. 15ff.). Der Erlaß eines feststellenden Verwaltungsaktes aufgrund des § 4 Abs. 5 Satz 1 setzt einen entsprechenden **Klarstellungsbedarf** voraus und muß dem Verhältnismäßigkeitsprinzip entsprechen (vgl. *BVerwG* vom 27.5.1993, NJW 1994 S. 401, 402).

86 § 4 Abs. 5 Satz 2 ermächtigt die Aufsichtsbehörde, die Beschäftigung mit bestimmten Arbeiten in Einzelfällen zu verbieten: **Weitere Beschäftigungsverbote im Einzelfall.** Im Hinblick auf das Wort »Einzelfall« kann die Aufsichtsbehörde die Beschäftigung einer oder einzelner Mütter oder auch aller werdenden Mütter eines Betriebes oder einer Betriebsabteilung mit bestimmten Arbeiten verbieten, und zwar in den zuletzt genannten Fällen auch mit Arbeiten, die für werdende Mütter im allgemeinen unter Berücksichtigung ihres durchschnittlichen Gesundheitszustandes gefährlich sind. An der Beurteilung des einzelnen Arbeitsplatzes sollte der Betriebsarzt sowie die Fachkraft für Arbeitssicherheit (§§ 3 und 6 ASiG) beteiligt werden. Beim Erlaß eines solchen Beschäftigungsverbots kann die Aufsichtsbehörde über die Beschäftigungsverbote des § 4 Abs. 1–4 hinausgehen (vgl. die Beispiele in § 4 Rdnr. 12ff., 34ff., 42ff.). Sie kann auch statt von der Befugnis des Satzes 1 sofort von der Befugnis des Satzes 2 Gebrauch machen, wenn zeitraubende Meinungsverschiedenheiten über eine Auslegungsfrage die dringend notwendige Entfernung der Frau von ihrem bisherigen Arbeitsplatz verzögern würden (ebenso *Buchner/Becker*, § 4 Rdnr. 93).

87 Die **Befugnis** nach § 4 Abs. 5 Satz 2 **erstreckt sich** nur auf Arbeiten, und zwar auf solche, die auf Weisung des Arbeitgebers zu leisten sind. Sonstige Maßnahmen zum Schutze werdender Mütter kann die Aufsichtsbehörde nach § 2 Abs. 5 anordnen (vgl. Schriftl. Bericht, *BT-zu Drucks.* IV/3652 S. 4 und § 2 Rdnr. 9; vgl. ferner *Gröninger/Thomas*, § 4 Rdnr. 27; *Heilmann*, § 4 Rdnr. 58).

88 Die Aufsichtsbehörde kann in der Regel sowohl bei einem Verwaltungsakt nach § 4 Abs. 5 Satz 1 als auch nach Satz 2 die **sofortige Vollziehung** des Beschäftigungsverbots gemäß § 80 Abs. 2 Nr. 4 VwGO anordnen. An dem Schutz der Gesundheit von Mutter oder Kind besteht grundsätzlich ein öffentliches Interesse. Die Durchführung von Beschäftigungsverboten zum Schutz der Gesundheit von Mutter oder Kind duldet in der Regel auch keinen Aufschub (vgl. *OVG Berlin* vom 13.7.1992, NZA 1992 S. 1083).

8. Aufgaben des Betriebsrats

89 Im Hinblick auf die in § 89 Abs. 1 BetrVG bestimmte Mitwirkung beim Arbeitsschutz hat der Betriebsrat zu prüfen, ob eine werdende Mutter mit einer in § 4 verbotenen Arbeit beschäftigt wird. Stellt er eine verbotswidrige Beschäftigung fest, dann muß er sich bemühen, sie zusammen mit dem Arbeitgeber zu

Mitteilungspflicht, ärztliches Zeugnis § 5 MuSchG

beseitigen. Die Verpflichtung des Betriebsrats, die Aufsichtsbeamten zu unterstützen, sollte vor allem im Rahmen des § 4 erfüllt werden (vgl. auch § 2 Rdnr. 31 ff. und § 3 Rdnr. 47 f.).

9. Umsetzung, Arbeitsentgelt

Hinsichtlich der Umsetzung gilt das in Rdnr. 5 ff. vor § 3 Ausgeführte entsprechend. Hinsichtlich der Frage, ob und in welchem Umfang Arbeitsentgelt zu erstatten ist, vgl. die Rdnr. zu § 11. 90

10. Folgen bei Nichtdurchführung

Hinsichtlich der Folgen bei der Verletzung der Beschäftigungsverbote vgl. § 2 Rdnr. 37 f., § 3 Rdnr. 49 und die Rdnr. zu § 21. Verlangt der Arbeitgeber von der Arbeitnehmerin die Durchführung einer für sie verbotenen Arbeit, steht ihr ein Leistungsverweigerungsrecht zu (vgl. auch *MünchArb/Wlotzke* § 207 Rdnr. 13, § 209 Rdnr. 24 ff.). 91

Ein Kind, das als **Leibesfrucht** durch die Folgen einer von seiner Mutter vor der Zeugung erlittenen Berufskrankheit, z. B. Hepatitis B, geschädigt worden ist, hat keinen Anspruch auf Entschädigungsleistungen aus der gesetzlichen Krankenversicherung (*BSG* vom 30. 4. 1985, NJW 1986 S. 1569; zur Schädigung der Leibesfrucht während der Schwangerschaft vgl. ferner § 4 Rdnr. 63). 92

§ 5 Mitteilungspflicht, ärztliches Zeugnis

(1) Werdende Mütter sollen dem Arbeitgeber ihre Schwangerschaft und den mutmaßlichen Tag der Entbindung mitteilen, sobald ihnen ihr Zustand bekannt ist. Auf Verlangen des Arbeitgebers sollen sie das Zeugnis eines Arztes oder einer Hebamme vorlegen. Der Arbeitgeber hat die Aufsichtsbehörde unverzüglich von der Mitteilung der werdenden Mutter zu benachrichtigen. Er darf die Mitteilung der werdenden Mutter Dritten nicht unbefugt bekanntgeben.

(2) Für die Berechnung der in § 3 Abs. 2 bezeichneten Zeiträume vor der Entbindung ist das Zeugnis eines Arztes oder einer Hebamme maßgebend; das Zeugnis soll den mutmaßlichen Tag der Entbindung angeben. Irrt sich der Arzt oder die Hebamme über den Zeitpunkt der Entbindung, so verkürzt oder verlängert sich diese Frist entsprechend.

(3) Die Kosten für die Zeugnisse nach den Absätzen 1 und 2 trägt der Arbeitgeber.

MuSchG § 5 *Mitteilungspflicht, ärztliches Zeugnis*

Inhaltsübersicht

1. Mitteilung der werdenden Mutter 1–9
   - a) Verpflichtung zur Mitteilung 1–4
   - b) Empfänger der Mitteilung 5
   - c) Inhalt, Zeitpunkt, Form der Mitteilung 6–8
   - d) Wirkung der Mitteilung 9
2. Benachrichtigung der Aufsichtsbehörde 10
3. Unbefugte Bekanntgabe 11–14
4. Ärztliches Zeugnis über Schwangerschaft, Entbindung 15–18
   - a) Vorlage an Arbeitgeber 15
   - b) Inhalt und Bedeutung des Zeugnisses 16
   - c) Kosten des Zeugnisses 17–18
5. Befragung zur Schwangerschaft vor Einstellung 19–25
   - a) Zulässigkeit 18–22
   - b) Ärztliche Untersuchungen 23
   - c) Offenbarungspflicht 24
   - d) Folgen 25

1. Mitteilung der werdenden Mutter

1 a) **Verpflichtung zur Mitteilung.** Nach § 5 Abs. 1 sollen werdende, **im Arbeitsverhältnis** stehende Mütter dem Arbeitgeber ihre Schwangerschaft und den mutmaßlichen Tag der Entbindung mitteilen. Mit dieser Sollvorschrift wird wegen des besonderen Zustands der Mutter **keine erzwingbare Rechtspflicht**, insbesondere keine Offenbarungspflicht, für die werdende Mutter begründet, jedoch eine nachdrückliche Empfehlung und Mahnung im Interesse der werdenden Mutter und des erwarteten Kindes ausgesprochen, weil der für sie im MuSchG vorgesehene Schutz erst wirksam werden kann, wenn dem Arbeitgeber die Schwangerschaft und Entbindung bekannt sind. Die Unterlassung der Mitteilung ist in § 21 nicht mit Strafe oder Geldbuße bedroht. Die Ausgestaltung des § 5 Abs. 1 als Sollvorschrift beruht auf der Achtung des Persönlichkeitsrechts der Frau. Obwohl die Gesundheit von Mutter und Kind an sich eine frühzeitige Unterrichtung des Arbeitgebers nahelegt, soll die Arbeitnehmerin durch § 5 Abs. 1 nicht zur Offenbarung ihrer Schwangerschaft gezwungen sein (BAG vom 18.1.2000, AP Nr. 1 zu § 5 MuSchG 1968; vgl. auch *Buchner/Becker*, § 5 Rdnr. 2, 22, *Gröninger/Thomas*, § 5 Rdnr. 3; *MünchArb/Heenen* § 225 Rdnr. 17). Zur Unterlassung der Mitteilung der Schwangerschaft als gröbliches Verschulden gegen sich selbst vgl. § 9 Rdnr. 35 f.

2 Eine **Verpflichtung** zur Mitteilung der Schwangerschaft und Entbindung kann sich für die Arbeitnehmerin aus ihrer **Treuepflicht** während des Bestehens des Arbeitsverhältnisses ergeben, wenn die Beschäftigungsverbote des MuSchG zur Anwendung kommen oder wenn die Frau als Schlüsselkraft beschäftigt wird: Rücksichtnahme auf rechtzeitige Disposition (h. M.; vgl. z. B. *Gröninger/Thomas*, § 5 Rdnr. 5, 31; *Meisel/Sowka*, § 5 Rdnr. 8; *MünchArb/Heenen* § 225 Rdnr. 18; *Lenz*, § 5 Rdnr. 2). In einem solchen Fall kann die Frau sogar zum Ersatz des Schadens verpflichtet sein, der z. B. bei einer verspäteten Mitteilung dadurch entstehen kann, daß eine Ersatzkraft nicht oder nur unter für den Arbeitgeber ungünstigeren Bedingungen beschafft werden kann, allerdings nur bei Verschulden (§ 276 BGB) unter dem Gesichtspunkt der Verletzung einer arbeitsvertraglichen Mitteilungspflicht nach § 280 BGB (vgl. *Buchner/Becker*,

Mitteilung der werdenden Mutter § 5 MuSchG

§ 5 Rdnr. 73; *Meisel/Sowka*, § 5 Rdnr. 8, 19). Eine Kündigung des Arbeitsverhältnisses wegen Verletzung einer arbeitsvertraglichen Mitteilungspflicht ist selbst in schwerwiegenden Fällen wegen des Kündigungsverbots des § 9 Abs. 1 nicht zulässig.

Eine Mitteilungspflicht aus § 5 Abs. 1 oder eine darüber hinausgehende arbeitsvertragliche Mitteilungspflicht kann nur eine Mutter haben, die bereits im Arbeitsverhältnis steht. § 5 Abs. 1 ist vor Abschluß eines Arbeitsvertrages nicht anwendbar; zu einer Mitteilungs- bzw. **Offenbarungspflicht** vor oder beim Abschluß eines Arbeitsvertrages vgl. § 5 Rdnr. 24 ff. 3

Eine Arbeitnehmerin, die dem Arbeitgeber das Bestehen einer Schwangerschaft mitgeteilt hat, ist verpflichtet, den Arbeitgeber unverzüglich und unaufgefordert zu unterrichten, wenn die Schwangerschaft z. B. aufgrund einer Fehlgeburt oder eines Schwangerschaftsabbruchs vorzeitig endet (*Buchner/Becker*, § 5 Rdnr. 15; *Meisel/Sowka*, § 5 Rdnr. 10 a). Der Arbeitgeber soll darüber informiert werden, dass die mit der Mitteilung nach § 5 beanspruchten Schutzrechte nicht mehr bestehen (vgl. bei Fehlgeburt BAG vom 18.1.2000, AP Nr. 1 zu § 5 MuSchG 1968). Nach BAG hat die Arbeitnehmerin diese Unterrichtungspflicht auch dann, wenn der Arbeitgeber sich mit der Annahme der Dienste in Verzug befindet und eine von ihm erklärte Kündigung wegen Verstoßes gegen § 9 rechtskräftig für rechtsunwirksam erklärt worden ist. 4

b) Empfänger der Mitteilung. Sie ist dem **Arbeitgeber** gegenüber abzugeben (vgl. auch § 9 Rdnr. 23 f.). Eine Mitteilung an den Vertreter oder eine zur Entgegennahme einer solchen Erklärung befugte Person genügt, z. B. an die Personalsachbearbeiterin (vgl. *BAG* vom 13.4.1956, AP Nr. 9 zu § 9 MuSchG = ArbuR 1956 S. 250 = BB 1956 S. 562 = DB 1956 S. 1124), an die Filialleiterin, auch wenn vertraulich (vgl. *LAG Düsseldorf* vom 22.9.1964, DB 1965 S. 223; *LAG München* vom 23.8.1990, ZTR 1991 S. 212; vgl. ferner hier § 9 Rdnr. 23 f.). Die Mitteilung kann formlos, mündlich oder schriftlich, in elektronischer Form, persönlich oder durch einen Boten erfolgen. Auf den Zugang der Mitteilung, eine geschäftsähnliche Handlung, finden die Grundsätze des § 130 BGB entsprechende Anwendung. Der Arbeitgeber muß daher eine Mitteilung auch dann gegen sich gelten lassen, wenn er oder sein Vertreter von der Mitteilung keine Kenntnis genommen oder sie nicht oder falsch verstanden hat, z. B. wegen eines lateinischen Fachausdrucks in der übersandten ärztlichen Bescheinigung (vgl. *BAG*, a. a. O.; vgl. zum Ganzen auch *Buchner/Becker*, § 5 Rdnr. 8 f.; *Gröninger/ Thomas*, § 5 Rdnr. 13). 5

c) Inhalt, Zeitpunkt, Form der Mitteilung. Die Frau soll ihre Schwangerschaft und den mutmaßlichen Tag der Entbindung mitteilen, sobald ihr Zustand bekannt ist. Es genügt auch die Mitteilung der Frau, daß sie **vermutlich schwanger** sei (vgl. auch § 9 Rdnr. 28). Sache des Arbeitgebers ist es, die Frau zu veranlassen, ihre bloße Vermutung durch ein ärztliches Attest nachzuweisen. Hat der Arbeitgeber einen solchen Nachweis nicht veranlaßt, muß er die Mitteilung der vermutlichen Schwangerschaft gegen sich gelten lassen (vgl. *LAG* 6

Düsseldorf vom 22.8.1964, DB 1965 S. 223). Eine unverständliche Mitteilung muß der Arbeitgeber zurückweisen. Tut er dies nicht, dann muß er auch diese u.U. gegen sich gelten lassen (vgl. *BAG* vom 13.4.1956 in Rdnr. 2). Eine schwangere Arbeitnehmerin handelt nicht schuldhaft, wenn sie trotz Kenntnis vom Bestehen der Schwangerschaft mit der entsprechenden Mitteilung an den Arbeitgeber wartet, bis sie vom Arzt eine Schwangerschaftsbestätigung erhält, aus der sie den Beginn der Schwangerschaft entnehmen kann (*LAG Nürnberg* vom 17.3.1992, BB 1993, 1009).

7 Die werdende Mutter soll nach § 5 Abs. 1 die Mitteilung machen, sobald ihr ihr Zustand bekannt ist. Der Kenntnis der Schwangerschaft steht die Kenntnis solcher Umstände gleich, die eine begründete Vermutung für eine Schwangerschaft zulassen. Da es sich allerdings bei § 5 Abs. 1 nicht um eine Rechtspflicht, sondern nur um eine Empfehlung handelt (vgl. § 5 Rdnr. 1), wird dort auch kein bestimmter Zeitpunkt für die Mitteilung festgelegt, dieser vielmehr der Mutter überlassen. Der **Zeitpunkt** ist dagegen nicht in das Ermessen der Mutter gestellt, wenn die Mitteilungspflicht sich aus dem Arbeitsvertrag ergibt. Hier ist der Zeitpunkt nach den betrieblichen Erfordernissen zu bestimmen. Beruht die Mitteilung auf einem Irrtum der Mutter oder des Arztes, muß die Mutter die irrige Mitteilung unverzüglich berichtigen (ebenso *Buchner/Becker*, § 5 Rdnr. 3f., 15; *Gröninger/Thomas*, § 5 Rdnr. 12f.; *Meisel/Sowka*, § 5 Rdnr. 10a; vgl. auch § 5 Rdnr. 4).

8 **Form der Mitteilung**: Eine bestimmte Form ist für die Mitteilung nicht vorgeschrieben. Die Frau kann daher die ihr nach § 5 Abs. 1 obliegende Mitteilung über die Schwangerschaft und über den voraussichtlichen Entbindungstag mündlich, fernmündlich, in elektronischer Form oder schriftlich abgeben. Sie kann die Mitteilung auch durch Vorlage des Zeugnisses eines Arztes oder einer Hebamme über die Schwangerschaft und über den voraussichtlichen Entbindungstag abgeben. Die Frau kann sich zunächst auf die Mitteilung der Schwangerschaft beschränken und die Mitteilung über den voraussichtlichen Entbindungstag später nachholen. Erlangt der Arbeitgeber von der Schwangerschaft oder von dem voraussichtlichen Entbindungstag auf andere Weise als durch die Frau Kenntnis, muß er diese Kenntnis gegen sich gelten lassen. Zumindest muß er sich erkundigen, ob die ihm bekannt gewordene Nachricht richtig ist (vgl. *LAG Düsseldorf* vom 21.7.1964, BB 1964, 1215; *Buchner/Becker*, § 5 Rdnr. 1, 10ff.; *Gröninger/Thomas*, § 5 Rdnr. 13).

9 **d) Wirkung der Mitteilung**. Teilt die Frau ihre Schwangerschaft und Entbindung dem Arbeitgeber mit oder erlangt er hiervon auf andere Weise Kenntnis, dann muß er in eigener strafrechtlicher Verantwortung prüfen, ob und welche Beschäftigungsverbote zur Anwendung kommen. Außerdem kann er der Frau nicht mehr kündigen. Eine ausgesprochene Kündigung ist unzulässig, wenn die Frau die Mitteilung innerhalb zweier Wochen nach Zugang der Kündigung abgegeben hat (vgl. § 9 Abs. 1 Satz 1). Unterläßt die Frau die Mitteilung, dann erleidet sie diese Nachteile, insbesondere auch bei der Anwendung

Benachrichtigung der Aufsichtsbehörde § 5 MuSchG

der §§ 2, 4 und 8 sowie der MuSchArbV (vgl. auch *Buchner/Becker*, § 5 Rdnr. 18). Hat der Arbeitgeber von einer zugegangenen Mitteilung nicht Kenntnis genommen, muß er sie aber gegen sich gelten lassen (vgl. § 5 Rdnr. 5), dann kommen bei Nichtbeachtung der Verbote des MuSchG zumindest Schadenersatzansprüche aus Pflichtverletzung nach § 280 BGB und aus unerlaubter Handlung in Betracht (vgl. Rdnr. 10 vor § 3). Zur Auslösung des Kündigungsverbots vgl. § 9 Rdnr. 15 ff., 20 ff.

2. Benachrichtigung der Aufsichtsbehörde

Der Arbeitgeber muß die örtlich zuständige Aufsichtsbehörde (vgl. § 20 Rdnr. 1 ff.) nach § 5 Abs. 1 Satz 3 unverzüglich, d. h. ohne schuldhaftes Zögern, von der Mitteilung der Frau benachrichtigen, und zwar auch dann, wenn die Frau ihm nur mitgeteilt hat, daß sie vermutlich schwanger sei und ihm diese Mitteilung zweifelhaft erscheint. Die Benachrichtigung hat den Zweck, der Aufsichtsbehörde Gelegenheit zu geben, sich um die Frau beratend, beaufsichtigend, mahnend und ggf. eingreifend zu kümmern. Verletzt der Arbeitgeber die öffentlich-rechtliche Verpflichtung zur Benachrichtigung, dann kann er aufgrund des § 21 Abs. 1 Nr. 6 mit Geldbuße belegt werden. Dies gilt allerdings nur, soweit ihm die werdende Mutter ihre Schwangerschaft und den mutmaßlichen Tag der Entbindung mitgeteilt hat, nicht dagegen, wenn er von der Schwangerschaft oder von der Entbindung von anderer Seite Kenntnis erhalten hat (ebenso *Buchner/Becker*, § 5 Rdnr. 101–104; vgl. auch *Gröninger/Thomas*, § 5 Rdnr. 19; *MünchArb/Heenen* § 225 Rdnr. 25). Es ist zweckmäßig, in der Mitteilung auch Angaben über Art der Beschäftigung sowie über Dauer und Lage der Arbeitszeit der Arbeitnehmerin zu machen, damit die zuständige Aufsichtsbehörde den Arbeitgeber auf das Vorliegen von Beschäftigungsverboten hinweisen kann (ebenso *BMI MuSch* zu 5.3).

3. Unbefugte Bekanntgabe

Dritten darf der Arbeitgeber die Mitteilung nicht unbefugt bekanntgeben. Dieses Verbot ist in § 5 Abs. 1 Satz 3 bestimmt und ist mutterschutzrechtlicher Art. Es verbietet nach seinem Wortlaut nur die Bekanntgabe der **Mitteilung der werdenden Mutter** oder ihres Beauftragten oder Boten. Hat der Arbeitgeber von der Schwangerschaft oder dem Entbindungstag auf andere Weise Kenntnis erlangt, verbietet ihm nicht § 5 Abs. 1 Satz 3, diese Kenntnis weiterzugeben. Ein solches Verbot ergibt sich jedoch aus der arbeitsvertraglichen Fürsorgepflicht, konkretisiert durch das gesetzliche Verbot (vgl. auch *Buchner/Becker*, § 5 Rdnr. 108). Es betrifft ebenso wie das Verbot des § 5 Abs. 1 Satz 3 nicht nur die Mitteilung bzw. Kenntnis einer tatsächlichen, sondern auch einer vermuteten

Schwangerschaft und gilt ebenfalls nur für die unbefugte Bekanntgabe der Schwangerschaft und des Entbindungstages.

12 Eine **befugte Bekanntgabe** ist in beiden Fällen zulässig. Befugt ist die Bekanntgabe, wenn die Frau einverstanden ist (ebenso *Gröninger/Thomas*, § 5 Rdnr. 22). Ist die Frau nicht einverstanden, dann kann der Arbeitgeber die Mitteilung nur bekanntgeben, wenn und soweit er berechtigte Gründe hat. Solche Gründe liegen vor, wenn der Arbeitgeber die Vorschriften des MuSchG ohne Bekanntgabe der Mitteilung nicht erfüllen könnte, z.B. weil er diese Vorschriften nicht selbst oder allein durchführt, sondern hiermit bestimmte Betriebsangehörige betraut hat. In diesen Fällen muß der Arbeitgeber die Möglichkeit haben, diese Betriebsangehörigen zu unterrichten, z.B. die unmittelbaren Vorgesetzten der Frau, die zuständigen Personen der Personalstelle, den Werksarzt, die Werksfürsorgerin und, soweit in besonderen Ausnahmefällen zwingend erforderlich, die Arbeitskollegen der Frau. Hat die Frau um vertrauliche Behandlung gebeten, dann muß er diese Personen aus Gründen des Persönlichkeitsschutzes zur Verschwiegenheit verpflichten, soweit ihnen eine solche Verpflichtung nicht ohnehin obliegt. Kann die von der Frau erbetene Geheimhaltung nicht sichergestellt werden, darf der Arbeitgeber die Mitteilung nicht weitergeben. Das Persönlichkeitsrecht der Frau hat Vorrang (vgl. *MünchArb/Heenen* § 225 Rdnr. 25; vgl. auch *Buchner/Becker*, § 5 Rdnr. 112 f.).

13 Zur Mitteilung der Schwangerschaft an den **Betriebsrat** bzw. Personalrat ist der Arbeitgeber grundsätzlich verpflichtet (vgl. *BAG* vom 27.2.1968 AP Nr. 1 zu § 58 BetrVG, vgl. ferner § 2 Rdnr. 31 ff.; ebenso *BMI MuSch* zu 5.4) und damit auch befugt, es sei denn, die Mutter hat dies speziell nicht gewollt. Das Persönlichkeitsrecht der Frau hat Vorrang (ebenso *Gröninger/Thomas*, § 5 Rdnr. 21; *Heilmann*, § 5 Rdnr. 71). Gegen eine Unterrichtung des Betriebsrats bzw. Personalrats **ohne Einwilligung der Frau** auch *BVerwG* vom 29.8.1990, NJW 1991, 373 = AP Nr. 2 zu § 68 BPersVG. Die Verpflichtung des Betriebsrats zur Verschwiegenheit ergibt sich aus § 79 BetrVG. Eine Bekanntgabe der Mitteilung der Schwangerschaft außerhalb des Betriebes ist in der Regel unbefugt, auch an die Krankenkasse; es sei denn, daß die Frau einverstanden ist oder der Arbeitgeber sich auf besondere strafrechtliche Rechtfertigungsgründe berufen kann (vgl. zum Ganzen auch *Buchner/Becker*, § 5 Rdnr. 119 ff.; *Gröninger/Thomas*, § 5 Rdnr. 21; kritisch *Meisel/Sowka*, § 5 Rdnr. 17).

14 Ein **Verstoß** gegen § 5 Abs. 1 Satz 4 ist nicht unter Geldbuße gestellt. Die Frau kann jedoch das Arbeitsverhältnis fristlos kündigen, wenn der Arbeitgeber ihre Mitteilung unbefugt bekanntgibt. Außerdem können ihr Schadensersatzansprüche aus Pflichtverletzung nach § 280 und aus unerlaubter Handlung zustehen. Der Schadensersatzanspruch kann auch den Ersatz des durch die vorzeitige Beendigung des Arbeitsverhältnisses entgangenen Arbeitsentgelts und des Mutterschaftsgeldes umfassen. § 5 Abs. 1 Satz 4 ist Schutzgesetz i.S.d. § 823 Abs. 2 BGB. Bei Vorliegen der Voraussetzungen des § 253 BGB kann die Frau eine billige Entschädigung in Geld verlangen. Für Mitarbeiter haftet der

Ärztliches Zeugnis § 5 MuSchG

Arbeitgeber nach §§ 278 und 831 BGB (h.M.; vgl. z.B. *Buchner/Becker*, § 5 Rdnr. 123 bis 128).

4. Ärztliches Zeugnis über Schwangerschaft, Entbindung

a) **Vorlage an Arbeitgeber.** Der Arbeitgeber kann nach § 5 Abs. 1 Satz 2, sobald entsprechende Anhaltspunkte für eine Schwangerschaft vorliegen, jederzeit und ohne Angabe von Gründen von der Frau die Vorlage eines ärztlichen Zeugnisses über eine bestehende Schwangerschaft und über den mutmaßlichen Tag der Entbindung verlangen. Die Frau wird zwar zur Vorlage eines entsprechenden Zeugnisses durch § 5 nicht verpflichtet (»soll«). Eine **Verpflichtung** kann sich jedoch aus der Treuepflicht der Frau ergeben (vgl. auch § 5 Rdnr. 2), aber nicht schlechthin, sondern in besonders begründeten Fällen, z.B. nach Ausspruch der Kündigung bei bloßer Vermutung der Schwangerschaft (§ 9 Rdnr. 29), spätestens vor Beginn der Schutzfrist, bei Beschäftigungsverboten. Die Untersuchung durch einen von ihm bestimmten Arzt oder durch eine bestimmte Hebamme kann der Arbeitgeber nicht verlangen (vgl. auch § 3 Rdnr. 8). Enthält das Zeugnis nur die Bestätigung der Schwangerschaft, dann kann der Arbeitgeber die Vorlage eines zweiten Zeugnisses über den mutmaßlichen Tag der Entbindung verlangen. Bei lediglich vermuteter Schwangerschaft kann der Arbeitgeber einen Schwangerschaftsfrühnachweis verlangen (vgl. auch *Buchner/Becker*, § 5 Rdnr. 76 – 82; *Gröninger/Thomas*, § 5 Rdnr. 15 ff.; *Meisel/Sowka*, § 5 Rdnr. 11). Weigert sich die Frau, ein Zeugnis vorzulegen, kann dies für ein Mitverschulden gemäß § 254 BGB bedeutsam werden (vgl. *MünchArb/Heenen* § 225 Rdnr. 26).

b) **Inhalt und Bedeutung.** Das Zeugnis kann jeder approbierte Arzt oder jede staatlich zugelassene Hebamme ausstellen. Die Frau hat freie Arzt- oder Hebammenwahl. Das Zeugnis muß schriftlich ausgestellt werden. Sein Inhalt sollte für Laien verständlich sein, deutlich die Tatsache der Schwangerschaft, ggf. ihrer Vermutung bescheinigen und, wenn möglich, ein bestimmtes Datum für den mutmaßlichen Entbindungstag enthalten (vgl. auch *Buchner/Becker*, § 5 Rdnr. 86–90). **Mit der Vorlage** des Zeugnisses eines Arztes oder einer Hebamme über das Bestehen der Schwangerschaft **beginnt für den Arbeitgeber** spätestens die straf- und zivilrechtliche **Verantwortung** für die Einhaltung der Vorschriften des MuSchG. Ist ihm die Schwangerschaft schon vorher bekannt, beginnt seine Verantwortung schon von dieser Kenntnis ab. Das Zeugnis des Arztes oder der Hebamme über den mutmaßlichen Tag der Entbindung ist für den Arbeitgeber hinsichtlich der Einhaltung der Schutzfrist vor der Entbindung absolut verbindlich. Der in dem Zeugnis angegebene mutmaßliche Entbindungstag gilt als der Entbindungstag, von dem ab die Schutzfrist von 6 Wochen zurückzurechnen ist (vgl. § 3 Rdnr. 22), ohne Rücksicht darauf, ob sich der Arzt oder die Hebamme geirrt hat, es sei denn, daß das Zeugnis berichtigt wird (ebenso *Buchner/Becker*, § 5 Rdnr. 91–94; *Gröninger/Thomas*, § 5 Rdnr. 23 ff.).

15

16

MuSchG § 5 *Mitteilungspflicht, ärztliches Zeugnis*

Lautet das Zeugnis dahin, daß die Entbindung voraussichtlich innerhalb von 6 Wochen stattfinden wird, dann gilt der Zeitpunkt dieser Feststellung des Arztes oder der Hebamme (ggf. Datum des Zeugnisses) als Beginn der Schutzfrist.

17 c) **Kosten des Zeugnisses.** Sie trägt nach § 5 Abs. 3 der Arbeitgeber, allerdings nur dann, wenn die Zeugnisse auf sein Verlangen ausgestellt worden sind. Kosten für Zeugnisse, die die Frau von sich aus besorgt hat, braucht der Arbeitgeber nicht zu erstatten, da er der Mitteilung der Frau auch ohne Zeugnis Glauben schenken kann (a. A. *Heilmann*, § 5 Rdnr. 56). Dagegen ist für die Pflicht zur Kostentragung durch den Arbeitgeber nicht entscheidend, ob in dem Zeugnis die mitgeteilte Schwangerschaft tatsächlich bestätigt wird (ebenso *Buchner/Becker*, § 5 Rdnr. 99; *Heilmann*, § 5 Rdnr. 55). Zweck des Zeugnisses ist nicht die Bestätigung der Mitteilung der Frau, sondern die Feststellung, ob eine Schwangerschaft besteht oder nicht, damit der Arbeitgeber weiß, ob er die Vorschriften des MuSchG beachten muß. Da der Arbeitgeber das Risiko für die Einhaltung der Vorschriften des MuSchG trägt, muß er auch die Kosten für ein von ihm verlangtes Zeugnis tragen. Eine andere Auffassung würde dazu führen, daß eine Frau die vom Arbeitgeber verlangte und im Interesse des Mutterschutzes auch erwünschte Untersuchung zu ihrem Nachteil und ggf. auch zum Nachteil des Arbeitgebers (Schadenshaftung) unterläßt (ebenso *Buchner/Becker*, § 5 Rdnr. 99; *Gröninger/Thomas*, § 5 Rdnr. 26; a. A. *Meisel/Sowka*, § 5 Rdnr. 14). Hat allerdings die Frau vorsätzlich oder fahrlässig eine unrichtige Mitteilung gemacht, dann muß sie die Kosten selbst tragen. Zu tragen sind nicht nur die Kosten des Zeugnisses, sondern auch die Kosten der Untersuchung einschließlich etwaiger laborärztlicher Untersuchungen.

18 Die in der gesetzlichen Krankenversicherung **versicherten Frauen** haben durch § 196 RVO einen Anspruch auf Feststellung der Schwangerschaft zu Lasten der Krankenkasse. Versicherte Frauen sollten von dieser Möglichkeit in ihrem Interesse Gebrauch machen, sobald sie eine begründete Vermutung für ihre Schwangerschaft haben. Auf diese Weise können sie auch den unter § 5 Rdnr. 17 dargelegten Streit über die Pflicht zur Tragung der Kosten durch den Arbeitgeber vermeiden. Übernimmt die Krankenkasse die Kosten, dann entfällt insoweit die Kostenverpflichtung des Arbeitgebers. Stellt der Arzt das Zeugnis nur gegen Gebühr aus, bleibt es bei der Kostenverpflichtung des Arbeitgebers (ebenso *Buchner/Becker*, § 5 Rdnr. 95, 96; *Gröninger/Thomas*, § 5 Rdnr. 27; *Heilmann*, § 5 Rdnr. 54). Für nicht in der gesetzlichen Krankenversicherung **versicherte Frauen** trägt der Arbeitgeber nach § 5 Abs. 3 weiterhin die Kosten für die Zeugnisse einschließlich der Untersuchungen und etwaiger medizinisch-diagnostischer Nebenkosten. Für die **Berechnung der Kosten** ist die Gebührenordnung für Ärzte maßgebend. Falls sich der Arzt nicht mit den Mindestsätzen begnügt, kann er nur die Vermögensverhältnisse der Frau, nicht etwa die des Arbeitgebers zugrunde legen (*Buchner/Becker*, § 5 Rdnr. 97, 98; *Gröninger/Thomas*, § 5 Rdnr. 29).

Befragung vor Einstellung § 5 MuSchG

5. Befragung zur Schwangerschaft vor Einstellung

a) Zulässigkeit. Frühere Auffassung: Die Verpflichtung zur Mitteilung der Schwangerschaft in § 5 Abs. 1 gilt nach § 1 Nr. 1 nur für Frauen, die im Arbeitsverhältnis stehen, nicht aber für Frauen, die sich um ein Arbeitsverhältnis bewerben. Bezüglich dieser Frauen wurde bis zum Erlaß des Verbots der Benachteiligung wegen des Geschlechts in § 611a BGB durch das arbeitsrechtliche EG-Anpassungsgesetz vom 13.8.1980 (BGBl. S. 1308; Anpassung an die EG-Richtlinie Nr. 76/207 vom 9.2.1976, ABl. EG 1976 L 39/40) überwiegend die Auffassung vertreten, daß der Arbeitgeber bei Einstellungsverhandlungen mit einer Arbeitnehmerin grundsätzlich berechtigt sei, diese nach dem Bestehen einer Schwangerschaft in angemessener Form zu fragen; bei bewußt wahrheitswidriger Beantwortung dieser Frage hatte er ein Recht zur Anfechtung des Arbeitsvertrages wegen arglistiger Täuschung nach § 123 BGB (vgl. *BAG* vom 22.9.1961, BB 1961, S. 1237 = DB 1961, S. 1523 und Vorauflagen).

BAG: Seit Erlass des Benachteiligungsverbots wurde zunächst in der Literatur, später auch in der Rechtsprechung des BAG (zur Entwicklung vgl. Vorauflage, § 5 Rdnr. 18ff.) die **Frage** nach dem Bestehen einer Schwangerschaft der Bewerberin grundsätzlich als **unzulässig** angesehen, weil sie eine unzulässige Benachteiligung wegen des Geschlechts darstellt und damit gegen das Diskriminierungsverbot verstößt. Das BAG hat zwar zunächst noch durch Urteil vom 20.2.1986 (BB 1986 S. 1852 = DB 1986 S. 2287) entschieden, die Frage nach der Schwangerschaft vor der Einstellung sei zulässig, wenn sich nur Frauen um den Arbeitsplatz bewürben. Das BAG neige lediglich dann dazu, in der Frage nach der Schwangerschaft eine unzulässige Benachteiligung wegen des Geschlechts zu sehen, wenn sich männliche und weibliche Arbeitnehmer gleichermaßen um den Arbeitsplatz bewürben. Seit dem Urteil vom 15.10.1992 (AP Nr. 8 zu § 611a BGB) hat das BAG im Anschluss an die EuGH-Rechtsprechung die **Frage** nach der Schwangerschaft nur noch **ausnahmsweise zugelassen**, wenn das eingegangene Arbeitsverhältnis bei Schwangerschaft überhaupt nicht realisiert werden kann, also die Bewerberin objektiv für die Aufnahme der Tätigkeit nicht geeignet ist, speziell wenn nur ein befristetes Arbeitsverhältnis abgeschlossen wird und Beschäftigungsverbote während der ganzen Laufzeit greifen würden (BAG a.a.O.), oder wenn durch Beantwortung der Frage eine Gefährdung der Gesundheit der werdenden Mutter und des Kindes vermieden werden soll, z.B. wenn sich die Frau auf das Beschäftigungsverbot nach § 4 Abs. 1, 2 Nr. 6 oder zumindest auf ein sie und ihr Kind gefährdendes Infektionsrisiko berufen kann (BAG vom 1.7.1993, AP Nr. 36 zu § 123 BGB). In einem vergleichbaren Fall (schwangere Wäschereigehilfin mit unbefristeter Einstellung) hat das BAG in einer neueren Entschedung (vom 6.2.2003 – 2 AZR 621/01) im Anschluss an die EuGH-Rechtsprechung die Frage nach der Schwangerschaft für unzulässig angesehen, allerdings noch darauf abgestellt, dass das Beschäftigungshindernis bei einem unbefristeten Vertrag nur von vorübergehender Natur ist. Ob darauf

19

20

noch abgestellt werden darf, erscheint nach der Rechtsprechung des EuGH jedenfalls zweifelhaft (ebenso *Buchner/Becker*, § 5 Rdnr. 45).

21 EuGH: Zur Zulässigkeit der Frage nach der Schwangerschaft einer Bewerberin sind die Entscheidungen des EuGH zu berücksichtigen, die dieser in Auslegung der Richtlinien 76/207/EWG (geändert durch Richtlinie 2002/73/EG – s. Anhang 20) und 92/85/EWG zur Frage getroffen hat, inwieweit die Schwangerschaft bei Einstellung und Entlassung berücksichtigt werden darf.

Der EuGH hat durch Urteil vom 8.11.1990 (DB 1991 S. 286) entschieden, dass ein Arbeitgeber unmittelbar gegen den Art. 2 Abs. 1 und 3 der EG-Richtlinie Nr. 76/207 verstößt, wenn er es ablehnt, mit einer von ihm für geeignet befundenen Bewerberin einen Arbeitsvertrag zu schließen, weil er wegen der Einstellung einer schwangeren Frau Nachteile zu befürchten habe. Ist die Schwangerschaft Motiv für die Einstellungsverweigerung, komme es wegen der damit verbundenen Diskriminierung nicht darauf an, ob sich auf dieselbe Stelle ein Mann beworben habe oder nicht.

Der EuGH hat durch Urteil vom 5.5.1994 (NJW 1994, 2077 = NZA 1994, 609 = ZTR 1994, 341 = DB 1994, 1089) entschieden, dass ein Arbeitsvertrag (z.B. einer Nachtschwester), der in beiderseitiger Unkenntnis der Schwangerschaft abgeschlossen worden ist, vom Arbeitgeber auch dann nicht angefochten werden kann, wenn sich die geschuldete Arbeitsleistung nur auf eine nachts zu verrichtende Tätigkeit bezieht, die wegen des Nachtarbeitsverbots nicht ausgeübt werden darf.

Mit einer Entlassungsentscheidung vom 14.7.1994 hat der EuGH (AP Nr. 8 zu § 611a BGB) entschieden, dass eine Kündigung einer schwangeren Arbeitnehmerin das gemeinschaftsrechtliche Gebot der Gleichbehandlung von Mann und Frau verletzte. Die Frau war unbefristet für eine andere Arbeitnehmerin, die in Mutterschaftsurlaub gehen wollte, eingestellt worden, worauf der Arbeitgeber im Einstellungsgespräch auch hingewiesen hatte. Die Arbeitnehmerin hat erst zwei Wochen nach ihrer Einstellung erfahren, dass sie bereits zum Zeitpunkt der Einstellung schwanger war.

Nach EuGH (vom 3.2.2000, AP Nr. 18 zu § 611a BGB) verbietet es die Richtlinie 76/207/EWG, eine Schwangere deshalb nicht auf eine unbefristete Stelle einzustellen, weil sie für die Dauer der Schwangerschaft wegen eines aus ihrem Zustand folgenden gesetzlichen Beschäftigungsverbots auf dieser Stelle von Anfang an nicht beschäftigt werden darf. Die Anwendung der Vorschriften zum Schutz der werdenden Mutter darf für diese keine Nachteile beim Zugang zur Beschäftigung mit sich bringen. Der EuGH hat dabei hervorgehoben, dass das Nachtarbeitsverbot bei einem auf unbestimmte Zeit abgeschlossenen Arbeitsvertrag nur für einen gemessen an der Gesamtdauer des Arbeitsverhältnisses beschränkten Zeitraum wirke.

Eine Entscheidung des EuGH aus 2001 betraf ebenfalls einen weiteren Fall unzulässiger Entlassung wegen einer Schwangerschaft. Nach EuGH (vom 4.10.2001, NZA 2001, 1241) stehen die Richtlinien 76/207/EWG und

Befragung vor Einstellung § 5 MuSchG

92/85/EWG der Entlassung einer Arbeitnehmerin wegen Schwangerschaft auch dann entgegen, wenn diese auf bestimmte Zeit eingestellt wurde, wenn sie den Arbeitgeber nicht über ihre Schwangerschaft unterrichtet hat, obwohl diese ihr bei Abschluss des Arbeitsvertrages bekannt war, und wenn feststand, dass sie aufgrund ihrer Schwangerschaft während eines wesentlichen Teils ihrer Vertragszeit nicht würde arbeiten können.

In einer weiteren Entscheidung vom 4.10.2001 hat der EuGH (NZA 2001, 1243) entschieden, dass es eine unmittelbare Diskriminierung aufgrund des Geschlechts darstellt, einen befristeten Arbeitsvertrag wegen der Schwangerschaft der Arbeitnehmerin nicht zu erneuern.

In einer neueren Entscheidung vom 27.2.2003 (C-320/01) hat der EuGH selbst in einem Fall, in dem eine Arbeitnehmerin vor dem Ende ihrer Erziehungsurlaubs an ihren Arbeitsplatz zurückkehren möchte, entschieden, dass sie nicht verpflichtet ist, dem Arbeitgeber mitzuteilen, dass sie wieder schwanger ist, auch wenn sie wegen bestimmter gesetzlicher Beschäftigungsverbote ihre Tätigkeit nicht in vollem Umfang ausüben kann. Diese Entscheidung hat der EuGH ausdrücklich unter Berücksichtigung der finanziellen Folgen, die sich für den Arbeitgeber daraus ergeben, getroffen.

Die Beachtung dieser EuGH-Rechtsprechung bedeutet, dass jede Berücksichtigung der Schwangerschaft bei der Einstellungsentscheidung nach EG-Recht unzulässig ist, weil sie eine unmittelbare Benachteiligung des Geschlechts darstellt. Zur Kritik an der EuGH-Rechtsprechung vgl. Vorauflage, § 5 Rdnr. 18 ff.; *Zöllner*, Festschrift f. Söllner, S. 1320; *Reichhold*, JZ 2004, 384 mit Erwiderung von *Classen*, JZ 2004, 613 und zur Erforderlichkeit eines anderweitigen angemessenen Interessenausgleichs vgl. *Buchner/Becker*, § 5 Rdnr. 47 unter Hinweis auf *Thüsing*, BB 2002, 1146.

Die Frage nach der Schwangerschaft einer Bewerberin muss somit generell als unzulässig angesehen werden. Sie ist eine unzulässige Benachteiligung wegen des Geschlechts, unabhängig davon, ob sich Frauen und Männer um eine Stelle beworben haben, ob das künftige Arbeitsverhältnis befristet oder unbefristet abgeschlossen werden soll und ob die vorgesehene Tätigkeit bei Schwangerschaft wegen mutterschutzrechtlicher Beschäftigungsverbote nicht ausgeübt werden darf. Die Änderungsrichtlinie Gleichbehandlung Männer und Frauen (vgl. Anhang 20) bestimmt in Art. 2 Abs. 7, dass eine ungünstigere Behandlung im Zusammenhang mit Schwangerschaft als Diskriminierung aufgrund des Geschlechts gilt. Ebenso unzulässig sind auch indirekte auf eine bestehende oder potentielle Schwangerschaft abzielende Fragen wie z.B. die Frage nach der letzten Regelblutung, nach dem letzten Geschlechtsverkehr oder nach der Einnahme empfängnisverhütender Mittel. Auf die unzulässige Frage nach der Schwangerschaft braucht die Frau nicht zu antworten. Sie kann die Beantwortung der unzulässigen Frage ablehnen. Stellt der Arbeitgeber die Frau wegen der Nichtbeantwortung der Frage nach der Schwangerschaft nicht ein, wird darin regelmäßig auch eine Benachteiligung wegen des Geschlechts liegen. Die unzu-

22

MuSchG § 5 *Mitteilungspflicht, ärztliches Zeugnis*

lässige Frage nach der Schwangerschaft kann die Frau auch wahrheitswidrig beantworten; denn eine wahrheitswidrige Antwort auf eine unzulässige Frage hat für die Frau keinerlei negative rechtliche Konsequenzen. So rechtfertigt nach der ständigen Rechtsprechung (vgl. BAG vom 15.10.1992, DB 1993, 435) die falsche Antwort auf die unzulässige Frage weder eine Anfechtung des Arbeitsvertrages wegen arglistiger Täuschung noch eine Kündigung des Arbeitsvertrages (zur Fragebogenlüge allgemein vgl. BAG vom 4.12.1997, NZA 1998, 474).

23 **b) Ärztliche Untersuchungen** und Tests zur Feststellung einer eventuellen Schwangerschaft kann der Arbeitgeber vor der Begründung des Arbeitsverhältnisses ebensowenig verlangen wie er auch nicht nach dem Bestehen einer Schwangerschaft fragen darf (vgl. § 5 Rdnr. 21). Die üblichen Einstellungsuntersuchungen müssen sich darauf beschränken, ob die Gesundheit der Stellenbewerberin die Übernahme eines bestimmten Arbeitsplatzes zuläßt (*LAG Düsseldorf* vom 30.9.1971, BB 1972, S. 706). Dies gilt auch für betriebsärztliche Einstellungsuntersuchungen nach § 3 Nr. 2 des Gesetzes über Betriebsärzte, Sicherheitsingenieure und andere Fachkräfte für Arbeitssicherheit. Stellt der Betriebsarzt bei der Einstellungsuntersuchung eine Schwangerschaft fest, darf er diese Feststellung wegen seiner ärztlichen Schweigepflicht nicht dem Arbeitgeber mitteilen, es sei denn, daß ihn die Frau von der ärztlichen Schweigepflicht entbunden hat (*Buchner/Becker*, § 5 Rdnr. 47; vgl. auch *Meisel/Sowka*, § 5 Rdnr. 5c; a.A. wohl *Zeller*, BB 1991, 1124, 1125). Schwangerschaftstests ohne Zustimmung der Frau sind ein Eingriff in ihre persönliche Freiheit und daher unzulässig (Schreiben des *BMA* vom 19.4.1967, Anlage 35 zum Protokoll der 105. Sitzung des BT vom 26.4.1967 = ArbuR 1967 S. 240).

24 **c) Offenbarungspflicht.** Ohne Befragung kann eine Offenbarungspflicht aufgrund der EuGH-Rechtsprechung (vgl. § 5 Rdnr. 20) selbst dann nicht angenommen werden, wenn die Frau die vereinbarte Tätigkeit wegen der Schwangerschaft infolge von Beschäftigungsverboten (§ 4 MuSchG) oder aus tatsächlichen Gründen (Tänzerin, Artistin) nicht ausüben kann, wenn eine Schwangere wegen der besonderen Verhältnisse im Betrieb offenkundig nicht eingestellt werden kann, z.B. bei befristeter Einstellung während der laufenden Saison, bei befristeter Einstellung für einen besonderen, kurzfristigen Arbeitsanfall oder für eine Urlaubsvertretung in einem Kleinbetrieb (vgl. aber noch *BAG* vom 8.9.1988, DB 1989, 585, 586).

25 **d) Folgen.** Ist dem Arbeitgeber die Schwangerschaft einer Arbeitnehmerin, der er eine Einstellungszusage gegeben hat, die ihre Arbeit aber noch nicht aufgenommen hat, in der Zwischenzeit bekanntgeworden, kann er die **Einstellungszusage nicht widerrufen**, wenn er die Arbeitskraft gerade in der Zeit dringend benötigt, in dieser Arbeitnehmerin infolge der Beschäftigungsverbote ausfallen würde (anders vor der EuGH-Rechtsprechung noch: *BAG* vom 13.1.1982 – 5 AZR 498/80 –).

Allgemeines, Begriffe § 6 MuSchG

§ 6 Beschäftigungsverbote nach der Entbindung

(1) Mütter dürfen bis zum Ablauf von acht Wochen, bei Früh- und Mehrlingsgeburten bis zum Ablauf von zwölf Wochen nach der Entbindung nicht beschäftigt werden. Bei Frühgeburten und sonstigen vorzeitigen Entbindungen verlängern sich die Fristen nach Satz 1 zusätzlich um den Zeitraum der Schutzfrist nach § 3 Abs. 2, der nicht in Anspruch genommen werden konnte. Beim Tod ihres Kindes kann die Mutter auf ihr ausdrückliches Verlangen ausnahmsweise schon vor Ablauf dieser Fristen, aber noch nicht in den ersten zwei Wochen nach der Entbindung, wieder beschäftigt werden, wenn nach ärztlichem Zeugnis nichts dagegen spricht. Sie kann ihre Erklärung jederzeit widerrufen.

(2) Frauen, die in den ersten Monaten nach der Entbindung nach ärztlichem Zeugnis nicht voll leistungsfähig sind, dürfen nicht zu einer ihre Leistungsfähigkeit übersteigenden Arbeit herangezogen werden.

(3) Stillende Mütter dürfen mit den in § 4 Abs. 1, 2 Nr. 1, 3, 4, 5, 6 und 8 sowie Abs. 3 Satz 1 genannten Arbeiten nicht beschäftigt werden. Die Vorschriften des § 4 Abs. 3 Satz 2 und 3 sowie Abs. 5 gelten entsprechend.

Inhaltsübersicht

1. Allgemeines, Begriffe............. 1–16
   a) § 6 MuSchG 2002 1
   b) Zweck 2–5
   c) Entbindung 6–8
   d) Lebendgeburt 9
   e) Frühgeburt 10
   f) vorzeitige Entbindung 11
   g) Mehrlingsgeburt 12
   h) Fehlgeburt, Mißgeburt 13
   i) Schwangerschaftsabbruch 14
   j) »Leihmütter« 15
   k) Adoptivmütter 16
2. Beschäftigungsverbot während der Schutzfrist (Abs. 1)............ 17–43
   a) Voraussetzungen 17–18
   b) Dauer und Berechnung der Normal-Schutzfrist 19–20
   c) Verlängerung bei Frühgeburten und vorzeitigen Entbindungen .. 23–26
   d) Wirkung der Schutzfrist 27–28
   e) Ende der Schutzfrist 29–30

   f) Mutterschaftsgeld während der Schutzfrist......................... 31
   g) Wiederaufnahme der Arbeit bei Tod des Kindes 32–37
   h) Widerruf der Erklärung zur Wiederaufnahme der Arbeit 38–40
   i) Arbeitsbefreiung Ehemann/ Partner 41–43
3. Beschäftigungsverbot nach der Schutzfrist (Abs. 2) 44–49
   a) Krankheit nach der Schutzfrist 44
   b) Individuelles Beschäftigungsverbot bei verminderter Leistungsfähigkeit 45–49
4. Beschäftigungsverbote für stillende Mütter (Abs. 3) 50–53
5. Umsetzung, Arbeitsentgelt 54–55
6. Befugnis der Aufsichtsbehörde 56
7. Aufgaben des Betriebsrats 57
8. Folgen bei Nichtdurchführung 58

1. Allgemeines, Begriffe

a) **§ 6 MuSchG 2002, Abs. 1:** Durch das 2. MuSchG-ÄndG 2002 wurde für 1 die Anspruchsberechtigung nach § 6 Abs. 1 S. 1 der herkömmliche und nicht

MuSchG § 6 *Beschäftigungsverbote nach der Entbindung*

mehr allzu vertraute Begriff der »Wöchnerin« durch den der »Mutter« ersetzt. Es handelt sich lediglich um eine terminologische Neuerung ohne inhaltliche Änderung. Die Schutzfrist nach der Entbindung beträgt wie vor der Änderung durch das 2. MuSchG-ÄndG 2002 im Normalfall 8 Wochen, bei Früh- und Mehrlingsgeburten 12 Wochen. Bereits seit dem MuSchG-ÄndG 1996 gilt, daß sich die 12wöchige-Schutzfrist auch noch um den Zeitraum verlängert, der von der 6wöchigen Schutzfrist vor der Entbindung (§ 3 Abs. 2) wegen der Frühgeburt nicht genommen werden konnte. Durch das 2. MuSchG-ÄndG 2002 ist jedoch insoweit § 6 Abs. 1 S. 1 neugefaßt worden, um die EG-rechtliche Vorgabe des Artikels 8 der MuSchRili vollständig umzusetzen. Nunmehr verlängert sich nach § 6 Abs. 1 S. 2 wie bereits bei medizinischen Frühgeburten die Mutterschutzfrist auch bei sonstigen vorzeitigen Entbindungen zusätzlich um den Zeitraum der Schutzfrist nach § 3 Abs. 2, der vor der Geburt nicht in Anspruch genommen werden konnte (vgl. *Tege*, BB 2002, 2602). Durch diese Neufassung wird die Verlängerungsregelung nunmehr auch zugunsten derjenigen Mütter ausgeweitet, die eine sonstige vorzeitige Entbindung erfahren. Auf diese Weise wird in jedem Fall eine Dauer des Beschäftigungsverbots von 14 Wochen sichergestellt. Die Änderung war deshalb nicht nur nach der EG-rechtlichen Vorgabe, sondern auch aus Gründen der Gleichbehandlung in einer nicht unerheblichen Zahl von Fällen notwendig (vgl. *Joussen*, NZA 2002, 702 ff.). Bereits durch das MuSchG-ÄndG 1996 wurde bestimmt, daß die Mutter beim Tode des Kindes auf ihr ausdrückliches Verlangen schon vor Ablauf der Schutzfrist nach der Entbindung wieder beschäftigt werden darf, wenn nach ärztlichem Zeugnis nichts dagegen spricht. Durch das 2. MuSchG-ÄndG 2002 hat der Gesetzgeber eine unabdingbare Ausschlußfrist von zwei Wochen nach der Entbindung ergänzt, während der die Mutter auch nicht auf ihr ausdrückliches Verlangen nach dem Tod des Kindes beschäftigt werden darf. **Abs. 2 und 3** gelten unverändert fort.

2   b) **Zweck des § 6.** Die Schutzfrist nach der Entbindung, d.h. das Verbot des § 6 **Abs. 1**, Mütter bis zum Ablauf von 8 Wochen bei Früh- und Mehrlingsgeburten bis zum Ablauf von 12 Wochen nach der Entbindung bzw. Geburt zu beschäftigen, hat ihren Grund in der besonderen Schonungs- und Pflegebedürftigkeit der Mutter unmittelbar nach der Entbindung (insoweit ebenso *Heilmann*, § 6 Rdnr. 2). Sie verfolgt den Zweck, der Mutter Gelegenheit zu geben, sich von Schwangerschaft und Entbindung zu Hause, im Krankenhaus oder einer anderen Einrichtung (vgl. § 197 RVO Rdnr. 5) zu erholen und ihr eine vom Arbeitsverhältnis ungestörte **Rückbildung der** durch die Schwangerschaft und Entbindung verursachten **Organveränderungen** vom Arbeitsschutz her zu ermöglichen. Unterstrichen wird dieser auf die Gesundheit der Frau bezogene Zweck durch den Wortlaut des § 6 Abs. 1, insbesondere durch die Worte »Entbindung«, »Früh- und Mehrlingsgeburt« und den zeitlichen Ablauf der Schutzfrist von ihrem Beginn am Tag der Entbindung bzw. der Geburt bis zu ihrem Ende nach Ablauf von 8 bzw. 12 Wochen, einem Zeitraum, in dem

Allgemeines, Begriffe § 6 MuSchG

erfahrungsgemäß die Rückbildung der durch Schwangerschaft und Entbindung bedingten Veränderungen abgeschlossen ist, zumindest im Bereich der gröberen Organveränderungen, wohl nicht immer im hormonellen und endokrinen Bereich. In der Regel ist dieser Zeitraum bei »Normalgeburten« kürzer als bei »Früh- und Mehrlingsgeburten« (vgl. *Sohnius,* Arbeitsmedizinisches Gutachten über die Leistungsfähigkeit der Arbeitnehmerin nach Schwangerschaft und Entbindung, tw. abgedruckt in DB 1981, 844).

§ 6 Abs. 1 verfolgt erst **in zweiter Linie** den Zweck, der Arbeitnehmerin mit der Schutzfrist Gelegenheit zu geben, sich ihrem neugeborenen **Kind** in seiner ersten Lebensphase ungehindert durch die Pflichten aus dem Arbeitsverhältnis voll zu **widmen,** es zu pflegen und zu betreuen. Die bei der letzten Verlängerung der Schutzfrist von 6 auf 8 Wochen im Jahre 1985 einsetzende Diskussion, der Mutter im Interesse des Mutter-Kindverhältnisses Gelegenheit zu geben, nach der Entbindung mit ihrem Kind möglichst lange zusammenzubleiben (vgl. *zu BT-Drucks.* IV/3652 S. 2, 3, 4 und 6), hat im Jahre 1985 allenfalls die Verlängerung der Schutzfrist mit erleichtert, in erster Linie aber zur Einfügung des § 10 geführt, im Jahre 1979 zum Mutterschaftsurlaub, im Jahre 1985 zum Erziehungsurlaub, im Jahre 2001 zur Elternzeit. Die vorrangige gesundheitliche Zwecksetzung des § 6 Abs. 1 ist hierdurch nicht verändert worden, zumindest nicht für die ersten 6 Wochen nach der Entbindung. Anknüpfungspunkt für die Schutzfrist des § 6 Abs. 1 blieb von der Sache her die »Niederkunft«. Dieses Wort wurde nur wegen des gewandelten Sprachgebrauchs durch das modernere Wort »Entbindung« ersetzt. Der vordergründige Bezug zur Mutter blieb auch bei dem Wort »Entbindung« erhalten. 3

§ 6 Abs. 1 Satz 2: Der Zweck der zusätzlichen Verlängerung der 12wöchigen Schutzfrist besteht darin, den vor der Entbindung verlorengegangenen Fristanteil »nachzugewähren« und so nach der Entbindung einen Ausgleich zu schaffen. Darüber hinaus sind Mütter nach Frühgeburten i.d.R. über einen längeren Zeitraum schonungsbedürftiger als Mütter nach »Normalgeburten« (vgl. im einzelnen *BT-Drucks.* 13/2763 S. 9). Satz 3: Der Grund für die Neuregelung ist die tragische Situation der Mutter, die von einem toten Kind entbunden wird oder deren Kind kurz nach der Geburt stirbt, unabhängig von einer verlängerten Schutzfrist (vgl. im einzelnen *BT-Drucks.* 13/2763 S. 10). 4

§ 6 Abs. 2 hat den Zweck, Müttern, bei denen die Rückbildung im hormonellen und endokrinen Bereich noch nicht abgeschlossen ist, bei denen die Regeneration nach Schwangerschaft und Entbindung langsamer als gewöhnlich und/oder bei denen die Entbindung und die Zeit danach nicht ganz komplikationslos verlaufen ist und die deshalb noch nicht voll leistungsfähig sind, eine »gewisse, weitere Schonzeit« zuzubilligen. § 6 **Abs. 3** hat den Zweck, die stillende Mutter und ihr Kind vor den Gefahren am Arbeitsplatz zu schützen. 5

c) **Entbindung.** Maßgebend für den Beginn der Schutzfrist ist der Tag der Entbindung. Der Begriff »Entbindung« wird weder im MuSchG noch in der RVO definiert. Als Entbindung im Sinne des MuSchG und auch der RVO wird, 6 seitdem es diesen Begriff gibt (vorher Niederkunft), jede Lebendgeburt angesehen. Sie ist mit der Trennung der Leibesfrucht vom Mutterleib vollzogen (vgl. *BAG* vom 16.2.1973, BB 1973, S. 566 = DB 1973, S. 879; *LSG Niedersachsen* vom 3.3.1987, NZA 1987, S. 544; vgl. auch *Buchner/Becker*, § 1 Rdnr. 134f.). Noch eindeutiger war der bis zur Änderung des MuSchG im Jahre 1965 verwendete Gesetzesbegriff »Niederkunft«. Unter diesem Gesetzesbegriff war nicht jede Trennung der Leibesfrucht vom Mutterleib zu verstehen, insbesondere nicht die Trennung der Leibesfrucht vom Mutterleib durch eine Fehlgeburt oder durch einen Schwangerschaftsabbruch (a.A. *Heilmann*, Rdnr. 14f. vor § 1 und § 6 Rdnr. 5, 7 zum Begriff »Entbindung«). Bei der Ersetzung des Begriffes »Niederkunft« durch den Begriff »Entbindung« wurde im Schriftlichen Bericht des Ausschusses für Arbeit des Deutschen Bundestages ausdrücklich vermerkt: »Eine materielle Änderung des bisherigen Rechtszustands tritt hierdurch nicht ein.« Die Entbindung wird durch die standesamtliche Geburtsurkunde oder durch ein Zeugnis des Arztes oder der Hebamme nachgewiesen. Sie liegt bei einer **Lebendgeburt** stets vor, unabhängig davon, ob das Kind lebensfähig ist oder welches Gewicht oder Größe es hat (vgl. § 29 Abs. 1 der VO zur Ausführung des Personenstandsgesetzes; vgl. auch § 6 Rdnr. 9).

7   Als **Entbindung** i.S.d. § 6 Abs. 1 kann **auch** eine **Totgeburt** angesehen werden, bei der sich zwar kein Lebensmerkmal gezeigt hat, bei der jedoch das Gewicht der Leibesfrucht mindestens **500 Gramm** beträgt. Die Leibesfrucht gilt dann nach § 29 Abs. 2 der VO zur Ausführung des Personenstandsgesetzes als totgeborenes oder in der Geburt verstorbenes Kind. Auf die Körperlänge der Leibesfrucht kommt es nicht an. Eine Entbindung ist auch die Frühgeburt. Keine Entbindung ist dagegen die Fehlgeburt oder der Schwangerschaftsabbruch (h.M., vgl. z.B. *Buchner/Becker*, § 1 Rdnr. 137, § 6 Rdnr. 7; *Gröninger/Thomas*, § 6 Rdnr. 2ff.; *Meisel/Sowka*, § 6 Rdnr. 2ff.; *MünchArb/Heenen* § 226 Rdnr. 36; für eine Ausweitung des seit 1878 im Kern gleichgebliebenen Begriffs ohne Berücksichtigung der sich daraus ergebenden Verschiebung der Belastungen, die allein der Gesetzgeber vornehmen könnte, und in unnötiger Abweichung vom Personenstandsgesetz *Heilmann*, § 6 Rdnr. 7). Vorschläge zur Beurkundung einer Fehlgeburt im Personenstandsregister auf Antrag der Eltern bzw. der Mutter sind bei der Absenkung der Gewichtsgrenze in § 29 PStV von 1000 auf 500 Gramm durch die 13. ÄnderungsVO vom 24.3.1994 abgelehnt worden.

8   Die Entbindung und die Zeit des sog. Wochenbettes sind **keine Krankheit**, sondern normale physiologische Vorgänge und Zustände im Leben einer Frau; es sei denn, daß ganz besondere, krankhafte Komplikationen hinzutreten (all. Meinung, vgl. z.B. *BAG* vom 14.11.1985, DB 1985, S. 710; *Buchner/Becker*, § 6 Rdnr. 13; vgl. hier Rdnr. 1, 16ff. vor § 3).

9   **d) Lebendgeburt.** Sie liegt vor, wenn bei einem Kind nach der Scheidung vom Mutterleib entweder das Herz geschlagen oder die Nabelschnur pulsiert oder die natürliche Lungenatmung eingesetzt hat. Auf die Lebensfähigkeit, das Gewicht oder die Größe des Kindes kommt es dabei nicht an, auch nicht darauf,

ob es eine Früh- oder Spätgeburt ist (§ 29 der VO zur Ausführung des Personenstandsgesetzes). Es ist auch nicht erforderlich, daß das Kind außerhalb eines Brutkastens eigenständig atmen kann (vgl. *LSG Niedersachsen* vom 3.3.1987, NZA 1987, S. 544; vgl. auch *Buchner/Becker*, § 1 Rdnr. 136, *Gröninger/Thomas*, § 6 Rdnr. 3; *Lenz*, § 1 Rdnr. 1; *Meisel/Sowka*, § 6 Rdnr. 2).

e) **Frühgeburt.** Hierunter ist eine Entbindung zu verstehen, bei der das Kind, bei Mehrlingsgeburten das schwerste der Kinder, ein Geburtsgewicht unter 2500 Gramm hat. Diesen Entbindungen sind solche gleichzusetzen, bei denen das Kind trotz höheren Geburtsgewichtes wegen noch nicht voll ausgebildeter Reifezeichen (an Rumpf, Haut, Fettpolstern, Nägeln, Haaren und äußeren Geschlechtsorganen) oder wegen verfrühter Beendigung der Schwangerschaft einer wesentlich erweiterten Pflege bedarf (vgl. *BAG* vom 12.3.1997 – 5 AZR 329/96, DB 1997, 1337; *BMI* Hinweise zu 6, 4). Die Feststellung des Geburtsgewichts und eines wesentlichen Mangels an Reifezeichen obliegt der Hebamme oder dem Arzt; für die Feststellung wesentlich erweiterter Pflegebedürftigkeit wegen verfrühter Beendigung der Schwangerschaft und für sonstige Zweifelsfälle ist ein ärztliches Zeugnis erforderlich und maßgebend (*Besch. BMA* vom 5.5.1962, ArbSch 1962 S. 109; ebenso *Buchner/Becker*, § 6 Rdnr. 24 f.; *Meisel/Sowka*, § 6 Rdnr. 4; *Gröninger/Thomas*, § 6 Rdnr. 6; a.A. *Heilmann*, § 6 Rdnr. 17, der die Frühgeburt als eine vor Ablauf der 38. Schwangerschaftswoche beendete Schwangerschaft umschreibt). Eine Frühgeburt kann auch eine Totgeburt sein, wenn das Gewicht der Leibesfrucht mindestens 500 und höchstens 2500 Gramm beträgt und sich bei ihr ein Lebenszeichen nicht gezeigt hat (§ 29 Abs. 2 der VO zur Ausführung des Personenstandsgesetzes). Für sie gilt ebenfalls die verlängerte Schutzfrist von 12 Wochen, da die Verlängerung der Schutzfrist in § 6 Abs. 1 Satz 2 nur von der Tatsache der Frühgeburt, nicht aber vom Leben und von der Pflege des Kindes abhängig gemacht wird (*BSG* vom 15.4.1974, BSGE 37, 216; *Buchner/Becker*, § 6 Rdnr. 22).

f) **Vorzeitige Entbindung.** Hierunter ist jede Entbindung zu verstehen, bei der der Geburtstag des Kindes vor dem errechneten Termin liegt, aber kein Merkmal für eine Frühgeburt (vgl. Rdnr. 10) vorliegt. Nach Angaben des BMFSFJ (zitiert bei *Joussen*, NZA 2002, 202, 203) bringen 45 % aller Frauen ihre Kinder vor dem ursprünglich festgesetzten Geburtstermin zur Welt, ohne daß es sich dabei um Frühgeburten in dem unter § 6 Rdnr. 10 genannten Sinne handelt; dies sind etwa 180 000 vorzeitige Entbindungen pro Jahr. Hinsichtlich dieser vorzeitigen Entbindungen ist § 6 Abs. 1 S. 2 als Folge der 2002 vollständig umgesetzten EG-rechtlichen Vorgabe und aus Gründen der Gleichbehandlung neugefaßt worden. Die Mutterschutzfrist verlängert sich nun auch bei vorzeitigen Entbindungen wie bei Frühgeburten um den Zeitraum der Schutzfrist nach § 3 Abs. 2, der vor der Geburt nicht in Anspruch genommen werden konnte (vgl. *Tege*, BB 2002, 2602).

g) **Mehrlingsgeburt.** Sie liegt vor, wenn die Mutter von mehr als einem Kind bei einem einheitlichen Geburtsakt entbunden wird, auch wenn sich der

MuSchG § 6 Beschäftigungsverbote nach der Entbindung

Geburtsakt über einen gewissen Zeitraum erstreckt. Dabei kommt es nicht darauf an, ob die Kinder lebend oder tot geboren werden (vgl. *Besch. BMA* vom 16.5.1966, DOK 1966 S. 310). Jedoch muß es sich auch hier um eine Entbindung i.S.d. § 6 Rdnr. 6ff. handeln; Totgeburten unter 500 Gramm und Fehlgeburten sind auch hier keine Entbindung. Den Nachweis für die Mehrlingsgeburt und damit für den Anspruch auf eine längere Schutzfrist muß die Arbeitnehmerin durch eine Bescheinigung des Arztes oder der Hebamme oder durch Vorlage der Geburtsurkunden auf Verlangen des Arbeitgebers auf ihre Kosten führen (vgl. *Buchner/Becker*, § 6 Rdnr. 31 ff.; *Gröninger/Thomas*, § 6 Rdnr. 7; *Meisel/Sowka*, § 6 Rdnr. 5).

13   h) **Fehlgeburt, Mißgeburt.** Für die Bestimmung dieses Begriffs kann § 29 Abs. 3 der VO zur Ausführung des Personenstandsgesetzes herangezogen werden. Danach ist Fehlgeburt die Ausstoßung einer Leibesfrucht, bei der sich kein Lebensmerkmal – kein Schlagen des Herzens, kein Pulsieren der Nabelschnur, keine natürliche Lungenatmung nach der Scheidung vom Mutterleib – gezeigt hat und deren Gewicht weniger als 500 Gramm beträgt. Die Fehlgeburt wird im Unterschied zur Lebendgeburt und zur Totgeburt nicht in den Personenstandsbüchern beurkundet. Sie ist keine Entbindung und löst auch keine mutterschutzrechtlichen Folgen aus, insbesondere keine Schutzfrist nach § 6 Abs. 1 (*BAG* vom 16.2.1973, DB 1973, 879; *BSG* vom 17.4.1991, BB 1991, 1642; *Besch. BMA* vom 16.2.1952, BKK 1952 S.p. 234). Fehlgeburten sind insbesondere **Mißgeburten** unter 500 Gramm mit Anencephalus, mißgebildete, mazerierte und geschrumpfte Früchte. Der damals zuständige *BMA* hat eine Entbindung bei Mißgeburten nur in dem Falle bejaht, in dem die Mißgeburt durch die Einnahme von Contergan verursacht war (vgl. *Besch. BMA* vom 30.4.1963, BKK 1963 S. 344; vgl. ferner *Gröninger/Thomas*, § 6 Rdnr. 5, 8). Im übrigen ist die Fehlgeburt keine Entbindung. Sie ist im Unterschied zur Entbindung ein krankhaftes Geschehen. Frauen, die eine Fehlgeburt erleiden, müssen wie Frauen mit anderen **Krankheiten** je nach Ursache, Verlauf und Komplikationen eine individuelle ärztliche Behandlung während einer entsprechenden individuellen Behandlungszeit erfahren. Dies ist in den Vorschriften der §§ 27 ff. SGB V über Krankenbehandlung sichergestellt; zur Entgeltfortzahlung im Krankheitsfalle vgl. Rdnr. 20 ff. vor § 3. Die Fehlgeburt kann aus diesen Gründen auch hinsichtlich des Kündigungsschutzes einer Entbindung nicht gleichgestellt werden. Mit der Fehlgeburt scheidet die Frau aus dem Geltungsbereich des MuSchG ganz aus (vgl. *BAG* vom 16.2.1973, DB 1973 S. 879; *BSG* vom 17.4.1991, NZA 1991 S. 909, 910; *Buchner/Becker*, § 1 Rdnr. 138 f.; *Meisel/Sowka*, § 6 Rdnr. 2a).

14   i) **Schwangerschaftsabbruch.** Ähnlich wie die Fehlgeburt ist der Schwangerschaftsabbruch zu behandeln. Der Schwangerschaftsabbruch ist im Unterschied zur Entbindung nicht auf das Leben, sondern auf den Tod der Leibesfrucht gerichtet. Er kann daher einer **Entbindung nicht gleichgestellt** werden (ebenso *Buchner/Becker*, § 1 Rdnr. 141; *MünchArb/Heenen* § 226 Rdnr. 36; differenzierend *Heilmann*, Rdnr. 15 vor § 1). Bei einem nicht rechtswidrigen

Schwangerschaftsabbruch gewährt die gesetzliche Krankenversicherung die in § 24b SGB V bestimmten Leistungen (vgl. hierzu Rdnr. 26 ff. nach § 200 b RVO). Wird die Schwangere infolge eines nicht rechtswidrigen Schwangerschaftsabbruchs arbeitsunfähig krank, hat sie Anspruch auf Entgeltfortzahlung im Krankheitsfalle (vgl. auch *Meisel/Sowka*, § 6 Rdnr. 3 ff.).

j) »**Leihmütter**«. Die sogenannten Leihmütter werden hinsichtlich der vorstehenden Fragen der Entbindung, der Lebendgeburt, der Totgeburt, der Frühgeburt, der Mehrlingsgeburt, der Fehlgeburt und des Schwangerschaftsabbruchs ebenso wie andere leibliche Mütter behandelt. Der Unterschied zwischen den »Leihmüttern« und den anderen leiblichen Müttern besteht nur im Beginn der Schwangerschaft (vgl. dazu § 3 Rdnr. 2). Eine »Leihmutter« wird heute in § 13 a Adoptionsvermittlungsgesetz als **Ersatzmutter** bezeichnet. 15

k) **Adoptivmütter.** Die Schutzfrist des § 6 Abs. 1 gilt unmittelbar nach der Entbindung, d.h. für Mütter, die von einem Kind entbunden worden sind, also nach dem Wortlaut und dem Zweck dieser Vorschrift (vgl. § 6 Rdnr. 1) nur für leibliche Mütter, nicht für Adoptivmütter (vgl. auch *BSG* vom 3.6.1981, BB 1982 S. 50). Durch die Adoption, d.h. durch die Annahme als Kind, entsteht zwar zwischen der Adoptivmutter und dem angenommenen Kind gemäß § 1741 Abs. 1 BGB ein Mutter-Kind-Verhältnis. Die Annahme als Kind ist jedoch keine Entbindung i.S. des § 6 Abs. 1. Sie wird auch weder im MuSchG noch im BGB einer Entbindung gleichgestellt. Seit Adoptivmütter einen Anspruch auf Elternzeit nach § 15 Abs. 1 BErzGG haben (vgl. hierzu die Erläuterungen in der Vorauflage zu § 15 BErzGG), besteht auch keine Notwendigkeit für eine Gleichstellung (a. A. wohl *Heilmann*, § 6 Rdnr. 4). 16

2. Beschäftigungsverbot während der Schutzfrist (Abs. 1)

a) **Voraussetzung** für die Anwendung des Beschäftigungsverbots des § 6 Abs. 1 während der Schutzfrist bzw. für den Anspruch auf die Schutzfrist des § 6 Abs. 1 sowie für die Zahlung des Mutterschaftsgeldes (§ 13 MuSchG und § 200 RVO) und des Zuschusses zum Mutterschaftsgeld (§ 14 MuSchG) während dieser Zeit ist eine **Entbindung** i.S.d. § 6 Rdnr. 6 ff., in der Regel mit einer Lebendgeburt, in bestimmten Fällen auch bei Totgeburten (§ 6 Rdnr. 7), und zwar bei Normal-, Früh- und Mehrlingsgeburten (§ 6 Rdnr. 6, 10, 12). Eine Fehlgeburt genügt nicht; sie ist keine Entbindung (§ 6 Rdnr. 6, 13). Als krankhaftes Geschehen kann sie aber einen Anspruch gegen den Arbeitgeber auf Freistellung von der Arbeit und einen Anspruch auf Entgeltfortzahlung wie anderen Krankheitsfällen auslösen (vgl. hier § 6 Rdnr. 13; vgl. ferner *Buchner/Becker*, § 6 Rdnr. 13; *Gröninger/Thomas*, § 6 Rdnr. 8; *Meisel/Sowka*, § 6 Rdnr. 14). Das Beschäftigungsverbot gilt ebenso wie bei einer Fehlgeburt nicht bei Schwangerschaftsabbruch. Auch der Schwangerschaftsabbruch ist keine Entbindung (vgl. § 6 Rdnr. 14); die Frau ist auch keine Mutter. Voraussetzung für das Beschäftigungsverbot während der Schutzfrist ist dagegen **nicht, daß das** 17

MuSchG § 6 *Beschäftigungsverbote nach der Entbindung*

Kind lebt. Die Schutzfrist gilt auch in den Fällen, in denen das Kind tot geboren wird oder später stirbt (vgl. *BSG* vom 20.6.1974, ArbSch. 1974, S. 288); zur Verkürzungsmöglichkeit durch die Mutter siehe § 6 Rdnr. 19.

18 Die **Entbindung** muß die Frau auf Verlangen des Arbeitgebers durch eine standesamtliche **Geburtsurkunde** oder durch Vorlage einer Bescheinigung eines Arztes, einer Hebamme oder des Krankenhauses **nachweisen**, ggf. auch die Tatsache einer Früh- oder Mehrlingsgeburt. Der Nachweis einer Frühgeburt ist in der Regel durch die Bescheinigung des Arztes oder der Hebamme zu führen. Aus der Bescheinigung muß sich entweder ein Geburtsgewicht von weniger als 2500 g oder die wesentlich erweiterte Pflegebedürftigkeit des Kindes wegen nicht voll ausgebildeter Reifezeichen oder wegen verfrühter Beendigung der Schwangerschaft ergeben (vgl. § 6 Rdnr. 10). Die Kosten für die Geburtsurkunde oder die Bescheinigung muß die Frau tragen. Eine dem § 5 Abs. 3 vergleichbare Vorschrift fehlt hier (vgl. *Gröninger/Thomas*, § 6 Rdnr. 11 b; *Heilmann*, § 6 Rdnr. 14).

19 b) **Dauer und Berechnung der Normal-Schutzfrist.** Die Schutzfrist nach der Entbindung beträgt für alle Frauen, die entbunden haben, **acht Wochen**, und zwar ohne Rücksicht auf ihren Gesundheitszustand und ohne Rücksicht darauf, ob sie stillen oder nicht. Für Mütter nach Frühgeburten (vgl. § 6 Rdnr. 10) und nach Mehrlingsgeburten (Zwillings-, Drillingsgeburten, § 6 Rdnr. 12) beträgt die Schutzfrist ebenfalls ohne Rücksicht auf ihren Gesundheitszustand und ohne Rücksicht darauf, ob sie stillen oder nicht, **zwölf Wochen**. In beiden Fällen kommt es auch nicht darauf an, ob das Kind oder die Kinder nach der Geburt sterben. Entscheidend ist nur, ob eine Mehrlings- oder Frühgeburt vorliegt (vgl. *Besch. BMA* vom 16.5.1966, DOK 1966 S. 310 und 313; *BSG* vom 20.6.1974, ArbSch 1974 S. 288). Beim **Tod** des Kindes kann die Mutter jedoch nach § 6 Abs. 1 S. 3 auf ihr ausdrückliches Verlangen ausnahmsweise schon vor Ablauf der Fristen, aber noch nicht in den ersten zwei Wochen nach der Entbindung, wieder beschäftigt werden, wenn nach ärztlichem Zeugnis nichts dagegen spricht. Sie kann ihre Erklärung nach § 6 Abs. 1 S. 4 jederzeit widerrufen.

20 Der **Grund für** die Verlängerung der Schutzfrist von 8 Wochen bei Normalgeburten auf **12 Wochen** bei Früh- und Mehrlingsgeburten ist in erster Linie in der stärkeren, vor allem körperlichen Beanspruchung der Frau durch die Früh- oder Mehrlingsgeburt zu sehen (vgl. § 6 Rdnr. 2). Bei Frühgeburten kommt hinzu, daß bei ihnen die Schutzfrist vor der Entbindung in der Regel entfällt. In zweiter Linie ist die Verlängerung der Schutzfrist durch die höhere Pflegebedürftigkeit des frühgeborenen Kindes bzw. durch den höheren Pflegeaufwand bei Mehrlingen bedingt (vgl. auch *Heilmann*, § 6 Rdnr. 15).

21 Die Dauer der Schutzfrist von 8 Wochen bei Normalgeburten und von 12 Wochen bei Früh- und Mehrlingsgeburten ist für alle Mütter gleich. Eine **Verlängerung** oder **Verkürzung** der Schutzfrist von 8 Wochen bzw. 12 Wochen ist nicht zugelassen, auch nicht in Ausnahmefällen. Die Mütter können

nach Ablauf der Schutzfrist nach der Entbindung die Elternzeit gemäß § 15 Abs. 2 BErzGG in Anspruch nehmen.

Für die **Berechnung der Schutzfrist** gilt § 187 Abs. 1 und § 188 Abs. 2 BGB (vgl. Anh. 2). Sie beginnt danach mit dem Tag, der auf die Entbindung folgt (§ 187 Abs. 1 BGB). Sie endet mit dem Ablauf des Tages, der unter Hinzurechnung der Frist von acht oder zwölf Wochen durch seine Benennung dem Tag der Entbindung entspricht (§ 188 Abs. 2 BGB, h. M.). Ist also der Entbindungstag ein Mittwoch, dann endet die Schutzfrist am Mittwoch um 24 Uhr der 8. Woche bzw. 12. Woche nach dem Entbindungstag. Die Frau darf also die Arbeit erst am darauffolgenden Donnerstag wieder aufnehmen. Ist dieser Tag ein Feiertag, dann kann die Frau erst am Freitag beschäftigt werden; es sei denn, daß die Beschäftigung an diesem Feiertag nach § 8 und nach den allgemeinen Vorschriften über die Sonn- und Feiertagsarbeit zulässig ist. 22

c) **Verlängerung bei Frühgeburten und vorzeitigen Entbindungen.** Nach § 6 Abs. 1 Satz 2 zweiter Halbsatz verlängert sich die **bisherige 12wöchige** Schutzfrist nach Frühgeburten **zusätzlich** um den Zeitraum, der von der 6wöchigen Schutzfrist **vor der Entbindung** wegen der Frühgeburt oder der vorzeitigen Entbindung **nicht genommen** werden konnte, unabhängig davon, ob die Arbeitnehmerin tatsächlich gearbeitet hat (vgl. auch § 14 Rdnr. 53 und § 200 RVO Rdnr. 107). Zu den Gründen vgl. § 6 Rdnr. 3. Ähnlich *Gröninger/Thomas*, § 6 Rdnr. 11 a. Für Mehrlingsgeburten gilt die Regelung nur, wenn mindestens eines der Kinder eine Frühgeburt ist oder vorzeitig entbunden wird. Eine Frühgeburt i.S. d. § 6 Rdnr. 10 liegt nicht vor, wenn die Geburt zwar vor dem errechneten Geburtstermin stattfindet, dies jedoch nur auf einem Irrtum des Arztes oder der Hebamme beruht (vgl. auch *Gröninger/Thomas*, § 6 Rdnr. 11 a). In diesem Fall verkürzt sich die tatsächliche Schutzfrist vor der Entbindung unabhängig von der Neuregelung (§ 5 Abs. 2 Satz 2). 23

Zur Berechnung der zusätzlich verlängerten Schutzfrist nach der Entbindung bei Frühgeburten (§ 6 Abs. 1 Satz 2 zweiter Halbsatz) ein **Beispiel:** 24

Mutmaßlicher Entbindungstag	8. September
Schutzfrist (§ 3 Abs. 2)	28. Juli bis 7. September (= 42 Tage)
Letzter Arbeitstag	27. Juli
Entbindungstag (Frühgeburt)	9. August
Fiktiver Zeitraum der Schutzfrist	28. Juni bis 8. August
Davon in Anspruch genommen	28. Juli bis 8. August (= 12 Tage)
Dadurch »nicht in Anspruch genommen«	28. Juni bis 27. Juli (= 30 Tage)

Folge: Die Schutzfrist nach der Entbindung des § 6 von 12 Wochen (erster Tag 10. August, letzter Tag 1. November) verlängert sich um 30 Tage und endet in dem Beispiel mit Ablauf des 1. Dezember (vgl. *BMI* MuSch zu 6.3). 25

Nachweise u.a.: Bei dem mutmaßlichen Entbindungstag handelt es sich um den Tag, der in dem von einem Arzt oder einer Hebamme gemäß § 5 Abs. 2 26 ausgestellten Zeugnis als Entbindungstag angegeben ist; Vorlage dieses Zeugnisses, soweit nicht schon geschehen. Für das Vorliegen einer Frühgeburt ist ein anderes ärztliches Zeugnis erforderlich, und zwar das i. S. d. § 6 Rdnr. 10. Zu den Kosten vgl. § 6 Rdnr. 18. Zur Berechnung der Schutzfrist nach der Entbindung im übrigen vgl. § 6 Rdnr. 24. Zur Zahlung des Mutterschaftsgeldes während der Schutzfrist, auch der verlängerten, vgl. § 6 Rdnr. 31.

27 d) **Wirkung der Schutzfrist.** Während der Schutzfrist darf die Frau vom Arbeitgeber nicht beschäftigt werden, unabhängig vom Inhalt und Zeitpunkt des Abschlusses des Arbeitsvertrags (ebenso *Heilmann*, § 6 Rdnr. 12), weder beim bisherigen noch bei einem neuen Arbeitgeber weder mit einer Arbeit im engeren Sinne noch mit Arbeitsbereitschaft oder Bereitschaftsdienst, noch nicht einmal mit Rufbereitschaft (*BMI MuSchG* zu 6.1; vgl. ferner hier § 3 Rdnr. 23). Das Einverständnis der Frau macht im Unterschied zu § 3 Abs. 2 die Beschäftigung nicht zulässig. Das **Beschäftigungsverbot** des § 6 Abs. 1 ist absolut und zwingend (ebenso *Buchner/Becker*, § 6 Rdnr. 12; *Meisel/Sowka*, § 6 Rdnr. 6). Arbeitet die Frau trotzdem, wird das erzielte Arbeitsentgelt vom Mutterschaftsgeld nach § 200 Abs. 4 RVO abgezogen; der Arbeitgeber macht sich einer Ordnungswidrigkeit nach § 21 Abs. 1 Nr. 1 schuldig. Verboten ist aber nur die Beschäftigung durch einen Arbeitgeber. Der Besuch einer Berufsschule, Verwaltungsschule oder die Teilnahme an Prüfungen wird durch § 6 Abs. 1 nicht verboten, auch nicht die eigenwirtschaftliche Betätigung der Frau, weil dies keine Beschäftigung durch einen Arbeitgeber ist (vgl. § 21 Abs. 1 Nr. 1). Nicht verboten ist ferner eine Freizeitbetätigung der Frau.

28 Die **Arbeits- und Lohnzahlungspflicht** sowie die Pflicht zur Zahlung von Sozialversicherungsbeiträgen (vgl. Rdnr. 21 vor § 3) ruht während der Schutzfrist. Auch die Pflicht zur Zahlung der Entgeltfortzahlung für Arbeitszeit, die infolge eines gesetzlichen Feiertages ausfällt, nach § 2 EFZG besteht während der Schutzfrist nicht, weil die Arbeitszeit an den in die Schutzfrist fallenden Feiertagen nicht infolge eines Feiertags, sondern infolge des Beschäftigungsverbots des § 6 Abs. 1 ausfällt. Der Arbeitsvertrag, die Betriebszugehörigkeit und die gegenseitige Treue- und Fürsorgepflicht bleiben bestehen. Der Arbeitgeber ist z. B. weiterhin verpflichtet, der Frau die Dienstwohnung während der Schutzfrist für die Zeit des Bezugs des Mutterschaftsgeldes zu überlassen (vgl. § 11 Rdnr. 34). Diese muß allerdings ggf. eine Nutzungsentschädigung für eine unentgeltlich überlassene Dienstwohnung in der Höhe zahlen, in der diese Überlassung als Sachleistung bei der Höhe des Mutterschaftsgeldes berücksichtigt ist (vgl. *LAG Berlin* vom 11. 5. 1966, AP Nr. 6 zu § 10 MuSchG = DB 1966, S. 1775 = ArbuR 1967, S. 26). Bei Gratifikationsregelungen, bei denen die Höhe der Zuwendung auf die Zeit der betrieblichen Anwesenheit abgestellt ist, konnten bisher Fehlzeiten, die auf die Schwangerschaft und Entbindung zurückzuführen sind, nicht gratifikationsmindernd berücksichtigt werden. So konnte eine Weihnachtsgratifikation nicht um die Dauer der Schutzfristen verkürzt

werden (vgl. Änderung in Rdnr. 11 vor § 3). Zum **Urlaubsverlangen** einer Frau nach der Schutzfrist vgl. Rdnr. 16 vor § 3 und § 17 Rdnr. 1 ff.).

e) **Ende der Schutzfrist.** Nach Ablauf der Schutzfrist nach der Entbindung 29 muß die Frau die Arbeit wiederaufnehmen, es sei denn, sie hat das Arbeitsverhältnis zum Ende der Schutzfrist gekündigt (§ 10) oder sie hat Erziehungsurlaub angetreten (§ 15 BErzGG). Ist die Frau arbeitsunfähig krank, kann sie Entgeltfortzahlung im Krankheitsfalle verlangen (vgl. hier Rdnr. 16 ff. vor § 3, § 6 Rdnr. 22). Ist die Frau arbeitsfähig, bleibt sie jedoch ohne Erklärung der Arbeit fern, verletzt sie ihre Pflichten aus dem Arbeitsvertrag und macht sich ggf. schadensersatzpflichtig. Eine Kündigung des Arbeitgebers ist wegen des Kündigungsverbots des § 9 bis zum Ablauf von vier Monaten nach der Entbindung nicht ohne weiteres möglich. Mit der Wiederaufnahme der Arbeit nach der Schutzfrist, nach der Elternzeit bzw. nach einer Krankheit leben alle Rechte und Pflichten aus dem Arbeitsvertrag wieder auf. Die Frau hat wieder Anspruch auf alle arbeitsvertraglichen Leistungen (vgl. auch *Gröninger/Thomas*, § 6 Rdnr. 15). Zum Erholungsurlaub vgl. Rdnr. 14 ff. vor § 3 sowie § 17 Rdnr. 1 ff.

Endet die Schutzfrist unmittelbar an oder **zwischen Feiertagen**, z. B. zu 30 Weihnachten, und läßt der Arbeitgeber die Arbeitstage vor, nach oder zwischen Feiertagen, z. B. während einer **Vorholarbeit** vor Feiertagen vor Ablauf der Schutzfrist, vorarbeiten, dann kann der Arbeitgeber die Frauen, deren Schutzfrist noch nicht abgelaufen ist, zu der Vorholarbeit nicht heranziehen. Andererseits haben diese Frauen Anspruch auf Lohn für die Tage, an denen der Betrieb nach Ablauf der Schutzfrist wegen der Vorholarbeit nicht arbeitet, sofern sie arbeitsfähig und arbeitswillig waren; denn der Arbeitgeber hat ihnen durch die Betriebsschließung die Arbeitsleistung unmöglich gemacht; die Frau hat Anspruch auf Lohn während der Ausfalltage gemäß § 324 BGB (vgl. *BAG* vom 3.3.1964, ArbuR 1964, S. 284 = BB 1964, S. 473 = DB 1964, S. 592; ebenso *Gröninger/Thomas*, § 6 Rdnr. 15; *Heilmann*, § 6 Rdnr. 23). Zur Arbeitszeit vor und nach Feiertagen nach § 3 des Arbeitszeitgesetzes vgl. im einzelnen *Zmarzlik/Anzinger*, ArbZG, § 3 Rdnr. 37 ff.

f) **Mutterschaftsgeld während der Schutzfrist.** Während der Schutzfrist 31 des § 6 Abs. 1 hat die Frau Anspruch auf Mutterschaftsgeld gegen die Krankenkasse nach § 200 RVO (§ 13 Abs. 1 MuSchG) oder gegen das Bundesversicherungsamt nach § 13 Abs. 2 und ggf. auch einen Anspruch auf Zuschuß zum Mutterschaftsgeld gegen den Arbeitgeber nach § 14 (vgl. die Erläuterungen dort). Eine Fehlgeburt löst kein Beschäftigungsverbot nach § 6 Abs. 1 aus, so daß auch kein Anspruch auf Leistungen nach § 200 RVO und §§ 13 und 14 MuSchG entstehen kann, ggf. jedoch auf Entgeltfortzahlung im Krankheitsfalle (vgl. § 6 Rdnr. 13 und 17).

g) Wiederaufnahme der Arbeit bei Tod des Kindes

32 **Entstehung.** Bereits durch das MuSchG-ÄndG 1996 ist in das MuSchG die Ausnahme eingefügt worden, nach der die Mutter beim Tod ihres Kindes auf ihr Verlangen abweichend vom sonst absoluten Beschäftigungsverbot während der Schutzfrist nach der Entbindung (vgl. § 6 Rdnr. 21) die Arbeit im Betrieb vorzeitig wiederaufnehmen darf (§ 6 Abs. 1 Satz 3), seit der Ergänzung 2002 aber noch nicht in den ersten 2 Wochen nach der Entbindung. Der Grund für die Ausnahmeregelung ist die tragische Situation der Mutter, die von einem toten Kind entbunden wird oder deren Kind kurz nach der Geburt stirbt und die versucht, über ihren Verlust durch die vorzeitige Rückkehr zum Arbeitsplatz besser hinwegzukommen. Die Regelung entspricht sinngemäß der Regelung des § 3 Abs. 2, wonach die Schwangere auf ihren ausdrücklichen Wunsch während der Schutzfrist vor der Entbindung weiterarbeiten darf (vgl. *BT-Drucks.* 13/2763 S. 10; *Marburger*, BB 1997, 521, 522; *Zmarzlik*, DB 1997, 474, 475). Der Unterschied besteht u.a. im Zweck und darin, daß die Mutter zur Wiederaufnahme der Arbeit beim Tod des Kindes eines ärztlichen Zeugnisses (vgl. § 6 Rdnr. 19) bedarf.

33 **Voraussetzungen. Tod** des Kindes vor Ablauf der Schutzfrist nach der Entbindung. Nachweis des Todes durch Vorlage der Sterbeurkunde, einer Kopie oder dergl., weil der Wortlaut keinen bestimmten Nachweis verlangt, vgl. ärztliches Zeugnis.

34 **Ausdrückliches Verlangen** der Mutter, schon vor Ablauf der Schutzfrist nach der Entbindung wieder im Betrieb beschäftigt zu werden. Eine stillschweigende Wiederbeschäftigung genügt nicht, weil der Wortlaut ein ausdrückliches Verlangen voraussetzt. Bei dem Verlangen der Mutter handelt es sich um ein Angebot der Mutter an den Arbeitgeber, nach der Entbindung vorzeitig im Betrieb wieder wie vor der Entbindung zu arbeiten. Der Arbeitgeber ist in § 6 Abs. 1 Satz 3 nicht verpflichtet worden, das Angebot der Mutter anzunehmen und die Mutter schon vor Ablauf der Schutzfrist wieder zu beschäftigen. Er ist hierzu auch aufgrund des allgemeinen Vertragsrechts nicht verpflichtet. Es kann auch sein, daß der Arbeitgeber andere Dispositionen getroffen hat, z.B. daß er für die Dauer der mutterschutzbedingten Abwesenheit der Mutter einen bis zum Ablauf der normalen Schutzfrist der Mutter befristeten Arbeitsvertrag abgeschlossen hat.

35 **Ersatzkraft.** Ob der Arbeitgeber den befristeten Arbeitsvertrag mit der Ersatzkraft in entsprechender Anwendung des § 21 Abs. 4 BErzGG kündigen kann (so *Gröninger/Thomas*, § 6 Rdnr. 15 b), kann m.E. dahingestellt bleiben, weil ein solcher Lösungsvorschlag in der Praxis wohl nicht umgesetzt werden kann. Nach dieser Vorschrift kann der befristete Arbeitsvertrag mit der Ersatzkraft nur unter Einhaltung einer Frist von drei Wochen gekündigt werden. Bis dahin ist aber die normale Schutzfrist im Regelfall abgelaufen, jedenfalls der hier in Betracht kommende letzte Teil. Gegen die entsprechende Anwendung des

§ 21 Abs. 4 BErzGG spricht ferner § 6 Abs. 1 Satz 4 MuSchG, der abweichend von § 21 Abs. 4 BErzGG der Mutter erlaubt, ihre Erklärung jederzeit zu widerrufen.

Ärztliches Zeugnis, in dem ein Arzt bescheinigt, daß gegen die vorzeitige 36 Wiederbeschäftigung der Mutter im Betrieb keine Bedenken bestehen. Der Arzt, der das Zeugnis ausstellt, muß also der Auffassung sein, daß die Gesundheit der Mutter durch eine vorzeitige Wiederbeschäftigung vor Ablauf der Schutzfrist nicht gefährdet wird. Ein bestimmter Arzt wird in § 6 Abs. 1 Satz 3 nicht vorgeschrieben. Es kann jeder approbierte Arzt sein. Der Mutter ist jedoch m. E. der behandelnde Arzt zu empfehlen, der wohl am besten abwägen kann zwischen dem Wunsch der Mutter nach vorzeitiger Wiederbeschäftigung zur Überwindung ihrer verständlichen Krise wegen des tragischen Verlustes ihres Kindes auf der einen Seite und ihrem sonstigen nach einer Entbindung üblichen Gesundheitszustand auf der anderen Seite unter Berücksichtigung des allgemeinen Zwecks des § 6, jeder Mutter eine von der beruflichen Arbeit ungestörte Rückbildung der durch Schwangerschaft und Entbindung verursachten Organveränderungen zu ermöglichen.

In der Regel kommen wegen der hierzu notwendigen, naturbedingten Schonungsbedürftigkeit wohl nur die **letzten drei Wochen der Schutzfrist** in Betracht (vgl. § 6 Rdnr. 2 und 19; *Zmarzlik*, DB 1997, 474, 475). Ggf. müssen auch Inhalt und Umfang einer vorzeitigen Wiederbeschäftigung in die ärztliche Entscheidung gestellt werden, z. B. die Schwere oder Gefährlichkeit der von der Mutter zu verrichtenden Arbeiten, die Dauer ihrer täglichen Arbeitszeit. Im übrigen können die zum ärztlichen Zeugnis entwickelten Grundsätze in § 3 Rdnr. 3ff. und in § 6 Rdnr. 36ff. herangezogen werden. Die **Kosten** des Zeugnisses muß die Mutter selbst tragen (so auch *Gröninger/Thomas*, § 6 Rdnr. 15a). 37

h) Widerruf der Erklärung zur Wiederaufnahme der Arbeit

Entstehung. Gleichzeitig mit der ausnahmsweise zugelassenen Erklärung der 38 Mutter in § 6 Abs. 1 Satz 3, die Arbeit im Betrieb noch vor Ablauf der Schutzfrist nach der Entbindung wiederaufnehmen zu wollen, ist durch das MuSchG-ÄndG 1996 in Anlehnung an § 3 Abs. 2 eine Widerrufsmöglichkeit der Erklärung zur vorzeitigen Wiederbeschäftigung als § 6 Abs. 1 Satz 4 in das MuSchG eingefügt worden (vgl. *BT-Drucks.* 13/2763 S. 10; *Gröninger/Thomas*, § 6 Rdnr. 15c; *Zmarzlik*, DB 1997, 474, 475); auch wenn die Situation vor der Entbindung schon unter normalen Umständen nur begrenzt mit der Situation nach der Entbindung vergleichbar ist. In § 6 Abs. 1 Satz 3 kommen zwei außergewöhnliche Ereignisse hinzu: Tod des Neugeborenen, Verlangen der durch den Tod erschütterten Mutter nach vorzeitiger Wiederbeschäftigung. Die Möglichkeit zum Erklärungswiderruf ist im Interesse der tief erschütterten Mutter zu begrüßen.

MuSchG § 6 *Beschäftigungsverbote nach der Entbindung*

39 **Inhalt.** Nach § 6 Abs. 1 Satz 4 kann die Mutter ihre Erklärung zur Wiederbeschäftigung jederzeit widerrufen. Jederzeit bedeutet, daß die Mutter an keine Frist gebunden ist, auch eine bestimmte Form ist für den Widerruf nicht vorgeschrieben. Da es sich um den Widerruf einer Erklärung handelt, muß der Widerruf für den Arbeitgeber aber als Widerrufserklärung erkennbar sein. Die Mutter braucht den Widerruf nicht zu begründen. Auf das Widerrufsrecht kann die Mutter nicht verzichten. Sie darf es aber nicht mißbräuchlich ausüben.

40 **Folgen.** Das weitgehende Widerrufsrecht zeigt, daß durch die vorzeitige Wiederbeschäftigung die Schutzfrist des § 6 Abs. 1 als solche nicht beseitigt wird. Sie tritt während der Dauer der vorzeitigen Wiederbeschäftigung zurück bzw. ruht. Erhält die Mutter während der Wiederbeschäftigung Arbeitsentgelt, ruht der Anspruch auf Mutterschaftsgeld (§ 200 Abs. 4 RVO). Nach Ausübung des Widerrufsrecht leben die noch nicht abgelaufene Schutzfrist und der Anspruch auf Mutterschaftsgeld wieder auf.

i) Arbeitsbefreiung Ehemann/Partner

41 Der deutsche **Gesetzgeber** hat den Arbeitgeber/Dienstherrn zu einer bezahlten Arbeitsbefreiung, zu einem bezahlten Sonderurlaub, zu einem Vaterschaftsurlaub u. ä. eines Ehemanns/Lebenspartners aus Anlaß der Entbindung seiner Ehefrau/Lebenspartnerin bis heute kraft Gesetzes nicht verpflichtet. Nach bisheriger allg. Anschauung oblag ihm dies aufgrund des Art. 6 Abs. 1 und 2 GG nicht, weder für Arbeitnehmer noch für Beamte, jedenfalls regelt diese Frage weder das MuSchG noch das **BBG** (vgl. hier Anh. 3) oder die Mutterschutzverordnung für Beamtinnen (vgl. hier Anh. 4, für Soldatinnen vgl. Anh. 4.1).

42 Den **Tarifvertragsparteien** bzw. den Arbeitsvertragsparteien steht es frei, diese Frage mit tarifvertrags- bzw. mit arbeitsvertagsrechtlicher Wirkung zu vereinbaren. So erhält der im öffentlichen Dienst beschäftigte Ehemann aus Anlaß der Entbindung seiner Ehefrau nach § 52 Abs. 1a **BAT** eine bezahlte Arbeitsbefreiung für 1 Arbeitstag. Die Frage, ob auch der Angestellte, der mit seiner nichtehelichen Lebenspartnerin in häuslicher Gemeinschaft lebt, bei deren Entbindung Anspruch auf 1 Freistellungstag hat, wird im BAT nicht geregelt.

43 Das **Bundesverfassungsgericht** (*BVerfGG*) hat dementsprechend Verfassungsbeschwerden gegen die gesetzliche bzw. tarifvertragliche Regelung nicht zur Entscheidung angenommen (§ 93a Abs. 2 BVerfGG; vgl. *BVerfG* vom 8.1.1998 – 1 BvR 1872/94, NZA 1998, 547; *BVerfG* vom 1.4.1998 – 2 BvR 1478/97 –). Die Nichtannahme der ersten Verfassungsbeschwerde betraf die gerichtlich bestätigte Versagung eines Sonderurlaubs für die Entbindung der nichtehelichen Lebenspartnerin eines Angestellten des öffentlichen Dienstes. Die Nichtannahme der zweiten Verfassungsbeschwerde betraf die Versagung eines Sonderurlaubs für die Entbindung der nichtehelichen Lebenspartnerin eines Beamten. In der ersten Verfassungsbeschwerde weist das *BVerfGG* darauf hin, daß die Rechtsstellung des nichtehelichen Kindes und seiner Eltern durch

Beschäftigungsverbot nach der Schutzfrist § 6 MuSchG

das am 1.7.1998 in Kraft getretene Kindschaftsreformgesetz vom 16.12.1997 (BGBl. I 2942) zwar grundlegend verstärkt werden soll. Insoweit seien zunächst aber die Fachgerichte aufgerufen, die daraus möglicherweise abzuleitenden Konsequenzen für einen Freistellungsanspruch aus Anlaß der Entbindung zu bedenken. Letztlich ist Art. 6 Abs. 1 GG entscheidend. Danach stehen nur Ehe und Familie, also die eheliche Lebensgemeinschaft, unter dem besonderen Schutz der staatlichen Ordnung. Der Schutz des MuSchG ist dagegen für die Mutter und ihr Kind vom Status der Lebensgemeinschaft unabhängig (vgl. § 1 Rdnr. 1).

3. Beschäftigungsverbot nach der Schutzfrist (Abs. 2)

a) **Krankheit nach der Schutzfrist.** Die Vorschrift des § 6 Abs. 1 Satz 3 a.F., nach der die Beschäftigung einer Frau über die Schutzfristen hinaus unzulässig war, solange sie nach ärztlichem Zeugnis arbeitsunfähig war, ist gestrichen worden. Der Gesetzgeber war der Auffassung, daß die Frau ausreichend durch ihren Anspruch auf Entgeltfortzahlung im Krankheitsfalle abgesichert sei (vgl. schriftl. Bericht, BT-zu Drucks. IV/3652 S. 4). Damit ist klargestellt, daß die Frau nach Ablauf der Schutzfrist – abgesehen von den Beschäftigungsverboten des § 6 Abs. 2 und 3 – der **Arbeit fernbleiben** kann, wenn sie durch Arbeitsunfähigkeit infolge Krankheit an der Arbeitsleistung verhindert ist. Auf die Art der Krankheit und ihren Zusammenhang mit der Entbindung kommt es nicht an. Der Nachweis der Arbeitsunfähigkeit infolge Krankheit kann gegenüber dem Arbeitgeber durch Vorlage einer ärztlichen Bescheinigung erbracht werden; zur Vorlagepflicht vgl. § 5 EFZG. Die Fortzahlung des Arbeitsentgelts während der Krankheit erfolgt nach den Vorschriften über die Entgeltfortzahlung im Krankheitsfalle (vgl. dazu Rdnr. 16 ff. vor § 3 und § 11 Rdnr. 14, 18). Die Sechs-Wochenfrist des § 3 Abs. 1 Entgeltfortzahlungsgesetz läuft erst von dem auf das Ende der Schutzfrist nach der Entbindung folgenden Tage ab, und zwar auch dann, wenn die Frau durch eine über die normalen Beschwerden des Wochenbettes hinausgehende Erkrankung an der Arbeit verhindert war (vgl. *BAG* vom 26.8.1960, AP Nr. 20 zu § 63 HGB = DB 1960, S. 1041 und 1961 S. 170; *ArbG Herne* vom 3.7.1963, DB 1963, S. 1326). Zur Abgrenzung zwischen Krankheit und Beschäftigungsverbot vgl. Rdnr. 18 ff. vor § 3, § 3 Rdnr. 3 ff. und § 3 Rdnr. 20 ff. sowie § 11 Rdnr. 18 ff. 44

Eine Möglichkeit, sich nach Ablauf der Schutzfrist von der Arbeit im Betrieb weiter freistellen zu lassen, ist heute die Elternzeit gemäß § 15 Abs. 1 BErzGG (vgl. § 15 BErzGG Rdnr. 1 ff. in der Vorauflage).

b) **Individuelles Beschäftigungsverbot bei verminderter Leistungsfähigkeit.** Das Beschäftigungsverbot des **§ 6 Abs. 2** setzt voraus, daß die Frau nach Ablauf der Schutzfrist in den Betrieb zurückgeht und die Arbeit wiederaufnimmt. Es kommt zur Anwendung, wenn die Frau zwar wieder arbeitsfähig, jedoch nach ärztlichem Zeugnis noch nicht voll leistungsfähig ist. Die vermin- 45 derte Leistungsfähigkeit muß **im Zusammenhang mit der Mutterschaft** stehen (h. M., vgl. z. B. *Buchner/Becker*, § 6 Rdnr. 45; *Meisel/Sowka*, § 6 Rdnr. 14; vgl. auch § 3 Rdnr. 3 f.). Das bedeutet jedoch nicht, daß die verminderte Leistungsfähigkeit ausschließlich eine Folge der Entbindung sein müßte (vgl. auch *Köst*, § 6 Rdnr. 12; *Heilmann*, § 6 Rdnr. 26) – z. B. verminderte Leistungsfähigkeit infolge eines verminderten Blutfarbstoffgehalts, einer verzögerten Rückbildung der Geburtsorgane, von anhaltenden Krampfaderbeschwerden –. Es genügt auch eine Leistungsminderung, die sich z. B. aus einer Schwächung des Allgemeinbefindens durch das Stillen des Kindes oder durch die Mühe um ein kränkliches Kind (wiederholtes Aufstehen in der Nacht) ergeben kann (vgl. ferner § 6 Rdnr. 1). Bei einer Leistungsminderung aus anderen Gründen, d. h. aus Gründen, die mit der Mutterschaft nicht im Zusammenhang stehen, kommt § 6 Abs. 2 nicht zur Anwendung (ebenso *Gröninger/Thomas*, § 6 Rdnr. 17; *Meisel/Sowka*, § 6 Rdnr. 14).

46 Voraussetzung für die Anwendung des Beschäftigungsverbots des § 6 Abs. 2 ist ebenso wie bei § 3 Abs. 1 ferner die **Vorlage eines ärztlichen Zeugnisses**, aus dem sich die Minderleistungsfähigkeit infolge der Mutterschaft ergibt (vgl. § 3 Rdnr. 11). Das Zeugnis sollte den Grad der geminderten Leistungsfähigkeit angeben und auch hinsichtlich der Art der zulässigen Arbeiten möglichst genaue und allgemein verständliche Angaben enthalten (vgl. § 3 Rdnr. 11 ff.; auch *Buchner/Becker*, § 6 Rdnr. 44 f.; *Meisel/Sowka*, § 6 Rdnr. 15). In dem Zeugnis sollte nach Möglichkeit auch die Dauer der Minderleistungsfähigkeit angegeben werden, obwohl dies keine unbedingte Voraussetzung für die Anwendung des Beschäftigungsverbots ist. Die Kosten des Zeugnisses trägt die Frau (vgl. auch *Gröninger/Thomas*, § 6 Rdnr. 18; vgl. ferner hier § 3 Rdnr. 8).

47 Liegt ein ärztliches Zeugnis vor, so darf die Frau nicht mit Arbeiten beschäftigt werden, die ihre geminderte Leistungsfähigkeit übersteigen, **relatives Beschäftigungsverbot**. Dies ist im Einzelfall anhand des ärztlichen Zeugnisses zu beurteilen. In vielen Fällen wird man mit der Zuweisung leichterer Arbeit und mit der Anordnung von Kurzpausen und verkürzten Arbeitszeiten auskommen (vgl. auch *Buchner/Becker*, § 6 Rdnr. 45 ff., *Gröninger/Thomas*, § 6 Rdnr. 16; vgl. auch § 3 Rdnr. 23).

48 Die **Dauer des Beschäftigungsverbots** des § 6 Abs. 2 ist auf die »ersten Monate nach der Entbindung« beschränkt. Diese unbestimmte Zeitbestimmung generell auf 3 Monate begrenzen zu wollen (so *Köst*, § 6 Rdnr. 5), entspricht nicht dem Wortlaut und dem Sinn des Gesetzes. Die Zeitbestimmung ist deswegen unbestimmt, weil die individuellen gesundheitlichen Verhältnisse einer Frau berücksichtigt werden sollen, eine generelle Regel mit so kurzer Zeitspanne also nicht aufgestellt werden kann. Eine Begrenzung auf 3 Monate entspricht auch nicht dem Wort »Monate«, da bei einer Schutzfrist von 8 Wochen § 6 Abs. 2 nur noch für etwa einen Monat zur Anwendung käme. Dem Wortlaut »Monate« wird man gerecht, wenn man die Anwendung des § 6 Abs. 2 im Einzelfall auch für mindestens 2 Monate nach der Schutzfrist

bejaht; es sei denn, daß in dem ärztlichen Zeugnis ein anderer Termin angegeben ist (vgl. auch *Buchner/Becker*, § 6 Rdnr. 49; *Gröninger/Thomas*, § 6 Rdnr. 20; *Meisel/Sowka*, § 6 Rdnr. 19; *MünchArb/Heenen* § 226 Rdnr. 38, die die Anwendung des § 6 Abs. 2 unter Hinweis auf § 9 auf 4 Monate nach der Entbindung beschränken). Bei einer Begrenzung der Frist auf **4 Monate** nach der Entbindung hätte § 6 Abs. 2 für Mütter mit Frühgeburten oder anderen vorzeitigen Entbindungen, die den Schutz am meisten brauchen, nach der Verlängerung der Schutzfrist nach der Entbindung für Frühgeburten und vorzeitigen Entbindungen in § 6 Abs. 1 Satz 2 kaum noch praktische Bedeutung.

Andererseits kann man diese Frage nicht offenlassen (so *Heilmann*, § 6 Rdnr. 29; Kunstmann/Auert, § 6 Rdnr. 3), da § 6 Abs. 2 eine Zeitbestimmung enthält, wenn auch eine unbestimmte. Geht man z.B. davon aus, daß man vom siebten Monat nach der Entbindung ab kaum noch von den »ersten Monaten nach der Entbindung« sprechen kann, und berücksichtigt man die derzeitigen arbeitsmedizinischen Erkenntnisse zu dieser Frage, empfiehlt es sich, § 6 Abs. 2 auf die ersten sechs Monate nach der Entbindung zu begrenzen. Daß eine durch Schwangerschaft und Entbindung bedingte verminderte Leistungsfähigkeit etwa **bis zum 6. Monat nach der Entbindung** bestehen kann, wird z.B. in dem arbeitsmedizinischen Gutachten »Ist die Leistungsfähigkeit der Arbeitnehmerin infolge Schwangerschaft und Entbindung nach Ablauf der Schutzfrist des § 6 Abs. 1 MuSchG aus arbeitsmedizinischer Sicht weiterhin eingeschränkt und ggf. in welchem Umfang?« von *Sohnius* vom 30.4.1979 nachgewiesen (vgl. auch *Wagner*, Arbeitsmedizin, Sozialmedizin, Präventivmedizin 1979 S. 291, 292; *Zmarzlik*, DB 1981 S. 843). Im Streitfall ist diese Frage aufgrund des ärztlichen Zeugnisses i.S.d. § 6 Abs. 2 und nicht aufgrund eines im Gesetz nicht genau bestimmten Fristablaufs zu entscheiden (kritisch zur Dauer *Buchner/Becker*, § 6 Rdnr. 49).

4. Beschäftigungsverbote für stillende Mütter (Abs. 3)

Die generellen, vertraglich nicht abdingbaren **Beschäftigungsverbote** für werdende Mütter **des § 4**, die der Arbeitgeber auch ohne ärztliches Zeugnis von sich aus unter eigener strafrechtlicher Verantwortung beachten muß, gelten einschließlich des Akkordverbots des § 4 Abs. 3 **auch für stillende Mütter nach § 6 Abs. 3** (vgl. im einzelnen die Rdnrn. zu § 4, insbesondere § 4 Rdnr. 8). Nicht anwendbar sind lediglich die Verbote über die Beschäftigung im Stehen und auf Beförderungsmitteln des § 4 Abs. 2 Nr. 2 und 7, und zwar lediglich deswegen nicht, weil dort auf den Ablauf eines bestimmten Schwangerschaftsmonats abgestellt ist (ebenso *Heilmann*, § 6 Rdnr. 32). Im Einzelfall kann aber z.B. auf eine Beschäftigung im Stehen das Verbot des § 4 Abs. 1 zur Anwendung kommen, falls das ständige Stehen eine schwere körperliche Arbeit für eine stillende Mutter ist. Heute ist das Ergebnis der Beurteilung der Arbeitsbedingungen gemäß § 1 MuSchArbV heranzuziehen, vgl. § 2 Rdnr. 43 ff.

51 Stillende Mütter i.S.d. § 6 Abs. 3 sind nur Frauen, die bei Aufnahme der Arbeit nach Ablauf der Schutzfrist oder des Erziehungsurlaubs ein Kind tatsächlich stillen und solange sie es stillen. Eine zeitliche Begrenzung des Verbots ist im Gesetz nicht vorgesehen (vgl. jedoch § 7 Rdnr. 8 f.). Die Vorlage einer **Stillbescheinigung** eines Arztes, einer Hebamme oder einer Mütterberatungs- oder Säuglingsfürsorgestelle ist im Gesetz ebenfalls **nicht vorgeschrieben**. Jeder glaubhafte Nachweis genügt (ebenso *Buchner/Becker*, § 6 Rdnr. 41 f.; *Gröninger/Thomas*, § 6 Rdnr. 23).

52 Der **Arbeitgeber** ist bei Aufnahme der Arbeit durch Mütter nach der Entbindung verpflichtet, sich zu **vergewissern**, ob sie ein Kind noch stillen, da er die Beschäftigungsverbote von sich aus beachten muß. Auf Verlangen des Arbeitgebers ist die Frau aufgrund ihrer arbeitsvertraglichen Treuepflicht verpflichtet, eine Stillbescheinigung auf Kosten des Arbeitgebers vorzulegen (ebenso *BMI MuSchG* zu 6.7; *Buchner/Becker*, § 6 Rdnr. 40 ff. vgl. auch § 7 Rdnr. 3). Die Stillbescheinigung kann durch jede dafür geeignete Person oder Stelle ausgestellt werden, insbesondere durch den Arzt, die Hebamme, das Gesundheitsamt, die Mütterfürsorgestelle. Das **Verbot** des § 6 Abs. 4 **endet** an dem Tag, an dem die Mutter ihr Kind zum letzten Mal stillt (vgl. jedoch § 7 Rdnr. 8 f.). Nach Beendigung des Stillens ist die Mutter aufgrund ihrer arbeitsvertraglichen Treuepflicht verpflichtet, dies dem Arbeitgeber mitzuteilen (vgl. auch *Buchner/Becker*, § 6 Rdnr. 43).

53 Die Befugnisse der Bundesregierung (vgl. § 4 Abs. 4) und der Aufsichtsbehörde sind für stillende Mütter die gleichen wie für werdende Mütter (vgl. im einzelnen § 4 Rdnr. 82 ff.). Die **Aufsichtsbehörde kann Ausnahmen** von dem Verbot der Akkord- und Fließarbeit auch für stillende Mütter **erteilen** (vgl. § 4 Rdnr. 78 ff.). Für stillende Mütter gelten auch die Vorschriften über die Arbeitsplatzgestaltung des § 2.

5. Umsetzung, Arbeitsentgelt

54 Kommen die Beschäftigungsverbote des § 6 Abs. 2 und 3 zur Anwendung, dann ist der Arbeitgeber berechtigt, die Frauen mit anderen zumutbaren Arbeiten zu beschäftigen (vgl. hier Rdnr. 5 ff. vor § 3 und § 3 Rdnr. 27 ff.). Wenn und soweit eine Frau wegen eines dieser Beschäftigungsverbote teilweise oder völlig mit der Arbeit aussetzen oder die Entlohnungsart wechseln muß, erhält sie Mutterschutzlohn nach § 11, der sie vor Verdienstminderungen schützt (vgl. die Rdnr. zu § 11). Während der Schutzfrist, also während der Dauer des Beschäftigungsverbots des § 6 Abs. 1, erhält die Frau Mutterschaftsgeld nach § 13 vom Bundesversicherungsamt oder nach § 200 RVO von der Krankenkasse und den Arbeitgeberzuschuß zum Mutterschaftsgeld nach § 14 in Höhe ihres bisherigen Arbeitsentgelts (vgl. dort).

55 Im öffentlichen Dienst finden während der Schutzfrist die Konkurrenzvorschriften des Ortszuschlags bzw. des Sozialzuschlags weiterhin Anwendung

Stillzeit § 7 MuSchG

(§ 29 Abschn. B Abs. 5 Satz 1 zweiter Halbsatz und Abs. 6 Satz 1 zweiter Halbsatz BAT, für Arbeiterinnen i. V. m. § 41 MTB II; vgl. ferner *BMI MuSch* zu 6.1).

6. Befugnis der Aufsichtsbehörde

Die Aufsichtsbehörden sind hinsichtlich der Einhaltung der Schutzfristen auf die Aufsicht über die Ausführung des § 6 Abs. 1 beschränkt (vgl. § 20 Rdnr. 4 ff.). Hinsichtlich der Aufsicht über das Beschäftigungsverbot bei verminderter Leistungsfähigkeit des § 6 Abs. 2 gilt das in § 3 Rdnr. 46 ff. Ausgeführte entsprechend. § 6 Abs. 3 enthält die Befugnis der Aufsichtsbehörde, Ausnahmen vom Verbot der Akkord- und Fließarbeit zu bewilligen. Insoweit gilt das in § 4 Rdnr. 78 ff. Ausgeführte entsprechend. § 6 Abs. 3 enthält ferner die Befugnis der Aufsichtsbehörde, in Einzelfällen zu bestimmen, ob die Arbeit einer stillenden Mutter unter die nach § 6 Abs. 3 Satz 1 für anwendbar erklärten Beschäftigungsverbote des § 4 Abs. 1 bis 3 oder einer von der Bundesregierung gem. § 4 Abs. 4 erlassenen VO fällt (vgl. insoweit § 4 Rdnr. 82). § 6 Abs. 3 enthält schließlich die Befugnis der Aufsichtsbehörde, die Beschäftigung mit bestimmten anderen, in § 4 nicht ausdrücklich genannten Arbeiten im Einzelfall zu verbieten (vgl. insoweit § 4 Rdnr. 84 ff.).

56

7. Aufgaben des Betriebsrats

Hinsichtlich der Aufgaben des Betriebsrats gilt das in § 2 Rdnr. 32 ff., § 3 Rdnr. 35 und § 4 Rdnr. 70 Ausgeführte entsprechend.

57

8. Folgen bei Nichtdurchführung

Hinsichtlich der Folgen bei Verletzung der Beschäftigungsverbote vgl. § 2 Rdnr. 37 f.; Rdnr. 9 vor § 3, § 3 Rdnr. 36 und die Rdnrn. zu § 21.

58

§ 7 Stillzeit

(1) Stillenden Müttern ist auf ihr Verlangen die zum Stillen erforderliche Zeit, mindestens aber zweimal täglich eine halbe Stunde oder einmal täglich eine Stunde, freizugeben. Bei einer zusammenhängenden Arbeitszeit von mehr als acht Stunden soll auf Verlangen zweimal eine Stillzeit von mindestens fünfundvierzig Minuten oder, wenn in der Nähe der Arbeitsstätte keine Stillgelegenheit vorhanden ist, einmal eine Stillzeit von mindestens neunzig Minuten gewährt werden. Die Arbeitszeit gilt als zusammenhängend, soweit sie nicht durch eine Ruhepause von mindestens zwei Stunden unterbrochen wird.

MuSchG § 7 *Stillzeit*

(2) Durch die Gewährung der Stillzeit darf ein Verdienstausfall nicht eintreten. Die Stillzeit darf von stillenden Müttern nicht vor- oder nachgearbeitet und nicht auf die in dem Arbeitszeitgesetz oder in anderen Vorschriften festgesetzten Ruhepausen angerechnet werden.

(3) Die Aufsichtsbehörde kann in Einzelfällen nähere Bestimmungen über Zahl, Lage und Dauer der Stillzeiten treffen; sie kann die Einrichtung von Stillräumen vorschreiben.

(4) Der Auftraggeber oder Zwischenmeister hat den in Heimarbeit Beschäftigten und den ihnen Gleichgestellten für die Stillzeit ein Entgelt von 75 vom Hundert eines durchschnittlichen Stundenverdienstes, mindestens aber 0,75 Deutsche Mark, für jeden Werktag zu zahlen. Ist die Frau für mehrere Auftraggeber oder Zwischenmeister tätig, so haben diese das Entgelt für die Stillzeit zu gleichen Teilen zu gewähren. Auf das Entgelt finden die Vorschriften der §§ 23 bis 25 des Heimarbeitsgesetzes vom 14. März 1951 (Bundesgesetzbl. I S. 191) über den Entgeltschutz Anwendung.

Inhaltsübersicht

1. Stillzeit 1–10
   a) Zweck, Voraussetzungen, Anspruch 1–3
   b) Dauer 4–7
   c) Endgrenze 8–9
   d) Lage 10
2. Arbeitsentgelt für Stillzeit 11–14
3. Befugnis der Aufsichtsbehörde 15–16
4. Aufgaben des Betriebsrats 17
5. Folgen bei Nichtdurchführung 18–19

1. Stillzeit

1 a) **Zweck, Voraussetzungen.** § 7 geht auf § 7 MuSchG 1952, dieser auf § 5 MuSchG 1942, dieser auf § 3 MuSchG 1927 zurück. Die Vorschrift hat den Zweck, die Ernährung des Säuglings mit Muttermilch im Interesse der Gesundheit von Mutter und Kind zu fördern (vgl. im einzelnen *Zmarzlik*, DB 1983 S. 1044; *Ewald/Gussone*, Arbeitsrecht im Betrieb 1985 S. 12). § 7 setzt voraus, daß die Frau im Arbeitsverhältnis tatsächlich arbeitet und ihr Kind während der Arbeitszeit tatsächlich stillt (vgl. *BAG* Vom 3.7. 1985, AP Nr. 1 zu § 7 MuSchG). § 7 findet keine Anwendung, wenn die Stillzeiten außerhalb der Arbeitszeit liegen (vgl. *BVerwG* vom 30.6.1988, NJW 1988 S. 3030, das den Anspruch einer Lehrerin verneint, wenn die benötigten Stillzeiten außerhalb der Unterrichtsstunden liegen (ebenso *BMI MuSch* zu 7.1)).

2 **Anspruch auf Stillzeit,** d.h. auf Befreiung von der Arbeit zum Stillen, haben **alle** unter den Geltungsbereich des MuSchG fallenden **Mütter,** die nach Ablauf der Schutzfrist oder des Erziehungsurlaubs die Arbeit im Arbeitsverhältnis aufnehmen und ihr eigenes Kind während der Arbeitszeit tatsächlich stillen und solange sie es stillen. Dies gilt auch dann, wenn sie bei Mehrlingsgeburten nur ein Kind stillen, wenn sie die Muttermilch lediglich abpumpen und diese dann dem eigenen Kind gegeben wird, wenn zu der Muttermilch die Beikost

Stillzeit § 7 MuSchG

tritt (vgl. *Buchner/Becker*, § 7 Rdnr. 7; *Meisel/Sowka*, § 7 Rdnr. 2). Anspruch auf Stillzeit hat auch eine im Arbeitsverhältnis stehende »Leihmutter« (vgl. § 3 Rdnr. 1 f. und § 6 Rdnr. 15), die das von ihr ausgetragene Kind während der Arbeitszeit stillt. Der **Anspruch** auf Stillzeit **erlischt** nicht erst dann, wenn die Mutter das Kind überhaupt nicht mehr stillt, sondern bereits dann, wenn die Ernährung mit der Muttermilch nicht mehr ins Gewicht fällt (*Hessischer VGH* vom 12. 2. 1985, 1 TG 146/85).

Die **Stillzeit** braucht der Arbeitgeber den Frauen **nur auf Verlangen** zu gewähren. Das Verlangen ist an den Arbeitgeber oder dessen Vertreter mündlich oder schriftlich zu richten (ebenso *Buchner/Becker*, § 7 Rdnr. 9; *Gröninger/ Thomas*, § 7 Rdnr. 4; *Meisel/Sowka*, § 7 Rdnr. 6). Zur Vorlage einer **Stillbescheinigung** aufgrund der arbeitsvertragsrechtlichen Treuepflicht ist die Frau nur auf Verlangen und auf Kosten des Arbeitgebers verpflichtet (vgl. *Buchner/Becker*, § 7 Rdnr. 14; *Heilmann*, § 7 Rdnr. 9; *BMI* MuSch zu 6.10; a. A. *Gröninger/ Thomas*, § 7 Rdnr. 3 und 7; *Meisel/Sowka*, § 7 Rdnr. 4: auf Kosten der Frau). 3

b) **Dauer.** Zu gewähren ist die **zum Stillen erforderliche Zeit.** Welche Zeit (Dauer, Häufigkeit und Lage) zum Stillen erforderlich ist, kann nur aufgrund der Umstände des Einzelfalles beurteilt werden. Dabei sind nicht nur die rein persönlichen Verhältnisse der Frau und des Kindes, sondern auch Umstände zu berücksichtigen, die sich aus dem Weg zwischen Arbeitsplatz und Wohnung oder Kinderhort ergeben. Zur Stillzeit gehört auch die zur Entspannung, zum An- und Ausziehen, zur Brustpflege und zum Fertigmachen des Säuglings erforderliche Zeit. Der Frau ist auf jeden Fall eine Stillzeit von solcher Dauer zu gewähren, daß sie ihre mutterschaftliche Aufgabe des Stillens in Ruhe und in gehöriger Weise durchführen kann (vgl. *Buchner/Becker*, § 7 Rdnr. 15 ff.; *Gröninger/Thomas*, § 7 Rdnr. 6 f.; ähnlich *Meisel/Sowka*, § 7 Rdnr. 7). 4

Andererseits muß die Mutter auf betriebliche Belange Rücksicht nehmen und die Stillzeiten durch zumutbare organisatorische Maßnahmen in **angemessenen Grenzen** halten (vgl. *BAG* vom 3. 7. 1985, DB 1986 S. 129). Bei außergewöhnlichen Verhältnissen, z. B. **weiter Weg** zum Betrieb, muß sich die Mutter um Ausweichlösungen bemühen, z. B. das Kind zu den Stillzeiten zum Betrieb bringen lassen (ebenso *Buchner/Becker*, § 7 Rdnr. 19; *Meisel/Sowka*, § 7 Rdnr. 7). Andernfalls kann der Arbeitgeber die Lohnausfallerstattung auf ein angemessenes Maß beschränken (ebenso *Gröninger/Thomas*, § 7 Rdnr. 8). Die **gleitende Arbeitszeit** darf sich nicht zuungunsten der stillenden Mutter auswirken. Stillzeiten sind auch während der Gleitzeit zu gewähren (vgl. *Müller*, DB 1983 S. 1043). 5

Als **Mindeststillzeit** ist in § 7 Abs. 1 zweimal täglich eine halbe Stunde oder einmal täglich eine Stunde festgesetzt. Bei einer zusammenhängenden Arbeitszeit (vgl. § 7 Abs. 1 Satz 3) von mehr als 8 Stunden soll eine Stillzeit zweimal täglich von mindestens 45 Minuten oder einmal täglich von mindestens 90 Minuten gewährt werden. Bei einer Überschreitung dieser Stillzeiten muß die Frau auf Verlangen und auf Kosten des Arbeitgebers eine entsprechende Still- 6

MuSchG § 7 *Stillzeit*

bescheinigung vorlegen (ebenso *Heilmann*, § 7 Rdnr. 15; ohne Kostenlast des Arbeitgebers *Gröninger/Thomas*, § 7 Rdnr. 7).

7 Benötigt die Frau die im Gesetz festgelegten Mindeststillzeiten nicht in vollem Umfang, z. B. weil sie nur noch einmal täglich nach dem Aufstehen am Morgen stillt, dann ist sie aufgrund ihrer arbeitsvertraglichen **Treuepflicht** gehalten, nur die Stillzeit in Anspruch zu nehmen, die sie tatsächlich benötigt (insoweit weitergehend *Gröninger/Thomas*, § 7 Rdnr. 17; *Meisel/Sowka*, § 7 Rdnr. 11). Die Berufung auf die gesetzlichen Mindeststillzeiten kann aber auch in anderen Fällen einen Rechtsmißbrauch darstellen, z. B. bei einer Stundenhilfe, die nur zwei Stunden am Tage arbeitet (insoweit ebenso *Buchner/Becker*, § 7 Rdnr. 25; vgl. ferner *Gröninger/Thomas*, § 7 Rdnr. 10). Eine Lehrerin, die ihr Kind außerhalb der vorgesehenen Unterrichtsstunden stillt, hat keinen Anspruch auf Verminderung der Unterrichtsverpflichtung (*BVerwG* vom 30. 6. 1988, NJW 1988 S. 3030). Aufgrund ihrer Treuepflicht ist die Arbeitnehmerin ferner gehalten, ihrem Arbeitgeber vom Abstillen Kenntnis zu geben.

8 c) **Endgrenze**. Eine äußerste **zeitliche** Endgrenze für den Anspruch auf Stillzeit ist in § 7 nicht ausdrücklich genannt. Aus der Entstehungsgeschichte und dem Zweck der Vorschrift folgt jedoch, daß der Anspruch während der zum Schutze der Gesundheit von Mutter und Kind erforderlichen Dauer besteht, mindestens während der ersten 6 Monate, höchstens **bis zum 12. Monat** nach der Entbindung. Nach den heutigen ernährungsphysiologischen und immunologischen Erkenntnissen ist ein über das 1. Lebensjahr des Kindes hinausgehender Anspruch auf Stillzeit aus Gründen des Gesundheitsschutzes nicht mehr erforderlich (vgl. im einzelnen *Zmarzlik*, DB 1983 S. 1044; ebenso *LAG Hannover* vom 2. 5. 1983, 13 Sa 4/83; *LAG Niedersachsen* vom 29. 10. 1987, NZA 1988 S. 312; *ArbG Darmstadt* vom 24. 8. 1983, 5 Ga 7/83, ARST 1984, 10 – 11; *BMI MuSch* zu 7.4; a. A. *LAG BW* vom 3. 11. 1989, ArbiB 1990, S. 266; *Bolwin*, BlStSozArbR 1983 S. 225; *Ewald/Gussone*, Arbeitsrecht im Betrieb 1985 S. 12, 13; *Heilmann*, § 7 Rdnr. 10).

9 Nach Auffassung des Verwaltungsgerichts Hannover vom 27. 4. 1983 – 2 VGD 24/83 – ist das Schweigen des Gesetzgebers zur zeitlichen Begrenzung des Anspruchs auf Stillzeit mit Recht nicht so zu deuten, daß ein unbeschränkter Anspruch auf Stillbefreiung gewährt werden sollte, sondern vielmehr allein darauf zurückzuführen, daß eine zeitliche Begrenzung der Dauer der Stilltätigkeit in unserem Kulturkreis als selbstverständlich vorausgesetzt werden konnte. Für diese Auslegung spricht dabei neben der sozialen Üblichkeit auch der Gedanke, daß die Belange des Mutterschutzes sonst ad absurdum geführt würden. Für die Begrenzung des Anspruchs auf ein Jahr nach der Entbindung auch *BMI MuSch* zu 7.4. Eine zeitliche Begrenzung ist zumindest aus dem Gesichtspunkt des Rechtsmißbrauchs zu bejahen (vgl. z. B. *Buchner/Becker*, § 7 Rdnr. 12; *Meisel/Sowka*, § 7 Rdnr. 3; *Gröninger/Thomas*, § 7 Rdnr. 2; *MünchArb/Heenen* § 226 Rdnr. 40), damit der Mutterschutz durch einige wenige Frauen nicht in Mißkredit gebracht wird.

Arbeitsentgelt für Stillzeit § 7 MuSchG

d) **Lage der Stillzeit.** Sie bestimmt sich im Hinblick auf die Worte »die zum 10
Stillen erforderliche Zeit« ebenfalls nach den Umständen des Einzelfalls (ebenso
Buchner/Becker, § 7 Rdnr. 34; *Gröninger/Thomas,* § 7 Rdnr. 12; *Meisel/Sowka,*
§ 7 Rdnr. 7). Die Empfehlung der Kinderärzte, Säuglinge alle 4 Stunden anzulegen, kann nur für den Normalfall als Richtschnur angesehen werden. Frauen, die mit der Arbeit um 6 oder 7 Uhr beginnen, sollte u.U. die Möglichkeit eingeräumt werden, die Arbeit eine halbe Stunde später aufzunehmen. Bei Meinungsverschiedenheiten zwischen Arbeitgeber und Arbeitnehmerin sollten der Betriebsrat und die Aufsichtsbehörde (vgl. unter § 7 Rdnr. 15 ff.) gehört werden (ebenso *Buchner/Becker,* § 7 Rdnr. 49 f.).

2. Arbeitsentgelt für Stillzeit

Stillzeiten sind echte Freizeiten während der Arbeitszeit, die auf diese anzu- 11
rechnen sind (ebenso *Buchner/Becker,* § 7 Rdnr. 39 f.; *Gröninger/Thomas,* § 7
Rdnr. 14). Sie dürfen nach § 7 Abs. 2 Satz 2 nicht vor- oder nachgearbeitet und nicht auf Ruhepausen des ArbZG angerechnet werden. Stillzeiten sind aufgrund des § 7 Abs. 2 Satz 1 nach dem Prinzip der Lohnausfallerstattung mit dem **Regelverdienst** zu bezahlen, bei Wochen- und Monatslohn unverkürzt, bei Stunden- und Akkordlohn mit dem Durchschnittsverdienst des letzten abgerechneten Lohnabrechnungszeitraums. Ist eine Frau wegen des Stillens von der Akkordarbeit in Zeitlohnarbeit umgesetzt worden, dann ist ihr der durchschnittliche Akkordlohn zu zahlen, wenn dieser höher liegt als der Zeitlohn (ebenso *BMI MuSch* zu 7.2; *Buchner/Becker,* § 7 Rdnr. 42; *Gröninger/Thomas,* § 7 Rdnr. 15; *Meisel/Sowka,* § 7 Rdnr. 19).

Der Anspruch auf Ersatz von Verdienstausfall für Stillzeiten **setzt** aber 12
voraus, daß die Mutter überhaupt arbeitet und ihr Kind während der Arbeitszeit stillt (vgl. *BVerwG* vom 30.6.1988, NJW 1988 S. 3030). Ist sie z.B. aufgrund häufiger Stillzeiten oder weiter Entfernung zwischen Wohnung und Arbeitsplatz völlig verhindert, ihrer Arbeitsleistung nachzukommen, so entfällt jeglicher Lohn- oder Gehaltsanspruch (vgl. *BAG* vom 3.7.1985, DB 1986 S. 129).

Der Anspruch auf Zahlung des Arbeitsentgelts für Stillzeiten ist **zwingend,** 13
unabdingbar. Die Frau kann auf Zahlung des Arbeitsentgelts wegen der Sonderregelung in § 7 Abs. 1 (»darf ... nicht«) weder im voraus noch nachträglich verzichten (ebenso *Buchner/Becker,* § 7 Rdnr. 44; *Gröninger/Thomas,* § 8 Rdnr. 17; *BMI MuSch* zu 7.3; a.A. *Meisel/Sowka,* § 8 Rdnr. 19).

Für **Heimarbeiterinnen** gilt § 7 Abs. 4 und § 8 Abs. 5. Danach sind grund- 14
sätzlich 75% des Durchschnittsstundenverdienstes zu gewähren, auch bei Stücklohnvereinbarung; der Mindestbetrag von 0,38 Euro je Werktag in § 7 Abs. 4 Satz 1 ist lediglich als Mindesteinkommenssicherung gedacht (ebenso *Buchner/Becker,* § 7 Rdnr. 46 ff.). Das Arbeitsentgelt für die Stillzeit ist durch §§ 23 bis 25 HAG geschützt (vgl. *Schmidt/Koberski,* HAG, § 19 Anh. Rdnr. 168).

MuSchG § 7

3. Befugnis der Aufsichtsbehörde

15 Die Befugnis der Aufsichtsbehörde ist, abgesehen von der ihr obliegenden Aufsicht gemäß § 20, nach § 7 Abs. 3 darauf beschränkt, **in Einzelfällen** nähere Bestimmungen über Zahl, Lage und Dauer der Stillzeiten durch Verwaltungsakt zu treffen und die Einrichtung von Stillräumen vorzuschreiben. Die Befugnis, die Lage der Stillzeit zu bestimmen, enthält auch die Befugnis, anzuordnen, daß die stillende Mutter, die bei Beginn oder Ende der Arbeit ihr Kind stillt, entsprechend später mit der Arbeit beginnen oder entsprechend früher mit der Arbeit aufhören kann (vgl. auch *Buchner/Becker*, § 7 Rdnr. 51; *Gröninger/Thomas*, § 7 Rdnr. 18; *Lenz*, § 7 Rdnr. 4).

16 Die Einrichtung von **Stillräumen** kann in der Regel nur in Betrieben vorgeschrieben werden, in denen häufig stillende Mütter beschäftigt werden (ähnlich *Buchner/Becker*, § 7 Rdnr. 53; *Gröninger/Thomas*, § 7 Rdnr. 19). Liegeräume für Mütter sind in § 31 ArbeitsstättenVO vorgeschrieben (vgl. auch § 2 Rdnr. 17). Zu Rechtsbehelfen gegen die Aufsichtsbehörde vgl. § 20 Rdnr. 15.

4. Aufgaben des Betriebsrats

17 Im Rahmen der dem Betriebsrat nach dem BetrVG obliegenden Aufgaben (vgl. § 2 Rdnr. 32 ff., § 3 Rdnr. 47 f. und § 4 Rdnr. 89) sollte der Betriebsrat bei Meinungsverschiedenheiten über Dauer, Häufigkeit und Lage der Stillzeit eingeschaltet werden (vgl. § 7 Rdnr. 4 ff.). Auch die Frau hat die Möglichkeit, sich an den Betriebsrat zu wenden; denn der Betriebsrat hat nach § 85 BetrVG die Aufgabe, Beschwerden von Arbeitnehmern entgegenzunehmen. Nach § 88 Nr. 2 BetrVG kann der Betriebsrat auch die Einrichtung von Stillräumen beantragen (vgl. auch *Buchner/Becker*, § 7 Rdnr. 50; *Meisel/Sowka*, § 7 Rdnr. 20 a).

5. Folgen bei Nichtdurchführung

18 Eine Verletzung der Vorschriften über die Stillzeit und eine Zuwiderhandlung gegen eine vollziehbare Verfügung der Aufsichtsbehörde nach § 7 Abs. 3 kann als Straftat oder **Ordnungswidrigkeit** geahndet werden (vgl. § 21 Abs. 1 Nr. 2 und 5). Die Vorschrift über die Zahlung des Arbeitsentgelts für die Stillzeit nach § 7 Abs. 2 Satz 1 ist weder unter Strafe noch unter Geldbuße gestellt. Ansprüche auf Zahlung des Arbeitsentgelts für Stillzeiten können ggf. beim Arbeitsgericht eingeklagt werden.

19 Die Frau, der der Arbeitgeber die erforderliche Stillzeit versagt, ist berechtigt, die **Arbeitsleistung** zu **verweigern**, soweit dies zum Stillen des Kindes notwendig ist, ohne den Lohnanspruch zu verlieren; sie kann sich in diesem Falle die erforderliche Stillzeit praktisch selbst nehmen, um ihrer Aufgabe als Mutter gerecht zu werden (vgl. *Gröninger/Thomas*, § 7 Rdnr. 22; *Meisel/Sowka*, § 7 Rdnr. 21). Außerdem können der Frau Schadensersatzansprüche aus Pflichtver-

letzung (§ 280 BGB) und aus unerlaubter Handlung (§ 7 Schutzgesetz i.S.d. § 823 Abs. 2 BGB) zustehen (vgl. auch Rdnr. 10 vor § 3 und § 3 Rdnr. 49).

§ 8 Mehrarbeit, Nacht- und Sonntagsarbeit

(1) Werdende und stillende Mütter dürfen nicht mit Mehrarbeit, nicht in der Nacht zwischen 20 und 6 Uhr und nicht an Sonn- und Feiertagen beschäftigt werden.

(2) Mehrarbeit im Sinne des Absatzes 1 ist jede Arbeit, die
1. von Frauen unter 18 Jahren über 8 Stunden täglich oder 80 Stunden in der Doppelwoche,
2. von sonstigen Frauen über 8½ Stunden täglich oder 90 Stunden in der Doppelwoche hinaus

geleistet wird. In die Doppelwoche werden die Sonntage eingerechnet.

(3) Abweichend vom Nachtarbeitsverbot des Absatzes 1 dürfen werdende Mütter in den ersten vier Monaten der Schwangerschaft und stillende Mütter beschäftigt werden
1. in Gast- und Schankwirtschaften und im übrigen Beherbergungswesen bis 22 Uhr,
2. in der Landwirtschaft mit dem Melken von Vieh ab 5 Uhr,
3. als Künstlerinnen bei Musikaufführungen, Theatervorstellungen und ähnlichen Aufführungen bis 23 Uhr.

(4) Im Verkehrswesen, in Gast- und Schankwirtschaften und im übrigen Beherbergungswesen, im Familienhaushalt, in Krankenpflege- und in Badeanstalten, bei Musikaufführungen, Theatervorstellungen, anderen Schaustellungen, Darbietungen oder Lustbarkeiten dürfen werdende oder stillende Mütter, abweichend von Absatz 1, an Sonn- und Feiertagen beschäftigt werden, wenn ihnen in jeder Woche einmal eine ununterbrochene Ruhezeit von mindestens 24 Stunden im Anschluß an eine Nachtruhe gewährt wird.

(5) An in Heimarbeit Beschäftigte und ihnen Gleichgestellte, die werdende oder stillende Mütter sind, darf Heimarbeit nur in solchem Umfang und mit solchen Fertigungsfristen ausgegeben werden, daß sie von der werdenden Mutter voraussichtlich während einer achtstündigen Tagesarbeitszeit, von der stillenden Mutter voraussichtlich während einer 7¼ stündigen Tagesarbeitszeit an Werktagen ausgeführt werden kann. Die Aufsichtsbehörde kann in Einzelfällen nähere Bestimmungen über die Arbeitsmenge treffen; falls ein Heimarbeitsausschuß besteht, hat sie diesen vorher zu hören.

(6) Die Aufsichtsbehörde kann in begründeten Einzelfällen Ausnahmen von den vorstehenden Vorschriften zulassen.

MuSchG § 8 *Mehrarbeit, Nacht- und Sonntagsarbeit*

Inhaltsübersicht

1. Allg. zu allen Verboten des § 8 1–17
   a) MuSchG – ÄndG 1996 1
   b) Inhalt 2–3
   c) Geltung 4–6
   d) Zweck 7
   e) Rechtscharakter 8–9
   f) Art der Beschäftigung 10
   g) Verhältnis zu anderen
      Regelungen 11–12
   h) Wirkung auf das Arbeits-
      verhältnis 13–15
   i) Verantwortung des Arbeitgebers 16
   j) EG-MuSch-Richtlinie 17
2. Verbot der Mehrarbeit 18–24
   a) Begriff Arbeitszeit 18–19
   b) Mehrarbeit aller Frauen 20–21
   c) Mehrarbeit von Frauen unter
      18 Jahren 22
   d) Mehrarbeit im Haushalt und in der
      Landwirtschaft 23
   e) Mehrarbeit bei 5-Tage-Woche 24
3. Verbot der Nachtarbeit 25–33
   a) Grundsatz 25
   b) Gast- und Schank-
      wirtschaften u.a. 26–27
   c) Landwirtschaft 28
   d) Künstlerinnen bei Aufführungen 29–33
4. Verbot der Sonn- und Feiertagsarbeit 34–48
   a) Grundsatz 34–37
   b) Ausnahmen 38–48
5. Heimarbeiterinnen, Abs. 5 49
6. Umsetzung, Arbeitsentgelt 50–52
7. Befugnis der Aufsichtsbehörde 53–54
8. Aufgaben des Betriebsrats 55
9. Folgen bei Nichtdurchführung 56

1. Allgemeines zu allen Verboten des § 8

1 **a) MuSchG-ÄndG 1996.** Seit 1.1.1997 gilt für alle Arbeitnehmerinnen dieselbe Grenze für zulässige Mehrarbeit, unterschieden nur noch zwischen Frauen über und unter 18 Jahren (vgl. im einzelnen BT-Drucks. 13/2763 S. 10). Seither sind auch die im Familienhaushalt Beschäftigten (Hausangestellten) einbezogen.

2 **b) Inhalt.** § 8 Abs. 1 enthält 3 Beschäftigungsverbote: Verbot der Mehrarbeit, Verbot der Nachtarbeit, Verbot der Sonn- und Feiertagsarbeit. Die **3 Verbote** gelten für alle werdenden und stillenden Mütter, die im Arbeitsverhältnis stehen. § 8 Abs. 5 enthält eine Sonderregelung für die Heimarbeit.

3 Vom Verbot der Mehrarbeit sind **Ausnahmen** in § 8 Abs. 2, vom Verbot der Nachtarbeit sind Ausnahmen in § 8 Abs. 3, vom Verbot der Sonn- und Feiertagsarbeit sind Ausnahmen in § 8 Abs. 4 vorgesehen. Die Aufsichtsbehörde kann in begründeten Einzelfällen Ausnahmen von allen 3 Verboten zulassen.

4 **c) Geltung.** § 8 Abs. 1 Satz 1 gilt **für alle** werdenden und stillenden **Mütter** im Arbeitsverhältnis in allen Beschäftigungsbereichen (§ 1). Für die Beamtinnen des Bundes gilt die damit vergleichbare Regelung über die Mehr-, Nacht- und Sonntagsarbeit in § 8 MuSchVO (vgl. Anh. 4). Für die Beamtinnen der Länder gelten vergleichbare Regelungen in den entsprechenden Länderverordnungen. Für Soldatinnen vgl. § 2 MuSchSoldV (vgl. Anh. 4.1).

5 Die Geltung des § 8 Abs. 1 Satz 1 für werdende Mütter besagt, daß die dort bestimmten Verbote für eine Frau vom Beginn bis zur Beendigung ihrer **Schwangerschaft** (zum Beginn der Schwangerschaft vgl. § 3 Rdnr. 2, 35) gelten, in der Regel bis zur Beendigung der Schwangerschaft durch Entbindung (vgl. § 3 Rdnr. 2). Die Geltung für stillende Mütter besagt, daß die Verbote nach der

Allgemeines § 8 MuSchG

Entbindung nur noch für Mütter gelten, die ein Kind stillen und solange sie es stillen, selbst wenn sie es im Laufe der Zeit nur noch einmal täglich stillen (zur Endgrenze vgl. § 7 Rdnr. 8), also während der **Stillzeit**. Der tatsächliche Beginn der Geltung der Verbote hängt vor der Entbindung von der Kenntnis des Arbeitgebers von der Schwangerschaft ab (vgl. auch *Gröninger/Thomas*, § 8 Rdnr. 3), nach der Entbindung von der Kenntnis des Arbeitgebers vom Stillen (insoweit ebenso *Heilmann*, § 8 Rdnr. 4). Mütter, die nicht stillen, können Befreiung von Nachtarbeit im Rahmen des § 6 Abs. 4 ArbZG verlangen.

Die Ausnahmevorschriften des § 8 Abs. 3 u. 4, die den durch das Beschäftigungsverbot nach § 8 Abs. 1 gewollten Schutz der werdenden oder stillenden Mutter zurückdrängen, muss wegen des vorrangigen Interesses des Gesundheitsschutzes eng ausgelegt werden. Durch die Ausnahmeregelung soll nur den in § 8 Abs. 4 genannten Betrieben ermöglicht werden, ihre Funktionsfähigkeiten aufrechtzuerhalten. Den angeführten Betrieben soll deshalb ermöglicht werden, über ihre Arbeitnehmer und deren Einsatz trotz des an sich nach § 8 Abs. 1 gewollten Schutzes unter den weiter in § 8 Abs. 3 u. 4 genannten Voraussetzungen frei disponieren zu können. Eine solche Dispositionsmöglichkeit braucht den in § 8 Abs. 3 u. 4 genannten Betrieben aber nicht eingeräumt zu werden und der Schutz der werdenden Mutter braucht nicht zurückzutreten, wenn der Betrieb, z.B. eine Krankenanstalt, so organisiert ist, daß bestimmte Arbeiten von Drittfirmen (z.B. Reinigungsunternehmen) durchgeführt werden. Der in § 8 Abs. 3 u. 4 angesprochene Betrieb benötigt dann als Arbeitgeber nicht die Ausnahmeregelung, um seinen Betrieb aufrechterhalten zu können. Soweit Arbeiten z.B. in der Krankenanstalt durch Drittunternehmen durchzuführen sind, obliegt es diesen, den Einsatz der Arbeitskräfte nach eigenen Maßstäben und Kriterien zu gestalten. Wenn z.B. eine Arbeitnehmerin des Reinigungsunternehmens wegen eines Beschäftigungsverbots nach § 8 Abs. 1 für Sonntagsarbeit nicht mehr herangezogen werden kann, obliegt es dem Reinigungsunternehmen, durch Einsatz anderer Arbeitnehmerinnen ihre Vertragspflichten gegenüber der Krankenanstalt zu erfüllen. Für deren Betrieb ist es nicht erforderlich, die Ausnahmeregelung des § 8 Abs. 4 einzusetzen (so wohl BAG vom 12.12.1990, NZA 1991 S. 505 = DB 1991 S. 2143, ohne allerdings die Frage abschließend zu entscheiden; ebenso auch *Gröninger/Thomas*, § 8 Rdnr. 4, 25; a. A. *Meisel/Sowka*, § 8 Rdnr. 35 ff.; *Buchner/Becker*, § 8 Rdnr. 52). Die in der Vorauflage vertretene Auffassung von der Ausdehnung auf Drittunternehmen (Dienstleister) wird aufgegeben.

d) Zweck. Die Beschäftigungsverbote des § 8 Abs. 1 verfolgen in Ergänzung der Verbote in §§ 2 bis 7 sowie der MuSchArbV den Zweck, die werdenden und stillenden Mütter vor einer Überbeanspruchung durch die Dauer und Lage der Arbeitszeit über den allgemeinen Arbeitsschutz hinaus zu schützen (vgl. auch *Gröninger/Thomas*, § 8 Rdnr. 2; *Heilmann*, § 8 Rdnr. 6). Die Ausnahmen des § 8 Abs. 3 und 4 verfolgen dagegen den Zweck, die Funktionsfähigkeit der von diesen Ausnahmen begünstigten Betriebe auch durch den Einsatz werdender und stillender Mütter zu ermöglichen. Der Gesundheitsschutz dieser Mütter wird durch die Beschäftigungsverbote des § 3 Abs. 1 und des § 4 sowie des § 6 Abs. 2 und 3 sichergestellt. Bei den in § 8 Abs. 3 freigegebenen Zeiten sollte man sich vergegenwärtigen, daß es sich nicht um die eigentliche Nachtzeit handelt. Die Arbeit an Sonn- und Feiertagen wird in § 8 Abs. 4 durch eine Ersatzruhezeit ausgeglichen. Außerdem sollte man die Qualität der Verbote des § 8 Abs. 1 mit denen des § 4 vergleichen (vgl. auch *Buchner/Becker*, § 8 Rdnr. 1).

8 e) **Rechtscharakter.** Bei den Beschäftigungsverboten des § 8 Abs. 1 handelt es sich im Unterschied zu den Verboten des §§ 3, 4 und 6 um arbeitszeitrechtliche Verbote, ferner um Verbote mit **Erlaubnisvorbehalt** in § 8 Abs. 6 und einer Reihe von Ausnahmen in § 8 Abs. 3 und 4. Ihrem Wesen nach sind diese Verbote wie diejenigen in § 4 **generelle Beschäftigungsverbote**, die im Unterschied zu dem individuellen Beschäftigungsverbot des § 3 Abs. 1 und des § 6 Abs. 2 unabhängig von den persönlichen Verhältnissen der werdenden oder stillenden Mutter und der Inanspruchnahme durch sie gelten (vgl. auch *Buchner/Becker*, § 8 Rdnr. 6; *Gröninger/Thomas*, § 8 Rdnr. 4; *Heilmann*, § 8 Rdnr. 1; *MünchArb/Heenen* § 226 Rdnr. 29).

9 Die Beschäftigungsverbote des § 8 Abs. 1 sind wie die anderen Beschäftigungsverbote des MuSchG zwingend. Die Mutter kann auf deren Einhaltung nicht verzichten; entgegenstehende Vereinbarungen sind nach § 134 BGB nichtig. Die Beschäftigungsverbote berühren jedoch nicht die Wirksamkeit des gesamten Arbeitsvertrages (vgl. dazu vor § 3 Rdnr. 3, § 4 Rdnr. 7). Ein den Beschäftigungsverboten entgegenstehendes Verlangen der Mutter ist ohne Bedeutung und kann den Arbeitgeber von einer Verfolgung nach § 21 Abs. 1 Nr. 3 nicht befreien (vgl. auch *Buchner/Becker*, § 8 Rdnr. 6; *Gröninger/Thomas*, § 8 Rdnr. 2, 4, 5; *Heilmann*, § 8 Rdnr. 1; *MünchArb/Heenen* § 226 Rdnr. 29).

10 f) **Art der Beschäftigung.** Unter **Beschäftigung** i. S. d. § 8 ist jede Beschäftigung einer Frau mit einer Tätigkeit zu verstehen, die in persönlicher, weisungsgebundener Abhängigkeit vom Arbeitgeber im Rahmen des Arbeitsverhältnisses ausgeübt wird. Unter die Verbote des § 8 fällt z.B. auch die Beschäftigung mit Bereitschaftsdiensten, wenn und soweit diese als Mehr-, Nacht- oder Sonntagsarbeit zu leisten sind (vgl. ferner § 3 Rdnr. 23; vgl. auch *Buchner/Becker*, § 8 Rdnr. 22 f.).

11 g) **Verhältnis zu anderen Regelungen.** Ein Beschäftigungsverbot gemäß § 3 Abs. 1 oder § 6 Abs. 2 mit einer bestimmten ärztlichen Anordnung über die Dauer und Lage der Arbeitszeit einer bestimmten Mutter geht den generellen Arbeitszeitregelungen in § 8 vor, soweit das Verbot gemäß § 3 Abs. 1 oder § 6 Abs. 2 in der Konkretisierung des Arztes im Ergebnis strenger ist als die generelle Arbeitszeitregelung in § 8. Die Arbeitszeitbeschränkungen in § 8 können somit durch ein individuelles Beschäftigungsverbot gemäß § 3 Abs. 1 oder § 6 Abs. 2 weiter eingeschränkt werden (vgl. auch *Gröninger/Thomas*, § 8 Rdnr. 4).

Allgemeines § 8 MuSchG

Gegenüber den Vorschriften des **allgemeinen Arbeitszeitschutzes**, z. B. dem 12
Arbeitsschutzgesetz, dem Arbeitszeitgesetz und den §§ 8ff. JArbSchG, sind die mutterschutzrechtlichen Vorschriften des § 8 Spezialregelungen. Sie gehen, soweit sie strenger sind, den allgemeinen Arbeitszeitvorschriften vor.

h) **Wirkung auf das Arbeitsverhältnis.** Die Beschäftigungsverbote des § 8 13
Abs. 1 beeinträchtigen den Bestand eines gültig abgeschlossenen Arbeitsvertrages nicht, auch soweit darin vor Beginn der Schwangerschaft Absprachen über Mehr-, Nacht- oder Sonntagsarbeit getroffen worden sind (vgl. *BAG* vom 8.8.1990, NJW 1991 S. 62). Sie geben dem Arbeitgeber insbesondere **kein Kündigungsrecht**. Dagegen verbieten sie dem Arbeitgeber, die Arbeitnehmerin vom Bekanntwerden der Schwangerschaft oder des Stillens ab mit der verbotenen Mehr-, Nacht- oder Sonntagsarbeit zu beschäftigen bzw. weiterzubeschäftigen. Der Arbeitnehmerin geben sie insbesondere einen Anspruch auf Freistellung von der verbotenen Arbeit und ein Leistungsverweigerungsrecht (vgl. *BAG* vom 2.2.1994, NZA 1994, 610; zu den Arbeitnehmerrechten im Arbeitsschutz bei Pflichtverletzungen des Arbeitgebers im einzelnen *MünchArb/Wlotzke* § 209 Rdnr. 21 ff.).

War die Arbeitnehmerin schon bei Abschluß des Arbeitsvertrages schwanger 14
und hat sie sich trotzdem zu der in § 8 Abs. 1 verbotenen Mehr-, Nacht- oder Sonntagsarbeit verpflichtet, ist der **Arbeitsvertrag nicht** wegen Verstoßes gegen ein Beschäftigungsverbot nach § 134 BGB **nichtig**. Das BAG hat bisher die Nichtigkeit ausgeschlossen, wenn bei Abschluß des Arbeitsvertrages mit der Erteilung einer Ausnahmegenehmigung nach § 8 Abs. 6 zu rechnen ist (vgl. *BAG* vom 8.9.1988, DB 1989 S. 585). Nach *EuGH* vom 24.11.1992 (DB 1994 S. 1089) und 5.5.1994 (NZA 1994 S. 609) liegt in diesen Fällen keine Nichtigkeit oder Anfechtbarkeit wegen des Nachtarbeitsverbots vor, selbst wenn die Arbeitnehmerin während der Schwangerschaft wegen eines aus dem MuSchG folgenden Beschäftigungsverbots auf dem vorgesehenen Arbeitsplatz von Anfang an nicht beschäftigt werden darf (EuGH vom 8.2.2000 – RS C 207/98). Eine andere Bewertung wäre eine unmittelbare Diskriminierung aufgrund des Geschlechts bei der Begründung des Arbeitsverhältnisses (vgl. *Viethen/Schwedes*, Kapitel 3 Nr. 8).

Der vom *EuGH* am 5.5.1994 entschiedene Fall hatte einen **Arbeitsvertrag** 15
auf unbestimmte Zeit zum Gegenstand, der sich auf nachts zu verrichtende Arbeit einer Altenpflegerin bezog (**Nachtwache im Altenheim**). Bei einem solchen Arbeitsvertrag gilt das Nachtarbeitsverbot des § 8 nur während der Schwangerschaft und der Stillzeit der Arbeitnehmerin; es wirkt also nur für eine gegenüber der Gesamtdauer des Arbeitsvertrages beschränkte Zeit. Unter diesen Voraussetzungen würde es dem mit Art. 2 III Richtlinie 76/207/EWG verfolgten Schutzweck zuwiderlaufen und dieser Bestimmung ihre praktische Wirksamkeit nehmen, wenn man es zuließe, daß der Arbeitsvertrag wegen der zeitweiligen Verhinderung der schwangeren Arbeitnehmerin, Nachtarbeit zu

verrichten, für nichtig erklärt oder angefochten werden könnte (vgl. NZA 1994, 609, 610; vgl. auch *Buchner/Becker,* § 8 Rdnr. 10).

16 **i) Verantwortung des Arbeitgebers.** Der Arbeitgeber muß die generellen Beschäftigungsverbote des § 8 Abs. 1 von sich aus beachten, sobald ihm die Schwangerschaft oder das Stillen bekannt werden, auch dann, wenn die Arbeitnehmerin sich nicht auf die Beschäftigungsverbote beruft, selbst dann, wenn sie mit der Beschäftigung bzw. Weiterbeschäftigung einverstanden ist oder sie diese gar verlangt. Er muß prüfen, mit welchen anderen zulässigen Arbeiten bzw. zu anderen zulässigen Zeiten er die Arbeitnehmerin beschäftigen kann (vgl. auch § 4 Rdnr. 4).

17 **j) EG-MuSch-Richtlinie.** Sie verpflichtet die Mitgliedstaaten in Art. 7 nur zu einer Beschränkung der Nachtarbeit, nicht aber zu einer Beschränkung der Mehrarbeit oder der Sonn- und Feiertagsarbeit. Außerdem wird offengelassen, welche Uhrzeit eine verbotene Nachtarbeit umfassen soll (vgl. Anh. 19). Es war daher bei der Umsetzung der Richtlinie nicht erforderlich, die auf den späten Abend bzw. den frühen Morgen beschränkten Ausnahmen in § 8 Abs. 3 allein wegen der Richtlinie zu streichen.

2. Verbot der Mehrarbeit

18 a) **Begriff Arbeitszeit.** Dies ist die Zeit, in der die Frau tatsächlich arbeitet oder dem Arbeitgeber auf dessen Weisung im Betrieb oder auf einer anderen Arbeitsstätte zur Arbeitsleistung zur Verfügung steht. Zur Arbeitszeit gehören auch die Arbeitsbereitschaft und der Bereitschaftsdienst (vgl. im einzelnen *MünchArb/Anzinger* § 218 Rdnr. 9ff.; *Zmarzlik/Anzinger,* ArbZG, § 2 Rdnr. 13ff.; *Neumann/Biebl,* ArbZG, § 2 Rdnr. 12 auch zum ab 1.1.2004 geltenden Recht). Auch betriebsbedingte Wege können Arbeitszeit sein (vgl. im einzelnen *Zmarzlik/Anzinger,* ArbZG, § 2 Rdnr. 7f.; *Neumann/Biebl,* ArbZG, § 2 Rdnr. 14). Arbeitszeit ist auch die Stillzeit während der Arbeitszeit (vgl. § 7 Abs. 2). Als Arbeitszeit gelten nicht die gesetzlichen Ruhepausen (vgl. § 2 Abs. 1 ArbZG). Kurzpausen, die der Arbeitgeber aufgrund der Vorschriften des MuSchG gewähren muß, gehören dagegen zur Arbeitszeit (ebenso *BMI MuSch* zu 8.2; *Buchner/Becker,* § 8 Rdnr. 23; *Gröninger/Thomas,* § 8 Rdnr. 7). Der Begriff »Arbeitszeit« in § 2 Abs. 1 ArbZG wurde nicht übernommen.

19 Für die Frage, ob die **Arbeitszeitgrenzen** des § 8 Abs. 2 eingehalten werden, sind allein die dort bestimmten Arbeitszeiten maßgebend, nicht dagegen kürzere oder längere tarifliche oder einzelvertragliche Arbeitszeiten (ebenso *Gröninger/Thomas,* § 8 Rdnr. 6; *Meisel/Sowka,* § 8 Rdnr. 10). Zur Ermittlung und Bewertung von Arbeitszeiten von **Frauen unter 18 Jahren** sind ergänzend die Vorschriften des JArbSchG heranzuziehen (vgl. hierzu *Zmarzlik/Anzinger,* JArbSchG, § 4 Rdnr. 8ff.). So ist z. B. bei Frauen unter 18 Jahren die Arbeitszeit, die an einem Werktag infolge eines gesetzlichen Feiertags ausfällt, aufgrund der Anordnung in § 4 Abs. 4 Satz 2 JArbSchG auf die wöchentliche Arbeitszeit

Verbot der Mehrarbeit §8 MuSchG

anzurechnen, mangels einer solchen Anordnung nicht dagegen bei Frauen über 18 Jahre (ebenso *Gröninger/Thomas,* § 8 Rdnr. 8; *Meisel/Sowka,* § 8 Rdnr. 16; a. A. *Heilmann,* § 8 Rdnr. 12). Zur **Vermeidung** von Mehrarbeit empfiehlt sich eine entsprechende Verlängerung der Pausen aus arbeitsorganisatorischen Gründen (vgl. *BMI MuSch* zu 8.3).

b) **Mehrarbeit aller Frauen.** Der Begriff »Mehrarbeit« ist im MuSchG ein eigenständiger Begriff. Er wird in § 8 Abs. 2 näher bestimmt, in Nr. 1 für Jugendliche, in Nr. 2 für Erwachsene. § 8 Abs. 2 Nr. 2 enthält den **Grundsatz für alle** werdenden und stillenden Mütter, die nicht unter die Sonderregelung des § 8 Abs. 2 Nr. 1 fallen. Unzulässige Mehrarbeit ist für diese Frauen jede Arbeitszeit (vgl. § 8 Rdnr. 16), **die 8½ Stunden täglich oder 90 Stunden in der Doppelwoche** überschreitet. Durch die Ersetzung des Wortlauts »und« durch das Wort »oder« im ÄndG wurde klargestellt, daß weder die täglich zulässige Höchstarbeitszeit von 8½ Stunden noch die in der Doppelwoche höchstzulässige Arbeitszeit von 90 Stunden überschritten werden darf (so schon bisher *BAG* vom 24. 6. 1960, BB 1960, S. 1169 = DB 1960, S. 1249). Unzulässige und damit strafbare Mehrarbeit liegt also nicht nur vor, wenn sowohl die höchstzulässige tägliche als auch die höchstzulässige doppelwöchige Arbeitszeit überschritten wird, sondern auch dann, wenn nur eine dieser Grenzen überschritten wird, z. B. nur die höchstzulässige tägliche Arbeitszeit (ebenso *Heilmann,* § 8 Rdnr. 13). Darüber hinaus ist zu beachten, daß die in § 8 festgesetzte höchstzulässige Arbeitszeit vom Arbeitgeber nur ausgeschöpft werden kann, wenn dies nach den allgemeinen Vorschriften, z. B. nach dem ArbZG oder dem JArbSchG, zulässig ist, die Beschäftigungsverbote des MuSchG nicht entgegenstehen und eine entsprechende vertragliche oder tarifliche Vereinbarung vorliegt. Wurde den Arbeitnehmern eines Betriebs durch eine Gleitzeitregelung die Möglichkeit gegeben, die jeweilige tägliche Arbeitszeit individuell festzulegen, so müssen für die werdende Mutter betriebliche Sonderregelungen im Rahmen des § 8 getroffen werden. Arbeitszeiten, die an einem Sonn- oder Feiertag geleistet werden, sind in die Gesamtarbeitszeit von 90 Stunden in der Doppelwoche einzurechnen (ebenso *Meisel/Sowka,* § 8 Rdnr. 17). Arbeitszeiten, die infolge eines auf einen Werktag fallenden Feiertags ausfallen, können an den übrigen Werktagen nachgeholt werden; jedoch darf hierbei die Höchstarbeitszeit von 8½ Stunden täglich und von 90 Stunden in der Doppelwoche nicht überschritten werden (vgl. auch *Buchner/Becker,* § 8 Rdnr. 20; vgl. hier § 8 Rdnr. 19).

Der **Begriff »Doppelwoche«** ist im MuSchG nicht definiert. Eine dem Sinn und Zweck der Vorschrift folgende Auslegung ergibt, daß hier ein Zeitraum von zwei aufeinanderfolgenden Kalenderwochen – einschließlich der Sonntage (vgl. § 8 Abs. 2 Satz 2) – gemeint ist. Die Kalenderwoche beginnt mit dem Montag und endet mit dem Sonntag (vgl. auch § 4 Abs. 4 Satz 1 JArbSchG). Die Doppelwoche zählt dementsprechend von einem Montag bis zum darauffolgenden zweiten Sonntag (ebenso *Heilmann,* § 8 Rdnr. 14). Es erscheint jedoch auch mit dem Zweck der Vorschriften vereinbar, wenn aus betrieblich organisatori-

MuSchG § 8 *Mehrarbeit, Nacht- und Sonntagsarbeit*

schen Gründen ein anderer feststehender, zweiwöchiger Zeitraum gewählt wird. Im öffentlichen Dienst dürfte zweckmäßig sein, die Woche i. S. d. § 15 Abs. 8 BAT bzw. MTB II (Beginn jeweils am Montag 0 Uhr) zugrunde zu legen. Das MuSchG gibt dem Arbeitgeber nicht die Möglichkeit, den Beginn und das Ende des zweiwöchigen Zeitraums, in dem er die werdende oder stillende Mutter in dem gesetzlich vorgegebenen Rahmen beschäftigt, nach eigenem Ermessen beliebig oft neu festzulegen. Der erste Zweiwochenzeitraum beginnt mit Beginn der Schwangerschaft (vgl. auch *Buchner/Becker*, § 8 Rdnr. 21). Zum Beginn der Schwangerschaft vgl. § 3 Rdnr. 2, 35 und § 8 Rdnr. 5.

22 c) **Mehrarbeit von Frauen unter 18 Jahren.** Die Arbeitszeit von Frauen unter 18 Jahren darf nach der Sonderregelung des § 8 Abs. 2 Nr. 1 **acht Stunden täglich oder 80 Stunden in der Doppelwoche** nicht überschreiten. In diesem Rahmen sind die Zeiten für die Berufsschule, für Prüfungen und außerbetriebliche Ausbildungsmaßnahmen nach §§ 9 und 10 JArbSchG anzurechnen (vgl. hierzu im einzelnen *Zmarzlik/Anzinger*, JArbSchG, § 9 Rdnr. 48 ff. und § 10 Rdnr. 22 ff.). Das Verhältnis des § 8 Abs. 2 Nr. 1 MuSchG zu § 8 JArbSchG ist so zu lösen, daß die jeweils strengere Bestimmung vorgeht. § 8 Abs. 1 JArbSchG ist z. B. insoweit strenger, als er bereits die Überschreitung einer Arbeitszeit von 40 Stunden in der Woche verbietet. § 8 Abs. 2 Nr. 1 MuSchG ist gegenüber § 8 Abs. 2 JArbSchG insoweit strenger, als er eine Ausnahme für den Ausgleich von Arbeitszeiten, die in Verbindung mit Feiertagen an Werktagen ausfallen, nicht vorsieht. § 8 Abs. 2 Nr. 1 MuSchG ist gegenüber § 8 Abs. 2a JArbSchG insoweit strenger, als er eine Überschreitung der 8-Stunden-Grenze auch bei anderer Verteilung der Arbeitszeit nicht zuläßt. § 8 Abs. 2 Nr. 1 MuSchG ist gegenüber § 8 Abs. 3 JArbSchG insoweit strenger, als er eine Ausnahme für Jugendliche in der Landwirtschaft nicht vorsieht. Die Arbeitszeit werdender und stillender Mütter unter 18 Jahren darf also in der Landwirtschaft 8 Stunden täglich oder 80 Stunden in der Doppelwoche nicht überschreiten (ebenso *Buchner/Becker*, § 8 Rdnr. 26).

§ 8 Abs. 2 Nr. 1 MuSchG gilt nur für Frauen unter 18 Jahren. Verbotene Mehrarbeit liegt hier z. B. vor, wenn die Arbeitnehmerin unter 18 Jahren zwar arbeitstäglich innerhalb der 8-Stunden-Grenze beschäftigt wird, innerhalb von zwei aufeinanderfolgenden Wochen (Doppelwoche) jedoch mehr als 80 Stunden arbeiten muß (ebenso *Meisel/Sowka*, § 8 Rdnr. 18 f.). Die Arbeitszeitbeschränkungen für **Jugendliche enden** an dem Tag, an dem die Arbeitnehmerin 18 Jahre alt wird. Am Tag des 18. Geburtstags (zur Berechnung des Lebensalters nach § 186 ff. BGB im einzelnen vgl. *Zmarzlik/Anzinger*, JArbSchG, § 2 Rdnr. 6) darf die Arbeitnehmerin schon nach den für Erwachsene geltenden Regeln beschäftigt werden (ebenso *Gröninger/Thomas*, § 8 Rdnr. 15), hier also nach § 8 Abs. 2 Nr. 1 MuSchG i. V. m. § 3 ArbZG (vgl. im einzelnen *Zmarzlik/Anzinger*, ArbZG, § 3 Rdnr. 5 ff.).

23 d) **Mehrarbeit im Haushalt und in der Landwirtschaft.** Seit dem 1.1.1997 gilt für alle Arbeitnehmerinnen **dieselbe Grenze** für zulässige Mehrarbeit,

Verbot der Nachtarbeit § 8 MuSchG

unterschieden nur noch zwischen Frauen über und unter 18 Jahren. Die hauswirtschaftlichen Tätigkeiten im Familienhaushalt sind heute nicht weniger belastend und gesundheitsschädlich als vergleichbare Arbeiten in Anstalten. Als überholt wurde vom Gesetzgeber auch die Sondervorschrift des § 8 Abs. 2 Nr. 1 Fassung bis 1996 für die Landwirtschaft angesehen (vgl. im einzelnen *BT-Drucks.* 13/2763 S. 10; sowie Vorauflage, § 8 Rdnr. 21; vgl. auch *Buchner/Bekker*, § 8 Rdnr. 27, *Gröninger/Thomas*, § 8 Rdnr. 13f.).

e) **Mehrarbeit bei 5-Tage-Woche.** Das Verbot der Mehrarbeit kommt auch bei einer anderen Verteilung der Arbeitszeit gem. § 3 ArbZG oder aufgrund eines Tarifvertrages zur Anwendung, z. B. bei der 5-Tage-Woche sowie bei Vor- und Nachholarbeiten aus Anlaß von Feiertagen, wenn dabei die tägliche Arbeitszeit die in § 8 Abs. 2 festgesetzten Grenzen überschreitet (vgl. *BAG* vom 24.6.1960, DB 1960, S. 1249). Beträgt also die betriebliche Arbeitszeit in diesen Fällen z. B. 9 Stunden täglich, dann dürfen werdende und stillende Mütter im Falle des § 8 Abs. 2 Nr. 1 nur 8 und des § 8 Abs. 2 Nr. 2 nur 8½ Stunden täglich beschäftigt werden (vgl. auch § 8 Rdnr. 20ff.). Die betriebliche Arbeitszeit ist in diesen Fällen um eine bzw. um eine halbe Stunde zu kürzen. Dies kann durch einen späteren Beginn, durch eine frühere Beendigung der täglichen Arbeitszeit oder durch eine Verlängerung der Mittagspause geschehen. Ein Verdienstausfall darf hierdurch nicht eintreten (vgl. § 11). 24

3. Verbot der Nachtarbeit

a) **Grundsatz.** In der Nacht dürfen werdende und stillende Mütter grundsätzlich nicht beschäftigt werden, ohne Rücksicht auf Art und Ort der Beschäftigung, also auch für Teilzeitarbeitsplätze und mehrschichtige Betriebe (vgl. auch *MünchArb/Heenen* § 226 Rdnr. 31), selbst für den Haushalt. Als Nacht gilt die Zeit **von 20 bis 6 Uhr** (ebenso *Gröninger/Thomas* § 8 Rdnr. 16f.). Der Arbeitgeber muß das Nachtarbeitsverbot von sich aus beachten. Sobald ihm die Schwangerschaft bekannt ist, darf er die werdende Mutter nicht mehr in der Nacht einsetzen. Er muß ihr jedoch ihren bisherigen Durchschnittsverdienst als Mutterschutzlohn nach § 11 weiterzahlen. Im Hinblick auf diese Lohnzahlungspflicht hat er ein besonderes mutterschutzrechtliches Umsetzungsrecht. Er kann die Frau am Tage einsetzen, wenn dies für sie zumutbar ist (vgl. § 8 Rdnr. 48f.). Zur Wirksamkeit von Verträgen mit Nachtarbeit vgl. § 8 Rdnr. 13. 25

b) **Gast- und Schankwirtschaften.** Dort und im übrigen Beherbergungswesen dürfen werdende Mütter in den ersten 4 Monaten der Schwangerschaft (zur Berechnung dieses Zeitraums vgl. § 4 Rdnr. 41) und stillende Mütter nach der Ausnahme des § 8 Abs. 3 Nr. 1 bis 22.00 Uhr abends beschäftigt werden, gleich mit welcher mutterschutzrechtlich zulässigen Arbeit. Das Nachtarbeitsverbot gilt für sie von **22.00 bis 6.00 Uhr**. Unter Gast- und Schankwirtschaften und Beherbergungswesen in diesem Sinne sind alle Betriebe zu verstehen, die Getränke oder Speisen verabreichen oder Gäste beherbergen, wenn der Betrieb 26

MuSchG § 8 *Mehrarbeit, Nacht- und Sonntagsarbeit*

jedermann oder einem bestimmten Personenkreis zugänglich ist. Dabei kommt es im Hinblick auf den hier verfolgten Zweck nicht darauf an, ob die Betriebe gewerbsmäßig betrieben werden oder nicht (ebenso *Gröninger/Thomas*, § 8 Rdnr. 18; *Meisel/Sowka*, § 8 Rdnr. 28 ff.).

27 Unter Gast- und Schankwirtschaften sowie das übrige Beherbergungswesen fallen daher ebenso wie in anderen Arbeitsschutzgesetzen (vgl. z.B. § 5 Abs. 2 ArbZG sowie § 12, § 14 Abs. 2 Nr. 1, § 16 Abs. 1 Nr. 6, § 17 Abs. 1 Nr. 8 und § 18 Abs. 2 JArbSchG) nicht nur Hotels, Gasthöfe, Pensionen, Restaurants, Speisewirtschaften, Cafés, Eisdielen, Bars, Bistros, Vereins- und Clublokale, Kantinen sowie Trink- und Imbißstuben jeder Art, Probierstuben, Straußwirtschaften, sondern auch alle Heime (z.B. Kinder-, Lehrlings- und Erholungsheime), Internate, Jugendherbergen, Sanatorien, Altersheime, Truppenküchen der Bundeswehr, unabhängig davon, ob sie jedermann oder nur bestimmten Personenkreisen offenstehen, und unabhängig davon, ob sie gewerbsmäßig oder gemeinnützig betrieben werden (ebenso *Meisel/Sowka*, § 8 Rdnr. 28 ff.; a.A. *Gröninger/Thomas*, § 8 Rdnr. 18; *Buchner/Becker*, § 8 Rdnr. 30 und *Lenz*, § 8 Rdnr. 4, die die Ausnahme trotz des Wortes »Wesen« und der herrschenden ausdehnenden Auslegung selbst des Wortes »Gewerbe« in anderen Arbeitsschutzgesetzen auf gewerbsmäßige Betriebe beschränken möchten, vgl. dazu *Zmarzlik/Anzinger*, JArbSchG, § 12 Rdnr. 12 und § 14 Rdnr. 9, vgl. ferner § 5 Abs. 2 und § 10 Abs. 1 Nr. 4 ArbZG).

28 c) **Landwirtschaft.** Das Melken von Vieh **ab 5 Uhr** ist nur gestattet, soweit diese Arbeit nicht unter die Beschäftigungsverbote des § 4 fällt. Das manuelle Melken ist in der Regel eine schwere körperliche Arbeit und eine Arbeit im Beugen und Strecken und daher in der Regel schon aus diesem Grunde nach § 4 verboten. Beim Melken bestehen u.U. auch erhebliche Ansteckungs- und Unfallgefahren (ebenso *Buchner/Becker*, § 8 Rdnr. 35 ff.; *Gröninger/Thomas*, § 8 Rdnr. 18; *Heilmann*, § 8 Rdnr. 28). Vor Anwendung der Ausnahme des § 8 Abs. 3 Nr. 2 sind daher die Beschäftigungsverbote besonders sorgfältig zu prüfen (zum Begriff Landwirtschaft vgl. im einzelnen *Zmarzlik/Anzinger*, ArbZG, § 5 Rdnr. 51 ff.).

29 d) **Künstlerinnen bei Aufführungen.** Durch Art. 1 Nr. 1 des Ersten Gesetzes zur Änderung des MuSchG vom 3.7.1992 wurden die Ausnahmen vom Nachtarbeitsverbot in § 8 Abs. 3 um die Ausnahme in der Nr. 3 erweitert. Seitdem dürfen werdende Mütter in den ersten vier Monaten der Schwangerschaft und stillende Mütter abweichend vom Nachtarbeitsverbot des § 8 Abs. 1 MuSchG als Künstlerinnen bei Musikaufführungen, Theatervorstellungen und ähnlichen Aufführungen bis 23 Uhr beschäftigt werden. **Zweck** dieser Ausnahme ist, werdenden und stillenden Müttern ihre gewohnte Tätigkeit als Künstlerinnen wegen ihres besonderen beruflichen Interesses und ihrer besonderen Arbeitsbedingungen in dem im § 8 Abs. 3 Nr. 3 MuSchG bezeichneten Rahmen auch ohne eine Genehmigung nach § 8 Abs. 6 MuSchG zu ermöglichen (vgl. *BT-Drucks.* 12/1609 S. 4).

Verbot der Nachtarbeit § 8 MuSchG

Die Ausnahme des § 8 Abs. 3 Nr. 3 MuSchG unterscheidet sich von den anderen Ausnahmen des § 8 Abs. 3 Nr. 1 und 2 MuSchG, aber auch des § 8 Abs. 4 MuSchG dadurch, daß sie auf bestimmte Frauen beschränkt ist, und zwar auf Frauen, die als **Künstlerinnen** bei bestimmten Aufführungen tätig werden. Künstlerinnen sind in der Regel Frauen, die bestimmte von der Gesellschaft als künstlerisch empfundene Tätigkeiten ausüben, z. B. Musizieren, Singen, Deklamieren, Theaterspielen, Tanzen, Dirigieren, Inszenieren, Regieführen u. a. mit einem gewissen ästhetischen Anspruch. Diese Ausnahme kommt nicht in Betracht für Tätigkeiten als Platzanweiserin, Garderobenfrau und für andere Tätigkeiten des technischen Personals und der Verwaltung zur Durchführung von Aufführungen. Für diese Frauen kann jedoch weiter eine Ausnahme nach § 8 Abs. 6 MuSchG erteilt werden. 30

Die Ausnahme des § 8 Abs. 3 Nr. 3 MuSchG gilt wegen des besonderen Schutzzwecks des Nachtarbeitsverbots im Unterschied zur Ausnahme des § 8 Abs. 4 MuSchG (§ 8 Rdnr. 45) an Sonn- und Feiertagen nur für einen Teil des dort genannten Kunst- und Vergnügungsgewerbes, und zwar nur für Musikaufführungen, Theatervorstellungen und ähnliche Aufführungen (vgl. *BT-Drucks.* 12/1609 S. 4). Unter **Musikaufführungen** sind in der Regel öffentliche Instrumental- und Gesangsdarbietungen zu verstehen, z. B. Orchesterkonzerte, Chorkonzerte, Solokonzerte. **Theatervorstellungen** sind öffentliche Aufführungen von Schauspielen, Tragödien, Komödien und anderen Dramen, von Opern, Operetten, Musicals und anderen Sing- und Sprechspielen mit einem dem Theater entsprechenden Handlungsablauf. **Ähnliche Aufführungen** sind Aufführungen, die in der Art und im Niveau mit Musikaufführungen oder Theatervorstellungen vergleichbar sind. Voraussetzung ist, daß es sich um öffentliche Darbietungen, öffentliche Auftritte vor einem Publikum handelt, wenn auch mit anderen Mitteln als mit Musikinstrumenten, Gesang, Deklamation, z. B. öffentliche Ballett- und Tanzvorführungen, Folklore mit theatermäßigem Zuschnitt, Shows, bei denen Künstlerinnen mitwirken. Für enge Auslegung auch *Gröninger/Thomas*, § 8 Rdnr. 18; *Meisel/Sowka*, § 8 Rdnr. 29 a f.; *Buchner/Becker*, § 8 Rdnr. 39). 31

Mit der Zulassung der Beschäftigung bei Aufführungen nach 20 Uhr wird zugleich die Beschäftigung bei **Proben** für die Aufführungen zugelassen, sofern Proben nach 20 Uhr erforderlich werden. Proben gehören normalerweise zum Auftritt bei einer Aufführung. 32

Das **Nachtarbeitsverbot** und die Ausnahmen hiervon kommen nur auf Frauen zur Anwendung, die unter den **Geltungsbereich** des § 1 MuSchG fallen, also auf Frauen, die im Arbeitsverhältnis stehen und eine Tätigkeit im Arbeitsverhältnis ausüben. Das Nachtarbeitsverbot des § 8 MuSchG gilt nicht für selbständige Tätigkeit einer Frau, z. B. als Konzertvirtuosin, als Sängerin, ferner nicht für die karitative und religiöse Betätigung einer Frau, für ihre Freizeitbetätigung, für ihre Betätigung als Mitglied eines Musik-, Gesang-, Theater-, Tanz-, Sport- oder Brauchtumsvereines. Fällt eine Frau nicht unter den Gel- 33 tungsbereich des Nachtarbeitsverbots des § 8 MuSchG, bedarf sie auch keiner Ausnahme.

4. Verbot der Sonn- und Feiertagsarbeit

34 a) **Grundsatz.** An Sonn- und gesetzlichen Feiertagen (von 0 bis 24 Uhr) dürfen werdende und stillende Mütter über das Verbot der §§ 9 ff. ArbZG (vgl. *Zmarzlik/Anzinger*, ArbZG, zu §§ 9 ff.) hinaus grundsätzlich in keinem **Beschäftigungsbereich**, auch nicht in der Landwirtschaft, beschäftigt werden, auch nicht für kurze Zeit, auch nicht mit Bereitschaftsdiensten (vgl. § 8 Rdnr. 10). Eine Beschäftigung ist nur im Familienhaushalt (auch in der Landwirtschaft, jedoch insoweit in Haus und Hof, und zwar mit hauswirtschaftlichen Arbeiten (vgl. § 8 Rdnr. 23), und in den in § 8 Abs. 4 genannten Betrieben gestattet. Im letzteren Falle muß in jeder Woche einmal eine ununterbrochene Ruhezeit (auch keine Unterbrechung durch Bereitschaftsdienst oder Rufbereitschaft) von mindestens 24 Stunden im Anschluß an eine Nachtruhe, nicht etwa im Anschluß an die Arbeitszeit, gewährt werden. Auf die Dauer der Beschäftigung kommt es nicht an. Jede Beschäftigung an einem Sonn- oder Feiertag, auch wenn sie nur kurze Zeit dauert, verpflichtet zur Gewährung der ununterbrochenen Ersatzruhezeit von 24 Stunden. Ein Verdienstausfall oder eine Verdienstminderung darf nach § 11 nicht eintreten. Der Sonn- oder Feiertag dauert von 0 bis 24 Uhr. Das Beschäftigungsverbot gilt für die ganze Zeit von 0 **bis 24 Uhr** des jeweiligen Sonn- oder Feiertages. Eine entsprechende Anwendung der Vorschrift des § 9 Abs. 2 und 3 ArbZG über eine andere Zeitbegrenzung des Sonn- oder Feiertags ist im Hinblick auf die abschließende Sonderregelung in § 8 nicht möglich (vgl. auch *Gröninger/Thomas*, § 8 Rdnr. 20). Die Sonntage sind wie auch sonst kalendermäßig bestimmt.

35 **Feiertage**, an denen die Beschäftigung werdender und stillender Mütter nach § 8 Abs. 1 verboten ist, sind die Tage, die durch Bundes- oder Landesgesetz zu einem gesetzlichen Feiertag erklärt worden sind (vgl. im einzelnen *Zmarzlik/ Anzinger*, ArbZG, § 9 Rdnr. 6 ff.). Folgende Tage sind in **allen Bundesländern** gesetzliche Feiertage: Neujahr (1.1.), Karfreitag, Ostermontag, 1. Mai, Chr. Himmelfahrt, Pfingstmontag, Tag der Deutschen Einheit (3.10.), 1. und 2. Weihnachtstag. Folgende Tage sind nur **in einigen Ländern** gesetzliche Feiertage: *Hl. Drei Könige* (6.1.) in Baden-Württemberg, Bayern und Sachsen-Anhalt; *Fronleichnam* in Baden-Württemberg, Bayern, Hessen, Nordrhein-Westfalen, Rheinland-Pfalz, Saarland und Thüringen (in Gebieten mit überwiegend katholischer Bevölkerung); *Mariä Himmelfahrt* (15.8.) in Bayern (in Gemeinden mit überwiegend katholischer Bevölkerung) und Saarland; *Reformationsfest* (31.10.) in Brandenburg, Mecklenburg-Vorpommern, Sachsen, Sachsen-Anhalt, Thüringen; *Allerheiligen* (1.11.) in Baden-Württemberg, Bayern, Nordrhein-Westfalen, Rheinland-Pfalz und Saarland. Der Buß- und Bettag ist nur noch in Sachsen gesetzlicher Feiertag.

Verbot der Sonn- und Feiertagsarbeit § 8 MuSchG

Das Beschäftigungsverbot gilt nicht für die sog. **kirchlichen Feiertage**, z.B. den St.-Josefs-Tag (19.3.), Fronleichnam, soweit nicht gesetzlicher Feiertag, Peter und Paul (29.6.), das Reformationsfest (31.10.), soweit nicht gesetzlicher Feiertag, Mariä Empfängnis (8.12.). Fallen kirchliche Feiertage auf Sonntage, ist die Beschäftigung immer verboten, wenn sie nicht nach § 8 Abs. 1, Abs. 4 oder Abs. 6 ausdrücklich erlaubt ist. 36

Die Feiertagsregelungen sind öffentlich-rechtlicher Natur. Nach den Grundsätzen des interlokalen Verwaltungsrechts ist für Feiertage, die nicht in allen Bundesländern einheitlich zu gesetzlichen Feiertagen bestimmt worden sind, immer das **Recht des Arbeitsortes** maßgebend. Wird am Arbeitsort ein gesetzlicher Feiertag begangen, so dürfen dort auch werdende und stillende Mütter aus anderen Bundesländern, in denen dieser Tag kein gesetzlicher Feiertag ist, nicht beschäftigt werden; wohl aber dürfen werdende und stillende Mütter des Bundeslandes, in dem ein gesetzlicher Feiertag begangen wird, in einem anderen Bundesland, das diesen Feiertag nicht begeht, beschäftigt werden. 37

b) Ausnahmen. Die bis 1996 geltende generelle Ausnahme vom Verbot der Sonn- und Feiertagsarbeit nach § 8 Abs. 1 Satz 2 für den **Familienhaushalt**, beschränkt auf die Beschäftigung mit hauswirtschaftlichen Arbeiten (zum Begriff vgl. § 8 Rdnr. 21) ist durch das MuSch-ÄndG 1996 gestrichen worden (vgl. *BT-Drucks.* 13/2763 S. 10). Statt dessen ist für den Familienhaushalt ohne Beschränkung auf eine bestimmte Art von Arbeiten durch Einfügung des Wortes »Familienhaushalt« hinter dem Wort »Beherbergungswesen« in § 8 Abs. 4 eine Ausnahme geregelt worden. Seitdem dürfen also von schwangeren und stillenden Müttern im Familienhaushalt nicht nur hauswirtschaftliche sondern auch erzieherische und pflegerische Arbeiten verrichtet werden. Andererseits ist die Zulässigkeit der Sonn- und Feiertagsarbeit ebenso wie in den anderen in § 8 Abs. 4 aufgeführten Beschäftigungsbereichen an die in § 8 Abs. 4 letzter Halbsatz vorgeschriebene Mindestruhezeit in der Woche geknüpft. 38

Ausnahmen mit Verpflichtung zur ununterbrochenen **Ersatzruhezeit** von 24 Stunden im Anschluß an eine Nachtruhe in jeder Woche gelten nach **§ 8 Abs. 4** für das **Verkehrswesen**, für Gast- und Schankwirtschaften und das übrige Beherbergungswesen, im Familienhaushalt, für **Krankenpflege-** und für Badeanstalten, für **Musikaufführungen**, Theatervorstellungen, für andere Schaustellungen, Darbietungen oder Lustbarkeiten. Die Erlaubnis gilt wegen des Nachtarbeitsverbots des § 8 Abs. 1 nicht für den ganzen Sonn- oder Feiertag, sondern grundsätzlich nur für die Zeit von 6 bis 20 Uhr am Sonn- oder Feiertag, in Gast- und Schankwirtschaften und im übrigen Beherbergungswesen im Hinblick auf § 8 Abs. 3 Nr. 1 für die Zeit von 6 bis 22 Uhr an einem Sonn- oder Feiertag, bei den in § 8 Abs. 3 Nr. 3 genannten künstlerischen Aufführungen für die Zeit von 6 bis 23 Uhr an einem Sonn- oder Feiertag. Weitere Ausnahmen sind nach § 8 Abs. 6 möglich. 39

§ 8 Abs. 4 eröffnet demnach die **Zulässigkeit** der Sonn- und Feiertagsarbeit in den Fällen des § 8 Abs. 4 nur unter der **Voraussetzung**, daß der Frau die dort 40

MuSchG § 8 *Mehrarbeit, Nacht- und Sonntagsarbeit*

bestimmte Ruhezeit gewährt wird, ohne Rücksicht auf die Dauer der Beschäftigung, und zwar in der Weise, daß der Arbeitgeber schon bei Anordnung der Sonntagsarbeit bestimmen muß, wann die Mutter die 24stündige Ersatzruhezeit erhalten soll (vgl. *BAG* vom 12.12.1990, NZA 1991 S. 505, 506 = DB 1991 S. 2143). Ob die Frau zur Leistung der Arbeit **privatrechtlich** verpflichtet ist, ist nach dem Arbeitsvertrag zu beurteilen. Zur Konkretisierung der geschuldeten Tätigkeit sind ggf. auch die tarifvertraglichen Vorschriften, Betriebsvereinbarungen und betriebliche Übungen heranzuziehen (vgl. *Viethen/Schwedes*, Kapitel 5 Nr. 1). Ist nichts vereinbart, wird man in der Regel eine Verpflichtung zur Sonn- und Feiertagsarbeit in den genannten Bereichen als stillschweigend vereinbart ansehen können.

41 **Ununterbrochene Ruhezeit in einer Woche** i.S.d. § 8 Abs. 4 letzter Halbsatz bedeutet nach § 188 Abs. 2 BGB in einem Zeitraum von sieben Tagen, da eine dem § 4 Abs. 4 Satz 1 JArbSchG vergleichbare Bestimmung fehlt, ohne bestimmten Wochenbeginn, der also auch vor, am oder nach dem Sonn- oder Feiertags-Arbeitstag liegen kann (ebenso *Buchner/Becker*, § 8 Rdnr. 58; a.A. *Heilmann*, § 8 Rdnr. 35). Im öffentlichen Dienst ist eine Woche durch § 15 Abs. 8 Unterabs. 1 BAT auf den Zeitraum von Montag 0 Uhr bis Sonntag 24 Uhr festgelegt. **Einmal** bedeutet, daß die Ersatzruhezeit in dem Zeitraum von sieben Tagen nur einmal gewährt zu werden braucht, auch wenn sowohl am Sonntag wie auch an einem in diesen Zeitraum fallenden Feiertag gearbeitet wird (a.A. wohl *Heilmann*, § 8 Rdnr. 35). **Im Anschluß an eine Nachtruhe** bedeutet im Anschluß an eine Ruhezeit während der Nacht, wie sie sich aus § 8 Abs. 1 bzw. Abs. 3 i.V.m. § 5 Abs. 1 ArbZG ergibt, soweit das ArbZG Anwendung findet (vgl. auch *BMI MuSch* zu 8.4). Dabei muß nur die Ersatzruhezeit von 24 Stunden in den Zeitraum von sieben Tagen fallen, nicht die ihr vorangehende Zeit der Nachtruhe. Frauen, die an einem Sonn- oder Feiertag nach § 8 Abs. 4 beschäftigt werden, müssen demnach im Normalfall insgesamt eine ununterbrochene Ruhezeit von mindestens 20 Uhr eines Tages bis mindestens 7 Uhr des übernächsten Tages (11 + 24 = 35 Stunden) haben, in den Fällen des § 8 Abs. 3 Nr. 1 i.V.m. § 5 Abs. 2 ArbZG von 22 Uhr eines Tages bis mindestens 8 Uhr des übernächsten Tages (10 + 24 = 34 Stunden; vgl. auch *Buchner/Becker*, § 8 Rdnr. 58; *Gröninger/Thomas*, § 8 Rdnr. 22; *Meisel/Sowka*, § 8 Rdnr. 32). Es reicht auch aus, wenn die Frauen **innerhalb von 14 Tagen** ein Wochenende arbeiten und ein Wochenende, bestehend aus Samstag und Sonntag, frei haben.

42 **Beispielsfall**: Der Zeitraum von sieben Tagen beginnt am Sonntag dem 6.11.2005 um 6 Uhr. Die Arbeitnehmerin beginnt ihren zwölf-tägigen Arbeitsrhythmus am Montag, dem 7.11.2005 um 6 Uhr, nachdem sie vom 6.11.2005 6 Uhr bis 7.11.2005 6 Uhr im Anschluß an eine vorangegangene Nachtruhe mindestens 24 Stunden frei gehabt hat. Der zweite 7-Tage-Zeitraum beginnt am Sonntag, dem 13.11.2005, um 6 Uhr und endet am Sonntag dem 20.11.2005, um 6 Uhr. Damit die Ersatzruhezeit für die zweite Woche erfüllt ist, muß die Arbeitnehmerin für die Zeit vom Samstag, dem 19.11.2005 6 Uhr bis Sonntag,

Verbot der Sonn- und Feiertagsarbeit § **8 MuSchG**

dem 20.11.1998, 6 Uhr freigestellt werden und vorher ihre Nachtruhe gehabt haben. Die Arbeit muß also spätestens am Freitag, dem 18.11.2005, um 19 Uhr beendet sein (vgl. auch *Meisel/Sowka*, § 8 Rdnr. 32a).

Zum Verkehrswesen gehören Betriebe, deren Zweck unmittelbar auf die Beförderung von Personen, Gütern oder Nachrichten für andere gerichtet ist, und die dazugehörigen unselbständigen oder selbständigen Neben- oder Hilfsbetriebe. Die Beförderung braucht aber nicht der Hauptzweck des Betriebes zu sein. Betriebe des Verkehrswesens sind z.B. die Bahn AG, die städtischen und gemeindlichen Verkehrsbetriebe, alle übrigen Eisen- und Straßenbahnunternehmen, Omnibusunternehmen, Gütertransportbetriebe, Speditions- und Schiffsmaklergewerbe, Taxis, Reisebüros. Zum Verkehrswesen gehört weiter der Zeitungs- und Zeitschriftenvertrieb, insbesondere das Austragen von Zeitungen und Zeitschriften; das Kommissionieren und Verpacken von Zeitungen und Zeitschriften im Pressegroßhandel ist unselbständiger Teil des Handelsgewerbes (*BVerwG* vom 14.11.1989, GewArch 1990, S. 64). Zum Verkehrswesen zählt auch die Deutsche Post AG, Deutsche Telekom AG usw. mit allen Betrieben und Nebenbetrieben, die sich mit der Beförderung von Nachrichten (Brief-, Fernsprech- und Telegrammverkehr) und der Beförderung von Personen und Paketen befassen. 43

Unter den Begriff »Verkehrswesen« fallen auch dessen **Hilfs- und Nebenbetriebe**, z.B. Garagen- und Reparaturbetriebe, Schlaf- und Speisewagenbetriebe. Da in § 8 Abs. 4 im Unterschied zu § 10 Abs. 1 Nr. 10 ArbZG nicht der Begriff »Verkehrsbetriebe«, sondern der weitere Begriff »Verkehrswesen« verwandt wird, fallen unter die Ausnahme des § 8 Abs. 4 auch Arbeiten und Tätigkeiten anderer Betriebe als der Verkehrsbetriebe im engeren Sinne, wenn ohne diese Arbeiten oder Tätigkeiten ein reibungsloser Ablauf des Verkehrs nicht gewährleistet wäre, z.B. die Reinigungsarbeiten, die auf einem Flughafen ausgeführt werden müssen, um den reibungslosen Ablauf des Flugverkehrs sicherzustellen (vgl. *OVG Berlin* vom 31.7.1961, AP Nr. 1 zu § 19 AZO; vgl. ferner *OLG Karlsruhe* vom 14.1.1983, AP Nr. 1 zu § 16 JArbSchG; *Bruckner/Becker*, § 8 Rdnr. 44; *Erfk/Schlachter*, § 8 Rdnr. 10; *Zmarzlik/Anzinger*, JArbSchG, § 16 Rdnr. 24 – 27; vgl. ferner hier § 8 Rdnr. 5; a.A. *Heilmann*, § 8 Rdnr. 36, der die Ausnahme auf Reparatur- und Reinigungsarbeiten nicht anwenden möchte). Nicht zum Verkehrswesen gehört der **Werkverkehr**, er ist Teil eines in der Regel auf andere Zwecke gerichteten Betriebs. 44

Zum **Begriff Gast- und Schankwirtschaft** vgl. § 8 Rdnr. 25. **Krankenpflegeanstalten** (im modernen Sprachgebrauch »Krankenhäuser«, vgl. § 107 Abs. 1 SGB V, § 5 Abs. 3 ArbZG) sind alle öffentlichen und privaten Anstalten, in denen Kranke oder Sieche versorgt werden, die ständiger ärztlicher Aufsicht oder fachkundiger Pflege bedürfen. Zu den Krankenanstalten gehören auch Entbindungsanstalten und Anstalten für Geisteskranke. Auch Sanatorien können Krankenanstalten sein, wenn sie deren Merkmale erfüllen, andernfalls fallen sie unter den Begriff Gast- und Schankwirtschaften oder Beherbergungswesen. 45

Die lange in der Praxis der Gewerbeaufsichtsämter umstrittene Frage, ob Ausnahmen für Krankenanstalten auch für Alten-, Pflege- und Kinderheime gelten, ist nunmehr in § 16 Abs. 2 Nr. 1 und in § 17 Abs. 2 Nr. 1 JArbSchG dahin gelöst worden, daß die Ausnahmen auch für diese Heime gelten (ebenso *Heilmann*, § 8 Rdnr. 39). Eine Beschränkung des **Personenkreises** ist in § 8 nicht vorgesehen. Die Ausnahme des § 8 Abs. 4 gilt daher für alle im Arbeitsverhältnis stehenden werdenden und stillenden Mütter, die in Krankenhäusern oder in Alten-, Pflege- oder Kinderheimen beschäftigt werden (insoweit ebenso *BAG* vom 12.12.1990, NZA 1991 S. 505 = DB 1991 S. 2143; *Buchner/Becker*, § 8 Rdnr. 51 f.; *Gröninger/Thomas*, § 8 Rdnr. 25; *Meisel/Sowka*, § 8 Rdnr. 35). **Badeanstalten** sind öffentliche und private Betriebe, in denen Bäder verabreicht werden oder in denen geschwommen werden kann (h.M.; vgl. z.B. *Buchner/Becker*, § 8 Rdnr. 53).

46   Der Wortlaut der Ausnahme des § 8 Abs. 4 setzt nur voraus, daß die werdende oder stillende Mutter in einem der dort genannten Beschäftigungsbereiche beschäftigt wird, für den die Ausnahme in Anspruch genommen wird, und der Mutter die dort vorgeschriebene 24stündige Ruhezeit gewährt wird. Entscheidend ist, daß es eine Arbeitskraft ist, deren Einsatz am Sonntag erforderlich ist.

47   Mit den Worten »**Musikaufführungen**«, Theatervorstellungen, anderen Schaustellungen, Darbietungen oder Lustbarkeiten wird im Unterschied zu § 8 Rdnr. 30 das gesamte Kunst- und Vergnügungsgewerbe ungeachtet des Kunstwertes der gebotenen Darbietung erfaßt (h.M.; vgl. z.B. *Buchner/Becker*, § 8 Rdnr. 54). Dabei werden entsprechend dem Alter dieser Vorschrift Ausdrücke benutzt, wie sie auch in dem inzwischen aufgehobenen § 17 Abs. 3 AZO und § 105i Abs. 1 GewO verwandt wurden und früher für die gleiche Materie auch in § 18 Abs. 3 Jugendschutzgesetz von 1938 verwandt worden sind. Bei Zweifeln wird man heute auf das modernste dieser Gesetze zurückgreifen können, nämlich auf § 17 Abs. 2 Nr. 4 und 5 JArbSchG (ebenso *Buchner/Becker*, § 8 Rdnr. 54 f.; *Gröninger/Thomas*, § 8 Rdnr. 27). Danach ist die Beschäftigung am Sonntag im Schaustellergewerbe und bei Musikaufführungen, Theatervorstellungen und anderen Aufführungen sowie bei Direktsendungen im Rundfunk (Hörfunk und Fernsehen) erlaubt. Vgl. ferner § 10 Abs. 1 Nr. 5 ArbZG (vgl. *Zmarzlik/Anzinger*, ArbZG, § 10 Rdnr. 42 ff.).

48   Unter **Direktsendungen** sind Live-Sendungen zu verstehen, d.h. Sendungen, die im Augenblick der Aufnahme ausgestrahlt werden. Eine Beschäftigung bei Aufnahmen, die nicht sofort ausgestrahlt werden, ist nicht zugelassen, es sei denn, daß es sich um eine Musikaufführung, Theatervorstellung oder eine andere Aufführung handelt und die Beschäftigung schon deswegen zugelassen ist. Unzulässig ist ferner die Beschäftigung bei Aufnahmen auf Ton- und Bildträger sowie bei Film- und Fotoaufnahmen, sofern es sich nicht um Musikaufführungen, Theatervorstellungen oder andere Aufführungen handelt. Bei den Aufführungen und Direktsendungen können werdende und stillende Mütter mit allen anfallenden **Arbeiten** beschäftigt werden, sofern diese nicht nach anderen Vor-

schriften ausdrücklich verboten sind (ebenso *Meisel/Sowka*, § 8 Rdnr. 37; a. A. *Gröninger/Thomas*, § 8 Rdnr. 27; zu den gleichen Begriffen im JArbSchG vgl. *Zmarzlik/Anzinger*, JArbSchG, § 6 Rdnr. 7ff., § 16 Rdnr. 32).

5. Heimarbeiterinnen, Abs. 5

Heimarbeiterinnen und ihnen Gleichgestellte (vgl. § 1 Rdnr. 30) bestimmen 49 Dauer und Lage ihrer Arbeitszeit im Unterschied zu Arbeiterinnen selbst. Dieser Eigenart der Heimarbeit entsprechend tritt an die Stelle der Regelung in § 8 Abs. 1 bis 4 die Regelung in § 8 Abs. 5. Danach darf an Heimarbeiterinnen und die ihnen Gleichgestellten, die werdende oder stillende Mütter sind, Heimarbeit nur in solchem Umfang und mit solchen Fertigungsfristen ausgegeben werden, daß sie von der werdenden Mutter voraussichtlich während einer 8stündigen Tagesarbeitszeit, von der stillenden Mutter voraussichtlich während einer 7¼stündigen Tagesarbeitszeit an Werktagen ausgeführt werden können (vgl. im einzelnen *Otten*, NZA 1987 S. 478). Für mithelfende Familienangehörige oder fremde Hilfskräfte gilt keine Beschränkung (vgl. auch *Buchner/Becker*, § 8 Rdnr. 59ff.; *Gröninger/Thomas*, § 8 Rdnr. 28; vgl. ferner *Schmidt/Koberski*, HAG, § 19 Anh. Rdnr. 169).

6. Umsetzung, Arbeitsentgelt

Darf der Arbeitgeber eine Frau wegen des Mehr-, Nacht- oder Sonntag- 50 arbeitsverbots auf ihrem Arbeitsplatz nicht oder nicht während der bisherigen oder vereinbarten Arbeitszeitdauer oder -lage beschäftigen, dann kann er sie auf demselben Arbeitsplatz während einer anderen, zumutbaren Arbeitszeitdauer oder -lage beschäftigen oder sie auf einen anderen, zumutbaren Arbeitsplatz mit einer anderen, zumutbaren Arbeitszeitdauer oder -lage umsetzen (vgl. auch Rdnr. 5ff. vor § 3 und § 3 Rdnr. 30ff.; *BMI MuSch* zu 8.5). Dem Arbeitgeber ist wegen der besonderen Interessenlage – Verbote im Interesse der Frau –, dem vorübergehenden Charakter der Maßnahmen und der Kostenbelastung aus § 11 ein solches besonderes **mutterschutzrechtliches Umsetzungsrecht** zuzubilligen (vgl. auch *Gröninger/Thomas*, § 8 Rdnr. 17; *Meisel/Sowka*, § 8 Rdnr. 26; a. A. *Heilmann*, § 8 Rdnr. 47). Dies gilt selbst dann, wenn die Frau nach dem im Arbeitsvertrag festgelegten Tätigkeitsbereich zur Leistung der angebotenen neuen Arbeit nicht verpflichtet wäre, die Frau z.B. als Nachtschwester in einem Krankenhaus (vgl. *LAG Schleswig-Holstein* vom 21.4.1975 – 4 SA 220/74 –) oder als Bardame von 21 bis 4 Uhr eingestellt ist. Die neue Arbeit muß allerdings für die Frau zumutbar sein (für enge Grenzen *LAG Berlin* vom 2.2.1982, DB 1982 S. 1677).

Unzumutbar sind in der Regel **schwere körperliche Arbeiten** am Tage, die 51 für die Frau völlig ungewohnt sind. So können einer Bardame, die nicht an schwere körperliche Arbeiten gewöhnt ist, schwere, grobe Reinigungsarbeiten, z. B. das Wischen der Eingangs-, Vorrats-, Neben- und Toilettenräume der Bar sowie die Beseitigung und der Abtransport der Abfälle aus der Bar, nicht zugemutet werden (*BAG* vom 8.2.1984, 5 AZR 182/82). Bei der Beurteilung der Frage der Zumutbarkeit sind alle wesentlichen Umstände des Einzelfalles zu berücksichtigen, darunter auch solche aus der persönlichen Sphäre der Frau (*BAG* vom 21.3.1969, DB 1969 S. 1250). **Unzumutbar** ist z. B. eine angebotene Tagesarbeit, wenn die Frau infolge der Umsetzung eine unzumutbare Fahrgelegenheit in Kauf nehmen müßte oder ihre **Kinder** während der angebotenen neuen Arbeitszeit **nicht ausreichend betreut** wären. Die Unterbringung der Kinder in ein Kinderheim kann nicht verlangt werden, wenn hierdurch die Entwicklung der Kinder gestört würde oder die Unterbringung mit Kosten verbunden wäre, die zum Verdienst der Frau in keinem angemessenen Verhältnis stehen (*LAG Baden-Württemberg* vom 3.12.1969, ArbSch 1971 S. 101). Hat eine Mutter von 5 kleinen Kindern Arbeit nur für die Abend- und Nachtzeit übernommen, in der ihr Ehemann die Kinder betreuen kann, so braucht sie sich im Falle des schwangerschaftsbedingten Nachtarbeitverbots nicht auf eine Arbeit zu einer solchen Tageszeit umsetzen zu lassen, in der sie ihre Kinder betreuen muß; insbesondere kann der Arbeitgeber eine solche Umsetzung nicht mit der Begründung verlangen, die Arbeitnehmerin könne für die von ihm gewünschte Zeit auf ihre Kosten eine Aufsichtsperson besorgen oder die Kinder in einer Kindertagesstätte unterbringen (*BAG* vom 14.4.1972, DB 1972 S. 2070).

52 Der Arbeitgeber muß der Frau, die wegen des Mehr-, Nacht- oder Sonntagarbeitsverbots teilweise oder völlig mit der Arbeit aussetzen oder die Beschäftigungs- oder Entlohnungsart wechseln muß und der er eine andere zumutbare Arbeit zu zumutbaren Zeiten nicht anbietet oder nicht anbieten kann, den **Durchschnittsverdienst** im Rahmen des § 11 weiterzahlen. Lehnt die Frau eine andere zumutbare Arbeit ab, verliert sie den Anspruch aus § 11 (vgl. ferner Rdnr. 5 ff. vor § 3 und § 11 Rdnr. 1 ff.).

7. Befugnis der Aufsichtsbehörde

53 Die Befugnis der Aufsichtsbehörde nach § 8 Abs. 6 wurde bisher eng ausgelegt. Eine Ausnahme vom Nachtarbeitsverbot wurde jedoch z. B. schon bisher zugelassen, wenn zwei Eheleute in demselben Betrieb zusammen in einer Schicht arbeiteten. Grundsätzliche Bedenken bestehen gegen die Zulassung von Mehrarbeit bei anderer Verteilung der Arbeitszeit, da ein etwaiger Verdienstausfall nunmehr nach § 11 zu ersetzen ist (wegen der Rechtsmittel gegen die Zulassung oder Nichtzulassung einer Ausnahme vgl. § 20 Rdnr. 15, 16; vgl. zum Ganzen auch *Gröninger/Thomas*, § 8 Rdnr. 29). Nach dem arbeitsmedizinischen Gutachten von *Klosterkötter* vom 16.10.1972 konnte **Spätarbeit** bis etwa 23.00 Uhr in den in § 8 Abs. 4 genannten Bereichen schon bisher zugelassen werden, wenn durch eine ärztliche Bescheinigung nachgewiesen wird, daß

Folgen bei Nichtdurchführung § 8 MuSchG

gesundheitliche Bedenken gegen die Spätarbeit bei dieser Arbeitnehmerin nicht bestehen. Nach Aufhebung des Nachtarbeitsverbots für Arbeiterinnen des § 19 AZO durch Art. 21 Nr. 1 des Arbeitszeitrechtsgesetzes werden die Aufsichtsbehörden ihre Ausnahmegenehmigungspraxis unter Berücksichtigung des § 6 ArbZG über Nacht- und Schichtarbeit zu überdenken haben (vgl. auch *Buchner/Becker*, § 8 Rdnr. 70).

Mit den Worten »in begründeten Einzelfällen« sind nicht nur Bedürfnisse der Wirtschaft (so *Buchner/Becker*, § 8 Rdnr. 69), sondern auch die Bedürfnisse der Arbeitnehmerin gemeint.

Verfahren: Die Erteilung der Ausnahmegenehmigung ist wie ihre Versagung 54
ein Verwaltungsakt. Sie ist weder von einem förmlichen Antrag des Arbeitgebers noch der Arbeitnehmerin abhängig. Vor der Entscheidung ist die betroffene Arbeitnehmerin von der Aufsichtsbehörde mündlich oder schriftlich zu hören (ebenso *Gröninger/Thomas*, § 8 Rdnr. 30). Die Entscheidung ist beiden bekanntzugeben (vgl. § 41 VwVfG). Falls die Frau eine Mitwirkungspflicht hat, genügt es, wenn sie sich bei der zuständigen Behörde über die Möglichkeit einer Ausnahmegenehmigung erkundigt, eine grundsätzlich positive Stellungnahme erhält und dies dem Arbeitgeber mitteilt (vgl. *BAG* vom 8.9.1988, NJW 1989 S. 929, 930). Die Ausnahmegenehmigung ist grundsätzlich auf den Einzelfall abzustellen; bei einer Sammelgenehmigung ist jeder Einzelfall zu prüfen und jede Frau namentlich zu benennen (vgl. auch *Buchner/Becker*, § 8 Rdnr. 71; *Meisel/Sowka*, § 8 Rdnr. 42). Zum Rechtsschutzverfahren vgl. § 20 Rdnr. 14 ff.

8. Aufgaben des Betriebsrats

Hinsichtlich der Aufgaben des Betriebsrats gilt das zu § 2 Rdnr. 32 ff., § 3 55
Rdnr. 47 f. und § 7 Rdnr. 17 Ausgeführte entsprechend. Bei betrieblichen Regelungen über eine andere Verteilung der Arbeitszeit sollte der Betriebsrat von vornherein darauf achten, daß werdende und stillende Mütter grundsätzlich nur 8½ Stunden, Mütter unter 18 Jahren nur 8 Stunden täglich beschäftigt werden dürfen. Bei der Zuweisung eines anderen Aufgabenbereichs i.S.d. § 95 Abs. 3 BetrVG ist das Mitbestimmungsrecht des Betriebsrats bei Versetzungen nach § 99 BetrVG zu beachten. Keine Veränderung des Aufgabenbereichs und somit auch keine mitbestimmungspflichtige Versetzung liegt vor, wenn sich nur die Dauer der Beschäftigung oder die Lage der Arbeitszeit der Frau ändert (vgl. auch *Meisel/Sowka*, § 8 Rdnr. 27 a; *Fitting*, § 99 Rdnr. 97 ff.).

9. Folgen bei Nichtdurchführung

Eine Verletzung der Vorschriften über das Verbot der Mehr-, Nacht- oder 56
Sonntagsarbeit kann als Straftat oder Ordnungswidrigkeit geahndet werden (vgl. § 21 Abs. 1 Nr. 3, Abs. 2 und 3). Die Frau kann eine verbotswidrige Mehr-,

Nacht- oder Sonntagsarbeit ablehnen, ohne daß sie in Leistungsverzug gerät (vgl. auch *Meisel/Sowka*, § 8 Rdnr. 44). Hinsichtlich etwaiger Schadenersatzansprüche vgl. Rdnr. 10 vor § 3 und § 3 Rdnr. 49; § 4 Rdnr. 91.

Kündigungsverbot § 9 MuSchG

Dritter Abschnitt Kündigung

§ 9 Kündigungsverbot

(1) Die Kündigung gegenüber einer Frau während der Schwangerschaft und bis zum Ablauf von vier Monaten nach der Entbindung ist unzulässig, wenn dem Arbeitgeber zur Zeit der Kündigung die Schwangerschaft oder Entbindung bekannt war oder innerhalb zweier Wochen nach Zugang der Kündigung mitgeteilt wird; das Überschreiten dieser Frist ist unschädlich, wenn es auf einem von der Frau nicht zu vertretenden Grund beruht und die Mitteilung unverzüglich nachgeholt wird. Die Vorschrift des Satzes 1 gilt für Frauen, die den in Heimarbeit Beschäftigten gleichgestellt sind, nur, wenn sich die Gleichstellung auch auf den Neunten Abschnitt – Kündigung – des Heimarbeitsgesetzes vom 14. März 1951 (Bundesgesetzbl. I S. 191) erstreckt.

(2) Kündigt eine schwangere Frau, gilt § 5 Abs. 1 Satz 3 entsprechend.

(3) Die für den Arbeitsschutz zuständige oberste Landesbehörde oder die von ihr bestimmte Stelle kann in besonderen Fällen, die nicht mit dem Zustand einer Frau während der Schwangerschaft oder ihrer Lage bis zum Ablauf von vier Monaten nach der Entbindung in Zusammenhang stehen, ausnahmsweise die Kündigung für zulässig erklären. Die Kündigung bedarf der schriftlichen Form, und sie muß den zulässigen Kündigungsgrund angeben.

(4) In Heimarbeit Beschäftigte und ihnen Gleichgestellte dürfen während der Schwangerschaft und bis zum Ablauf von vier Monaten nach der Entbindung nicht gegen ihren Willen bei der Ausgabe von Heimarbeit ausgeschlossen werden; die Vorschriften der §§ 3, 4, 6 und 8 Abs. 5 bleiben unberührt.

Inhaltsübersicht

1. Zweck und Art des Kündigungsverbots 1–5
2. Geltungsbereich des Kündigungsverbots 6–11
   a) Arbeitnehmerinnen in allen Bereichen 6
   b) Familienhaushalt, 1997 7
   c) Heimarbeit 8
   d) Zugunsten Dritter 9–10
   e) Bei Nato-Streitkräften 11
3. Voraussetzungen des Kündigungsverbots 12–42
   a) Schwangerschaft, Entbindung u. a. 12–14
   b) Kenntnis des Arbeitgebers 15–19

   c) Mitteilung nach Zugang der Kündigung 20–21
   aa) Nachträgliche Mitteilung durch die Arbeitnehmerin 22
   bb) Adressat der Mitteilung 23–24
   cc) Inhalt und Form der Mitteilung.................... 25–28
   dd) Ärztliches Zeugnis 29
   ee) Frist für die nachträgliche Mitteilung.................... 30–32
   ff) Fristüberschreitung 33–41
   gg) Folgen unterlassener Mitteilung . 42

4. Bedeutung und Wirkung des
   Kündigungsverbots 43–51
   a) Absolutes Verbot 43–44
   b) Verzicht, Verwirkung 45–46
   c) Nichtigkeit der Kündigung 47–48
   d) Arbeitsentgelt bei Kündigung... 49–50
   e) Strafbarkeit, Schadensersatz 51
5. Dauer des Kündigungsschutzes 52–56
   a) Vor der Entbindung 53
   b) Nach der Entbindung 54
   c) Unzulässigkeit der Kündigung 55
   d) Erneute Schwangerschaft 56
6. Befreiung vom Verbot durch
   Landesbehörde (Abs. 3) 57–81
   a) Zulässigkeit der Ausnahme 57–58
   b) In besonderen Fällen 59–68
      aa) Arbeitgeberseite 60–61
      bb) Arbeitnehmerseite 62–63
      cc) Unzulässige Kündigung 64–65
      dd) Schriftliche Kündigung 66–68
   c) Antrag auf Zulässigerklärung
      der Kündigung 69–70
   d) Verfahren, Behörde, Gerichte ... 71–76
   e) Situation der Frau nach
      Kündigung 77–79
   f) Verbotswidrige Kündigung 80–81
7. Auflösung des Arbeitsverhältnisses aus
   anderen Gründen 82–130

a) Nichtiger Vertrag 83–87
b) Anfechtung des Vertrages 88–91
   aa) Allgemeines 89
   bb) Anfechtung wegen Irrtums 90
   cc) Anfechtung wegen arglistiger
       Täuschung 91
c) Beendigung durch Zeitablauf,
   Bedingung 92–116
   aa) Befristetes Arbeitsverhältnis 94–104
   bb) Probearbeitsverhältnis 105–107
   cc) Berufsausbildungs-
       verhältnis................... 108–113
   dd) Auflösend bedingtes Arbeits-
       verhältnis................... 114–116
d) Streik, Aussperrung........... 117–119
e) Kündigung durch die Frau,
   Aufhebungsvertrag............ 120–122
f) Mitteilung an Aufsichtsbehörde
   (Abs. 2)...................... 123–126
g) Anfechtung der Eigen-
   kündigung.................... 127–130
8. In Heimarbeit Beschäftigte....... 131–132
9. Verhältnis zum sonstigen
   Kündigungsschutz................ 133–134
10. Verhältnis zum Kündigungsschutz
    des § 18 BErzGG................ 135–137

1. Zweck und Art des Kündigungsverbots

1   Der **Zweck** des Kündigungsverbots besteht vor allem darin, der Mutter während der Schutzzeit des § 9 den Arbeitsplatz zu erhalten (**zeitlicher Bestandsschutz**) und sie dadurch zugleich vor wirtschaftlichen Schwierigkeiten zu bewahren, sie aber auch wegen ihres besonderen Zustands während der Schwangerschaft und in der ersten Zeit nach der Entbindung gegen die mit einer Kündigung verbundene psychische Beunruhigung zu schützen (vgl. *BAG* vom 26.4.1956, AP Nr. 5 zu § 9 MuSchG; zuletzt *BAG* vom 31.3.1993, NZA 1993 S. 46, vgl. dort auch die unterschiedliche Zielsetzung des § 18 BErzGG; vgl. ferner *Herschel*, ArbuR 1959 S. 258; *Münch/Heenen*, § 226 Rdnr. 79; *Gröninger/Thomas*, § 9 Rdnr. 2; *KR-Becker*, § 9 MuSchG Rdnr. 5 f.) Gerade werdende Mütter und Wöchnerinnen werden durch eine Kündigung ihres Arbeitsverhältnisses beunruhigt. Diese Beunruhigung wirkt sich erfahrungsgemäß schädlich auf Mutter und Kind aus. Der besondere Kündigungsschutz des § 9 fußt auf Art. 6 Abs. 4 GG. Nach dieser Vorschrift hat jede Mutter Anspruch auf den Schutz und die Fürsorge der Gemeinschaft; die Fürsorge für die Mutter umfaßt auch den Bestandsschutz eines wirksam zustandegekommenen und bestehenden Arbeitsverhältnisses seiner schwangeren Arbeitnehmerin (vgl.

Geltungsbereich des Kündigungsverbots § 9 MuSchG

BVerfG vom 13.11.1979, AP Nr. 7 zu § 9 MuSchG 1968; *BAG* vom 11.9.1979, AP Nr. 6 zu § 9 MuSchG 1968).

Art des Kündigungsverbots. Dem Anspruch der werdenden Mutter und der Wöchnerin auf Schutz und Fürsorge der Gemeinschaft aus Art. 6 Abs. 4 hat der Gesetzgeber u.a. durch das Kündigungsverbot des § 9 Abs. 1 Rechnung getragen. Das zwingende Kündigungsverbot ist neben dem Gesundheitsschutz die zentrale mutterschutzrechtliche Schutzvorschrift für alle Arbeitnehmerinnen in Deutschland während ihrer Schwangerschaft und bis zum Ablauf von vier Monaten nach der Entbindung (vgl. *Lenz*, § 1 Rdnr. 1). 2

Bei dem Verbot des § 9 Abs. 1 handelt es sich nach dessen eindeutigem Wortlaut um das **Verbot** für Arbeitgeber, eine **Kündigung** gegenüber einer schwangeren Frau oder Wöchnerin zu **erklären**, d.h. ihr gegenüber die Willenserklärung abzugeben, das Arbeitsverhältnis mit ihr durch diese Erklärung zu beenden (vgl. *BAG* vom 23.10.1991, NZA 1992, S. 925, 927). Das Kündigungsverbot des § 9 Abs. 1 läßt sich weder nach seinem Wortlaut noch nach seinem Zweck in ein allgemeines Verbot der Beendigung des Arbeitsverhältnisses einer Frau während der Schwangerschaft und während der 4 Monate nach der Entbindung umdeuten oder analog anwenden (vgl. *BAG* vom 23.10.1991, NZA 1992, S. 925, 928). 3

Bei dem Kündigungsverbot des § 9 Abs. 1 handelt es sich bis auf den Erlaubnisvorbehalt in § 9 Abs. 3 um ein **absolutes Verbot**. Es erklärt jede Kündigung eines Arbeitgebers gegenüber einer Arbeitnehmerin während der Schwangerschaft und bis zum Ablauf von 4 Monaten nach der Entbindung für schlechthin unzulässig, jede **Kündigung jeder Art**, eine ordentliche wie außerordentliche, eine fristgemäße wie fristlose, eine Beendigungs- wie eine Änderungskündigung u.a. Selbst eine Kündigung im Konkursverfahren ist verboten. Die Unzulässigkeit bzw. Verbotswidrigkeit einer arbeitsrechtlichen Kündigung kann nur durch einen rechtskräftigen Verwaltungsakt einer für den Arbeitsschutz zuständigen obersten Landesbehörde oder einer von ihr bestimmten Stelle gemäß § 9 Abs. 3 beseitigt werden, also nur auf öffentlich-rechtliche Weise (vgl. auch *Heilmann*, Rdnr. 8 vor § 9). Zur Frage des absoluten Verbots vgl. ferner § 9 Rdnr. 43. 4

Das Kündigungsverbot des § 9 Abs. 1 ist **zwingend**. Die Arbeitnehmerin kann auf den Sonderkündigungsschutz nicht im voraus verzichten (vgl. § 9 Rdnr. 45). Andererseits kommt der Sonderkündigungsschutz der Arbeitnehmerin letztlich nur zugute, wenn sie dem Arbeitgeber die Schwangerschaft oder Entbindung innerhalb der in § 9 Abs. 1 Satz 1 bestimmten Frist mitteilt (vgl. im einzelnen § 9 Rdnr. 20 ff.). 5

2. Geltungsbereich des Kündigungsverbots

a) Arbeitnehmerinnen in allen Bereichen. Das Kündigungsverbot des § 9 Abs. 1 Satz 1 gilt dem Geltungsbereich des § 1 MuSchG folgend für alle im Arbeitsverhältnis (Ausbildungsverhältnis) stehenden oder in Heimarbeit tätigen 6

MuSchG § 9 *Kündigungsverbot*

Frauen in allen Beschäftigungsbereichen in der Bundesrepublik Deutschland (vgl. § 1 Rdnr. 1 ff.). Im Unterschied zum Geltungsbereich des § 1 MuSchG setzt der Geltungsbereich des § 9 MuSchG einen wirksamen Arbeitsvertrag voraus; denn nur ein solcher kann gekündigt werden. Ein nichtiger Arbeitsvertrag bedarf keiner Kündigung (vgl. § 9 Rdnr. 83), auch nicht ein faktisches Arbeitsverhältnis (vgl. § 1 Rdnr. 4); sie bedürfen daher auch keines Kündigungsverbots (vgl. auch *Gröninger/Thomas*, § 9 Rdnr. 4; *MünchArb/Heenen* § 225 Rdnr. 12; *Heilmann*, § 9 Rdnr. 1 f.). Andererseits genügt für das Eingreifen des Kündigungsverbots des § 9 der Abschluß des Arbeitsvertrages (vgl. § 9 Rdnr. 52).

7   b) **Familienhaushalt.** Das Kündigungsverbot des § 9 Abs. 1 Satz 1 gilt seit 1997 uneingeschränkt auch für Arbeitnehmerinnen im Familienhaushalt.

8   c) **Heimarbeit.** Für in Heimarbeit Beschäftigte gilt gemäß § 9 Abs. 1 Satz 2 letzter Halbsatz das Kündigungsverbot im Grundsatz in gleicher Weise wie für Arbeitnehmerinnen in Betrieben und Verwaltungen (vgl. im einzelnen § 9 Rdnr. 131 f.; vgl. ferner *Gröninger/Thomas*, § 9 Rdnr. 8; *MünchArb/Heenen* § 226 Rdnr. 83; *Heilmann*, § 9 Rdnr. 14 f.).

9   d) **Zugunsten Dritter.** Das Kündigungsverbot des § 9 Abs. 1 kommt ausnahmsweise dritten Personen zugute, wenn sie zusammen mit einer von diesem Kündigungsverbot geschützten Frau einen einheitlichen Arbeitsvertrag geschlossen haben, und zwar mit dem Inhalt, daß der Arbeitgeber allen Arbeitnehmern nur gemeinsam kündigen kann (vgl. auch *MünchArb/Schüren* § 161 Rdnr. 60); zum Kündigungsrecht im Gruppenarbeitsverhältnis vgl. *MünchArb/Marschall* § 164 Rdnr. 9 und 16 f.). Teilt die mitbeschäftigte Arbeitnehmerin dem Arbeitgeber rechtzeitig ihre Schwangerschaft oder ihre Entbindung mit, ist eine Kündigung aufgrund des § 9 Abs. 1 auch dann unwirksam, wenn sie gegenüber einem/einer durch § 9 Abs. 1 nicht unmittelbar geschützten Arbeitnehmer/in erklärt wird (vgl. auch *BAG* vom 21.10.1991, AP Nr. 1 zu § 611 BGB Gruppenarbeitsvertrag; *Gröninger/Thomas*, § 9 Rdnr. 5; *MünchArb/Heenen* § 236 Rdnr. 82; *Heilmann*, § 9 Rdnr. 1 f.; a. A. *Meisel/Sowka*, § 9 Rdnr. 60).

10   Entsprechendes gilt bei **Arbeitsplatzteilung.** Beim Job Sharing (Arbeitsplatzteilung) kann der gemeinsame Arbeitsvertrag, der beide Arbeitnehmer bindet, nur mit Wirkung für alle beendet werden. Das Kündigungsverbot des § 9 Abs. 1 geht der Kündigungsregelung des § 13 Abs. 2 TzBfG vor. Das Recht zur Änderungskündigung nach § 13 Abs. 2 Satz 2 TzBfG und zur Kündigung des Arbeitsverhältnisses aus anderen Gründen bleibt nur solange unberührt, solange eine der mitbeschäftigten Arbeitnehmerinnen nicht unter den Kündigungsschutz des § 9 Abs. 1 MuSchG fällt (vgl. auch *Gröninger/Thomas*, § 9 Rdnr. 5; *MünchArb/Heenen* § 226 Rdnr. 82; *Heilmann*, § 9 Rdnr. 17). Ist dagegen der Bestand des Arbeitsverhältnisses der Arbeitnehmerin auflösend bedingt vom Bestand eines anderen Arbeitsverhältnisses, kommt § 9 Abs. 1 schon deswegen nicht zur Anwendung, weil das Arbeitsverhältnis der Arbeitnehmerin in diesem Falle nicht durch Kündigung endet (vgl. § 9 Rdnr. 43; vgl. ferner *Gröninger/*

Voraussetzungen des Kündigungsverbots § 9 MuSchG

Thomas, § 9 Rdnr. 5; *MünchArb/Heenen* § 226 Rdnr. 82; a. A. insoweit *Heilmann,* § 9 Rdnr. 18).

e) **Bei Nato-Streitkräften.** Das Kündigungsverbot des § 9 Abs. 1 gilt auch für die Beschäftigungsverhältnisse der Arbeitnehmerinnen bei den **Alliierten Streitkräften.** Nach der Änderung des NATO-Truppenstatus durch das Änderungsgesetz vom 28. 9. 1994 (BGBl. II S. 2594) gelten für die zivilen Bediensteten einer NATO-Truppe die arbeitsrechtlichen Vorschriften, die auch für die zivilen Bediensteten bei der Bundeswehr gelten, also auch § 9 MuSchG über das Kündigungsverbot. Allerdings kann der Antrag des Arbeitgebers auf Kündigung darauf gestützt werden, daß der Fortsetzung des Arbeitsverhältnisses militärische Interessen entgegenstehen. Zu den Rechtsfolgen eines trotzdem aufgelösten Arbeitsverhältnisses vgl. § 1 Rdnr. 47 (vgl. auch *Gröninger/Thomas,* § 9 Rdnr. 6; *MünchArb/Heenen* § 226 Rdnr. 83; *Heilmann,* § 9 Rdnr. 19).

11

3. Voraussetzungen des Kündigungsverbots

a) **Schwangerschaft, Entbindung** u. a Voraussetzung für das Kündigungsverbot ist das Vorliegen eines wirksamen Arbeitsverhältnisses (vgl. § 9 Rdnr. 6), das Bestehen einer Schwangerschaft i. S. d. zu § 3 Rdnr. 2, 35 also auch bei künstlicher Befruchtung (a.A. wohl *Gröninger/Thomas,* § 9 Rdnr. 9) oder eine erfolgte Entbindung i. S. d. Rdnr. 6 zu § 6, eine Fehlgeburt genügt nicht (vgl. *BAG* vom 16. 2. 1973, AP Nr. 2 zu § 9 MuSchG 1968; *Buchner/Becker,* § 9 Rdnr. 14 ff., § 1 Rdnr. 134 ff.), ebenso nicht ein Schwangerschaftsabbruch (vgl. § 6 Rdnr. 11; *Buchner/Becker,* § 1 Rdnr. 141 und § 9 Rdnr. 18). Hinsichtlich des Bestehens einer Schwangerschaft ist bis zur Feststellung des Gegenteils von dem ärztlichen Zeugnis oder der Hebamme auszugehen vgl. § 5 Abs. 2 (vgl. auch *Buchner/Becker* § 9 Rdnr. 7). Voraussetzung für das Eingreifen des Kündigungsverbots des § 9 Abs. 1 Satz 1 ist ferner, daß es sich bei der Erklärung des Arbeitgebers um eine **Kündigung** (vgl. § 9 Rdnr. 3) handelt und daß die Kündigung der Arbeitnehmerin während der Schwangerschaft und bis zum Ablauf von vier Monaten nach der Entbindung zugeht (zum Zugang vgl. § 9 Rdnr. 14; zur Fristberechnung vgl. § 9 Rdnr. 52 ff.). Das Bestehen der Schwangerschaft muß die Mutter durch ein Zeugnis gemäß § 5 Abs. 1 **nachweisen** (vgl. § 5 Rdnr. 15 ff.; *Gröninger/Thomas,* § 9 Rdnr. 10). Daraus folgt zugleich der Beginn des Kündigungsschutzes nach § 9 (vgl. *LAG* Köln vom 30. 9. 1993, NZA 1996, 229; vgl. ferner § 9 Rdnr. 52 ff.). Der Zeitpunkt des **Beginns der Schwangerschaft** wird durch Rückrechnung um 280 Tage von den ärztlich festgestellten voraussichtlichen Geburtstermin ermittelt (vgl. *BAG* vom 7. 5. 1998, BB 1998, 1112 = DB 1998, 1039; vgl. auch § 3 Rdnr. 35).

12

Die Schwangerschaft muß **im Zeitpunkt** des Zugangs **der Kündigung** bestehen. Wenn die Schwangerschaft erst während des Laufs der Kündigungsfrist eintritt, gilt das Kündigungsverbot nicht (vgl. § 9 Rdnr. 48). Die irrtümliche Annahme der Frau oder eines Arztes, sie sei schwanger, macht die Kündigung

13

199

nicht unzulässig (vgl. auch *Buchner/Becker*, § 9 Rdnr. 13; *Gröninger/Thomas*, § 9 Rdnr. 10; *KR-Becker*, § 9 MuSchG Rdnr. 28). Endet die Schwangerschaft mit einer Fehlgeburt i. S. d. Rdnr. 4 zu § 6 oder mit einem Schwangerschaftsabbruch, dann endet damit von diesem Zeitpunkt ab auch der Kündigungsschutz des § 9 (ebenso *Buchner/Becker*, § 9 Rdnr. 16). Durch den Tod des Kindes nach der Entbindung oder durch die Freigabe des Kindes zur Adoption verliert die Frau dagegen ihren Kündigungsschutz nicht (ebenso *Gröninger/Thomas*, § 9 Rdnr. 10; *Heilmann*, § 9 Rdnr. 29). Zum Beginn und Ende des Kündigungsschutzes vgl. § 9 Rdnr. 52 ff.

14 Der rechtzeitige **Zugang der Kündigung**, eine einseitige empfangsbedürftige Erklärung des Arbeitgebers ist nach den auch sonst geltenden, allgemeinen Grundsätzen über den Zugang von Kündigungen zu beurteilen (vgl. hierzu im einzelnen *MünchArb/Wank* § 118 Rdnr. 30 ff.; *Becker-Schaffner*, BB 1998, 422 ff.).

Bei normalen Briefsendungen geht das Kündigungsschreiben des Arbeitgebers der Arbeitnehmerin zu, wenn es so in ihren Machtbereich gelangt ist, daß sie unter gewöhnlichen Umständen davon Kenntnis nehmen konnte. Dies ist z. B. auch der Fall, wenn ein als Empfangsbote anzusehender Familienangehöriger der abwesenden Arbeitnehmerin das Kündigungsschreiben annimmt. Lehnt jedoch dieser die Annahme des Kündigungsschreibens ab, so muß die Arbeitnehmerin die Kündigung nur dann als zugegangen gegen sich gelten lassen, wenn sie auf die Annahmeverweigerung, etwa durch vorherige Absprache mit dem Empfangsboten, Einfluß genommen hat (vgl. *BAG* vom 11.11.1992, BB 1993 S. 292 = NZA 1993 S. 259; a. A. zu dieser Entscheidung *Draschka*, BB 1992 S. 1290). Zum Zugang eines Kündigungsschreibens bei einem Einfamilienhaus ohne Briefkasten vgl. *LAG Hamm* vom 25.2.1993, BB 1993 S. 1290 = DB 1993 S. 1428 = NZA 1994 S. 32). Zur Kündigung per Einschreibebrief vgl. *BAG* vom 25.4.1996, BB 1997, 2058. Zu weiteren Fällen beim Zugang einer Kündigung vgl. *Becker-Schaffner*, BB 1998, 422 ff.; *Neurians/Mensler*, BB 1998, 1206.

15 **b) Kenntnis des Arbeitgebers.** Voraussetzung für das Kündigungsverbot ist ferner die positive Kenntnis des Arbeitgebers von der Schwangerschaft oder der Entbindung – gleich auf welche Weise, dienstlich oder außendienstlich u. a – **zur Zeit der Kündigung**, d. h. bei der nach § 623 BGB erforderlichen schriftlichen Kündigung zur Zeit der Absendung des Kündigungsschreibens (*Buchner/Becker*, § 9 Rdnr. 98; *Meisel/Sowka*, § 9 Rdnr. 82; *Gröninger/Thomas*, § 9 Rdnr. 13). Bei mehreren Arbeitgebern genügt die Kenntnis einer der Arbeitgeber. Eine nicht erkennbare Schwerhörigkeit des Arbeitgebers ist nicht der Arbeitnehmerin, sondern dem Arbeitgeber zuzurechnen (vgl. *LAG Baden-Württemberg* vom 9.4.1980, DB 1980, S. 1127). Der Kenntnis des Arbeitgebers steht nicht gleich, daß der Arbeitgeber die Schwangerschaft oder die Entbindung (grob) fahrlässig nicht kennt, daß er sie vermutet oder daß er weiß, daß die Möglichkeit einer

Schwangerschaft besteht (*Buchner/Becker*, § 9 Rdnr. 98; *Meisel/Sowka*, § 9 Rdnr. 83; *Gröninger/Thomas*, § 9 Rdnr. 14; *KR-Becker*, § 9 MuSchG Rdnr. 34).
Sind in einer gewöhnlichen **Arbeitsunfähigkeitsbescheinigung** zur Bezeichnung schwangerschaftsbedingter Krankheitsursachen medizinische Fachausdrücke (z. B. »Hyperemesis gravid.«) verwandt, die der Arbeitgeber nicht versteht und deren Verständnis ihm nicht zuzumuten ist, so begründet eine solche Bescheinigung nicht seine Kenntnis von der Schwangerschaft (ebenso im Grundsatz wohl auch Wenzel, BB 1981 S. 674, 676; *Buchner/Becker*, § 9 Rdnr. 102 f.; *Gröninger/Thomas*, § 9 Rdnr. 15; *Meisel/Sowka*, § 9 Rdnr. 84; a. A. *BAG* vom 13.4.1956, AP Nr. 9 zu § 9 MuSchG; vom 18.2.1965, AR-Blattei, Mutterschutz, Entsch. 30; *ArbG Neunkirchen/Saar* vom 1.2.1967, BB 1968 S. 170). Handelt es sich dagegen um ein besonderes Attest, das die Schwangerschaft bescheinigt, so vermittelt dieses die nach § 9 erforderliche Kenntnis des Arbeitgebers (*Buchner/Becker*, § 9 Rdnr. 102; *Meisel/Sowka*, § 9 Rdnr. 84; ähnlich *Wenzel*, BB 1981 S. 674, 676). Bestreitet die Frau ihre Schwangerschaft, dann schließt dies die Kenntnis des Arbeitgebers von der Schwangerschaft nicht notwendig aus (ebenso *Heilmann*, § 9 Rdnr. 36; a. A. *Meisel/Sowka*, § 9 Rdnr. 85; vgl. hierzu *Buchner/Becker*, § 9 Rdnr. 98 mit weiteren Nachweisen). Hat der Arbeitgeber eine begründete Vermutung für das Bestehen einer Schwangerschaft oder die erfolgte Entbindung, dann obliegt ihm im Hinblick auf den besonderen Zweck des Kündigungsverbots (vgl. § 9 Rdnr. 1) eine **Erkundungspflicht**, zumindest bei Gerüchten im Betrieb (vgl. *LAG Düsseldorf* vom 21.7.1964, BB 1964 S. 1215 = DB 1964 S. 1416; ebenso *Heilmann* § 9 Rdnr. 37, 42; a. A. *Buchner/Becker*, § 9 Rdnr. 99; *KR-Becker*, § 9 MuSchG Rdnr. 34; differenzierend *Gröninger/Thomas*, § 9 Rdnr. 15 mit weiteren Nachweisen).

Für den **Nachweis der Kenntnis des Arbeitgebers** ist im Streitfall die Frau beweispflichtig. Eine Erleichterung der Beweisführung kann sich, da es sich um eine subjektive Beweisfrage aus der Arbeitgebersphäre handelt, durch die Anwendung der Grundsätze über den Beweis des ersten Anscheins ergeben (ebenso *Buchner/Becker*, § 9 Rdnr. 107; *Gröninger/Thomas*, § 9 Rdnr. 17; *KR-Becker*, § 9 MuSchG Rdnr. 45).

Der Kenntnis des Arbeitgebers steht die **Kenntnis seines Vertreters** oder des dienstlichen Vorgesetzten der Frau gleich, soweit dieser als Erfüllungsgehilfe des Arbeitgebers in bezug auf das Arbeitsverhältnis der Frau angesehen werden kann (vgl. *Buchner/Becker*, § 9 Rdnr. 103; *Meisel/Sowka*, § 9 Rdnr. 86 ff.; *Gröninger/Thomas*, § 9 Rdnr. 16; *KR-Becker*, § 9 MuSchG Rdnr. 36, ferner die Kenntnis der in § 21 Rdnr. 6 ff. genannten Personen) oder soweit dies betriebsüblich ist (vgl. *LAG Köln* vom 10.10.1990, AiB 1991 S. 128). Es genügt auch die Kenntnis des Ehegatten des Arbeitgebers, wenn dieser im Betrieb mitarbeitet und die Arbeitnehmerin ihm unterstellt ist (vgl. *LAG Mannheim* vom 22.9.1953, BB 1953 S. 1041; *ArbG Wilhelmshaven* vom 16.9.1963, DB 1964 S. 996; vgl. ferner § 5 Rdnr. 4 und § 9 Rdnr. 19). Dagegen **genügt nicht** die Kenntnis von Arbeitskollegen, von Vertrauensleuten im Betrieb, von Mitgliedern des Betriebs- oder Personalrats, des Betriebsarztes wegen seiner ärztlichen Schweigepflicht; es sei denn, daß diese Personen ihre Kenntnis dem Arbeitgeber mitgeteilt haben (ebenso *Gröninger/Thomas*, § 9 Rdnr. 16; a. A. beim Betriebsarzt *Heilmann*, § 9 Rdnr. 44). Vgl. ferner hier § 9 Rdnr. 23 f.

19 Beim **Betriebsübergang** nach § 613a BGB kann dem neuen Betriebsinhaber die Kenntnis des ehemaligen Betriebsinhabers zugerechnet werden, weil die rechtliche Funktionsnachfolge gemäß § 613a BGB sich auch auf den kündigungsrechtlichen Status der einzelnen Arbeitnehmer bezieht, zu deren konstitutiven Merkmalen auch die Kenntniserlangung gehört (ebenso *Heilmann*, § 9 Rdnr. 45; *KR-Becker*, § 9 MuSchG Rdnr. 39 a; a. A. *Buchner/Becker*, § 9 Rdnr. 106; *Meisel/Sowka*, § 9 Rdnr. 88 a).

20 c) **Mitteilung nach Zugang der Kündigung.** Hat die Frau dem Arbeitgeber eine dem § 5 Abs. I entsprechende Mitteilung nicht gemacht und hat der Arbeitgeber von der Schwangerschaft oder der Entbindung auch nicht auf andere Weise Kenntnis erhalten, dann muß die Frau dem Arbeitgeber, wenn sie sich den Kündigungsschutz erhalten will, (Zweck der Mitteilung) die Schwangerschaft oder die Entbindung **innerhalb von 2 Wochen nach** Zugang der **Kündigung** mitteilen. Dabei wird vorausgesetzt, daß sie beim Zugang der Kündigung schwanger ist oder die Entbindung bereits erfolgt und die 4 Monate danach noch nicht abgelaufen sind (vgl. § 9 Rdnr. 12). Da mit der Mitteilung an den Arbeitgeber eine rechtserhebliche Wirkung (Erhaltung des Kündigungsschutzes) erzeugt wird, sie also eine geschäftsähnliche Handlung ist, wird von einer (weitgehend) entsprechenden Anwendung der Vorschriften über die Willenserklärung ausgegangen (*BAG* vom 13.4.1956, AP Nr. 9 zu § 9 MuSchG; *Buchner/Becker*, § 9 Rdnr. 110; *Gröninger/Thomas*, § 9 Rdnr. 19). Hieraus folgt, daß die **Mitteilung der Frau** mit **Zugang** an den Arbeitgeber wirksam wird (vgl. § 130 BGB).

21 Der rechtzeitige Zugang der **nachträglichen Mitteilung** der Arbeitnehmerin von ihrer Schwangerschaft oder Entbindung ist den Grundsätzen über den Zugang von Willenserklärungen bzw. geschäftsähnlichen Handlungen (vgl. auch § 9 Rdnr. 25) entsprechend zu beurteilen (vgl. auch *Buchner/Becker*, § 9 Rdnr. 111; *Gröninger/Thomas*, § 9 Rdnr. 14 m.w.N.). Danach geht die nachträgliche Mitteilung der Arbeitnehmerin dem Arbeitgeber zu, wenn diese so in den Machtbereich des Arbeitgebers gelangt ist, daß er von ihr unter gewöhnlichen Umständen Kenntnis nehmen konnte. Zum Zugang der mündlichen Mitteilung der Arbeitnehmerin bei ungewöhnlichen Umständen, z. B. bei Schwerhörigkeit des Arbeitgebers, die für die Arbeitnehmerin nicht erkennbar war (vgl. *LAG Baden-Württemberg* vom 9.4.1980, DB 1980, 1127). Vgl. zum Zugang ferner § 9 Rdnr. 14.

22 aa) **Nachträgliche Mitteilung.** In der Regel wird die nachträgliche Mitteilung der Schwangerschaft oder Entbindung durch die Arbeitnehmerin selbst erfolgen. § 9 Abs. 1 Satz 1 schreibt dies jedoch nicht vor. Diese Vorschrift verlangt zur Erhaltung des Kündigungsschutzes nur, daß dem Arbeitgeber die Schwanger-

Voraussetzungen des Kündigungsverbots § 9 MuSchG

schaft oder Entbindung innerhalb zweier Wochen Zugang der Kündigung mitgeteilt wird, gleich durch wen, es muß sich nur um eine entsprechende Mitteilung handeln. Deshalb ist es möglich, daß die nachträgliche Mitteilung der Schwangerschaft oder Entbindung **durch** den Ehemann, die Mutter oder einen anderen **Dritten** vorgenommen wird. Einen Auftrag der betroffenen Arbeitnehmerin setzt § 9 Abs. 1 Satz 1 nicht voraus. Doch muß die Mitteilung des Dritten so gefaßt sein, daß der Arbeitgeber den Zusammenhang mit seiner Kündigung erkennen und aus ihr entnehmen kann, daß seine Kündigung wegen des Kündigungsverbots in § 9 Abs. 1 Satz l unzulässig ist. Die Mitteilung eines Dritten muß man schon wegen der Fälle zulassen, in denen die Arbeitnehmerin bei Abwesenheit oder Krankheit nicht in der Lage ist, die Mitteilung selbst zu machen (vgl. auch *Buchner/Becker,* § 9 Rdnr. 115; *Gröninger/Thomas,* § 9 Rdnr. 20; *Heilmann,* § 9 Rdnr. 52 f.)

Einen **Nachweis der Schwangerschaft** oder Entbindung schreibt das Gesetz (»mitgeteilt« nicht »nachgewiesen«) nicht vor (vgl. *BAG* Vom 6.6.1974, EzA § 9 MuSchG n.F. Nr. 15; *LAG Düsseldorf* vom 22.5.1968, DB 1968 S. 1500). Die Schwangerschaft oder Entbindung muß die Frau auf Vorlagen und Kosten des Arbeitgebers aufgrund ihrer Treuepflicht nachweisen (vgl. auch *Buchner/Bekker,* § 9 Rdnr. 139; vgl. ferner § 9 Rdnr. 29).

bb) **Adressat der nachträglichen Mitteilung** ist nach dem Wortlaut des § 9 23 Abs. 1 Satz 1 der **Arbeitgeber**. Aus dem Zweck (Erlangung des Sonderkündigungsschutzes) der der Arbeitnehmerin auferlegten Obliegenheit, dem Arbeitgeber die Schwangerschaft oder Entbindung innerhalb zweier Wochen nach Zugang der Kündigung mitzuteilen, folgt jedoch, daß die Arbeitnehmerin die Schwangerschaft oder Entbindung dem Arbeitgeber nicht persönlich mitzuteilen braucht. Die Mitteilung an einen **Vertreter** des Arbeitgebers, an die in § 21 Rdnr. 6 ff. genannten Personen, an die Personalabteilung oder an eine andere zur Entgegennahme autorisierte Person, z.B. an den Prozeßanwalt des Arbeitgebers (vgl. *BAG* vom 20.5.1988, DB 1988 S. 2107, 2108) genügt, und zwar auch dann, wenn diese die Mitteilung nicht oder nicht rechtzeitig an den Arbeitgeber weitergeben (analog §164 Abs. 3 BGB; vgl. *BAG* vom 15.11.1990, BB 1991 S. 1791, 1792; *Buchner/Becker,* § 9 Rdnr. 117; *Gröninger/Thomas,* § 9 Rdnr. 20). Die Mitteilung an den im Betrieb mitarbeitenden Ehegatten des Arbeitgebers genügt dann, wenn die Arbeitnehmerin mit der Weitergabe an den Arbeitgeber rechnen konnte (vgl. *LAG Düsseldorf* vom 22.11.1968, DB 1968 S. 2287). Zur Entgegennahme einer Schwangerschaftserklärung ermächtigte Personen des Arbeitgebers vgl. *LAG Köln* vom 30.6.1994, NZA 1995, 995.

Die Mitteilung an einen **Vorarbeiter** (Einrichter), der den in seiner Gruppe 24 arbeitenden Arbeitnehmerinnen das Arbeitsentgelt noch bar gegen Quittung auszuhändigen hat und bei dem auch Anträge, etwa auf Ausgangsschein, abgegeben werden, genügt nicht. Ebenso reicht die Mitteilung an einen Meister oder an einen anderen Vorgesetzten nicht aus, der allein arbeitstechnische Aufgaben hat, ferner genügt nicht die Mitteilung an den Vertrauensarzt der Betriebskrankenkasse oder die Betriebsfürsorgerin. Die Mitteilung an den **Werksarzt** wird dann genügen, wenn die Frau ihn gebeten hat, die Mitteilung dem Arbeitgeber weiterzumelden (so *Meisel/Sowka*, § 9 Rdnr. 88 a; a. A. *Buchner/Becker*, § 9 Rdnr. 118). Ob die Mitteilung an Vorgesetzte mittleren oder oberen Ranges ausreicht, hängt davon ab, ob sie arbeitgeberähnliche Funktionen haben (vgl. *BAG* vom 18.2.1965, AP Nr. 26 zu § 9 MuSchG; hierzu auch *Wenzel*, BB 1981 S. 674, 676). Bei mehreren Arbeitgebern genügt die Mitteilung an einen von ihnen (vgl. *ArbG Marburg* vom 13.2.1964, DB 1964 S. 846; *Meisel/Sowka*, § 9 Rdnr. 89). Vgl. ferner § 9 Rdnr. 18.

25 cc) **Inhalt und Form der nachträglichen Mitteilung.** Die Arbeitnehmerin muß dem Arbeitgeber mitteilen, daß sie im **Zeitpunkt der Kündigung schwanger** war oder daß sie vermutet, schwanger zu sein. Hat die Arbeitnehmerin entbunden, muß sie dem Arbeitgeber mitteilen, wann die Entbindung war bzw., daß die Entbindung im Zeitpunkt des Zugangs der Kündigung noch nicht vier Monate zurückliegt. Auf eine Schwangerschaft bzw. auf eine noch nicht länger als vier Monate zurückliegende Entbindung im Zeitpunkt der Kündigung kommt es an, da nach § 9 Abs. 1 Satz 1 eine Kündigung nur während der Schwangerschaft und bis zum Ablauf von vier Monaten nach der Entbindung verboten ist. Teilt die Arbeitnehmerin nur das Bestehen oder die Vermutung des Bestehens der Schwangerschaft mit, nicht aber, ob die Schwangerschaft schon oder noch im Zeitpunkt der Kündigung bestanden hat, so hängt es von den Umständen des Falles ab, ob die Mitteilung vom Arbeitgeber dahin verstanden werden mußte, daß die Schwangerschaft bereits bzw. noch bei Zugang der Kündigung bestanden hat (vgl. *BAG* vom 15.11.1990, BB 1991 S. 1791).

26 Bei der Auslegung der Mitteilung, einer geschäftsähnlichen Handlung sind die Vorschriften über empfangsbedürftige Willenserklärungen entsprechend anzuwenden. Maßgebend ist der objektive **Erklärungswert der Mitteilung** der Schwangerschaft. Der Arbeitgeber muß der Mitteilung nach deren Inhalt und den ihm bei deren Zugang bekannten sonstigen Umständen entnehmen können, daß im Zeitpunkt der Kündigung eine Schwangerschaft bestand oder vermutet wird. Nicht zum Ausdruck gebracht werden muß die sich hieraus ergebende Rechtsfolge, daß sich die Arbeitnehmerin damit den Kündigungsschutz sichern will (vgl. *BAG* vom 15.11.1990, BB 1991 S. 1791 = NJW 1991 S. 1908; *Gröninger/Thomas*, § 9 Rdnr. 19 und 29; *MünchArb/Heenen* § 226 Rdnr. 90; a. A. *LAG Köln* vom 28.3.1990, BB 1990, S. 1491). Entsprechendes gilt von der Mitteilung der Entbindung. Hat die Arbeitnehmerin keine sichere Kenntnis vom Beginn der Schwangerschaft bei Zugang der Kündigung, kommt es aber auf dieses Datum zur Erlangung des Sonderkündigungsschutzes entscheidend an, muß sie die Mitteilung des Beginns der Schwangerschaft nach Kenntniserlangung unverzüglich nachholen. Auf Rechtsunkenntnis kann sie sich nicht berufen.

27 Die Schwangerschaft oder Entbindung kann dem Arbeitgeber **mündlich oder schriftlich** mitgeteilt werden. Einer besonderen Form bedarf es für die Mitteilung nicht. Die als »vertraulich« bezeichnete Mitteilung ist voll wirksam (*Buch-*

ner/Becker, § 9 Rdnr. 114; *KR-Becker*, § 9 MuSchG Rdnr. 50). Es genügt auch die Übersendung eines ärztlichen Zeugnisses, selbst wenn der Arbeitgeber es nicht oder falsch versteht, sofern er die darin enthaltene Mitteilung bei gehöriger Sorgfalt hätte verstehen müssen (vgl. § 5 Rdnr. 5; ebenso *Buchner/Becker*, § 9 Rdnr. 112 ff.). Maßgebend ist der objektive Erklärungswert der Mitteilung (vgl. *Gröninger/Thomas*, § 9 Rdnr. 19).

In der ersten Zeit der Schwangerschaft kann die Frau mitteilen, daß sie **wahrscheinlich schwanger** sei (vgl. *BAG* vom 5.5.1961, AP Nr. 23 zu § 9 MuSchG = ArbuR 1961 S. 218, 380 = BB 1961 S. 828 = DB 1961 S. 1036; *Buchner/Becker*, § 9 Rdnr. 144 f.); teilt sie allerdings dem Arbeitgeber nach einem Arztbesuch auf dessen Frage nach dem Ergebnis der Untersuchung mit, daß sie nicht schwanger sei, so liegt eine den Kündigungsschutz des § 9 erhaltende Mitteilung nicht vor, auch wenn die Frau tatsächlich schwanger war (*LAG Hamm* vom 10.1.1975, BB 1975 S. 282; *Gröninger/Thomas*, § 9 Rdnr. 31: *Meisel/Sowka*, § 9 Rdnr. 94); es sei denn, daß sie die Mitteilung der Schwangerschaft unverzüglich nachholt (ebenso *Heilmann*, § 9 Rdnr. 79). Die Fehldiagnose des Arztes kann ihr nicht als Verschulden angelastet werden. In anderen Fällen behält die **vorsorgliche Mitteilung** einer vermuteten Schwangerschaft ihren den Kündigungsschutz auslösenden Wert, auch dann, wenn die Frau es später versäumt, ihre positive Kenntnis von einer bestehenden Schwangerschaft mitzuteilen (vgl. *KR-Becker*, § 9, 48 a; a. A. *Meisel/Sowka*, § 9 Rdnr. 96) und der Arbeitgeber danach auch nicht mehr gefragt hat 28

dd) Ärztliches Zeugnis. Auf Verlangen des Arbeitgebers ist die Mutter aufgrund der ihr obliegenden arbeitsvertragsrechtlichen Treuepflicht verpflichtet, auf Kosten des Arbeitgebers ein ärztliches Zeugnis über die Schwangerschaft oder Entbindung vorzulegen (ebenso *Buchner/Becker*, § 9 Rdnr. 141 f.; *Gröninger/Thomas*, § 9 Rdnr. 29; *Heilmann*, § 9 Rdnr. 26, 77; *Meisel/Sowka*, § 9 Rdnr. 98; vgl. auch § 5 Rdnr. 15 f.), insbesondere bei einer bloßen Vermutung der Schwangerschaft. Er kann auf seine Kosten auch die Beibringung eines Schwangerschaftsfrühtests verlangen (*Buchner/Becker*, § 9 Rdnr. 148; *Gröninger/Thomas*, § Rdnr. 30). Die Frau muß diesem Verlangen innerhalb angemessener Frist nachkommen (vgl. *BAG* vom 6.6.1974, BB 1974 S. 1581). Das Zeugnis muß nicht unbedingt innerhalb der Frist von 2 Wochen des § 9 oder innerhalb der Kündigungsfrist vorgelegt werden, wohl aber innerhalb angemessener Frist, im Normalfall etwa 10 Tage nach Aufforderung, falls die Frau innerhalb dieser Zeit einen Arzttermin bekommt (ebenso *Heilmann*, § 9 Rdnr. 74). Die Nicht-Vorlage hat einen Verlust des Kündigungsschutzes nach § 9 nicht zur Folge, wohl aber u.U. den Einwand unzulässiger Rechtsausübung und Schadensersatzansprüche des Arbeitgebers (*BAG* vom 6.6.1974, BB 1974 S. 1581; *Buchner/Becker*, § 9 Rdnr. 143). Zur Feststellung des Beginns der Schwangerschaft vgl. § 9 Rdnr. 12. 29

ee) Frist für nachträgliche Mitteilung. Das Gesetz bestimmt für die Mitteilung der Schwangerschaft oder der Entbindung eine **Frist von 2 Wochen.** Zweck 30 der Mitteilungsfrist ist es, der schwangeren Arbeitnehmerin einen ausreichenden Handlungsspielraum zu verschaffen (vgl. *BAG* vom 13.6.1996, NJW 1997, 610 = 1996, 2135). Die Frist läuft vom Zugang der schriftlichen Kündigung, wenn diese so in den Machtbereich der Frau gelangt ist, daß bei Annahme gewöhnlicher Verhältnisse damit zu rechnen war, daß die Frau von ihr Kenntnis nehmen konnte (vgl. § 9 Rdnr. 14). Die Kenntnis oder Unkenntnis der Frau von ihrer Schwangerschaft spielt für den Lauf der Frist keine Rolle (ebenso *BAG* vom 13.6.1996, NJW 1997, 610; vgl. ferner § 9 Rdnr. 35 ff.).

31   Auf die **Berechnung der Frist** finden die §§ 187 bis 193 BGB Anwendung (vgl. hier Anh. 2). Ist die Kündigung z. B. am Mittwoch zugegangen, dann muß die Mitteilung der Schwangerschaft oder der Entbindung dem Arbeitgeber spätestens am Mittwoch der 2. Woche zugehen. Die Absendung der Mitteilung an diesem Mittwoch reicht nicht mehr aus, wenn die Mitteilung den Arbeitgeber an diesem Tage nicht mehr erreichen kann. Ist die Kündigung der Frau an einem Sonnabend zugegangen, dann läuft die Frist von zwei Wochen erst am dritten auf diesen Sonnabend folgenden Montag aus, falls dieser Montag kein Feiertag ist, sonst erst am Dienstag (ebenso *Buchner/Becker*, § 9 Rdnr. 125; *Gröninger/ Thomas* § 9 Rdnr. 21; *Heilmann*, § 9 Rdnr. 60).

32   Zur Rechtsnatur der Frist vor 1992 und zur Rechtsprechung des Bundesverfassungsgerichts vgl. Vorauflage, § 9 Rdnr. 30f.

33   **ff) Fristüberschreitung.** Nach dem 1992 an § 9 Abs. 1 Satz 1 angefügten Halbsatz ist das Überschreiten »dieser Frist«, d. h. der Zwei-Wochen-Frist, **unschädlich**, wenn es auf einem von der Frau nicht zu vertretenden Grund beruht. Das Überschreiten der Zwei-Wochen-Frist ist dagegen nach wie vor **schädlich**, wenn es auf einem von der Frau zu vertretenden Grund beruht (Umkehrschluß), sie es also schuldhaft versäumt, dem Arbeitgeber ihre Schwangerschaft oder Entbindung spätestens innerhalb der Zwei-Wochen-Frist mitzuteilen (Folge: endgültiger Verlust des Kündigungsschutzes aus § 9 MuSchG im Interesse der Rechtssicherheit und Rechtsklarheit). Bei der Anfügung handelt es sich somit um eine Ausnahme von der in anderen Fällen weiterhin als Ausschlußfrist geltenden Zwei-Wochen-Frist des § 9 Abs. 1 MuSchG, insoweit vom BVerfG in seiner Entscheidung vom 25.1.1972 (*BVerfGE* 32, 273) als verfassungsgemäß bestätigt.

34   Die Ausnahme gilt für den Fall, daß das Überschreiten der 2-Wochen-Frist auf einem von der Frau nicht zu **vertretenden Grund** beruht. Es genügt jeder Grund, da die Ausnahme nicht auf einen bestimmten Grund beschränkt ist. In Betracht kommen z. B. auch Fälle, in denen die Frau ihre Schwangerschaft kannte, aber an der Mitteilung der Schwangerschaft durch andere Umstände gehindert war, z. B. durch Krankheit, Abwesenheit, Urlaub, Fremdeinwirkung (vgl. auch *BAG* vom 13.6.1996, NJW 1997, 610, 611 = DB 1996, 2135; vom 26.9.2002, AP Nr. 31 zu § 9 MuSchG 1968). Die Ausnahme ist ferner nicht auf die Mitteilung der Schwangerschaft beschränkt. Sie gilt entsprechend dem Inhalt

Voraussetzungen des Kündigungsverbots § 9 MuSchG

des Halbsatzes, der im § 9 Abs. 1 Satz 1 MuSchG vor der Anfügung steht, **auch** für die Mitteilung der Entbindung (vgl. *BT-Drucks.* 12/1609 S. 5).

Das Unterlassen der Mitteilung der Schwangerschaft oder Entbindung innerhalb der 2-Wochen-Frist muß auf einem von der Frau nicht zu vertretenden Grund beruhen. Insoweit werden in dem angefügten Halbsatz dieselben Worte verwandt wie in § 16 Abs. 2 BErzGG bei der verspäteten Geltendmachung des Erziehungsurlaubs. Die dazu in der Vorauflage in § 16 BErzGG Rdnr. 9 vertretene Auffassung, daß der Arbeitnehmer nach § 276 BGB **Vorsatz und Fahrlässigkeit** zu vertreten hat, gilt zwar grundsätzlich auch hier. Der dort zur Fahrlässigkeit entwickelte Maßstab kann jedoch trotz gleicher Worte wegen der unterschiedlichen Folgen (im BErzGG nur zeitliche Verschiebung der Inanspruchnahme der Elternzeit, im MuSchG dagegen totaler Verlust des Kündigungsschutzes) im MuSchG nicht derselbe wie im BErzGG sein, vor allem aber nicht wegen des Anspruchs der Mutter auf den Schutz und die Fürsorge der Gemeinschaft gemäß Art. 6 Abs. 4 GG und dem absoluten internationalen Kündigungsverbot im IAO-Übereinkommen Nr. 3. Der an die Fahrlässigkeit anzulegende Maßstab ist deshalb im MuSchG verfassungskonform und unter Berücksichtigung des Übereinkommens dahin zu beschränken, daß die Mutter eine fahrlässige Fristversäumnis erst dann zu vertreten hat, wenn diese auf einen **gröblichen Verstoß** gegen das von einem verständigen Menschen im eigenen Interesse billigerweise zu erwartende Verhalten zurückzuführen ist; es handelt sich um ein gröbliches Verschulden gegen sich selbst (so schon *BAG* vom 6.10.1983, AP Nr. 12 zu § 9 MuSchG 1968 = DB 1984 S. 1044 zu *BVerfG* vom 13.11.1979, *BVerfGE* 52, 357; bestätigt durch *BAG* vom 13.6.1996, NJW 1997, 610, 611 = DB 1996, 2135).

35

Das Überschreiten der 2-Wochen-Frist für die Mitteilung der Schwangerschaft oder Entbindung nach Zugang der Kündigung beruht demnach auf einem von der Frau zu vertretenden Grund, wenn sie die **Mitteilung vorsätzlich unterlassen** hat, also in der Regel in Kenntnis der Schwangerschaft oder Entbindung und ohne daß sie an der Mitteilung durch andere Umstände verhindert war. Folge: endgültiger Verlust des Kündigungsschutzes aus § 9 MuSchG im Interesse der Rechtssicherheit und Rechtsklarheit. Das Überschreiten beruht ferner auf einem von der Frau zu vertretenden Grund mit der Folge des Verlusts des Kündigungsschutzes, wenn sie die 2-Wochen-Frist versäumt hat und sie sich einen **gröblichen Verstoß** gegen das von einem verständigen Menschen im eigenen Interesse billigerweise zu erwartende Verhalten vorwerfen lassen muß. Ein solcher Verstoß ist anzunehmen, wenn sie die Kündigung des Arbeitgebers erhält und sie keine Untersuchung zur Feststellung der Schwangerschaft (vgl. § 196 RVO Rdnr. 9) durchführen läßt, obwohl sie zwingende Anhaltspunkte für eine Schwangerschaft hat (vgl. *BAG* vom 6.10.1983, DB 1984 S. 1044, 1045). Dagegen kann nicht schon darin ein gröbliches Verschulden gesehen werden, wenn die Schwangere die Bescheinigung über die Schwangerschaft mit normaler Post an den Arbeitgeber versendet und der Brief dann aus ungeklärter Ursache

36

verloren geht, weil die Schwangere mit dem Verlust des Briefes auf dem Beförderungswege nicht rechnen muß (BAG vom 16.5.2002, AP Nr. 30 zu § 9 MuSchG 1968). Desweiteren liegt auch kein gröblicher Verstoß vor, wenn die Arbeitnehmerin es unterlassen hat, dem Arbeitgeber ihre Schwangerschaft z. B. vor Urlaubsantritt anzuzeigen. Sie hat keine Offenbarungspflicht, auch nicht aufgrund der bloßen Sollvorschrift in § 5 Abs. 1 (vgl. *BAG* vom 13.6.1996, NJW 1997, 610 = DB 1996, 2135). Im Einzelfall sind die jeweils besonderen Umstände zu prüfen und abzuwägen, da es sich beim Vertretenmüssen um eine **Zumutbarkeitsfrage** handelt. So kann der vorstehende Fall anders zu beurteilen sein, wenn die Arbeitnehmerin vor Urlaubsantritt damit rechnen mußte, daß ihr während des Urlaubs eine Kündigung zugeht.

37 Einzelfälle: Ein Untätigsein der Frau bei einer bloß vagen **Schwangerschaftsvermutung** reicht in der Regel nicht aus, ihr den mutterschutzrechtlichen Kündigungsschutz zu nehmen. Einer Arbeitnehmerin kann auch nicht ohne weiteres ein gröblicher Verstoß vorgeworfen werden, wenn sie nach Ausbleiben ihrer Regel erst nach einer gewissen **Zeit des Abwartens** einen Arzt zur Feststellung der Schwangerschaft aufsucht (vgl. *BAG* vom 6.10.1983, DB 1984 S. 1044, 1045). Eine schwangere Frau handelt nicht schuldhaft, wenn sie trotz Kenntnis vom Bestehen der Schwangerschaft mit der entsprechenden Mitteilung an den Arbeitgeber zuwartet, bis sie vom Arzt eine Schwangerschaftsbestätigung erhält, aus der sie den Beginn der Schwangerschaft entnehmen kann (vgl. *LAG Nürnberg* vom 17.3.1992, BB 1993 S. 1009). Auch die Unkenntnis der Schwangeren vom Beginn der Schwangerschaft ist an sich geeignet, eine vorwerfbare Verzögerung der Mitteilung der Schwangerschaft auszuschließen (vgl. *BAG* vom 20.5.1988, DB 1988 S. 2107, 2108). Die Frau braucht ferner nicht für eine **Fehldiagnose** ihres Arztes einzustehen, für Hindernisse bei der Übermittlung der Mitteilung, an der sie kein Verschulden trifft, für ein Verschulden eines von ihr beauftragten zur Übermittlung geeigneten Bevollmächtigten (vgl. *BAG* vom 27.10.1983, DB 1984, S. 1203). Beruft sich die Frau auf Rechtsunkenntnis, ist abweichend von anderen Rechtsgebieten im Hinblick auf Art. 6 Abs. 4 GG und das absolute internationale Kündigungsverbot (vgl. oben § 9 Rdnr. 35) ihr Alter und ihr Bildungsstand bei der Abwägung der Zumutbarkeit im Rahmen des Vertretenmüssens zu berücksichtigen.

38 Die Anwendung **der Ausnahme des** § 9 Abs. 1 Satz 1 2. Halbsatz hat danach **zwei Voraussetzungen**: 1. Überschreiten der 2-Wochen-Frist durch Unterlassen der der Frau obliegenden Mitteilung der Schwangerschaft oder Entbindung aus einem von ihr nicht zu vertretenden Grund, 2. unverzügliche Nachholung dieser Mitteilung. Zur ersten Voraussetzung vgl. oben § 9 Rdnr. 34–37; zur zweiten Voraussetzung vgl. die nachfolgenden Rdnrn. 39–41.

39 In den Fällen des nicht zu vertretenden Überschreitens der 2-Wochen-Frist in § 9 Abs. 1 Satz 1 letzter Halbsatz kommt es für die Aufrechterhaltung des Kündigungsschutzes nach § 9 zudem auf die **unverzügliche Nachholung** der Mitteilung der Schwangerschaft oder Entbindung an, sobald sie selbst die

erforderliche Kenntnis hat und zur Mitteilung in der Lage ist. »Unverzüglich« bedeutet nach der Legaldefinition des § 121 BGB »ohne schuldhaftes Zögern«. Es kommt auf die individuellen Umstände an, wobei jedoch auch das Interesse des Arbeitgebers an der Erlangung alsbaldiger Rechtsklarheit über das Bestehen des Kündigungsschutzes nach § 9 zu berücksichtigen ist. Bei der Prüfung, ob eine Mitteilung der Schwangerschaft bei einem nichtzuvertretenden Überschreiten der Frist des § 9 Abs. 1 nachgeholt worden ist, kann **weder** auf eine **Mindestfrist** (in der die Verzögerung der Mitteilung regelmäßig als unverschuldet anzusehen ist) noch auf eine **Höchstfrist** (nach deren Ablauf stets von einem schuldhaften Zögern auszugehen ist) abgestellt werden. Entscheidend sind vielmehr stets die besonderen Umstände des konkreten Falles. Auch die Unkenntnis der Schwangeren vom Beginn der Schwangerschaft ist an sich geeignet, eine schuldhafte Verzögerung der nachgeholten Mitteilung der Schwangerschaft auszuschließen (vgl. *BAG* vom 20.5.1988, DB 1988 S. 2107; *LAG Berlin* vom 26.4.1988, BB 1988 S. 1392; vgl. auch *Buchner/Becker*, § 9 Rdnr. 130, 135; a.A. *Fenn*, SAE 1985 S. 24 und *Gröninger/Thomas*, § 9 Rdnr. 26, die in Anlehnung an § 9 Abs. 1 Satz 1 für eine Höchstfrist von 2 Wochen plädieren). Der Auffassung des *BAG* ist m.E. zuzustimmen, weil sie der gerade in dieser Frage notwendigen Einzelfallgerechtigkeit genügend Raum läßt.

Eine schuldhafte Verzögerung der Schwangerschaftsmitteilung kann auch dann nicht angenommen werden, wenn die Arbeitnehmerin alsbald nach Kenntniserlangung von der Schwangerschaft einen **Prozeßbevollmächtigten** beauftragt, nunmehr sofort gegen die bisher nicht angegriffene Kündigung Klage zu erheben und gleichzeitig den Arbeitgeber auf diesem Wege von der festgestellten Schwangerschaft zu unterrichten. Dabei hat die Arbeitnehmerin weder für Hindernisse bei der Übermittlung der Mitteilung, an denen sie kein Verschulden trifft, noch für ein zur Verzögerung der Mitteilung führendes Verschulden des von ihr beauftragten Bevollmächtigten einzustehen (*BAG* vom 27.10.1983, DB 1984 S. 1203 und vom 20.5.1988, DB 1988 S. 2107; vgl. auch *Buchner/Becker*, § 9 Rdnr. 138; a.A. *Gröninger/Thomas*, § 9 Rdnr. 27; *Meisel/Sowka*, § 9 Rdnr. 95; zur Frage des richtigen Adressaten der Mitteilung vgl. § 9 Rdnr. 23 f.). 40

Für die Tatsachen, die die Einhaltung der zweiwöchigen Mitteilungsfrist begründen, trägt die Arbeitnehmerin die Beweislast. Ob eine Arbeitnehmerin die Überschreitung der zweiwöchigen Mitteilungsfrist des § 9 Abs. 1 Satz 1 zu vertreten hat, gehörte schon nach der Rechtsprechung des Bundesverfassungsgerichts (*BVerfG* vom 13.11.1979, AP Nr. 7 zu § 9 MuSchG 1968 und *BVerfG* vom 22.10.1980, AP Nr. 8 zu § 9 MuSchG 1968) ebenso zu den (verfassungsrechtlich gebotenen) tatbestandsmäßigen Voraussetzungen des mutterschutzrechtlichen Kündigungsschutzes, für dessen Vorliegen die schwangere Arbeitnehmerin darlegungs- und beweispflichtig ist, wie die Frage der unverzüglichen Nachholung der Mitteilung (*BAG* vom 13.1.1982, AP Nr. 9 zu § 9 MuSchG 1968; *BAG* vom 6.10.1983, AP Nr. 12 zu § 9 MuSchG 1968; *Buchner/Becker*, § 9 Rdnr. 136; *Gröninger/Thomas*, § 9 Rdnr. 28; *KR-Becker*, § 9 Rdnr. 58; Eich, 41

DB 1981 S. 1233, 1237; abweichend *ArbG Kassel* vom 22.2.1980, DB 1980, S. 790).

42 **gg) Folgen unterlassener Mitteilung.** Ist dem Arbeitgeber die Schwangerschaft oder Entbindung nicht bekannt und unterläßt die Frau eine entsprechende Mitteilung bzw. nachträgliche Mitteilung, verliert sie ihren mutterschutzrechtlichen Kündigungsschutz aus § 9 MuSchG. Ihr **Arbeitsverhältnis** wird durch die Kündigung des Arbeitgebers **aufgelöst**; es sei denn, daß die Kündigung schon nach allgemeinem Kündigungsschutzrecht unwirksam ist, insb. die Frau sich auf den Kündigungsschutz des KSchG oder sie sich auf den besonderen Kündigungsschutz des SGB IX oder des BErzGG berufen kann (vgl. § 9 Rdnr. 133 ff.; *Gaul*, NJW 1966 S. 1702). Die Unterlassung der Mitteilung kann auch schädliche Folgen für die Arbeitslosenversicherung haben, wenn die Frau die Mitteilung in Kenntnis ihres Zustandes und der Schutzvorschriften des MuSchG absichtlich unterlassen und damit bewußt auf den Schutz aus dem MuSchG, insbesondere auf das Recht auf Weiterbeschäftigung, verzichtet hat (*BSG* vom 5.9.1957, AP Nr. 20 zu § 9 MuSchG, vom 12.5.1959, Soziale Sicherheit 1959 Nr. 6; vgl. jedoch auch § 9 Rdnr. 122, § 10 Rdnr. 10). Zu den Folgen unterlassener Nachweispflicht vgl. § 9 Rdnr. 50.

4. Bedeutung und Wirkung des Kündigungsverbots

43 a) **Absolutes Verbot.** § 9 enthält ein absolutes Kündigungsverbot (mit Erlaubnisvorbehalt nach § 9 Abs. 3), nicht dagegen ein Verbot, sich auf den Ablauf der Befristung eines Arbeitsverhältnisses oder auf andere Gründe für die Beendigung eines Arbeitsverhältnisses zu berufen (vgl. § 9 Rdnr. 82). Verboten ist nicht nur eine ordentliche Kündigung, sondern auch eine außerordentliche, fristlose Kündigung sowie eine außerordentliche Kündigung mit einer sozialen Auslauffrist (vgl. *BAG* vom 8.12.1955, AP Nr. 4 zu § 9 MuSchG = BB 1956 S. 79), selbst wenn noch so schwerwiegende Gründe vorliegen, die normalerweise eine fristlose Entlassung durch den Arbeitgeber rechtfertigen würden (vgl. *BAG* vom 26.4.1956, AP Nr. 5 zu § 9 MuSchG). Verboten sind auch Änderungskündigungen, selbst wenn sie die allgemeine Einführung von Kurzarbeit zum Ziele haben (ebenso *BAG* vom 7.4.1970, DB 1970, S. 1134; vgl. jedoch § 11 Rdnr. 23), Kündigungen im Insolvenzverfahren, (vgl. jedoch § 9 Rdnr. 60), im Zuge einer Massenentlassung oder einer Betriebsstillegung, selbst wenn eine Entscheidung des Landesarbeitsamtes nach § 18 KSchG vorliegt (vgl. auch *Buchner/Becker*, § 9 Rdnr. 26 ff.; *KR-Becker*, § 9 MuSchG Rdnr. 74; *MünchArb/Heenen* § 226 Rdnr. 98) Zur Frage des absoluten Verbots vgl. ferner § 9 Rdnr. 4.

44 Wegen des Verhältnisses des mutterschutzrechtlichen Kündigungsschutzes zum sonstigen Kündigungs- und Kündigungsschutzrecht vgl. auch *BVerfG* vom 14.7.1981, DB 1981 S. 1939; *Buchner/Becker*, § 9 Rdnr. 26 ff.; weiter *ArbG Eßlingen* vom 22.8.1966, ArbuR 1967 S. 126 ff., mit Anm. *Zmarzlik*; *vgl. ferner hier § 9 Rdnr. 9 f. und 133*).

Bedeutung und Wirkung § 9 MuSchG

b) **Verzicht auf Kündigungsschutz, Verwirkung.** Die Frau kann auf den 45
Kündigungsschutz vor Ausspruch der Kündigung nicht verzichten. Der Kündigungsschutz kann **im voraus** auch **nicht** vertraglich ausgeschlossen oder beschränkt werden. So sind Bestimmungen eines Vertrages, daß das Arbeitsverhältnis mit der Feststellung der Schwangerschaft oder mit dem Eintritt von Schwangerschaftsbeschwerden (vgl. *LAG Düsseldorf* vom 13.4.1961, BB 1962 S. 223) ende, nichtig (vgl. *BAG* vom 28.11.1958, AP Nr. 3 zu Art. 6 Abs. 1 GG; ebenso *Heilmann*, § 9 Rdnr. 96; vgl. auch *BAG* vom 10.5.1957 Zölibatsklausel, AP Nr. 1 zu Art. 6 Abs. 1 GG; ferner *Buchner/Becker*, § 9 Rdnr. 181). Wirksam ist dagegen der Verzicht auf den Kündigungsschutz, wenn er sich auf eine bereits ausgesprochene Kündigung bezieht (ebenso *MünchArb/Heenen* § 226 Rdnr. 101). Das bloße **Stillschweigen** auf die Kündigung des Arbeitgebers ist allerdings noch kein Verzicht (vgl. *Buchner/Becker*, § 9 Rdnr. 184; *Gröninger/Thomas*, § 9 Rdnr. 72ff.; *KR-Becker*, § 9 Rdnr. 147; *Heilmann*, § 9 Rdnr. 97). Auch sonst kann im Zweifel nicht zu Lasten einer werdenden Mutter angenommen werden, daß sie auf ihre Rechte aus dem Mutterschutzgesetz verzichten wollte (*LAG Frankfurt* vom 13.4.1970, DB 1970, S. 2084).

Da der Kündigungsschutz des § 9 Abs. 1 Satz 1 zwingend ist und auf ihn vor 46
Beginn der Schwangerschaft und vor Ausspruch der Kündigung nicht verzichtet werden kann, können der Frau vor diesen Zeitpunkten abgegebene Erklärungen, sie würde eine Kündigung des Arbeitgebers widerspruchslos akzeptieren, nicht als **unzulässige Rechtsausübung** entgegengehalten werden (im Ergebnis ebenso *Gröninger/Thomas*, § 9 Rdnr. 33; a.A. wohl *LAG Berlin* vom 31.12.1988, DB 1989 S. 387). Die Frage der **Verwirkung** des Kündigungsschutzes kann ausnahmsweise auftauchen, wenn die Arbeitnehmerin trotz Aufforderung des Arbeitgebers, die Schwangerschaft nachzuweisen, lange untätig geblieben ist und dadurch den Eindruck erweckt hat, sie werde sich auf den Kündigungsschutz nicht berufen (vgl. *BAG* vom 6.6.1974, AP Nr. 3 zu § 9 MuSchG; *MünchArb/Heenen* § 226 Rdnr. 101). Der Einwand unzulässiger Rechtsausübung kann erhoben werden, wenn die Arbeitnehmerin nach Zugang der Kündigung eine eindeutige Verzichtserklärung abgegeben hat (vgl. *LAG Berlin* vom 31.12.1988, DB 1989 S. 387; *MünchArb/Heenen* § 226 Rdnr. 101).

c) **Nichtigkeit der Kündigung.** Eine verbotswidrig erklärte Kündigung ist 47
nichtig (§ 134 BGB). Sie kann nach Beendigung der Schutzzeit des § 9 Abs. 1 nicht automatisch wirksam werden, auch nicht beim Betriebsübergang aufgrund des § 613a BGB. Auch eine Kündigung zu einem Termin nach Beendigung der Schutzzeit ist unwirksam, da sich das Verbot auf die Erklärung jeder Kündigung während der Schutzzeit bezieht (ebenso *Buchner/Becker* § 9 Rdnr. 163; *Gröninger/Thomas*, § 9 Rdnr. 34; *Meisel/Sowka*, § 9 Rdnr. 104; *KR-Becker*, § 9 Rdnr. 70; *MünchArb/Heenen* § 219 Rdnr. 102f.). Die **Kündigung** muß nach Ablauf der Schutzzeit erneut erklärt oder bestätigt werden (vgl. § 141 BGB; *Herschel*, ArbuR 1959 S. 258); die Kündigungsgründe müssen zu diesem Zeitpunkt noch fortbestehen. Eine erneute Kündigung kann auch darin gesehen

MuSchG § 9   Kündigungsverbot

werden, daß der Arbeitgeber nach Ablauf der Schutzzeit an seiner an sich unwirksamen Kündigung festhält (vgl. *Buchner/Becker*, § 9 Rdnr. 164, *Münch-Arb/Heenen* § 226 Rdnr. 101).

48 Die Vorschrift des § 9 steht dagegen der Wirksamkeit einer **vor Beginn der Schwangerschaft** ausgesprochenen Kündigung selbst dann nicht entgegen, wenn die Kündigungsfrist bei Beginn der Schwangerschaft noch nicht ausgelaufen ist; denn diese Vorschrift verbietet nur die Erklärung der Kündigung des Arbeitgebers während der Kündigungsschutzfrist, nicht aber die Auflösung des vorher gekündigten Arbeitsverhältnisses (*KR-Becker*, § 9 MuSchG Rdnr. 28).

49 d) **Arbeitsentgelt bei Kündigung.** Der Arbeitgeber, der einer Frau verbotswidrig gekündigt hat, muß ihr das Arbeitsentgelt nach § 615 BGB mit Ausnahme der Zeit der Schutzfristen der §§ 3 und 6 grundsätzlich auch dann weiterzahlen, wenn er die Frau nicht beschäftigt. Die Frau muß aber arbeitsbereit und arbeitswillig sein und den Arbeitgeber durch ihr Arbeitsangebot in Verzug setzen (ebenso *Heilmann*, § 9 Rdnr. 89). Dabei genügt auch ein wörtliches Angebot, wenn der Arbeitgeber die Weiterbeschäftigung ablehnt (vgl. *LAG Düsseldorf* vom 8.2.1966, DB 1966 S. 947). Ein Angebot ist nicht erforderlich, wenn die Frau sich gegen die Kündigung wendet und damit zum Ausdruck bringt, sie sei nicht bereit, diese hinzunehmen. Entbehrlich ist das Angebot auch im Falle der außerordentlichen Kündigung einer leistungsbereiten und leistungsfähigen Arbeitnehmerin (*Buchner/Becker*, § 9 Rdnr. 169ff.; *KR-Becker*, § 9 MuSchG Rdnr. 86). Die Tatsache, daß der Arbeitgeber ab dem Zeitpunkt der fristlosen Kündigung den Arbeitsplatz nicht zur Verfügung stellt, ist das Unterlassen einer notwendigen Mitwirkungshandlung des Arbeitgebers im Sinne des § 296 BGB (vgl. *BAG* vom 13.5.1981, SAE 1982 S. 60). Bei Arbeitsunfähigkeit der Arbeitnehmerin vgl. *BAG* vom 24.11.1994, EzA Nr. 83 zu § 615 BGB.

50 Der **Annahmeverzug** des Arbeitgebers **endet** mit dem Zeitpunkt, in dem er die Frau auffordert, die Arbeit wieder aufzunehmen. Von diesem Zeitpunkt ab ist der Arbeitgeber zur Entgeltfortzahlung ohne Arbeitsleistung nicht verpflichtet (vgl. *LAG Düsseldorf* vom 6.8.1968, BB 1968 S. 997). Der Arbeitgeber braucht einer nach § 9 verbotswidrig gekündigten Frau das Arbeitsentgelt ferner dann nicht weiterzuzahlen (kein Annahmeverzug), wenn er die Frau nicht weiter beschäftigt und die Frau sich so verhält, daß er nach Treu und Glauben und unter Berücksichtigung der Gepflogenheiten des Arbeitslebens sowie von Sinn und Zweck des MuSchG die Annahme der Arbeitsleistung der Frau zu Recht ablehnt. Dies gilt allerdings nur bei ungewöhnlich schweren rechtswidrigen Verstößen der Frau (vgl. *BAG* vom 26.4.1956, AP Nr. 5 zu § 9 MuSchG tätliche Bedrohung mit einem Beil; *Buchner/Becker*, § 9 Rdnr. 169ff.; *Meisel/Sowka*, § 9 Rdnr. 107; *Gröninger/Thomas*, § 9 Rdnr. 40; a.A. *KR-Becker*, § 9 Rdnr. 88). Ein wichtiger Grund i.S.d. § 626 BGB für sich allein befreit den Arbeitgeber in der Regel nicht von seiner Lohnzahlungspflicht (vgl. *BAG* Vom 29.10.1987, DB 1988 S. 867). Die **Lohnzahlungspflicht** des Arbeitgebers kann jedoch vorübergehend **entfallen**, solange die Arbeitnehmerin ihrer Pflicht zum

Nachweis der Schwangerschaft nicht nachkommt (vgl. *BAG* Vom 6.6.1974, AP Nr. 3 zu § 9 MuSchG). Weigern sich die anderen Arbeitnehmer des Betriebes, mit der Frau zusammenzuarbeiten, so kann der Arbeitgeber aus diesem Grund die Annahme der Arbeitsleistung nicht ablehnen (ebenso *Buchner/Becker*, § 9 Rdnr. 169ff.; *Heilmann*, § 9 Rdnr. 89). D.h., daß eine Druckkündigung nicht zulässig ist.

e) Strafbarkeit, Schadensersatz. Eine Verletzung des Kündigungsverbots ist nicht mehr unter Strafe oder Geldbuße gestellt. Die Vorschrift des § 9 ist jedoch nach wie vor **Schutzgesetz** i.S.d. § 823 Abs. 2 BGB, weil sie nicht nur allgemein der sozialen Ordnung dient, sondern auch den Schutz der einzelnen Frau bezweckt. Entsteht der Frau durch die verbotswidrige Kündigung ein Schaden, (z.B. Fehl- oder Frühgeburt infolge der mit der Kündigung verbundenen Aufregung), dann kann der Arbeitgeber nach § 823 Abs. 2 BGB, ggf. auch nach § 823 Abs. 1 BGB, zum Schadensersatz und u.U. auch zur Zahlung eines angemessenen Schmerzensgeldes nach § 253 BGB verpflichtet sein. Fahrlässige Unkenntnis der Schwangerschaft kann der Kenntnis gleichzusetzen sein (vgl. *Heilmann*, § 9 Rdnr. 92; a.A. *Buchner/Becker*, § 9 Rdnr. 179). Auf den Haftungsausschluß nach § 104ff. SGB VII (vgl. § 2 Rdnr. 38 und Rdnr. 10 vor § 3) kann sich der Arbeitgeber nicht berufen, da es sich nicht um einen Arbeitsunfall handelt. Eine Kündigung in Kenntnis des Kündigungsverbots kann auch eine Haftung aus Pflichtverletzung nach § 280 BGB zur Folge haben (vgl. *Herschel*, ArbuR 1959 S. 260; *Buchner/Becker*, § 9 Rdnr. 178ff.; *Gröninger/Thomas*, § 9 Rdnr. 41; *KR-Becker*, § 9 Rdnr. 91f.). 51

5. Dauer des Kündigungsschutzes

Der Kündigungsschutz dauert vom Beginn der Schwangerschaft (vgl. § 3 Rdnr. 2, § 9 Rdnr. 12) bis zum Ablauf von 4 Monaten nach der Entbindung (vgl. § 6 Rdnr. 6ff.): **Kündigungsschutzzeit.** Das Kündigungsverbot des § 9 Abs. 1 Satz 1 greift mit dem Abschluß des Arbeitsvertrages ein – gleich zu welchem Zeitpunkt die Arbeit aufgenommen wird bzw. aufgenommen werden soll – bis zur Beendigung des Arbeitsvertrages (vgl. *LAG Düsseldorf* vom 30.9.1992, NZA 1993 S. 1041). 52

a) Vor der Entbindung. Zur Feststellung des Beginns der Schwangerschaft ist aus Gründen der Rechtssicherheit und des Schutzes der werdenden Mutter in entsprechender Anwendung des § 5 Abs. 2 von dem Zeugnis eines Arztes oder einer Hebamme auszugehen und von dem darin angegebenen voraussichtlichen Tag der Entbindung um 280 Tage zurückzurechnen (h.M., vgl. *BAG* vom 27.10.1983, NZA 1985, S. 222, vom 12.12.1985, BB 1987, S. 1987 und vom 7.5.1998, DB 1998, 1870; *Buchner/Becker*, § 9 Rdnr. 7ff.; *Gröninger/Thomas*,§ 9 Rdnr. 10; *Heilmann*, § 9 Rdnr. 23ff., 94; vgl. ferner § 3 Rdnr. 35 a.A. *Eich*, DB 1981 S. 1233, der die Wirksamkeit der Kündigung von einer Rückrechnung vom tatsächlichen Entbindungstermin abhängig machen will; a.A. 53

MuSchG § 9 *Kündigungsverbot*

ferner *Töns*, BB 1987 S. 1801, 1803, der von einer Schwangerschaftsdauer von 266 Tagen ausgeht; ihm folgend *Meisel/Sowka*, § 9 Rdnr. 100b). Die Frau ist nicht verpflichtet, das Bestehen der Schwangerschaft und den Zeitpunkt des Schwangerschaftsbeginns mit einer Ultraschalluntersuchung nachzuweisen; sie kann auf die pauschalierte Wahrscheinlichkeitsrechnung der herrschenden **Rückrechnungsmethode** verweisen (vgl. *ArbG Stuttgart* vom 19.6.1986, BB 1986, S. 1988). Bei der Rückrechnung ist der voraussichtliche Entbindungstag nach § 187 Abs. 1 BGB nicht mit zu zählen. Ist dieser z.B. der 8.10.2004, dann beginnt die Frist von 280 Tagen und damit das Kündigungsverbot nicht am 2. sondern am 1.1.2004 (*BAG* vom 12.12.1985, BB 1986 S. 1987). Liegen mehrere ärztliche Zeugnisse vor, ist das mit der exaktesten Bestimmung maßgebend. Endet die Schwangerschaft mit einer **Fehlgeburt** (vgl. § 6 Rdnr. 13) oder einem Schwangerschaftsabbruch (vgl. § 6 Rdnr. 14), dann endet die Schutzzeit mit dem Tag der Fehlgeburt oder des Schwangerschaftsabbruchs (vgl. § 9 Rdnr. 13; enger *Heilmann*, § 9 Rdnr. 95). Die Arbeitnehmerin trifft insoweit die Pflicht, den Arbeitgeber unverzüglich von dem Ablauf des besonderen Kündigungsschutzes durch Information über die vorzeitige Beendigung ihrer Schwangerschaft in Kenntnis zu setzen (Hessisches LAG vom 6.7.1999 – 4 Sa 2053/98 –).

54   b) **Nach der Entbindung.** Der Kündigungsschutz nach der Entbindung endet aufgrund des § 9 Abs. 1 mit Ablauf von 4 Monaten nach der Entbindung. Hier ist im Gegensatz zum Kündigungsschutz vor der Entbindung für die **Berechnung** vom tatsächlichen Entbindungstag auszugehen. Hat die Frau z.B. am 1.1. entbunden, dann endet die Schutzzeit nach § 188 Abs. 2 BGB am 1.5.; hat sie am 31.5. entbunden, so endet die Schutzzeit nach § 188 Abs. 3 BGB am 30.9., weil im 4. Monat der entsprechende Tag fehlt; § 193 BGB (Ablauf der Frist an einem Sonn- oder Feiertag) gilt hier nicht (vgl. hier Anh. 2; vgl. auch *Buchner/Becker*, § 9 Rdnr. 14; *Meisel/Sowka*, § 9 Rdnr. 101a). Nimmt die Arbeitnehmerin nach Ablauf der Schutzfrist nach der Entbindung (§ 6 Abs. 1) **Elternzeit**, endet damit nicht der Kündigungsschutz. Der Kündigungsschutz nach § 9 MuSchG und der nach § 18 BErzGG stehen dann bis zum Ablauf von 4 Monaten nach der Entbindung nebeneinander (vgl. *BAG* vom 31.3.1993, BB 1993, S. 1221 = NZA 1993, S. 646; vgl. ferner hier § 9 Rdnr. 135ff.).

55   c) **Unzulässigkeit der Kündigung.** Hat der Arbeitgeber die Kündigung vor Beginn der Schwangerschaft erklärt und läuft die Kündigungsfrist erst während der Schwangerschaft ab, so bleibt die Kündigung gültig. Eine Kündigung **während der Schutzzeit** ist dagegen immer unzulässig, selbst dann, wenn die Kündigungsfrist zu einem Termin nach Beendigung der Schutzzeit ablaufen soll (vgl. § 9 Rdnr. 47f.).

56   d) **Erneute Schwangerschaft.** Wird die Frau **innerhalb der Schutzzeit** von 4 Monaten nach der Entbindung erneut schwanger, dann gilt der Kündigungsschutz des § 9 MuSchG auch für diese Schwangerschaft. Ein Mißbrauch des Kündigungsschutzes liegt in diesem Fall nicht vor (vgl. *Besch. AM Bad.-Württbg.* vom 12.7.1956, BB 1956 S. 925; *Gröninger/Thomas*, § 9 Rdnr. 9;

Meisel/Sowka, § 9 Rdnr. 102; *KR-Becker*, § 9 MuSchG Rdnr. 32; *MünchArb/ Heenen* § 226 Rdnr. 27; vgl. Vorauflage, § 18 BErzGG Rdnr. 20; zuletzt *BAG* vom 31.3.1993, NZA 1993, S. 646, 650). Zum Verhältnis § 9 Abs. 3 zu § 18 BErzGG Vgl. § 9 Rdnr. 135 ff.

6. Befreiung vom Verbot durch Landesbehörde (Abs. 3)

a) **Zulässigkeit der Ausnahme.** Der Arbeitgeber kann vom Kündigungsverbot des § 9 Abs. 1 durch rechtskräftigen Verwaltungsakt (vgl. § 20 Rdnr. 15, 16) der zuständigen Landesbehörde in besonderen Fällen ausnahmsweise befreit werden. Das Gesetz läßt diese Ausnahme entsprechend dem Grundprinzip unserer Rechtsordnung zu, von jedermann nur Zumutbares zu verlangen (vgl. auch *Buchner/Becker*, § 9 Rdnr. 187 ff.; *Gröninger/Thomas*, § 9 Rdnr. 90). Ein ausnahmsloses Kündigungsverbot für diese lange, in § 9 Abs. 1 bestimmte Dauer wäre **verfassungsrechtlich** nicht ganz unbedenklich, weil es vom Arbeitgeber zumindest in besonderen Fällen etwas Unverhältnismäßiges und Unzumutbares verlangen würde (vgl. *BVerfG* vom 2.7.1981, NJW 1982 S. 62). Hierbei ist aber ein besonders strenger Maßstab anzulegen. Grundsätzlich wird den Arbeitgebern auch bei schwieriger wirtschaftlicher Lage des Unternehmens zugemutet, die Arbeitsplätze von schwangeren Frauen und Müttern nach der Entbindung zu schonen (vgl. *BVerfG* vom 24.4.1991, BB Beilage 10 zu Heft 13/1991, S. 13, 19 = DB 1991, S. 1021). Das *BVerfG* hat in seiner Entscheidung vom 24.4.1991 (vgl. DB 1991, 1021) gegen die Regelung in § 9 Abs. 3 keine Bedenken erhoben. 57

Die Zulassung der Kündigung durch § 9 Abs. 3 verstößt nicht gegen das **Übereinkommen Nr. 3** der IAO, weil dieses Übereinkommen ein absolutes Kündigungsverbot nur für die Dauer der Schutzfristen vor und nach der Entbindung verlangt und die Aufsichtsbehörden diesem Verlangen dadurch Rechnung tragen, daß sie eine Auflösung des Arbeitsverhältnisses einer Frau während dieser Fristen im Einklang mit dem Übereinkommen nicht zulassen (vgl. auch *Buchner/Becker*, § 9 Rdnr. 194; *Gröninger/Thomas*, § 9 Rdnr. 91; a. A. *Beitzke*, RdA 1983, 141). § 9 Abs. 3 verstößt zumindest insoweit nicht gegen **EG-Recht** (vgl. EuGH in § 5 Rdnr. 20), als er nicht eine Kündigung wegen Schwangerschaft und Mutterschaft, sondern aus anderen Gründen (vgl. § 9 Rdnr. 59–65) zuläßt. Eine Streichung der Ausnahme des § 9 Abs. 3 wird auch nicht in Art. 10 der EG-MuSch-RL verlangt (vgl. Anh. 19). In Art. 10 Nr. 1 dieser Richtlinie wird die Kündigung in »nicht mit ihrem Zustand in Zusammenhang stehenden Ausnahmefällen« mit Zustimmung der zuständigen Behörde zugelassen. Das MuSch-ÄndG 1997 hat § 9 Abs. 3 MuSchG insoweit neu gefaßt. Bedenken können auch nicht aus Art. 2 Abs. 1 der Richtlinie 76/207/EWG vom 9.2.1976 über die Gleichbehandlung von Frauen und Männern erhoben werden. Nach ständiger Rechtsprechung des *EuGH* stellt nur eine Entlassung wegen Schwangerschaft oder aus einem im wesentlichen auf Schwangerschaft beruhenden Grund eine Diskriminierung dar. Solche Gründe aber hat die Neufassung des 58

§ 9 Abs. 3 ausdrücklich ausgeschlossen (vgl. *EuGH* vom 30.6.1998, NZA 1998, 871 m.w.N.; *BT-Drucks*, 13/2763, S. 10 zu Nr. 5).

59 **b) In besonderen Fällen.** Eine Kündigung kann nur ausnahmsweise und nur in besonderen Fällen von der Landesbehörde für zulässig erklärt werden. Die zuständige Landesbehörde hat vor ihrer Entscheidung zunächst zu prüfen, ob ein besonderer Fall gegeben ist. Ein besonderer Fall i.S.d. § 9 Abs. 3 ist etwas völlig anderes als der wichtige Grund i.S.d. § 626 BGB (*Buchner/Becker*, § 9 Rdnr. 211; *Gröninger/Thomas*, § 9 Rdnr. 96; *Heilmann*, § 9 Rdnr. 175; *KR-Bekker*, § 9 MuSchG Rdnr. 120). Ein besonderer Fall kann nur ganz ausnahmsweise dann bejaht werden, wenn **außergewöhnliche Umstände** das Zurücktreten der vom MuSchG als vorrangig angegebenen Interessen der werdenden Mutter oder Wöchnerin hinter die des Arbeitgebers rechtfertigen (vgl. *BVerwG* vom 29.10.1958, AP Nr. 14 zu § 9 MuSchG; vom 26.8.1970, BB 1970, S. 1482; vom 21.10.1970, AP Nr. 33 zu § 9 MuSchG; vom 18.8.1977, AP Nr. 5 zu § 9 MuSchG 1968; *OVG Hamburg* vom 10.9.1982, NJW 1983, S. 1748, *Gröninger/Thomas*, § 9 Rdnr. 96; *Meisel/Sowke*, § 9 Rdnr. 112; *MünchArb/Heenen* § 226 Rdnr. 110). Der Fall muß in einem solchen Maße dringlich sein, daß es trotz des besonderen Zustandes der Frau nicht vertretbar erscheint, den Arbeitgeber darauf zu verweisen, er möge das Verstreichen der Kündigungsschutzzeit abwarten und dann erst kündigen (vgl. *Herschel*, ArbuR 1959, S. 258 und BArbBl. 1966, S. 493). Für das Vorliegen eines besonderen Falles können nur die besonderen Umstände des Einzelfalls maßgebend sein, nicht jedoch allgemeine Erwägungen, auch nicht die Eigenart bestimmter Gewerbezweige (*OVG Berlin* vom 1.9.1969, GewArch 1970, S. 185) und ebenso keine »Fälle, die mit dem Zustand einer Frau während der Schwangerschaft oder ihrer Lage bis zum Ablauf von vier Monaten nach der Entbindung in Zusammenhang stehen«.

60 **aa) Arbeitgeberseite.** Ein besonderer Fall kann vorliegen beim Insolvenzverfahren, bei Verlagerung eines Betriebes, bei Massenentlassungen, **bei Stilllegung des Betriebes** oder einer Betriebsabteilung, bei Verlagerung eines Betriebes, wenn alle Möglichkeiten zur Vermeidung der Kündigung erschöpft sind. Die Stillegung eines Betriebes oder einer Betriebsabteilung oder die Verlagerung eines Betriebs kann ein besonderer Fall sein, wenn die Arbeitnehmerin nicht in eine andere Betriebsabteilung des Betriebes oder in einen anderen Betrieb des Unternehmens am neuen Betriebssitz umgesetzt werden kann, oder die Arbeitnehmerin eine angebotene zumutbare andere Beschäftigung oder in einem anderen Betrieb des Unternehmens ablehnt (vgl. *BVerwG* Vom 18.8.1977, AP Nr. 5 zu § 9 MuSchG 1968). In Betracht kommt ein besonderer Fall ferner in Kleinbetrieben, wenn der Arbeitgeber andernfalls eine entsprechende qualifizierte Ersatzkraft zur Fortführung seines Betriebes nicht bekommen kann.

61 **Bei finanziellen Belastungen** des Arbeitgebers ist ein »besonderer Fall« im Sinne des § 9 Abs. 3 S. 1 anzunehmen, wenn die Existenz des Betriebes oder die wirtschaftliche Existenz des Arbeitgebers durch die Entgeltfortzahlung gefähr-

Befreiung durch Landesbehörde § 9 MuSchG

det ist (*OVG Berlin* vom 1.9.1969, GewArch 1970, S. 185), oder wenn die wirtschaftliche Belastung des Arbeitgebers durch Erfüllung der sich aus dem Mutterschutz ergebenden Verpflichtungen in die Nähe der Gefährdung seiner Existenz rückt (*BVerwG* vom 21.10.1970, AP Nr. 33 zu § 9 MuSchG; *HessVGH* vom 24.1.1989, DB 1989, S. 2080). Bei einem Bezirksschornsteinfegermeister z. B. ist dies solange nicht der Fall, wie ihm trotz der Zahlungen an die Frau aus §§ 11 und 14 ein angemessenes Einkommen (Endstufe der Beamten-Besoldungsgruppe A9) verbleibt (vgl. *OVG NW* vom 22.11.1983, 8 A 1020/82). Eine lange Kündigungsfrist, ein Beschäftigungsverhältnis mit Eheleuten für sich allein ist noch kein besonderer Fall (vgl. *VG Minden* vom 20.12.1985, NZA 1987, S. 131). Dagegen ist ein besonderer Fall zu bejahen, wenn die Einkünfte des Arbeitgebers durch die Entgeltfortzahlung unter den von ihm an die Frau fortzuzahlenden Lohn sinken würden (vgl. *OVG Hamburg* vom 10.9.1982, NJW 1983 S. 1748), wenn die Schwangere, z. B. eine Taxifahrerin, bereits frühzeitig einem Beschäftigungsverbot unterliegt, kein Ersatzarbeitsplatz vorhanden ist und die wirtschaftliche Lage des Betriebes sehr ungünstig ist (vgl. *HessVGH* vom 24.1.1989, DB 1989, S. 2080).

Zu prüfen ist, bei Kleinbetrieben und beim Familienhaushalt, ob sich die Belastung des Arbeitgebers aus §§ 11 und 14 wegen des Lohnausgleichsverfahrens nach § 10 Abs. 1 Nr. 2 und 3 LFZG (vgl. § 11 Rdnr. 89f.) wesentlich reduziert, insbesondere bei Erstattung der Aufwendungen für den Mutterschutz zu 100% (vgl. auch *Gröninger/Thomas* § 9 Rdnr. 102).

bb) Arbeitnehmerseite. Bei vorsätzlichen **Pflichtverletzungen** durch besonders schwere Verstöße der Frau gegen arbeitsvertragliche Pflichten oder vorsätzliche strafbare Handlungen der Frau, z.B. durch Diebstahl, gröbliche Beleidigungen, tätliche Bedrohung des Arbeitgebers, beharrliche Arbeitsverweigerung, kann ein besonderer Fall angenommen werden, wenn zweifelsfrei feststeht, daß das Verhalten der Arbeitnehmerin **nicht durch** die besondere seelische Verfassung während der **Schwangerschaft** oder **Mutterschaft** bedingt ist und die Aufrechterhaltung des Arbeitverhältnisses für den Arbeitgeber unzumutbar wird (wegen weiterer Einzelheiten vgl. *Gröninger/Thomas*, § 9 Rdnr. 101; *MünchArb/Heenen* § 226 Rdnr. 106; a.A. *Heilmann*, § 9 Rdnr. 177ff.). Eine Indiskretion der Arbeitnehmerin über das Privatleben ihres Arbeitgebers genügt nicht (vgl. *VGH Baden-Württemberg* vom 7.12.1993, BB 1994, S. 940). 62

Gründe in der Person der Frau können in der Regel keinen besonderen Fall bilden, insbesondere nicht die Schwangerschaft oder Mutterschaft als solche, gleich welche moralische Einstellung der Arbeitgeber und seine Mitarbeiter zur Schwangerschaft haben. Auch voreheliche oder außereheliche Schwangerschaft ist kein besonderer Fall (vgl. *BVerwG* vom 26.8.1970, AP Nr. 32 zu § 9 MuSchG). Dies gilt auch für religiös gebundene Betriebe und Einrichtungen. Eine erneute Schwangerschaft während der Kündigungsschutzzeit von vier Monaten nach der Entbindung (vgl. § 9 Rdnr. 56) kann für sich allein die 63

MuSchG § 9 *Kündigungsverbot*

Zulässigerklärung der Kündigung ebenfalls nicht rechtfertigen; es muß einer der in § 9 Rdrn. 60–63 genannten Gründe hinzukommen (a. A. wohl *Gröninger/ Thomas*, § 9 Rdnr. 100). Bei dem mutterschutzrechtlichen Kündigungsschutz kann es auf die Art der Schwangerschaft und des Betriebes, in dem die Frau tätig ist, nicht ankommen. Auch schwangerschaftsbedingte Krankheiten sind keine für eine Zulässigerklärung ausreichenden personenbedingten Gründe (vgl. *EuGH* vom 30.6.1998, NZA 1998, 871; *KR-Becker*, § 9 Rdnr. 122).

64 **cc) Unzulässige Kündigung.** Nicht durch die Landesbehörde ausnahmsweise für zulässig erklärt werden können Kündigungen in besonderen Fällen, die mit dem Zustand einer Frau während der Schwangerschaft oder ihrer Lage bis zum Ablauf von vier Monaten nach der Entbindung in Zusammenhang stehen. Sie sind generell unzulässig.

65 **Begriffe. Zustand** einer Frau **während der Schwangerschaft** ist der Zustand zwischen Empfängnis und Geburt. Geburt, **Entbindung**, ist der Vorgang durch den die Leibesfrucht aus dem mütterlichen Körper an die Außenwelt gelangt. Dem folgt die Stillzeit und der Zustand der Rückbildung der durch Schwangerschaft und Entbindung verursachten Organveränderungen zum Normalzustand (vgl. vor § 3 Rdnr. 1, 16, § 3 Rdnr. 1, § 6 Rdnr. 4). Alles, was mit diesen Zuständen oder dieser Lage **nach der Entbindung** d. h. alles, was mit der Mutterschaft in Zusammenhang steht, ist kein besonderer Fall i. S. d. § 9 Abs. 3 Satz 1 MuSchG.

Während der Schwangerschaft und Entbindung sowie während der vier Monate danach ist alles, was in dieser Zeit, bei diesen Zuständen, Ereignissen u. ä. mit der Mutterschaft in Zusammenhang steht, gemeint, jedoch wohl nur, soweit ein **unmittelbarer Zusammenhang** besteht. So ist das Aussetzen mit der Arbeit wegen eines der Beschäftigungsverbote und -beschränkungen der §§ 2 bis 8 MuSchG oder eines der aufgrund des MuSchG erlassenen Beschäftigungsverbote und -beschränkungen kein besonderer Fall i. S. d. § 9 Abs. 3 Satz 1 MuSchG. Das gilt auch für Krankheiten der Mutter während dieser Zeit, die in unmittelbarem Zusammenhang mit der Mutterschaft stehen, ohne daß es dabei auf die Kausalität i. S. d. § 11 Rdnr. 18 ff. ankäme (vgl. *EuGH* vom 30.6.1998, NZA 1998, 871; vgl. *EuGH* vom 30.6.1998, NZA 1998, 871; vgl. auch *Buchner/Becker*, § 9 Rdnr. 183).

66 **dd) Schriftliche Kündigung.** Die Worte »Die Kündigung bedarf der schriftlichen Form ...« besagen, daß das MuSchG, ein Gesetz, in § 9 Abs. 3 Satz 2 für die **Kündigung** des Arbeitsverhältnisses einer Frau während ihrer Schwangerschaft und bis zum Ablauf von vier Monaten nach ihrer Entbindung (§ 9 Abs. 3 Satz 1 MuSchG) zwingend die Schriftform i. S. d. § 126 BGB verlangt, die elektronische Form ist ausgeschlossen (vgl. § 623 BGB). Die Kündigung muß nach § 126 BGB von demjenigen, der die Kündigung erklärt, d. h. vom Arbeitgeber bzw. von dessen Kündigungsberechtigtem, eigenhändig durch Namensunterschrift unterzeichnet werden. Andernfalls ist die Kündigung schon wegen Formmangels gemäß § 125 BGB nichtig. Auf die Schriftform kann die Frau

nicht im voraus verzichten. Die Genehmigungsbehörde muß die formwidrige Kündigung schon deswegen zurückweisen. Darauf, ob die Kündigung sachlich berechtigt war, kommt es in diesem Falle nicht an.

Kündigungsgründe. Sie müssen ebenfalls schriftlich fixiert (anders als nach 67 § 623 BGB), das Schriftstück mit den Gründen ebenfalls eigenhändig unterschrieben und der Frau übergeben oder zugeleitet werden, jedenfalls dann, wenn Kündigungserklärung und Kündigungsgründe getrennt abgegeben werden. Im Normalfall stehen allerdings Kündigungserklärung und Kündigungsgründe auf einem Schriftstück. In diesem Fall genügt eine eigenhändige Unterschrift am Ende des Schriftstücks. Von diesem Normalfall geht der Wortlaut des § 9 Abs. 3 Satz 2 MuSchG aus.

Zweck: Durch die eigenhändige Unterschrift soll die besondere Bedeutung einer Kündigung gegenüber einer Frau während ihrer Schwangerschaft und bis zum Ablauf von vier Monaten nach ihrer Entbindung sowohl dem Arbeitgeber als auch der betroffenen Frau bewußt gemacht werden. Schriftlich fixierte und eigenhändig unterschriebene Kündigungsgründe sollen den Arbeitgeber und die betroffene Frau zur sorgfältigen Prüfung der zulässigen Kündigungsgründe i. S. d. § 9 Abs. 3 MuSchG veranlassen. Eine solche Auslegung erfordert auch eine dahingehende EG konforme Auslegung des Art. 28 Nr. 2 EG-MuSch-RL.

Die Wirksamkeitsvoraussetzung »schriftliche Angabe des zulässigen Kündi- 68 gungsgrundes« erfordert nur die **Angabe der** zu dessen rechtlichen Beurteilung notwendigen **Tatsachen.** Auch Art. 28 Nr. 2 EG-MuSch-RL verlangt nicht mehr.

c) **Antrag auf Zulässigerklärung der Kündigung.** Die beabsichtigte Kün- 69 digung des Arbeitgebers gegenüber einer Frau während ihrer Schwangerschaft und bis zum Ablauf von vier Monaten nach ihrer Entbindung setzt die vorherige Zulässigerklärung durch die zuständige Behörde voraus (vgl. § 9 Rdnr. 72). Die Entscheidung der Behörde wird nur auf Antrag des Arbeitgebers bei dieser Behörde auf Zulässigerklärung der beabsichtigten Kündigung bei dieser Behörde getroffen. Die Behörde prüft zunächst die formellen Voraussetzungen (vgl. ferner § 9 Rdnr. 73).

Ermessen der Behörde. Die Wertung des Sachverhalts als besonderer Fall 70 durch die Behörde ist keine Ermessensentscheidung, sondern Tat- und Rechtsfrage (unbestimmter Rechtsbegriff) und unterliegt in vollem Umfang der verwaltungsgerichtlichen Nachprüfung (ebenso *Heilmann,* § 9 Rdnr. 180). Ermessensentscheidung ist dagegen die Entscheidung über die Frage, ob bei Vorliegen eines besonderen Falles die Kündigung ausnahmsweise zugelassen werden soll (vgl. *BVerwG* vom 29.10.1958, AP Nr. 14 zu § 9 MuSchG; *OVG Lüneburg* vom 26.6.1957, AP Nr. 19 zu § 9 MuSchG; *MünchArb/Heenen* § 226 Rdnr. 108). Zur Ermessensentscheidung gehört auch die Bewertung der Kündigungsgründe unter Berücksichtigung der Zwecksetzung des Kündigungsverbots des § 9 MuSchG (vgl. *BAG* vom 31.3.1993, NZA 1993, S. 646, 649).

MuSchG § 9 *Kündigungsverbot*

71 d) **Verfahren, Behörde, Gerichte.** Der Arbeitgeber kann eine Kündigung gegenüber einer unter den Kündigungsschutz des § 9 fallenden Arbeitnehmerin erst nach Zulassung einer Kündigung durch die zuständige Behörde rechtswirksam erklären (vgl. *BAG* vom 31.3.1993, NZA 1993, S. 646, 647), ggf. muß er eine bereits ausgesprochene Kündigung nach Zulassung wiederholen (h.M.; vgl. *Gröninger/Thomas*, § 9 Rdnr. 92; *Heilmann*, § 9 Rdnr. 167). Die ohne Zulässigerklärung ausgesprochene Kündigung ist schlechthin nichtig und nicht etwa bis zur Entscheidung über den Antrag auf Zulässigerklärung schwebend unwirksam (vgl. *BAG* vom 29.7.1968, DB 1968, S. 1632; *BAG* vom 31.3.1993, NZA 1993, S. 646, 648). Dies gilt auch für eine Kündigung, die während der Kündigungsschutzzeit unter der Bedingung nachträglicher Zulässigkeitserklärung ausgesprochen wird (ebenso *KR-Becker*, § 9 Rdnr. 99). Eine rückwirkende Zustimmung kann nicht erteilt werden (vgl. *LAG Düsseldorf* vom 17.11.1959, BB 1960, S. 557; *Gröninger/Thomas*, § 9 Rdnr. 93). Die Arbeitsgerichte dürfen deshalb das Verfahren, in dem die Nichtigkeit der Kündigung geltend gemacht wird, nicht bis zur Entscheidung der Behörde aussetzen (vgl. § 148 ZPO; ebenso *Heilmann*, § 9 Rdnr. 166). Hat die Behörde die Zulässigerklärung erteilt, so ist davon auszugehen, daß der Arbeitgeber die Kündigung aussprechen darf, auch wenn die verwaltungsbehördliche Zulässigerklärung noch nicht bestandskräftig ist (BAG vom 17.6.2003, AP Nr. 33 zu § 9 MuSchG 1968; *LAG Rheinland-Pfalz* vom 14.2.1996, NZA 1996, 984; *Brill* BlStSozArbR 1981, S. 260, 262); mangels Bestandskraft kann insoweit jedoch nur von einer schwebenden Wirksamkeit der Kündigung ausgegangen werden (*KR-Becker*, § 9 MuSchG Rdnr. 127). Wird die Zulässigkeitserklärung im Anfechtungsverfahren aufgehoben, wird die Kündigung rückwirkend unwirksam (*Gröninger/Thomas*, § 9 Rdnr. 106).

72 **Zuständige Behörden für das Verfahren der Zulässigkeitserklärung**
- Baden-Württemberg: örtliche Gewerbeaufsichtsämter
- Bayern: örtliche Gewerbeaufsichtsämter
- Berlin: Landesamt für Arbeitsschutz, Gesundheitsschutz und technische Sicherheit
- Brandenburg: Amt für Arbeitsschutz und Sicherheit
- Bremen: örtliche Gewerbeaufsichtsämter
- Hamburg: Behörde für Wissenschaft, Forschung und Gesundheit
- Hessen: örtlich zuständiger Regierungspräsident
- Mecklenburg-Vorpommern: Ämter für Arbeitsschutz und technische Sicherheit
- Niedersachsen: örtliche Gewerbeaufsichtsämter
- Nordrhein-Westfalen: Staatliche Ämter für Arbeitsschutz
- Rheinland-Pfalz: Struktur u. Genehmigungsdirektionen Nord und Süd, Abteilung 2, Gewerbeaufsichtsamt
- Saarland: Landesamt für Verbraucher-, Gesundheits- und Arbeitsschutz
- Sachsen: örtliche Gewerbeaufsichtsämter

- Sachsen-Anhalt: örtliche Gewerbeaufsichtsämter
- Schleswig-Holstein: Landesamt für Gesundheit und Arbeitssicherheit
- Thüringen: Ämter für Arbeitsschutz

Der **Antrag** kann **schriftlich oder** mündlich – notfalls fernmündlich – bei der zuständigen Behörde gestellt werden (ebenso *Buchner/Becker*, § 9 Rdnr. 195) und ist grundsätzlich an keine Form gebunden. **Binnen zwei Wochen** nach Kenntnis ist der Antrag nur dann zu stellen, wenn einer Arbeitnehmerin aus wichtigem Grund nach § 626 BGB gekündigt werden soll, da nach § 626 Abs. 2 Satz 1 BGB die Kündigung aus wichtigem Grund nur innerhalb von zwei Wochen von dem Zeitpunkt ab erfolgen kann, von dem der Arbeitgeber von den für die Kündigung maßgebenden Tatsachen Kenntnis erlangt hat (ebenso *LAG Hamm* vom 3.10.1986, ArbuR 1987, S. 114; *Heilmann*, § 9 Rdnr. 185).

73

Die Entscheidung der Behörde braucht nicht innerhalb der 2-Wochen- Frist zu ergehen. Bevor die Behörde eine beantragte Kündigung für zulässig erklärt, muß sie stets die betroffene **Arbeitnehmerin hören** und erforderlichenfalls weitere Ermittlungen (z.B. Anhörung des Betriebsrats) anstellen (vgl. *OVG Lüneburg* vom 26.6.1957, AP Nr. 19 zu § 9 MuSchG). Über die Möglichkeit der zuständigen Behörde, in ihrem Bescheid dem Arbeitgeber oder der Frau Auflagen zu erteilen, über Zustellung und Mitteilung des Bescheides und über den Widerruf der Zulässigerklärung siehe in der Vorauflage die Erlasse im Anh. 13. Im Ermessen der Behörde steht es insbesondere, den **Zeitpunkt** festzulegen, zu dem die noch auszusprechende **Kündigung** wirksam wird, und als solchen etwa den Tag des Ablaufs der Schutzfrist zu bestimmen (vgl. *OVG NRW* vom 4.8.1966, VIII A 1612/64 – 3K 791/64).

74

Die Zurückweisung des Antrags kann der Arbeitgeber, die Erteilung der Genehmigung zur Kündigung die Frau, für die die Genehmigung ein belastender Verwaltungsakt ist (vgl. *BAG* vom 31.3.1993, NZA 1993, S. 646, 648), im **Verwaltungsrechtswege** anfechten (vgl. *BVerwG* vom 10.2.1960, AP Nr. 21 zu § 9 MuSchG; vgl. ferner hier § 20 Rdnr. 15, 16), für die Frau in den meisten Ländern gebührenfrei (vgl. z.B. *AM NW* vom 29.1.1985, III A 48413). Das verwaltungsgerichtliche Verfahren ist gemäß § 188 KGO gerichtskostenfrei (*OVG Hamburg* vom 10.9.1982, NJW 1983, S. 1748). Solange über den Widerspruch der Frau gegen die Zulässigerklärung der Kündigung nicht vom Verwaltungsgericht entschieden ist, ist die nach Zulässigerklärung ausgesprochene Kündigung schwebend unwirksam (vgl. *LAG Rheinland-Pfalz* vom 14.2.1996, NZA 1996, 984).

75

Über die Rechtmäßigkeit einer Kündigung entscheiden im Streitfall ausschließlich die **Arbeitsgerichte** (vgl. *Herschel*, ArbuR 1959 S. 259, vgl. dort auch wegen der Haftung der Aufsichtsbehörde bei einer schuldhaft verzögerten Entscheidung). Die Arbeitsgerichte haben zunächst zu prüfen, ob eine Zulässigerklärung der zuständigen Behörde vorliegt oder nicht, dagegen nicht die Fragen, ob die Entscheidung der Behörde rechtmäßig ist, sowie ob sie mit oder ohne Erfolg anfechtbar ist (vgl. *Gröninger/Thomas*, § 9 Rdnr. 108; *KR-Becker*,

76

§ 9 MuSchG Rdnr. 126). Die Auffassung der Behörde, eine Zulässigerklärung sei nicht erforderlich, ersetzt diese nicht (vgl. *BAG* Vom 28.1.1965, AP Nr. 25 zu § 9 MuSchG). Hat die zuständige Behörde die Kündigung für zulässig erklärt, so schließt das nicht aus, daß die Kündigung dennoch aus arbeitsrechtlichen Gründen unwirksam ist (*Meisel/Sowka*, § 9 Rdnr. 117; vgl. hier § 9 Rdnr. 133 f.) Insbesondere ist zu prüfen, ob die erforderliche Beteiligung des **Betriebsrats** nach § 102 BetrVG bzw. des Personalrats nach § 79 Ab. 4 BPersVG vorliegt. Sie kann erst nach rechtswirksamer Zulässigerklärung der Kündigung erfolgen, da diese vorrangig ist (vgl. ferner § 9 Rdnr. 134).

77   e) **Situation der Frau nach Kündigung.** Frauen, denen der Arbeitgeber mit Zustimmung der zuständigen Landesbehörde wirksam gekündigt hat, erhalten bis zum Beginn der Schutzfrist vor der Entbindung **Arbeitslosengeld** oder Arbeitslosengeld II, soweit sie die Voraussetzungen der Vorschriften des SGB III oder des SGB II erfüllen. Auch Frauen, deren Arbeitsverhältnis noch nicht endgültig aufgelöst ist, sollten sich beim Arbeitsamt als arbeitslos melden und Arbeitslosengeld beantragen, falls der Arbeitgeber sie tatsächlich nicht mehr beschäftigt und ihnen auch kein Arbeitsentgelt mehr zahlt (vgl. §§ 117, 118 und § 143 Abs. 3 Satz 1 SGB III). Die Tatsache der Schwangerschaft steht dem Bezug des Arbeitslosengeldes nicht entgegen, da auch schwangere Frauen bis auf die Zeit des absoluten Beschäftigungsverbots während der Schutzfrist der Arbeitsvermittlung zur Verfügung stehen können (ebenso *Heilmann*, § 9 Rdnr. 197).

78   **Antrag der Arbeitnehmerin.** Zahlt der Arbeitgeber der Arbeitnehmerin während des Streits über die Wirksamkeit einer Kündigung kein Arbeitsentgelt, erhält die Arbeitnehmerin vom Arbeitsamt auf ihren entsprechenden Antrag ohne Einzelprüfung der Anspruchsvoraussetzungen **Arbeitslosengeld**, damit sie nicht mittellos wird. Der Anspruch der Arbeitnehmerin gegen den Arbeitgeber auf Arbeitsentgelt geht in Höhe des gezahlten Arbeitslosengeldes gemäß § 115 Abs. 1 SGB X kraft Gesetzes auf das Arbeitsamt über (vgl. auch *Gröninger/ Thomas*, § 9 Rdnr. 124). Vgl. ferner 24 f. vor § 3. Zum Mutterschaftsgeld und zum Zuschuß zum Mutterschaftsgeld, allerdings erst während der Zeit der Schutzfrist § 13 Rdnr. 33 ff. und § 14 Rdnr. 20 f.

79   Die Mitgliedschaft versicherungspflichtiger Frauen in der gesetzlichen Krankenversicherung bleibt nach § 192 Abs. 2 SGB V erhalten, sofern sie nicht schon als Arbeitslose krankenversichert sind. Ist dies nicht der Fall, müssen sie wegen der Beschränkung der Beitragsfreiheit auf die in § 224 SGB V genannten Fälle den Beitrag nach ihrem letzten Grundlohn allein tragen (vgl. Anh. 12, § 250 Abs. 2). Sie können aber auch eine Umstufung in eine ihren neuen Einkommensverhältnissen entsprechende niedrigere Klasse beantragen. Solange die Kasse Mutterschaftsgeld gewährt, sind nach § 224 Satz 1 SGB V Beiträge nicht zu entrichten. Während der Schutzfristen erhalten Frauen, deren Arbeitsverhältnis zulässig gekündigt worden ist, **Mutterschaftsgeld** nach § 13 Abs. 2 oder nach § 200 RVO (vgl. § 13 Rdnr. 35).

f) **Verbotswidrige Kündigung.** Hat der Arbeitgeber einer Frau verbotswidrig gekündigt, sollte die Frau – gleich bei welchem Stand des Verwaltungs- oder Gerichtsverfahrens – der Kündigung zumindest vorsorglich **widersprechen** (aus Beweisgründen schriftlich) und den Arbeitgeber auffordern, die Kündigung zurückzunehmen. Mit dem Widerspruch sollte die Frau dem Arbeitgeber mitteilen, daß sie zur Weiterarbeit bereit ist.

Nimmt der Arbeitgeber die Kündigung nicht zurück, kann die Frau beim Arbeitsgericht **Klage auf Feststellung der Unwirksamkeit** und auf Entgeltfortzahlung erheben. Dies muss nach § 4 KSchG innerhalb einer Frist von drei Wochen nach Zugang der schriftlichen Kündigung geschehen, da ansonsten die Kündigung gemäß § 7 KSchG als von Anfang an rechtswirksam gilt. Eine Klage kann jedoch auf Antrag der Arbeitnehmerin trotz Verstreichenlassen der dreiwöchigen Frist nachträglich zugelassen werden, wenn die Arbeitnehmerin trotz Anwendung aller ihr nach Lage der Umstände zuzumutenden Sorgfalt verhindert war, die Klage rechtzeitig einzureichen (vgl. § 5 Abs. 1 S. 1 KSchG). Ein solcher Antrag auf verspätete Zulassung wird auch vom Gericht positiv beschieden, wenn die Arbeitnehmerin aus einem von ihr nicht zu vertretenden Grunde von ihrer Schwangerschaft erst nach Ablauf der dreiwöchigen Klagefrist Kenntnis erlangt hat (vgl. § 5 Abs. 1 S. 2 KSchG). Die Klage kann die Frau schriftlich oder zu Protokoll der Geschäftsstelle des Arbeitsgerichts einreichen, auch persönlich. Der Arbeitgeber, der der Frau verbotswidrig gekündigt hat, muß ihr das Arbeitsentgelt auch dann weiterzahlen, wenn er sie nicht weiterbeschäftigt, während der Schutzfristen auch den Zuschuß zum Mutterschaftsgeld der Krankenkasse.

7. Auflösung des Arbeitsverhältnisses aus anderen Gründen

§ 9 MuSchG schützt die Arbeitnehmerin nur vor Kündigungen ihres Arbeitsvertrages durch den Arbeitgeber, nicht auch vor Beendigungen ihres Arbeitsvertrages aus anderen Gründen, z.B. nicht wegen Nichtigkeit oder Anfechtbarkeit des Arbeitsvertrages, wegen Beendigung des Arbeitsvertrages durch Zeitablauf (Befristung), durch Eintritt einer auflösenden Bedingung u.a. § 9 MuSchG verpflichtet den Arbeitgeber nicht, mit der schwangeren Frau oder der Wöchnerin während der Kündigungsschutzzeiten neue Anschluß-Arbeitsverträge abzuschließen oder eine Nichtverlängerungs-Mitteilung zu unterlassen; es besteht kein Abschlußzwang zugunsten werdender Mütter (vgl. auch *Gröninger/Thomas*, § 9 Rdnr. 43). Der Schutzzweck des § 9 MuSchG (vgl. § 9 Rdnr. 1 f.) ist nur auf den Erhalt eines bestehenden Arbeitsverhältnisses gerichtet, nicht darauf, der werdenden Mutter oder Wöchnerin einen Arbeitsplatz zu verschaffen. Die Beschränkung des Schutzes des § 9 auf einen Schutz vor Kündigungen ist nicht verfassungswidrig (h.M. vgl. z.B. *BAG* 23.10.1991, NZA 1992, S. 925, 928 m.w.N.).

83 a) **Nichtiger Vertrag.** Das Verbot des § 9 Abs. 1 gilt nur für eine Kündigung des Arbeitsverhältnisses. Ist der Arbeitsvertrag nichtig, dann verbietet § 9 Abs. 1 dem Arbeitgeber nicht, sich auf die Nichtigkeit des Vertrages zu berufen (h. M., vgl. *Meisel/Sowka*, § 9 Rdnr. 19; *Gröninger/Thomas*, § 9 Rdnr. 44; *KR-Becker*, § 9 MuSchG Rdnr. 134). Es liegt ein nur faktisches Arbeitsverhältnis vor. Das **Kündigungsverbot** gilt aber **nicht** für nur faktische Arbeitsverhältnisse (vgl. *LAG Frankfurt* vom 8.6.1966, ArbuR 1967, S. 124; siehe aber auch § 1 Rdnr. 2). Wie es keinen Zwang zum Abschluß eines Arbeitsvertrages mit einer Schwangeren gibt, so können die Bestimmungen des MuSchG auch nicht dafür herangezogen werden, daß ein von Anbeginn an fehlerhafter Vertrag zugunsten der Schwangeren rechtlich als gültig zu betrachten wäre. Der Sinn des § 9 MuSchG ist es, der werdenden Mutter den Arbeitsplatz zu gewährleisten, nicht dagegen die Eingehung eines Arbeitsvertrages selbst, d. h., den Erwerb des Arbeitsplatzes unter allen Umständen und unter Inkaufnahme aller Vertragsmängel zu sichern (*BAG* vom 5.12.1957, AP Nr. 2 zu § 123 BGB; *Wolf-Gangel*, ArbuR 1981, S. 271, 278; vgl. ferner § 9 Rdnr. 3). Ein faktisches Arbeitsverhältnis ohne Kündigungsschutz nach § 9 liegt auch vor, wenn die Frau für die Dauer eines Kündigungsrechtsstreits die Weiterbeschäftigung erzwingt und in dieser Zeit schwanger wird (vgl. *BAG* vom 15.1.1986, DB 1986, 561; *Gröninger/Thomas*, § 9 Rdnr. 45; *MünchArb/Heenen* § 226 Rdnr. 113).

84 Von einem nur **faktischen Arbeitsverhältnis** können sich die Frau und der Arbeitgeber **durch einseitige Erklärung lossagen.** Hat die Frau die Arbeit trotz des nichtigen Vertrages aufgenommen oder ist sie trotz eines aufgelösten Arbeitsvertrages weiterbeschäftigt worden, können sich beide nur für die Zukunft vom faktischen Arbeitsverhältnis lossagen (vgl. *BAG* vom 12.2.1992, NZA 1992, S. 177, 178; *Buchner/Becker*, § 9 Rdnr. 29 *MünchArb/Richardi* § 44 Rdnr. 57; *MünchArb/Heenen* § 226 Rdnr. 113).

85 Der Arbeitsvertrag kann aus folgenden Gründen nichtig sein: wegen Verstoßes gegen die guten Sitten (§ 138 BGB) oder gegen ein gesetzliches Verbot (§ 134 BGB), wegen fehlender Geschäftsfähigkeit (§§ 104 ff. BGB) oder wegen eines Formmangels (§ 125 BGB) oder weil der Arbeitsvertrag nur zum Schein abgeschlossen worden ist (§ 117 BGB).

86 Die **Nichtigkeitsfolge** einer einseitigen Berufung auf die Unwirksamkeit des Arbeitsvertrages ist für den Bereich der Beschäftigungsverbote des MuSchG jedenfalls **bei Dauerarbeitsverhältnissen** nicht aufrecht zu erhalten (vgl. bereits *Heilmann*, § 9 Rdnr. 103). Diese Verbote sind für die Beschäftigung werdender und stillender Mütter nur vorübergehende Hindernisse, ein Arbeitsverhältnis ist dagegen grundsätzlich auf Dauer angelegt. Die Mütter sind während der Schwangerschaft und während des Stillens durch die Beschäftigungsverbote des MuSchG ausreichend geschützt.

87 Das Fehlen einer **Arbeitserlaubnis** führt nicht schlechthin zur Nichtigkeit des Arbeitsvertrags nach § 134 BGB, da § 285 SGB III lediglich für die Ausübung einer Beschäftigung durch einen ausländischen Arbeitnehmer, nicht aber für den

Abschluß des Arbeitsvertrags eine Genehmigungspflicht aufstellt; daher führt jedenfalls ein nach Abschluß des Arbeitsvertrags eintretendes Beschäftigungsverbot nach § 285 SGB III nicht zur Nichtigkeit des Arbeitsvertrages, sondern eröffnet nur die Möglichkeit einer Beendigung des Arbeitsvertrags durch Kündigung (*BAG* vom 13.1.1977, 19.1.1977, 16.12.1976, AP Nr. 2, 3, 4 zu § 19 AFG) mit der Folge der Anwendbarkeit des § 9 (so auch *Gröninger/Thomas*, § 9 Rdnr. 48; *Meisel/Sowka*, § 9 Rdnr. 22 a; *KR-Becker*, § 9 Rdnr. 135).

b) Anfechtung des Vertrages. § 9 Abs. 1 steht auch einer Anfechtung des 88 **Arbeitsvertrages** einer schwangeren Frau durch den Arbeitgeber nicht entgegen (h.M.; vgl. z.B. *Meisel/Sowka*, § 9 Rdnr. 26; *Gröninger/Thomas*, § 9 Rdnr. 50; *Heilmann*, § 9 Rdnr. 109; *KR-Becker*, § 9 MuSchG Rdnr. 136). Vgl. zur seit dem *EuGH* Urteil vom 8.11. 1990 (DB 1991, 286) geänderten Rechtsprechung und zum Schrifttum § 5 Rdnr. 20 ff. Zur Fragebogenlüge allgemein vgl. *BAG* vom 4.12.1997, NZA 1998, 475.

aa) Allgemeines. Der Arbeitsvertrag einer schwangeren Frau kann aus den 89 gleichen Gründen angefochten werden wie der Arbeitsvertrag eines anderen Arbeitnehmers, und zwar nach § 119 BGB wegen Irrtums oder nach § 123 BGB wegen arglistiger Täuschung oder widerrechtlicher Drohung (vgl. *BAG* vom 22.9.1961, AP Nr. 15 zu § 123 BGB mit weiteren Angaben; *Heilmann*, § 9 Rdnr. 109). Hat die Frau die Arbeit aufgenommen, so wirkt die Anfechtung entgegen der allgemeinen Regel des § 142 BGB nur für die Zukunft, weil die Lossagung von den öffentlich-rechtlichen Pflichten des MuSchG nur für die Zukunft erfolgen kann. Eine fristlose Kündigung kann in eine Anfechtung umgedeutet werden (a. A. nur *Heilmann*, § 9 Rdnr. 112), nicht dagegen eine fristgemäße Kündigung (ebenso *Gröninger/Thomas*, § 9 Rdnr. 51; *Meisel/Sowka*, § 9 Rdnr. 43).

bb) Anfechtung wegen Irrtums. Eine Anfechtung wegen Irrtums über das 90 Bestehen der Schwangerschaft nach § 119 Abs. 2 BGB ist grundsätzlich zu verneinen, weil die ihrer Natur nach vorübergehende Schwangerschaft im Hinblick auf den Arbeitsvertrag allgemein nicht als wesentliche **Eigenschaft** i. S. d. § 119 Abs. 2 BGB angesehen werden kann (ebenso *BAG* vom 8.9.1988, DB 1989, S. 585 und vom 16.2.1983, AP Nr. 22 zu § 123 BGB; *Gröninger/Thomas*, § 9 Rdnr. 52; *Meisel/Sowka*, § 9 Rdnr. 38; *MünchArb/Heenen* § 226 Rdnr. 114). Eine Anfechtung wegen Irrtums über das Bestehen der Schwangerschaft ist jedoch aufgrund der EuGH-Rechtsprechung (vgl. § 5 Rdnr. 21) auch dann nicht zulässig, wenn die vertraglich übernommene Tätigkeit während der Schwangerschaft nicht ausgeübt werden kann, z.B. bei Tänzerinnen, Sportlehrerinnen, Vorführdamen, oder wenn die Frau bei einem kurzfristigen Arbeitsvertrag infolge der Beschäftigungsverbote und Beschäftigungsbeschränkungen des MuSchG für einen erheblichen Teil der Vertragsdauer ausfiele, und zwar unabhängig davon, ob der Frau ihre Schwangerschaft bei Abschluß des Vertrages bekannt war.

91 cc) **Anfechtung wegen arglistiger Täuschung.** Die Zulässigkeit der Anfechtung wegen arglistiger Täuschung über das Bestehen der Schwangerschaft nach § 123 BGB ist aufgrund der Rechtsprechung des EuGH (vgl. § 5 Rdnr. 21) nicht mehr zulässig, weil weder eine Pflicht zur wahrheitsgemäßen Beantwortung der unzulässigen Frage nach der Schwangerschaft noch ohne Befragung eine Offenbarungspflicht bezüglich der Schwangerschaft besteht.

92 c) **Beendigung durch Zeitablauf, Bedingung.** Ist ein Arbeitsvertrag rechtswirksam befristet, so endet das Arbeitsverhältnis ohne Kündigung beim kalendermäßig befristeten Arbeitsvertrag mit Ablauf der Zeit, für die es eingegangen ist (§ 15 Abs. 1 TzBfG) und beim zweckbefristeten Arbeitsvertrag mit Erreichen des Zwecks (§ 15 Abs. 2 TzBfG), frühestens jedoch zwei Wochen nach Zugang der schriftlichen Mitteilung des Arbeitgebers über den Zeitpunkt der Zweckerreichung, unabhängig davon, ob die Befristungsabrede vor oder nach dem Eintritt der Schwangerschaft bzw. vor oder nach erfolgter Entbindung getroffen wurde. § 9 MuSchG hindert den Arbeitgeber nicht, sich auf die durch Fristablauf erfolgte Beendigung des Arbeitsverhältnisses zu berufen. § 9 MuSchG verbietet nach seinem Wortlaut und Zweck nur eine Kündigung während der Kündigungsschutzzeit (vgl. § 9 Rdnr. 3). Die Berufung auf den Fristablauf oder die Mitteilung vom bevorstehenden Fristablauf ist aber keine Kündigung und mit ihr auch nicht vergleichbar (h. M. seit *BAG* vom 12.10.1960, APNr. 16 zu § 620 BGB Befristeter Arbeitsvertrag; vgl. auch *Buchner/Becker*, § 9 Rdnr. 47; *Meisel/Sowka*, § 9 Rdnr. 45, 50; *Gröninger/Thomas*, § 9 Rdnr. 60; *KR-Becker*, § 9 MuSchG Rdnr. 140; *MünchArb/Heenen*, § 226 Rdnr. 115). Zur Zulässigkeit von Befristungsabreden generell vgl. *MünchArb/Richardi* § 42 Rdnr. 32 ff.; Bauschke, BB 1993, S. 2523, 2525.

93 **Befristung, Begriff.** Befristet ist ein Arbeitsvertrag, wenn zwischen dem Arbeitgeber und der Arbeitnehmerin von vornherein vereinbart ist, daß das Arbeitsverhältnis nach einer bestimmten Zeit ohne Kündigung endet (§ 15 Abs. 1 TzBfG). Zulässig ist eine Befristung bis zur Dauer von zwei Jahren; bis zur Gesamtdauer von zwei Jahren ist auch die höchstens dreimalige Verlängerung eines befristeten Arbeitsvertrages zulässig (§ 14 Abs. 2 Satz 1). Allerdings ist die Befristung ohne Sachgrund dann nicht zulässig, wenn mit demselben Arbeitgeber bereits zuvor ein befristetes oder unbefristetes Arbeitsverhältnis bestanden hat (vgl. ausführlich *Viethen/Schwedes*, Kapitel 4 Nr. 4 e). Daneben gelten gesetzliche Spezialregelungen, z. B. § 21 BErzGG (vgl. Vorauflage, § 21 BErzGG Rdnr. 1 ff.), § 57 a HRG u. a (vgl. § 9 Rdnr. 105). Eine darüber hinausgehende Befristung oder eine Befristung in anderen Fällen ist nach § 14 Abs. 1 TzBfG nur mit sachlichem Grund gerechtfertigt.

94 aa) **Befristetes Arbeitsverhältnis.** Das Kündigungsverbot des § 9 gilt bei befristeten Arbeitsverträgen (Zeitvertrag mit genauer zeitlicher Bestimmung) nur für die Dauer der Befristung. Der Arbeitgeber ist nicht verpflichtet, das Arbeitsverhältnis wegen der Schwangerschaft zu verlängern (vgl. *BAG* vom 21.12.1957, AP Nr. 5 zu § 4 TVG). Verlängert der Arbeitgeber jedoch alle

Auflösung des Arbeitsverhältnisses aus anderen Gründen § 9 MuSchG

anderen gleichliegenden Arbeitsverhältnisse und beruft er sich nur der werdenden Mutter gegenüber auf den Fristablauf, dann ist dies ein unzulässiger **Rechtsmißbrauch** (vgl. *Gröninger/Thomas*, § 9 Rdnr. 62; zum Schmerzensgeldanspruch in solchen Fällen *LAG Düsseldorf* vom 29.6.1992, BB 1992, S. 1932 = DB 1992, S. 2249; vgl. ferner zum Schadensersatzanspruch bei Diskriminierung wegen Schwangerschaft *ArbG Bochum* vom 12.7.1991, BB 1992, S. 68; vgl. ferner § 9 Rdnr. 104). Ein Arbeitgeber kann ferner verpflichtet sein, einen an sich wirksam befristeten Arbeitsvertrag auf unbestimmte Zeit **fortzusetzen**, wenn er bei der Arbeitnehmerin die Erwartung geweckt und bestätigt hat, sie werde bei Eignung und Bewährung unbefristet weiterbeschäftigt und wenn der Arbeitgeber sich mit seiner Ablehnung in Widerspruch zu seinem früheren Verhalten und dem von ihm geschaffenen **Vertrauenstatbestand** setzt (*BAG* vom 16.3.1989, DB 1989, S. 1728 und vom 30.11.1991, EzA Nr. 29 zu § 9 MuSchG; *Gröninger/Thomas*, § 9 Rdnr. 61; *MünchArb/Heenen*, § 219 Rdnr. 115). Eine dem Arbeitgeber im Zeitpunkt des Vertragsschlusses bekannte **Schwangerschaft** einer Arbeitnehmerin hindert nicht die **Befristung** des Arbeitsvertrages (vgl. *BAG* vom 6.11.1996, NZA 1997, 1222 = DB 1997, 1927). M.E. muß dies auch gelten, wenn die Schwangerschaft dem Arbeitgeber nicht bekannt ist, weil die Frau in diesem Falle keine Offenbarungspflicht hat (vgl. § 5 Rdnr. 20ff.).

Der Berufung auf eine **nicht rechtswirksame Befristung** steht § 9 entgegen. Eine gleichwohl erfolgte Berufung des Arbeitgebers auf die Beendigung des Arbeitsverhältnisses durch Fristablauf kann u.U. eine Kündigung sein. Die Arbeitnehmerin sollte daher dem Arbeitgeber ihren besonderen Zustand gemäß § 9 Abs. 1 mitteilen und der Kündigung widersprechen (vgl. auch *Gröninger/Thomas*, § 9 Rdnr. 68; wegen des Widerspruchs vgl. § 9 Rdnr. 78). Einer **verspätet geltend** gemachten Befristung steht § 9 auch dann entgegen, wenn die Befristung rechtswirksam war. Verspätet ist die Befristung geltend gemacht, wenn der Arbeitgeber die Arbeitnehmerin über den Ablauf der Befristung hinaus weiterarbeiten läßt, statt der Weiterarbeit unverzüglich zu widersprechen oder dem Arbeitnehmer die Zweckerreichung unverzüglich mitzuteilen. Ihr Arbeitsvertrag gilt nach § 15 Abs. 5 TzBfG als auf unbestimmte Zeit verlängert.

§ 9 MuSchG ist ebensowenig wie auf die Mitteilung des Ablaufs einer rechtswirksamen Befristung auch nicht auf die sog. **Nichtverlängerungsmitteilung** anwendbar, weder unmittelbar noch entsprechend. Bei diesem System verlängert sich das z.B. auf ein Jahr rechtswirksam befristete Arbeitsverhältnis um ein weiteres, wenn der Arbeitgeber dem Arbeitnehmer nicht rechtzeitig mitteilt, daß der Vertrag nicht verlängert wird. Auch die Nichtverlängerungsmitteilung ist keine Kündigung und kann dieser auch nicht gleichgestellt werden (vgl. *BAG* vom 23.10.1991, NZA 1992, S. 925, 927). Entscheidend kommt es auch hier darauf an, ob die Befristung sachlich gerechtfertigt und damit rechtswirksam ist.

Zur Frage eines Verstoßes des Arbeitgebers gegen das Benachteiligungsverbot des § 611a **BGB** bei Nichtverlängerung eines Arbeitsvertrages wegen Schwan-

95

96

97

gerschaft vgl. § 9 Rdnr. 111. Die dortigen Ausführungen gelten hier entsprechend. Vgl. ferner *LAG Düsseldorf* vom 29. 6. 1992, BB 1992, S. 1932 = DB 1992, S. 2249 = NZA 1992, S. 1134.

98 Der Befristung eines Arbeitsvertrages ist nach § 14 Abs. 1 S. 1 TzBfG rechtswirksam, wenn objektiv **sachliche Gründe für die Befristung** vorliegen. Diese sind nach § 14 Abs. 1 S. 2 TzBfG z. B. wenn der betriebliche Bedarf nur vorübergehend besteht, die Befristung im Anschluss an ein Ausbildungsverhältnis erfolgt, zur Vertretung eines anderen Arbeitnehmers, wenn die Eigenart der Arbeitsleistung das Befristen rechtfertigt, zur Erprobung des Arbeitnehmers, wegen in der Person des Arbeitnehmers liegenden Gründen, aus haushaltsrechtlichen Gründen und wenn die Befristung auf einem gerichtlichen Vergleich beruht (vgl. dazu im einzelnen *Viethen/Schwedes*, Kapitel 4 Nr. 40). Die gesetzliche Aufzählung der Befristungsgründe ist jedoch nicht abschließend.
Einzelfälle: Sachlich nicht gerechtfertigt ist eine Befristung wegen Kinderwunsches (vgl. ArbG Wiesbaden vom 12. 2. 1992, AiB 1992, S. 298). Sachlich gerechtfertigt ist die Befristung, wenn ein Arbeitgeber mit einer schon erkennbar Schwangeren einen Arbeitsvertrag in beiderseitiger Kenntnis der Schwangerschaft schließt und das Arbeitsverhältnis, das er sonst nicht begründet hätte, etwa bis zum Beginn der Schutzfrist des § 3 Abs. 2 befristet, weil andernfalls eine schwangere Frau Arbeit kaum mehr finden könnte (vgl. auch *BAG* vom 6. 11. 1996, DB 1997, 1927; *Gröninger/Thomas*, § 9 Rdnr. 65; a. A. *Heilmann*, § 9 Rdnr. 123). Vgl. ferner hier § 9 Rdnr. 94.

99 Die Befristung eines Arbeitsverhältnisses **bis** zu dem Zeitpunkt, an dem ein **freier Dauerarbeitsplatz** mit einem anderen Arbeitnehmer besetzt werden soll, kann allenfalls dann sachlich gerechtfertigt sein, wenn sich der Arbeitgeber bereits im Zeitpunkt des Abschlusses des befristeten Arbeitsvertrags gegenüber einem auf unbestimmte Zeit einzustellenden Arbeitnehmer vertraglich gebunden hat (vgl. *BAG* vom 6. 11. 1996, NZA 1997, 1222). Vgl. ferner die bisherige Rechtsprechung, nach der die Befristung eines Arbeitsverhältnisses sachlich gerechtfertigt ist, wenn der befristet eingestellte Arbeitnehmer bis zu dem Zeitpunkt beschäftigt werden soll, in dem ein Auszubildender des Arbeitgebers seine **Berufsausbildung beendet** und der Arbeitgeber dessen Übernahme in ein Arbeitsverhältnis zugesagt oder zumindest konkret beabsichtigt hat (vgl. *BAG*, NZA 1994, 167 m.w.N.). Die **Einstellung** eines Arbeitnehmers **zur Vertretung** eines zeitweilig ausfallenden Mitarbeiters, z. B. wegen Krankheit, ist in § 14 Abs. 1 S. 2 TzBfG als sachlicher Befristungsgrund anerkannt (vgl. bereits *BAG* vom 22. 11. 1995, DB 1996, 1679; *BAG* vom 26. 6. 1996, DB 1996, 2289); Voraussetzung ist ein von vornherein nur vorübergehender, zeitlich durch die Rückkehr des Vertretenen begrenzter Bedarf (vgl. *BAG* vom 24. 9. 1997, DB 1998, 679 = BB 1998, 901), die Voraussetzung entfällt, wenn der Vertretene nicht zurückkehrt (vgl. *BAG* vom 6. 11. 1996, DB 1996, 2391). Zum sachlichen Grund für die Befristung wegen bevorstehender **Betriebsschließung** vgl. *BAG* vom 3. 12. 1997, BB 1998, 1693.

Auflösung des Arbeitsverhältnisses aus anderen Gründen § 9 MuSchG

Zum sachlichen Befristungsgrund bei einem Arbeitsverhältnis auf Probe vgl. 100
§ 9 Rdnr. 105 ff., bei Sonderaufgaben von begrenzter Dauer mit projektbedingtem personellen Mehrbedarf vgl. *BAG* vom 11.12.1991, NZA 1993, S. 361; bei vorübergehendem Arbeitskräftebedarf mit ungewisser Entwicklung vgl. *BAG* vom 25.11.1992, DB 1993, S. 2599; wegen geplanter Übernahme eines Auszubildenden vgl. *BAG* vom 21.4.1993, DB 1994, S. 98. Zur traditionell sachlich gerechtfertigten Befristung der Arbeitsverträge auf ein oder mehrere Spielzeiten im Bühnenbereich vgl. *BAG* vom 23.10.1991, NZA 1992, S. 925. Zum sachlichen Befristungsgrund als solchem vgl. ferner Vorauflage, § 21 BErzGG Rdnr. 7 und 11 ff. sowie die Zusammenstellung der Befristungsgründe bei *MünchArb/Wank*, § 116 Rdnr. 63. Zum sachlichen Grund bei **Änderungskündigung** vgl. *BAG* vom 25.4.1996, NZA 1996, 1197. Ein sachlicher Grund bei **Aushilfs-**, **Vertretungs-**, **Kampagne-**, **Saisonarbeitsverhältnissen** u.ä. kann sich aus dem Zweck und der Dauer der Aushilfe, der Vertretung, der Kampagne, der Saison ergeben (vgl. *MünchArb/Wank*, § 113 Rdnr. 65 ff.; vgl. auch *Buchner/Becker*, § 9 Rdnr. 43; vgl. ferner Vorauflage, § 21 BErzGG Rdnr. 5, 13 ff.).

Kettenarbeitsverträge – Aneinanderreihung mehrerer befristeter Arbeitsverträge mit der jeweiligen Abrede, daß das Arbeitsverhältnis mit Ablauf der vereinbarten Frist enden soll, wenn nicht daran anschließend ein neuer befristeter Arbeitsvertrag abgeschlossen wird, können ebenfalls zulässig sein. Es kommt darauf an, ob der zuletzt abgeschlossene Arbeitsvertrag durch einen sachlichen Grund gerechtfertigt ist, auch wenn die Befristung des vorherigen Arbeitsvertrages nicht gerechtfertigt war. Mit zunehmender Zahl der Befristungen steigert die Rechtsprechung jedoch die Anforderungen an den sachlichen Grund (vgl. *Viethen/Schwedes*, Kapitel 4 Nr. 5). 101

Die **Unwirksamkeit der Befristung** führt zur Geltung des Arbeitsvertrages auf unbestimmte Zeit und zur Anwendung des Kündigungsverbots des § 9 Abs. 1 (vgl. *BAG* vom 28.11.1958, AP Nr. 3 zu Art. 6 Abs. 1 GG Ehe und Familie; *BAG* vom 21.10.1954, AP Nr. 1 zu § 620 BGB Befristeter Arbeitsvertrag). Die Tatsache der Befristung hat der zu beweisen, der sich auf sie beruft. Die **Beweislast** für das Vorliegen eines sachlichen Grundes trägt in der Regel der Arbeitgeber (vgl. *KR-Hillebrecht*, § 620 BGB Rdnr. 241 f. m.w.N.). Für die Dauer des Kündigungsrechtsstreits hat die Arbeitnehmerin einen Anspruch auf Weiterbeschäftigung (*BAG* vom 27.2.1985, DB 1985, S. 2197). 102

Spezialgesetzliche Regelungen der Zulässigkeit befristeter Arbeitsverträge enthalten § 21 BErzGG für Ersatzkräfte während der Beschäftigungsverbote des MuSchG und der Elternzeit, §§ 57 a ff. HRG für wissenschaftliches und künstlerisches Personal an Hochschulen und Staatlichen Forschungseinrichtungen, ferner das Gesetz über befristete Arbeitsverträge mit Ärzten in der Weiterbildung von 1986, zuletzt geändert durch Gesetz vom 16.2.2002 (BGBl. I S. 693), zum **Arzt in der Weiterbildung** vgl. *BAG* vom 24.4.1996, NZA 1997, 256 = DB 1996, 2338 (vgl. ferner Vorauflage, § 21 BErzGG Rdnr. 6, 9). Der wissenschaftliche Mitarbeiter i.S.d. § 53 HRG erbringt Dienstleistungen zur 103

MuSchG § 9 *Kündigungsverbot*

Erfüllung der Aufgaben in Forschung und Lehre (vgl. *BAG* vom 28.1.1998 – 7 AZR 677/96). Zum befristeten Arbeitsvertrag mit einem wissenschaftlichen Assistenten vgl. auch *BAG* vom 28.1.1998, NZA 1998, 821.

104 Unter den Begriff des befristeten Arbeitsvertrages, d.h. des Arbeitsvertrages auf bestimmte Zeit, der mit Ablauf der vereinbarten Zeit von selbst endet (§ 15 Abs. 1 TzBfG), fallen nicht nur solche Verträge, deren Ende zeitlich genau, also nach Zeiteinheiten, bestimmt ist. Es genügt vielmehr auch, daß der Zeitraum, für den der Arbeitnehmer eingestellt wird, bestimmbar ist, z.B. dadurch, daß er sich aus einem bestimmten Zweck der Arbeitsleistung ergibt (vgl. § 15 Abs. 2 TzBfG). Die Beendigung des Arbeitsverhältnisses durch **Zweckbefristung**, z.B. Vertretung eines lange erkrankten Arbeitnehmers, setzt voraus, daß der Zeitpunkt der Zweckerreichung vom Arbeitgeber rechtzeitig angekündigt wird. Ein zweckbefristeter Arbeitsvertrag endet mit dem Erreichen des Zwecks, frühestens jedoch zwei Wochen nach Zugang der schriftlichen Unterrichtung des Arbeitnehmers durch den Arbeitgeber über den Zeitpunkt der Zweckerreichung (§ 15 Abs. 2 TzBfG).

105 **bb) Probearbeitsverhältnis.** Für das Arbeitsverhältnis zur Probe (vgl. hierzu *Gaul Arb* CII 1 ff.; *Dütz* Rdnr. 127 f.) gilt das gleiche wie für andere Arbeitsverhältnisse. Ist ein Probearbeitsverhältnis auf unbestimmte Zeit eingegangen, wovon im Zweifel auszugehen ist, dann gilt das Kündigungsverbot des § 9 Abs. 1 (vgl. *LAG Düsseldorf* vom 1.4.1959, DB 1959, S. 627; *ArbG Köln* vom 17.12.1968, ArbuR 1970, S. 287; *ArbG Frankfurt* vom 19.2.1981, NJW 1981, S. 2832). Ist es dagegen rechtswirksam befristet, was möglich ist, weil der Wunsch, einen Arbeitnehmer zu erproben, nach § 14 Abs. 1 Nr. 5 TzBfG ein zulässiger Befristungsgrund ist (vgl. *MünchArb/Wank* § 116 Rdnr. 92), dann findet das Kündigungsverbot wie bei anderen befristeten Arbeitsverhältnissen nur während der Dauer der Befristung Anwendung. Der Arbeitgeber kann sich also bei rechtswirksam befristeten Probearbeitsverhältnissen auf den Ablauf der Probezeit berufen (ebenso *Gröninger/Thomas*, § 9 Rdnr. 69; *Meisel/Sowka*, § 9 Rdnr. 48, 55). Die Vereinbarung einer Befristung des Arbeitsvertrages auf die Dauer von sechs Monaten kann allerdings als Benachteiligung wegen des Geschlechts nach § 611a BGB unwirksam sein, wenn zu vermuten ist, daß damit nur die Unzulässigkeit der Frage nach der Schwangerschaft kompensiert wird (vgl. *LAG Köln* vom 26.5.1994, NZA 1995, 1105). Zur Kündigungsfrist in der Probezeit allg. vgl. *LAG Düsseldorf*, 20.10.1995, NZA 1996, 1156.

106 Die Berufung auf den Ablauf der Probezeit stellt dann eine **unzulässige Rechtsausübung** dar, wenn sie wegen einer im Lauf der Probezeit eingetretenen Schwangerschaft der Arbeitnehmerin erfolgt (vgl. *BAG* vom 28.11.1963, AP Nr. 26 zu § 620 BGB Befristeter Arbeitsvertrag; vgl. ferner *BAG* vom 16.3.1989, DB 1989, S. 1728; *Buchner/Becker*, § 9 Rdnr. 50; a.A. *Heilmann*, § 9 Rdnr. 119). Dies dürfte auch einen Verstoß gegen das Diskriminierungsverbot des § 611a BGB darstellen (vgl. § 9 Rdnr. 111). Ein Arbeitgeber kann ferner verpflichtet sein, ein befristetes Probearbeitsverhältnis aus Gründen des Vertrauensschutzes

Auflösung des Arbeitsverhältnisses aus anderen Gründen **§ 9 MuSchG**

als unbefristetes Arbeitsverhältnis fortzusetzen (§ 242 BGB). Dabei erhält der **Vertrauensschutz** ein besonderes Gewicht, wenn die Nichtverlängerung des Arbeitsverhältnisses in zeitlich unmittelbarem Zusammenhang mit der Anzeige der Arbeitnehmerin über den Eintritt einer Schwangerschaft steht. Der Vertrauensschutz kann sich darauf gründen, daß der zunächst geschlossene Vertrag von seiner Ausgestaltung her bei Bewährung auf ein unbefristetes Arbeitsverhältnis zugeschnitten war und die Arbeitnehmerin anhand des ihr ausgestellten Zeugnisses mangelfreie Leistungen in der Probezeit nachweisen kann (vgl. *LAG Hamm* vom 6.6.1991, BB 1991, S. 1865).

Erklärt der Arbeitgeber das Probearbeitsverhältnis mit der Begründung für 107 beendet, der befristet abgeschlossene Probearbeitsvertrag werde nicht fortgesetzt, so muß die schwangere Arbeitnehmerin, die ein **Dauerarbeitsverhältnis** behauptet, Klage auf dessen Feststellung oder dessen Fortbestand erheben (vgl. *LAG Bad.-Württbg.* vom 24.5.1965, BB 1965, S. 867). Gemäß § 611a Abs. 1 Satz 3 BGB trägt jedoch der Arbeitgeber die **Beweislast** dafür, daß er nicht aufgrund der eingetretenen Schwangerschaft an der Befristung festhält. Das Festhalten an der Befristung allein wegen einer zwischenzeitlich eingetretenen Schwangerschaft ist eine unzulässige Maßnahme i.S.d. § 611a Abs. 1 Satz 1 BGB (vgl. *Maurer*, BB 1991, S. 1867; a.A. *LAG Hamm* vom 6.6.1991, BB 1991, S. 1865, 1866 zum Rückgriff auf die Beweiserleichterung in § 611a Abs. 1 Satz 3 BGB).

cc) **Berufsausbildungsverhältnis**. Dieses Arbeitsverhältnis und andere 108 berufsbildende Vertragsverhältnisse i.S.d. § 19 BBiG (Anlernlinge, Volontäre, Praktikanten) sind befristete Rechtsverhältnisse, die beim mutterschutzrechtlichen Kündigungsschutz **wie befristete Arbeitsverhältnisse** behandelt werden (vgl. § 3 Abs. 2 BBiG, der auf die für den Arbeitsvertrag geltenden Rechtsvorschriften und Rechtsgrundsätze verweist). Das Kündigungsverbot des § 9 gilt für sie ebenso wie für befristete Arbeitsverhältnisse für die vereinbarte Dauer (vgl. *LAG Berlin* vom 1.7.1985, BB 1986, S. 62; vgl. ferner hier § 9 Rdnr. 92), grundsätzlich nicht darüber hinaus. Das Berufsausbildungsverhältnis einer schwangeren Auszubildenden endet wie auch sonst mit dem Ablauf der Ausbildungszeit ohne Kündigung (§ 14 Abs. 1 BBiG). Besteht die Auszubildende vor Ablauf der Ausbildungszeit die Abschlußprüfung, so endet das Berufsausbildungsverhältnis mit Bestehen der Abschlußprüfung (§ 14 Abs. 2 BBiG). Besteht die Auszubildende die Abschlußprüfung nicht, so verlängert sich das Berufsausbildungsverhältnis auf ihr Verlangen bis zur nächstmöglichen Wiederholungsprüfung, höchstens um ein Jahr (§ 14 Abs. 3 BBiG). Die schwangere Auszubildende kann auch die Verlängerung der Ausbildungszeit nach § 29 Abs. 3 BBiG verlangen, wenn die Verlängerung erforderlich ist, um das Ausbildungsziel zu erreichen.

Eine **gesetzliche Verpflichtung** des Arbeitgebers, eine schwangere Auszubil- 109 dende nach Beendigung des Berufsausbildungsverhältnisses in ein Arbeitsverhältnis zu übernehmen, besteht grundsätzlich nicht. Eine Ausnahme hiervon bildet nur § 78a Abs. 2 BetrVG bzw. § 9 Abs. 2 BPersVG. Danach gilt im Anschluß an das erfolgreiche Berufsausbildungsverhältnis ein Arbeitsverhältnis auf unbestimmte Zeit als begründet, wenn dies eine Auszubildende, die Mitglied der Personalvertretung, des Betriebsrats oder der **Jugendvertretung** ist, innerhalb der letzten drei Monate vor Beendigung des Berufsausbildungsverhältnisses verlangt; zur Übernahme eines Jugendvertreters bei vorhandenem und nichtvorhandenem Arbeitsplatz *BAG* vom 6.11.1996, DB 1997, 1526 m.w.N.; unzumutbare Weiterbeschäftigung vgl. *BAG* vom 12.11.1997, BB 1998, 1638 = DB 1998, 1720 mit Anm. von *Natzel.* Eine diesen Vorschriften entsprechende allgemein für schwangere Auszubildende geltende Regelung fehlt im MuSchG. Möglich ist jedoch heute schon die Vereinbarung einer entsprechenden vertraglichen oder tarifvertraglichen Verpflichtung des Arbeitgebers (vgl. *BAG* vom 13.3.1975, BB 1975, S. 882).

110 Ein Arbeitsverhältnis auf unbestimmte Zeit, dessen Kündigung nach § 9 unzulässig ist, wird begründet, wenn die schwangere Auszubildende **im Anschluß** an das **Berufsausbildungsverhältnis tatsächlich beschäftigt** wird (§ 17 BBiG). Der Arbeitgeber kann sich nicht darauf berufen, er hätte die Auszubildende bei Kenntnis der Schwangerschaft nicht weiter beschäftigt. Erhalten alle Auszubildenden ein Arbeitsverhältnis, nicht jedoch die schwangere Auszubildende, so kann im Verhalten des Arbeitgebers gegenüber der schwangeren Auszubildenden ein unzulässiger **Rechtsmißbrauch** vorliegen (vgl. auch § 9 Rdnr. 96; vgl. auch *Heilmann,* § 9 Rdnr. 125f.; ferner hier Rdnr. 21 vor § 3).

111 In diesem Verhalten des Arbeitgebers kann zugleich ein Verstoß gegen das Benachteiligungsverbot des **§ 611a BGB** liegen, da die Schwangerschaft ein geschlechtsspezifischer Umstand i.S.d. Vorschrift ist, und zwar auch dann, wenn von dem Abschluß eines Arbeitsverhältnisses nach Beendigung der Ausbildung kein Mann betroffen ist (vgl. *EuGH* vom 8.11.1990, NJW 1991, S. 628; vgl. auch *EuGH* vom 30.6.1998, NZA 1998, 871; vgl. auch hier § 5 Rdnr. 21). Ein Verstoß gegen § 611a BGB dürfte aber auch vorliegen, wenn die schwangere Auszubildende die einzige Auszubildende ist und sie nach Beendigung ihrer Ausbildung ein Arbeitsverhältnis wegen ihrer Schwangerschaft nicht erhält. Zum Wecken einer Erwartung auf Abschluß eines Arbeitsvertrages vgl. § 9 Rdnr. 94. Vgl. ferner die Ausführungen zum Probearbeitsverhältnis in § 9 Rdnr. 106.

112 Streiten der Arbeitgeber und die Auszubildende darüber, ob die Schwangerschaft das Motiv für den Nichtabschluß des Arbeitsvertrages war und macht die Auszubildende vor Gericht Tatsachen glaubhaft, die eine Benachteiligung wegen der Schwangerschaft vermuten lassen, z.B., der Arbeitgeber habe erklärt, er fürchte Schwierigkeiten wegen der Schwangerschaft, so trägt der Arbeitgeber nach § 611a Abs. 1 Satz 3 BGB die **Beweislast** dafür, daß nicht die Schwangerschaft, sondern sachliche Gründe für den Nichtabschluß des Arbeitsvertrages maßgebend waren. Zum Schadensersatzanspruch der schwangeren Auszubildenden mindestens in Höhe eines Monatsverdienstes vgl. *EuGH* vom

Auflösung des Arbeitsverhältnisses aus anderen Gründen § 9 MuSchG

10.4.1984, DB 1984, S. 1043; *BAG* vom 14.3.1989, DB 1989, S. 2280. Ein Verschulden des Arbeitgebers braucht die schwangere Auszubildende nicht nachzuweisen (*EuGH* vom 8.11.1990, NJW 1991, S. 628, 629; *Wißmann*, DB 1991, S. 650).

Tarifvertrag. Zunehmend werden Tarifverträge zur Beschäftigungssicherung 113 abgeschlossen. Danach hat der Arbeitgeber dem **Auszubildenden** unmittelbar nach der **Berufsausbildung** ein Arbeitsverhältnis für die Dauer von z.B. sechs Monaten anzubieten, sofern kein tariflicher Ausnahmetatbestand gegeben ist, z.B. Ausbildung über Bedarf. Kommt ein entsprechender Arbeitsvertrag zustande, gilt für schwangere Frauen während der Dauer der Befristung das Kündigungsverbot des § 9 Abs. 1 MuSchG. Wird dem Arbeitgeber die Erfüllung dieser Verpflichtung schuldhaft unmöglich, kann er zum Schadenersatz in Form von Naturalrestitution – Tätigkeit im erlernten Beruf – verurteilt werden, auch bei fortgeschrittener Schwangerschaft unter Beachtung des § 3 Abs. 2 MuSchG (vgl. *LAG Niedersachsen* vom 24.8.1995, DB 1995, 2482; vgl. ferner *BAG* 14.5.1997, NZA 1998, 50 = DB 1998, 1669 und *BAG* 14.10.1997, BB 1998, 1484, abweichend zur Naturalrestitution; m.E. könnte andernfalls die Erfüllung der Verpflichtung zu Unrecht verzögert werden). Vgl. auch *BAG* vom 12.11.1997, BB 1998, 1638 zur unzumutbaren Weiterbeschäftigung.

dd) **Auflösend bedingtes Arbeitsverhältnis.** Das Kündigungsverbot findet 114 ferner keine Anwendung, wenn das Arbeitsverhältnis der Frau auflösend bedingt ist und die Bedingung eintritt (vgl. § 21 TzBfG), z.B. wenn es vom Bestand des Arbeitsverhältnisses ihres Mannes abhängig ist und diesem wirksam gekündigt wird (vgl. *BAG* vom 17.5.1962, AP Nr. 2 zu § 620 BGB Bedingung). Auch hier ist entscheidend, ob die Begrenzung des Arbeitsvertrages durch die Bedingung aufgrund sachlicher Gründe gerechtfertigt (§ 21 i.V.m. § 14 Abs. 1 TzBfG) und die Bedingung rechtlich zulässig war (vgl. auch *Gröninger/Thomas*, § 9 Rdnr. 71). Weiteres **Beispiel:** Wegfall der Beurlaubung einer Beamtin als auflösende Bedingung für ein von ihr eingegangenes Arbeitsverhältnis (vgl. *BAG* vom 4.12.1991, DB 1992, S. 948). Die Vereinbarung einer auflösenden Bedingung in einem Arbeitsverhältnis bedarf zu ihrer Wirksamkeit eines **sachlich rechtfertigenden** Grundes (§ 21 i.V.m. § 14 Abs. 1 TzBfG). Bereits bei Abschluß des Vertrages muß ersichtlich sein, daß die Vereinbarung der auflösenden Bedingung nach den konkreten, sich auf den jeweiligen Einzelfall auswirkenden Umständen sachlich gerechtfertigt ist. Sie ist vor allem dann sachlich nicht gerechtfertigt und damit unwirksam, wenn der Eintritt der Bedingung von einer Mitwirkung des Arbeitgebers abhängt, die in dessen Belieben steht (vgl. *BAG* vom 20.12.1984, DB 1986, S. 281; *BAG* vom 4.12.1991, BB 1992, S. 709 = DB 1992, S. 948).

Die **Schwangerschaft** selbst kann grundsätzlich nicht wirksam vereinbarte 115 auflösende **Bedingung** sein (vgl. *BAG* vom 28.11.1958, DB 1959, S. 179; *Buchner/Becker*, § 9 Rdnr. 55; *Heilmann*, § 9 Rdnr. 129). Auch kann weder der Ablauf eines bestimmten Schwangerschaftsmonats noch das Auftreten von

MuSchG § 9 *Kündigungsverbot*

Schwangerschaftsbeschwerden wirksam als auflösende Bedingung des Arbeitsverhältnisses vereinbart werden. Nichtig ist auch die Vereinbarung, daß das Arbeitsverhältnis im Falle der Eheschließung sogleich oder zu einem bestimmten Zeitpunkt danach enden soll (vgl. *BAG* vom 10.5.1957, DB 1957, S. 993; *Meisel/Sowka*, § 9 Rdnr. 59; *Gröninger/Thomas*, § 9 Rdnr. 71; *KR-Becker*, § 9 Rdnr. 146; siehe auch § 9 Rdnr. 44).

116 Wird der Arbeitsvertrag unter einer auflösenden Bedingung geschlossen, sind die für die Befristung geltenden Vorschriften der § 4 Abs. 2, § 5, § 14 Abs. 1 und 4, § 15 Abs. 2, 3 und 5 sowie §§ 16 bis 20 entsprechend anzuwenden (§ 21 TzBfG).

117 **d) Streik, Aussperrung.** Das Arbeitsverhältnis einer unter Mutterschutz stehenden Arbeitnehmerin wird während der mutterschutzrechtlichen Kündigungsschutzzeit des § 9, d. h. während der Schwangerschaft und bis zum Ablauf von vier Monaten, weder durch Streik aufgelöst noch kann es durch Aussperrung aufgelöst werden, auch nicht durch eine lösende Aussperrung (*BAG* vom 21.4.1971, AP Nr. 43 zu Art. 9 GG Arbeitskampf). Auch außerordentliche **Kündigungen** des Arbeitgebers wegen Teilnahme an rechtswidrigen Arbeitsniederlegungen (sog. Kampfkündigungen, vgl. dazu *BAG* vom 14.2.1978, NJW 1979, S. 236) sind gegenüber unter Mutterschutz stehenden Arbeitnehmerinnen **unzulässig**; denn der Gesetzgeber will der unter Mutterschutz stehenden Arbeitnehmerin das Arbeitsverhältnis während der mutterschutzrechtlichen Kündigungsschutzzeit, abgesehen von den engbegrenzten Ausnahmen des § 9 Abs. 1 und Abs. 3, unter allen Umständen sichern. Verboten sind somit nach § 9 auch Kündigungen des Arbeitgebers als Reaktion in einem Arbeitskampf, selbst wenn sich die Arbeitnehmerin aktiv an einem rechtswidrigen Streik beteiligt. Zulässig ist ebenso wie in anderen Fällen nur eine Kündigung mit Zustimmung der Aufsichtsbehörde nach § 9 Abs. 3, wenn sich die Arbeitnehmerin einer besonders groben Pflichtverletzung schuldig gemacht hat und zweifelsfrei feststeht, daß das Verhalten der Arbeitnehmerin nicht durch die besondere seelische Verfassung während der Schwangerschaft, bzw. der Zeit unmittelbar danach bedingt war (vgl. hierzu § 9 Rdnr. 62; im Ergebnis wohl ebenso *Gröninger/Thomas*, § 9 Rdnr. 80; enger wohl *Meisel/Sowka*, § 9 Rdnr. 66 vor allem bei Streiks mit besonderer Intensität und bei Streikausschreitungen).

118 **Nach Beendigung des Arbeitskampfes** haben die Arbeitnehmerinnen, die zu diesem Zeitpunkt noch unter Mutterschutz stehen, Anspruch auf Weiterbeschäftigung ohne besondere Wiedereinstellung; es sei denn, daß der Beschäftigung besondere Beschäftigungsverbote des MuSchG entgegenstehen. Die Entscheidungen des Bundesarbeitsgerichts vom 10.6.1980 (AP Nr. 64, 65 und 66 zu Art. 9 GG Arbeitskampf) haben zu der Rechtsstellung der unter § 9 fallenden Arbeitnehmerinnen keine Änderung gebracht; sie haben (nur) dem Aussperrungsrecht des Arbeitgebers als solchem Grenzen gezogen (ebenso *KR-Becker*, § 9 Rdnr. 164 a; *Gröninger/Thomas*, § 9 Rdnr. 78).

Während des Arbeitskampfes sind die von ihm betroffenen Arbeitsverhältnisse nach dem Beschluß des *BAG* vom 21.4.1971 (AP Nr. 43 zu Art. 9 GG Arbeitskampf) suspendiert; d.h. die gegenseitigen **Hauptrechte** und **Hauptpflichten** aus dem Arbeitsverhältnis **ruhen**. Damit entfällt während dieser Zeit auch für die bzw. gegenüber der unter Mutterschutz stehenden Frau die Arbeits- und Lohnzahlungspflicht und die Pflicht zur Gewährung eines Erholungsurlaubs, da es insoweit im Unterschied zu § 9 an einer besonderen Regelung im MuSchG fehlt. Der Anspruch auf die Elternzeit nach BErzGG und der Anspruch auf das **Mutterschaftsgeld** nach § 13 MuSchG und § 200 RVO bleiben dagegen bestehen, da es sich insoweit um Sonderregelungen handelt, die nur das Bestehen eines Arbeitsverhältnisses gleich unter welchen Umständen, also auch suspendierte voraussetzen. Der Anspruch auf Mutterschutzlohn (vgl. § 11 Rdnr. 24, 79) und der Anspruch auf Zuschuß zum Mutterschaftsgeld (§ 14 Rdnr. 13) entfallen, da sie auf der Lohnzahlungspflicht des Arbeitgebers beruhen (vgl. *BAG* vom 22.10.1986, NZA 1987, S. 494; *Heilmann*, § 9 Rdnr. 153 ff., vgl. auch *Meisel/Sowka*, § 9 Rdnr. 61 ff.; vgl. ferner hier § 11 Rdnr. 24 und § 14 Rdnr. 31 ff.). 119

e) **Kündigung durch die Frau, Aufhebungsvertrag.** § 9 Abs. 1 schließt weder eine Kündigung durch die Frau noch eine **vertragliche Aufhebung** des Arbeitsverhältnisses aus (vgl. *BAG* vom 8.12.1955, AP Nr. 4 zu § 9 MuSchG). An die Auslegung der schriftlichen Erklärungen der Frau, aus denen auf eine Kündigung oder Aufhebung des Arbeitsvertrages geschlossen wird, ist aber wegen der Beendigung des Mutterschutzes aus dem MuSchG infolge der Kündigung oder der Vertragsaufhebung ein besonders strenger **Maßstab** anzulegen (vgl. *BAG* vom 19.8.1982, AP Nr. 10 zu § 9 MuSchG 1968 unter B II 2a). Zur Anfechtung vgl. § 9 Rdnr. 127; zum Widerruf vgl. § 9 Rdnr. 130. 120

Die Beendigung des Arbeitsverhältnisses durch die Kündigung der Frau oder durch einen Auflösungsvertrag bedarf der Schriftform nach § 623 BGB. Bezüglich des Aufhebungsvertrages sind die eigenhändig geschriebenen Namen von Arbeitgeber und Arbeitnehmerin erforderlich (vgl. *Viethen/Schwedes*, Kapitel 23 Nr. 9). Die Kündigung der Arbeitnehmerin bedarf der Übergabe oder Übersendung eines unterschriebenen Briefes im Original. Die elektronische Form ist nicht möglich (vgl. *Viethen/Schwedes*, Kapitel 24 Nr. 2). Eine schriftliche **Erklärung** der Frau kann als Kündigung oder Zustimmung zur Aufhebung des Arbeitsvertrages nur gewertet werden, wenn in ihr bzw. in ihm klar und **eindeutig** zum Ausdruck kommt, daß die Frau nicht nur vorübergehend von der Arbeit freigestellt werden, sondern endgültig aus dem Arbeitsverhältnis **ausscheiden** will (vgl. *Gröninger/Thomas*, § 9 Rdnr. 75, 83; *Heilmann*, § 9 Rdnr. 133 und 139 ff.; *Meisel/Sowka*, § 9 Rdnr. 67, 71; *KR-Becker*, § 9 Rdnr. 150). 121

Die **Kündigung** der Frau wird wie in anderen Fällen mit ihrem **Zugang** wirksam (§ 130 BGB). Eine wirksam gewordene Kündigung kann die Frau nicht unter Berufung auf § 9 einseitig zurücknehmen (vgl. jedoch hier § 9 122

MuSchG § 9 *Kündigungsverbot*

Rdnr. 127f.). Folgen: Wird das Arbeitsverhältnis durch die Kündigung der Frau oder durch die vertragliche Aufhebung des Arbeitsverhältnisses vor Beginn der Schutzfrist vor der Entbindung aufgelöst, hat die Frau keinen Anspruch auf Mutterschaftsgeld nach § 13 Abs. 2 oder nach § 200 RVO (vgl. jedoch § 13 Rdnr. 38f.). Zum Anspruch auf Arbeitslosengeld trotz Eigenkündigung vgl. § 10 Rdnr. 10; zum Mutterschaftsgeld für arbeitslose Frauen vgl. § 200 RVO Rdnr. 13, 102f. Vgl. ferner § 9 Rdnr. 77f.; Rdnr. 23 vor § 3.

123   f) **Mitteilung an Aufsichtsbehörde.** Nach § 9 **Abs. 2 Halbsatz 2** i. V. m. § 5 Abs. 1 S. 3 hat der Arbeitgeber die Aufsichtsbehörde von der Kündigung gleich, ob eine fristgemäße oder fristlose und aus welchen Gründen einer schwangeren Frau, die sie ihm gegenüber erklärt, unverzüglich zu benachrichtigen. Dies gilt auch für eine Kündigung der Frau zum Ende der Schutzfrist oder zum Ende der Elternzeit nach § 19 BErzGG, sofern dem Arbeitgeber die Kündigung noch während der Schwangerschaft zugegangen ist. Dies folgt aus den Worten »kündigt eine schwangere Frau«, gleich zu welchem Zeitpunkt. Aus diesen Worten folgt ferner, daß der Arbeitgeber die Aufsichtsbehörde nur von einer Kündigung durch die Frau, nicht dagegen von der Zustimmung der Frau zur Vertragsaufhebung oder von der Beendigung des Arbeitsverhältnisses aus anderen Gründen, z. B. durch Fristablauf, unterrichten muß (ebenso *Gröninger/Thomas*, § 9 Rdnr. 87; *Meisel/Sowka*, § 9 Rdnr. 69a; a. A. bei jedem Aufhebungsvertrag und auch für die vier Monate nach Entbindung *Heilmann*, § 9 Rdnr. 147f.); es sei denn, daß mit der anderen Art der Auflösung des Arbeitsverhältnisses die Vorschrift des § 9 Abs. 2 umgangen werden sollte.

124   Die **Aufsichtsbehörde** hat gemäß § 20 Abs. 1 vor allem die **Aufgabe**, mit der Frau ein Gespräch über die Kündigung und ihre Gründe zu führen und sie auf die ihr noch zustehenden Rechte, auch die Rechte aus § 10 Abs. 2, hinzuweisen (vgl. auch *Gröninger/Thomas*, § 9 Rdnr. 88). Stellt sich bei dem Gespräch heraus, daß der Frau ein rechtserheblicher Irrtum bei der Kündigung unterlaufen ist oder daß die Kündigung durch eine arglistige Täuschung oder eine widerrechtliche Drohung des Arbeitgebers bedingt war, macht die Aufsichtsbehörde die Frau auf ihr Anfechtungsrecht nach § 119 oder § 123 BGB aufmerksam; ggf. führt sie auch ein Gespräch mit dem Arbeitgeber (vgl. *BT-Drucks.* IV/3652 S. 5 zu Nr. 10; vgl. auch § 9 Rdnr. 127ff.).

125   Teilt der Arbeitgeber der Aufsichtsbehörde die Eigenkündigung der Frau nicht mit, spricht nicht die unwiderlegbare Vermutung dafür, daß sie ihr Arbeitsverhältnis nicht gekündigt hat, insbesondere nicht die Vermutung, daß der Arbeitgeber die schriftlichen Äußerungen der Frau zunächst nicht als Kündigung gewertet hat (vgl. *BAG* vom 19.8.1982, AP Nr. 10 zu § 9 MuSchG 1968 unter B II 1 c). Eine Strafe oder Geldbuße kann gegen den Arbeitgeber wegen **Unterlassung der Benachrichtigung** nicht verhängt werden, da § 9 Abs. 2 in § 21 nicht sanktionsbewehrt ist (ebenso *Heilmann*, § 9 Rdnr. 152). Die Unterlassung der Benachrichtigung führt auch nicht zur Unwirksamkeit der Eigenkündigung der Frau, auch nicht auf dem Umweg über einen Schadens-

ersatzanspruch nach § 823 Abs. 2 BGB (*BAG* vom 19.8.1982, AP Nr. 10 zu § 9 MuSchG 1968; zustimmend *Mummenhoff*, SAE 1984, S. 58; vgl. die Rdnr. zu AP Nr. 10 zu § 9 MuSchG 1968; a.A. *Heilmann*, § 9 Rdnr. 151).

Dagegen kann die Frau einen Anspruch auf Ersatz eines darüber hinausgehenden **Schadens** nach § 823 Abs. 2 BGB haben, z.B. eines Schadens, der ihr aufgrund der Unkenntnis ihrer Rechte nach § 10 Abs. 2 entsteht (vgl. *BAG* in § 9 Rdnr. 126 unter B II 3 a; *KR-Becker*, § 9 MuSchG Rdnr. 162). Die Vorschrift des § 9 Abs. 2 ist ein Schutzgesetz im Sinne des § 823 Abs. 2 BGB, da sie nicht nur allgemein der sozialen Ordnung dient, sondern auch den Schutz der einzelnen Frau bezweckt (ebenso *Gröninger/Thomas*, § 9 Rdnr. 89; *KR-Becker*, § 9 MuSchG Rdnr. 162). Dagegen kann aus § 9 Abs. 2 eine Pflicht des Arbeitgebers, die Frau vor Ausspruch einer Kündigung über die Folgen ihrer Kündigung zu belehren, nicht hergeleitet werden (ebenso *BAG* vom 19.8.1982 in § 9 Rdnr. 126 unter B II 3 b; a.A. *Heilmann*, § 9 Rdnr. 152), auch nicht aus der Fürsorgepflicht des Arbeitgebers (vgl. *BAG* vom 6.2.1992, NJW 1992, S. 2173). 126

g) **Anfechtung der Eigenkündigung**. Die Frau kann ihre Kündigung oder ihre Zustimmung zum Aufhebungsvertrag **wegen Irrtums** anfechten, wenn die Voraussetzungen des § 119 BGB vorliegen. Dies ist der Fall, wenn ihre Äußerungen gegenüber dem Arbeitgeber nicht dem entsprochen haben, was sie mitteilen wollte (Irrtum in der Erklärungshandlung) oder wenn sie mit ihrer Erklärung etwas anderes ausdrücken wollte, als sie tatsächlich ausgedrückt hat (Irrtum über den Erklärungsinhalt). Beides dürfte seit Einführung des Schriftformerfordernisses in § 623 BGB nur sehr selten gegeben sein. Die Frau hat sich z.B. nur für die Dauer der Schutzfristen schriftlich abmelden wollen, der Arbeitgeber hat jedoch ihre Erklärung als Kündigung des Arbeitsverhältnisses verstanden und verstehen können (ebenso *Buchner/Becker*, § 9 Rdnr. 63). Eine Anfechtung ist dagegen nicht gegeben, wenn die Frau bei ihrer Kündigung nicht weiß, **daß** sie **schwanger** ist (h.M., vgl. z.B. *BAG* vom 6.2.1992, NJW 1992, S. 2173). Ein beachtlicher Irrtum ist in der Regel auch nicht gegeben, wenn sie in Unkenntnis des Kündigungsschutzes nach § 9 Abs. 1 oder in dem irrigen Glauben kündigt, die Kündigung beendige nur das Arbeitsverhältnis, beseitige aber ihre Schutzrechte aus dem MuSchG nicht (*BAG* vom 16.2.1983, AP Nr. 22 zu § 123 BGB; *Gröninger/Thomas*, § 9 Rdnr. 85; a.A. *Heilmann*, § 9 Rdnr. 136). 127

Anders ist dagegen die Rechtslage zu beurteilen, wenn die Frau ihren irrigen Beweggrund oder ihre Rechtsunkenntnis zum Bestandteil ihrer Kündigungserklärung gemacht hat (*BAG* vom 16.2.1983, AP Nr. 22 zu § 123 BGB). In diesem Falle kann ein sogenannter **erweiterter Inhaltsirrtum** vorliegen (vgl. RGZ 149, 235, 239; 165, 168, 201). Gehen Arbeitgeber und Arbeitnehmerin gemeinsam von dem Irrtum aus, die Kündigung oder der Aufhebungsvertrag beendige nur das Arbeitsverhältnis, nicht aber die mutterschutzrechtlichen Ansprüche, kann die Berufung des Arbeitgebers auf die Kündigung oder den Aufhebungsvertrag eine unzulässige Rechtsausübung darstellen (vgl. *BGH* vom 12.4.1960, LM Nr. 8 zu § 119 BGB; vgl. auch *KR-Becker*, § 9 Rdnr. 153). 128

MuSchG § 9 *Kündigungsverbot*

129 Die Eigenkündigung der Frau oder der Aufhebungsvertrag ist wie andere Willenserklärungen nach § 123 BGB anfechtbar, wenn sie bzw. er auf einer arglistigen Täuschung oder einer widerrechtlichen Drohung des Arbeitgebers beruht. Eine arglistige **Täuschung** liegt insbesondere vor, wenn der Arbeitgeber die Rechtsunkenntnis der Frau ausnutzt. Er versichert ihr z. B. wider besseres Wissen, die Kündigung oder der Aufhebungsvertrag beeinträchtige ihre mutterschutzrechtlichen Ansprüche nicht und bewegt sie dadurch zur Kündigung oder zum Aufhebungsvertrag. Eine **Drohung** des Arbeitgebers, er werde der Frau kündigen, falls sie nicht selbst kündigt oder dem Aufhebungsvertrag zustimmt, ist wegen des Kündigungsverbots des § 9 Abs. 1 in der Regel widerrechtlich, es sei denn, daß er mit einer Zulässigkeitserklärung nach § 9 Abs. 3 rechnen konnte (vgl. *BAG* vom 8.12.1955, AP Nr. 4 zu § 9 MuSchG und vom 14.7.1960, AP Nr. 13 zu § 123 BGB; *ArbG Rheine* vom 20.5.1968, DB 1968, S. 1363; *Gröninger/Thomas*, § 9 Rdnr. 86; *Heilmann*, § 9 Rdnr. 137; *KR-Becker*, § 9 Rdnr. 154; *Meisel/Sowka*, § 9 Rdnr. 74).

130 Die schwangere Arbeitnehmerin hat ein Recht zur Anfechtung einer Eigenkündigung oder eines Aufhebungsvertrages nach § 123 BGB, wenn sie durch eine rechtswidrige Drohung zur Abgabe einer Eigenkündigung oder zu ihrem Einverständnis zum Auflösungsvertrag veranlaßt wurde. So wird die Drohung mit einer Kündigung widerrechtlich sein, wenn ein verständiger Arbeitgeber eine Kündigung ernsthaft nicht in Betracht gezogen hätte (BAG vom 7.3.2002, DB 2002, S. 1997; vom 5.12.2002, DB 2003, S. 1685). Wird einer schwangeren Arbeitnehmerin der Abschluß eines **Aufhebungsvertrages** angeboten und eine von der Arbeitnehmerin erbetene Bedenkzeit abgelehnt, so kann ein gleichwohl abgeschlossener Aufhebungsvertrag mangels einer Drohung nicht allein wegen des Zeitdrucks nach § 123 BGB angefochten werden (*BAG* vom 16.2.1983, AP Nr. 22 zu § 123 BGB; *LAG Düsseldorf* vom 26.1.1993, NZA 1993, S. 702, 703). Es besteht auch kein allgemeines **Widerrufsrecht** eines Arbeitnehmers gegen einen von ihm unter Zeitdruck geschlossenen arbeitsrechtlichen Aufhebungsvertrag. Auch eine Verwirrung durch die Androhung einer Kündigung genügt nicht, um ein Widerrufsrecht des Arbeitnehmers zu rechtfertigen oder eine widerrechtliche Drohung zu bejahen (vgl. *ArbG Köln* vom 1.6.1993, DB 1993, S. 2135; *Ehrich*, DB 1992, S. 2239, 2240 f.). Ein Aufhebungsvertrag ist auch nicht allein deshalb unwirksam, weil der Arbeitgeber der Arbeitnehmerin weder eine Bedenkzeit noch ein Rücktritts- bzw. Widerrufsrecht eingeräumt und ihr auch das Thema des beabsichtigten Gesprächs vorher nicht mitgeteilt hat (vgl. *BAG* vom 30.9.1993, BB 1994, S. 785; vgl. auch *LAG Mecklenburg-Vorpommern* vom 6.7.1995, NZA 1996, 536). Die **Beweislast** für die arglistige Täuschung, die widerrechtliche Drohung trägt die Frau (vgl. *ArbG Hamburg* vom 17.4.1962, DB 1962, S. 1051), für den Aufhebungsvertrag der Arbeitgeber.

8. In Heimarbeit Beschäftigte

Werdende Mütter und Wöchnerinnen, die in Heimarbeit beschäftigt sind, sind gegen Kündigungen und ihre Folgen **ebenso geschützt** wie Arbeitnehmerinnen. Die Kündigung des Heimarbeitsverhältnisses einer werdenden Mutter oder Wöchnerin ist daher, soweit nicht eine wirksame Befristung vorliegt, nach § 9 Abs. 1 Satz 2 unzulässig, und zwar auch dann, wenn das Heimarbeitsverhältnis noch kein Jahr lang besteht (ebenso *BAG* vom 22.9.1961, AP Nr. 22 zu § 9 MuSchG; *Gröninger/Thomas*, § 9 Rdnr. 128). Für Frauen, die den in Heimarbeit Beschäftigten lediglich gleichgestellt sind, gilt das Kündigungsverbot nach § 9 Abs.1 Satz 2 allerdings nur, wenn sich die Gleichstellung auch auf den neunten Abschnitt »Kündigung« des HAG erstreckt (§ 9 Abs. 1 Satz 2). 131

Dem Auftraggeber bleibt es überlassen, die Zulässigerklärung zur beabsichtigten Kündigung nach § 9 Abs. 3 bei der zuständigen Landesbehörde zu beantragen (vgl. *BAG* vom 22.9.1961, AP Nr. 22 zu § 9 MuSchG). Das Kündigungsverbot darf auch nicht in der Weise umgangen werden, daß an eine Heimarbeiterin keine Heimarbeit mehr ausgegeben wird (vgl. § 9 Abs. 4). Der Auftraggeber oder Zwischenmeister ist vielmehr verpflichtet, an die Heimarbeiterin während der Schwangerschaft und bis zum Ablauf von vier Monaten nach der Entbindung Heimarbeit mindestens in dem Umfang auszugeben, den sie während des Berechnungszeitraums des § 11 Abs. 1 erhalten hat (ebenso *Heilmann*, § 9 Rdnr. 200; *Meisel/Sowka*, § 9 Rdnr. 15 ff.). Andernfalls liegt auf seiten des Auftraggebers oder Zwischenmeisters Annahmeverzug vor, der die Heimarbeiterin nach § 615 BGB berechtigt, ihr bisheriges Entgelt weiter zu fordern (vgl. *Buchner/Becker*, § 9 Rdnr. 235 f.). Die Verpflichtung entfällt nur dann, wenn die Heimarbeiterin auf die Ausgabe von Heimarbeit verzichtet und wenn und soweit Beschäftigungsverbote zur Anwendung kommen. Der Entgeltausfall, der durch die Beschäftigungsverbote eintritt, ist vom Auftraggeber oder Zwischenmeister im Rahmen des § 11 zu ersetzen (vgl. auch *KR-Becker*, § 9 Rdnr. 178 f.) Vgl. zum Kündigungsschutz der Heimarbeiterinnen im einzelnen *Schmidt/Koberski*, HAG, § 29 Rdnr. 122 ff. 132

9. Verhältnis zum sonstigen Kündigungsschutz

Das allgemeine Kündigungsrecht und der allgemeine Kündigungsschutz stehen **selbständig und unabhängig** neben § 9. Die Mutter kann sich hierauf selbst bei einer nach § 9 Abs. 3 genehmigten Kündigung mit Erfolg berufen, wenn sie die Voraussetzungen dafür erfüllt. Eine Doppelbegründung bei einer Klage gegen eine Kündigung ist der Mutter auf jeden Fall dann zu empfehlen, wenn nicht eindeutig ist, ob alle Voraussetzungen des § 9 Abs. 1 vorliegen, ferner auch deswegen, um den Eintritt der Präklusionswirkung zu verhindern. Die Doppelbegründung der Kündigungsschutzklage kann jedoch bis zum Schluß der mündlichen Verhandlung 1. Instanz nachgereicht werden (vgl. § 6 KSchG). Auf die 133

MuSchG § 9 *Kündigungsverbot*

sechsmonatige Wartefrist des § 1 Abs. 1 KSchG sind auch mutterschutzrechtliche Fehlzeiten anzurechnen (vgl. *ArbG Eßlingen* vom 22. 8. 1966, ArbuR 1967, S. 126; *Gröninger/Thomas*, § 9 Rdnr. 110). Die Besonderheiten bei einer schwangeren Frau und bei einer Wöchnerin sind bei der Prüfung der Sozialwidrigkeit einer Kündigung zu berücksichtigen, wenn auch die Entlassung einer solchen Frau nicht schon deswegen ohne weiteres eine Sozialwidrigkeit i. S. d. § 9 KSchG bedeutet. In der Stellung eines Auflösungsantrages durch die Arbeitnehmerin nach § 9 KSchG kann u. U. ein Verzicht auf den Kündigungsschutz aus § 9 liegen (*KR-Becker*, § 9 MuSchG Rdnr. 171).

134 Der **besondere Kündigungsschutz** für bestimmte Personengruppen gilt ebenfalls neben § 9, z. B. nach §§ 85 ff. SGB IX für Schwerbehinderte, nach § 15 KSchG für Betriebsratsmitglieder. Eine nach anderen Gesetzen erforderliche behördliche Zustimmung wird auch durch die Zulässigerklärung nach § 9 Abs. 3 nicht ersetzt. Die erforderliche **Mitwirkung des Betriebsrats** nach §§ 102 und 103 BetrVG bzw. des Personalrats nach § 79 Abs. 4 BPersVG gilt auch für eine Kündigung nach § 9 (allg. Meinung, vgl. z. B. *Gröninger/Thomas*, § 9 Rdnr. 117; *KR-Becker*, § 9 MuSchG Rdnr. 173 f.; vgl. ferner § 9 Rdnr. 78 und § 18 BErzGG Rdnr. 28).

10. Verhältnis zum Kündigungsschutz des § 18 BErzGG

135 § 9 gilt für leibliche Mütter während der Schwangerschaft bis zum Ablauf von vier Monaten nach der Entbindung (vgl. § 9 Rdnr. 4, 12, 52 ff.). § 18 BErzGG gilt, soweit es um leibliche Mütter geht, die Elternzeit nach Ablauf der Schutzfrist nach der Entbindung nehmen (vgl. § 15 Abs. 2 Nr. 1 BErzGG; ferner Vorauflage, § 15 BErzGG Rdnr. 17, 23), für die Dauer der Elternzeit vom Ablauf der Schutzfrist bis zum Ende der Elternzeit, also im äußersten Fall bei Normalgeburten vom 3. Monat, bei Früh- und Mehrlingsgeburten vom 4. Monat nach der Entbindung (vgl. § 6 Abs. 1) bis zur Vollendung des dritten Lebensjahres ihres Kindes (vgl. § 15 BErzGG, ferner Vorauflage, § 18 BErzGG Rdnr. 17 ff.). Eine **Konkurrenz** zwischen § 9 MuSchG und § 18 BErzGG ist somit bei Normalgeburten im **3. und 4. Monat** bei Früh- und Mehrlingsgeburten im 4. Monat **nach der Entbindung möglich**. Sie ist wie folgt zu lösen:

136 § 18 BErzGG ist im Unterschied zu seinem Vorläufer § 9a MuSchG (vgl. dazu 4. Auflage § 9a Rdnr. 3) keine lex spezialis gegenüber § 9 MuSchG. Bei der Verabschiedung des § 18 BErzGG bestand im Unterschied zu der Verabschiedung des § 9a MuSchG auch nicht die Absicht, § 9 MuSchG für eine bestimmte Zeit zu verdrängen; der Gesetzgeber verfolgte vielmehr das Ziel, den Kündigungsschutz des § 9 MuSchG hinsichtlich der Dauer und des geschützten Personenkreises auszudehnen (vgl. *BT-Drucks.* 10/3792 S. 20). Aus dem Wortlaut, der Entstehungsgeschichte und dem Sinn und Zweck beider Vorschriften ergibt sich andererseits auch nicht, daß § 9 MuSchG für seine Geltungsdauer, d. h. bis zum Ablauf von vier Monaten nach der Entbindung den § 18 BErzGG ver-

drängen will. Beide Vorschriften stehen daher **selbständig und unabhängig nebeneinander** wie sie jeweils auch selbständig und unabhängig nebeneinander zum allgemeinen Kündigungsschutz stehen (vgl. § 9 Rdnr. 133). Die leibliche Mutter kann sich bei Normalgeburten im 3. und 4. Monat, bei Früh- und Mehrlingsgeburten im 4. Monat nach der Entbindung auf beide Vorschriften berufen, soweit sie deren Voraussetzungen erfüllt (a. A. wohl *Halbach*, DB 1986 Beilage Nr. 1 S. 17). Dies kann wegen der unterschiedlichen Zwecksetzung (vgl. § 9 MuSchG Rdnr. 1f. und Vorauflage, § 18 BErzGG Rdnr. 1) und dem unterschiedlichen Geltungsbereich beider Vorschriften (vgl. Vorauflage, § 18 BErzGG Rdnr. 4f.) sinnvoll sein (im Ergebnis ebenso *BAG* vom 31.3.1993, NZA 1993, S. 646).

Dies bedeutet bei systematischer Würdigung, daß **im Überlappungszeitraum** (vgl. § 9 Rdnr. 136) ein Kündigungsverbot nach § 9 Abs. 1 MuSchG und ein Kündigungsverbot nach § 18 Abs. 1 Satz 1 BErzGG sowie ein Erlaubnisvorbehalt nach § 9 Abs. 3 und ein Erlaubnisvorbehalt nach § 18 Abs. 1 BErzGG besteht, deshalb auch grundsätzlich zwei Erlaubnisse, d.h. **zwei Ausnahmegenehmigungen** beantragt und erteilt werden müssen. Der Arbeitgeber muß zwei Anträge stellen. Für die Aufsichtsbehörde muß erkennbar sein, nach welcher Vorschrift der Arbeitgeber eine Zulässigerklärung begehrt, zumindest muß er ihren wesentlichen Tatbestand in seinem Antrag wiedergeben (vgl. § 26 Abs. 2 VwVfG): Erlaubnis entgegen Schwangerschaft bzw. Mutterschaft und/ oder Erlaubnis entgegen Elternzeit. Die jeweils zuständige Aufsichtsbehörde (vgl. § 9 Rdnr. 72 einerseits und Vorauflage, § 18 BErzGG Rdnr. 25 andererseits) hat sich bei ihrer Entscheidung an dem mit dem jeweiligen Kündigungsverbot verfolgten Zweck (vgl. § 9 Rdnr. 1f. einerseits und Vorauflage, § 18 BErzGG Rdnr. 1 andererseits) zu orientieren und die unterschiedlichen Zwecksetzungen zumindest im Rahmen ihrer Ermessensentscheidung zu bewerten (h. M., vgl. z. B. *BAG* vom 31.3.1993, S. 1221, 1222 = DB 1993, S. 1783, 1784 = NZA 1993, S. 646, 648f.; *Buchner/Becker*, Rdnr. 9 vor § 9 und § 9 Rdnr. 233).

§ 10 Erhaltung von Rechten

(1) Eine Frau kann während der Schwangerschaft und während der Schutzfrist nach der Entbindung (§ 6 Abs. 1) das Arbeitsverhältnis ohne Einhaltung einer Frist zum Ende der Schutzfrist nach der Entbindung kündigen.

(2) Wird das Arbeitsverhältnis nach Absatz 1 aufgelöst und wird die Frau innerhalb eines Jahres nach der Entbindung in ihrem bisherigen Betrieb wieder eingestellt, so gilt, soweit Rechte aus dem Arbeitsverhältnis von der Dauer der Betriebs- oder Berufszugehörigkeit oder von der Dauer der Beschäftigungs- oder Dienstzeit abhängen, das Arbeitsverhältnis als nicht unterbrochen. Dies gilt nicht, wenn die Frau in der Zeit von der Auflösung

des Arbeitsverhältnisses bis zur Wiedereinstellung bei einem anderen Arbeitgeber beschäftigt war.

Inhaltsübersicht

1. Entstehungsgeschichte und Zweck der Regelung 1–2
2. Kündigungsrecht der Frau (Abs. 1) .. 3–10
   a) Zeitpunkt, Form der Kündigung ... 3–8
   b) Wirkung der Kündigung 9–10
3. Erhaltung von Rechten (Abs. 2) 11–17
   a) Voraussetzungen 11–13
   b) Wirkung und Bedeutung 14–17

1. Entstehungsgeschichte und Zweck der Regelung

1   Im Ausschuß für Arbeit des Deutschen Bundestages ist im Jahre 1965 im Interesse des Mutter-Kind-Verhältnisses beantragt worden, der Frau für die Zeit nach Ablauf der Schutzfrist nach der Entbindung einen Anspruch auf einen unbezahlten Karenzurlaub von sechs Monaten einzuräumen, und zwar in Form eines Anspruches auf Befreiung von der Arbeit bis zur Dauer von sechs Monaten nach der Entbindung. Ein solcher Karenzurlaub ist damals nicht verwirklicht worden (vgl. Schriftl. Bericht in *BT-Drucks.* zu IV/3652 S. 6). Als Ersatz für einen Karenzurlaub ist die Vorschrift des § 10 geschaffen worden. Sie verfolgt den gleichen Zweck wie der abgelehnte Antrag auf Gewährung eines Karenzurlaubs. Die Frauen sollen einen Anreiz erhalten, die Erwerbstätigkeit für ein Jahr nach der Entbindung aufzugeben, damit sie mit dem Kind auch tagsüber zusammen sein, es selbst pflegen und ernähren und ihm die »Nestwärme« geben können (vgl. *Gröninger/Thomas*, § 10 Rdnr. 1).

2   Diese Regelung wurde durch das Gesetz zur Einführung eines Mutterschaftsurlaubs vom 25.6.1979 (BGBl. I S. 797) für den Fall des Mutterschaftsurlaubs um einen Satz 2 dahin ergänzt, daß die Mutter das Arbeitsverhältnis unter Einhaltung einer Kündigungsfrist von einem Monat zum Ende ihres Mutterschaftsurlaubs kündigen konnte, soweit für sie nicht eine kürzere gesetzliche oder vereinbarte Kündigungsfrist galt. Bei der Einführung des Erziehungsurlaubs (jetzt Elternzeit) wurde der Satz 2 des § 10 aufgehoben (vgl. Vorauflage, § 37 Nr. 1 BErzGG), sein Inhalt jedoch in § 19 BErzGG übernommen, allerdings ohne die in § 10 Abs. 2 vorgesehene Statussicherung. Will die Mutter diesen Status erlangen, muß sie ihr Arbeitsverhältnis zum Ende der Schutzfrist nach der Entbindung kündigen. Dies hat allerdings den Nachteil, daß sie wegen der Beendigung ihres Arbeitsverhältnisses keine Elternzeit nehmen kann und sie auch nicht in den Genuß der Arbeitsplatzgarantie aus § 18 BErzGG kommt.

2. Kündigungsrecht der Frau (Abs. 1)

a) **Zeitpunkt, Form der Kündigung.** § 10 Abs. 1 gibt der schwangeren Frau 3
und der Wöchnerin ohne Rücksicht auf gesetzliche oder vereinbarte Kündigungsfristen das Recht, das Arbeitsverhältnis ohne Einhaltung einer Frist zu kündigen, allerdings nur **zum Ende der Schutzfrist** nach der Entbindung (zur Berechnung vgl. § 6 Rdnr. 19 ff.; zum Begriff Entbindung vgl. § 6 Rdnr. 6 ff.). Kündigt die Frau zu einem früheren oder späteren Zeitpunkt, dann muß sie die gesetzlichen oder vereinbarten Kündigungsfristen einhalten. Das Recht zur fristlosen Kündigung, außerordentlichen Kündigung, steht der Frau **nur während der Schwangerschaft** und während der **Schutzfrist** nach der Entbindung von acht oder zwölf (Früh- und Mehrlingsgeburten) Wochen zu. Bleibt die Frau aufgrund des § 6 Abs. 2 der Arbeit über die Dauer der generellen Schutzfrist des § 6 Abs. 1 hinaus, also über die acht bzw. zwölf Wochen hinaus, fern, so verlängert sich deshalb die Frist zur Ausübung ihres Sonderkündigungsrechtes nicht. Das Kündigungsrecht ist **zwingend** und kann nicht vertraglich ausgeschlossen werden (vgl. zum Ganzen auch *Gröninger/Thomas*, § 10 Rdnr. 4; *Heilmann*, § 10 Rdnr. 12 ff.; *KR-Becker*, § 10 MuSchG Rdnr. 8 ff.).

Aufgrund der Änderung des § 6 Abs. 1 durch Art. 1 Nr. 3 i. V. m. Art. 7 4
MuSchG ÄndG 1996 endet bei Frühgeburten die zwölfwöchige Schutzfrist nach der Entbindung seit 1.1.1997 noch später als bisher, und zwar **verlängert sich die zwölfwöchige Schutzfrist** gemäß § 6 Abs. 1 Satz zweiter Halbsatz **zusätzlich um den Zeitraum**, der nach § 3 Abs. 2 nicht in Anspruch genommen werden konnte (siehe im einzelnen § 6 Rdnr. 23 ff.). Zu dem danach ermittelten neuen Ende der Schutzfrist nach der Entbindung bei Frühgeburten (vgl. § 6 Rdnr. 24 f.) ist ab 1.1.1997 die Kündigung dementsprechend gemäß § 10 Abs. 1 noch zulässig (ebenso *Gröninger/Thomas*, § 10 Rdnr. 4).

Durch die Verlängerung der **Schutzfrist nach der Entbindung** wird nur die 5
Dauer der Schutzfrist verändert, nicht deren **Eigentümlichkeit**. Diese Schutzfrist endet nach wie vor immer nur durch den vom MuSchG jeweils bestimmten Fristablauf. Grund: Die Mutter braucht grundsätzlich die ersten acht Wochen nach der Entbindung zur Rückbildung der durch Schwangerschaft und Entbindung verursachten Organveränderungen (vgl. § 6 Rdnr. 2). Hieran ändert selbst der Tod des Kindes grundsätzlich nichts (vgl. § 6 Rdnr. 17 ff.). § 6 Abs. 1 Satz 3 mit der Möglichkeit für die Mutter, beim Tod ihres Kindes vom Arbeitgeber die Wiederbeschäftigung vorzeitig zu verlangen, hat einen anderen Zweck (vgl. § 6 Rdnr. 4, 32 ff.).

§ 10 Abs. 1 deckt auch eine **Kündigung**, die dem Arbeitgeber erst an dem 6
Tage i. S. d. § 130 BGB zugeht, an dem die Schutzfrist nach der Entbindung abläuft. Auf Grund der Treuepflicht ist die Frau jedoch gehalten, dem Arbeitgeber die Kündigung möglichst rechtzeitig mitzuteilen. Die Treuepflicht der Frau darf allerdings gerade hier nicht überspannt werden (vgl. auch *Gröninger/Thomas*, § 10 Rdnr. 3). Der dringende Wunsch der Frau, mit dem Kind nach

Ablauf der Schutzfrist unter Verzicht auf das Arbeitseinkommen zusammen zu sein, entsteht in vielen Fällen erst einige Zeit nach der Entbindung (gegen jede Verpflichtung zur früheren Mitteilung der Kündigung *Heilmann*, § 10 Rdnr. 16; *KR-Becker*, § 10 MuSchG Rdnr. 16).

7 Eine **Kündigung** nach § 10 Abs. 1 liegt nur vor, wenn für den Arbeitgeber eindeutig erkennbar ist, daß die Mutter das Arbeitsverhältnis zum Ende der Schutzfrist nach der Entbindung tatsächlich kündigen will (vgl. *BAG* vom 19.8.1982, DB 1982, S. 2408). Eine Umdeutung einer anderen Kündigung in eine Sonderkündigung nach § 10 Abs. 1 ist möglich (*KR-Becker*, § 10 MuSchG Rdnr. 14, 21). Erklärungen der Mutter, sie werde nach Ablauf der Schutzfrist nicht mehr arbeiten, sich ganz ihrem Kind widmen u.ä., sind noch keine Kündigung i.S.d. § 10 Abs. 1 (vgl. *LAG Bad.-Württbg.* vom 31.1.1969, DB 1969, S. 931; *Heilmann*, § 10 Rdnr. 20). Eine bestimmte **Form** ist für die Sonderkündigung nicht vorgesehen; sie kann mündlich oder schriftlich erklärt werden. Ein Grund braucht bei der Kündigung nicht angegeben zu werden. Die Ausübung des Sonderkündigungsrechts ist auch dann wirksam, wenn sie aus anderen Gründen als denen der Mutterschaft erfolgt. Der Arbeitgeber muß die Aufsichtsbehörde von einer Sonderkündigung benachrichtigen (vgl. § 9 Abs. 2).

8 Nach § 19 BErzGG hat die Mutter ein Sonderkündigungsrecht zum Ende des Erziehungsurlaubs, allerdings ohne eine mit § 10 Abs. 2 vergleichbare Statussicherung (vgl. dort).

9 **b) Wirkung der Kündigung.** Eine Sonderkündigung nach § 10 Abs. 1 hat die gleiche Wirkung wie jede andere Kündigung, sie löst das Arbeitsverhältnis auf. Die **Rechtsbeziehungen** zwischen der Frau und ihrem Arbeitgeber werden ganz und endgültig **beendet**, und zwar zum Ende der Schutzfrist nach der Entbindung. Die Frau hat wie nach einer anderen Kündigung gegen ihren Arbeitgeber keinen Anspruch mehr, insbesondere keinen Anspruch auf Wiedereinstellung. Sie kann ihre Kündigung auch nicht einseitig zurücknehmen. Hat die Frau eine freiwillig gewährte **Weihnachtsgratifikation** erhalten, muß sie diese zurückzahlen, wenn eine Rückzahlung für den Fall vereinbart war, daß sie auf eigenes Verlangen aus dem Arbeitsverhältnis ausscheidet (*BAG* vom 17.7.1969, DB 1969, S. 1752 = BB 1969, S. 1225; *LAG Hamm* vom 9.7.1976, DB 1976, S. 1918 = BB 1976, S. 1272). Ein noch nicht gewährter Urlaub ist nach § 7 Abs. 4 BUrlG abzugelten, da er wegen der Beendigung des Arbeitsverhältnisses nicht mehr gegeben werden kann (vgl. auch § 17 Rdnr. 6 sowie *Gröninger/Thomas*, § 10 Rdnr. 6; *Heilmann*, § 10 Rdnr. 2ff.; *KR-Becker*, § 10 MuSchG Rdnr. 25ff.; *Meisel/Sowka*, § 10 Rdnr. 9, 10).

10 Nach Beendigung des Arbeitsverhältnisses und dem Bezug des Mutterschaftsgeldes kann sich die Frau beim Arbeitsamt **arbeitslos melden** und Arbeitslosengeld beantragen (§ 117ff. SGB III). Wer seine Arbeitsstelle freiwillig aufgegeben hat, erhält zwar regelmäßig für die Dauer einer Sperrzeit von zwölf Wochen kein Arbeitslosengeld (§ 144 Abs. 1 SGB III). Dies gilt jedoch nicht, wenn der Arbeitslose für sein Verhalten einen wichtigen Grund hatte. Dieser

Erhaltung von Rechten **§ 10 MuSchG**

wird bei Müttern, die wegen Betreuung eines Kleinkindes nicht mehr für eine Vollzeitarbeit, sondern nur noch für eine Teilzeitarbeit in Betracht kommen und die der bisherige Arbeitgeber aus betrieblichen Gründen (vgl. § 8 Abs. 4 TzBfG) nicht in Teilzeitarbeit beschäftigen will, regelmäßig vorliegen. Die Schutzfristen und die Elternzeit kürzen die Anspruchszeit für Arbeitslosengeld grundsätzlich nicht (vgl. § 9 Rdnr. 77). Die besondere Kündigungsmöglichkeit nach § 10 Abs. 1 befreit die Mutter nicht von der Einhaltung der Fristen zur Erlangung eines Übergangsgeldes oder der Weihnachtsgratifikation u. ä.

3. Erhaltung von Rechten (Abs. 2)

a) **Voraussetzungen.** Die Voraussetzungen für die Erhaltung von Rechten nach § 10 Abs. 2 sind trotz des Wortlauts »nach Absatz 1 aufgelöst«, also ohne Einhaltung einer Frist, nicht nur dann erfüllt, wenn das Arbeitsverhältnis durch fristlose **Kündigung** aufgelöst worden ist. Es genügt auch eine fristgemäße Kündigung oder die **Auflösung des Arbeitsverhältnisses** durch Aufhebungsvertrag zum Ende der Schutzfrist. Andernfalls würde man entgegen dem Sinn des Gesetzes die Frau benachteiligen, die sich trotz der Möglichkeit zur fristlosen bzw. außerordentlichen Kündigung nach § 10 Abs. 1 an die gesetzlichen oder vertraglich vereinbarten Kündigungsfristen hält oder die das Arbeitsverhältnis im gegenseitigen Einvernehmen durch Aufhebungsvertrag auflöst (ebenso *Heilmann*, § 10 Rdnr. 35; *KR-Becker*, § 10 MuSchG Rdnr. 35). Auch kann die Frau mit dem Arbeitgeber vereinbaren, daß zwischen ihnen trotz einer Kündigung oder vertraglichen Lösung des Arbeitsverhältnisses zu einem anderen Zeitpunkt das Arbeitsverhältnis im Sinne des § 10 Abs. 2 als »nach Absatz 1 aufgelöst« gelten soll (vgl. auch *Gröninger/Thomas*, § 10 Rdnr. 7; *Meisel/Sowka*, § 10 Rdnr. 3, 6). 11

§ 10 Abs. 2 kommt ferner nur zur Anwendung, **wenn die Frau innerhalb eines Jahres** nach der Entbindung **wieder eingestellt wird** (Entbindung z. B. am 1.10.2004, Wiedereinstellung spätestens am 1.10.2005; Berechnung nach § 187 Abs. 1 und § 188 Abs. 2 BGB, vgl. Anh. 2). Hierbei handelt es sich um eine Einstellung aufgrund eines neuen Arbeitsvertrages und nicht etwa um eine Fortsetzung des alten Arbeitsvertrages. Die Neueinstellung durch den bisherigen Arbeitgeber reicht grundsätzlich aus. Hat jedoch der Arbeitgeber mehrere Betriebe, dann muß die Neueinstellung für den Betrieb erfolgen, in dem die Frau bis zur Auflösung ihres alten Arbeitsverhältnisses beschäftigt war, im öffentlichen Dienst also für die Dienststelle, bei der die Frau vor ihrem Ausscheiden gearbeitet hat (ebenso *BMI MuSch* zu 15.5; *Gröninger/Thomas*, § 10 Rdnr. 8; weiter *Buchner/Becker*, § 10 Rdnr. 36). Ein Anspruch der Frau auf Wiedereinstellung wird durch § 10 Abs. 2 nicht begründet, ebensowenig ein Einstellungsgebot für den Arbeitgeber (h. M.). Der Begriff des Betriebes ist im weitesten Sinne zu verstehen. Er umfaßt z. B. auch den Bauernhof, das Krankenhaus, das Büro eines Rechtsanwalts sowie Verwaltungen aller Art, im öffentlichen Dienst 12

245

die Dienststelle i. S. d. § 6 Abs. 1 und 2 BPersVG (ebenso *BMI MuSch* zu 15.5; *Gröninger/Thomas*, § 10 Rdnr. 8; *KR-Becker*, § 10 MuSchG Rdnr. 40; *Meisel/ Sowka*, § 10 Rdnr. 11). Nach der mutterschutzrechtlichen Gleichstellung der Hausangestellten mit allen anderen Arbeitnehmerinnen und der mutterschutzrechtlichen Gleichstellung des Haushalts mit allen anderen Beschäftigungsbereichen durch das MuSchG ÄndG 1996 (vgl. zu Gleichstellung § 1 Rdnr. 12, 18; § 3; 8 Rdnr. 1, 23 und § 9 Rdnr. 7) gilt § 10 MuSchG auch für den Haushalt.

13 Voraussetzung für die Erhaltung von Rechten nach § 10 Abs. 2 ist ferner, daß die Frau in der Zeit von der Auflösung des Arbeitsverhältnisses bis zur Wiedereinstellung nicht von einem anderen Arbeitgeber beschäftigt wird. Auf die Dauer oder den Umfang der **zwischenzeitlichen Beschäftigung** kommt es nicht an. Nur die Frau, die ihrem bisherigen Arbeitgeber die »Treue« hält, soll die Vergünstigung erhalten. Eine zwischenzeitliche Beschäftigung der Frau bei ihrem bisherigen Arbeitgeber schließt die Erhaltung von Rechten nicht aus. Dabei ist es ohne Bedeutung, in welchem Betrieb des bisherigen Arbeitgebers die zwischenzeitliche Beschäftigung der Frau erfolgt ist. Auch schadet der Frau eine selbständige Tätigkeit in der Zwischenzeit nicht (ebenso *BMI MuSch* zu 15.5; *Gröninger/Thomas*, § 10 Rdnr. 10).

14 b) **Wirkung und Bedeutung.** Das Arbeitsverhältnis der Frau wird durch ihre Kündigung nach § 10 Abs. 1 aufgelöst. Es bleibt auch aufgelöst, wenn die Frau in ihrem bisherigen Betrieb aufgrund eines neuen Arbeitsvertrages wieder eingestellt wird. Ein Ruhen des Arbeitsverhältnisses in der Zwischenzeit wird in § 10 Abs. 2 nicht angeordnet. In § 10 Abs. 2 wird nur bestimmt, daß das **Arbeitsverhältnis** in beschränktem Umfang so zu behandeln ist, als ob es **nicht unterbrochen** wäre (gesetzliche Fiktion; ebenso *Gröninger/Thomas*, § 10 Rdnr. 11), und zwar ausschließlich hinsichtlich der Rechte aus dem Arbeitsverhältnis, die von der Dauer der Betriebs- oder Berufszugehörigkeit oder von der Dauer der Beschäftigungs- oder Dienstzeit abhängen. Praktisch bedeutet dies, daß der Frau, die die Voraussetzungen des § 10 Abs. 2 erfüllt, die Zeit der Betriebs- und Berufszugehörigkeit oder der Beschäftigungs- und Dienstzeit, die ihr vor Auflösung des Arbeitsverhältnisses anzurechnen waren, sowie die Zeit vom Ausscheiden aus dem alten Arbeitsverhältnis bis zum Beginn des neuen Arbeitsverhältnisses (ebenso *Heilmann*, § 10 Rdnr. 46; *KR-Becker*, § 10 MuSchG Rdnr. 51; a. A. *Gröninger/Thomas*, § 10 Rdnr. 13; *Meisel/Sowka*, § 10 Rdnr. 14, die die Zwischenzeit nicht anrechnen) auf ihre gesamte Betriebs- und Berufszugehörigkeit oder auf ihre gesamte Beschäftigungs- und Dienstzeit anzurechnen sind. Daß die Zeit nach dem Ausscheiden aus dem alten Arbeitsverhältnis bis zum Beginn des neuen Arbeitsverhältnisses miteinzurechnen ist, ergibt sich nicht nur aus dem Wortlaut »gilt als nicht unterbrochen«, sondern auch aus dem Sinn und Zweck und aus der Entstehungsgeschichte des § 10. Die Vorschrift will einen Ersatz für den Karenzurlaub (vgl. § 10 Rdnr. 1) wenigstens insoweit bieten, als es sich um die in § 10 Abs. 2 bestimmten Rechte handelt.

Erhaltung von Rechten § 10 MuSchG

Nachteile hinsichtlich dieser Rechte dürfen der Frau durch die Auflösung des Arbeitsverhältnisses nicht entstehen.

Rechte aus dem Arbeitsverhältnis, die von der Dauer der Betriebs- oder Berufszugehörigkeit oder von der Dauer der Beschäftigungs- oder Dienstzeit (öffentlicher Dienst) abhängen, ergeben sich vor allem aus den jeweiligen Tarifverträgen und Betriebsvereinbarungen oder auch aus den einschlägigen Gesetzen. Dort sind in der Regel auch die Begriffe Betriebs- und Berufszugehörigkeit oder Beschäftigungs- und Dienstzeit näher bestimmt, z.B. in § 19 BAT die Beschäftigungszeit und in § 20 BAT die Dienstzeit. Praktische Bedeutung hat § 10 Abs. 2 vor allem für eine zusätzliche Altersversorgung, für die Gewährung von Deputaten, für Jubiläumsgaben, für Jahres- oder Treueprämien, für Weihnachtsgratifikationen und andere freiwillige oder tarifvertragliche Leistungen des Arbeitgebers für langjährige Tätigkeit im Betrieb (ebenso *Buchner/Becker*, § 10 Rdnr. 46). Hängt die Erhaltung von Rechten i.S.d. § 10 Abs. 2 von Beitragszahlungen ab wie bei der betrieblichen Altersversorgung, dann müssen die Beiträge in der üblichen Weise nachentrichtet werden, falls dies gestattet ist; denn die Frau ist so zu stellen, wie sie gestanden hätte, wenn das Arbeitsverhältnis nicht aufgelöst worden wäre (vgl. § 10 Rdnr. 12). 15

Zu § 10 Abs. 2 hat der Bundesminister des Innern für den **öffentlichen Dienst** folgende Durchführungshinweise (*BMI MuSch* zu 15.6) gegeben: Aus der Vorschrift des § 10 Abs. 2 ergibt sich im Falle der Wiedereinstellung bei der bisherigen Dienststelle innerhalb eines Jahres nach der Entbindung für die Behandlung der Unterbrechungszeit: Die Unterbrechungszeit gilt als Beschäftigungszeit und damit auch als Dienstzeit im Sinne der §§ 19, 20 BAT bzw. der §§ 6, 7 MTB II. Zur Bewährungszeit nach § 23a BAT bzw. Nr. 1 Abschn. B der Vorbemerkungen zu allen Lohngruppen des Lohngruppenverzeichnisses zum MTB II: Die vor der Unterbrechung zurückgelegten Bewährungszeiten bleiben erhalten. Die Zeit der Unterbrechung wird auf die Bewährungszeit jedoch nicht angerechnet, weil während der Unterbrechungszeit keine Tätigkeit ausgeübt worden ist. Zur Bewährungszeit/Tätigkeitszeit nach den Anlagen 1a und 1b zum BAT bzw. Tätigkeitszeit nach dem Lohngruppenverzeichnis zum MTB II: Die Zeit der Unterbrechung ist auf die in den Tätigkeitsmerkmalen der Anlagen 1a und 1b zum BAT vorgesehenen Zeiten der Bewährung oder Tätigkeit nicht anzurechnen. Entsprechendes gilt für die in Tätigkeitsmerkmalen des Lohngruppenverzeichnisses zum MTB II geforderte Zeit der Ausübung einer bestimmten Tätigkeit. Soweit ununterbrochene Bewährungs- bzw. Tätigkeitszeiten gefordert werden, ist die Tatsache der Unterbrechung jedoch unschädlich. Das Arbeitsverhältnis gilt bei der **Festsetzung der Grundvergütung** nach § 27 BAT bzw. des Monatstabellenlohns nach § 24 MTB als nicht unterbrochen. Die Arbeitnehmerin erhält also bei ihrer Wiedereinstellung die Grundvergütung bzw. den Monatstabellenlohn, die bzw. den sie erhalten hätte, wenn das Arbeitsverhältnis nicht unterbrochen gewesen wäre. Für die Zeit der Unterbrechung entsteht kein Anspruch auf **Erholungsurlaub**, da die Länge des Urlaubs nach 16

MuSchG § 10 *Erhaltung von Rechten*

§ 48 Abs. 1 und 4 in Verbindung mit Abs. 5 BAT bzw. § 48 Abs. 7 und 8 in Verbindung mit Abs. 11 MTB II nicht von der Dauer der Betriebszugehörigkeit oder der Beschäftigungs- bzw. Dienstzeit abhängt. Die Wartezeit nach § 47 Abs. 3 BAT bzw. § 51 MTB II braucht jedoch nicht erneut erfüllt zu werden. Für die Feststellung des Anspruchs auf **Übergangsgeld** gilt die Unterbrechung nicht als Unterbrechung im Sinne des § 62 Abs. 1 Buchst. b BAT bzw. des § 65 Abs. 1 Buchst. b MTB II. Bei der Bemessung des Übergangsgeldes nach § 63 Abs. 2 BAT bzw. nach § 66 Abs. 1 MTB II ist die Zeit der Unterbrechung mitzurechnen. § 63 Abs. 4 BAT bzw § 66 Abs. 4 MTB II sind zu beachten. Die Unterbrechungszeit ist bei der Feststellung des Anspruchs auf eine Zuwendung nach § 1 der Zuwendungstarifverträge zu berücksichtigen, sofern das Arbeitsverhältnis am 1. Dezember wieder besteht. Sie ist ebenfalls zu berücksichtigen bei den Ausnahmen von der Rückzahlungspflicht der Zuwendung nach § 1 Abs. 5 der Zuwendungstarifverträge. Die Unterbrechungszeit ist bei der Bemessung der Zuwendung nach § 2 Abs. 2 der **Zuwendungstarifverträge** nicht zu berücksichtigen, da der Arbeitgeber während dieser Zeit keine Bezüge gezahlt hat. Die Zeit der Unterbrechung ist bei der Feststellung, ob die Anspruchsvoraussetzungen des § 1 Abs. 1 der Urlaubsgeldtarifverträge erfüllt sind, zu berücksichtigen, sofern das Arbeitsverhältnis am 1. Juli wieder besteht.

17 Zur Anwendung der entsprechenden Bestimmung im **BAT-O** und MT Arb-O im einzelnen vgl. die *BMI MuSch* zu 15.

Vierter Abschnitt Leistungen

§ 11 Arbeitsentgelt bei Beschäftigungsverboten

(1) Den unter den Geltungsbereich des § 1 fallenden Frauen ist, soweit sie nicht Mutterschaftsgeld nach den Vorschriften der Reichsversicherungsordnung beziehen können, vom Arbeitgeber mindestens der Durchschnittsverdienst der letzten 13 Wochen oder der letzten drei Monate vor Beginn des Monats, in dem die Schwangerschaft eingetreten ist, weiter zu gewähren, wenn sie wegen eines Beschäftigungsverbots nach § 3 Abs. 1, §§ 4, 6 Abs. 2 oder 3 oder wegen des Mehr-, Nacht- oder Sonntagsarbeitsverbots nach § 8 Abs. 1, 3 oder 5 teilweise oder völlig mit der Arbeit aussetzen. Dies gilt auch, wenn wegen dieser Verbote die Beschäftigung oder die Entlohnungsart wechselt. Wird das Arbeitsverhältnis erst nach Eintritt der Schwangerschaft begonnen, so ist der Durchschnittsverdienst aus dem Arbeitsentgelt der ersten 13 Wochen oder drei Monate der Beschäftigung zu berechnen. Hat das Arbeitsverhältnis nach Satz 1 oder 3 kürzer gedauert, so ist der kürzere Zeitraum der Berechnung zugrunde zu legen. Zeiten, in denen kein Arbeitsentgelt erzielt wurde, bleiben außer Betracht.

(2) Bei Verdiensterhöhungen nicht nur vorübergehender Natur, die während oder nach Ablauf des Berechnungszeitraums eintreten, ist von dem erhöhten Verdienst auszugehen. Verdienstkürzungen, die im Berechnungszeitraum infolge von Kurzarbeit, Arbeitsausfällen oder unverschuldeter Arbeitsversäumnis eintreten, bleiben für die Berechnung des Durchschnittsverdienstes außer Betracht. Zu berücksichtigen sind dauerhafte Verdienstkürzungen, die während oder nach Ablauf des Berechnungszeitraums eintreten und nicht auf einem mutterschutzrechtlichen Beschäftigungsverbot beruhen.

(3) Die Bundesregierung wird ermächtigt, durch Rechtsverordnung mit Zustimmung des Bundesrates Vorschriften über die Berechnung des Durchschnittsverdienstes im Sinne der Absätze 1 und 2 zu erlassen.

Inhaltsübersicht

1. Zweck, Verfassungsmäßigkeit, Art des Anspruchs ... 1–5
2. Anspruchsberechtigte Frauen ... 6–9
    a) Grundsatz, alle Frauen, kein Mutterschaftsgeld ... 6–8
    b) Frauen im Familienhaushalt ... 9
3. Voraussetzungen für den Anspruch auf Mutterschutzlohn ... 10–27
    a) Aussetzen mit der Arbeit u. a. ... 10–11
    b) Wegen eines Verbots ... 12–23
        aa) Kausalität ... 12–13
        bb) Persönliche Gründe ... 14–16
        cc) Krankheit ... 17–20
        dd) Betriebliche Gründe ... 21–22
        ee) Arbeitskampf ... 23
    c) Maßgebende Verbote ... 24–26
    d) Keine Umsetzungsverweigerung ... 27

4. Überblick über den Mutterschutzlohn 28–29
5. Verdienst, Berechnungsgrundlage,
   Abs. 1 30–48
   a) Begriff 30–31
   b) Lohn, Gehalt 32
   c) Sachbezüge 32
   d) Provision 34
   e) Bedienungsgeld 35
   f) Zulagen und Zuschläge 36–38
   g) Aufwandsentschädigung 39–40
   h) Überstunden, unständige
      Bezügeanteile 41–42
   i) Urlaubsentgelt 43
   j) Lohnzahlung bei Fehlzeiten 44
   k) Einmalige Zuwendungen 45–46
   l) Vermögenswirksame Leistungen 47
   m) Irrige Zahlungen 48
6. Verdiensterhöhungen, Abs. 2 Satz 1. 49–53
7. Zeiten ohne Arbeitsentgelt,
   Abs. 1 Satz 5; Verdienstkürzungen,
   Abs. 2 Satz 2 und 3 54–60
   a) Grundsatz 54
   b) Verhältnis Abs. 1 Satz 5 zu Abs. 2
      Satz 2 55
   c) Arbeitsversäumnis 56–57
   d) Kurzarbeit, Arbeitsausfälle 58–59
   e) Sonstige Verdienstkürzungen 60
8. Berechnungszeitraum 61–73
   a) Grundgedanke 61–63
   b) Zeitraum vor Beginn der
      Schwangerschaft 64–65
   c) Zeitraum nach Eintritt der
      Schwangerschaft 66–67
   d) Andere Zeiträume 68–73
9. Berechnung des Durchschnittsverdienstes 74–77
   a) Bei gleichbleibendem Verdienst 74
   b) Bei unterschiedlichem Verdienst 75–76
   c) Bei Fehlzeiten 77
10. Beginn und Ende des Anspruchs
    auf Mutterschutzlohn 78–82
    a) Grundsatz 78
    b) Erlöschen des Anspruchs 79–81
    c) Anspruch nach den Schutz-
       fristen 82
11. Verzicht, Pfändung u. a. 83–86
12. Strafbarkeit, Geltendmachung des
    Anspruchs 87
13. Ausgleichsverfahren 88–93

1. Zweck, Verfassungsmäßigkeit, Art des Anspruchs

1   Die Vorschrift des § 11 verfolgt den **Zweck**, Frauen vor wirtschaftlichen Nachteilen, die sich aus der Anwendung der Beschäftigungsverbote vor Beginn und nach Beendigung der Schutzfristen ergeben können, zu bewahren, sie der Sorge um ihr Arbeitseinkommen wegen der Beschäftigungsverbote zu entheben (vgl. *BAG* vom 28.6.1963, AP Nr. 2 zu § 10 MuSchG), ihnen jeden finanziellen Anreiz, die Arbeit entgegen den Beschäftigungsverboten fortzusetzen, zu nehmen (vgl. *BAG* vom 9.8.1963, AP Nr. 3 zu § 10 MuSchG, vom 8.9.1978, DB 1978, S. 2496 und vom 28.11.1984, DB 1985, S. 765; *BSG* vom 17.4.1991, NZA 1991, S. 909), zu verhindern, daß die schwangere Frau gesundheitsgefährdende Arbeiten übernimmt, um keine Lohneinbuße zu erfahren (*BAG* Vom 8.8.1990, NJW 1991, S. 62). § 10 MuSchG a.F. hat dieses Ziel nur unvollkommen verwirklicht. § 11 MuSchG n.F. gewährt einen lückenlosen Entgeltschutz bei allen Beschäftigungsverboten, die vor Beginn und nach Beendigung der Schutzfristen zur Anwendung kommen (vgl. auch Einf. Rdnr. 3; *Buchner/Becker,* § 11 Rdnr. 1, 2; *Gröninger/Thomas,* § 11 Rdnr. 1).

2   Mit dem Entgeltschutz ist ein finanzieller **Ausgleich** nur für die Einkommensverluste und Einkommensminderungen gemeint, die eine Mutter durch das Eingreifen der in § 11 Abs. 1 genannten mutterschutzrechtlichen **Beschäftigungsverbote** bzw. -beschränkungen während der dort genannten Zeiten erlei-

det. Sie soll während dieser Zeiten durch § 11 finanziell so gestellt werden, wie sie gestanden hätte, wenn diese Beschäftigungsverbote bzw. -beschränkungen nicht zum Zuge kämen. § 11 verfolgt nicht den Zweck, der Mutter während der Schwangerschaft und in den in § 6 Abs. 2 und 3 genannten Fällen, allein wegen ihrer Mutterschaft ein ausreichendes Einkommen zu sichern oder sie während dieser Zeiten vor Einkommensverlusten und Einkommensminderungen unter allen Umständen zu schützen. Diese Vorschrift verfolgt vor allem nicht den Zweck, Einkommensverluste und Einkommensminderungen auszugleichen, die eine Mutter auch ohne Schwangerschaft oder Entbindung hinnehmen müßte und die lediglich zufällig in die Zeit der Schwangerschaft oder in die Mutterschutzzeit nach der Entbindung fallen, z.B. nicht solche Einkommensverluste und Einkommensminderungen, die eine Mutter wie jeder andere Mensch durch einen Verkehrsunfall oder durch eine mit der Mutterschaft nicht im Zusammenhang stehende Krankheit erleidet.

Die Verfassungsgemäßheit des § 11 ist auf Grund des Beschlusses des Bundesverfassungsgerichts vom 18.11.2003 – 1 BvR 302/96 – (BVerfGE 109, 64) als zweifelhaft anzusehen. In dieser Entscheidung hat das Gericht § 14 Abs. 1 MuSchG für mit Art. 3 Abs. 2 GG unvereinbar erklärt, da von der Zuschußpflicht des Arbeitgebers nach dieser Vorschrift diskriminierende Wirkungen in Bezug auf die Beschäftigungschancen von Frauen ausgingen. Dem habe der Gesetzgeber zwar durch das Ausgleichs- und Umlageverfahren nach § 10 Abs. 1 Satz 1 Nr. 2 LFZG teilweise entgegen gewirkt. Wegen der Begrenzung auf Kleinunternehmen stelle dieses aber keinen hinreichenden Ausgleich für die Benachteiligung von Frauen im Erwerbsleben dar. Das Gericht hat den Gesetzgeber daher verpflichtet, bis zum 31.12.2005 eine verfassungskonforme Neuregelung zu treffen. Eine entsprechende Neuregelung befindet sich derzeit im Gesetzgebungsverfahren. 3

Auch wenn dieser Beschluß nur den Arbeitgeberzuschuß nach § 14 Abs. 1 betrifft, lassen sich die Ausführungen des Gerichts ohne weiteres auf die Verpflichtung zur Zahlung des Mutterschutzlohns übertragen, da diese in gleicher Weise eine diskriminierende Wirkung entfalten kann wie die Zuschußverpflichtung nach § 14 Abs. 1, die durch das Ausgleichs- und Umlageverfahren nach § 10 Abs. 1 Satz 1 Nr. 3 LFZG nur unzureichend kompensiert wird (vgl. unten § 14 Rdnr. 5 ff.). 4

Der Anspruch der Frauen auf Weitergewährung des Durchschnittsverdienstes gemäß § 11 für den Fall, daß sie wegen eines Beschäftigungsverbots mit der Arbeit aussetzen oder die Beschäftigung oder die Entlohnungsart wechseln, beruht auf dem Gesetz und wird aus Gründen des Mutterschutzes gewährt. Trotzdem handelt es sich nicht um einen öffentlich-rechtlichen, sondern um einen **privatrechtlichen** (arbeitsrechtlichen) **Anspruch**, arbeitsvertragsrechtlicher Individualanspruch (vgl. *BSG* NZA 1991, S. 909, 911 und *BSG* vom 24.6.1992, NZA 1992, 1103). Dies folgt nunmehr auch daraus, daß die Vorschrift des § 11 im Unterschied zur bisherigen Regelung nicht mehr unter Strafe 5 oder Geldbuße gestellt ist. Der Anspruch hat allerdings nicht den üblichen Lohncharakter, da der Durchschnittsverdienst nach § 11 keine Gegenleistung für die Arbeitsleistung ist (Lohn ist nach der h.M. Gegenleistung für die Arbeitsleistung). Es handelt sich vielmehr um einen **mutterschutzrechtlichen Lohnersatzanspruch**, den man mit dem *BAG* (vgl. z.B. *BAG* vom 21.12.1964, AP Nr. 5 zu § 10 MuSchG) als **Mutterschutzlohn** bezeichnen sollte (ebenso *Buchner/Becker*, § 11 Rdnr. 3; *Gröninger/Thomas*, § 11 Rdnr. 58; *Heilmann*, § 11 Rdnr. 1; *MünchArb/Heenen*, § 219 Rdnr. 44).

2. Anspruchsberechtigte Frauen

6   a) **Grundsatz, alle Frauen, kein Mutterschaftsgeld.** Der Anspruch auf Mutterschutzlohn kann grundsätzlich jeder Arbeitnehmerin und jeder Heimarbeiterin i.S.d. § 1 zustehen, wenn die übrigen Voraussetzungen des § 11 vorliegen (ebenso *Buchner/Becker*, § 11 Rdnr. 12). Der Anspruch kann auch den Frauen zustehen, die die Voraussetzungen für die Zahlung des Mutterschaftsgeldes nicht erfüllen. Die Worte »soweit sie nicht Mutterschaftsgeld beziehen können« besagen nur, daß der Anspruch auf Mutterschutzlohn gemäß § 11 während der Schutzfristen des § 3 Abs. 1 und des § 6 Abs. 1 sowie während der Elternzeit nach § 15 BErzGG nicht besteht (vgl. *ArbG Bochum* vom 21.8.1974, DB 1974, S. 2111; *LAG Rpf* vom 20.8.1969, BB 1970, S. 176= DB 1969, S. 2139; auch § 11 Rdnr. 24). Sie schränken den Kreis der anspruchsberechtigten Frauen nicht ein.

7   Andererseits schließen die Worte »soweit sie nicht Mutterschaftsgeld beziehen können« einen Anspruch nach § 11 **während der Schutzfristen** und während der Elternzeit in jedem Falle aus, auch dann, wenn die Frau nicht die Voraussetzungen für das Mutterschaftsgeld erfüllt. Sie kann auch keine Differenz zwischen dem Mutterschaftsgeld und dem Mutterschutzlohn verlangen, falls dieses niedriger ist als der Mutterschutzlohn. Nach der Verteilung der Lasten zwischen den Arbeitgebern einerseits sowie den Krankenkassen und dem Bund andererseits sind für die Schutzfristen und der Elternzeit die Krankenkassen und der Bund zuständig; die Arbeitgeber nur, soweit § 14 dies bestimmt. Während der Schutzfristen ruht grundsätzlich jede Lohnzahlungspflicht des Arbeitgebers, bis auf den Fall des § 11 Rdnr. 8 (vgl. auch *BVerfG* vom 3.7.1985, 1 BvL 55/81; *BAG* vom 7.10.1987, AP Nr. 7 zu § 14 MuSchG; *ArbG Bochum* vom 21.8.1974, BB 1974, S. 1582; *Gröninger/Thomas*, § 11 Rdnr. 5; *Meisel/Sowka*, § 11 Rdnr. 7, 8; z.T. abweichend *LAG Rpf*. vom 20.8.1969, DB 1969, S. 2139; *Heilmann*, § 11 Rdnr. 16, vgl. ferner hier § 11 Rdnr. 24).

8   Eine werdende Mutter, die sich ausdrücklich zur **Arbeitsleistung während der Schutzfrist** vor der Entbindung (§ 3 Abs. 2) bereiterklärt, hat während der Schutzfrist, weil sie während dieser Zeit Mutterschaftsgeld beziehen könnte, keinen Anspruch auf Zahlung des Mutterschaftslohnes. Sie erhält nur das Ent-

gelt, das ihr für die tatsächlich geleistete Arbeit zusteht (vgl. *BMI MuSch* zu 16.8; vgl. ferner hier § 11 Rdnr. 81). Das Gleiche gilt für eine Arbeitsleistung während der Schutzfrist nach der Entbindung aufgrund des § 6 Abs. 1 Satz 3 (vgl. § 6 Rdnr. 34).

b) **Frauen im Familienhaushalt.** § 11 Abs. 3 a. F. hatte den Anspruch auf 9 Mutterschutzlohn im Familienhaushalt auf die Frauen beschränkt, die von demselben Arbeitgeber in einer ihre Arbeitskraft voll in Anspruch nehmenden Weise beschäftigt worden waren. Die teilzeitbeschäftigten Hausangestellten waren damit vom Anspruch auf Mutterschutzlohn ausgeschlossen. Aus Gründen der Gleichbehandlung ist § 11 Abs. 3 a. F. durch Art. 1 Nr. 7a des Gesetzes zur Änderung des Mutterschutzrechts vom 20.12.1996 (BGBl. I S. 2110) gestrichen worden (vgl. *BT-Drucks, 13/2763* S. 1, 11; *BT-Drucks, 13/6110* S. 1, 11). Voraussetzung für den Anspruch auf Mutterschutzlohn der im Familienhaushalt beschäftigten Frauen ist heute wie auch bei allen anderen Arbeitnehmerinnen das Vorliegen eines Arbeitsverhältnisses. »Zugefrauen« u. ä., die im Haushalt aufgrund eines selbständigen Dienstvertrages tätig sind, haben nach wie vor keinen Anspruch aus § 11.

3. Voraussetzungen für den Anspruch auf Mutterschutzlohn

a) **Aussetzen mit der Arbeit.** Einen Anspruch auf Mutterschutzlohn haben 10 nur die Frauen, auf die ein Beschäftigungsverbot des MuSchG zur Anwendung kommt und die **wegen** dieses **Beschäftigungsverbots** teilweise oder völlig mit der Arbeit aussetzen oder die Beschäftigung oder die Entlohnungsart wechseln und dadurch eine **Verdienstminderung** hinnehmen müssen. Mindert sich ihr Verdienst nicht, findet § 11 keine Anwendung. Mit der Aufzählung teilweise oder völlig mit der Arbeit aussetzen, die Beschäftigung oder die Entlohnungsart wechseln, soll nunmehr jede Änderung der Arbeitsbedingungen wegen eines Beschäftigungsverbots erfaßt werden, z.B. auch die Umsetzung von der Nacht- in die Tagschicht bei gleichbleibender Tätigkeit, ferner die nicht ausdrücklich genannte Verkürzung der Arbeitszeit wegen eines Beschäftigungsverbots (ebenso *Gröninger/Thomas*, § 11 Rdnr. 54).

Ohne Bedeutung ist, ob nur eine der genannten Änderungen der Arbeits- 11 bedingungen vorliegt oder mehrere zusammentreffen. Der Anspruch besteht z.B. nicht nur dann, wenn die Frau teilweise mit der bisherigen Arbeit aussetzt, sondern auch dann, wenn sowohl die Beschäftigung als auch die Entlohnungsart wechselt und die Frau verkürzt arbeitet. Ohne Bedeutung ist ferner, welches von **mehreren Beschäftigungsverboten** zur Anwendung kommt, da die frühere unterschiedliche Behandlung der Beschäftigungsverbote bei der Entgeltausfallerstattung beseitigt worden ist. Im Zweifel ist das Beschäftigungsverbot anzuwenden, das am weitesten geht (vgl. auch *Meisel/Sowka*, § 11 Rdnr. 10).

b) **Wegen eines Verbots. aa) Kausalität.** Das Aussetzen mit der Arbeit oder 12 der Wechsel der Beschäftigung oder der Entlohnungsart sowie die Verdienstminderung muß »wegen« eines Beschäftigungsverbots des MuSchG erfolgen, d.h. ein **Beschäftigungsverbot** des MuSchG muß für das Aussetzen mit der Arbeit oder für den Wechsel der Beschäftigung oder der Entlohnungsart sowie für die Verdienstminderung **ursächlich sein.** Diese Kausalität muß ebenso ausschließlich sein wie die nach dem Gesetz zur Regelung der Lohnzahlung an Feiertagen, schon wegen des dortigen, ähnlichen Wortes »infolge« (vgl. *BAG* vom 14.11.1984, DB 1985, S. 710; *BAG* vom 22.3.1995, NZA 1995, S. 837; *BSG* vom 17.4.1991, NZA 1991, S. 909, 910; *BSG* vom 9.9.1999, SGb 1999, S. 624 mit Anm. *Habelt* AuA 2000, S. 392; *Buchner/Becker*, § 11 Rdnr. 35; *Gröninger/ Thomas*, § 11 Rdnr. 46; *Meisel/Sowka*, § 11 Rdnr. 11; *MünchArb/Heenen*, § 219 Rdnr. 54; *Geyer/Knorr/Krasney*, § 11 Rdnr. 49ff.; a.A. *ArbG Hameln* vom 30.1.1992, BB 1992, S. 354; *Gamillscheg*, RdA 1968, S. 118; *Heilmann*, § 11 Rdnr. 26).

13   Die zu fordernde **ausschließliche Kausalität** zwischen einem Beschäftigungsverbot, dem Aussetzen mit der Arbeit und der Einkommenseinbuße einer Mutter – alleinige nicht hinwegzudenkende Ursache für die Einkommenseinbuße – folgt zunächst aus dem **Wortlaut** und der **Entstehungsgeschichte** des § 11 Abs. 1. Mit dem letzten Halbsatz in § 11 Abs. 1 Satz 1 »wenn sie wegen eines Beschäftigungsverbots ... mit der Arbeit aussetzen.« wollte der Gesetzgeber die Erweiterung der Arbeitgeberverpflichtung zur Fortzahlung des Arbeitsentgelts bei Beschäftigungsverboten und dem Aussetzen mit der Arbeit sowie die sich daraus ergebenden Zahlungsverpflichtung deutlicher als in der Fassung des MuSchG davor zum Ausdruck bringen und damit zugleich die erweiterte Arbeitgeberverpflichtung zur Fortzahlung des Arbeitsentgelts bei Beschäftigungsverboten auf ein vertretbares Maß begrenzen. Zum wichtigsten, heute besonders umstrittenen Fall, der Erkrankung, ist im Schriftlichen Bericht (*BT zu Drucks.* IV/3652 S. 6) ausgeführt worden: »Voraussetzung für die Verpflichtung des Arbeitgebers zur Fortzahlung des bisherigen Durchschnittsverdienstes ist, daß die Frau nicht krank im Sinne der Reichsversicherungsordnung ist. In diesem Falle steht ihr nur der Anspruch auf Lohnfortzahlung nach den Vorschriften über die Lohnfortzahlung im Krankheitsfalle zu.« Darüber hinaus hat der Gesetzgeber 1965 insofern eine eindeutige Entscheidung getroffen, als er den bis dahin geltenden § 6 Abs. 1 Satz 3 MuSchG mit dem Beschäftigungsverbot bei Arbeitsunfähigkeit nach Ablauf der Schutzfrist nach der Entbindung gestrichen hat (vgl. § 6 Rdnr. 44). Die kausale Verknüpfung zwischen einem Beschäftigungsverbot, dem Aussetzen mit der Arbeit und der Einkommenseinbuße einer Mutter folgt ferner aus dem **Zweck** des § 11 Abs. 1, einen finanziellen Ausgleich für Einkommensverluste infolge von Beschäftigungsverboten des MuSchG zu schaffen, nicht aber für Einkommensverluste, die eine Mutter wie jeder andere Mensch erleidet und die lediglich zufällig in die Zeit der Schwangerschaft fallen (vgl. § 11 Rdnr. 1f.). § 11 hat vor allem nicht den Zweck, das finanzielle Risiko schwangerschaftsbedingter Krankheit von den Krankenkassen in vollem Umfang auf die Arbeitgeber zu verlagern (vgl. *BSG* vom

Voraussetzungen für den Anspruch § 11 MuSchG

17.4.1991, NZA 1991, S. 909, 911). Dazu bestand beim Änderungsgesetz vom 24.8.1965 (BGBl. I S. 912) nicht der geringste Anlaß, da der Bund die Krankenkassen bereits durch die Übernahme der Kosten für das Mutterschaftsgeld von den Mutterschaftslasten weitgehend entlastet hatte (vgl. Art. 1 Nr. 13 § 13 MuSchG und Art. 2 Nr. 6 § 200d RVO). Vgl. jedoch auch § 3 Rdnr. 43.

bb) **Persönliche Gründe.** Setzt die Frau aus anderen Gründen als wegen eines 14 der in § 11 Abs. 1 genannten Beschäftigungsverbote mit der Arbeit aus, z. b. auf eigenen Wunsch oder infolge Krankheit oder weil sie die Umsetzung auf einen anderen zumutbaren Arbeitsplatz ablehnt oder weil sie aus sonstigen Gründen die **Arbeit verweigert**, z.b. unentschuldigt fehlt, zu spät kommt, vorzeitig den Arbeitsplatz verläßt (*LAG Hamm*, DB 1970, S. 161), dann sind diese Gründe und nicht ein Beschäftigungsverbot für das Aussetzen mit der Arbeit ursächlich (vgl. *Gröninger/Thomas*, § 11 Rdnr. 46ff.; *Meisel/Sowka*, § 11 Rdnr. 14, 16, 22, 25). Der ursächliche Zusammenhang ist ferner zu verneinen und der Entgeltanspruch dementsprechend zu mindern, wenn die im Zeitlohn beschäftigte werdende Mutter bewußt und in erheblichem Umfang mehr als aus Gründen der Schwangerschaft notwendig, mit ihrer Arbeitsleistung zurückhält (vgl. *BAG* vom 17.7.1970, DB 1970, S. 2226). Der ursächliche Zusammenhang ist jedoch zu bejahen, wenn die Frau nur deswegen auf eigenen Wunsch mit der Arbeit aussetzt, weil sie nur mit einer durch das MuSchG verbotenen Arbeit beschäftigt werden könnte und dies dem Arbeitgeber mitteilt (ebenso *Buchner/Becker*, § 11 Rdnr. 36).

Kann einem Beschäftigungsverbot durch **teilweises Aussetzen** mit der Arbeit 15 oder durch einen Wechsel in der Beschäftigung oder in der Entlohnungsart Rechnung getragen werden, dann ist das Beschäftigungsverbot nur insoweit ursächlich. Setzt die Frau trotzdem völlig mit der Arbeit aus, dann kommt es darauf an, ob ihr eine andere zumutbare Beschäftigung, der ein Beschäftigungsverbot nicht entgegensteht, angeboten wird. Ist dies der Fall, dann kann die Frau nur den Unterschiedsbetrag zwischen dem nach § 11 zu ermittelnden Durchschnittsverdienst und dem Betrag verlangen, den sie bei der ihr angebotenen Arbeit verdient hätte, bei gleicher Höhe also nichts. Ist ihr dagegen eine andere zumutbare Beschäftigung nicht angeboten worden, dann ist ihr mindestens der nach § 11 zu ermittelnde Durchschnittsverdienst zu zahlen.

Nimmt die Arbeitnehmerin während des Aussetzens mit der Arbeit wegen 16 eines Beschäftigungsverbots Erholungsurlaub, Elternzeit oder anderen **Urlaub**, ist das Aussetzen mit der Arbeit wegen eines Beschäftigungsverbots nicht der ausschließliche Grund, sondern zumindest auch der Erholungsurlaub, die Elternzeit, der andere Urlaub (vgl. auch *BMI MuSch* zu 16.5 vor allem zum Aufschlag zur Urlaubsvergütung). Die Arbeitnehmerin hat während des Aussetzens mit der Arbeit wegen des Urlaubs keinen Anspruch auf Mutterschutzlohn aus § 11 Abs. 1. Sie erhält während des Erholungsurlaubs die ihr zustehende Urlaubsvergütung. Erklärt dagegen der Arbeitgeber während eines Beschäftigungsverbots der Arbeitnehmerin, daß er sie von der Arbeit freistelle,

MuSchG § 11 *Arbeitsentgelt bei Beschäftigungsverboten*

da er keine andere Tätigkeit anbieten könne, so liegt darin keine Urlaubsgewährung, sondern ein Verzicht auf die Annahme der Arbeitsleistung (so *BAG* vom 25.1.1994, BB 1994, 1012; vgl. auch *Buchner/Becker*, § 11 Rdnr. 37; vgl. ferner hier Rdnr. 14f. vor § 3). Der Arbeitgeber ist zur Zahlung des Mutterschutzlohns verpflichtet. Während der Elternzeit ist ein Anspruch auf Erziehungsgeld nach dem BErzGG zu prüfen. Während des anderen Urlaubs ist für die Vergütung die entsprechende arbeitsvertragliche Vereinbarung maßgebend.

17 cc) **Krankheit.** Setzt die Mutter mit der Arbeit wegen einer Krankheit i.S.d. Vorschriften über die Entgeltfortzahlung im Krankheitsfalle aus, dann ist die Krankheit für das Aussetzen mit der Arbeit kausal. Es kommt nicht darauf an, ob die Mutter mit der Arbeit auch wegen eines Beschäftigungsverbots nach dem MuSchG aussetzen müßte, da das Beschäftigungsverbot in einem solchen Falle zumindest nicht die alleinige Ursache für das Aussetzen mit der Arbeit ist. Entscheidend ist vielmehr, ob ein krankhafter Zustand besteht, der zur Arbeitsunfähigkeit der Schwangeren führt. Ist dies der Fall, ist sie krankheitsbedingt arbeitsunfähig. Ein gleichzeitig ausgesprochenes Beschäftigungsverbot begründet daher keine Vergütungspflicht nach § 11 (ebenso *BSG* vom 17.4.1991, NZA 1991, S. 909; *Buchner/Becker*, § 11 Rdnr. 49ff.; *Gröninger/Thomas*, § 11 Rdnr. 48; *Meisel/Sowka*, § 11 Rdnr. 91; a.A. *ArbG Hameln* vom 30.1.1992, BB 1992, S. 354; *Gamillscheg*, RdA 1968, S. 118; *Heilmann*, § 11 Rdnr. 28). Die Mutter hat in einem solchen Falle einen Anspruch auf Entgeltfortzahlung im Krankheitsfalle nach § 3 des Entgeltfortzahlungsgesetzes, der einen Anspruch auf Mutterschutzlohn nach § 11 MuSchG ausschließt (vgl. *BSG* vom 17.4.1991, NZA 1991, S. 909, 910; *BSG* vom 19.9.1999, NZA-RR 2000, S. 44; *BAG* vom 13.2.2002, DB 2002, S. 1218). Wird die Mutter während des Bezugs des Mutterschutzlohnes nach § 11 arbeitsunfähig krank, dann entfällt der Anspruch aus § 11 während der Dauer der Krankheit. Die Mutter kann statt dessen den Anspruch auf Entgeltfortzahlung im Krankheitsfalle geltend machen. Ist dieser Anspruch erschöpft, in der Regel nach sechs Wochen, die Krankheit aber noch nicht beendet, kann die Mutter nicht bzw. nicht wieder den Anspruch aus § 11 geltend machen, weil immer noch die Krankheit für das Aussetzen mit der Arbeit ursächlich, zumindest mitursächlich ist (ebenso *Gröninger/Thomas*, § 11 Rdnr. 48; *Meisel/Sowka*, § 11 Rdnr. 84ff.; *MünchArb/Heenen*, § 219 Rdnr. 54). Der durch den Anspruch auf Lohnfortzahlung verdrängte Anspruch auf Mutterschaftslohn gemäß § 11 MuSchG lebt nicht wieder auf. Vgl. jedoch auch § 3 Rdnr. 18. Zum Verhältnis von Mutterschutzlohn und Entgeltfortzahlung vgl. *Lembke* NZA 1998, S. 349; *Schliemann/König* NZA 1998, S. 1030; *Kern* ZMV 1999, S. 214.

18 **Schwangerschaft** und Entbindung sind als solche **keine Krankheit** (*BAG* vom 14.10.1954, AP Nr. 1 zu § 13 MuSchG, vgl. auch Rdnr. 17 vor § 3 und § 3 Rdnr. 3f.), sondern natürliche biologische Vorgänge. Von einer Krankheit i.S.d. Vorschriften über die Entgeltfortzahlung im Krankheitsfalle kann erst gesprochen werden, wenn außergewöhnliche, über das übliche Maß hinausgehende

Voraussetzungen für den Anspruch § 11 MuSchG

krankhafte Schwangerschaftsbeschwerden oder sonstige pathologische Störungen auftreten und die Arbeitsunfähigkeit verursachen (h. M.; vgl. z. B. *BAG* vom 26.8.1960, AP Nr. 20 zu § 63 HGB und vom 14.11.1984, DB 1985, S. 710; *BAG* vom 22.3.1995, DB 1995, 2274; *BSG* vom 17.4.1991, NZA 1991, S.909, 910; *Buchner/Becker*, § 11 Rdnr. 53; *Gröninger/Thomas*, § 11 Rdnr. 49; *Meisel/Sowka*, § 11 Rdnr. 86; *MünchArb/Heenen*, § 219 Rdnr. 54; z.T. a.A. *ArbG Hameln* vom 30.1.1992, BB 1992, S. 354; *Heilmann*, § 11 Rdnr. 28). Im konkreten Einzelfall kann die Unterscheidung zwischen einer Krankheit i.S. d. allgemeinen Vorschriften über die Entgeltfortzahlung im Krankheitsfalle und einer Gefährdung der Gesundheit von Mutter und Kind bei Fortdauer der Beschäftigung mit der Folge des Mutterschutzlohns gemäß § 11 problematisch sein, vor allem im Rahmen des § 3 Abs. 1 MuSchG (vgl. § 3 Rdnr. 4, 18), nach der Streichung des § 6 Abs. 1 Satz 3 MuSchG weniger im Rahmen des § 6 Abs. 2 MuSchG, weil insoweit in der Regel ein partielles Aussetzen mit der Arbeit genügen dürfte.

Differenzierung überprüfen? Eine normal verlaufende Schwangerschaft als 19 solche keine Krankheit; die mit außergewöhnlichen Beschwerden oder Störungen verbundene Schwangerschaft Krankheit im Rechtssinne (zuletzt *BAG* vom 22.3.1995, DB 1995, 2274 = BB 1995, 1356 = NZA 1995, 837 m.w.H.). Diese Differenzierung ist sicherlich einfach. M. E. geht sie jedoch heute in vielen Fällen an der Wirklichkeit vorbei, da der Prozentsatz der »Risikoschwangerschaften«, d. h. der Schwangerschaften, deren Verlauf die Ärzte als nicht mehr normal im herkömmlichen Sinne ansehen, zunehmend steigt (vgl. auch Reinecke, DB 1998, 130, 135; vgl. insbesondere die m.e. beachtlichen dogmatischen Bedenken gegen die bisherige Alleinursächlichkeit des Verbots nach § 3 Abs. 1 Lembke, NZA 1998, 349). Ferner sollte bedacht werden, welche psychischen Auswirkungen ein Urteil »Krankheit im Rechtssinne« auf eine Schwangere mit einer »Risikoschwangerschaft« haben kann; es erklärt sie zur »kranken Frau« (kritisch aus anderer Sicht *LAG Bremen* vom 28.8.1996, DB 1997, 1337). Dabei ist in der Regel das Leben des Kindes, selten das der Mutter gefährdet. Zur Schwierigkeit der Abgrenzung schon heute vgl. § 3 Rdnr. 3ff., 18; zum ärztlichen Zeugnis § 3 Rdnr. 7ff.

Einzelfälle. Ein regelwidriger Körperzustand der Frau, der bei ihr bereits vor 20 der Schwangerschaft eine Arbeitsunfähigkeit infolge Krankheit zur Folge hatte, ist sicherlich auch während der Schwangerschaft einer Krankheit mit der Folge der Entgeltfortzahlung im Krankheitsfalle zuzuordnen, selbst wenn das erneute Auftreten der Krankheit durch die Schwangerschaft ausgelöst ist. Eine beginnende Fehlgeburt mit Blutungen dürfte in der Regel als akute, behandlungsbedürftige Krankheit anzusehen sein (vgl. *BSG* vom 17.4.1991, NZA 1991, S. 909, 910); dies gilt insbesondere, wenn der behandelnde Arzt in seiner Zeugenaussage vor Gericht erklärt, er habe in seiner ärztlichen Bescheinigung in Wirklichkeit eine krankheitsbedingte Arbeitsunfähigkeit bescheinigt (vgl. *BAG* vom 22.3.1995, BB 1995, 1356, 1357 = DB 1995, 2274). Eine Gefährdung der

Gesundheit von Mutter oder Kind bei Fortdauer der Beschäftigung, die durch ein teilweises Aussetzen mit der Arbeit vermieden werden kann, dürfte für ein Beschäftigungsverbot i. S. d. § 3 Abs. 1 und den Mutterschutzlohn gemäß § 11 sprechen. Ein erforderliches Aussetzen mit der Arbeit wegen der Neigung einer Frau zu Frühgeburten dürfte dem § 3 Abs. 1 MuSchG eher zuzuordnen sein als ein Aussetzen mit der Arbeit wegen der Neigung einer Frau zu Fehlgeburten, insbesondere wenn die erfolgte Geburt eine Frühgeburt oder eine Normalgeburt ist. Die Zuordnung bei einer Kumulation von einer schwangerschaftsbedingten Erkrankung mit Arbeitsunfähigkeit einerseits und von einer schwangerschaftsbedingten Gefährdung der Gesundheit mit Beschäftigungsverbot gemäß § 3 Abs. 1 MuSchG andererseits dürfte letztlich nur aufgrund medizinischer Sachverständigengutachten zu entscheiden sein (vgl. auch *BSG* vom 9.9.1999, SGb 1999, S. 624).

21   **dd) Betriebliche Gründe.** Ein Aussetzen mit der Arbeit, eine Verkürzung der Arbeitszeit oder ein Wechsel in der Beschäftigung oder in der Entlohnungsart aus betrieblichen Gründen (z. B. bei Betriebsstörungen, bei Kurzarbeit bei Entlohnung statt im Akkord im Zeitlohn aus kalkulatorischen Gründen) beruht nicht auf den Beschäftigungsverboten des MuSchG. In diesen Fällen besteht daher kein Anspruch auf Mutterschutzlohn nach § 11. Die Lohnzahlung ist nach den Grundsätzen über das **Betriebsrisiko** zu entscheiden. Bei einem Anspruch aus § 11 ist die schwangere Arbeitnehmerin grundsätzlich so zu behandeln, wie sie ohne die schwangerschaftsbedingte Arbeitsverhinderung gestanden hätte (*BAG* vom 9.9.1971, AP Nr. 5 zu § 11 MuSchG 1968; *Buchner/Becker,* § 11 Rdnr. 40; *Gröninger/Thomas,* § 11 Rdnr. 51; *Meisel/Sowka,* § 11 Rdnr. 16; *MünchArb/Heenen,* § 219 Rdnr. 55; a. A. *Heilmann,* § 11 Rdnr. 29). Es ist jedoch zu prüfen, ob das Aussetzen mit der Arbeit oder der Wechsel in der Beschäftigung oder in der Entlohnungsart aus betrieblichen Gründen ohne Änderungskündigung möglich war. Der Arbeitgeber darf der Schwangeren daher eine zumutbare Ersatztätigkeit zuweisen, wobei er nach billigem Ermessen unter Vornahme einer umfassenden Interessenabwägung zu entscheiden hat (*BAG* vom 21.4.1999, DB 1999, S. 1962 mit Anm. *Buchner* EzA § 11 n. F. MuSchG § 18 und *Feldhoff* AiB 2000, S. 300; *BAG* vom 15.11.2000, DB 2001, S. 597). War dies ohne Änderungskündigung nicht möglich, dann kann der Frau ein Anspruch auf Zahlung ihres bisherigen Arbeitsentgelts zustehen, wenn die Änderungskündigung nach § 9 Abs. 1 unzulässig war.

22   **Kurzarbeit.** Der ursächliche Zusammenhang zwischen Beschäftigungsverbot und Aussetzen mit der Arbeit ist auch in dem Umfang zu verneinen, in dem während des Aussetzens mit der Arbeit im Betrieb verkürzt gearbeitet wird (insoweit ebenso *BAG* vom 7.4.1970, DB 1970, S. 1334 = AP Nr. 3 zu § 615 BGB Kurzarbeit; *Buchner/Becker,* § 11 Rdnr. 42; *Gröninger/Thomas,* § 11 Rdnr. 51; *Meisel/Sowka,* § 11 Rdnr. 19; vgl. auch *BAG* AP vom 18.2. und 5.5.1966, AP Nr. 22, 24 zu § 2 ArbKrankhG mit zust. Rdnr. von Trieschmann). Dies gilt sowohl für Frauen, die im Zeitpunkt der Einführung der Kurzarbeit

Voraussetzungen für den Anspruch § 11 MuSchG

noch im Betrieb beschäftigt werden, als auch für Frauen, die in diesem Zeitpunkt bereits Mutterschutzlohn erhalten. Diese Auffassung folgt aus dem Wortlaut »wegen eines Beschäftigungsverbots« und aus dem Grundgedanken des § 11. Die Vorschrift will die schwangere Frau vor finanziellen Nachteilen schützen, die sich aus der Anwendung der Beschäftigungsverbote ergeben können (vgl. auch § 11 Rdnr. 1 f.). Sie will sie jedoch nicht besser stellen als die schwangere Frau, auf die die Beschäftigungsverbote nicht zur Anwendung kommen und die trotz Schwangerschaft unter Lohnminderung verkürzt arbeiten muß. Der ursächliche Zusammenhang entfällt allerdings nur in dem Umfang, in dem sich für die Frau eine Lohnminderung durch die Kurzarbeit ergeben hätte, und dies auch nur dann, wenn die Kurzarbeit für sie aufgrund einer Vereinbarung kollektiv- oder einzelvertraglichen Charakters (vgl. *BAG* vom 15.12.1961 und 7.4.1970, AP Nr. 1 und 3 zu § 615 BGB Kurzarbeit vom 10.7.1969, ArbuR 1969, S. 381) hätte eingeführt werden können. Hätte es zur Einführung der Kurzarbeit einer Änderungskündigung bedurft, dann kann dies nicht gelten, weil eine Änderungskündigung nicht zulässig ist (vgl. § 9 Rdnr. 4; ebenso *Heilmann*, § 11 Rdnr. 30). Wird ihr Arbeitsentgelt entsprechend einer zulässigen Kurzarbeit verringert, dann hat sie Anspruch auf Kurzarbeitergeld nach §§ 169 ff. SGB III.

ee) **Arbeitskampf.** Setzt die Mutter ebenso wie andere Arbeitnehmer des 23 Betriebs mit der Arbeit wegen einer **Aussperrung** oder eines **Streiks** mit der Arbeit aus, dann ist die Aussperrung bzw. der Streik für das Aussetzen mit der Arbeit und dem damit verbundenen Entgeltausfall ursächlich. Dabei kommt es nicht darauf an, ob die Mutter während der Aussperrung oder während des Streiks auch wegen eines Beschäftigungsverbots nach dem MuSchG mit der Arbeit hätte aussetzen müssen, da das Beschäftigungsverbot in einem solchen Falle zumindest nicht die alleinige Ursache für das Aussetzen mit der Arbeit ist. Infolgedessen kann ein Anspruch nach § 11 nicht entstehen (ebenso *Buchner/Becker*, § 11 Rdnr. 44 ff.; *Gröninger/Thomas*, § 11 Rdnr. 52; *Meisel/Sowka*, § 11 Rdnr. 26). Besteht ein Anspruch nach § 11 vor einer Aussperrung oder vor einem Streik, dann wird er ebenso wie der Anspruch auf Lohnzahlung suspendiert, soweit die Mutter tatsächlich ausgesperrt wird oder sich am Streik beteiligt (*BAG* vom 21.4.1971, AP Nr. 43 zu Art. 9 GG Arbeitskampf; *LAG Berlin* vom 28.7., ArbuR 1993, S. 85; vgl. ferner hier § 9 Rdnr. 118 ff.; § 14 Rdnr. 31 ff.). Kann ihr eine Beteiligung am Streik nicht nachgewiesen werden, bleibt ihr Anspruch auf Mutterschutzlohn aus § 11 ebenso wie der Lohnanspruch der anderen arbeitswilligen Arbeitnehmer des Betriebs bestehen, soweit es nicht zu einer streikbedingten Betriebsstillegung kommt (vgl. *BAG* vom 8.3.1973, AP Nr. 29 zu § 1 LohnFG; *BAG* vom 1.10.1991, AP Nr. 121 zu Art. 9 GG Arbeitskampf; *Buchner/Becker*, § 11 Rdnr. 46 f.; *Gröninger/Thomas*, § 11 Rdnr. 52; *MünchArb/Heenen*, § 219 Rdnr. 55; a.A. *Heilmann*, § 11 Rdnr. 32). Zur neueren Rechtsprechung, die eine noch weitere Differenzierung verlangt vgl. *BAG* vom 11.7.1995, AP Nr. 139 zu Art. 9 GG Arbeitskampf; *Buchner/Becker*, § 11 Rdnr. 43 f.

24   c) **Maßgebende Verbote.** Die für den Mutterschutzlohn in Betracht kommenden Beschäftigungsverbote werden in § 11 Abs. 1 im einzelnen **aufgeführt**, wobei jede Änderung der Arbeitsbedingungen durch sie erfaßt wird. Nicht aufgeführt sind die Beschäftigungsverbote während der Schutzfristen des § 3 Abs. 2 und des § 6 Abs. 1. Das Aussetzen mit der Arbeit wegen dieser Beschäftigungsverbote begründet daher keinen Anspruch aus § 11 (ebenso *LAG Rheinland-Pfalz* vom 20.8.1969, DB 1969, S. 2139; a.A. *ArbG Ludwigshafen* vom 11.3.1969, ArbuR 1970, S. 27, das § 11 Abs. 1 in diesem Falle entgegen dem klaren Wortlaut analog anwenden will; vgl. ferner hier § 11 Rdnr. 6). Nicht genannt ist ferner die Vorschrift des § 2 über die Arbeitsplatzgestaltung. Der Ersatz des Verdienstausfalls, der auf § 2 beruht, kann daher nur aufgrund allgemeiner Grundsätze, nicht aber aufgrund des § 11 verlangt werden (ebenso *Buchner/Becker*, § 11 Rdnr. 14 ff.).

25   **Rechtsverordnungen.** Bei § 4 und § 6 Abs. 3 werden durch die generelle Verweisung im § 11 Abs. 1 in den Mutterschutzlohn auch die Beschäftigungsverbote und -beschränkungen einbezogen, die aufgrund einer Rechtsverordnung des § 4 Abs. 4 konkretisiert (Nr. 1) oder erlassen (Nr. 2) sind. Dazu gehören nach dem Erlaß der Mutterschutzrichtlinienverordnung (**MuSchRiV**) vom 15.4.1997 (BGBl. I S. 782) aufgrund des § 4 Abs. 4 Nr. 1 und 2 insbesondere die Beschäftigungsverbote und -beschränkungen des § 3 Abs. 3, des § 4 und des § 5 Abs. 1 der Verordnung zum Schutze der Mütter am Arbeitsplatz (MuSchArbV) in Art. 1 MuSchRiV (vgl. auch *Buchner/Becker*, § 11 Rdnr. 15; vgl. ferner § 2 Rdnr. 83 ff., 91 ff.).

26   Aus der Nichterwähnung des § 8 Abs. 4 in § 11 Abs. 1 können dagegen nachteilige Schlußfolgerungen zu Ungunsten der Frau nicht gezogen werden. § 8 Abs. 4 ist eine Ausnahme zu § 8 Abs. 1 und hebt im Unterschied zu der in § 11 Abs. 1 erwähnten Vorschrift des § 8 Abs. 3 das Beschäftigungsverbot des § 8 Abs. 1 nicht nur teilweise, sondern grundsätzlich ganz auf. Der Gesetzgeber ist wohl davon ausgegangen, daß Verdienstausfälle in den in § 8 Abs. 4 genannten Wirtschaftszweigen wegen einer Nichtbeschäftigung an Sonn- und Feiertagen nicht eintreten. Auf jeden Fall sind sie nach § 11 auszugleichen, auch eventuelle Verdienstminderungen, die durch Wegfall der Mehr-, Nacht- oder Sonn- und Feiertagszuschläge infolge der Beschäftigungsverbote des § 8 eintreten (vgl. *BAG* vom 8.9.1978, DB 1978, S. 2496; *Meisel/Sowka*, § 11 Rdnr. 28).

27   d) **Keine Umsetzungsverweigerung.** Die Arbeitgeber werden mit der durch das Änderungsgesetz von 1965 eingeführten erweiterten Zahlungsverpflichtung gemäß § 11 (vgl. § 11 Rdnr. 13) erheblich belastet, mit jeder Lohn- und Gehaltserhöhung zunehmend mehr. Die Arbeitnehmerin ist daher aufgrund ihrer Treuepflicht verpflichtet, auf zulässige Angebote des Arbeitgebers, die geeignet sind, die Belastung des Arbeitgebers zu verringern, einzugehen. Lehnt sie eine zulässig angebotene, zumutbare Arbeit unberechtigt ab, entfällt ihr Anspruch

Voraussetzungen für den Anspruch § 11 MuSchG

auf Mutterschutzlohn aus § 11 (h.M., vgl. z.B. *BAG* vom 31.1.1969 und vom 14.4.1972, AP Nr. 2 und 6 zu § 11 MuSchG 1968; *Buchner/Becker*, § 11 Rdnr. 20ff.; *Gröninger/Thomas*, § 11 Rdnr. 55; *Meisel/Sowka*, § 11 Rdnr. 25; *MünchArb/Heenen*, § 219 Rdnr. 54; a.A. *Heilmann*, § 11 Rdnr. 19). Zum Umsetzungsrecht des Arbeitgebers vgl. Rdnr. 5f. vor § 3, zum teilweisen Aussetzen mit der Arbeit vgl. § 11 Rdnr. 16).

4. Überblick über den Mutterschutzlohn

Gehört eine Arbeitnehmerin zu den anspruchsberechtigten Frauen (vgl. § 11 Rdnr. 6–9) und erfüllt sie die Voraussetzungen für den Anspruch auf Mutterschutzlohn (vgl. § 11 Rdnr. 10–27), ist ihr persönlicher Anspruch auf Mutterschutzlohn in der sich aus § 11 Rdnr. 30–48 zu errechnenden Höhe zu erfüllen. Der Frau ist also grundsätzlich das zu zahlen, was sie während des Berechnungszeitraums (vgl. § 11 Rdnr. 61–73) als Durchschnittsverdienst (§ 11 Rdnr. 74–77) erzielt hat, nicht etwa, was ihr in diesem Zeitraum zugeflossen ist (vgl. *BAG* vom 8.9.1978, DB 1978, S. 2496 und vom 28.11.1984, DB 1985, S. 756; zur beispielhaften Berechnung des Mutterschutzlohns im öffentlichen Dienst vgl. *BMI MuSch* zu 16.6; ferner hier § 11 Rdnr. 30ff.). 28

Bei gleichbleibenden Wochen- bzw. Monatsbezügen sind diese in der Regel als Mutterschutzlohn weiterzuzahlen (vgl. § 11 Rdnr. 75). Bei unterschiedlich hohem Verdienst empfiehlt es sich, den Mutterschutzlohn nach folgender Formel zu errechnen (*Meisel/Sowka*, § 11 Rdnr. 33; *Gröninger/Thomas*, § 11 Rdnr. 40; *Heilmann*, § 11 Rdnr. 55):

$$\frac{\text{Gesamtverdienst}}{\text{bezahlte Zeiteinheiten}} = (\text{Mutterschutzlohn/Zeiteinheiten})$$

Treten während oder nach Ablauf des Berechnungszeitraums Verdiensterhöhungen nicht nur vorübergehender Art ein, dann ist der erhöhte Verdienst zu zahlen (§ 11 Rdnr. 49–53). Verdienstkürzungen, die im Berechnungszeitraum infolge von Kurzarbeit, Arbeitsausfällen oder unverschuldeter Arbeitsversäumnis eintreten, bleiben außer Betracht (vgl. § 11 Rdnr. 54–60). Die Berechnung des Durchschnittsverdienstes erfolgt somit nach der »**verbesserten Bezugs(Referenz-)methode**«, die den Rückgriff auf einen zurückliegenden Berechnungszeitraum mit Elementen der Lohnausfallmethode verbindet (vgl. *Bulla*, DB 1965, S. 1517, 1555; vgl. ferner hier § 11 Rdnr. 74–77). Im übrigen erfolgen Abrechnung und Auszahlung des Mutterschaftslohns in gleicher Weise wie beim sonstigen Arbeitsentgelt. Es ändern sich weder die Abrechnungszeiträume noch der Auszahlungszeitpunkt (vgl. auch *Buchner/Becker*, § 11 Rdnr. 76ff.; *Meisel/Sowka*, § 11 Rdnr. 34). 29

Zum Überblick über **Beginn und Ende** des Anspruchs auf Mutterschutzlohn vgl. § 11 Rdnr. 78–82.

MuSchG § 11 *Arbeitsentgelt bei Beschäftigungsverboten*

5. Verdienst, Berechnungsgrundlage, Abs. 1

30 **a) Begriff.** Mit Verdienst ist das Arbeitsentgelt im arbeitsrechtlichen Sinn gemeint (vgl. § 11 Abs. 1 Satz 5), im Unterschied zu § 13 MuSchG und § 200 RVO, wo der sozialversicherungsrechtliche Entgeltbegriff maßgebend ist (vgl. hier § 200 RVO Rdnr. 22). Unter Arbeitsentgelt im arbeitsrechtlichen Sinne ist jede geldwerte **Gegenleistung** zu verstehen, die der Arbeitgeber dem Arbeitnehmer **für** dessen **Arbeitsleistung** zu gewähren hat und die kein bloßer Aufwendungsersatz ist; hinzu kommen Leistungen, auf die die Arbeitnehmerin auch ohne Arbeitsleistung aufgrund besonderer arbeitsvertraglicher oder gesetzlicher Regelungen Anspruch hat; dem Arbeitsentgelt ist die Ausbildungsvergütung gleichzustellen (vgl. *BAG* vom 29.1.1971 und 24.2.1972, BB 1971, S. 476 und 1972, S. 619 = DB 1971, S. 537 und 1972, S. 1832; *Buchner/Becker*, § 11 Rdnr. 80ff.; *Gröninger/Thomas*, § 11 Rdnr. 11; *Meisel/Sowka*, § 11 Rdnr. 41; zum Begriff Arbeitsentgelt als solchem vgl. *MünchArb/Hanau*, § 60 Rdnr. 1ff.).

31 Bei der Berechnung des Durchschnittsverdienstes nach § 11 Abs. 1 können allerdings nur solche – ggf. durch § 11 Abs. 2 korrigierte – Gegenleistungen herangezogen werden, die der Arbeitgeber der Frau während des Berechnungszeitraums für ihre Arbeitsleistung zu gewähren hat (verbesserte Bezugsmethode); der **Verdienst**, den die Frau durch ihre Arbeitsleistung **im** maßgebenden **Berechnungszeitraum** tatsächlich erzielt hat (Bruttobezüge), nicht der Verdienst, der ihr in diesem Zeitraum zugeflossen ist, auch bei unständigen Bezügeanteilen (vgl. *BAG* vom 28.11.1984 und vom 6.3.1985, AP Nr. 10 und 11 MuSchG; vgl. ferner *BMI MuSch* zu 16.3). Ob und inwieweit das Arbeitsentgelt für die Lohnsteuer oder die Sozialversicherungsbeiträge berücksichtigt worden ist, ist ohne Bedeutung.

32 **b) Lohn, Gehalt.** Zu berücksichtigen sind in erster Linie **die festen Lohn- und Gehaltsbezüge**, auch wenn sie übertariflich gezahlt werden, und der während des Berechnungszeitraumes tatsächlich erzielte Leistungs-, Akkord- oder Prämienlohn (Bruttoverdienst). Der tatsächlich erzielte Akkord- oder Prämienlohn ist nur dann nicht maßgebend, wenn der Tarifvertrag eine Mindestverdienstgrenze garantiert und die Frau die Mindestverdienstgrenze unterschreitet. In diesem Ausnahmefall ist von der Mindestverdienstgrenze auszugehen. Verrichtet die Frau in Unkenntnis eine nach dem MuSchG verbotene Arbeit, z.B. eine nach § 4 Abs. 3 verbotene Akkordarbeit, so dürfen ihr hieraus bei der Ermittlung des Mutterschutzlohns keine Nachteile entstehen; der hierdurch erzielte höhere Verdienst ist zu berücksichtigen (*BAG* vom 20.12.1972, DB 1973, S. 829). Bei Auszubildenden sind die ihnen gewährten Vergütungen, insbesondere die Ausbildungsvergütung, zu berücksichtigen. Verdienst ist auch der vom Arbeitgeber nach § 11 gezahlte Mutterschutzlohn und andere **Lohnfortzahlungen** und Bezüge, die den bisherigen Lebensstandard erhalten sollen (vgl. auch *Buchner/Becker*, § 11 Rdnr. 83f.; *Gröninger/Thomas*, § 11 Rdnr. 12; *Meisel/Sowka*, § 11 Rdnr. 43).

c) **Sachbezüge** (Deputat, freier Unterhalt, freie Verpflegung, freie Wohnung, Heizung, Beleuchtung u.a.) sind während des Bezugs des Mutterschutzlohns grundsätzlich weiter zu gewähren. Kann die Frau wegen Aussetzens mit der Arbeit oder aus anderen gewichtigen Gründen Sachbezüge nicht mehr entgegennehmen, dann sind die im Berechnungszeitraum gewährten Sachbezüge ihrem wirklichen Wert entsprechend und nicht etwa nur entsprechend den in der Sozialversicherung oder im Steuerrecht maßgebenden Bewertungssätzen in bar abzugelten (*BAG* vom 11.10.2000, DB 2001, S. 486 m. Anm. *Heilmann* AP Nr. 13 zu § 611 BGB Sachbezüge) ebenso *Gröninger/Thomas*, § 11 Rdnr. 15; *Heilmann*, § 11 Rdnr. 46; tw. a.A. *Buchner/Becker*, § 11 Rdnr. 82; *Meisel/Sowka*, § 11 Rdnr. 50). Dies folgt daraus, daß die Frau nach dem Sinn und Zweck der Regelung des § 11 hinsichtlich ihres Verdienstes grundsätzlich so zu stellen ist, wie sie während des Berechnungszeitraums gestanden hat. Für die Barabgeltung kommen allerdings nur die Sachbezüge in Betracht, die als Arbeitsentgelt anzusehen sind (vgl. § 11 Rdnr. 36). 33

d) **Provision** ist Arbeitsentgelt, und zwar auch dann, wenn sie nicht die einzige Vergütung ist, sondern nur zu einem festen Grundgehalt (Fixum) hinzutritt (ebenso *Meisel/Sowka*, § 11 Rdnr. 45. Vgl. auch *Buchner/Becker*, § 11 Rdnr. 87). Provisionen aus den vor dem Berechnungszeitraum abgeschlossenen Geschäften, die erst während der Dauer des Bezugs des Mutterschutzlohns nach § 11 Abs. 1 fällig werden, bleiben allerdings bei der Berechnung des Mutterschutzlohns außer Betracht, weil sie keine nicht nur vorübergehende Verdiensterhöhung i.S.d. § 11 Abs. 2 sind (vgl. auch *BAG* vom 16.10.1959, AP Nr. 48 zu § 611 BGB Urlaubsrecht; ebenso *Gröninger/Thomas*, § 11 Rdnr. 13; wegen äußerst schwankender Provisionen vgl. § 11 Rdnr. 72). 34

e) **Bedienungsgeld.** Im Gaststättengewerbe gehört zum Arbeitsentgelt nicht nur der Garantielohn, sondern auch das Bedienungsgeld, nicht dagegen das Trinkgeld der Gäste (ebenso *Buchner/Becker*, § 11 Rdnr. 88; *Gröninger/Thomas*, § 11 Rdnr. 14; *Meisel/Sowka*, § 11 Rdnr. 45). Überschreitet im Berechnungszeitraum das Bedienungsgeld den Garantielohn oder ist nur Bedienungsgeld vereinbart, so ist nicht der Garantielohn, sondern das tatsächliche Einkommen Berechnungsgrundlage (wegen äußerst schwankender Bedienungsgelder vgl. § 11 Rdnr. 71). 35

f) **Zulagen und Zuschläge**, die während des Berechnungszeitraums gewährt worden sind und die nicht nur einen bestimmten Aufwand in diesem Zeitraum ersetzen sollen, sind Bestandteile des Arbeitsentgelts und daher bei der Berechnung des Durchschnittsverdienstes zu berücksichtigen. Hierzu gehören insbesondere alle Sozialzulagen wie Wohnungsgeld, Kinderzuschläge und andere Familienzuschläge sowie Alters- und Dienstzeitzulagen, ferner Teuerungszulagen sowie Zulagen für besondere Leistungen und Erschwernisse im Berechnungszeitraum (ebenso *Buchner/Becker*, § 11 Rdnr. 89; *Gröninger/Thomas*, § 11 Rdnr. 16; *Meisel/Sowka*, § 11 Rdnr. 44). 36

37 **Anwesenheits- und Pünktlichkeitsprämien**, die als zusätzliche Vergütung neben dem Gehalt den Arbeitnehmern gezahlt werden, die während eines bestimmten Zeitraums bei der Arbeit nicht fehlen bzw. pünktlich zur Arbeit erscheinen, sind bei der Berechnung des Mutterschutzlohns bei der Frau als Arbeitsentgelt zu berücksichtigen, die immer pünktlich zum Betrieb gekommen ist und lediglich infolge eines Beschäftigungsverbots nicht anwesend bzw. nicht pünktlich sein kann. Die Frau bleibt in diesen Fällen von Rechts wegen der Arbeit fern (vgl. *BAG* vom 29.1.1971, BB 1971, S. 476 = DB 1971, S. 536; ebenso *Buchner/Becker*, § 11 Rdnr. 93; a.A. *Meisel/Sowka*, § 11 Rdnr. 48). Soweit die Frau mit der Arbeit infolge eines Beschäftigungsverbots nur teilweise aussetzen darf, also noch zum Betrieb gehen muß, hängt die Zahlung der Anwesenheits- bzw. Pünktlichkeitsprämie davon ab, daß sie tatsächlich anwesend bzw. pünktlich ist (vgl. auch *Gröninger/Thomas*, § 11 Rdnr. 17). Entsprechendes gilt für die sog. **Antrittsgebühr** im graphischen Gewerbe, die dafür gezahlt wird, daß ein Arbeitnehmer eine Arbeitsleistung an Sonn- und Feiertagen erbringt; sie ist eine besondere Form der Anwesenheitsprämie (ebenso *ArbG Bochum* vom 16.10.1974, BB 1975, S. 840; *Buchner/Becker*, § 11 Rdnr. 91; *Heilmann*, § 11 Rdnr. 52; a.A. *Meisel/Sowka*, § 11 Rdnr. 48a). Die Frau soll durch die Beschäftigungsverbote in ihrem Lebensstandard grundsätzlich nicht benachteiligt werden. Zu berücksichtigen sind außerdem Nacht-, Sonntags- und Überstundenzuschläge (vgl. auch § 11 Rdnr. 41), ferner Gefahren-, Lärm- und Schmutzzulagen sowie andere **Erschwerniszulagen**, die während des Berechnungszeitraums gewährt worden sind (vgl. auch *Buchner/Becker*, § 11 Rdnr. 89; *Gröninger/Thomas*, § 11 Rdnr. 16; *Meisel/Sowka*, § 11 Rdnr. 44). Zwar werden während des Bezugs des Mutterschutzlohns die Arbeiten, für die diese Zuschläge gewährt werden, wegen der Beschäftigungsverbote in der Regel nicht mehr verrichtet. Die Frau soll jedoch dadurch, daß sie bestimmte Arbeiten wegen der Beschäftigungsverbote nicht mehr verrichten kann, grundsätzlich nicht benachteiligt werden. Sie ist daher so zu behandeln, als ob sie sie noch verrichten könnte.

38 **Zulagen**, insbesondere Sachbezüge (vgl. § 11 Rdnr. 33), die vom Arbeitgeber nicht als Gegenleistung für die Arbeitsleistung, sondern nur wegen des Arbeitsverhältnisses und aus Anlaß der tatsächlichen Arbeitsleistung aus seiner Fürsorge heraus gewährt werden, sind kein Arbeitsentgelt, da hierunter nur Gegenleistungen des Arbeitgebers für die Arbeitsleistung des Arbeitnehmers zu verstehen sind (vgl. § 11 Rdnr. 30). Zulagen dieser Art sind in der Regel unentgeltliche oder verbilligte Mahlzeiten, Freitrunk sowie sonstige zum Genuß im Betrieb bestimmte Nahrungs- und Genußmittel, ferner **Essenszuschüsse**, die bei Fehlzeiten nicht gewährt werden, und zwar auch dann, wenn sie nicht lohnsteuerfrei sind und auf sie während der Dauer des Arbeitsentgelts ein klagbarer Anspruch besteht (so auch *Buchner/Becker*, § 11 Rdnr. 101; *Gröninger/Thomas*, § 11 Rdnr. 15).

Verdienst, Berechnungsgrundlage § 11 MuSchG

g) **Aufwandsentschädigung.** Zulagen, die als Ersatz für Mehraufwendungen gewährt werden, Aufwandsentschädigungen, sind **kein Arbeitsentgelt**, es sei denn, daß die Frau die Möglichkeit hatte, sie nicht für Mehraufwendungen auszugeben, sondern zur Verbesserung ihres Lebensstandards zu verwenden (vgl. auch *BAG* vom 8.11.1962, AP Nr. 15 zu § 2 ArbKrankhG). Sie brauchen daher bei der Berechnung des Durchschnittsverdienstes, abgesehen von dem genannten Ausnahmefall, nicht berücksichtigt zu werden (ebenso *Buchner/Bekker*, § 11 Rdnr. 100). Ob sie während des Bezugs des Mutterschutzlohns gewährt werden müssen, hängt davon ab, ob der Mehraufwand noch besteht (ebenso *Heilmann*, § 11 Rdnr. 49). Ohne tatsächlichen Mehraufwand sind grundsätzlich nur die Aufwandsentschädigungen weiter zu zahlen, für deren Auszahlung lediglich das Bestehen des Arbeitsverhältnisses maßgebend ist, wie z.B. bei den Ministerialzulagen (vgl. auch *Gröninger/Thomas*, § 11 Rdnr. 16). 39

Zu den bei der Berechnung nicht zu berücksichtigenden Aufwendungen gehören z.B. **Fahrtvergütungen**, Reisespesen, Zehrgelder, Tage- und Übernachtungsgelder, Trennungsentschädigungen, Auslösungen, Ersatz für Arbeitskleidung und für Benutzung eigener Werkzeuge (vgl. auch *Buchner/Becker*, § 11 Rdnr. 100; *Gröninger/Thomas*, § 11 Rdnr. 16; *Meisel/Sowka*, § 11 Rdnr. 49). Bei Wegegeld ist zu unterscheiden, ob es als Ersatz für Fahrtkosten gegeben wird oder als Bezahlung für die zur Zurücklegung des Weges aufgewandte Zeit. Wegegeld als Wegezeitentschädigung ist Arbeitsentgelt und daher bei der Berechnung zu berücksichtigen. Bei **Fehlgeldentschädigungen** für die im Geldverkehr Beschäftigten kommt es darauf an, in welcher Höhe die Entschädigung gewährt wird. Reicht die Entschädigung erfahrungsgemäß nur zur Abdeckung des Risikos aus, handelt es sich nicht um zusätzliches Arbeitsentgelt. Allgemein kann gesagt werden, daß die Entschädigung kein Arbeitsentgelt ist, soweit sie steuerfrei bleibt. 40

h) **Überstunden, unständige Bezügeanteile.** Sind im Berechnungszeitraum Überstunden geleistet worden, dann sind sowohl die Überstundenvergütung als auch die **Überstundenzuschläge** der Berechnung zugrunde zu legen, ohne Rücksicht darauf, ob es sich um regelmäßig oder gelegentlich geleistete Überstunden handelt (*BAG* vom 9.12.1965, BB 1966, S. 165 = DB 1966, S. 306 zu der gleichen Vorschrift des § 11 BUrlG; ebenso *Buchner/Becker*, § 11 Rdnr. 90; *Heilmann*, § 11 Rdnr. 50; vgl. auch § 11 Rdnr. 18; abw. *Gröninger/Thomas*, § 11 Rdnr. 18; *Meisel/Sowka*, § 11 Rdnr. 44a, die nur regelmäßig geleistete Überstunden berücksichtigen; zur Regelmäßigkeit von Überstunden vgl. *BAG* vom 3.5.1989, DB 1989, S. 2283) und ob die Überstunden zulässig waren (vgl. *BSG* vom 25.8.1960, AP Nr. 3 zu § 13 MuSchG). 41

Hat die Arbeitnehmerin im Berechnungszeitraum Mehrarbeit geleistet, die Vergütung dafür aber entsprechend einer Betriebsvereinbarung erst zu einem **späteren Zeitpunkt** erhalten, ist die Mehrarbeitsvergütung bei der Berechnung nicht zu berücksichtigen (so *BAG* vom 1.10.1991, BB 1992, S. 143 zum Urlaubsentgelt). Sind Überstunden, Mehrarbeitsstunden durch **Freizeitaus-** 42

MuSchG § 11   *Arbeitsentgelt bei Beschäftigungsverboten*

gleich abgegolten worden, ist kein Verdienst i.S.d. § 11 erzielt worden (vgl. *BMI MuSch* zu 16.3). Das gleiche gilt für Nacht-, Sonn- und **Feiertagsarbeit**. Zu berücksichtigen sind auch Vergütungen für **Bereitschaftsdienste**, nicht dagegen ein Freizeitausgleich für Bereitschaftsdienste. Freizeitabgeltung braucht ihrem Zweck entsprechend nicht weitergewährt zu werden, wenn der Bereitschaftsdienst schwangerschaftsbedingt nicht geleistet wird (vgl. auch *LAG BW* vom 12.5.1993, ZTR 1993, S. 508). Die Zuschläge für Nacht-, Sonn- und Feiertagsarbeit sind zwar, soweit sie steuerfrei sind, ohne Steuerabzug bei der Berechnung des Mutterschutzlohns einzusetzen (ebenso *Heilmann*, § 11 Rdnr. 51), ihre Zahlung als Mutterschutzlohn ist jedoch wie dieser **steuerpflichtig** (ebenso *BFH* vom 26.10.1984, BFHE 142, 146; *Gröninger/Thomas*, § 11 Rdnr. 18; vgl. § 11 Rdnr. 86).

43 i) **Urlaubsentgelt**. Als Verdienst im Sinne des § 11 Abs. 1 ist auch das während des Berechnungszeitraums gewährte **Urlaubsentgelt** anzusehen. Die Urlaubsabgeltung (Geldzahlung statt Urlaub, z.B. bei Krankheit weiterhin möglich) kann dagegen ebensowenig berücksichtigt werden wie das Urlaubsgeld (so auch *Meisel/Sowka*, § 11 Rdnr. 47). Zwar ist das Urlaubsgeld (Zulage zum normalen Lohn aus Anlaß des Urlaubs) eine Gegenleistung des Arbeitgebers. Sie wird jedoch nicht für die Tätigkeit des Arbeitnehmers innerhalb des betreffenden Bezugszeitraums, sondern für das ganze Urlaubsjahr gewährt (ebenso *Gröninger/Thomas*, § 11 Rdnr. 19; *MünchArb/Heenen*, § 219 Rdnr. 50).

44 j) **Lohnzahlung bei Fehlzeiten**. Zum Arbeitsentgelt rechnen auch die Leistungen des Arbeitgebers für Fehlzeiten aufgrund vertraglicher oder gesetzlicher Regelungen wie Entgeltzahlung an Feiertagen nach § 2 EFZG, **Entgeltfortzahlung** im Krankheitsfalle nach § 3 EFZG oder aufgrund eines Tarifvertrages oder an Betriebsräte nach § 37 BetrVG (vgl. *Buchner/Becker*, § 11 Rdnr. 83; *Gröninger/Thomas*, § 11 Rdnr. 19). Leistungen und Zuwendungen des Arbeitgebers für Fehlzeiten ohne vollen Lohnersatz und öffentlich-rechtliche Leistungen für Fehlzeiten wie Erziehungsgeld, Krankengeld, Kurzarbeitergeld, Schlechtwettergeld sind dagegen bei der Ermittlung des Durchschnittsverdienstes nicht zu berücksichtigen (ebenso *Meisel/Sowka*, § 11 Rdnr. 46; *MünchArb/Heenen*, § 219 Rdnr. 50). Ausgeklammert aus der Ermittlung des Durchschnittsverdienstes werden auch **Beihilfen,** Unterstützungen und ähnliche Zuwendungen. Sie werden während des Bezugs des Mutterschutzlohns unter den üblichen Voraussetzungen weitergewährt.

45 k) **Einmalige Zuwendungen**, insbesondere Gewinnbeteiligungen, Tantiemen, Urlaubsabgeltungen sowie **Weihnachts- und Abschlußgratifikationen**, 13. Monatsgehalt und ähnliche Sondervergütungen sind als außergewöhnliche Einkünfte, nicht als Verdienst zu berücksichtigen (vgl. *BSG* vom 22.6.1966, BB 1966, S. 1457; *Buchner/Becker*, § 11 Rdnr. 99; *Gröninger/Thomas*, § 11 Rdnr. 20; *Heilmann*, § 11 Rdnr. 53; *Meisel/Sowka*, § 11 Rdnr. 47; *MünchArb/Heenen*, § 219 Rdnr. 50), selbst dann nicht, wenn sie in den Berechnungszeitraum fallen; denn sie werden in der Regel für das ganze Jahr gezahlt, also auch für die Zeit

Verdiensterhöhungen § 11 MuSchG

des Bezugs des Mutterschutzlohns (vgl. dazu Rdnr. 11 vor § 3). Andernfalls würde die Berücksichtigung zur vom Gesetz nicht gewollten Doppelleistung führen. Ist dagegen das 13. **Monatsgehalt** tariflich so gestaltet, daß es ausschließlich Vergütung für geleistete Arbeit und dem monatlich verdienten Arbeitsentgelt anteilig zuzurechnen ist, dann ist es bei der Ermittlung des Durchschnittsverdienstes im Berechnungszeitraum anteilig (1/12) zu berücksichtigen (vgl. *BSG* vom 17.4.1991, DB 1991, S. 1992; vgl. auch *BAG* vom 24.10.1990, NZA 1991, S. 318; *BAG* vom 25.11.1998, DB 1999, S. 1119).

Nicht zu berücksichtigen sind als Verdienst ferner Vergütungen für betriebliche Verbesserungen, Erfinderbelohnungen und einmalige Treueprämien (zu den lfd. Prämien vgl. § 11 Rdnr. 37). Das gleiche gilt für Jubiläumsgeschenke, **Heiratsbeihilfen** und andere einmalige Leistungen, die nicht als Gegenleistung für die Arbeitsleistung, sondern wegen des Bestehens des Arbeitsverhältnisses gewährt werden und die daher nicht als Arbeitsentgelt angesehen werden können. Die Ausklammerung einmaliger Zuwendungen ist in § 11 im Gegensatz zu den §§ 12, 14 und § 200 RVO nicht ausdrücklich gesetzlich festgelegt. Doch kann daraus nicht geschlossen werden, daß einmalige Zuwendungen in § 11 zum Arbeitsentgelt zu rechnen sind. 46

l) **Vermögenswirksame Leistungen.** Zum Verdienst, der bei der Ermittlung des Durschnittsverdienstes zu berücksichtigen ist, gehören auch die tariflich vereinbarten vermögenswirksamen Leistungen, die der Arbeitgeber zu erbringen hat, z.B. die, die der Arbeitgeber nach den Tarifverträgen über vermögenswirksame Leistungen im öffentlichen Dienst zu erbringen hat (vgl. *BMI MuSch* zu 16.3). Zu berücksichtigen sind ferner die vermögenswirksam angelegten Teile des Arbeitslohnes nach den §§ 10 und 11 des Fünften Vermögensbildungsgesetzes. Zu vermögenswirksamen Leistungen vgl. ferner Rdnr. 12f. vor § 3 und § 14 Rdnr. 78. 47

m) **Irrige Zahlungen.** Sind im maßgebenden Berechnungszeitraum irrtümlich Zahlungen oder Überzahlungen erfolgt, scheiden diese bei der Durchschnittsberechnung aus. Unterbliebene, aber schon geschuldete Leistungen sind dagegen zu berücksichtigen (vgl. *BMI MuSch* zu 16.3). 48

6. Verdiensterhöhungen, Abs. 2 Satz 1

Bei der Berechnung ist der Verdienst (i.S.d. § 11 Rdnr. 30–48) grundsätzlich nur in der Höhe zu berücksichtigen, in der er während des Berechnungszeitraums tatsächlich erzielt worden ist. Bei Verdiensterhöhungen nicht nur vorübergehender Natur, die während oder nach Ablauf des Berechnungszeitraums eintreten, ist jedoch nach § 11 Abs. 2 von dem erhöhten Verdienst auszugehen. Das bedeutet, daß bei Verdiensterhöhungen dieser Art der Durchschnittsverdienst nach § 11 Abs. 1 so zu **berechnen** ist, als ob der höhere Verdienst bereits **während** des ganzen **Berechnungszeitraums** erzielt worden wäre. Bei einer Verkürzung der tariflichen Arbeitszeit von 39 auf 38 Stunden unter Lohnaus- 49

MuSchG § 11   *Arbeitsentgelt bei Beschäftigungsverboten*

gleich ist z. B. zu dem Durchschnittsverdienst zuzüglich ein Aufschlag von 1/39 zu bezahlen (vgl. *BAG* vom 28.2.1964, AP Nr. 4 zu § 10 MuSchG), zur Erhöhung der Lohnsätze vgl. *BAG* vom 6.4.1994, AP Nr. 11 zu § 11 MuSchG 1968. Ggf. ist eine Neuberechnung vorzunehmen. Der sich hierbei ergebende höhere Durchschnittswert braucht allerdings, wenn die Erhöhung erst während des Bezugs des Mutterschutzlohns eintritt, erst von dem Zeitpunkt ab gezahlt oder nachgezahlt zu werden, von dem ab die Erhöhung in Kraft tritt (ebenso *Buchner/Becker*, § 11 Rdnr. 147; *Gröninger/Thomas*, § 11 Rdnr. 23; *Heilmann*, § 11 Rdnr. 70; *Meisel/Sowka*, § 11 Rdnr. 78).

50   Der Zeitpunkt, bis zu dem eingetretene Verdiensterhöhungen zu berücksichtigen sind, ist im Gesetz nicht ausdrücklich festgelegt. Der Wortlaut »Verdiensterhöhungen nach Ablauf des **Berechnungszeitraums**« erfaßt an sich auch Verdiensterhöhungen nach Wegfall des Anspruchs auf Mutterschutzlohn. Berücksichtigt man jedoch, daß der Anspruch auf Mutterschutzlohn nur besteht, solange die in § 11 Abs. 1 genannten Beschäftigungsverbote zur Anwendung kommen, so muß man nach dem Sinn und Zweck der Regelung zu dem Ergebnis kommen, daß Verdiensterhöhungen **nach Wegfall** des Anspruchs auf **Mutterschutzlohn** ohne Bedeutung sind. Verdiensterhöhungen sind demnach nur zu berücksichtigen, wenn sie während des Berechnungszeitraums oder wenn sie vor Beginn oder während der Dauer des Bezugs des Mutterschutzlohns eintreten (ebenso *Buchner/Becker*, § 11 Rdnr. 146; *Gröninger/Thomas*, § 11 Rdnr. 23; *Meisel/Sowka*, § 11 Rdnr. 68, 78). Verdiensterhöhungen während der Schutzfristen sind nur bei einem Anspruch auf Mutterschutzlohn wegen eines nach der Entbindung zur Anwendung kommenden Beschäftigungsverbots zu berücksichtigen.

51   Zu den Verdiensterhöhungen nicht **nur vorübergehender Natur** gehören insbesondere **tarifliche**, betriebliche oder einzelvertragliche Erhöhungen des Lohns oder Gehalts oder der Zulagen und Zuschläge, sofern diese als Verdienst i. S. d. § 11 Rdnr. 31 ff. anzusehen sind, die Gewährung der Grundvergütung nach einer höheren Lebensaltersstufe, die Gewährung des Monatstabellenlohns nach einer höheren Dienstzeitstufe, allgemeine Erhöhungen des Ortszuschlags. Zu den Verdiensterhöhungen nicht nur vorübergehender Natur gehört ferner nicht nur vorübergehende betriebliche **Mehrarbeit** nach Ablauf des Berechnungszeitraums (nach Dersch/Neumann, § 11 Rdnr. 52 wenigstens für länger als drei Monate; während des Berechnungszeitraums ist jede Mehrarbeit der Frau zu berücksichtigen, vgl. § 11 Rdnr. 42), ferner Verbesserung der Akkordgrundlagen sowie Übergang von Zeitlohn- zu Akkordarbeit (*BAG* vom 20.12.1972, DB 1973, S. 829), die Gewährung von Steigerungsbeträgen, die Erhöhung des Ortszuschlags und die Gewährung oder Erhöhung von Dienstzeitzulagen, Arbeitszeitverkürzungen mit Lohnausgleich, Arbeitszeitverlängerung mit Lohnsteigerung (vgl. auch *Buchner/Becker*, § 11 Rdnr. 141 ff.; *Gröninger/Thomas*, § 11 Rdnr. 22; *Meisel/Sowka*, § 11 Rdnr. 65 ff.; *MünchArb/Heenen*,

Zeiten ohne Arbeitsentgelt §11 MuSchG

§ 219 Rdnr. 51). Arbeitszeitkürzungen ohne Lohnausgleich sind nach § 11 Abs. 2 S. 2 unbeachtlich (*Heilmann*, § 11 Rdnr. 71).

Zu den Verdiensterhöhungen nicht nur vorübergehender Natur gehören auch **Verbesserungen** des Arbeitsentgelts durch Bereitschaftsdienste, **die vor** Einsetzen des Nacht- oder Sonntagarbeitsverbots des § 8 MuSchG **vereinbart** sind, später aber wegen dieses Verbots nicht geleistet werden können; der Verdienstausfall ist nach § 11 Abs. 2 auszugleichen (vgl. *BAG* vom 8.8.1990, NJW 1991, S. 62 = BB 1990, S. 2491 = DB 1990, S. 2328); ferner Verbesserungen des Arbeitsentgelts **durch Bereitschaftsdienste**, die zwar erstmals im Berechnungszeitraum geleistet werden, jedoch aufgrund einer allgemeinen Anordnung des Arbeitgebers regelmäßig und über einen längeren Zeitraum hinweg (vgl. *BAG* vom 25.5.1993, 5 AZR 22/81). Von einer Verdiensterhöhung nicht nur vorübergehender Natur ist auch dann auszugehen, wenn sich die Vergütung für den Bereitschaftsdienst während oder nach Ablauf des Berechnungszeitraumes dadurch erhöht hat bzw. erhöhen würde, weil der Bereitschaftsdienst aufgrund der Nr. 6 Abschn. B Abs. 5 SR 2a BAT, der Nr. 8 Abs. 5 SR 2c BAT oder der Nr. 8 Abschn. B Abs. 5 SR 2e III BAT einer **höheren Stufe zugewiesen** worden ist. Verdienstminderungen, die sich dadurch ergeben bzw. ergeben würden, weil der Bereitschaftsdienst einer niedrigeren Stufe zugewiesen worden ist, wirken sich nur dann aus, wenn sie während des Berechnungszeitraums, nicht aber, wenn sie nach Ablauf dieses Zeitraums eingetreten sind (vgl. *BMI MuSch* zu 16.7). Zum Bereitschaftsdienst vor Beginn des Berechnungszeitraums vgl. § 11 Rdnr. 61. 52

Erhöhungen des Akkordverdienstes durch individuelle Leistungssteigerung nach dem Berechnungszeitraum, in der Regel also nach Beginn der Schwangerschaft, sind dagegen nicht zu berücksichtigen, weil sie im allgemeinen Verdiensterhöhungen vorübergehender Natur sind (ebenso *Meisel/Sowka*, § 11 Rdnr. 66b). Die Berücksichtigung solcher Verdiensterhöhungen würde auch dem mit der Verlegung des Berechnungszeitraums in die Zeit vor Beginn der Schwangerschaft verfolgten Zweck zuwiderlaufen, die Frau davor zu bewahren, ihre Gesundheit und das werdende Leben durch Leistungssteigerungen nach Beginn der Schwangerschaft zu gefährden, allerdings nur bei bekannter Schwangerschaft (ebenso *Heilmann*, § 11 Rdnr. 73; vgl. auch § 11 Rdnr. 61). 53

7. Zeiten ohne Arbeitsentgelt, Abs. 1 Satz 5; Verdienstkürzungen, Abs. 2 Satz 2 und 3

a) **Grundsatz.** Nach § 11 Abs. 1 Satz 5 bleiben im Berechnungszeitraum Zeiten, in denen – gleichgültig, ob verschuldet oder nicht, ob durch Arbeitskampf oder auf andere Weise – **kein Arbeitsentgelt** (i.S.d. § 11 Rdnr. 30–48) erzielt wurde, bei der Berechnung des Durchschnittsverdienstes außer Betracht; der Divisor wird also entsprechend kleiner. Dabei ist es ohne Bedeutung, aus welchen Gründen kein Arbeitsentgelt erzielt wurde. Auch die Elternzeit gehört 54

MuSchG § 11 *Arbeitsentgelt bei Beschäftigungsverboten*

zu den Zeiten ohne Arbeitsentgelt. Unter Zeiten sind Zeiträume von mindestens einem vollen Tage zu verstehen. Häufen sich jedoch unbezahlte Fehlstunden im Berechnungszeitraum derart, daß sie zusammengerechnet mehrere Tage ergeben und würde die Frau bei Nichtberücksichtigung der Fehlstunden einen erheblich niedrigeren Mutterschutzlohn erhalten, ist eine Umrechnung unbezahlter Fehlstunden in volle Arbeitstage zuzulassen, sie bei der Berechnung außer Betracht zu lassen sind (ähnl. *Buchner/Becker*, § 11 Rdnr. 127; *Gröninger/Thomas*, § 11 Rdnr. 24; *Meisel/Sowka*, § 11 Rdnr. 52, 55; vgl. auch *Heilmann*, § 11 Rdnr. 68).

55   b) **Verhältnis von Abs. 1 Satz 5 zu Abs. 2 Satz 2**. Durch die Vorschrift des § 11 Abs. 2 Satz 2, die redaktionell hinter § 11 Abs. 1 Satz 5 zu lesen ist, wird der allgemeine Grundsatz des § 11 Abs. 1 Satz 5 zum Teil ergänzt und zum Teil eingeschränkt. Die **Ergänzung** besteht darin, daß in den in § 11 Abs. 2 Satz 2 genannten Fällen der Verdienstausfall auch für einen Zeitraum von weniger als einem Tage bei der Berechnung außer Betracht bleibt, z. B. bei einem Streik, bei einer unbezahlten Betriebsversammlung oder bei Arbeitsversäumnissen von weniger als 8 Stunden. Eine weitere Ergänzung des Grundsatzes des § 11 Abs. 1 Satz 5 besteht darin, daß in den in § 11 Abs. 2 Satz 2 genannten Fällen nicht nur die Zeiten außer Betracht bleiben, in denen überhaupt kein Arbeitsentgelt erzielt wurde, sondern auch die Zeiten, in denen ein vermindertes Arbetsentgelt erzielt wurde, z. B. bei Kurzarbeit. Die **Einschränkung des Grundsatzes** des § 11 Abs. 1 Satz 5 besteht darin, daß nach § 11 Abs. 2 Satz 2 ein Verdienstausfall infolge einer Arbeitsversäumnis nur außer Betracht bleibt, wenn die Frau die Arbeit nicht schuldhaft versäumt hat, z. B. durch Krankheit, rechtmäßigen Arbeitskampf. **Zeiten verschuldeter Arbeitsversäumnis** können in vollem Umfang zum **Nachteil der Frau** bei der Berechnung berücksichtigt werden, auch wenn es sich nur um Stunden handelt (vgl. auch *Buchner/Becker*, § 11 Rdnr. 129; *Gröninger/Thomas*, § 11 Rdnr. 27, 38; *Meisel/Sowka*, § 11 Rdnr. 60; a. A. *Heilmann*, § 11 Rdnr. 69, der die Anwendung des § 11 Abs. 2 Satz 2 hier ablehnt).

56   c) **Arbeitsversäumnis.** Unter Arbeitsversäumnis ist im Unterschied zu dem generellen, ganze Gruppen von Arbeitnehmern betreffenden Arbeitsausfall nur die Versäumnis der Arbeit durch die einzelne Frau während des Berechnungszeitraums zu verstehen (so auch *Buchner/Becker*, § 11 Rdnr. 136). Bei der Beurteilung der Frage, ob eine Arbeitsversäumnis verschuldet ist oder nicht, können die von der Rechtslehre zur **Frage des Verschuldens** i. S. d. § 616 BGB aufgestellten Grundsätze nicht ohne weiteres herangezogen werden (ebenso *Heilmann* § 11 Rdnr. 79; für deren Anwendung *Gröninger/Thomas*, § 11 Rdnr. 27).

57   **Bummeltage.** Insbesondere aus § 9, der eine Kündigung selbst bei ganz groben Verstößen der Frau nicht zuläßt, ist zu ersehen, daß das MuSchG der Frau wegen ihrer Schwangerschaft Auseinandersetzungen im Betrieb ersparen will. Unter diesen Umständen ist nicht anzunehmen, daß der Gesetzgeber die Frau durch die Vorschrift des § 11 Abs. 2 mit Auseinandersetzungen über die Frage des Verschuldens belasten wollte, da diese Frage im einzelnen zweifelhaft

sein kann. Außerdem hat § 11 den Zweck, die Frau finanziell sicherzustellen und ihr den Verdienstausfall, der ihr durch die Beschäftigungsverbote entsteht, zu ersetzen (vgl. auch § 11 Rdnr. 1 f.). Dieser Zweck könnte nicht verwirklicht werden, wenn der Maßstab für die Beurteilung der Verschuldensfrage der gleiche wäre wie zu § 616 BGB. Die Frau würde z. B. bei einer Arbeitsversäumnis wegen eines grob fahrlässig herbeigeführten Verkehrsunfalls, der von der Rechtslehre zu § 616 BGB als verschuldete Arbeitsversäumnis angesehen wird, unter Umständen keinen oder nur einen sehr geringen Mutterschutzlohn erhalten. Aus diesen Gründen kann eine verschuldete Arbeitsversäumnis i. S. d. § 11 Abs. 2 nur in den Fällen bejaht werden, in denen die Frau einen Verdienstausfall während des Berechnungszeitraums **bewußt in Kauf genommen** hat, wie dies bei den sog. Bummeltagen der Fall ist, nicht dagegen z. B. bei grob fahrlässig verursachtem Verkehrsunfall, bei ordnungsgemäß gewährtem Sonderurlaub, bei Teilnahme an Arbeitskämpfen, bei Krankheit (vgl. auch § 200 RVO Rdnr. 62 ff.; ebenso *Heilmann*, § 11 Rdnr. 78 f.; enger *Buchner/Becker*, § 11 Rdnr. 136; *Gröninger/Thomas*, § 11 Rdnr. 27, 38; *Meisel/Sowka*, § 11 Rdnr. 60).

d) **Kurzarbeit, Arbeitsausfälle.** Unter Kurzarbeit und Arbeitsausfällen 58 i. S. d. § 11 Abs. 2 ist das gleiche zu verstehen wie unter Kurzarbeit und Arbeitsausfällen i. S. d. § 11 Abs. 1 BUrlG. Danach liegt Kurzarbeit vor, wenn die betriebliche Arbeitszeit vorübergehend unter die sonst übliche betriebliche Arbeitszeit absinkt, nicht dagegen auf Dauer angelegte Arbeitszeitverkürzungen. Unter Arbeitsausfällen sind die Fälle zu verstehen, in denen der Arbeitnehmer arbeitsbereit ist, der Arbeitgeber ihm aber keine Gelegenheit zur Arbeit gibt (ebenso *Buchner/Becker*, § 11 Rdnr. 120; *Gröninger/Thomas*, § 11 Rdnr. 26; *Heilmann*, § 11 Rdnr. 76; vgl. auch *Meisel/Sowka*, § 11 Rdnr. 52, 79).

Arbeitsausfälle in diesem Sinne sind z. B. Arbeitsausfälle innerhalb des 59 Berechnungszeitraums wegen Material-, Rohstoff- und Energiemangels, wegen Reparaturen, wegen Betriebsfeiern, Betriebsversammlungen und Betriebsferien. Muß der Arbeitgeber den Lohnausfall für diese Arbeitsausfälle nach den Grundsätzen über die Lehre vom Betriebsrisiko erstatten, dann sind diese Zeiten mit dem zugehörigen Lohn bei der Berechnung des Durchschnittslohns zu berücksichtigen. Braucht der Arbeitgeber das Arbeitsentgelt für diese Arbeitsausfälle nicht zu erstatten, dann bleiben die hierdurch verursachten Verdienstkürzungen ebenso wie die durch Kurzarbeit verursachten nach § 11 Abs. 2 Satz 2 für die Berechnung des Durchschnittsverdienstes außer Betracht. Arbeitsausfälle in diesem Sinne sind auch Arbeitsausfälle durch ein generelles Aussetzen mit der Arbeit im Arbeitskampf während des Berechnungszeitraums (vgl. auch *Buchner/Becker*, § 11 Rdnr. 135, *Gröninger/Thomas*, § 11 Rdnr. 24).

e) **Sonstige Verdienstkürzungen.** Der durch das Zweite Gesetz zur Ände- 60 rung des Mutterschutzrechts (vom 18.6.2002, BGBl. I S. 1812) neu eingefügte Absatz 2 Satz 3 enthält nunmehr eine ausdrückliche Regelung für die Behandlung sonstiger Verdienstkürzungen, die während oder nach Ablauf des Berechnungszeitraumes des § 11 Abs. 1 Satz 1 eintreten und nicht auf einem mutterschutzrechtlichen Beschäftigungsverbot beruhen. Entsprechend der in der Rechtsprechung und Literatur bisher schon vertretenen Auffassung hat der Gesetzgeber klargestellt, daß diese Art von Verdienstkürzung auch zu einer Verringerung des Mutterschutzlohns führt (vgl. *BAG* vom 20.9.2000 = NJW 2001, S. 2194; *Buchner/Becker*, § 11 Rdnr. 140; *Gröninger/Thomas*, § 11 Rdnr. 26; *Meisel/Sowka*, § 11 Rdnr. 80; *Vorauflage*, § 11 Rdnr. 59). Dieses Ergebnis ist bisher aus der Zwecksetzung des § 11 abgeleitet worden, die von einem der in § 11 Abs. 1 genannten Beschäftigungsverbote betroffenen Frauen während dieser Zeiten finanziell so zu stellen, als ob diese Beschäftigungsverbote bzw. -beschränkungen nicht zum Zuge gekommen wären. Hieraus folgt, daß Einkommensverluste und Einkommensminderungen, die auch ohne Schwangerschaft und Entbindung hätten hingenommen werden müssen, bei der Berechnung des Mutterschutzlohns zu berücksichtigen sind. Andernfalls wäre nicht auszuschließen, daß eine Arbeitnehmerin, die wegen eines mutterschutzrechtlichen Beschäftigungsverbots mit ihrer Arbeit aussetzen muß, finanziell besser gestellt wäre als eine Arbeitnehmerin, die auf Grund ihrer persönlichen Konstitution weiter arbeiten kann und aus diesem Grund von einer allgemeinen Verdienstkürzung erfaßt wird. Zu der von § 11 Abs. 2 Satz 3 geforderten Kausalität zwischen Beschäftigungsverbot und Verdienstminderung vgl. § 11 Rdnr. 12f. Da eine besondere Übergangsregelung zu dieser Neuregelung nicht vorgesehen ist, findet sie auf alle Fälle Anwendung, in denen am Tag ihres Inkrafttretens (20.6.2002) eine Berechnung des Mutterschutzlohns anhängig war.

8. Berechnungszeitraum, Abs. 1

61 **a) Grundgedanke.** Für die Berechnung des Durchschnittsverdienstes ist grundsätzlich der Zeitraum der letzten **13 Wochen** oder der letzten **3 Monate vor** Beginn des Monats, in dem die **Schwangerschaft** eingetreten ist, maßgebend (Zeugnis des Arztes oder der Hebamme gemäß § 5 Abs. 2.). Der Gesetzgeber will damit die Frau während des Bezugs des Mutterschutzlohns, abgesehen von der Korrektur nach § 11 Abs. 2, in ihrem Arbeitsverdienst so stellen, wie sie vor Beginn der Schwangerschaft gestanden hat. Dabei ging er davon aus, daß die Frau vor Beginn der Schwangerschaft in der Regel eine normale, jedenfalls eine durch die Schwangerschaft nicht beeinträchtigte Arbeitsleistung erbringt. Andererseits wollte der Gesetzgeber durch die Wahl dieses Berechnungszeitraumes verhindern, daß die Frau, um zu einem höheren Mutterschutzlohn und später zu einem höheren Mutterschaftsgeld zu kommen, sich während der Schwangerschaft überanstrengt und dadurch ihre Gesundheit und auch die Gesundheit ihres Kindes gefährdet (ebenso *BAG* vom 28.11.1984, DB 1985, S. 765; *BAG* vom 20.9.2000 = NJW 2001, S. 2194; vgl. auch *BAG* v. 15.1.1969 und 20.12.1972, AP Nr. 1, 7 und 8 zu § 11 MuSchG 1968 sowie vom 8.9.1978, DB 1978, S. 2496; *Buchner/Becker*, § 11 Rdnr. 106).

Berechnungszeitraum § 11 MuSchG

Als **Durchschnittsverdienst** ist bei der Berechnung das Entgelt zugrunde zu 62
legen, das die Frau im Berechnungszeitraum durch ihre Arbeitsleistung erzielt
hat, nicht das Entgelt, das ihr in dieser Zeit zugeflossen ist (vgl. *BAG* vom
6.3.1985, AP Nr. 11 zu § 11 MuSchG 1968); so müssen die vor Beginn des
Berechnungszeitraums erworbenen, aber erst in seinem Verlauf ausgezahlten
unständigen Bezügebestandteile, z.B. für Bereitschafts-, Sonntags- und Nacht-
dienst, außer Betracht bleiben (*BAG* vom 28.11.1984, DB 1985, S. 765). Zur
Berechnung des Durchschnittsverdienstes im öffentlichen Dienst vgl. auch *BMI
MuSch* zu 16.
 Der im § 11 Abs. 1 bestimmte Berechnungs-, Bemessungs- bzw. Bezugszeit- 63
raum bleibt für die Berechnung des Durchschnittsverdienstes auch dann maßgebend, wenn die Arbeitnehmerin vor oder nach dem Zeitraum erheblich mehr
oder weniger verdient hat.
 b) **Zeitraum vor Beginn der Schwangerschaft, Abs. 1, Satz 1.** Dies ist der 64
gesetzliche Normalfall: Die Frau ist bei demselben Arbeitgeber schon vor
Beginn der Schwangerschaft beschäftigt. In diesem Normalfall ist der Berechnungszeitraum von **13 Wochen oder 3 Monaten** vor Beginn des Monats, in dem
die Schwangerschaft eingetreten ist, in der Weise zu ermitteln, daß unter
Anwendung der §§ 189ff. BGB (vgl. Anh. 2) von dem letzten Tag des dem
ersten Schwangerschaftsmonat vorangehenden Monats **um 13 Wochen** oder um
3 Monate **zurückgerechnet** wird. Der Arbeitgeber kann zwischen diesen beiden
Berechnungszeiträumen frei wählen. Fällt der letzte Tag des dem ersten Schwangerschaftsmonat vorangehenden Monats mitten in die Woche, dann kann bei der
Feststellung des Zeitraums von 13 Wochen zur Vereinfachung der Berechnung
auf die vorangegangenen vollen Wochen zurückgegriffen werden (vgl. auch
Besch. BMA vom 31.8.1959, DOK 1959, S. 444). Beginnt z.B. die Schwangerschaft im Januar, z.B. am 9.1., dann ist bei Berechnung des Durchschnittsverdienstes der Zeitraum vom 1.10. bis 31.12. des Vorjahres maßgebend.
 Beginn der Schwangerschaft. Bei **Ermittlung** des Monats, in dem die 65
Schwangerschaft eingetreten ist, ist von einer durchschnittlichen Dauer der
Schwangerschaft von 280 Tagen auszugehen. Den mutmaßlichen Tag und damit
den mutmaßlichen Monat des Beginns der Schwangerschaft erhält man dadurch,
daß man von dem im Zeugnis des Arztes oder der Hebamme angegebenen
mutmaßlichen Tag der Entbindung um 280 Tage zurückrechnet. Gibt der Arzt
als mutmaßlichen Tag der Entbindung z.B. den 15.10. an, dann ist mutmaßlicher Tag des Beginns der Schwangerschaft der 9.1. desselben Jahres (vgl. obiges
Beispiel, § 9 Rdnr. 53; *BAG* vom 20.12.1972, DB 1973, S. 829; zum Ganzen
auch *Buchner/Becker*, § 11 Rdnr. 107; *Gröninger/Thomas*, § 11 Rdnr. 30; *Mei-
sel/Sowka*, § 11 Rdnr. 37; *MünchArb/Heenen* § 219 Rdnr. 52).
 c) **Zeitraum nach Eintritt der Schwangerschaft, Abs. 1 Satz 3.** Beginnt das 66
Arbeitsverhältnis erst nach Eintritt der Schwangerschaft, dann sind grundsätzlich **die ersten 13 Wochen oder 3 Monate der Beschäftigung** der maßgebende
Berechnungszeitraum. Beginnt also das Arbeitsverhältnis am 1.2., dann ist bei

wöchentlicher Berechnung des Verdienstes die Zeit vom 1.2.–30.4. der maßgebende Berechnungszeitraum (1.2. erster Tag der Lohnwoche). Entscheidend ist jeweils der Beginn des Arbeitsverhältnisses bei dem Arbeitgeber, von dem Mutterschutzlohn nach § 11 Abs. 1 verlangt wird. Ohne Bedeutung ist, ob die Frau vor oder nach Beginn der Schwangerschaft bei einem anderen Arbeitgeber beschäftigt war, da nicht anzunehmen ist, daß der Gesetzgeber den Arbeitgeber mit einem evtl. höheren Durchschnittsverdienst, den ein anderer Arbeitgeber gezahlt hat, belasten wollte (ebenso *Buchner/Becker*, § 11 Rdnr. 113; *Gröninger/Thomas*, § 11 Rdnr. 32; vgl. auch *Meisel/Sowka*, § 11 Rdnr. 39; *MünchArb/Heenen* § 219 Rdnr. 53). Andererseits soll ein evtl. höherer Verdienst bei dem Arbeitgeber, von dem Mutterschutzlohn verlangt wird, der Frau auch zugute kommen.

67 Wurde eine **bei Beginn des Arbeitsverhältnisses** schwangere Frau in Unkenntnis der Schwangerschaft zunächst mit **Akkordarbeit** beschäftigt und nach Bekanntwerden der Schwangerschaft in Zeitlohn umgesetzt, dann ist dies, obwohl es sich um eine unzulässige Beschäftigung gehandelt hat, als Wechsel der Entlohnungsart infolge eines Beschäftigungsverbots zu behandeln und der von ihr im Bezugszeitraum – Beginn des Arbeitsverhältnisses bis Umsetzung – erzielte Akkordverdienst trotzdem der Berechnung des Durchschnittsverdienstes zugrunde zu legen (vgl. *BAG* vom 20.12.1972, AP Nr. 7 zu § 11 MuSchG 1968). Wird dagegen eine bei Beginn des Arbeitsverhältnisses schwangere Frau unter Beachtung des Akkordverbots von Anfang an im **Zeitlohn** beschäftigt, dann kommt eine Lohnausfallerstattung nach § 11 nicht in Betracht, weil weder ein Aussetzen mit der Arbeit noch ein Wechsel in der Entlohnungsart erfolgt (vgl. auch *Buchner/Becker*, § 11 Rdnr. 118; *Gröninger/Thomas*, § 11 Rdnr. 32). Ein Anspruch aus § 11 muß ferner verneint werden, wenn eine bei Beginn des Arbeitsverhältnisses schwangere Frau bewußt ihre **Schwangerschaft verheimlicht**, um den höheren Akkordverdienst zu erzielen. Andernfalls würde sie gegenüber einer anderen schwangeren Frau, die ihre Schwangerschaft bekanntgibt, ungerechtfertigt bevorteilt. Außerdem würde dies dem Zweck des MuSchG zuwiderlaufen, gesundheitsgefährdende Arbeiten und ungebührliche Leistungssteigerungen nach Beginn der Schwangerschaft zu verhindern (ebenso *MünchArb/Heenen* § 219 Rdnr. 53; *Heilmann*, § 11 Rdnr. 63).

68 **d) Andere Zeiträume bei kürzerer Beschäftigung, Abs. 1 Satz 4.** Hat das Arbeitsverhältnis bei dem Arbeitgeber, von dem Mutterschutzlohn nach § 11 Abs. 1 verlangt wird, vor oder nach der Schwangerschaft oder Entbindung kürzer gedauert, d.h. weniger als 13 Wochen oder 3 Monate, dann ist der entsprechend kürzere Zeitraum der maßgebende Berechnungszeitraum (vgl. § 11 Abs. 1 Satz 4). Entsprechendes gilt, wenn zwar das Arbeitsverhältnis während dieser Zeit bestanden hat, im Berechnungszeitraum jedoch Zeiten liegen, in denen kein Arbeitsentgelt (vgl. § 11 Rdnr. 55) oder ein vermindertes Arbeitsentgelt (vgl. § 11 Rdnr. 56–61) erzielt wurde (vgl. § 11 Abs. 1 Satz 5). Jedoch sollte der **Ersatzzeitraum** in der Regel **nicht kürzer als 4 Wochen** bzw. 1

Berechnungszeitraum § 11 MuSchG

Monat sein, damit ein verläßliches Bild vom Arbeitsverdienst gewonnen und von einem Durchschnittsverdienst gesprochen werden kann. Ein Verdienst von 3 Tagen ist jedenfalls nicht repräsentativ genug (vgl. *BAG* vom 15.1.1969 und vom 8.9.1978, AP Nr. 1 und Nr. 8 MuSchG 1968; vgl. auch *Buchner/Becker*, § 11 Rdnr. 122).

Der Berechnungszeitraum muß dann zur Vermeidung allzu kurzer Zeiträume durch **Einbeziehung der davorliegenden Zeiträume** auf einen repräsentativen Querschnitt entsprechend verlängert werden; dabei dürften in der Regel vier Wochen bzw. ein Monat ausreichen (vgl. auch *BAG* vom 15.1.1969, AP Nr. 1 zu § 11 MuSchG 1968 = DB 1969, S. 489; *Buchner/Becker*, § 11 Rdnr. 122; *Gröninger/Thomas*, § 11 Rdnr. 33, 34; *Heilmann*, § 11 Rdnr. 65). Bei einem nach Eintritt der Schwangerschaft begonnenen Arbeitsverhältnis muß man dann auf einen entsprechenden **Zeitraum danach** zurückgreifen. Zu etwa zu berücksichtigenden Verdiensterhöhungen vgl. § 11 Rdnr. 49 ff. 69

Für den Fall, daß eine Frau im **Berechnungszeitraum** überhaupt **nicht gearbeitet** hat, z.B. wegen längerer Krankheit, wegen der Inanspruchnahme von Elternzeit, trifft das Gesetz keine ausdrückliche Regelung. Um auch in diesem Falle zu einem Berechnungszeitraum zu kommen, wird man nach dem Sinn und Zweck der Regelung bei einem bereits vor Beginn der Schwangerschaft bestehenden Arbeitsverhältnis auf einen entsprechenden Zeitraum davor und bei einem nach Beginn der Schwangerschaft abgeschlossenen Arbeitsverhältnis auf einen entsprechenden Zeitraum danach zurückgreifen müssen (vgl. auch *BAG* vom 15.1.1969, DB 1969, S. 489; *Buchner/Becker*, § 11 Rdnr. 105). Ist auch hierdurch eine Berechnung des Durchschnittsverdienstes nicht möglich, so ist entsprechend der Regelung in den §§ 12, 14 und 200 Abs. 2 Satz 4 RVO der Durchschnittsverdienst einer gleichartig Beschäftigten zugrunde zu legen (ebenso *Heilmann*, § 11 Rdnr. 66). Diese Regelung bietet sich an, weil sie ebenfalls zum Mutterschutz gehört und insoweit lediglich gesetzestechnisch perfekt ist (a.A. wohl *Gröninger/Thomas*, § 11 Rdnr. 34 und *Meisel/Sowka*, § 11 Rdnr. 40, die vorschlagen, hypothetisch zu prüfen, welchen Verdienst die Arbeitnehmerin erzielt hätte, wenn sie nicht gefehlt, sondern gearbeitet hätte). 70

Der im Gesetz festgelegte Berechnungszeitraum ist grundsätzlich auch dann maßgebend, wenn die Frau vor oder nach dem Berechnungszeitraum mehr oder weniger verdient hat (vgl. jedoch die Korrektur durch § 11 Abs. 2). Gewisse Ungerechtigkeiten hat jeder Berechnungszeitraum zur Folge. Ist z.B. der **Arbeitsverdienst** ungewöhnlich **schwankend**, wie beim Provisionsverdienst (vgl. § 11 Rdnr. 34) oder beim Bedienungsgeld in Gastwirtschaften mit Saisoncharakter (vgl. § 11 Rdnr. 35), dann ist es nach dem Sinn und Zweck des § 11 – Sicherstellung eines möglichst gleichbleibenden Verdienstes – und auch im Hinblick auf den Wortlaut »Durchschnittsverdienst« ausnahmsweise zulässig, einen längeren Zeitraum zugrunde zu legen, um auf einen wirklichen Durchschnittsverdienst zu kommen (ebenso *Buchner/Becker*, § 11 Rdnr. 104; *Gröninger/Thomas*, § 11 Rdnr. 35; *Heilmann*, § 11 Rdnr. 47, 57; vgl. ferner *BAG* vom 71

275

16.10.1959, AP Nr. 48 zu § 611 BGB, das in dem zum Bundesurlaubsrecht entschiedenen Fall sogar einen Zeitraum von 3 Jahren berücksichtigt hat; *BAG* vom 30.7.1975, AP Nr. 12 zu § 11 BUrlG; *BAG* vom 5.6.1985, NZA 1986, S. 290; wegen Verlängerung des Zeitraums vgl. auch *BSG* vom 1.6.1994, AP Nr 26 zu § 2 LFZG).

72 Wird eine Arbeitnehmerin **während** der **Schutzfrist** nach der Entbindung (§ 6 Abs. 1) oder während einer sich unmittelbar an die Schutzfrist anschließenden **Elternzeit erneut schwanger**, sind für die Berechnung des nach Ablauf der Schutzfrist bzw. der Elternzeit bis zum Beginn der neuen Schutzfrist vor der Entbindung (§ 3 Abs. 2) ggf. zu gewährenden Durchschnittsverdienstes die letzten drei Kalendermonate vor dem Beginn der auf der vorangegangenen Schwangerschaft beruhenden Schutzfrist des § 3 Abs. 2 zugrunde zu legen. Tritt die Schwangerschaft während eines Sonderurlaubs ohne Fortzahlung der Bezüge ein, sind Berechnungszeitraum des nach dem Ende des Sonderurlaubs bis zum Beginn der Schutzfrist des § 3 Abs. 2 ggf. zu gewährenden Durchschnittsverdienstes die letzten drei Kalendermonate vor Beginn des Monats, in dem der Sonderurlaub angetreten ist (vgl. *BMI MuSch* zu 16.2).

73 Wird eine Arbeitnehmerin **während** einer Elternzeit, in der sie eine erziehungsgeldunschädliche **Teilzeitbeschäftigung** leistet, erneut **schwanger**, sind für die Berechnung des bis zum Beginn der neuen Schutzfrist vor der Entbindung (§ 3 Abs. 2) ggf. zu gewährenden Durchschnittsverdienstes die letzten drei Kalendermonate der Teilzeitbeschäftigung vor Beginn der erneuten Schwangerschaft zugrunde zu legen, längstens bis zur Beendigung der Teilzeitbeschäftigung. Liegen zwischen dem Beginn der erziehungsgeldunschädlichen Teilzeitbeschäftigung und der erneuten Schwangerschaft keine vollen drei Kalendermonate, ist der Berechnungszeitraum in entsprechender Anwendung des § 11 Abs. 1 Satz 3 bis 5 zu ermitteln (vgl. § 11 Rdnr. 61 ff.). Für die Berechnung des ggf. nach Ablauf der Elternzeit zu gewährenden Durchschnittsverdienstes gelten die Ausführungen zu § 11 Rdnr. 70 entsprechend. Der während der Teilzeitbeschäftigung erzielte Arbeitsverdienst sowie auch die Teilzeitbeschäftigung bleiben außer Ansatz (vgl. *BMI MuSch* zu 16.2). Die Berücksichtigung des während der Teilzeitbeschäftigung erzielten Verdienstes würde nicht dem Sinn der Regelung des § 11 entsprechen.

9. Berechnung des Durchschnittsverdienstes

74 **a) Bei gleichbleibenden Wochen- oder Monatsbezügen.** Während des Berechnungszeitraums sind diese Bezüge während der Zeit, während der ein Anspruch auf Mutterschutzlohn nach § 11 Abs. 1 besteht, einschließlich etwaiger Zulagen weiter zu gewähren, es sei denn, daß aufgrund der wegen der Beschäftigungsverbote geänderten Tätigkeit ein höherer Verdienst erzielt wird. In diesem Fall ist der höhere Verdienst zu zahlen, weil der Anspruch auf § 11 Abs. 1 nur ein Mindestanspruch ist (vgl. *BAG* vom 28.6.1963, AP Nr. 2 zu § 10

Berechnung des Durchschnittsverdienstes § 11 MuSchG

MuSchG; *Buchner/Becker*, § 11 Rdnr. 79; *Gröninger/Thomas*, § 11 Rdnr. 44). Höhere Wochen- oder Monatsbezüge sind auch dann zu zahlen, wenn Verdiensterhöhungen nicht nur vorübergehender Natur (vgl. § 11 Rdnr. 49 ff.) eingetreten sind. Besteht in der Zeit, in der mindestens der Durchschnittsverdienst zu zahlen ist, ein tariflicher Anspruch auf Zahlung von unständigen Bezügebestandteilen aufgrund von Arbeitsleistungen, die vor Einsetzen eines Beschäftigungsverbots erbracht wurden, sind die **tariflichen Bezüge** bis zum Durchschnittsverdienst aufzufüllen, wenn diese hinter dem Durchschnittsverdienst zurückbleiben. Bleiben in einem Kalendermonat die für die Zeit eines Beschäftigungsverbots zustehenden tariflichen Bezüge hinter dem für diese Zeit zustehenden Durchschnittsverdienst zurück, ist der Ausgleichsbetrag nach § 11 Abs. 1 Satz 1 spätestens in dem zweiten, auf die Entstehung dieses Anspruchs folgenden Kalendermonats zu zahlen (*BAG* vom 28. 11. 1984 und 6. 3. 1985, AP Nr. 10 und 11 zu § 11 MuSchG), ggf. auch während des Kalendermonats, in dem bereits Mutterschaftsgeld bezogen wird.

b) **Bei unterschiedlich hohem Verdienst.** Während des Berechnungszeitraums, z. B. wegen Überstunden, Nacht-, Sonn- und Feiertagsarbeit (vgl. § 11 Rdnr. 41 f.), wegen Fehlzeiten (vgl. § 11 Rdnr. 54 ff.) und wegen unterschiedlich hohen Akkordlohns ist zunächst der von der einzelnen Frau im Berechnungszeitraum erzielte Verdienst zusammenzurechnen. Dabei ist nach dem Sinn und Zweck der Regelung des § 11, einen möglichst wirklichkeitsnahen Durchschnittsverdienst vor Beginn der Schwangerschaft zugrunde zu legen, nicht die Abrechnung und Auszahlung, sondern der durch die Arbeitsleistung im Berechnungszeitraum erzielte Verdienst entscheidend (ebenso *BAG* vom 28. 11. 1984, DB 1985, S. 765). Vergütungen für Mehr-, Nacht- und Sonntagsarbeit, Bereitschaftsdienst u. ä. im Berechnungszeitraum sind z. B. bei der Berechnung des Mutterschutzlohns auch dann zu berücksichtigen, wenn sie erst später mit Lohnzahlungen außerhalb des Dreimonatszeitraums abgerechnet und ausgezahlt werden (*BAG* vom 9. 9. 1978, DB 1978, S. 2496 und vom 26. 10. 1978, ArbuR 1978, S. 341). Dies gilt auch dann, wenn diese Vergütungen aufgrund eines Tarifvertrags erst im übernächsten, auf die Arbeitsleistung folgenden Monat abzurechnen und auszuzahlen sind (*BAG* vom 28. 11. 1984, DB 1985, S. 765). Irrtümlich geleistete Überzahlungen sind bei der Durchschnittsberechnung auszuscheiden, unterbliebene, aber der Arbeitnehmerin geschuldete Leistungen zu ihren Gunsten zu berücksichtigen (*LAG Hamm* vom 22. 10. 1981, DB 1982, S. 287; vgl. auch *Buchner/Becker* § 11 Rdnr. 97).

Die so **ermittelte Summe** ist je nach der im Betrieb üblichen Lohn- oder Gehaltsabrechnungsmethode durch die Zahl der Monate, Wochen, Tage oder Stunden (Divisor), die die Frau zur Erzielung der Summe während des Berechnungszeitraums aufgewendet hat (einschl. etwaiger bezahlter Feiertage), zu teilen (zur Ermittlung des durchschnittlichen Akkordverdienstes vgl. *BAG* vom 21. 12. 1964, AP Nr. 5 zu § 10 MuSchG = BB 1965, S. 457). Berechtigte Fehlzeiten im Sinne des § 11 Rdnr. 53 ff. sind vom Divisor abzuziehen. Das

Ergebnis ist der **Durchschnittsverdienst** eines Monats, einer Woche, eines Tages oder einer Stunde, der der Frau weiter zu zahlen ist, wenn sie wegen eines Beschäftigungsverbots mit der Arbeit ganz aussetzt oder wenn sie mit der Arbeit zwar nicht ganz aussetzt, jedoch eine geringer bezahlte Arbeit leistet. Im letzteren Falle kann statt des Durchschnittsverdienstes auch der Differenzbetrag zwischen dem Durchschnittsverdienst und dem tatsächlich erzielten niedrigeren Verdienst als Mutterschutzlohn gezahlt werden. Der Lohn oder das Gehalt der Frau muß nur im Ergebnis mindestens mit der Höhe des Durchschnittsverdienstes übereinstimmen (vgl. auch *Buchner/Becker*, § 11 Rdnr. 77 ff.; *Gröninger/Thomas*, § 11 Rdnr. 42; *Meisel/Sowka*, § 11 Rdnr. 32, 34. Zur Errechnung des Mutterschutzlohnes bei unterschiedlich hohem Verdienst im Einzelfall vgl. die Berechnungsformel in § 11 Rdnr. 28.

77 c) **Bei Fehlzeiten.** Schwierigkeiten tauchen auf, wenn die berechtigten Fehlzeiten nicht volle Monate, Wochen oder Tage betragen. In diesen Fällen ist ein entsprechender Bruchteil beim Divisor zu berücksichtigen (vgl. auch *Dersch/Neumann*, § 11 Rdnr. 70). Statt dieser umständlichen Methode kann man jedoch auch den Lohn oder das Gehalt für die Fehlzeiten zum tatsächlichen Verdienst hinzuzählen und die Gesamtsumme durch volle Monate, Wochen oder Tage teilen (ebenso *Buchner/Becker*, § 11 Rdnr. 126 f.). Dies dürfte allerdings nur zulässig sein, wenn der Lohn oder das Gehalt für die Fehlzeiten gleichgeblieben wäre.

10. Beginn und Ende des Anspruchs auf Mutterschutzlohn

78 a) **Grundsatz.** Der Anspruch auf Mutterschutzlohn und die Zahlungspflicht des Arbeitgebers nach § 11 Abs. 1 **entstehen an dem Tage**, an dem die Frau wegen eines in § 11 Abs. 1 genannten Beschäftigungsverbots (vgl. § 11 Rdnr. 24 f.) teilweise oder völlig mit der Arbeit aussetzt oder die Beschäftigung oder die Entlohnungsart wechselt (vgl. § 11 Rdnr. 10–22) und keinen oder nur einen geringeren Arbeitsverdienst als den Durchschnittsverdienst erhält. Der Anspruch und die Zahlungspflicht bestehen grundsätzlich solange, wie das Beschäftigungsverbot wirksam ist und in seiner Befolgung ein Verdienstausfall eintritt (ebenso *Buchner/Becker*, § 11 Rdnr. 158; *Gröninger/Thomas*, § 11 Rdnr. 57). Setzt die Frau zunächst nur teilweise mit der Arbeit aus und muß sie später wegen desselben oder wegen eines anderen Beschäftigungsverbots mit der Arbeit völlig aussetzen, dann steigert sich die Höhe des Mutterschutzlohns entsprechend. Endet ein Beschäftigungsverbot und beginnt dieses oder ein anderes zu einem späteren Zeitpunkt, so entsteht damit ein neuer Anspruch (ebenso *Heilmann*, § 11 Rdnr. 83; vgl. ferner § 11 Rdnr. 82).

79 b) **Erlöschen des Anspruchs.** Der Anspruch auf Mutterschutzlohn und die Zahlungspflicht des Arbeitgebers **enden** auf jeden Fall **mit dem Tage**, der dem Tag des Beginns der Schutzfrist vorausgeht, ohne Rücksicht darauf, ob die Frau das Mutterschaftsgeld nach § 13 Abs. 2 oder nach § 200 RVO tatsächlich erhält

Beginn und Ende des Anspruchs § 11 MuSchG

und ob sie in der gesetzlichen Krankenversicherung versichert ist. Dies folgt aus dem Wortlaut »soweit sie nicht Mutterschaftsgeld beziehen können«, ferner aber auch daraus, daß die Beschäftigungsverbote während der Schutzfristen des § 3 Abs. 2 und des § 6 Abs. 1 in § 11 nicht genannt sind, diese Beschäftigungsverbote allen anderen Beschäftigungsverboten grundsätzlich vorgehen und die Geldleistungspflicht des Arbeitgebers während der Schutzfristen in § 14 Abs. 1 bestimmt ist (vgl. hier § 11 Rdnr. 6f. und 24). Das gilt auch für den Fall, daß sich die Frau gemäß § 3 Abs. 2 ausnahmsweise zur Arbeitsleistung während der Schutzfrist vor der Entbindung bereit erklärt, jedenfalls dann, wenn sie die Voraussetzungen für die Zahlung des Mutterschaftsgeldes erfüllt (vgl. auch *Meisel/Sowka*, § 11 Rdnr. 6f., 87). Verlängert oder verkürzt sich die Schutzfrist infolge eines Irrtums des Arztes oder der Hebamme über den Tag der Entbindung (vgl. § 5 Abs. 2), dann hat der Arbeitgeber, auch wenn er zuviel gezahlt hat, kein Rückforderungsrecht. Andererseits trifft ihn auch keine Nachzahlungspflicht (ebenso *Buchner/Becker*, § 11 Rdnr. 154; *Gröninger/Thomas*, § 11 Rdnr. 5f.; *Heilmann*, § 11 Rdnr. 15). Der Anspruch aus endet ferner bei jedem Wegfall einer Anspruchsvoraussetzung (ebenso *Buchner/Becker*, § 11 Rdnr. 160).

Der Anspruch auf Mutterschutzlohn endet ferner, wenn das **Arbeitsverhältnis aufgelöst** wird, da der Anspruch auf Mutterschutzlohn vom Bestand des Arbeitsverhältnisses abhängig ist. Aus diesem Grunde ruht auch die Pflicht zur Zahlung des Mutterschutzlohns, wenn während des **Arbeitskampfes** die gegenseitigen Hauptpflichten aus dem Arbeitsverhältnis ruhen (vgl. § 9 Rdnr. 117, § 11 Rdnr. 23). Die Pflicht zur Zahlung des Mutterschutzlohns wird unterbrochen, wenn die Frau während des Bezugs des Mutterschutzlohns aus anderen, mit den Beschäftigungsverboten **nicht in ursächlichem Zusammenhang** stehenden Gründen (vgl. § 11 Rdnr. 12–23) mit der Arbeit aussetzt, weil dann das Aussetzen mit der Arbeit nicht mehr wegen eines Beschäftigungsverbots erfolgt. Dies gilt auch dann, wenn die Frau zunächst Mutterschutzlohn bezogen hat, später jedoch arbeitsunfähig erkrankt, ohne daß das Aussetzen mit der Arbeit auf dem Beschäftigungsverbot des § 3 Abs. 1 beruht (vgl. § 11 Rdnr. 17ff.). In diesem Falle steht ihr nur der Anspruch auf Entgeltfortzahlung **im Krankheitsfalle** nach den allgemeinen Vorschriften zu (vgl. hierzu Rdnr. 17f. vor § 3). Während der Schutzfrist hat die Frau Anspruch auf Mutterschaftsgeld. Dieser Anspruch geht auch dem Anspruch auf Entgeltfortzahlung im Krankheitsfalle vor (vgl. *BAG* vom 14.10.1954, AP Nr. 1 zu § 13 MuSchG; vom 26.8.1960, AP Nr. 20 zu § 63 HGB; *Buchner/Becker*, § 11 Rdnr. 75, 156; *Meisel/Sowka*, § 11 Rdnr. 87) und auch dem Anspruch auf Krankengeld (vgl. § 200 RVO Rdnr. 141).

Endet die Schwangerschaft mit einer **Fehlgeburt**, dann endet damit auch der Anspruch auf Mutterschutzlohn nach § 11 Abs. 1, da eine Arbeitnehmerin mit der Fehlgeburt aus dem Geltungsbereich des MuSchG ausscheidet (ebenso *BAG* vom 16.2.1973, DB 1973, S. 879; *BSG* vom 17.4.1991, NZA 1991, S. 909, 910; vgl. ferner hier § 6 Rdnr. 13). Bei Arbeitsunfähigkeit infolge der Fehlgeburt steht ihr ein Anspruch auf Entgeltfortzahlung im Krankheitsfalle bzw. auf Krankengeld zu. Die Arbeitnehmerin scheidet ferner mit einem **Schwangerschaftsabbruch** aus dem Geltungsbereich des MuSchG aus. War der Schwangerschaftsabbruch nicht rechtswidrig, steht der Frau bei Arbeitsunfähigkeit Anspruch auf Entgeltfortzahlung im Krankheitsfalle zu (vgl. § 6 Rdnr. 14). Bei rechtswidrigem Schwangerschaftsabbruch stehen ihr diese Ansprüche nicht zu. Auf jeden Fall endet mit dem Schwangerschaftsabbruch ein Anspruch auf Mutterschutzlohn aus § 11 (vgl. auch *Buchner/Becker*, § 11 Rdnr. 159; *Meisel/Sowka*, § 11 Rdnr. 88). Der Anspruch auf Mutterschutzlohn endet dagegen nicht, wenn der **Betrieb** aus Gründen, die im Einflußbereich des Arbeitgebers liegen, z. B. wegen Zerstörung durch Brand, **geschlossen** wird. In diesen Fällen ist der Mutterschutzlohn gemäß § 11 nach den Grundsätzen über das Betriebsrisiko weiterzuzahlen (vgl. *BAG* vom 9.9.1971, DB 1971, S. 2119).

82 c) **Anspruch nach den Schutzfristen.** Bei Aufnahme der Arbeit nach Beendigung der Schutzfristen leben der bis zum Beginn der Schutzfristen bestehende Anspruch auf Mutterschutzlohn und die bis zum Beginn der Schutzfristen bestehende Zahlungspflicht des Arbeitgebers nicht wieder auf. Es entstehen vielmehr ein **neuer Anspruch** und eine **neue Zahlungspflicht**, allerdings nur dann, wenn und soweit die Beschäftigungsverbote des § 6 Abs. 2 u. 3 oder des § 8 zur Anwendung kommen (ebenso *Gröninger/Thomas*, § 11 Rdnr. 57). Der Anspruch und die Zahlungsverpflichtung wegen einer Minderleistungsfähigkeit i. S. d. § 6 Abs. 2 bestehen solange, wie die Minderleistungsfähigkeit der Frau vom Arzt bescheinigt wird, höchstens jedoch bis zum Ablauf der ersten Monate nach der Entbindung (vgl. § 6 Rdnr. 48 f.). Der Anspruch und die Zahlungsverpflichtung wegen eines Beschäftigungsverbots für stillende Mütter nach § 6 Abs. 3 oder nach § 8 bestehen grundsätzlich solange, wie die Frau stillt. Stillt die Frau jedoch eine anormal lange Zeit, dann wird es darauf ankommen, ob dem Arbeitgeber die Fortzahlung des Mutterschutzlohns noch zuzumuten ist (vgl. auch *Buchner/Becker*, § 7 Rdnr. 12; *Gröninger/Thomas*, § 11 Rdnr. 13), höchstens bis zum 12. Monat nach der Entbindung (vgl. § 7 Rdnr. 8 f.). Ist die Frau nach Ablauf der Schutzfristen arbeitsunfähig krank, dann kann sie nur den Anspruch auf Entgeltfortzahlung im Krankheitsfalle oder Krankengeld (vgl. § 11 Rdnr. 80) geltend machen (§ 6 Rdnr. 44).

11. Verzicht, Pfändung u. a.

83 Der Anspruch auf Mutterschutzlohn nach § 11 Abs. 1 ist **zwingend** (ebenso *BAG* vom 28.11.1984, DB 1985, S. 765). Dies folgt schon aus den Worten »ist weiter zu gewähren« (gesetzliches Gebot). Die Frau kann daher auf den Anspruch nicht im voraus verzichten. Ein nachträglicher **Verzicht** ist möglich, wenn hierin keine Umgehung der zwingenden Verpflichtung des Arbeitgebers zu sehen ist (vgl. *Buchner/Becker*, § 11 Rdnr. 163; *Gröninger/Thomas*, § 11 Rdnr. 58).

Verzicht, Pfändung u. a. **§ 11 MuSchG**

Im übrigen unterliegt der Anspruch auf Mutterschutzlohn, obwohl es sich nur **84** um einen mutterschutzrechtlichen Lohnersatzanspruch handelt (vgl. § 11 Rdnr. 5), den **allgemeinen Bestimmungen** und Grundsätzen **für das Arbeitsentgelt**, soweit dies mit dem Sinn und Zweck des Anspruchs vereinbar ist, z. B. wegen der Abrechnungs- und Auszahlungsmodalitäten (vgl. *BAG* vom 28. 2. 1964, AP Nr. 4 zu § 10 MuSchG). Der Sinn und Zweck dieses Anspruchs besteht darin, die Frau in ihrem Lebensstandard grundsätzlich so zu stellen, wie sie während des Berechnungszeitraums gestanden hat (vgl. auch § 11 Rdnr. 1 f., 60). Zum Lebensstandard gehören neben dem regelmäßigen Lohn oder der Ausbildungsvergütung die vermögenswirksamen Leistungen (vgl. *BAG* vom 15. 8. 1984, NZA 1985, S. 223; vgl. jedoch auch Rdnr. 12 vor § 3), auch etwaige Schulden und die sich daraus ergebenden Konsequenzen, wie Forderungsabtretung und Pfändung. Man wird daher eine **Pfändung** oder **Abtretung** des Anspruchs auf Mutterschutzlohn oder eine Aufrechnung mit dem Mutterschutzlohn als zulässig ansehen müssen (ebenso *Buchner/Becker*, § 11 Rdnr. 164; a. A. *Heilmann*, § 11 Rdnr. 90).

Anwendbar sind auch die für arbeitsvertragliche Ansprüche geltenden **Ver- 85 jährungs- und Ausschlußfristen** (vgl. *Buchner/Becker*, § 11 Rdnr. 165; *Gröninger/Thomas*, § 11 Rdnr. 58). Der Mutterschutzlohn ist Arbeitslohn im Sinne der Steuer- und Sozialversicherungsgesetze. Die Lohnsteuer sowie die Beiträge für die Kranken-, Renten- und Arbeitslosenversicherung sowie für eine Zusatzversorgung sind in der gleichen Weise einzubehalten und abzuführen wie vom regulären Arbeitslohn (ebenso *Gröninger/Thomas*, § 11 Rdnr. 58). Zuschläge für Sonntags-, Feiertags- und Nachtarbeit, die in dem nach § 11 gezahlten Mutterschutzlohn enthalten sind, sind **nicht** nach § 3b EStG **steuerfrei** (*BFH* vom 26. 10. 1984, BFHE 142, 146). Als arbeitsrechtlicher Anspruch (vgl. § 11 Rdnr. 5) ist der Mutterschutzlohn nach § 2 Abs. 1 Nr. 3 a ArbGG **bei den Arbeitsgerichten** einzuklagen. Die vorstehenden Ausführungen gelten grundsätzlich auch für den **öffentlichen Dienst** (vgl. *BMI MuSch* zu 16.10).

Der Mutterschutzlohn nach § 11 Abs. 1 kann **neben Mutterschaftsgeld 86** gezahlt werden. § 200 Abs. 4 Satz 1 RVO über das Ruhen des Anspruchs auf Mutterschaftsgeld, wenn und soweit Arbeitsentgelt gezahlt wird, greift hier nicht ein, weil sich dieses Ruhen nur auf Arbeitsentgelt bezieht, das die Arbeitnehmerin durch Arbeitsleistung erwirbt, die sie während der Beschäftigungsverbote erbringt, oder das ihr sonst für die Zeit der Schutzfristen gewährt wird (vgl. *BAG* vom 6. 3. 1985, AP Nr. 11 zu § 11 MuSchG). Dies gilt auch für unständige Bezügebestandteile, die neben Mutterschaftsgeld gezahlt werden (vgl. *BMI MuSch* zu 16.11).

12. Strafbarkeit, Geltendmachung des Anspruchs

Die Vorschrift des § 11 ist in den Straf- und Bußgeldbestimmungen des § 19 **87** nicht aufgeführt. Ein Verstoß gegen diese Vorschrift kann daher nicht mit Strafe oder Geldbuße belegt werden. Weigert sich der Arbeitgeber, Mutterschutzlohn nach § 11 Abs. 1 zu zahlen, dann kann die Frau den Anspruch auf Mutterschutzlohn ebenso wie andere arbeitsrechtliche Ansprüche beim **Arbeitsgericht** einklagen. Das Gewerbeaufsichtsamt ist für die Entscheidung dieser Frage nicht zuständig (vgl. Rdnr. 9 vor § 3; vgl. auch *Buchner/Becker*, § 11 Rdnr. 166; *Meisel/Sowka*, § 11 Rdnr. 96). Zum Anspruch auf Mutterschutzlohn als privatrechtlichen, arbeitsrechtlichen Anspruch vgl. § 11 Rdnr. 5.

13. Ausgleichsverfahren kleiner Betriebe

88 Arbeitgeber mit nicht mehr als 20 Arbeitnehmern nehmen wegen des von ihnen gezahlten Mutterschutzlohns am Ausgleichsverfahren nach § 10 Abs. 1 Satz 1 Nr. 3 LFZG (zum Wortlaut der Regelung s. Rdnr. 92) teil. Zur Frage der Verfassungsgemäßheit der Beschränkung des Ausgleichsverfahrens auf Kleinbetriebe vgl. oben Rdnr. 3, 4. Danach erstatten die Ortskrankenkassen, die Innungskrankenkassen, die Bundesknappschaft (vom 1.10.2005 an wird die knappschaftliche Krankenversicherung von der Deutschen Rentenversicherung Knappschaft-Bahn-See durchgeführt) und die See-Krankenkasse diesen Arbeitgebern 80 v. H., seit 1.1.1997 **100 v. H. des** von ihnen **nach § 11 gezahlten Arbeitsentgelts** (Mutterschutzlohn). Dabei spielt es keine Rolle, ob der Mutterschutzlohn an eine Arbeiterin, an eine Angestellte oder an eine Auszubildende gezahlt wird. In die **Erstattung** kann nur Arbeitsentgelt einbezogen werden, das wegen eines der in § 11 Abs. 1 genannten Beschäftigungsverbote zu zahlen ist und solange und soweit es danach zu zahlen ist. Die Erstattungsfähigkeit erstreckt sich auch auf Ausbildungsvergütungen, die der Arbeitgeber wegen eines der in § 11 Abs. 1 genannten Beschäftigungsverbote weiter zu zahlen hat. Dem steht nicht entgegen, daß in § 10 Abs. 1 Satz 1 Nr. 3 LFZG nur das Arbeitsentgelt, nicht aber auch wie in dessen Nr. 1 die an Auszubildende fortzuzahlende Vergütung aufgeführt ist. In § 10 Abs. 1 Nr. 4 wird deutlich gemacht, daß unter Arbeitsentgelt in dessen Nr. 3 auch die Ausbildungsvergütung zu verstehen ist (vgl. im einzelnen *Zipperer*, DOK 1985, S. 656, 659; BSG 12.03.1996, NZA 97, 342).

89 **Zweck des Ausgleichsverfahrens.** Das Ausgleichsverfahren dient dem Schutz der Kleinbetriebe vor zu hohen Belastungen durch die Zahlungen des Mutterschutzlohns nach § 11. Ab 1.1.1998 wurde aus diesem Grund durch Art. 2 des Gesetzes zur Änderung des Mutterschutzrechts vom 20.12.1996 der Erstattungsbetrag an die Arbeitgeber von Kleinbetrieben von 80 % auf 100 % erhöht. Dabei wurde das Ziel verfolgt, daß insbesondere die betroffenen Handwerksbetriebe auf die Einstellung junger Frauen nicht wegen zu hoher Mutterschutzkosten verzichten. Ob dies ausreicht, um eine verfassungswidrige Benachteiligung von Frauen auszuschließen, ist nach dem Beschluß des *BVerfG* vom 18.11.2003 (BVerfGE 109, 64) zum Arbeitgeberzuschuß nach § 14 Abs. 1 allerdings zweifelhaft. Da Mittel- und Großunternehmen weiterhin mit dem Mutter-

schutzlohn belastet bleiben, besteht nach wie vor das Risiko einer Minderung der Erwerbschancen von Frauen (vgl. oben Rdnr. 3, 4).

Die zu gewährenden Erstattungsbeträge werden dem Arbeitgeber von der 90 **Ausgleichskasse** ausgezahlt, d. h. von dem Träger der gesetzlichen Krankenversicherung, bei dem die nach § 11 anspruchsberechtigte Frau versichert ist oder versichert wäre, wenn sie versicherungspflichtig wäre oder wenn sie nicht nach § 173 Abs. 2 Satz 1 Nr. 2 SGB V die Mitgliedspflicht bei einer Ersatzkasse gewählt hätte (§ 10 Abs. 3 LFZG). Der Wortlaut des § 10 Abs. 3 LFZG, der in Bezug auf das Wahlrecht zur Ersatzkasse noch auf § 183 Abs. 1 SGB V verweist, ist an die Neuregelung der Kassenwahlrechte durch das GSG noch nicht angepaßt worden. Es sind dies die Orts- und Innungskrankenkassen, die See-Krankenkasse und die Bundesknappschaft, nicht dagegen die Ersatzkassen. Für den einzelnen Betrieb ist jeweils nur eine Kasse zuständig.

Die Erstattungsleistung ist fällig und von der Ausgleichskasse zu zahlen, 91 sobald der Arbeitgeber Mutterschutzlohn (Arbeitsentgelt oder Ausbildungsvergütung) nach § 11 gezahlt und dessen Erstattung bei der Kasse mit den erforderlichen Angaben beantragt hat (vgl. § 10 Abs. 4 und 5 LFZG); die Erstattung von Beiträgen zur Kranken-, Renten- und Arbeitslosenversicherung wird mit ihrer Abführung an die üblichen Einzugsstellen fällig (vgl. ferner § 14 Rdnr. 73, auch zur Verfassungsmäßigkeit).

Ein **Erstattungsanspruch** des Arbeitgebers nach § 10 Abs. 1 Satz 1 Nr. 3 und 92 4 LFZG **setzt voraus,** daß er der Arbeitnehmerin das Arbeitsentgelt aufgrund des § 11 MuSchG und damit wegen eines Beschäftigungsverbots gezahlt hat. Das ist dann nicht der Fall, wenn die Arbeitnehmerin mit der Arbeit nicht ausschließlich wegen eines Beschäftigungsverbots i. S. d. § 11 MuSchG, sondern z. B. wegen Arbeitsunfähigkeit infolge Krankheit ausgesetzt hat. In diesem Falle hatte die Arbeitnehmerin nicht einen Anspruch auf Mutterschutzlohn nach § 11, sondern einen Anspruch auf Entgeltfortzahlung im Krankheitsfalle nach allgemeinen Vorschriften, der einen Anspruch auf Mutterschutzlohn nach § 11 MuSchG ausschließt (vgl. *BSG* vom 17.4.1991 – 1/3 RK 21/88 –, NZA 1991, S. 909; vgl. § 11 Rdnr. 17ff.). Im Ausgleichsverfahren nach § 10 Abs. 1 Satz 1 Nr. 3 LFZG ist nur das Arbeitsentgelt erstattungsfähig, das der Arbeitgeber aufgrund des § 11 MuSchG zum Ausgleich für die wegen eines Beschäftigungsverbots ausgefallene Arbeit aufgewendet hat (*BSG* vom 17.4.1991 – 1/3 RK 18/89 –, DB 1991, S. 1992; vgl. ferner § 11 Rdnr. 74). Vgl. jedoch auch § 3 Rdnr. 18, § 11 Rdnr. 17.

§ 10 LFZG, Erstattungsanspruch 93

(1) Die Ortskrankenkassen, die Innungskrankenkassen, die Bundesknappschaft und die See-Krankenkasse erstatten den Arbeitgebern, die in der Regel ausschließlich der zu ihrer Berufsausbildung Beschäftigten **nicht mehr als zwanzig Arbeitnehmer beschäftigen,** achtzig vom Hundert

MuSchG § 11 *Arbeitsentgelt bei Beschäftigungsverboten*

1. des für den in § 3 und den in § 9 Abs. 1 des Entgeltfortzahlungsgesetzes bezeichneten Zeitraum an Arbeiter und Auszubildende fortgezahlten Arbeitsentgelts,
2. **des vom Arbeitgeber nach § 14 Abs. 1 des Mutterschutzgesetzes gezahlten Zuschusses zum Mutterschaftsgeld,**
3. **des vom Arbeitgeber nach § 11 des Mutterschutzgesetzes bei Beschäftigungsverboten gezahlten Arbeitsentgelts,**
4. der auf die Arbeitsentgelte und Vergütungen nach den Nummern 1 und 3 entfallenden von den Arbeitgebern zu tragenden Beiträge zur Bundesanstalt für Arbeit und Arbeitgeberanteile an Beiträgen zur gesetzlichen Kranken- und Rentenversicherung;

in den Fällen der Nummern 2 und 3 und der Nummer 4 in Verbindung mit Nummer 3 werden die Aufwendungen der Arbeitgeber **abweichend vom ersten Halbsatz voll erstattet.** Am Ausgleich der Arbeitgeberaufwendungen nehmen auch die Arbeitgeber teil, die nur Auszubildende beschäftigen.

(2) Die Krankenkasse hat jeweils zum Beginn eines Kalenderjahres festzustellen, welche Arbeitgeber für die Dauer dieses Kalenderjahres an dem Ausgleich der Arbeitgeberaufwendungen teilnehmen. **Ein Arbeitgeber beschäftigt in der Regel nicht mehr als zwanzig Arbeitnehmer, wenn** er in dem letzten Kalenderjahr. das demjenigen, für das die Feststellung nach Satz 1 zu treffen ist, voraufgegangen ist, für einen Zeitraum von mindestens acht Kalendermonaten nicht mehr als zwanzig Arbeitnehmer beschäftigt hat. Hat ein Betrieb nicht während des ganzen nach Satz 2 maßgebenden Kalenderjahres bestanden, so nimmt der Arbeitgeber am Ausgleich der Arbeitgeberaufwendungen teil, wenn er während des Zeitraumes des Bestehens des Betriebes in der überwiegenden Zahl der Kalendermonate nicht mehr als zwanzig Arbeitnehmer beschäftigt hat. Wird ein Betrieb im Laufe des Kalenderjahres errichtet, für das die Feststellung nach Satz 1 getroffen ist, so nimmt der Arbeitgeber am Ausgleich der Arbeitgeberaufwendungen teil, wenn nach der Art des Betriebes anzunehmen ist, daß die Zahl der beschäftigten Arbeitnehmer während der überwiegenden Kalendermonate dieses Kalenderjahres zwanzig nicht überschreiten wird. Bei der Errechnung der Gesamtzahl der beschäftigten Arbeitnehmer bleiben Arbeitnehmer in einem Arbeitsverhältnis, in dem die regelmäßige Arbeitszeit wöchentlich zehn Stunden oder monatlich fünfundvierzig Stunden nicht übersteigt, sowie Schwerbehinderte im Sinne des Neunten Buches Sozialgesetzbuch außer Ansatz. Arbeitnehmer, die wöchentlich regelmäßig nicht mehr als zwanzig Stunden zu leisten haben, werden mit 0,5 und diejenigen, die nicht mehr als dreißig Stunden zu leisten haben, mit 0,75 angesetzt.

(3) Die zu gewährenden Beträge werden dem Arbeitgeber von der Krankenkasse ausgezahlt, bei dem die Arbeiter, die Auszubildenden oder die nach § 11 oder § 14 Abs. 1 des Mutterschutzgesetzes anspruchsberechtigten Frauen versichert sind oder versichert wären, wenn sie versicherungspflichtig wären oder

Mutterschaftsgeld § 13 MuSchG

wenn sie nicht nach § 183 Abs. 1 Satz 1 des Fünften Buches Sozialgesetzbuch die Mitgliedschaft bei einer Ersatzkasse gewählt hätten.

(4) **Die Erstattung ist zu gewähren, sobald** der Arbeitgeber Arbeitsentgelt nach § 3 oder § 9 Abs. 1 des Entgeltfortzahlungsgesetzes an den Arbeiter oder Auszubildenden, Arbeitsentgelt nach § 11 des Mutterschutzgesetzes oder Zuschuß zum Mutterschaftsgeld nach § 14 Abs. 1 des Mutterschutzgesetzes an die Frau gezahlt hat.

(5) Der Arbeitgeber hat der nach Absatz 3 zuständigen Krankenkasse die für die Durchführung des Ausgleichs erforderlichen Angaben zu machen.

§ 12 (weggefallen)

§ 13 Mutterschaftsgeld

(1) Frauen, die Mitglied einer gesetzlichen Krankenkasse sind, erhalten für die Zeit der Schutzfristen des § 3 Abs. 2 und des § 6 Abs. 1 sowie für den Entbindungstag Mutterschaftsgeld nach den Vorschriften der Reichsversicherungsordnung oder des Gesetzes über die Krankenversicherung der Landwirte über das Mutterschaftsgeld.

(2) Frauen, die nicht Mitglied einer gesetzlichen Krankenkasse sind, erhalten, wenn sie bei Beginn der Schutzfrist nach § 3 Abs. 2 in einem Arbeitsverhältnis stehen oder in Heimarbeit beschäftigt sind, für die Zeit der Schutzfristen des § 3 Abs. 2 und des § 6 Abs. 1 sowie für den Entbindungstag Mutterschaftsgeld zu Lasten des Bundes in entsprechender Anwendung der Vorschriften der Reichsversicherungsordnung über das Mutterschaftsgeld, höchstens jedoch insgesamt 210 Euro. Das Mutterschaftsgeld wird diesen Frauen auf Antrag vom Bundesversicherungsamt gezahlt. Die Sätze 1 und 2 gelten für Frauen entsprechend, deren Arbeitsverhältnis während ihrer Schwangerschaft oder der Schutzfrist des § 6 Abs. 1 nach Maßgabe von § 9 Abs. 3 aufgelöst worden ist.

(3) Frauen, die während der Schutzfristen des § 3 Abs. 2 oder des § 6 Abs. 1 von einem Beamten- in ein Arbeitsverhältnis wechseln, erhalten von diesem Zeitpunkt an Mutterschaftsgeld entsprechend den Absätzen 1 und 2.

Inhaltsübersicht

1. Mutterschaftsgeld für versicherte Frauen (Absatz 1) 1–7
   a) Bedeutung des Abs. 1–2
   b) Überblick 3–7
2. Mutterschaftsgeld für nichtversicherte Frauen (Absatz 2) 8–13
   a) Bedeutung des Abs. 2 8–9
   b) Verfassungsmäßigkeit 10–12
   c) Höchstpersönlicher Anspruch 13
3. Anspruchsberechtigte 14–20
   a) Anspruchsberechtigter Personenkreis 14–17
   b) Zu Beginn der Schutzfrist nicht krankenversichert 18–19

285

MuSchG § 13 *Mutterschaftsgeld*

    c) Sonderregelung für Spätaussiedlerinnen 20
4. Anspruchsvoraussetzungen 21–46
    a) Allgemeine Anspruchsvoraussetzungen 21–23
    b) Arbeitsverhältnis bei Beginn der Schutzfrist 24–30
    c) In Heimarbeit beschäftigt 31–33
    d) Zulässig aufgelöstes Arbeitsverhältnis 34–40

5. Entsprechende Anwendung der RVO, Höhe des Mutterschaftsgeldes 41–45
6. Mutterschaftsgeld und Erziehungsgeld 46–47
7. Auszahlung von Mutterschaftsgeld, Rechtsweg 48–49
8. Mutterschaftsgeld und private Krankenversicherung 50
9. Steuerfreiheit, Renten- und Arbeitslosenversicherung 51

1. Mutterschaftsgeld für versicherte Frauen (Absatz 1)

1   a) **Bedeutung des Abs. 1.** Abs. 1 hat nur **deklaratorische Bedeutung**. Der Anspruch auf das Mutterschaftsgeld, das die als Mitglied in der gesetzlichen Krankenversicherung (pflicht- oder freiwillig) versicherten Frauen während der Schutzfristen erhalten, ist nicht in Abs. 1 sondern in der RVO und im KVLG (vgl. Anh. 11) geregelt. Abs. 1 enthält nur einen Hinweis darauf, daß **als Mitglied versicherte Frauen** während der Schutzfristen Mutterschaftsgeld nach den Vorschriften der RVO oder des KVLG über das Mutterschaftsgeld erhalten. Unter welchen Voraussetzungen, in welcher Höhe und für welche Dauer versicherte Frauen Mutterschaftsgeld erhalten, ist im einzelnen in § 200 RVO (§ 29 KVLG) bestimmt. Ein Anspruch wird nur in diesen Vorschriften, nicht aber in Abs. 1 begründet (allg. Ansicht, vgl. z. B. *Buchner/Becker*, § 13 Rdnr. 13).

2   Mit Abs. 1 wird lediglich der **Zweck** verfolgt, versicherte Frauen darauf hinzuweisen, daß auch sie während der Schutzfristen Mutterschaftsgeld erhalten, und zwar nach der RVO bzw. dem KVLG. Ein solcher Hinweis erscheint insbesondere deswegen zweckmäßig, weil der Arbeitgeber nach § 18 nur verpflichtet ist, einen Abdruck des MuSchG im Betrieb auszulegen oder auszuhändigen, nicht aber auch einen Abdruck der RVO oder KVLG (ebenso *Buchner/Becker*, § 13 Rdnr. 8).

3   b) **Überblick.** Weibliche **Mitglieder** einer gesetzlichen Krankenkasse (zum Begriff vgl. unten Rdnr. 9) erhalten während der Schutzfrist (vgl. § 200 RVO Rdnrn. 107–119) Mutterschaftsgeld nach **§ 200 RVO (§ 29 KVLG)** unter folgenden Voraussetzungen:
   – Bei Beginn der Schutzfrist vor der Entbindung muß die Schwangere als Mitglied versichert sein.
   – Sie muß bei Arbeitsunfähigkeit Anspruch auf Krankengeld haben oder darf wegen der Schutzfristen nach § 3 Abs. 2 und § 6 Abs. 1 kein Arbeitsentgelt erhalten (vgl. § 200 RVO Rdnrn. 12–18).

4   § 200 Abs. 2 unterscheidet zwei **Berechnungsformen** des Mutterschaftsgeldes. Die Leistung für weibliche Mitglieder, die bei Beginn der Schutzfrist nach § 3 Abs. 2 in einem Arbeitsverhältnis stehen oder in Heimarbeit beschäftigt sind oder deren Arbeitsverhältnis während ihrer Schwangerschaft nach Maßgabe von

Für nichtversicherte Frauen § 13 MuSchG

§ 9 Abs. 3 MuSchG aufgelöst worden ist, ist in § 200 Abs. 2 Satz 1 bis 6 geregelt. Diese Frauen erhalten Mutterschaftsgeld **in Höhe ihres Nettoarbeitsentgelts**. Das Mutterschaftsgeld für alle anderen Mitglieder, die die Voraussetzungen des § 200 Abs. 2 Satz 1 nicht erfüllen oder die bei Beginn der Schutzfrist in einem Arbeitsverhältnis stehen, deren Anspruch auf den Arbeitgeberzuschuß aber in deren Verlauf wegfällt, ist in § 200 Abs. 2 Satz 7 normiert. Diese Frauen erhalten Mutterschaftsgeld **in Höhe ihres Krankengeldes**.

Die in § 200 Abs. 2 Satz 1 beschriebenen Frauen erhalten als Mutterschaftsgeld höchstens 13 EUR für den Kalendertag (§ 200 Rdnrn. 70–73). Beträgt das durchschnittliche kalendertägliche Nettoarbeitsentgelt mehr als 13 EUR (vgl. § 14 Rdnrn. 17–18), dann muß ihnen der Arbeitgeber oder zu Lasten des Bundes die Krankenkasse während der Schutzfristen einen Zuschuß in Höhe dieses Mehrbetrages nach § 14 zahlen (vgl. § 14 Rdnr. 1 ff.). Bei der Ermittlung der Höhe des Mutterschaftsgeldes ist von dem Bruttoarbeitsentgelt (vgl. § 200 RVO Rdnrn. 22–40) auszugehen, das die Frau während des Berechnungszeitraumes (vgl. § 200 Rdnrn. 48–59) erzielt hat. Einmalig gezahltes Arbeitsentgelt, das in den Berechnungszeitraum fällt, ist vom Bruttoarbeitsentgelt abzuziehen (§ 200 RVO Rdnr. 33–37). Das so ermittelte Bruttoarbeitsentgelt ist um die gesetzlichen Abzüge zu vermindern (vgl. § 200 Rdnrn. 41–45). Dieser Betrag des Nettoarbeitsentgelts ist auf Kalendertage in der Weise umzurechnen, daß er durch die Zahl der Kalendertage des Berechnungszeitraums (90, ggf. verringert um die außer Betracht bleibenden Tage, vgl. § 200 RVO Rdnrn. 60–65) geteilt wird. Das Ergebnis ist das durchschnittliche kalendertägliche Nettoarbeitsentgelt der Frau, das ihr die Krankenkasse als Mutterschaftsgeld für jeden Kalendertag zahlen muß, allerdings nur bis zu einem Höchstbetrag von 13 EUR (vgl. § 200 Rdnr. 70). Was darüber hinausgeht, muß als Zuschuß zum Mutterschaftsgeld nach § 14 vom Arbeitgeber oder von der Krankenkasse gewährt werden (vgl. § 14 Rdnrn. 1 ff.), allerdings nur während der Schutzfristen. 5

Weibliche Mitglieder, die die Voraussetzungen des § 200 Abs. 2 Satz 1 RVO nicht erfüllen, erhalten Mutterschaftsgeld in Höhe des Krankengeldes, wobei sich die Berechnung je nach der in Betracht kommenden Personengruppe nach § 47 Abs. 2–6 SGB V bzw. § 47b SGB V richtet. 6

Erfüllt eine als Mitglied in der gesetzlichen Krankenversicherung versicherte Frau nicht die Voraussetzungen des § 200 Abs. 1 RVO, erhält sie kein Mutterschaftsgeld und auch keinen Zuschuß nach § 14. Zur Beteiligung des Bundes an den Aufwendungen der Krankenkassen für Mutterschaftsgeld vgl. Einführung vor § 195 RVO, Rdnr. 6. 7

2. Mutterschaftsgeld für nichtversicherte Frauen (Absatz 2)

a) **Bedeutung des Abs. 2.** Abs. 2, der durch das Zweite Gesetz zur Änderung des Mutterschutzrechts (vom 16.6.2002, BGBl. I S. 1812) aus überwiegend redaktionellen Gründen neu gefaßt worden ist, hat anders als Abs. 1 materielle 8

MuSchG § 13 *Mutterschaftsgeld*

Bedeutung. Er enthält die Anspruchsgrundlage für das laufende Mutterschaftsgeld der unter das MuSchG fallenden Frauen, die **nicht als Mitglied** in der gesetzlichen Krankenversicherung **pflicht- oder freiwillig versichert sind** (vgl. auch § 2 Abs. 1 SGB IV) und die im Zeitpunkt des Versicherungsfalles (d. h. des Beginns der Schutzfrist vor der Entbindung) auch keinen nachgehenden Versicherungsschutz gemäß § 19 Abs. 2 SGB V genießen.

9   Zur **gesetzlichen Krankenversicherung** gehören die Orts-, Betriebs-, Innungs- und landwirtschaftlichen Krankenkassen, die See-Krankenkasse, die Bundesknappschaft als Träger der knappschaftlichen Krankenversicherung und die Ersatzkassen. Andere sich »Krankenkassen« nennende Einrichtungen oder Unternehmen (z. B. Postbeamtenkrankenkasse, Bayerische Beamtenkrankenkasse) zählen nicht zu ihnen (vgl. § 4 Abs. 2 SGB V).

10 b) **Verfassungsmäßigkeit.** Nach dem Beschluß des *BVerfG* vom 13. 11. 1974 (BGBl. I 1975, S. 230) ist § 13 Abs. 2 Satz 1 insoweit mit Art. 3 Abs. 1 GG unvereinbar, als Frauen, deren nicht gesetzlich krankenversichertes Ausbildungsverhältnis während der Schwangerschaft vor Beginn der Schutzfrist endet, keinen Anspruch auf Mutterschaftsgeld haben. Dem BVerfG ging es dabei um solche Frauen, die dadurch, daß das Ausbildungsverhältnis später als 12 Wochen vor Ablauf des vierten Monats vor der Entbindung endet, die seinerzeit erforderlichen zeitlichen Anspruchsvoraussetzungen der §§ 200, 200a RVO a. F. nicht erfüllen konnten. Die Gesetzeslücke ist damals durch eine Änderung des § 200a RVO a. F. geschlossen worden; jetzt wird dieser Personenkreis bereits durch § 200 Abs. 1 RVO erfaßt.

11 Die Herabsetzung des Mutterschaftsgeldes von 13 EUR je Kalendertag auf 210 EUR insgesamt während der gesamten Schutzfristen mit Wirkung zum 1. 1. 1982 verstößt weder gegen Art. 6 Abs. 4 GG noch gegen den Gleichheitsgrundsatz des Art. 3 Abs. 1 GG. Der Gesetzgeber ist nicht verpflichtet, jede mit der Mutterschaft zusammenhängende Belastung auszugleichen; er kann im Rahmen seiner Gestaltungsfreiheit bestimmen, auf welche Weise er den ihm aufgetragenen Schutz der Ehe verwirklichen will (vgl. *BVerfG* vom 23. 4. 1974, *BVerfGE* 37, 121, 127). Auch ist er frei, die Merkmale zu wählen, an denen er Gleichheit und Ungleichheit der gesetzlichen Regelung orientiert. Das *BSG* hat in vier Entscheidungen (vgl. z. B. das Urteil vom 24. 11. 1983, USK 83152) diese Grenzen als nicht überschritten angesehen. Selbst das *BVerfG* hielt § 13 Abs. 2 für verfassungsgemäß und hat die gegen das vorgenannte Urteil des *BSG* eingelegte Verfassungsbeschwerde nicht zur Entscheidung angenommen (Beschluß vom 16. 11. 1984, SozR 7830 § 13 Nr. 6 MuSchG; vgl. auch *BVerfG* vom 3. 4. 1987, SozR 7830 § 13 Nr. 1 MuSchG).

12 Gleichwohl ist nicht zu verkennen, daß die Herabsetzung des Mutterschaftsgeldes für nichtversicherte Frauen deren wirtschaftliche Situation während der Schutzfristen schwächt. Die Regelung engt den Mutterschutz immer stärker auf versicherte Frauen ein (vgl. *Buchner*, NJW 1982, 800). Es ist aber rechtspolitisch höchst bedenklich, wenn damit ein »Zwei-Klassen-System« von Müttern

Anspruchsberechtigte § 13 MuSchG

geschaffen wird (so zu Recht *Hambüchen* in SGb 1985, 272; vgl. auch die Kritik bei *Heilmann*, § 13 Rdnr. 8 ff.).

c) **Höchstpersönlicher Anspruch.** Der Anspruch auf das Mutterschaftsgeld steht nur der leiblichen Mutter (auch einer sog. Leihmutter; vgl. zum Begriff § 3 Rdnr. 1 f.; § 6 Rdnr. 15) zu. Seine Begrenzung auf den Personenkreis des § 13 MuSchG (und des § 200 RVO) und damit der Ausschluß von Müttern, die zu Beginn der Schutzfrist weder erwerbstätig noch arbeitslos waren, vom Bezug von Mutterschaftsgeld verstößt nicht gegen die Verfassung (vgl. dazu näher § 200 RVO Rdnr. 11). 13

3. Anspruchsberechtigte

a) **Anspruchsberechtigter Personenkreis.** Anspruchsberechtigt sind alle unter das MuSchG fallenden Frauen, die weder als Mitglied in der gesetzlichen Krankenversicherung versichert sind noch nachgehenden Versicherungsschutz nach § 19 Abs. 2 SGB V genießen (vgl. Rdnr. 8). Das sind alle Frauen, die deshalb nicht Kassenmitglied sind, weil sie versicherungsfrei (§§ 6 und 7 SGB V), von der Versicherungspflicht befreit (§ 8 SGB V) oder auch nicht freiwillig (§ 9 SGB V) versichert sind. 14

Dazu gehören insbesondere Frauen, die als Arbeiterinnen oder Angestellte mit einem über der Versicherungspflichtgrenze liegenden regelmäßigen Jahresarbeitsentgelt (2005: 46.800 EUR bzw. 42.300 EUR in den Fällen des § 6 Abs. 7 SGB V) nach § 6 Abs. 1 Nr. 1 SGB V nicht der Versicherungspflicht unterliegen. Versicherungsfrei sind ferner die in § 6 Abs. 1 Nr. 2 und 4–6 SGB V genannten Personen, wenn sie nach beamtenrechtlichen Vorschriften oder Grundsätzen Anspruch auf Fortzahlung der Bezüge und auf Beihilfe (oder Heilfürsorge) haben, sowie die in § 6 Abs. 1 Nr. 3 SGB V aufgezählten Personen (Werkstudenten). Ebenfalls nicht versicherungspflichtig sind Frauen, die eine geringfügige Beschäftigung ausüben (vgl. § 7 SGB V i. V. m. §§ 8, 8 a SGB IV). Schließlich gehören hierher die Frauen, die sich nach § 8 SGB V von der Versicherungspflicht haben befreien lassen (z. B. Angestellte, die durch eine Erhöhung der Jahresarbeitsentgeltgrenze versicherungspflichtig geworden wären, privatversicherte Rentnerinnen). Auch Frauen, die nach § 10 SGB V **familienversichert** sind oder bei denen oder für die Anspruch auf Leistungen bei Schwangerschaft und Mutterschaft nach § 10 Abs. 6 BVG besteht, sind nicht Mitglied der gesetzlichen Krankenversicherung und deshalb anspruchsberechtigt nach § 13 Abs. 2. 15

Selbst Frauen, die aufgrund von Regelungen des zwischenstaatlichen oder EG-Rechts in ihrem im Inland ausgeübten Beschäftigungsverhältnis nicht der Versicherungspflicht nach deutschem Krankenversicherungsrecht unterliegen, gehören zum anspruchsberechtigten Personenkreis des § 13 Abs. 2. Der Umstand, daß die deutschen Vorschriften über soziale Sicherheit hinsichtlich der Versicherungspflicht nicht gelten, schließt sie vom Leistungsbezug nach § 13 16

Abs. 2 nicht aus; denn nach dieser Regelung sollen alle Frauen, die im Inland in einem Arbeitsverhältnis stehen, Leistungen bei Mutterschaft erhalten, ohne daß es darauf ankommt, warum sie nicht versichert sind.

17 Überhaupt nicht unter § 13 MuSchG fallen Beamtinnen, Richterinnen und weibliche Sanitätsoffiziere (vgl. Rdnr. 24).

18 b) **Zu Beginn der Schutzfrist nicht krankenversichert.** Die Frage, ob eine Frau krankenversichert ist, spielt seit dem 1.1.1982 eine entscheidende Rolle, da das Mutterschaftsgeld für nichtversicherte Frauen während der Schutzfristen nicht mehr in derselben Höhe gezahlt wird wie für versicherte Frauen, sondern nur noch bis zu 210 EUR. War eine Frau bei Beginn der Schutzfrist – dies ist in der gesetzlichen Krankenversicherung für das Mutterschaftsgeld der Versicherungsfall (vgl. § 200 RVO Rdnr. 6) – durch die gesetzliche Krankenversicherung als deren Mitglied geschützt, so beeinträchtigen spätere Veränderungen ihres Versicherungsverhältnisses die Zahlung des Mutterschaftsgeldes nicht.

19 Gleiches muß aber auch für den Fall gelten, daß eine bei Beginn der Schutzfrist nichtversicherte Frau – z.B. durch Erhöhung der Jahresarbeitsentgeltgrenze – Mitglied der gesetzlichen Krankenversicherung wird. Dies hat nicht etwa zur Folge, daß die Frau nunmehr Ansprüche gegen die Krankenkasse hat und der Anspruch auf das Mutterschaftsgeld unter Anrechnung des bereits vom BVA gezahlten Mutterschaftsgeldes wieder auflebt. Vielmehr bleibt es im Hinblick auf das Mutterschaftsgeld bis zum Ende des Versicherungsfalles bei der Anspruchsgrundlage des § 13 Abs. 2. Eine Leistungsübernahme durch die Krankenkasse findet nicht statt (*LSG Essen* v. 9.2.1984, ErsK 1984, 415; *Töns*, § 200 Rdnr. E II 4; *Meisel/Sowka* § 13 Rdnr. 4a; a.M. *Buchner/Becker*, § 13 Rdnr. 43; *Dalheimer*, S. 186 und BVA). Diese Auffassung vertreten auch die Spitzenverbände der Träger der gesetzlichen Krankenversicherung (vgl. DOK 1981, S. 385 = BKK 1981, S. 126 = ErsK 1981, S. 164). Eine Ausnahme wird man für die Frauen machen müssen, die als landwirtschaftliche Unternehmerinnen aufgrund des KVLG versicherungspflichtig sind, daneben aber in einer wegen Geringfügigkeit versicherungsfreien Beschäftigung stehen; auf sie ist § 13 Abs. 2 insoweit anwendbar (*Aye/Heinke/Marburger*, § 13 Rdnr. 4 unter Hinweis auf ein Schreiben des BVA vom 15.11.1974 an den BMA).

20 c) Eine **Sonderregelung** gilt für **Spätaussiedlerinnen** (zum Begriff vgl. § 4 BVFG). Sie haben nach § 11 BVFG (vgl. Anh. 15) Anspruch auf dieselben Sach- und Geldleistungen, also auch auf Mutterschaftsgeld, wie Mitglieder der gesetzlichen Krankenversicherung, wenn
1. sie u.a. innerhalb von 2 Monaten nach Verlassen der ehemaligen Sowjetunion, Estlands, Lettlands oder Litauens ihren ständigen Aufenthalt in Deutschland genommen haben,
2. der Leistungsgrund (bei Mutterschaftsgeld der Beginn der Schutzfrist vor der Entbindung) am Tag der Aufenthaltsnahme gegeben ist oder innerhalb von 3 Monaten danach eintritt (Abs. 1).

Mutterschaftsgeld wird für längstens 156 Tage gezahlt, die anderen Leistungen bis zum Ablauf der obengenannten Dreimonatsfrist. Die Entbindung muß innerhalb der Dreimonatsfrist liegen. Weitere Voraussetzungen für den Anspruch auf Mutterschaftsgeld, die vor Verlassen der Aussiedlungsgebiete vorgelegen haben müssen, enthält Abs. 3. Dort ist auch festgelegt, daß kein Anspruch auf Mutterschaftsgeld besteht, wenn die Spätaussiedlerin bereits nach anderen gesetzlichen Vorschriften einen Anspruch auf Mutterschaftsgeld hat. Dieser Anspruch besteht jedoch bei Spätaussiedlerinnen, die als Bezieherinnen von Arbeitslosengeld oder Arbeitslosengeld II nach § 5 Abs. 1 Nr. 2 oder 2a SGB V krankenversichert, aber bereits bei Beginn des Leistungsbezuges arbeitsunfähig waren. Mutterschaftsgeld erhält die Spätaussiedlerin in Höhe der Leistungen zur Sicherung des Lebensunterhalts nach dem SGB II. Diese Leistungen werden von der für den Wohnort der Spätaussiedlerin zuständigen Ortskrankenkasse zu Lasten des Bundes erbracht (Abs. 4–7).

4. Anspruchsvoraussetzungen

a) **Die allgemeinen Anspruchsvoraussetzungen** für das Mutterschaftsgeld sind bei den nicht in der gesetzlichen Krankenversicherung versicherten Frauen die gleichen wie für solche, die als Mitglied einer Krankenkasse Mutterschaftsgeld in Höhe des Nettoarbeitsentgelts erhalten (vgl. § 200 Abs. 2 Satz 1 RVO). Der Anspruch auf Mutterschaftsgeld steht einer Frau nur zu, wenn sie bei Beginn der Schutzfrist vor der Entbindung nach § 3 Abs. 2 **in einem Arbeitsverhältnis steht** oder **in Heimarbeit beschäftigt** ist (Absatz 2 Satz 1) oder wenn ihr **Arbeitsverhältnis während der Schwangerschaft** oder der Schutzfrist des § 6 Abs. 1 nach Maßgabe von § 9 Abs. 3 **zulässig aufgelöst** worden ist (Absatz 2 Satz 3). Zu der Sonderregelung für Frauen, die während der Schutzfrist des § 3 Abs. 2 oder des § 6 Abs. 1 von einem Beamten- in ein Arbeitsverhältnis wechseln, vgl. § 13 Rdnr. 30. Welche dieser drei **Voraussetzungen** vorliegt, ist ohne Bedeutung. Entscheidend ist nur, daß die Frau eine dieser drei Voraussetzungen erfüllt. 21

Es müssen daher alle Voraussetzungen des § 200 RVO außer der Mitgliedschaft in der gesetzlichen Krankenversicherung erfüllt sein (allg. Meinung, vgl. z. B. *Buchner/Becker*, § 13 Rdnr. 107). 22

Erfüllt die nichtversicherte Frau keine dieser Voraussetzungen, dann hat sie keinen Anspruch auf Mutterschaftsgeld nach dem MuSchG oder nach der RVO bzw. dem KVLG. Die nichtversicherte Frau, die während der Schutzfristen auch vom Arbeitgeber kein Arbeitsentgelt erhält, kann Hilfe nach dem SGB XII (vom 27.12.2003, BGBl. I S. 3022) beanspruchen (z. B. laufende Hilfe zum Lebensunterhalt mit Mehrbedarf nach §§ 27 ff. SGB XII, s. Anh. 14), wenn sie die Voraussetzungen dieses Gesetzes erfüllt. 23

b) Die Voraussetzung »**Arbeitsverhältnis bei Beginn der Schutzfrist** nach § 3 Abs. 2« ist erfüllt, wenn das Arbeitsverhältnis an dem Tage, an dem die 24

Schutzfrist vor der Entbindung beginnt, besteht. Unter einem »Arbeitsverhältnis« ist hier ebenso wie in § 1 Nr. 1 ausschließlich ein Arbeitsverhältnis im Sinne des Arbeitsrechts, also ein auf einem Arbeitsvertrag beruhendes **privatrechtliches** Beschäftigungsverhältnis zu verstehen (vgl. § 1 Rdnrn. 2–5), einschließlich des Ausbildungsverhältnisses (vgl. § 1 Rdnr. 6). Dazu gehören auch Beschäftigungsverhältnisse bei den Stationierungsstreitkräften (Art. 56 Abs. 1 Buchst. a des Zusatzabkommens zum NATO-Truppenstatut, vgl. auch § 1 Rdnrn. 27–29). Das Beamtenverhältnis als öffentlich-rechtliches Dienstverhältnis wird vom MuSchG nicht erfaßt (*BSG* vom 9.11.1977, BSGE 45 S. 114 = USK 77173 und vom 25.11.1981, BKK 1982, S. 236). Für Beamtinnen, Richterinnen und Frauen in der Laufbahn der Offiziere des Sanitätsdienstes gelten besondere Vorschriften (siehe Anh. 3 und 4). Zum Arbeitsverhältnis vgl. ferner § 1 Rdnr. 2f.

25 Es muß sich um ein Arbeitsverhältnis im **Geltungsbereich des MuSchG** handeln, da nur dieses vom Beschäftigungsverbot des Mutterschutzgesetzes betroffen werden kann (vgl. *BSG* vom 22.2.1972, BSGE 34 S. 76 = USK 7207 = BKK 1972, S. 307). **Für Beschäftigungen im Ausland** kann zwar vertraglich die Anwendung deutschen Arbeitsrechts vereinbart werden. Es ist jedoch nicht möglich, damit auch öffentlich-rechtliche Ansprüche gegen Dritte, z.B. auf Mutterschaftsgeld gegen das Bundesversicherungsamt zu begründen. Dies gilt selbst dann, wenn der Arbeitgeber dem Zugriff der inländischen Behörden ausgesetzt ist (vgl. *BSG* vom 12.6.1986, ErsK 1988, 232, für eine vom Goethe-Institut in Australien eingestellte Ortskraft). Eine Ausnahme kann allerdings dann in Betracht kommen, wenn die Arbeitnehmerin zur vorübergehenden Arbeitsleistung in das Ausland entsandt worden ist und das Arbeitsverhältnis im Inland weiter besteht. Vgl. ferner § 1 Rdnr. 23 ff.

26 Bei den durch § 90 BVFG a.F. erfaßten **Vertriebenen** hat das *BSG* eine im Ausland zurückgelegte Versicherungszeit einer inländischen für die Anwendung des § 200a (jetzt § 200 Abs. 2 Satz 7) RVO gleichgestellt (*BSG* vom 13.2.1975, BSGE 39 S. 162 = USK 7509 = BKK 1975, S. 287). Das muß für diesen Personenkreis auch hinsichtlich eines im Ausland bestehenden Arbeitsverhältnisses gelten, da in § 13 auf die entsprechende Anwendung der Vorschriften der RVO verwiesen wird und die unterschiedliche Behandlung von unter § 13 bzw. unter § 200 RVO fallenden Vertriebenen sachlich nicht gerechtfertigt ist (vgl. *Besch. BMA* vom 14.3.1979, BKK 1979, S. 187; *Buchner/Becker*, § 13 Rdnr. 63; zum Begriff Arbeitsverhältnis und zum Arbeitsort auch § 1 Rdnrn. 2, 23). Diese Rechtslage hat sich mit der Streichung des § 90 BFVG zum 1.1.1993 geändert, da die geänderte Fassung des BVFG keine dem § 90 entsprechende Vorschrift mehr kennt. Versicherungszeiten im Ausland sind seitdem bei diesem Personenkreis nicht mehr anzurechnen. Wenn Spätaussiedlerinnen allerdings die Voraussetzungen des § 11 BVFG (Anh. 15) erfüllen (vgl. oben Rdnr. 20), erhalten sie Mutterschaftsgeld in Höhe der Leistungen zur Sicherung des Lebensunterhalts nach dem SGB II.

Anspruchsvoraussetzungen § 13 MuSchG

Zur Bestimmung des Beginns der Schutzfrist kann das dem Arbeitgeber nach 27
§ 5 Abs. 2 oder dem BVA nach § 200 Abs. 3 Satz 2 RVO vorgelegte **Zeugnis**
verwandt werden. Dabei ist von dem darin angegebenen **mutmaßlichen Tag
der Entbindung** auszugehen und um sechs Wochen zurückzurechnen (vgl. § 3
Rdnrn. 21–22). Weichen die Zeugnisse voneinander ab, so ist das Zeugnis nach
§ 5 Abs. 2 maßgebend, weil die Schutzfrist nach § 3 Abs. 2, auf die in § 13 Abs. 2
und auch in § 200 RVO Bezug genommen wird, gemäß § 5 Abs. 2 nach diesem
Zeugnis zu bestimmen ist. Von dem mutmaßlichen Tag der Entbindung darf
jedoch nur ausgegangen werden, wenn das Mutterschaftsgeld vor der Entbindung beantragt und dazu das Zeugnis vorgelegt wird. Sobald es sich aber um die
Geltendmachung und Auszahlung von Mutterschaftsgeld nach der Entbindung
handelt, bleibt der Tag der tatsächlichen Entbindung maßgebend; dies gilt auch
bei Frühgeburten und sonstigen vorzeitigen Entbindungen (*BSG* vom 9.9.1971,
BSGE 33 S. 127 = USK 71150 = BKK 1972, S. 103, und vom 10.9.1975, USK
75117 = BKK 1975, S. 178; vgl. auch § 200 RVO Rdnrn. 114–118). Ein nach der
Entbindung ausgestelltes Zeugnis kann nicht mehr den mutmaßlichen Tag der
Entbindung bescheinigen.

Ob die Frau unmittelbar vor Beginn der Schutzfrist tatsächlich gearbeitet hat 28
oder mit der Arbeit infolge von Beschäftigungsverboten, Krankheit, Beurlaubung oder aus anderen Gründen unter Aufrechterhaltung des Arbeitsverhältnisses ausgesetzt hat, ist hierbei ohne Bedeutung (vgl. *Heilmann*, § 13 Rdnr. 30).
Auch ein ruhendes Arbeitsverhältnis (vgl. *BSG* v. 17.4.1991, DOK 1991, 449)
oder ein faktisches Arbeitsverhältnis (§ 1 Rdnr. 4) bei Beginn der Schutzfrist
reicht grundsätzlich aus (zur mißbräuchlichen Inanspruchnahme des Mutterschaftsgeldes vgl. *Besch. BMA* vom 14.6.1955, *Eisel*, A 72). Wann das Arbeitsverhältnis abgeschlossen worden ist, ist für diese Voraussetzung ebenfalls nicht
entscheidend. Ohne Bedeutung ist ferner, ob das Arbeitsverhältnis über den Tag
des Beginns der Schutzfrist hinaus besteht und ob und von wem das an diesem
Tag noch bestehende Arbeitsverhältnis bereits gekündigt ist.

Die Frauen, die lediglich in einem befristeten Arbeitsverhältnis stehen, kön- 29
nen Mutterschaftsgeld während der ganzen Dauer der Schutzfristen vor und
nach der Entbindung (d.h. bis der Betrag von 210 EUR ausgeschöpft ist)
erhalten, wenn die Befristung erst nach dem Beginn der Schutzfrist vor der
Entbindung ausläuft und die übrigen Voraussetzungen für den Anspruch auf
Mutterschaftsgeld erfüllt sind. Das gleiche gilt, wenn die Frau das Arbeitsverhältnis selbst kündigt, wenn das Arbeitsverhältnis durch Aufhebungsvertrag
aufgelöst wird oder durch Eintritt einer Bedingung oder aus anderen Gründen
endet (vgl. auch § 9 Rdnrn. 82–130). Entscheidend ist in allen Fällen nur, daß
das Arbeitsverhältnis an dem Tage des Beginns der Schutzfrist vor der Entbindung noch besteht, es sei denn, daß ein offensichtlicher Mißbrauch vorliegt (vgl.
auch *Buchner/Becker*, § 13 Rdnr. 66).

Der durch das Zweite Gesetz zur Änderung des Mutterschutzrechts (vom 30
16.6.2002, BGBl. I S. 1812) neu eingefügte Absatz 3 enthält eine Ausnahme von

MuSchG § 13 *Mutterschaftsgeld*

der grundsätzlichen Anspruchsvoraussetzung für das Mutterschaftsgeld, wonach das Arbeitsverhältnis zu Beginn der sechswöchigen Schutzfrist vor der Entbindung bereits bestanden haben muß. Auf Grund dieser Neuregelung erhalten Frauen Mutterschaftsgeld auch dann, wenn sie erst während der Schutzfristen des § 3 Abs. 2 oder des § 6 Abs. 1 von einem Beamten- in ein Arbeitsverhältnis wechseln. In diesen Fällen wird das Mutterschaftsgeld vom Beginn des Arbeitsverhältnisses an gezahlt. Durch diese Neuregelung wollte der Gesetzgeber der Situation von jungen Lehrerinnen und Frauen mit einer ähnlichen beruflichen Laufbahn Rechnung tragen, die ihren Vorbereitungsdienst während der Schutzfrist im Beamtenverhältnis abgeschlossen haben und anschließend als Arbeitnehmerinnen eingestellt werden (vgl. BT-Drs. 14/8525, S. 9). Nach bisheriger Rechtslage hatten die betroffenen Frauen weder Anspruch auf Mutterschaftsgeld noch auf einen Zuschuß des Arbeitgebers, da sie zu Beginn der Schutzfrist nicht in einem Arbeitsverhältnis standen. Diese Lücke, die von den betroffenen Frauen vielfach beklagt worden ist, ist durch die Neuregelung geschlossen worden. Da eine besondere Übergangsregelung hierzu nicht vorgesehen ist, findet sie auf alle Fälle Anwendung, in denen die Mutterschutzfristen am Tag ihres Inkrafttretens (20.6.2002) noch laufen und das Arbeitsverhältnis vor oder nach diesem Tag innerhalb der Schutzfristen begonnen hat. Zur Parallelregelung in § 200 RVO vgl. § 200 RVO, Rdnr. 19.

31   c) Die Voraussetzung »**in Heimarbeit beschäftigt**« erfüllen nicht nur weibliche in Heimarbeit Beschäftigte (Heimarbeiterinnen des § 2 Abs. 1 HAG und Hausgewerbetreibende des § 2 Abs. 2 HAG), sondern auch die diesen nach § 1 Abs. 2 HAG gleichgestellten Frauen, soweit sie am Stück mitarbeiten. Dies folgt daraus, daß auch die gleichgestellten Frauen nach § 1 Nr. 2 unter den Geltungsbereich des MuSchG und damit auch unter § 13 Abs. 2 und § 200 RVO fallen. Abgesehen davon wird in § 13 Abs. 2 und § 200 RVO der Begriff des § 1 Abs. 1 HAG »in Heimarbeit Beschäftigte« nicht verwandt. In diesen Vorschriften werden lediglich Frauen genannt, die bei Beginn der Schutzfrist nach § 3 Abs. 2 »in Heimarbeit beschäftigt« sind, um dadurch zum Ausdruck zu bringen, daß auch die Frauen des § 1 Nr. 2 Anspruch auf Mutterschaftsgeld haben, deren Heimarbeitsverhältnis oder das diesem gleichgestellte Verhältnis bei Beginn der Schutzfrist nach § 3 Abs. 2 besteht (ebenso *Gröninger/Thomas*, § 13 Rdnr. 35; zustimmend *Buchner/Becker*, § 13 Rdnr. 69f.; *Geyer/Knorr/Krasney*, § 200 RVO Rdnr. 34; *Heilmann*, § 13 Rndr. 31; *Töns*, § 200 RVO Rdnr. B II 2b; *Dalheimer*, S. 97; a.M. die *Spitzenverbände der Krankenkassen* im Gemeinsamen Rundschreiben vom 12.1.1989, Rdnr. 1.2.3 zu § 200 Abs. 2 RVO).

32   Eine tatsächliche Beschäftigung in Heimarbeit in engerem Sinne am Tage des Beginns der Schutzfrist kann in § 13 Abs. 2 und auch in § 200 Abs. 2 Satz 1 RVO schon deswegen nicht Voraussetzung für den Anspruch auf Mutterschaftsgeld sein, weil an diesem Tage die Beschäftigung nach § 3 Abs. 2 bereits verboten ist. Im übrigen gilt das zu Rdnrn. 24–29 Ausgeführte entsprechend. Entscheidend ist das Bestehen des Heimarbeitsverhältnisses oder des diesem gleichgestellten

Verhältnisses am Tage des Beginns der Schutzfrist. Ohne Bedeutung ist, ob die Frau bis zum Beginn der Schutzfrist tatsächlich gearbeitet hat (ebenso *Buchner/ Becker*, § 13 Rdnr. 70; *Dalheimer*, S. 97). Die weitere Voraussetzung für den Anspruch auf Mutterschaftsgeld auch bei nicht versicherten Frauen, daß ihr Arbeitsverhältnis in der Zeit zwischen dem 10. und dem 4. Monat vor der Entbindung für mindestens 12 Wochen bestanden haben mußte, ist seit dem 1.1.2000 entfallen; vgl. hierzu im einzelnen § 200 RVO, Rdnr. 19.

d) Die früher in Absatz 2 Satz 1 enthaltene Fallgruppe der während der Schwangerschaft ausnahmsweise zulässig gekündigten Frauen ist auf Grund der Neuregelung durch das Zweite Gesetz zur Änderung des Mutterschutzrechts (vom 16.6.2002, BGBl. I S. 1812) nunmehr in Absatz 2 Satz 3 geregelt. Zugleich ist der Wortlaut der Regelung präzisiert worden, um klarzustellen, daß Kündigungen durch den Arbeitgeber nur in den Fällen des § 9 Abs. 3 rechtmäßig sind, nicht aber auch andere Kündigungen durch den Arbeitgeber (BT-Drucks. 14/8525, S. 9). Darüber hinaus erfaßt die Regelung nicht mehr nur Kündigungen während der Schwangerschaft, sondern auch solche während der Schutzfrist nach § 6 Abs. 1. 33

Das Wort »aufgelöst« wurde gewählt, um auch die Auflösung des Arbeitsverhältnisses durch Aussperrungsmaßnahmen des Arbeitgebers während der Schwangerschaft zu erfassen (vgl. Schriftl. Bericht in zu *BT-Drucks.* IV/3652 S. 9). Durch die Rechtsprechung des *BAG* (vgl. Beschluß des *Großen Senats* vom 21.4.1971, AP Nr. 43 zu Art. 9 GG, Arbeitskampf = USK 71204) hat sich diese Frage weitgehend erledigt, weil die Aussperrung nur suspendierend wirkt. Für Frauen, die unter dem Kündigungsschutz des § 9 Abs. 1 stehen, bleibt das Arbeitsverhältnis also auch während der Aussperrung bestehen. 34

Da mit der Neuformulierung der bisherigen Fallgruppe des zulässig aufgelösten Arbeitsverhältnisses keine Einschränkung des Anwendungsbereichs der Regelung zu Lasten der betroffenen Frauen beabsichtigt war, ist der Anwendungsbereich der Regelung insoweit unverändert geblieben. Die Voraussetzungen des Absatzes 2 Satz 3 **erfüllen** demnach grundsätzlich **folgende Frauen:** 35
1. die Frauen, deren Arbeitsverhältnis während ihrer Schwangerschaft oder der Schutzfrist nach § 6 Abs. 1 durch eine mit Zustimmung der Landesbehörde nach § 9 Abs. 3 ausgesprochene Kündigung des Arbeitgebers wirksam aufgelöst worden ist (vgl. § 9 Rdnrn. 57–81),
2. die Frauen, deren Arbeitsverhältnis nicht durch Kündigung des Arbeitgebers, sondern z.B. wegen der Art der Dienstleistung, durch den Tod des Arbeitgebers während ihrer Schwangerschaft oder der Schutzfrist nach § 6 Abs. 1 endet (vgl. *Töns*, § 200 RVO Rdnr. B I 3a; *Meisel/Sowka*, § 200 RVO Rdnr. 15; *Geyer/Knorr/Krasney*, § 200 RVO Rdnr. 54; ebenso die *Spitzenverbände der Krankenkassen* im Gemeinsamen Rundschreiben vom 12.1.1989, Rdnr. 1.2.4 zu § 200 Abs. 2 RVO),
3. die bei den Stationierungsstreitkräften beschäftigten Frauen, deren Arbeitsverhältnis während der Schwangerschaft oder der Schutzfrist nach § 6 Abs. 1

nach Art. 56 Abs. 2 des Zusatzabkommens zum NATO-Truppenstatut aufgelöst wird (vgl. § 1 Rdnrn. 27–29).
Diesen Frauen wird man **die Frauen gleichstellen** können, die ihr Arbeitsverhältnis während ihrer Schwangerschaft oder der Schutzfrist nach § 6 Abs. 1 aus einem vom Arbeitgeber zu vertretenden Grunde, der sie zur außerordentlichen Kündigung berechtigt, gekündigt haben. Eine solche Gleichstellung ist deswegen gerechtfertigt, weil es nicht Sinn des Gesetzes sein kann, eine schwangere Frau trotz Vorliegens wichtiger Gründe zu veranlassen, ihr Arbeitsverhältnis bis zum Beginn der Schutzfrist aufrechtzuerhalten, um in den Genuß des Mutterschaftsgeldes zu kommen (allg. M., vgl. z. B. *Buchner/Becker*, § 13 Rdnr. 80; *BSG* vom 7. 11. 2000 – B 1 S F 1/99 R –). Eine Gleichstellung ist ferner in den Fällen geboten, in denen das Arbeitsverhältnis nur deswegen durch Aufhebungsvertrag in gegenseitigem Einvernehmen endet, weil der Arbeitgeber es andernfalls zum gleichen Termin zulässig hätte kündigen können, weil die zuständige Behörde seinem Antrag auf Beendigung des Arbeitsverhältnisses entsprochen hätte. Eine andere Auffassung wäre zu formalistisch (h. M., vgl. z. B. *Buchner/Becker*, § 13 Rdnr. 80; a. M. *Töns*, § 200 RVO Rdnr. B I 3g und *LSG Niedersachsen* vom 23. 3. 1971, Breith 1971, S. 172).

36   Die **Insolvenz des Arbeitgebers** beendet das Arbeitsverhältnis nicht. Trotz des Kündigungsrechts in § 113 InsO gilt das Kündigungsverbot nach § 9 Abs. 1 MuSchG. Die zuständige Behörde entspricht aber meist einem Antrag des Arbeitgebers oder Insolvenzverwalters auf Beendigung des Arbeitsverhältnisses. § 13 Abs. 2 Satz 3 erfaßt darüber hinaus auch die Fälle, in denen ein Arbeitsverhältnis nach Anfechtung gemäß §§ 119 BGB und fristloser Kündigung durch den Arbeitgeber im Wege eines arbeitsgerichtlichen Vergleichs beendet wird (SG Berlin vom 8. 1. 1982 – S. 73 Kr 6/81).

37   Obwohl § 13 von der Auflösung eines »Arbeitsverhältnisses« spricht, ist die Anspruchsvoraussetzung eines nach Maßgabe des § 9 Abs. 3 aufgelösten Arbeitsverhältnisses auch auf Frauen anwendbar, die in einem **zulässig aufgelösten Heimarbeitsverhältnis** gestanden haben (ebenso *Gröninger/Thomas*, § 13 Rdnr. 45; a. M. Spitzenverbände der Krankenkassen in DOK 1968, S. 48 Rdnr. 1d, und *Töns*, § 200 RVO Rdnr. B II 3; vgl. auch § 24 Rdnrn. 4–6).

38   Die Voraussetzung eines nach Maßgabe des § 9 Abs. 3 aufgelösten Arbeitsverhältnisses wird dagegen in den Fällen **nicht erfüllt**, in denen das Arbeitsverhältnis vor Beginn der Schwangerschaft oder während der Schwangerschaft durch Kündigung der Frau oder in gegenseitigem Einvernehmen – vgl. jedoch den Fall des wichtigen Grundes in Rdnr. 35 – aufgelöst wird oder aus anderen als den in Rdnrn. 35 und 36 genannten Gründen endet, z. B. durch Anfechtung des Arbeitsvertrages, durch Fristablauf oder Eintritt einer Bedingung oder weil das Arbeitsverhältnis von Anfang an nichtig war (h. M. vgl. z. B. *Buchner/Bekker*, § 13 Rdnr. 78; a. M. *Töns*, § 200 RVO Rdnr. B I 3a; vgl. hierzu auch § 9 Rdnrn. 82–130). Das gilt auch für den Fall, daß die Frau das befristete Arbeitsverhältnis im Rahmen einer Arbeitsbeschaffungsmaßnahme eingegangen ist

Anspruchsvoraussetzungen § 13 MuSchG

(*BSG* vom 1.2.1983, BSGE 54 S. 260). Zur Anfechtung wegen arglistiger Täuschung über das Bestehen einer Schwangerschaft vgl. im einzelnen § 5 Rdnrn. 20–22 und § 9 Rdnrn. 91).

Die Voraussetzung wird auch dann nicht erfüllt, wenn der Arbeitgeber das Arbeitsverhältnis vor Beginn der Schwangerschaft, also vor Beginn des Kündigungsverbots, kündigt und die Kündigungsfrist während der Schwangerschaft ausläuft, was möglich ist, weil § 9 nur die Erklärung der Kündigung des Arbeitgebers während der Schwangerschaft verbietet, nicht aber die Auflösung des vorher gekündigten Arbeitsverhältnisses (vgl. auch § 9 Rdnr. 47 und *BSG* vom 10.9.1975, BSGE 40 S. 211 = BB 1976, S. 420 = BKK 1976, S. 124 = SGB 1976, S. 227 mit Anm. von *Meydam*). In diesem Falle wird das vor Beginn der Schwangerschaft nur noch bis zum Ablauf der Kündigungsfrist bestehende Arbeitsverhältnis nicht durch den Arbeitgeber, sondern durch den Ablauf der Kündigungsfrist während der Schwangerschaft aufgelöst. Läuft die Kündigungsfrist ausnahmsweise erst bei Beginn der Schutzfrist vor der Entbindung aus, dann ist die Voraussetzung »Bestehen des Arbeitsverhältnisses bei Beginn der Schutzfrist« erfüllt (ebenso *Geyer/Knorr/Krasney*, § 200 Rdnr. 40; *Meisel/Sowka*, § 200 RVO Rdnr. 38; *Töns*, § 200 RVO Rdnr. B I 3 b). 39

Eine Auflösung im Sinne des Absatzes 2 Satz 3 liegt ferner nicht vor, wenn das Arbeitsverhältnis vom Arbeitgeber wirksam gekündigt wurde, weil ihm zum Zeitpunkt der Kündigung die Schwangerschaft nicht bekannt war und von der Arbeitnehmerin auch nicht innerhalb von zwei Wochen nach Zugang der Kündigung mitgeteilt oder bei unverschuldetem Versäumnis der Zwei-Wochen-Frist unverzüglich nachgeholt wurde (vgl. § 9 Rdnrn. 38–42). In diesem Fall verliert nämlich die Schwangere durch ihr Schweigen einen an sich bestehenden Kündigungsschutz. § 13 Abs. 2 Satz 3 gilt aber nur für Frauen, bei denen der Kündigungsschutz des § 9 Abs. 1 von vornherein ausgeschlossen ist, wie in den Fällen des § 9 Abs. 1 Satz 2 und Abs. 3 (vgl. *BSG* vom 10.9.1975, BSGE 40 S. 211 und v. 1.2.1983, BSGE 54, S. 260; ihm folgend die Praxis der Krankenkassen, vgl. DOK 1976, S. 667; ebenso *Gröninger/Thomas*, § 13 Rdnr. 39; *Meisel/Sowka*, § 200 RVO Rdnr. 38; a.M. mit eingehender Begründung und Übersicht über den Meinungsstand in der Literatur *Brackmann* S. 412h). Eine solche einschränkende Auslegung muß auch dann gelten, wenn der Arbeitgeber das aus sachlichen Gründen auf wenige Monate befristete Arbeitsverhältnis deswegen angefochten hat, weil ihm bei Vertragsabschluß die Schwangerschaft arglistig verschwiegen worden ist (*BSG* v. 17.9.1986, USK 8699). Eine Gleichstellung des Endes des Bezuges von Arbeitslosengeld mit der zulässigen Auflösung des Arbeitsverhältnisses durch den Arbeitgeber ist nicht möglich, auch nicht im Hinblick auf die besondere Situation dieser Frauen (vgl. *LSG Essen* vom 16.6.1980, KVRS A-2620/2). 40

5. Entsprechende Anwendung der RVO, Höhe des Mutterschaftsgeldes

41 Die in § 13 Abs. 2 bestimmte **entsprechende Anwendung der Vorschriften der RVO** über das Mutterschaftsgeld erstreckt sich insbesondere auf § 200 Abs. 2 und 3 RVO über die Höhe, Dauer und Berechnung des Mutterschaftsgeldes (vgl. auch § 200 RVO Rdnrn. 60–119) und auf § 200 Abs. 4 RVO über das Ruhen des Anspruchs auf Mutterschaftsgeld bei Zahlung von Arbeitsentgelt. Eine dem früheren § 13 Abs. 2 Satz 3 entsprechende Erstattungsvorschrift enthält das Gesetz nicht mehr, da das Mutterschaftsgeld nach § 13 Abs. 2 stets vom BVA, einer Bundesbehörde (vgl. § 94 Abs. 1 SGB IV), ausgezahlt wird.

42 Entsprechend anwendbar sind darüber hinaus auch die allgemeinen Vorschriften der RVO, soweit sie auf das Mutterschaftsgeld des § 200 RVO zur Anwendung kommen und soweit deren Anwendung auf nichtversicherte Frauen möglich ist. In Betracht kommen z.B. § 41 SGB I über die Fälligkeit der Leistung, § 45 Abs. 1 SGB I über die Verjährung von Sozialleistungen nach 4 Jahren und § 40 Abs. 1 SGB I über die Entstehung des Anspruchs bei Vorliegen der gesetzlichen Voraussetzungen (vgl. § 200 RVO Rdnrn. 124–134) sowie § 195 Abs. 2 Satz 2 RVO über die Zahlung von Mutterschaftsgeld bei Auslandsaufenthalt. Bezieht eine nicht als Arbeitnehmerin versicherte Frau bei Beginn der Schutzfrist vor der Entbindung Arbeitslosengeld oder Arbeitslosengeld II, und ist sie somit nach § 5 Abs. 1 Nr. 2 oder 2a SGB V krankenversichert, so erhält sie Mutterschaftsgeld nach § 200 Abs. 2 Satz 7 RVO i.V.m. § 47b SGB V. Das Arbeitslosengeld ruht in diesem Fall nach § 142 Abs. 1 Nr. 2 SGB III. Vgl. im übrigen die Erläuterungen zu den Vorschriften der RVO über das Mutterschaftsgeld (vgl. auch *Buchner/Becker*, § 13 Rdnrn. 223ff.).

43 Das Mutterschaftsgeld nach § 13 Abs. 2 beträgt **höchstens 210 EUR**. Diese Begrenzung wirkt sich allerdings auf die Höhe des kalendertäglich zu zahlenden Mutterschaftsgeldes und dessen Berechnung nicht aus. Der Höchstbetrag wird also nicht so ausgezahlt, daß er sich gleichmäßig auf alle Kalendertage der Schutzfristen vor und nach der Entbindung verteilt, sondern in der Weise, wie das Mutterschaftsgeld an versicherte Frauen ausgezahlt wird. Das bedeutet, daß der Anspruch frühestens nach 16 Tagen (210:13) erschöpft sein kann und das Mutterschaftsgeld dann, also schon vor dem Ende der Schutzfrist, endet.

44 Der Zuschuß zum Mutterschaftsgeld nach § 14 MuSchG wird unabhängig davon auch während der Zeit gezahlt, in der wegen Erschöpfung des Anspruchs nach § 13 Abs. 2 kein Mutterschaftsgeld mehr gezahlt wird (vgl. zum Ganzen auch *Buchner/Becker*, § 13 Rdnr. 193; *Gröninger/Thomas*, § 13 Rdnrn. 21–23).

45 Da das Mutterschaftsgeld z.B. bei höherverdienenden Angestellten schon nach 16 Tagen endet, konnte dies bis zum 1.6.1994 gerade in den Fällen, in denen die Entbindung – wie bei einer Frühgeburt – viel früher als erwartet stattfindet, bei der davon betroffenen Frau zu **empfindlichen Einkommenseinbußen** führen. Der Arbeitgeber hat nämlich das Recht, das bereits in der Schutzfrist gezahlte Arbeitsentgelt zurückzufordern (vgl. § 200 RVO

Rdnr. 152). Das gleiche gilt, wenn die Frau in dem sich überschneidenden Zeitraum krank war und ihr Arbeitsentgelt fortgezahlt erhielt (vgl. § 3 Abs. 1 Satz 1 EFZG). Der vor dem 1.6.1994 geltende § 1 Abs. 3 Nr. 3 LFZG a.F. wurde auch auf Angestellte entsprechend angewendet. Zur Rechtslage ab 1.6.1994 vgl. § 200 RVO Rdnr. 150 ff.

Nach dem entsprechend anwendbaren § 200 Abs. 4 Satz 1 RVO ruht der Anspruch auf Mutterschaftsgeld, wenn und soweit Arbeitsentgelt gezahlt wird. Erfüllt der Arbeitgeber den Anspruch der Frau auf Weiterzahlung des Arbeitsentgelts nicht, geht nach § 115 SGB X der Anspruch der Frau gegen den Arbeitgeber in Höhe des gezahlten Mutterschaftsgeldes auf das BVA über. Für die Verfolgung dieses Anspruchs im Rechtswege sind die Gerichte für Arbeitssachen zuständig. Der vom Arbeitgeber nach § 14 MuSchG gezahlte Zuschuß zum Mutterschaftsgeld ist nicht Arbeitsentgelt i.S.d. § 200 Abs. 4 Satz 1 RVO.

6. Mutterschaftsgeld und Erziehungsgeld

Mutterschaftsgeld nach § 13 Abs. 2 wird nach § 7 Satz 1 BErzGG **auf das Erziehungsgeld nicht mehr angerechnet**. Das gilt sowohl für das vor wie nach der Entbindung gezahlte Mutterschaftsgeld. Es wird auch dann nicht angerechnet, wenn das Erziehungsgeld nicht der Mutter, sondern dem im gleichen Haushalt lebenden Vater des Kindes gezahlt wird. Beide Leistungen werden also nebeneinander gezahlt, falls sie im selben Zeitraum beansprucht werden können. 46

Wird die nichtversicherte Frau während der Elternzeit erneut schwanger und beginnt die »fiktive« Schutzfrist nach § 3 Abs. 2 noch in diesem Zeitraum, so ist, falls das Arbeitsverhältnis weiter besteht, das Mutterschaftsgeld nach § 13 Abs. 2 erneut zu zahlen. Wird noch Erziehungsgeld bezogen, ist das Mutterschaftsgeld ebenfalls darauf nicht mehr anzurechnen. Der Zuschuß zum Mutterschaftsgeld wird wegen § 14 Abs. 4 nicht gezahlt, sofern nicht eine zulässige Teilzeitarbeit geleistet wird. 47

7. Auszahlung von Mutterschaftsgeld, Rechtsweg

Das Mutterschaftsgeld für nichtversicherte Frauen wird voll vom Bund getragen. Das **Bundesversicherungsamt zahlt** es auf Antrag der Frau aus. Die Arbeitnehmerin, die den Leistungsantrag stellt, ist nach § 60 SGB I verpflichtet, dem BVA alle leistungserheblichen Angaben mitzuteilen. Das BVA hat die Voraussetzungen für das Mutterschaftsgeld nachzuprüfen. Die Versicherung des Arbeitgebers, die Voraussetzungen seien erfüllt, reicht nicht aus. Nach Feststellung des Leistungsanspruches soll es das Mutterschaftsgeld nach § 47 SGB I kostenfrei auf ein Konto der Mutter bei einem Geldinstitut überweisen. 48

49 Lehnt das BVA den Antrag der Frau auf Zahlung des Mutterschaftsgeldes ab, kann die Frau den Rechtsweg zu den Sozialgerichten beschreiten (allg. M., vgl. z. B. *Buchner/Becker*, § 13 Rdnr. 237; *BSG* vom 9.9.1971, zitiert in Rdnr. 27 a. E.). Zuständig ist nach § 57 SGG das Sozialgericht des Wohn- oder Beschäftigungsortes. Wohnt die Frau im Ausland, z. B. eine Grenzgängerin, so ist das Sozialgericht Berlin zuständig (§ 57 Abs. 3 SGG). Zum Vor- und Klageverfahren vgl. § 200 RVO Rdnr. 126.

8. Mutterschaftsgeld und private Krankenversicherung

50 Die unter § 13 Abs. 2 fallenden Frauen sind häufig in der privaten Krankenversicherung versichert. Anders als bei Mitgliedern der gesetzlichen Krankenversicherung ist bei den privaten Krankenversicherungsunternehmen die Zeit des Bezuges von Mutterschaftsgeld nicht prämienfrei. Die privat versicherte Frau muß also für die Zeit der Schutzfristen (und ggf. danach für die Zeit der Elternzeit) ihre Krankenversicherungsprämie weiter zahlen. Sie erhält während dieser Zeit **keinen Zuschuß** des Arbeitgebers zu ihrem Krankenversicherungsbeitrag nach **§ 257 SGB V**; denn der Arbeitgeber muß nur den Betrag zahlen, den er bei Krankenversicherungspflicht der Arbeitnehmerin zu zahlen hätte (vgl. *BSG* vom 1.6.1977, USK 7765). Während der Zeit des Bezuges von Mutterschaftsgeld (und danach Erziehungsgeld sowie für die Dauer der Elternzeit) ist die gesetzlich versicherte Arbeitnehmerin aber nach § 192 Abs. 1 Nr. 2 i. V. m. § 224 Satz 1 SGB V (vgl. Anh. 12) beitragsfrei versichert.

9. Steuerfreiheit, Renten- und Arbeitslosenversicherung

51 Es gilt dasselbe wie für das Mutterschaftsgeld an versicherte Frauen. Vgl. dazu § 200 RVO Rdnrn. 133–140. Dabei spielt es keine Rolle, ob während der gesamten Schutzfrist Mutterschaftsgeld gezahlt wird oder der Höchstbetrag von 210 EUR bereits vor dem Ende der Schutzfristen ausgeschöpft ist.

§ 14 Zuschuß zum Mutterschaftsgeld

(1) Frauen, die Anspruch auf Mutterschaftsgeld nach § 200 Abs. 1, 2 Satz 1 bis 4 und Abs. 3 der Reichsversicherungsordnung, § 29 Abs. 1, 2 und 4 des Gesetzes über die Krankenversicherung der Landwirte oder § 13 Abs. 2, 3 haben, erhalten während ihres bestehenden Arbeitsverhältnisses für die Zeit der Schutzfristen des § 3 Abs. 2 und § 6 Abs. 1 sowie für den Entbindungstag von ihrem Arbeitgeber einen Zuschuss in Höhe des Unterschiedsbetrages zwischen 13 Euro und dem um die gesetzlichen Abzüge verminderten durchschnittlichen kalendertäglichen Arbeitsentgelt. Das durchschnittliche kalendertägliche Arbeitsentgelt ist aus den letzten drei

abgerechneten Kalendermonaten, bei wöchentlicher Abrechnung aus den letzten 13 abgerechneten Wochen vor Beginn der Schutzfrist nach § 3 Abs. 2 zu berechnen. Nicht nur vorübergehende Erhöhungen des Arbeitsentgeltes, die während der Schutzfristen des § 3 Abs. 2 und § 6 Abs. 1 wirksam werden, sind ab diesem Zeitpunkt in die Berechnung einzubeziehen. Einmalig gezahltes Arbeitsentgelt (§ 23a des Vierten Buches Sozialgesetzbuch) sowie Tage, an denen infolge von Kurzarbeit, Arbeitsausfällen oder unverschuldeter Arbeitsversäumnis kein oder ein vermindertes Arbeitsentgelt erzielt wurde, bleiben außer Betracht. Zu berücksichtigen sind dauerhafte Verdienstkürzungen, die während oder nach Ablauf des Berechnungszeitraums eintreten und nicht auf einem mutterschutzrechtlichen Beschäftigungsverbot beruhen. Ist danach eine Berechnung nicht möglich, so ist das durchschnittliche kalendertägliche Arbeitsentgelt einer gleichartig Beschäftigten zugrunde zu legen.

(2) Frauen, deren Arbeitsverhältnis während ihrer Schwangerschaft oder während der Schutzfrist des § 6 Abs. 1 nach Maßgabe von § 9 Abs. 3 aufgelöst worden ist, erhalten bis zum Ende dieser Schutzfrist den Zuschuss nach Absatz 1 zu Lasten des Bundes von der für die Zahlung des Mutterschaftsgeldes zuständigen Stelle.

(3) Absatz 2 gilt für den Zuschuss des Bundes entsprechend, wenn der Arbeitgeber wegen eines Insolvenzereignisses im Sinne des § 183 Abs. 1 Satz 1 des Dritten Buches Sozialgesetzbuch seinen Zuschuss nach Absatz 1 nicht zahlen kann.

(4) Der Zuschuss nach den Absätzen 1 bis 3 entfällt für die Zeit, in der Frauen die Elternzeit nach dem Bundeserziehungsgeldgesetz in Anspruch nehmen oder in Anspruch genommen hätten, wenn deren Arbeitsverhältnis nicht während ihrer Schwangerschaft oder während der Schutzfrist des § 6 Abs. 1 vom Arbeitgeber zulässig aufgelöst worden wäre. Dies gilt nicht, soweit sie eine zulässige Teilzeitarbeit leisten.

Inhaltsübersicht

1. Allgemeines, Rechtsnatur des Anspruchs ... 1–9
2. Anspruchsberechtigte ... 10–12
3. Anspruchsverpflichtete ... 13–14
4. Voraussetzungen des Anspruchs ... 15–36
   a) Anspruch auf Mutterschaftsgeld 15–16
   b) Nettoverdienst über 13 Euro ... 17–18
   c) Bestehendes Arbeitsverhältnis (Abs. 1) ... 19
   d) Aufgelöstes Arbeitsverhältnis (Abs. 2) ... 20–21
   e) Insolvenz des Arbeitgebers ... 22–23
   f) Andere Auflösungsgründe ... 24–25
   g) Einstellung der Arbeit ... 26–27
   h) Kausalität ... 28–36
5. Höhe und Berechnung des Zuschusses ... 37–52
   a) Unterschiedsbetrag ... 37
   b) Bruttoarbeitsentgelt ... 38–43
   c) Wahl der Steuerklasse ... 44–49
   d) Umrechnung auf Kalendertage ... 50
   e) Höhe des Zuschusses ... 51–52
6. Dauer des Anspruchs ... 53–61
7. Mehrere Arbeitsverhältnisse ... 62–64
8. Behandlung und Geltendmachung des Anspruchs aus Abs. 1 ... 65–68
9. Behandlung und Geltendmachung des Anspruchs aus Abs. 2 und 3 ... 69–70
10. Strafbarkeit, Steuer- und Beitragsfreiheit ... 71–72

11. Einbeziehung in das Lohnausgleichsverfahren nach dem Lohnfortzahlungsgesetz ... 73	13. Vermögenswirksame Leistungen, Zuschuß nach § 257 SGB V ... 78
12. Zuschuß und Elternzeit (Abs. 4) ... 74–77	

1. Allgemeines, Rechtsnatur des Anspruchs

1   § 14 ist vom Deutschen Bundestag zur Entlastung der Krankenkassen und des Bundes durch das Finanzänderungsgesetz 1967 vom 21.12.1967 (BGBl. I S. 1259) eingeführt worden. Die Verpflichtung der Krankenkassen und des Bundes zur Zahlung des Mutterschaftsgeldes ist entgegen dem Änderungsgesetz vom 24.8.1965 in § 200 Abs. 2 Satz 2 RVO auf höchstens 13 EUR für den Kalendertag beschränkt worden. Andererseits sollte der Anspruch der einzelnen Frau auf das Mutterschaftsgeld in Höhe des Nettoarbeitsentgelts nicht verkürzt werden. Daher wurden der Arbeitgeber bzw. die Krankenkasse in § 14 verpflichtet, das von den Kassen gezahlte Mutterschaftsgeld durch einen Zuschuß bis zum tatsächlichen durchschnittlichen Nettoarbeitsentgelt aufzustocken (vgl. zu *BT-Drucks.* V/2341 S. 5, 12), soweit es in bestimmten Fällen 13 EUR für den Kalendertag übersteigt (vgl. auch *Leube*, DB 1968, S. 132). Aufgrund des Gesetzes vom 25.6.1979 über die Einführung eines Mutterschaftsurlaubs (BGBl. I S. 797) ist die Zahlung des Zuschusses für die Fälle des § 14 Abs. 2, in denen nach Auflösung des Arbeitsverhältnisses Mutterschaftsgeld nach § 13 Abs. 2 beansprucht wird, dem BVA übertragen worden.

2   Da nichtversicherte Frauen während der Schutzfristen nur ein Mutterschaftsgeld von insgesamt höchstens 210 EUR erhalten können, wird jetzt nicht mehr auf die Differenz zum kalendertäglich gezahlten Mutterschaftsgeld abgestellt. Der Arbeitgeber (bzw. in den Fällen des § 14 Abs. 2 und 3 das BVA) braucht jetzt nur noch den Unterschiedsbetrag zwischen 13 EUR und dem kalendertäglichen Nettoarbeitsentgelt zu zahlen. Berechnung und Zahlung des Mutterschaftsgeldes sind für ihn jetzt ohne Bedeutung. Eine materielle Änderung der Zuschußpflicht des Arbeitgebers war mit der Neufassung des § 14 Abs. 1 Satz 1 durch das Kostendämpfungs-Ergänzungsgesetz vom 22.12.1981 (BGBl. I S. 1578) nicht verbunden (vgl. auch *Buchner/Becker*, § 14 Rdnr. 4; *Gröninger/Thomas*, § 14 Rdnr. 1). Der Zuschuß wird aber nur für die Zeit der Schutzfristen des § 3 Abs. 2 und des § 6 Abs. 1 gezahlt.

3   Das Gesetz über die Gewährung von Erziehungsgeld und Erziehungsurlaub vom 6.12.1985 (BGBl. I S. 2154) hat in § 14 einen Absatz 3 eingefügt. Diese Regelung schützt Frauen, deren Arbeitgeber zahlungsunfähig sind und die Eröffnung des Insolvenzverfahrens beantragt haben. Der mit Wirkung vom 1.7.1989 in Kraft getretene Absatz 4 ist durch das Gesetz zur Änderung des Bundeserziehungsgeldgesetzes und anderer Vorschriften vom 30.6.1989 (BGBl. I S. 1297) angefügt worden. Er läßt den Zuschuß nach § 14 für die Zeit entfallen, in der sich Mutterschaftsgeld und Elternzeit überschneiden.

Allgemeines § 14 MuSchG

Das Gewicht des Zuschusses als Teil der wirtschaftlichen Sicherung der Frau 4
während der Schutzfrist ist, da das Mutterschaftsgeld höchstens 13 EUR je
Kalendertag betragen kann, mit den steigenden Arbeitsentgelten immer stärker
gewachsen. Für die nicht in der gesetzlichen Krankenversicherung versicherten
Frauen, die als Mutterschaftsgeld nach § 13 Abs. 2 nur einen Höchstbetrag von
210 EUR insgesamt beanspruchen können, kann der Zuschuß eine existentielle
Bedeutung gewinnen. Das Ziel des Gesetzgebers, auch die nichtversicherten
Frauen während der Schutzfristen wirtschaftlich in Höhe ihres bisherigen Nettoarbeitsentgelts abzusichern, wurde seit dem 1.1.1982 zugunsten des Gesichtspunktes aufgegeben, daß alle Frauen zu Lasten des Bundes den gleichen Betrag
erhalten sollten. Dem Gesetzgeber erschien es sozialpolitisch nicht länger vertretbar, vorzugsweise höherverdienenden Frauen das volle Mutterschaftsgeld aus
öffentlichen Mitteln zu zahlen, während die geringer verdienenden und deshalb
in der Regel pflichtversicherten Frauen das Mutterschaftsgeld aus ihren Beiträgen
finanzieren mußten.

Nachdem das *BVerfG* in früheren Entscheidungen (Beschluß vom 23.4.1974 5
BVerfGE 37 S. 121 = DB 1974, S. 1291 = NJW 1974, S. 1461; Beschluß vom
3.7.1985 = NJW 1986, S. 422) die Zuschußregelung **als mit dem Grundgesetz
vereinbar** angesehen hat, hat es in seiner jüngsten Entscheidung (Beschluß vom
18.11.2003 – 1 BvR 302/96 – = BVerfGE 109, 64 = DB 2003, S. 2788 = BB 204,
S. 47; vgl. hierzu *Eichenhofer*, BB 2004, S. 382; *Leisner*, DB 2004, S. 598) die
Auffassung vertreten, die Zuschußpflicht verletze das Gleichbehandlungsgebot
des Art. 3 Abs. 2 GG und stelle daher eine unangemessene Einschränkung der
Berufsausübungsfreiheit der betroffenen Arbeitgeber dar. Zwar steht das
Gericht nach wie vor auf dem Standpunkt, die Kosten des Mutterschutzes
brauchten – trotz Art. 6 Abs. 4 GG, der die Gemeinschaft zum Schutz und
zur Fürsorge für die Mutter verpflichtet – nicht ausschließlich vom Staat getragen zu werden. Dieser könne die finanziellen Lasten des Mutterschutzes auf
mehrere Kostenträger (Staat, gesetzliche Krankenversicherung, Arbeitgeber)
verteilen. Art. 6 Abs. 4 GG schütze die Mutter, nicht den Arbeitgeber. Auch
Art. 14 GG hat es im Beschluß vom 23.4.1974 als nicht verletzt angesehen, da
dieses Grundrecht jedenfalls nicht vor der Auferlegung von Geldleistungspflichten schütze, die einen verhältnismäßig geringen Umfang haben.

Die Auferlegung der Zuschußverpflichtung berühre aber die Berufsaus- 6
übungsfreiheit der betroffenen Arbeitgeber aus Art. 12 Abs. 1 GG, weil diesen
zusätzliche Kostenlasten aufgebürdet würden, die aus ihrer Berufsausübungsfreiheit, nämlich der Beschäftigung der geschützten Arbeitnehmerinnen, folgten.
Zwar sei diese Beeinträchtigung der Berufsausübungsfreiheit durch hinreichende
Gründe des Allgemeinwohls gerechtfertigt und auch geeignet und erforderlich,
das gesetzgeberische Ziel zu erreichen, nämlich die im Arbeitsverhältnis stehende Mutter und das werdende Kind vor arbeitsplatzbedingten Gefahren,
Überforderungen und Gesundheitsschädigungen zu schützen. Die von der
Zuschußpflicht ausgehende Beschränkung der Berufsausübungsfreiheit sei aber

unangemessen, weil sie das Gleichbehandlungsgebot des Art. 3 Abs. 3 GG verletze. Danach müßten Frauen die gleichen Erwerbschancen haben wie Männer. Die von der Zuschußpflicht ausgehende verfassungsrechtlich erhebliche wirtschaftliche Belastung der betroffenen Arbeitgeber begründe jedoch das Risiko einer faktischen Diskriminierung von Frauen.

7 Diesem Risiko habe der Gesetzgeber durch das Ausgleichs- und Umlageverfahren nach § 10 Abs. 1 Satz 1 Nr. 1 LFZG nur unzureichend entgegengewirkt, da dieses nur auf Kleinunternehmen beschränkt sei und daher der geschlechtsspezifischen Teilung des Arbeitsmarkts in Mittel- und Großunternehmen nicht Rechnung trage. Diese Beschränkung auf Kleinunternehmen sei sachlich nicht zu rechtfertigen. Das Gericht hat den Gesetzgeber daher verpflichtet, bis zum 31.12.2005 eine verfassungskonforme Neuregelung zu treffen. Bis zu diesem Zeitpunkt ist das geltende Recht noch weiter anwendbar.

8 Der **Anspruch** auf den Zuschuß zum Mutterschaftsgeld beruht auf dem Gesetz; er wird aus Gründen des Mutterschutzes gewährt. Er ist, so weit er sich **nach § 14 Abs.** 1 gegen den Arbeitgeber richtet, **arbeitsrechtlicher Natur** (h.M., vgl. z.B. *Buchner/Becker*, § 14 Rdnr. 115; LArbG Schleswig-Holstein vom 2.7.1996, 1 SA 126/96). Zwar hat er nicht den üblichen Lohncharakter, weil der Zuschuß nicht als Gegenleistung für geleistete Arbeit gewährt wird. Der Zusammenhang mit dem Arbeitsverhältnis ist jedoch unverkennbar. Der Zuschuß richtet sich gegen den Arbeitgeber dem Grunde nach nur auf der Grundlage des Arbeitsverhältnisses der betreffenden Frau. Seine Höhe bemißt sich nach dem in diesem Arbeitsverhältnis erzielten Durchschnittsverdienst. Der Anspruch auf den Zuschuß nach § 14 Abs. 1 kann ferner nur im Rahmen des Arbeitsverhältnisses verfolgt werden. Er teilt dessen rechtliches Schicksal. Er ist daher als mutterschutzrechtlicher Entgeltfortzahlungsanspruch arbeitsrechtlicher Natur zu charakterisieren (ebenso *Gröninger/Thomas*, § 14 Rdnr. 1; vgl. auch BAG AP Nr. 24 zu § 2 ArbKrankG mit zust. Anm. von *Trieschmann*).

9 Der Anspruch auf den Zuschuß nach § 14 Abs. 2 und 3 ist dagegen **öffentlich-rechtlicher Natur**. Dies folgt daraus, daß er sich gegen die Krankenkasse bzw. das BVA richtet und vor den Sozialgerichten verfolgt wird (vgl. *BSG* vom 1.2.1983, USK 8304 = BKK 1983, S. 314 = SozR 2200 § 200a Nr. 5; *Geyer/ Knorr/Krasney*, § 14 Rdnr. 4, und *Heilmann*, § 14 Rdnr. 4 und 49). Das BVA ist in diesem Falle nicht notwendig beizuladen.

2. Anspruchsberechtigte

10 Ein Anspruch auf den Zuschuß steht den Frauen zu, die **Anspruch auf Mutterschaftsgeld** nach § 200 RVO, § 29 KVLG (vgl. Anh. 11) oder § 13 Abs. 2 haben. Das sind die in § 13 Abs. 1, § 200 Abs. 2 Satz 1 RVO und § 29 Abs. 2 KVLG genannten versicherten Frauen und die in § 13 Abs. 2 genannten nichtversicherten Frauen, die einen Anspruch auf Mutterschaftsgeld **in Höhe des Nettoarbeitsentgelts** (ggf. begrenzt auf 210 EUR) haben. Dieser Anspruch steht

Anspruchsverpflichtete § 14 MuSchG

allen Frauen zu, die **bei Beginn der Schutzfrist** nach § 3 Abs. 2 **in einem Arbeitsverhältnis** stehen, deren Arbeitsverhältnis während der Schutzfrist beginnt (vgl. § 13 Rdnrn. 24–30) oder **die in Heimarbeit beschäftigt** sind (vgl. § 13 Rdnrn. 31–32, § 200 RVO Rdnr. 28; ebenso *Buchner/Becker*, § 14 Rdnr. 18; *Gröninger/Thomas*, § 14 Rdnr. 2; jetzt auch *Meisel/Sowka*, § 14 Rdnr. 3; *Töns*, § 14 Rdnr. 1a) oder deren **Arbeits- oder Heimarbeitsverhältnis** während ihrer **Schwangerschaft vom Arbeitgeber oder Auftraggeber zulässig aufgelöst** worden ist (vgl. § 13 Rdnrn. 33–40, § 24 Rdnrn. 4–6). Dies gilt nicht, wenn der Anspruch auf Mutterschaftsgeld erneut während einer noch laufenden Elternzeit entsteht (Abs. 4, vgl. auch § 13 Rdnr. 47).

Keinen Anspruch auf den Zuschuß haben die versicherten Frauen, die 11 Mutterschaftsgeld **in Höhe des Krankengeldes** erhalten (vgl. § 200 Abs. 2 Satz 7 RVO, § 29 Abs. 3 KVLG). Das sind insbesondere Frauen (»andere Mitglieder«), die selbständig erwerbstätig oder arbeitslos sind, aber auch Frauen, deren befristetes Arbeitsverhältnis während der Schutzfrist endet und die zum Ausgleich für den entfallenden Arbeitgeberzuschuß bis zum Ende der Schutzfrist Mutterschaftsgeld in Höhe des Krankengeldes erhalten (vgl. § 200 RVO Rdnr. 76 ff.). Zu den in § 29 Abs. 3 KVLG beschriebenen Frauen gehören krankenversicherungspflichtige mitarbeitende Familienangehörige, die rentenversicherungspflichtig sind, jedoch nicht die Voraussetzungen für den Bezug des Mutterschaftsgeldes in Höhe des Nettoarbeitsentgelts (§ 29 Abs. 2 KVLG) erfüllen. Hierher gehören auch mitarbeitende Familienangehörige, die nicht rentenversicherungspflichtig sind, sowie die Bezieher von Arbeitslosengeld (§ 5 Abs. 1 Nr. 2 SGB V).

Ebenfalls keinen Zuschuß erhielten Frauen, denen nur Entbindungsgeld nach 12 § 200b RVO (§ 31 KVLG) gezahlt wurde. Außerdem **entfällt** der Zuschuß für die Zeit, in der Elternzeit in Anspruch genommen wird (vgl. Abs. 4), es sei denn, daß während dieses Zeitraums eine nach § 2 BErzGG für die Elternzeit unschädliche (»zulässige«) Teilzeitarbeit geleistet wird.

3. Anspruchsverpflichtete

Zur Erfüllung des Anspruchs auf den Zuschuß nach § 14 Abs. 1 ist der 13 **Arbeitgeber** verpflichtet, zu dem die Frau in einem Arbeitsverhältnis steht und der daher auch zur Zahlung des Arbeitsentgelts verpflichtet ist. In der Heimarbeit tritt an die Stelle des Arbeitgebers der Auftraggeber oder Zwischenmeister (vgl. § 24 Rdnrn. 4–6). Hat die Frau mehrere Arbeitgeber, dann ist jeder von ihnen anteilig verpflichtet (vgl. Rdnrn. 62–64). Erfüllt der Arbeitgeber den Anspruch auf den Zuschuß nicht, dann muß die Frau ihn ggf. einklagen. Sie kann die Erfüllung des Anspruchs nicht von der Krankenkasse bzw. vom BVA verlangen; denn der Anspruch gegen den Arbeitgeber geht nicht auf die Krankenkasse bzw. das BVA über. Die Krankenkasse bzw. das BVA ist deshalb auch

MuSchG § 14 *Zuschuß zum Mutterschaftsgeld*

nicht berechtigt, selbst den Zuschuß zu berechnen, auszuzahlen und dann vom Arbeitgeber einzufordern (h. M., vgl. z. B. *Buchner/Becker*, § 14 Rdnr. 125).

14   Die **Krankenkasse** bzw. das **BVA** ist zur Zahlung des Zuschusses nur bei zulässiger Auflösung des Arbeitsverhältnisses durch den Arbeitgeber im Falle des § 14 Abs. 2 verpflichtet, und zwar erst vom Zeitpunkt der Auflösung des Arbeitsverhältnisses an. Im Falle des Abs. 3 beginnt die Zahlungspflicht bereits mit Eintritt des Insolvenzereignisses nach § 183 Abs. 1 SGB III. Während der Elternzeit ist weder der Arbeitgeber noch die Krankenkasse oder das BVA zur Zahlung des Zuschusses verpflichtet, außer die Mutter leistet eine nach BErzGG zulässige Teilzeitarbeit (§ 14 Abs. 4).

4. Voraussetzungen des Anspruchs

15   a) **Anspruch auf Mutterschaftsgeld.** Voraussetzung für den Anspruch auf den Zuschuß zum Mutterschaftsgeld ist, daß die Frau einen **Anspruch auf Mutterschaftsgeld** nach § 13 Abs. 2, § 200 RVO oder § 29 KVLG (vgl. Anh. 11) hat. Ein ruhender Anspruch genügt. Es spielt keine Rolle, ob der Höchstbetrag von 210 EUR bereits ausgeschöpft ist; maßgebend ist, daß ein Anspruch nach § 13 Abs. 2 besteht. Nicht entscheidend ist, ob die zuständige Krankenkasse bzw. das BVA den Anspruch rechtlich anerkennt und das Mutterschaftsgeld tatsächlich zahlt (*BAG* vom 25. 2. 2004 – 5 AZR 160/03 –; vgl. *Buchner/Becker*, § 14 Rdnr. 24; *Meisel/Sowka*, § 14 Rdnr. 5; *Leube* in DB 1968, S. 133; *Gröninger/Thomas*, § 14 Rdnr. 4). Dies gilt auch dann, wenn im Verhältnis zwischen Krankenkasse bzw. BVA (§ 13 Abs. 2) und Frau bereits die Bindungswirkung des § 77 SGG eingetreten sein sollte (ebenso *Geyer/Knorr/Krasney*, § 14 Rdnr. 10).

16   Die Arbeitsgerichte können in eigener Zuständigkeit über diese Vorfrage entscheiden (vgl. auch *BAG* vom 5. 5. und 15. 6. 1960, AP Nr. 18, 22 zu § 1 ArbKrankhG) und den Anspruch auf den Zuschuß auch dann bejahen, wenn die Krankenkasse oder die Sozialgerichte den Anspruch auf das Mutterschaftsgeld verneint haben (vgl. *Heilmann*, § 14 Rdnr. 8). Der Anspruch auf den Zuschuß ist nämlich dem Grunde und der Höhe nach von der Zahlung des Mutterschaftsgeldes durch die Krankenkasse unabhängig; die Kassenleistung hat nur Tatbestandswirkung. Andererseits kann ein Arbeitsgericht den Zuschuß trotz Zahlung eines Mutterschaftsgeldes mit der Begründung ablehnen, daß die Frau überhaupt keinen Anspruch auf Mutterschaftsgeld habe oder daß diese Leistung unrichtig berechnet worden sei (ebenso *Gröninger/Thomas*, § 14 Rdnr. 4, und im Ergebnis *Geyer/Knorr/Krasney*, § 14 Rdnr. 10, 11; vgl. auch *BAG* vom 7. 10. 1987 AP Nr. 7 zu § 14 MuSchG 1968 = DB 1988, S. 234). In der Regel wird jedoch die Zahlung eines kalendertäglichen Mutterschaftsgeldes durch die Krankenkassen bzw. das BVA (§ 13 Abs. 2) für den Arbeitgeber ein Indiz für das Bestehen eines entsprechenden Anspruches sein. Auch aufgrund zwischenstaatlichen Rechts nichtversicherte Frauen, auf die die deutschen Vorschriften

Voraussetzungen des Anspruchs § 14 MuSchG

über soziale Sicherheit nicht anzuwenden sind, haben Anspruch auf Mutterschaftsgeld nach § 13 Abs. 2 (vgl. § 13 Rdnr. 16) und damit auch auf den Zuschuß nach § 14.

b) **Nettoverdienst über 13 EUR.** Im Gegensatz zum früher geltenden Recht setzt der **Anspruch** auf den Zuschuß **nicht mehr** voraus, daß das **durchschnittliche kalendertägliche Nettoarbeitsentgelt** einer Frau während des Berechnungszeitraums **mehr als 13 EUR** beträgt. Das Mutterschaftsgeld für nichtversicherte Frauen nach § 13 Abs. 2 beträgt nämlich jetzt höchstens 210 EUR. Der Zuschuß nach § 14 Abs. 1 wird während der Dauer des Arbeitsverhältnisses ohne Rücksicht darauf gezahlt, ob der Anspruch auf Mutterschaftsgeld bereits ausgeschöpft ist oder nicht. Der Arbeitgeber braucht also bei nichtversicherten Frauen für die Zuschußpflicht nicht die Höhe des Anspruchs auf Mutterschaftsgeld zu prüfen, sondern nur noch das Bestehen dieses Anspruchs. 17

Für in einem Arbeitsverhältnis stehende versicherte Frauen besteht ein Anspruch auf den Zuschuß gleichwohl weiterhin nur dann, wenn ein durchschnittliches Nettoarbeitsentgelt als Mutterschaftsgeld bis zu einem Betrag von 13 EUR für den Kalendertag von der Krankenkasse nach § 200 Abs. 2 Satz 1 RVO oder § 29 Abs. 2 KVLG gezahlt werden muß. Auch hier wird der Arbeitgeber nur darauf abstellen müssen, ob ein Anspruch auf Mutterschaftsgeld besteht, obwohl er im Ergebnis nur dann zuschußpflichtig ist, wenn der Höchstbetrag von 13 EUR je Kalendertag überschritten wird. Entscheidend ist dabei nicht der Betrag, den die Krankenkasse oder das BVA tatsächlich zahlt, sondern der Betrag des Mutterschaftsgeldes, auf den die Arbeitnehmerin einen gesetzlichen Anspruch hat. Der Arbeitgeber kann also erst herangezogen werden, wenn das durchschnittliche Nettoarbeitsentgelt den Betrag von 13 EUR für den Kalendertag übersteigt (vgl. auch *Leube*, DB 1968, S. 132). 18

c) **Bestehendes Arbeitsverhältnis (Abs. 1).** Der Anspruch auf den Zuschuß des § 14 Abs. 1 ist ein arbeitsrechtlicher Entgeltfortzahlungsanspruch, der mit dem Arbeitsverhältnis zusammenhängt (vgl. Rdnr. 8). Die Geltendmachung des Anspruchs auf den Zuschuß gegen den Arbeitgeber **setzt** daher das **Bestehen eines Arbeitsverhältnisses** während der Schutzfristen für die Dauer **voraus**, für die der Anspruch auf den Zuschuß erhoben wird. Die Art des Arbeitsverhältnisses, z. B. befristetes, bedingtes, ist nicht entscheidend. Auch ein ruhendes oder faktisches Arbeitsverhältnis, von dem sich der Arbeitgeber noch nicht gelöst hat (vgl. § 1 Rdnr. 4; § 9 Rdnr. 84), genügt. Die Eröffnung eines Insolvenzverfahrens bewirkt nicht das Ende des Arbeitsverhältnisses, ebensowenig die Suspendierung einer Frau wegen Verdachts einer strafbaren Handlung (vgl. *Geyer/Knorr/Krasney*, § 14 Rdnr. 12). Ohne Bedeutung ist ferner, ob die Frau unmittelbar vor Beginn der Schutzfrist tatsächlich gearbeitet hat oder mit der Arbeit infolge von Beschäftigungsverboten, Krankheit, Beurlaubung oder aus anderen Gründen ausgesetzt hat (vgl. auch § 13 Rdnr. 28; *BAG* vom 7.10.1987, 5 AZR 610/86 = BAGE 56, 191; *BAG* vom 12.2.1997, 5 AZR 226/96 = NZA 1997, 763). Entscheidend ist nur, daß die Frau das Arbeitsverhältnis aufrechterhalten hat 19 und daß es für die Dauer, für die der Anspruch auf den Zuschuß geltend gemacht wird, fortbesteht. Die Begrenzung des Anspruchs auf den Zeitraum, in dem das Arbeitsverhältnis besteht, ist nunmehr in Absatz 1 Satz 1 ausdrücklich klargestellt worden.

20 d) **Aufgelöstes Arbeitsverhältnis (Abs. 2)**. Der Anspruch auf den Zuschuß nach **§ 14 Abs. 2 setzt voraus, daß das Arbeitsverhältnis** während der Schwangerschaft oder während der Schutzfrist des § 6 Abs. 1 **nach Maßgabe von § 9 Abs. 3 aufgelöst worden ist**. Der Zeitraum »während der Schwangerschaft« umfaßt die Zeit von der Empfängnis bis zur Entbindung (vgl. § 3 Rdnr. 2) einschließlich der Schutzfrist vor der Entbindung von sechs Wochen (vgl. § 3 Rdnr. 30). Unter dem Zeitraum »während der Schutzfrist des § 6 Abs. 1« sind die Schutzfristen nach der Entbindung von acht Wochen, nach Früh- und Mehrlingsgeburten von zwölf Wochen zu verstehen (vgl. § 6 Rdnrn. 20–22). Bei Frühgeburten und sonstigen vorzeitigen Entbindungen verlängert sich die 12wöchige Schutzfrist um den Zeitraum, der von der 6wöchigen Schutzfrist vor der Entbindung nicht in Anspruch genommen werden konnte (§ 6 Rdnr. 23). Das Arbeitsverhältnis ist zulässig aufgelöst worden, wenn die Auflösung von der zuständigen Behörde ausnahmsweise für zulässig erklärt worden ist. Es handelt sich um die in § 13 Rdnr. 35 genannten und diesen dort gleichgestellten Fälle (zum Heimarbeitsverhältnis vgl. § 13 Rdnr. 37 und § 24 Rdnrn. 4–6). Einer zulässigen Auflösung des Arbeitsverhältnisses gleichzusetzen ist der Fall, daß die Arbeitnehmerin eine nach § 9 Abs. 3 für zulässig erklärte Kündigung in einem arbeitsgerichtlichen Verfahren angreift und das Arbeitsverhältnis daraufhin im Vergleichswege durch eine ordentliche betriebsbedingte Kündigung beendet wird. Bei **Spätaussiedlerinnen**, die wegen der Stellung des Ausreiseantrags ihre Beschäftigung aufgeben mußten, ist das Arbeitsverhältnis als zulässig aufgelöst anzusehen und § 14 Abs. 2 entsprechend anzuwenden (vgl. auch § 7 BVFG).

21 Die Regelung in § 14 Abs. 2 war erforderlich, weil der Anspruch auf den Zuschuß nach § 14 Abs. 1 an das Bestehen des Arbeitsverhältnisses geknüpft ist, eine Verpflichtung des Arbeitgebers also nicht entsteht bzw. wegfällt, wenn das Arbeitsverhältnis aufgelöst wird. Andererseits wäre es gerade in diesen Fällen nicht gerechtfertigt gewesen, den Frauen keinen Anspruch zu geben; denn in diesen Fällen wird das Kündigungsverbot des § 9 zum Nachteil der Frauen durchbrochen. An die Stelle des Arbeitgebers mußte daher als Anspruchsverpflichteter die Krankenkasse bzw. das BVA treten. Um den betroffenen Frauen trotz der ausnahmsweise zulässigen vorzeitigen Beendigung des Arbeitsverhältnisses eine finanzielle Absicherung zu gewähren, besteht der Anspruch auf den Zuschuß bis zum Ende der Schutzfrist nach § 6 Abs. 1.

22 e) **Insolvenz des Arbeitgebers (Abs. 3)**. Der Anspruch auf den Zuschuß nach **§ 14 Abs. 3** setzt voraus, daß das Arbeitsverhältnis noch nicht zulässig aufgelöst, aber der **Arbeitgeber** bereits **zahlungsunfähig** ist. In diesem Fall ist es gerechtfertigt, die Arbeitnehmerin so zu schützen, wie wenn das Arbeits-

Voraussetzungen des Anspruchs § 14 MuSchG

verhältnis bereits aufgelöst wäre. Der Anspruch besteht aber nur für die Zeit nach dem Eintreten des Insolvenzereignisses i.S.d. § 183 SGB III, d.h. nach Eröffnung des Insolvenzverfahrens, nach rechtskräftiger Abweisung des Antrags auf Insolvenzeröffnung mangels Masse oder nach vollständiger Beendigung der Betriebstätigkeit im Inland, wenn ein Insolvenzantrag nicht gestellt worden ist und im Insolvenzverfahren offensichtlich mangels Masse nicht in Betracht kommt. War der Arbeitgeber schon vorher zahlungsunfähig, setzt der Anspruch erst mit dem Eintritt des Insolvenzereignisses i.S.d. § 183 SGB III ein (vgl. ferner Rdnrn. 56–58). Damit dürfte jetzt auch in Fallgestaltungen wie der vom *BSG* (Urteil vom 7.11.2000, WzS 2001, S. 350 = SozSich 2002, S. 144) entschiedenen, ein Anspruch nach § 14 Abs. 3 zu bejahen sein.

Das **Insolvenzverfahren** wird durch den Beschluß des Insolvenzgerichts eröffnet. Der Anspruch nach § 14 Abs. 3 beginnt gemäß § 27 InsO mit dem im Eröffnungsbeschluß angegebenen Zeitpunkt, bei dessen Fehlen an dem Tag um 12.00 Uhr, an dem der Beschluß erlassen worden ist. Gelangt das Gericht zu der Überzeugung, daß eine den Kosten des Verfahrens (vgl. § 26 InsO) entsprechende Masse nicht vorhanden ist, muß es den **Antrag auf Eröffnung des Insolvenzverfahrens ablehnen** (§ 26 InsO). Der Antrag ist rechtskräftig abgewiesen, wenn die Rechtsmittelfrist abgelaufen ist, ohne daß ein Rechtsmittel eingelegt wurde. Gegen den abweisenden Beschluß können nach § 34 InsO der Schuldner und derjenige, der den Eröffnungsantrag gestellt hat, sofortige Beschwerde einlegen. Sie ist binnen einer Notfrist von zwei Wochen nach Zustellung des abweisenden Beschlusses einzulegen (§ 577 ZPO). 23

f) **Andere Auflösungsgründe.** Die Voraussetzung des § 14 Abs. 2 und 3 erfüllen die Frauen nicht, deren Arbeitsverhältnis auf andere Weise als vom Arbeitgeber während der dort bestimmten Zeitdauer zulässig aufgelöst worden ist, z.B. durch Kündigung der Frau, Fristablauf, Anfechtung, Eintritt einer Bedingung u.a. (vgl. § 13 Rdnrn. 38–40). § 14 Abs. 2 ist nicht anwendbar, wenn die auf Auflösung des Arbeitsverhältnisses gerichtete Maßnahme des Arbeitgebers außerhalb der Schutzfristen getroffen wurde, z.B. wenn das Arbeitsverhältnis durch den vor Beginn der Schwangerschaft abgeschlossenen Vertrag von vornherein befristet war. Dabei kann es sich auch um eine Arbeitsbeschaffungsmaßnahme nach §§ 260ff. SGB III handeln (vgl. *BSG* vom 1.2.1983, USK 8304 = SozR 2200 § 200a RVO Nr. 5; verneinend auch *Heilmann*, § 14 Rdnr. 25). 24

§ 14 Abs. 2 ist auch nicht anzuwenden bei Frauen, deren Arbeitsverhältnis bei Beginn der Schutzfrist vor der Entbindung noch besteht, während der Schutzfrist jedoch auf andere Weise als durch den Arbeitgeber zulässig aufgelöst wird. Diese Frauen haben aber einen Anspruch auf Mutterschaftsgeld, wenn sie die übrigen Voraussetzungen erfüllen, und zwar in Höhe des Krankengeldes (§ 200 Abs. 2 Satz 7 RVO). 25

g) **Einstellung der Arbeit.** Der Anspruch auf den Zuschuß nach § 14 **Abs. 1** ist ein mit dem Arbeitsverhältnis eng zusammenhängender Lohnersatzanspruch 26

MuSchG § 14 *Zuschuß zum Mutterschaftsgeld*

für die Zeit der Schutzfristen, in denen wegen der Beschäftigungsverbote des § 3 Abs. 2 und § 6 Abs. 1 nicht gearbeitet wird (vgl. Rdnr. 8). Er setzt daher insbesondere wegen seiner Ersatzfunktion **voraus, daß die Frau jede Erwerbsarbeit einstellt**, und zwar nicht nur bei ihrem bisherigen, sondern auch bei einem anderen Arbeitgeber. Diese Voraussetzung muß insbesondere deswegen angenommen werden, um der Frau jeden materiellen Anreiz zu nehmen, die mutterschutzrechtlich unerwünschte Erwerbstätigkeit während der Schutzfristen fortzusetzen (vgl. auch *Buchner/Becker*, § 14 Rdnr. 29). Das Vorliegen dieser Voraussetzung ist jedoch dann zu verneinen, wenn der Arbeitgeber die Frau ohne ihr ausdrückliches Einverständnis (vgl. § 3 Rdnrn. 23–29) beschäftigt oder sie zwar mit ihrem Einverständnis beschäftigt, jedoch nur deswegen, um ihren Anspruch auf den Zuschuß zu vereiteln. Es ist aber möglich, daß der Frau trotz Einstellung der Erwerbsarbeit weiterhin geldwerte Leistungen (insbesondere Sachbezüge, vermögenswirksame Leistungen) gewährt werden. In einem solchen Fall sind diese zuerst auf den Zuschuß des Arbeitgebers anzurechnen. Erst wenn sie den Zuschuß übersteigen, kommt insoweit das Mutterschaftsgeld zum Ruhen (h. M. vgl. z. B. *Buchner/Becker*, § 14 Rdnr. 29; *Meisel/Sowka*, § 14 Rdnr. 13 m.w.N; *Geyer/Knorr/Krasney*, § 14 Rdnr. 20; a. A. *Gröninger/Thomas*, § 14 Rdnr. 12, der nur das Mutterschaftsgeld ruhen läßt, und *Heilmann*, § 14 Rdnr. 13, der auch das Mutterschaftsgeld insoweit nicht ruhen lassen will).

27 Bei dem Anspruch auf den Zuschuß nach § 14 Abs. 2 und 3 ist zwar die Einstellung der Erwerbsarbeit keine Voraussetzung für das Entstehen des Anspruchs, weil hier wegen der Auflösung des Arbeitsverhältnisses die Verbindung zu diesem nicht so eng ist. Man muß jedoch § 200 Abs. 4 RVO, der Doppelleistungen vermeiden und der Frau jeden finanziellen Anreiz zur Weiterarbeit nehmen will, entsprechend anwenden. Das bedeutet, daß der **Anspruch auf den Zuschuß nach § 14 Abs. 2 und 3 ruht**, wenn und soweit **Arbeitsentgelt gezahlt wird**.

28 h) **Kausalität.** Zwar dient der Zuschuß des Arbeitgebers dazu, den Verdienstausfall auszugleichen, soweit er den Betrag von 13 EUR kalendertäglich übersteigt, weil sich die Zeit der Mutterschutzfristen nicht lohnmindernd auswirken darf. Andererseits gebieten Sinn und Zweck des Gesetzes nicht, die Frau während des Beschäftigungsverhältnisses besser zu stellen, als wenn sie gearbeitet hätte. Deshalb entfällt der Anspruch aus § 14 Abs. 1, wenn und soweit die Frau während der Dauer des Bezugs des Zuschusses ein über 13 EUR täglich (bzw. im Fall des § 13 Abs. 2 über 210 EUR insgesamt) hinausgehendes durchschnittliches Nettoarbeitsentgelt als Schwangere oder Wöchnerin auch im Betrieb nicht erzielt hätte, z.B. weil sie während dieser Zeit ohne Entgelt beurlaubt (z.B. § 50 Abs. 2 BAT bzw. nach § 54a MTB II, vgl. *BMI MuSch* zu 18.2) oder an einem Streik beteiligt ist oder weil im Betrieb Kurzarbeit eingeführt ist, die auch für sie zulässig ist. In diesen und ähnlichen Fällen ist nicht das Aussetzen mit der Arbeit während der Beschäftigungsverbote des § 3 Abs. 2 oder § 6 Abs. 1 **ursächlich** für die Verdiensteinbuße, sondern der Streik,

die Kurzarbeit u.a. Insoweit muß wegen des engen Zusammenhangs des Lohnersatzanspruchs des § 14 Abs. 1 mit dem Arbeitsverhältnis (vgl. Rdnr. 8) Gleiches gelten wie für den Anspruch auf Mutterschutzlohn (vgl. § 11 Rdnr. 23; § 9 Rdnrn. 117–119).

Demgegenüber ist in der untergerichtlichen Rspr. der Standpunkt vertreten worden, die Zuschußpflicht des Arbeitgebers sei nicht ein Teil der Lohnzahlungspflicht, sondern ein Teil der finanziellen Lasten, die dem Staat aus der Erfüllung seiner Verpflichtungen nach Art. 6 Abs. 4 GG erwachsen und die er aus haushaltsrechtlichen Gründen auf den Arbeitgeber abgewälzt habe (vgl. *LArbG Baden-Württemberg* vom 7.6.1985, NZA 1986, 198). Auch das *LArbG Hamm* (Urteil vom 24.10.1985 – 8 Sa 691/85) sieht in § 14 nur einen Teil einer an sich staatlich konzipierten Gesamtversorgung. Das Arbeitsverhältnis sei lediglich Anknüpfungspunkt für die Überwälzung eines Teils der Lasten, nicht aber der Rechtsgrund. 29

Das *BAG* ist diesen Bedenken mit der in der Literatur herrschenden Meinung (vgl. z.B. *Buchner/Becker*, § 14 Rdnr. 115) mit Recht entgegengetreten (vgl. *BAG* vom 22.10.1986, BAGE 53, 205 = USK 86165; zuletzt *BAG* vom 31.7.1996, 5 AZR 7/95 = NJW 1997, 1460). Der Zuschuß des Arbeitgebers bleibt ungeachtet seiner besonderen mutterschutzrechtlichen Funktion auch im Lichte des Art. 6 Abs. 4 GG ein Teil der Lohnzahlung, und damit ein Teil des Arbeits-, nicht des Sozialrechts (so auch *LArbG Schleswig-Holstein* vom 2.7.1996, 1. Sa 126/96). 30

Arbeitsvertragliche Beziehungen spielen deshalb auch dann eine Rolle, wenn sie Einfluß auf den durch die Beschäftigungsverbote bedingten Arbeitsausfall haben. Ist z.B. durch eine wirksame vertragliche Absprache die Arbeitszeit von einem innerhalb der Schutzfristen liegenden Zeitpunkt ab herabgesetzt und wird deshalb die Vergütung entsprechend gemindert, ist dies für die Höhe des Zuschusses zu berücksichtigen (vgl. *BAG* vom 11.6.1986, BAGE 52, 177 = BB 1986, 2237).

Kommt es während der Schutzfristen zu einem **Streik**, hängt der Anspruch auf den Zuschuß davon ab, ob sich die Frau an dem Arbeitskampf beteiligt hat oder nicht. Bei Beteiligung (z.B. Arbeitsniederlegung vor Beginn der Schutzfrist oder aktive Unterstützung von Streikaktionen während der Schutzfrist) wird das Arbeitsverhältnis suspendiert. Der Anspruch auf den **Zuschuß fällt weg**, weil die Hauptpflichten aus dem Arbeitsverhältnis (z.B die Lohnzahlungspflicht) ruhen (*LAG Berlin* vom 28.7.1992, ArbuR 1993, S. 85). Vgl. ferner § 11 Rdnr. 23. 31

Ist die Frau aufgrund eines Beschäftigungsverhältnisses krankenversichert, bleibt die Mitgliedschaft und damit auch der Anspruch auf Mutterschaftsgeld erhalten, solange der Arbeitskampf fortgeführt wird. Dies gilt allerdings nur für **rechtmäßige Arbeitskämpfe** (§ 192 Abs. 1 Nr. 1 SGB V). Der Anspruch auf das von der Krankenkasse zu zahlende Mutterschaftsgeld wird also durch den Streik nicht berührt. 32

MuSchG § 14   *Zuschuß zum Mutterschaftsgeld*

33 Ist die Frau **nicht am Streik beteiligt**, wird das Arbeitsverhältnis nicht suspendiert. Sie hat also weiterhin Anspruch auf den Zuschuß.

34 Dieses **Verbot der Besserstellung** (vgl. oben Rdnr. 28) gilt auch für den Fall der rechtmäßigen **Aussperrung**. Dabei ist es unerheblich, ob die Aussperrung schon vor oder erst nach Beginn der Beschäftigung erfolgt. Von einer rechtmäßigen Aussperrung werden auch die Frauen erfaßt, deren Arbeitsverhältnisse wegen der Beschäftigungsverbote hinsichtlich der Hauptpflichten ruhen. Die unter das MuSchG fallenden Frauen müssen trotz ihres gesetzlich verbürgten individuellen Schutzes die Folgen des Arbeitskampfes hinnehmen, weil dessen Maßnahmen kollektiven Charakter haben und die damit verbundenen Risiken wegen der Freiheit des Arbeitskampfes und der Kampfparität keinem Arbeitnehmer abgenommen werden sollen und können. Soweit ein Ausgleich der wirtschaftlichen Nachteile aus Gründen des Mutterschutzes erforderlich ist, kann dafür nach der bestehenden Gesetzeslage jedenfalls nicht der Arbeitgeber in Anspruch genommen werden (*BAG* vom 22.10.1986, BAGE 53, 205 = USK 86165; vgl. auch *Meisel/Sowka*, § 14 Rdnr. 15 d, und *Geyer/Knorr/Krasney*, § 14 Rdnr. 17; *Gröninger/Thomas*, § 14 Rdnr. 7; a. A. *Heilmann*, § 14 Rdnr. 15).

35 Sperrt der Arbeitgeber die Frau also aus, so ruht der Anspruch auf den Zuschuß nach § 14 Abs. 1, da die Aussperrung in der Regel das Arbeitsverhältnis lediglich suspendiert, aber nicht auflöst (vgl. *BAG GS* vom 21.4.1971, AP Nr. 43 zu Art. 9 GG, Arbeitskampf = USK 71204; vgl. auch *BAG* vom 22.10.1986, Rdnr. 31). Die gleiche Rechtsfolge ergibt sich nach den Grundsätzen der Betriebsrisikolehre, wenn der Arbeitgeber als Folge eines Streiks den Betrieb stillegen muß (vgl. *Buchner/Becker*, § 14 Rdnr. 37; *Geyer/Knorr/Krasney*, § 14 Rdnr. 16; *Meisel/Sowka*, § 14 Rdnr. 15 d). Nach Meinung der Krankenkassen (gem. Rundschreiben der *GKV-Spitzenverbände* vom 12.1.1989 zu § 200 Abs. 2 unter 1.4.8.1.2) soll in diesen Fällen Mutterschaftsgeld in Höhe des Krankengeldes (§ 200 Abs. 2 Satz 7 RVO) gezahlt werden.

36 Fällt eine Zeit, in der die Schwangere oder Wöchnerin ohnehin kein Arbeitsentgelt erzielt hätte, in die Zeit einer Zahlungsunfähigkeit eines Arbeitgebers nach § 14 Abs. 3, so besteht ein Anspruch auf den Zuschuß trotz fehlender Kausalität. Nach dem Sinn des Gesetzes sind diese Frauen nämlich genauso schutzbedürftig wie Frauen, deren Arbeitsverhältnis zulässig aufgelöst worden ist. Für die Anwendung des § 14 Abs. 2 ist der hier dargelegte ursächliche Zusammenhang dagegen ohne Bedeutung. Diese Vorschrift gilt nur für aufgelöste, also in der Vergangenheit liegende Arbeitsverhältnisse. Änderungen im Betrieb nach Auflösung des Arbeitsverhältnisses können sich daher auf dieses nicht mehr auswirken.

5. Höhe und Berechnung des Zuschusses

37 a) **Unterschiedsbetrag.** Der Zuschuß ist einer anspruchsberechtigten Frau grundsätzlich in der Höhe des Unterschiedsbetrages zwischen 13 EUR (vgl.

Höhe und Berechnung § 14 MuSchG

Rdnr. 17, 18, § 200 RVO Rdnr. 71) und dem durchschnittlichen kalendertäglichen Nettoarbeitsentgelt des Berechnungszeitraums des § 14 Abs. 1 zu zahlen.

b) Bruttoarbeitsentgelt. Ausgangsgröße für die Ermittlung der Höhe des 38 Zuschusses, d. h. des Differenzbetrages zwischen 13 EUR und dem Nettoarbeitsentgelt, war bis zum 31.12.1996 ausschließlich das Bruttoarbeitsentgelt, das von der Frau während der in Betracht kommenden Tage des Berechnungszeitraums der bis zu diesem Zeitpunkt gleichlautenden Vorschriften des § 14 Abs. 1 Satz 2 und 3 und § 200 Abs. 2 Satz 1 RVO bzw. § 29 Abs. 2 Satz 1 KVLG erzielt worden war (zum Berechnungszeitraum vgl. § 200 RVO Rdnrn. 48–59). Durch das Gesetz zur Änderung des Mutterschutzrechts vom 20.12.1996 (BGBl. I S. 2110) ist diese Rechtslage dahingehend geändert worden, daß seit dem 1.1.1997 nicht nur vorübergehende Erhöhungen des Arbeitsentgelts, die während der Schutzfrist der §§ 3 Abs. 2 und § 6 Abs. 1 wirksam werden, vom Zeitpunkt des Wirksamwerdens der Erhöhung ab in die Berechnung einzubeziehen sind. Diese Änderung geht zurück auf das Urteil des *BAG* vom 21.7.1996 (5 AZR 9/95 = USK 9679 m. zustimmender Anm. *Glatzel*, AR-Blattei ES 1200 Nr. 110 und Anm. *Jörgens* AiB 1997, 368), in dem das Gericht im bisherigen Recht einen Verstoß gegen den Grundsatz des gleichen Entgelts für Männer und Frauen (Art. 119 EGV) gesehen und dieses daher nicht angewendet hat. Im Gefolge der Rechtsprechung des *EuGH* (vom 13.2.1996 Rs. 342/93) hat das *BAG* ausgeführt, es stelle eine Benachteiligung von Frauen dar, wenn diese von Lohnerhöhungen während des Mutterschaftsurlaubs ausgeschlossen würden, die männlichen Arbeitnehmern und nicht schwangeren Arbeitnehmerinnen zugute kämen. Dabei ist nicht vom sozialversicherungsrechtlichen Entgeltbegriff (vgl. § 200 RVO Rdnr. 22), sondern vom arbeitsrechtlichen Entgeltbegriff auszugehen (vgl. § 11 Rdnrn. 30–48). Wird für den Referenzzeitraum durch rückwirkende Erhöhung der Tarifvergütung auch das Bruttoarbeitsentgelt erhöht, führt das auch zu einer nachträglichen Erhöhung des Zuschusses (*BAG* vom 6.4.1994 – 5 AZR 501/93).

Befindet sich der Arbeitgeber vor Beginn der Schutzfrist (§ 3 Abs. 2) mit der Annahme der Dienste in Verzug und erzielt die Arbeitnehmerin im Referenzzeitraum anrechenbare Einkünfte durch eine anderweitige Tätigkeit, vermindert sich dadurch nicht der Zuschuß. Anderenfalls wäre die vom Gesetzgeber beabsichtigte Aufrechterhaltung des früheren Lebensstandards (vgl. oben Rdnr. 4) nicht gewährleistet (*LArbG Köln* vom 13.10.1993, NZA 1994, S. 320).

Zum **arbeitsrechtlichen Entgelt** gehören alle aus dem Arbeitsverhältnis 39 zustehenden Entgeltteile, auch soweit sie nicht der Lohnsteuerpflicht unterliegen und kein sozialversicherungspflichtiges Entgelt sind, z. B. die steuerfreien Zuschläge für Sonntags-, Feiertags- und Nachtarbeit (vgl. im einzelnen § 11 Rdnr. 30 ff.). Zum arbeitsrechtlichen Entgelt zählt aber auch jede geldwerte Gegenleistung des Arbeitgebers, die dieser dafür gibt, daß die Arbeitnehmerin ihre arbeitsvertraglichen Pflichten erfüllt, also auch eine laufend gewährte Anwesenheitsprämie, die während entschuldigten und unentschuldigten Fehlens

MuSchG § 14 *Zuschuß zum Mutterschaftsgeld*

nicht gezahlt wird (vgl. *BAG* vom 29.1.1971, DB 1971, S. 536 = BB 1971, S. 476; a. A. *Meisel/Sowka*, § 14 Rdnr. 6: Zweckgebundene Gratifikation). Allerdings ist nach der Rechtsprechung des *BAG* (vom 26.10.1994, 10 AZR 482/93 mit krit. Anm. Krause, AR-Blattei ES 90 Nr. 5; *BAG* vom 12.7.1995, 10 AZR 511/94; *BAG* vom 14.12.1995, 6 AZR 297/95; vgl. zum Ganzen *Kania/Wackerbarth*, AR-Blattei SD 20) die Kürzung einer als Anwesenheitsprämie ausgestalteten Jahressonderzuwendung auch dann zulässig, wenn die Fehlzeiten auf die Schutzfristen nach § 3 Abs. 2 und § 6 Abs. 1 zurückzuführen sind.

40 Arbeitsrechtlicher Bestandteil des Lohns oder Gehalts sind auch **vermögenswirksame Leistungen**, gleich ob es sich um vom Arbeitgeber erbrachte Leistungen (§ 2 Abs. 1 des 5. VermBG) oder um vermögenswirksam angelegte Teile des Arbeitslohns (§ 11 des 5. VermBG, vgl. § 11 Rdnr. 48) handelt (vgl. *BSG* vom 10.6.1980, USK 80224). Die Arbeitnehmer-Sparzulage (§ 13 des 5. VermBG) gilt dagegen arbeitsrechtlich nicht als Bestandteil des Lohns oder Gehalts und darf deshalb bei der Ermittlung des Bruttoarbeitsentgelts nicht angesetzt werden (§ 13 Abs. 3).

41 Zum arbeitsrechtlichen Entgelt gehören nicht Leistungen des Arbeitgebers zu einer zusätzlichen Alters- und Hinterbliebenenversorgung (Arbeitgeberzuschüsse, Arbeitgeberbeiträge, Umlagen zur VBL). Auch der Zuschuß zum Krankenversicherungsbeitrag nach § 257 SGB V, den privat krankenversicherte Frauen während der Zeit des Bezugs von Mutterschaftsgeld nicht beanspruchen können (vgl. § 13 Rdnr. 50), darf bei der Ermittlung des Bruttoarbeitsentgelts nicht angesetzt werden (ebenso Rundschreiben des *BMI* zu 18.4).

42 Abgesehen von der arbeitsrechtlichen Beurteilung des Entgelts richtet sich die Berechnung des Zuschusses nach den Regeln für die Berechnung des Mutterschaftsgeldes (vgl. § 200 RVO, Rdnrn. 38–73). Danach ist vom Bruttoarbeitsentgelt zuerst das einmalig gezahlte Arbeitsentgelt, das in den Berechnungszeitraum fällt, abzuziehen (§ 14 Abs. 1 Satz 4, § 200 Abs. 2 Satz 3 RVO, § 29 Abs. 2 Satz 3 KVLG). Darunter sind gemäß § 23a SGB IV alle Zuwendungen zu verstehen, die dem Arbeitsentgelt zuzurechnen sind und nicht für die Arbeit in einem einzelnen Entgeltabrechnungszeitraum gezahlt werden (vgl. § 200 RVO Rdnrn. 33–37). Außerdem bleiben Verdienstminderungen auf Grund von Kurzarbeit, Arbeitsausfällen und unverschuldeter Arbeitsversäumnis außer Betracht. Schließlich bleiben auch – ebenso wie im Rahmen des § 11 Abs. 1 – dauerhafte Verdienstminderungen unberücksichtigt, die während oder nach Ablauf des Berechnungszeitraums eintreten und die nicht auf einem mutterschutzrechtlichen Beschäftigungsverbot beruhen (vgl. hierzu im einzelnen § 11, Rdnr. 60). Insoweit gelten daher für die Berechnung des Mutterschutzlohns nach § 11 und des Zuschusses nach § 14 Abs. 1 die gleichen Kriterien. Das so ermittelte Bruttoarbeitsentgelt ist um die gesetzlichen Abzüge zu vermindern (§ 14 Abs. 1 Satz 1, § 200 Abs. 2 Satz 1 RVO, § 29 Abs. 2 Satz 1 KVLG; vgl. § 200 Rdnrn. 41–45).

43 Hierzu zählen die Lohnsteuer, der Solidaritätszuschlag, die Kirchensteuer sowie die Pflichtbeiträge zur gesetzlichen Renten- und Krankenversicherung

Höhe und Berechnung §14 MuSchG

und zur Bundesanstalt für Arbeit. Gesetzliche Abzüge liegen auch dann vor, wenn nicht der Arbeitgeber, sondern die bei einer Versorgungsanstalt nach § 7 Abs. 2 AVG (seit 1.1.1992: § 6 Abs. 1 Nr. 1 SGB VI) versicherte Frau selbst aufgrund gesetzlicher Bestimmung die Beiträge, die der Arbeitgeber mit den Bruttobezügen auszahlt, an die Anstalt abzuführen hat (*BAG* vom 1.6.1988, BAGE 58, 326 = USK 8838). Aufwendungen der Arbeitnehmerin für Beiträge zu einer zusätzlichen Alters- und Hinterbliebenenversorgung (z. B. freiwillige Versicherung in der gesetzlichen Rentenversicherung, Lebensversicherung, Höherversicherung), für die freiwillige Versicherung nach den Vorschriften des SGB V sowie der Arbeitnehmeranteil am Erhöhungsbetrag zur VBL, Bausparkassenbeiträge und vermögenswirksam angelegte Teile des Arbeitsentgelts sind keine gesetzlichen Abzüge. Die vermögenswirksamen Leistungen gehen daher als Teil des Arbeitsentgelts in die Bemessung des Zuschusses zum Mutterschaftsgeld ein (vgl. auch *BAG* vom 15.8.1984, USK 8494).

c) **Wahl der Steuerklasse.** Der Zuschuß ist um so höher, je geringer die gesetzlichen Abzüge vom Bruttoarbeitsentgelt sind. Da die Sozialversicherungsbeiträge durch Gesetz bzw. Satzung festgelegt sind, kann die Versicherte seine **Höhe** nur durch **steuerrechtliche Maßnahmen** beeinflussen. Dabei kann der **Wahl der Steuerklasse** und der **Platzierung von Freibeträgen** eine entscheidende Bedeutung zukommen. Ehegatten, die beide unbeschränkt steuerpflichtig sind, können nämlich zwischen den Steuerklassenkombinationen IV/IV, III/V und V/III wählen; diese Wahl kann einmal jährlich geändert werden (§ 39 Abs. 5 Satz 4, § 39a EStG). 44

Die Frage, ob ein Wechsel der Steuerklasse vor dem Berechnungszeitraum für den Zuschuß mit dem Ziel zulässig ist, die für die Bemessung des Zuschusses günstigste Steuerklassenkombination (z. B. V/III für Ehemann/Ehefrau) zu wählen, ist nach kontroverser untergerichtlicher Rechtsprechung durch das *BAG* entschieden worden (Urteil vom 22.10.1986, BAGE 53, 217 = USK 86168 = BB 1987, 1179). Ist eine Änderung der Steuermerkmale ohne sachlichen Grund **nur deshalb** erfolgt, um den Nettoverdienst im Bezugszeitraum in Hinblick auf die Zuschußpflicht des Arbeitgebers zu erhöhen, handelt die Frau **rechtsmißbräuchlich**; der Arbeitgeber braucht die Änderung nicht zu beachten. Diesem Ergebnis ist zuzustimmen, weil der Zuschuß die Frau vor wirtschaftlichen Nachteilen bewahren, aber ihr nicht zu einem höheren Nettoarbeitsentgelt verhelfen soll als ohne Beschäftigungsverbote (ebenso *Gröninger/Thomas*, § 14 Rdnr. 13; *Geyer/Knorr/Krasney*, § 14 Rdnr. 34; *Meisel/Sowka*, § 14 Rdnr. 9a; a.M. 5. Aufl. § 14 Rdnr. 27: Legales Gebrauchmachen von einer gesetzlich zugelassenen Möglichkeit; vgl. auch die Regelung in §§ 137 SGB VI). 45

Anhaltspunkte für Rechtsmißbrauch liegen dann vor, wenn die Steuerklassenkombination offensichtlich nicht dem Verhältnis der monatlichen Arbeitslöhne beider Ehegatten entspricht. Die neu eingetragenen Steuerklassen entsprechen dem Verhältnis der Arbeitslöhne beider Ehegatten, wenn sie den geringsten gemeinsamen Lohnsteuerabzug zur Folge haben. Sie entsprechen insbesondere

315

MuSchG § 14 *Zuschuß zum Mutterschaftsgeld*

dann offensichtlich nicht dem Verhältnis der monatlichen Arbeitslöhne beider Ehegatten, wenn die Eheleute für die anspruchsberechtigte Ehefrau trotz deren geringeren Bruttoverdienstes die Steuerklasse III und für den Ehemann trotz dessen höheren Bruttoverdienstes die Steuerklasse V wählen. Die Absicht, eine Steuerrückzahlung zu erreichen, stellt keinen sachlichen Grund für eine dem Verhältnis der monatlichen Arbeitslöhne offensichtlich nicht entsprechende Wahl der Steuerklassenkombination dar (*BAG* vom 18. 9. 1991, BB 1992, S. 353 = USK 9187).

46 Das *LArbG Rheinland-Pfalz* (Urteil vom 19. 9. 1988, LAGE § 14 MuSchG Nr. 4) hält einen Wechsel der Steuerklasse sogar dann für rechtsmißbräuchlich, wenn die auf der Lohnsteuerkarte eingetragene neue Lohnsteuerklasse nicht dem Verhältnis der monatlichen Arbeitslöhne beider Ehegatten entspricht. Ähnlich *LArbG München* für den Fall, daß der höherverdienende Ehegatte Steuerklasse V wählt (Urteil vom 13. 3. 1990, LAGE § 14 MuSchG Nr. 5).

47 Allerdings darf der Arbeitgeber einen anderen als den im Bezugszeitraum bezogenen Nettoverdienst nicht deshalb für die Berechnung des Zuschusses heranziehen, weil sich bei der Höhe der Nettobezüge steuerliche Freibeträge ausgewirkt haben (*BAG* a. a. O.; vgl. für den bis Ende 1989 geltenden Weihnachtsfreibetrag nach § 19 Abs. 3 EStG auch *BAG* vom 7. 3. 1990, DB 1990 2271 = NZA 1990, 609). Steuerliche Freibeträge, die schon längere Zeit eingetragen sind, müssen also bei der Berechnung des Zuschusses berücksichtigt werden.

48 Steuerliche Maßnahmen der vorgenannten Art könnten sich auch **nachteilig auswirken**, insbesondere dann, wenn der Ehemann im fraglichen Zeitraum eine andere Sozialleistung (z. B. Arbeitslosen-, Kranken- oder Übergangsgeld) in Anspruch nehmen muß.

49 Wegen der Abzüge bei Frauen, die aufgrund zwischenstaatlicher Vereinbarungen (z. B. Art. 14 des deutsch-französischen Abkommens zur Vermeidung von Doppelbesteuerung vom 21. 6. 1959, BGBl. 1961 II S. 397) in der Bundesrepublik Deutschland keine Lohnsteuer entrichten, vgl. § 200 RVO Rdnrn. 46–47.

50 **d) Umrechnung auf Kalendertage.** Dieser Betrag des **Nettoarbeitsentgelts** ist auf Kalendertage in der Weise umzurechnen, daß er durch die Zahl der Kalendertage des Berechnungszeitraums (90, bei wöchentlicher Abrechnung 91, ggf. verringert um die außer Betracht bleibenden Tage, vgl. § 200 RVO Rdnr. 51–56) geteilt wird (ebenso *Buchner/Becker*, § 14 Rdnr. 95 ff.; *Meisel/Sowka*, § 14 Rdnr. 10; *ArbG Bochum* vom 5. 5. 1976, BB 1976, S. 1514). Das Ergebnis ist das durchschnittliche kalendertägliche Nettoarbeitsentgelt der Frau. Das Entgelt muß allerdings unter Einsatz der vollen Arbeitskraft erzielt worden sein. Hat die Mutter in den letzten drei abgerechneten Monaten überhaupt nicht mehr gearbeitet, ist auf eine frühere volle Beschäftigungsperiode zurückzugreifen (vgl. *Brill*, WzS 1978, S. 168 unter Bezugnahme auf ein Urteil des *ArbG Frankfurt* vom 11. 5. 1976). Ist wegen zu großer Fehlzeiten bzw. aus sonstigen Gründen eine aussagekräftige Ermittlung des Durchschnittsentgelts überhaupt

Dauer des Anspruchs **§ 14 MuSchG**

nicht mehr möglich, hat eine Vergleichsrechnung stattzufinden (vgl. § 200 RVO Rdnr. 67).

e) **Höhe des Zuschusses.** Die **Höhe des Zuschusses** ist die Differenz zwischen diesem Nettoarbeitsentgelt und 13 EUR. Wird z. B. nach den insoweit gleichlautenden Berechnungsvorschriften des § 14 Abs. 1 und § 200 Abs. 2 RVO bzw. § 29 Abs. 2 Satz 1 KVLG ein durchschnittliches kalendertägliches Nettoarbeitsentgelt von 20 EUR ermittelt, dann beträgt der kalendertägliche Zuschuß zum Mutterschaftsgeld 20 EUR – 13 EUR = 7 EUR für jeden Kalendertag. Zu beachten ist, daß der Zuschuß für jeden Kalendertag zu zahlen ist, ohne Rücksicht auf die betriebliche Arbeitszeitregelung, also z. B. auch dann, wenn im Betrieb die 5-Tage-Woche eingeführt ist. 51

Für die Feststellung des Arbeitgeberzuschusses kommt es nur noch auf den Anspruch auf Mutterschaftsgeld selbst, nicht mehr auf seine Höhe an. Der Arbeitgeber hat nämlich von dem Festbetrag von 13 EUR auszugehen und auf dieser Basis den Differenzbetrag zum durchschnittlichen kalendertäglichen Arbeitsentgelt zu berechnen. Dennoch sollte die zuständige Krankenkasse bzw. im Fall des § 13 Abs. 2 das BVA dem Arbeitgeber auch weiterhin in den Fällen, in denen das durchschnittliche kalendertägliche Nettoarbeitsentgelt den Betrag von 13 EUR übersteigt, eine **Bescheinigung** darüber ausstellen, daß die zuschußberechtigte Frau Anspruch auf Mutterschaftsgeld hat. Diese Bescheinigung ist jedoch für den Arbeitgeber oder die Frau nicht verbindlich. In Zweifelsfällen muß der Arbeitgeber selbst prüfen, ob die Krankenkasse den Anspruch auf Mutterschaftsgeld zutreffend festgestellt hat (vgl. Rdnr. 15; vgl. auch *Buchner/Becker*, § 14 Rdnr. 124; *Meisel/Sowka*, § 14 Rdnr. 5; *Heilmann*, § 14 Rdnr. 18; *Gröninger/Thomas*, § 14 Rdnr. 4). 52

6. Dauer des Anspruchs

Die Dauer des Anspruchs auf den Zuschuß ist von der Dauer des Anspruchs auf das für die Zeit der Schutzfristen (§ 3 Abs. 2 und § 6 Abs. 1) zu zahlende Mutterschaftsgeld, dessen Bestehen er voraussetzt (vgl. Rdnr. 15), abhängig. Dieser besteht nach § 200 Abs. 3 RVO bzw. § 29 Abs. 4 KVLG grundsätzlich für 6 Wochen vor der Entbindung, den Entbindungstag und für 8 Wochen, bei Früh- und Mehrlingsgeburten für 12 Wochen unmittelbar nach der Entbindung; bei Frühgeburten und sonstigen vorzeitigen Entbindungen verlängert sich die Anspruchsdauer um den Zeitraum, der nach § 3 Abs. 2 nicht in Anspruch genommen werden konnte. Bei Geburten nach dem mutmaßlichen Tag der Entbindung verlängert sich die Bezugsdauer vor der Geburt entsprechend (vgl. § 200 RVO Rdnrn. 107–119; *LArbG Düsseldorf* vom 27.3.1996, 2 Sa 1/96; *LArbG Frankfurt* vom 17.1.1996, 1/15 Sa 1075/95). 53

Vorzeitig erlischt der Anspruch auf Mutterschaftsgeld bei einer Fehlgeburt (da sie nicht als Entbindung anzusehen ist, vgl. § 6 Rdnr. 13), bei einem Schwangerschaftsabbruch (vgl. § 6 Rdnr. 14) und mit dem Tode der Frau (vgl. § 200 54

RVO Rdnr. 119). Das gleiche muß daher grundsätzlich auch für den vom Bestehen des Anspruchs auf das Mutterschaftsgeld abhängigen Anspruch auf den Zuschuß gelten. Der Anspruch auf den Zuschuß endet – solange das Arbeitsverhältnis besteht oder ein Fall des § 14 Abs. 2 oder 3 vorliegt – dagegen nicht, wenn der Anspruch auf das Mutterschaftsgeld nach § 13 Abs. 2 erschöpft ist. In diesem Fall besteht er bis zum Ende der Schutzfristen weiter (ebenso *Heilmann*, § 14 Rdnr. 34).

Der Anspruch nach § 14 Abs. 1 gegen den Arbeitgeber endet ferner darüber hinaus mit der Beendigung des Arbeitsverhältnisses, weil er dessen Schicksal teilt (vgl. Rdnr. 8). Ob der Zuschuß in diesem Fall von der zuständigen Krankenkasse bzw. im Fall des § 13 Abs. 2 vom BVA nach § 14 Abs. 2 weitergezahlt wird, hängt davon ab, wie das Arbeitsverhältnis beendet worden ist. Die Krankenkasse bzw. das BVA ist zur Weiterzahlung nur verpflichtet, wenn das Arbeitsverhältnis vom Arbeitgeber zulässig aufgelöst worden ist (vgl. Rdnrn. 20–25).

55 Ein **Wechsel in der Person des Betriebsinhabers** läßt das Arbeitsverhältnis der Schwangeren oder Wöchnerin unberührt, da der Betriebsinhaber nach § 613a BGB kraft Gesetzes in die Rechte und Pflichten aus den im Zeitpunkt des Übergangs bestehenden Arbeitsverhältnissen eintritt. Ein Übergang während der Schutzfristen vor und nach der Entbindung verpflichtet auch den neuen Betriebsinhaber zur Zahlung des Zuschusses nach § 14 Abs. 1 Satz 1 und zur Fortsetzung des Arbeitsverhältnisses nach Ablauf der Schutzfrist (vgl. *BAG* vom 29.10.1975, BB 1976, S. 315 = DB 1976, S. 391; *Meisel/Sowka*, § 14 Rdnr. 12a; *Heilmann*, § 14 Rdnr. 22).

56 Der Eintritt eines Insolvenzereignisses nach § 183 Abs. 1 SGB III berührt das Arbeitsverhältnis mit einer Schwangeren nicht. Endet es erst nach Beginn der Schutzfrist, kann die Arbeitnehmerin ihren Anspruch auf den Zuschuß gegen den **zahlungsunfähigen Arbeitgeber** in aller Regel nicht mehr verwirklichen.

57 Rückständige Ansprüche **bis zum Eintritt des Insolvenzereignisses** werden wie rückständige Lohnforderungen behandelt. Die Arbeitnehmerin erfährt ihre Absicherung insoweit über das **Insolvenzgeld** nach § 183 ff. SGB III, wonach das Arbeitsamt auf Antrag Ansprüche auf Arbeitsentgelt für die vorausgehenden drei Monate des Arbeitsverhältnisses zu erfüllen hat.

58 **Ab Eintritt des Insolvenzereignisses** greift § 14 Abs. 3 ein: Er eröffnet den Anspruch auf den Zuschuß für die Zeit zwischen dem Eintritt des Insolvenzereignisses bis zur zulässigen Auflösung des Arbeitsverhältnisses (vgl. dazu § 13 Rdnrn. 33–37). Der Anspruch nach § 14 Abs. 3 gilt nicht für Fälle, in denen das Arbeitsverhältnis aus anderen Gründen als wegen zulässiger Auflösung endete (z.B. wegen Fristablauf oder durch Kündigung der Frau, vgl. § 13 Rdnrn. 38–40) oder der Arbeitgeber den Zuschuß aus anderen Gründen als wegen Zahlungsunfähigkeit nicht zahlt, z.B. weil er seine Voraussetzungen bestreitet.

Mehrere Arbeitsverhältnisse §14 MuSchG

Die Vorschrift ist auch in den Fällen anwendbar, in denen die Masse für den 59
Zuschuß des Arbeitgebers ausreichen würde. Mit der Insolvenzeröffnung steht
die Zahlungsunfähigkeit des Arbeitgebers fest; sie wird nicht dadurch wieder-
hergestellt, daß die Masse, für die Befriedigung der Masseschulden ausreicht
(*Buchner/Becker*, §14 Rdnr. 65). Deshalb ist die Krankenkasse bzw. bei nicht als
Mitglied versicherten Frauen das BVA in solchen Fällen ebenfalls verpflichtet,
den Zuschuß zu zahlen (ebenso *Meisel/Sowka*, §14 Rdnr. 14b).

Angesichts der klaren Regelung des §14 Abs. 3 ist eine entsprechende 60
Anwendung des §14 Abs. 2 auf Fälle, in denen das Arbeitsverhältnis nach
Beginn der Schutzfrist des §3 Abs. 2 anders als durch zulässige Auflösung
endet, nicht mehr möglich. Endet das Arbeitsverhältnis durch Fristablauf oder
Vergleich, erhält die als Mitglied versicherte Frau bis zum Ende des Arbeits-
verhältnisses Mutterschaftsgeld in Höhe des Nettoarbeitsentgelts (§200 Abs. 2
Satz 1 RVO, §29 Abs. 2 KVLG) und ggf. den Arbeitgeberzuschuß, danach
Mutterschaftsgeld in Höhe des Krankengeldes (§200 Abs. 2 Satz 7 RVO, §29
Abs. 3 KVLG, vgl. *BSG* vom 1.2.1983, USK 8304, und vom 17.9.1986, USK
8699). In diesen Fällen kann der Zuschuß, auf den bis zur Beendigung des
Arbeitsverhältnisses ein Anspruch besteht, als Insolvenzgeld nach §183ff.
SGB III geltend gemacht werden (so auch *Heilmann*, §14 Rdnr. 25).

§14 Abs. 3 enthält eine **abschließende** Regelung. Deshalb können weder 61
Krankenkasse noch BVA oder Bund den Arbeitgeber nachträglich in Anspruch
nehmen (ebenso *Dalheimer*, S. 153; a.M. wohl *Meisel/Sowka*, §14 Rdnr. 14b
a.E., die §41 SGB I analog anwenden und die Forderung auf die Krankenkasse
bzw. das BVA übergehen lassen wollen).

7. Mehrere Arbeitsverhältnisse

Ist die Frau in mehreren Arbeitsverhältnissen nebeneinander beschäftigt und 62
hat sie Anspruch auf Mutterschaftsgeld aus jedem dieser Arbeitsverhältnisse, so
hat jeder Arbeitgeber einen Zuschuß zum Mutterschaftsgeld zu leisten, sofern
das gesamte kalendertägliche Nettoarbeitsentgelt 13 EUR übersteigt. Dies gilt
sowohl für mehrere nebeneinander ausgeübte Teilzeitbeschäftigungen als auch
für die neben einer Hauptbeschäftigung ausgeübte Nebenbeschäftigung, selbst
wenn letztere versicherungsfrei ist. Ziel des Anspruchs auf den Zuschuß ist es,
der Arbeitnehmerin ihren bisherigen Lebensstandard zu sichern. Die Arbeitgeber können sich nicht zu Lasten der Frau darauf berufen, daß das von jedem
einzelnen von ihnen gezahlte Arbeitsentgelt geringer sei als das von der Krankenkasse zu gewährende Höchstmutterschaftsgeld von 13 EUR für den Kalendertag (h.M. vgl. z.B. *Buchner/Becker*, §14 Rdnr. 49).

Entsprechendes gilt, wenn eines dieser Arbeitsverhältnisse nach Maßgabe des 63
§9 Abs. 3 zulässig aufgelöst worden ist oder in die durch §14 Abs. 3 erfaßte Zeit
der Zahlungsunfähigkeit eines der Arbeitgeber fällt. Hier hat sich dann die

MuSchG § 14 *Zuschuß zum Mutterschaftsgeld*

Krankenkasse bzw. das BVA anteilmäßig zu beteiligen (vgl. *Buchner/Becker*, § 14 Rdnr. 50; *Gröninger/Thomas*, § 14 Rdnr. 6).

64 Der Zuschuß zum Mutterschaftsgeld errechnet sich in diesem Fall aus dem Verhältnis der einzelnen im Durchschnitt ermittelten Nettoarbeitsentgelte zum gesamten Nettoarbeitsentgelt. Erhält eine Arbeitnehmerin z. B. vom Arbeitgeber A 10 EUR, vom Arbeitgeber B 20 EUR, insgesamt somit 30 EUR für den Kalendertag, so zahlt die Krankenkasse das höchste Mutterschaftsgeld von 13 EUR. Als Zuschuß zum Mutterschaftsgeld ist die Differenz zwischen Mutterschaftsgeld und Gesamtnettoarbeitsentgelt, also 17 EUR, zu zahlen. Diese Differenz verteilt sich gemäß dem Verhältnis der Arbeitsentgelte am Gesamtnettoarbeitsentgelt im Verhältnis 1:2; A hat somit 5,67 EUR, B 11,33 EUR je Kalendertag als Zuschuß zum Mutterschaftsgeld zu gewähren (vgl. *BAG* vom 3.6.1987, BAGE 54, 361 = USK 1987, 8737 = DB 1987, 2159). Die Zuschußpflicht des Arbeitgebers der Nebentätigkeit entfällt nicht deshalb, weil die Nebentätigkeit versicherungsfrei ist.

8. Behandlung und Geltendmachung des Anspruchs aus Abs. 1

65 Der Anspruch auf den Zuschuß gegen den Arbeitgeber ist ein **arbeitsrechtlicher Anspruch** (vgl. Rdnr. 8). Er unterliegt daher wie der Entgeltanspruch der Frau den allgemeinen Bestimmungen und Grundsätzen für das Arbeitsentgelt, insbesondere über die Fälligkeit, das Aufrechnungs- und Abtretungsverbot (§§ 394, 400 BGB), den Pfändungsschutz (§§ 850 ff. ZPO), die Verjährung (§§ 196, 201 BGB) und die Ausschlußfristen. Für den Zuschuß gilt nicht die für die Pfändung des Mutterschaftsgeldes maßgebliche Regelung in § 54 SGB I. Für die Ermittlung der Pfändungsgrenzen sind aber Zuschuß und Mutterschaftsgeld zusammenzurechnen (ebenso *Buchner/Becker*, § 14 Rdnr. 142, *Heilmann*, § 14 Rdnr. 44 und *Meisel/Sowka*, § 14 Rdnr. 20 unter Hinweis auf *BAG* vom 28.8.1964, AP Nr. 9 zu § 394 BGB = BB 1964, S. 1382).

66 Im übrigen ist jedoch bei der Anwendung der allgemeinen Bestimmungen und Grundsätze der Sinn und Zweck des Anspruchs der Frau zu berücksichtigen, durch einen Zuschuß zum Mutterschaftsgeld ihren bisherigen Lebensstandard in Höhe des Nettoarbeitseinkommens zu sichern. So folgt aus dem Sinn und Zweck des Anspruchs seine **zwingende** Natur. Die Frau kann daher auf den Anspruch nicht im voraus verzichten. Ein nachträglicher Verzicht ist dagegen möglich (vgl. auch § 11 Rdnrn. 84, 85; h.M., vgl. z.B. *Buchner/Becker*, § 14 Rdnr. 116).

67 Die Frau muß den Anspruch aus § 14 Abs. 1 **gegenüber ihrem Arbeitgeber geltend machen**. Die **Auszahlung** des Zuschuss richtet sich nach den für das Arbeitsentgelt maßgeblichen Grundsätzen (vgl. *Buchner/Becker*, § 14 Rdnr. 121; *Meisel/Sowka*, § 14 Rdnr. 19). Hat die Arbeitnehmerin daher in den letzten drei Monaten vor Beginn der Schutzfrist einen Teil des Arbeitsentgelts in Form von Sachbezügen erhalten, hat der Zuschuß des Arbeitgebers grundsätzlich durch

Weitergewährung dieser Sachbezüge zu erfolgen, wodurch im Einzelfall die Vereinbarung einer Abgeltung in Geld nicht ausgeschlossen wird (*BAG* vom 11.10.2000, DB 2001, S. 486 mit Anm. *Heilmann/Stegemann*, AP Nr. 13 zu § 611 BGB Sachbezüge). Der Arbeitgeber kann von der Frau einen Nachweis darüber verlangen, daß sie einen Anspruch auf Mutterschaftsgeld hat. Als Nachweis genügt eine Bescheinigung der Krankenkasse oder im Fall des § 13 Abs. 2 des BVA, aus der sich der Anspruch der Frau auf Mutterschaftsgeld ergibt. Erhält die Frau eine solche Bescheinigung nicht oder verzögert sich deren Ausstellung, dann kann sie die Voraussetzungen des Anspruchs auf den Zuschuß auch auf andere Weise nachweisen, weil dieser Anspruch auch dann besteht, wenn die Krankenkasse bzw. das BVA den Anspruch auf Mutterschaftsgeld nicht anerkennt (vgl. Rdnr. 15). In diesem Fall wird man dem Arbeitgeber in entsprechender Anwendung des § 200 Abs. 3 Satz 3 und 4 RVO das Recht einräumen müssen, die Vorlage eines Zeugnisses eines Arztes oder einer Hebamme über den mutmaßlichen Tag der Entbindung zu verlangen, das nicht früher als eine Woche vor Beginn der Schutzfrist nach § 3 Abs. 2 ausgestellt ist. Weigert sich der Arbeitgeber, den Zuschuß zu zahlen, dann kann die Frau den Anspruch **bei den Arbeitsgerichten** einklagen. Eine Übernahme der Zuschußzahlung durch Krankenkasse oder BVA kommt nicht in Betracht, da § 115 Abs. 1 SGB X auch entsprechend nicht angewendet werden kann.

Im Falle eines **Rechtsstreits über den Zuschuß** nach Absatz 1 entscheiden die Arbeitsgerichte selbständig über die Vorfrage, ob und in welcher Weise die Arbeitnehmerin Anspruch auf Mutterschaftsgeld hat. Sie sind an diese Entscheidung weder durch den bestandskräftigen Bescheid der Krankenkasse noch durch das rechtskräftige Urteil eines Sozialgerichts gebunden, wenngleich deren Entscheidungen nicht unbeachtet bleiben dürften. Andererseits bindet die Rechtskraft des arbeitsgerichtlichen Urteils weder die Krankenkasse noch die Sozialgerichte (vgl. *Geyer/Knorr/Krasney*, § 14 Rdnr. 64, *Meisel/Sowka*, § 14 Rdnr. 23; vgl. auch oben Rdnr. 15 und 16). 68

9. Behandlung und Geltendmachung des Anspruchs aus Abs. 2 und 3

Der Anspruch auf den Zuschuß nach § 14 Abs. 2 und 3 ist, weil er sich wie der Anspruch auf das Mutterschaftsgeld gegen die Krankenkasse bzw. das BVA richtet, grundsätzlich ebenso wie dieser zu behandeln (vgl. § 13 Rdnrn. 41–42 und 49; § 200 RVO Rdnrn. 124–134). Er ist deshalb kein arbeitsrechtlicher, sondern ein **öffentlich-rechtlicher Anspruch**. Es ist nicht möglich, den Anspruch auf den Zuschuß durch ein im Ausland gelegenes Arbeitsverhältnis zu begründen, selbst wenn der Arbeitgeber dem Zugriff der deutschen Behörden im Inland ausgesetzt ist (vgl. *BSG* v. 12.6.1986, ErsK 1988, 232 und § 13 Rdnr. 25). Die Pfändung des Zuschusses richtet sich nach § 54 Abs. 3 SGB I. 69

Zuständig für die Zahlung des Zuschusses zum Mutterschaftsgeld nach § 14 Abs. 2 und 3 ist das BVA, wenn Mutterschaftsgeld nach § 13 Abs. 2 gezahlt 70

MuSchG § 14 *Zuschuß zum Mutterschaftsgeld*

wird, jedoch die Krankenkasse für das Mutterschaftsgeld nach § 200 RVO oder § 29 KVLG. Der Zuschuß wird der Krankenkasse in voller Höhe vom Bund ersetzt. Soweit das BVA den Zuschuß auszahlt, erübrigt sich eine besondere Regelung. Im Streitfall kann die Frau das Vor- und Klageverfahren nach dem SGG einleiten (vgl. § 200 Rdnr. 126). Bei Streitigkeiten über die Gewährung von Zuschüssen nach § 14 Abs. 2 und 3 ist das BVA nicht notwendig beizuladen (*BSG* vom 1.2.1983, USK 8304 = SozR 2200 § 200a RVO Nr. 5).

10. Strafbarkeit, Steuer- und Beitragsfreiheit

71   Die Vorschrift des § 14 ist in den Straf- und Bußgeldbestimmungen des § 21 nicht aufgeführt. Ein Verstoß gegen diese Vorschrift kann daher nicht mit Strafe oder Geldbuße belegt werden.

72   Der Zuschuß nach § 14 unterliegt nicht der Einkommensteuer (§ 3 Nr. 1d EStG) und ist deshalb auch lohn- und kirchensteuerfrei (§ 38 EStG). Er wird aber in den **Progressionsvorbehalt** einbezogen, d.h., er wird bei der Ermittlung des Steuersatzes berücksichtigt, mit dem das übrige zu versteuernde Einkommen der Frau besteuert wird (vgl. § 32b Abs. 1 Nr. 1c EStG). Nach § 2 Abs. 2 ArEV ist er **nicht dem Arbeitsentgelt zuzurechnen, so daß er auch nicht der Beitragspflicht zur Kranken-, Pflege-, Renten- und Arbeitslosenversicherung unterliegt.** Der Arbeitgeber kann für Leistungen nach § 14 Abs. 1 Satz 1, die er aufgrund einer Anzeige der Schwangerschaft durch die Arbeitnehmerin vor dem Bilanzstichtag im nächsten Wirtschaftsjahr voraussichtlich zu erbringen hat, weder Rückstellungen wegen drohender Verluste aus schwebenden Geschäften noch wegen ungewisser Verbindlichkeiten bilden (BFH vom 2.10.1997, – IV R 82/96 –, DStR 1998, S. 23).

11. Einbeziehung in das Lohnausgleichsverfahren nach dem Lohnfortzahlungsgesetz

73   Seit 1.1.1986 sind die Aufwendungen des Arbeitgebers für den Zuschuß zum Mutterschaftsgeld in das Lohnausgleichsverfahren nach § 10 LFZG einbezogen (vgl. Art. 6 BeschFG 1985). Die den Ausgleich durchführenden Krankenkassen (nur Orts- und Innungskrankenkassen, die See-Krankenkasse und die Bundesknappschaft) erstatten dem Arbeitgeber bis zu 100 v.H. des Zuschusses nach § 14 Abs. 1. Nicht erstattungsfähig ist dagegen eine vom Arbeitgeber gezahlte, an den Jahresgewinn des Betriebs anknüpfende Tantieme, wenn diese nach dem Arbeitsvertrag auch dann zu zahlen ist, wenn die Arbeitsleistung wegen Mutterschaft zeitweise nicht erbracht werden kann (*BSG* vom 15.4.1997, 1 RK 13/96). Dabei spielt es keine Rolle, ob der Zuschuß an eine Arbeiterin, eine Angestellte oder eine Auszubildende geleistet worden ist. Die Erstattung betrifft nur den Arbeitgeberzuschuß und die in § 10 Abs. 1 LFZG außerdem noch

aufgezählten Leistungsteile. Wird eine Arbeitnehmerin während ihrer Schwangerschaft arbeitsunfähig krank, besteht kein Ersatzanspruch des Arbeitgebers, selbst wenn die Krankheit durch die Schwangerschaft hervorgerufen worden ist (*BSG* vom 17.4.1991, DOK 1991, S. 448 = DB 1991, S. 1992; vgl. ferner § 11 Rdnr. 17f.).

Am Ausgleich nehmen allerdings nur die Arbeitgeber teil, die nicht mehr als 20 Arbeitnehmer beschäftigen; die Satzung der Krankenkasse kann die Grenze auf bis zu 30 Arbeitnehmer anheben (zur verfassungsrechtlichen Problematik der Beschränkung des Ausgleichsverfahrens auf Kleinbetriebe vgl. oben Rdnr. 6f.). Der Erstattungsbetrag wird durch eine Umlage der Arbeitgeber finanziert, die sich nach den rentenversicherungspflichtigen Arbeitsentgelten der im Betrieb beschäftigten Arbeiter, Angestellten und Auszubildenden bemißt (vgl. zum Ausgleichsverfahren *Zipperer*, DOK 1985, S. 656;). Die Umlage wird auch vom Arbeitsentgelt männlicher Beschäftigter erhoben (zum Ganzen, auch zum Gesetzestext des § 10 LFZG, § 11, Rdnr. 89–93).

12. Zuschuß und Elternzeit (Abs. 4)

Mit der Verlängerung der Elternzeit bis zum vollendeten 3. Lebensjahr für die nach dem 31.12.1991 geborenen Kinder (§ 15 Abs. 2 BErzGG) wird häufiger eine erneute Schwangerschaft während dieses Zeitraums eintreten. Damit werden vermehrt Fälle auftreten, in denen sich die Schutzfristen nach § 3 Abs. 2 und § 6 Abs. 1 MuSchG und die Elternzeit überschneiden. Während der Elternzeit ruhen die Hauptpflichten aus dem Arbeitsverhältnis. Das gilt auch für die Pflicht des Arbeitgebers, das Entgelt bzw. den Zuschuß zu zahlen. Hinsichtlich des Arbeitsverhältnisses soll sich die Frau durch den Eintritt einer weiteren Schutzfrist nicht schlechter, aber auch nicht besser stehen. Deshalb schreibt § 14 Abs. 4 vor, daß **während der Elternzeit** (§§ 15ff. BErzGG) der **Zuschuß** zum Mutterschaftsgeld **entfällt**. Weder der Arbeitgeber im Fall des § 14 Abs. 1 noch die Krankenkasse oder das BVA im Fall der Absätze 2 und 3 sind verpflichtet, in diesem Zeitraum den Zuschuß zu zahlen. Zahlt der Arbeitgeber den Zuschuß dennoch freiwillig weiter, wird diese Leistung – anders als das Mutterschaftsgeld nach § 200 RVO, § 29 KVLG (vgl. § 7 BErzGG) – nicht auf das Erziehungsgeld angerechnet. Der Ausschluß des Zuschusses während der Elternzeit verstößt nicht gegen Art. 119 des EWG-Vertrages und die hierzu ergangene Rspr. des EuGH (*LArbG Frankfurt* vom 20.5.1992, BB 1992, S. 2511). 74

Nach dem Ende der Elternzeit lebt die Zuschußverpflichtung des Arbeitgebers wieder auf, falls dann noch die Schutzfristen laufen (vgl. Besprechungsergebnis der *GKV-Spitzenverbände* vom 14.12.1987, WzS 1988, S. 173). Ist das Arbeitsverhältnis zwischenzeitlich beendet (z.B. durch Fristablauf oder durch Vergleich), besteht für krankenversicherte Frauen ab Beginn der neuen »fiktiven« Schutzfrist nach § 3 Abs. 2 Anspruch auf Mutterschaftsgeld in Höhe des Krankengeldes (vgl. *Dalheimer* S. 177). 75

MuSchG § 15 *Sonstige Leistungen*

76 Bezieht eine krankenversicherungspflichtige Frau Erziehungsgeld oder nimmt sie Elternzeit in Anspruch, bleibt ihre Mitgliedschaft für die Zeit des Leistungsbezuges bzw. der Elternzeit erhalten (§ 192 Abs. 1 Nr. 2 SGB V). Folgen eine oder mehrere Schwangerschaften hintereinander oder wird nahtlos Erziehungsgeld bezogen bzw. Elternzeit in Anspruch genommen, kann diese Frau, solange ihr Arbeitsverhältnis bestehen bleibt, unter Umständen mehrere Male hintereinander Mutterschaftsgeld in Anspruch nehmen, wenn sie die Voraussetzungen des § 200 Abs. 1 RVO (§ 29 Abs. 1 KVLG) erfüllt. Das gleiche gilt für das Mutterschaftsgeld nach § 13 Abs. 2, wenn dessen Voraussetzungen noch vorliegen (vgl. § 13 Rdnr. 47). Allerdings kommt für die späteren »fiktiven« Schutzfristen nur noch die Leistung der Krankenkasse bzw. des BVA, nicht mehr der Zuschuß des Arbeitgebers in Betracht.

77 Der Zuschuß zum Mutterschaftsgeld **fällt auch während der Elternzeit nicht weg**, wenn die Frau eine **zulässige Teilzeitarbeit** leistet. Zulässig i. S. d. § 14 Abs. 4 Satz 2 ist eine Erwerbstätigkeit, die den Anspruch auf Erziehungsgeld nicht beeinträchtigt. Das sind nach § 1 Abs. 1 Satz 1 Nr. 4 und § 2 Abs. 1 BErzGG (vgl. § 15 Abs. 4 BErzGG) alle »nicht vollen Erwerbstätigkeiten«.

13. Vermögenswirksame Leistungen, Zuschuß nach § 257 SGB V

78 Ein Anspruch auf Weiterzahlung der vermögenswirksamen Leistungen und des Zuschusses des Arbeitgebers zum Krankenversicherungsbeitrag nach § 257 SGB V besteht nicht für die Zeit der Zahlung des Mutterschaftsgeldes und des Zuschusses dazu. Sie müssen nur für die Zeit gezahlt werden, in der ein Anspruch auf Arbeitsentgelt besteht (ebenso *BMI MuSch* zu 18.12). Arbeitet die Arbeitnehmerin während der Schutzfrist vor der Entbindung (§ 3 Abs. 2) auf eigenen Wunsch weiter, hat sie Anspruch auf Arbeitsentgelt und damit auf die Weiterzahlung der vermögenswirksamen Leistungen und des Zuschusses nach § 257 SGB V. Der Zuschuß zum Mutterschaftsgeld kann vermögenswirksam angelegt werden; ggf. ist auch die Arbeitnehmer-Sparzulage zu zahlen (vgl. ferner Rdnrn. 12 und 13 vor § 3).

§ 15 Sonstige Leistungen bei Schwangerschaft und Mutterschaft

Frauen, die in der gesetzlichen Krankenversicherung versichert sind, erhalten auch die folgenden Leistungen bei Schwangerschaft und Mutterschaft nach den Vorschriften der Reichsversicherungsordnung oder des Gesetzes über die Krankenversicherung der Landwirte:
1. ärztliche Betreuung und Hebammenhilfe,
2. Versorgung mit Arznei-, Verband- und Heilmitteln,
3. stationäre Entbindung,
4. häusliche Pflege,
5. Haushaltshilfe.

Freistellung für Untersuchungen **§ 16 MuSchG**

Inhaltsübersicht

1. Leistungen bei Schwangerschaft und Mutterschaft für versicherte Frauen 1
2. Leistungen bei Schwangerschaft und Mutterschaft für nichtversicherte Frauen 2

1. Leistungen bei Schwangerschaft und Mutterschaft für versicherte Frauen

§ 15 ist nicht Anspruchsgrundlage für die sonstigen Leistungen bei Schwangerschaft und Mutterschaft (Leistungen außer Mutterschaftsgeld). Diese Vorschrift hat nur **deklaratorische Bedeutung**. Sie verfolgt lediglich den Zweck, den versicherten Frauen auch im MuSchG aufzuzeigen, welche Ansprüche ihnen hinsichtlich der Leistungen bei Schwangerschaft und Mutterschaft neben dem Mutterschaftsgeld nach der RVO zustehen (vgl. *Schriftl. Bericht* S. 7), weil nach § 18 nur der Abdruck des MuSchG in den Betrieben auszulegen oder auszuhängen ist (vgl. auch § 13 Rdnrn. 1, 2). Der Leistungskatalog des § 195 Nr. 1–6 RVO (mit Ausnahme des Mutterschaftsgeldes) ist in § 15 wörtlich übernommen worden. Die Ansprüche im einzelnen ergeben sich aus den §§ 196 bis 199 und § 200 b RVO (vgl. die Erläuterungen zu diesen Vorschriften). 1

2. Leistungen bei Schwangerschaft und Mutterschaft für nichtversicherte Frauen

Nichtversicherte Frauen haben weder nach dem MuSchG noch nach der RVO oder dem KVLG Anspruch auf die sonstigen Leistungen bei Schwangerschaft und Mutterschaft, es sei denn, daß sie nach § 10 SGB V (§ 7 KVLG 1989) familienversichert sind (vgl. § 195 RVO Rdnrn. 23 ff.). Ob eine nichtversicherte Frau die Hilfe für werdende Mütter und Wöchnerinnen nach § 38 BSHG (vgl. Anh. 14) erhält, hängt davon ab, ob sie die Voraussetzungen dieses auf Sozialhilfefälle beschränkten Gesetzes erfüllt (vgl. auch § 13 Rdnr. 23). Soweit das BSHG auf Asylbewerberinnen nicht anwendbar ist, gilt § 4 AsylbLG (v. 30.6.1993, BGBl. I S. 1074). Zu den Leistungen für nichtversicherte Spätaussiedlerinnen vgl. § 11 BVFG (Anh. 15). 2

§ 16 Freistellung für Untersuchungen

Der Arbeitgeber hat die Frau für die Zeit freizustellen, die zur Durchführung der Untersuchungen im Rahmen der Leistungen der gesetzlichen Krankenversicherung bei Schwangerschaft und Mutterschaft erforderlich ist. Entsprechendes gilt zugunsten der Frau, die nicht in der gesetzlichen Krankenversicherung versichert ist. Ein Entgeltausfall darf hierdurch nicht eintreten.

MuSchG § 16 *Freistellung für Untersuchungen*

Inhaltsübersicht

1. Freistellung 1–5
2. Entgeltausfall 6
3. Folgen bei Nichtdurchführung 7

1. Freistellung

1 § 16 legt dem Arbeitgeber wie § 43 JArbSchG eine öffentlich-rechtliche Pflicht auf, die Frauen für die Zeit freizustellen, die zur Durchführung der Untersuchungen im Rahmen der Mutterschaftshilfe, also im Rahmen des § 196 RVO, erforderlich ist. Der öffentlich-rechtliche Charakter der Verpflichtung des Arbeitgebers folgt daraus, daß sie nach § 20 Abs. 1 behördlicher Aufsicht und nach § 21 Abs. 1 Nr. 7 einer Bußgelddrohung unterliegt (ebenso *Buchner/Becker*, § 16 Rdnr. 42 f.; *Heilmann*, § 16 Rdnr. 2). Diese öffentlich-rechtliche Pflicht, die zugleich eine Pflicht aus dem Arbeitsverhältnis ist, bestand bis zum MuSch-ÄndG 1996 nur zugunsten der in der gesetzlichen Krankenversicherung versicherten Frauen, gleich ob freiwillig oder pflichtversichert (ebenso *Gröninger/Thomas*, § 16 Rdnr. 1). Dies folgte daraus, daß nur **versicherte** Frauen Anspruch auf die Untersuchungen des § 196 RVO haben (vgl. hier § 195 RVO Rdnr. 1 ff.), d. h. »Untersuchungen im Rahmen der Leistungen bei Schwangerschaft und Mutterschaft« entsprechend dem Wortlaut des § 16 Satz 1 und des § 195 Abs. 1 Einleitungssatz RVO.

Zugunsten der **nichtversicherten Frauen** konnte bisher eine Pflicht des Arbeitgebers zur Freistellung für entsprechende Untersuchungen (Untersuchungen zur Feststellung der Schwangerschaft, Vorsorgeuntersuchungen) nur aus seiner Fürsorgepflicht hergeleitet werden, falls entsprechende tarifliche oder vertragliche Vereinbarungen fehlten. In Umsetzung des Art. 9 EG-MuSch-RL ist durch Art. 1 Nr. 12 MuSchG ÄndG 1996 der Satz 2 eingefügt worden: »Entsprechendes gilt zugunsten der Frau, die nicht in der gesetzlichen Krankenversicherung versichert ist.« Der Arbeitgeber ist damit seit dem 1.1.1997 gesetzlich verpflichtet, jeder Frau – gleich, ob versichert oder nicht – die Freistellung zu gewähren, die zur Durchführung der notwendigen Untersuchungen bei Schwangerschaft und Mutterschaft erforderlich ist (vgl. *BT-Drucks.* 13/2763 S. 11; vgl. auch *Buchner/Becker*, § 16 Rdnr. 8). Durch das Zweite Gesetz zur Änderung des Mutterschutzrechts vom 16. 6. 2002 (BGBl. I S. 1812) ist § 16 redaktionell dahingehend geändert worden, daß der Begriff »Freizeit« durch die sachgerechtere Bezeichnung »Freistellung« ersetzt worden ist.

2 § 16 verpflichtet den Arbeitgeber zur Freistellung von der Arbeit für die Dauer der Untersuchung einschließlich der erforderlichen Wegezeit, ggf. auch für das Waschen und Umkleiden im Betrieb, und zwar schon für die Untersuchung zur Feststellung einer vermuteten Schwangerschaft (ebenso *Buchner/Becker*, § 16 Rdnr. 19; *Heilmann*, § 16 Rdnr. 6). Diese Vorschrift gibt der Frau zwar einen Anspruch auf Freistellung, sie gibt ihr jedoch kein Recht, der Arbeit

Freistellung § 16 MuSchG

fernzubleiben, ohne den Arbeitgeber zu benachrichtigen. Die Frau muß daher dem Arbeitgeber den Termin für eine Untersuchung soweit möglich und so früh wie möglich mitteilen und sich im Betrieb in üblicher Weise ab- und zurückmelden. Verweigert der Arbeitgeber die Freistellung von der Arbeit ohne zwingende Gründe, kann die Arbeitnehmerin, wenn auch die Einschaltung des Betriebsrats oder der Aufsichtsbehörden nicht zum Erfolg führt oder zeitlich nicht zumutbar ist, die Freistellung **selbst nehmen** (vgl. auch *Buchner/Bekker*, § 16 Rdnr. 11, 39; *Gröninger/Thomas*, § 16 Rdnr. 3). Die Durchführung der Untersuchungen, an denen ein erhebliches öffentliches Interesse besteht, hat hier Vorrang vor der Treuepflicht der Arbeitnehmerin gegenüber dem Arbeitgeber.

Bei der Vereinbarung eines Untersuchungstermins mit dem Arzt muß die Arbeitnehmerin, soweit dies möglich ist, auf die **Belange des Betriebs** Rücksicht nehmen. Kann sie den Arzt oder die Hebamme ohne Schwierigkeiten auch außerhalb der Arbeitszeit aufsuchen, dann braucht ihr der Arbeitgeber aufgrund des § 16 eine Arbeitsbefreiung nicht zu erteilen (ähnlich *Buchner/Becker*, § 16 Rdnr. 15; *Heilmann*, § 16 Rdnr. 11; *Meisel/Sowka*, § 14 Rdnr. 7). Kann sie dagegen vom Arzt nur einen Untersuchungstermin während der Arbeitszeit bekommen, dann hat sie Anspruch auf Freistellung von der Arbeit für die Untersuchung. 3

Die **Häufigkeit** der Untersuchungen und damit der Freistellung bestimmt sich nach den Umständen des Einzelfalles. Mindestens ist die Freistellung für die Untersuchungen zu gewähren, auf die die Frau im Rahmen der Leistungen bei Schwangerschaft und Mutterschaft der RVO einen Anspruch hat (vgl. die Rdnr. zu §§ 195 und 196 RVO und Anh. 18). Bei Risikoschwangerschaften ist die Zahl der Untersuchungen und damit die Häufigkeit der Freistellungen naturgemäß höher als bei Normalschwangerschaften. Unter § 16 fallen nur mutterschaftsbedingte Untersuchungen, nicht dagegen Untersuchungen aus anderen Gründen, z.B. nicht aus krankheitsbedingten Gründen. Eine Freistellung in diesen Fällen ergibt sich aus den allgemeinen arbeitsrechtlichen Bestimmungen. Ggf. kann der Arbeitgeber von der Arbeitnehmerin die Vorlage einer entsprechenden ärztlichen Bescheinigung auf seine Kosten verlangen (vgl. auch *Heilmann*, § 16 Rdnr. 16). 4

Gewährte Freistellung braucht die Frau **nicht vor- oder nachzuarbeiten**. Sie ist auf die Arbeitszeit anzurechnen. Dies folgt aus Sinn und Zweck des § 16, der nicht nur darin besteht, der Frau die Durchführung der Untersuchungen zeitlich zu ermöglichen, sondern auch darin, der Frau einen Anreiz zu geben, von den Untersuchungen im Rahmen der Mutterschaftshilfe zur Einschränkung der Mütter- und Säuglingssterblichkeit Gebrauch zu machen. Dieser Zweck wäre gefährdet, würde man die Frau zur Vor- oder Nacharbeit verpflichten (im Ergebnis ebenso *Buchner/Becker*, § 16 Rdnr. 24; *Heilmann*, § 16 Rdnr. 16; *Meisel/Sowka*, § 15 Rdnr. 10). Im übrigen ist eine Vor- oder Nacharbeit bei der zur Zeit üblichen Dauer der täglichen Arbeitszeit wegen der Grenzen des § 8 Abs. 2 praktisch nicht realisierbar. 5

2. Entgeltausfall

6   Die Bestimmung, daß ein Entgeltausfall, wegen der Freistellung für Untersuchungen nicht eintreten darf, besagt, daß der Frau die Vergütung zu zahlen ist, die sie verdient hätte, wenn sie in dieser Zeit gearbeitet hätte (Grundsatz der Lohnausfallerstattung). Der Arbeitgeber muß also das Entgelt der Frau so berechnen, als wenn sie die Arbeitsstunden, die sie wegen der Untersuchungen einschließlich der erforderlichen Wegezeit versäumt hat, gearbeitet hätte. Bei Arbeiten im Zeitlohn ist der Frau der volle Stundenlohn, bei Arbeiten im Akkordlohn ist der Frau mindestens der durchschnittliche Akkordlohn zu zahlen. Fahrtkosten braucht der Arbeitgeber nicht zu erstatten (ebenso *Buchner/ Becker*, § 16 Rdnrn. 28, 30; *Meisel/Sowka*, § 15 Rdnr. 7; vgl. ferner *Zmarzlik/ Anzinger*, JArbSchG, §43 Rdnr. 8f.). § 16 Satz 3 über den Entgeltausfall gilt für versicherte und nicht versicherte Frauen direkt und in gleicher Weise.

3. Folgen bei Nichtdurchführung

7   Ein Verstoß gegen die Vorschrift des § 16 Satz 1 über die Freistellung kann als Ordnungswidrigkeit geahndet werden (vgl. § 21 Abs. 1 Nr. 7). Außerdem können der Frau Schadensersatzansprüche aus Vertragsverletzung und aus unerlaubter Handlung zustehen (vgl. auch Rdnr. 10 vor § 3). Die Vorschrift des § 16 Satz 1 ist Schutzgesetz i. S. d. § 823 Abs. 2 BGB, weil sie den Schutz der einzelnen Frau bezweckt (ebenso *Buchner/Becker*, § 16 Rdnr. 37; *Heilmann*, § 16 Rdnr. 23). Die Vorschrift des § 16 Satz 2 über den Entgeltausfall ist dagegen nicht unter Geldbuße gestellt. Ansprüche auf Zahlung des Arbeitsentgelts für die durch die Untersuchung versäumte Arbeitszeit können ggf. beim Arbeitsgericht eingeklagt werden (ebenso *Gröninger/Thomas*, § 16 Rdnr. 3).

§ 17 Erholungsurlaub

Für den Anspruch auf bezahlten Erholungsurlaub und dessen Dauer gelten die Ausfallzeiten wegen mutterschutzrechtlicher Beschäftigungsverbote als Beschäftigungszeiten. Hat die Frau ihren Urlaub vor Beginn der Beschäftigungsverbote nicht oder nicht vollständig erhalten, so kann sie nach Ablauf der Fristen den Resturlaub im laufenden oder im nächsten Urlaubsjahr beanspruchen.

Inhaltsübersicht

1. Gleichstellung von Ausfallzeiten wegen mutterschutzrechtlicher Beschäftigungsverbote mit Beschäftigungszeiten 1–3
2. Übertragung von Erholungsurlaub 4–5
3. Abgeltung von Erholungsurlaub 6

Gleichstellung von Ausfallzeiten § 17 MuSchG

1. **Gleichstellung von Ausfallzeiten wegen mutterschutzrechtlicher Beschäftigungsverbote mit Beschäftigungszeiten**

In § 17 ist jetzt erstmals das **Verhältnis zwischen Fehlzeiten infolge von** 1
mutterschutzrechtlichen Beschäftigungsverboten und Erholungsurlaub gesetzlich geregelt. Diese inhaltliche Neubesetzung der Vorschrift ist durch das Zweite Gesetz zur Änderung des Mutterschutzrechts (vom 16.6.2002, BGBl. I S. 1812) erfolgt. Inhaltlich lehnt sich die Vorschrift an § 17 BErzGG an, in dem das Verhältnis zwischen Elternzeit und Erholungsurlaub geregelt ist. Entsprechend der bisher schon in Rechtsprechung und Literatur vertretenen Auffassung (vgl. *Vorauflage,* vor § 3 MuSchG Rdnr. 13 ff.; *Buchner/Becker,* § 17 Rdnr. 5; *BAG* vom 28.1. und 13.5.1982, DB 1982, S. 1065, sowie vom 8.3.1984, NZA 1984, S. 197) ist nunmehr ausdrücklich gesetzlich klargestellt, dass Fehlzeiten infolge mutterschutzrechtlicher Beschäftigungsverbote in Bezug auf den Anspruch auf bezahlten Erholgungsurlaub und dessen Dauer als Beschäftigungszeiten gelten. Satz 2 enthält außerdem eine ergänzende Regelung zum Resturlaub. Da der Gesetzgeber keine gesonderten Übergangsregelungen getroffen hat, ist davon auszugehen, dass die Vorschrift für alle Fehlzeiten auf Grund mutterschutzrechtlicher Beschäftigungsverbote nach dem Tag des Inkrafttretens (20.6.2002) gilt. Demgegenüber will *Sowka* (DB 2002, S. 1658) die Neuregelung nur auf Geburten nach dem Tag des Inkrafttretens anwenden. Große Bedeutung dürfte dieser Frage nicht zukommen, da die Praxis auch schon vor dem Inkrafttreten der Regelung entsprechend verfahren ist.

Die Gleichstellung von Fehlzeiten infolge mutterschutzrechlicher Beschäfti- 2
gungsverbote mit Beschäftigungszeiten ist in mehrfacher Hinsicht von Bedeutung: Zum einen ist hierdurch klargestellt worden, dass mutterschutzrechtliche Fehlzeiten den Anspruch auf Erholungsurlaub grundsätzlich unberührt lassen, wobei unerheblich ist, auf welchem Beschäftigungsverbot die Fehlzeit im Einzelfall beruht. Dies ist sachgerecht, da der Urlaubsanspruch nicht an die tatsächliche Arbeitsleistung, sondern an das Bestehen des Arbeitsverhältnisses anknüpft. Während der Fehlzeiten besteht das Arbeitsverhältnis aber weiter. Infolgedessen ist eine Verrechnung von Ausfallzeiten auf Grund mutterschutzrechtlicher Beschäftigungsverbote mit Erholungsurlaub nicht zulässig. Auch wenn eine Frau infolge dieser Beschäftigungsverbote im Urlaubsjahr keine oder nur eine geringe Dienstleistung erbringt, bleibt ihr Anspruch auf Erholungsurlaub ungeschmälert erhalten. Eine einseitige Verrechnung von Zeiten eines mutterschutzrechtlichen Beschäftigungsverbots mit Erholungsurlaub durch den Arbeitgeber ist daher ausgeschlossen. Mit Zustimmung der Frau können diese Ausfallzeiten auf Erholungsurlaub allenfalls insoweit angerechnet werden, als der gesetzliche oder tarifvertragliche Mindesturlaub nicht unterschritten wird (§ 13 Abs. 1 Satz 1 BUrlG) und diese Anrechnung nicht die Schutzfristen des § 3 Abs. 2 oder des § 6 Abs. 1 berührt. Eine Anrechnung der Schutzfristen der Arbeitnehmerin auf ihren Erholungsurlaub ist wegen des besonderen Charak-

MuSchG § 17 *Erholungsurlaub*

ters dieser Freistellungen schlechthin unzulässig (vgl. § 11 Rdn. 17). Zum anderen hat die Gleichstellung von Ausfallzeiten auf Grund mutterschutzrechtlicher Beschäftigungsverbote mit Beschäftigungszeiten zur Folge, dass auch durch diese Zeiten der Freistellung ein Urlaubsanspruch erworben wird. Das bedeutet, dass sich der jährliche Urlaubsanspruch nicht für Zeiten einer mutterschutzbedingten Freistellung verringert und auch nicht vom Arbeitgeber gekürzt werden darf.

3 Satz 1 betrifft nur den Anspruch auf Erholungsurlaub und dessen Dauer, nicht aber die **zeitliche Festlegung des Urlaubs**. Hiefür gelten die allgemeinen urlaubsrechtlichen Grundsätze. Die Festsetzung des konkreten Urlaubszeitpunkts erfolgt daher auch im Fall des § 17 durch den Arbeitgeber, der hierbei die Urlaubswünsche der Arbeitnehmerin nach Maßgabe der betrieblichen Erfordernisse und möglicher sozial vorrangiger Urlaubswünsche anderer Arbeitnehmer zu berücksichtigen hat (§ 7 Abs. 1 BUrlG). Der Arbeitgeber kann daher verlangen, dass die Arbeitnehmerin ihren Erholungsurlaub nimmt, wenn im Betrieb Betriebsferien vereinbart sind und die Arbeitnehmerin trotz Schwangerschaft und Beschäftigungsverbot teilweise arbeitsfähig ist. Gleiches gilt, wenn die Schutzfrist nach der Entbindung während oder unmittelbar vor den Betriebsferien abläuft und die arbeitsfähige Arbeitnehmerin keine Elternzeit nimmt. Der Urlaubsanspruch geht auch dann nicht verloren, wenn der Arbeitgeber zu Beginn des Urlaubsjahres den Erholungsurlaub entsprechend den Wünschen der Arbeitnehmerin zeitlich festgelegt hat, die Arbeitnehmerin aber danach schwanger wird und für die vorgesehene Urlaubszeit ihre Beschäftigung verboten ist. Andernfalls würde die Gleichstellung von Zeiten eines mutterschutzrechtlichen Beschäftigungsverbots mit Beschäftigungszeiten nur unvollständig verwirklicht. Außerdem würden Frauen gegenüber Arbeitnehmern benachteiligt, die den vom Arbeitgeber zeitlich festgelegten Erholungsurlaub wegen krankheitsbedingter Arbeitsunfähigkeit nicht in Anspruch nehmen können.

2. Übertragung von Erholungsurlaub

4 Satz 2 enthält eine Ausnahme von dem urlaubsrechtlichen Grundsatz, dass Erholungsurlaub grundsätzlich im jeweiligen Urlaubsjahr genommen werden muss und eine **Übertragung** nur innerhalb bestimmter zeitlicher Grenzen möglich ist. Ebenso wie im Rahmen des § 17 Abs. 2 BErzGG kann die Arbeitnehmerin den Urlaub, den sie bis zum Beginn der Beschäftigungsverbote nicht oder nicht vollständig erhalten hat, nach Ablauf der Fristen im laufenden oder im folgenden Kalenderjahr beanspruchen (vgl. mit Einzelbeispielen *Sowka* DB 2002, S. 1658). Für die Inanspruchnahme des Urlaubs steht daher unabhängig von möglicherweise abweichenden tarifvertraglichen Vereinbarungen das gesamte folgende Kalenderjahr zur Verfügung. Urlaub, der auch in diesem Folgejahr nicht genommen werden kann, verfällt grundsätzlich.

Abgeltung von Erholungsurlaub § 17 MuSchG

Durch die Sonderregelung zur Übertragung von Erholungsurlaub soll eine 5
Benachteiligung schwangerer Arbeitnehmerinnen in Bezug auf die Inanspruchnahme von Erholungsurlaub auf Grund mutterschutzrechtlicher Fehlzeiten verhindert werden. Die betroffenen Arbeitnehmerinnen sollen jedoch nicht besser gestellt werden als vergleichbare nicht schwangere Arbeitnehmerinnen. § 17 Satz 2 führt daher nicht dazu, dass Urlaubsansprüche, die vor Beginn des Beschäftigungsverbots bereits verfallen waren, wieder aufleben. Ebensowenig können Urlaubsansprüche, die bei einer nicht schwangeren Arbeitnehmerin unweigerlich verfallen würden, auf Grund des § 17 Satz 2 über den Verfallstermin hinaus konserviert werden. Jedoch kann ein Verfall von übertragenem Urlaub zum Ende des folgenden Kalenderjahres durch das **Zusammenwirken von § 17 Satz 2 mit § 17 Abs. 2 BErzGG** vermieden werden. § 17 Abs. 2 BErzGG setzt lediglich voraus, dass die Arbeitnehmerin ihr zustehenden Urlaub vor der Elternzeit nicht oder nicht vollständig erhalten hat. Dagegen fordert die Vorschrift nicht, dass es sich hierbei um Urlaub des Jahres handeln muss, in dem die Elternzeit in Anspruch genommen wird. Daher erfasst die Regelung auch Urlaubsansprüche, die bereits auf Grund von § 17 Satz 2 übertragen worden sind. Hat eine Arbeitnehmerin daher in dem Urlaubsjahr, in dem die Elternzeit angetreten wird, nach § 17 Satz 2 übertragenen Urlaub nicht oder nicht vollständig erhalten, verfällt dieser entgegen dem Wortlaut des § 17 Satz 2 nicht zum Ende des Jahres, sondern wird auf Grund von § 17 Abs. 2 BErzGG weiter übertragen bis zum Jahr nach der Beendigung der Elternzeit.

3. Abgeltung von Erholungsurlaub

Anders als § 17 BErzGG für die Elternzeit enthält § 17 keine Regelung über 6
die **Abgeltung von Erholungsurlaub**, der bis zum Beginn des Beschäftigungsverbots nicht gewährt werden konnte und nach seinem Ende wegen Beendigung des (befristeten) Arbeitsverhältnisses während der Schutzfrist nicht mehr gewährt werden kann. Trotz der Vergleichbarkeit der Interessenlage spricht gegen eine analoge Anwendung des § 17 Abs. 3 BErzGG im Rahmen des § 17, dass der Gesetzgeber in Kenntnis des Problems eine Abgeltung von Erholungsurlaub, der bis zum Beginn des Beschäftigungsverbots nicht gewährt werden konnte, nicht vorgesehen hat. Wenn die Arbeitnehmerin jedoch bis zum Beginn der Beschäftigungsverbote schon Urlaub nicht vollständig erhalten hat und sie am Tag nach der Schutzfrist oder später das Arbeitsverhältnis beendet, kann sie für den Urlaub, den sie noch nach § 17 Satz 2 nach Ablauf der Schutzfrist beanspruchen kann, eine Abgeltung nach § 37 Abs. 4 BUrlG verlangen.

Fünfter Abschnitt Durchführung des Gesetzes

§ 18 Auslage des Gesetzes

(1) In Betrieben und Verwaltungen, in denen regelmäßig mehr als drei Frauen beschäftigt werden, ist ein Abdruck dieses Gesetzes an geeigneter Stelle zur Einsicht auszulegen oder auszuhängen.

(2) Wer Heimarbeit ausgibt oder abnimmt, hat in den Räumen der Ausgabe und Abnahme einen Abdruck dieses Gesetzes an geeigneter Stelle zur Einsicht auszulegen oder auszuhängen.

Inhaltsübersicht

1. Betriebe und Verwaltungen 1–4
2. Regelmäßige Beschäftigung 5
3. Auslage oder Aushang 6–8
4. Geeignete Stelle 9
5. § 18 Kein Schutzgesetz 10
6. Geldbuße bei Verstößen 11

1. Betriebe und Verwaltungen

1   Die Pflicht zur Auslage oder zum Aushang galt entsprechend dem Gesetzeswortlaut nur für Betriebe und Verwaltungen, nicht für den Familienhaushalt, da dieser nach der allg. arbeitsrechtlichen Begriffsbestimmung kein Betrieb ist. Der Begriff des Betriebes ist danach allerdings im weitesten Sinne zu verstehen; er umfaßt auch die Arbeitsstätten der freiberuflich Tätigen (Anwaltskanzlei, ärztliche Praxis, Steuerberaterbüro usw.). Nebenbetriebe und Betriebsteile haben dann eine eigene Pflicht zur Auslage oder zum Aushang des Gesetzestextes, wenn sie räumlich vom Hauptbetrieb so weit entfernt sind, daß die Einsicht in den Gesetzesabdruck am Betriebssitz in den Arbeitspausen nicht möglich ist (ebenso *Gröninger/Thomas*, § 18 Rdnr. 4; *Lenz*, § 18 Rdnr. 2; *Buchner/Becker*, § 18 Rdnr. 8 bejahen dagegen die Auslagepflicht von Nebenbetrieben in allen Fällen).

2   **Familienhaushalt.** Die mutterschutzrechtliche Gleichbehandlung der Hausangestellten in Familienhaushalten mit den anderen Arbeitnehmerinnen und des Familienhaushalts mit den anderen Beschäftigungsbereichen war das zweite wesentliche Ziel des Gesetzes zu Änderung des Mutterschutzrechts vom 20.12.1996 (BGBl. I S. 2110), vor allem im Deutschen Bundestag (vgl. *BT-Drucks.* 13/6110 S. 1, 11) und im Bundesrat (vgl. *BT-Drucks.* 13/2763 S. 15). Wegen dieser erklärten Zielsetzung ist davon auszugehen, daß es sich bei der unterlassenen Änderung des § 18 neben den anderen Änderungen des MuSchG allein wegen des Familienhaushalts, z.B. des § 8, des § 9 Abs. 1, des § 11 Abs. 3, des § 12, um ein formelles, gesetzgeberisches Versehen. Wortlaut und Zweck des

Regelmäßige Beschäftigung § 18 MuSchG

§ 18 lassen m. E. eine Ausdehnung des § 18 auf den Familienhaushalt auch zu. Der Zweck des § 18 besteht vor allem darin, den betroffenen Müttern eine vom Arbeitgeber und von den Kollegen unabhängige Gelegenheit zur Information über den geltenden Mutterschutz zu ermöglichen. Praktisch kann die Ausdehnung des § 18 (»regelmäßig mehr als drei Frauen beschäftigt«) wegen der erwarteten Erhöhung der Arbeitsplätze in Privathaushalten (vgl. bereits *BT-Drucks.* 13/6110 S. 12) und der geförderten Schaffung neuer Arbeitsplätze in Privathaushalten (z. B. steuerliche Absetzbarkeit) auch realisiert werden (vgl. auch § 10 Rdnr. 10).

Unter **Verwaltungen** sind beim Bund die einzelnen Dienststellen i. S. d. § 6 3 BPersVG zu verstehen, also insbesondere die einzelnen Behörden und Verwaltungsstellen, Bundesministerien und Bundesgerichte sowie die bundesunmittelbaren Körperschaften, Anstalten und Stiftungen des öffentlichen Rechts. Für den Bereich der Zivilbediensteten bei den Einheiten, Verbänden und Schulen der Bundeswehr gilt entsprechendes (vgl. § 70 Soldatengesetz). Für die Dienststellen der Länder gelten vergleichbare Bestimmungen der Dienststellen nach den Länder-Personalvertretungsgesetzen. Für Beamtinnen vgl. § 11 MuSchVO (Anh. 4).

In der Heimarbeit gilt die Pflicht zur Auslage bzw. zum Aushang des 4 MuSchG gemäß § 18 Abs. 2 für die Ausgaberäume. Hierunter sind die Räume des Auftraggebers oder Zwischenmeisters zu verstehen, in denen dieser Heimarbeit ausgibt und wieder annimmt. (vgl. *Schmidt/Koberski*, HAG § 8 Rdnr. 5; *Buchner/Becker*, MuSchG, § 18 Rdnrn. 12 ff.; *Gröninger/Thomas*, MuSchG, § 18 Rdnr. 7).

2. Regelmäßige Beschäftigung

Die Pflicht zur Auslage oder zum Aushang des Gesetzes entsteht erst dann, 5 wenn in dem Betrieb, in der Verwaltung, in dem Nebenbetrieb oder dem Betriebsteil regelmäßig **mehr als drei Frauen** beschäftigt werden. Das ist dann der Fall, wenn fast immer mehr als drei unter den Geltungsbereich des § 1 fallende Frauen beschäftigt werden (vgl. auch *Buchner/Becker*, § 18 Rdnr. 25; *Lenz*, § 18 Rdnr. 3). Kurzfristige Schwankungen bei der Zahl der beschäftigten Arbeitnehmerinnen haben außer Betracht zu bleiben. Bei Betrieben, die nur während bestimmter Zeiten arbeiten (Saison- und Kampagnebetriebe), ist nur die Zahl der Frauen maßgebend, die regelmäßig während dieser Zeiten beschäftigt werden (ebenso *Buchner/Becker*, § 18 Rdnr. 25; *Gröninger/Thomas*, § 18 Rdnr. 2).

MuSchG § 18 *Auslage des Gesetzes*

3. Auslage oder Aushang

6 § 18 Abs. 1 verlangt einen **Abdruck dieses Gesetzes**, d. h. einen Abdruck der geltenden Vorschriften des MuSchG, mindestens der §§ 1 bis 24 MuSchG. Es genügt der bloße Gesetzestext, der bloße Wortlaut. Der Arbeitgeber ist nicht verpflichtet, den Gesetzestext zu kommentieren, zu erläutern oder inhaltlich zusammenzufassen. Eine Erläuterung und/oder Zusammenfassung ohne den Wortlaut der einzelnen Vorschriften des MuSchG würde den Anforderungen des § 18 Abs. 1 und seinem Zweck noch nicht einmal genügen. Wie der Abdruck des Gesetzestextes herzustellen ist, wird in § 18 Abs. 1 nicht vorgeschrieben. Es können die von den einzelnen Verlagen für diesen Zweck hergestellten Abdrucke bzw. Druckwerke verwandt werden, gleich, ob dort nur das MuSchG oder auch noch andere aushangpflichtige Gesetze abgedruckt sind. Es genügt aber auch eine Fotokopie des Gesetzestextes des MuSchG aus dem BGBl. Wird das MuSchG erheblich geändert, muß der Arbeitgeber eine neue Fassung des ganzen MuSchG herstellen oder beschaffen. Er kann nicht erwarten, daß seine Arbeitnehmerinnen in der Lage sind, Änderungsgesetze richtig zu lesen. Der Arbeitgeber muß den Gesetzestext immer im lesbaren, derzeit geltenden Zustand halten. § 18 verlangt nur »Abdruck dieses Gesetzes«, nicht etwa auch Abdruck der aufgrund dieses Gesetzes erlassenen **Rechtsverordnungen** (a. A. wohl *Buchner/Becker*, § 18 Rdnr. 33; *Gröninger/Thomas*, § 18 Rdnr. 6). In der MuSchArbV fehlt auch ein dahingehender Hinweis, ebenso in der Begründung zur MuSchArbV (vgl. *BT-Drucks. 94/97*).

7 Unter Abdruck dieses Gesetzes ist der Abdruck des MuSchG, wie es im BGBl. steht, zu verstehen, also in **deutscher Sprache**. Aus § 18 ergibt sich unmittelbar keine Verpflichtung des Arbeitgebers, das MuSchG in fremder Sprache auszulegen (ebenso *Meisel/Sowka*, § 18 Rdnr. 11; *Lenz*, § 18 Rdnr. 4; a. A. *Buchner/Becker*, § 18 Rdnr. 36; *Gröninger/Thomas*, § 18 Rdnr. 6). Der Arbeitgeber, der über einen längeren Zeitraum hinweg zumindest eine ausländische Arbeitnehmerin beschäftigt, die über keine ausreichenden Deutschkenntnisse verfügt, muß allerdings aus seiner Fürsorgepflicht heraus die ausländische Arbeitnehmerin über die wichtigsten Vorschriften informieren. Wie weit diese Fürsorgepflicht reicht, kann nur im Einzelfall entschieden werden. Verlangt werden kann vom Arbeitgeber, daß er das von Gewerkschaften, Berufsgenossenschaften oder den Ländern herausgegebene fremdsprachige Informationsmaterial über das MuSchG den ausländischen Arbeitnehmerinnen zugänglich macht. Sind fremdsprachige Texte bei Behörden oder Verbänden oder im Handel erhältlich, muß der Arbeitgeber sie aufgrund seiner Fürsorgepflicht auslegen oder aushängen, wenn dies für ihn keinen unverhältnismäßigen Aufwand bedeutet (insoweit a. A. *Meisel/Sowka*, § 18 Rdnr. 11).

8 Dem Arbeitgeber steht es frei, den Abdruck des MuSchG zur Einsicht **auszulegen oder auszuhängen**. Es muß aber ein tatsächliches Auslegen oder Aushängen sein, also ein Hinlegen eines Abdrucks des MuSchG auf einen Tisch

oder ein Aufhängen eines Abdrucks des MuSchG an die Wand, und zwar so, daß die Arbeitnehmerin den Gesetzestext ohne Schwierigkeit lesen und sich informieren kann. Wählt der Arbeitgeber einen Aushang, so muß er darauf achten, daß die Schrift auf dem Aushang so groß ist, daß sie auch aus einer gewissen Entfernung gut lesbar ist. Das Auslegen des MuSchG muß in der Weise erfolgen, daß die Arbeitnehmerin den Gesetzestext lesen kann, ohne jemanden um die Vorlage bitten zu müssen. Kein Auslegen oder Aushängen des Textes im Sinne des Gesetzeswortlautes des § 18 liegt vor, wenn der Arbeitgeber allen Arbeitnehmerinnen den Zugriff auf eine elektronische Fassung, z. B. im Intranet des Unternehmens, ermöglicht und sie darauf ausdrücklich hinweist. Im Hinblick auf den Sinn und Zweck der Vorschrift dürfte jedoch diese zeitgemäße Form dem Auslegen oder Aushängen gleichstehen (vgl. *Buchner/Becker*, § 18 Rdnr. 43).

4. Geeignete Stelle

Geeignet ist eine Stelle, wenn sie den Frauen während der Arbeitszeit bzw. 9
Schichtzeit, zumindest während der Pausen, zugänglich ist. Ungeeignet ist das Zimmer des Arbeitgebers oder des Vorgesetzten. Die Stelle muß grundsätzlich so ausgewählt sein, daß die Frau ohne Inanspruchnahme dritter Personen den Abdruck des Gesetzes lesen kann, damit sie aus verständlicher Scheu es nicht unterläßt, sich über den Inhalt des Gesetzes zu informieren. Eine Auslage im Geschäftszimmer des Betriebs- oder Personalrates wird man jedoch wegen seiner besonderen Stellung (vgl. § 2 Rdnr. 31 ff.) als ausreichend ansehen können (ebenso *Buchner/Becker*, § 18 Rdnr. 40 f.; *Gröninger/Thomas*, § 18 Rdnr. 6; *Lenz*, § 18 Rdnr. 4) Der Arbeitgeber genügt nicht seiner Auslagepflicht, wenn er lediglich mitteilt, daß der Gesetzestext von ihm oder einem Beauftragten jederzeit verlangt werden kann (vgl. *Buchner/Becker*, § 18 Rdnr. 31; *Erfk/Schlachter*, § 18 MuSchG Rdnr. 4).

5. § 18 Kein Schutzgesetz

Die Vorschrift des § 18 ist nur eine Ordnungsvorschrift (ebenso *Gröninger/* 10
Thomas, § 18 Rdnr. 10; *Erfk/Schlachter*, § 18 MuSchG Rdnr. 5). Sie ist kein Schutzgesetz i. S. d. § 823 Abs. 2 BGB, weil sie nicht den Schutz der einzelnen Frau bezweckt, sondern ausschließlich der betrieblichen Umsetzung des MuSchG dient. Unterläßt es der Arbeitgeber, einen Abdruck des MuSchG auszulegen oder auszuhängen, dann kann hieraus eine Schadensersatzpflicht nicht hergeleitet werden (vgl. *ArbG Ulm* vom 13. 4. 1954, AP Nr. 1 zu § 17 MuSchG; *Buchner/Becker*, § 18 Rdnr. 41 ff. m.w.N.). Die Verletzung des § 18 hat auch nicht zur Folge, daß die Zwei-Wochenfrist des § 9 Abs. 1 Satz 1 erst ab der (angeblich) späteren Kenntniserlangung der Frau von dieser Vorschrift zu

laufen beginnt (vgl. *ArbG Wilhelmshaven* vom 8.2.1966, ArbuR 1966, S. 186; a.A. wohl *Gröninger/Thomas*, § 18 Rdnr. 10). Für einen Schadensersatzanspruch fehlt in der Regel der nachzuweisende Kausalzusammenhang.

6. Geldbuße bei Verstößen

11 Ein Verstoß gegen die Vorschrift des § 18 ist eine Ordnungswidrigkeit (vgl. § 21 Abs. 1 Nr. 8). Sie kann mit einer Geldbuße bis zu 2500 Euro geahndet werden (vgl. § 21 Abs. 2).

§ 19 Auskunft

(1) Der Arbeitgeber ist verpflichtet, der Aufsichtsbehörde auf Verlangen
1. die zur Erfüllung der Aufgaben dieser Behörde erforderlichen Angaben wahrheitsgemäß und vollständig zu machen
2. die Unterlagen, aus denen Namen, Beschäftigungsart und -zeiten der werdenden und stillenden Mütter sowie Lohn- und Gehaltszahlungen ersichtlich sind, und alle sonstigen Unterlagen, die sich auf die zu Nummer 1 zu machenden Angaben beziehen, zur Einsicht vorzulegen oder einzusenden.

(2) Die Unterlagen sind mindestens bis zum Ablauf von zwei Jahren nach der letzten Eintragung aufzubewahren.

Inhaltsübersicht

1. Entstehung und Zweck 1
2. Auskunftspflicht 2–3
3. Vorlagepflicht 4
4. Aufbewahrungspflicht 5
5. Verpflichtete Personen 6
6. Befugnisse des Betriebsrats 7
7. Geldbuße bei Verstößen 8

1. Entstehung und Zweck

1 Absatz 1 stimmt materiell mit § 19 Abs. 4 MuSchG 1952 überein. Im Wortlaut stimmt diese Vorschrift weitgehend mit § 50 Abs. 1 JArbSchG überein. Die Vorschrift des Abs. 2 ist aus § 59 Abs. 2 JArbSchG a.F., jetzt § 50 Abs. 2 JArbSchG übernommen worden. Die Vorschrift des § 19 hat den Zweck, der Aufsichtsbehörde die Aufsicht über die Durchführung des Gesetzes zu erleichtern und ihr zu helfen, einen gesetzwidrigen Zustand bald zu beseitigen.

2. Auskunftspflicht

2 Die Pflicht zur Auskunft nach Absatz 1 Nr. 1 erstreckt sich auf alle Vorgänge und Tatsachen, die die Aufsichtsbehörde zur Erfüllung ihrer Aufgaben (Auf-

Aufbewahrungspflicht § 19 MuSchG

sicht nach § 18, Bewilligung von Ausnahmen z. B. nach § 4 Abs. 3, Anordnungsbefugnis z. B. nach § 2 Abs. 5 und § 4 Abs. 5) kennen muß. Der Arbeitgeber ist berechtigt, zu prüfen, ob die verlangten Angaben erforderlich sind. Eine Auskunft kann er allerdings nur verweigern, wenn die verlangten Angaben mit den Aufgaben der Aufsichtsbehörde nach dem MuSchG nichts zu tun haben (vgl. auch *Buchner/Becker*, § 19 Rdnrn. 8, 12, 16; *Lenz*, § 19 Rdnr. 2).

Die Pflicht zur Auskunft trifft den Arbeitgeber erst, wenn die Aufsichtsbehörde eine Auskunft verlangt (»**auf Verlangen**«). Verlangt die Aufsichtsbehörde eine Auskunft, dann kann sich der Arbeitgeber nicht damit begnügen, nur die ausdrücklich gestellten Fragen zu beantworten. Er darf auch nichts Wesentliches verschweigen (ebenso *Gröninger/Thomas*, § 19 Rdnr. 4). Dies folgt daraus, daß die Angaben wahrheitsgemäß und vollständig zu machen sind. Beantragt der Arbeitgeber z. B. eine Ausnahmebewilligung vom Akkordverbot des § 4 Abs. 3 für seinen ganzen Betrieb, dann muß er dem Aufsichtsbeamten über die Leistungsschwäche einer Frau infolge ihrer Schwangerschaft auch dann berichten, wenn dieser nicht ausdrücklich danach fragt. Die Auskunft muß der Arbeitgeber mündlich oder schriftlich erteilen, je nachdem, in welcher Form die Aufsichtsbehörde die Auskunft anfordert (*Buchner/Becker*, § 20 Rdnrn. 9, 24 ff., 28; *Gröninger/Thomas*, § 19 Rdnr. 3). Das Verlangen gemäß § 19 ist ein Verwaltungsakt, gegen den der Verwaltungsrechtsweg beschritten werden kann. 3

3. Vorlagepflicht

Der Arbeitgeber ist verpflichtet, die im Absatz 1 Nr. 2 genannten Unterlagen der Aufsichtsbehörde auf Verlangen vorzulegen oder einzusenden, soweit sie vorhanden sind. Er wird dagegen nicht verpflichtet, Unterlagen, die er nicht besitzt, zu beschaffen (ebenso *Lenz*, § 19 Rdnr. 2). Handelt es sich um Unterlagen, die der Arbeitgeber zur Fortführung seines Betriebs laufend braucht, dann wird die Aufsichtsbehörde, wenn die Einsichtnahme untunlich ist, die Übersendung der Unterlagen nur in besonders gelagerten Ausnahmefällen verlangen können und die Unterlagen sobald als möglich zurückschicken müssen, da sie die Bedürfnisse des Betriebs nicht außer acht lassen darf. Die Kosten der Übersendung muß der Arbeitgeber selbst tragen (h. M., vgl. z. B. *Buchner/Becker*, § 19 Rdnr. 29 ff., 32; *Erfk/Schlachter*, § 19 MuSchG Rdnr. 3; *Lenz*, § 19 Rdnr. 2). 4

4. Aufbewahrungspflicht

Der Arbeitgeber muß alle im Absatz 1 Nr. 2 genannten Unterlagen bis zum Ablauf von 2 Jahren nach der letzten Eintragung aufbewahren. Wurde die erforderliche Eintragung unterlassen, ist der Zeitpunkt maßgebend, an dem die Eintragung hätte gemacht werden müssen (*Buchner/Becker*, § 19 Rdnr. 35). Die Fristberechnung erfolgt nach §§ 187 Abs. 1, 188 Abs. 2 BGB; der Frist- 5

MuSchG § 19 *Auskunft*

beginn rechnet ab dem letzten hiernach zu berechnenden Tag und nicht erst ab Ende des Kalenderjahres (*Buchner/Becker*, § 19 Rdnr. 35; *Lenz*, § 19 Rdnr. 3). Welche Unterlagen mit den »sonstigen Unterlagen« gemeint sind, muß der Arbeitgeber in eigener Verantwortung prüfen. Die Aufbewahrungsfrist von 2 Jahren gilt nur im Rahmen des § 19; längere Aufbewahrungsfristen aufgrund anderer Bestimmungen bleiben unberührt (vgl. *BMI MuSch* zu 19).
   Die Art und Weise der **Aufbewahrung** der Unterlagen u. ä. ist im MuSchG nicht vorgeschrieben. Der Arbeitgeber kann daher die für ihn günstigste Art und Form wählen, z. B. die Aufbewahrung auf elektronischen Datenträgern. Er muß jedoch beachten, daß er jederzeit in der Lage sein muß, die Unterlagen u. ä. vorzulegen oder einzusenden (ebenso *Lenz*, § 19 Rdnr. 3), z. B. einen von der hierzu bevollmächtigten Person unterschriebenen Ausdruck vom elektronischen Datenträger.

5. Verpflichtete Personen

6   Die Pflicht zur Auskunft, Vorlage, Einsendung und Aufbewahrung obliegt dem Arbeitgeber oder dessen Vertreter bzw. Beauftragten (ebenso *Gröninger/ Thomas*, § 19 Rdnr. 2) bzw. nach § 24 Nr. 2 bei Heimarbeit der Auftraggeber oder Zwischenmeister. Die Arbeitnehmerin kann zwar von der Gewerbeaufsicht befragt werden. Sie ist jedoch zur Auskunft nicht verpflichtet. Insbesondere können keine Sanktionen gegen die Arbeitnehmerin ergriffen werden, wenn sie die Auskunft verweigert (ebenso auch *Buchner/Becker*, § 19 Rdnr. 6). Sie kann jedoch als Zeugin in einem Ordnungswidrigkeitenverfahren benannt werden. In dem Verfahren muß sie zur Sache aussagen, wenn sie kein Zeugnis- oder Aussageverweigerungsrecht geltend machen kann (§§ 52, 55 StPO i. V. m. § 46 Abs. 1 OWiG). Eine Auskunftspflicht des Betriebs- bzw. Personalrats ergibt sich nur aus § 89 Abs. 1 BetrVG bzw. § 81 Abs. 1 BPersVG.

6. Befugnisse des Betriebsrats

7   Neben der Aufsichtsbehörde kann auch der Betriebsrat bzw. der Personalrat die Vorlage von Unterlagen verlangen, soweit er sie benötigt, um seiner Pflicht zur Kontrolle der Durchführung des MuSchG zu genügen. Dieses Recht steht dem Betriebsrat bzw. dem Personalrat zwar nicht aufgrund des § 19, jedoch aufgrund des § 80 Abs. 2 BetrVG bzw. § 68 Abs. 2 BPersVG oder den entsprechenden Bestimmungen der Landespersonalvertretungsgesetze zu. Er kann sich z. B. die Unterlagen vorlegen lassen, aus denen Lohn- und Gehaltszahlungen an werdende und stillende Mütter ersichtlich sind, um feststellen zu können, ob die Vorschrift des § 11 über das Arbeitsentgelt oder die Vorschrift des § 8 über das Verbot der Mehr- und Nachtarbeit durchgeführt wird (ebenso *Buchner/Becker*, § 19 Rdnr. 5).

Aufsichtsbehörden § 20 MuSchG

7. Geldbuße bei Verstößen

Ein Arbeitgeber, der vorsätzlich oder fahrlässig **erforderliche** Angaben nicht, 8
fehlerhaft oder unvollständig macht oder seinen Pflichten zur Vorlage oder zur
Aufbewahrung von Urkunden zuwiderhandelt, begeht eine Ordnungswidrigkeit
nach § 21 Abs. 1 Nr. 8 MuSchG. Er darf die Auskünfte auch dann nicht verweigern, wenn er sich damit selbst oder einen nahen Angehörigen einer Straftat
oder einer Ordnungswidrigkeit bezichtigen würde, jedenfalls im Verwaltungsverfahren (ebenso *Gröninger/Thomas*, § 19 Rdnr. 4; *Buchner/Becker*, § 19
Rdnr. 25). Ein Aussageverweigerungsrecht steht ihm erst dann zu, wenn bereits
ein Ordnungswidrigkeitenverfahren eingeleitet worden ist, § 55 OWiG. § 19 ist
verfassungsrechtlich unbedenklich (vgl. *BVerfG* vom 7.9.1984, Verkehrsblatt
1985, S. 303).

§ 20 Aufsichtsbehörden

(1) Die Aufsicht über die Ausführung der Vorschriften dieses Gesetzes
und der auf Grund dieses Gesetzes erlassenen Vorschriften obliegt den nach
Landesrecht zuständigen Behörden (Aufsichtsbehörden).

(2) Die Aufsichtsbehörden haben dieselben Befugnisse und Obliegenheiten wie nach § 139 b der Gewerbeordnung die dort genannten besonderen
Beamten. Das Grundrecht der Unverletzlichkeit der Wohnung (Artikel 13
des Grundgesetzes) wird insoweit eingeschränkt.

Inhaltsübersicht

1. Aufsichtsbehörden 1–4
   a) Nach Landesrecht zuständige
      Behörden 1–2
   b) Sachlich zuständige Behörden 3
   c) Örtlich zuständige Behörden 4
2. Der Aufsicht unterliegende Vorschriften . 5
3. Der Aufsicht unterliegende Personen
   und Stellen 6
4. Allg. Inhalt der Aufsicht 7

5. Befugnisse der Aufsichtsbehörde 8–12
   a) Revisionen 8–9
   b) Maßnahmen 10–11
   c) Erforschung von Straftaten 12
6. Obliegenheiten der Aufsichtsbehörde ... 13
7. Hinzuziehung des Betriebsrats 14
8. Gegenvorstellung, Rechtsmittel gegen
   Verwaltungsakte 15–18

1. Aufsichtsbehörden

a) **Nach Landesrecht zuständige Behörden.** § 20 beschränkt sich darauf, 1
die Aufsicht über die Ausführung der mutterschutzrechtlichen Vorschriften den
nach Landesrecht zuständigen Behörden zu übertragen und überläßt es den
Ländern, die das MuSchG nach Art. 83 GG als eigene Angelegenheit ausführen,
die zuständigen Behörden zu bestimmen. Der Bundesgesetzgeber wollte damit
lediglich der Auffassung des Bundesrats, die Bestimmung der Aufsichtsbehörden sei grundsätzlich eine Angelegenheit der Länder, Rechnung tragen (vgl.

Schriftl. Bericht, *BT-Drucks.* IV/3652 S. 7). Er hatte nicht die Absicht, an der bisherigen Zuständigkeit der mit den Aufgaben des Mutterschutzes vertrauten Gewerbeaufsichtsämter etwas zu ändern.

Nach den jeweiligen landesrechtlichen Vorschriften ist zuständige Aufsichtsbehörde in **Baden-Württemberg**: Staatliche Gewerbeaufsichtsämter; **Bayern**: Staatliche Gewerbeaufsichtsämter **Berlin**: Landesamt für Arbeitsschutz, Gesundheitsschutz und technische Sicherheit; **Brandenburg**: Staatliche Ämter für Arbeitsschutz und Sicherheitstechnik; **Bremen**: Staatliches Gewerbeaufsichtsamt; **Hamburg**: Behörde für Umwelt und Gesundheit; **Hessen**: Regierungspräsidien; **Mecklenburg-Vorpommern**: Staatliche Ämter für Arbeitsschutz und technische Sicherheit; **Niedersachsen**: Staatliche Gewerbeaufsichtsämter; **Nordrhein-Westfalen**: Staatliche Ämter für Arbeitsschutz; **Rheinland-Pfalz**: Staatliche Gewerbeaufsichtsämter; **Saarland**: Landesamt für Verbraucher-, Gesundheits- und Arbeitsschutz; **Sachsen**: Staatliche Gewerbeaufsichtsämter; **Sachsen-Anhalt**: Staatliche Gewerbeaufsichtsämter; **Schleswig-Holstein**: Staatliche Gewerbeaufsichtsämter; **Thüringen**: Amt für Arbeitsschutz. Für bergbauliche Betriebe ist i.d.R. das Bergamt die sachlich zuständige Aufsichtsbehörde. **Örtlich** zuständig ist das Gewerbeaufsichtsamt bzw. das diesem entsprechende Arbeitsschutzamt, in dessen Aufsichtsbezirk der Sitz des Betriebes liegt.

2   Das von dem jeweiligen Land bestimmte Gewerbeaufsichtsamt bzw. Arbeitsschutzamt ist mit Ausnahme der **Kirchen** (vgl. das Selbstbestimmungsrecht der Kirchen nach Art. 140 GG i.V.m. Art. 139 Abs. 3 WRV) die für **alle Betriebe und Verwaltungen** zuständige Aufsichtsbehörde.

Dies gilt auch für den **öffentlichen Dienst**, selbst für den öffentlichen Dienst des Bundes, d. h. für die Dienststellen der Bundesverwaltung. Für die Wahrnehmung der Aufsichtsbefugnisse des Gewerbeaufsichtsamtes bzw. Arbeitsschutzamtes im öffentlichen Dienst gilt allerdings der Grundsatz, daß eine Behörde nicht mit hoheitlichen Mitteln in den Aufgabenvollzug einer anderen Behörde eingreifen darf. Dem Gewerbeaufsichtsamt bzw. Arbeitsschutzamt ist es verwehrt, mit Zwang und Anordnung in den Bereich der Dienststellen der öffentlichen Verwaltung einzugreifen, wenn der hoheitliche Aufgabenvollzug dieser Dienststellen unmittelbar oder mittelbar berührt wird. Kollidierende öffentliche Interessen sind unter vorrangiger Berücksichtigung des Wohles der Allgemeinheit gegeneinander abzuwägen (vgl. *BVerwG* vom 16.1.1968, BVerwGE 29, 52, 58; *Zmarzlik/Anzinger*, JArbSchG, § 51 Rdnr. 6f.). Bei der Ausübung des Betretungsrechtes z.B. muß die Aufsichtsbehörde die Betretungszeiten so wählen, daß eine Störung des Dienstbetriebes der öffentlichen Verwaltung vermieden und die Weisungsbefugnis des öffentlichen Dienstherrn nicht beeinträchtigt wird. Diese Ausführungen gelten aber nur bezüglich der im öffentlichen Dienst beschäftigten Arbeitnehmerinnen (§ 1 MuSchG), nicht auch bezüglich der **Beamtinnen**. Im BBG fehlt eine dem § 80a BBG vergleichbare Bestimmung. Auch findet sich in der VO über den Mutterschutz für Beamtinnen (vgl. Anh. 4) kein entsprechender Hinweis, so daß der Mutterschutz für Beamtinnen bei der zuständigen Dienstbehörde verbleibt (vgl. auch *Buchner/Becker*, § 20 Rdnr. 10).

b) Sachlich zuständige Behörden. Obwohl § 20 die sachlich zuständige Aufsichtsbehörde nicht mehr selbst bestimmt, so weist er doch wie § 19 MuSchG a.F. der nach Landesrecht zuständigen Behörde, d.h. dem Gewerbeaufsichtsamt bzw. der Bergbehörde bzw. dem Amt für Arbeitsschutz, einen eigenständigen Aufgabenbereich zu, den nur diese und nicht etwa die dieser übergeordnete Behörde wahrnehmen kann. Der übergeordneten Behörde bleibt es nach wie vor überlassen, die Tätigkeit der zuständigen Behörde durch Anweisungen genereller Art (Verwaltungsvorschriften, allg. Verwaltungsanweisungen) oder durch Anweisungen im Einzelfall zu steuern. Solche Anweisungen sind allerdings nur für die zuständige Aufsichtsbehörde verbindlich, nicht dagegen für Dritte, insbesondere nicht für den Arbeitgeber (ebenso *Buchner/Becker*, § 20 Rdnr. 12f.; vgl. im einzelnen *Zmarzlik/Anzinger*, JArbSchG, § 51 Rdnrn. 3ff.); zur Organisation der Aufsichtsbehörden vgl. ferner *MünchArb/Wlotzke* § 201 Rdnrn. 35ff.

c) Örtlich zuständige Behörden. Die örtliche Zuständigkeit bestimmt sich nach den allgemeinen Verwaltungsverfahrensgesetzen der Länder, wenn diese selbst oder i.V.m. anderen Vorschriften, auf die sie verweisen, eine abschließende Regelung für das Verfahren in dem zu entscheidenden Fall enthalten (vgl. § 1 VwVfG). Soweit die Landesverwaltungsverfahrensgesetze zur Bestimmung der örtlichen Zuständigkeit einer Behörde auf das Bundesverwaltungsverfahrensgesetz Bezug nehmen, ist nach § 3 VwVfG i.V.m. der landesrechtlichen Verweisungsnorm zu entscheiden. Nach § 3 Abs. 1 Nr. 2 VwVfG ist in Angelegenheiten, die sich auf den Betrieb eines Unternehmens oder eine seiner Betriebsstätten, auf die Ausübung eines Berufes oder auf eine andere dauernde Tätigkeit beziehen, die Behörde örtlich zuständig, in deren Bezirk das Unternehmen oder die Betriebsstätte betrieben oder der Beruf oder die Tätigkeit ausgeübt wird oder ausgeübt werden soll. Verwaltungsakte auf dem Gebiet des MuSchG beziehen sich stets auf das Arbeitsverhältnis oder auf die Beschäftigung in Heimarbeit. Sie haben daher einen unmittelbaren Bezug zu dem Betrieb eines Unternehmens oder einer seiner Betriebsstätten. Wegen des Grundsatzes der größtmöglichen Sachnähe zu der zu regelnden Tätigkeit ist der Ort maßgebend, an dem die Tätigkeit stattfindet, auf die der Verwaltungsakt sich bezieht. Findet die Beschäftigung an mehreren Orten statt, so ist, soweit das Landesrecht keine Zuständigkeitsregelung trifft, jede Aufsichtsbehörde örtlich zuständig, in deren Bezirk ein Beschäftigungsort liegt. Nach § 3 Abs. 2 VwVfG entscheidet dann diejenige Behörde, die zuerst mit der Sache befaßt worden ist; es sei denn, die gemeinsame fachlich zuständige Aufsichtsbehörde bestimmt, daß eine andere örtlich zuständige Behörde zu entscheiden hat.

2. Der Aufsicht unterliegende Vorschriften

5   Der Aufsicht der zuständigen Behörden unterliegt die Ausführung grundsätzlich aller Vorschriften des MuSchG sowie der aufgrund des MuSchG erlassenen Rechtsverordnungen wie der MuSchArbV (vgl. § 2 Rdnr. 39; Anh. 5), ferner die Anordnungen und Bewilligungen. Ausgenommen von der Aufsicht sind die Vorschriften, die ihrer Natur nach für eine Aufsicht nicht geeignet sind, insbesondere die deklaratorischen Vorschriften des § 13 Abs. 1 und des § 15. Die Klärung der privatrechtlichen Zahlungsansprüche des § 11 und des § 16 Satz 2 fällt in die Zuständigkeit der Arbeitsgerichte. Zu § 12 und § 13 Abs. 2 vgl. § 20 Rdnr. 6.

3. Der Aufsicht unterliegende Personen und Stellen

6   Der Aufsicht unterworfen ist der Arbeitgeber in Betrieben und Verwaltungen aller Art sowie in Familienhaushalten, in denen Frauen beschäftigt werden, auch im öffentlichen Dienst, soweit es um die Beschäftigung von Arbeitnehmerinnen geht (vgl. § 20 Rdnr. 2). Der Aufsicht gemäß § 20 unterliegen dagegen nicht die Krankenkassen der gesetzlichen Krankenversicherung hinsichtlich der Zahlung des Mutterschaftsgeldes an versicherte Frauen. Dies folgt daraus, daß das Mutterschaftsgeld für versicherte Frauen nicht im MuSchG, sondern in der RVO geregelt ist. Eine Beaufsichtigung der Krankenkassen hinsichtlich der Erfüllung ihrer Pflichten nach § 12 und § 13 Abs. 2 ist weder notwendig noch zweckmäßig, da sie im Hinblick auf die Beachtung auch dieser Vorschriften bereits von den Aufsichtsbehörden der Sozialversicherung beaufsichtigt werden. Es empfiehlt sich jedoch eine enge Fühlungnahme mit den Aufsichtsbehörden (ebenso *Buchner/Becker*, § 20 Rdnr. 11; *Gröninger/Thomas*, § 20 Rdnr. 2; *Meisel/Sowka*, § 20 Rdnr. 3).

4. Allg. Inhalt der Aufsicht

7   Den Aufsichtsbehörden obliegt die Aufsicht über die Ausführung der in § 20 Abs. 1 genannten Vorschriften. Sie sind damit verpflichtet, die ordnungsgemäße Einhaltung dieser Vorschriften in den Betrieben, Verwaltungen und Familienhaushalten zu überwachen. Dabei müssen sie darauf achten, daß die Vorschriften ihrem Sinn und Zweck entsprechend zum Schutze von Mutter und Kind verwirklicht werden. Um dieser Pflicht gerecht zu werden, müssen sie im Rahmen ihres pflichtgemäßen Ermessens insbesondere die Betriebe begehen, Auskünfte nach § 19 einholen, Beschwerden und Anzeigen nachgehen sowie helfend, beratend und notfalls verbindlich klärend eingreifen (vgl. auch *Buchner/Becker*, § 20 Rdnr. 31). Ihnen obliegt die Amtspflicht, Verstöße gegen das MuSchG zu verhindern und gegen Gesetzesverletzungen vorzugehen (vgl. *BVerwG* vom 21.11.1967, GewArch. 1968, S. 65).

5. Befugnisse der Aufsichtsbehörde

a) **Revisionen.** Bei Ausübung der Aufsicht stehen den Aufsichtsbehörden nach § 20 Abs. 2 i.V.m. § 139b Abs. 1 GewO alle amtlichen Befugnisse der Ortspolizeibehörden zu. Sie haben insbesondere das Recht zur jederzeitigen **Revision** der Betriebe, Verwaltungen und Familienhaushalte. Der Arbeitgeber muß die aufgrund des MuSchG auszuführenden Revisionen nach § 20 Abs. 2 i.V.m. § 139b Abs. 4 GewO zu jeder Zeit, namentlich auch in der Nacht, gestatten, allerdings nur während des Betriebs, d.h. während der Zeit, während der, wenn auch beschränkt, gearbeitet wird einschließlich der Pausenzeit. Verletzt der Arbeitgeber seine Pflicht zur Gestattung der Revisionen oder behindert er den Aufsichtsbeamten, dann handelt er nach § 147 Abs. 3 GewO ordnungswidrig (ähnlich *Buchner/Becker*, § 20 Rdnrn. 32, 34; *Meisel/Sowka*, § 18 Rdnr. 7).

Bei Beginn einer Revision, auch einer unvermuteten, hat der Aufsichtsbeamte entsprechend den landesrechtlichen Dienstanweisungen den Arbeitgeber oder seinen Beauftragten in Kenntnis zu setzen (ebenso *Heilmann*, § 20 Rdnr. 12). Verlangt der Aufsichtsbeamte die **Anwesenheit des Arbeitgebers** oder eines Beauftragten zu seiner Unterrichtung, dann muß seinem Verlangen entsprochen werden, weil die Pflicht zur Gestattung einer Revision auch die Pflicht zur Anwesenheit bei der Revision umfaßt (vgl. *Buchner/Becker*, § 20 Rdnr. 30f.). Andererseits hat der Arbeitgeber auch ein Recht auf Anwesenheit und Gehör (ebenso *Gröninger/Thomas*, § 20 Rdnr. 5; *Heilmann*, § 20 Rdnr. 13).

b) **Maßnahmen.** Stellt die Aufsichtsbehörde Verstöße fest, so wird sie den Arbeitgeber zunächst über die Rechtslage belehren, ihn zu gesetzmäßigem Verhalten auffordern und ihn ggf. vor Wiederholung warnen. Eine beratende Tätigkeit der Aufsichtsbehörde ist vor allem bei der Durchführung des § 2 über die Arbeitsplatzgestaltung notwendig.

Führen diese **Maßnahmen nicht zum Ziel** oder ist mit ihrer freiwilligen Erfüllung von vornherein nicht zu rechnen, dann kann die Aufsichtsbehörde von ihren polizeilichen Befugnissen Gebrauch machen, vollziehbare Verfügungen erlassen und deren Beachtung oder Durchführung mit Mitteln des **Verwaltungszwangs** durchsetzen. Zwangsmittel sind nach den Verwaltungsvollstreckungsgesetzen des Bundes und der Länder Zwangsgeld, Ersatzvornahme und unmittelbarer Zwang. Bei Anwendung unmittelbaren Zwangs muß die Aufsichtsbehörde die Vollzugspolizei um Amtshilfe ersuchen. Unmittelbarer Zwang ist allerdings nur zulässig, wenn alle anderen Möglichkeiten des Zwangs versagen. Der Verwaltungszwang kann ohne vorausgehende vollziehbare Verfügung angewendet werden, wenn der sofortige Vollzug zur Verhinderung einer rechtswidrigen Tat, die einen Straf- oder Bußgeldtatbestand verwirklicht oder zur Abwehr einer drohenden Gefahr notwendig ist und die Aufsichtsbehörde hierbei innerhalb ihrer gesetzlichen Befugnisse handelt. Ist diese Lage nicht gegeben, müssen Zwangsmittel schriftlich angedroht werden unter Einräumung einer angemessenen Frist für die Erfüllung der Verpflichtung. Die Androhung kann mit der Verfügung verbunden werden; sie soll mit ihr verbunden werden, wenn der sofortige Vollzug angeordnet oder den Rechtsmitteln keine aufschiebende Wirkung beigelegt ist. Ist die Aufsichtsbehörde auch Verwaltungsbehörde i.S.d. § 35 OWiG, dann kann sie bei Zuwiderhandlungen gegen § 21 auch eine **Geldbuße** allein oder neben einem Zwangsgeld verhängen. Benötigt die Aufsichtsbehörde Auskünfte oder Aktenauszüge von einem Gericht oder einer anderen Behörde, so kann sie auch diese im Wege der Amtshilfe, zu der alle Behörden nach den Verwaltungsverfahrensgesetzen des Bundes und der Länder verpflichtet sind, einholen (vgl. auch *Buchner/Becker*, § 20 Rdnr. 39 ff.; *Gröninger/Thomas*, § 20 Rdnr. 6).

12 c) **Erforschung von Straftaten.** Zu den amtlichen Befugnissen der Beamten der Aufsichtsbehörde nach § 20 i.V.m. § 139 b GewO gehört auch die Aufgabe, **strafbare Handlungen** und Ordnungswidrigkeiten zu **erforschen**. Stellen sie eine Straftat fest, dann sind sie nach § 41 Abs. 1 OWiG verpflichtet, diese der Staatsanwaltschaft anzuzeigen und ihr die Sache abzugeben. Stellen sie eine Ordnungswidrigkeit fest und sind sie Verwaltungsbehörde i.S.d. § 35 OWiG, steht die Verfolgung der Ordnungswidrigkeit in ihrem Ermessen (vgl. *Gröninger/Thomas*, § 20 Rdnr. 7). Vgl. im einzelnen die Erläuterungen zu § 21.

6. Obliegenheiten der Aufsichtsbehörde

13 Die Aufsichtsbehörden sind nach § 20 Abs. 2 i.V.m. § 139 b Abs. 1 GewO, vorbehaltlich der Anzeige von Gesetzwidrigkeiten, zur Geheimhaltung der amtlich zu ihrer Kenntnis gelangenden Geschäfts- und Betriebsverhältnisse, also nicht nur der eigentlichen Betriebsgeheimnisse, verpflichtet. Diese Pflicht zur Geheimhaltung besteht jedoch nicht gegenüber der vorgesetzten Dienstbehörde und gegenüber anderen Behörden, die ebenfalls Aufgaben im Bereich des Arbeitsschutzes wahrnehmen und die selbst zur Geheimhaltung verpflichtet sind (*Buchner/Becker*, § 20 Rdnr. 36). Die Verletzung der Geheimhaltungspflicht kann ein Disziplinarverfahren und zivilrechtliche Haftung zur Folge haben. Zu den Obliegenheiten der Aufsichtsbehörde gehört ferner die Erstattung von Jahresberichten über ihre amtliche Tätigkeit auf dem Gebiet des Mutterschutzes (vgl. ferner *Zmarzlik/Anzinger*, JArbSchG, § 51 Rdnr. 29 f., auch zur neuen Gesetzeslage aufgrund des § 23 Abs. 4 ArbSchG).

7. Hinzuziehung des Betriebsrats

14 Die Aufsichtsbehörde hat nach § 89 Abs. 2 BetrVG bei Einführung und Prüfung von Arbeitsschutzeinrichtungen und bei Unfalluntersuchungen den Betriebsrat hinzuzuziehen (vgl. auch § 81 Abs. 2 BPersVG). Zu den Arbeitsschutzeinrichtungen in diesem Sinn gehört im Bereich des MuSchG insbeson-

dere die im § 2 vorgeschriebene Gestaltung des Arbeitsplatzes. Die Aufsichtsbeamten müssen daher, wenn sie die Arbeitsplätze der werdenden oder stillenden Mütter im Hinblick auf die Einhaltung der Vorschrift des § 2 überprüfen oder Anordnungen nach § 2 Abs. 5 treffen, den Betriebsrat hinzuziehen. Darüber hinaus sollten die Aufsichtsbeamten den Betriebsrat auch bei anderen Betriebsbesichtigungen hinzuziehen, damit dieser seiner Aufgabe nach § 89 Abs. 1 BetrVG, die Aufsichtsbeamten zu unterstützen, gerecht werden kann. In einigen Ländern (Hessen, Niedersachsen, Nordrhein-Westfalen) ist dies in den Dienstanweisungen bereits vorgesehen. Der Betriebsrat sollte sich auch selbst an die Aufsichtsbehörde mit Anregungen wenden, wenn der Arbeitgeber den Vorschriften des MuSchG zuwiderhandelt und eine Einigung im Betrieb nicht gelingt (vgl. auch *Buchner/Becker*, § 20 Rdnrn. 16 f.; *Gröninger/Thomas*, § 20 Rdnr. 2; *Heilmann*, § 20 Rdnr. 27 ff.).

8. Gegenvorstellung, Rechtsmittel gegen Verwaltungsakte

Der Arbeitgeber und auch andere Betroffene können jederzeit im Wege der **Gegenvorstellung** bei der Aufsichtsbehörde oder mit Hilfe einer **Aufsichtsbeschwerde** an die vorgesetzte Behörde versuchen, eine Änderung oder Aufhebung des von der Aufsichtsbehörde erlassenen Verwaltungsakts zu erreichen (ebenso *Gröninger/Thomas*, § 20 Rdnr. 9 f.). Sie können jedoch auch den **Verwaltungsrechtsweg** beschreiten und gegen einen Verwaltungsakt innerhalb eines Monats nach dessen Bekanntgabe Widerspruch bei der Aufsichtsbehörde, die den Verwaltungsakt erlassen hat, erheben (vgl. §§ 68 ff. VwGO). Wird dem Widerspruch nicht abgeholfen, dann kann innerhalb eines Monats nach Zustellung des Widerspruchsbescheids (vgl. jedoch auch § 75 VwGO) Klage beim Verwaltungsgericht erhoben werden (§ 74 VwGO). Mit der **Anfechtungsklage** kann die Aufhebung des Verwaltungsakts, mit der Verpflichtungsklage die Verurteilung zum Erlaß eines abgelehnten oder unterlassenen Verwaltungsakts, z. B. die Bewilligung einer Ausnahme, begehrt werden (§ 42 Abs. 1 VwGO; zur Untätigkeitsklage vgl. ferner § 75 VwGO). Widerspruch und Anfechtungsklage haben aufschiebende Wirkung, es sei denn, daß die sofortige Vollziehung angeordnet wird (§ 80 Abs. 1 und Abs. 2 Nr. 4 VwGO). Das besondere Interesse an der sofortigen Vollziehung des Verwaltungsaktes ist schriftlich zu begründen. Einer besonderen Begründung bedarf es nicht, wenn die Behörde bei Gefahr im Verzug, insbesondere bei drohenden Nachteilen für Leben und Gesundheit vorsorglich eine als solche bezeichnete **Notstandsmaßnahme** im öffentlichen Interesse trifft (§ 80 Abs. 3 VwGO, vgl. § 4 Rdnr. 88). 15

Nach § 42 Abs. 2 VwGO ist derjenige **klageberechtigt**, der geltend macht, durch den Verwaltungsakt oder durch dessen Ablehnung oder Unterlassung in seinen Rechten verletzt zu sein (§ 42 Abs. 2 VwGO). Das ist bei den aufgrund des MuSchG erlassenen oder zu erlassenden Verwaltungsakten in der Regel der Arbeitgeber. In ihren Rechten verletzt kann jedoch auch eine Frau sein, und 16

MuSchG § 20 *Aufsichtsbehörden*

zwar dann, wenn dem Arbeitgeber eine Ausnahme, z. B. vom Akkordverbot des § 4 Abs. 3, bewilligt und die Gesundheit der Frau oder ihres Kindes bei Ausübung der ausnahmsweise bewilligten Arbeit gefährdet wird (ebenso *Buchner/ Becker*, § 20 Rdnr. 57). Für eine Anfechtung durch die Frau kommt ferner insbesondere die Zulässigkeitserklärung einer Kündigung nach § 9 Abs. 3 in Betracht (vgl. § 9 Rdnr. 73), in den meisten Ländern für die Frau im gebührenfreien Verfahren (vgl. z. B. AM NW vom 29. 1. 1985, III A 4 – 8413; AM BW vom 27. 11. 1984, III/5 – 3043.5.2) jedenfalls dann, wenn die Frau die Kündigung nicht verschuldet hat.

17   Die **Anfechtungsklage** ist begründet, soweit der Verwaltungsakt rechtswidrig und der Kläger dadurch in seinen Rechten verletzt ist (§ 113 VwGO). Hierfür ist grundsätzlich die Sach- und Rechtslage im Zeitpunkt des Erlasses des angefochtenen Verwaltungsaktes bzw. – wenn ein Widerspruchsverfahren durchgeführt wurde – des Widerspruchsbescheides maßgebend. Bei **Ermessensentscheidungen** prüft das Gericht auch, ob der Verwaltungsakt rechtswidrig ist, weil die gesetzlichen Grenzen des Ermessens überschritten sind oder von dem Ermessen in einer dem Zweck der Ermächtigung nicht entsprechenden Weise Gebrauch gemacht wurde (§ 114 VwGO). Liegt eine Ermessensüberschreitung oder ein Ermessensfehlgebrauch vor, ist der betroffene Verwaltungsakt aufzuheben.

18   Eine **Verpflichtungsklage** ist begründet, wenn die Ablehnung oder Unterlassung des Verwaltungsaktes rechtswidrig, der Kläger dadurch in seinen Rechten verletzt und die Sache spruchreif ist (§ 113 Abs. 4 VwGO). Die Behörde wird dann verpflichtet, die beantragte Amtshandlung vorzunehmen. Bei **Ermessensentscheidungen** ist Spruchreife nur dann gegeben, wenn im konkreten Fall nur eine einzige Entscheidung nicht ermessensfehlerhaft wäre. Ist dies nicht der Fall, darf das Gericht nicht sein Ermessen an die Stelle des behördlichen Ermessens setzen. Die Behörde wird daher nur dazu verpflichtet, den Kläger unter Beachtung der Rechtsauffassung des Gerichtes neu zu bescheiden (vgl. auch *Buchner/Becker*, § 20 Rdnr. 49 ff.).

Sechster Abschnitt Straftaten und Ordnungswidrigkeiten

§ 21 Straftaten und Ordnungswidrigkeiten
(1) Ordnungswidrig handelt der Arbeitgeber, der vorsätzlich oder fahrlässig
1. den Vorschriften der §§ 3, 4 Abs. 1 bis 3 Satz 1 oder § 6 Abs. 1 bis 3 Satz 1 über die Beschäftigungsverbote vor und nach der Entbindung,
2. den Vorschriften des § 7 Abs. 1 Satz 1 oder Abs. 2 Satz 2 über die Stillzeit,
3. den Vorschriften des § 8 Abs. 1 oder 3 bis 5 Satz 1 über Mehr-, Nacht- oder Sonntagsarbeit
4. den auf Grund des § 4 Abs. 4 erlassenen Vorschriften, soweit sie für einen bestimmten Tatbestand auf diese Bußgeldvorschrift verweisen,
5. einer vollziehbaren Verfügung der Aufsichtsbehörde nach § 2 Abs. 5, § 4 Abs. 5, § 6 Abs. 3 Satz 2, § 7 Abs. 3 oder § 8 Abs. 5 Satz 2 Halbsatz 1,
6. den Vorschriften des § 5 Abs. 1 Satz 3 über die Benachrichtigung,
7. der Vorschrift des § 16 Satz 1, auch in Verbindung mit Satz 2, über die Freistellung für Untersuchungen oder
8. den Vorschriften des § 18 über die Auslage des Gesetzes oder des § 19 über die Einsicht, Aufbewahrung und Vorlage der Unterlagen und über die Auskunft
zuwiderhandelt.
(2) Die Ordnungswidrigkeit nach Absatz 1 Nr. 1 bis 5 kann mit einer Geldbuße bis zu fünfzehntausend Euro, die Ordnungswidrigkeit nach Absatz 1 Nr. 6 bis 8 mit einer Geldbuße bis zu zweitausendfünfhundert Euro geahndet werden.
(3) Wer vorsätzlich eine der in Absatz 1 Nr. 1 bis 5 bezeichneten Handlungen begeht und dadurch die Frau in ihrer Arbeitskraft oder Gesundheit gefährdet, wird mit Freiheitsstrafe bis zu einem Jahr oder mit Geldstrafe bestraft.
(4) Wer in den Fällen des Absatzes 3 die Gefahr fahrlässig verursacht, wird mit Freiheitsstrafe bis zu sechs Monaten oder mit Geldstrafe bis zu einhundertachtzig Tagessätzen bestraft.

Inhaltsübersicht

1. Täter und Teilnehmer 1–15
   a) Arbeitgeber 1
   b) Vertreter 2–5
   c) Beauftragte 6–11
   d) Aufsichtspflicht 12–13
   e) Teilnehmer, Mutter 14–15
2. Ordnungswidrigkeiten 16–18
3. Straftaten 19–20
4. Rechtswidrigkeit, Verschulden 21–23
5. Höhe der Geldbuße, Strafmaß 24–25
6. Verfahren bei der Verfolgung 26–28

MuSchG § 21 *Straftaten und Ordnungswidrigkeiten*

1. Täter und Teilnehmer

1 **a) Arbeitgeber.** Die Straf- und Bußgeldvorschriften des § 21 richten sich an den Arbeitgeber. Nur er kann daher **Täter** der in § 21 aufgezählten Straftaten und Ordnungswidrigkeiten sein. Die Arbeitgebereigenschaft ist Bestandteil des Straftatbestandes. Als Täter im strafrechtlichen oder ordnungswidrigkeitenrechtlichen Sinn kommen nur **natürliche** Personen in Betracht. Sind juristische Personen (z. B. Aktiengesellschaften) oder Personenhandelsgesellschaften (z. B. Kommanditgesellschaften) Arbeitgeber, begründet § 14 Abs. 1 StGB eine strafrechtliche bzw. § 9 Abs. 1 OWiG eine ordnungswidrigkeitenrechtliche Verantwortlichkeit des für die juristische Person bzw. Personenhandelsgesellschaft handelnden Vertreters. Gleiches gilt, wenn ein gesetzlicher Vertreter für eine natürliche Person handelt. Bei der Beschäftigung in Heimarbeit tritt an die Stelle des Arbeitgebers der Auftraggeber oder Zwischenmeister (§ 24).

2 **b) Vertreter.** Die Vorschriften des § 14 Abs. 1 StGB und des § 9 Abs. 1 OWiG regeln, wer als Täter in Betracht kommt, wenn ein **Vertreter** für den Arbeitgeber handelt. § 14 Abs. 1 StGB hat folgenden Wortlaut:

(1) Handelt jemand
1. als vertretungsberechtigtes Organ einer juristischen Person oder als Mitglied eines solchen Organs,
2. als vertretungsberechtigter Gesellschafter einer rechtsfähigen Personengesellschaft,
oder
3. als gesetzlicher Vertreter eines anderen,
so ist ein Gesetz, nach dem besondere persönliche Eigenschaften, Verhältnisse oder Umstände (besondere persönliche Merkmale) die Strafbarkeit begründen, auch auf den Vertreter anzuwenden, wenn diese Merkmale zwar nicht bei ihm, aber bei dem Vertretenen vorliegen.

§ 9 Abs. 1 OWiG hat folgenden Wortlaut:
(1) Handelt jemand
1. als vertretungsberechtigtes Organ einer juristischen Person oder als Mitglied eines solchen Organs,
2. als vertretungsberechtigter Gesellschafter einer rechtsfähigen Personengesellschaft
oder
3. als gesetzlicher Vertreter eines anderen,
so ist ein Gesetz, nach dem besondere persönliche Eigenschaften, Verhältnisse oder Umstände (besondere persönliche Merkmale) die Möglichkeit der Ahndung begründen, auch auf den Vertreter anzuwenden, wenn diese Merkmale zwar nicht bei ihm, aber bei dem Vertretenen vorliegen.

3 § 14 Abs. 1 StGB und § 9 Abs. 1 OWiG stellen klar, daß die Straf- und Bußgeldvorschriften des § 21 auch für **Organe** juristischer Personen, für **Gesellschafter** einer rechtsfähigen Personengesellschaft und für **gesetzliche Vertreter**

Täter und Teilnehmer § 21 MuSchG

gelten, wenn sie nicht für sich selbst, sondern in dieser Eigenschaft handeln. Sie kommen als Täter jedoch nur in Betracht, wenn sie selbst vertretungsberechtigt oder Mitglied eines vertretungsberechtigten Organs sind. Ihnen muß die Vertretung der juristischen Person oder der rechtsfähigen Personengesellschaft nach außen und innen obliegen. Daher finden § 14 Abs. 1 StGB und § 9 Abs. 1 OWiG Anwendung auf den Vorstand einer Aktiengesellschaft, nicht aber auf deren Aufsichtsratsmitglieder. Bei einer Kommanditgesellschaft ist ausschließlich der Komplementär zur Vertretung der Gesellschaft befugt. § 14 Abs. 1 StGB und § 9 Abs. 1 OWiG finden daher auf die Kommanditisten keine Anwendung (vgl. auch *Gröninger/Thomas*, § 21 Rdnr. 4).

Ist die Geschäftsführung auf **mehrere Mitglieder** des vertretungsberechtigten Organs einer juristischen Person oder auf mehrere Gesellschafter aufgeteilt, sind grundsätzlich alle Organmitglieder bzw. Gesellschafter Normadressaten. Begeht z. B. ein nach der Geschäftsverteilung nicht zuständiges Vorstandsmitglied eine Pflichtverletzung, so handelt er als Täter. Auch bei Unterlassungsdelikten sind grundsätzlich alle Organmitglieder bzw. Gesellschafter als Normadressaten anzusehen. Da es ihnen jedoch in der Regel nicht möglich ist, sich um Angelegenheiten zu kümmern, für die ein anderes Organmitglied bzw. Gesellschafter zuständig ist, handeln sie nicht pflichtwidrig, wenn sie die rechtlich gebotene, nicht in ihren Zuständigkeitsbereich fallende Handlung nicht vornehmen. Aus ihrer Stellung als Normadressaten ergibt sich jedoch dann eine Handlungspflicht im Rahmen des ihnen Zumutbaren, wenn sie die Möglichkeit einer Pflichtverletzung erkennen (vgl. *Göhler*, OWiG, § 9 Rdnrn. 15). 4

Gesetzliche Vertreter eines anderen sind insbesondere die Eltern und der Vormund einer natürlichen Person, die Arbeitgeber einer unter den Geltungsbereich des MuSchG fallenden Frau ist. Als gesetzliche Vertreter i.S.d. § 14 Abs. 1 StGB und § 9 Abs. 1 OWiG sind auch die »**Parteien kraft Amtes**« (Konkursverwalter, Testamentsvollstrecker, Vergleichsverwalter und Nachlaßverwalter) anzusehen, obwohl sie im eigenen Namen handeln. Die Schlüsselgewalt der Ehefrau begründet keine Vertretung in diesem Sinne. Die Ehefrau handelt entweder selbst als Arbeitgeber oder als dessen Beauftragte i.S.d. § 14 Abs. 2 StGB und § 9 Abs. 2 OWiG (vgl. zum Ganzen auch, § 21 Rdnrn. 20–33; *Gröninger/Thomas*, § 21 Rdnr. 4; *Meisel/Sowka*, § 21 Rdnr. 48). 5

c) **Beauftragte.** In der modernen arbeitsteiligen Wirtschaft kann der Inhaber einer größeren gewerblichen Einrichtung nicht alle Pflichten selbst wahrnehmen. Er bedient sich daher der Mithilfe anderer Personen, die diese Pflichten an seiner Stelle eigenverantwortlich erfüllen. Dieser Entwicklung trägt die Vorschrift des § 14 Abs. 2 StGB und § 9 Abs. 2 OWiG Rechnung und dehnt die strafrechtliche Verantwortung auf bestimmte Beauftragte sowie auf bestimmte ausdrücklich mit den Pflichten des Normadressaten betraute Personen aus. 6

§ 14 Abs. 2 StGB und § 9 Abs. 2 OWiG haben folgenden gleichen Wortlaut:
(2) Ist jemand von dem Inhaber eines Betriebes oder einem sonst dazu Befugten

1. beauftragt, den Betrieb ganz oder zum Teil zu leiten, oder
2. ausdrücklich beauftragt, in eigener Verantwortung Aufgaben wahrzunehmen, die dem Inhaber des Betriebes obliegen,
und handelt er aufgrund dieses Auftrags, so ist ein Gesetz, nach dem besondere persönliche Merkmale die Strafbarkeit begründen, auch auf den Beauftragten anzuwenden, wenn diese Merkmale zwar nicht bei ihm, aber bei dem Inhaber des Betriebs vorliegen. Dem Betrieb im Sinne des Satzes 1 steht das Unternehmen gleich. Handelt jemand aufgrund eines entsprechenden Auftrages für eine Stelle, die Aufgaben der öffentlichen Verwaltung wahrnimmt, so ist Satz 1 sinngemäß anzuwenden.

7   Die Straf- und Bußgeldvorschriften des § 21 gelten für die **Beauftragten** des § 14 Abs. 2 Nr. 1 StGB und § 9 Abs. 2 Nr. 1 OWiG schon dann, wenn sie **mit der Leitung** oder Beaufsichtigung des Betriebs oder eines Teils des Betriebs beauftragt sind. Nicht erforderlich ist, daß diese Personen auch mit der Überwachung der Ausführung des MuSchG ausdrücklich beauftragt werden. Der Gesetzgeber geht davon aus, daß der mit der Leitung oder Beaufsichtigung des Betriebs oder eines Teils des Betriebs Beauftragte, der in diesem Bereich eine Fülle von Aufgaben des Arbeitgebers auszuüben hat und Dienstvorgesetzter der anderen Arbeitnehmer ist, nach dem Willen des Arbeitgebers zugleich mit der Überwachung der Einhaltung der einschlägigen gewerbe- und sozialrechtlichen Vorschriften betraut ist (vgl. auch *BayObLG* vom 29.5.1963, AP Nr. 1 zu § 69 JArbSchG). Vom § 14 Abs. 2 Nr. 1 StGB und § 9 Abs. 2 Nr. 1 OWiG werden insbesondere die leitenden Angestellten in ihrer Funktion als Personalleiter, Betriebsleiter und Betriebsabteilungsleiter erfaßt. Personalleiter ist, wer für das Personalwesen verantwortlich ist. Betriebsleiter oder Betriebsabteilungsleiter ist, wer für die Leitung eines Betriebs oder eines Betriebsteils selbständig verantwortlich ist (vgl. auch *Gröninger/Thomas*, § 21 Rdnr. 5; *Meisel/Sowka*, § 21 Rdnr. 9).

8   Die Beauftragung mit der Leitung oder Beaufsichtigung des Betriebs oder eines Teils des Betriebs braucht nicht ausdrücklich zu erfolgen. Es genügt eine **Beauftragung durch schlüssiges Verhalten**. Dieses Verhalten muß klar den Willen zur Beauftragung erkennen lassen und so auch vom Beauftragten verstanden werden. Das Gesetz will die Betriebsleiter straf- und bußgeldrechtlich auch dann verantwortlich machen, wenn der Arbeitgeber eine ausdrückliche Beauftragung – gleichgültig aus welchen Gründen – unterläßt. Immer muß es sich jedoch um eine Beauftragung im Rechtssinne handeln. Die Beauftragung kann durch den Arbeitgeber oder durch eine andere in § 14 Abs. 1 StGB und § 9 Abs. 1 OWiG genannte Person erfolgen (ebenso *Gröninger/Thomas*, § 21 Rdnr. 5).

9   § 14 Abs. 2 Nr. 2 StGB und § 9 Abs. 2 Nr. 2 OWiG dehnen die straf- und bußgeldrechtliche Verantwortung auch auf Personen aus, die nicht Betriebsleiter sind. In Betracht kommen z.B. **Werkmeister**, Lohnbuchhalter, Betriebsassistenten und **andere Personen**, die vor allem auch mit der Wahrung sozialrechtlicher

Täter und Teilnehmer § 21 MuSchG

Belange der Betriebsangehörigen betraut sind, darüber hinaus aber auch außerhalb des Betriebs stehende Personen, z. B. Personen einer beauftragten Firma. Die Straf- und Bußgeldvorschriften des § 21 gelten für diese Personen allerdings nicht schon dann, wenn ihnen ein Aufgabenbereich zugewiesen wird, zu dem auch die Erfüllung der Pflichten aus dem MuSchG gehört (vgl. auch *BayObLG* in § 21 Rdnr. 6). Sie müssen vielmehr ausdrücklich mit der Erfüllung aller oder bestimmter der im Gesetz genannten Pflichten in der Weise betraut werden, daß ihre Verantwortlichkeit feststeht. Ein stillschweigendes »Betrauen« durch schlüssiges Handeln genügt daher nicht. Die Schriftform empfiehlt sich jedoch, damit der Umfang der übertragenen Kompetenz klar und nachweisbar geregelt ist. Der »Betraute« muß mit der ihm übertragenen Aufgabe einverstanden sein. Eine einseitige Weisung genügt nicht.

Das »Betrauen« muß darauf gerichtet sein, daß der »Betraute« alle oder 10 bestimmte der im Gesetz genannten Pflichten für den anderen **in eigener Verantwortung** und nicht nur in Mitverantwortung zu erfüllen hat. Verantwortung in diesem Sinne kann nur begründet werden, wenn es dem »Betrauten« insoweit auch möglich ist, in dem Wirkungskreis des anderen selbständig zu handeln, er also auch tatsächlich in der Lage ist, die Verantwortung des ursprünglich Verpflichteten zu ersetzen. Bloße Aufsichtspersonen, d. h. Personen, denen nur die Befugnis und Pflicht übertragen wird, bei auftretenden oder drohenden Betriebsmängeln oder Betriebsschäden die Betriebsleitung zu unterrichten, die jedoch keine eigene sachliche Entscheidungsbefugnis haben, erfüllen das Merkmal »in eigener Verantwortung« nicht. Die Auswechslung der Verantwortung darf ferner nicht außerhalb des Sozialadäquaten liegen. Es ist z. B. nicht zulässig, die Verantwortung auf diese Weise auf einen Arbeitnehmer in untergeordneter Stellung abzuwälzen.

Gemeinsame Voraussetzung für die Anwendung des § 14 Abs. 1 und 2 StGB 11 und § 9 Abs. 1 und 2 OWiG ist in allen Fällen, daß die darin bezeichneten Personen nicht für sich selbst, sondern in der darin bezeichneten Eigenschaft handeln, also als vertretungsberechtigtes Organ, als gesetzlicher Vertreter, als Betriebsleiter usw. Voraussetzung für die Anwendung des § 21 ist ferner, daß der Täter durch eine Rechtshandlung in eine in dieser Vorschrift bezeichnete Stellung gelangt ist. Maßt sich der Täter eine solche Stellung nur an, dann findet § 21 auf ihn keine Anwendung. Ohne Bedeutung ist, ob die Rechtshandlung, die die Vertretungsbefugnis begründen sollte, wirksam ist oder nicht (§ 14 Abs. 3 StGB und § 9 Abs. 3 OWiG). Entscheidend ist, ob der Vertreter oder Beauftragte mit Zustimmung des Betriebsinhabers faktisch eine Position einnimmt, wie sie § 14 Abs. 1 und Abs. 2 StGB und § 9 Abs. 2 voraussetzen.

d) **Aufsichtspflicht.** Der **Arbeitgeber** kann wegen der Zuwiderhandlungen 12 seines Vertreters oder Beauftragten nicht bestraft oder mit Geldbuße belegt werden. **Als Inhaber des Betriebes** oder Unternehmens obliegt ihm aber eine besondere Aufsichtspflicht. Er muß durch geeignete Maßnahmen sicherstellen, daß in seinem Betrieb oder Unternehmen keine Verstöße gegen die Vorschriften

MuSchG § 21 *Straftaten und Ordnungswidrigkeiten*

des MuSchG begangen werden (*Buchner/Becker*, § 21 Rdnr. 39). Zu den erforderlichen Aufsichtsmaßnahmen gehören auch die Bestellung, sorgfältige Auswahl und Überwachung von Aufsichtspersonen. Verletzt der Inhaber eines Betriebes oder Unternehmens vorsätzlich oder fahrlässig seine Aufsichtspflicht, handelt er i.S.d. § 130 Abs. 1 OWiG ordnungswidrig und kann mit einer Geldbuße belegt werden.

13   Der Täterkreis des § 130 Abs. 1 OWiG ist zwar auf den Inhaber des Betriebs oder Unternehmens begrenzt. Wie bei sonstigen Sonderdelikten auch, greift jedoch § 9 OWiG ein, der auch die für den Betriebsinhaber handelnden Personen in die Verantwortung einbezieht. Dem Inhaber eines Betriebes oder Unternehmens stehen daher gleich:
1. sein gesetzlicher **Vertreter**,
2. die Mitglieder des zur gesetzlichen Vertretung berufenen Organs einer juristischen Person sowie die vertretungsberechtigten Gesellschafter einer Personenhandelsgesellschaft,
3. Personen, die beauftragt sind, den Betrieb oder das Unternehmen ganz oder zum Teil zu leiten, soweit es sich um Pflichten handelt, für deren Erfüllung sie verantwortlich sind (vgl. auch *Gröninger/Thomas*, § 21 Rdnr. 10; *Meisel/Sowka*, § 21 Rdnr. 10; *Göhler*, OWiG, § 130 Rdnr. 4).

14   e) **Teilnehmer.** Beteiligen sich mehrere – auch im Sinne von Anstiftung oder Beihilfe – an einer Orndungswidrigkeit, so handelt jeder von ihnen ordnungswidrig (§ 14 OWiG); im Ordnungswidrigkeitsrecht gilt ein einheitlicher Täterbegriff. Betriebsangehörige, die keine Beauftragte im Sinne von § 14 Abs. 2 StGB oder von § 9 Abs. 2 OWiG sind, können jedoch nur dann als Beteiligte einer Ordnungswidrigkeit belangt werden, wenn sie selbständige Weisungs- und Dispositionsbefugnis haben. Andernfalls wäre jeder Betriebsangehörige dafür verantwortlich, daß die Vorschriften des MuSchG beachtet werden.

15   Die **Mutter** selbst ist bei einer Tat, die sich gegen sie richtet, in jedem Falle straflos (»notwendige Teilnahme«). Dies gilt selbst dann, wenn die Initiative zu dem Verstoß von der Mutter ausgegangen ist, sie z. B. dem Arbeitgeber anbietet, entgegen § 8 nachts oder sonntags tätig zu sein (vgl. auch *Buchner/Becker*, § 21 Rdnr. 56 ff.; *Gröninger/Thomas*, § 21 Rdnr. 12; *Meisel/Sowka*, § 21 Rdnr. 13). Andererseits wird eine Ordnungswidrigkeit des Arbeitgebers oder eines anderen nicht dadurch ausgeschlossen, daß die Mutter mit der verbotswidrigen Beschäftigung einverstanden ist (vgl. auch *Buchner/Becker*, § 21 Rdnr. 56; vgl. hier § 21 Rdnr. 21). Nach den Grundsätzen des Verbotsirrtums kann jedoch ein entschuldbarer Rechtsirrtum über die Beachtlichkeit des Einverständnisses der werdenden Mutter vorliegen, so daß ein schuldhaftes Handeln des Arbeitgebers zu verneinen wäre.

2. Ordnungswidrigkeiten (Abs. 1)

Verstöße gegen die in § 21 Abs. 1 genannten Vorschriften sind in der Regel Ordnungswidrigkeiten. Wird bei einem Verstoß gegen die in § 21 Abs. 1 Nr. 1–5 genannten Vorschriften die Frau in ihrer Arbeitskraft oder Gesundheit gefährdet, kann eine Straftat nach § 21 Abs. 3 vorliegen. Bei den in § 21 Abs. 1 Nr. 1–5 genannten Vorschriften handelt es sich also um sog. unechte Mischtatbestände (vgl. auch *Meisel/Sowka*, § 21 Rdnr. 15). Ob ein Verstoß gegen diese Vorschriften nur als Ordnungswidrigkeit oder auch als Straftat anzusehen ist, entscheidet sich danach, ob ergänzend zu dem Grundtatbestand des § 21 Abs. 1 Nr. 1–5 noch das zusätzliche tatbestandliche Erschwerungsmerkmal der Gefährdung einer Frau in ihrer Arbeitskraft oder Gesundheit rechtswidrig und vorwerfbar erfüllt wurde. Ist dies der Fall, geht nach den allgemeinen Grundsätzen der Gesetzeskonkurrenz die Ordnungswidrigkeit in der Straftat auf (vgl. *Göhler*, OWiG, § 21 Rdnr. 10). Durch diese tatbestandliche Ausgestaltung ist gewährleistet, daß die Einordnung einer Tat als Straftat oder Ordnungswidrigkeit exakt möglich ist (vgl. auch *Heilmann*, § 21 Rdnr. 2 ff.).

16

Die Aufzählung der Vorschriften, deren Verletzung bestraft oder mit Geldbuße belegt werden kann, ist in § 21 Abs. 1 Nr. 1 bis 8 abschließend, **Enumerationsprinzip**; vgl. zu § 21 Abs. 1 Nr. 4 ergänzend § 5 **MuSchArbV** (VO-Text § 2 MuSchG Rdnr. 39; Erläuterung § 2 MuSchG Rdnr. 91 ff.). Der Arbeitgeber kann daher wegen der Verletzung anderer Vorschriften nicht bestraft oder mit Geldbuße belegt werden, z. B. nicht wegen Verletzung des § 5 Abs. 1 Satz 4 über die unbefugte Bekanntgabe einer Mitteilung, des § 9 Abs. 1 über das Kündigungsverbot, des § 9 Abs. 2 über die Unterlassung der Mitteilung einer Kündigung, des § 10 über die Erhaltung von Rechten, des § 11 über das Arbeitsentgelt bei Beschäftigungsverboten (vgl. auch *Buchner/Becker*, § 21 Rdnr. 5; *Gröninger/Thomas*, § 21 Rdnr. 13).

17

Die Ahndung eines Verstoßes gegen eine Verfügung der Aufsichtsbehörde nach § 21 Abs. 1 Nr. 5 setzt voraus, daß die **Verfügung vollziehbar** ist. Das ist der Fall, wenn die Verfügung unanfechtbar geworden oder sofort vollziehbar ist. Der Strafrichter oder die Bußgeldbehörde sind nicht befugt, die Verfügung auf ihre Rechtmäßigkeit zu prüfen (ebenso *Buchner/Becker*, § 21 Rdnr. 15; *Heilmann*, § 21 Rdnr. 8). Die Nichterfüllung einer mit einer Ausnahmebewilligung verbundenen Auflage ist nicht unter Strafe oder Geldbuße gestellt. Wird allerdings eine Ausnahme nur unter einer Bedingung erteilt und erfüllt der Arbeitgeber die Bedingung nicht, dann kann ein strafbarer Verstoß gegen das Verbot, von dem die Ausnahme erteilt werden sollte, vorliegen (ebenso *Buchner/Becker*, § 21 Rdnr. 16). Der Hinweis auf § 21 Abs. 1 Nr. 5 in der Verfügung ist im Unterschied zur bisherigen Regelung in § 20 Abs. 1 MuSchG a. F. keine Voraussetzung für die Strafbarkeit. Die Aufnahme eines solchen Hinweises dürfte jedoch zweckmäßig sein.

18

Der **Versuch** eines Verstoßes gegen die Vorschriften des § 21 Abs. 1 Nr. 1 bis 8 über Ordnungswidrigkeiten (Versuch: unmittelbares Ansetzen zu einem Verstoß) kann nicht geahndet werden, weil das MuSchG eine solche Ahndung, wie § 13 Abs. 1 OWiG sie voraussetzt, nicht vorsieht.
Verjährung. Die Verfolgung einer Ordnungswidrigkeit gegen § 21 Abs. 1 Nr. 1 bis 8 verjährt in 2 Jahren (§ 31 Abs. 2 Nr. 2 OWiG); es sei denn, die Verjährung ruht oder wird unterbrochen.

3. Straftaten (Abs. 3 u. 4)

19   Eine Straftat liegt vor, wenn die Frau durch eine der in § 21 Abs. 1 Nr. 1 bis 5 bezeichneten Handlungen in ihrer Arbeitskraft oder Gesundheit gefährdet wird (konkrete Gefährdung) und der Täter nicht nur die Handlung vorsätzlich oder fahrlässig, sondern auch die Gefahr vorsätzlich oder fahrlässig herbeiführt (ebenso *Buchner/Becker*, § 21 Rdnr. 18). Es genügt auch eine geringe Wahrscheinlichkeit des Eintritts einer nicht ganz unbedeutenden Beeinträchtigung. Unter **Arbeitskraft** ist die von Natur aus vorhandene oder durch Ausbildung oder Übung erworbene Fähigkeit, Arbeit zu leisten, zu verstehen. Gesundheitsgefährdung ist die Gefahr der Herbeiführung oder der Steigerung einer körperlichen oder seelischen Krankheit (vgl. auch *Buchner/Becker*, § 21 Rdnr. 18 ff.; *Gröninger/Thomas*, § 21 Rdnr. 19; *Meisel/Sowka*, § 21 Rdnr. 17, 18).

20   Eine Schädigung der Gesundheit oder Arbeitskraft wird im § 21 Abs. 3 nicht vorausgesetzt. Es genügt eine Gefährdung der Gesundheit oder Arbeitskraft. Eine abstrakte Gefahr reicht allerdings nicht aus. Durch die Zuwiderhandlung müssen zumindest so regelwidrige Arbeitsbedingungen entstehen, daß nach allgemeinen Erfahrungsgrundsätzen mit einer nicht unerheblichen Beeinträchtigung der Gesundheit oder der Arbeitskraft der Frau zu rechnen ist, die früher oder später zu objektivierbaren Krankheitsbefunden führen kann. Der Eintritt eines nicht unerheblichen Schadens an der Gesundheit oder Arbeitskraft der Frau muß nach der Lebenserfahrung zumindest wahrscheinlich sein (ähnlich *Heilmann*, § 21 Rdnr. 24). Bei der Feststellung einer **Gesundheitsgefährdung** sollte man im Hinblick darauf, daß es sich um ein Vergehen handelt, also um kriminelles Unrecht, nicht von einem übersteigerten Wertbegriff »Gesundheit«, sondern von einem Begriff ausgehen, bei dem zumindest wissenschaftlich weitgehend gesicherte Zusammenhänge zwischen arbeitsbedingten Belastungsfaktoren und der Gesundheit der Arbeitnehmer nachgewiesen sind (vgl. auch *Buchner/Becker*, § 21 Rdnr. 19; a.A. *Heilmann*, § 21 Rdnr. 22, der den sehr weitgehenden, für andere Zwecke entwickelten Gesundheitsbegriff der Weltorganisation WHO hier überträgt).

4. Rechtswidrigkeit, Verschulden

Eine tatbestandsmäßige Verletzung der in § 21 Abs. 1 genannten Vorschriften 21
ist rechtswidrig, wenn keine Rechtfertigungsgründe vorliegen. Das Einverständnis der Mutter mit der Zuwiderhandlung ist bis auf § 3 Abs. 2 kein Rechtfertigungsgrund, da sie auf den Schutz des MuSchG wegen seiner zwingenden, öffentlich-rechtlichen Ausgestaltung nicht verzichten kann (vgl. auch *Buchner/ Becker*, § 21 Rdnr. 56; *Heilmann*, § 21 Rdnr. 25; *Meisel/Sowka*, § 21 Rdnr. 19).

Vorwerfbares Handeln besteht darin, daß der Täter rechtswidrig gehandelt 22
hat, obwohl er unter den konkreten Umständen fähig war, sich von der Rechtspflicht zu normgemäßem Verhalten bestimmen zu lassen. Formen vorwerfbaren Handelns sind Vorsatz und Fahrlässigkeit. **Vorsatz** ist Wissen und Wollen der Tatbestandsverwirklichung, d. h. das bewußte und gewollte Verwirklichen aller Merkmale des Tatbestandes. **Fahrlässig** handelt, wer entweder die Sorgfalt außer acht läßt, zu der er nach den Umständen und seinen persönlichen Verhältnissen verpflichtet und fähig ist, und deshalb die Tatbestandsverwirklichung nicht erkennt (unbewußte Fahrlässigkeit) oder wer die Tatbestandsverwirklichung für möglich hält, jedoch pflichtwidrig und vorwerfbar im Vertrauen darauf handelt, daß sie nicht eintreten werde (bewußte Fahrlässigkeit). Nimmt der Handelnde die Tatbestandsverwirklichung billigend in Kauf, so handelt er mit bedingtem Vorsatz. Inhalt und Umfang der Sorgfaltspflicht des Arbeitgebers sind im Bereich des Mutterschutzes in der Regel durch den Umstand beeinflußt, daß der Arbeitgeber bei der Beschäftigung von Frauen »kraft Berufes« das MuSchG zu kennen und zu beachten hat.

Der Irrtum über die tatsächlichen Voraussetzungen eines Tatbestandsmerk- 23
mals, **Tatbestandsirrtum**, schließt den Vorsatz aus. Der Arbeitgeber weiß z. B. bei der Vergabe von Akkordarbeit nicht, daß die Frau schwanger ist. Es ist jedoch zu beachten, daß beim Tatbestandsirrtum die Sanktion wegen fahrlässiger Begehung unberührt bleibt (§ 16 Abs. 1 StGB, § 11 Abs. 1 OWiG). Fehlt dem Arbeitgeber bei Begehung der Tat das Unrechtsbewußtsein, so handelt er im Verbotsirrtum (§ 17 StGB); z. B. der Arbeitgeber beschäftigt eine schwangere Frau nach 20 Uhr in der Meinung, dies sei für Schwangere nicht verboten. Bei einem solchen **Verbotsirrtum** kommt es darauf an, ob der Irrtum vermeidbar war oder nicht. Unvermeidbar (= nicht vorwerfbar) ist der Verbotsirrtum, wenn der Täter trotz ihm zumutbarer Anspannung des Gewissens die Einsicht in das Unrechtmäßige seines Tuns nicht zu gewinnen vermochte (*BGHSt* 2, 194, 202). Ein Arbeitgeber, der regelmäßig Frauen beschäftigt, muß sich jedoch über den Inhalt des MuSchG informieren (zur Erkundigungspflicht vgl. *OLG Düsseldorf* vom 13.4.1992, DB 1992, S. 2148). Er muß es nach § 18 sogar für sie aushängen. Ein Irrtum des Arbeitgebers über die Vorschriften des MuSchG ist daher in der Regel vermeidbar (vgl. auch *Buchner/Becker*, § 21 Rdnr. 60–63). In einem derartigen Fall ist eine vorsätzliche Handlung gegeben. Bei einer Straftat kann die Strafe gemäß § 17 Satz 2 StGB gemildert werden. Bei einer Ordnungswidrigkeit

MuSchG § 21 *Straftaten und Ordnungswidrigkeiten*

ist die Tat grundsätzlich ebenfalls milder zu beurteilen als ein vorsätzliches Handeln ohne Verbotsirrtum.

5. Höhe der Geldbuße, Strafmaß

24   Eine **Ordnungswidrigkeit** nach § 21 Abs. 1 **Nr. 1 bis 5** kann gemäß § 21 Abs. 2 mit einer Geldbuße bis 15 000 Euro, eine Ordnungswidrigkeit nach § 21 Abs. 1 Nr. 6 bis 8 mit einer Geldbuße bis 2 500 Euro geahndet werden. Die Mindestgeldbuße beträgt gemäß § 17 Abs. 1 OWiG 5 Euro. Die Länder haben in ihren Bußgeldkatalogen für die Verstöße gegen die einzelnen Vorschriften des MuSchG bestimmte Bußgeldbeträge als Regelsätze für vorsätzliche Zuwiderhandlungen festgesetzt. Nach § 17 Abs. 3 OWiG ist Grundlage für die Zumessung der Geldbuße die Bedeutung der Ordnungswidrigkeit und der Vorwurf, der den Täter trifft. Auch die wirtschaftlichen Verhältnisse des Täters kommen in Betracht; bei geringfügigen Ordnungswidrigkeiten bleiben sie jedoch unberücksichtigt. Als geringfügig können Ordnungswidrigkeiten bezeichnet werden, die mit einer Geldbuße von nicht mehr als 35 Euro geahndet werden (§ 56 Abs. 1 OWiG). Gemäß § 17 Abs. 4 OWiG soll die Geldbuße den wirtschaftlichen Vorteil, den der Täter aus der Ordnungswidrigkeit gezogen hat, übersteigen. Reicht das gesetzliche Höchstmaß hierzu nicht aus, so kann es überschritten werden.

25   Die **Strafe** nach § 21 Abs. 3 ist Freiheitsstrafe bis zu einem Jahr oder Geldstrafe. Das Mindestmaß der Freiheitsstrafe beträgt einen Monat (§ 38 Abs. 2 StGB). Sie wird nach vollen Wochen und Monaten bemessen (§ 39 StGB). Für die Geldstrafe ist das sog. Tagessatzsystem maßgebend. Es knüpft in der Regel an das Nettoeinkommen an, das der Täter durchschnittlich an einem Tag hat oder haben könnte (vgl. dazu *OLG Celle* NJW 1975, S. 2029 f.). Ein Tagessatz wird auf mindestens 1 und höchstens 5 000 Euro festgesetzt; dabei sind die persönlichen und wirtschaftlichen Verhältnisse des Täters zu berücksichtigen (vgl. § 40 Abs. 2 StGB). Die Geldstrafe darf 5 Tagessätze nicht unter- und 360 (bei einer Gesamtstrafe wegen mehrerer selbständiger Taten) nicht überschreiten (§§ 40, 54 Abs. 2 Satz 2 StGB). Für die Strafzumessung ist bei Freiheits- ebenso wie bei Geldstrafe Grundlage die Schuld des Täters. Das Gericht ist verpflichtet, die Wirkungen zu berücksichtigen, die von der Strafe für das künftige Leben des Täters in der Gesellschaft zu erwarten sind (§ 46 Abs. 1 StGB; vgl. auch *Buchner/Becker*, § 21 Rdnr. 68).

6. Verfahren bei der Verfolgung

26   Straftaten und Ordnungswidrigkeiten werden verfahrensmäßig unterschiedlich behandelt. Für die Verfolgung von **Straftaten** gilt grundsätzlich das Legalitätsprinzip, d. h. es besteht eine Verpflichtung, wegen aller verfolgbaren Straf-

Verfahren bei der Verfolgung § 21 MuSchG

taten einzuschreiten, sofern zureichende tatsächliche Anhaltspunkte vorliegen (§ 152 Abs. 2 StPO). Zuständig sind die Staatsanwaltschaften und die Strafgerichte. Eine Bestrafung erfolgt entweder durch Urteil aufgrund einer Hauptverhandlung (§ 260 StPO) oder durch schriftlichen Strafbefehl (§ 407 StPO).

Für die Verfolgung von **Ordnungswidrigkeiten** gilt das Opportunitätsprinzip, d.h. die Verfolgungsbehörde ist nicht stets verpflichtet, ein Bußgeldverfahren einzuleiten und durchzuführen, sondern sie entscheidet darüber nach pflichtgemäßem Ermessen. Zuständige Verwaltungsbehörde für die Ahndung von Ordnungswidrigkeiten ist nach den Vorschriften der Länder weitgehend das Gewerbeaufsichtsamt (vgl. § 36 Abs. 2 OWiG). Das Bußgeldverfahren beginnt mit dem Ermittlungsverfahren, auf das die Vorschriften über das Strafverfahren nach § 46 Abs. 1 OWiG sinngemäß Anwendung finden, sofern das OWiG nichts anderes bestimmt. Der Abschluß der Ermittlungen ist aktenkundig zu machen (§ 61 OWiG), wenn die Aufsichtsbehörde die weitere Verfolgung der Ordnungswidrigkeit erwägt. Läßt die Aufsichtsbehörde es nicht bei einer Verwarnung bewenden, die mit oder ohne Verwarnungsgeld erteilt werden kann, erläßt sie einen Bußgeldbescheid (vgl. im einzelnen *Mertens*, Arbeitsschutz 1975, S. 370). Der Betroffene kann gegen den Bußgeldbescheid innerhalb einer Woche nach Zustellung schriftlich oder zur Niederschrift bei der Aufsichtsbehörde, die den Bußgeldbescheid erlassen hat, Einspruch einlegen (§ 67 OWiG). Über den Einspruch entscheidet das Amtsgericht, in dessen Bezirk die Aufsichtsbehörde ihren Sitz hat (§ 68 Abs. 1 Satz 1 OWiG). Die Aufsichtsbehörde übersendet die Akten nach Einspruch über die Staatsanwaltschaft an das Amtsgericht (§ 69 Abs. 3 Satz 1 OWiG). Der Amtsrichter entscheidet nach einer Hauptverhandlung oder durch Beschluß, wenn er eine Hauptverhandlung nicht für erforderlich hält (§§ 71 ff. OWiG). Gegen seine Entscheidung ist unter bestimmten, einschränkenden Voraussetzungen Rechtsbeschwerde zulässig, über die das OLG entscheidet (§ 79 Abs. 1 OWiG).

27

Das Bußgeldverfahren, das Verwarnungsverfahren bei Ordnungswidrigkeiten, die Einleitung von Straftaten bei Straftaten sowie die Berechnung und Festsetzung von Geldbußen im einzelnen sind in den bundeseinheitlichen Richtlinien der Länder für die Verfolgung und Ahndung von Zuwiderhandlungen gegen Vorschriften des Mutterschutzgesetzes erläutert.

28

§§ 22, 23 *(weggefallen)*

§§ 22 und 23 sind durch Art. 127 Nr. 2 des Einführungsgesetzes zum Gesetz über Ordnungswidrigkeiten vom 24.5.1968 (BGBl. I S. 503) aufgehoben worden.

Siebenter Abschnitt   Schlußvorschriften

§ 24   In Heimarbeit Beschäftigte

Für die in Heimarbeit Beschäftigten und die ihnen Gleichgestellten gelten
1. die §§ 3, 4 und 6 mit der Maßgabe, dass an die Stelle der Beschäftigungsverbote das Verbot der Ausgabe von Heimarbeit tritt,
2. § 2 Abs. 4, § 5 Abs. 1 und 3, § 9 Abs. 1, § 11 Abs. 1, § 13 Abs. 2, die §§ 14, 16, 19 Abs. 1 und § 21 Abs. 1 mit der Maßgabe, dass an die Stelle des Arbeitgebers der Auftraggeber oder Zwischenmeister tritt.

Inhaltsübersicht

1. Allgemeines, Zweck 1
2. Geltung des Mutterschutzes in der Heimarbeit 2–7

1. Allgemeines, Zweck

1   Für die in Heimarbeit Beschäftigten und die ihnen Gleichgestellten gelten nicht nur die in § 24 aufgeführten, sondern auch die anderen Vorschriften des MuSchG. Das folgt daraus, daß sie ebenso wie die im Arbeitsverhältnis stehenden Frauen unter den Geltungsbereich des § 1 fallen und die Vorschriften des MuSchG für das Heimarbeitsverhältnis bereits aufgrund des § 1 Nr. 2 gelten.

§ 24 hat lediglich den **Zweck**, einige der Vorschriften des MuSchG den Besonderheiten des Heimarbeitsverhältnisses anzupassen (ebenso *Buchner/ Becker*, § 24 Rdnr. 2 f.). Die Besonderheiten des Heimarbeitsverhältnisses bestehen vor allem darin, daß die Heimarbeiter in der eigenen Wohnung oder in selbstgewählter Betriebsstätte selbständig arbeiten, daß ihnen Aufträge nach Menge und ggf. Zeitdauer zugeteilt werden und daß ihnen nicht ein weisungsbefugter Arbeitgeber, sondern ein Auftraggeber oder Zwischenmeister gegenübersteht. Vgl. zu Heimarbeit und Mutterschutz im einzelnen *Schmidt/ Koberski*, HAG, § 19 Anh. Rdnr. 163 ff.

2. Geltung des Mutterschutzes in der Heimarbeit

2   § 24 bestimmt dementsprechend, daß für die in Heimarbeit Beschäftigten und die ihnen Gleichgestellten die Vorschriften der §§ 3, 4 und 6 mit der Maßgabe gelten, daß an die Stelle der Beschäftigungsverbote das **Verbot der Ausgabe von Heimarbeit** tritt. Wird z. B. in einem ärztlichen Zeugnis die Weiterarbeit einer schwangeren Heimarbeiterin in vollem Umfang als gesundheitsgefährdend i. S. d.

Geltung des Mutterschutzes in der Heimarbeit § **24 MuSchG**

§ 3 Abs. 1 bezeichnet, dann darf der Auftraggeber oder Zwischenmeister während der Dauer der Gesundheitsgefährdung in der Zeit der Schwangerschaft an diese Heimarbeiterin Heimarbeit nicht mehr ausgeben. Nach § 11 muß er ihr grundsätzlich das Durchschnittsentgelt der letzten dreizehn Wochen oder der letzten drei Monate vor Beginn des Monats, in dem die Schwangerschaft eingetreten ist, weiterzahlen (vgl. im einzelnen die Rdnr. zu § 11).

§ 24 bestimmt ferner, daß in allen Vorschriften, in denen das Wort »Arbeitgeber« verwandt ist, an die Stelle dieses Wortes die Worte »Auftraggeber oder Zwischenmeister« treten. Die einzelnen Vorschriften sind dementsprechend zu lesen und anzuwenden. Auch im übrigen sind die Vorschriften des MuSchG, soweit dies in den einzelnen Vorschriften, z.B. in § 7 Abs. 4 und § 8 Abs. 5, nicht ohnehin schon vorgeschrieben ist, den **Besonderheiten** des Heimarbeitsverhältnisses entsprechend auszulegen und anzuwenden. So ist z.B. § 16 über die Freizeit für Untersuchungen auf Heimarbeiterinnen in der Weise anzuwenden, daß sie für die Zeit, die sie für eine nur während ihrer üblichen Tagesarbeitszeit durchführbare Untersuchung (vgl. § 16 Rdnr. 2, 3) aufwenden müssen, ein Entgelt in Höhe eines durchschnittlichen Stundenverdienstes erhalten. Der **Erziehungsurlaub** gilt für die in Heimarbeit beschäftigten und ihnen gleichgestellten Frauen in gleicher Weise wie für die im Arbeitsverhältnis stehenden Frauen (vgl. §§ 15 und 20 BErzGG). Zum **Kündigungsschutz** der Frauen in Heimarbeit während der Schwangerschaft und nach der Entbindung vgl. § 9 Rdnr. 131 f.

3

In § 24 war bis zur Änderung durch Art. 1 Nr. 6 des Gesetzes zur Einführung des Mutterschaftsurlaubs nicht bestimmt, daß die Vorschriften des § 13 Abs. 2 und des § 14 für die in Heimarbeit Beschäftigten und die ihnen Gleichgestellten mit der Maßgabe gelten, daß an die Stelle des Arbeitgebers der Auftraggeber oder Zwischenmeister tritt. Hieraus haben die Krankenkassen z.T. den Schluß gezogen, daß die §§ 13 und 14 für die in Heimarbeit Beschäftigten und die ihnen Gleichgestellten insoweit nicht gelten, als dort ausdrücklich nur das Arbeitsverhältnis und der Arbeitgeber angesprochen wird. Eine solche Schlußfolgerung war schon deswegen unzulässig, weil § 24 Ansprüche weder begründet noch ausschließt. Diese Vorschrift hat lediglich den Zweck, die einzelnen Vorschriften des MuSchG den Besonderheiten des Heimarbeitsverhältnisses anzupassen, soweit dies nicht schon in den einzelnen Vorschriften geschehen ist (vgl. § 24 Rdnr. 1). Für eine solche Schlußfolgerung besteht aufgrund des Art. 1 Nr. 6 des Gesetzes zur Einführung eines Mutterschaftsurlaubs keine Veranlassung mehr. **§ 13 Abs. 2 und § 14** sind hierdurch ausdrücklich in § 24 eingefügt. Außerdem wurde in der Gegenäußerung der Bundesregierung zu der zweifelnden Stellungnahme des Bundesrates zu Art. 1 Nr. 6 des Entwurfs eines Gesetzes zur Einführung eines Mutterschaftsurlaubs klargestellt, daß das Heimarbeitsverhältnis im Mutterschutz ebenso behandelt werden muß wie das Arbeitsverhältnis. Die Gleichstellung des Heimarbeitsverhältnisses mit dem Arbeitsverhältnis ergibt sich bereits aus § 1 MuSchG. Einer besonderen Klarstellung bedarf es daher

4

weder in § 24 MuSchG noch in § 200 RVO (vgl. *BT-Drucks.* 8/2613 S. 18 und 22 zu Nr. 5; ebenso *Buchner/Becker*, § 24 Rdnr. 4).

5   Einen Anspruch auf **Mutterschaftsgeld** nach § 13 Abs. 2 und einen Anspruch auf den **Zuschuß zum Mutterschaftsgeld** nach § 14 haben demnach alle Frauen, die unter den Geltungsbereich des § 1 fallen. Hierzu gehören die in Heimarbeit beschäftigten und die ihnen gleichgestellten Frauen. Auch diesen Frauen stehen daher die genannten Ansprüche zu. Bei der Prüfung dieser Ansprüche sind allerdings die Besonderheiten des Heimarbeitsverhältnisses zu berücksichtigen. So tritt in § 14 Abs. 1 anstelle des Arbeitgebers der Auftraggeber oder Zwischenmeister als Anspruchsverpflichteter. Die Voraussetzungen der genannten Ansprüche sind, soweit dies der Gesetzgeber nicht selbst getan hat, durch Auslegung den Besonderheiten des Heimarbeitsverhältnisses anzupassen. So ist die Voraussetzung des § 13 Abs. 2 und des § 14 Abs. 2 »vom Arbeitgeber zulässig aufgelöstes Arbeitsverhältnis« wie folgt anzupassen: »Vom Auftraggeber oder Zwischenmeister zulässig aufgelöstes Heimarbeitsverhältnis«. In § 13 Abs. 2 i. V. m. § 200 Abs. 2 Satz 1 RVO ist **dem Arbeitsverhältnis das Heimarbeitsverhältnis gleichzustellen.** Dies bedeutet, daß die Voraussetzungen dieser Vorschriften auch dann erfüllt sind, wenn in der Zeit zwischen dem zehnten und dem vierten Monat einschließlich dieser Monate vor der Entbindung lediglich ein Heimarbeitsverhältnis von zwölf Wochen bestanden hat.

6   Der Wortlaut des § 200 RVO und des § 13 Abs. 2 ist hinsichtlich der Voraussetzungen gleich (vgl. *Beschl. BMA* vom 20.5.1968, DBK 1968 Sp. 406). Zwingende Gründe, versicherte und nichtversicherte Frauen unterschiedlich zu behandeln, sind nicht ersichtlich. Gegen die Gleichstellung des Heimarbeitsverhältnisses mit dem Arbeitsverhältnis in § 200 Abs. 2 Satz 1 RVO und gegen die Gleichstellung der Frauen, deren Heimarbeitsverhältnis vom Auftraggeber oder Zwischenmeister zulässig aufgelöst worden ist (vgl. hierzu § 13 Rdnr. 33 ff.), spricht auch nicht der Umstand, daß die in Heimarbeit Beschäftigten nur in der ersten Alternative des § 200 Abs. 2 Satz 1 RVO ausdrücklich genannt sind. Hiermit wollte der Gesetzgeber lediglich zum Ausdruck bringen, daß auch Heimarbeiterinnen Anspruch auf Mutterschaftsgeld haben, weil sich dies aus der RVO nicht ohne weiteres ergibt. Er wollte dagegen die Anspruchsvoraussetzungen bei Heimarbeiterinnen nicht beschränken. Dies folgt daraus, daß der § 200 Abs. 2 Satz 1 RVO diesen Personenkreis mit den Worten »in Heimarbeit beschäftigt« lediglich anspricht, nicht aber abschließend begrenzt. Wäre eine abschließende Begrenzung gewollt gewesen, dann hätte der Gesetzgeber zumindest auch die diesem Personenkreis gleichgestellten Frauen mit dem Wortlaut des § 1 Nr. 2 nennen müssen; denn die Schutzfristen gelten auch für diese Frauen. Darüber hinaus erfordert auch der Sinn und Zweck der Regelung ihre Anwendung auf Heimarbeiterinnen. Frauen, deren Arbeitsverhältnis vom Arbeitgeber zulässig aufgelöst worden ist, erhalten Mutterschaftsgeld, weil der Gesetzgeber die Ausnahmen vom Kündigungsverbot des § 9 nicht beseitigt hat, er es andererseits jedoch als unbillig ansah, diesen Frauen während der Schutz-

fristen die notwendige Lebensgrundlage zu nehmen. Dies gilt aber für Heimarbeiterinnen in gleicher Weise wie für Arbeitnehmerinnen.

MuSchArbV. § 24 MuSchG bezieht für die in Heimarbeit Beschäftigten die 7 Ermächtigungsgrundlagen des § 2 Abs. 4 und des § 4 Abs. 4 MuSchG ein. Damit gilt die aufgrund des § 2 Abs. 4 Nr. 2 und des § 4 Abs. 4 MuSchG erlassene Mutterschutzverordnung (MuSchArbV) vom 15.4.1997 auch für die in Heimarbeit Beschäftigten mit den in § 24 MuSchG bestimmten Maßgaben. Dementsprechend muß der Auftrageber oder Zwischenmeister die Arbeitsplätze der in Heimarbeit beschäftigten Frauen auf deren Arbeitsbedingungen für Mütter gemäß § 1 MuSchArbV beurteilen, die Mütter vom Ergebnis der Beurteilung und über weitere Folgerungen aus der Beurteilung gemäß §§ 2 und 3 MuSchArbV unterrichten und die erforderlichen Maßnahmen treffen. Ferner muß der Auftrageber oder Zwischenmeister die in §§ 4 und 5 MuSchArbV bestimmten besonderen Beschäftigungsverbote und -beschränkungen für Mütter mit der Maßgabe beachten, daß an die Stelle der Beschäftigungsverbote und -beschränkungen das Verbot der Ausgabe von Heimarbeit tritt mit der Folge der Lohnfortzahlung gemäß § 11 MuSchG. Zur MuSchArbV im einzelnen vgl. § 2 Rdnr. 39 ff.

§ 25 Geltung im Lande Berlin *(weggefallen)*

§ 25 a. F.: Dieses Gesetz und die aufgrund dieses Gesetzes erlassenen und noch zu erlassenden Rechtsverordnungen gelten auch im Lande Berlin, sobald es gemäß Artikel 87 Abs. 2 seiner Verfassung die Anwendung dieses Gesetzes beschlossen hat.

Entwicklung: Die Vorschrift enthielt die sog. Berlin-Klausel des § 25 1 MuSchG a.F. Das MuSchG a.F. war im Land Berlin durch das Gesetz des Landes Berlin vom 24.4.1952 (GVBl. Berlin S. 292) mit Wirkung vom 7.5.1952 in Kraft getreten (vgl. auch GVBl. Berlin 1960, S. 966). Die mutterschutzrechtlichen Vorschriften fanden im Land Berlin nach dem Gesetz des Landes Berlin vom 23.9.1965 (GVBl. Berlin S. 1221) und das dieses zuletzt ändernde Finanzänderungsgesetz 1967 nach dem Gesetz des Landes Berlin vom 22.12.1967 (GVBl. S. 1832) Anwendung. Die Bekanntmachung der Neufassung des Mutterschutzgesetzes vom 18.4.1968 (BGBl. I S. 315) wurde in Berlin am 3.5.1968 veröffentlicht (GVBl. Berlin S. 542). Für das Gesetz zur Einführung eines Mutterschaftsurlaubs vom 6.6.1979 (BGBl. I S. 797) galt die Berlin-Klausel des Art. 8 dieses Gesetzes und das Übernahmegesetz des Landes Berlin vom 12.7.1979 (GVBl. Berlin S. 957).

Durch den **Beitritt** der ehemaligen **DDR** zur Bundesrepublik Deutschland 2 am 3.10.1990 und die Aufhebung des Sonderstatus von West-Berlin ist die sog. Berlin-Klausel gegenstandslos geworden und sollte bei der nächsten Änderung des MuSchG gestrichen werden.

MuSchG § 26 *Inkrafttreten*

3   Die Änderung des MuSchG durch das Erste Gesetz zur Änderung des MuSchG vom 3.7.1992 (BGBl. I S. 1191) galt bereits unmittelbar im gesamten Bundesgebiet einschließlich der neuen Bundesländer und von West- und Ostberlin. Durch **Art. 1 Nr. 12 des Gesetzes** zur Änderung des Mutterschutzrechts **vom 20.12.1996** (BGBl. I S. 2110) ist § 25 gestrichen worden (vgl. *BT-Drucks. 13/2763* S. 12)

§ 26 Inkrafttreten

1   Das Mutterschutzgesetz in seiner ursprünglichen Fassung vom 24.1.1952 (BGBl. I S. 69) ist am 6.2.1952 in Kraft getreten. Die Fassung vom 18.4.1968 (BGBl. I. S. 315) galt seit dem 27.4.1968. Die Vorschriften über den Mutterschaftsurlaub, die durch das Gesetz zur Einführung eines Mutterschaftsurlaubs vom 25.6.1979 (BGBl. I. S. 797) als §§ 8a, 8b, 8c, 8d, 9a, 10 Abs. 1 Satz 2 und § 13 Abs. 3 eingefügt wurden, galten bis zu ihrer Streichung durch § 38 Nr. 1 BErzGG vom 1.7.1979 bis zum 31.12.1985 (vgl. § 41 BErzGG).

2   Die Änderung des MuSchG durch das Erste Gesetz zur Änderung des MuSchG vom 3.7.1992 (BGBl. I S. 1191), vor allem mit den Änderungen der §§ 8 und 9 (vgl. Einf. Rdnr. 53), ist am 10.7.1992 in Kraft getreten, die Änderung durch Art. 10 des Arbeitszeitrechtsgesetzes vom 6.6.1994 (BGBl. I S. 1170) am 1.7.1994. Aufgrund des Art. 7 des Gesetzes zur Änderung des Mutterschutzrechts vom 20.12.1996 (BGBl. I S. 2110) ist dieses Gesetz am **1. Januar 1997** in Kraft getreten (vgl. *BT-Drucks. 13/6110* S. 13). Aufgrund des Art. 6 dieses Änderungsgesetzes ist die **Neufassung des Mutterschutzgesetzes vom 17. Januar 1997** am 24.1.1997 (BGBl. I S. 22) bekanntgemacht worden.

3   Durch Art. 13 des Gesetzes zur Änderung des Begriffs »Erziehungsurlaub« vom 30.11.2000 (BGBl. I S. 1638), in Kraft getreten am 2.1.2001, ist § 14 Abs. 4 Satz 1 MuSchG geändert worden. Eine weitere Änderung ist am 23.10.2001 (BGBl. I S. 2702) durch das Achte Euro-Einführungsgesetz erfolgt, dessen Art. 11 Änderungen in §§ 13 Abs. 2, 14 Abs. 1 und § 21 Abs. 2 MuSchG zum Gegenstand hatten, die am 1.1.2002 in Kraft getreten sind. Mit dem Zweiten Gesetz zur Änderung des Mutterschutzrechts vom 16.6.2002 (BGBl. I S. 1812), in Kraft getreten am 20.6.2002, ist u.a. Art. 8 (Mutterschaftsurlaub) der Richtlinie 92/85 EWG des Rates vom 19.10.1992 über die Durchführung von Maßnahmen zur Verbesserung der Sicherheit und des Gesundheitsschutzes von schwangeren Arbeitnehmerinnen, Wöchnerinnen und stillenden Arbeitnehmerinnen am Arbeitsplatz umgesetzt worden. Aufgrund des Art. 5 dieses Änderungsgesetzes ist die **Neufassung des Mutterschutzgesetzes vom 20.6.2002** (BGBl. I S. 2318) am 2.7.2002 bekannt gemacht worden. Durch Art. 32 des Gesetzes vom 14.11.2003 (BGBl. I S. 2190) ist mit Wirkung zum 1.1.2004 in § 15 MuSchG das Entbindungsgeld gestrichen worden.

Teil D Erläuterungen zu den Vorschriften der RVO über Mutterschaftsleistungen[1,2]

Vorschriften der Reichsversicherungsordnung über Leistungen bei Schwangerschaft und Mutterschaft in der Fassung des Art. 5 des Gesundheits-Reformgesetzes vom 20. Dezember 1988 (BGBl. I S. 2477), zuletzt geändert durch Artikel 8 des Gesetzes zur Modernisierung der gesetzlichen Krankenversicherung vom 14. November 2003 (BGBl. I S. 2190).

Einführung zu den Mutterschaftsleistungen

1   Das Gesetz zur Änderung des Mutterschutzgesetzes und der Reichsversicherungsordnung vom 24. August 1965 (BGBl. I S. 912) sah eine Neufassung des Unterabschnitts »III. Wochenhilfe« im zweiten Abschnitt des Zweiten Buches der RVO vor, die weitgehend mit den entsprechenden Bestimmungen des Entwurfs eines Krankenversicherungsneuregelungsgesetzes (BT-Drucks. IV/816) übereinstimmte. Entsprechend dem internationalen Sprachgebrauch wurde die »Wochenhilfe« in »Mutterschaftshilfe« umbenannt. Materiell-rechtlich waren die wichtigsten Neuerungen:

Beseitigung der bisher geforderten Vorversicherungszeit, Einführung von Vorsorgeleistungen, Gewährung eines Rechtsanspruchs auf Anstaltsentbindung, Erhöhung des einmaligen Beitrages zu den Kosten der Entbindung bei gleichzeitigem Wegfall des Stillgeldes, Neuregelung des Mutterschaftsgeldes, insbesondere bezüglich der Lastenverteilung zwischen Krankenkassen und Bund.

Diese Neuregelung sollte am 1. Januar 1966 in Kraft treten, ist jedoch wegen der schwierigen Finanzlage des Bundes und deshalb z.T. auch verändert durch das Finanzänderungsgesetz 1967 v. 21.12.1967 (BGBl. I S. 1259) am 1.1.1968 in Kraft gesetzt worden.

2   Nach 1968 wurden die Vorschriften über Mutterschaftshilfe praktisch nur insoweit geändert, als Änderungen in anderen Bereichen der RVO und in anderen Gesetzen sich auch auf die Mutterschaftshilfe auswirkten. So wurde durch das 2. Krankenversicherungs-Änderungsgesetz vom 21. Dezember 1970 (BGBl. 1 S. 1770) das Hausgeld während der Krankenhaus- und Entbindungsan-

---

1 §§ ohne Zusatz in diesem Teil beziehen sich auf die Reichsversicherungsordnung (RVO).
2 Der bloße Wortlaut der einschlägigen RVO-Vorschriften ist auf S. 13ff. dieses Buches abgedruckt.

staltspflege abgeschafft und durch das Mutterschafts- bzw. Krankengeld ersetzt. Das Gesetz über die Krankenversicherung der Landwirte vom 10. August 1972 (BGBl. I S. 1433) räumte den nach diesem Gesetz versicherungspflichtigen Personen ebenfalls einen Anspruch auf Leistungen der Mutterschaftshilfe ein. Ferner hat das Krankenversicherungs-Kostendämpfungsgesetz vom 27. Juni 1977 (BGBl. I S. 1069) die Voraussetzungen für die Zahlung des Entbindungskosten-Pauschbetrages und für den Anspruch auf Familienhilfe neu geregelt.

3   Eine wichtige Leistungsverbesserung brachte das Gesetz zur Einführung eines Mutterschaftsurlaubs vom 25.6.1979 (BGBl. I S. 797), das den Anspruch auf das Mutterschaftsgeld auf die Zeit des – neu geschaffenen – Mutterschaftsurlaubs ausdehnte und auch bei den Frauen Mutterschaftsgeld vorsah, die bei Bestehen eines Arbeitsverhältnisses Mutterschaftsurlaub hätten beanspruchen können. Es trat am 1.7.1979 in Kraft und wurde auf die unter das Mutterschutzgesetz fallenden Frauen angewendet, deren Schutz nach der Entbindung frühestens am 30.6.1979 endete. Durch das Haushaltsbegleitgesetz 1984 vom 22.12.1983 (BGBl. I S. 1532) wurde der während des Mutterschaftsurlaubs zu zahlende kalendertägliche Höchstbetrag des Mutterschaftsgeldes mit Wirkung vom 1.1.1984 von 25 DM auf 17 DM herabgesetzt.

Das Gesetz über die Gewährung von Erziehungsgeld und Erziehungsurlaub vom 6.12.1985 (BGBl. I S. 2154) hat die Vorschriften über den Mutterschaftsurlaub und das während dieser Zeit zu zahlende Mutterschaftsgeld gestrichen und durch einen Erziehungsurlaub sowie Erziehungsgeld ersetzt. Das Erziehungsgeld ist eine Leistung mit familienpolitischer Zielsetzung, die unabhängig von einem Arbeits- oder Versicherungsverhältnis allen Müttern und Vätern gezahlt wird, die ein Kind erziehen und betreuen. Die Leistung wird zu Lasten des Bundes von den durch die Landesregierungen bestimmten Stellen erbracht. Die Neuregelung gilt in allen Fällen, in denen nach dem 31.12.1985 ein Kind geboren worden ist.

4   Das Gesetz zur Strukturreform im Gesundheitswesen (Gesundheits-Reformgesetz – GRG) vom 20.12.1988 (BGBl. I S. 2477) hat in Art. 5 Nr. 4 die Vorschriften über die Leistungen bei Schwangerschaft und Mutterschaft (früher »Mutterschaftshilfe«) mit Wirkung vom 1.1.1989 neu gefaßt. Dabei wurde die Paragraphenfolge zum Teil verändert. Diese Vorschriften wurden ebenso wie die Vorschriften über die sonstigen Hilfen (§§ 200 e–g RVO) nicht, wie noch im Regierungsentwurf eines Gesundheits-Reformgesetzes (vgl. Art. 1 §§ 57-64, BR-Drs. 200/88) vorgesehen, in das Fünfte Buch Sozialgesetzbuch (SGB V) aufgenommen. Wegen grundsätzlicher Vorbehalte einer Reihe von Abgeordneten der CDU/CSU-Fraktion gegen die Vorschriften über den Schwangerschaftsabbruch und wegen ihrer Weigerung, aus Gewissensgründen über diese Vorschriften als Teil des GRG zu beschließen, sind die Vorschriften in der RVO belassen worden – einschließlich der entsprechenden Regelungen des Kassenarztrechts – (vgl. *Jung*, BArbBl. 1/1989 S. 13). Die Vorschriften über die Leistungen bei Schwangerschaft und Mutterschaft sind bei der Neufassung durch das GRG überarbei-

Einführung **RVO**

tet und gestrafft, inhaltlich jedoch nur wenig verändert worden. Der bisher in § 198 RVO geregelte Entbindungskostenpauschbetrag ist ersatzlos weggefallen. An die Stelle des einmaligen Mutterschaftsgeldes von 35-150 DM des bisher geltenden Rechts ist das Entbindungsgeld getreten, das bis zum 31.12.2003 an alle weiblichen Versicherten in Höhe von einheitlich 150 DM, seit dem 1.1.2002 77 Euro, gezahlt wurde. Durch Art. 8 Nr. 2 des Gesetzes zur Modernisierung der gesetzlichen Krankenversicherung (vom 14.11.2003, BGBl. I S. 2190) ist diese Leistung aus dem Leistungskatalog der gesetzlichen Krankenversicherung herausgenommen worden.

Auch die Vorschriften des KVLG über die Leistungen bei Schwangerschaft und Mutterschaft sind neu gefaßt worden. Die Änderungen in Art. 6 Nr. 3 GRG richten sich inhaltlich nach den entsprechenden neu gestalteten Vorschriften in der RVO. Während die Leistungen bei Schwangerschaft und Mutterschaft, ebenso wie die sonstigen Hilfen, gleichfalls aus den oben genannten Gründen im Gesetz über die Krankenversicherung der Landwirte belassen wurden, sind die übrigen Vorschriften der landwirtschaftlichen Krankenversicherung in dem durch Art. 8 GRG eingeführten Zweiten Gesetz über die Krankenversicherung der Landwirte (KVLG 1989) geregelt.

Die Vorschriften im Zweiten Buch der RVO und die des KVLG über die Leistungen bei Schwangerschaft und Mutterschaft und die sonstigen Hilfen sind – wie die Vorschriften des SGB V – **in den fünf neuen Bundesländern und in Ost-Berlin** am 1.1.1991 in Kraft getreten (vgl. Anlage I Kapitel VIII Sachgebiet G Abschnitt II Nrn. 4 und 5 des Einigungsvertrages vom 31.8.1990, BGBl. II S. 889, 1055). In den Fällen, in denen das Kind **vor dem 1.1.1991 geboren ist**, galten die Vorschriften des Rechts der ehemaligen DDR über die Dauer der Freistellung und die an Mütter zu zahlenden Geldleistungen bis spätestens 31.12.1993 weiter (vgl. Anlage II Kapitel X Sachgebiet A Abschnitt III Nrn. 4-6, 8 und 10 des Einigungsvertrages für Schwangerschafts- und Wochengeld sowie Stillgeld, und Sachgebiet H Abschnitt III Nrn. 1-7 für die Geburtenbeihilfe und die dem Erziehungsgeld vergleichbare Mütterunterstützung). Die Geldleistungen wurden im Auftrag der Überleitungsanstalt Sozialversicherung von den Krankenkassen ausgezahlt. Die Sachleistungen erbrachten die Krankenkassen für ihre Versicherten als eigene Leistungen, für die nicht bei ihnen Versicherten im Auftrag und zu Lasten der Überleitungsanstalt. Diese hat ihre Tätigkeit am 31.12.1991 eingestellt. Ihre Befugnisse und bei ihrer Auflösung noch nicht erledigte Aufgaben sind auf das BVA übergegangen (Art. 1 § 14 des Gesetzes vom 20.12.1991, BGBl. I S. 2313).

Art. 2 und 3 des Zweiten Gesetzes zur Umsetzung des Spar-, Konsolidierungs- und Wachstumsprogramms vom 21.12.1993 (BGBl. I S. 2374) haben § 200a RVO und § 30 KVLG sowie die darin vorgesehenen Bundeszuschüsse mit Wirkung vom 1.1.1994 gestrichen. Ebenfalls gestrichen wurde die Erstattung der Aufwendungen für die Sonderunterstützung für Hausangestellte (§ 12 MuSchG) durch Art. 6 des Gesetzes zur Änderung des Mutterschutzrechts vom

20.12.1996 (BGBl. I S. 2110). Damit beschränkt sich die finanzielle Beteiligung des Bundes bei Mutterschaftsfällen auf das Mutterschaftsgeld für die nicht gesetzlich krankenversicherten Arbeitnehmerinnen. Dieser massive Rückzug des Bundes aus dem Bereich der Mutterschaftshilfe begegnet immer mehr verfassungspolitischen Bedenken aus Artikel 6 Abs. 4 GG und dürfte auch mit der Zielsetzung von internationalen Verträgen, die die Bundesrepublik Deutschland ratifiziert hat (z.B. Artikel 8 der Europäischen Sozialcharta), nur schwer zu vereinbaren sein. Einen verfassungsrechtlichen Verstoß hat das *BSG* in mehreren Entscheidungen bei einer vergleichbaren Gesetzesänderung jedoch verneint (vgl. § 13 MuSchG Rdnr. 11 und 12). Das 9. SGB-V-Änderungsgesetz (vom 8.5.1998 (BGBl. I S. 907) hat die Ausnahme von den Zuzahlungen in § 196 Abs. 2 auf Hilfsmittel ausgedehnt. Durch das GKV-Reformgesetz 2000 (vom 22.12.1999, BGBl. I S. 2626) ist die Vorversicherungszeit für den Bezug von Mutterschaftsgeld in § 200 Abs. 1 aufgehoben worden, da diese zeitlichen Anspruchsvoraussetzungen insbesondere für junge Berufsanfängerinnen nach einem Studium häufig nicht erfüllbar sind und das Mißbrauchspotential angesichts der Arbeitsmarktsituation als gering eingeschätzt wurde. Durch das Zweite Gesetz zur Änderung des Mutterschutzrechts (vom 16.3.2002, BGBl. I S. 1812) sind in § 200 Abs. 1 und 3 Folgeänderungen zur Flexibilisierung der Mutterschutzfrist bei vorzeitiger Entbindung durch § 6 Abs. 1 MuSchG sowie zur Gewährung von Mutterschaftsgeld an Frauen, die während der Mutterschutzfrist Arbeitnehmerinnen werden (§ 13 Abs. 2 und 3 MuSchG) geregelt worden. Außerdem wurde in § 200 Abs. 3 eine Klarstellung zur Bezugsdauer von Mutterschaftsgeld bei Geburten nach dem mutmaßlichen Tag der Entbindung aufgenommen. § 200b, der die Gewährung von Entbindungsgeld an Frauen vorsah, die keinen Anspruch auf Mutterschaftsgeld hatten, ist durch das GKV-Modernisierungsgesetz vom 14.11.2003 (BGBl. I S. 2318) mit Wirkung vom 1.1.2004 an aufgehoben worden.

7   **Finanzielle Bedeutung der Leistungen bei Mutterschaft:** 2003 gaben die Krankenkassen für Leistungen bei Schwangerschaft/Mutterschaft in 609.662 Fällen ca. 2,836 Milliarden Euro aus. Dies waren 2,35 v.H. der Leistungsausgaben der gesetzlichen Krankenversicherung. Sie teilen sich wie folgt auf:

Ärztliche Betreuung	412,3 Mio. Euro
Hebammenhilfe	260,6 Mio. Euro
Stationäre Entbindung	1.480,5 Mio. Euro
Häusliche Pflege	0,1 Mio. Euro
Haushaltshilfe	53,2 Mio. Euro
Sonstige Sachleistungen	7,8 Mio. Euro
Mutterschaftsgeld	603,5 Mio. Euro
Entbindungsgeld	15,37 Mio. Euro
Mehrleistungen Bkn	0,16 Mio. Euro
Investitionszuschlag nach Art. 13 III GSG	2,4 Mio. Euro

Leistungen bei Schwangerschaft und Mutterschaft § 195 RVO

Seit dem 1.1.2004 beteiligt sich der Bund auf Grund des GKV-Modernisierungsgesetzes vom 14.11.2003 (BGBl. I S. 2190) an den Aufwendungen der Krankenkassen für versicherungsfremde Leistungen (§ 221 SGB V). Hierzu gehören nach allgemeiner Auffassung auch die Ausgaben der Krankenkassen im Zusammenhang mit Schwangerschaft und Mutterschaft. Der Bund beteiligt sich an den diesbezüglichen Ausgaben der Krankenkassen in Form eines Pauschalbetrags. Dieser beträgt im Jahr 2004 1 Mrd. EUR, 2005 2,5 Mrd. EUR und ab 2006 4,2 Mrd. EUR jährlich. Diese Beträge werden auf die Krankenkassen entsprechend ihrer Ausgaben für versicherungsfremde Leistungen verteilt (§ 221 Abs. 2 Satz 2 SGB V). Das Nähere über die Verteilung ist in der Pauschal-Abgeltungsverordnung (vom 26.4.2004, BGBl. I S. 644) geregelt.

§ 195 Leistungen bei Schwangerschaft und Mutterschaft

(1) Die Leistungen bei Schwangerschaft und Mutterschaft umfassen
1. ärztliche Betreuung und Hebammenhilfe,
2. Versorgung mit Arznei-, Verband- und Heilmitteln,
3. stationäre Entbindung,
4. häusliche Pflege,
5. Haushaltshilfe,
6. Mutterschaftsgeld.

(2) Für die Leistungen nach Absatz 1 gelten die für die Leistungen nach dem Fünften Buch Sozialgesetzbuch geltenden Vorschriften entsprechend, soweit nichts Abweichendes bestimmt ist. § 16 Abs. 1 des Fünften Buches Sozialgesetzbuch gilt nicht für den Anspruch auf Mutterschaftsgeld. Bei Anwendung des § 65 Abs. 2 des Fünften Buches Sozialgesetzbuch bleiben die Leistungen nach Absatz 1 unberücksichtigt.

Inhaltsübersicht

1. Umfang der Leistungen bei
   Schwangerschaft und Mutterschaft...... 1–2
2. Bedeutung der Vorschrift 3–4
3. Geltung der Vorschriften des SGB V . 5–13
4. Leistungen bei Auslandsaufenthalt.... 14–21
5. Beitragsrückzahlung....................... 22
6. Familienversicherung................. 23–45
   a) Eigenständige Versicherung....... 23–24
   b) Ehegatte und Kinder 25–33
   c) Wohnsitz oder gewöhnlicher
      Aufenthalt im Inland 34–36
   d) Aus der Familienversicherung
      ausgeschlossene Personen............. 37
   e) Gesamteinkommen 38–43
   f) Umfang des Leistungsanspruchs
      aus der Familienversicherung.......... 44
   g) Zuständigkeit 45

1. Umfang der Leistungen bei Schwangerschaft und Mutterschaft

Die Leistungen bei Schwangerschaft und Mutterschaft sind eine besondere Leistungsart der gesetzlichen Krankenversicherung, »Gegenstand der Versiche- 1 rung«, wie § 179 es ausdrückt. Sie werden weiblichen Versicherten während der Schwangerschaft, bei und nach der Entbindung gewährt und umfassen die Leistungen, die § 195 aufführt. Leistungsberechtigt ist nur die leibliche Mutter. Auch die sog. Leihmutter (vgl. dazu § 6 MuSchG Rdnr. 12), die selbst versichert ist, ist ungeachtet der Frage nach der Unwirksamkeit des »Leihmuttervertrages« anspruchsberechtigt. Der die Leistungsverpflichtung der Kasse auslösende Tatbestand, der »**Versicherungsfall**«, ist jeweils das Ereignis, welches das der jeweiligen Leistung eigentümliche Versicherungsrisiko verwirklicht und durch seinen Eintritt die Leistungspflicht begründet (vgl. *BSG* vom 29.4.1971, BSGE 32 S. 270 = USK 7175 = BKK 1971 S. 266 und vom 29.1.1980, BSGE 49 S. 240 = USK 8011; dazu kritisch, aber im Ergebnis zustimmend *Töns*, § 195 Rdnr. 3; vgl. auch *Meisel/Sowka*, § 195 Rdnr. 4; *Aye/Heinke/Marburger*, § 195 Rdnr. 2). Dies kann im Einzelfall die Schwangerschaft, das Einsetzen der Phase der besonderen Schutzbedürftigkeit der werdenden Mutter (so für das Mutterschaftsgeld *BSG* a.a.O.) oder die Entbindung sein. Schwangerschaft ist der Zustand von der Befruchtung bis zum Beginn der Entbindung (vgl. auch § 3 Rdnr. 2) oder bis zur Fehlgeburt bzw. bis zum Abbruch. Die Entbindung beginnt mit den Wehen und endet mit der Ausstoßung der Nachgeburt (vgl. auch § 6 Rdnr. 4-5).

2   Die Gewährung von besonderen Leistungen bei Schwangerschaft und Mutterschaft geht davon aus, daß **Schwangerschaft und Entbindung** einen natürlichen Vorgang darstellen und **nicht Krankheiten i.S.** des im **SGB V** kodifizierten Krankenversicherungsrechts sind. Als Krankheit i.S. des § 27 Abs. 1 **SGB V**, die mit dem medizinischen Begriff der Krankheit nicht identisch ist, bezeichnet man einen regelwidrigen Körper- oder Geisteszustand, der die Notwendigkeit einer ärztlichen Heilbehandlung oder zugleich oder allein Arbeitsunfähigkeit zur Folge hat (vgl. *BSG* vom 23.11.1971, BSGE 33 S. 202 = NJW 1972 S. 1157 = BKK 1972 S. 107 = USK 71186). Die Krankheit liegt allerdings nicht erst mit dem Beginn der Heilbehandlung, sondern bereits mit der Behandlungsbedürftigkeit vor. Heilbehandlung ist notwendig, wenn durch sie der regelwidrige Körper- oder Geisteszustand behoben, gebessert, vor einer Verschlimmerung bewahrt oder Schmerzen oder Beschwerden gelindert werden können. Die Entbindung ist dagegen, auch wenn sie regelwidrig verläuft, in erster Linie Mutterschaftsfall (*RVA* 5283 in AN 1939 S. 166). Auch **Schwangerschaftsbeschwerden** sind in der Regel keine Krankheit i.S. des SGB V (ebenso *Buchner/Becker*, § 15 MuSchG Rdnr. 13; *Töns*, § 195 Rdnr. 4). Stehen Beschwerden jedoch nicht in ursächlichem Zusammenhang mit Schwangerschaft oder Entbindung, dann handelt es sich um Krankheiten, für die Leistungen der Krankenbehandlung (§§ 27 ff. SGB V) beansprucht werden können (vgl. auch vor § 3 Rdnr. 15, § 3 Rdnr. 18 ff.). Die Unterscheidung ist u.a. deshalb von Bedeutung, weil bei Leistungen bei Schwangerschaft und Mutterschaft keine Zuzahlung zu Arznei-, Verband-, Heil- oder Hilfsmitteln und zur Krankenhausbehandlung entrichtet zu werden braucht (vgl. § 196 Rdnr. 24 und § 197 Rdnr. 13). Außerdem betrifft die seit dem 1.1.2004 neu eingeführte Verpflich-

Bedeutung der Vorschrift § 195 RVO

tung der Krankenkassen, die Krankenbehandlung von nicht gesetzlich krankenversicherten Sozialhilfeempfängern zu Lasten der Sozialhilfeträger zu übernehmen (§ 264 Abs. 1 bis 7 SGB V) nur die Leistungen zur Krankenbehandlung, nicht aber die Leistungen bei Schwangerschaft und Mutterschaft. Diese sind weiterhin unmittelbar vom Sozialhilfeträger zu tragen.

2. Bedeutung der Vorschrift

Die Vorschrift definiert den **Inhalt der Leistungen bei Schwangerschaft und Mutterschaft**, indem sie die Arten der Leistungen aufzählt, die zu ihr gehören. Sie ist eine echte Rechtsnorm mit unmittelbarer rechtlicher Bindungswirkung für Verwaltung und Rspr. sowie direkter Begrenzungswirkung für die subjektivrechtliche Stellung der Versicherten. Sie schließt damit aus, daß Krankenkassen bei Schwangerschaft und Mutterschaft unter Berufung auf die Grundsätze der Erforderlichkeit, Wirtschaftlichkeit und Zweckmäßigkeit (vgl. § 12 Abs. 1 SGB V) neue, in § 195 Abs. 1 nicht genannte Leistungsarten entwickeln und erbringen (ebenso *Meyer* in *Peters*, Handbuch KV II RVO § 195 Rdnr. 4). **Rechtsgrundlage** für die Leistungen an die Versicherte sind in erster Linie die §§ 196–200, in denen auch der Umfang der einzelnen Leistungen festgesetzt ist, § 195 tritt aber als Rechtsgrundlage ergänzend hinzu, soweit Voraussetzungen und Umfang der Leistungen in den §§ 196 bis 200b nicht näher beschrieben sind. Dies gilt etwa für die Versorgung mit Arznei-, Verband-, Heil- und Hilfsmitteln. § 196 gewährt keinen ausdrücklichen Anspruch auf diese Leistungen, sondern schließt nur die Zuzahlungspflicht des Versicherten aus. Anspruchsgrundlage kann daher insoweit nur § 195 sein (so auch Höfler in KassKomm § 195 RVO Rdnr. 5; *Krauskopf* § 195 RVO Rdnr. 2). Eine weitere materiell-rechtliche Bedeutung besteht insofern, als § 195 durch die Definition des Begriffs »Leistungen« bei Schwangerschaft und Mutterschaft« klarstellt, welche Leistungen z.B. in der Aufzählung in § 21 SGB I erfaßt sind. Im übrigen ist § 195 lex specialis gegenüber § 179 und auch gegenüber § 21 SGB I, wo aufgezählt wird, welche Leistungen nach dem Recht der gesetzlichen Krankenversicherung bei Schwangerschaft und Mutterschaft in Anspruch genommen werden können (vgl. *Schneider in: Schulin*, § 25 Rdnr. 6; *Meisel/Sowka*, § 195 Rdnr. 41).

3

Der Katalog des § 195 Abs. 1 umschreibt die Leistungen **abschließend**, d.h. die Kassen dürfen Leistungen anderer Art nicht vorsehen. Das schließt nicht aus, daß Ersatzleistungen dort gewährt werden können, wo dies ausdrücklich zugelassen ist (z.B. im Fall des § 13 Abs. 3 SGB V oder wenn die Krankenkasse keine Hauspflegerin oder Haushaltshilfe zur Verfügung stellen kann, vgl. §§ 198, 199 RVO i.V.m. § 38 Abs. 4 SGB V). Die Leistungen sind ihrer Art nach Pflicht- und Regelleistungen. Innerhalb der Leistungsarten sind Mehrleistungen nicht mehr zulässig.

4

Die Leistungen nach § 195 Abs. 1 Nr. 1–5 sind Sachleistungen, die die Krankenkasse selbst der Versicherten zur Verfügung zu stellen hat. Eine **Kostenerstattung** ist nur zulässig, soweit das SGB V sie vorsieht (vgl. § 13 Abs. 1 SGB V). Ein Anspruch auf sie setzt aber ebenfalls voraus, daß die Leistung durch einen **zur vertragsärztlichen Versorgung zugelassenen Arzt** (Vertragsarzt, ermächtigter Arzt, ermächtigte ärztlich geleitete Einrichtung oder zugelassenes medizinisches Versorgungszentrum soweit jeweils deren Ermächtigungen reichen, vgl. § 95 Abs. 1 SGB V) erbracht wird. Andere Ärzte dürfen nur in Anspruch genommen werden, soweit ein Notfall dies erfordert (§ 76 Abs. 1 Satz 2 SGB V). Die Krankenkasse darf also die durch die Behandlung von Privatärzten entstandenen Kosten außer in den in § 13 Abs. 3 oder § 76 Abs. 1 Satz 2 SGB V genannten Fällen nicht übernehmen. Die Erstattung der Kosten auf Grund der Inanspruchnahme von Ärzten in anderen Mitgliedstaaten der EG richtet sich nach § 13 Abs. 4 SGB V.

3. Geltung der Vorschriften des SGB V

5   Auch **Absatz 2** hat eine wichtige **materiell-rechtliche Bedeutung**. Er erklärt die leistungsrechtlichen Vorschriften des SGB V für entsprechend anwendbar und legt in Satz 2 und 3 Abweichungen davon fest.

Eigentlich sollten die Leistungen bei Schwangerschaft und Mutterschaft im SGB V geregelt werden. Sie sind aber aus politischen Erwägungen in der RVO belassen worden (vgl. oben Einführung zu den §§ 195 ff. RVO, Rdnr. 4). Für sie gelten gleichwohl die Vorschriften des SGB V, die für Leistungen gelten, entsprechend. Dies gilt insbesondere für die nicht auf bestimmte Leistungen bezogenen §§ 11–19 und 63–68 SGB V, wie das Wirtschaftlichkeitsgebot (§ 12), das Sachleistungsprinzip (§ 13), das Ruhen des Leistungsanspruchs (§ 16) oder sein Erlöschen nach Ende des Versicherungsverhältnisses (§ 19).

Da die Regelungen des SGB V entsprechend anzuwenden sind, ist Maßstab der Wirtschaftlichkeit nicht das bei der Krankenbehandlung (§§ 27 ff. SGB V) geltende Wiederherstellungsprinzip, sondern der **Grundsatz der Vorsorge**. Dies ist insbesondere für § 196 bedeutsam, weil alle Leistungen beansprucht werden können, die nach dem jeweiligen Stand der medizinischen Wissenschaft in finaler Sicht erforderlich sind, um Gesundheitsrisiken zu mindern, die typischerweise mit Schwangerschaft und Geburt verbunden sind, und um im Einzelfall sich abzeichnende Gesundheitsgefahren möglichst frühzeitig zu erkennen und Gesundheitsstörungen (Krankheiten) gar nicht erst eintreten zu lassen (vgl. *Meyer* in Peters, Handbuch der KV II, RVO § 196 Rdnr. 6).

6   Besteht an dem Tag, an dem das leistungsauslösende Ereignis (z. B. Beginn der Schutzfrist, Schwangerschaftsbeschwerde, Entbindung) eintritt, ein Versicherungsverhältnis in Form einer Mitgliedschaft oder einer Familienversicherung bzw. ein nachgehender Leistungsanspruch nach § 19 Abs. 2 oder 3 SGB V, löst dies die Leistungspflicht der Krankenkasse aus. Der Anspruch auf Leistungen

Geltung der Vorschriften des SGB V § 195 RVO

bei Schwangerschaft und Mutterschaft **beginnt** nach § 40 SGB I mit der Mitgliedschaft (§§ 186 ff. SGB V), bei nach § 10 SGB V Familienversicherten mit dem Beginn der Mitgliedschaft des »Stammversicherten«, sofern zu diesem Zeitpunkt die Voraussetzungen der Familienversicherung vorliegen, spätestens aber zu dem Zeitpunkt, in dem die Voraussetzungen der Familienversicherung nach § 10 SGB V erfüllt sind. Der Leistungsanspruch **endet** – anders als nach der Rechtslage vor dem Inkrafttreten des SGB V am 1.1.1989 – grundsätzlich mit dem Ende der Mitgliedschaft (§ 19 Abs. 1 SGB V) bzw. mit dem Wegfall der Voraussetzungen der Familienversicherung.

Ausnahmsweise endet der Versicherungsschutz und damit die Leistungspflicht der Krankenkasse für Versicherungspflichtige längstens einen Monat nach dem Ende der Mitgliedschaft (§ 19 Abs. 2 SGB V). Das gilt auch für Fälle, in denen die Voraussetzungen einer wegen § 192 SGB V fortbestehenden Mitgliedschaft wegfallen, z.B. bei Wegfall des Anspruchs auf Krankengeld oder bei Ende des Bezuges von Erziehungsgeld oder des Erziehungsurlaubs (ebenso *Töns*, WzS 1990, 37). 7

Die **Monatsfrist** wird nach § 26 Abs. 1 SGB X i.V.m. § 187 Abs. 2 Satz 1 und § 188 Abs. 2 BGB berechnet. Sie beginnt mit dem auf das Ende der Mitgliedschaft folgenden Tag. 8

Beispiele:	Fall A	Fall B	Fall C	Fall D
Ende der Mitgliedschaft	10.1.	31.1.	28.2.	30.5.
Beginn der Monatsfrist	11.1.	1.2.	1.3.	31.5.
Ende der Monatsfrist	10.2.	28./29.2.	28.3.	30.6.

Der **nachgehende Leistungsanspruch** nach § 19 Abs. 2 SGB V besteht nur, solange keine Erwerbstätigkeit ausgeübt wird. Der Gesetzgeber sah für einen beitragsfreien Versicherungsschutz während einer Erwerbstätigkeit kein Bedürfnis. Als Erwerbstätigkeit ist jede gegen Entgelt ausgeübte Beschäftigung oder selbständige Tätigkeit anzusehen, auch wenn sie nur geringfügig ausgeübt wird (so jetzt auch *Noftz* in *Hauck/Haines* SGB V, K § 19 Rdnr. 50; wie hier *Jahn*, SGB V § 19 Rdnr. 6, *Igl* GK-SGB V § 19 Rdnr. 25 und *Töns*, WzS 1990, 41) oder die Beschäftigte von der Versicherungspflicht befreit ist. Der nachgehende Versicherungsschutz gilt ebenso für leistungsauslösende Tatbestände, die noch während der Mitgliedschaft eingetreten sind, wie für solche, deren Eintritt nach dem Ende der Mitgliedschaft erfolgt. 9

Ebenfalls ein nachgehender Leistungsanspruch besteht für nach § 10 SGB V Familienversicherte, die ihren Anspruch aus der Mitgliedschaft eines Versicherungspflichtigen ableiten. Das gleiche gilt nach § 19 Abs. 3 SGB V beim Tod eines Mitglieds, wobei es sich – anders als nach § 19 Abs. 2 SGB V – auch um eine freiwillige Mitgliedschaft handeln kann. Auch in diesen beiden Fällen können Leistungen noch längstens einen Monat erbracht werden. 10

Die leistungsauslösenden Tatbestände sind für die einzelnen Leistungen bei Schwangerschaft und Mutterschaft unterschiedlich. Sie werden im Rahmen der jeweiligen Einzelleistungen erläutert. 11

12 Soweit im Rahmen der §§ 195-199 vertragsärztliche Leistungen erbracht werden, gelten hierfür die allgemeinen Vergütungsregelungen. Der Teil der Gesamtvergütungen, der auf die ärztlichen Leistungen zur Verhütung von Zahnerkrankungen und zur Früherkennung von Krankheiten (§§ 22, 25 Abs. 1 und 2 und 26 SGB V) entfällt, wird als Pauschale vereinbart.

13 Nachdem durch das GKV-Rechtsangleichungsgesetz vom 22.12.1999 (BGBl. I S. 2657) die Sonderregelungen des Zwölften Kapitels des SGB V für die neuen Länder fast vollständig aufgehoben worden sind, gelten für die Leistungen bei Schwangerschaft und Mutterschaft insoweit keine Besonderheiten mehr.

4. Leistungen bei Auslandsaufenthalt

14 Der Anspruch auf Leistungen bei Schwangerschaft und Mutterschaft **ruht**, solange sich Versicherte im Ausland aufhalten. Er ruht auch dann, wenn sie sich dort nur vorübergehend – z.B. als Touristin oder Studentin – aufhalten (§ 16 Abs. 1 Nr. 1 SGB V). Davon gibt es folgende **Ausnahmen**:

15 **Mutterschaftsgeld** nach § 200 wird ohne Rücksicht auf den Aufenthalt im Ausland gezahlt. Für diese Geldleistung gelten auch die übrigen Ruhenstatbestände des § 16 Abs. 1 SGB V nicht (wohl aber die Tatbestände nach den Absätzen 2-3 a).

16 Grundsätzlich können seit dem 1.1.2004 ambulante Leistungen auch bei Leistungserbringern in den übrigen Mitgliedstaaten der EG und den Staaten des EWR in Anspruch genommen werden (§ 18 Abs. 4 SGB V). Die Kosten hierfür sind von der Krankenkasse in der Höhe zu erstatten, die bei Erbringung als Sachleistung im Inland zu tragen gewesen wäre. Eine Leistungspflicht der Krankenkasse für alle Leistungen bei Schwangerschaft und Mutterschaft besteht darüber hinaus bei Auslandsaufenthalt, wenn das Mitglied im Ausland beschäftigt ist und der leistungsauslösende Tatbestand während dieser Beschäftigung eintritt. Dies gilt auch für die nach § 10 SGB V versicherten (und entgegen dem Wortlaut des Gesetzes wohl auch für die als Mitglieder versicherten) Familienangehörigen, soweit sie das Mitglied für die Zeit der Auslandsbeschäftigung begleiten oder besuchen (§ 17 Abs. 1 SGB V).

17 Ist eine dem allgemeinen anerkannten Stand der medizinischen Erkenntnisse entsprechende Behandlung bei Schwangerschaft und Mutterschaft nur im Ausland möglich, kann die Krankenkasse die Kosten der erforderlichen Behandlung ganz oder teilweise übernehmen (§ 18 SGB V). Angesichts der in der Bundesrepublik Deutschland zur Verfügung stehenden Behandlungsmöglichkeiten dürfte ein solcher Fall sehr selten vorkommen.

18 Für die Leistungsansprüche bei Aufenthalt in einem EG-Mitgliedstaat (Belgien, Dänemark, Finnland, Frankreich, Griechenland, Großbritannien, Irland, Italien, Luxemburg, Niederlande, Österreich, Portugal, Schweden und Spanien; seit dem 1.5.2004 außerdem Estland, Lettland, Litauen, Polen, Malta, Slowe-

Leistungen bei Auslandsaufenthalt § 195 RVO

nien, Slowakei, Tschechien, Ungarn und Zypern) oder einem Land, mit dem die Bundesrepublik Deutschland ein Sozialversicherungsabkommen geschlossen hat (Israel, Bosnien und Herzegowina, Mazedonien, Serbien-Montenegro, Kroatien, Liechtenstein, Polen, Schweiz, Tunesien und Türkei) sowie (seit 1.1.1994) für Staaten des EWR-Vertrages (Island, Liechtenstein, Norwegen), gilt folgendes:

Rechtsgrundlage des zwischenstaatlichen Mutterschaftsrechts bilden für den Bereich der Europäischen Gemeinschaften und des EWR-Raumes (auch soweit bereits bilaterale Abkommen bestehen) die EG-VO Nr. 1408/71 vom 14.6.1971 (neu bekanntgemacht in ABl EG L 28 vom 30.1.1997 S. 1, zuletzt geändert durch VO 631/2004) und die ihre Durchführung regelnde EG-VO 574/72 vom 21.3.1972 (neu bekanntgemacht in ABl EG L 28 vom 30.1.1997 S. 102, zuletzt geändert durch VO 631/2004), bei nicht der EG oder dem EWR angehörenden Staaten die mit diesen geschlossenen zweiseitigen Abkommen über Soziale Sicherheit (vgl. hierzu die Übersicht bei *Reichert*, BArbBl. 2/1994 S. 20ff. und bei *Aye/Heinke/Marburger*, Teil E; vgl. auch *Skowronek*, Kompaß 1993 S. 530 zum EWR-Raum; ausführliche Darstellung bei *Kerger*, Sozialversicherung – International –). 19

Für einen **Leistungsanspruch** und die **Dauer der Leistungsgewährung** (wichtig bei Mutterschaftsgeld) werden die nach den Rechtsvorschriften der Mitgliedstaaten zurückgelegten Versicherungszeiten und Zeiten des Leistungsbezugs **zusammengerechnet**, soweit sie nicht auf denselben Zeitraum entfallen. Für die **Leistungsgewährung** selbst führt Artikel 19 EG-VO Nr. 1408/71 zu folgendem Ergebnis: Ausländische Arbeitnehmerinnen, die Staatsangehörige eines Mitgliedslandes der Europäischen Gemeinschaften oder des EWR-Vertrages und in der deutschen gesetzlichen Krankenversicherung versichert sind, erhalten die Leistungen der Mutterschaftshilfe in gleichem Umfang wie deutsche Versicherte, wenn der Versicherungsfall in der Bundesrepublik Deutschland eintritt. Tritt der Versicherungsfall bei einem Aufenthalt in einem anderen Mitgliedsland ein, so erhalten sie – ebenso wie deutsche Arbeitnehmerinnen – Mutterschaftsgeld nach § 200 von der für sie zuständigen deutschen Krankenkasse, während sie die Sachleistungen (§§ 196 bis 199) von der Krankenkasse ihres Wohn- oder Aufenthaltsorts in der gleichen Weise erhalten, als ob sie dort versichert wären, also nach den dort geltenden Rechtsvorschriften. 20

Das gleiche gilt für **Familienangehörige**, die im Gebiet eines anderen als des zuständigen Mitgliedsstaates wohnen, sofern sie nicht aufgrund der Rechtsvorschriften des Wohnlandes Anspruch auf diese Leistungen haben. Wohnen die Familienangehörigen im Gebiet des Mitgliedstaates, nach dessen Rechtsvorschriften der Anspruch auf Sachleistungen von Versicherungs- oder Beschäftigungsbedingungen abhängig ist, so gelten die ihnen gewährten Sachleistungen als für die Rechnung des Trägers gewährt, bei dem der Arbeitnehmer versichert ist. Dies gilt nicht, wenn der Ehegatte oder die Person, die für die Kinder sorgt, eine Berufstätigkeit im Gebiet des Mitgliedstaates ausübt. Die vorgenannten Regelungen werden auch auf Grenzgängerinnen und ihre Familienangehörigen 21

373

angewendet (vgl. zum Ganzen auch Wortmann in DOK 1979 S. 380 ff.). In den zweiseitigen Sozialversicherungsabkommen gelten zum Teil andere Regelungen.

5. Beitragsrückzahlung

22 Seit dem 1.1.2004 sind Satzungsregelungen der Krankenkassen über die Rückzahlung von Beiträgen nicht mehr nur als Erprobungsregelungen zulässig, sondern wieder – wie dies bereits in der Zeit vom 1.1.1997 bis zum 31.12.1998 der Fall war – Teil der den Krankenkassen allgemein eingeräumten Gestaltungsmöglichkeiten (§ 54 SGB V). Allerdings enthält das geltende Recht keine ausdrückliche Regelung, wonach durch die Inanspruchnahme der in § 195 Abs. 1 bezeichneten Leistungen der Anspruch auf Beitragsrückzahlung nicht verlorengeht, da der Verweis in § 195 Abs. 2 Satz 3 RVO auf § 65 Abs. 2 SGB V ins Leere geht. Da es sich bei der fehlenden Anpassung des § 195 Abs. 2 Satz 3 RVO aber nur um ein gesetzgeberisches Versehen handeln dürfte, bestehen keine Bedenken, die Leistungen nach § 195 Abs. 1 RVO auch im Rahmen der Neuregelung der Beitragsrückzahlung in § 54 SGB V unberücksichtigt zu lassen. Das gilt auch dann, wenn die Leistungen nicht vom Mitglied, sondern von einem oder mehreren nach § 10 SGB V versicherten Familienangehörigen in Anspruch genommen worden sind. Auch das Alter spielt keine Rolle.

6. Familienversicherung

23 **a) Eigenständige Versicherung.** Der Schutz des Versicherten in der gesetzlichen Krankenversicherung erstreckt sich nicht nur auf seine Person, sondern unter bestimmten Voraussetzungen auch auf seine Familienangehörigen. Sie haben Anspruch auf dieselben Leistungen, ausgenommen die Lohnersatzleistungen Krankengeld und Mutterschaftsgeld. Die **Familienversicherung** nach § 10 SGB V ist eine **eigenständige Versicherung**, die neben die Versicherung kraft Gesetzes (§ 5 SGB V) und die freiwillige Versicherung (§ 9 SGB V) tritt. Wann immer die krankenversicherungsrechtlichen Vorschriften von Versicherten sprechen, sind auch Familienversicherte gemeint. Die Familienversicherung gibt den Familienangehörigen, die die Voraussetzungen des § 10 SGB V erfüllen, eine eigenständige Rechtsposition. Sie versetzt sie in den Stand, Rechte und Leistungen aus dem Krankenversicherungsverhältnis selbständig geltend zu machen und zu verfolgen.

24 Die Familienversicherung setzt allerdings das Bestehen einer Mitgliedschaft beim Stammversicherten nach §§ 186 ff. SGB V (bzw. im Fall des § 19 Abs. 2 und 3 SGB V einen nachgehenden Versicherungsschutz) voraus. Der Leistungsanspruch besteht nur, wenn im Zeitpunkt des für die jeweilige Leistung geltenden Versicherungsfalles eine Familienversicherung vorliegt. Er steht gleichrangig neben Leistungsansprüchen aus anderen Trägerbereichen. Außerdem

Familienversicherung § 195 RVO

erhalten Familienversicherte die gleichen Leistungen wie Mitglieder, soweit das Gesetz nicht ausdrücklich etwas Abweichendes vorschreibt (z. B. in § 44 Abs. 1 SGB V oder in § 200 RVO).

b) Ehegatte und Kinder. Familienversichert werden nur **der Ehegatte,** der 25 Partner einer eingetragenen, gleichgeschlechtlichen Lebensgemeinschaft und die **Kinder.** Lediglich in der landwirtschaftlichen Krankenversicherung kann die Familienversicherung durch Satzungsregelung auf sonstige Angehörige erstreckt werden (§ 7 Abs. 2 KVLG 1989). Eine Unterhaltsberechtigung oder -verpflichtung zwischen dem Mitglied und seinem Ehegatten, seinem Lebenspartner bzw. seinen Kindern wird nicht mehr verlangt.

Ehegatte ist eine Person, wenn und solange zwischen ihr und dem Mitglied 26 eine nach deutschem Recht (EGBGB, EheG) als gültig anerkannte Ehe besteht. Ob eine nach ausländischem Recht wirksam geschlossene Ehe als Ehe i. S. d. § 10 Abs. 1 SGB V anzusehen ist, hängt nach § 34 SGB I davon ab, ob sie dem deutschen Rechtsverhältnis der Ehe entspricht. Bei Mehrehen ist dies nicht der Fall, da Zweit- oder weitere Ehefrauen keine Entsprechung im innerstaatlichen Recht haben. Vielmehr ist das Bestehen einer Ehe nach deutschem Zivilrecht ein Ausschlußtatbestand für die Eingehung weiterer Ehen (§ 1306 BGB). Ist jemand nur nach ausländischem Recht wirksam mit dem Versicherten verheiratet (sog. »hinkende Ehe«), gebietet es Art. 6 Abs. 1 GG, § 10 SGB V dahin auszulegen, daß Ehegatte im Sinne dieser Regelung auch der Ehepartner einer solchen Ehe ist (so für den Rentenanspruch von Witwen aus »hinkenden Ehen« *BVerfG* vom 30. 11. 1982, BVerfGE 62 S. 323 = NJW 1983 S. 511).

Ehegatten sind nach § 10 Abs. 1 Satz 1 SGB V während der Dauer der Schutz- 27 fristen nach § 3 Abs. 2 und § 6 Abs. 1 MuSchG sowie der Elternzeit nicht familienversichert, wenn sie zuletzt vor diesen Zeiträumen weder als Mitglied noch als Familienangehöriger gesetzlich krankenversichert waren. Durch diese, durch das GKV-Reformgesetz 2000 (vom 22. 12. 1999, BGBl. I S. 2626) eingefügte Regelung wollte der Gesetzgeber verhindern, daß Arbeitnehmer, die sich auf Grund der Höhe ihres Arbeitsentgelts privat krankenversichert haben, für die Dauer der Schutzfristen und der Elternzeit Zugang zur beitragsfreien Familienversicherung haben. Da die Betroffenen vor diesen Zeiträumen keine Beiträge zur Solidargemeinschaft entrichtet haben und auch danach vielfach ihre private Krankenversicherung fortsetzen, hat er es nicht als sachgerecht angesehen, die Solidargemeinschaft zur Finanzierung ihres Krankenversicherungsschutzes heranzuziehen.

Partner einer eingetragenen gleichgeschlechtlichen Lebenspartnerschaft sind 28 Ehegatten in bezug auf die Familienversicherung gleichgestellt. Auch wenn § 10 Abs. 1 Satz 3 SGB V nur von Lebenspartnern spricht, ergibt sich die Beschränkung der Regelung auf eingetragene gleichgeschlechtliche Lebenspartnerschaften aus § 33b SGB I. Die in Rz. 27 ausgeführte Beschränkung der Familienversicherung gilt auch für die Partner einer eingetragenen Lebenspartnerschaft.

Dagegen ist der Partner einer **nichtehelichen Lebensgemeinschaft** nicht wie ein Ehegatte zu behandeln (*BSG* vom 10.5.1990 = SozR 3-2200 § 205 Nr. 1).

29 **Kinder** sind einmal die leiblichen Kinder ohne Rücksicht darauf, ob es sich um eheliche (§§ 1591 ff. BGB), für ehelich erklärte (§§ 1719, 1723 ff. BGB) oder nicht eheliche Kinder (§§ 1600 a ff. BGB) handelt. Adoptivkinder erlangen die rechtliche Stellung eines ehelichen Kindes durch Annahmevertrag gegenüber dem/den Annehmenden (§ 1754 BGB).

30 Als Kinder gelten auch **Stiefkinder** und **Enkel** sowie **Pflegekinder** und **Adoptionspflegekinder** (§ 10 Abs. 4 SGB V). Pflegekinder sind Personen, die mit dem Mitglied durch ein auf längere Dauer angelegtes Pflegeverhältnis mit häuslicher Gemeinschaft wie Kinder mit Eltern verbunden sind (§ 56 Abs. 2 Nr. 2 SGB I). Adoptionspflegekinder sind Personen, die mit dem Ziel der Annahme als Kind in die Obhut des annehmenden Mitglieds aufgenommen sind und für die die zur Annahme erforderliche Einwilligung der Eltern (§ 1747 BGB) erteilt ist. Sie gelten bereits für die Zeit der Adoptionspflege (§ 1744 BGB) in Hinblick auf die Familienversicherung als Kinder des annehmenden Mitglieds und nicht mehr als Kinder der leiblichen Eltern.

31 **Stiefkinder** und **Enkel** sind **nur dann familienversichert**, wenn das Mitglied sie überwiegend unterhält, also zu ihrem Unterhalt mehr als die Hälfte beigesteuert hat.

32 Kinder sind grundsätzlich nur bis zur Vollendung des **18. Lebensjahres** familienversichert. Bei einem Kind, das sich in Schul- oder Berufsausbildung befindet, oder das ein freiwilliges soziales Jahr i.S.d. Gesetzes zur Förderung eines freiwilligen sozialen Jahres oder ein freiwilliges ökologisches Jahr leistet, besteht die Familienversicherung längstens bis zur Vollendung des **25. Lebensjahres**. Kinder, die wegen körperlicher, geistiger oder seelischer Behinderung außerstande sind, sich selbst zu unterhalten, sind **ohne Altersgrenze** familienversichert. Arbeitslose Jugendliche, die auf einen Ausbildungsplatz warten, sind bis zur Vollendung des 23. Lebensjahres familienversichert. Scheidet ein Kind wegen Überschreitens der Altersgrenze aus dem Kreis der Familienversicherten aus, endet sein Versicherungsschutz sofort (*BSG* vom 16.8.1973, BSGE 36 S. 17 = USK 73143); es kann sich aber nach § 9 Abs. 1 Nr. 2 SGB V freiwillig versichern, wenn es selber oder wenn der Elternteil, aus dessen Mitgliedschaft die Familienversicherung abgeleitet wurde, die Vorversicherungszeit nach § 9 Abs. 1 Nr. 1 SGB V erfüllen.

33 Einen **besonderen Ausschlußtatbestand** aus der Familienversicherung **für Kinder** enthält § 10 Abs. 3 SGB V. Danach tritt die Familienversicherung nicht ein, wenn
– der mit dem Kind verwandte Ehegatte des Mitglieds nicht Mitglied der gesetzlichen Krankenversicherung ist,
– das Jahreseinkommen dieses Ehegatten regelmäßig im Monat 1/12 der Jahresarbeitsentgeltgrenze (2005: 3.900 EUR bzw. 3.525 EUR im Fall des § 6 Abs. 7 SGB V) übersteigt und

Familienversicherung § 195 RVO

– das Jahreseinkommen regelmäßig höher ist als das Gesamteinkommen des Mitglieds.

c) **Wohnsitz oder gewöhnlicher Aufenthalt im Inland.** Eine Familienversicherung tritt nur ein, wenn der Ehegatte oder das Kind seinen **Wohnsitz oder gewöhnlichen Aufenthalt im Inland** hat (vgl. die Legaldefinition im § 30 Abs. 3 SGB I). Ein vorübergehender Auslandsaufenthalt steht dem gewöhnlichen Inlandsaufenthalt nicht entgegen und wirkt sich deshalb auf die Familienversicherung nicht aus, wenn der Lebensmittelpunkt in der Bundesrepublik Deutschland erhalten bleibt (z.B. bei einem Studium im Ausland, vgl. *BSG* vom 22.3.1988 = BKK 1988, 326). 34

Vorschriften des über- oder zwischenstaatlichen Rechts, die den Auslandsaufenthalt dem Aufenthalt in der Bundesrepublik Deutschland gleichstellen, bleiben unberührt (§ 30 Abs. 2 SGB I). Deshalb sind in EU- oder Abkommenstaaten wohnende Familienangehörige von Mitgliedern deutscher Krankenkassen, die Anspruch auf Aushilfsleistungen nach zwischen- oder überstaatlichem Recht haben, familienversichert. Sie erhalten Sachleistungen vom Träger des Wohnorts nach den für diesen geltenden Rechtsvorschriften zu Lasten der deutschen Krankenkasse. Reisen die Familienangehörigen in die Bundesrepublik vorübergehend ein, erhalten sie von der deutschen Krankenkasse nur die unverzüglich erforderlichen Leistungen. 35

Asylbewerber haben ihren gewöhnlichen Aufenthalt i.S.d. § 10 Abs. 1 Nr. 1 SGB V in der Bundesrepublik Deutschland; ihre hier lebenden Familienangehörigen erfüllen deshalb insoweit die Voraussetzung für eine Familienversicherung (*BSG* vom 28.6.1984 = BSGE 57, 93; bestätigt durch *BSG* vom 30.4.1997 – 12 RK 30/96 –; für Bürgerkriegsflüchtlinge vgl. *BSG* vom 30.4.1997 – 12 RK 29/96 –). 36

d) **Aus der Familienversicherung ausgeschlossene Personen. Nicht familienversichert** ist, wer 37

– pflicht- oder freiwillig versichert ist (Ausnahme: Studenten und Praktikanten, da hier die Familienversicherung vorrangig ist, § 5 Abs. 7 SGB V),

– versicherungsfrei (§ 6 SGB V) oder von der Versicherungspflicht befreit (§ 8 SGB V) ist. Nicht familienversichert sind deshalb **Beamtinnen** und **höher verdienende Arbeiterinnen und Angestellte**. Zumindest für Beamtinnen ist unumstritten, daß sie auch für die Dauer der Elternzeit nicht von der Familienversicherung erfaßt werden, weil sie weiterhin versicherungsfrei sind (so bereits für das alte Recht *BSG* vom 9.2.1989 = USK 8907 = DOK 1989, 226, wenn für den nicht versicherten Ehegatten nach beamtenrechtlichen Vorschriften ein Beihilfeanspruch von mindestens 50 % gegeben ist; vgl. für das ab 1989 geltende Recht *BSG* vom 10.5.1990 = USK 9008 = BKK 1991, 533, bestätigt durch *BSG* vom 29.6.1993 – 12 RK 91/92). Eine Familienversicherung kann erst in Betracht kommen, wenn nach Ablauf der Elternzeit die Gründe für das Vorliegen der Versicherungsfreiheit entfallen sind, z.B. weil eine Beamtin längerfristig unter Fortfall der Dienstbezüge beurlaubt wurde (vgl. §§ 72 e, 79 a Abs. 1 Nr. 2 BBG) oder die höher verdienende Arbeitnehmerin den Entschluß gefaßt hat, dieselbe Beschäftigung nicht wieder aufzunehmen, (so *BSG* vom 23.10.1996 – 4 RK 1/96 –; vgl. *Breuer* im Gemeinschaftskommentar zum SGB V § 10 Rz. 75; *Peters*, Hdb KV, SGB V § 10 Rz. 84; *Gerlach* in Hauck/Haines, Sozialgesetzbuch, SGB V § 10 Rz. 66; a. M. mit beachtlichen Gründen *Krauskopf/Baier* SGB V Rdnr. 18f. zu § 10: Familienversicherung auch während der Elternzeit; dem Urteil des *BSG* vom 29.6.1993 – 12 RK 48/91 = BSGE 72, 292, das für höher verdienende Angestellte während der Elternzeit die Familienversicherung bejaht hatte, ist durch die unter Rz. 27 dargestellte Gesetzesänderung die Grundlage entzogen worden);

– hauptberuflich selbständig erwerbstätig ist (§ 5 Abs. 5 SGB V).

38 e) **Gesamteinkommen.** Die Familienversicherung tritt nicht ein, wenn der Ehegatte oder die Kinder ein **Gesamteinkommen** haben, das regelmäßig im Monat ein Siebtel der monatlichen Bezugsgröße (§ 18 SGB IV) überschreitet (2005: 345 EUR).

39 **Gesamteinkommen** ist nach der Legaldefinition in § 16 SGB IV die Summe der Einkünfte i. S. d. Einkommensteuerrechts. Es umfaßt insbesondere das Arbeitsentgelt (§ 14 SGB IV i. V. m. der ArEV) und Arbeitseinkommen (§ 15 SGB IV). Bei der Ermittlung des Gesamteinkommens ist vom einkommensteuerrechtlichen Begriff der Einkünfte – das sind die in § 2 Abs. 1 EStG aufgeführten sieben Einkunftsarten – auszugehen (st. Rspr., vgl. z. B. *BSG* vom 10.11.1982 = USK 82227). Steuerfreie Einnahmen (vgl. insbesondere §§ 3, 3b EStG) zählen nicht zum Gesamteinkommen. Zu ihnen gehören insbesondere Sozialleistungen. Einmalige Einnahmen, deren Gewährung mit hinreichender Sicherheit mindestens einmal jährlich zu erwarten ist (z. B. Weihnachtsgeld, Urlaubsgeld) werden einbezogen; sie sind gleichmäßig auf alle Monate zu verteilen und den Monatsbezügen hinzuzurechnen (*BSG* vom 28.2.1984 = USK 8401).

40 Bei den sog. **Überschußeinkünften** (Einkünfte aus nichtselbständiger Arbeit – §§ 2 Abs. 1 Nr. 4, 19, 19a EStG – Kapitalvermögen, – §§ 2 Abs. 1 Nr. 5, 20 EStG –, Vermietung und Verpachtung – §§ 2 Abs. 1 Nr. 6, 21 EStG – und sonstige Einkünfte – §§ 2 Abs. 1 Nr. 7, 22, 23 EStG) sind die **Werbungskosten** (§ 2 Abs. 2 Nr. 2 EStG) abzuziehen. Die in § 9a EStG genannten Pauschbeträge (z. B. für Einkünfte aus nichtselbständiger Arbeit in Höhe von 1044 EUR, § 9a Abs. 1 Nr. 1 EStG) sind zugrunde zu legen (vgl. auch *Töns* BB 1989, 1761).

41 Bei den **Gewinnermittlungseinkünften** (Einkünfte aus Land- und Forstwirtschaft – §§ 2 Abs. 1 Nr. 1, 13–14a EStG –, Gewerbebetrieb – §§ 2 Abs. 1 Nr. 2, 15–17 EStG – und selbständiger Arbeit – §§ 2 Abs. 1 Nr. 3, 18 EStG) sind die **Betriebsausgaben** (§ 4 Abs. 4 EStG) abzuziehen.

42 Steuerliche Vergünstigungen, Sonderausgaben und außergewöhnliche Belastungen werden bei der Ermittlung des Gesamteinkommens nicht berücksichtigt (§ 15 Satz 2 SGB IV). **Steuerliche Vergünstigungen** sind besondere Abschrei-

bungen (z.B. AfA nach § 7 Abs. 1 i.V.m. Abs. 4 EStG bei Vermietung und Verpachtung, dagegen nicht beim Arbeitseinkommen), Absetzungen und Abzüge mit Subventionscharakter bei der Ermittlung des Gewinns. Unberücksichtigt bleiben deshalb z.b. Schuld- und Kreditzinsen, wenn die Kreditaufnahme nicht primär mit der Absicht der Vermögensbildung erfolgt und die Zinsen die Einnahmen übersteigen. Positive und negative Einkünfte dürfen saldiert werden (*BSG* vom 6.8.1987, USK 8780).

Nähere Einzelheiten zur Ermittlung des Gesamteinkommens ergeben sich aus dem Gemeinsamen Rundschreiben der Spitzenverbände der Krankenkassen vom 7.5.2004. Dieses enthält als Entscheidungshilfe auch eine alphabetische Auflistung von Einkünften und deren Zuordnung zum Gesamteinkommen im Sinne der leistungsrechtlichen Vorschriften der gesetzlichen Krankenversicherung.   43

f) **Umfang des Leistungsanspruchs.** Der Leistungsanspruch aus der Familienversicherung wird **im gleichen Umfang und für die gleiche Zeit** gewährt wie aus der Stammversicherung (Ausnahme: Krankengeld und Mutterschaftsgeld). Er endet jedoch mit dem Ende der Mitgliedschaft. Stirbt das Mitglied, erhalten die familienversicherten Angehörigen Leistungen längstens für einen Monat nach dem Tod des Mitglieds. Das gleiche gilt, wenn die Mitgliedschaft Versicherungspflichtiger endet (§ 19 Abs. 2 und 3 SGB V). Nach Ablauf der Monatsfrist kann ein Anspruch auf Leistungen bei Schwangerschaft und Mutterschaft nur durch eigene Mitgliedschaft in der gesetzlichen Krankenversicherung erworben werden (z.B. nach § 9 Abs. 1 Nr. 2 SGB V oder durch Rentenantrag [§ 189 SGB V]). Insbesondere geht ein nachgehender Anspruch, der dem Mitglied als dem Träger des Anspruchs zusteht, nicht im Wege der Rechtsnachfolge auf den Angehörigen über (vgl. *BSG* vom 24.11.1978, BSGE 47 S. 165 = USK 78139).   44

g) **Zuständigkeit.** Zuständig für die **Durchführung der Familienversicherung** ist die Krankenkasse, bei der das Mitglied versichert ist, aus dessen Mitgliedschaft die Familienversicherung abgeleitet wird. Sind die Voraussetzungen für eine Familienversicherung mehrfach erfüllt, führt die Krankenkasse die Familienversicherung durch, die das **Mitglied auswählt** (§ 10 Abs. 5 SGB V). Die Wahl kann allerdings nur das Mitglied ausüben, nicht der Familienangehörige, selbst wenn er das 15. Lebensjahr bereits vollendet hat. Die Spitzenverbände der Krankenkassen haben die Durchführung der Familienversicherung und das Mitteilungsverfahren zwischen den Krankenkassen durch eine Verwaltungsvereinbarung geregelt (Einheitliches Meldeverfahren zur Durchführung der Familienversicherung i.d.F. vom 29.11.2001).   45

§ 196 Ärztliche Betreuung, Hebammenhilfe, Arznei-, Verband- und Heilmittel

(1) Die Versicherte hat während der Schwangerschaft, bei und nach der Entbindung Anspruch auf ärztliche Betreuung einschließlich der Untersu-

chungen zur Feststellung der Schwangerschaft und zur Schwangerenvorsorge sowie auf Hebammenhilfe. Die ärztliche Betreuung umfaßt auch die Beratung der Schwangeren zur Bedeutung der Mundgesundheit für Mutter und Kind einschließlich des Zusammenhangs zwischen Ernährung und Krankheitsrisiko sowie die Einschätzung oder Bestimmung des Übertragungsrisikos von Karies.

(2) Bei Schwangerschaftsbeschwerden und im Zusammenhang mit der Entbindung gelten die §§ 28a, 31 Abs. 3, § 32 Abs. 2 und § 33 Abs. 2 des Fünften Buches Sozialgesetzbuch nicht.

Inhaltsübersicht

1. Versicherungsverhältnis als Anspruchsvoraussetzung ... 1–7
2. Schwangerschaft und Entbindung als Versicherungsfall ... 8
3. Ärztliche Betreuung ... 9–16
   a) Begriff ... 9–10
   b) Umfang ... 11–12
   c) Richtlinien ... 13–16
4. Hebammenhilfe ... 17–22
5. Hebammenhilfe bei der Entbindung und ärztliche Betreuung ... 23
6. Versorgung mit Arznei-, Verband-, Heil- und Hilfsmitteln (Absatz 2) ... 24–31

1. Versicherungsverhältnis als Anspruchsvoraussetzung

1 Der Anspruch auf Leistungen bei Schwangerschaft und Mutterschaft setzt das Bestehen eines Versicherungsverhältnisses bei einem Träger der gesetzlichen Krankenversicherung (Orts-, Betriebs- und Innungskrankenkassen, See-Krankenkasse, Landwirtschaftliche Krankenkassen, Bundesknappschaft und Ersatzkassen, vgl. § 21 Abs. 2 SGB I und § 4 Abs. 2 SGB V) voraus.

Ein **Antrag** ist nicht erforderlich. Zwar werden Kassenleistungen grundsätzlich nur auf Antrag erbracht (§ 18 SGB X), hängen aber sachlich nicht vom Antrag ab, der lediglich das Verwaltungsverfahren eröffnet (vgl. § 18 Satz 2 Nr. 1 SGB X). Der Arbeitgeber muß der Versicherten die zur Durchführung der Untersuchungen zur Mutterschaftsvorsorge erforderliche Freizeit ohne Ausfall des Arbeitsentgelts gewähren (§ 16 MuSchG).

2 Eine Vorversicherungszeit wird nicht gefordert. Mit Erfüllung des Tatbestandes, der eine Versicherung zur Folge hat, erwirbt die Versicherte daher Anspruch auf die Leistungen. Das Versicherungsverhältnis muß vorliegen, wenn die Leistungen beansprucht werden, also z.B. bei jeder Inanspruchnahme des Arztes zum Zwecke der ärztlichen Betreuung (vgl. auch *BSG* vom 29.1.1980, BSGE 49 S. 240 = USK 8011). Dies gilt trotz der Lehre von der »Einheit des Versicherungsfalles« und der »Entbindung als Versicherungsfall«. Scheidet die Versicherte während des Bezugs von Mutterschaftsleistungen aus der Versicherung aus, dann endet auch ihr Leistungsanspruch, im Falle des § 19 Abs. 2 SGB V spätestens einen Monat nach dem Ende der Mitgliedschaft. Sind der Ehegatte und die Kinder eines Mitglieds nach § 10 SGB V familienversichert,

Versicherungsverhältnis als Anspruchsvoraussetzung § 196 RVO

erhalten sie als Versicherte alle Leistungen bei Schwangerschaft und Mutterschaft mit Ausnahme des Mutterschaftsgeldes, das nach § 200 RVO weiblichen Mitgliedern vorbehalten ist.

Ein **Versicherungsverhältnis** besteht bei allen Frauen, die kraft Gesetzes oder Satzung (Versicherungspflicht) oder aufgrund freiwilligen Beitritts oder freiwilliger Fortsetzung der Versicherung (Versicherungsberechtigung, vgl. § 2 Abs. 1 SGB IV) Mitglied eines Trägers der gesetzlichen Krankenversicherung oder nach § 10 SGB V familienversichert sind. 3

Dazu gehören 4

a) Arbeiterinnen, Angestellte und zu ihrer Berufsausbildung Beschäftigte, die gegen Arbeitsentgelt beschäftigt sind (Arbeiterinnen und Angestellte allerdings nur, wenn ihr regelmäßiges Jahresarbeitsentgelt 75 v. H. der für Jahresbezüge in der Rentenversicherung der Arbeiter geltenden Beitragsbemessungsgrenze nicht übersteigt: 2005: 46.800 EUR; in den von § 6 Abs. 7 SGB V erfaßten Fällen 42.300 EUR; Heimarbeiterinnen, die nach § 12 Abs. 2 SGB IV als Beschäftigte gelten; Bezieher von Vorruhestandsgeld, die ebenfalls als Beschäftigte gelten – § 5 Abs. 3 SGB V –, wenngleich bei ihnen nur weibliche Familienangehörige in Betracht kommen dürften), vgl. insgesamt auch § 5 Abs. 1 Nr. 1 SGB V;

b) Bezieherinnen von Arbeitslosengeld (§ 117 SGB III) oder Arbeitslosengeld II (§§ 19 ff. SGB II) sowie Bezieherinnen von Arbeitslosenbeihilfe (§ 86 a SVG, §§ 13, 14 EhfG); bei Bezieherinnen von Kurzarbeitergeld und Winterausfallgeld bleibt die Mitgliedschaft erhalten (§ 192 Abs. 1 Nr. 4 SGB V), vgl. insgesamt auch § 5 Abs. 1 Nr. 2 SGB V;

c) weibliche Landwirte und ihre über 15 Jahre alten mitarbeitenden Familienangehörigen, § 2 KVLG 1989, § 5 Abs. 1 Nr. 3 SGB V;

d) selbständige Künstlerinnen und Publizistinnen (§§ 1 und 5 KSVG), § 5 Abs. 1 Nr. 4 SGBV;

e) Personen, die in Einrichtungen der Jugendhilfe für eine Erwerbstätigkeit befähigt werden sollen, sowie Teilnehmerinnen an berufsfördernden Maßnahmen zur Rehabilitation, es sei denn die Maßnahmen werden nach den Vorschriften des BVG erbracht, § 5 Abs. 1 Nrn. 5 und 6 SGB V;

f) behinderte Menschen, die
 – in nach dem Schwerbehindertengesetz anerkannten Werkstätten für behinderte Menschen oder in nach dem Blindenwarengesetz anerkannten Blindenwerkstätten oder für diese Einrichtungen in Heimarbeit tätig sind,
 – in Anstalten, Heimen oder gleichartigen Einrichtungen in gewisser Regelmäßigkeit eine Leistung erbringen, die 1/5 der Leistung eines vollerwerbsfähigen Beschäftigten in gleichartiger Beschäftigung entspricht, § 5 Abs. 1 Nrn. 7 und 8 SGB V;

g) Studentinnen bis zu 14 Fachsemestern bzw. 30 Jahren, § 5 Abs. 1 Nr. 9 SGB V;

h) Praktikantinnen, zu ihrer Berufsausbildung ohne Arbeitsentgelt Beschäftigte und Auszubildende des Zweiten Bildungswegs, die sich in einem förderungsfähigen Teil eines Ausbildungsabschnittes nach dem BAFöG befinden, § 5 Abs. 1 Nr. 10 SGB V;
i) Rentnerinnen und Rentenantragstellerinnen, die die in § 5 Abs. 1 Nrn. 11 und 12 SGB V genannten Voraussetzungen erfüllen; auf Grund des Beschlusses des Bundesverfassungsgerichts vom 15.3.2000 ist die Vorversicherungszeit nach § 5 Abs. 1 Nr. 11 SGB V auch erfüllt, wenn während 9/10 der zweiten Hälfte des Erwerbslebens eine Mitgliedschaft oder Familienversicherung in der gesetzlichen Krankenversicherung bestanden hat;
j) freiwillig Versicherte, § 9 SGB V, sowie
k) Ehegatten und Kinder der in den Buchstaben a–j genannten Mitglieder, wenn sie nach § 10 SGB V familienversichert sind.

Selbständige (ausgenommen Landwirte, Künstler und Publizisten) unterliegen seit 1.1.1989 nicht mehr der Krankenversicherungspflicht, sondern können sich seitdem nur noch unter den in § 9 SGB V genannten Voraussetzungen freiwillig versichern. Der Bezug von Sozialhilfe führt als solcher ebenfalls nicht zu einer Mitgliedschaft in der gesetzlichen Krankenversicherung. Allerdings können Sozialhilfeempfänger, etwa auf Grund des Bezugs einer Rente oder von Arbeitslosengeld, versicherungspflichtig sein oder sich unter den Voraussetzungen des § 9 SGB V freiwillig versichern. Besteht keine Mitgliedschaft bei einer Krankenkasse, werden die Leistungen zur Krankenbehandlung zwar seit dem 1.1.2004 von der Krankenkasse übernommen (§ 264 Abs. 1 bis 7 SGB V). Ein Versicherungsverhältnis wird hierdurch jedoch nicht begründet.

5   **Beginn und Ende der Mitgliedschaft** in der gesetzlichen Krankenversicherung sind in den §§ 186 ff. SGB V geregelt. Danach erlischt die Mitgliedschaft im allgemeinen mit dem Ausscheiden aus der versicherungspflichtigen Beschäftigung, soweit sie nicht wegen Bestehens einer Versicherungsberechtigung nach § 9 Abs. 1 Nr. 1 SGB V fortgesetzt wird. Nach **§ 7 Abs. 3 SGB IV** gilt eine Beschäftigung gegen Arbeitsentgelt als fortbestehend, solange das Arbeitsverhältnis ohne Entgeltzahlung fortbesteht, längstens jedoch für 1 Monat; nach § 192 SGB V bleibt die Mitgliedschaft u.a. **erhalten, solange Anspruch** auf Krankengeld oder **Mutterschaftsgeld** besteht oder eine dieser Leistungen oder Erziehungsgeld bezogen oder Elternzeit in Anspruch genommen wird. Während der Schwangerschaft bleibt die Mitgliedschaft Versicherungspflichtiger auch erhalten, wenn das Arbeitsverhältnis vom Arbeitgeber zulässig aufgelöst oder die Versicherte unter Wegfall des Arbeitsentgelts beurlaubt worden ist, es sei denn, daß eine Mitgliedschaft nach anderen Vorschriften besteht (§ 192 Abs. 2 SGB V). Nimmt die Arbeitnehmerin an einem rechtmäßigen Arbeitskampf teil, so besteht das Versicherungsverhältnis bis zu dessen Beendigung weiter. Kündigt die Schwangere das Arbeitsverhältnis, ist § 192 Abs. 2 SGB V nicht anwendbar; es kann aber Absatz 1 Nr. 2 zutreffen (vgl. *Buchner/Becker*, § 13 Rdnr. 34; *Meisel/Sowka*, § 195 Rdnr. 15).

Ärztliche Betreuung, Begriff § **196 RVO**

Die **Staatsangehörigkeit** ist für den Leistungsanspruch ohne Bedeutung. Wie 6
bei den Leistungen bei Krankheit ruht auch der Anspruch auf Leistungen bei
Schwangerschaft und Mutterschaft bei Aufenthalt im Ausland (Ausnahme: Mutterschaftsgeld, § 195 Abs. 2 Satz 2). Eine Leistungspflicht im Ausland besteht –
abgesehen von den Fällen der §§ 17, 18 SGB V – nur, wo dies durch supranationales Recht (EG-VOen 1408/71 und 574/72, vgl. § 195 Rdnr. 12 ff.) oder
durch Sozialversicherungsabkommen vorgesehen ist. Zur Inanspruchnahme
von Leistungserbringern in den Mitgliedstaaten der EG und den Staaten des
EWR vgl. § 195 Rdnr. 16.

Grenzgängerinnen, d.h. Frauen, die im benachbarten Ausland wohnen und 7
in Deutschland arbeiten, sind grundsätzlich nach den allgemeinen Vorschriften
krankenversicherungspflichtig. Sie können Leistungen beanspruchen, da durch
Sozialversicherungsabkommen oder EG-Recht (vgl. Art. 20 EG-VO 1408/71)
die Leistungsaushilfe mit allen in Betracht kommenden Nachbarstaaten geregelt
worden ist.

2. Schwangerschaft und Entbindung als Versicherungsfall

Leistungen der §§ 195 ff. – hier ärztliche Betreuung und Hebammenhilfe – 8
werden weiblichen Versicherten während der Schwangerschaft (wegen des
Begriffs vgl. § 3 Rdnr. 2), bei und nach der Entbindung (vgl. § 6 Rdnr. 4–10)
gewährt. Im allgemeinen ist also das Bestehen einer Schwangerschaft Voraussetzung der Leistungsgewährung. Eine Ausnahme muß jedoch für die Leistung
der Feststellung der Schwangerschaft gelten. Sie muß von der Kasse auch
gewährt werden, wenn die Versicherte irrtümlich glaubt, schwanger zu sein
(ebenso *Buchner/Becker*, § 15 Rdnr. 22). Dagegen übernimmt die Kasse nicht
die Kosten der vom Arbeitgeber bei der Einstellung verlangten Untersuchung
über das Nichtbestehen einer Schwangerschaft (ebenso *Buchner/Becker*, § 15
Rdnr. 22; beachte auch oben § 5 MuSchG Rdnr. 17). Bei krankhaften **Scheinschwangerschaften** dürften Ansprüche auf Krankenbehandlung, nicht auf Leistungen bei Schwangerschaft und Mutterschaft gegeben sein (vgl. *Meisel/Sowka*,
§ 195 Rdnr. 5; *Meyer* in *Peters*, Handbuch KV II, RVO § 196 Rdnr. 26; *Schneider in: Schulin* § 25 Rdnr. 5; a.A. offenbar *Töns*, § 195 Rdnr. 4, der der Mutterschaftshilfe stets den Vorrang einräumt).

3. Ärztliche Betreuung, Begriff und Umfang

a) **Begriff**. Das Gesetz gibt während der Schwangerschaft, bei und nach der 9
Entbindung Anspruch auf »ärztliche Betreuung«. In diesem **Begriff** der »ärztlichen Betreuung« kommt der Gedanke der Vorsorge zum Ausdruck. Die
Leistungen der Krankenkasse bei Schwangerschaft und Mutterschaft erschöpfen
sich nicht in der Gewährung von »ärztlicher Behandlung« (vgl. dazu § 28 Abs. 1

RVO § 196 *Ärztliche Betreuung, Hebammenhilfe*

SGB V) bei regelwidrigem Verlauf von Schwangerschaft und Entbindung, sondern sollen sicherstellen, daß es zu Komplikationen, die durch ärztliches Eingreifen zu verhindern wären, gar nicht erst kommt. Dies wird deutlich aus dem, wenn auch in Form von Beispielen, vom Gesetz umschriebenen Inhalt der ärztlichen Betreuung. Sie umfaßt auch, jedoch nicht ausschließlich, Untersuchungen zur Feststellung der Schwangerschaft und Vorsorgeuntersuchungen.

10   Daraus ist zu schließen, daß »ärztliche Betreuung« einen Oberbegriff darstellt, der sowohl kurative wie präventive ärztliche Leistungen umfaßt (vgl. auch *Schriftl. Bericht des BT-Ausschusses für Arbeit* zu Drucks. IV/3652). Zur ärztlichen Betreuung gehören sowohl Vorsorgeleistungen als auch die Behandlung von Krankheiten, die in **direktem ursächlichem Zusammenhang** mit der Schwangerschaft oder der Entbindung stehen. Für alle diese Leistungen gelten die Sondervorschriften der §§ 196 ff. (z.B. Freistellung von der Arzneikostenbeteiligung). Für Krankheiten, die nicht in ursächlichem Zusammenhang mit Schwangerschaft und Entbindung stehen, auch wenn sie bei Schwangerschaften häufiger auftreten (z.B. Nierenbeckenentzündung), gelten dagegen die allgemeinen Vorschriften über Krankenbehandlung. Aus diesem Grund sind ärztliche Leistungen, die während der Betreuung einer Schwangeren über die im Gesetz und in den Mutterschafts-Richtlinien vorgesehenen Maßnahmen der Mutterschaftsvorsorge hinausgehen und der Erkennung und Behandlung von Krankheiten dienen, also kurative Leistungen, gesondert abzurechnen. Dies gilt auch für Beratungen und eingehende Untersuchungen, die mit Vorsorgemaßnahmen – außer mit Erstuntersuchungen von Schwangeren – zeitlich zusammentreffen (so *BSG* vom 15.9.1977, SozSich 1978 S. 23).

Die Krankenkasse darf nur die Leistungen übernehmen, die im Rahmen der vertragsärztlichen Behandlung erbracht worden sind (vgl. § 195 Rdnr. 4 a.E.). Die seit dem 1.1.2004 zu entrichtende Praxisgebühr in Höhe von 10 Euro gilt auf Grund der ausdrücklichen gesetzlichen Anordnung in § 28 Abs. 4 SGB V nicht für Maßnahmen zur Schwangerschaftsvorsorge nach § 196 Abs. 1.

11   **b) Umfang.** Der Umfang der Leistungen, die innerhalb der ärztlichen Betreuung zulässig sind, ist im Gesetz nur punktuell geregelt. Der Gesetzgeber hat lediglich drei Aspekte herausgestellt, denen er in diesem Zusammenhang besondere Bedeutung beimißt. Zum einen sind dies die Untersuchungen zur Feststellung der Schwangerschaft und die Vorsorgeuntersuchungen, die gleichsam das Grundgerüst der ärztlichen Betreuung Schwangerer bilden. Neu hinzugekommen ist seit dem 1.7.1997 (durch das 2. GKV-Neuordnungsgesetz vom 23.6.1997, BGBl. I S. 1520) die Regelung, wonach die ärztliche Betreuung auch die Beratung der Schwangeren zur Bedeutung der Mundgesundheit für Mutter und Kind einschließlich des Zusammenhangs zwischen Ernährung und Krankheitsrisiko sowie der Einschätzung des Übertragungsrisikos von Karies umfaßt (Abs. 1 Satz 2). Mit dieser Regelung hat der Gesetzgeber deutlich gemacht, welch hoher Stellenwert der Prävention im Bereich der zahnmedizinischen Versorgung zukommt. Zusammen mit den Vorschriften des SGB V zur Zahn-

Ärztliche Betreuung, Begriff § 196 RVO

prophylaxe ist nunmehr eine lückenlose präventive Betreuung von der Schwangerschaft bis zum Erwachsenenalter gewährleistet. Angesichts des hohen Risikos kariöser Erkrankungen auch schon im Säuglings- und Kleinstkindalter (exemplarisch deutlich gemacht etwa durch das sog. Baby-bottle-Syndrom, d.h. die großflächige Schädigung oder Zerstörung des Milchzahngebisses durch unkontrolliertes Dauernuckeln gesüßter Kindertees; vgl. hierzu *BGHZ* 116, 60 = NJW 1992, 560; *BGH* NJW 1995, 1286; BVerfG NJW 1997, 249; *Littbarski* NJW 1995, 217 m.w.N.) ist diese Ausweitung des Leistungskatalogs zu begrüßen. Der Inhalt und das Nähere über die Gewähr für ausreichende ärztliche Betreuung werden vom Bundesausschuß für Ärzte und Krankenkassen (seit dem 1.1.2004 Gemeinsamer Bundesausschuß nach § 91 SGB V) durch Richtlinien bestimmt (§ 92 Abs. 1 Satz 2 Nr. 4 SGB V).

Diese Richtlinien dienen der Sicherung einer nach den Regeln der ärztlichen 12
Kunst zweckmäßigen, ausreichenden und wirtschaftlichen ärztlichen Betreuung der Versicherten und ihrer Angehörigen während der Schwangerschaft und nach der Entbindung. Sie wenden sich an den Arzt. Sie berühren dagegen den Anspruch der Versicherten nicht. Für ihn gelten lediglich die Grenzen, die die §§ 2 Abs. 4, 12 Abs. 1 und 70 Abs. 1 SGB V allgemein vorsehen. Die Leistungen müssen ausreichend und zweckmäßig sein; sie dürfen jedoch das Maß des Notwendigen nicht überschreiten (zur Bedeutung des Wirtschaftlichkeitsgrundsatzes bei der ärztlichen Betreuung vgl. § 195 Rdnr. 5). In der Praxis ist jedoch die Bedeutung der Richtlinien auch für den Anspruch der Versicherten nicht zu übersehen. Letztlich kann nur der Arzt beurteilen, welche Leistungen im einzelnen Falle notwendig, ausreichend und wirtschaftlich sind. Die Richtlinie gibt ihm dafür einen Rahmen, der für ihn verbindlich ist (vgl. § 81 Abs. 3 Nr. 2 SGB V). Zwar kann die Richtlinie den Rechtsanspruch der Versicherten nach § 196 nicht erweitern oder einschränken, sie darf ihn lediglich konkretisieren. Der Arzt, der sich daran hält, hat dann die Vermutung für sich, daß die erbrachten Leistungen nach den Bestimmungen der RVO und den Regeln der ärztlichen Kunst erbracht sind.

c) **Richtlinien.** Die **Richtlinien** des Gemeinsamen Bundesausschusses sind 13
abgedruckt in Anhang 18.

Die Vorsorgeuntersuchung bei der Mutter erstreckt sich auf das ungeborene 14
Kind. Für das **neugeborene Kind** entsteht dagegen ein besonderer Anspruch auf Krankenbehandlung als Familienversicherter nach § 10 SGB V und auf Untersuchungen zur Früherkennung von Krankheiten nach § 26 SGB V (vgl. *Meisel/ Sowka*, § 196 Rdnr. 5; *Töns*, § 196 Rdnr. 1 d). Zum Anspruch der Mutter gehört ferner eine etwa erforderlich werdende Untersuchung beim Vater des Kindes (z.B. Antikörper-Suchtest oder bei der Feststellung des Rhesusfaktors). Andererseits ist etwa eine krankhafte Sterilität des Mannes dem Anspruch aus der Krankenbehandlung zuzurechnen, so daß es hier auf die Versicherungszugehörigkeit desjenigen ankommt, der die Untersuchung als Leistung in Anspruch nimmt (vgl. *Meisel/Sowka*, § 196 Rdnr. 4).

15   **Schwangerschaftsgymnastik** ist in den Mutterschafts-Richtlinien nicht vorgesehen. Sie gehört deshalb nur dann zur ärztlichen Betreuung oder zur Hebammenhilfe, wenn sie durch den betreuenden Arzt ausdrücklich zur Vorbereitung auf die Entbindung angeordnet wird (vgl. auch Nr. A 7 und A 8 der Anlage zu § 2 Abs. 1 HebGebVO, Anhang 17). Der Arzt muß dafür keine Hebamme beauftragen, sondern kann auch eine staatlich geprüfte Krankengymnastin nach § 28 Abs. 1 Satz 2 SGB V betrauen (vgl. *Meisel/Sowka*, § 196 Rdnr. 6).

16   Da die früher in § 20 Abs. 3 SGB V geregelten Leistungen zur Gesundheitsförderung durch das Beitragsentlastungsgesetz (vom 1.11.1996, BGBl. I S. 1631) gestrichen worden sind, ist eine Kostenbeteiligung der Krankenkasse für die Teilnahme der Schwangeren an gymnastischen Übungsveranstaltungen, die von anderen Stellen (z.B. Volkshochschule, Selbsthilfegruppen) angeboten und durchgeführt werden, nicht mehr möglich. Auch durch die Neufassung des § 20 SGB V durch das GKV-Gesundheitsreformgesetz 2000 (vom 22.12.1999, BGBl. I S. 2626) ist diese Leistungseinschränkung insoweit nicht wieder rückgängig gemacht worden. Gymnastik und Massagen im Wochenbett sind in den Mutterschafts-Richtlinien nicht als vorbeugende Maßnahmen vorgesehen und werden von den Krankenkassen in der Regel auch nicht übernommen, zumal die unter Anleitung einer Hebamme oder eines Arztes von der Wöchnerin selbst durchgeführten gymnastischen Übungen regelmäßig denselben Zweck erfüllen. Liegt jedoch eine Krankheit im versicherungrechtlichen Sinn vor, ist die Krankenkasse im Rahmen der § 27ff. SGB V leistungspflichtig.

4. Hebammenhilfe

17   Der Begriff »Hebammenhilfe« ist im Gesetz nicht näher definiert. Es werden darunter die Leistungen zu verstehen sein, die die Hebamme oder der Entbindungspfleger nach den Regeln ihres Berufes zu leisten haben (zum Inhalt der Hebammenhilfe vgl. auch *Grünenwald*, SozVers 1987, 127, 131 ff.). Diese ergeben sich aus dem Hebammengesetz vom 4.6.1985 (BGBl. I S. 902) und den von den Ländern erlassenen Dienstordnungen für Hebammen. Nach § 5 HebG soll die Ausbildung insbesondere dazu befähigen, Frauen während der Schwangerschaft, der Geburt und des Wochenbetts Rat zu erteilen und die notwendige Fürsorge zu gewähren, normale Geburten zu leiten, Komplikationen des Geburtsverlaufs frühzeitig zu erkennen, Neugeborene zu versorgen, den Wochenbettverlauf zu überwachen und eine Dokumentation über den Geburtsverlauf anzufertigen. Dieser Anspruch ist nicht davon abhängig, daß während der Schwangerschaft Beschwerden auftreten. Auch bei einer ganz normal verlaufenden Schwangerschaft besteht Anspruch auf Hebammenhilfe, soweit sie sachlich gerechtfertigt ist (h.M. vgl. z.B. *Buchner/Becker*, § 15 Rdnr. 28; *Töns* § 196 Rdnr. 2a).

18   Der Versicherten steht die Wahl der Hebamme frei. Die Leistung »Hebammenhilfe« wird als Naturalleistung gewährt, d.h. die Krankenkasse hat die

Hebammenhilfe § 196 RVO

Vergütung unmittelbar an die Hebamme zu entrichten. Die Gebühren richten sich nach einer Gebührenordnung, die nach § 134 Abs. 1 SGB V vom Bundesministerium für Gesundheit und Soziale Sicherung und nach Anhörung der Spitzenverbände der Krankenkassen und der Berufsorganisationen der Hebammen erlassen wird (Hebammenhilfe-Gebührenverordnung, Anhang 17). In dieser Verordnung sind auch die Einzelheiten der Vergütungsabrechnung durch die Krankenkasse zu regeln. Die Hebammenhilfe steht grundsätzlich selbständig neben der ärztlichen Betreuung, soweit sie nicht auf Anordnung des Arztes erbracht wird. Die Versicherte hat einen eigenständigen Anspruch auf die Leistung (ebenso *Buchner/Becker*, § 15 MuSchG Rdnr. 29).

Zwischen der Krankenkasse und der Hebamme bestehen keine vertraglichen Beziehungen wie etwa im Recht der vertragsärztlichen Versorgung (§§ 72 ff. SGB V). Deshalb bedarf die Hebamme zur Erbringung ihrer Leistungen auch keiner Zulassung. Die staatliche Erlaubnis zur Führung der Berufsbezeichnung reicht aus (vgl. *Dalheimer*, S. 39). Vielmehr kommt zwischen der Hebamme und der Versicherten im Regelfall ein Dienstverhältnis (§§ 611 ff. BGB) zustande. Der Vergütungsanspruch ist allerdings gesetzlich festgelegt und richtet sich gegen die Krankenkasse. Von der Versicherten darf keine weitergehende Bezahlung verlangt werden. 19

Der Vergütungsanspruch besteht auch, wenn kein Vertrag zustande gekommen ist. Er setzt lediglich voraus, daß die Hebamme einer Frau Hilfe geleistet hat, die Anspruch auf Hebammenhilfe hat (*BGH* v. 1.10.1959 = DOK 1961 S. 22 und *BSG* vom 23.10.1959 = BSGE 10, S. 260). Kein Anspruch auf Hebammenhilfe besteht im Fall eines nicht mit Strafe bedrohten Schwangerschaftsabbruchs, da der Gesetzgeber in § 200f (jetzt § 24b SGB V, vgl. Exkurs nach § 200b) die beim Schwangerschaftsabbruch zu erbringenden Leistungen abschließend aufgezählt hat (so zutreffend *BSG* vom 15.1.1986 = BSGE 59, 270 = USK 8602). Deshalb hat die Hebamme in einem solchen Fall auch keinen Gebührenanspruch nach der HebGV. Ein Vergütungsanspruch der Hebamme entsteht ebenfalls nicht, wenn die von ihr erbrachte Leistung von einem nicht zugelassenen oder ermächtigten Arzt veranlaßt worden ist (LSG Niedersachsen Urt. vom 12.7.2000 – L 4 KR 15/99). 20

Da der Vergütungsanspruch öffentlich-rechtlicher Natur ist, fallen Streitigkeiten über ihn in die Zuständigkeit der Sozialgerichte (*BSG* vom 23.10.1959 a.a.O.). Gleichwohl besteht zwischen Hebamme und Krankenkasse kein Über- und Unterordnungsverhältnis, so daß die Krankenkasse über den Vergütungsanspruch auch nicht durch Verwaltungsakt entscheiden kann (*BSG* v. 19.3.1986 = BSGE 60, 54 = USK 8611). Ihre Ansprüche kann die Hebamme im Wege der Leistungsklage nach § 54 Abs. 5 SGG ohne Vorverfahren durchsetzen (LSG Niedersachsen Urt. vom 12.7.2000 – L 4 KR 15/99 –). 21

Anstaltshebammen sind in der Regel Angestellte des Krankenhauses. Ist eine Anstaltshebamme nebenbei auch freiberuflich tätig, richtet sich der Vergütungsanspruch für die dabei geleistete Hebammenhilfe gegen die Krankenkasse. Wird 22 eine freiberuflich tätige Hebamme zu einer stationären Entbindung hinzugezogen, ohne daß sie in einem Vertragsverhältnis zum Krankenhaus steht, richtet sich ihr Vergütungsanspruch nach der HebGV direkt gegen die Krankenkasse (vgl. *BSG* vom 24.2.1971 = USK 7111). Wird ein Dienstverhälnis mit dem Krankenhaus begründet, richtet sich der Gebührenanspruch unmittelbar gegen das Krankenhaus (LSG NRW v. 2.7.1963 = KVRS 68008, vgl. auch *Dalheimer* S. 35). Die Hebammenhilfe bei stationärer Entbindung wird mit dem Pflegesatz abgegolten, wenn die Hebamme angestellt ist.

5. Hebammenhilfe bei der Entbindung und ärztliche Betreuung

23 Bei der Entbindung ist grundsätzlich eine Hebamme zuzuziehen (§ 4 Abs. 1 Satz 2 HebG). Dies gilt sowohl für Klinikentbindungen wie für Hausgeburten und auch für Entbindungen in einer ärztlichen Praxis, wenn sich die Wöchnerin danach wieder nach Hause begibt. Zwar enthält § 196 nicht mehr die Einschränkung »falls erforderlich durch einen Arzt«. Der Gesetzgeber wollte aber an der bestehenden Praxis nichts ändern, daß bei der Entbindung vorrangig die Hebamme (bzw. der Entbindungspfleger) Hilfe leistet. Die ärztliche Betreuung setzt erst dann ein, wenn sie im Einzelfall erforderlich wird.

Ein solches Erfordernis liegt vor, wenn aufgrund der Vorsorgeuntersuchungen Komplikationen bei der Geburt zu erwarten sind oder solche bei der Geburt eintreten. Auch der Wunsch der Versicherten nach Hinzuziehen eines Arztes kann ärztliche Hilfe erforderlich machen, wenn andernfalls mit einer seelischen Belastung der Schwangeren gerechnet werden müßte (ebenso *Buchner/Becker*, § 15 MuSchG, Rdnr. 31).

6. Versorgung mit Arznei-, Verband-, Heil- und Hilfsmitteln (Absatz 2)

24 § 196 Abs. 2 gewährt seit der Neufassung durch das 9. SGB-Änderungsgesetz (vom 8.5.1998, BGBl. I S. 907) keinen ausdrücklichen Anspruch mehr auf die Versorgung mit Arznei-, Verband- und Heilmitteln. Da nicht davon auszugehen ist, daß der Gesetzgeber den Anspruch der Versicherten auf diese Leistungen beseitigen wollte, läßt sich die Rechtsgrundlage hierfür nunmehr ausschließlich aus § 195 Abs. 1 Nr. 2 ableiten. Absatz 2 regelt seit dem 1.1.1999 lediglich noch, daß die nach §§ 31ff. SGB V zu entrichtenden Zuzahlungen bei Schwangerschaftsbeschwerden und im Zusammenhang mit der Entbindung nicht zu leisten sind. Dabei geht die Vorschrift insoweit über § 195 Abs. 1 Nr. 2 hinaus, als auch Zuzahlungen für Hilfsmittel ausgeschlossen werden, auf die nach dem Wortlaut des § 195 Abs. 1 Nr. 2 an sich kein Anspruch besteht. Nach der Gesetzesbegründung sollte es sich hierbei um eine redaktionelle Klarstellung handeln (BT-Drs. 13/9212, S. 44). Der Gesetzgeber ging daher offensichtlich davon aus, daß entgegen dem Wortlaut des § 195 Abs. 1 Nr. 2 auch bei Schwangerschafts-

beschwerden und im Zusammenhang mit der Entbindung ein Anspruch auf Versorgung mit Hilfsmitteln besteht. Infolgedessen wird § 195 Abs. 1 Nr. 2 erweiternd dahingehend auszulegen sein, daß die Regelung auch einen Anspruch auf Versorgung mit Hilfsmitteln umfaßt (wie hier: *Höfler* in KassKomm § 196 RVO Rdnr. 22; zurückhaltender *Krauskopf* § 196 RVO, Rdnr. 16). Der in Absatz 2 außerdem enthaltene Ausschluß von Zuzahlungen nach § 28a SGB V geht ins Leere, da diese Vorschrift noch vor ihrem Inkrafttreten aufgehoben worden ist (durch das GKV-Solidaritätsstärkungsgesetz vom 19.12.1998, BGBl. I, S. 3853), ohne daß § 196 Abs. 2 entsprechend angepaßt worden wäre.

Für die auf Grund des § 195 Abs. 1 Nr. 2 verordneten Arznei-, Verband-, Heil- und Hilfsmittel dürften auch die Regelungen über ausgeschlossene Arznei- und Heilmittel (§ 34 SGB V) sowie über Festbeträge (§ 35 SGB V) gelten. Dies ergibt sich aus § 195 Abs. 2 Satz 1, der die leistungsrechtlichen Vorschriften des SGB V für entsprechend anwendbar erklärt. Lediglich die Zuzahlungsregelungen sind ausgenommen (ebenso *Krauskopf* – § 196 Rdnr. 14; *Dalheimer* S. 47 und die Praxis der Krankenkassen, vgl. Gemeinsames Rundschreiben der GKV-Spitzenverbände vom 12.1.1989, Rdnr. 3 zu § 196 RVO). 25

Was unter **Arzneimittel** zu verstehen ist, ergibt sich aus der Begriffsbestimmung des § 2 AMG (Art. 1 des Gesetzes zur Neuordnung des Arzneimittelrechts vom 24.8.1976, BGBl. I S. 2445). Danach sind Arzneimittel Stoffe und Zubereitungen aus Stoffen, die dazu bestimmt sind, durch Anwendung am oder im Körper u.a. Krankheiten, Leiden, Körperschäden oder krankhafte Beschwerden zu heilen, zu lindern, zu verhüten oder zu erkennen. Als Arzneimittel gelten nur Mittel, die nach dem AMG als solche zugelassen, registriert oder durch RechtsVO von der Zulassung oder Registrierung freigestellt sind. 26

Verbandmittel sind Textilien und ähnliche Stoffe, die dazu bestimmt sind, oberflächengeschädigte Körperteile zu bedecken oder deren Körperflüssigkeiten aufzusaugen (vgl. § 4 Abs. 9 AMG, der von Verbandstoffen spricht). Sie gelten nach § 2 Abs. 2 Nr. 3 AMG als Arzneimittel. 27

Unter **Heilmitteln** (vgl. dazu näher Nr. 6 der Heilmittel-Richtlinien in der Fassung vom 6.2.2001, BAnz. Beilage Nr. 118a, zuletzt geändert am 21.12.2004, BAnz. Nr. 61 vom 1.4.2005) sind alle persönlich zu erbringenden medizinischen Leistungen zu verstehen, die aus Anlaß von Schwangerschaftsbeschwerden oder bei der Wiederherstellung der Gesundheit der Schwangeren oder Wöchnerin verwendet werden. Sie unterscheiden sich von den Arzneimitteln insbesondere dadurch, daß sie auf den Körper überwiegend äußerlich einwirken (vgl. auch *BSG* vom 16.7.1968, BSGE 28 S. 158 = BKK 1969 S. 11), wie z.B. Bäder und Massagen. Stärkungsmittel zur allgemeinen Erhaltung der Gesundheit gehören nicht zu den Heilmitteln und auch nicht zu den Arzneimitteln, die zu Lasten der Krankenkasse verordnet werden dürfen (vgl. Nr. 17.1 Buchstabe r der Arzneimittel-Richtlinien i.d.F. vom 1.10.1997, zuletzt geändert am 21.12.2004, BAnz. Nr. 65 vom 7.4.2005). Gymnastik und Massagen im Wochenbett sind nach Auffassung der Spitzenverbände der Krankenkassen nicht als Leistung der 28

RVO § 196 *Ärztliche Betreuung, Hebammenhilfe*

gesetzlichen Krankenversicherung anzusehen (vgl. das Besprechungsergebnis in DOK 1976 S. 668 = WzS 1977 S. 12, das aber nicht von allen Krankenkassen beachtet wird, siehe oben Rdnr. 14 und 15). Die Unterscheidung zwischen Arznei- und Heilmitteln hat heute keine Bedeutung mehr, da die Differenzierung nach größeren und kleineren Heilmitteln weggefallen ist und die unterschiedliche Zuzahlung für Arznei- und Heilmittel nicht relevant sein kann.

29 **Hilfsmittel** sind nach Nr. 2 der Hilfsmittelrichtlinien (i.d.F. vom 17.6.1992, zuletzt geändert durch Bek. vom 19.10.2004, BAnz. 2005, Nr. 2, S. 89) sächliche und medizinische Leistungen, wie etwa Körperersatzstücke, Seh- und Hörhilfen sowie sächliche Mittel oder technische Produkte, die dazu dienen, Arzneimittel oder andere Therapeutika, die zur inneren Anwendung bestimmt sind, in den Körper zu bringen (z.B. Spritzen oder Inhalationsgeräte).

30 Die **Bedeutung des Absatzes 2** besteht darin, daß die (seit 1.1.2004 vollständig neu geregelte) Zuzahlung in Höhe von 10% des Abgabepreises, mindestens aber 5, höchstens 10 EUR je verordnetem Arznei-, Verband-, Hilfs- und Heilmittel, die auf Grund des § 195 Abs. 1 Nr. 2 gewährt werden, nicht zu entrichten ist. Die Zuzahlungsbefreiung gilt nur für ärztliche Verordnungen aus Anlaß der Entbindung oder von Schwangerschaftsbeschwerden. Als **Schwangerschaftsbeschwerden** (vgl. dazu auch § 3 Rdnr. 4) sind die Beschwerden anzusehen, die ursächlich durch die Schwangerschaft hervorgerufen wurden. Dies gilt für die »normalen«, d.h. üblichen und typischen Schwangerschaftsbeschwerden, aber auch für solche, die über dieses Maß hinausgehen (vgl. *RVA* 5166 in AN 1938 Abs. 46).

31 Beschwerden, die **nicht auf die Schwangerschaft zurückzuführen** sind, sondern nur zeitlich mit ihr zusammentreffen, sind dagegen Krankheiten i.S. des § 27 SGB V. Es darf sich dabei auch um Krankheiten handeln, die während einer Schwangerschaft häufiger auftreten als sonst. Die Entscheidung, ob Schwangerschaftsbeschwerden vorliegen oder nicht, trifft der Arzt. Er muß die Zuzahlungsfreiheit auf dem Rezept vermerken. Liegen keine Schwangerschaftsbeschwerden vor, sind die verordneten Arznei-, Verband-, Heil- und Hilfsmittel nicht von der Zuzahlung frei (beachte aber die Härtefallregelung in § 61 SGB V). Werden Arznei-, Verband-, Heil- und Hilfsmittel im Zusammenhang mit einer Fehlgeburt (vgl. zum Begriff § 6 MuSchG, Rdnr. 13) oder einem Schwangerschaftsabbruch erforderlich, so liegt ein Fall der Krankenbehandlung bzw. des § 24b SGB V vor, so daß die Arzneikostenbeteiligung zu zahlen ist. Vor der Fehlgeburt oder dem Abbruch liegende Maßnahmen fallen noch unter § 196 Abs. 2 (ebenso *Meisel/Sowka*, § 196 Rdnr. 18; *Buchner/Becker*, § 15 Rdnr. 33; a.M. *Heilmann*, § 15 Rdnr. 24; *Meyer* in *Peters*, Handbuch KV II, RVO § 196 Rdnr. 27f., der auch in der Fehlgeburt eine Entbindung sieht).

Stationäre Entbindung § 197 RVO

§ 197 Stationäre Entbindung

Wird die Versicherte zur Entbindung in ein Krankenhaus oder eine andere Einrichtung aufgenommen, hat sie für sich und das Neugeborene auch Anspruch auf Unterkunft, Pflege und Verpflegung, für die Zeit nach der Entbindung jedoch für längstens sechs Tage. Für diese Zeit besteht kein Anspruch auf Krankenhausbehandlung. § 39 Abs. 2 des Fünften Buches Sozialgesetzbuch gilt entsprechend.

Inhaltsübersicht

1. Allgemeines 1
2. Inhalt des Anspruchs 2–4
3. Krankenhaus oder andere Einrichtung .. 5–6
4. Dauer des Anspruchs 7
5. Verhältnis zur Krankenhausbehandlung 8–13
6. Wahl des Krankenhauses oder der Einrichtung 14–23
   a) Zugelassenes Krankenhaus 14–17
   b) Anderes Krankenhaus als in der ärztlichen Einweisung 18–22
   c) Fahr- und Transportkosten 23
7. Leistungspflicht bei Kassenwechsel 24

1. Allgemeines

Die Vorschrift regelt den Anspruch auf stationäre Entbindung, der vor dem GRG in § 199 Abs. 1 normiert war. Der frühere § 199 Abs. 2 (Hilfe und Wartung durch Hauspflegerinnen) ist gestrichen worden und wird in veränderter Form in §§ 198 und 199 weitergeführt. An sich ergibt sich der Rechtsanspruch auf stationäre Entbindung bereits aus § 196. § 197 Satz 1 regelt ergänzend den Anspruch auf die Gewährung von Unterkunft, Pflege und Verpflegung. Erst durch diese Regelung wird die stationäre Entbindung für die Versicherte kostenfrei (so zutreffend *Meyer* in *Peters*, Handbuch KV II, RVO §§ 197-199 Rdnr. 6). 1

Ein Leistungsanspruch besteht, wenn bei Eintritt des Versicherungsfalles ein Versicherungsverhältnis (Mitgliedschaft oder Familienversicherung) oder ein nachgehender Leistungsanspruch nach § 19 SGB V vorliegt (vgl. § 196 Rdnr. 1-4). **Versicherungsfall** ist bei § 197 die Entbindung, nicht die Aufnahme ins Krankenhaus. Zwar markiert dieser Umstand den Beginn der Leistung. Das Ereignis, das bei seinem Eintritt spezifische Gefährdungen für die Versicherte mit sich bringt, gegen die die GKV Schutz gewähren soll, ist aber die Entbindung (ebenso *Buchner/Becker*, § 15 Rdnr. 34; *Brackmann*, Hdb der Sozialversicherung II S. 414; *Aye/Heinke/Marburger*, § 199 Rdnr. 3; a.M. *Dalheimer* S. 53 sowie *Töns*, § 197 Anm. 4). Bestand am Tag der Entbindung ein Leistungsanspruch, so hat die Kasse im Rahmen des § 19 SGB V die vorgesehenen Leistungen zu gewähren, auch wenn während der Zeit der Entbindungsanstaltspflege kein Versicherungsverhältnis mehr besteht (vgl. *LSG Essen* vom 21.6.1979, ErsK 1980 S. 322 = KVRS 5300/6).

391

2. Inhalt des Anspruchs

2 Der Anspruch nach § 197 Satz 1 umfaßt Unterkunft, Pflege und Verpflegung sowie die medizinische Versorgung im Zusammenhang mit der Entbindung in einem zum Zweck der Entbindung aufgesuchten Krankenhaus oder einer anderen Einrichtung. Für die Inanspruchnahme der Leistung ist keine ärztliche Einweisung erforderlich. Allein die Aufnahme in ein Krankenhaus oder eine andere Einrichtung zur Entbindung löst den Leistungsanspruch aus. Mit dem allgemeinen Leistungsantrag auf Mutterschaftsvorsorge (vgl. § 196 Rdnr. 1) hat die Versicherte das verfahrensrechtlich Erforderliche bereits getan. Ist die Leistung Mutterschaftsvorsorge bewilligt, ist für die einzelnen Leistungen auch nach § 197 kein weiterer Antrag mehr erforderlich. Auf die Aufnahme in einem an sich nicht auf Entbindung eingerichteten und auf sie vorbereiteten Heim (z.B. Mütterheim, Frauenhaus) ist § 197 nicht entsprechend anwendbar (VGH Mannheim v. 3.9.1986 = ZfSH/SGB 1987, 154).

3 Die Versicherte hat einen Rechtsanspruch auf die stationäre Entbindung, die in Natur zu gewähren ist. Die Mitteilung des Krankenhauses an die Krankenkasse, daß es die Wöchnerin aufgenommen hat, ist als Leistungsantrag der Versicherten anzusehen (*BSG* v. 24.11.1987 = USK 87136). Lehnt die Krankenkasse den Antrag rechtswidrig ab, wandelt sich der Sachleistungsanspruch in einen Anspruch auf Erstattung der entstandenen Kosten um (§ 13 Abs. 3 SGB V). Auf das medizinische Erfordernis einer solchen Form der Entbindung kommt es nicht an. Ebensowenig ist eine »soziale Indikation« erforderlich. Die Inanspruchnahme dieser Leistung hängt vielmehr vom freien Ermessen der Versicherten ab. Die Versicherte kann auch eine sog. **»ambulante Geburt«** wählen, bei der mit Ausnahme der (im Krankenhaus stattfindenden) Entbindung die vorbereitende und nachgehende Geburtsarbeit in Gegenwart einer Hebamme (und/oder eines Arztes) geleistet wird (vgl. *Heilmann*, § 15 Rdnr. 18). Allerdings muß die Aufnahme ins Krankenhaus oder die Einrichtung in einem engen zeitlichen Zusammenhang mit der Entbindung selbst stehen und darf nicht früher einsetzen, als dies für eine ausreichende, zweckmäßige und wirtschaftliche ärztliche Betreuung der Versicherten notwendig ist, vgl. auch *Meisel/Sowka*, § 197 Rdnr. 7; *Aye/Heinke/Marburger*, § 197 Rdnr. 9; *Heilmann*, § 15 Rdnr. 30).

4 Trägerin des Anspruchs ist die Versicherte. Die Betreuung des gesunden Neugeborenen ist Bestandteil der stationären Entbindung der Mutter (»für sich und das Neugeborene«). Bedarf das Neugeborene jedoch selbst der stationären Behandlung und wird es wegen Krankheit in eine andere Abteilung desselben Krankenhauses oder in ein anderes Krankenhaus verlegt, liegt in der Person des Neugeborenen ein eigener Versicherungsfall vor (wichtig, wenn das Neugeborene wegen § 10 Abs. 3 SGB V nicht familienversichert ist; dann besteht Versicherungsschutz nur, wenn es nach § 9 Abs. 1 Nr. 2 zweite Alternative SGB V freiwillig der Krankenkasse beigetreten ist).

3. Krankenhaus oder andere Einrichtung

Krankenhäuser sind nach der Legaldefinition in § 107 Abs. 1 SGB V Einrichtungen, die der Krankheitsbehandlung oder Geburtshilfe dienen. Allerdings muß eine solche Einrichtung alle Voraussetzungen des § 107 Abs. 1 erfüllen. Fehlen etwa die Voraussetzungen der Nr. 2 oder Nr. 3, liegt kein Krankenhaus vor. Gleichwohl kann es sich um eine Einrichtung i. S. d. § 197 Satz 1 handeln, sonst gäbe die Regelung keinen Sinn. Dies verkennt das *LSG Thüringen* (Urt. vom 30.8.2000 – LG KR 692/99 – und vom 27.9.2000 – LG KR 688-99 –), wonach auch andere Einrichtungen i.S.d. § 197 Satz 1 in Bezug auf das Zulassungserfordernis ebenso zu behandeln sind wie Krankenhäuser. Es liegt m.E. kein redaktionelles Versehen vor (so aber *Dalheimer* S. 49), sondern es ist die Absicht des Gesetzgebers, auch Einrichtungen zu erfassen, die keine Krankenhäuser i. S. d. § 107 SGB V sind (vgl. auch *Hess. LSG* v. 16.12.1993 – L 1 / Kr – 586/89). Auf die Bezeichnung kommt es nicht an. Allerdings muß diese Einrichtung in der Lage sein, der Versicherten neben Unterkunft, Pflege und Verpflegung auch medizinische Versorgung im Zusammenhang mit der Entbindung zur Verfügung zu stellen (ebenso *Buchner/Becker*, § 15 Rdnr. 36).

Dies dürfte bei den sog. **Geburtshäusern**, in denen Frauen in einer speziell auf die Entbindung ausgerichteten Umgebung und Atmosphäre betreut werden, ebenfalls gegeben sein. Fraglich ist, ob diese Einrichtung eine ärztlich geleitete zugelassene Einrichtung i. S. d. § 76 Abs. 1 Satz 1 SGB V sein oder einen dem § 109 SGB V entsprechenden Versorgungsvertrag mit den Krankenkassen geschlossen haben muß. § 197 verlangt diese strengen formellen Voraussetzungen ausdrücklich nur für Krankenhäuser mit der Folge, daß das *BSG* (Urt. vom 23.11.1995 – 1 RK 5/94 –) einen Kostenerstattungsanspruch für eine Entbindung in einer nicht zugelassenen Privatklinik ausgeschlossen hat (vgl. auch *Höfler* in KassKomm § 197 RVO Rdnr. 5, *Hess. LSG* v. 16.12.1993 und unten Rdnr. 14). Gleichwohl hält das *LSG Thüringen* (s. o. Rz. 5) den Umkehrschluß, daß auch Entbindungen in nicht zugelassenen Einrichtungen der Geburtshilfe zum Leistungsspektrum des § 197 gehören, nicht für zulässig (dagegen mit beachtlichen Gründen *SG Frankfurt*, Urt. vom 27.3.2000 – S 25 KR 3954/97 –; *SG Altenburg*, Urt. vom 30.9.1999 – S 13 KR 2180/98 –; offengelassen von *BSG*, Urt. vom 20.5.2003 – B 1 KR 9/03 R –). Da die Versicherte die Wahlfreiheit unter den für eine Entbindung in Betracht kommenden Einrichtungen hat und Geburtshäuser zumindest bei komplikationslosen Entbindungen als wirtschaftliche Alternative zum Krankenhaus anzusehen sind, sollten Krankenkassen auch die Entbindungskosten in solchen Einrichtungen übernehmen (enger *Krauskopf/ Schroeder-Printzen* § 197 RVO Rdnr. 8). Voraussetzung ist allerdings auch hier, daß die medizinische Versorgung der Versicherten durch Ärzte und Hebammen gewährleistet ist und die Einrichtung über die erforderliche gewerberechtliche Erlaubnis verfügt (*BSG* Urt. vom 9.10.2001 – B 1 KR 15/00 R –).

RVO § 197 *Stationäre Entbindung*

4. Dauer des Anspruchs

7   Die Leistungsdauer ist für die Zeit nach der Entbindung **auf 6 Tage** beschränkt. Für die Berechnung der Frist gilt § 26 Abs. 1 SGB X i. V. m. § 187 Abs. 1 BGB, d. h. der Tag der Entbindung wird in die Frist nicht eingerechnet. Die Tage, die eine Versicherte vor der Entbindung in der stationären Einrichtung verbringt, werden auf die 6-Tage-Frist nicht angerechnet. Das bedeutet aber nicht, daß es im Belieben der Versicherten stünde, wann sie sich in das Krankenhaus aufnehmen läßt. Den Zeitpunkt der Aufnahme in ein Krankenhaus wird im Regelfall der Arzt (bzw. der Krankenhausarzt) nach den medizinischen Notwendigkeiten bestimmen. Wird eine Versicherte erst nach der Entbindung in ein Krankenhaus aufgenommen, findet eine stationäre Behandlung mit dem Ziel der Entbindung nicht mehr statt, so daß kein Anspruch nach § 197 besteht (ebenso *Töns,* § 197 Anm. 4 zu § 199 und *Dalheimer* S. 54). Eine Ausnahme wird man aber in dem Fall machen müssen, in dem die Versicherte ihre Absicht, im Krankenhaus zu entbinden, nicht mehr verwirklichen kann (z. B. weil das Transportfahrzeug im Verkehrsstau stecken geblieben ist; vgl. auch *Meyer* in *Peters* Handbuch KV II, RVO §§ 197-199 Rdnr. 8 für den Fall einer Spontangeburt zu Hause). Die 6-Tage-Frist rechnet aber auch in diesem Fall vom Zeitpunkt der Entbindung an. § 197 kommt aber auch zur Anwendung, wenn die Versicherte zum Zwecke der Entbindung in ein Krankenhaus eingewiesen wird, das Krankenhaus aber schon vor der Entbindung wieder verläßt (ebenso *Meisel/Sowka*, § 197 Rdnr. 8;).

5. Verhältnis zur Krankenhausbehandlung

8   Neben der stationären Entbindung wird Krankenhausbehandlung nicht gewährt, denn die Entbindung ist auch bei einem regelwidrigen Verlauf nicht als Krankheit i. S. d. § 27 SGB V anzusehen. Dies gilt auch, wenn die Versicherte vor der Entbindung wegen einer Krankheit in ein Krankenhaus eingewiesen war. In diesem Falle ist vom Tage der Verlegung auf die Entbindungsstation an, bei keiner Verlegung vom Tage der Entbindung an die Leistung nach § 197 zu gewähren. Wird die Versicherte nach der Entbindung – wegen einer Krankheit – auf eine andere Station verlegt, bleibt die Leistung stationäre Entbindung bis zum Ablauf der 6-Tage-Frist. Danach handelt es sich um Krankenhausbehandlung nach § 39 SGB V, auch wenn die Krankheit eine Folge der Entbindung ist. § 197 Satz 2 berührt den materiellen Anspruch der Versicherten nicht. Die Regelung ist lediglich für die Buchungs- und Abrechnungsvorgänge der Krankenkasse von Bedeutung (vgl. auch *Meisel/Sowka*, § 197 Rdnr. 19; *Töns,* § 197 Anm. 6 a). Demgegenüber sieht die für Entbindungsanstaltpflege gebildete Fallpauschale eine Grenzverweildauer bis zu 12 Tagen vor und geht damit über den Maximalanspruch des § 197 hinaus. Mit dieser Pauschale sind sämtliche Krankenhausleistungen abgegolten, auch wenn in dieser Zeit Krankenhausbehand-

Verhältnis zur Krankenhausbehandlung § 197 RVO

lungsbedürftigkeit anfällt. Erst nach Überschreiten der 12-Tages-Frist können Kosten für eine notwendige Krankenhausbehandlung abgerechnet werden. Eine Zuzahlung ist für den von der Pauschale abgedeckten Zeitraum nicht zu erheben (*Besprechungsergebnis GKV-Spitzenverbände* vom 28.3.1996).

Der **Vorrang der stationären Behandlung** besteht nur im Verhältnis zu § 39 SGB V, nicht dagegen, wenn stationäre Behandlung für Rechnung eines Unfall- oder Rentenversicherungsträgers oder eines Trägers der Versorgungsverwaltung gewährt wird (so die *Spitzenverbände der Krankenkassen* in ihrem Gemeinsamen Rundschreiben vom 15.12.1967, Rdnr. 4c zu § 199, DOK 1968, S. 44; ihnen folgend *Aye/Heinke/Marburger*, § 199 Rdnr. 9; *Specke*, S. 31; *Krauskopf*, § 197 Rdnr. 6). Muß die Wöchnerin länger als sechs Tage in der Entbindungsanstalt bleiben, ist – wenn eine Fallpauschale nicht gebildet ist – für die sich anschließende Zeit Krankenhausbehandlung nach § 39 SGB V zu gewähren. Für den gesunden Säugling sind die Unterbringungskosten so lange zu übernehmen, wie es zum Wohl der Mutter und des Säuglings aus ärztlicher Sicht notwendig ist (so auch die *Spitzenverbände der Krankenkassen* in BKK 1970 S. 267). 9

Die stationären Kosten für das neugeborene Kind gehören zu den Kosten der stationären Entbindung. Es handelt sich um eine streng akzessorische Nebenleistung, die ebenso wie die stationäre Entbindung für die Dauer bis zu sechs Tagen nach der Entbindung zu gewähren ist. Die allgemeinen Krankenhausleistungen für gesunde Neugeborene werden mit den für die Versorgung der Mutter berechneten Pflegesätzen abgegolten (§ 3 Abs. 2 Satz 2 BPflV). Die während der Dauer der stationären Entbindung durchgeführten Maßnahmen zur Früherkennung von Krankheiten bei Kindern (sog. Neugeborenen-Erst- und Basisuntersuchungen) gehören nach § 73 Abs. 6 SGB V zur stationären Behandlung. Erkrankt das Kind in dieser Zeit, tritt – anders als für die Versicherte – Krankenhausbehandlung nach § 39 SGB V ein (vgl. *BSG* vom 18.5.1976, SozR 2200 § 199 Nr. 1). Die für den gesunden Säugling gebildete Fallpauschale sieht dagegen keine Grenzverweildauer vor. Sie deckt daher dem gesamten Bereich des stationären Aufenthalts des Kindes ab. Kosten für eine notwendige Krankenhausbehandlung können insoweit nicht abgerechnet werden. 10

Hat die Mutter weder selbst Ansprüche auf Leistungen bei Schwangerschaft und Mutterschaft gegen die gesetzliche Krankenversicherung, noch Ansprüche als Familienversicherte nach § 10 SGB V, ist auch die stationäre Entbindung für das gesunde Neugeborene nicht von der Kasse zu gewähren. Dies gilt selbst dann, wenn das Neugeborene von Geburt an für den Fall der Krankheit Anspruch aus einer Familienversicherung gehabt hätte (vgl. *LSG Stuttgart* vom 23.3.1984, *Breith* 1984 S. 468). 11

Während der stationären Entbindung wird – wie auch bei der Krankenhausbehandlung – das laufende Mutterschaftsgeld nach § 200 gezahlt. Ein gleichzeitig bestehender Anspruch auf Krankengeld ruht (§ 49 Abs. 1 Nr. 3a SGB V). 12

Eine Verpflichtung zur **Zuzahlung** von 10 EUR je Kalendertag, wie sie § 39 Abs. 4 SGB V für die Dauer der Krankenhausbehandlung bis zu 28 Tagen je 13

395

Kalenderjahr vorsieht, besteht bei stationärer Entbindung nicht. Sobald Krankenhausbehandlung einsetzt, ist die Zuzahlung zu leisten. Der Säugling ist bei Krankenhausbehandlung nicht zuzahlungspflichtig (§ 39 Abs. 4 Satz 1 SGB V).

6. Wahl des Krankenhauses oder der Einrichtung

14 a) **Zugelassenes Krankenhaus.** Die Versicherte hat ungeachtet der Verweisung auf § 39 Abs. 2 SGB V wie bisher die freie Wahl unter den Krankenhäusern oder Einrichtungen. Wählt sie allerdings ein Krankenhaus, dann muß es sich um ein **zugelassenes Krankenhaus** (§ 108 SGB V) handeln.

Das sind
- Hochschulkliniken im Sinne des Hochschulbauförderungsgesetzes,
- Krankenhäuser, die in den Krankenhausplan eines Landes aufgenommen sind (Plankrankenhäuser), oder
- Krankenhäuser, die einen Versorgungsvertrag mit den Landesverbänden der Krankenkassen und den Verbänden der Ersatzkassen abgeschlossen haben.

15 Für die Einrichtungen, die keine Krankenhäuser sind, gibt es entsprechende Zulassungsvorschriften nicht. Sie müssen aber geeignet und dazu bestimmt sein, Frauen zur Entbindung und ggf. Wochenpflege aufzunehmen sowie ihrer ärztlichen Betreuung sowie Hebammenhilfe zu gewähren und über die erforderliche gewerberechtliche Erlaubnis verfügen (vgl. *Höfler* in *KassKomm* § 197 Rdnr. 5 unter Hinweis auf RVA GE Nr. 4068, AN 1931, 220, 221; *Hess. LSG* v. 16.12.1993, *BSG* Urt. vom 9.10.2001 – B 1 KR 15/00 R –, oben Rdnr. 5).

16 Nimmt die Versicherte ein nicht zugelassenes Krankenhaus (z.B. eine Privatklinik) in Anspruch, darf die Krankenkasse die Kosten der stationären Entbindung nicht übernehmen. Auch eine nachträgliche Erstattung der von der Versicherten übernommenen Kosten ist grundsätzlich nicht möglich, da die stationäre Entbindung eine Sachleistung ist. Es ist kein Grund ersichtlich, warum die nach § 195 Abs. 2 Satz 1 für das Leistungsrecht geltenden Vorschriften des SGB V bei der stationären Entbindung nicht anzuwenden sind. Die Ermessensregelung in § 39 Abs. 2 SGB V ist nicht dahin auszulegen, daß bei Aufnahme in einer Privatklinik die Krankenkasse nur die Kosten zu übernehmen braucht, die bei Aufnahme in einem zugelassenen Krankenhaus angefallen wären. (*BSG* vom 23.11.1995, 1 RK 5/94 = BKK 1996, S. 461 ff.; so auch *Höfler* in *Kass/Komm* § 197 RVO Rdnr. 5; der gegenteiligen Auffassung von *Meisel/Sowka* (§ 197 RVO Rdnr. 10) ist damit für die Praxis der Boden entzogen).

17 Eine **Ausnahme** ist nur in den Fällen möglich, in denen die Versicherte das zugelassene Krankenhaus nicht mehr erreicht (z.B. in einem Notfall) oder wenn ein in Betracht kommendes zugelassenes Krankenhaus die Versicherte nicht aufnehmen kann und ein anderes zugelassenes Krankenhaus nicht (mehr) erreichbar ist. Hier muß allerdings die Aufnahme in ein Krankenhaus aus medizinischen Gründen geboten sein (vgl. *BSG* vom 24.6.1979 = USK 7960 = SozR 2200 § 184 Nr. 13). Eine Ausnahme ist auch dann möglich, wenn die

Wahl des Krankenhauses § 197 RVO

Übernahme der Kosten einer stationären Entbindung zu Unrecht abgelehnt wird. Dann hat die Krankenkasse die Kosten in der entstandenen Höhe zu erstatten, soweit die Leistung notwendig war (§ 13 Abs. 3 SGB V). Diese Kosten können dann auch höher sein als in einem zugelassenen Krankenhaus.

b) Anderes Krankenhaus. Wählt die Versicherte ohne zwingenden Grund **ein anderes** als ein in der ärztlichen Einweisung genanntes (aber zugelassenes) **Krankenhaus**, kann ihr die Krankenkasse die Mehrkosten ganz oder teilweise auferlegen (§ 39 Abs. 2 SGB V). Zum Verständnis dieser Regelung muß man wissen, daß der Arzt nach der hier wegen § 195 Abs. 2 Satz 1 entsprechend anzuwendenden Regelung des § 73 Abs. 4 Satz 3 SGB V bei der Einweisung in ein Krankenhaus die beiden nächsterreichbaren, für die stationäre Entbindung geeigneten Krankenhäuser anzugeben und dabei das Verzeichnis stationärer Leistungen und Entgelte nach § 39 Abs. 3 SGB V zu berücksichtigen hat. Diese Regelungen sollen das Wirtschaftlichkeitsgebot im stationären Sektor konkretisieren. 18

Ein **zwingender Grund** liegt vor, wenn die Aufnahme des nächsterreichbaren und auch geeigneten Krankenhauses weder der Versicherten unter Berücksichtigung aller Umstände des Einzelfalles, noch der Krankenkasse im Hinblick auf das Wirtschaftlichkeitsgebot (§ 12 Abs. 1 SGB V) zumutbar ist. Ob ein zwingender Grund vorliegt, ist eine Tatbestandsfrage, bei der nur begrenzt ein Beurteilungsspielraum besteht und die gerichtlich weitgehend nachgeprüft werden kann. 19

Liegt kein zwingender Grund vor, muß die Krankenkasse nach pflichtgemäßem Ermessen entscheiden, ob der Versicherten die Mehrkosten ganz oder teilweise auferlegt werden. Anders als im vor 1989 geltenden Recht ist die Krankenkasse nicht mehr verpflichtet, der Versicherten die Mehrkosten aufzuerlegen, wenn sie ein anderes Krankenhaus wählt. Der Krankenkasse wird hier ein Ermessen eingeräumt, damit sie den Verhältnissen des Einzelfalles gerecht werden kann. Diese milde Sanktion ist deshalb gerechtfertigt, weil das Verzeichnis nach § 39 Abs. 3 SGB V den Einweisungsspielraum des Arztes und damit auch das Wahlrecht der Versicherten beschränkt. 20

Die Krankenkasse hat das Ermessen dem Zweck der Ermächtigung entsprechend auszuüben und die gesetzlichen Grenzen des Ermessens einzuhalten. Die Versicherte hat einen Anspruch auf pflichtgemäße Ermessensausübung (§ 39 Abs. 1 SGB I). Der Zweck der Ermächtigung besteht darin, die Solidargemeinschaft einerseits vor Aufwendungen zu bewahren, die unwirtschaftlich sind, andererseits aber auch die persönliche Situation der Frau und ihre Gründe für die Inanspruchnahme eines weiter entfernten Krankenhauses zu berücksichtigen. Solche Gründe sind z.B. die Entfernung des Krankenhauses von dem nächst erreichbaren Angehörigen, insbesondere dem Ehegatten, religiöse Bedürfnisse der Versicherten (§ 2 Abs. 3 SGB V), schlechte Erfahrungen mit den beiden nächsterreichbaren Krankenhäusern, die familiäre und finanzielle 21

Situation der Versicherten, Gleichbehandlung vergleichbarer Sachverhalte durch die Krankenkasse.

22 Wählt die Versicherte eine **höhere** als die allgemeine **Pflegeklasse** in dem zugelassenen Krankenhaus, beeinflußt dies den Sachleistungsanspruch der Versicherten nicht; sie erhält die Leistung zur Verfügung gestellt, hat aber die über den allgemeinen Pflegesatz hinausgehenden Mehrkosten selbst zu tragen. Es handelt sich hier nicht um einen Anwendungsfall des § 39 Abs. 2 SGB V, wohl aber um eine Beachtung des Wirtschaftlichkeitsgebots (§ 12 Abs. 1 SGB V, vgl. auch *Heilmann*, § 15 Rdnr. 29).

23 c) **Fahr- und Transportkosten.** Die bei Inanspruchnahme einer stationären Entbindung entstandenen **Fahr- und Transportkosten** (auch mit dem eigenen Auto) sind von der Krankenkasse in Höhe des 10% der entstandenen Kosten, mindestens 5 EUR, höchstens aber 10 EUR je einfache Fahrt übersteigenden Betrages zu übernehmen (§ 60 Abs. 2 Nr. 1 SGB V i. V. m. § 61 SGB V, § 195 Abs. 2 Satz 1 RVO). Das Gleiche gilt in dem Fall, in dem eine Versicherte z. B. wegen plötzlich einsetzender starker Wehen im Rahmen einer Rettungsfahrt ins Krankenhaus gebracht wird, selbst wenn eine stationäre Behandlung (noch) nicht erforderlich ist und die Versicherte wieder nach Hause geschickt wird. Welche Fahrkosten berechnungsfähig sind, ist in § 60 Abs. 3 SGB V festgelegt. Ist die Belastungsgrenze nach § 62 SGB V überschritten, ist die Versicherte auch von der Zuzahlung von 10% der Fahrkosten, mindestens 5 EUR, höchstens 10 EUR befreit.

7. Leistungspflicht bei Kassenwechsel

24 Bei Kassenwechsel (in der Regel nur im Rahmen der Familienversicherung von Bedeutung) hat die neue Kasse die Leistungen vom Tage des Übertritts an zu übernehmen. Die Leistungsdauer bleibt dadurch unberührt.

§ 198 Häusliche Pflege

Die Versicherte hat Anspruch auf häusliche Pflege, soweit diese wegen Schwangerschaft oder Entbindung erforderlich ist. § 37 Abs. 3 und 4 des Fünften Buches Sozialgesetzbuch gilt entsprechend.

Inhaltsübersicht

1. Allgemeines 1–3
2. Inhalt der Leistung 4–6
3. Umfang und Dauer der Leistung 7–10
4. Ausführung der häuslichen Pflege 11–12
5. Kostenerstattung bei selbstbeschaffter Pflegekraft 13–16

Inhalt der Leistung § 198 RVO

1. **Allgemeines**

Die Leistung ist durch das GRG ab 1.1.1989 neu in den Leistungskatalog der gesetzlichen Krankenversicherung aufgenommen worden. Sie löst die früher als Ermessensleistung vorgesehene »Hilfe und Wartung durch Hauspflegerinnen« (§ 199 Abs. 2 a.F.) ab, da diese Regelung kaum mehr praktische Bedeutung besaß. 1
Die Leistung soll vor allem die Hebammenhilfe und die ärztliche Betreuung bei Hausgeburten und sog. ambulanten Geburten (vgl. § 197 Rdnr. 3) ergänzen. Sie dient aber auch einer der Zielsetzungen der Gesundheitsreform, den teuren Krankenhausaufenthalt vor und nach der Entbindung zeitlich möglichst zu begrenzen.
Die häusliche Pflege ist eine **Sachleistung**. Auf sie besteht ein Rechtsanspruch. 2
Versicherungsfall für die Leistung sind Schwangerschaft oder Entbindung. 3
Häusliche Pflege kann deshalb vor der Entbindung in den (seltenen) Fällen in Betracht kommen, in denen eine Fehlgeburt zu befürchten ist und die Versicherte sich aufgrund ärztlicher Anordnung keinen körperlichen Anstrengungen aussetzen darf und/oder ständige Bettruhe halten muß. Bei und nach der Entbindung kommt die Leistung in Frage, wenn eine Hausgeburt durchgeführt wird oder die Versicherte zwar aus der stationären Entbindung entlassen worden ist, aber noch der Pflege bedarf.

2. **Inhalt der Leistung**

Die häusliche Pflege umfaßt die sog. »**Grundpflege**«. Darunter versteht man allgemein pflegerische Maßnahmen, wie z.B. Betten und Lagern, Körperpflege, Hilfen im hygienischen Bereich (vgl. § 36 Abs. 2 SGB XI i.V.m. § 14 SGB XI). Die Leistung soll ggf. in Verbindung mit anderen Leistungen bei Schwangerschaft und Mutterschaft wie ärztliche Betreuung und Haushaltshilfe so erbracht werden, daß die Versicherte entweder das Krankenhaus zur Entbindung überhaupt nicht aufzusuchen braucht oder Anreize vermieden werden, sich zu früh in das Krankenhaus aufnehmen bzw. später als eigentlich erforderlich entlassen zu lassen. Gleichwohl bleibt es der Versicherten unbenommen, ein Krankenhaus zur Entbindung aufzusuchen. 4
Die Leistung umfaßt nicht die hauswirtschaftliche Betreuung. Diese ist in § 199 geregelt und kann zusätzlich zur häuslichen Pflege in Anspruch genommen werden. Sie umfaßt auch nicht die Behandlungspflege (d.h. medizinische Hilfeleistungen, die nicht vom Arzt selbst erbracht werden), weil der Leistungsanspruch keine Krankheit voraussetzen darf. Die Behandlungspflege ist Gegenstand der häuslichen Krankenpflege nach § 37 SGB V. 5
Häusliche Pflege bedeutet nicht, daß die Leistung im eigenen Haushalt oder in der eigenen Familie erbracht werden muß. Die in § 37 Abs. 1 Satz 1 SGB V 6

RVO § 198 *Häusliche Pflege*

vorgesehene Voraussetzung »in ihrem Haushalt oder ihrer Familie« fehlt in § 198. Entscheidend ist aber, daß die Pflege im häuslichen Rahmen und nicht in einer Einrichtung oder einem Heim stattfindet. Das kann auch eine Wohngemeinschaft, die Wohnung des Lebensgefährten oder die von Freunden sein.

3. Umfang und Dauer der Leistung

7   Der Leistungsumfang richtet sich nach den Erfordernissen des Einzelfalles (»soweit diese ... erforderlich ist«). Maßgebend sind der Gesundheitszustand der Versicherten und ihr Bedürfnis nach persönlicher Betreuung. Dies bescheinigt im Regelfall der Arzt, aber auch die Bestätigung einer Hebamme reicht aus. Der Bescheinigung müssen sich Art und Intensität der häuslichen Pflege sowie ihre voraussichtliche Dauer entnehmen lassen. Im Zweifelsfall kann die Krankenkasse eine gutachterliche Stellungnahme des Medizinischen Dienstes der Krankenversicherung einholen (§ 275 Abs. 1 SGB V). Die Zuzahlung nach § 37 Abs. 5 SGB V in Höhe von 10 % der Kosten der häuslichen Pflege sowie 10 EUR je Verordnung sind bei häuslicher Pflege wegen Schwangerschaft oder Entbindung nicht zu erbringen (*gem. RdSchr. der SpVerb. der Krankenkassen vom 26.9.2003, S. 42*).

8   Die **Dauer der Leistung** vor und nach der Entbindung ist nicht begrenzt. Sie kann in Anspruch genommen werden, solange sie wegen Schwangerschaft oder Entbindung erforderlich ist. Dieser Zusammenhang muß aber bestehen.

9   Anspruch auf häusliche Pflege besteht allerdings nur, soweit eine im Haushalt lebende Person den Versicherten nicht in dem erforderlichen Umfang pflegen und versorgen kann (§ 198 Satz 2 RVO i. V. m. § 37 Abs. 3 SGB V). Der Gesetzgeber will mit dieser Einschränkung dem Subsidiaritätsgedanken Rechnung tragen und die Solidargemeinschaft erst dann eintreten lassen, wenn die Ausnahmesituation durch die Haushaltsgemeinschaft nicht selbst überbrückt werden kann (vgl. Begründung des Reg. Entwurfs BT-Drs. 11/2237 S. 148). Ist der Haushaltsangehörige nicht in der Lage, bestimmte Pflegeverrichtungen durchzuführen (er kann z.B. die Versicherte nicht heben), hat die Versicherte insoweit einen Anspruch auf häusliche Pflege.

10 Wer als **im Haushalt lebende Person** anzusehen ist, hängt nicht von familiären Bindungen oder unterhaltsrechtlichen Verpflichtungen sondern davon ab, welche Personen zur Haushaltsgemeinschaft gehören. »Haushalt« ist die nicht auf Erwerb ausgerichtete, auf gewisse Dauer abgestellte Einrichtung in einer Wohnung für den privaten Lebensbereich der Haushaltsmitglieder. Die Zugehörigkeit zum Haushalt erfordert das Zusammenleben auf gewisse Dauer und Beständigkeit. Ein Besuch erfüllt diese Voraussetzung nicht. Dies gilt auch, wenn es sich um den getrennt lebenden Ehemann handelt. Dagegen wird durch das Vorhandensein eines zweiten Wohnsitzes die Zugehörigkeit zum Haushalt nicht von vorneherein ausgeschlossen (*BSG v. 22.4.1987, USK 8746, vgl. Dal-*

Kostenerstattung § 198 RVO

heimer, S. 58, 65). Die Pflegeperson kann die Leistung auch außerhalb des Haushalts der Versicherten erbringen.

4. Ausführung der häuslichen Pflege

Da die häusliche Pflege eine Sachleistung ist, hat die Krankenkasse sie der Versicherten zu verschaffen (vgl. § 2 Abs. 1 Satz 1 SGB V). Sie kann zu diesem Zweck geeignete Personen anstellen oder mit anderen geeigneten Einzelpersonen, Einrichtungen (z. B. Sozialstationen) oder Unternehmen Verträge schließen (§ 132 Abs. 1 SGB V). Die Versicherte soll solche Pflegekräfte vorrangig in Anspruch nehmen. An die Qualifizierung der Pflegekraft müssen keine besonderen Anforderungen gestellt werden, da es sich in aller Regel um Verrichtungen handelt, wie sie von erwachsenen Haushaltsangehörigen bei Erkrankung eines Angehörigen erwartet werden. 11

Die Auswahl unter den Pflegekräften nimmt die Krankenkasse nach fachlichen und wirtschaftlichen Gesichtspunkten vor. Die dabei geschlossenen Verträge sind privatrechtlicher Natur (vgl. *BSG* v. 16.12.1987 = USK 87149 für einen Fall der Versorgung mit häuslicher Krankenpflege), für die im Streitfall die ordentlichen Gerichte zuständig sind. Aus § 132 SGB V läßt sich kein Kontrahierungszwang für die Krankenkassen ableiten. Ihre Vertragsfreiheit ist allerdings durch die in § 132 Abs. 2 SGB V enthaltene Verpflichtung, der Vielfalt der Leistungsanbieter Rechnung zu tragen, eingeschränkt. 12

5. Kostenerstattung für selbstbeschaffte Pflegekraft

Kann die Krankenkasse keine Pflegekraft stellen oder besteht Grund, davon abzusehen (z. B. weil die Versicherte von einer Person ihres Vertrauens gepflegt werden möchte), sind der Versicherten die Kosten für eine selbstbeschaffte Kraft in angemessener Höhe zu erstatten (§ 198 Satz 2 RVO i. V. m. § 37 Abs. 4 SGB V). 13

Ob ein Grund vorliegt, der das Absehen von der Stellung einer Ersatzkraft rechtfertigt, ist keine Ermessensentscheidung sondern eine Beurteilungs- und damit Tatbestandsfrage. Die Entscheidung der Krankenkasse kann in diesem Punkt voll gerichtlich nachgeprüft werden. 14

Die Rechtsbeziehung zwischen der Versicherten und der selbstbeschafften Ersatzkraft gestaltet sich entweder als Dienst- oder Arbeitsvertrag; die Krankenkasse hat darauf keinen Einfluß. Der Vergütungsanspruch der Ersatzkraft richtet sich unmittelbar gegen die Versicherte. Deshalb darf die Krankenkasse der Versicherten die Kosten nur in angemessener Höhe erstatten. Was angemessen ist, unterliegt als Tatbestandsfrage voller gerichtlicher Nachprüfung, darf von der Krankenkasse aber schematisch beurteilt werden (vgl. *BSG* v. 5.10.1977 = USK 77144). Dabei können die Ausbildung der Ersatzkraft, die Intensität der 15

Pflege (bzw. bei § 199 die Größe des Haushaltes) und ggf. verwandtschaftliche Beziehungen eine Rolle spielen (vgl. *Mengert* in Peters, Handbuch KV II SGB V § 37 Rdnr. 87). Angemessen sind aber höchstens die Kosten, die der Krankenkasse ortsüblich bei Stellung einer Ersatzkraft entstanden wären, es sei denn, die Krankenkasse hat die Leistung zu Unrecht abgelehnt; in diesem Fall hat die Krankenkasse die tatsächlich entstandenen Kosten zu übernehmen (§ 13 Abs. 3 SGB V).

16 Die Anwendung des § 37 Abs. 4 SGB V setzt allerdings voraus, daß die Versicherte der Krankenkasse zunächst Gelegenheit hat, ihrer Verpflichtung zur Erbringung einer Sachleistung nachzukommen und eine Pflegekraft zu stellen. Anderenfalls besteht kein Anspruch auf Kostenerstattung (vgl. das zur Haushaltshilfe ergangene Urteil des *BSG* vom 26.3.1980 = USK 8036, das hier entsprechend anwendbar ist). Deshalb ist die häusliche Pflege grundsätzlich zu beantragen, bevor die Pflegekraft tätig wird. Bei rechtswidriger Ablehnung des Antrags besteht Anspruch auf Kostenerstattung (§ 13 Abs. 3 SGB V).

§ 199 Haushaltshilfe

Die Versicherte erhält Haushaltshilfe, soweit ihr wegen Schwangerschaft oder Entbindung die Weiterführung des Haushalts nicht möglich ist und eine andere im Haushalt lebende Person den Haushalt nicht weiterführen kann. § 38 Abs. 4 des Fünften Buches Sozialgesetzbuch gilt entsprechend.

Inhaltsübersicht

1. Allgemeines 1
2. Abgrenzung zur Haushaltshilfe bei Krankheit 2–4
3. Weiterführung des Haushalts 5–8
4. Weiterführung durch im Haushalt lebende Personen nicht möglich 9, 10
5. Ausführung der Haushaltshilfe 11
6. Kostenerstattung für selbstbeschaffte Ersatzkraft 12–14

1. Allgemeines

1 § 199 regelt den Anspruch auf Haushaltshilfe bei Schwangerschaft und Entbindung. Die Leistung, die früher systemwidrig im Abschnitt »Krankenhilfe« der RVO im Rahmen der Regelung über die Haushaltshilfe (§ 185b RVO a. F.) angesiedelt war, ist jetzt in die Leistungen bei Schwangerschaft und Mutterschaft übernommen worden. Der Anspruch besteht nicht mehr nur bei stationärer Entbindung, sondern auch, wenn der Haushalt wegen Schwangerschaft nicht mehr weitergeführt werden kann sowie bei Hausgeburten und frühzeitiger Rückkehr aus stationärer Entbindung. Außerdem wird nicht mehr verlangt, daß im Haushalt ein Kind unter acht Jahren bzw. ein behindertes Kind lebt. Diese

Abgrenzung zur Haushaltshilfe bei Krankheit § 199 RVO

Leistungsverbesserung verfolgt wie bei der häuslichen Pflege das Ziel, die aufwendige stationäre Pflege zu begrenzen (vgl. Rdnr. 1 zu § 198).

2. Abgrenzung zur Haushaltshilfe bei Krankheit

Anders als bei § 38 SGB V, der die Haushaltshilfe im Rahmen der Krankenbehandlung regelt, hängt der Leistungsanspruch in § 199 nicht von einer bestimmten Grundleistung ab. Er besteht immer dann, wenn die Weiterführung des Haushalts wegen Schwangerschaft oder Entbindung nicht möglich ist. Da die Leistungsvoraussetzungen des § 38 SGB V enger sind, spielt die Abgrenzung zwischen Schwangerschaft/Entbindung und Krankheit eine wichtige Rolle. Für den Anspruch nach § 199 reicht es nicht aus, wenn die Frau schwanger ist, also sich in dem Zeitraum zwischen Befruchtung und Geburt befindet. Vielmehr muß ihr Zustand ursächlich dafür sein, daß sie den Haushalt nicht weiterführen kann.

2

Die **Schwangerschaft** selbst ist keine Krankheit im Sinne der gesetzlichen Krankenversicherung, sondern ein biologisch normaler Ablauf (*BSG* vom 13.2.1975 = USK 7519). Sie kann aber eine Reihe von Beschwerden auslösen, die je nach Intensität Krankheitswert erlangen oder nicht. Solange es sich um Befindlichkeitsstörungen handelt, die für die Schwangerschaft typisch sind und mit ihr kommen und gehen (z.B. Übelkeit und Erbrechen, Rückenschmerzen, Verstopfung, Stimmungsschwankungen, vgl. auch *Töns*, § 196 Anm. 1 f. und *BSG* vom 15.9.1977 = USK 77179), ist § 199 anwendbar. Liegt dagegen ein regelwidriger Körper-, Geistes- oder Seelenzustand vor, der Behandlungsbedürftigkeit auslöst und zugleich oder ausschließlich Arbeitsunfähigkeit zur Folge hat, kommt nur § 38 SGB V als Anspruchsgrundlage in Betracht. Das gilt auch dann, wenn die Krankheit durch die Schwangerschaft ausgelöst bzw. mitbedingt wird (z.B. Depressionen, Schwangerschaftsnieren, Schwangerschaftstoxikosen, Schlaganfall usw.). Angesichts der relativ harmlosen Schwangerschaftsbeschwerden wird eine Haushaltshilfe nur in Ausnahmefällen in Betracht kommen, z.B. wenn die Versicherte wegen drohender Fehlgeburt auf ärztliche Anordnung das Bett hüten muß.

3

Gleiche Überlegungen gelten für die **Entbindung**. Solange die Versicherte durch die Entbindung noch geschwächt ist und deshalb den Haushalt nicht weiterführen kann, kommt § 199 in Betracht. Kommt es als Folge der Entbindung oder unabhängig von ihr zu einer Krankheit, so ist sie die Ursache für die Verhinderung, so daß nur § 38 SGB V anwendbar ist. Allerdings ist dabei die Sechstagefrist des § 197 zu beachten: Es entspricht dem Rechtsgedanken des § 197 Satz 2, für die ersten 6 Tage nach der Entbindung § 38 SGB V noch nicht anzuwenden, weil sonst Versicherte, die das Krankenhaus früher verlassen oder zu Hause entbunden haben, schlechter gestellt wären als Versicherte, die diese Frist im Rahmen der stationären Entbindung voll in Anspruch nehmen.

4

3. Weiterführung des Haushalts

5 Der Leistungsanspruch besteht nur, wenn der Versicherten **wegen Schwangerschaft oder Entbindung** die Weiterführung des Haushalts nicht möglich ist. Das bedeutet, daß die Versicherte bisher den Haushalt selbst geführt haben muß. Ist die Haushaltsführung dem anderen Ehegatten übertragen oder wurde der Haushalt durch Hausangestellte geführt, sind die Voraussetzungen des § 199 nicht gegeben.

6 Unter **Haushaltsführung** versteht man alle Tätigkeiten, die bei der Führung eines Haushalts typischerweise anfallen wie Kochen, Putzen, Einkauf, Pflege der Kleidung, Beaufsichtigung der minderjährigen Kinder und Steuerung der materiellen und kulturellen Bedürfnisse der übrigen Haushaltsmitglieder (vgl. *Mengert* in *Peters*, Handbuch KV II, SGB V § 38 Rdnr. 32 und *BSG* Vom 22.4.1987 = USK 8746).

7 Der Leistungsanspruch und sein Umfang hängen davon ab, wieviel Aufgaben zu erledigen sind (z.B. Einpersonenhaushalt, Familie mit mehreren Kleinkindern oder einem behinderten Kind, regelmäßig kommende Zugehfrau). Auszugehen ist dabei von der individuellen Haushaltssituation (*BSG* vom 31.5.2000 – L 4 KR 44/98 –). Wesentlich ist auch, wer wie den Haushalt führt. Ist nur ein Ehepartner voll erwerbstätig, während sich der andere voll dem Haushalt widmet, kann nur der nichterwerbstätige Ehegatte an der Weiterführung des Haushalts gehindert sein. Sind beide Ehegatten voll erwerbstätig, besteht bei Verhinderung eines Ehegatten ein Leistungsanspruch, denn es ist nicht erforderlich, daß der Versicherte den Haushalt überwiegend führt (*BSG* vom 11.12.1980 = USK 80301). Allerdings ist der Leistungsanspruch eingeschränkt, da die Haushaltspflichten von beiden Ehepartnern zu gleichen Teilen zu erledigen sind. Verdient der Ehepartner, der den Haushalt führt, noch etwas hinzu (z.B. durch Heimarbeit oder Teilzeitbeschäftigung), richtet sich der Umfang des Leistungsanspruchs danach, inwieweit die eingeschränkte Erwerbstätigkeit des haushaltsführenden Ehegatten eine Haushaltsführung begrenzt hat, so daß der voll erwerbstätige Ehegatte auch zur Mitarbeit im Haushalt verpflichtet war.

8 Die Krankenkasse übernimmt nur die Kosten der Weiterführung des Haushalts, also z.B. der Beaufsichtigung minderjähriger Kinder. Sind diese auswärts untergebracht (z.B. bei Verwandten oder in einem Heim), besteht im Rahmen des § 199 kein Anspruch auf Übernahme der entstehenden Kosten (*BSG* vom 21.6.1978 = USK 7860). Bei Alleinerziehenden mit einem Kleinkind kann es dem Wirtschaftlichkeitsgrundsatz (§ 12 Abs. 1 SGB V) entsprechen, wenn nicht der Haushalt weitergeführt wird, sondern das Kleinkind für die Zeit der Abwesenheit der Versicherten in einem Heim oder Pflegenest untergebracht wird. Die Zuzahlung nach § 38 Abs. 5 SGB V in Höhe von 10% der Kosten der Haushaltshilfe, mindestens 5 EUR, höchstens aber 10 EUR sind nicht zu leisten, wenn die Haushaltshilfe wegen Schwangerschaft oder Entbindung erbracht wird (*gem. RdSchr. der SpVerb. der Krankenkassen* vom 26.9.2003, S. 51).

Kostenerstattung § 199 RVO

4. Weiterführung durch im Haushalt lebende Personen nicht möglich

Die Leistung kann nur beansprucht werden, wenn keine im Haushalt lebende 9
Person die Weiterführung übernehmen kann (Subsidiaritätsgrundsatz, vgl.
Rdnr. 9 zu § 198). Zur im Haushalt lebenden Person siehe Rdnr. 10 zu § 198.
Die im Haushalt lebende Person muß in der Lage sein, die in Betracht 10
kommenden Arbeiten zu verrichten. Sie kann minderjährig sein; dann aber
muß ihr ausreichend Zeit für Schulbesuch und Hausaufgaben gelassen werden.
Als Hinderungsgründe können gesundheitliche Beschränkungen und Alter,
Schul- oder Berufsausbildung sowie Erwerbstätigkeit in Betracht kommen.
Der Ehegatte oder andere im Haushalt lebende Familienangehörige sind nicht
verpflichtet, Urlaub zu nehmen oder sich von der Arbeit freistellen zu lassen,
um den Haushalt zu führen (*BSG* vom 28.1.1977 = USK 7725). Für tatsächlich
arbeitsfreie Tage haben sie aber keinen Anspruch auf Haushaltshilfe. Das gilt
auch dann, wenn der sonst erwerbstätige Ehemann in der Haushaltsführung
nicht geübt ist (*BSG* vom 30.3.1977 = USK 7762).

5. Ausführung der Haushaltshilfe

Vgl. die Ausführungen in Rdnr. 11-12 zu § 198. 11

6. Kostenerstattung für eine selbstbeschaffte Ersatzkraft

Kann die Krankenkasse keine Haushaltshilfe stellen oder besteht Grund, 12
davon abzusehen, sind der Versicherten die Kosten für eine selbstbeschaffte
Haushaltshilfe in angemessener Höhe zu erstatten (§ 199 Satz 2 RVO i.V.m.
§ 38 Abs. 4 SGB V, vgl. dazu die Ausführungen in Rdnr. 15 zu § 198; zur Frage
der Angemessenheit bei der Weiterführung eines umfangreichen landwirtschaftlichen Haushalts vgl. *BSG* vom 31.5.2000 – L 4 KR 44/98 –). Diese Regelung
gilt auch für den Fall, daß die Ersatzkraft mit dem Versicherten ab dem 3. Grad
verwandt oder verschwägert ist (z. B. Nichten, Neffen und deren Ehegatten oder
Kinder).

Keine Kostenerstattung findet statt, wenn die Haushaltshilfe mit der Ver- 13
sicherten bis zum 2. Grad verwandt oder verschwägert ist. Zu den Verwandten
zählen Kinder, Enkelkinder, Eltern, Großeltern und Geschwister (vgl. § 1589
Satz 3 BGB). Verschwägert bis zum 2. Grade (§ 1590 Abs. 1 Satz 2 BGB) sind
Stiefkinder, Schwiegerenkelkinder, Großeltern des Ehegatten, Stiefgroßeltern,
Schwager und Schwägerin. Die Beschränkung ist mit dem Grundgesetz (Art. 3
Abs. 1 und Art. 6 Abs. 4) zu vereinbaren (*BSG* vom 7.10.1987 = USK 87145).
Ehegatten sind weder verwandt noch verschwägert.

Die Krankenkasse kann jedoch die erforderlichen **Fahrkosten** und den **Ver-** 14
dienstausfall erstatten, wenn der Erstattungsbetrag in einem **angemessenen**
Verhältnis zu den sonst für eine Ersatzkraft entstehenden Kosten steht. Dies ist

so zu verstehen, daß die sonst entstehenden Kosten die Obergrenze für die Erstattung sein sollen (vgl. *Dalheimer*, S. 70). Die Erstattung liegt im Ermessen der Krankenkasse. Sie hat ihr Ermessen dem Zweck der Ermächtigung entsprechend auszuüben und die gesetzlichen Grenzen einzuhalten. Die Versicherte hat einen Anspruch zwar nicht auf die Erstattung selbst, aber auf eine pflichtgemäße Ausübung des Ermessens (§ 39 Abs. 1 SGB I). Hat die Krankenkasse entschieden, daß sie eine Erstattung durchführt, bestimmt sich der Erstattungsumfang nach dem Gesetz. Was »angemessen« ist, richtet sich nach den Umständen des Einzelfalles. Die Krankenkassen haben mit Billigung der Rechtsprechung (vgl. *BSG* vom 23.4.1980 = USK 8096) bestimmte Sätze festgelegt, die jährlich angepaßt werden. Zur Angemessenheit vgl. im übrigen Rdnr. 15 zu § 198.

§ 200 Mutterschaftsgeld

(1) Weibliche Mitglieder, die bei Arbeitsunfähigkeit Anspruch auf Krankengeld haben oder denen wegen der Schutzfristen nach § 3 Abs. 2 und § 6 Abs. 1 des Mutterschutzgesetzes kein Arbeitsentgelt gezahlt wird, erhalten Mutterschaftsgeld.

(2) Für Mitglieder, die bei Beginn der Schutzfrist nach § 3 Abs. 2 des Mutterschutzgesetzes in einem Arbeitsverhältnis stehen oder in Heimarbeit beschäftigt sind oder deren Arbeitsverhältnis während ihrer Schwangerschaft oder der Schutzfrist nach § 6 Abs. 1 des Mutterschutzgesetzes nach Maßgabe von § 9 Abs. 3 des Mutterschutzgesetzes aufgelöst worden ist, wird als Mutterschaftsgeld das um die gesetzlichen Abzüge verminderte durchschnittliche kalendertägliche Arbeitsentgelt der letzten drei abgerechneten Kalendermonate vor Beginn der Schutzfrist nach § 3 Abs. 2 des Mutterschutzgesetzes gezahlt. Es beträgt höchstens 13 Euro für den Kalendertag. Einmalig gezahltes Arbeitsentgelt (§ 23a des Vierten Buches Sozialgesetzbuch) sowie Tage, an denen infolge von Kurzarbeit, Arbeitsausfällen oder unverschuldeter Arbeitsversäumnis kein oder ein vermindertes Arbeitsentgelt erzielt wurde, bleiben außer Betracht. Ist danach eine Berechnung nicht möglich, ist das durchschnittliche kalendertägliche Arbeitsentgelt einer gleichartig Beschäftigten zugrunde zu legen. Für Mitglieder, deren Arbeitsverhältnis während der Mutterschutzfristen vor oder nach der Geburt beginnt, wird das Mutterschaftsgeld von Beginn des Arbeitsverhältnisses an gezahlt. Übersteigt das Arbeitsentgelt 13 Euro kalendertäglich, wird der übersteigende Betrag vom Arbeitgeber oder vom Bund nach den Vorschriften des Mutterschutzgesetzes gezahlt. Für andere Mitglieder wird das Mutterschaftsgeld in Höhe des Krankengeldes gezahlt.

(3) Das Mutterschaftsgeld wird für die letzten sechs Wochen vor der Entbindung, den Entbindungstag und für die ersten acht Wochen, bei Mehrlings- und Frühgeburten für die ersten zwölf Wochen nach der Entbindung gezahlt. Bei Frühgeburten und sonstigen vorzeitigen Entbindungen verlän-

Mutterschaftsgeld § 200 RVO

gert sich die Bezugsdauer um den Zeitraum, der nach § 3 Abs. 2 des Mutterschutzgesetzes nicht in Anspruch genommen werden konnte. Für die Zahlung des Mutterschaftsgeldes vor der Entbindung ist das Zeugnis eines Arztes oder einer Hebamme maßgebend, in dem der mutmaßliche Tag der Entbindung angegeben ist. Das Zeugnis darf nicht früher als eine Woche vor Beginn der Schutzfrist nach § 3 Abs. 2 des Mutterschaftsgesetzes ausgestellt sein. Bei Geburten nach dem mutmaßlichen Tag der Entbindung verlängert sich die Bezugsdauer vor der Geburt entsprechend.

(4) Der Anspruch auf Mutterschaftsgeld ruht, soweit und solange das Mitglied beitragspflichtiges Arbeitsentgelt oder Arbeitseinkommen erhält. Dies gilt nicht für einmalig gezahltes Arbeitsentgelt.

Inhaltsübersicht

1. Bedeutung, Rechtsnatur, Versicherungsfall 1–11
2. Anspruchsvoraussetzungen (Absatz 1) 12–20
   a) Weibliche Mitglieder 12
   b) Anspruch auf Krankengeld 13–17
   c) Kein Arbeitsentgelt wegen der Schutzfristen 18
   d) Zeitliche Anspruchsvoraussetzungen 19–20
3. Unterschiedliche Höhe des Mutterschaftsgeldes (Absatz 2) 21
4. Arbeitsentgelt 22–40
   a) Begriff 22
   b) Umfang des Arbeitsentgelts 23–32
   c) Einmalig gezahltes Arbeitsentgelt . 33–37
   d) Verdiensterhöhungen, -minderungen 38–40
5. Nettoarbeitsentgelt 41–47
   a) Gesetzliche Abzüge 41–45
   b) Sonderregelungen bei Wohnsitz im Ausland 46–47
6. Berechnungszeitraum 48–59
   a) Grundsatz 48–50
   b) Ausfallzeiten 51–56
   c) Kürzere Arbeitsverhältnisse 57
   d) Keine anderen Zeiträume 58–59
7. Berechnung und Höhe des Mutterschaftsgeldes nach Abs. 2 Satz 1 60–73
   a) Grundsatz 60–61
   b) Bei selbstverschuldeten Arbeitsausfällen 62
   c) Bei Ausfallzeiten 63
   d) Bei Freischichttagen 64–65
   e) Bei schwankender wöchentlicher Arbeitszeit 66
   f) Bei einer gleichartig Beschäftigten 67–69
   g) Höchstbetrag 70–73
8. Mehrere Arbeitsverhältnisse 74–75
9. Mutterschaftsgeld in Höhe des Krankengeldes (Abs. 2 Satz 7)...... 76–106
   a) Personenkreis 76–83
   b) Berechnung und Höhe des Anspruchs 84–106
      aa) Grundsatz 84–85
      bb) Für Arbeitnehmerinnen 86–91
      cc) Für Nicht-Arbeitnehmerinnen 92–101
      dd) Für Arbeitslose 102–103
      ee) Für mitarbeitende Familienangehörige 104
      ff) Höhe 105–106
10. Dauer des Anspruchs auf Mutterschaftsgeld 107–119
    a) Grundsatz 107–108
    b) Berechnung der Dauer 109–113
    c) Antrag vor Entbindung 114–117
    d) Antrag nach Entbindung 118
    e) Ende des Anspruchs 119
11. Mutterschaftsgeld und Erziehungsgeld 120–123
    a) Vorrang von Mutterschaftsgeld 120–121
    b) Erneute Schwangerschaft während der Elternzeit 122–123
12. Geltendmachung und Behandlung des Anspruchs 124–134
    a) Antrag und notwendige Unterlagen . 124
    b) Zuständige Kasse..................... 125
    c) Klageverfahren 126
    d) Auszahlung, Verjährung u.a ... 127–132
    e) Steuerfreiheit, Beitragsfreiheit . 133–134
13. Mutterschaftsgeld und Renten-/ Arbeitslosenversicherung 135–140
    a) Rentenversicherung 135–139
    b) Arbeitslosenversicherung 140

14. Zusammentreffen von Mutterschaftsgeld mit anderen Lohnersatzleistungen 141–149	15. Zusammentreffen von Mutterschaftsgeld mit Anspruch aus Arbeitsentgelt 150–157
a) Mutterschaftsgeld und Krankengeld 141–143	16. Übergang des Anspruchs auf Arbeitsentgelt 158–160
b) Mutterschaftsgeld und andere Sozialleistungen 144–149	17. Ende des Anspruchs auf Mutterschaftsgeld 161

1. Bedeutung, Rechtsnatur, Versicherungsfall

1 § 200 ist Anspruchsgrundlage für das **Mutterschaftsgeld** der Frauen, die als Mitglied in der gesetzlichen Krankenversicherung versichert sind. Anspruchsgrundlage für das Mutterschaftsgeld der Frauen, die nicht in der gesetzlichen Krankenversicherung versichert sind, ist dagegen § 13 Abs. 2 MuSchG (vgl. § 13 Rdnr. 8-13; vgl. auch den **Überblick** über Voraussetzungen, Berechnung und Höhe des Mutterschaftsgeldes in § 13 Rdnr. 35).

2 Das Mutterschaftsgeld ist eine Geld- und Regelleistung, auf die ein Rechtsanspruch besteht. Es soll in erster Linie den **Einkommensausfall** ausgleichen, der infolge der Beschäftigungsverbote der §§ 3 Abs. 2 und 6 Abs. 1 MuSchG entsteht. Das GRG hat die früheren Regelungen der §§ 200 und 200a RVO a. F. zusammengefaßt und redaktionell überarbeitet (vgl. Rdnr. 4 der Einführung zu den Mutterschaftsleistungen). § 200 regelt jetzt nicht nur den Anspruch auf Mutterschaftsgeld für Arbeitnehmerinnen und Frauen, die in Heimarbeit beschäftigt sind (vgl. § 1 MuSchG), sondern auch für andere Frauen, die bei Arbeitsunfähigkeit Anspruch auf Krankengeld haben, wie z. B. Bezieherinnen von Leistungen der Bundesanstalt für Arbeit oder freiwillig versicherte Selbständige. Auch dieser Personenkreis, der nicht unter das MuSchG fällt, soll die Möglichkeit haben, sich in gleichem Umfang zu schonen wie Arbeitnehmerinnen.

3 Die **durch das GRG bewirkten Rechtsänderungen** sehen außerdem vor, daß anspruchsberechtigte Frauen anders als früher auch dann eine Gesamtleistung in Höhe ihres durchschnittlichen Nettoverdienstes erhalten, wenn (wegen Beendigung des Arbeitsverhältnisses) kein Arbeitgeberzuschuß zu dem auf höchstens 13 EUR kalendertäglich begrenzten Mutterschaftsgeld gezahlt wird. Außerdem ist der frühere Mindestbetrag von 3,50 DM nicht übernommen worden, weil dafür kein praktisches Bedürfnis bestand (vgl. Begründung des RegE BT-Drs. 11/2237 S. 185f.).

4 Der **anspruchsberechtigte Personenkreis** ist in **Absatz 1** abschließend geregelt. **Absatz 2** enthält nur Regelungen über die Höhe des Mutterschaftsgeldes. Die Voraussetzungen in Absatz 2 sind also nicht anspruchsbegründend, sondern lediglich maßgebend dafür, ob die Leistung in Höhe des Nettoarbeitsentgelts (Sätze 1–5) oder des Krankengeldes (Satz 7) zu zahlen ist.

5 Da das Mutterschaftsgeld nach § 200 Abs. 2 Satz 1 für Arbeitnehmerinnen höchstens 13 EUR je Kalendertag betragen darf, gerät es in seiner **Bedeutung gegenüber dem Arbeitgeberzuschuß** nach § 14 MuSchG (vgl. § 200 Abs. 2

Bedeutung, Rechtsnatur § 200 RVO

Satz 5) immer mehr ins Hintertreffen (vgl. die Ausführungen des *BAG* vom 1.11.1995, 5 AZR 273/94 = AP Nr. 13 zu § 14 MuSchG 1968 mit Anm. *Kreßel*). Die Arbeitgeber verlangen deshalb schon des längeren eine Aufstockung des von der Krankenkasse zu zahlenden Höchstbetrages oder ein Umstellen auf eine rein versicherungsrechtliche Lösung, wie sie der Gesetzgeber in den Fällen des Abs. 2 Satz 7 gewählt hat.

Versicherungsfall für das Mutterschaftsgeld ist die Phase der besonderen Schutzbedürftigkeit (*BSG* v. 29.4.1971 = USK 7175; *BSG* v. 17.2.2004, B 1 KR 7/02 R). Das ist entweder der Beginn der Schutzfrist nach § 3 Abs. 2 MuSchG, der Beginn des Arbeitsverhältnisses, wenn dieses erst während der Schutzfrist vor oder nach der Geburt beginnt (§ 200 Abs. 2 Satz 5) oder (für die nicht unter das MuSchG fallenden Frauen) der Beginn des Anspruchs auf Mutterschaftsgeld nach § 200 Abs. 3. 6

Handelt es sich um eine Mitgliedschaft ohne Anspruch auf Krankengeld, muß die Frau wenigstens infolge der Schutzfrist ihren Anspruch auf Arbeitsentgelt verloren haben.

Gibt eine freiwillig Versicherte während des Bezuges von Mutterschaftsgeld ihre Mitgliedschaft bei der Krankenkasse auf, erlischt der Anspruch auf Mutterschaftsgeld mit dem Tage des Ausscheidens. Es gibt keinen nachgehenden Versicherungsschutz (§ 19 Abs. 1 SGB V). 7

Liegt bei Beginn der Schutzfrist bzw. der Anspruchsfrist eine Mitgliedschaft nicht mehr vor, sondern nur noch eine Familienversicherung nach § 10 SGB V, besteht kein Anspruch auf Mutterschaftsgeld. Fällt dieser Zeitpunkt in die Zeit eines an das Ende der Versicherungspflicht anschließenden **nachgehenden Anspruchs**, besteht Anspruch auf Mutterschaftsgeld bis zum Ende der Monatsfrist des § 19 Abs. 2 SGB V (ebenso *Dalheimer*, S. 77; *Geyer/Knorr/Krasney*, § 200 RVO Rdnr. 12; a.M. GKV-Spitzenverbände im Gem. Rdschr v. 12.1.1989 Nr. 1: § 19 SGB V hier nicht anwendbar). Zwar spricht § 200 anders als die §§ 196–199 stets nur vom »Mitglied«. Es gehört aber zur Rechtsposition des aus der Versicherungspflicht ausscheidenden Mitglieds, Leistungen bis längstens einen Monat nach seinem Ausscheiden aus der gesetzlichen Krankenversicherung in Anspruch nehmen zu können. § 200 wollte diese Vergünstigung nicht ausschließen, sondern lediglich verdeutlichen, daß familienversicherte Frauen keinen Anspruch auf Mutterschaftsgeld nach § 200 haben. 8

Ist gegen die Schwangere bei Beginn der Schutzfrist bzw. der Anspruchsfrist eine **Sperrzeit** nach § 144 SGB III verhängt, ruht der Anspruch auf Arbeitslosengeld. Die Arbeitslose scheidet damit aus der gesetzlichen Krankenversicherung aus. Gleichwohl führt das nicht zum sofortigen Wegfall des Leistungsanspruchs nach § 200, wenn in diesem Zeitpunkt eine Leistungsverpflichtung der Krankenkassen nach § 19 Abs. 2 SGB V bestand. Ein Leistungsanspruch im Rahmen des nachgehenden Versicherungsschutzes besteht auch dann, wenn bei Beginn der Schutzfrist bzw. Anspruchsfrist eine Fiktion der Mitgliedschaft 9

409

RVO § 200 *Mutterschaftsgeld*

(Beginn des zweiten Monats bis zur 12. Woche der Sperrzeit, § 5 Abs. 1 Nr. 2 SGB V) vorlag (vgl. *Marburger*, Die Leistungen 1984 S. 262).

10 Ist bei einer Arbeitslosen die Entscheidung, die zu einem Leistungsbezug geführt hat, rückwirkend aufgehoben oder die Leistung zurückgefordert oder zurückgezahlt worden, bleibt das durch den Leistungsbezug begründete Versicherungsverhältnis in der gesetzlichen Krankenversicherung unberührt (§ 5 Abs. 1 Nr. 2 SGB V).

11 Der Anspruch auf Mutterschaftsgeld ist ein **höchstpersönlicher Anspruch** und nur auf die Fälle leiblicher Mutterschaft (auch der sog. Leihmutterschaft; vgl. zum Begriff § 3 Rdnr. 1f., § 6 Rdnr. 12) beschränkt. In Fällen der Adoption oder Pflege besteht ein solcher Anspruch nicht. Diese gesetzliche Regelung begegnet keinen verfassungsrechtlichen Bedenken aus Art. 3 Abs. 1 und Art. 6 Abs. 4 GG (*BSG* vom 3.6.1981, USK 8185 = NJW 1981 S. 2719 = BB 1981 S. 50). Auch die Begrenzung des Anspruches auf Mutterschaftsgeld auf Arbeitnehmerinnen verstößt nicht gegen die Verfassung (*BVerfG* vom 20.12.1983, BVerfGE 65, 104, BGBl. I 1984 S. 105, für das Mutterschaftsgeld während des früheren Mutterschaftsurlaubs). Ebenfalls mit dem GG vereinbar ist die Nichtgleichstellung nichtehelicher Väter mit solchen Müttern, die die Vergünstigungen des § 13 MuSchG und der §§ 200ff. RVO beanspruchen können (*BVerfG* v. 5.8.1986 1BvR 637/85 = SozR 2200 § 200 Nr. 10).

2. Anspruchsvoraussetzungen (Absatz 1)

12 a) **Weibliche Mitglieder.** Der Anspruch auf Mutterschaftsgeld steht nur weiblichen **Mitgliedern** zu. Der Ausschluß von Männern begegnet keinen verfassungsrechtlichen Bedenken (*BSG* v. 10.10.1983 = USK 83143 zum Anspruch auf Mutterschaftsgeld während des früheren Mutterschaftsurlaubs). Ohne Bedeutung ist, ob die Frau nach § 5 SGB V pflicht- oder nach § 9 freiwillig versichert ist, ob es sich um eine Mitgliedschaft als Rentenantragstellerin (§ 189 SGB V) oder eine nach § 192 SGB V fortbestehende Mitgliedschaft handelt. Beginn und Ende der Mitgliedschaft sind in §§ 186ff. SGB V geregelt.

13 b) **Anspruch auf Krankengeld.** Neben der Mitgliedschaft ist **weitere Voraussetzung**, daß sie mit einem Anspruch auf Krankengeld ausgestattet ist (§ 200 Abs. 1 erste Alternative) oder daß die Frau infolge der Beschäftigungsverbote (§ 3 Abs. 2 und § 6 Abs. 1 MuSchG) ihre Ansprüche auf Arbeitsentgelt verliert (§ 200 Abs. 1 zweite Alternative).

14 **Anspruch auf Krankengeld** haben nach § 44 Abs. 1 SGB V alle Versicherten, wenn die Krankheit sie arbeitsunfähig macht oder wenn sie auf Kosten der Krankenkasse stationär in einem Krankenhaus, einer Vorsorge- oder einer Rehabilitationseinrichtung behandelt werden.

15 **Keinen Anspruch auf Krankengeld** haben die in § 44 Abs. 1 Satz 2 SGB V aufgezählten Mitglieder:

Anspruchsvoraussetzungen § 200 RVO

– Personen, die in Einrichtungen der Jugendhilfe für eine Erwerbstätigkeit befähigt werden sollen (§ 5 Abs. 1 Nr. 5 SGB V),
– Teilnehmer an berufsfördernden Maßnahmen zur Rehabilitation (außer nach dem BVG erbrachte Maßnahmen), die keinen Anspruch auf Übergangsgeld haben (§ 5 Abs. 1 Nr. 6 SGB V),
– Studenten (§ 5 Abs. 1 Nr. 9 SGB V); hier kann aber ein Anspruch auf Mutterschaftsgeld bestehen, wenn die Studentin geringfügig beschäftigt wird (§ 7 SGB V i. V. m. §§ 8, 8a SGB IV) und wegen der Schutzfristen kein Arbeitsentgelt mehr erhält (§ 200 Abs. 1 zweite Alternative),
– Praktikanten, zu ihrer Berufsausbildung ohne Arbeitsentgelt Beschäftigte sowie Praktikanten gleichgestellte Personen (§ 5 Abs. 1 Nr. 10 SGB V) und
– Bezieher einer Erwerbsunfähigkeitsrente (wegen § 50 Abs. 1 Nr. 1 SGB V); hier kann aber ein Anspruch auf Mutterschaftsgeld bestehen, wenn die Rentnerin die zweite Alternative des § 200 Abs. 1 (Wegfall des Arbeitsentgelts während der Schutzfristen) erfüllt.

Auch **Familienversicherte** (§ 10 SGB V) haben keinen Anspruch auf Krankengeld (§ 44 Abs. 1 Satz 2 SGB V), können aber schon deshalb kein Mutterschaftsgeld beanspruchen, weil sie keine Mitglieder sind. Das gilt selbst für den Fall, daß sie § 200 Abs. 1 zweite Alternative erfüllen. Bei geringfügig beschäftigten Frauen, die familienversichert sind, kann aber ein Anspruch auf Mutterschaftsgeld nach § 13 Abs. 2 MuSchG in Betracht kommen (vgl. auch *Gröninger/Thomas*, § 13 Rdnr. 28). 16

Für **freiwillig versicherte Mitglieder** kann die Satzung der Krankenkasse nach § 44 Abs. 2 SGB V den Anspruch auf Krankengeld ganz ausschließen oder zu einem späteren Zeitpunkt entstehen lassen (z. B. bei freiwillig in der gesetzlichen Krankenversicherung versicherten Hausfrauen, Selbständigen, Beamtinnen und DO-Angestellten). Ist der Anspruch völlig ausgeschlossen, besteht auch kein Anspruch auf Mutterschaftsgeld nach Absatz 1 1. Alternative. Ist das Krankengeld erst zu einem späteren Zeitpunkt zu zahlen, wird man davon ausgehen dürfen, daß dem Grunde nach ein Anspruch auf Krankengeld besteht. Der Zahlungsbeginn des Mutterschaftsgeldes wird also nicht bis zum potentiellen Beginn des Krankengeldbezuges aufgeschoben, sondern der Anspruch auf die Leistung beginnt mit der Schutz- bzw. Anspruchsfrist (ebenso *Dalheimer*, S. 77 und die Praxis der Krankenkassen). Entsprechendes gilt für Frauen, **die nach dem KSVG versichert sind** und bei denen der Anspruch auf Krankengeld erst mit der 7. Woche entsteht (§ 46 Satz 2 SGB V). 17

c) **Kein Arbeitsentgelt wegen der Schutzfristen.** Haben weibliche Mitglieder keinen Anspruch auf Krankengeld, können sie dennoch Mutterschaftsgeld erhalten, wenn ihnen **wegen der Schutzfristen** nach § 3 Abs. 2 und § 6 Abs. 1 MuSchG **kein Arbeitsentgelt** gezahlt wird. Hierbei handelt es sich vor allem um Mitglieder, die **geringfügig beschäftigt** sind (§§ 8, 8a SGB IV i. V. m. § 7 SGB V) wie Studentinnen, Bezieherinnen einer Erwerbsunfähigkeits- oder Hinterbliebenenrente aus der gesetzlichen Rentenversicherung oder freiwillig ver- 18

RVO § 200   *Mutterschaftsgeld*

sicherte Hausfrauen. Auch höher verdienende Arbeitnehmerinnen, die wegen Überschreitens der Jahresarbeitsentgeltgrenze (§ 6 Abs. 1 Nr. 1 SGB V) nicht versicherungspflichtig sind und sich ohne Anspruch auf Krankengeld freiwillig versichert haben, erhalten aufgrund der zweiten Alternative in § 200 Abs. 1 Mutterschaftsgeld; im Regelfall werden sie aber mit einem Anspruch auf Krankengeld versichert sein. Voraussetzung für den Anspruch auf Mutterschaftsgeld ist, daß die Nichtzahlung des Arbeitsentgelts ursächlich auf die Schutzfristen des § 3 Abs. 3 und § 6 Abs. 1 MuSchG zurückzuführen ist. Infolgedessen ist kein Mutterschaftsgeld zu gewähren, wenn bei Eintritt der Schutzfristen deshalb kein Arbeitsentgelt gezahlt wird, weil aufgrund der rechtlichen Gestaltung des Arbeitsverhältnisses – etwa aufgrund der Vereinbarung eines unbezahlten Urlaubs – für die Zeit der Schutzfristen kein Entgeltanspruch besteht (*BSG* vom 8.3.1995, 1 RK 10/94 = USK 9514).

19   d) **Zeitliche Anspruchsvoraussetzungen.** Bis zum 31.12.1999 war weitere Voraussetzung für den Anspruch auf Mutterschaftsgeld, daß vom Beginn des 10. bis zum Ende des 4. Monats vor der Entbindung eine Mitgliedschaft oder eine Beschäftigung bestanden hatte. Hierdurch sollte verhindert werden, daß auch durch eine nur sehr kurzzeitige Mitgliedschaft oder Beschäftigung ein Anspruch auf Mutterschaftsgeld erworben werden konnte. Mit dem GKV-Gesundheitsreformgesetz 2000 (vom 22.12.1999, BGBl. I S. 2626) in diese zeitliche Anspruchsvoraussetzung in § 200 Abs. 1 aufgehoben worden. Maßgebend hierfür war, daß junge Berufsanfängerinnen nach einem Studium, die als Arbeitnehmerinnen schwanger werden, diese Anspruchsvoraussetzung häufig nicht erfüllen konnten. Infolgedessen hatten sie weder einen Anspruch auf Mutterschaftsgeld noch auf den Arbeitgeberzuschuß nach § 14 Abs. 1 MuSchG, so daß sie während der Mutterschutzfristen vor und nach der Geburt darauf angewiesen waren, zur Einkommenssicherung ihren Anspruch auf laufende Hilfe zum Lebensunterhalt nach dem BSHG geltend zu machen. Da die betroffene Personengruppe jedoch nicht allzu groß sein dürfte und angesichts der Arbeitsmarktsituation die Gefahr einer mißbräuchlichen Begründung eines Arbeitsverhältnisses ausschließlich zum Zweck der Erlangung eines Anspruchs auf Mutterschaftsgeld als gering eingeschätzt wurde, hat der Gesetzgeber die mit der Aufhebung der zeitlichen Anspruchsvoraussetzungen verbundene Mehrbelastung der Solidargemeinschaft als vertretbar angesehen (BT-Drs. 14/1245, S. 118 f).

20   Seit dem 1.1.2000 ist das Bestehen einer zwölfwöchigen Mitgliedschaft oder eines gleichlangen Arbeitsverhältnisses innerhalb einer bestimmten Rahmenfrist vor der Entbindung daher nur noch relevant für die **Krankenversicherung der Landwirte**, da die Regelung des § 29 Abs. 1 KVLG nicht entsprechend geändert worden ist. Im übrigen gelten in der Krankenversicherung der Landwirte für den Anspruch auf Mutterschaftsgeld dieselben Voraussetzungen wie in § 200. Das bedeutet, daß als Mitglied versicherte Frauen Anspruch auf Mutterschaftsgeld nur dann haben, wenn sie mitarbeitende Familienangehörige eines landwirtschaftlichen Unternehmers sind und das 15. Lebensjahr vollendet haben

oder wenn sie als Auszubildende in dem landwirtschaftlichen Unternehmen beschäftigt sind (§ 29 Abs. 1 KVLG i. V. m. § 2 Abs. 1 Nr. 3 und Abs. 4 KVLG 1989, vgl. Anh. 11). Seit 1.1.1993 haben auf Grund einer Änderung durch das GSG auch sonstige Mitglieder, die bei Beginn der Schutzfrist in einem Arbeitsverhältnis stehen, Anspruch auf Mutterschaftsgeld. Dazu gehören insbesondere freiwillig Versicherte und Studentinnen, die eine nicht versicherungspflichtige Beschäftigung ausüben. Wegen der landwirtschaftlichen Unternehmerinnen, die zugleich eine wegen Geringfügigkeit versicherungsfreie Beschäftigung ausüben, vgl. § 13 MuSchG Rdnr. 19.

3. Unterschiedliche Höhe des Mutterschaftsgeldes

§ 200 Abs. 2 bestimmt die Höhe des Mutterschaftsgeldes. Die Vorschrift unterscheidet zwischen den Mitgliedern, die **bei Beginn der Schutzfrist** nach § 3 Abs. 2 MuSchG **in einem Arbeitsverhältnis stehen** (§ 13 Rdnr. 24–30) oder **in Heimarbeit beschäftigt** sind (vgl. § 13 Rdnr. 31) oder deren **Arbeitsverhältnis** während ihrer Schwangerschaft oder der Schutzfrist nach § 6 Abs. 1 MuSchG nach Maßgabe des § 9 Abs. 3 MuSchG **aufgelöst** worden ist (vgl. § 13 Rdnr. 33–39), und den **anderen Mitgliedern** (§ 200 Abs. 2 Satz 7). Bei den in Abs. 2 Satz 1 bezeichneten Personen wird als Mutterschaftsgeld das um die gesetzlichen Abzüge verminderte durchschnittliche kalendertägliche Arbeitsentgelt der letzten drei abgerechneten Kalendermonate vor Beginn der Schutzfrist nach § 3 Abs. 2 MuSchG gezahlt. Dies gilt aufgrund des in Absatz 2 neu eingefügten Satzes 5 (durch das Zweite Gesetz zur Änderung des Mutterschutzrechts vom 18.6.2002, BGBl. I S. 1812) auch für Frauen, deren Arbeitsverhältnis erst während der Schutzfrist vor oder nach der Geburt beginnt. Hierbei handelt es sich um eine Folgeänderung zu dem durch das gleiche Gesetz neu angefügten § 13 Abs. 3 MuSchG. Durch diese Neuregelungen soll der Situation von jungen Lehrerinnen und Frauen mit einer ähnlichen beruflichen Laufbahn Rechnung getragen werden, die ihren Vorbereitungsdienst im Beamtenverhältnis nach Beginn der Schutzfrist abgeschlossen haben und anschließend als Arbeitnehmerinnen eingestellt werden (BT-Drs. 14/8525, S. 9). Ohne die Neuregelung hätten die Betroffenen weder einen Anspruch auf Mutterschaftsgeld noch auf einen Zuschuß zum Mutterschaftsgeld gehabt. Die Situation der Betroffenen ist daher durch die Regelung erheblich verbessert worden. Da eine besondere Übergangsregelung hierzu nicht vorgesehen ist, ist die Neuregelung im Einzelfall anwendbar, wenn die Mutterschutzfristen am Tag ihres Inkrafttretens (20.6.2002) noch laufen und das Arbeitsverhältnis vor oder nach diesem Tag innerhalb der Schutzfristen begonnen hat. Die **anderen Mitglieder** erhalten Mutterschaftsgeld in Höhe des Krankengeldes.

4. Arbeitsentgelt

22 **a) Begriff.** Bei der Berechnung des Mutterschaftsgeldes nach § 200 Abs. 2 Satz 1 ist zunächst das gesamte Arbeitsentgelt ohne Abzüge zu ermitteln, das die Frau im Berechnungszeitraum (vgl. § 200 Rdnr. 48–59) tatsächlich erzielt hat. Wegen der engen Wechselbeziehungen zwischen Beiträgen und Leistungen ist der **sozialversicherungsrechtliche Entgeltbegriff** anzuwenden (vgl. *BSG* vom 10.11.1970, BSGE 32, S. 56 = BKK 1971 S. 168 = USK 70174; ebenso die nunmehr vorherrschende Meinung, vgl. z. B. *Brackmann* Zweiter Teil, Kap. 5, 4.11.2.2, *Meisel/Sowka* § 200 RVO Rdnr. 49 sowie die Praxis, vgl. Besprechungsergebnis der *Spitzenverbände der Krankenkassen* vom 21./22.2.1972 in BKK 1972 S. 198; vgl. im einzelnen die Übersicht zum sozialversicherungsrechtlichen Entgeltbegriff *Benner/Bais*, BB 1997 Beilage 1 zu Heft 1; zum arbeitsrechtlichen Entgeltbegriff vgl. § 11 MuSchG Rdnr. 29ff.). Die für die Versicherte früher vor allem bei der Vermögensbildung möglichen Nachteile sind praktisch weggefallen, so daß zwischen arbeitsrechtlichem und sozialversicherungsrechtlichem Entgeltbegriff kaum noch Unterschiede bestehen (vgl. aber § 14 MuSchG Rdnr. 38).

23 **b) Umfang des Arbeitsentgelts.** Was zum Arbeitsentgelt gehört, umschreibt für die gesamte Sozialversicherung § 14 SGB IV: Alle laufenden oder einmaligen Einnahmen aus einer Beschäftigung, gleichgültig, ob ein Rechtsanspruch auf die Einnahmen besteht, unter welcher Bezeichnung oder in welcher Form sie geleistet werden und ob sie unmittelbar aus der Beschäftigung oder im Zusammenhang mit ihr erzielt werden. Das ist insbesondere der in der regelmäßigen Arbeitszeit erzielte Arbeitsverdienst in Form von **Lohn**, **Gehalt** oder **Berufsausbildungsvergütung**.

24 § 17 Abs. 1 SGB IV ermächtigt die Bundesregierung, durch Rechtsverordnung zu bestimmen,
1. daß einmalige Einnahmen oder laufende Zulagen, Zuschläge, Zuschüsse oder ähnliche Einnahmen, die zusätzlich zu Löhnen oder Gehältern gewährt werden, ganz oder teilweise nicht dem Arbeitsentgelt zuzurechnen sind,
2. daß Beiträge an Direktversicherungen und Zuwendungen an Pensionskassen oder Pensionsfonds ganz oder teilweise nicht als Arbeitsentgelt gelten,
3. wie das Arbeitsentgelt, das Arbeitseinkommen und das Gesamteinkommen zu ermitteln und zeitlich zuzurechnen sind,
4. den Wert der Sachbezüge nach dem tatsächlichen Verkehrswert im voraus für jedes Kalenderjahr.

Dabei ist eine möglichst weitgehende Übereinstimmung mit den Regelungen des Steuerrechts sicherzustellen. Die Verordnungsermächtigung wurde ausgefüllt durch die ArbeitsentgeltVO-ArEV vom 6.7.1977 (BGBl. I S. 1208), zuletzt geändert durch Gesetz vom 9.12.2004 (BGBl. I S. 3242), und die SachbezugsVO vom 19.12.1994 (BGBl. I S. 3849), zuletzt geändert durch VO vom 22.10.2004 (BGBl. I S. 2663). In den neuen Bundesländern ist § 7 dieser VO zu beachten.

Arbeitsentgelt § 200 **RVO**

Nach § 1 ArEV sind einmalige Einnahmen (vgl. dazu Rdnr. 32-37), laufende 25
Zulagen, Zuschläge, Zuschüsse sowie ähnliche Einnahmen, die zusätzlich zu
Löhnen oder Gehältern gewährt werden, **nicht** dem Arbeitsentgelt zuzurechnen, soweit sie **lohnsteuerfrei** sind und sich aus § 3 nichts Abweichendes ergibt.
§ 2 ArEV bestimmt, daß dem Arbeitsentgelt nicht zugerechnet werden können:
Zuwendungen aus Anlaß von Betriebsveranstaltungen und Erholungsbeihilfen
nach § 40 Abs. 2 EStG, Beiträge und Zuwendungen im Rahmen bestimmter
Zukunftssicherungsleistungen nach § 40 b EStG sowie sonstige Bezüge nach § 40
Abs. 1 Nr. 1 EStG, die nicht einmalig gezahltes Arbeitsentgelt sind. Diese Einnahmen sind dem Arbeitsentgelt aber nur dann nicht zuzurechnen, soweit der
Arbeitgeber die Lohnsteuer mit einem Pauschsteuersatz erhebt.

Dem Arbeitsentgelt sind ferner nicht zuzurechnen der Arbeitgeberzuschuß 26
zum Krankenversicherungsbeitrag (§ 257 SGB V), Aufwandsentschädigungen
(z. B. Reisekosten, vgl. Rundschreiben des BMI vom 7.10.1992 zur Durchführung des MuSchG, Ziffer 17.7.4), der Zuschuß zum Mutterschaftsgeld nach § 14
Abs. 2 und 3 MuSchG sowie Beträge nach § 10 EFZG (Ausgleichszuschlag für
Heimarbeiter und Hausgewerbetreibende) – vgl. § 2 Abs. 2 ArEV. Zuschläge für
Sonntags-, Feiertags und Nachtarbeit sind, soweit lohnsteuerfrei nach § 3 b
EStG, ebenfalls nicht dem Arbeitsentgelt zuzurechnen; die Ausnahme in § 3
ArEV betrifft nur die Unfallversicherung. Dagegen müssen Zuschläge für Überstunden und Mehrarbeit ungeachtet der Steuervergünstigung in § 3 b EStG
berücksichtigt werden. Wegen der Sonderzuwendungen (z. B. Weihnachts- und Urlaubsgeld) vgl. Rdnr. 33-37. Auch die steuerfreien Leistungen aus der
Kranken-, Unfall-, Renten- und Arbeitslosenversicherung sowie die Sonderunterstützung nach § 12 und das Mutterschaftsgeld nach § 13 MuSchG (vgl. § 3
Nr. 1 bis 3 EStG) gehören nicht zum Arbeitsentgelt.

Dagegen zählen zum Arbeitsentgelt Beträge, die die Frau als Mutterschutz- 27
lohn nach § 11 MuSchG erhält, sowie die laufenden vermögenswirksamen
Leistungen nach dem 5. Vermögensbildungsgesetz i.d.F. der Bek. vom
4.3.1994 (BGBl. I S. 406), aber nicht die Arbeitnehmer-Sparzulage (vgl. § 13
Abs. 3 des 5. VermBG).

Als Arbeitsentgelt der in **Heimarbeit Beschäftigten** kann nur der reine Ver- 28
dienst für die eigene Arbeit am Stück berücksichtigt werden. Vergütungen für
Materiallieferungen und sonstige Unkosten sowie der gesetzliche Heimarbeiterzuschlag nach § 10 EFZG sind daher ebenso abzusetzen wie die Beträge, die den
beschäftigten Hilfskräften als Arbeitsentgelt gezahlt werden.

Sachbezüge (freie oder verbilligte Kost und Wohnung, Deputate, Naturallei- 29
stungen usw.) sind bei der Berechnung des Mutterschaftsgeldes mit dem tatsächlichen Verkehrswert anzusetzen, den die Bundesregierung durch RechtsVO
nach § 17 Abs. 1 Nr. 4 SGB IV im voraus für jedes Kalenderjahr festgesetzt hat,
(vgl. Rdnr. 24 a. E.). Maßgeblich sind dabei die Werte, die bei Beginn des
Anspruchs auf Mutterschaftsgeld gelten. Erfolgt während der Bezugszeit eine
Änderung der Sachbezugswerte, so ist diese zu berücksichtigen; denn der seinem

Inhalt nach unverändert gebliebene Sachbezug wird lediglich neu und zeitgerecht bewertet (ebenso im Ergebnis *Töns*, § 200 Rdnr. G II 3 k a. E.; *Gröninger/ Thomas*, § 13 Rdnr. 62 a. E.; *Specke* S. 56; a. M. *Meisel/Sowka*, § 200 Rdnr. 51: Wert im Berechnungszeitraum ist maßgebend).

30 Keine Sachbezüge im Sinne von Arbeitsentgelt sind dagegen Leistungen, die der Arbeitgeber aus Anlaß der tatsächlichen Arbeitsleistung im Betrieb gewährt wie z. B. unentgeltliche oder verbilligte Mahlzeiten, Frei- oder Haustrunk, kostenlose Anfahrt zum Arbeitsort mit dem Werksbus, verbilligte Einkaufsmöglichkeiten in einem Firmenladen (vgl. § 11 Rdnr. 39; vgl. auch *Gröninger/ Thomas*, § 13 Rdnr. 63; *Meisel/Sowka* und *Specke* a. a. O.; a. M. offenbar *Buchner/Becker*, § 13 Rdnr. 129, der nur die steuerrechtliche Bewertung als maßgebend ansieht). Für andere Sachbezüge als Kost und Wohnung (einschließlich Beleuchtung und Heizung), die unentgeltlich zur Verfügung gestellt werden (z. B. Firmenwagen für Privatfahrten), ist als Wert der übliche Mittelpreis des Verbrauchsorts anzusetzen (vgl. § 3 SachBezV).

31 Zum Arbeitsentgelt zählt ferner das insbesondere in Gaststätten und Beherbergungsbetrieben den Arbeitnehmern zufließende **Bedienungsgeld**, das in Form eines meist prozentualen Zuschlags auf den Verzehrpreis erhoben wird. Maßgeblich ist dabei der tatsächlich erzielte Verdienst und nicht ein ggf. vereinbarter niedrigerer Garantielohn. Nach dem hier vertretenen sozialversicherungsrechtlichen Entgeltbegriff (vgl. oben Rdnr. 22) sind auch die **freiwilligen Trinkgelder**, die der Gast über den durch Arbeitgeber oder Tarifvertrag festgesetzten Bedienungszuschlag hinaus zahlt, zum Arbeitsentgelt zu rechnen und damit lohnsteuerpflichtiger Arbeitslohn (BFH v. 23.10.1992, USK 92125). Allerdings sind sie nach § 3 Nr. 51 EStG bis zur Höhe von 1224 EUR steuerfrei, so daß erst das diesen Betrag übersteigende Entgelt steuerpflichtig und damit für die Berechnung des Mutterschaftsgeldes maßgebend ist. Gleiches gilt für freiwillige Trinkgelder an Friseusen, weibliche Croupiers und ähnliche Dienstleistungsberufe (vgl. *Gröninger/Thomas* § 13 Rdnr. 60; und *Buchner/Becker* 5. Aufl., § 13 Rdnr. 127).

32 **Entgeltumwandlungen** aufgrund des § 1a BetrAVG (i. d. F. des Altersvermögensgesetzes vom 26. 6. 2001, BGBl. I S. 1310) sind grundsätzlich als Arbeitsentgelt anzusehen. Lediglich in der Übergangszeit bis zum 31.12.2003 sind die von einer Entgeltumwandlung betroffenen Entgeltbestandteile bis zu einer Höhe von 4% der Beitragsbemessungsgrenze der Rentenversicherung (2005: 62.400 EUR in den alten und 52.800 EUR in den neuen Ländern) nicht dem Arbeitsentgelt zuzurechnen und damit beitragsfrei, wenn die betriebliche Altersversorgung in den Durchführungswegen Direktzusage, Unterstützungskassenversorgung, Pensionskassenversorgung bzw. Pensionsfonds gewährt wird (§ 14 Abs. 1 Satz 2 i. V. m. § 115 SGB IV, § 2 Abs. 1 Satz 1 Nr. 3, 5 und 6 ArEV; RdSchr. der Spitzenverbände vom 18.12.2002).

33 c) **Einmalig gezahltes Arbeitsentgelt** bleibt nach § 200 Abs. 2 Satz 3 ohne Rücksicht darauf, ob es lohnsteuerpflichtig ist, in jedem Fall außer Betracht. Es

ist, auch wenn es im Berechnungszeitraum gezahlt worden ist, bei der Ermittlung des Arbeitsentgelts so zu behandeln, als wäre es nicht gezahlt worden. Es ist also schon vom Bruttoarbeitsentgelt abzuziehen. Das gilt auch für die übrigen nicht zum Arbeitsentgelt gehörenden Beträge wie z.B. Leistungen und Vergütungen als Ersatz für Aufwendungen (Fahrkosten, Trennungsentschädigungen, Auslösungen u.ä.). Die gesetzlichen Abzüge (vgl. § 200 Rdnr. 41–45) sind dagegen erst vom Restbetrag zu berechnen. Dies folgt daraus, daß unter Arbeitsentgelt in diesem Zusammenhang der Bruttobetrag gemeint ist.

Unter einmalig gezahltem Arbeitsentgelt sind nach der Legaldefinition in § 23a Abs. 1 SGB IV, auf die ausdrücklich Bezug genommen wird, alle dem Arbeitsentgelt zuzurechnenden Zuwendungen zu verstehen, die nicht für die Arbeit in einem einzelnen Entgeltabrechnungszeitraum gezahlt werden. Entscheidend ist also, daß diese Form des Arbeitsentgelts zwar wegen der Arbeitsleistung oder des Arbeitsverhältnisses, nicht jedoch als Gegenleistung für die laufende Arbeitsleistung gewährt wird. Es darf demnach nicht in einem bestimmten Entgeltabrechnungszeitraum erzielt worden oder ihm zuzurechnen sein. Die in § 23a SGB IV im einzelnen geregelte zeitliche Zuordnung einmalig gezahlten Arbeitsentgelts ist nur beitragsrechtlich von Bedeutung. Ob der Anlaß einmalig ist (z.B. Jubiläumsgeschenke) oder regelmäßig wiederkehrt (z.B. Weihnachtsgratifikation oder Urlaubsgeld), ob die Zuwendung freiwillig oder auf Grund des Vertrages gewährt wird, ist ohne Bedeutung (vgl. auch *Geyer/Knorr/Krasney*, § 200 Rdnr. 65). Hierzu zählen z.B. Erfinderbelohnungen, Treueprämien, Heiratsbeihilfen, Urlaubsabgeltungen (vgl. *BSG* vom 1.4.1993, 1 RK 38/92), Barabgeltungen für nicht gewährte Hausarbeitstage oder tarifliche »einmalige Zahlungen«, die lediglich vom Bestehen eines Arbeitsverhältnisses, nicht aber von einer laufenden Arbeitsleistung abhängig sind. Läßt sich eine genaue Zeitbezogenheit nicht bestimmen, handelt es sich um einmalig gezahltes Arbeitsentgelt (*BSG* vom 16.3.1973, USK 7364; vgl. auch § 11 Rdnr. 46). 34

Dagegen zählen **Provisionen**, welche der Versicherten während des Berechnungszeitraums zugeflossen sind, zum Arbeitsentgelt. Dabei spielt es keine Rolle, ob sie allein oder neben einer festen Vergütung gezahlt wurden. Es kommen allerdings nur solche Provisionen in Betracht, die im maßgeblichen Berechnungszeitraum abgerechnet wurden. Deshalb dürfen Zahlungen aus Ansprüchen, die auf einer Tätigkeit während des Berechnungszeitraums beruhen, aber erst nach Beginn der Schutzfrist fällig und abgerechnet werden, bei der Berechnung des Mutterschaftsgeldes nicht berücksichtigt werden. Sie sind der Versicherten auszuzahlen, bewirken aber nicht, daß das Mutterschaftsgeld insoweit nach § 200 Abs. 4 ruht. Dasselbe gilt für Provisionsansprüche, die im Berechnungszeitraum fällig und vom Arbeitgeber abzurechnen waren, aber tatsächlich nicht abgerechnet worden sind. Anders als bei § 11 MuSchG (vgl. dazu Rdnr. 29–47) kann bei § 200 nicht das Arbeitsentgelt berücksichtigt werden, das in den abgerechneten Zeiträumen verdient, aber noch nicht abgerechnet worden ist (ebenso *Gröninger/Thomas* § 13 Rdnr. 61). 35

36 **Zulagen,** die die Versicherte erhalten hat, sind nur dann Arbeitsentgelt, wenn mit ihnen nicht ein Ersatz von Aufwendungen abgegolten werden soll, die nur bei Arbeitsleistungen anfallen: Kinderzuschläge, sonstige Familienzuschläge, Wohnungsgeld, Erschwerniszulagen (z. B. Hitze, Lärm, Schmutz, wenn es sich nicht um reinen Aufwendungsersatz handelt), Leistungszulagen, Ministerialzulage (vgl. *Gröninger/Thomas* § 13 Rdnr. 65).

37 **Abfindungen,** die wegen Beendigung des Beschäftigungsverhältnisses als Entschädigung für den Wegfall künftiger Verdienstmöglichkeiten durch den Verlust des Arbeitsplatzes (z. B. nach §§ 9 und 10 KSchG) gezahlt werden, sind **kein Arbeitsentgelt** im Sinne der Sozialversicherung (*BSG* v. 21.2.1990, USK 9010).

Zuwendungen, die als Gegenleistung für die Arbeitsleistung **für eine bestimmte Zeit** gezahlt werden, z. B. Akkordabschlußzahlungen, Zahlungen wegen rückwirkender Tariflohnerhöhung (vgl. auch BAG vom 21.11.1967, DB 1968 S. 224 zu § 2 ArbKrankhG), laufend gewährte Anwesenheitsprämien (vgl. BAG vom 29.1.1971, DB 1971 S. 536 = DOK 1972 S. 535, zu § 14 Abs. 1 MuSchG; differenzierend *Meisel/Sowka,* § 200 Rdnr. 56ff.) sind dagegen zu berücksichtigen. Werden sie für einen längeren Zeitraum als für den hier festgelegten gewährt, dann sind sie nur entsprechend dem auf diesen Berechnungszeitraum entfallenen Anteil anzusetzen. Diese Auffassung folgt aus dem Zweck der Regelung, der Frau ein möglichst gerechtes Durchschnittsarbeitsentgelt als Mutterschaftsgeld zu gewähren. Die Zuordnungsregelungen in § 23a SGB IV SGB V haben nur eine beitragsrechtliche Auswirkung.

38 **d) Verdiensterhöhungen, -minderungen.** § 200 Abs. 2 enthält in Satz 3 nur eine dem § 11 Abs. 2 MuSchG vergleichbare Vorschrift über die Behandlung von Verdienstminderungen, nicht aber von **Verdiensterhöhungen** während des Berechnungszeitraums. Verdiensterhöhungen in dieser Zeit sind daher im Unterschied zu § 11 Abs. 2 MuSchG (vgl. § 11 Rdnr. 50–54) nur von dem Zeitpunkt zu berücksichtigen, von dem ab sie wirksam werden. Verdiensterhöhungen nach Ablauf des Berechnungszeitraums können bei der Ermittlung des Arbeitsentgelts nur zugrunde gelegt werden, wenn und soweit sie auch für die Zeit des Berechnungszeitraums rückwirkend wirksam werden (h.M., vgl. z.B. *Buchner/Becker,* § 13 Rdnr. 176; ebenso die Praxis, vgl. das Besprechungsergebnis der *Spitzenverbände der Krankenkassen* vom 25./26.4.1973, DOK 1973 S. 573 = BKK 1973 S. 295 und das Gem. Rdschr. der *Spitzenverbände* v. 12.1.1989 zu den Leistungen bei Schwangerschaft und Mutterschaft Nr. 11.4.3; **a.M.** unter eingehender Auseinandersetzung mit Rspr. und Literatur *Töns,* § 200 Rdnr. G II 3 c: Nachzahlungen sind wie einmalig gezahltes Arbeitsentgelt zu behandeln).

39 Die sozialgerichtliche Rechtsprechung (vgl. *BSG* vom 30.5.1978, BSGE 46 S. 203) will offenbar rückwirkende Änderungen überhaupt nicht berücksichtigen, da ein Arbeitsentgelt nur dann im letzten Lohnabrechnungszeitraum erzielt worden sei, wenn es bis zum Ende dieses Zeitraums in die Verfügungsgewalt des

Nettoarbeitsentgelt § 200 RVO

Arbeitnehmers gelangt, ihm also tatsächlich zugeflossen sei. Haben sich während des letzten Lohnabrechnungszeitraums die Grundlagen für die Berechnung des Arbeitsentgelts geändert, kann dies jedoch erst nach Beendigung des Lohnabrechnungszeitraums berücksichtigt werden, so ist die damit verbundene rückwirkende Erhöhung des Arbeitsentgelts nach Auffassung des *BSG* nicht während des Lohnabrechnungszeitraums »erzielt« worden. Die Praxis (vgl. DOK 1979 S. 952 = BKK 1979 S. 292) hat diese Rspr. m.E. zu Recht nicht befolgt. Verdiensterhöhungen werden mit dem Betrag dem zu ermittelnden Arbeitsentgelt hinzugezählt, der auf die Zeit des Berechnungszeitraums entfällt. Rückwirkende Tariflohnerhöhungen im Berechnungszeitraum wirken sich nicht nur auf das Mutterschaftsgeld, sondern auch auf die Höhe des Arbeitgeberzuschusses aus. Dies ist nunmehr in § 14 Abs. 1 S. 3 MuSchG ausdrücklich klargestellt worden (*BAG* v. 6.4.1994, BAGE 76, 229; *BAG* vom 31.7.1996 EZA § 14 MuSchG Nr. 13; vgl. auch § 14 MuSchG Rdnr. 38).

Erleidet die Frau infolge von Kurzarbeit, Arbeitsausfällen (vgl. § 11 Rdnr. 55– 40 58) oder unverschuldeter Arbeitsversäumnis (vgl. § 200 Rdnr. 55) **Verdienstminderungen** während des Berechnungszeitraums, dann bleiben diese nach § 200 Abs. 2 Satz 3 außer Betracht. Sie sind daher bei der Ermittlung des Arbeitsentgelts nicht anzusetzen (zur Auswirkung dieser Bestimmung auf den Berechnungszeitraum vgl. § 200 Rdnr. 51–56). Verdienstminderungen wegen verschuldeter Arbeitsversäumnis sind dagegen zu berücksichtigen. In diesen Fällen ist das entsprechend geringere Arbeitsentgelt bei der Ermittlung des Bruttoarbeitsentgelts in Ansatz zu bringen. Verdienstausfälle oder Verdienstminderungen im Betrieb während des Bezugs des Mutterschaftsgeldes wirken sich im Unterschied zu dem Anspruch auf den Zuschuß zum Mutterschaftsgeld nach § 14 Abs. 1 MuSchG (vgl. § 14 Rdnr. 28) nicht aus. Die Berechnung und Zahlung des Mutterschaftsgeldes durch die Kasse ist insoweit von den betrieblichen Veränderungen unabhängig. Es wird selbst dann weiter gezahlt, wenn das Arbeitsverhältnis während der Schutzfrist aufgelöst wird.

5. Nettoarbeitsentgelt

a) **Gesetzliche Abzüge.** Der für den Berechnungszeitraum (vgl. § 200 41 Rdnr. 48–59) ermittelte Bruttobetrag des Arbeitsentgelts (vgl. § 200 Rdnr. 22– 37) ist nach § 200 Abs. 2 Satz 1 um die gesetzlichen Abzüge zu vermindern (Nettoarbeitsentgelt, vgl. auch die Legaldefinition in § 14 Abs. 2 SGB IV). **Zu den gesetzlichen Abzügen gehören** die Lohnsteuer, der Solidaritätszuschlag, die Kirchensteuer sowie die gesetzlichen Anteile der Frau an den Beiträgen zur gesetzlichen Krankenversicherung, zur gesetzlichen Rentenversicherung, zu einer öffentlich-rechtlichen Versicherungs- oder Versorgungseinrichtung i. S. d. § 6 Abs. 1 Nr. 1 SGB VI und zur Bundesagentur für Arbeit.

Zu den gesetzlichen Abzügen gehören dagegen **nicht** Beiträge zu freiwilligen 42 Versicherungen (z. B. freiwillige Versicherung in der gesetzlichen Krankenversicherung, freiwillige oder Höherversicherung in der gesetzlichen Rentenversicherung, Zusatzversicherung bei der Versorgungsanstalt des Bundes und der Länder, Beiträge zu betrieblichen Sozialeinrichtungen, Beiträge zur privaten Pflegeversicherung, Beiträge zur sozialen Pflegeversicherung freiwillig GKV-Versicherter), gepfändete Lohnbeträge und dgl. Zu den gesetzlichen Abzügen gehören ferner nicht alle anderen Abzüge, die gesetzlich nicht zwingend vorgeschrieben sind, wie Abzüge für vermögenswirksame Leistungen i.S.d. 5. VermBG i.d.F. der Bek. vom 4.3.1994 (BGBl. I S. 406), Bausparkassenbeiträge und vom Lohn einbehaltene Gewerkschaftsbeiträge (so auch *Buchner/Becker*, § 13 Rdnr. 155; zur Einordnung der Beiträge zur Pflegeversicherung vgl. *GKV-Spitzenverbände* vom 28.6.1995, BKK 1995, S. 142).

43 Die **Lohnsteuer** ist in der Höhe zu berücksichtigen, wie sie vom Arbeitgeber nach den gesetzlichen Bestimmungen auf Grund der Eintragungen in der Lohnsteuerkarte für das Arbeitsentgelt in dem maßgebenden Berechnungszeitraum zu berechnen und einzubehalten ist. Hier stellt sich die Frage, ob dies auch dann gilt, wenn in der Lohnsteuerkarte der Frau erstmals ein steuerfreier Betrag einzutragen ist oder die Frau zur Erhöhung des Nettoarbeitsentgelts den steuerfreien Betrag nur für den Berechnungszeitraum eintragen läßt oder die Steuerklasse wechselt (vgl. auch § 14 MuSchG Rdnr. 44–49). Die Möglichkeit, die Leistungshöhe durch rechtzeitige Eintragungen auf der Lohnsteuerkarte zu beeinflussen, besteht auch bei anderen Sozialleistungen, bei deren Berechnung das Nettoarbeitsentgelt zu berücksichtigen ist.

44 Das *BAG* hat mit Urteilen v. 22.10.1986, USK 86168 und v. 16.12.1987, EEK III/86 entschieden, eine nach § 14 Abs. 1 MuSchG anspruchsberechtigte Frau handle **rechtsmißbräuchlich**, wenn sie durch Änderung steuerlicher Merkmale (Steuerklasse, Freibeträge) die Höhe des ihr im Ausgangszeitraum zufließenden Nettoarbeitsentgelts **allein deshalb** beeinflußt, um einen höheren Arbeitgeberzuschuß zu erhalten. In einem solchen Fall sei die Änderung bei der Ermittlung des Nettoarbeitsentgelts nicht zu berücksichtigen (vgl. dazu näher § 14 Rdnr. 45). Man wird diese Rspr. auf die Berechnung des Mutterschaftsgeldes übertragen müssen (so jetzt auch *Gröninger/Thomas*, § 13 Rdnr. 76). Sie läßt allerdings offen, bis zu welchem Zeitpunkt die Steuerklasse gewechselt bzw. ein Freibetrag eingetragen werden darf. Andererseits hat es die sozialgerichtliche Rspr. hinsichtlich des Übergangsgeldes während einer Rehabilitationsmaßnahme ausdrücklich für zulässig erklärt, daß der Versicherte durch rechtzeitigen Antrag auf Eintragung eines Steuerfreibetrages eine günstigere Berechnung der Leistung erreicht als bei entsprechender Steuererstattung aufgrund eines Lohnsteuerjahresausgleichs (*BSG* vom 23.3. und 10.5.1977, SozR 2200 § 1241 RVO Nrn. 3 und 4).

45 Lohnsteuererstattungen, die später auf Grund von Ergänzungen der Eintragungen in der Lohnsteuerkarte oder wegen unregelmäßigen Arbeitsentgelts beim Lohnsteuerjahresausgleich vorgenommen werden, sind nicht zu berücksichtigen, ebensowenig eventuelle Lohnsteuernachforderungen. Lohnsteuerer-

stattungen und -nachforderungen sind nur dann von Bedeutung, wenn der Arbeitgeber die Lohnsteuer falsch, also zu hoch oder zu niedrig berechnet hat (vgl. *Besch. BMA* vom 9.3.1960, *Eisel*, A 103). Waren in dem Berechnungszeitraum gesetzliche Lohnabzüge – gleichgültig aus welchem Grunde – nicht vorzunehmen, dann ist das ermittelte Arbeitsentgelt ohne Abzug anzusetzen (vgl. *Besch. BMA* vom 25.1.1966, *Eisel*, A 143a; vgl. auch *Buchner/Becker*, § 13 Rdnr. 153; *Meisel/Sowka*, § 200 Rdnr. 37 d; *Gröninger/Thomas*, § 13 Rdnr. 76; *Töns*, § 200 Rdnr. G II 6 d; *Geyer/Knorr/Krasney*, § 200 Rdnr. 76).

b) **Sonderregelungen bei Wohnsitz im Ausland.** Hat eine ausländische **46** Arbeitnehmerin, die in der Bundesrepublik arbeitet, aber im Heimatstaat ihren Wohnsitz hat, auf Grund eines Doppelbesteuerungsabkommens in der Bundesrepublik keine Lohnsteuer zu entrichten, dann können Steuern, die sie auf ihr Arbeitseinkommen im Heimatland zu entrichten hat, nicht berücksichtigt werden. Es handelt sich um keine »gesetzlichen« Abzüge im Sinne des § 200 Abs. 2. »Gesetzliche Abzüge« sind nur solche, die auf Grund inländischer Gesetzesvorschriften vorgenommen werden. Dies gilt auch für den Fall, daß die Frau das Mutterschaftsgeld und den Zuschuß nach § 14 MuSchG in ihrem Heimatland überhaupt nicht versteuern muß. Es ist grundsätzlich nicht zulässig, fiktive Steuerabzüge zu berücksichtigen (vgl. auch *Töns*, § 200 Rdnr. G II 6b; *LArbG Rheinland-Pfalz* vom 12.4.1978 – 2 Sa. 773/77; a.M. *Meisel/Sowka*, § 200 Rdnr. 61).

Allerdings gilt für versicherte Frauen, die in einem anderen **Mitgliedstaat der** **47** **EG** oder einem zum EWR gehörenden Staat wohnen und deshalb unter den Anwendungsbereich der Verordnung (EWG) Nr. 1408/71 über die soziale Sicherheit der Wanderarbeitnehmer fallen, seit 1.7.1982 aufgrund von Anhang VI Teil C Nr. 14 dieser Verordnung (ABl. Nr. L 28 vom 30.1.1997 S. 88) eine **Sonderregelung:** Für die Gewährung von Mutterschaftsgeld nach § 200 Abs. 2 RVO ist das Nettoarbeitsentgelt von den deutschen Krankenkassen so zu berechnen, als ob diese Frauen in der Bundesrepublik wohnten. Dann sind aber auch die gesetzlichen Abzüge zu berechnen, die bei einem Wohnsitz in der Bundesrepublik Deutschland anfallen würden. Diese Regelung dürfte entsprechend auch auf die Berechnung des Nettoarbeitsentgelts bei der Ermittlung des Zuschusses nach § 14 MuSchG anzuwenden sein. Für Frauen aus dem EWR gilt diese Regelung ab 1.1.1994.

6. Berechnungszeitraum

a) **Grundsatz.** Für die Berechnung des Mutterschaftsgeldes der einzelnen **48** Frau ist nur das Arbeitsentgelt maßgebend, das sie in dem in § 200 Abs. 2 Satz 1 bestimmten Berechnungszeitraum erzielt hat. Er besteht aus den letzten drei abgerechneten Kalendermonaten vor dem Beginn der Schutzfrist nach § 3 Abs. 2 MuSchG. Wird das Mutterschaftsgeld vor der Entbindung beantragt, bleibt der nach dem mutmaßlichen Entbindungstag ermittelte Beginn der Schutzfrist auch

RVO § 200 *Mutterschaftsgeld*

dann maßgebend, wenn die Entbindung früher oder später als erwartet eintritt (vgl. *BAG* vom 27.1.1966, USK 6623; *Töns*, § 200 Rdnr. GI 2a). Bei einem Antrag nach der Entbindung ist der tatsächliche Entbindungstag für die Berechnung der Fristen maßgebend (*BSG* vom 10.9.1975, BKK 1976 S. 178 = USK 75117).

49 Maßgebend sind nicht die letzten drei Monate, sondern die letzten drei Kalendermonate vor Beginn der Schutzfrist, und zwar **die letzten drei abgerechneten Kalendermonate**. Beginnt z. B. die Schutzfrist am 5.12., dann umfaßt der Berechnungszeitraum nicht die Zeit vom 5.9. bis 5.12., sondern die drei Kalendermonate, die dem 5.12. vorangehen, also die Kalendermonate September, Oktober, November, allerdings nur dann, wenn in jedem dieser drei Monate Arbeitsentgelt abgerechnet worden ist, wenn auch nur für bestimmte Arbeitszeiten. Ist in einem oder in mehreren oder in allen diesen Kalendermonaten überhaupt kein Arbeitsentgelt abgerechnet worden, dann muß auf die entsprechende Zahl der vorangehenden Kalendermonate zurückgegriffen werden. War z. B. die Frau während des ganzen Monats Oktober arbeitsunfähig krank, ohne Arbeitsentgelt zu erhalten, oder ohne Arbeitsentgelt beurlaubt oder hat sie für den ganzen Monat Oktober Stillegungsvergütung oder Kurzarbeitergeld erhalten, dann kommt der Kalendermonat Oktober für den Berechnungszeitraum nicht in Betracht, weil dieser Monat kein abgerechneter Kalendermonat ist (vgl. auch *Gröninger/Thomas*, § 13 Rdnr. 55). Der Berechnungszeitraum setzt sich dann aus den Kalendermonaten August, September, November zusammen, falls in diesen Kalendermonaten Arbeitsentgelt abgerechnet worden ist. Ist vor Beginn der Schutzfrist am 5.12. Arbeitsentgelt z. B. nur bis einschließlich Juni und dann wieder nur in den Kalendermonaten August und November abgerechnet worden, dann sind die letzten drei abgerechneten Kalendermonate vor Beginn der Schutzfrist am 5.12., die als Berechnungszeitraum zugrunde zu legen sind, die Kalendermonate Juni, August, November. Daß diese Monate nicht zusammenhängen, ist ohne Bedeutung, weil in Abs. 2 Satz 1 **nicht** auf die **letzten drei zusammenhängenden**, sondern nur auf die letzten drei abgerechneten **Kalendermonate** abgestellt wird (ebenso *Buchner/Becker*, § 13 Rdnr. 164; *Gröninger/Thomas*, § 13 Rdnr. 55; *Geyer/Knorr/Krasney*, § 200 Rdnr. 82).

50 Abgerechnet ist ein Monat, wenn für ihn eine Abrechnung erteilt oder zumindest das Arbeitsentgelt ausgehändigt worden ist (ebenso *Töns*, § 200 Rdnr. GI 1; ähnlich *Aye/Heinke/Marburger*, § 200 Rdnr. 21). Zeiträume, auf die bisher nur Abschlagszahlungen geleistet worden sind, können nicht als abgerechnete Lohnzahlungszeiträume angesehen werden (vgl. *BAG* vom 14.4.1961, BB 1961 S. 753 = DB 1961 S. 882, zu § 2 ArbKrankhG; vgl. auch *Gröninger/Thomas*, § 13 Rdnr. 57; *Meisel/Sowka* § 200 RVO Rdnr. 43). Maßgeblich ist außerdem nicht die allgemeine Lohn- oder Gehaltsabrechnung im Betrieb, sondern der Zeitraum, der mit der einzelnen Arbeitnehmerin selbst abgerechnet worden ist (vgl. *Meisel/Sowka*, § 200 Rdnr. 43; *Töns*, § 200 Rdnr. G I 2b).

Berechnungszeitraum § 200 RVO

b) Ausfallzeiten. Der Berechnungszeitraum von drei Monaten, für den das 51
Arbeitsentgelt einer Frau zu ermitteln ist, gilt nur als Grundsatz. Fallen in diesen
Zeitraum Tage, an denen infolge von Kurzarbeit, Arbeitsausfällen oder unverschuldeter Arbeitsversäumnis kein oder ein vermindertes Arbeitsentgelt erzielt
wurde, dann bleiben diese Tage nach § 200 Abs. 2 Satz 3 außer Betracht (**Ausfallzeiten**). Diese Bestimmung bewirkt, daß sich der Berechnungszeitraum, der
normalerweise drei volle Monate mit 90 Tagen umfaßt, um die Ausfallzeiten
verkürzt (differenzierend *Buchner/Becker,* § 13 Rdnr. 170 ff.). Hat z. B. die Frau
infolge Krankheit, Beurlaubung oder unverschuldeter Arbeitsversäumnis im
Berechnungszeitraum an vier Tagen nicht gearbeitet, dann beträgt der Berechnungszeitraum 86 Tage.

Die Bestimmung ordnet ferner an, daß das an den Ausfalltagen ggf. erzielte 52
verminderte Arbeitsentgelt bei der Ermittlung des gesamten Arbeitsentgelts
nicht mitangesetzt wird. Arbeitet z. B. eine Frau aus schwangerschaftsbedingten
Gründen mit Zustimmung des Arbeitgebers (unverschuldete Arbeitsversäumnis)
nur noch halbtags und erhält sie für diese Tage nur ein vermindertes Arbeitsentgelt, weil die Voraussetzungen des § 11 MuSchG nicht vorliegen, dann
bleiben diese Tage und das in ihnen erzielte Arbeitsentgelt außer Betracht
(vgl. *BSG* vom 29.8.1962, BSGE 17 S. 246). Das gleiche gilt bei Verdienstminderungen infolge Kurzarbeit und Arbeitsausfällen.

Als Ausfallzeiten kommen sowohl volle Tage als auch einzelne Fehlstunden in 53
Betracht; bei einzelnen Fehlstunden wird der ganze Tag nicht berücksichtigt
(vgl. *Buchner/Becker,* § 13 Rdnr. 174; *Meisel/Sowka,* § 200 Rdnr. 69; *Gröninger/
Thomas,* § 13 Rdnr. 69). Tage, an denen die Arbeitnehmerin aus nicht in ihrer
Schwangerschaft liegenden Gründen nur teilzeitbeschäftigt war, rechnen allerdings als volle Tage, da das Mutterschaftsgeld ein Tagessatz ist und nicht etwa
nach Bruchteilen von Tagen oder Stunden errechnet werden kann (vgl. *Buchner/
Becker,* § 13 Rdnr. 159; *Meisel/Sowka,* § 200 Rdnr. 69).

Andere als die in § 200 Abs. 2 Satz 3 genannten Gründe können dagegen nicht 54
mehr berücksichtigt werden; denn § 200 Abs. 2 Satz 3 spricht im Unterschied zu
§ 11 Abs. 1 Satz 4 MuSchG nicht von »Zeiten, in denen kein Arbeitsentgelt
erzielt wurde«. Infolgedessen können insbesondere Zeiten, in denen die Frau der
Arbeit unentschuldigt ferngeblieben ist, den Berechnungszeitraum nicht mehr
verkürzen. Das in diesen Zeiten ggf. erzielte verminderte Arbeitsentgelt muß
voll mitangesetzt werden.

Die Begriffe **Kurzarbeit** und **Arbeitsausfälle** sind dieselben wie in § 11 Abs. 2 55
Satz 2 MuSchG und § 11 Abs. 1 Satz 3 BUrlG (vgl. § 11 Rdnr. 57). Für die
Regelung der Fehlzeiten hat der Gesetzgeber ebenfalls auf den Wortlaut des
§ 11 Abs. 2 Satz 2 MuSchG **»unverschuldete Arbeitsversäumnis«** zurückgegriffen. Zur Auslegung des § 11 Abs. 2 MuSchG kann nicht der weitergehende
Verschuldensbegriff i.S.d. § 616 BGB verwandt werden (vgl. § 11 Rdnr. 57;
a. M. *Gröninger/Thomas,* § 13 Rdnr. 72; *Buchner/Becker,* § 11 Rdnr. 136 ff.;
Töns, § 200 Rdnr. G III 3 c, der auch die Zeit des Ruhens des Arbeitsverhält-

nisses berücksichtigen will). Verschuldete Arbeitsversäumnis i.S.d. § 11 Abs. 2 MuSchG ist nur zu bejahen, wenn die Frau einen Verdienstausfall bewußt in Kauf genommen hat (vgl. § 11 Rdnr. 58). Das sind praktisch die Fälle, in denen die Frau der Arbeit ohne triftige und stichhaltige Gründe unentschuldigt fernbleibt. Ist der Arbeitgeber vorher oder nachher mit dem Fernbleiben einverstanden, dann ist dieses ohne Rücksicht auf seine Gründe immer entschuldigt. Eine bloß formale Entschuldigung ohne hinreichende Gründe genügt nicht. Hauptfälle der unverschuldeten Arbeitsversäumnis sind die Erkrankung der Arbeitnehmerin, der vom Arbeitgeber bewilligte unbezahlte Urlaub oder die Freistellung von Arbeit wegen Erkrankung eines Kindes (vgl. § 45 Abs. 3 SGB V) oder zur Wahrnehmung staatsbürgerlicher Pflichten (Zeuge, Schöffe, Geschworene usw., vgl. auch *Gröninger/Thomas*, § 13 Rdnr. 72; *Geyer/Knorr/Krasney*, § 200 Rdnr. 69).

56 Die Dauer der Ausfallzeiten infolge von Kurzarbeit, Arbeitsausfällen und unverschuldeter Arbeitsversäumnis ist ohne Bedeutung. Auch **längere Ausfallzeiten** verkürzen den Berechnungszeitraum. Sind sie allerdings so lang, daß ein Kalendermonat überhaupt nicht abgerechnet wird, dann kommt der betreffende Kalendermonat als Berechnungszeitraum nach § 200 Abs. 2 Satz 1 nicht in Betracht; denn nach dieser Vorschrift dürfen nur abgerechnete Kalendermonate der Berechnung zugrundegelegt werden. In diesen Fällen muß daher auf die entsprechende Zahl der vorangegangenen abgerechneten Kalendermonate zurückgegriffen werden (vgl. § 200 Rdnr. 49; ebenso *Buchner/Becker*, § 13 Rdnr. 175; *Specke*, S. 51; vgl. auch *Meisel/Sowka*, § 200 Rdnr. 69).

57 c) **Kürzere Arbeitsverhältnisse.** Hat das **Arbeitsverhältnis**, das zur Begründung des Anspruchs auf Mutterschaftsgeld geführt hat, **kürzer als drei Monate** gedauert, so ist der kürzere Zeitraum der Berechnung zugrundezulegen (vgl. auch Rdnr. 58). Diese Bestimmung des § 11 Abs. 1 Satz 4 MuSchG ist zwar in § 200 nicht übernommen worden. Sie ist jedoch hier entsprechend anzuwenden, weil der Grund für diese Vorschrift, bei einer kürzeren Dauer des Arbeitsverhältnisses den Berechnungszeitraum entsprechend zu verkürzen, auch für die Fälle des § 200 zutreffen kann. Dies kommt z.B. in Betracht für zulässig aufgelöste Arbeitsverhältnisse von kurzer Dauer, bei denen die Voraussetzung des § 200 Abs. 1 trotz der Kürze der Zeit erfüllt ist, ferner für andere anspruchsbegründende Arbeitsverhältnisse von kurzer Dauer, bei denen die Voraussetzung des § 200 Abs. 1 durch Zusammenrechnung verschiedener Zeiten erfüllt wird.

58 d) **Keine anderen Zeiträume. Andere** als die in § 200 Rdnr. 48–57 im einzelnen dargelegten **Zeiträume** dürfen der Berechnung nicht zugrundegelegt werden, selbst dann nicht, wenn die Frau vor dem Berechnungszeitraum weniger oder mehr verdient hat. Jedoch darf bei schwankendem Verdienst der Berechnungszeitraum nicht kürzer als vier Wochen oder einen Monat sein, um ein verläßliches Bild des durchschnittlichen Arbeitsentgelts zu gewinnen. Der Berechnungszeitraum ändert sich auch nicht dadurch, daß die Frau während

Berechnung und Höhe § 200 **RVO**

der Schutzfrist vor der Entbindung aufgrund freiwilligen Entschlusses weiterarbeitet, weil nach dem Wortlaut des § 200 Abs. 2 Satz 1 die letzten drei abgerechneten Kalendermonate vor Beginn der Schutzfrist nach § 3 Abs. 2 MuSchG maßgebend sind. Von diesem Berechnungszeitraum ist auch dann auszugehen, wenn das Arbeitsverhältnis innerhalb dieses Zeitraums gewechselt hat.

Das Arbeitsentgelt ist sogar insoweit zu berücksichtigen, als es aus **Arbeitsverhältnissen** bezogen worden ist, die bei Beginn der Schutzfrist **nicht mehr bestehen**. Dies gilt unabhängig davon, ob die Beschäftigung, aus der das erzielte Arbeitsentgelt gewonnen wurde, den Anspruch auf Mutterschaftsgeld hätte begründen können (vgl. *BSG* vom 22.2.1972, BSGE 34 S. 79 = DOK 1972 S. 589 = BKK 1972 S. 225 = ErsK 1972 S. 250; zustimmend *Buchner/Becker*, § 13 Rdnr. 114; *Krauskopf*, § 200 Rdnr. 18; *Geyer/Knorr/Krasney*, § 200 Rdnr. 56; *Heilmann*, § 13 Rdnr. 65, *Brackmann*, Zweiter Teil, Kap. 5, 4.11.2.2 und die Verwaltungspraxis, vgl. Besprechungsergebnis der *Spitzenverbände der Krankenkassen* vom 23./24.5.1972, BKK 1972 S. 238; a.M. *Gröninger/Thomas*, § 13 Rdnr. 74, *Specke* S. 52 und mit beachtlichen Gegenargumenten *Töns*, § 200 Rdnr. G I 5). Dagegen kann außerhalb des Geltungsbereichs des Grundgesetzes erzieltes Entgelt auch dann nicht berücksichtigt werden, wenn mit dem in Betracht kommenden Staat ein Sozialversicherungsabkommen besteht (ebenso *Spitzenverbände der Krankenkassen* in DOK 1973 S. 302 unter Berufung auf Art. 23 Abs. 1 EG-VO 1408/71). Ermöglicht im Einzelfall der Berechnungszeitraum eine Berechnung nicht, so ist nach § 200 Abs. 2 Satz 4 das durchschnittliche kalendertägliche Arbeitsentgelt einer gleichartig Beschäftigten zugrundezulegen (vgl. § 200 Rdnr. 67).

59

7. Berechnung und Höhe des Mutterschaftsgeldes nach Abs. 2 Satz 1

a) Grundsatz. Das Mutterschaftsgeld, das die Kasse der einzelnen Frau für jeden Kalendertag der Schutzfrist zu zahlen hat, ist in folgender Weise zu ermitteln: Das Bruttoarbeitsentgelt (§ 200 Rdnr. 27–40), das die Frau im Berechnungszeitraum (vgl. § 200 Rdnr. 48–59) erzielt hat, wird festgestellt und zusammengerechnet. Danach wird es um die gesetzlichen Abzüge vermindert (vgl. § 200 Rdnr. 41–47). Dieser Betrag des Nettoarbeitsentgelts wird auf den Kalendertag umgerechnet.

60

Liegen im Berechnungszeitraum keine Ausfallzeiten (vgl. § 200 Rdnr. 51–56), dann wird die Woche zu sieben Tagen ohne Rücksicht darauf angesetzt, ob die Arbeitswoche der Frau sechs oder fünf Tage beträgt (vgl. § 47 Abs. 2 Satz 2 SGB V). Bei Frauen mit einem festen Monatsverdienst wird jeder Monat gleichbleibend mit dreißig Tagen angesetzt. In allen anderen Fällen ist jeder Monat mit der tatsächlichen Zahl seiner Kalendertage anzusetzen. Eine Berechnung nach Arbeitsstunden kann nur dann vorgenommen werden, wenn sich das Mutterschaftsgeld z.B. wegen Fehlstunden im Abrechnungszeitraum nicht anders

61

ermitteln läßt (ebenso die Praxis der Krankenkassen, vgl. *Krauskopf*, § 200 Rdnr. 22 ff.; *BMA-Erlaß* vom 10.5.1984 an das BVA).

62   **b) Bei selbstverschuldeten Arbeitsausfällen.** Enthält der Berechnungszeitraum Unterbrechungen durch selbstverschuldete Arbeitsausfälle (z. B. unerlaubtes Fernbleiben von der Arbeit), bleibt es bei der in Rdnr. 60 vorgesehenen Berechnungsweise. Das durch diese Arbeitsversäumnisse geringere Arbeitsentgelt wird also durch denselben Divisor geteilt wie bei voller Arbeitsleistung.

63   **c) Bei Ausfallzeiten.** Liegen in den maßgebenden drei Monaten **Ausfallzeiten** i. S. d. § 200 Abs. 2 Satz 3 – die Frau hat z. B. infolge unbezahlten Urlaubs oder aus anderen Gründen nicht gearbeitet und für diese Zeiten kein Arbeitsentgelt erhalten oder sie hat infolge der Schwangerschaft verkürzt gearbeitet und ein entsprechend verringertes Arbeitsentgelt erhalten (vgl. § 200 Rdnr. 51–56) –, dann kann für diese Ausfallzeiten kein Arbeitsentgelt angesetzt werden. Das verbleibende Nettoarbeitsentgelt des Berechnungszeitraums ist durch die Zahl der Stunden zu dividieren, für die es gezahlt wurde. Der so ermittelte Stundenlohn wird mit der Zahl der durchschnittlichen wöchentlichen Arbeitsstunden vervielfacht und durch sieben geteilt.

64   **d) Bei Freischichttagen.** Erhält eine Versicherte Krankengeld und wechselt sie im Laufe eines Monats auf Mutterschaftsgeld über, ist das Mutterschaftsgeld nach § 200 für die tatsächliche Anzahl der Kalendertage dieses Monats zu zahlen, nicht nur für insgesamt dreißig Kalendertage. Die Regelung des § 47 Abs. 1 Satz 6 SGB V ist nur auf das Mutterschaftsgeld nach § 200 Abs. 2 Satz 7 anwendbar (vgl. für das früher geltende Recht Besprechungsergebnis der *Spitzenverbände der Krankenkassen* vom 9.2.1977, BKK 1977 S. 181).

65   Eventuell in den Zahlungszeitraum fallende **Freischichttage**, durch Arbeitszeitverlagerung verursachte arbeitsfreie Tage oder Tage mit (bezahlter) Freistellung von der Arbeit führen unabhängig vom Zeitpunkt der Abrechnung des dafür zustehenden Arbeitsentgelts nicht zum Ruhen des Anspruchs auf Mutterschaftsgeld (vgl. *BSG* vom 19.10.1983, USK 83161).

66   **e) Bei schwankender wöchentlicher Arbeitszeit.** Ist tarifvertraglich eine wöchentlich schwankende Arbeitszeit vereinbart, mit der Folge, daß die tatsächliche Arbeitszeit die tarifvertragliche Wochenarbeitszeit periodenweise über- und unterschreiten kann und der Ausgleich erst über einen längeren Zeitraum erfolgt, können sich hierdurch in geringem Umfang auch Auswirkungen auf das durchschnittliche kalendertägliche Nettoarbeitsentgelt ergeben, wenn innerhalb des Ausgangszeitraums kein vollständiger Ausgleich der Arbeitszeit stattfindet. Dies ist jedoch Ausfluß der tatsächlichen Verhältnisse und muß daher hingenommen werden. An den dargestellten Berechnungsmethoden ändert sich also nichts (vgl. auch die Information der AOKen und BKKen »Neue Arbeitszeitregelungen in der Metallindustrie« vom 1.2.1988).

67   **f) Bei einer gleichartig Beschäftigten.** Ist unter Berücksichtigung aller Vorschriften über die Errechnung des durchschnittlichen kalendertäglichen Arbeitsentgelts eine Berechnung nicht möglich, dann ist der Berechnung nach § 200

Berechnung und Höhe § 200 **RVO**

Abs. 2 Satz 4 das durchschnittliche kalendertägliche **Arbeitsentgelt einer gleichartig Beschäftigten** zugrundezulegen. Diese Vorschrift ist für die Fälle gedacht, in denen eine Berechnung nach den vorangehenden Vorschriften tatsächlich unmöglich ist oder in denen die vorangehenden Vorschriften zu unbilligen Ergebnissen für die Frau führen würden (ebenso *Buchner/Becker*, § 13 Rdnr. 181). Eine Berechnung des Mutterschaftsgeldes nach Absatz 2 Satz 1 bis 3 ist insbesondere in den Fällen des Absatzes 2 Satz 5 nicht möglich, wenn dem Arbeitsverhältnis, das während der Schutzfrist begonnen hat und kein anderes Arbeitsverhältnis vorangegangen ist, dessen Arbeitsentgelt der Berechnung des Mutterschaftsgeldes zugrunde gelegt werden könnte.

Zu unbilligen Ergebnissen würde z.B. die Berechnung bei einer Frau führen, die in jedem der drei letzten Monate entschuldigt nur wenige Stunden gearbeitet und hierfür ein geringfügiges Arbeitsentgelt erhalten hat, weil die Voraussetzungen des § 11 MuSchG nicht vorlagen. Jeder Kalendermonat ist zwar ein abgerechneter Monat. Die Durchführung der Berechnung wäre jedoch unbillig (h.M. vgl. z.B. *Töns*, § 200 Rdnr. G IV 1). Weiteres Beispiel: Verdienstunterlagen können nicht beschafft werden (*Buchner/Becker*, § 13 Rdnr. 181), oder: Die Arbeitnehmerin wurde vor Beginn der Schutzfrist von einem Ausbildungsverhältnis in ein Arbeitsverhältnis übernommen und hat im Berechnungszeitraum überwiegend nur eine Ausbildungsvergütung erhalten (h.M., vgl. z.B. *Buchner/Becker*, § 13 Rdnr. 181; *Höfler* in KassKomm, § 200 RVO Rdnr. 31; zweifelnd *Meisel/Sowka*, § 200 Rdnr. 70). Eine Erhöhung der Ausbildungsvergütung um das Vierfache des bisher gezahlten Arbeitsentgelts mit Wirkung für die letzten drei Monate vor Beginn der Schutzfrist ist, vor allem wenn es sich um eine Vereinbarung zwischen Ehegatten handelt, in der Regel rechtsmißbräuchlich. Sie braucht bei der Bemessung des Mutterschaftsgeldes nicht berücksichtigt zu werden (*LSG Niedersachsen* vom 17.8.1983, Die Leistungen 1984 S. 88). Weiteres Beispiel: Spätaussiedlerin, bei der nur das niedrigere und mit dem Lohnniveau in der Bundesrepublik Deutschland nicht vergleichbare Arbeitsentgelt vor der Aussiedlung herangezogen werden könnte.

68

In solchen und anderen Fällen ist das durchschnittliche kalendertägliche Arbeitsentgelt einer **gleichartig Beschäftigten** zugrundezulegen. Unter einer solchen Beschäftigten ist grundsätzlich eine Frau gleichen Alters und Familienstandes zu verstehen, die in demselben Betrieb unter etwa vergleichbaren Arbeitsbedingungen wie die anspruchsberechtigte Frau arbeitet. Arbeitet in demselben Betrieb keine Frau unter vergleichbaren Arbeitsbedingungen, dann kann das Arbeitsentgelt einer gleichartig Beschäftigten in einem anderen Betrieb oder der ortsübliche Verdienst vergleichbarer Arbeitnehmerinnen herangezogen werden (ähnlich *Buchner/Becker*, § 13 Rdnr. 181f.; *Gröninger/Thomas*, § 13 Rdnr. 85; *Töns*, § 200 Rdnr. G IV 2; *Geyer/Knorr/Krasney*, § 200 Rdnr. 58; z.T. abw. *Meisel/Sowka*, § 200 Rdnr. 70, die auf Zeiträume vor dem Berechnungszeitraum zurückgreifen wollen).

69

70 g) **Höchstbetrag.** Einen Mindestbetrag des Mutterschaftsgeldes gibt es seit 1.1.1989 nicht mehr. Den Höchstbetrag hat § 200 Abs. 2 Satz 2 auf 13 EUR für den Kalendertag festgesetzt.

71 Ist das ermittelte kalendertägliche Nettoarbeitsentgelt einer Frau höher als 13 EUR, dann zahlt die Kasse den **Höchstbetrag** von 13 EUR für den Kalendertag. Der darüber hinausgehende Betrag muß ihr als Zuschuß zum Mutterschaftsgeld bei Fortbestehen des Arbeitsverhältnisses vom Arbeitgeber nach § 14 Abs. 1 MuSchG (vgl. § 14 Rdnr. 19), bei nach Maßgabe des § 9 Abs. 3 MuSchG aufgelöstem Arbeitsverhältnis (vgl. § 14 Rdnr. 20) oder Zahlungsunfähigkeit des Arbeitgebers von der Kasse nach § 14 Abs. 2 und 3 MuSchG sowie während der Überschneidung von Elternzeit und Schutzfrist bei einer zulässigen Teilzeitarbeit (§ 14 Abs. 4 MuSchG) vom Arbeitgeber gezahlt werden (vgl. § 14 Rdnr. 74–77).

72 § 200 Abs. 2 Satz 6 weist auf die arbeitsrechtliche Regelung hin. Dieser Hinweis hat lediglich **deklaratorischen Charakter** (vgl. einen ähnlichen Hinweis auf die Lohnfortzahlung beim Krankengeld in § 44 Abs. 3 SGB V) und ist keine eigenständige Rechtsnorm.

73 Liegen die Voraussetzungen des § 200 Abs. 2 Satz 1 nicht vor, kommt kein Zuschuß zum Mutterschaftsgeld in Betracht. In diesem Fall ist auf die Regelung in Satz 7 zurückzugreifen, da es sich um »andere Mitglieder« handelt. Der Gesetzgeber hat mit dieser durch das GRG eingeführten Rechtsänderung auch der Rspr. des *BSG* Rechnung getragen. Danach haben Versicherte, die bei Erfüllung der Anspruchsvoraussetzungen nach § 200 a.F. RVO infolge Fristablaufs keinen Anspruch auf den Zuschuß nach § 14 MuSchG haben, Anspruch auf das Mutterschaftsgeld in Höhe des Krankengeldes (vgl. *BSG* vom 1.2.1983, USK 8304).

8. Mehrere Arbeitsverhältnisse

74 Ein Anspruch auf Mutterschaftsgeld nach § 200 kann dem Grunde und der Höhe nach auf alle Arbeitsverhältnisse gestützt werden, die während des Bemessungszeitraums bestanden, auch auf solche, die bei Beginn der Schutzfrist des § 3 Abs. 2 MuSchG nicht mehr bestanden (vgl. Rdnr. 59). Es sind nicht nur die Entgelte aus der Hauptbeschäftigung, sondern auch aus versicherungsfreien Nebenbeschäftigungen und aus mehreren Arbeitsverhältnissen heranzuziehen. § 200 Abs. 2 regelt nämlich nur die Berechnung des Mutterschaftsgeldes, während sich die Anspruchsvoraussetzungen aus § 200 Abs. 1 ergeben. Bestand bei Beginn der Schutzfrist eine Mitgliedschaft, dann ist die Anspruchsgrundlage für alle Arbeitsverhältnisse § 200. Bestand zu diesem Zeitpunkt keine Mitgliedschaft, dann richtet sich der Anspruch für alle Arbeitsverhältnisse nach § 13 Abs. 2 MuSchG (*Töns*, § 200 Rdnr. G I 6g). Nicht berücksichtigungsfähig sind Entgelte aus im Ausland belegenen Arbeitsverhältnissen, selbst wenn es sich um

In Höhe des Krankengeldes § 200 RVO

ein EG- oder EWR-Land oder ein Land handelt, mit dem ein Sozialversicherungsabkommen geschlossen wurde (ebenso *Heilmann*, § 13 Rdnr. 66).

Zur Berechnung der Höhe des Mutterschaftsgeldes ist der Berechnungszeitraum und der in ihm erzielte Durchschnittsbetrag für jedes Arbeitsverhältnis gesondert zu ermitteln. Die Summe der auf den Kalendertag entfallenden Durchschnittsverdienste bestimmt die Höhe des gesamten Mutterschaftsgeldes (vgl. *Besch. BMA* vom 17.5.1961, *Eisel*, A 111; *Töns*, § 200 Rdnr. G I 6c; *Specke* S. 62). Übersteigt die Höhe des gesamten kalendertäglichen Nettoarbeitsentgelts 13 EUR für die Zeit der Schutzfristen, dann hat die Frau einen Anspruch auf den Zuschuß zum Mutterschaftsgeld. Die Höhe des Zuschusses für den einzelnen Arbeitgeber ist nach § 14 Rdnr. 62–64 zu bestimmen. Ist eines der Arbeitsverhältnisse nach Maßgabe des § 9 Abs. 3 MuSchG aufgelöst oder fällt es unter die Periode der Zahlungsunfähigkeit des Arbeitgebers nach § 14 Abs. 3 MuSchG, dann zahlt den auf dieses Arbeitsverhältnis entfallenen Anteil des Zuschusses die Krankenkasse. Beabsichtigt die Frau, einen Anspruch auf den Zuschuß geltend zu machen, dann kann sie von der Kasse verlangen, ihr eine Bescheinigung über die Höhe des Nettoarbeitsentgelts und des Mutterschaftsgeldes auszustellen. 75

9. Mutterschaftsgeld in Höhe des Krankengeldes (Absatz 2 Satz 7)

a) **Personenkreis.** Gemäß § 200 Abs. 2 Satz 7 wird das Mutterschaftsgeld für »andere Mitglieder« in Höhe des **Krankengeldes** gezahlt. Dieser Personenkreis schließt an den in § 200 Abs. 2 Satz 1 umschriebenen Kreis von Frauen an und umfaßt alle Frauen, die nach § 200 Abs. 1 Anspruch auf Mutterschaftsgeld haben (vgl. oben Rdnr. 12–14), aber 76

– nicht bei Beginn der Schutzfrist in einem Arbeitsverhältnis stehen oder in Heimarbeit beschäftigt sind oder
– deren Arbeitsverhältnis nicht während der Schwangerschaft nach Maßgabe des § 9 Abs. 3 MuSchG aufgelöst wurde oder
– deren Anspruch auf den Arbeitgeberzuschuß während der Schutzfristen entfällt, obwohl sie die Voraussetzungen des § 200 Abs. 2 Satz 1 erfüllen.

Satz 7 betrifft also sowohl Arbeitnehmerinnen ohne Arbeitgeberzuschuß wie Nicht-Arbeitnehmerinnen.

Zu den Nicht-Arbeitnehmerinnen gehören vor allem **Bezieherinnen von Arbeitslosengeld** (§§ 117 ff. SGB III) oder **Arbeitslosengeld II** (§§ 19 ff. SGB II). 77

Übt eine Frau, die eine dieser Leistungen bezieht, gleichzeitig noch eine geringfügige Beschäftigung aus (vgl. § 118 SGB III), ist sie kein »anderes Mitglied« mehr. Das Mutterschaftsgeld ist also in Höhe des Nettoarbeitsentgelts zu zahlen. Gleichwohl führt aber eine solche Beschäftigung nicht zum (völligen) Wegfall der SGB III-Leistung (vgl. § 141 SGB III). Allerdings kann aus der Leistung nach dem SGB III kein Mutterschaftsgeld in Höhe des Nettoverdien- 78

RVO § 200 *Mutterschaftsgeld*

stes berechnet werden. Es ist also durchaus möglich und vertretbar, Mutterschaftsgeld nach § 200 Abs. 2 Satz 1 aus der Beschäftigung in Höhe des Nettoarbeitsentgelts und nach § 200 Abs. 2 Satz 7 aus der Leistung nach dem SGB III in Höhe des Krankengeldes zu zahlen (ebenso *Dalheimer*, S. 155).

79 Beginnt die Anspruchsfrist für das Mutterschaftsgeld in der ersten bis vierten Woche einer Sperrzeit, besteht ein Anspruch auf Mutterschaftsgeld (vgl. dazu § 200 Rdnr. 9).

80 Nicht-Arbeitnehmerinnen sind ferner freiwillig krankenversicherte Frauen, die eine **selbständige Tätigkeit** ausüben und mit einem Anspruch auf Krankengeld versichert sind. Hierzu zählen auch Künstlerinnen und Publizistinnen, die nach dem KSVG versichert sind (vgl. dazu § 200 Rdnr. 17).

81 Schließlich gehören zu den Nicht-Arbeitnehmerinnen auch **Rehabilitandinnen** mit Anspruch auf Übergangsgeld (§ 5 Abs. 1 Nr. 6 i. V. m. § 44 Abs. 1 Satz 2 zweiter Halbsatz SGB V) **sowie Bezieherinnen von Erwerbsminderungs- bzw. Hinterbliebenenrente und Rentenantragstellerinnen**, die eine geringfügige Beschäftigung ausüben oder eine selbständige Tätigkeit nicht hauptberuflich verrichten. Auch bei diesen Frauen kann ein Mutterschaftsgeld in Höhe des Nettoarbeitsentgelts aus der versicherungsfreien Beschäftigung und ein Mutterschaftsgeld aus der selbständigen Tätigkeit in Höhe des Krankengelds zusammentreffen. Obwohl es nicht in die Gesetzessystematik paßt, sollten hier beide Leistungen nebeneinander gezahlt werden (so auch Gemeinsames Rundschreiben der *GKV-Spitzenverbände* vom 16.12.1982, Rdnr. III zu § 200c RVO a.F., BKK 1983, 10).

82 Arbeitnehmerinnen ohne Arbeitgeberzuschuß sind Frauen, die bei Beginn der Schutzfrist in einem Arbeitsverhältnis stehen, deren Anspruch auf den Arbeitgeberzuschuß aber in deren Verlauf wegfällt. Ihnen ist ebenfalls Mutterschaftsgeld in Höhe des Krankengeldes zu zahlen (*BSG* vom 1.2.1983, USK 8304). Zu diesem Personenkreis zählen Frauen, bei denen der Zuschuß wegfällt, weil das Arbeitsverhältnis während der Schutzfristen durch Fristablauf oder durch Vergleich beendet worden ist (*BSG* vom 17.9.1986, USK 8699), oder die rechtmäßig ausgesperrt worden sind, da während dieser Zeit kein Anspruch auf den Arbeitgeberzuschuß besteht (*BAG* vom 22.10.1986, USK 86165). Besteht jedoch wegen § 14 Abs. 4 MuSchG kein Anspruch auf den Zuschuß, ist nicht Mutterschaftsgeld in Höhe des Krankengeldes, sondern in Höhe des Nettoarbeitsentgelts zu zahlen, dann allerdings auf 13 EUR kalendertäglich begrenzt.

83 **Mitarbeitende Familienangehörige.** Anspruch auf Mutterschaftsgeld nach § 29 Abs. 3 KVLG (vgl. Anh. 11) haben **mitarbeitende Familienangehörige** eines landwirtschaftlichen Unternehmers (vgl. dazu § 200 Rdnr. 20), die kein Mutterschaftsgeld nach § 29 Abs. 2 KVLG erhalten können, z.B. weil sie nicht rentenversicherungspflichtig sind. Sie müssen aber in der Rahmenfrist mindestens zwölf Wochen versichert gewesen sein oder in einem Arbeitsverhältnis gestanden haben. Denselben Anspruch haben nach § 29 Abs. 3 Nr. 3 KVLG auch arbeitslose mitarbeitende Familienangehörige, die aufgrund des Bezuges

In Höhe des Krankengeldes § 200 **RVO**

von Arbeitslosengeld, Arbeitslosenhilfe oder Unterhaltsgeld nach § 5 Abs. 1 Nr. 2 SGB V i. V. m. § 19 Abs. 2 KVLG 1989 bei einer landwirtschaftlichen Krankenkasse versichert sind.

b) **Berechnung und Höhe des Anspruchs: aa) Grundsatz.** Mutterschaftsgeld 84 wird in Höhe des Krankengeldes gezahlt. Dessen Berechnung und Höhe ist in § 47 SGB V geregelt. Das bedeutet, daß das Mutterschaftsgeld nach dieser Bestimmung berechnet wird. Nach § 47 Abs. 1 SGB V beträgt das Krankengeld 70 v. H. des Regelentgelts, d. h. des wegen der Arbeitsunfähigkeit entgangenen beitragspflichtigen regelmäßigen Arbeitsentgelts und Arbeitseinkommens, darf aber 90 v. H. des entgangenen regelmäßigen Nettoarbeitsentgelts nicht übersteigen. Ein Beitrag zur Rentenversicherung (§ 166 Nr. 2 SGB VI) oder zur Bundesagentur für Arbeit (§ 345 SGB III) wird nicht abgezogen. Bezugsdauer und Zahl der unterhaltsberechtigten Angehörigen beeinflussen im Gegensatz zum früher geltenden Recht die Höhe des Krankengeldes nicht mehr. Eine weitere Begrenzung ergibt sich daraus, daß das Regelentgelt nur noch bis zur Höhe des Betrages der kalendertäglichen Beitragsbemessungsgrenze (2005: 117,50 EUR) berücksichtigt werden darf (§ 47 Abs. 6 i. V. m. § 223 Abs. 3 SGB V). Im übrigen wird das Regelentgelt nach § 47 Abs. 2–4 SGB V berechnet. Für die bei der See-Krankenkasse versicherten Frauen gelten nach § 47 Abs. 4 Satz 1 SGB V die für Seeleute anzuwendenden beitragspflichtigen Einnahmen nach § 233 Abs. 1 SGB V als Regelentgelt.

Bei der **Berechnung** des Mutterschaftsgeldes nach § 200 Abs. 2 Satz 6 muß 85 unterschieden werden nach Mitgliedern, die in einem Arbeitsverhältnis stehen § 47 Abs. 2 SGB V), die keine Arbeitnehmer sind (§ 47 Abs. 4 Satz 2 und 3 SGB V) oder die arbeitslos sind (§ 126 SGB III). Das Mutterschaftsgeld nach § 200 Abs. 2 Satz 6 ist wie das Krankengeld für Kalendertage zu zahlen. Ist es für einen ganzen Monat zu zahlen, so ist dieser stets mit 30 Tagen anzusetzen (vgl. § 47 Abs. 1 Satz 4 und 5 SGB V).

bb) Für Arbeitnehmerinnen. Die in § 47 Abs. 2 SGB V vorgeschriebene 86 Methode gilt für **alle Arbeitnehmerinnen**, auch wenn sie nicht versicherungspflichtig sind, sich aber freiwillig versichert haben. Da in einem Arbeitsverhältnis stehende Frauen in aller Regel bereits Mutterschaftsgeld nach § 200 Abs. 2 Satz 1 erhalten, kommen hier nur Arbeitnehmerinnen in Betracht, die diese Voraussetzungen nicht erfüllen. Nach der Rspr. des *BSG* (vgl. Rdnr. 82) erhalten auch solche Versicherte Mutterschaftsgeld nach § 200 Abs. 2 Satz 7, die zwar die Voraussetzungen des § 200 Abs. 1 erfüllen, aber keinen Anspruch auf den Zuschuß des Arbeitgebers nach § 14 MuSchG haben, weil das Arbeitsverhältnis nach Beginn der Schutzfrist geendet hat.

Die **Berechnung des Regelentgelts** erfolgt für versicherte Frauen, deren 87 Entgelt nicht nach Monaten, sondern nach einer anderen Einheit (z. B. Stunden, Tage, Wochen) bemessen ist (§ 47 Abs. 2 Satz 1 und 2 SGB V), nach der Formel

RVO § 200 Mutterschaftsgeld

$$\frac{\text{Entgelt im Bemessungszeitraum (ohne einmalig gezahltes Arbeitsentgelt)}}{\text{Arbeitsstunden}} \times \frac{\text{regelmäßige Wochenarbeitszeit}}{7} =$$

Ist das Entgelt nach Monaten bemessen (wie z. B. bei Angestellten) oder ist eine Berechnung nach § 47 Abs. 2 Satz 1 und 2 SGB V nicht möglich, so gilt nach § 47 Abs. 2 Satz 3 SGB V folgende Formel

$$\frac{\text{Entgelt im Bemessungszeitraum (ohne einmalig gezahltes Arbeitsentgelt)}}{30} = \text{tägliches Regelentgelt.}$$

Das Monatsentgelt ist auch dann durch 30 zu teilen, wenn der Kalendermonat 28 oder 31 Tage hat (vgl. *Geyer/Knorr/Krasney*, § 47 SGB V Rdnr. 85).

88 Dem Entgelt ist wie bei § 200 (vgl. Rdnr. 27–33), § 12 MuSchG (vgl. Rdnr. 14) und § 13 MuSchG (vgl. Rdnr. 47–48) **der sozialversicherungsrechtliche Entgeltbegriff** der §§ 14 und 15 SGB IV zugrunde zu legen. Einmalig gezahltes Arbeitsentgelt bleibt außer Betracht (vgl. auch § 200 Rdnr. 33–34). Als Entgelt im Bemessungszeitraum gilt im Fall des § 47 Abs. 2 Satz 1 das von der Versicherten im letzten vor Beginn der Schutzfrist nach § 3 Abs. 2 MuSchG abgerechneten Lohnabrechnungszeitraum, mindestens während der letzten vier Wochen erzielte Entgelt (zum Begriff »erzielt« Vgl. Rdnr. 38–39).

89 Bei Anwendung der in § 47 Abs. 2 Satz 3 SGB V vorgeschriebenen Berechnungsmethode ist von dem in dem letzten vor Beginn der Schutzfrist vor der Entbindung abgerechneten Kalendermonat erzielten Entgelt auszugehen. Das Entgelt im Bemessungszeitraum ist ohne die Höchstbegrenzung nach § 47 Abs. 6 der Berechnung des Regellohnes nach Absatz 2 zugrunde zu legen. Die Einkommensgrenze der gesetzlichen Krankenversicherung ist nach § 47 Abs. 6 erst nach der Berechnung des Regelentgelts zu berücksichtigen.

90 **Überstunden**, die sich beim Mutterschaftsgeld nach § 200 Abs. 2 Satz 1 grundsätzlich leistungserhöhend auswirken, werden für das Mutterschaftsgeld nach Satz 7 nur berücksichtigt, wenn die Mehrarbeit regelmäßig angefallen ist. In der Praxis der Krankenkassen ist diese Regelmäßigkeit nur gegeben, wenn in jedem der drei letzten Abrechnungzeiträume mindestens eine volle Überstunde geleistet wurde.

91 **Bemessungszeitraum** für die Berechnung des Krankengeldes ist der letzte abgerechnete Lohnabrechnungszeitraum vor Beginn der Anspruchs- bzw. Schutzfrist, nicht vor Eintritt der Arbeitsunfähigkeit. Hat die Arbeitnehmerin erst während des letzten Lohnabrechnungszeitraums die Arbeit aufgenommen, ist das Entgelt dieses kürzeren Zeitraums zu Grunde zu legen. Ein Rückgriff auf frühere Arbeitsverhältnisse scheidet – anders als beim Mutterschaftsgeld in Höhe des Nettoarbeitsentgelts – grundsätzlich aus (ebenso *Dalheimer*, S. 158). War die Versicherte vor dem Bezug des Mutterschaftsgeldes arbeitsunfähig krank und erhielt sie Krankengeld, kann der Zahlbetrag dieses Krankengeldes

In Höhe des Krankengeldes § 200 RVO

nicht unbesehen übernommen werden, weil für das Mutterschaftsgeld nach § 200 Abs. 2 Satz 7 in der Regel ein anderer Lohnabrechnungszeitraum maßgebend ist.

cc) **Für Nicht-Arbeitnehmerinnen.** Für die Versicherten, die **nicht Arbeitnehmerinnen** sind, gilt nach § 47 Abs. 4 Satz 2 SGB V als Regelentgelt der kalendertägliche Betrag, der zuletzt vor Beginn der an die Stelle der Arbeitsunfähigkeit tretenden Schutzfrist nach § 3 Abs. 2 MuSchG für die Beitragsmessung maßgebend war. Einmalig gezahltes Arbeitsentgelt (§ 23 a SGB IV) wird unter den besonderen Voraussetzungen des § 47a SGB V berücksichtigt. Der Zahlbetrag der Rente und der ihr vergleichbaren Einnahmen (Versorgungsbezüge, vgl. § 226 Abs. 1 Satz 1 Nr. 2 und 3 i. V. m. § 47 Abs. 4 Satz 5 SGB V) bleiben stets unberücksichtigt. 92

Unter diese Berechnungsweise fallen 93
a) die nach § 5 Abs. 1 Nr. 6 versicherten Rehabilitanden, wenn sie Anspruch auf Übergangsgeld haben;
b) die nach § 1 KSVG versicherungspflichtigen Künstler und Publizisten;
c) Versicherungspflichtige, die neben Rente und Versorgungsbezügen Arbeitseinkommen beziehen und aus diesem Arbeitseinkommen Anspruch auf Krankengeld haben;
d) freiwillig Versicherte, die Anspruch auf Krankengeld haben und nicht als Arbeitnehmer beschäftigt sind.

Als **beitragspflichtige Einnahmen** gilt der auf den Kalendertag entfallende Teil des Arbeitsentgelts bzw. bei selbständiger Tätigkeit des Arbeitseinkommens. Dieses ist stets nur bis zu 1/360 der Jahresarbeitsentgeltgrenze für den Kalendertag (vgl. oben Rdnr. 84) zu berücksichtigen. Für Rehabilitanden gilt als beitragspflichtige Einnahme das Regelentgelt, das der Berechnung des Übergangsgeldes zugrunde liegt (§ 235 Abs. 1 SGB V). 94

Bei den unter § 200 Abs. 2 Satz 7 fallenden **freiwillig versicherten Selbständigen** richtet sich das Regelentgelt nach den gemäß § 240 SGB V beitragspflichtigen Einnahmen. 95

Für **selbständige Künstler und Publizisten** gilt als beitragspflichtige Einnahme 1/360 des Jahreseinkommens aus der künstlerischen oder publizistischen Tätigkeit, das der Beitragsbemessung für die letzten 12 Kalendermonate vor Beginn der Anspruchsfrist zugrunde gelegen hat. Nähere Einzelheiten sind in § 47 Abs. 4 Satz 4 SGB V geregelt. Die danach ermittelten beitragspflichtigen Einnahmen müssen mindestens 1/180 der monatlichen Bezugsgröße (2005: 13,42 EUR) betragen und dürfen den obengenannten Höchstbetrag nicht übersteigen (vgl. oben Rdnr. 84). 96

Bei Versicherten, **die Arbeitnehmer und Selbständige** sind, berechnet sich der Regellohn sowohl aus dem Arbeitsentgelt nach § 47 Abs. 1 SGB V als auch nach dem Arbeitseinkommen, wie es § 47 Abs. 4 Satz 2 SGB V vorschreibt. Der Gesamtbetrag des Mutterschaftsgeldes ergibt sich somit aus den nach beiden Regelentgelten berechneten Beträgen. 97

98 Für **freiwillig Versicherte** gilt gemäß § 47 Abs. 4 Satz 2 SGB V als beitragspflichtige Einnahme der auf den Kalendertag entfallende Teil des Arbeitsentgelts und sonstiger Einnahmen (§ 240 SGB V). Er muß mindestens 1/90 der monatlichen Bezugsgröße (2005: 26,83 EUR) betragen und darf den obengenannten Höchstbetrag (vgl. Rdnr. 84) nicht übersteigen.

99 Während das vor dem GRG geltende Recht auf die »Einnahmen zum Lebensunterhalt« abzielte, haben die Krankenkassen jetzt die gesamte wirtschaftliche Leistungsfähigkeit der Versicherten zu berücksichtigen. Alle Einnahmen und Geldmittel, die die wirtschaftliche Leistungsfähigkeit der Versicherten mehren, sind für die Ermittlung des Regelentgelts heranzuziehen.

Dazu gehören alle Einnahmen, die zur Bestreitung des Lebensunterhalts bestimmt sind, und zwar ohne Rücksicht auf ihre steuerliche Behandlung. Soweit sie zur Bestreitung des Lebensunterhalts zur Verfügung stehen, gehören demnach auch steuerfreie Bezüge zum Lebensunterhalt. Nicht zu diesen Einnahmen werden u.a. solche Bezüge aus öffentlichen Mitteln gezählt, die wegen eines krankheitsbedingten, behinderungsbedingten oder aus anderen Gründen unabweisbaren Mehrbedarfs gewährt werden (z.B. Wohngeld, Kindergeld, Pflegegeld, Blindenzulage usw.). Vgl. dazu die Zusammenstellung im *Gem.RdSchr. der SpVerb. der Sozialversicherungsträger* vom 7.5.2004.

100 Da es Sinn und Zweck der Regelung ist, die beitragspflichtigen Einnahmen der freiwillig Versicherten nach den Bruttoeinnahmen im weitesten Sinn zu bemessen, spielen steuerrechtliche Beschränkungen, wie sie § 16 SGB IV kennt (vgl. § 195 Rdnr. 39), grundsätzlich keine Rolle. § 15 SGB IV ist allerdings für die Bemessung des Arbeitseinkommens in § 47 Abs. 1 SGB V heranzuziehen. Die Rechtsprechung hat es deshalb für zulässig angesehen, daß bei der Ermittlung des Einkommens aus einem Gewerbebetrieb oder aus Vermietung und Verpachtung auch die Absetzungen für Abnutzung (AfA) nach § 7 EStG einkommensmindernd zu berücksichtigen ist. Die Einnahmen zum Lebensunterhalt sind deshalb um die AfA zu verringern (vgl. *BSG* vom 26.11.1984, SozSich 1985 S. 189 = MDR 1985 S. 524).

101 Für die **Berechnung** ist die Woche zu 7, der Monat zu 30 und das Jahr zu 360 Tagen anzusetzen. Nach der Rechtsprechung (vgl. *BSG* vom 27.4.1966, BSGE 25 S. 4 = DOK 1966 S. 262 = USK 6619) sind dabei folgende Grundsätze zu beachten: Sind die Einnahmen nach Monaten bemessen, so sind sie durch 30 zu teilen. Dies gilt aber nur, wenn der sich aus der Kassensatzung ergebende Bemessungszeitraum vollständig ist. Ist er nicht vollständig oder bemessen sich die Einnahmen nicht nach Monaten, so ist bei arbeitstäglicher Berechnung das Arbeitseinkommen durch die Zahl der Arbeitstage zu teilen, für die es erzielt wurde; je nachdem, ob die Versicherte in einer 5- oder 6-Tage-Woche arbeitet, ist das Arbeitseinkommen mit 5 oder 6 zu vervielfältigen und durch 7 zu teilen. Die Berechnung kann nach folgender Formel durchgeführt werden:

In Höhe des Krankengeldes § 200 RVO

$$\frac{\text{Arbeitseinkommen im Bemessungszeitraum}}{\text{Zahl der Arbeitstage im Bemessungszeitraum}} \times \frac{5\,(6)}{7} = \text{Grundlohn}$$

dd) **Für Arbeitslose.** Für Bezieher von **Arbeitslosengeld, Arbeitslosengeld II oder Unterhaltsgeld** ist das Mutterschaftsgeld nach der Sonderregelung in § 47b SGB V zu berechnen. Mutterschaftsgeld ist also arbeitslosen Frauen in Höhe des Betrages des Arbeitslosengeldes, des Arbeitslosengeldes II oder des Unterhaltsgeldes zu zahlen, den die versicherte Frau zuletzt vor Beginn des Anspruchs auf Mutterschaftsgeld bezogen hat (vgl. *Geyer/Knorr/Krasney* § 200 Rdnr. 93; *Dalheimer*, S. 137). Bei Änderung der für den SGB V-Leistungsanspruch maßgebenden Verhältnisse ist 47b Abs. 2 SGB V zu berücksichtigen. 102

Da das Arbeitslosengeld für die Woche berechnet und für Kalendertage gewährt wird, so daß auf jeden Wochentag ein Siebtel des wöchentlichen Arbeitslosengeldes entfällt (§ 139 SGB III), ergeben sich bei Umstellung auf das Mutterschaftsgeld, das ebenfalls kalendertäglich gezahlt wird, keine Besonderheiten mehr. 103

ee) **Für mitarbeitende Familienangehörige.** Für die in § 2 Abs. 1 Nr. 3 KVLG 1989 (vgl. Anh. 11) bezeichneten **mitarbeitenden Familienangehörigen eines landwirtschaftlichen Unternehmens** (vgl. Rdnr. 83) ist das Mutterschaftsgeld nach § 29 Abs. 3 KVLG ebenfalls in Höhe des Krankengeldes zu zahlen. Sind die mitarbeitenden Familienangehörigen rentenversicherungspflichtig, so berechnet sich das Mutterschaftsgeld nach § 19 Abs. 2 KVLG wie bei Arbeitnehmern (vgl. Rdnr. 83). 104

ff) **Höhe. Das Mutterschaftsgeld nach § 200 Abs. 2 Satz 7** ist, da es in Höhe des Krankengeldes gezahlt wird, nicht wie das Mutterschaftsgeld nach § 200 Abs. 2 Satz 1 auf einen **Höchstbetrag begrenzt.** Eine Obergrenze besteht nur insofern, als das Krankengeld 70 v.H. des Regellohns beträgt und dieser nur bis zur Jahresentgeltgrenze berücksichtigt werden darf; außerdem darf das Krankengeld 90 v.H. des entgangenen regelmäßigen Nettoarbeitsentgelts bzw. -einkommens nicht übersteigen (wegen der Mindesteinnahmen für pflichtversicherte Künstler und Publizisten sowie freiwillig Versicherte vgl. Rdnr. 96, wegen des Mutterschaftsgeldes für Versicherte nach § 2 Abs. 1 Nr. 3 KVLG 1989 siehe Rdnr. 83). Maßgebend für die Obergrenze ist nicht der Höchstbetrag zur Zeit des Versicherungsfalles, sondern der Höchstbetrag des jeweiligen Bemessungszeitraums (vgl. *BSG* v. 17.3.1983, USK 8376). Es wird nicht durch Beiträge zur Rentenversicherung und zur Bundesagentur für Arbeit gekürzt, da dies nur für das Krankengeld gilt. 105

Das Mutterschaftsgeld nach § 200 Abs. 2 Satz 7 wird ebenfalls für sechs Wochen vor der Entbindung, den Entbindungstag und für acht Wochen nach der Entbindung, bei Früh- und Mehrlingsgeburten für zwölf Wochen nach der Entbindung gezahlt. Da nach der Aufhebung des § 47 Abs. 5 SGB V (durch 106

Gesetz vom 19.6.2001, BGBl. I S. 1046) das Krankengeld nicht mehr an die allgemeine Einkommensentwicklung angepaßt wird, findet auch eine Dynamisierung des nach Absatz 2 Satz 7 gewährten Mutterschaftsgeldes nicht mehr statt.

10. Dauer des Anspruchs auf Mutterschaftsgeld

107   a) **Grundsatz.** Das Mutterschaftsgeld wird nach § 200 Abs. 3 für **sechs Wochen vor der Entbindung,** den Entbindungstag und für **acht Wochen** unmittelbar **nach der Entbindung** gewährt. Eine Ausnahme gilt in den Fällen des Absatzes 2 Satz 5, in denen das Mutterschaftsgeld erst vom Beginn des Arbeitsverhältnisses an gezahlt wird. Bei **Früh- und Mehrlingsgeburten** verlängert sich die Bezugsdauer nach der Entbindung auf **zwölf Wochen.** Bei Frühgeburten und sonstigen vorzeitigen Entbindungen verlängert sich die Bezugsdauer zusätzlich um den Zeitraum, der nach § 3 Abs. 2 MuSchG nicht in Anspruch genommen werden konnte. Voraussetzung ist, daß eine Entbindung (nicht eine Fehlgeburt oder ein Schwangerschaftsabbruch) vorliegt, d. h. daß ein Kind lebend geboren worden ist (vgl. auch § 6 Rdnr. 6 ff.). Eine Totgeburt ist nur dann als Entbindung anzusehen, wenn das Gewicht der Leibesfrucht mindestens 1000 Gramm beträgt (vgl. § 6 Rdnr. 7).

108   Ob das Kind oder die Kinder bei oder nach der Geburt sterben, ist für die Dauer des Bezugs des Mutterschaftsgeldes nach § 200 Abs. 3 ebensowenig von Bedeutung wie für die Dauer der Schutzfrist (vgl. § 6 Rdnr. 19 und *BSG* vom 15.5.1974, ArbSch 1974 S. 288 mit Anm. von *Zmarzlik*). Das Mutterschaftsgeld nach § 200 Abs. 3 ist z. B. bei einer Frühgeburt auch dann für zwölf Wochen nach der Entbindung zu gewähren, wenn das Kind unmittelbar nach der Geburt stirbt, ja sogar dann, wenn das Kind tot geboren wird (vgl. *BSG* Vom 15.5.1974, BSGE 37 S. 216 = BKK 1974 S. 297 = USK 7439); denn die verlängerte Schutzfrist setzt nicht mehr wie nach dem MuSchG 1952 voraus, daß die Frau das Kind stillt (vgl. auch *Buchner/Becker*, § 13 Rdnr. 204; *Meisel/Sowka*, § 200 Rdnr. 91; a. M. *Töns*, § 195 Rdnr. 5 e; *Eisel*, § 200 Rdnr. 13).

109   b) **Berechnung der Dauer.** Für die **Berechnung der Fristen** gilt § 26 Abs. 1 SGB X i. V. m. § 187 Abs. 1 und § 188 Abs. 2 BGB (vgl. Anh. 2). Der Tag der Entbindung als Ereignistag wird nicht mit eingerechnet, obwohl für ihn Mutterschaftsgeld zu zahlen ist (vgl. *Töns*, § 200 Rdnr. FI 1). Die Frist beginnt an dem Tag, der durch seine Benennung dem Tag der Entbindung entspricht. Ist der Entbindungstag ein Mittwoch, so beginnen die Schutzfrist und der Anspruch auf das Mutterschaftsgeld vor der Entbindung am Mittwoch der sechsten Woche vor dem Entbindungstag (vgl. auch § 3 Rdnr. 35). Die Schutzfrist und der Anspruch auf das Mutterschaftsgeld nach der Entbindung enden am Mittwoch der achten bzw. zwölften Woche nach dem Entbindungstag (vgl. auch § 6 Rdnr. 19 ff.).

Dauer des Anspruchs § 200 RVO

Wie die betriebliche Arbeitszeit verteilt ist, ist nicht entscheidend. Ist z. B. der 110
Entbindungstag ein Samstag oder Sonntag, so entsteht der Anspruch auf das
Mutterschaftsgeld am Samstag bzw. Sonntag der sechsten Woche vor dem Tag
der Entbindung auch dann, wenn dieser Samstag bzw. Sonntag im Betrieb ein
arbeitsfreier Tag ist. Der Anspruch nach der Entbindung endet dementsprechend am Samstag bzw. Sonntag der achten bzw. zwölften Woche nach dem Tag
der Entbindung. Selbst wenn die Arbeitnehmerin das Arbeitsentgelt für Samstag
oder Sonntag wirtschaftlich gesehen bereits während der vorangegangenen
Fünftagewoche verdient hat, sollte dies insoweit nicht zum Ruhen des Mutterschaftsgeldes führen. Abgesehen von der Praktikabilität eines solchen Verfahrens wird es auch der pauschalierenden Berechnungsweise in § 200 Abs. 2 eher
gerecht (ebenso *Buchner/Becker*, § 13 Rdnr. 195; *Gröninger/Thomas*, § 13
Rdnr. 91; a. M. *Meisel/Sowka*, § 200 Rdnr. 89).

Bei der Berechnung der Dauer des Bezugs des Mutterschaftsgeldes nach 111
§ 200 Abs. 3 ist grundsätzlich von dem **tatsächlichen Entbindungstag** auszugehen. **Der mutmaßliche Tag der Entbindung** kann der Berechnung nach
§ 200 Abs. 3 Satz 2 nur für die Zahlung des Mutterschaftsgeldes vor der Entbindung zugrundegelegt werden. Das sind die Fälle, in denen die Frau den Antrag
auf Zahlung des Mutterschaftsgeldes vor der Entbindung stellt. In diesen Fällen
steht der Tag der Entbindung noch nicht fest. Andererseits muß die Kasse dem
Antrag, wenn er berechtigt ist, entsprechen. Dies kann sie nur, wenn sie den
mutmaßlichen Tag der Entbindung zugrundelegt (vgl. auch § 3 Rdnr. 34 f.).

Beantragt dagegen die Frau die Zahlung des Mutterschaftsgeldes erst nach der 112
Entbindung, dann liegt der Tag der Entbindung fest. Ein Rückgriff auf den
mutmaßlichen Tag der Entbindung, der nur als Behelf gedacht ist, ist nicht
notwendig (h. M., vgl. z. B. *Töns*, § 200 Rdnr. FI 2; *Höfler* im Kass Komm, § 200
RVO Rdnr. 40; *Dalheimer*, S. 167; ebenso *BSG* vom 9. 9. 1971, BSGE 33 S. 127 =
USK 71150 = BKK 1972 S. 103; a. M. *Buchner/Becker*, § 13 Rdnr. 198, *Heilmann*, § 13 Rdnr. 98 sowie *Birk/Deffner*, SGb 1980 S. 6, die nicht auf den
Zeitpunkt der Antragstellung abstellen). Die Bezugszeit verlängert sich also
nicht um die Differenz zwischen dem mutmaßlichen Tag und dem späteren
tatsächlichen Tag der Entbindung (vgl. *BSG* vom 10. 9. 1975, USK 75117 = BKK
1975 S. 178; vgl. auch § 3 Rdnr. 35 ff.). Dies gilt auch nach der Neufassung des
Absatzes 3 Satz 5 (durch das Zweite Gesetz zur Änderung des Mutterschutzrechts vom 18. 6. 2002, BGBl. I S. 1812). Danach verlängert sich bei Geburten
nach dem mutmaßlichen Tag der Entbindung die Bezugsdauer des Mutterschaftsgeldes vor der Geburt entsprechend. Ausweislich der Gesetzesbegründung (BT-Drs. 14/8525, S. 9 f.) sollte diese Änderung jedoch lediglich die Sätze 2
und 5 des Absatzes 3 voneinander abgrenzen und somit zur Vermeidung von
Mißverständnissen klarstellen, daß Satz 5 nicht auf Frühgeburten Anwendung
findet. Aus der Gesetzesbegründung kann jedoch nicht abgeleitet werden, daß
bei Antragstellung nach der Geburt für die Bezugsdauer des Mutterschaftsgeldes
vor der Geburt nunmehr der Tag der mutmaßlichen Entbindung maßgeblich

sein sollte. Da eine besondere Übergangsregelung zu dieser Neuregelung nicht vorgesehen ist, ist sie anwendbar, im Einzelfall die Bezugsdauer des Mutterschaftsgeldes am Tag ihres Inkrafttretens (20.6.2002) noch läuft.

113 Die Berücksichtigung des Zeitpunkts der **Antragstellung** und nicht der tatsächlichen **Auszahlung** erscheint auch deswegen gerechtfertigt, weil die Frau den Zeitpunkt der Antragstellung selbst bestimmen kann. Der Zeitpunkt der tatsächlichen Auszahlung hängt dagegen von der Bearbeitung des Antrags durch die Kasse ab. Bei einer Verzögerung der Bearbeitung würden sich u.U. für die Frau Nachteile ergeben. Sie käme, wenn die Kasse mit der Auszahlung bis nach der Entbindung wartet, nicht in den Genuß der in § 200 Abs. 3 Satz 5 bestimmten verlängerten Bezugsdauer.

114 c) **Antrag vor Entbindung.** Stellt die Frau den **Antrag vor der Entbindung**, dann ist nach § 200 Abs. 3 Satz 2 für die Dauer des Bezugs des Mutterschaftsgeldes vor der Entbindung das Zeugnis eines Arztes oder einer Hebamme maßgebend, in dem der mutmaßliche Tag der Entbindung angegeben ist. Wird darin als mutmaßlicher Entbindungstag ein Mittwoch angegeben, so entsteht der Anspruch am Mittwoch der sechsten Woche vor dem angegebenen Tag (vgl. § 200 Rdnr. 109). Tritt die Entbindung später als vom Arzt oder der Hebamme angenommen ein, dann verlängert sich die Bezugsdauer des Mutterschaftsgeldes vor der Geburt von sechs Wochen nach § 200 Abs. 3 bis zum tatsächlichen Tag der Entbindung.

115 Abs. 3 enthält seit dem 1.1.1997 eine ausdrückliche Regelung zur Dauer des Anspruchs auf Mutterschaftsgeld bei **Frühgeburten** (Abs. 3 S. 2, eingefügt durch Gesetz vom 20.12.1996, BGBl. 1 S. 2110). Danach verlängert sich die Bezugsdauer des Mutterschaftsgeldes zusätzlich um die vor der Entbindung nicht in Anspruch genommene Schutzfrist nach § 3 Abs. 2 MuSchG. Diese Regelung stellt eine Folgeregelung dar zur Verlängerung der Schutzfrist in § 6 Abs. 1 Satz 2 MuSchG. Da nach Ansicht des Gesetzgebers die bisherigen Schutzfristen der §§ 3 Abs. 2 und 6 Abs. 1 MuSchG die erhöhte körperliche Belastung dieser Frauen vor und nach der Entbindung nicht ausreichend berücksichtigten, ist die Schutzfrist nach der Geburt zusätzlich um die Zeitspanne verlängert worden, die der Frau vor der Entbindung verlorengegangen ist (BT-Drucks. 13/2763). Die flankierende Regelung in § 200 Abs. 3 S. 2 RVO stellt sicher, daß die Frau auch in dieser Zeit eine Entgeltersatzleistung erhält. Gleiches gilt aufgrund des Zweiten Gesetzes zur Änderung des Mutterschutzrechts (vom 18.6.2002, BGBl. I S. 1812) auch für sonstige vorzeitige Entbindungen, die keine medizinischen Frühgeburten sind.

116 Das **Zeugnis** muß von einem Arzt oder einer Hebamme ausgestellt sein. Als Arzt kommt jeder approbierte Arzt, also nicht nur ein Vertragsarzt in Betracht (vgl. *Geyer/Knorr/Krasney*, § 200 Rdnr. 104). Wenn ein Vertragsarzt das Zeugnis ausstellt, gehört die Ausstellung zur vertragsärztlichen Versorgung (vgl. § 73 Abs. 2 Nr. 9 SGB V) und erfolgt auf Kosten der Krankenkasse. Dies gilt allerdings nur für versicherte Frauen; denn nur diese unterliegen der vertragsärzt-

lichen Versorgung. Im übrigen muß die Schwangere die Kosten tragen. Das Zeugnis darf nach § 200 Abs. 3 Satz 4 nicht früher als eine Woche vor Beginn der Schutzfrist nach § 3 Abs. 2 MuSchG (vgl. § 3 Rdnr. 33) ausgestellt sein. Maßgebend für den mutmaßlichen Tag der Entbindung ist es aber nur dann, wenn es vor der Entbindung ausgestellt und vorgelegt worden ist (vgl. *BSG* vom 10.9.1975, USK 75117 = BKK 1975 S. 178; *Töns*, § 200 Rdnr. F I 5). Der Vertragsarzt darf die Bescheinigung nur aufgrund einer Untersuchung der Schwangeren ausstellen (§ 48 BMV-Ä); das gilt entsprechend auch für die Hebamme.

Eine **Berichtigung des Zeugnisses** führt nicht zu einer Änderung des einmal in einem gültigen Zeugnis festgelegten mutmaßlichen Termins (vgl. *BSG* a.a.O. unter Bezugnahme auf ein Urteil des *SG Berlin* vom 14.10.1970, SGB 1972 S. 114; *Krauskopf*, § 200 Rdnr. 8; *Meisel/Sowka*, § 200 Rdnr. 31; *Gröninger/ Thomas*, § 13 Rdnr. 33). Erleidet die Krankenkasse durch die infolge eines unrichtigen Zeugnisses verlängerte Bezugsdauer einen Schaden, so hat sie allenfalls Schadensersatzansprüche gegen die Kassenärztliche Vereinigung (wegen § 75 Abs. 1 Satz 1 SGB V) bzw. den Nicht-Vertragsarzt oder die Hebamme, jedoch keine Rückforderungsansprüche gegen die Schwangere (vgl. *BSG* a.a.O.; *Töns*, § 200 Rdnr. F II 3 und 4; *Geyer/Knorr/Krasney*, § 200 RVO Rdnr. 104). 117

d) **Antrag nach Entbindung**. Wird das **Mutterschaftsgeld erst nach der Entbindung beantragt**, dann ist für die Bestimmung der Dauer des Bezugs des Mutterschaftsgeldes der tatsächliche Tag der Entbindung maßgebend (vgl. § 200 Rdnr. 112). Ein Zeugnis über den mutmaßlichen Zeitpunkt der Entbindung ist ohne Bedeutung. Die Bezugsdauer von sechs Wochen verlängert sich nicht, wenn die Entbindung später als erwartet eintritt. Dies gilt auch, wenn die Frau unter Berufung auf ein Zeugnis des § 5 MuSchG mit der Arbeit aufgrund des § 3 Abs. 2 MuSchG länger als sechs Wochen aussetzt. Sie kann weder gegen die Kasse noch gegen den Arbeitgeber Nachforderungen stellen. Eine Nachforderung gegen den Arbeitgeber kommt schon deswegen nicht in Betracht, weil die Frau die Schutzfrist in Anspruch genommen hat und die Lohnzahlungspflicht für den Zeitraum ruht, für den Anspruch auf Mutterschaftsgeld besteht (§ 1 Abs. 3 Nr. 3 LFZG a.F.). Der Wegfall des Vorrangs des Mutterschaftsgeldes gegenüber dem Anspruch auf Entgeltfortzahlung aufgrund des EFZG ab 1.6.1994 ändert daran nichts. Ein Anspruch gegen die Kasse ist zu verneinen, weil für die Geltendmachung des Anspruchs auf Mutterschaftsgeld gegen die Kasse das Zeugnis des § 5 MuSchG ohne Bedeutung ist. Man wird jedoch einen Nachforderungsanspruch der Frau gegen die Kasse aus Gründen der Billigkeit bejahen können, wenn die Frau aus zwingenden Gründen verhindert war, den Antrag vor Beginn der Schutzfrist zu stellen. Wird im Fall einer **Frühgeburt** das Mutterschaftsgeld erst nach der Entbindung beantragt, ist nach Auffassung der GKV-Spitzenverbände mit Hinblick auf die Regelung des § 3 Abs. 3 MuSchG für die Bezugsdauer des Mutterschaftsgeldes rückschauend betrachtet vom aufgrund einer Bescheinigung nach § 5 Abs. 2 MuSchG ermittelten Beginn der 118

Schutzfrist nach § 3 Abs. 2 MuSchG auszugehen, so daß sich die zwölfwöchige Anspruchsdauer nach der Entbindung um den Zeitraum verlängert, der nach § 3 Abs. 2 MuSchG nicht in Anspruch genommen werden konnte (*Besprechungsergebnis der GKV-Spitzenverbände* vom 23./24.10.1997 und vom 12.7.2002). Im Ergebnis wird hindurch eine Übereinstimmung der Bezugsdauer des Mutterschaftsgeldes mit dem arbeitsrechtlichen Beschäftigungsverbot erreicht. Ist wegen der Frühgeburt eine Bescheinigung nach § 5 Abs. 2 MuSchG gar nicht ausgestellt worden, soll danach das Mutterschaftsgeld vom tatsächlichen Entbindungstag an zu zahlen sein, so daß die Anspruchsdauer nach dem Entbindungstag insgesamt 18 Wochen umfaßt.

119 **e) Ende des Anspruchs.** Der **Anspruch auf das Mutterschaftsgeld** nach § 200 Abs. 3 **erlischt** spätestens mit dem Ablauf der achten, bei Früh- und Mehrlingsgeburten grundsätzlich mit dem Ablauf der zwölften Woche nach der Entbindung bzw. bei Frühgeburten nach Ablauf des Verlängerungszeitraums nach Abs. 3 Satz 2 (vgl. § 200 Rdnr. 107; zur Anspruchsdauer bei Frühgeburten vgl. auch § 200 Rdnr. 115f. und Rdnr. 118). Er endet vorzeitig mit dem Tode der Frau (§ 195 Abs. 2 Satz 1 RVO i.V.m. § 19 Abs. 1, § 190 Abs. 1 bzw. § 191 Nr. 1 SGB V). Der Anspruch erlischt ferner, wenn die Niederkunft der Frau nicht als Entbindung i.S.d. § 6 Rdnr. 4, sondern als Fehlgeburt i.S.d. § 6 Rdnr. 10 anzusehen ist (vgl. § 200 Rdnr. 107 und *BSG* v. 17.4.1991, BB 1991 S. 1642). Von einem Erlöschen des Anspruchs kann man allerdings in diesem Fall nur sprechen, wenn er bereits entstanden war. Dies wird man tun können, wenn die Frau den Antrag auf das Mutterschaftsgeld vor der Niederkunft mit dem Zeugnis des § 200 Abs. 3 Satz 3 und 4 stellt. Zwar fehlt es an einer Entbindung, man wird jedoch die in dem Zeugnis angegebene mutmaßliche Entbindung für das Entstehen des Anspruchs als ausreichend ansehen können, weil für die Zahlung des Mutterschaftsgeldes vor der Entbindung nach § 200 Abs. 3 Satz 3 dieses Zeugnis maßgebend ist. In anderen Fällen ist die Frau auf einen Anspruch auf Entgeltfortzahlung im Krankheitsfalle beschränkt, falls dessen Voraussetzungen vorliegen (vgl. auch § 6 Rdnr. 5 und *Gröninger/Thomas*, § 13 Rdnr. 102).

11. Mutterschaftsgeld und Erziehungsgeld

120 **a) Vorrang von Mutterschaftsgeld.** Das Verhältnis von Mutterschaftsgeld und dem nach der Entbindung zu zahlenden Erziehungsgeld ist in § 7 BErzGG geregelt: Das Mutterschaftsgeld nach § 200 bleibt unberührt; es wird aber auf das Erziehungsgeld angerechnet, soweit es nach der Geburt laufend zu zahlendes Mutterschaftsgeld betrifft. Beide Ansprüche bestehen nebeneinander. Die Anrechnung ist beim Budget nach § 5 Abs. 1 Satz 1 Nr. 1 BErzGG auf 13 EUR, sonst auf 10 EUR kalendertäglich begrenzt (§ 7 Abs. 2 Satz 1 BErzGG). Das bedeutet, daß Erziehungsgeld allenfalls in Höhe von 13 bzw. 10 EUR je Kalendertag nicht zur Auszahlung kommt. Der darüber hinausge-

Mutterschaftsgeld und Erziehungsgeld § 200 **RVO**

hende Betrag ist neben dem Mutterschaftsgeld zu zahlen. Ruht das Mutterschaftsgeld (z.B. wenn der Arbeitgeber während der Schutzfrist Entgelt weiter zahlt), so ist Erziehungsgeld zu zahlen, soweit seine Anspruchsvoraussetzungen vorliegen. Mutterschaftsgeld nach § 13 Abs. 2 MuSchG in Höhe von bis zu 210 EUR ist neben Erziehungsgeld in vollem Umfang zu zahlen; auch der Arbeitgeberzuschuß zum Mutterschaftsgeld wird nicht angerechnet (vgl. § 14 MuSchG Rdnr. 74). Bezieht die Frau bereits Erziehungsgeld für ein vorher geborenes Kind und erfüllt sie parallel hierzu die Voraussetzungen für den Bezug von Mutterschaftsgeld nach § 200 für ein weiteres Kind, wird dieses Mutterschaftsgeld nicht auf das Erziehungsgeld angerechnet. Dies gilt sowohl für das vor als auch für das nach der Geburt zu zahlende Mutterschaftsgeld (§ 7 Abs. 2 Satz 2 BErzGG). Da der Bezug des Erziehungsgeldes für nach dem 31.12.1992 geborene Kinder auf 24 Monate verlängert worden ist (vgl. § 4 Abs. 1 Satz 2 BErzGG), kommen solche Überschneidungen häufiger vor.

Das Mutterschaftsgeld bleibt nach § 8 Abs. 1 Satz 1 BErzGG als Einkommen unberücksichtigt, wenn bei Sozialleistungen die Gewährung oder die Höhe dieser Leistungen von anderen Einkommen abhängig ist. In Betracht kommen vor allem Wohngeld, Sozialhilfe und Leistungen nach BAföG. **121**

b) Erneute Schwangerschaft während der Elternzeit. Wird die Frau während einer noch nicht beendeten Elternzeit erneut schwanger und beginnt die Anspruchsfrist für das Mutterschaftsgeld während des Bezuges von Erziehungsgeld oder während der Elternzeit von neuem, ist für den Anspruch auf das Mutterschaftsgeld danach zu differenzieren, ob das Arbeitsverhältnis noch fortbesteht bzw. zu welchem Zeitpunkt es beendet worden ist. Zwar bleibt für die Dauer des Bezugs von Erziehungsgeld oder der Inanspruchnahme von Elternzeit nach dem BErzGG oder nach entsprechenden landesrechtlichen Vorschriften die Mitgliedschaft in der gesetzlichen Krankenversicherung unabhängig vom Fortbestand des Arbeitsverhältnisses erhalten (§ 192 Abs. 1 Nr. 2 SGB V). War das Arbeitsverhältnis jedoch schon vor Beginn der zweiten Schutzfrist beendet, kommt ein Anspruch auf Mutterschaftsgeld nach dem *BSG* (vom 8.8.1995 – 1 RK 21/94 –) nicht in Betracht. Aus § 200 Abs. 1 2. Alt. könne ein solcher Anspruch nicht abgeleitet werden, da die Frau zu Beginn der neuen Schutzfrist nicht mehr in einem Arbeitsverhältnis gestanden habe, so daß ihr nicht »wegen« der Schutzfrist Arbeitsentgelt entgangen sei. Auch § 200 Abs. 1 1. Alt. scheide aus, da mit der Beendigung des Arbeitsverhältnisses auch der Status als versicherungspflichtige Beschäftigte verloren gegangen sei. Infolgedessen könne die nach § 192 Abs. 1 Nr. 2 SGB V erhalten gebliebene Mitgliedschaft nicht mehr dem Versicherungspflichttatbestand des § 5 Abs. 1 Nr. 1 SGB V zugeordnet werden. Da trotz der fortgesetzten Kassenmitgliedschaft kein Bezug zum Erwerbsleben mehr bestehe, könne nicht davon ausgegangen werden, daß diese noch einen Anspruch auf Krankengeld umfasse. **122**

Endet das Arbeitsverhältnis – etwa infolge Fristablaufs – nach Beginn der zweiten Schutzfrist oder endet nach diesem Zeitpunkt das Ausbildungsverhältnis, ohne daß die Versicherte übernommen wird, hat sie nach dem *BSG* (vom 1.2.1983, USK 8304, vgl. Rdnrn. 82 und 86) Anspruch auf Mutterschaftsgeld vom Beginn der neuen »fiktiven« Schutzfrist nach § 3 Abs. 2 MuSchG an. Dieses Mutterschaftsgeld ist nach § 200 Abs. 2 Satz 7 in Höhe des Krankengeldes zu zahlen. Trotz fortbestehendem Beschäftigungsverhältnis kann Mutterschaftsgeld dennoch nicht verlangt werden, wenn sich die Arbeitnehmerin zu Beginn der zweiten Schutzfrist in einem unbezahlten Urlaub befand und in dieser Zeit als freiwilliges Mitglied ohne Krankengeldanspruch versichert war (*BSG* vom 18.3.1995, NZS 1995, 459 = USK 9514). Die Pflicht des Arbeitgebers zur Zahlung des Arbeitsentgelts ist bereits mit der Gewährung des Sonderurlaubs entfallen, so daß die Nichtzahlung von Arbeitsentgelt nicht ursächlich auf den Eintritt der Schutzfrist zurückgeführt werden kann. Die *GKV-Spitzenverbände* haben sich diesen Entscheidungen für die Praxis angeschlossen (*Bespr.-Ergebnis* vom 19.1.1996).

Besteht die Mitgliedschaft nach § 192 Abs. 1 Nr. 2 SGB V fort, ohne daß eine Beurlaubung stattgefunden hat, wird Mutterschaftsgeld nach § 200 Abs. 2 Satz 7 gezahlt, solange sich Elternzeit und Bezug von Mutterschaftsgeld überschneiden. In der Praxis wird das Mutterschaftsgeld nach § 200 Abs. 2 Satz 7 darüber hinaus auch an die Frauen gezahlt, deren Arbeitsverhältnis weiter besteht, solange sich Elternzeit und Bezug von Mutterschaftsgeld überschneiden. Der Arbeitgeber bzw. die Krankenkasse oder das BVA sind in solchen Fällen allerdings nicht mehr verpflichtet, den Zuschuß zum Mutterschaftsgeld zu zahlen, außer die Frau leistet während des Erziehungsgeldbezuges eine zulässige Teilzeitarbeit (vgl. jetzt § 14 Abs. 4 MuSchG). In diesem Fall wird das Erziehungsgeld neben dem Mutterschaftsgeld ungekürzt gezahlt (§ 7 Abs. 2 Satz 2 BErzGG).

123 Beginnt bei einer Frau, die vor Beginn des Erziehungsgeldbezuges Leistungen nach dem SGB III erhalten hat, während des Erziehungsgeldbezuges oder während der Elternzeit eine neue Anspruchsfrist für das Mutterschaftsgeld, dürfte nach dem dem Urteil des *BSG* vom 8.8.1995, USK 9518 ein Anspruch auf Mutterschaftsgeld abzulehnen sein. Zwar bleibt während des Bezuges von Erziehungsgeld und auch während der Elternzeit ihre Mitgliedschaft nach § 192 Abs. 1 Nr. 2 SGB V bestehen. Nach den vom *BSG* aufgestellten Grundsätzen (vgl. oben Rdnr. 122) kann eine derartige Mitgliedschaft aber keinem der einen Krankengeldanspruch begründenden Versicherungspflichttatbestände zugeordnet werden (wie hier *GKV-Spitzenverbände* vom 8./9.12.1987; *Dalheimer*, S. 155). Ein anderes Ergebnis wäre eine Ungleichbehandlung mit den Frauen, die in einem Arbeitsverhältnis stehen.

12. Geltendmachung und Behandlung des Anspruchs

124 **a) Antrag und notwendige Unterlagen.** Das **Mutterschaftsgeld** ist eine Leistung nach dem SGB I (§ 21 Abs. 1 Nr. 3 SGB I). Der Anspruch auf diese

Geltendmachung § 200 RVO

Leistung entsteht, sobald die gesetzlichen Voraussetzungen hierfür vorliegen (§ 40 Abs. 1 SGB I). Da es sich um eine Leistung der gesetzlichen Krankenversicherung handelt, bedarf es zu ihrer Geltendmachung eines Antrags (§ 19 SGB IV). Eine bestimmte Form ist für den Antrag nicht vorgeschrieben. Es genügt, daß die Frau die Kasse um Zahlung des Mutterschaftsgeldes bittet. Sie muß jedoch in ihrem Antrag nach § 60 Abs. 1 Nr. 1 und 3 SGB I alle Tatsachen angeben, die für die Leistung erheblich sind, Beweismittel bezeichnen und auf Verlangen der Krankenkasse Beweisurkunden vorlegen. Dies gilt, wenn sie den Antrag vor der Entbindung stellt, insbesondere für das Zeugnis eines Arztes oder einer Hebamme über den mutmaßlichen Tag der Entbindung nach § 200 Abs. 3 Satz 3. Form und Inhalt dieses Zeugnisses sind durch eine Vereinbarung vom 7.12.1970 zwischen der Kassenärztlichen Bundesvereinigung und den Spitzenverbänden der Krankenkassen festgelegt worden (abgedruckt bei *Töns*, § 200 Rdnr. F II). Das Zeugnis darf nicht früher als 1 Woche vor Beginn der Schutzfrist ausgestellt sein (vgl. § 200 Rdnr. 116). Die Entbindung ist durch Vorlage einer standesamtlichen Geburtsurkunde nachzuweisen. Stellt der Standesbeamte bei Tot- oder Mißgeburten keine Geburtsurkunde aus, liegt jedoch eine Entbindung vor (vgl. § 6 Rdnr. 6 ff.), dann genügt ein Nachweis auf andere Weise, z. B. durch ein ärztliches Zeugnis über die Entbindung und das Gewicht des toten Kindes. Die übrigen Voraussetzungen muß die Kasse vom Amts wegen feststellen (vgl. § 20 Abs. 1 SGB X).

b) Zuständige Kasse. Zuständig für die Zahlung des Mutterschaftsgeldes für 125 versicherte Frauen **ist die Krankenkasse**, bei der die Frau im Zeitpunkt des Versicherungsfalles, also des Beginns der Schutzfrist nach § 3 Abs. 2 MuSchG bzw. im Fall des Absatzes 2 Satz 5 zu Beginn des Arbeitsverhältnisses (vgl. § 195 Rdnr. 1) pflichtversichert oder freiwillig versichert ist (ebenso *Töns*, § 13 Rdnr. II, 7; *Meisel/Sowka*, § 200 Rdnr. 119; a.M. *Gröninger/Thomas*, § 13 Rdnr. 25: Wohnort bei Antragstellung). Für nichtversicherte Frauen ist das BVA zuständig (vgl. § 13 Rdnr. 48). Tritt die Frau während des Bezugs des Mutterschaftsgeldes zu einer anderen Kasse über, so übernimmt die neue Kasse die weitere Zahlung des Mutterschaftsgeldes (ebenso *Geyer/Knorr/Krasney*, § 200 Rdnr. 115; *Gröninger/Thomas*, § 13 Rdnr. 25).

c) Klageverfahren. Die Krankenkasse kann das Mutterschaftsgeld ohne for- 126 mellen Bescheid zahlen. Verweigert die Kasse die Zahlung ganz oder zum Teil, dann muß sie der Frau einen formellen Bescheid erteilen. Gegen diesen Bescheid kann die Frau nicht sofort Klage vor dem Sozialgericht erheben. Sie muß vielmehr zunächst das in §§ 77–86 SGG geregelte Vorverfahren einleiten. Will also die Frau gegen den Bescheid vorgehen, so muß sie nach § 83 SGG Widerspruch erheben. Der **Widerspruch** ist binnen eines Monats, nachdem der Bescheid der Frau bekanntgeworden ist, schriftlich oder zur Niederschrift bei der Kasse einzureichen, die den Bescheid erlassen hat (§ 84 SGG). Wird der Widerspruch für begründet erachtet, so ist ihm abzuhelfen. Wird dem Widerspruch nicht abgeholfen, so erläßt nach § 85 SGG die vom Verwaltungsrat der

RVO § 200 *Mutterschaftsgeld*

Krankenkasse bestimmte Stelle einen schriftlichen begründeten Widerspruchsbescheid. Gegen diesen Widerspruchsbescheid kann die Frau nach § 87 SGG binnen eines Monats nach seiner Zustellung **Klage vor dem zuständigen Sozialgericht** erheben. Örtlich zuständig ist das Sozialgericht, in dessen Bezirk die Frau zur Zeit der Klageerhebung ihren Wohnsitz hat (§ 57 SGG). Die Klage ist bei dem zuständigen Sozialgericht schriftlich oder zur Niederschrift des Urkundsbeamten der Geschäftsstelle zu erheben (§ 90 SGG).

127 d) **Auszahlung, Verjährung u.a.** Das **Mutterschaftsgeld** in Höhe des Nettoarbeitsentgelts (§ 200 Abs. 2 Satz 1) ist für Kalendertage zu zahlen (§ 200 Abs. 2 Satz 2). Dabei sind jeweils die tatsächlichen Kalendertage eines Monats zu berücksichtigen, im Februar also 28 bzw. 29 Tage, im März 31 Tage.

128 Mutterschaftsgeld in Höhe des Krankengeldes ist in entsprechender Anwendung des § 47 Abs. 1 Satz 4 SGB V ebenfalls kalendertäglich zu zahlen. Ist die Leistung für einen Vollmonat zu erbringen, spricht der Bezug zum Krankengeld dafür, den Monat in entsprechender Anwendung des § 47 Abs. 1 Satz 5 SGB V mit 30 Tagen anzusetzen (so die Praxis der Krankenkassen, vgl. Gemeinsames Rundschreiben der GKV-Spitzenverbände vom 12.4.1989, Rdnr. 1. 5 zu § 200). Dies gilt auch, wenn während des Kalendermonats ein Wechsel zwischen Krankengeld und Mutterschaftsgeld eintritt (ebenso *Dalheimer*, S. 162).

129 Das Mutterschaftsgeld ist auszuzahlen, wenn es **fällig** ist. Da es eine dem § 210 RVO a.F. entsprechende Vorschrift (wochenweise nachträgliche Auszahlung) seit 1.1.1989 nicht mehr gibt, ist das Mutterschaftsgeld nach § 41 SGB I in Verbindung mit § 200 eigentlich an jedem Tag der Anspruchsdauer fällig und auszuzahlen. Die Versicherte könnte also von der Krankenkasse jeden Tag die Auszahlung des auf diesen Tag entfallenden Mutterschaftsgeldes verlangen. Das hat der Gesetzgeber aber nicht gewollt. Es empfiehlt sich deshalb, daß die Krankenkassen in ihre Satzung eine Bestimmung über die Auszahlung des Mutterschaftsgeldes aufnehmen, was nach § 194 Abs. 1 SGB V zulässig ist (vgl. *Gröninger/Thomas*, § 13 Rdnr. 22; *Geyer/Knorr/Krasney*, § 200 RVO Rdnr. 114). In einem solchen Fall ist am Zahltag der Betrag des Mutterschaftsgeldes fällig, auf den bis dahin Anspruch besteht. Er soll nach § 47 SGB I kostenfrei auf ein Konto der Mutter bei einem Geldinstitut überwiesen werden.

130 Der Anspruch auf Mutterschaftsgeld **verjährt in vier Jahren** nach Ablauf des Kalenderjahres, in dem er entstanden ist (§ 45 Abs. 1 SGB I), und zwar für jede Wochenleistung gesondert. Fälligkeit, Vorschüsse, vorläufige Leistungen bei Streit über Kassenzuständigkeit, Verzinsung, Auszahlung bei Verletzung der Unterhaltspflicht und bei Unterbringung in einer Anstalt oder Einrichtung sowie Verrechnung sind in den §§ 41–51 SGB I festgelegt. Mit Ansprüchen auf Erstattung zu Unrecht erbrachter Sozialleistungen und mit Beitragsansprüchen kann die Krankenkasse gegen den Anspruch auf Mutterschaftsgeld bis zur Hälfte aufrechnen (vgl. § 51 Abs. 2 SGB I und *BSG* vom 19.1.1978, BSGE 45 S. 271). Die Mutter darf dadurch allerdings nicht hilfebedürftig i.S. der Vorschriften des SGB XII über die Hilfe zum Lebensunterhalt (§§ 17ff. SGB XII)

Geltendmachung § 200 RVO

werden. Die Pfändungsschutzbestimmungen brauchte die Kasse anders als bei einer Aufrechnung nach § 51 Abs. 1 SGB I bisher nicht zu beachten (*BSG* vom 11.10.1979, USK 79194).

Hat die Krankenkasse zu Unrecht Mutterschaftsgeld gezahlt, so ist dieses der 131 Kasse unter den in § 50 SGB X festgelegten Voraussetzungen zu erstatten (vgl. *BSG* vom 27.2.1984, DOK 1984 S. 344). Ist das Mutterschaftsgeld durch Verwaltungsakt gewährt worden, richtet sich die Rücknahme nach § 45 SGB X. Hat eine Krankenkasse einer Frau zuviel Mutterschaftsgeld bezahlt, weil der Arbeitgeber irrtümlich das Gehalt der Frau zu hoch angegeben hat, muß die Frau ihren Arbeitgeber dann von einem Regreßanspruch der Krankenkasse freistellen, wenn sie selbst zur Erstattung des zuviel erhaltenen Mutterschaftsgeldes an die Krankenkasse verpflichtet ist. Eine solche Verpflichtung ist zu verneinen, wenn die Frau beim Empfang und Verbrauch des Geldes gutgläubig war. Gutgläubigkeit liegt vor, wenn die Frau beim Empfang oder Verbrauch des Geldes weder wußte noch wissen mußte, daß sie zuviel Mutterschaftsgeld erhalten hat (vgl. *BAG* vom 5.3.1968, DB 1968 S. 1361). Erstattungsansprüche der Krankenkasse verjähren in vier Jahren nach Ablauf des Kalenderjahres, in dem der die zu erstattende Leistung festsetzende Verwaltungsakt unanfechtbar geworden ist (§ 50 Abs. 4 SGB X). Eine Übertragung, Verpfändung oder Pfändung des Anspruchs auf Mutterschaftsgeld ist nur in dem durch §§ 53–55 SGB I bestimmten Umfang zulässig. Vgl. jedoch die Unpfändbarkeits-Bestimmung des § 54 Abs. 3 Nr. 2 SGB I i.d.F. ab 18.7.1994 (vgl. Art. 1 Nr. 7 und Art. 23 Abs. 1 2. SGBÄndG).

Das Mutterschaftsgeld ist der Versicherten auch dann zu zahlen, wenn sie sich 132 im **Ausland** aufhält (§ 195 Abs. 2 Satz 2).

e) **Steuerfreiheit, Beitragsfreiheit.** Das Mutterschaftsgeld unterliegt nicht der 133 **Einkommensteuer** (§ 3 Nr. 1 Buchst. d EStG) und ist somit auch nicht lohnsteuerpflichtig. Es wird aber in den **Progressionsvorbehalt** einbezogen, d.h., es wird bei der Ermittlung des Steuersatzes berücksichtigt, mit dem das übrige zu versteuernde Einkommen der Frau besteuert wird.

Solange Anspruch auf Mutterschaftsgeld besteht oder diese Leistung bezogen 134 wird, bleibt die Mitgliedschaft versicherungspflichtiger Frauen erhalten (§ 192 Abs. 1 Nr. 2 SGB V) und sind von pflicht- oder freiwillig versicherten Frauen **keine Beiträge** vom Mutterschaftsgeld zu entrichten (§ 224 Abs. 1 Satz 1 SGB V; vgl. auch Rdnr. 21 vor § 3 MuSchG). Diese Beitragsfreiheit erstreckt sich aber nur auf das Mutterschaftsgeld (bzw. das in § 224 Abs. 1 Satz 1 gleichfalls genannte Krankengeld und Erziehungsgeld), vgl. § 224 Abs. 1 Satz 2. Von einem während des Mutterschaftsgeldbezugs gezahlten Arbeitsentgelt sind jedoch Beiträge zu zahlen. Eine Beitragspflicht besteht auch hinsichtlich einer Rente aus der gesetzlichen Rentenversicherung und von Versorgungsbezügen (§ 226 Abs. 1 Nrn. 2 und 3 SGB V). Die Regelung des § 240 SGB V über die beitragspflichtigen Einnahmen freiwilliger Mitglieder bleibt auch während des Bezugs von Mutterschaftsgeld unberührt.

13. Mutterschaftsgeld und Renten-/Arbeitslosenversicherung

135 a) **Rentenversicherung.** Die rentenrechtliche Berücksichtigung der Schutzfristen vor und nach der Entbindung erfolgt unabhängig davon, ob während dieser Zeiten ein Anspruch auf Mutterschaftsgeld besteht. Zeiten, in denen eine rentenversicherungspflichtige Beschäftigung oder Tätigkeit durch die Schutzfristen nach dem MuSchG unterbrochen worden ist, zählten in der gesetzlichen Rentenversicherung als **Ausfallzeiten** (§ 1259 RVO) und sind seit 1.1.1992 als sog. **Anrechnungszeiten** (§ 58 SGB VI, Anhang 13) zu berücksichtigen. Für sie werden bei der Ermittlung der Rentenhöhe Entgeltpunkte angerechnet, deren Höhe von der Höhe der in der übrigen Zeit versicherten Arbeitsentgelte und Arbeitseinkommen abhängig ist (vgl. § 63 Abs. 3 SGB VI). Eine Anrechnungszeit liegt aber nur vor, wenn dadurch eine versicherte Beschäftigung oder Tätigkeit unterbrochen worden ist.

136 Nach der seit 1.1.1986 geltenden Regelung des Hinterbliebenenrenten- und Erziehungszeiten-Gesetzes erhielten Mütter (oder Väter) für jedes Kind ein Versicherungsjahr angerechnet; sie waren während der ersten 12 Kalendermonate nach Ablauf des Geburtsmontas des Kindes pflichtversichert (§ 1227a RVO a.F.). Das **Kindererziehungsjahr** wirkte also anders als die Ausfallzeiten rentenbegründend und rentensteigernd. Diese Regelung wurde ab 1.1.1992 abgelöst durch Kindererziehungszeiten, die für ab 1992 geborene Kinder auf 3 Jahre verlängert werden und für die Pflichtbeiträge als gezahlt gelten (§ 56 SGB VI, Anhang 13). Seit dem 1.1.1999 werden die Beiträge für Kindererziehungszeiten vom Bund getragen (§ 177 SGB VI).

137 Auch Zeiten des **Mutterschaftsurlaubs**, die vor dem 1.1.1984 als Pflichtbeitragszeiten und danach als Ausfallzeiten anzusehen waren (vgl. 3. Auflage Rdnr. 51 zu § 200 RVO), sind rentenrechtlich neu geregelt worden. Sie wurden, soweit sie nach dem 31.12.1983, aber vor dem 1.1.1986 lagen, für die Frau Versicherungszeiten (vgl. § 1251a RVO a.F.); soweit sie nach dem 31.12.1985 lagen, war die Frau wegen Kindererziehung pflichtversichert (§ 1227a RVO a.F.). Seit 1992 sind Zeiten der Erziehung eines Kindes bis zu dessen vollendetem 10. Lebensjahr Berücksichtigungszeiten (vgl. § 57 SGB VI Anhang 13).

138 **Eine Beitragspflicht des Mutterschaftsgeldes** zur Rentenversicherung, wie sie § 1385b RVO a.F. für die meisten anderen Lohnersatzleistungen bis 31.12.1991 vorsah, bestand nicht. Erhielt die Versicherte während des Bezuges von Mutterschaftsgeld rentenversicherungspflichtiges Arbeitsentgelt, so wurden Beitragszeiten begründet, die die Ausfallzeit verdrängten (vgl. auch Vorbem. 23 vor § 3 MuSchG). Auch Mutterschaftsgeld in Höhe des Krankengeldes (§ 200 Abs. 2 Satz 7) unterliegt nicht der Beitragspflicht zur Rentenversicherung (vgl. *Eicher/Haase/Rauschenbach*, Rdnr. 4 a.E. zu § 166 SGB VI).

139 **Bei Beamtinnen,** für die nach bundes- oder landesrechtlichen Vorschriften über den Mutterschutz von Beamtinnen (vgl. für den Bund Anh. 4) Mutterschutzfristen gelten, ist dieser Zeitraum ruhegehaltsfähig (§ 6 Abs. 1 Beamten-

Verhältnis zu anderen Lohnersatzleistungen § 200 RVO

versorgungsgesetz). Scheidet die Beamtin später aus und ist sie in der gesetzlichen Rentenversicherung nachzuversichern, so wird gemäß § 181 SGB VI (Übergangsrecht: §§ 277f. SGB VI) das wirkliche Arbeitsentgelt zugrunde gelegt (für das von 1992 geltende Recht vgl. § 124 Abs. 2 AVG).

b) **Arbeitslosenversicherung.** Zeiten des Bezuges von Mutterschaftsgeld 140
während der Schutzfristen vor und nach der Entbindung (§ 200, § 29 KVLG) gelten seit dem 1.1.2003 (auf Grund des Gesetzes vom 10.12.2001, BGBl. I S. 3443) als gezahlte Beitragszeit in der Arbeitslosenversicherung, wenn durch die Mutterschutzfristen eine die Beitragspflicht begründende Beschäftigung unterbrochen worden ist (§ 26 Abs. 2 Nr. 1 SGB III). Die vom *BSG* (Beschluß vom 20.6.2001, NZS 2002 S. 100) für verfassungswidrig angesehene Benachteiligung der Bezieherinnen von Mutterschaftsgeld gegenüber Krankengeldbeziehern ist hierdurch rückgängig gemacht worden.

14. Zusammentreffen von Mutterschaftsgeld mit anderen Lohnersatzleistungen

a) **Mutterschaftsgeld und Krankengeld.** Da sowohl das Mutterschaftsgeld 141
nach § 200 wie auch das Krankengeld Lohnersatzfunktion haben, werden beide Leistungen nie nebeneinander gewährt. Dabei spielt es keine Rolle, auf welchem Tatbestand der Krankengeldanspruch beruhen würde. Den Vorrang hat das Mutterschaftsgeld. Nach § 49 Abs. 1 Nr. 3a SGB V ruht der Anspruch auf Krankengeld, soweit und solange die Versicherte Mutterschaftsgeld bezieht. Erhält sie Krankengeld vor dem Beginn des Anspruchs auf Mutterschaftsgeld, tritt die Ruhenswirkung mit dessen Beginn ein. Wird die Versicherte während des Bezuges von Mutterschaftsgeld arbeitsunfähig, wird bis zum Ende der Anspruchsfrist kein Krankengeld gezahlt. Ebenso besteht für diese Zeit kein Anspruch gegen den Arbeitgeber auf Fortzahlung des Arbeitsentgelts.

Anders als nach früher geltendem Recht, wo neben Mutterschaftsgeld kein 142
Anspruch auf Krankengeld bestand, ruht der Anspruch auf Krankengeld lediglich. Das bedeutet, daß solche Zeiten bei der Berechnung der Höchstbezugsdauer nach § 48 SGB V zu berücksichtigen sind (vgl. § 48 Abs. 3 SGB V).

Tritt die **Entbindung früher als erwartet** ein und fällt die nachträgliche 143
Entstehung des Anspruchs auf Mutterschaftsgeld in eine Zeit des Bezuges von **Krankengeld**, ist der Anspruch auf Mutterschaftsgeld neu festzustellen und Mutterschaftsgeld nachzuzahlen. Die dadurch rechtswidrig gewordene Bewilligung des Krankengeldes ist gemäß § 49 Abs. 1 Nr. 3a SGB V grundsätzlich rückwirkend aufzuheben (§ 48 Abs. 1 Satz 2 Nr. 3 SGB X). Wenn das Krankengeld niedriger ist als das Mutterschaftsgeld, gestaltet sich eine Aufrechnung nach § 51 SGB I unproblematisch. Ist wie in der Mehrzahl der Fälle das Mutterschaftsgeld niedriger als das Krankengeld, kann die Krankenkasse von der Versicherten die Erstattung des überzahlten Krankengeldes nach § 50 Abs. 1 i.V.m. § 48 Abs. 1 Satz 2 Nr. 3 SGB X verlangen; denn die Versicherte hat neben dem

447

RVO § 200 *Mutterschaftsgeld*

Anspruch auf Mutterschaftsgeld einen solchen auf den Zuschuß nach § 14 Abs. 1 MuSchG. Eine Aufrechnung des zuviel gezahlten Krankengeldes mit dem Mutterschaftsgeld ist deshalb auch in diesem Fall zulässig (vgl. BSG vom 27.2.1984, USK 8411 – DOK 1984, 344; vgl. auch *Gröninger/Thomas*, § 13 Rdnr. 106).

144 b) **Mutterschaftsgeld und andere Sozialleistungen.** Der Vorrang des Mutterschaftsgeldes gilt auch gegenüber dem **Arbeitslosengeld.** Nach § 142 Abs. 1 Nr. 2 SGB III (Anhang 16) ruht der Anspruch auf diese Leistung während einer Zeit, für die der Arbeitslosen ein Anspruch auf Mutterschaftsgeld zuerkannt ist. Dies gilt ohne Rücksicht darauf, ob das Mutterschaftsgeld ebenso hoch ist wie die ruhende Leistung (vgl. auch *Gröninger/Thomas*, § 13 Rdnr. 114).

145 Wird einer Frau wegen eines Arbeitsunfalles **Verletztengeld** nach § 45 SGB VII oder während einer Maßnahme der Berufshilfe **Übergangsgeld** nach § 49 SGB VII aus der gesetzlichen Unfallversicherung gewährt, ist § 49 Abs. 1 Nr. 3a SGB V entsprechend anzuwenden (h.M. vgl. z.B. *Töns*, § 200c Rdnr. A II 1).

146 Übernimmt der Träger der Rentenversicherung bei medizinischen Leistungen zur Rehabilitation nach § 13 Abs. 3 SGB VI auch die Leistungen bei Schwangerschaft und Mutterschaft, so hat er Mutterschaftsgeld (und bei höherem Übergangsgeld den überschießenden Betrag) zu gewähren.

147 Findet die Entbindung vor dem vorausberechneten Zeitpunkt statt, ist der Beginn der 6-Wochenfrist nach dem Tag der tatsächlichen Entbindung neu festzulegen und der Anspruch auf Mutterschaftsgeld neu festzustellen. Die darüber hinaus gezahlte Lohnersatzleistung ist dem Leistungsträger (Bundesanstalt für Arbeit, Berufsgenossenschaft, Rentenversicherungsträger) zurückzuzahlen.

148 Tritt die Entbindung während des Bezugs einer Rente aus der gesetzlichen Rentenversicherung oder Unfallversicherung ein, ruht der Anspruch auf Mutterschaftsgeld nicht. Beide Leistungen sind nebeneinander zu zahlen (ebenso *Geyer/Knorr/Krasney*, § 200 Rdnr. 88).

149 Zum Zusammentreffen von Mutterschaftsgeld mit Erziehungsgeld vgl. Rdnr. 120f.

15. Zusammentreffen von Mutterschaftsgeld mit Anspruch auf Arbeitsentgelt

150 Der Anspruch auf Mutterschaftsgeld nach § 200 **ruht**, soweit und solange beitragspflichtiges Arbeitsentgelt oder Arbeitseinkommen (vgl. § 200 Rdnrn. 22–40) gezahlt wird. Die Beitragspflicht muß jedoch nur dem Grunde nach bestehen. Ruhen bedeutet, daß der Anspruch besteht, jedoch zeitweise wegen Vorliegens eines bestimmten Sachverhalts nicht zu erfüllen ist (*BSG* v. 21.12.1955, BSGE 2, 142). Durch das Ruhen des Anspruchs auf Mutterschaftsgeld wird dessen Bezugsdauer deshalb nicht unterbrochen. Vielmehr wird die

Zusammentreffen mit Anspruch auf Arbeitsentgelt § 200 RVO

Ruhezeit auf die Bezugszeit angerechnet. Die Bezugszeit verlängert sich also nicht entsprechend.

Sollte das Arbeitsentgelt niedriger sein als das Mutterschaftsgeld, steht der Differenzbetrag der Versicherten zu (»soweit«). Er bringt deshalb das Mutterschaftsgeld nicht zum Ruhen. Es kommt nicht auf das Bestehen des rechtlichen Anspruchs an, sondern nur darauf, ob Arbeitsentgelt tatsächlich gezahlt wird (allg. Meinung, vgl. z.B *Buchner/Becker*, § 13 Rdnr. 217). Der Anspruch ruht also auch, wenn der Arbeitgeber ohne Bestehen eines Rechtsanspruchs Arbeitsentgelt weiterzahlt. Ist die Arbeitnehmerin vor Beginn der Schutzfrist arbeitsunfähig krank, so endet mit dem Einsetzen der Schutzfrist und dem damit verbundenen Beginn des Anspruchs auf Mutterschaftsgeld der Anspruch der Arbeitnehmerin auf Engeltfortzahlung im Krankheitsfall (§ 1 Abs. 3 Nr. 3 LFZG a. F.). Zwar ist der Vorrang des Mutterschaftsgeldes mit der Neuregelung der Entgeltfortzahlung ab 1.6.1994 weggefallen. Gleichwohl besteht bei Inanspruchnahme der Schutzfrist kein Entgeltfortzahlungsanspruch der Arbeitnehmerin (*Gröninger/Thomas*, § 13 MuSchG Rdnr. 108; *Meisel/Sowka*, § 200 Rdnr. 100). 151

Die Ruhensregelung gewann vor dem 1.6.1994 Bedeutung in den Fällen, in denen Schutzfrist und Zeitraum des Bezugs von Mutterschaftsgeld voneinander abweichen, weil die **Entbindung früher** als erwartet stattfand; denn Mutterschaftsgeld wird stets für einen Zeitraum von sechs Wochen vor der Entbindung gezahlt. Hatte der Arbeitgeber irrtümlich Arbeitsentgelt für Zeiten weitergezahlt, in denen die Arbeitnehmerin bereits Mutterschaftsgeld beanspruchen konnte (z.B. weil die Entbindung früher als vorgesehen stattfand), so konnte er das gezahlte Entgelt nach den für die ungerechtfertigte Bereicherung geltenden Bestimmungen (§§ 812ff. BGB) von der Arbeitnehmerin zurückfordern oder sich den Anspruch auf Mutterschaftsgeld gegen die Krankenkasse in Höhe des irrtümlich gezahlten Arbeitsentgelts abtreten lassen, soweit § 53 Abs. 3 SGB I i.V.m. § 850e ZPO nicht entgegensteht. Die gleichzeitig irrtümlich an die Krankenkasse abgeführten Sozialversicherungsbeiträge konnte er von dieser ebenfalls zurückfordern (§ 26 SGB IV). Das während dieser Zeit gezahlte Mutterschaftsgeld kam insoweit nicht zum Ruhen, als die Versicherte das irrtümlich geleistete und wieder zurückgeforderte Arbeitsentgelt nicht »erhält« (vgl. *Meisel/Sowka*, § 200 Rdnr. 100; *Töns*, § 200c Rdnr. B I 1b *Geyer/Knorr/Krasney*, § 200 Rdnr. 131; *Specke* S. 84). 152

Der Anspruch **ruht** dagegen **nicht**, wenn der Arbeitgeber einen bestehenden Rechtsanspruch auf Weiterzahlung des Arbeitsentgelts nicht erfüllt. Zahlt der Arbeitgeber nur einen Teil des Arbeitsentgelts, dann ruht der Anspruch auf Mutterschaftsgeld auch nur insoweit. Mutterschaftsgeld nach § 200 und weitergewährtes Arbeitsentgelt dürfen zusammen den nach § 200 Abs. 2 Satz 1 errechneten ungekürzten Betrag nicht übersteigen. Andernfalls muß das Mutterschaftsgeld um den übersteigenden Betrag gekürzt werden. Das Arbeitsentgelt ist aber zuerst auf einen ggf. bestehenden Zuschuß nach § 14 MuSchG anzu- 153

449

RVO § 200 *Mutterschaftsgeld*

rechnen (vgl. § 14 MuSchG Rdnr. 74). Anzurechnen sind die Netto-Arbeitsentgelte, da auch das Mutterschaftsgeld auf Nettobeträge abstellt. Zur Weiterzahlung des **Mutterschutzlohnes** gemäß § 11 Abs. 1 MuSchG vgl. § 11 Rdnr. 85.

154 Die Ruhenswirkung kann aber nur von einem Arbeitsentgelt ausgehen, das wie das Mutterschaftsgeld eine laufende Leistung ist. **Einmalig gezahltes Arbeitsentgelt** nach § 23 a SGB IV (vgl. dazu § 200 Rdnr. 33–37), das sich nicht einer bestimmten Zeit zuordnen läßt, kann das Mutterschaftsgeld daher auch nicht für eine bestimmte Zeit zum Ruhen bringen (§ 200 Abs. 4 Satz 2).

155 Wird während des Bezuges von Mutterschaftsgeld wegen Beendigung des Arbeitsverhältnisses eine **Urlaubsabgeltung** gezahlt, beeinflußt sie das Mutterschaftsgeld nicht. Urlaubsabgeltung ist nämlich ein Surrogat für bezahlte Freizeit und kein mit der Zahlung von Mutterschaftsgeld zeitlich konkurrierendes Arbeitsentgelt (vgl. *BSG* vom 20. 3. 1984, USK 8416 und vom 27. 6. 1984, USK 8481). Auch Vergütungen für die Zeit vor der Schutzfrist, die aufgrund besonderer arbeitsvertraglicher Fälligkeitsbestimmungen erst während des Anspruchszeitraums für das Mutterschaftsgeld ausgezahlt werden, bringen es nicht zum Ruhen (vgl. *BAG* v. 28. 11. 1984, BAGE 47, 261 = NZA 1985, 564; ebenso *Gröninger/Thomas*, § 13 Rdnr. 109).

156 **Kurzarbeitergeld** (§ 169 SGB III) ist in § 200 Abs. 4 nicht erwähnt, obwohl auch diese Leistung das Mutterschaftsgeld zum Ruhen bringt; dies ist aber von geringer praktischer Bedeutung, weil die Frau keinen Anspruch auf diese Leistung hat, wenn sie infolge der Schutzfristen nicht arbeitet. Ein Ruhenstatbestand kann nur dann eintreten, wenn sich wegen früher eintretender Entbindung die Anspruchsfrist nach vorne verschiebt.

157 Für das Mutterschaftsgeld in Höhe des Krankengeldes (§ 200 Abs. 2 Satz 7) gelten die gleichen Grundsätze wie für das Krankengeld. Danach führt weitergezahltes Arbeitsentgelt insoweit zum Ruhen des Mutterschaftsgeldes, als es zusammen mit diesem das Nettoarbeitsentgelt im sozialversicherungsrechtlichen Sinn übersteigt (*BSG* vom 30. 1. 1962, BKK 1963, 530 und vom 10. 11. 1977, USK 77168).

16. Übergang des Anspruchs auf Arbeitsentgelt

158 Der Anspruch der Versicherten auf Weiterzahlung des Arbeitsentgelts geht, falls der Arbeitgeber ihn nicht erfüllt, in Höhe des gezahlten Mutterschaftsgeldes auf die Kasse über (bzw. bei Zahlung von Mutterschaftsgeld nach § 13 Abs. 2 MuSchG auf das BVA), vgl. § 115 Abs. 1 SGB X. Das kann natürlich nur gelten, soweit ein Anspruch auf Arbeitsentgelt besteht. Dies kann unbeschadet der bis 31. 5. 1994 geltenden Regelung des § 1 Abs. 3 Nr. 3 LFZG dann der Fall sein, wenn Arbeitgeber und Arbeitnehmerin für den Fall der Mutterschaft ausdrücklich eine Entgeltfortzahlung während der Schutzfrist vor und nach der Entbindung vereinbart haben. Ist das zu zahlende Mutterschaftsgeld höher als

Ende des Anspruchs § 200 RVO

der Anspruch auf Arbeitsentgelt, so ist der übergehende Anspruch auf die Höhe des Arbeitsentgelts beschränkt, ist es geringer, so bleibt der Restanspruch, d.h. der Unterschiedsbetrag zwischen Mutterschaftsgeld und Arbeitsentgelt, der Versicherten. Ihr bleibt es u.U. auch überlassen, diesen Anspruch entweder direkt beim Arbeitgeber geltend zu machen, oder ihn vor dem Arbeitsgericht einzuklagen.

Der Übergang des Anspruchs auf Arbeitsentgelt wird nicht dadurch ausgeschlossen, daß der Anspruch nicht übertragen, verpfändet oder gepfändet werden kann (§ 115 Abs. 2 SGB X). Der Übergang erfolgt allerdings nur, wenn die Krankenkasse das Mutterschaftsgeld an die Versicherte gezahlt hat und der Arbeitgeber den Anspruch auf Entgeltzahlung bei Fälligkeit nicht erfüllt. Diese Voraussetzungen sind nicht gegeben, wenn die Krankenkasse das Mutterschaftsgeld gezahlt hat, bevor der Anspruch der Versicherten gegen den Arbeitgeber auf Entgeltzahlung fällig war, und der Arbeitgeber das Arbeitsentgelt zahlt. Ein Forderungsübergang kommt auch nicht in Betracht, wenn der Arbeitgeber das Entgelt ohne Vorbehalt zahlt und später den Betrag durch Aufrechnung gegen spätere Geldansprüche wieder einbehält. Der Entgeltzahlungsanspruch war in diesem Fall erloschen; er ist durch die spätere Aufrechnung nicht wieder entstanden. Der Krankenkasse bleibt in solchen Fällen nur ein Rückforderungsanspruch gegen die Versicherte im Rahmen des § 50 Abs. 1 i.V.m. § 48 Abs. 1 Satz 2 Nr. 3 SGB X. 159

Es handelt sich um einen Übergang kraft Gesetzes (cessio legis). Die Versicherte braucht also den Anspruch an die Kasse nicht erst abzutreten, sondern die Kasse (bzw. das BVA im Fall § 13 Abs. 2 MuSchG) kann ihn vielmehr als eigenen Anspruch geltend machen. Zuständig dafür sind im Streitfall die Arbeitsgerichte. Eine Beitreibung der Forderung im Verwaltungszwangsverfahren ist nicht zulässig. Der Anspruch geht mit allen Neben- und Vorzugsrechten (z.B. Pfandrecht, Vorzugsrecht in der Zwangsvollstreckung oder im Konkurs) auf die Krankenkasse über. Der Arbeitgeber kann der Krankenkasse alle Einwendungen entgegensetzen, die zur Zeit des Anspruchsübergangs gegen die Arbeitnehmerin begründet waren (§ 404 i.V.m. § 312 BGB), auch tarifliche Ausschlußfristen (vgl. *Geyer/Knorr/Krasney*, § 200 Rdnr. 140, und *BAG* vom 24.5.1953, USK 73100). 160

17. Ende des Anspruchs auf Mutterschaftsgeld

Der Anspruch auf Mutterschaftsgeld nach § 200 endet mit dem Tod der Versicherten. Daraus ergibt sich, daß er ein höchstpersönlicher Anspruch ist, der nur der leiblichen, nicht auch der Adoptivmutter, der Pflegemutter oder dem Vater zustehen kann (*BSG* vom 3.6.1981, USK 8185 = NJW 1981 S. 2719). Soweit Mutterschaftsgeld noch nicht fällig geworden ist, braucht die Kasse nicht mehr zu zahlen. Bis zum Tode fällige, aber noch nicht ausgezahlte Beträge sind 161

RVO § 200a *Entbindungsgeld*

gemäß den Bestimmungen der Sonderrechtsnachfolge in § 56 SGB I an die dort genannten Berechtigten auszuzahlen.

§ 200a Pauschbetrag des Bundes je Leistungsfall (weggefallen)

§ 200b Entbindungsgeld (weggefallen)

Inhaltsübersicht

1. Allgemeines............................ 1–4
2. Anspruchsberechtigter Personenkreis........................ 5–7
3. Höhe und Fälligkeit des Entbindungsgeldes..................... 8–10
4. Entbindungsgeld und Mitgliedschaft 11

1. Allgemeines

1   Das durch das GRG mit Wirkungen 1.1.1989 an eingeführte Entbindungsgeld ist durch Art. 8 Nr. 2 des GKV-Modernisierungsgesetzes vom 14.11.2003 (BGBl. I S. 2190) mit Wirkung vom 1.1.2004 an aufgehoben worden. Da für den Wegfall des Entbindungsgelds keine besondere Übergangsregelung vorgesehen ist, kann durch eine Entbindung, die nach dem 31.12.2003 vollendet worden ist, kein Anspruch auf Entbindungsgeld mehr erworben werden. Ist die Entbindung dagegen noch bis zum 31.12.2003 vollendet worden, ist der Anspruch auf das Entbindungsgeld in Höhe von 77 EUR entstanden und fällig geworden. Durch die Aufhebung des § 200b konnte dieser Anspruch daher nicht mehr rückwirkend ausgeschlossen werden.

2   Der Anspruch besteht nur dann, wenn eine Entbindung (vgl. § 200 Rdnr. 107) bis zum 31.12.2003 stattgefunden hat und am Tag der Entbindung Versicherungsschutz in Form einer Mitgliedschaft (§§ 5, 9, 186, 192 SGB V) oder einer Familienversicherung (§ 10 SGB V) bestanden hat (vgl. auch *Gröninger/Thomas*, § 13 Rdnr. 129). Unter den Voraussetzungen des § 19 Abs. 2 oder 3 SGB V kann auch ein nachgehender Anspruch auf Entbindungsgeld bestehen, wenn die Entbindung innerhalb der Monatsfrist erfolgt.

3   Das Entbindungsgeld ist eine Regel-, Rechtsanspruchs- und Geldleistung. Sie wird auch ins Ausland gezahlt (§ 195 Abs. 2 Satz 2).

4   Ein Anspruch nach § 200, § 29 KVLG schließt den Anspruch nach § 200b aus. Das gilt auch für den Fall, daß der Anspruch nach § 200 (§ 29 KVLG) völlig ruht oder der Gesamtbetrag des laufenden Mutterschaftsgeldes (z.B. wegen teilweisen Ruhens) niedriger ist als das Entbindungsgeld (vgl. *Meisel/Sowka*, § 200b Rdnr. 2; *Töns*, § 200b Rdnr. 1c, *Specke* S. 81; *Höfler* in *KassKomm*, § 200b RVO Rdnr. 4).

2. Anspruchsberechtigter Personenkreis

Entbindungsgeld erhalten nur Frauen, die bis zum 31.12.2003 entbunden 5
haben und die **keinen Anspruch auf Mutterschaftsgeld** nach § 200 (§ 29
KVLG) haben, die also i.d.R. infolge der Mutterschaft keinen Einkommensausfall hatten. Ihnen soll ein Zuschuß zu den Aufwendungen gewährt werden, die in Zusammenhang mit der Entbindung entstehen.

Nach § 200 haben folgende Mitglieder keinen Anspruch auf Mutterschaftsgeld:
1. Freiwillige Mitglieder (§ 9 SGB V) ohne Anspruch auf Krankengeld (§ 44 Abs. 2 SGB V),
2. Frauen, die in einer Einrichtung der Jugendhilfe (z.B. Jugendsozialarbeit, § 13 Abs. 2 SGB VIII oder Heimerziehung/betreute Wohnform, § 34 SGB VIII) für eine Erwerbstätigkeit qualifiziert werden sollen, da sie in keinem Arbeitsverhältnis stehen,
3. Studentinnen (§ 5 Abs. 1 Nr. 9 SGB V),
4. Praktikantinnen und Auszubildende ohne Arbeitsentgelt sowie Auszubildende des Zweiten Bildungsweges (§ 5 Abs. 1 Nr. 10 SGB V).
5. Rentnerinnen und Rentenantragstellerinnen (§ 5 Abs. 1 Nrn. 11 und 12, § 189 SGB V), da bei ihnen mangels Arbeitsentgelts kein Einkommensausfall eintritt.

Ebenfalls keinen Anspruch auf Mutterschaftsgeld nach § 29 KVLG haben 6
landwirtschaftliche Unternehmerinnen, die nach § 2 Abs. 1 Nr. 2 KVLG 1989
versichert sind, sowie nach § 6 KVLG 1989 freiwillig versicherte Frauen.

War die Frau am Tag der Entbindung **kein Mitglied**, aber **familienversichert**, 7
hat sie keinen Anspruch auf Mutterschaftsgeld, sondern erhält nach der Entbindung Entbindungsgeld. Sie kann diese Leistung selbständig beantragen und in Empfang nehmen, da der Gesetzgeber die Familienversicherung als ein Rechtsverhältnis mit eigenem Leistungsanspruch ausgestaltet hat.

3. Höhe und Fälligkeit des Entbindungsgeldes

Im Falle des § 200b wird Entbindungsgeld als einmalige Leistung in Höhe 8
von 77 EUR gezahlt. Der Betrag kann durch die Satzung der Kasse nicht erhöht oder vermindert werden und ändert sich auch bei Mehrlingsgeburten nicht.

Mit Vollendung der Entbindung bis zum 31.12.2003 (zum Begriff »Entbin- 9
dung« vgl. § 6 Rdnr. 6) wurde der Anspruch fällig. Der Anspruch ist daher auch in voller Höhe entstanden, wenn die Versicherte bei der Entbindung gestorben ist oder wenn das Kind tot zur Welt gekommen ist, nicht jedoch bei Fehlgeburten und Schwangerschaftsabbrüchen (vgl. *Meisel/Sowka*, § 200b Rdnr. 1; *Dalheimer*, S. 182). Die Versicherte weist die Entbindung der Krankenkasse gegenüber in der Regel durch Vorlage einer Geburtsurkunde nach. Bei Totgeburten wird eine besondere Bescheinigung ausgestellt.

10 Die Vererbung des Anspruchs richtet sich nach bürgerlichem Recht (vgl. § 58 Satz 1 SGB I). Da § 200 Abs. 4 nur das laufende Mutterschaftsgeld betrifft, berührt die Zahlung von Arbeitsentgelt oder Arbeitseinkommen vor und nach der Entbindung oder von Krankengeld den Anspruch nach § 200 b nicht. Auch das Erziehungsgeld wird unabhängig von der Leistung nach § 200 b gezahlt, da § 7 BErzGG nur das Mutterschaftsgeld betrifft.

4. Entbindungsgeld und Mitgliedschaft

11 Der Anspruch auf Entbindungsgeld nach § 200 b führt nicht dazu, daß die Mitgliedschaft nach §§ 192, 224 SGB V beitragsfrei erhalten bleibt, solange der Anspruch besteht; denn in beiden Vorschriften ist das Mutterschaftsgeld gemeint (vgl. *Krauskopf/Baier*, § 192 SGB V Rdnr. 15ff.; *Töns*, § 200 b Rdnr. 2 b und § 200 c Rdnr. 1). Sofern die Voraussetzungen des § 192 Abs. 2 SGB V vorliegen, bleibt die Mitgliedschaft bis zur Entbindung bestehen. Die Schwangere muß aber nach § 250 Abs. 2 SGB V den Beitrag auf der Grundlage ihrer letzten beitragspflichtigen Einnahmen allein tragen.

Exkurs:
Leistungen der Krankenkassen zu Empfängnisverhütung, Sterilisation und Schwangerschaftsabbruch

Inhaltsübersicht

1. Vorbemerkung........................... 1–2
2. Ärztliche Beratung zur
   Empfängnisregelung..................... 3–8
   a) Anspruchsvoraussetzungen.............. 3
   b) Durchführung nur durch einen
      Vertragsarzt........................... 4
   c) Inhalt der Beratung.................. 5–8
3. Verordnung empfängnisregelnder
   Mittel 9–15
   a) Anspruchsvoraussetzungen.............. 9
   b) Nur verordnungspflichtige Mittel. 10–11
   c) Zuzahlung........................ 12–13
   d) Weitergehende Regelungen........ 14–15
4. Durch Krankheit erforderliche
   Sterilisation............................ 16–25
   a) Anspruchsvoraussetzungen,
      Begriff nicht rechtswidrig.......... 16–20
   b) Art und Umfang der Leistung..... 21–25
5. Nicht rechtswidriger Schwangerschaftsabbruch........................ 26–34
   a) Begriffsbestimmung, anspruchs-
      berechtigter Personenkreis......... 26–28
   b) Auswirkungen des Urteils des
      BVerfG v. 28.5.1993............... 29–32
   c) Geeignete Einrichtung................ 33
   d) Art und Umfang der Leistungen 34

1. Vorbemerkung

Die in den §§ 24a und 24b SGB V (früher §§ 200e–200g RVO, §§ 31a–31c KVLG) geregelten Leistungsansprüche gehören rechtssystematisch nicht zu den Leistungen bei Schwangerschaft. Der Gesetzgeber hat sie zutreffend nicht den Leistungen bei Krankheit zugeordnet, da Empfängnis und Schwangerschaft kein regelwidriger Körper- oder Geisteszustand und damit keine Krankheit i.S. der gesetzlichen Krankenversicherung sind. Er hat sie jetzt – systematisch nicht überzeugend – in den Abschnitt »Leistungen zur Verhütung von Krankheiten« eingeordnet. Sie bleiben ungeachtet der für sie geltend gemachten gesundheitspolitischen Gründe ein Fremdkörper in der gesetzlichen Krankenversicherung.

Die Entscheidung des *BVerfG* v. 28.5.1993 (BGBl. 1 S. 820 = NZS 1993, S. 353) hat die in § 24a vorgesehenen Leistungen nicht berührt. Die früheren §§ 200f und 200g RVO sowie § 24b SGB V waren bzw. sind nach Maßgabe der Urteilsgründe mit dem GG vereinbar. Durch das aufgrund der o.g. Entscheidung des *BVerfG* erlassene Schwangeren- und Familienhilfeänderungsgesetz (vom 21.8.1995, BGBl. I S. 1050) ist § 24b Abs. 1 Satz 2 jedoch geändert und sind die Absätze 3 und 4 angefügt worden.

2. Ärztliche Beratung zur Empfängnisregelung

a) **Anspruch** auf die Leistung nach § 24a Abs. 1 Satz 1 haben männliche und weibliche Versicherte. Bei einer gemeinsamen Beratung der Partner können Leistungen zu Lasten der Krankenkasse nur für den Partner erbracht werden, der Mitglied einer gesetzlichen Krankenkasse (§ 4) oder in ihr familienversichert

Exkurs *Leistungen der Krankenkassen*

(§ 10) ist. Der Grund für die Inanspruchnahme spielt keine Rolle. Der Anspruch ist nicht an ein Lebensalter gebunden, sondern kann geltend gemacht werden, wenn der Wunsch des/der Versicherten nach Beratung auf Grund der biologischen Entwicklung nicht sinnlos erscheint (ebenso *Krauskopf/Wagner*, § 24 a SGB V Rdnr. 6).

4   b) Die Kosten der Beratung werden von der Krankenkasse nur übernommen, wenn sie ein **Vertragsarzt** durchführt. Beratung durch nichtärztliches Personal oder Bildungseinrichtungen löst die Leistungspflicht der Krankenkasse nicht aus.

5   c) Die **Beratung über Empfängnisregelung** umfaßt medizinische Informationen über Verhütung und Herbeiführung einer Schwangerschaft. Sie müssen auf den Einzelfall bezogen sein; allgemeine Sexualaufklärung oder -beratung fällt nicht hierunter. Näheres dazu in Abschn. B 1 der Richtlinien zur Empfängnisregelung und zum Schwangerschaftsabbruch i.d.F. vom 10.12.1985 BAnz 1986, S. 3821 Beilage 60 a S. 17, zuletzt geändert durch Beschluß vom 1.12.2003, BAnz. Nr. 53 vom 17.3.2004.

Auch die Beratung über eine Sterilisation fällt unter § 24 a Abs. 1.

6   Zur Beratung gehört auch die **erforderliche Untersuchung** durch den Vertragsarzt (Abs. 1 Satz 2). Sie ist nicht bei jeder Beratung erforderlich, sondern nur dann, wenn begründeter Verdacht auf ein genetisches Risiko besteht, das Mutter und Kind gefährden könnte, oder wenn die Immunitätslage gegen Röteln ungeklärt ist. Näheres dazu im Abschn. B 8 der Sonstige-Hilfen-Richtlinien, vgl. Rdnr. 5.

7   Die Beratung umfaßt auch die **Verordnung empfängnisregelnder Mittel**, soweit sie einer ärztlichen Verordnung bedürfen. Der Rechtsanspruch nach Abs. 1 Satz 2 umfaßt die Verordnung des Mittels, nicht das Mittel selbst. Dieses wird nur unter den in Absatz 2 festgelegten Voraussetzungen übernommen (vgl. unten Rdnr. 10–11).

8   Arzneimittel, die den weiblichen Zyklus stabilisieren oder durch Beseitigung regelwidriger Zustände die Empfängnis ermöglichen sollen, dienen primär der Krankheitsbekämpfung und sind im Rahmen der Krankenbehandlung verordnungsfähig. Dabei sind die Arzneimittel-Richtlinien zu beachten (vgl. § 196 RVO Rdnr. 26).

3. Verordnung empfängnisregelnder Mittel

9   a) § 24 a Abs. 2 (eingeführt durch Art. 2 und 17 des Gesetzes v. 27.7.1992, BGBl. I S. 1398 mit Wirkung v. 5.8.1992) begründet einen **Rechtsanspruch** auf Versorgung mit empfängnisregelnden Mitteln für Versicherte bis zur **Vollendung des 20. Lebensjahres**. Das 20. Lebensjahr wird an dem Tag vollendet, der dem 20. Geburtstag vorausgeht (§ 26 Abs. 1 SGB X i.V.m. § 187 Abs. 2 Satz 2 BGB). Maßgebend für den Leistungsanspruch ist der Tag, an dem die ärztliche Verordnung ausgestellt wurde.

Verordnung empfängnisregelnder Mittel **Exkurs**

b) Es werden nur die Kosten solcher Mittel übernommen, die von einem Arzt (d.h. Vertragsarzt) verordnet werden müssen. **Verordnungspflichtig** sind hormonelle Antikonzeptiva (»Anti-Baby-Pille«, Minipille, Drei-Monats-Spritze, »Pille danach«) und Mittel, deren Anpassung durch einen Arzt vorgenommen wird (Intrauterinpessar, auch Spirale genannt).

Nicht von der Krankenkasse übernommen werden Empfängnisverhütungsmittel, für deren Abgabe eine ärztliche Verordnung nicht erforderlich ist, insbesondere Kondome, Scheidendiaphragmen und intravaginal anwendbare spermizid wirkende Mittel (vgl. die Gesetzesbegründung zu § 24a Abs. 2 letzter Halbsatz, BT-Drs. 12/3608 S. 78). Auch für Gegenstände, die bei anderen Empfängnisverhütungsmethoden verwendet werden (Thermometer oder Tabellenhefte für Kalendermethode nach Knaus-Ogino, Temperaturmethode, Schleimstrukturmethode), ist die Krankenkasse nicht leistungspflichtig. Dies gilt sogar dann, wenn diese Mittel von einem Vertragsarzt verordnet werden (zu Bedenken gegen diese Einschränkung, wenn nach ärztlicher Beurteilung aus medizinischen Gründen verordnungspflichtige Mittel nicht angewendet werden können, vgl. *Krauskopf*, § 24a Rdnr. 11).

c) Werden empfängnisverhütende Mittel auf Grund von § 24a Abs. 2 abgegeben, ist für sie eine **Zuzahlung** zu leisten (Abs. 2 2. Halbsatz; *Schneider in Schulin*, § 26 Rdnr. 12). Dies gilt nicht für Mittel, die keine Arzneimittel sind. Werden sie vom Arzt angepaßt, ist keine Zuzahlung an diesen zu leisten, § 43b SGB V ist in diesem Fall nicht entsprechend anzuwenden. Die Zuzahlungsverordnung aufgrund von § 31 Abs. 4 SGB V sieht nämlich nur eine Zuzahlung für Arzneimittel vor, die in einer öffentlichen Apotheke abgegeben werden. Seit 1.1.2004 beträgt die Zuzahlung 10% des Abgabepreises, mindestens aber 5 EUR und höchstens 10 EUR.

Zuzahlungsfrei sind alle weiblichen Versicherten, die am Tage der Verordnung des Empfängnisverhütungsmittels das 18. Lebensjahr noch nicht vollendet haben. Die für Arzneimittel geltenden Belastungsgrenzen (§ 62) sind entsprechend anzuwenden. Ist für ein Empfängnisverhütungsmittel ein Festbetrag nach § 35 festgesetzt und übersteigt der Abgabepreis den Festbetrag, ist der Differenzbetrag auch dann zu tragen, wenn die Versicherte nach § 24a Abs. 2 oder wegen Überschreitung der maßgeblichen Belastungsgrenze zuzahlungsfrei ist.

d) **Weitergehende Regelungen.** Der Anspruch auf Versorgung mit empfängnisverhütenden Mitteln für in der ehemaligen Sozialversicherung der DDR versicherte Frauen im Beitrittsgebiet ist mit Einführung des SGB V am 1.1.1991 weggefallen. Einzelne Länder im Beitrittsgebiet (z.B. Brandenburg) haben einen solchen Anspruch zu Lasten des Landeshaushalts weiter bestehen lassen. Soweit dies der Fall ist, tritt wegen Art. 31 GG § 24a Abs. 2 für Versicherte der gesetzlichen Krankenversicherung an die Stelle der jeweiligen landesrechtlichen Regelung. Soweit diese umfassendere Rechtsansprüche einräumt als Absatz 2, bleibt sie unberührt.

Exkurs *Leistungen der Krankenkassen*

15 Soweit auf Grund von krankenversicherungs- oder landesrechtlichen Vorschriften kein Anspruch auf Versorgung mit empfängnisverhütenden Mitteln besteht, kann ein Anspruch auf Kostenübernahme im Rahmen des § 37b BSHG gegen den zuständigen **Sozialhilfeträger** bestehen.

4. Durch Krankheit erforderliche Sterilisation

16 a) § 24b begründet einen Anspruch auf Leistungen bei einer durch Krankheit erforderlichen Sterilisation. **Anspruchsberechtigt** sind Versicherte (Mitglieder und Familienangehörige), für die im Zeitpunkt der Beratung, aber auch bei der späteren ärztlichen Durchführung der Sterilisation eine Versicherung oder zumindest ein nachgehender Anspruch nach § 19 Abs. 2 und 3 bestand.

17 Sterilisation ist das Herbeiführen der Unfruchtbarkeit eines Menschen durch einen chirurgischen Eingriff, bei dem bei der Frau die Eileiter (Tubenligatur) bzw. beim Mann die Samenstränge (Vasoresektion) unterbrochen bzw. funktionsunfähig gemacht werden. Bis zum 31.12.2003 bestand ein Anspruch auf Leistungen auch bei einer Sterilisation, die nicht durch Krankheit erforderlich war, solange sie nicht rechtswidrig war, d.h. wenn der Leistungsberechtigte in Kenntnis der Tragweite und Folgen des Eingriffs eingewilligt hatte. Durch das GKV-Modernisierungsgesetz vom 14.11.2003 (BGBl. I S. 2190) ist der Leistungsanspruch zum Zweck der Ausgabenbegrenzung jedoch auf solche Sterilisationen beschränkt worden, die durch Krankheit erforderlich sind. Alle anderen Sterilisationen sind nach Auffassung des Gesetzgebers dem Bereich der privaten Lebensgestaltung zuzurechnen und daher nicht von der Krankenkasse zu übernehmen (vgl. BT-Drs. 15/1525 S. 82). Eine Leistungspflicht der Krankenkasse besteht daher nur noch, wenn zwischen der Krankheit und der Sterilisation ein Ursachenzusammenhang in der Weise besteht, daß die Sterilisation notwendiger Bestandteil der Behandlung der Krankheit ist. Unerheblich ist, welche Krankheit die Sterilisation erforderlich gemacht hat. Die Feststellung der Erforderlichkeit erfolgt durch den behandelnden Arzt.

18 Demgegenüber ist Zulässigkeit der **Kastration**, bei der die Hoden bzw. Eierstöcke operativ oder durch Bestrahlung funktionsunfähig gemacht werden, gesetzlich geregelt (vgl. Gesetz vom 15.8.1969, BGBl. I S. 1143). Die Kastration bewirkt zwar ebenfalls Unfruchtbarkeit, hat aber eine völlig andere Zielrichtung, – es handelt sich in der Regel um Krankenbehandlung nach §§ 27ff. – so daß § 24b nicht anwendbar ist (ebenso *Krauskopf/Wagner*, § 24b SGB V Rdnr. 6; *Schneider* in *Schulin*, § 26 Rdnr. 13).

19 Die Kosten einer Rückgängigmachung der Sterilisation, der sog. Refertilisierung, werden von den Krankenkassen nicht übernommen (*BSG* v. 12.11.1985, BSGE 59 S. 119).

20 Der Anspruch auf Leistungen bei einer durch Krankheit erforderlichen Sterilisation ist durch das Urteil des BVerfG vom 28.5.1993 (vgl. oben Rdnr. 2) nicht berührt worden und besteht unverändert weiter.

b) Art und Umfang der Leistungen bei durch Krankheit erforderlicher Sterilisation sind in Absatz 2 geregelt. Danach fallen in die Leistungspflicht der Krankenkasse ärztliche Untersuchung und Begutachtung zur Feststellung der Voraussetzungen für eine durch Krankheit erforderliche Sterilisation (vgl. dazu insbesondere Abschnitt C der Richtlinien zur Empfängnisregelung und zum Schwangerschaftsabbruch, oben Rdnr. 5), Arznei-, Verband- und Heilmittel sowie Krankenhausbehandlung. 21

Soweit die Maßnahmen ambulant durchgeführt werden, sind sie Teil der **vertragsärztlichen Versorgung** (§ 73 SGB V). Es gelten für sie die für diese anzuwendenden Regelungen, insbesondere das Wirtschaftlichkeitsprinzip (§§ 12, 70). Auf die im Rahmen einer durch Krankheit erforderlichen Sterilisation anfallenden Leistungen sind die dafür maßgeblichen Vorschriften (§§ 28, 31, 32, 34, 35 und 39) einschließlich der Zuzahlungsregelungen in §§ 31 Abs. 3, 4 und 39 Abs. 4 anzuwenden. 22

Hat die durch Krankheit erforderliche Sterilisation Arbeitsunfähigkeit zur Folge, besteht ein Anspruch auf **Krankengeld** (§ 24 b Abs. 2 Satz 2), für den die allgemeinen Vorschriften gelten, insbesondere §§ 44, 47 und 49. Er ruht, soweit ein Anspruch auf Entgeltfortzahlung nach § 3 Abs. 2 EFZG besteht (vgl. dazu *Pallasch* in NZA 1993 S. 973). 23

Besteht bei Durchführung der durch Krankheit erforderlichen Sterilisation bereits Arbeitsunfähigkeit und damit ein Anspruch auf Krankengeld nach § 44, geht dieser vor. Die Leistungsdauer (§ 48) wird hierdurch aber nicht verlängert. 24

Die Vorschrift über Leistungsbeschränkung bei Selbstverschulden in § 52 ist nicht anzuwenden, obwohl eine ausdrückliche Ausschlußregelung, wie sie § 200 g RVO a. F. in Hinblick auf § 192 Abs. 1 RVO a. F. enthielt, fehlt (ebenso *Krauskopf/Wagner* § 24 b Rdnr. 19). 25

5. Nicht rechtswidriger Schwangerschaftsabbruch

a) § 24 b normiert für Versicherte einen Anspruch auf Leistungen bei einem nicht rechtswidrigen Abbruch der Schwangerschaft. **Schwangerschaftsabbruch** ist die absichtlich herbeigeführte Beendigung einer intakten Schwangerschaft vor Erreichen der extrauterinen Lebensfähigkeit von Embryo oder Fetus. 26

Die ungewollte vorzeitige Beendigung der Schwangerschaft durch **Fehlgeburt** ist kein Schwangerschaftsabbruch i. S. d. § 24 b. Handlungen, die die Einnistung (Nidation) der befruchteten Eizelle in die Gebärmutter verhindern, gelten nicht als Schwangerschaftsabbruch i. S. d. § 24 b (§ 219 d StGB). 27

Zum anspruchsberechtigten Personenkreis vgl. Rdnr. 16. 28

b) Das **Urteil des BVerfG** v. 28.5.1993 (vgl. Rdnr. 2) hat festgelegt, unter welchen Voraussetzungen § 24 b im Hinblick auf den nicht rechtswidrigen Schwangerschaftsabbruch mit Artikel 1 Abs. 1 und Artikel 2 Abs. 2 Satz 1 GG vereinbar ist. Diese Vorgaben sind durch das Schwangeren- und Familienhilfeänderungsgesetz (SFH-ÄndG vom 21.8.1995, BGBl. I S. 1050) umgesetzt wor- 29

Exkurs *Leistungen der Krankenkassen*

den. Das Gesetz ist in seinen wesentlichen Teilen am 1.10.1995 in Kraft getreten, so daß von diesem Zeitpunkt ab für die Frage der Rechtswidrigkeit eines Schwangerschaftsabbruchs und der Leistungspflicht nach § 24b SGB V die §§ 218a, 219 StGB i.d.F. des Art. 8 Nr. 3 SFHÄndG maßgebend sind. **Nicht rechtswidrig** und damit die Leistungspflicht der Krankenkassen auslösend sind alle Schwangerschaftsabbrüche, die mit Einwilligung der Schwangeren von einem Vertragsarzt vorgenommen werden, wenn nach ärztlicher Erkenntnis eine medizinische oder kriminologische Indikation vorliegt. Die embryopathische Indikation ist zum Schutz des Lebensrechts des ungeborenen Kindes nicht mehr als Rechtfertigungsgrund in das Gesetz aufgenommen worden. Durch die Formulierung der medizinischen Indikation sollte diese Fallkonstellation jedoch mit abgedeckt werden (vgl. *BT-Drucks.* 13/1850, S. 26; *kritisch* hierzu *Beckmann*, MedR 1998, S. 155f.).

30 **Alle anderen Schwangerschaftsabbrüche** gelten als **rechtswidrig** (auch wenn sie straflos sind) und lösen damit die Leistungspflicht der Krankenkasse nicht aus. Dies gilt insbesondere für die sog. Notlagenindikation.

31 Die neu eingefügten Absätze 3 und 4 regeln den Leistungsumfang bei rechtswidrigen aber straffreien Schwangerschaftsabbrüchen. Nach § 218a Abs. 1 StGB ist ein von einem Arzt vorgenommener Schwangerschaftsabbruch zwar rechtswidrig aber straffrei, wenn er in den ersten 12 Wochen nach der Empfängnis vorgenommen, eine Beratung i.S.d. § 219 StGB durchgeführt wurde und seit der Beratung mindestens 3 Tage vergangen sind. Entsprechend den Vorgaben des *BVerfG* unterscheidet das Gesetz zwischen den notwendigen ärztlichen Maßnahmen vor dem Abbruch und den eigentlichen Abbruchsleistungen. Zum Leistungskatalog der gesetzlichen Krankenversicherung gehören nunmehr alle Leistungen, die vom Arzt bis zum Beginn des Abbruchs vorgenommen wurden (§ 24b Abs. 3). Dagegen sind die eigentlichen Abbruchsleistungen nach § 24b Abs. 4 von der Frau selbst zu tragen.

32 Die **Krankenkasse hat zu prüfen**, ob der Abbruch rechtmäßig ist, bzw. ob sich um die auch bei rechtswidrigen Schwangerschaftsabbrüchen zu übernehmenden Leistungsabschnitte handelt. Bestätigt der Arzt das Vorliegen einer medizinischen, oder (der Amtsarzt oder Medizinische Dienst der Krankenkassen) einer kriminologischen Indikation, darf die Krankenkasse von der Rechtmäßigkeit jedenfalls dann ausgehen, wenn keine besonderen Anhaltspunkte für die Rechtswidrigkeit sprechen (ebenso *Krauskopf/Wagner*, § 24b Rdnr. 17).

33 c) Der Leistungsanspruch besteht nur, wenn der Schwangerschaftsabbruch in einem Krankenhaus oder in einer **Einrichtung** nach § 13 Abs. 1 des Schwangerschaftskonfliktgesetzes durchgeführt wird (§ 24b Abs. 1 Satz 2). Das sind – auch ambulante – Einrichtungen, in denen die notwendige medizinische Nachbehandlung ebenfalls gewährleistet ist.

34 d) **Art und Umfang der Leistungen** bei einem nicht rechtswidrigen Schwangerschaftsabbruch, die von der Krankenkasse übernommen werden müssen, regelt Abs. 2. Es gilt das oben (Rdnr. 21–25) zur durch Krankheit erforderlichen Sterilisation Ausgeführte entsprechend.

Teil E Anhang

Übersicht über den Anhang

0.	Grundgesetz (Auszug)	463
1.	Bundeserziehungsgeldgesetz	464
2.	Bürgerliches Gesetzbuch, SGB X (Fristen, Termine)	479
3.	Bundesbeamtengesetz (Beurlaubung, Mutterschutz)	481
4.	Verordnung über den Mutterschutz für Beamtinnen	484
4.1	Verordnung über den Mutterschutz für Soldatinnen	489
5.	MutterschutzrichtlinienVO (MuschRiV)	492
6.	Arbeitsstättenverordnung (Auszug)	495
7.	Berufskrankheiten-Verordnung (Auszug)	512
8.	Chemikaliengesetz (Auszug)	520
8.1	Gefahrstoffverordnung (Auszug)	529
9.	Röntgenverordnung (Auszug)	571
10.	Strahlenschutzverordnung (Auszug)	574
11.	Gesetz über die Krankenversicherung der Landwirte (Auszug)	586
12.	SGB V, Krankenversicherung (Auszug)	590
13.	SGB VI, Rentenversicherung, Kindererziehungszeiten (Auszug)	592
14.	SGB XII, Sozialhilfe (Auszug)	598
15.	Bundesvertriebenengesetz (Spätaussiedlerinnen – Auszug)	599
16.	SGB III, Arbeitsförderung (Auszug)	601
17.	Hebammenhilfe-Gebührenverordnung	602
18.	Mutterschafts-Richtlinien über ärztliche Betreuung	614
19.	EG-Mutterschutz-Richtlinie (92/85/EWG)	629
20.	EG-Änderungs-Richtlinie Gleichbehandlung (2002/73/EG)	638

Grundgesetz

0. Grundgesetz

Grundgesetz für die Bundesrepublik Deutschland
BGBl. 1949, 1, zuletzt geändert durch Art. 1 Gesetz vom 26.7.2002, BGBl. I 2863
(Auszug)

Artikel 3

(1) Alle Menschen sind vor dem Gesetz gleich.
(2) Männer und Frauen sind gleichberechtigt. Der Staat fördert die tatsächliche Durchsetzung der Gleichberechtigung von Frauen und Männern und wirkt auf die Beseitigung bestehender Nachteile hin.
(3) Niemand darf wegen seines Geschlechtes, seiner Abstammung, seiner Rasse, seiner Sprache, seiner Heimat und Herkunft, seines Glaubens, seiner religiösen oder politischen Anschauungen benachteiligt oder bevorzugt werden. Niemand darf wegen seiner Behinderung benachteiligt werden.

Artikel 6

(1) Ehe und Familie stehen unter dem besonderen Schutze der staatlichen Ordnung.
(2) Pflege und Erziehung der Kinder sind das natürliche Recht der Eltern und die zuvörderst ihnen obliegende Pflicht. Über ihre Betätigung wacht die staatliche Gemeinschaft.
(3) Gegen den Willen der Erziehungsberechtigten dürfen Kinder nur auf Grund eines Gesetzes von der Familie getrennt werden, wenn die Erziehungsberechtigten versagen oder wenn die Kinder aus anderen Gründen zu verwahrlosen drohen.
(4) Jede Mutter hat Anspruch auf den Schutz und die Fürsorge der Gemeinschaft.
(5) Den unehelichen Kindern sind durch die Gesetzgebung die gleichen Bedingungen für ihre leibliche und seelische Entwicklung und ihre Stellung in der Gesellschaft zu schaffen wie den ehelichen Kindern.

Anhang 1   *Bundeserziehungsgeldgesetz*

1. Bundeserziehungsgeldgesetz

in der Fassung der Bekanntmachung vom 9.2.2004, BGBl. I 206;
zuletzt geändert durch Art. 2 Gesetz vom 27.12.2004, BGBl. I 3852

Erster Abschnitt   Erziehungsgeld

§ 1 Berechtigte

(1) Anspruch auf Erziehungsgeld hat, wer
1. einen Wohnsitz oder seinen gewöhnlichen Aufenthalt in Deutschland hat,
2. mit einem Kind, für das ihm die Personensorge zusteht, in einem Haushalt lebt,
3. dieses Kind selbst betreut und erzieht und
4. keine oder keine volle Erwerbstätigkeit ausübt.

Die Anspruchsvoraussetzungen müssen bei Beginn des Leistungszeitraums vorliegen. Abweichend von Satz 2, § 1594, § 1600d und §§ 1626a bis 1626e des Bürgerlichen Gesetzbuchs können im Einzelfall nach billigem Ermessen die Tatsachen der Vaterschaft und der elterlichen Sorgeerklärung des Anspruchsberechtigten auch schon vor dem Zeitpunkt ihrer Rechtswirksamkeit berücksichtigt werden.

(2) Anspruch auf Erziehungsgeld hat auch, wer, ohne eine der Voraussetzungen des Absatzes 1 Nr. 1 zu erfüllen,
1. im Rahmen seines in Deutschland bestehenden Beschäftigungsverhältnisses vorübergehend ins Ausland entsandt ist und aufgrund über- oder zwischenstaatlichen Rechts oder nach § 4 des Vierten Buches Sozialgesetzbuch dem deutschen Sozialversicherungsrecht unterliegt oder im Rahmen seines in Deutschland bestehenden öffentlich-rechtlichen Dienst- oder Amtsverhältnisses vorübergehend ins Ausland abgeordnet, versetzt oder kommandiert ist,
2. Versorgungsbezüge nach beamten- oder soldatenrechtlichen Vorschriften oder Grundsätzen oder eine Versorgungsrente von einer Zusatzversorgungsanstalt für Arbeitnehmer des öffentlichen Dienstes erhält oder 3. Entwicklungshelfer im Sinne des § 1 des Entwicklungshelfer-Gesetzes ist.

Dies gilt auch für den mit ihm in einem Haushalt lebenden Ehegatten oder Lebenspartner, wenn dieser im Ausland keine Erwerbstätigkeit ausübt, welche den dortigen Vorschriften der sozialen Sicherheit unterliegt.

(3) Einem in Absatz 1 Nr. 2 genannten Kind steht gleich
1. ein Kind, das mit dem Ziel der Annahme als Kind bei der berechtigten Person aufgenommen wurde,

2. ein Kind des Ehegatten oder Lebenspartners, das der Antragsteller in seinen Haushalt aufgenommen hat,
3. ein leibliches Kind des nicht sorgeberechtigten Antragstellers, mit dem dieser in einem Haushalt lebt.

(4) Der Anspruch auf Erziehungsgeld bleibt unberührt, wenn der Antragsteller aus einem wichtigen Grund die Betreuung und Erziehung des Kindes nicht sofort aufnehmen kann oder sie unterbrechen muss.

(5) In Fällen besonderer Härte, insbesondere bei schwerer Krankheit, Behinderung oder Tod eines Elternteils oder bei erheblich gefährdeter wirtschaftlicher Existenz, kann von dem Erfordernis der Personensorge oder den Voraussetzungen des Absatzes 1 Nr. 3 und 4 abgesehen werden. Das Erfordernis der Personensorge kann nur entfallen, wenn die sonstigen Voraussetzungen des Absatzes 1 erfüllt sind, das Kind mit einem Verwandten bis dritten Grades oder dessen Ehegatten oder Lebenspartner in einem Haushalt lebt und kein Erziehungsgeld für dieses Kind von einem Personensorgeberechtigten in Anspruch genommen wird.

(6) Ein Ausländer mit der Staatsangehörigkeit eines Mitgliedstaates der Europäischen Union oder eines der Vertragsstaaten des Europäischen Wirtschaftsraums (EU/EWR-Bürger) erhält nach Maßgabe der Absätze 1 bis 5 Erziehungsgeld. Ein anderer Ausländer ist anspruchsberechtigt, wenn er im Besitz
1. einer Niederlassungserlaubnis,
2. einer Aufenthaltserlaubnis zum Zwecke der Erwerbstätigkeit,
3. einer Aufenthaltserlaubnis nach § 25 Abs. 1 und 2, den §§ 31, 37, 38 des Aufenthaltsgesetzes oder
4. einer Aufenthaltserlaubnis zum Zwecke des Familiennachzugs zu einem Deutschen oder zu einer von den Nummern 1 bis 3 erfassten Person ist.
Maßgebend ist der Monat, in dem die Voraussetzungen des Satzes 2 eintreten.

(7) Anspruchsberechtigt ist unter den Voraussetzungen des Absatzes 1 Nr. 2 bis 4 auch, wer als
1. EU/EWR-Bürger mit dem Wohnsitz in einem anderen Mitgliedstaat der Europäischen Union oder des Europäischen Wirtschaftsraums (anderen EU/EWR-Gebiet) oder
2. Grenzgänger aus einem sonstigen, unmittelbar an Deutschland angrenzenden Staat in Deutschland in einem öffentlich-rechtlichen Dienst- oder Amtsverhältnis steht oder ein Arbeitsverhältnis mit einer mehr als geringfügigen Beschäftigung hat.
Im Fall der Nummer 1 ist eine mehr als geringfügige selbständige Tätigkeit (§ 8 des Vierten Buches Sozialgesetzbuch) gleichgestellt. Der in einem anderen EU/EWR-Gebiet wohnende Ehegatte des in Satz 1 genannten EU/EWR-Bürgers ist anspruchsberechtigt, wenn er die Voraussetzungen des Absatzes 1 Nr. 2 bis 4 sowie die in den Verordnungen (EWG) Nr. 1408/71 und Nr. 574/72 niedergelegten Voraussetzungen erfüllt. Im Übrigen gelten § 3 und § 8 Abs. 3.

Anhang 1 *Bundeserziehungsgeldgesetz*

(8) Unter den Voraussetzungen des Absatzes 1 ist auch der Ehegatte oder Lebenspartner eines Mitglieds der Truppe oder des zivilen Gefolges eines NATO-Mitgliedstaates anspruchsberechtigt, soweit er EU/EWR-Bürger ist oder bis zur Geburt des Kindes in einem öffentlich-rechtlichen Dienst- oder Amtsverhältnis steht oder eine mehr als geringfügige Beschäftigung (§ 8 des Vierten Buches Sozialgesetzbuch) ausgeübt hat oder Mutterschaftsgeld oder eine Entgeltersatzleistung nach § 6 Abs. 1 Satz 3 bezogen hat.

(9) Kein Erziehungsgeld erhält, wer Saisonarbeitnehmer oder Werkvertragsarbeitnehmer ist oder im Rahmen seines im Ausland bestehenden Beschäftigungsverhältnisses vorübergehend nach Deutschland entsandt ist und aufgrund über- oder zwischenstaatlichen Rechts oder nach § 5 des Vierten Buches Sozialgesetzbuch nicht dem deutschen Sozialversicherungsrecht unterliegt. Entsprechendes gilt für den ihn begleitenden Ehegatten oder Lebenspartner, wenn er in Deutschland keine mehr als geringfügige Beschäftigung (§ 8 des Vierten Buches Sozialgesetzbuch) ausübt.

§ 2 Keine volle Erwerbstätigkeit

Der Antragsteller übt keine volle Erwerbstätigkeit aus, wenn die wöchentliche Arbeitszeit 30 Wochenstunden nicht übersteigt oder eine Beschäftigung zur Berufsbildung ausgeübt wird. Keine volle Erwerbstätigkeit liegt auch vor, wenn die berechtigte Person als im Sinne des § 23 des Achten Buches Sozialgesetzbuch geeignete Tagespflegeperson nicht mehr als fünf Kinder betreut.

§ 3 Zusammentreffen von Ansprüchen

(1) Für die Betreuung und Erziehung eines Kindes wird nur einer Person Erziehungsgeld gezahlt. Werden in einem Haushalt mehrere Kinder betreut und erzogen, wird für jedes Kind Erziehungsgeld gezahlt.

(2) Erfüllen beide Elternteile oder Lebenspartner die Anspruchsvoraussetzungen, so wird das Erziehungsgeld demjenigen gezahlt, den sie zum Berechtigten bestimmen. Wird die Bestimmung nicht im Antrag auf Erziehungsgeld getroffen, ist die Mutter die Berechtigte; Entsprechendes gilt für den Lebenspartner, der Elternteil ist. Die Bestimmung kann nur geändert werden, wenn die Betreuung und Erziehung des Kindes nicht mehr sichergestellt werden kann.

(3) Einem nicht sorgeberechtigten Elternteil kann Erziehungsgeld nur mit Zustimmung des sorgeberechtigten Elternteils gezahlt werden.

(4) Ein Wechsel in der Anspruchsberechtigung wird mit Beginn des folgenden Lebensmonats des Kindes wirksam.

Bundeserziehungsgeldgesetz

Anhang 1

§ 4 Beginn und Ende des Anspruchs

(1) Erziehungsgeld wird unter Beachtung der Einkommensgrenzen des § 5 Abs. 3 vom Tag der Geburt bis zur Vollendung des 12. Lebensmonats (Budget) oder bis zur Vollendung des 24. Lebensmonats (Regelbetrag) gezahlt. Für angenommene Kinder und Kinder im Sinne des § 1 Abs. 3 Nr. 1 wird Erziehungsgeld ab Aufnahme bei der berechtigten Person für die Dauer von bis zu zwei Jahren und längstens bis zur Vollendung des achten Lebensjahres gezahlt.

(2) Erziehungsgeld ist schriftlich für jeweils ein Lebensjahr zu beantragen. Der Antrag für das zweite Lebensjahr kann frühestens ab dem neunten Lebensmonat des Kindes gestellt werden. Rückwirkend wird Erziehungsgeld höchstens für sechs Monate vor der Antragstellung bewilligt. Für die ersten sechs Lebensmonate kann Erziehungsgeld unter dem Vorbehalt der Rückforderung bewilligt werden, wenn das Einkommen nach den Angaben des Antragstellers unterhalb der Einkommensgrenze nach § 5 Abs. 3 Satz 1, 2 und 4 liegt, und die Einkünfte im Kalenderjahr vor der Geburt nicht ohne weitere Prüfung abschließend ermittelt werden können.

(3) Vor Erreichen der Altersgrenze (Absatz 1) endet der Anspruch mit dem Ablauf des Lebensmonats, in dem eine der Anspruchsvoraussetzungen entfallen ist.

§ 5 Höhe des Erziehungsgeldes; Einkommensgrenzen

(1) Das monatliche Erziehungsgeld beträgt bei einer beantragten Zahlung für längstens bis zur Vollendung des
1. 12. Lebensmonats 450 Euro (Budget),
2. 24. Lebensmonats 300 Euro (Regelbetrag).

Die im Antrag getroffene Entscheidung für das Budget oder den Regelbetrag ist für die volle Bezugsdauer verbindlich. Ist im Antrag keine Entscheidung getroffen, wird der Regelbetrag gezahlt. Eine einmalige rückwirkende Änderung ist möglich in Fällen besonderer Härte, insbesondere bei schwerer Krankheit, Behinderung oder Tod eines Elternteils oder eines Kindes oder bei erheblich gefährdeter wirtschaftlicher Existenz oder bei der Geburt eines weiteren Kindes und nach Aufnahme einer Erwerbstätigkeit der berechtigten Person in den ersten sechs Lebensmonaten, die dazu führt, dass der Anspruch auf das Budget entfällt. Bei einer Änderung vom Budget zum Regelbetrag ist die bereits gezahlte Differenz zwischen Budget und Regelbetrag zu erstatten; § 22 Abs. 4 Satz 2 gilt nicht.

(2) Die Entscheidung nach Absatz 1 Satz 2 ist bei einem Berechtigtenwechsel auch für den neuen Berechtigten verbindlich. Im Fall einer Erstattungspflicht nach Absatz 1 Satz 5 haften die nicht dauernd getrennt lebenden Ehegatten als Gesamtschuldner; das Gleiche gilt für Lebenspartner oder in eheähnlicher Gemeinschaft lebende Eltern.

Anhang 1 *Bundeserziehungsgeldgesetz*

(3) In den ersten sechs Lebensmonaten des Kindes entfällt der Anspruch auf den Regelbetrag, wenn das Einkommen nach § 6 bei Ehegatten, die nicht dauernd getrennt leben, 30.000 Euro und bei anderen Berechtigten 23.000 Euro übersteigt. Der Anspruch auf das Budget entfällt, wenn das Einkommen nach § 6 bei Ehegatten, die nicht dauernd getrennt leben, 22.086 Euro und bei anderen Berechtigten 19.086 Euro übersteigt. Vom Beginn des siebten Lebensmonats an verringert sich das Erziehungsgeld, wenn das Einkommen nach § 6 bei Ehegatten, die nicht dauernd getrennt leben, 16 500 Euro und bei anderen Berechtigten 13.500 Euro übersteigt. Die Beträge der Einkommensgrenzen nach Satz 1, 2 und 3 erhöhen sich um 3.140 Euro für jedes weitere Kind des Berechtigten oder seines nicht dauernd von ihm getrennt lebenden Ehegatten, für das ihm oder seinem Ehegatten Kindergeld gezahlt wird oder ohne die Anwendung des § 65 Abs. 1 des Einkommensteuergesetzes oder des § 4 Abs. 1 des Bundeskindergeldgesetzes gezahlt würde. Maßgeblich sind, abgesehen von ausdrücklich abweichenden Regelungen dieses Gesetzes, die Verhältnisse zum Zeitpunkt der Antragstellung. Für Eltern in einer eheähnlichen Gemeinschaft gelten die Vorschriften zur Einkommensgrenze für Verheiratete, die nicht dauernd getrennt leben. Für Lebenspartner gilt die Einkommensgrenze für Verheiratete entsprechend.

(4) Das Erziehungsgeld wird ab dem siebten Lebensmonat gemindert, wenn das Einkommen die in Absatz 3 Satz 3 und 4 geregelten Grenzen übersteigt. Der Regelbetrag verringert sich um 5,2 Prozent und das Budget verringert sich um 7,2 Prozent des Einkommens, das die in Absatz 3 Satz 3 und 4 geregelten Grenzen übersteigt.

(5) Das Erziehungsgeld wird im Laufe des Lebensmonats gezahlt, für den es bestimmt ist. Soweit Erziehungsgeld für Teile von Monaten zu leisten ist, beträgt es für einen Kalendertag ein Dreißigstel des jeweiligen Monatsbetrages. Ein Betrag von monatlich weniger als 10 Euro wird ab dem siebten Lebensmonat nicht gezahlt. Auszuzahlende Beträge, die nicht volle Euro ergeben, sind bis zu 0,49 Euro abzurunden und von 0,50 Euro an aufzurunden.

§ 6 Einkommen

(1) Als Einkommen gilt die nicht um Verluste in einzelnen Einkommensarten zu vermindernde Summe der positiven Einkünfte im Sinne des § 2 Abs. 1 und 2 des Einkommensteuergesetzes abzüglich 24 vom Hundert, bei Personen im Sinne des § 10c Abs. 3 des Einkommensteuergesetzes abzüglich 19 vom Hundert und der Entgeltersatzleistungen, gemindert um folgende Beträge:
1. Unterhaltsleistungen an andere Kinder, für die die Einkommensgrenze nicht nach § 5 Abs. 3 Satz 4 erhöht worden ist, bis zu dem durch Unterhaltstitel oder durch Vereinbarung festgelegten Betrag,
2. Unterhaltsleistungen an sonstige Personen, soweit sie nach § 10 Abs. 1 Nr. 1 oder § 33a Abs. 1 des Einkommensteuergesetzes berücksichtigt werden,

3. Pauschbetrag nach § 33b Abs. 1 bis 3 des Einkommensteuergesetzes wegen der Behinderung eines Kindes, für das die Eltern Kindergeld erhalten oder ohne die Anwendung des § 65 Abs. 1 des Einkommensteuergesetzes oder des § 4 Abs. 1 des Bundeskindergeldgesetzes erhalten würden, oder wegen der Behinderung der berechtigten Person, ihres Ehegatten, ihres Lebenspartners oder des anderen Elternteils im Sinne von Absatz 3 Satz 2 erster Halbsatz.

Als Einkommen gelten nicht Einkünfte, die gemäß §§ 40 bis 40b des Einkommensteuergesetzes pauschal versteuert werden können. Entgeltersatzleistungen im Sinne von Satz 1 sind Arbeitslosengeld, Krankengeld, Verletztengeld oder eine vergleichbare Entgeltersatzleistung des Dritten, Fünften, Sechsten oder Siebten Buches Sozialgesetzbuch, des Bundesversorgungsgesetzes, des Soldatenversorgungsgesetzes oder einer aus dem Europäischen Sozialfonds finanzierten vergleichbaren Entgeltersatzleistung.

(2) Für die Berechnung des Erziehungsgeldes im ersten Lebensjahr des Kindes ist das Einkommen im Kalenderjahr vor der Geburt des Kindes, beim angenommenen Kind im Kalenderjahr vor der Aufnahme des Kindes bei der berechtigten Person maßgebend. Für die Berechnung des Erziehungsgeldes im zweiten Lebensjahr des Kindes ist das Einkommen im Kalenderjahr der Geburt des Kindes, beim angenommenen Kind im Kalenderjahr seiner Aufnahme bei der berechtigten Person maßgebend.

(3) Zu berücksichtigen ist das Einkommen der berechtigten Person und ihres Ehegatten oder Lebenspartners, soweit sie nicht dauernd getrennt leben. Leben die Eltern in einer eheähnlichen Gemeinschaft, ist auch das Einkommen des Partners zu berücksichtigen; dabei reicht die formlose Erklärung über die gemeinsame Elternschaft und das Zusammenleben aus.

(4) Soweit ein ausreichender Nachweis der Einkünfte in dem maßgebenden Kalenderjahr nicht möglich ist, werden der Ermittlung die Einkünfte in dem Kalenderjahr davor zugrunde gelegt.

(5) Bei Einkünften aus nicht selbständiger Arbeit, die allein nach ausländischem Steuerrecht zu versteuern sind oder keiner staatlichen Besteuerung unterliegen, ist von dem um den Arbeitnehmer-Pauschbetrag gemäß § 9a Satz 1 Nr. 1 des Einkommensteuergesetzes verminderten Bruttobetrag auszugehen. Andere Einkünfte, die allein nach ausländischem Steuerrecht zu versteuern sind oder keiner staatlichen Besteuerung unterliegen, sind entsprechend § 2 Abs. 1 und 2 des Einkommensteuergesetzes zu ermitteln. Beträge in ausländischer Währung werden in Euro umgerechnet.

(6) Ist die berechtigte Person während des Erziehungsgeldbezugs nicht erwerbstätig, bleiben ihre Einkünfte aus einer vorherigen Erwerbstätigkeit unberücksichtigt. Ist sie während des Erziehungsgeldbezugs erwerbstätig, sind ihre voraussichtlichen Erwerbseinkünfte in dieser Zeit maßgebend. Sonderzuwendungen bleiben unberücksichtigt. Entgeltersatzleistungen der berechtigten Person werden nur während des Erziehungsgeldbezugs berücksichtigt. Für die anderen Einkünfte gelten die übrigen Vorschriften des § 6.

Anhang 1 *Bundeserziehungsgeldgesetz*

(7) Ist das Einkommen während des ersten oder zweiten Lebensjahres beziehungsweise während des ersten oder zweiten Jahres nach der Aufnahme des Kindes bei der berechtigten Person insgesamt um mindestens 20 Prozent geringer als das Einkommen im entsprechenden Kalenderjahr im Sinne von Absatz 2, wird es auf Antrag neu ermittelt. Dabei sind die insoweit verringerten voraussichtlichen Einkünfte während des Erziehungsgeldbezugs zusammen mit den übrigen Einkünften nach § 6 maßgebend.

§ 7 Anrechnung von Mutterschaftsgeld und entsprechenden Bezügen

Für die Zeit nach der Geburt laufend zu zahlendes Mutterschaftsgeld, das der Mutter nach der Reichsversicherungsordnung, dem Gesetz über die Krankenversicherung der Landwirte oder dem Mutterschutzgesetz gezahlt wird, wird mit Ausnahme des Mutterschaftsgeldes nach § 13 Abs. 2 des Mutterschutzgesetzes auf das Erziehungsgeld angerechnet. Das Gleiche gilt für die Dienstbezüge, Anwärterbezüge und Zuschüsse, die nach beamten- oder soldatenrechtlichen Vorschriften für die Zeit der Beschäftigungsverbote gezahlt werden.

(2) Die Anrechnung ist beim Budget auf 13 Euro, sonst auf 10 Euro kalendertäglich begrenzt. Nicht anzurechnen ist das Mutterschaftsgeld für ein weiteres Kind vor und nach seiner Geburt auf das Erziehungsgeld für ein vorher geborenes Kind.

§ 8 Andere Sozialleistungen

(1) Das Erziehungsgeld und vergleichbare Leistungen der Länder sowie das Mutterschaftsgeld nach § 7 Abs. 1 Satz 1 und vergleichbare Leistungen nach § 7 Abs. 1 Satz 2, soweit sie auf das Erziehungsgeld angerechnet worden sind, bleiben als Einkommen bei Sozialleistungen und bei Leistungen nach dem Asylbewerberleistungsgesetz, deren Zahlung von anderen Einkommen abhängig ist, unberücksichtigt. Bei gleichzeitiger Zahlung von Erziehungsgeld und vergleichbaren Leistungen der Länder sowie von Sozialhilfe ist § 38 des Zwölften Buches Sozialgesetzbuch auf den Berechtigten nicht anwendbar. Im Übrigen gilt für die Dauer der Elternzeit, in der dem Berechtigten kein Erziehungsgeld gezahlt wird, der Nachrang der Sozialhilfe und der Nachrang der Leistungen der Grundsicherung für Arbeitsuchende des Zweiten Buches Sozialgesetzbuch.

(2) Auf Rechtsvorschriften beruhende Leistungen anderer, auf die kein Anspruch besteht, dürfen nicht deshalb versagt werden, weil in diesem Gesetz Leistungen vorgesehen sind.

(3) Die dem Erziehungsgeld und dem Mutterschaftsgeld vergleichbaren Leistungen, die im Ausland in Anspruch genommen werden können, sind, soweit sich aus dem vorrangigen Recht der Europäischen Union über Familienleistungen nichts Abweichendes ergibt, anzurechnen und sie schließen insoweit Erziehungsgeld aus.

Bundeserziehungsgeldgesetz **Anhang 1**

§ 9 Unterhaltspflichten

Unterhaltsverpflichtungen werden durch die Zahlung des Erziehungsgeldes und anderer vergleichbarer Leistungen der Länder nicht berührt. Dies gilt nicht in den Fällen des § 1361 Abs. 3, der §§ 1579, 1603 Abs. 2 und des § 1611 Abs. 1 des Bürgerlichen Gesetzbuchs.

§ 10 Zuständigkeit

Die Landesregierungen oder die von ihnen beauftragten Stellen bestimmen die für die Ausführung dieses Gesetzes zuständigen Behörden. Diesen Behörden obliegt auch die Beratung zur Elternzeit.

§ 11 Kostentragung

Der Bund trägt die Ausgaben für das Erziehungsgeld.

§ 12 Einkommens- und Arbeitszeitnachweis, Auskunftspflicht des Arbeitgebers

(1) § 60 Abs. 1 des Ersten Buches Sozialgesetzbuch gilt auch für den Ehegatten oder Lebenspartner des Antragstellers und für den Partner der eheähnlichen Gemeinschaft.

(2) Soweit es zum Nachweis des Einkommens oder der wöchentlichen Arbeitszeit erforderlich ist, hat der Arbeitgeber dem Arbeitnehmer dessen Brutto-Arbeitsentgelt und Sonderzuwendungen sowie die Arbeitszeit zu bescheinigen.

(3) Die Erziehungsgeldstelle kann eine schriftliche Erklärung des Arbeitgebers oder des Selbständigen darüber verlangen, ob und wie lange die Elternzeit beziehungsweise die Unterbrechung der Erwerbstätigkeit andauert oder eine Teilzeittätigkeit nach § 2 ausgeübt wird.

§ 13 Rechtsweg

(1) Über öffentlich-rechtliche Streitigkeiten in Angelegenheiten der §§ 1 bis 12 entscheiden die Gerichte der Sozialgerichtsbarkeit. § 85 Abs. 2 Nr. 2 des Sozialgerichtsgesetzes gilt mit der Maßgabe, dass die zuständige Stelle nach § 10 bestimmt wird.

(2) Widerspruch und Anfechtungsklage haben keine aufschiebende Wirkung.

§ 14 Bußgeldvorschrift

(1) Ordnungswidrig handelt, wer vorsätzlich oder fahrlässig 1. entgegen § 60 Abs. 1 Nr. 1 oder 3 des Ersten Buches Sozialgesetzbuch in Verbindung mit § 12

Anhang 1 *Bundeserziehungsgeldgesetz*

Abs. 1 auf Verlangen die leistungserheblichen atsachen nicht angibt oder Beweisurkunden nicht vorlegt, 2. entgegen § 60 Abs. 1 Nr. 2 des Ersten Buches Sozialgesetzbuch eine Änderung in den Verhältnissen, die für den Anspruch auf Erziehungsgeld erheblich ist, der nach § 10 zuständigen Behörde nicht, nicht richtig, nicht vollständig oder nicht rechtzeitig mitteilt, 3. entgegen § 12 Abs. 2 auf Verlangen eine Bescheinigung nicht, nicht richtig oder nicht vollständig ausfüllt oder 4. einer vollziehbaren Anordnung nach § 12 Abs. 3 zuwiderhandelt.

(2) Die Ordnungswidrigkeit kann mit einer Geldbuße geahndet werden.

(3) Verwaltungsbehörden im Sinne des § 36 Abs. 1 Nr. 1 des Gesetzes über Ordnungswidrigkeiten sind die nach § 10 zuständigen Behörden.

Zweiter Abschnitt   Elternzeit für Arbeitnehmerinnen und Arbeitnehmer

§ 15 Anspruch auf Elternzeit

(1) Arbeitnehmerinnen und Arbeitnehmer haben Anspruch auf Elternzeit, wenn sie mit einem Kind
1.
   a) für das ihnen die Personensorge zusteht,
   b) des Ehegatten oder Lebenspartners,
   c) das sie in Vollzeitpflege (§ 33 des Achten Buches Sozialgesetzbuch) oder in Adoptionspflege (§ 1744 des Bürgerlichen Gesetzbuchs) aufgenommen haben, oder
   d) für das sie auch ohne Personensorgerecht in den Fällen des § 1 Abs. 1 Satz 3 oder Abs. 3 Nr. 3 oder im besonderen Härtefall des § 1 Abs. 5 Erziehungsgeld beziehen können, in einem Haushalt leben und
2. dieses Kind selbst betreuen und erziehen.

Bei einem leiblichen Kind eines nicht sorgeberechtigten Elternteils ist die Zustimmung des sorgeberechtigten Elternteils erforderlich.

(2) Der Anspruch auf Elternzeit besteht bis zur Vollendung des dritten Lebensjahres eines Kindes. Die Zeit der Mutterschutzfrist nach § 6 Abs. 1 des Mutterschutzgesetzes wird auf die Begrenzung nach Satz 1 angerechnet. Bei mehreren Kindern besteht der Anspruch auf Elternzeit für jedes Kind, auch wenn sich die Zeiträume im Sinne von Satz 1 überschneiden. Ein Anteil der Elternzeit von bis zu zwölf Monaten ist mit Zustimmung des Arbeitgebers auf die Zeit bis zur Vollendung des achten Lebensjahres übertragbar; dies gilt auch, wenn sich die Zeiträume im Sinne von Satz 1 bei mehreren Kindern überschneiden. Bei einem angenommenen Kind und bei einem Kind in Vollzeit- oder

Adoptionspflege kann Elternzeit von insgesamt bis zu drei Jahren ab der Aufnahme bei der berechtigten Person, längstens bis zur Vollendung des achten Lebensjahres des Kindes genommen werden; die Sätze 3 und 4 sind entsprechend anwendbar, soweit sie die zeitliche Aufteilung regeln. Der Anspruch kann nicht durch Vertrag ausgeschlossen oder beschränkt werden.

(3) Die Elternzeit kann, auch anteilig, von jedem Elternteil allein oder von beiden Elternteilen gemeinsam genommen werden. Satz 1 gilt entsprechend für Ehegatten, Lebenspartner und die Berechtigten gemäß Absatz 1 Satz 1 Nr. 1 Buchstabe c.

(4) Während der Elternzeit ist Erwerbstätigkeit zulässig, wenn die vereinbarte wöchentliche Arbeitszeit für jeden Elternteil, der eine Elternzeit nimmt, nicht 30 Stunden übersteigt. Eine im Sinne des § 23 des Achten Buches Sozialgesetzbuch geeignete Tagespflegeperson kann bis zu fünf Kinder betreuen, auch wenn die wöchentliche Betreuungszeit 30 Stunden übersteigt. Teilzeitarbeit bei einem anderen Arbeitgeber oder als Selbständiger bedarf der Zustimmung des Arbeitgebers. Er kann sie nur innerhalb von vier Wochen aus dringenden betrieblichen Gründen schriftlich ablehnen.

(5) Über den Antrag auf eine Verringerung der Arbeitszeit und ihre Ausgestaltung sollen sich Arbeitnehmer und Arbeitgeber innerhalb von vier Wochen einigen. Der Antrag kann mit der schriftlichen Mitteilung nach Absatz 7 Satz 1 Nr. 5 verbunden werden. Unberührt bleibt das Recht des Arbeitnehmers, sowohl seine vor der Elternzeit bestehende Teilzeitarbeit unverändert während der Elternzeit fortzusetzen, soweit Absatz 4 beachtet ist, als auch nach der Elternzeit zu der Arbeitszeit zurückzukehren, die er vor Beginn der Elternzeit hatte.

(6) Der Arbeitnehmer kann gegenüber dem Arbeitgeber, soweit eine Einigung nach Absatz 5 nicht möglich ist, unter den Voraussetzungen des Absatzes 7 während der Gesamtdauer der Elternzeit zweimal eine Verringerung seiner Arbeitszeit beanspruchen.

(7) Für den Anspruch auf Verringerung der Arbeitszeit gelten folgende Voraussetzungen:
1. Der Arbeitgeber beschäftigt, unabhängig von der Anzahl der Personen in Berufsbildung, in der Regel mehr als 15 Arbeitnehmer;
2. das Arbeitsverhältnis des Arbeitnehmers in demselben Betrieb oder Unternehmen besteht ohne Unterbrechung länger als sechs Monate;
3. die vertraglich vereinbarte regelmäßige Arbeitszeit soll für mindestens drei Monate auf einen Umfang zwischen 15 und 30 Wochenstunden verringert werden;
4. dem Anspruch stehen keine dringenden betrieblichen Gründe entgegen und
5. der Anspruch wurde dem Arbeitgeber acht Wochen oder, wenn die Verringerung unmittelbar nach der Geburt des Kindes oder nach der Mutterschutzfrist beginnen soll, sechs Wochen vor Beginn der Tätigkeit schriftlich mitgeteilt.

Anhang 1 *Bundeserziehungsgeldgesetz*

Der Antrag muss den Beginn und den Umfang der verringerten Arbeitszeit enthalten. Die gewünschte Verteilung der verringerten Arbeitszeit soll im Antrag angegeben werden. Falls der Arbeitgeber die beanspruchte Verringerung der Arbeitszeit ablehnen will, muss er dies innerhalb von vier Wochen mit schriftlicher Begründung tun. Der Arbeitnehmer kann, soweit der Arbeitgeber der Verringerung der Arbeitszeit nicht oder nicht rechtzeitig zustimmt, Klage vor den Gerichten für Arbeitssachen erheben.

§ 16 Inanspruchnahme der Elternzeit

(1) Arbeitnehmerinnen und Arbeitnehmer müssen die Elternzeit, wenn sie unmittelbar nach Geburt des Kindes oder nach der Mutterschutzfrist (§ 15 Abs. 2 Satz 2) beginnen soll, spätestens sechs Wochen, sonst spätestens acht Wochen vor Beginn schriftlich vom Arbeitgeber verlangen und gleichzeitig erklären, für welche Zeiten innerhalb von zwei Jahren sie Elternzeit nehmen werden. Bei dringenden Gründen ist ausnahmsweise eine angemessene kürzere Frist möglich. Nimmt die Mutter die Elternzeit im Anschluss an die Mutterschutzfrist, wird die Zeit der Mutterschutzfrist nach § 6 Abs. 1 des Mutterschutzgesetzes auf den Zweijahreszeitraum nach Satz 1 angerechnet. Nimmt die Mutter die Elternzeit im Anschluss an einen auf die Mutterschutzfrist folgenden Erholungsurlaub, werden die Zeit der Mutterschutzfrist nach § 6 Abs. 1 des Mutterschutzgesetzes und die Zeit des Erholungsurlaubs auf den Zweijahreszeitraum nach Satz 1 angerechnet. Die Elternzeit kann auf zwei Zeitabschnitte verteilt werden; eine Verteilung auf weitere Zeitabschnitte ist nur mit der Zustimmung des Arbeitgebers möglich. Der Arbeitgeber soll die Elternzeit bescheinigen.

(2) Können Arbeitnehmerinnen und Arbeitnehmer aus einem von ihnen nicht zu vertretenden Grund eine sich unmittelbar an die Mutterschutzfrist des § 6 Abs. 1 des Mutterschutzgesetzes anschließende Elternzeit nicht rechtzeitig verlangen, können sie dies innerhalb einer Woche nach Wegfall des Grundes nachholen.

(3) Die Elternzeit kann vorzeitig beendet oder im Rahmen des § 15 Abs. 2 verlängert werden, wenn der Arbeitgeber zustimmt. Die vorzeitige Beendigung wegen der Geburt eines weiteren Kindes oder wegen eines besonderen Härtefalles (§ 1 Abs. 5) kann der Arbeitgeber nur innerhalb von vier Wochen aus dringenden betrieblichen Gründen schriftlich ablehnen. Die Arbeitnehmerin kann ihre Elternzeit nicht wegen der Mutterschutzfristen des § 3 Abs. 2 und § 6 Abs. 1 des Mutterschutzgesetzes vorzeitig beenden; dies gilt nicht während ihrer zulässigen Teilzeitarbeit. Eine Verlängerung kann verlangt werden, wenn ein vorgesehener Wechsel in der Anspruchsberechtigung aus einem wichtigen Grund nicht erfolgen kann.

(4) Stirbt das Kind während der Elternzeit, endet diese spätestens drei Wochen nach dem Tod des Kindes.

Bundeserziehungsgeldgesetz **Anhang 1**

(5) Eine Änderung in der Anspruchsberechtigung hat der Arbeitnehmer dem Arbeitgeber unverzüglich mitzuteilen.

§ 17 Urlaub

(1) Der Arbeitgeber kann den Erholungsurlaub, der dem Arbeitnehmer für das Urlaubsjahr aus dem Arbeitsverhältnis zusteht, für jeden vollen Kalendermonat, für den der Arbeitnehmer Elternzeit nimmt, um ein Zwölftel kürzen. Satz 1 gilt nicht, wenn der Arbeitnehmer während der Elternzeit bei seinem Arbeitgeber Teilzeitarbeit leistet.

(2) Hat der Arbeitnehmer den ihm zustehenden Urlaub vor dem Beginn der Elternzeit nicht oder nicht vollständig erhalten, so hat der Arbeitgeber den Resturlaub nach der Elternzeit im laufenden oder im nächsten Urlaubsjahr zu gewähren.

(3) Endet das Arbeitsverhältnis während der Elternzeit oder setzt der Arbeitnehmer im Anschluss an die Elternzeit das Arbeitsverhältnis nicht fort, so hat der Arbeitgeber den noch nicht gewährten Urlaub abzugelten.

(4) Hat der Arbeitnehmer vor dem Beginn der Elternzeit mehr Urlaub erhalten, als ihm nach Absatz 1 zusteht, so kann der Arbeitgeber den Urlaub, der dem Arbeitnehmer nach dem Ende der Elternzeit zusteht, um die zuviel gewährten Urlaubstage kürzen.

§ 18 Kündigungsschutz

(1) Der Arbeitgeber darf das Arbeitsverhältnis ab dem Zeitpunkt, von dem an Elternzeit verlangt worden ist, höchstens jedoch acht Wochen vor Beginn der Elternzeit, und während der Elternzeit nicht kündigen. In besonderen Fällen kann ausnahmsweise eine Kündigung für zulässig erklärt werden. Die Zulässigkeitserklärung erfolgt durch die für den Arbeitsschutz zuständige oberste Landesbehörde oder die von ihr bestimmte Stelle. Die Bundesregierung kann mit Zustimmung des Bundesrates allgemeine Verwaltungsvorschriften zur Durchführung des Satzes 2 erlassen.

(2) Absatz 1 gilt entsprechend, wenn der Arbeitnehmer
1. während der Elternzeit bei seinem Arbeitgeber Teilzeitarbeit leistet oder
2. ohne Elternzeit in Anspruch zu nehmen, bei seinem Arbeitgeber Teilzeitarbeit leistet und Anspruch auf Erziehungsgeld hat oder nur deshalb nicht hat, weil das Einkommen (§ 6) die Einkommensgrenzen (§ 5 Abs. 3) übersteigt.

Der Kündigungsschutz nach Nummer 2 besteht nicht, solange kein Anspruch auf Elternzeit nach § 15 besteht.

Anhang 1 *Bundeserziehungsgeldgesetz*

§ 19 Kündigung zum Ende der Elternzeit

Der Arbeitnehmer kann das Arbeitsverhältnis zum Ende der Elternzeit nur unter Einhaltung einer Kündigungsfrist von drei Monaten kündigen.

§ 20 Zur Berufsbildung Beschäftigte, in Heimarbeit Beschäftigte

(1) Die zu ihrer Berufsbildung Beschäftigten gelten als Arbeitnehmer im Sinne dieses Gesetzes. Die Elternzeit wird auf Berufsbildungszeiten nicht angerechnet.

(2) Anspruch auf Elternzeit haben auch die in Heimarbeit Beschäftigten und die ihnen Gleichgestellten (§ 1 Abs. 1 und 2 des Heimarbeitsgesetzes), soweit sie am Stück mitarbeiten. Für sie tritt an die Stelle des Arbeitgebers der Auftraggeber oder Zwischenmeister und an die Stelle des Arbeitsverhältnisses das Beschäftigungsverhältnis.

§ 21 Befristete Arbeitsverträge

(1) Ein sachlicher Grund, der die Befristung eines Arbeitsverhältnisses rechtfertigt, liegt vor, wenn ein Arbeitnehmer zur Vertretung eines anderen Arbeitnehmers für die Dauer eines Beschäftigungsverbotes nach dem Mutterschutzgesetz, einer Elternzeit, einer auf Tarifvertrag, Betriebsvereinbarung oder einzelvertraglicher Vereinbarung beruhenden Arbeitsfreistellung zur Betreuung eines Kindes oder für diese Zeiten zusammen oder für Teile davon eingestellt wird.

(2) Über die Dauer der Vertretung nach Absatz 1 hinaus ist die Befristung für notwendige Zeiten einer Einarbeitung zulässig.

(3) Die Dauer der Befristung des Arbeitsvertrages muss kalendermäßig bestimmt oder bestimmbar oder den in den Absätzen 1 und 2 genannten Zwecken zu entnehmen sein.

(4) Der Arbeitgeber kann den befristeten Arbeitsvertrag unter Einhaltung einer Frist von mindestens drei Wochen, jedoch frühestens zum Ende der Elternzeit, kündigen, wenn die Elternzeit ohne Zustimmung des Arbeitgebers vorzeitig endet und der Arbeitnehmer die vorzeitige Beendigung seiner Elternzeit mitgeteilt hat. Satz 1 gilt entsprechend, wenn der Arbeitgeber die vorzeitige Beendigung der Elternzeit in den Fällen des § 16 Abs. 3 Satz 2 nicht ablehnen darf.

(5) Das Kündigungsschutzgesetz ist im Fall des Absatzes 4 nicht anzuwenden.

(6) Absatz 4 gilt nicht, soweit seine Anwendung vertraglich ausgeschlossen ist.

(7) Wird im Rahmen arbeitsrechtlicher Gesetze oder Verordnungen auf die Zahl der beschäftigten Arbeitnehmer abgestellt, so sind bei der Ermittlung dieser Zahl Arbeitnehmer, die sich in der Elternzeit befinden oder zur Betreuung eines Kindes freigestellt sind, nicht mitzuzählen, solange für sie aufgrund von Absatz 1 ein Vertreter eingestellt ist. Dies gilt nicht, wenn der Vertreter nicht mitzuzählen ist. Die Sätze 1 und 2 gelten entsprechend, wenn im Rahmen

Bundeserziehungsgeldgesetz

arbeitsrechtlicher Gesetze oder Verordnungen auf die Zahl der Arbeitsplätze abgestellt wird.

Dritter Abschnitt   Übergangs- und Schlussvorschriften

§ 22   Ergänzendes Verfahren zum Erziehungsgeld

(1) Soweit dieses Gesetz zum Erziehungsgeld keine ausdrückliche Regelung trifft, ist bei der Ausführung des Ersten Abschnitts das Erste Kapitel des Zehnten Buches Sozialgesetzbuch anzuwenden.

(2) Steigt die Anzahl der Kinder oder treten die Voraussetzungen nach § 1 Abs. 5, § 5 Abs. 1 Satz 4, § 6 Abs. 1 Nr. 3, Abs. 6 und 7 nach der Entscheidung über das Erziehungsgeld ein, werden sie mit Ausnahme des § 6 Abs. 6 nur auf Antrag berücksichtigt. Soweit diese Voraussetzungen danach wieder entfallen, ist das unerheblich. Die Regelungen nach § 4 Abs. 3, § 5 Abs. 1 Satz 5 und § 12 Abs. 1 und 3 bleiben unberührt.

(3) Mit Ausnahme von Absatz 2 sind nachträgliche Veränderungen im Familienstand einschließlich der Familiengröße und im Einkommen nicht zu berücksichtigen.

(4) In den Fällen des Absatzes 2 und, mit Ausnahme von Absatz 3, bei sonstigen wesentlichen Veränderungen in den tatsächlichen oder rechtlichen Verhältnissen, die für den Anspruch auf Erziehungsgeld erheblich sind, ist über das Erziehungsgeld mit Beginn des nächsten Lebensmonats nach der wesentlichen Änderung der Verhältnisse durch Aufhebung oder Änderung des Bescheides neu zu entscheiden. § 4 Abs. 2 Satz 3, Abs. 3 bleibt unberührt.

(5) § 331 des Dritten Buches Sozialgesetzbuch gilt entsprechend.

§ 23   Statistik

(1) Zum Erziehungsgeld und zur gleichzeitigen Elternzeit werden nach diesem Gesetz bundesweit statistische Angaben (Statistik) erfasst.

(2) Die Statistik erfasst jährlich für das vorangegangene Kalenderjahr für jede Bewilligung von Erziehungsgeld, jeweils im ersten und zweiten Lebensjahr des Kindes, folgende Erhebungsmerkmale der Empfängerin oder des Empfängers:
1. Geschlecht, Geburtsmonat und Geburtsjahr,
2. Staatsangehörigkeit,
3. Wohnsitz/gewöhnlicher Aufenthalt,
4. Familienstand,
5. Anzahl der Kinder,
6. Dauer des Erziehungsgeldbezugs,

Anhang 1 *Bundeserziehungsgeldgesetz*

7. Höhe des monatlichen Erziehungsgeldes vor und nach dem sechsten Lebensmonat,
8. Beteiligung am Erwerbsleben während des Erziehungsgeldbezugs,
9. Elternzeit, auch des Ehegatten oder Lebenspartners, Dauer der Elternzeit und gleichzeitige Erwerbstätigkeit.

(3) Hilfsmerkmale sind Geburtsjahr und -monat des Kindes sowie Name und Anschrift der zuständigen Behörden (§ 10).

(4) Die nach § 10 bestimmten zuständigen Behörden erfassen die statistischen Angaben. Diese sind jährlich bis zum 30. April des folgenden Jahres dem Bundesministerium für Familie, Senioren, Frauen und Jugend mitzuteilen.

§ 24 Übergangsvorschriften; Bericht

(1) Für die vor dem 1. Januar 2001 geborenen Kinder oder die vor diesem Zeitpunkt mit dem Ziel der Adoption in Obhut genommenen Kinder sind die Vorschriften dieses Gesetzes in der bis zum 31. Dezember 2000 geltenden Fassung weiter anzuwenden. Die in diesem Gesetz genannten Euro-Beträge und Euro-Bezeichnungen sowie der Cent-Betrag gelten erstmalig für Kinder, die ab dem 1. Januar 2002 geboren oder mit dem Ziel der Adoption in Obhut genommen wurden. Für die im Jahr 2001 geborenen oder mit dem Ziel der Adoption in Obhut genommenen Kinder gelten die in diesem Gesetz genannten Deutsche Mark-/Pfennig-Beträge und -Bezeichnungen weiter.

(2) Für Geburten vor dem 1. Januar 2004 und die vor diesem Zeitpunkt bei der berechtigten Person aufgenommenen Kinder richtet sich der Anspruch auf Erziehungsgeld für das erste Lebensjahr nach den Vorschriften dieses Gesetzes in der bis zum 31. Dezember 2003 geltenden Fassung; für Geburten vor dem 1. Mai 2003 und die vor diesem Zeitpunkt bei der berechtigten Person aufgenommenen Kinder richtet sich der Anspruch auf Erziehungsgeld für das zweite Lebensjahr nach den Vorschriften dieses Gesetzes in der bis zum 31. Dezember 2003 geltenden Fassung.

(3) Die Bundesregierung legt dem Deutschen Bundestag bis zum 1. Juli 2004 einen Bericht über die Auswirkungen der §§ 15 und 16 (Elternzeit und Teilzeitarbeit während der Elternzeit) auf Arbeitnehmerinnen, Arbeitnehmer und Arbeitgeber sowie über die gegebenenfalls notwendige Weiterentwicklung dieser Vorschriften vor.

Bürgerliches Gesetzbuch **Anhang 2**

2. Bürgerliches Gesetzbuch

in der Fassung der Bekanntmachung vom 2.1.2002, BGBl. I 42, 2909; 2003, 738; zuletzt geändert durch Art. 1 Gesetz vom 21.4.2005, BGBl. I 1073 (Auszug)

§ 187 Fristbeginn[3]

(1) Ist für den Anfang einer Frist ein Ereignis oder ein in den Lauf eines Tages fallender Zeitpunkt maßgebend, so wird bei der Berechnung der Frist der Tag nicht mitgerechnet, in welchen das Ereignis oder der Zeitpunkt fällt.

(2) Ist der Beginn eines Tages der für den Anfang einer Frist maßgebende Zeitpunkt, so wird dieser Tag bei der Berechnung der Frist mitgerechnet. Das Gleiche gilt von dem Tage der Geburt bei der Berechnung des Lebensalters.

§ 188 Fristende

(1) Eine nach Tagen bestimmte Frist endigt mit dem Ablauf des letzten Tages der Frist.

(2) Eine Frist, die nach Wochen, nach Monaten oder nach einem mehrere Monate umfassenden Zeitraum – Jahr, halbes Jahr, Vierteljahr – bestimmt ist,

---

[3] Auszug aus **SGB X**: § 26 Fristen und Termine

(1) Für die Berechnung von Fristen und für die Bestimmung von Terminen gelten die §§ 187 bis 193 des Bürgerlichen Gesetzbuches entsprechend, soweit nicht durch die Absätze 2 bis 5 etwas anderes bestimmt ist.

(2) Der Lauf einer Frist, die von einer Behörde gesetzt wird, beginnt mit dem Tag, der auf die Bekanntgabe der Frist folgt, außer wenn dem Betroffenen etwas anderes mitgeteilt wird.

(3) Fällt das Ende einer Frist auf einen Sonntag, einen gesetzlichen Feiertag oder einen Sonnabend, endet die Frist mit dem Ablauf des nächstfolgenden Werktages. Dies gilt nicht, wenn dem Betroffenen unter Hinweis auf diese Vorschrift ein bestimmter Tag als Ende der Frist mitgeteilt worden ist.

(4) Hat eine Behörde Leistungen nur für einen bestimmten Zeitraum zu erbringen, endet dieser Zeitraum auch dann mit dem Ablauf seines letzten Tages, wenn dieser auf einen Sonntag, einen gesetzlichen Feiertag oder einen Sonnabend fällt.

(5) Der von einer Behörde gesetzte Termin ist auch dann einzuhalten, wenn er auf einen Sonntag, gesetzlichen Feiertag oder Sonnabend fällt.

(6) Ist eine Frist nach Stunden bestimmt, werden Sonntage, gesetzliche Feiertage oder Sonnabende mitgerechnet.

(7) Fristen, die von einer Behörde gesetzt sind, können verlängert werden. Sind solche Fristen bereits abgelaufen, können sie rückwirkend verlängert werden, insbesondere wenn es unbillig wäre, die durch den Fristablauf eingetretenen Rechtsfolgen bestehen zu lassen. Die Behörde kann die Verlängerung der Frist nach § 32 mit einer Nebenbestimmung verbinden.

Anhang 2 *Bürgerliches Gesetzbuch*

endigt im Falle des § 187 Abs. 1 mit dem Ablauf desjenigen Tages der letzten Woche oder des letzten Monats, welcher durch seine Benennung oder seine Zahl dem Tage entspricht, in den das Ereignis oder der Zeitpunkt fällt, im Falle des § 187 Abs. 2 mit dem Ablauf desjenigen Tages der letzten Woche oder des letzten Monats, welcher dem Tage vorhergeht, der durch seine Benennung oder seine Zahl dem Anfangstag der Frist entspricht.

(3) Fehlt bei einer nach Monaten bestimmten Frist in dem letzten Monat der für ihren Ablauf maßgebende Tag, so endigt die Frist mit dem Ablauf des letzten Tages dieses Monats.

§ 189 Berechnung einzelner Fristen

(1) Unter einem halben Jahr wird eine Frist von sechs Monaten, unter einem Vierteljahr eine Frist von drei Monaten, unter einem halben Monat eine Frist von 15 Tagen verstanden.

(2) Ist eine Frist auf einen oder mehrere ganze Monate und einen halben Monat gestellt, so sind die 15 Tage zuletzt zu zählen.

§ 190 Fristverlängerung

Im Falle der Verlängerung einer Frist wird die neue Frist von dem Ablauf der vorigen Frist an berechnet.

§ 191 Berechnung von Zeiträumen

Ist ein Zeitraum nach Monaten oder nach Jahren in dem Sinne bestimmt, dass er nicht zusammenhängend zu verlaufen braucht, so wird der Monat zu 30, das Jahr zu 365 Tagen gerechnet.

§ 192 Anfang, Mitte, Ende des Monats

Unter Anfang des Monats wird der erste, unter Mitte des Monats der 15., unter Ende des Monats der letzte Tag des Monats verstanden.

§ 193 Sonn- und Feiertag; Sonnabend

Ist an einem bestimmten Tage oder innerhalb einer Frist eine Willenserklärung abzugeben oder eine Leistung zu bewirken und fällt der bestimmte Tag oder der letzte Tag der Frist auf einen Sonntag, einen am Erklärungs- oder Leistungsort staatlich anerkannten allgemeinen Feiertag oder einen Sonnabend, so tritt an die Stelle eines solchen Tages der nächste Werktag.

3. Bundesbeamtengesetz

in der Fassung der Bekanntmachung vom 31.3.1999, BGBl. I 675; zuletzt geändert durch Art. 6 Gesetz vom 27.12.2004, BGBl. I 3835 (Auszug)

§ 72a

(1) Beamten mit Dienstbezügen kann auf Antrag Teilzeitbeschäftigung bis zur Hälfte der regelmäßigen Arbeitszeit und bis zur jeweils beantragten Dauer bewilligt werden, soweit dienstliche Belange nicht entgegenstehen.

(2) Dem Antrag nach Absatz 1 darf nur entsprochen werden, wenn der Beamte sich verpflichtet, während des Bewilligungszeitraumes außerhalb des Beamtenverhältnisses berufliche Verpflichtungen nur in dem Umfang einzugehen, in dem nach den §§ 64 bis 66 den vollzeitbeschäftigten Beamten die Ausübung von Nebentätigkeiten gestattet ist. Ausnahmen hiervon sind nur zulässig, soweit dies mit dem Beamtenverhältnis vereinbar ist. § 65 Abs. 2 Satz 3 gilt mit der Maßgabe, daß von der regelmäßigen wöchentlichen Arbeitszeit ohne Rücksicht auf die Bewilligung von Teilzeitbeschäftigung auszugehen ist. Wird die Verpflichtung nach Satz 1 schuldhaft verletzt, soll die Bewilligung widerrufen werden.

(3) Die zuständige Dienstbehörde kann auch nachträglich die Dauer der Teilzeitbeschäftigung beschränken oder den Umfang der zu leistenden Arbeitszeit erhöhen, soweit zwingende dienstliche Belange dies erfordern. Sie soll eine Änderung des Umfangs der Teilzeitbeschäftigung oder den Übergang zur Vollzeitbeschäftigung zulassen, wenn dem Beamten die Teilzeitbeschäftigung im bisherigen Umfang nicht mehr zugemutet werden kann und dienstliche Belange nicht entgegenstehen.

(4) Einem Beamten mit Dienstbezügen ist auf Antrag auch bei Stellen mit Vorgesetzten- und Leitungsaufgaben, wenn zwingende dienstliche Belange nicht entgegenstehen,
1. Teilzeitbeschäftigung bis zur Hälfte der regelmäßigen Arbeitszeit zu bewilligen,
2. Urlaub ohne Dienstbezüge bis zur Dauer von zwölf Jahren zu gewähren, wenn er
   a) mindestens ein Kind unter 18 Jahren oder
   b) einen nach ärztlichem Gutachten pflegebedürftigen sonstigen Angehörigen

tatsächlich betreut oder pflegt. Die Dienststelle muss die Ablehnung von Anträgen im Einzelnen begründen. Bei Beamten im Schul- und Hochschuldienst kann der Bewilligungszeitraum bis zum Ende des laufenden Schulhalbjahres oder Semesters ausgedehnt werden. Der Antrag auf Verlängerung einer Beurlaubung ist spätestens sechs Monate vor Ablauf der genehmigten Beurlaubung zu stellen.

Anhang 3 *Bundesbeamtengesetz*

Die Dauer des Urlaubs darf auch in Verbindung mit Urlaub nach § 72 e Abs. 1 sowie Teilzeitbeschäftigung nach Absatz 5 zwölf Jahre nicht überschreiten. Absatz 3 Satz 1 gilt entsprechend. Die zuständige Dienstbehörde kann eine Rückkehr aus dem Urlaub zulassen, wenn dem Beamten eine Fortsetzung des Urlaubs nicht zugemutet werden kann und dienstliche Belange nicht entgegenstehen. Teilzeitbeschäftigte Beamtinnen und Beamte mit Familienpflichten, die eine Vollzeitbeschäftigung beantragen, und Beurlaubte mit Familienpflichten, die eine vorzeitige Rückkehr aus der Beurlaubung beantragen, müssen bei der Besetzung von Vollzeitstellen unter Beachtung des Leistungsprinzips und der Regelungen des Bundesgleichstellungsgesetzes vorrangig berücksichtigt werden.

(5) Einem Beamten mit Dienstbezügen kann Teilzeitbeschäftigung mit weniger als der Hälfte der regelmäßigen Arbeitszeit bis zur Dauer von insgesamt zwölf Jahren bewilligt werden, wenn die Voraussetzungen des Absatzes 4 Satz 1 vorliegen und zwingende dienstliche Belange nicht entgegenstehen. Die Dauer der Teilzeitbeschäftigung darf auch zusammen mit Urlaub nach Absatz 4 Satz 1 Nr. 2 zwölf Jahre nicht überschreiten.

(6) Während einer Freistellung vom Dienst nach Absatz 4 dürfen nur solche Nebentätigkeiten genehmigt werden, die dem Zweck der Freistellung nicht zuwiderlaufen.

(7) Während der Zeit der Beurlaubung ohne Dienstbezüge nach Absatz 4 Satz 1 Nr. 2 besteht ein Anspruch auf Leistungen der Krankheitsfürsorge in entsprechender Anwendung der Beihilferegelungen für Beamte mit Dienstbezügen. Dies gilt nicht, wenn der Beamte berücksichtigungsfähiger Angehöriger eines Beihilfeberechtigten wird oder Anspruch auf Familienhilfe nach § 10 des Fünften Buches Sozialgesetzbuch hat.

(8) Die Dienststelle hat durch geeignete Maßnahmen den aus familiären Gründen Beurlaubten die Verbindung zum Beruf und den beruflichen Wiedereinstieg zu erleichtern. Dazu gehören das Angebot von Urlaubs- und Krankheitsvertretungen, ihre rechtzeitige Unterrichtung über das Fortbildungsprogramm und das Angebot der Teilnahme an der Fortbildung während oder nach der Beurlaubung. Die Teilnahme an einer Fortbildungsveranstaltung während der Beurlaubung begründet einen Anspruch auf bezahlte Dienstbefreiung nach Ende der Beurlaubung. Die Dauer der bezahlten Dienstbefreiung richtet sich nach der Dauer der Fortbildung. Mit den Beurlaubten sind rechtzeitig vor Ablauf einer Beurlaubung Beratungsgespräche zu führen, in denen sie über die Möglichkeiten ihrer Beschäftigung nach der Beurlaubung informiert werden.

§ 72 e

(1) Beamten mit Dienstbezügen kann in Bereichen, in denen wegen der Arbeitsmarktsituation ein außergewöhnlicher Bewerberüberhang besteht und deshalb ein dringendes öffentliches Interesse daran gegeben ist, verstärkt Bewerber im öffentlichen Dienst zu beschäftigen,

Bundesbeamtengesetz **Anhang 3**

1. auf Antrag Urlaub ohne Dienstbezüge bis zur Dauer von insgesamt sechs Jahren,
2. nach Vollendung des fünfundfünfzigsten Lebensjahres auf Antrag, der sich auf die Zeit bis zum Beginn des Ruhestandes erstrecken muß, Urlaub ohne Dienstbezüge bewilligt werden, wenn dienstliche Belange nicht entgegenstehen.

(2) Dem Antrag nach Absatz 1 darf nur entsprochen werden, wenn der Beamte erklärt, während der Dauer des Bewilligungszeitraumes auf die Ausübung entgeltlicher Nebentätigkeiten zu verzichten und entgeltliche Tätigkeiten nach § 66 Abs. 1 nur in dem Umfang auszuüben, wie er sie bei Vollzeitbeschäftigung ohne Verletzung dienstlicher Pflichten ausüben könnte. Wird diese Verpflichtung schuldhaft verletzt, soll die Bewilligung widerrufen werden. Die zuständige Dienstbehörde darf trotz der Erklärung des Beamten nach Satz 1 Nebentätigkeiten genehmigen, soweit sie dem Zweck der Bewilligung des Urlaubs nicht zuwiderlaufen. Sie kann eine Rückkehr aus dem Urlaub zulassen, wenn dem Beamten die Fortsetzung des Urlaubs nicht zugemutet werden kann und dienstliche Belange nicht entgegenstehen.

(3) Urlaub nach Absatz 1 darf, auch im Zusammenhang mit Urlaub nach § 72a Abs. 4 Satz 1 Nr. 2 sowie Teilzeitbeschäftigung nach § 72a Abs. 5, die Dauer von zwölf Jahren nicht überschreiten. Bei Beamten im Schul- und Hochschuldienst kann der Bewilligungszeitraum bis zum Ende des laufenden Schulhalbjahres oder Semesters ausgedehnt werden. In den Fällen des Absatzes 1 Nr. 2 findet Satz 1 keine Anwendung, wenn es dem Beamten nicht mehr zuzumuten ist, zur Voll- oder Teilzeitbeschäftigung zurückzukehren.

(4) Bis zum 31. Dezember 2004 kann Beamten Urlaub nach Absatz 1 Nr. 2 bereits nach Vollendung des fünfzigsten Lebensjahres bewilligt werden. Absatz 3 Satz 1 ist mit der Maßgabe anzuwenden, daß die Dauer des Urlaubs fünfzehn Jahre nicht überschreiten darf.

§ 80

Die Bundesregierung regelt durch Rechtsverordnung die der Eigenart des öffentlichen Dienstes entsprechende Anwendung
1. der Vorschriften des Mutterschutzgesetzes auf Beamtinnen,
2. der Vorschriften des Bundeserziehungsgeldgesetzes über die Elternzeit auf Beamte;

der Bundesminister des Innern kann Polizeivollzugsbeamten im Bundesgrenzschutz in Fällen des Artikels 91 Abs. 2 und des Artikels 115f Abs. 1 Nr. 1 des Grundgesetzes aus zwingenden Gründen der inneren Sicherheit einen beantragten Urlaub versagen oder einen gewährten Urlaub widerrufen.

Anhang 4 *Mutterschutzverordnung für Beamtinnen*

4. Verordnung über den Mutterschutz für Beamtinnen (Mutterschutzverordnung – MuSchV)

in der Fassung der Bekanntmachung vom 11.11.2004, BGBl. I 2828

§ 1

(1) Eine Beamtin darf während ihrer Schwangerschaft nicht beschäftigt werden, soweit nach ärztlichem Zeugnis Leben oder Gesundheit von Mutter oder Kind bei Fortdauer der Dienstleistung gefährdet ist.

(2) In den letzten sechs Wochen vor der Entbindung darf die Beamtin nicht beschäftigt werden, es sei denn, dass sie sich zur Dienstleistung ausdrücklich bereiterklärt; die Erklärung kann jederzeit widerrufen werden.

§ 2

(1) Während ihrer Schwangerschaft darf eine Beamtin nicht mit schweren körperlichen Arbeiten und nicht mit Arbeiten beschäftigt werden, bei denen sie schädlichen Einwirkungen von gesundheitsgefährdenden Stoffen oder Strahlen, von Staub, Gasen oder Dämpfen, von Hitze, Kälte oder Nässe, von Erschütterungen oder Lärm ausgesetzt ist.

(2) Dies gilt besonders
1. für Arbeiten, bei denen regelmäßig Lasten von mehr als 5 kg Gewicht oder gelegentlich Lasten von mehr als 10 kg Gewicht ohne mechanische Hilfsmittel von Hand gehoben, bewegt oder befördert werden. Sollen größere Lasten mit mechanischen Hilfsmitteln von Hand gehoben, bewegt oder befördert werden, so darf die körperliche Beanspruchung der werdenden Mutter nicht größer sein als bei Arbeiten nach Satz 1;
2. für Arbeiten, bei denen sie ständig stehen muss, soweit diese Beschäftigung nach Ablauf des fünften Monats der Schwangerschaft täglich vier Stunden überschreitet;
3. für Arbeiten, bei denen sie sich häufig erheblich strecken oder beugen oder bei denen sie dauernd hocken oder sich gebückt halten muss;
4. für die Bedienung von Geräten und Maschinen aller Art mit hoher Fußbeanspruchung, insbesondere von solchen mit Fußantrieb;
5. für Arbeiten, bei denen die Beamtin infolge ihrer Schwangerschaft in besonderem Maße der Gefahr, an einer Berufskrankheit zu erkranken, ausgesetzt ist oder bei denen durch das Risiko der Entstehung einer Berufskrankheit eine erhöhte Gefährdung für die werdende Mutter oder eine Gefahr für die Leibesfrucht besteht;
6. für die Tätigkeit auf Beförderungsmitteln nach Ablauf des dritten Monats der Schwangerschaft;

7. für Fließarbeit mit vorgeschriebenem Arbeitstempo, es sei denn, dass die Art oder Arbeit und das Arbeitstempo nach Feststellung der obersten Dienstbehörde eine Beeinträchtigung der Gesundheit der Beamtin oder des Kindes nicht befürchten lassen;
8. für Arbeiten, bei denen sie erhöhten Unfallgefahren, insbesondere der Gefahr auszugleiten oder zu fallen, ausgesetzt ist.

§ 2 a

Die §§ 1 bis 5 der Verordnung zum Schutze der Mütter am Arbeitsplatz vom 15. April 1997 (BGBl. I S. 782) sind entsprechend anzuwenden.

§ 3

(1) In den ersten acht Wochen nach der Entbindung ist eine Beamtin nicht zur Dienstleistung heranzuziehen; diese Frist verlängert sich bei Früh- oder Mehrlingsgeburten auf zwölf Wochen, bei Frühgeburten und sonstigen vorzeitigen Entbindungen zusätzlich um den Zeitraum, der nach § 1 Abs. 2 nicht in Anspruch genommen werden konnte. Beim Tode ihres Kindes kann die Mutter auf ihr ausdrückliches Verlangen schon vor Ablauf dieser Fristen, aber noch nicht in den ersten zwei Wochen nach der Entbindung, wieder beschäftigt werden, wenn nach ärztlichem Zeugnis nichts dagegen spricht. Sie kann ihre Erklärung jederzeit widerrufen.

(2) Eine Beamtin, die in den ersten Monaten nach der Entbindung nach ärztlichem Zeugnis nicht voll dienstfähig ist, darf nicht zu einem ihre Leistungsfähigkeit übersteigenden Dienst herangezogen werden.

(3) Solange eine Beamtin stillt, darf sie nicht zu den in § 2 Abs. 1 und 2 Nr. 1, 3 bis 5, 7 und 8 genannten Arbeiten herangezogen werden.

§ 4

Durch die Beschäftigungsverbote der §§ 1, 2 und 3 sowie des § 8 hinsichtlich des Dienstes zu ungünstigen Zeiten und des Wechselschicht- oder Schichtdienstes wird die Zahlung der Dienstbezüge und Anwärterbezüge nicht berührt. Das Gleiche gilt für das Dienstversäumnis während der Stillzeit (§ 7). Bemessungsgrundlage für die Zahlung der Zulagen für Dienst zu ungünstigen Zeiten und für Wechselschicht- oder Schichtdienst (§§ 3, 4 und 22 der Erschwerniszulagenverordnung) sowie für die Vergütung nach der Vollstreckungsvergütungsverordnung ist der Durchschnitt der Zulagen und der Vergütungen der letzten drei Monate vor Beginn des Monats, in dem die Schwangerschaft eingetreten ist.

Anhang 4 *Mutterschutzverordnung für Beamtinnen*

§ 4a

Soweit die in § 1 Abs. 2 und in § 3 Abs. 1 genannten Zeiten sowie der Entbindungstag in eine Elternzeit fallen, erhält die Beamtin einen Zuschuss von 13 Euro je Kalendertag, wenn sie während der Elternzeit nicht teilzeitbeschäftigt ist. Bei einer Beamtin, deren Dienstbezüge oder Anwärterbezüge (ohne die mit Rücksicht auf den Familienstand gewährten Zuschläge und ohne Aufwandsentschädigung sowie ohne Auslandsdienstbezüge nach § 52 Abs. 1 Satz 3 des Bundesbesoldungsgesetzes) vor Beginn der Elternzeit die Versicherungspflichtgrenze in der gesetzlichen Krankenversicherung überschreiten oder überschreiten würden, ist der Zuschuss auf 210 Euro begrenzt.

§ 5

Wird eine Beamtin während ihrer Schwangerschaft oder solange sie stillt mit Arbeiten beschäftigt, bei denen sie ständig stehen oder gehen muss, ist für sie eine Sitzgelegenheit zum kurzen Ausruhen bereitzustellen; wird sie mit Arbeiten beschäftigt, bei denen sie ständig sitzen muss, ist ihr Gelegenheit zu kurzen Unterbrechungen ihres Dienstes zu geben.

§ 6

(1) Sobald einer schwangeren Beamtin ihr Zustand bekannt ist, soll sie ihn der oder dem Dienstvorgesetzten mitteilen und dabei den mutmaßlichen Tag der Entbindung angeben. Auf Verlangen der oder des Dienstvorgesetzten soll sie das Zeugnis einer Ärztin, eines Arztes oder einer Hebamme vorlegen.

(2) Für die Berechnung des in § 1 Abs. 2 bezeichneten Zeitraums vor der Entbindung ist auf Verlangen der oder des Dienstvorgesetzten das Zeugnis einer Ärztin, eines Arztes oder einer Hebamme vorzulegen; das Zeugnis soll den mutmaßlichen Tag der Entbindung angeben. Irrt sich die Ärztin, der Arzt oder die Hebamme über den Zeitpunkt der Entbindung, so verkürzt oder verlängert sich diese Frist entsprechend.

(3) Die Kosten für die Zeugnisse nach den Absätzen 1 und 2 trägt die Dienstbehörde.

§ 7

(1) Die zum Stillen erforderliche Zeit, mindestens aber zweimal täglich eine halbe Stunde oder einmal täglich eine Stunde, ist einer Beamtin auf ihr Verlangen freizugeben. Bei einer zusammenhängenden Arbeitszeit von mehr als acht Stunden soll auf Verlangen zweimal eine Stillzeit von mindestens 45 Minuten oder, wenn in der Nähe der Arbeitsstätte keine Stillgelegenheit vorhanden ist, einmal eine Stillzeit von mindestens 90 Minuten gewährt werden. Die Arbeits-

Mutterschutzverordnung für Beamtinnen **Anhang 4**

zeit gilt als zusammenhängend, soweit sie nicht durch eine Ruhepause von mindestens zwei Stunden unterbrochen wird.

(2) Die Stillzeit darf nicht vor- oder nachgearbeitet und nicht auf die in Rechts- oder Verwaltungsvorschriften festgesetzten Ruhepausen angerechnet werden.

(3) Die oberste Dienstbehörde kann nähere Bestimmungen über Zahl, Lage und Dauer der Stillzeiten treffen; sie kann die Einrichtung von Stillräumen vorschreiben.

§ 8

(1) Während ihrer Schwangerschaft und solange sie stillt darf eine Beamtin nicht zur Mehrarbeit und nicht in der Nacht zwischen zwanzig und sechs Uhr sowie nicht an Sonn- und Feiertagen zur Dienstleistung herangezogen werden.

(2) Mehrarbeit im Sinne des Absatzes 1 ist jede Dienstleistung, die über achteinhalb Stunden täglich oder über 90 Stunden in der Doppelwoche hinaus geleistet wird.

(3) Im Verkehrswesen dürfen Beamtinnen während ihrer Schwangerschaft und solange sie stillen abweichend von Absatz 1 an Sonn- und Feiertagen beschäftigt werden, wenn ihnen in jeder Woche einmal eine ununterbrochene Ruhezeit von mindestens 24 Stunden im Anschluss an eine Nachtruhe gewährt wird.

(4) Die oberste Dienstbehörde oder die von ihr bestimmte unmittelbar nachgeordnete Behörde kann in begründeten Fällen Ausnahmen von den vorstehenden Vorschriften zulassen.

§ 9 (weggefallen)

§ 10

(1) Während der Schwangerschaft und innerhalb von vier Monaten nach der Entbindung darf die Entlassung einer Beamtin auf Probe oder auf Widerruf gegen ihren Willen nicht ausgesprochen werden, wenn der oder dem Dienstvorgesetzten die Schwangerschaft oder die Entbindung bekannt war. Eine ohne diese Kenntnis ergangene Entlassungsverfügung ist zurückzunehmen, wenn der oder dem Dienstvorgesetzten die Schwangerschaft oder die Entbindung innerhalb zweier Wochen nach der Zustellung mitgeteilt wird; das Überschreiten dieser Frist ist unbeachtlich, wenn es auf einem von der Beamtin nicht zu vertretenden Grund beruht und die Mitteilung unverzüglich nachgeholt wird.

(2) In besonderen Fällen kann die oberste Dienstbehörde auch bei Vorliegen der Voraussetzungen des Absatzes 1 die Entlassung aussprechen, wenn ein

Anhang 4 *Mutterschutzverordnung für Beamtinnen*

Sachverhalt vorliegt, bei dem eine Beamtin oder ein Beamter auf Lebenszeit im Wege eines Disziplinarverfahrens aus dem Dienst zu entfernen wäre.

(3) Die §§ 28 und 29 des Bundesbeamtengesetzes bleiben unberührt.

§ 11

In jeder Dienststelle, bei der regelmäßig mehr als drei Beamtinnen tätig sind, ist ein Abdruck dieser Verordnung an geeigneter Stelle zur Einsicht auszulegen.

4.1 Verordnung über den Mutterschutz für Soldatinnen (Mutterschutzverordnung für Soldatinnen – MuSchSoldV)

in der Fassung der Bekanntmachung vom 18.11.2004, BGBl. I 2858

§ 1

Sobald einer Soldatin bekannt wird, dass sie schwanger ist, soll sie dies und den mutmaßlichen Tag der Entbindung der oder dem nächsten Disziplinarvorgesetzten oder der Truppenärztin oder dem Truppenarzt mitteilen.

§ 2

(1) Soweit sich aus den §§ 4 nichts anderes ergibt, nimmt eine Soldatin während der Schwangerschaft bis zum Beginn der Schutzfrist (§ 5 Abs. 1) am regelmäßigen Dienst teil. Sie darf jedoch nicht zu zusätzlichem Dienst und nicht in der Nacht zwischen 20 und 6 Uhr zum Dienst herangezogen werden. Im Übrigen entscheidet über Art und Dauer der täglichen Dienstleistung die oder der nächste Disziplinarvorgesetzte auf Grund eines ärztlichen Zeugnisses.

(2) Zusätzlicher Dienst im Sinne des Absatzes 1 ist jede Dienstleistung, die über die Dauer der täglichen Rahmendienstzeit hinaus geleistet wird.

(3) Abweichend vom Nachtarbeitsverbot des Absatzes 1 dürfen schwangere Soldatinnen des Militärmusikdienstes in den ersten vier Monaten der Schwangerschaft und stillende Soldatinnen des Militärmusikdienstes als Künstlerinnen bei Musikaufführungen bis 23 Uhr zum Dienst herangezogen werden.

§ 3

(1) Während der Schwangerschaft darf eine Soldatin nicht zu Dienstleistungen herangezogen werden, bei denen sie schweren körperlichen Belastungen, schädlichen Einwirkungen von gesundheitsgefährdenden Stoffen oder Strahlen, von Staub, Gasen oder Dämpfen, von Hitze, Kälte oder Nässe, von Erschütterungen oder Lärm ausgesetzt ist.

(2) Dies gilt besonders für
1. Dienstleistungen, bei denen erfahrungsgemäß die Gefahr einer Infektionskrankheit besteht;
2. den Aufenthalt im Kontrollbereich ionisierender Strahlung, radioaktiver Stoffe oder von Röntgeneinrichtungen, außer zur eigenen röntgenologischen Untersuchung;
3. die Teilnahme an militärischen Übungen unter feldmäßigen Bedingungen sowie

Anhang 4.1 *Mutterschutzverordnung für Soldatinnen*

4. Dienstleistungen nach § 2 Abs. 2 der Mutterschutzverordnung in der jeweils geltenden Fassung.

§ 3 a

Die §§ 1 bis 5 der Verordnung zum Schutze der Mütter am Arbeitsplatz vom 15. April 1997 (BGBl. I S. 782) sind entsprechend anzuwenden.

§ 4

Eine Soldatin darf während der Schwangerschaft nicht zu Dienstleistungen herangezogen werden, soweit nach ärztlichem Zeugnis Leben oder Gesundheit von Mutter oder Kind bei Fortdauer der Dienstleistung gefährdet ist.

§ 5

(1) In den letzten sechs Wochen vor der Entbindung und in den ersten acht Wochen nach der Entbindung ist eine Soldatin nicht zu Dienstleistungen heranzuziehen; die Frist nach der Geburt verlängert sich bei Früh- oder Mehrlingsgeburten auf zwölf Wochen, bei Frühgeburten und sonstigen vorzeitigen Entbindungen zusätzlich um den Zeitraum, der vor der Entbindung nicht in Anspruch genommen werden konnte. Beim Tode ihres Kindes kann die Mutter auf ihr ausdrückliches Verlangen schon vor Ablauf dieser Fristen, aber noch nicht in den ersten zwei Wochen nach der Entbindung wieder beschäftigt werden, wenn nach ärztlichem Zeugnis nichts dagegen spricht. Sie kann ihre Erklärung jederzeit widerrufen.

(2) Eine Soldatin, die in den ersten Monaten nach der Entbindung nach ärztlichem Zeugnis nicht voll dienstfähig ist, darf nicht zu einem ihre Leistungsfähigkeit über-steigenden Dienst herangezogen werden.

(3) Solange eine Soldatin stillt, darf sie nicht zu den in § 3 genannten Dienstleistungen herangezogen werden. Für die zum Stillen erforderliche Zeit gilt § 7 Abs. 1 des Mutterschutzgesetzes entsprechend.

§ 6

Durch die Verbote der §§ 3 bis 5 sowie des § 2 Abs. 1 Satz 2 hinsichtlich des Dienstes zu ungünstigen Zeiten und des Wechselschicht- oder Schichtdienstes wird die Zahlung der Dienstbezüge und des Ausbildungsgeldes für Sanitätsoffizier-Anwärter nicht berührt. Das Gleiche gilt für die Dienstbefreiung während der Stillzeit (§ 5 Abs. 3 Satz 2). Bemessungsgrundlage für die Zahlung der Erschwerniszulagen für Dienst zu ungünstigen Zeiten und für Wechselschicht- oder Schichtdienst ist der Durchschnitt der Zulagen der letzten drei Monate vor Beginn des Monats, in dem die Schwangerschaft eingetreten ist.

Mutterschutzverordnung für Soldatinnen **Anhang 4.1**

§ 6a

Soweit die in § 5 Abs. 1 genannten Zeiten sowie der Entbindungstag in eine Elternzeit fallen, erhält die Soldatin einen Zuschuss von 13 Euro je Kalendertag, wenn sie während der Elternzeit nicht eine Teilzeitbeschäftigung als Arbeitnehmerin aufgenommen hat. Bei einer Soldatin, deren Dienstbezüge oder Ausbildungsgeld für Sanitätsoffizier-Anwärter (ohne die mit Rücksicht auf den Familienstand gewährten Zuschläge und ohne Aufwandsentschädigung sowie ohne Auslandsdienstbezüge nach § 52 Abs. 1 Satz 3 des Bundesbesoldungsgesetzes) vor Beginn der Elternzeit die Versicherungspflichtgrenze in der gesetzlichen Krankenversicherung überschreiten oder überschreiten würden, ist der Zuschuss auf 210 Euro begrenzt.

§ 6b

(1) Während der Schwangerschaft und innerhalb von vier Monaten nach der Entbindung darf die Entlassung einer Soldatin auf Zeit gegen ihren Willen nicht ausgesprochen werden, wenn der oder dem für die Entlassung zuständigen Vorgesetzten die Schwangerschaft oder die Entbindung bekannt war. Eine ohne diese Kenntnis ergangene Entlassungsverfügung ist zurückzunehmen, wenn der oder dem für die Entlassung zuständigen Vor-gesetzten die Schwangerschaft oder die Entbindung innerhalb zweier Wochen nach der Zustellung gemeldet wird; das Überschreiten dieser Frist ist unbeachtlich, wenn es auf einem von der Soldatin nicht zu vertretenden Grund beruht und die Meldung unverzüglich nachgeholt wird.
(2) In besonderen Fällen kann mit vorheriger Zustimmung des Bundesministeriums der Verteidigung auch bei Vorliegen der Voraussetzungen des Absatzes 1 eine Entlassung nach § 55 Abs. 5 des Soldatengesetzes ausgesprochen werden.
(3) § 55 Abs. 1 des Soldatengesetzes bleibt unberührt.

§ 7 (gegenstandslos)

§ 8 (Aufhebung einer anderen Vorschrift)

§ 9 (Inkrafttreten)

Anhang 5 *Mutterschutzrichtlinienverordnung*

5. Verordnung zum Schutze der Mütter am Arbeitsplatz (Mutterschutzrichtlinienverordnung – MuschRiV)[1]

in der Fassung der Bekanntmachung vom 15.4.1997, BGBl. I 782; zuletzt geändert am 23.12.2004, BGBl. I 3807

§ 1 Beurteilung der Arbeitsbedingungen

(1) Der Arbeitgeber muss rechtzeitig für jede Tätigkeit, bei der werdende oder stillende Mütter durch die chemischen Gefahrstoffe, biologischen Arbeitsstoffe, physikalischen Schadfaktoren, die Verfahren oder Arbeitsbedingungen nach Anlage 1 dieser Verordnung gefährdet werden können, Art, Ausmaß und Dauer der Gefährdung beurteilen. Die Pflichten nach dem Arbeitsschutzgesetz bleiben unberührt.

(2) Zweck der Beurteilung ist es,
1. alle Gefahren für die Sicherheit und Gesundheit sowie alle Auswirkungen auf Schwangerschaft oder Stillzeit der betroffenen Arbeitnehmerinnen abzuschätzen und
2. die zu ergreifenden Schutzmaßnahmen zu bestimmen.

(3) Der Arbeitgeber kann zuverlässige und fachkundige Personen schriftlich damit beauftragen, ihm obliegende Aufgaben nach dieser Verordnung in eigener Verantwortung wahrzunehmen.

§ 2 Unterrichtung

Der Arbeitgeber ist verpflichtet, werdende oder stillende Mütter sowie die übrigen bei ihm beschäftigten Arbeitnehmerinnen und, wenn ein Betriebs- oder Personalrat vorhanden ist, diesen über die Ergebnisse der Beurteilung nach § 1 und über die zu ergreifenden Maßnahmen für Sicherheit und Gesundheitsschutz am Arbeitsplatz zu unterrichten, sobald das möglich ist. Eine formlose Unterrichtung reicht aus. Die Pflichten nach dem Arbeitsschutzgesetz sowie weitergehende Pflichten nach dem Betriebsverfassungs- und den Personalvertretungsgesetzen bleiben unberührt.

---

1 Die Verordnung dient der Umsetzung der Artikel 4 bis 6 der Richtlinie 92/85/EWG des Rates vom 19. Oktober 1992 über die Durchführung von Maßnahmen zur Verbesserung der Sicherheit und des Gesundheitsschutzes von schwangeren Arbeitnehmerinnen, Wöchnerinnen und stillenden Arbeitnehmerinnen am Arbeitsplatz (10. Einzelrichtlinie im Sinne des Artikels 16 Abs. 1 der Richtlinie 89/391/EWG) (ABl. EG Nr. L 348 S. 1) (EG-Mutterschutz-Richtlinie).

Mutterschutzrichtlinienverordnung **Anhang 5**

§ 3 Weitere Folgerungen aus der Beurteilung

(1) Ergibt die Beurteilung nach § 1, dass die Sicherheit oder Gesundheit der betroffenen Arbeitnehmerinnen gefährdet ist und dass Auswirkungen auf Schwangerschaft oder Stillzeit möglich sind, so trifft der Arbeitgeber die erforderlichen Maßnahmen, damit durch eine einstweilige Umgestaltung der Arbeitsbedingungen und gegebenenfalls der Arbeitszeiten für werdende oder stillende Mütter ausgeschlossen wird, dass sie dieser Gefährdung ausgesetzt sind.

(2) Ist die Umgestaltung der Arbeitsbedingungen oder gegebenenfalls der Arbeitszeiten unter Berücksichtigung des Standes von Technik, Arbeitsmedizin und Hygiene sowie sonstiger gesicherter arbeitswissenschaftlicher Erkenntnisse nicht möglich oder wegen des nachweislich unverhältnismäßigen Aufwandes nicht zumutbar, so trifft der Arbeitgeber die erforderlichen Maßnahmen für einen Arbeitsplatzwechsel der betroffenen Arbeitnehmerinnen.

(3) Ist der Arbeitsplatzwechsel nicht möglich oder nicht zumutbar, dürfen werdende oder stillende Mütter so lange nicht beschäftigt werden, wie dies zum Schutze ihrer Sicherheit und Gesundheit erforderlich ist.

§ 4 Verbot der Beschäftigung

(1) Werdende oder stillende Mütter dürfen nicht mit Arbeiten beschäftigt werden, bei denen die Beurteilung ergeben hat, dass die Sicherheit oder Gesundheit von Mutter- oder Kind durch die chemischen Gefahrstoffe, biologischen Arbeitsstoffe, physikalischen Schadfaktoren oder die Arbeitsbedingungen nach Anlage 2 dieser Verordnung gefährdet wird. Andere Beschäftigungsverbote aus Gründen des Mutterschutzes bleiben unberührt.

(2) § 3 gilt entsprechend, wenn eine Arbeitnehmerin, die eine Tätigkeit nach Absatz 1 ausübt, schwanger wird oder stillt und ihren Arbeitgeber davon unterrichtet.

§ 5 Besondere Beschäftigungsbeschränkungen

(1) Nicht beschäftigt werden dürfen
1. werdende oder stillende Mütter mit sehr giftigen, giftigen, gesundheitsschädlichen oder in sonstiger Weise den Menschen chronisch schädigenden Gefahrstoffen, wenn der Grenzwert überschritten wird;
2. werdende oder stillende Mütter mit Stoffen, Zubereitungen oder Erzeugnissen, die ihrer Art nach erfahrungsgemäß Krankheitserreger übertragen können, wenn sie den Krankheitserregern ausgesetzt sind;
3. werdende Mütter mit krebserzeugenden, fruchtschädigenden oder erbgutverändernden Gefahrstoffen;
4. stillende Mütter mit Gefahrstoffen nach Nummer 3, wenn der Grenzwert überschritten wird;

Anhang 5 *Mutterschutzrichtlinienverordnung*

5. gebärfähige Arbeitnehmerinnen beim Umgang mit Gefahrstoffen, die Blei oder Quecksilberalkyle enthalten, wenn der Grenzwert überschritten wird;
6. werdende oder stillende Mütter in Druckluft (Luft mit einem Überdruck von mehr als 0,1 bar).

In Nummer 2 bleibt § 4 Abs. 2 Nr. 6 des Mutterschutzgesetzes unberührt. Nummer 3 gilt nicht, wenn die werdenden Mütter bei bestimmungsgemäßem Umgang den Gefahrstoffen nicht ausgesetzt sind.

(2) Für Absatz 1 Satz 1 Nr. 1 bis 5 gelten die Vorschriften der Gefahrstoffverordnung entsprechend.

§ 6 Straftaten und Ordnungswidrigkeiten

(1) Ordnungswidrig im Sinne des § 25 Abs. 1 Nr. 1 des Arbeitsschutzgesetzes handelt, wer vorsätzlich oder fahrlässig entgegen § 2 eine werdende oder stillende Mutter nicht, nicht richtig oder nicht vollständig unterrichtet.

(2) Ordnungswidrig im Sinne des § 21 Abs. 1 Nr. 4 des Mutterschutzgesetzes handelt, wer vorsätzlich oder fahrlässig entgegen § 3 Abs. 3 oder § 5 Abs. 1 Satz 1 Nr. 1, 2, 3, 4 oder 6 eine werdende oder stillende Mutter beschäftigt.

(3) Ordnungswidrig im Sinne des § 26 Abs. 1 Nr. 8 Buchstabe b des Chemikaliengesetzes handelt, wer vorsätzlich oder fahrlässig entgegen § 5 Abs. 1 Satz 1 Nr. 5 eine gebärfähige Arbeitnehmerin beschäftigt.

(4) Wer vorsätzlich oder fahrlässig durch eine in Absatz 2 bezeichnete vorsätzliche Handlung eine Frau in ihrer Arbeitskraft oder Gesundheit gefährdet, ist nach § 21 Abs. 3, 4 des Mutterschutzgesetzes strafbar.

(5) Wer vorsätzlich oder fahrlässig durch eine in Absatz 3 bezeichnete Handlung das Leben oder die Gesundheit einer Frau gefährdet, ist nach § 27 Abs. 2 bis 4 des Chemikaliengesetzes strafbar.

Arbeitsstättenverordnung   Anhang 6

6. Verordnung über Arbeitsstätten (Arbeitsstättenverordnung – ArbStättV)

in der Fassung der Bekanntmachung vom 12.8.2004, BGBl I 2004, 2179

§ 1 Ziel, Anwendungsbereich

(1) Diese Verordnung dient der Sicherheit und dem Gesundheitsschutz der Beschäftigten beim Einrichten und Betreiben von Arbeitsstätten.

(2) Diese Verordnung gilt nicht für Arbeitsstätten in Betrieben, die dem Bundesberggesetz unterliegen, und mit Ausnahme von § 5 nicht
1. im Reisegewerbe und Marktverkehr,
2. in Transportmitteln, sofern diese im öffentlichen Verkehr eingesetzt werden,
3. für Felder, Wälder und sonstige Flächen, die zu einem land- oder forstwirtschaftlichen Betrieb gehören, aber außerhalb seiner bebauten Fläche liegen.

(3) Das Bundeskanzleramt, das Bundesministerium des Innern, das Bundesministerium für Verkehr, Bau- und Wohnungswesen, das Bundesministerium der Verteidigung oder das Bundesministerium der Finanzen können, soweit sie hierfür jeweils zuständig sind, im Einvernehmen mit dem Bundesministerium für Wirtschaft und Arbeit und, soweit nicht das Bundesministerium des Innern selbst zuständig ist, im Einvernehmen mit dem Bundesministerium des Innern Ausnahmen von den Vorschriften dieser Verordnung zulassen, soweit öffentliche Belange dies zwingend erfordern, insbesondere zur Aufrechterhaltung oder Wiederherstellung der öffentlichen Sicherheit. In diesem Fall ist gleichzeitig festzulegen, wie die Sicherheit und der Gesundheitsschutz der Beschäftigten nach dieser Verordnung auf andere Weise gewährleistet werden.

§ 2 Begriffsbestimmungen

(1) Arbeitsstätten sind:
1. Orte in Gebäuden oder im Freien, die sich auf dem Gelände eines Betriebes oder einer Baustelle befinden und die zur Nutzung für Arbeitsplätze vorgesehen sind,
2. andere Orte in Gebäuden oder im Freien, die sich auf dem Gelände eines Betriebes oder einer Baustelle befinden und zu denen Beschäftigte im Rahmen ihrer Arbeit Zugang haben.

(2) Arbeitsplätze sind Bereiche von Arbeitsstätten, in denen sich Beschäftigte bei der von ihnen auszuübenden Tätigkeit regelmäßig über einen längeren Zeitraum oder im Verlauf der täglichen Arbeitszeit nicht nur kurzfristig aufhalten müssen.

(3) Arbeitsräume sind die Räume, in denen Arbeitsplätze innerhalb von Gebäuden dauerhaft eingerichtet sind.

(4) Zur Arbeitsstätte gehören auch:

Anhang 6 *Arbeitsstättenverordnung*

1. Verkehrswege, Fluchtwege, Notausgänge,
2. Lager-, Maschinen- und Nebenräume,
3. Sanitärräume (Umkleide-, Wasch- und Toilettenräume),
4. Pausen- und Bereitschaftsräume,
5. Erste-Hilfe-Räume,
6. Unterkünfte.

Zur Arbeitsstätte gehören auch Einrichtungen, soweit für diese in dieser Verordnung besondere Anforderungen gestellt werden und sie dem Betrieb der Arbeitsstätte dienen.

(5) Einrichten ist die Bereitstellung und Ausgestaltung der Arbeitsstätte. Das Einrichten umfasst insbesondere:
1. bauliche Maßnahmen oder Veränderungen,
2. Ausstatten mit Maschinen, Anlagen, Mobiliar, anderen Arbeitsmitteln sowie Beleuchtungs-, Lüftungs-, Heizungs-, Feuerlösch- und Versorgungseinrichtungen,
3. Anlegen und Kennzeichnen von Verkehrs- und Fluchtwegen, Kennzeichnen von Gefahrenstellen und brandschutztechnischen Ausrüstungen,
4. Festlegen von Arbeitsplätzen.

(6) Betreiben von Arbeitsstätten umfasst das Benutzen und Instandhalten der Arbeitsstätte.

§ 3 Einrichten und Betreiben von Arbeitsstätten

(1) Der Arbeitgeber hat dafür zu sorgen, dass Arbeitsstätten den Vorschriften dieser Verordnung einschließlich ihres Anhanges entsprechend so eingerichtet und betrieben werden, dass von ihnen keine Gefährdungen für die Sicherheit und die Gesundheit der Beschäftigten ausgehen. Der Arbeitgeber hat die vom Bundesministerium für Wirtschaft und Arbeit nach § 7 Abs. 4 bekannt gemachten Regeln für Arbeitsstätten zu berücksichtigen. Bei Einhaltung der im Satz 2 genannten Regeln ist davon auszugehen, dass die in der Verordnung gestellten Anforderungen diesbezüglich erfüllt sind.

Wendet der Arbeitgeber die Regeln nicht an, muss er durch andere Maßnahmen die gleiche Sicherheit und den gleichen Gesundheitsschutz der Beschäftigten erreichen.

(2) Beschäftigt der Arbeitgeber Menschen mit Behinderungen, hat er Arbeitsstätten so einzurichten und zu betreiben, dass die besonderen Belange dieser Beschäftigten im Hinblick auf Sicherheit und Gesundheitsschutz berücksichtigt werden. Dies gilt insbesondere für die barrierefreie Gestaltung von Arbeitsplätzen sowie von zugehörigen Türen, Verkehrswegen, Fluchtwegen, Notausgängen, Treppen, Orientierungssystemen, Waschgelegenheiten und Toilettenräumen.

Arbeitsstättenverordnung **Anhang 6**

(3) Die zuständige Behörde kann auf schriftlichen Antrag des Arbeitgebers Ausnahmen von den Vorschriften dieser Verordnung einschließlich ihres Anhanges zulassen, wenn
1. der Arbeitgeber andere, ebenso wirksame Maßnahmen trifft oder
2. die Durchführung der Vorschrift im Einzelfall zu einer unverhältnismäßigen Härte führen würde und die Abweichung mit dem Schutz der Beschäftigten vereinbar ist.

Bei der Beurteilung sind die Belange der kleineren Betriebe besonders zu berücksichtigen.

(4) Soweit in anderen Rechtsvorschriften, insbesondere dem Bauordnungsrecht der Länder, Anforderungen gestellt werden, bleiben diese Vorschriften unberührt.

§ 4 Besondere Anforderungen an das Betreiben von Arbeitsstätten

(1) Der Arbeitgeber hat die Arbeitsstätte instand zu halten und dafür zu sorgen, dass festgestellte Mängel unverzüglich beseitigt werden. Können Mängel, mit denen eine unmittelbare erhebliche Gefahr verbunden ist, nicht sofort beseitigt werden, ist die Arbeit insoweit einzustellen.

(2) Der Arbeitgeber hat dafür zu sorgen, dass Arbeitsstätten den hygienischen Erfordernissen entsprechend gereinigt werden. Verunreinigungen und Ablagerungen, die zu Gefährdungen führen können, sind unverzüglich zu beseitigen.

(3) Der Arbeitgeber hat Sicherheitseinrichtungen zur Verhütung oder Beseitigung von Gefahren, insbesondere Sicherheitsbeleuchtungen, Feuerlöscheinrichtungen, Signalanlagen, Notaggregate und Notschalter sowie raumlufttechnische Anlagen, in regelmäßigen Abständen sachgerecht warten und auf ihre Funktionsfähigkeit prüfen zu lassen.

(4) Verkehrswege, Fluchtwege und Notausgänge müssen ständig freigehalten werden, damit sie jederzeit benutzt werden können. Der Arbeitgeber hat Vorkehrungen zu treffen, dass die Beschäftigten bei Gefahr sich unverzüglich in Sicherheit bringen und schnell gerettet werden können. Der Arbeitgeber hat einen Flucht- und Rettungsplan aufzustellen, wenn Lage, Ausdehnung und Art der Benutzung der Arbeitsstätte dies erfordern. Der Plan ist an geeigneten Stellen in der Arbeitsstätte auszulegen oder auszuhängen. In angemessenen Zeitabständen ist entsprechend dieses Planes zu üben.

(5) Der Arbeitgeber hat Mittel und Einrichtungen zur ersten Hilfe zur Verfügung zu stellen und diese regelmäßig auf ihre Vollständigkeit und Verwendungsfähigkeit prüfen zu lassen.

Anhang 6 *Arbeitsstättenverordnung*

§ 5 Nichtraucherschutz

(1) Der Arbeitgeber hat die erforderlichen Maßnahmen zu treffen, damit die nicht rauchenden Beschäftigten in Arbeitsstätten wirksam vor den Gesundheitsgefahren durch Tabakrauch geschützt sind.

(2) In Arbeitsstätten mit Publikumsverkehr hat der Arbeitgeber Schutzmaßnahmen nach Absatz 1 nur insoweit zu treffen, als die Natur des Betriebes und die Art der Beschäftigung es zulassen.

§ 6 Arbeitsräume, Sanitärräume, Pausen- und Bereitschaftsräume, Erste-Hilfe-Räume, Unterkünfte

(1) Der Arbeitgeber hat solche Arbeitsräume bereitzustellen, die eine ausreichende Grundfläche und Höhe sowie einen ausreichenden Luftraum aufweisen.

(2) Der Arbeitgeber hat Toilettenräume bereitzustellen. Wenn es die Art der Tätigkeit oder gesundheitliche Gründe erfordern, sind Waschräume vorzusehen. Geeignete Umkleideräume sind zur Verfügung zu stellen, wenn die Beschäftigten bei ihrer Tätigkeit besondere Arbeitskleidung tragen müssen und es ihnen nicht zuzumuten ist, sich in einem anderen Raum umzukleiden. Umkleide-, Wasch- und Toilettenräume sind für Männer und Frauen getrennt einzurichten oder es ist eine getrennte Nutzung zu ermöglichen. Bei Arbeiten im Freien und auf Baustellen mit wenigen Beschäftigten sind Waschgelegenheiten und abschließbare Toiletten ausreichend.

(3) Bei mehr als zehn Beschäftigten, oder wenn Sicherheits- oder Gesundheitsgründe dies erfordern, ist den Beschäftigten ein Pausenraum oder ein entsprechender Pausenbereich zur Verfügung zu stellen. Dies gilt nicht, wenn die Beschäftigten in Büroräumen oder vergleichbaren Arbeitsräumen beschäftigt sind und dort gleichwertige Voraussetzungen für eine Erholung während der Pause gegeben sind. Fallen in die Arbeitszeit regelmäßig und häufig Arbeitsbereitschaftszeiten oder Arbeitsunterbrechungen und sind keine Pausenräume vorhanden, so sind für die Beschäftigten Räume für Bereitschaftszeiten einzurichten. Schwangere Frauen und stillende Mütter müssen sich während der Pausen und, soweit es erforderlich ist, auch während der Arbeitszeit unter geeigneten Bedingungen hinlegen und ausruhen können.

(4) Erste-Hilfe-Räume oder vergleichbare Einrichtungen müssen entsprechend der Unfallgefahren oder der Anzahl der Beschäftigten, der Art der ausgeübten Tätigkeiten sowie der räumlichen Größe der Betriebe vorhanden sein.

(5) Für Beschäftigte auf Baustellen hat der Arbeitgeber Unterkünfte bereitzustellen, wenn Sicherheits- oder Gesundheitsgründe, insbesondere wegen der Art der ausgeübten Tätigkeit oder der Anzahl der im Betrieb beschäftigten Personen, und die Abgelegenheit der Baustelle dies erfordern und ein anderweitiger Ausgleich vom Arbeitgeber nicht geschaffen ist.

Arbeitsstättenverordnung **Anhang 6**

(6) Für Sanitärräume, Pausen- und Bereitschaftsräume, Erste-Hilfe-Räume und Unterkünfte nach den Absätzen 2 bis 5 gilt Absatz 1 entsprechend.

§ 7 Ausschuss für Arbeitsstätten

(1) Beim Bundesministerium für Wirtschaft und Arbeit wird ein Ausschuss für Arbeitsstätten gebildet, der sich aus folgenden sachverständigen Mitgliedern zusammensetzt:
zwei Vertreter der privaten Arbeitgeber,
ein Vertreter der öffentlichen Arbeitgeber,
drei Vertreter der für die Verordnung zuständigen Landesbehörden,
drei Vertreter der Gewerkschaften,
drei Vertreter der Unfallversicherungsträger,
drei sachverständige Personen, insbesondere aus der Wissenschaft.
Die Mitgliedschaft ist ehrenamtlich.

(2) Das Bundesministerium für Wirtschaft und Arbeit beruft, soweit möglich auf Vorschlag der entsprechenden Verbände und Körperschaften, die Mitglieder des Ausschusses und für jedes Mitglied einen Stellvertreter. Der Ausschuss gibt sich eine Geschäftsordnung und wählt den Vorsitzenden aus seiner Mitte. Die Geschäftsordnung und die Wahl des Vorsitzenden bedürfen der Zustimmung des Bundesministeriums für Wirtschaft und Arbeit.

(3) Zu den Aufgaben des Ausschusses gehört es,
1. Regeln zu ermitteln, wie die in dieser Verordnung gestellten Anforderungen erfüllt werden können, und
2. das Bundesministerium für Wirtschaft und Arbeit in Fragen der Sicherheit und des Gesundheitsschutzes in Arbeitsstätten zu beraten.

Bei der Wahrnehmung seiner Aufgaben soll der Ausschuss die allgemeinen Grundsätze des Arbeitsschutzes nach § 4 des Arbeitsschutzgesetzes berücksichtigen.

(4) Das Bundesministerium für Wirtschaft und Arbeit kann die vom Ausschuss nach Absatz 3 ermittelten Regeln bekannt machen.

(5) Die Bundesministerien sowie die zuständigen obersten Landesbehörden können zu den Sitzungen des Ausschusses Vertreter entsenden. Diesen ist auf Verlangen in der Sitzung das Wort zu erteilen.

(6) Die Geschäfte des Ausschusses führt die Bundesanstalt für Arbeitsschutz und Arbeitsmedizin.

§ 8 Übergangsvorschriften

(1) Soweit für Arbeitsstätten,
1. die am 1. Mai 1976 errichtet waren oder mit deren Einrichtung vor diesem Zeitpunkt begonnen worden war oder

2. die am 20. Dezember 1996 eingerichtet waren oder mit deren Einrichtung vor diesem Zeitpunkt begonnen worden war und für die zum Zeitpunkt der Einrichtung die Gewerbeordnung keine Anwendung fand,
in dieser Verordnung Anforderungen gestellt werden, die umfangreiche Änderungen der Arbeitsstätte, der Betriebseinrichtungen, Arbeitsverfahren oder Arbeitsabläufe notwendig machen, gelten hierfür nur die entsprechenden Anforderungen des Anhangs II der Richtlinie 89/654/EWG des Rates vom 30. November 1989 über Mindestvorschriften für Sicherheit und Gesundheitsschutz in Arbeitsstätten (ABl. EG Nr. L 393 S. 1). Soweit diese Arbeitsstätten oder ihre Betriebseinrichtungen wesentlich erweitert oder umgebaut oder die Arbeitsverfahren oder Arbeitsabläufe wesentlich umgestaltet werden, hat der Arbeitgeber die erforderlichen Maßnahmen zu treffen, damit diese Änderungen, Erweiterungen oder Umgestaltungen mit den Anforderungen dieser Verordnung übereinstimmen.

(2) Die im Bundesarbeitsblatt bekannt gemachten Arbeitsstättenrichtlinien gelten bis zur Überarbeitung durch den Ausschuss für Arbeitsstätten und der Bekanntmachung entsprechender Regeln durch das Bundesministerium für Wirtschaft und Arbeit, längstens jedoch sechs Jahre nach Inkrafttreten dieser Verordnung, fort.

Anhang
Anforderungen an Arbeitsstätten nach § 3 Abs. 1
Inhaltsübersicht

1 Allgemeine Anforderungen
1.1 Konstruktion und Festigkeit von Gebäuden
1.2 Abmessungen von Räumen, Luftraum
1.3 Sicherheits- und Gesundheitsschutzkennzeichnung
1.4 Energieverteilungsanlagen
1.5 Fußböden, Wände, Decken, Dächer
1.6 Fenster, Oberlichter
1.7 Türen, Tore
1.8 Verkehrswege
1.9 Fahrtreppen, Fahrsteige
1.10 Laderampen
1.11 Steigleitern, Steigeisengänge
2 Maßnahmen zum Schutz vor besonderen Gefahren
2.1 Schutz vor Absturz und herabfallenden Gegenständen, Betreten von Gefahrenbereichen
2.2 Schutz vor Entstehungsbränden
2.3 Fluchtwege und Notausgänge
3 Arbeitsbedingungen
3.1 Bewegungsfläche

Arbeitsstättenverordnung **Anhang 6**

3.2 Anordnung der Arbeitsplätze
3.3 Ausstattung
3.4 Beleuchtung und Sichtverbindung
3.5 Raumtemperatur
3.6 Lüftung
3.7 Lärm
4 Sanitärräume, Pausen- und Bereitschaftsräume, Erste-Hilfe-Räume, Unterkünfte
4.1 Sanitärräume
4.2 Pausen- und Bereitschaftsräume
4.3 Erste-Hilfe-Räume
4.4 Unterkünfte
5 Ergänzende Anforderungen an besondere Arbeitsstätten
5.1 Nicht allseits umschlossene und im Freien liegende Arbeitsstätten
5.2 Zusätzliche Anforderungen an Baustellen
Die nachfolgenden Anforderungen gelten in allen Fällen, in denen die Eigenschaften der Arbeitsstätte oder der Tätigkeit, die Umstände oder eine Gefahr dies erfordern.
Die Rechtsvorschriften, die in Umsetzung des Artikels 95 des EG-Vertrages Anforderungen an die Beschaffenheit von Arbeitsmitteln stellen, bleiben unberührt.

1 Allgemeine Anforderungen

1.1 Konstruktion und Festigkeit von Gebäuden

Gebäude für Arbeitsstätten müssen eine der Nutzungsart entsprechende Konstruktion und Festigkeit aufweisen.

1.2 Abmessungen von Räumen, Luftraum

(1) Arbeitsräume müssen eine ausreichende Grundfläche und eine, in Abhängigkeit von der Größe der Grundfläche der Räume, ausreichende lichte Höhe aufweisen, so dass die Beschäftigten ohne Beeinträchtigung ihrer Sicherheit, ihrer Gesundheit oder ihres Wohlbefindens ihre Arbeit verrichten können.

(2) Die Abmessungen aller weiteren Räume richten sich nach der Art ihrer Nutzung.

(3) Die Größe des notwendigen Luftraumes ist in Abhängigkeit von der Art der körperlichen Beanspruchung und der Anzahl der Beschäftigten sowie der sonstigen anwesenden Personen zu bemessen.

1.3 Sicherheits- und Gesundheitsschutzkennzeichnung

(1) Unberührt von den nachfolgenden Anforderungen sind Sicherheits- und Gesundheitsschutzkennzeichnungen einzusetzen, wenn Risiken für Sicherheit und Gesundheit nicht durch technische oder organisatorische Maßnahmen

Anhang 6 *Arbeitsstättenverordnung*

vermieden oder ausreichend begrenzt werden können. Die Ergebnisse der Gefährdungsbeurteilung sind dabei zu berücksichtigen.

(2) Die Kennzeichnung ist an geeigneten Stellen deutlich erkennbar anzubringen. Sie ist dabei nach der Art der Gefährdung dauerhaft oder vorübergehend nach den Vorgaben der Richtlinie 92/58/EWG des Rates vom 24. Juni 1992 über Mindestvorschriften für die Sicherheits- und/oder Gesundheitsschutzkennzeichnung am Arbeitsplatz (Neunte Einzelrichtlinie im Sinne des Artikels 16 Absatz 1 der Richtlinie 89/391/EWG) (ABl. EG Nr. L 245 S. 23) auszuführen. Diese Richtlinie ist in der jeweils geltenden Fassung anzuwenden. Wird diese Richtlinie geändert oder nach den in dieser Richtlinie vorgesehenen Verfahren an den technischen Fortschritt angepasst, gilt sie in der geänderten im Amtsblatt der Europäischen Gemeinschaften veröffentlichten Fassung nach Ablauf der in der Änderungs- oder Anpassungsrichtlinie festgelegten Umsetzungsfrist. Die geänderte Fassung kann bereits ab Inkrafttreten der Änderungs- oder Anpassungsrichtlinie angewendet werden.

1.4 Energieverteilungsanlagen

Anlagen, die der Versorgung der Arbeitsstätte mit Energie dienen, müssen so ausgewählt, installiert und betrieben werden, dass die Beschäftigten vor Unfallgefahren durch direktes oder indirektes Berühren spannungsführender Teile geschützt sind und dass von den Anlagen keine Brand- oder Explosionsgefahr ausgeht. Bei der Konzeption und der Ausführung sowie der Wahl des Materials und der Schutzvorrichtungen sind Art und Stärke der verteilten Energie, die äußeren Einwirkbedingungen und die Fachkenntnisse der Personen zu berücksichtigen, die zu Teilen der Anlage Zugang haben.

1.5 Fußböden, Wände, Decken, Dächer

(1) Die Oberflächen der Fußböden, Wände und Decken müssen so beschaffen sein, dass sie den Erfordernissen des Betreibens entsprechen und leicht zu reinigen sind. An Arbeitsplätzen müssen die Arbeitsstätten unter Berücksichtigung der Art des Betriebes und der körperlichen Tätigkeit eine ausreichende Dämmung gegen Wärme und Kälte sowie eine ausreichende Isolierung gegen Feuchtigkeit aufweisen.

(2) Die Fußböden der Räume dürfen keine Unebenheiten, Löcher, Stolperstellen oder gefährlichen Schrägen aufweisen. Sie müssen gegen Verrutschen gesichert, tragfähig, trittsicher und rutschhemmend sein.

(3) Durchsichtige oder lichtdurchlässige Wände, insbesondere Ganzglaswände im Bereich von Arbeitsplätzen oder Verkehrswegen, müssen deutlich gekennzeichnet sein und aus bruchsicherem Werkstoff bestehen oder so gegen die Arbeitsplätze und Verkehrswege abgeschirmt sein, dass die Beschäftigten nicht mit den Wänden in Berührung kommen und beim Zersplittern der Wände nicht verletzt werden können.

Arbeitsstättenverordnung

(4) Dächer aus nicht durchtrittsicherem Material dürfen nur betreten werden, wenn Ausrüstungen vorhanden sind, die ein sicheres Arbeiten ermöglichen.

1.6 Fenster, Oberlichter

(1) Fenster, Oberlichter und Lüftungsvorrichtungen müssen sich von den Beschäftigten sicher öffnen, schließen, verstellen und arretieren lassen. Sie dürfen nicht so angeordnet sein, dass sie in geöffnetem Zustand eine Gefahr für die Beschäftigten darstellen.

(2) Fenster und Oberlichter müssen so ausgewählt oder ausgerüstet und eingebaut sein, dass sie ohne Gefährdung der Ausführenden und anderer Personen gereinigt werden können.

1.7 Türen, Tore

(1) Die Lage, Anzahl, Abmessungen und Ausführung insbesondere hinsichtlich der verwendeten Werkstoffe von Türen und Toren müssen sich nach der Art und Nutzung der Räume oder Bereiche richten.

(2) Durchsichtige Türen müssen in Augenhöhe gekennzeichnet sein.

(3) Pendeltüren und -tore müssen durchsichtig sein oder ein Sichtfenster haben.

(4) Bestehen durchsichtige oder lichtdurchlässige Flächen von Türen und Toren nicht aus bruchsicherem Werkstoff und ist zu befürchten, dass sich die Beschäftigten beim Zersplittern verletzen können, sind diese Flächen gegen Eindrücken zu schützen.

(5) Schiebetüren und -tore müssen gegen Ausheben und Herausfallen gesichert sein. Türen und Tore, die sich nach oben öffnen, müssen gegen Herabfallen gesichert sein.

(6) In unmittelbarer Nähe von Toren, die vorwiegend für den Fahrzeugverkehr bestimmt sind, müssen gut sichtbar gekennzeichnete, stets zugängliche Türen für Fußgänger vorhanden sein. Diese Türen sind nicht erforderlich, wenn der Durchgang durch die Tore für Fußgänger gefahrlos möglich ist.

(7) Kraftbetätigte Türen und Tore müssen sicher benutzbar sein. Dazu gehört, dass sie
a) ohne Gefährdung der Beschäftigten bewegt werden oder zum Stillstand kommen können,
b) mit selbsttätig wirkenden Sicherungen ausgestattet sind,
c) auch von Hand zu öffnen sind, sofern sie sich bei Stromausfall nicht automatisch öffnen.

(8) Besondere Anforderungen gelten für Türen im Verlauf von Fluchtwegen (Ziffer 2.3).

Anhang 6 *Arbeitsstättenverordnung*

1.8 Verkehrswege

(1) Verkehrswege, einschließlich Treppen, fest angebrachte Steigleitern und Laderampen müssen so angelegt und bemessen sein, dass sie je nach ihrem Bestimmungszweck leicht und sicher begangen oder befahren werden können und in der Nähe Beschäftigte nicht gefährdet werden.

(2) Die Bemessung der Verkehrswege, die dem Personenverkehr, Güterverkehr oder Personen- und Güterverkehr dienen, muss sich nach der Anzahl der möglichen Benutzer und der Art des Betriebes richten.

(3) Werden Transportmittel auf Verkehrswegen eingesetzt, muss für Fußgänger ein ausreichender Sicherheitsabstand gewahrt werden.

(4) Verkehrswege für Fahrzeuge müssen an Türen und Toren, Durchgängen, Fußgängerwegen und Treppenaustritten in ausreichendem Abstand vorbeiführen.

(5) Soweit Nutzung und Einrichtung der Räume es zum Schutz der Beschäftigten erfordern, müssen die Begrenzungen der Verkehrswege gekennzeichnet sein.

(6) Besondere Anforderungen gelten für Fluchtwege (Ziffer 2.3).

1.9 Fahrtreppen, Fahrsteige

Fahrtreppen und Fahrsteige müssen so ausgewählt und installiert sein, dass sie sicher funktionieren und sicher benutzbar sind. Dazu gehört, dass die Notbefehlseinrichtungen gut erkennbar und leicht zugänglich sind und nur solche Fahrtreppen und Fahrsteige eingesetzt werden, die mit den notwendigen Sicherheitsvorrichtungen ausgestattet sind.

1.10 Laderampen

(1) Laderampen sind entsprechend den Abmessungen der Transportmittel und der Ladung auszulegen.

(2) Sie müssen mindestens einen Abgang haben; lange Laderampen müssen, soweit betriebstechnisch möglich, an jedem Endbereich einen Abgang haben.

(3) Sie müssen einfach und sicher benutzbar sein. Dazu gehört, dass sie nach Möglichkeit mit Schutzvorrichtungen gegen Absturz auszurüsten sind; das gilt insbesondere in Bereichen von Laderampen, die keine ständigen Be- und Entladestellen sind.

1.11 Steigleitern, Steigeisengänge

Steigleitern und Steigeisengänge müssen sicher benutzbar sein. Dazu gehört, dass sie
a) nach Notwendigkeit über Schutzvorrichtungen gegen Absturz, vorzugsweise über Steigschutzeinrichtungen verfügen,
b) an ihren Austrittsstellen eine Haltevorrichtung haben,

Arbeitsstättenverordnung Anhang 6

c) nach Notwendigkeit in angemessenen Abständen mit Ruhebühnen ausgerüstet sind.

2 Maßnahmen zum Schutz vor besonderen Gefahren

2.1 Schutz vor Absturz und herabfallenden Gegenständen, Betreten von Gefahrenbereichen

Arbeitsplätze und Verkehrswege, bei denen die Gefahr des Absturzes von Beschäftigten oder des Herabfallens von Gegenständen bestehen oder die an Gefahrenbereiche grenzen, müssen mit Einrichtungen versehen sein, die verhindern, dass Beschäftigte abstürzen oder durch herabfallende Gegenstände verletzt werden oder in die Gefahrenbereiche gelangen. Arbeitsplätze und Verkehrswege nach Satz 1 müssen gegen unbefugtes Betreten gesichert und gut sichtbar als Gefahrenbereich gekennzeichnet sein. Zum Schutz derjenigen, die diese Bereiche betreten müssen, sind geeignete Maßnahmen zu treffen.

2.2 Schutz vor Entstehungsbränden

(1) Arbeitsstätten müssen je nach
a) Abmessung und Nutzung,
b) der Brandgefährdung vorhandener Einrichtungen und Materialien,
c) der größtmöglichen Anzahl anwesender Personen
mit einer ausreichenden Anzahl geeigneter Feuerlöscheinrichtungen und erforderlichenfalls Brandmeldern und Alarmanlagen ausgestattet sein.
(2) Nicht selbsttätige Feuerlöscheinrichtungen müssen als solche dauerhaft gekennzeichnet, leicht zu erreichen und zu handhaben sein.
(3) Selbsttätig wirkende Feuerlöscheinrichtungen müssen mit Warneinrichtungen ausgerüstet sein, wenn bei ihrem Einsatz Gefahren für die Beschäftigten auftreten können.

2.3 Fluchtwege und Notausgänge

(1) Fluchtwege und Notausgänge müssen
a) sich in Anzahl, Anordnung und Abmessung nach der Nutzung, der Einrichtung und den Abmessungen der Arbeitsstätte sowie nach der höchstmöglichen Anzahl der dort anwesenden Personen richten,
b) auf möglichst kurzem Weg ins Freie oder, falls dies nicht möglich ist, in einen gesicherten Bereich führen,
c) in angemessener Form und dauerhaft gekennzeichnet sein.
Sie sind mit einer Sicherheitsbeleuchtung auszurüsten, wenn das gefahrlose Verlassen der Arbeitsstätte für die Beschäftigten, insbesondere bei Ausfall der allgemeinen Beleuchtung, nicht gewährleistet ist.
(2) Türen im Verlauf von Fluchtwegen oder Türen von Notausgängen müssen
a) sich von innen ohne besondere Hilfsmittel jederzeit leicht öffnen lassen, solange sich Beschäftigte in der Arbeitsstätte befinden,

Anhang 6 — Arbeitsstättenverordnung

b) in angemessener Form und dauerhaft gekennzeichnet sein.

Türen von Notausgängen müssen sich nach außen öffnen lassen. In Notausgängen sind Karussell- und Schiebetüren nicht zulässig.

3 Arbeitsbedingungen

3.1 Bewegungsfläche

(1) Die freie unverstellte Fläche am Arbeitsplatz muss so bemessen sein, dass sich die Beschäftigten bei ihrer Tätigkeit ungehindert bewegen können.

(2) Ist dies nicht möglich, muss den Beschäftigten in der Nähe des Arbeitsplatzes eine andere ausreichend große Bewegungsfläche zur Verfügung stehen.

3.2 Anordnung der Arbeitsplätze

Arbeitsplätze sind in der Arbeitsstätte so anzuordnen, dass Beschäftigte
a) sie sicher erreichen und verlassen können,
b) sich bei Gefahr schnell in Sicherheit bringen können,
c) durch benachbarte Arbeitsplätze, Transporte oder Einwirkungen von außerhalb nicht gefährdet werden.

3.3 Ausstattung

Jedem Beschäftigten muss mindestens eine Kleiderablage zur Verfügung stehen, sofern Umkleideräume nach § 6 Abs. 2 Satz 3 nicht vorhanden sind.

3.4 Beleuchtung und Sichtverbindung

(1) Die Arbeitsstätten müssen möglichst ausreichend Tageslicht erhalten und mit Einrichtungen für eine der Sicherheit und dem Gesundheitsschutz der Beschäftigten angemessenen künstlichen Beleuchtung ausgestattet sein.

(2) Die Beleuchtungsanlagen sind so auszuwählen und anzuordnen, dass sich dadurch keine Unfall- oder Gesundheitsgefahren ergeben können.

(3) Arbeitsstätten, in denen die Beschäftigten bei Ausfall der Allgemeinbeleuchtung Unfallgefahren ausgesetzt sind, müssen eine ausreichende Sicherheitsbeleuchtung haben.

3.5 Raumtemperatur

(1) In Arbeits-, Pausen-, Bereitschafts-, Sanitär-, Kantinen- und Erste-Hilfe-Räumen, in denen aus betriebstechnischer Sicht keine spezifischen Anforderungen an die Raumtemperatur gestellt werden, muss während der Arbeitszeit unter Berücksichtigung der Arbeitsverfahren, der körperlichen Beanspruchung der Beschäftigten und des spezifischen Nutzungszwecks des Raumes eine gesundheitlich zuträgliche Raumtemperatur bestehen.

Arbeitsstättenverordnung **Anhang 6**

(2) Fenster, Oberlichter und Glaswände müssen je nach Art der Arbeit und der Arbeitsstätte eine Abschirmung der Arbeitsstätten gegen übermäßige Sonneneinstrahlung ermöglichen.

3.6 Lüftung

(1) In umschlossenen Arbeitsräumen muss unter Berücksichtigung der Arbeitsverfahren, der körperlichen Beanspruchung und der Anzahl der Beschäftigten sowie der sonstigen anwesenden Personen ausreichend gesundheitlich zuträgliche Atemluft vorhanden sein.

(2) Ist für das Betreiben von Arbeitsstätten eine raumlufttechnische Anlage erforderlich, muss diese jederzeit funktionsfähig sein. Eine Störung muss durch eine selbsttätige Warneinrichtung angezeigt werden. Es müssen Vorkehrungen getroffen sein, durch die die Beschäftigten im Fall einer Störung gegen Gesundheitsgefahren geschützt sind.

(3) Werden Klimaanlagen oder mechanische Belüftungseinrichtungen verwendet, ist sicherzustellen, dass die Beschäftigten keinem störenden Luftzug ausgesetzt sind.

(4) Ablagerungen und Verunreinigungen in raumlufttechnischen Anlagen, die zu einer unmittelbaren Gesundheitsgefährdung durch die Raumluft führen können, müssen umgehend beseitigt werden.

3.7 Lärm

In Arbeitsstätten ist der Schalldruckpegel so niedrig zu halten, wie es nach der Art des Betriebes möglich ist. Der Beurteilungspegel am Arbeitsplatz in Arbeitsräumen darf auch unter Berücksichtigung der von außen einwirkenden Geräusche höchstens 85 dB (A) betragen; soweit dieser Beurteilungspegel nach der betrieblich möglichen Lärmminderung zumutbarerweise nicht einzuhalten ist, darf er bis zu 5 dB (A) überschritten werden.

4 Sanitärräume, Pausen- und Bereitschaftsräume, Erste-Hilfe-Räume, Unterkünfte

4.1 Sanitärräume

(1) Toilettenräume sind mit verschließbaren Zugängen, einer ausreichenden Anzahl von Toilettenbecken und Handwaschgelegenheiten zur Verfügung zu stellen. Sie müssen sich sowohl in der Nähe der Arbeitsplätze als auch in der Nähe von Pausen- und Bereitschaftsräumen, Wasch- und Umkleideräumen befinden.

(2) Waschräume nach § 6 Abs. 2 Satz 2 sind
a) in der Nähe des Arbeitsplatzes und sichtgeschützt einzurichten,
b) so zu bemessen, dass die Beschäftigten sich den hygienischen Erfordernissen entsprechend und ungehindert reinigen können; dazu muss fließendes war-

Anhang 6 *Arbeitsstättenverordnung*

mes und kaltes Wasser, Mittel zum Reinigen und gegebenenfalls zum Desinfizieren sowie zum Abtrocknen der Hände vorhanden sein,
c) mit einer ausreichenden Anzahl geeigneter Duschen zur Verfügung zu stellen, wenn es die Art der Tätigkeit oder gesundheitliche Gründe erfordern.

Sind Waschräume nach § 6 Abs. 2 Satz 2 nicht erforderlich, müssen in der Nähe des Arbeitsplatzes und der Umkleideräume ausreichende und angemessene Waschgelegenheiten mit fließendem Wasser (erforderlichenfalls mit warmem Wasser), Mitteln zum Reinigen und zum Abtrocknen der Hände zur Verfügung stehen.

(3) Umkleideräume nach § 6 Abs. 2 Satz 3 müssen
a) leicht zugänglich und von ausreichender Größe und sichtgeschützt eingerichtet werden; entsprechend der Anzahl gleichzeitiger Benutzer muss genügend freie Bodenfläche für ungehindertes Umkleiden vorhanden sein,
b) mit Sitzgelegenheiten sowie mit verschließbaren Einrichtungen ausgestattet sein, in denen jeder Beschäftigte seine Kleidung aufbewahren kann.

Kleiderschränke für Arbeitskleidung und Schutzkleidung sind von Kleiderschränken für persönliche Kleidung und Gegenstände zu trennen, wenn Umstände dies erfordern.

(4) Wasch- und Umkleideräume, die voneinander räumlich getrennt sind, müssen untereinander leicht erreichbar sein.

4.2 Pausen- und Bereitschaftsräume

(1) Pausenräume oder entsprechende Pausenbereiche nach § 6 Abs. 3 Satz 1 sind
a) für die Beschäftigten leicht erreichbar an ungefährdeter Stelle und in ausreichender Größe bereitzustellen,
b) entsprechend der Anzahl der gleichzeitigen Benutzer mit leicht zu reinigenden Tischen und Sitzgelegenheiten mit Rückenlehne auszustatten,
c) als separate Räume zu gestalten, wenn die Beurteilung der Arbeitsbedingungen und der Arbeitsstätte dies erfordern.

(2) Bereitschaftsräume nach § 6 Abs. 3 Satz 3 und Pausenräume, die als Bereitschaftsräume genutzt werden, müssen dem Zweck entsprechend ausgestattet sein.

4.3 Erste-Hilfe-Räume

(1) Erste-Hilfe-Räume nach § 6 Abs. 4 müssen an ihren Zugängen als solche gekennzeichnet und für Personen mit Rettungstransportmitteln leicht zugänglich sein.

(2) Sie sind mit den erforderlichen Einrichtungen und Materialien zur ersten Hilfe auszustatten. An einer deutlich gekennzeichneten Stelle müssen Anschrift und Telefonnummer der örtlichen Rettungsdienste angegeben sein.

(3) Erste-Hilfe-Ausstattung ist darüber hinaus überall dort aufzubewahren, wo es die Arbeitsbedingungen erfordern. Sie muss leicht zugänglich und ein-

Arbeitsstättenverordnung **Anhang 6**

satzbereit sein. Die Aufbewahrungsstellen müssen als solche gekennzeichnet und gut erreichbar sein.

4.4 Unterkünfte

(1) Unterkünfte müssen entsprechend ihrer Belegungszahl ausgestattet sein mit:
a) Wohn- und Schlafbereich (Betten, Schränken, Tischen, Stühlen),
b) Essbereich,
c) Sanitäreinrichtungen.

(2) Bei Anwesenheit von männlichen und weiblichen Beschäftigten ist dies bei der Zuteilung der Räume zu berücksichtigen.

5 Ergänzende Anforderungen an besondere Arbeitsstätten

5.1 Nicht allseits umschlossene und im Freien liegende Arbeitsstätten

Arbeitsplätze in nicht allseits umschlossenen Arbeitsstätten und im Freien sind so zu gestalten, dass sie von den Beschäftigten bei jeder Witterung sicher und ohne Gesundheitsgefährdung erreicht, benutzt und wieder verlassen werden können. Dazu gehört, dass Arbeitsplätze gegen Witterungseinflüsse geschützt sind oder den Beschäftigten geeignete persönliche Schutzausrüstungen zur Verfügung gestellt werden.

Werden die Beschäftigten auf Arbeitsplätzen im Freien beschäftigt, so sind die Arbeitsplätze nach Möglichkeit so einzurichten, dass die Beschäftigten nicht schädlichen Wirkungen von außen (zum Beispiel Gasen, Dämpfen, Staub) ausgesetzt sind.

5.2 Zusätzliche Anforderungen an Baustellen

(1) Die Beschäftigten müssen
a) sich gegen Witterungseinflüsse geschützt umkleiden, waschen und wärmen können,
b) über Einrichtungen verfügen, um ihre Mahlzeiten einnehmen und gegebenenfalls auch zubereiten zu können,
c) in der Nähe der Arbeitsplätze über Trinkwasser oder ein anderes alkoholfreies Getränk verfügen können.
Weiterhin sind auf Baustellen folgende Anforderungen umzusetzen:
d) Sind Umkleideräume nach § 6 Abs. 2 Satz 3 nicht erforderlich, muss für jeden regelmäßig auf der Baustelle anwesenden Beschäftigten eine Kleiderablage und ein abschließbares Fach vorhanden sein, damit persönliche Gegenstände unter Verschluss aufbewahrt werden können.
e) Unter Berücksichtigung der Arbeitsverfahren und der körperlichen Beanspruchung der Beschäftigten ist dafür zu sorgen, dass ausreichend gesundheitlich zuträgliche Atemluft vorhanden ist.

Anhang 6 *Arbeitsstättenverordnung*

f) Beschäftigte müssen die Möglichkeit haben, Arbeitskleidung und Schutzkleidung außerhalb der Arbeitszeit zu lüften und zu trocknen.

g) In regelmäßigen Abständen sind geeignete Versuche und Übungen an Feuerlöscheinrichtungen und Brandmelde- und Alarmanlagen durchzuführen.

(2) Räumliche Begrenzungen der Arbeitsplätze, Materialien, Ausrüstungen und ganz allgemein alle Elemente, die durch Ortsveränderung die Sicherheit und die Gesundheit der Beschäftigten beeinträchtigen können, müssen auf geeignete Weise stabilisiert werden. Hierzu zählen auch Maßnahmen, die verhindern, dass Fahrzeuge, Erdbaumaschinen und Förderzeuge abstürzen, umstürzen, abrutschen oder einbrechen.

(3) Werden Beförderungsmittel auf Verkehrswegen verwendet, so müssen für andere, den Verkehrsweg nutzende Personen ein ausreichender Sicherheitsabstand oder geeignete Schutzvorrichtungen vorgesehen werden. Die Wege müssen regelmäßig überprüft und gewartet werden.

(4) Bei Arbeiten, aus denen sich im besonderen Maße Gefährdungen für die Beschäftigten ergeben können, müssen geeignete Sicherheitsvorkehrungen getroffen werden. Dies gilt insbesondere für Abbrucharbeiten sowie für den Auf- oder Abbau von Massivbauelementen. Zur Erfüllung der Schutzmaßnahmen des Satzes 1 sind

a) bei Arbeiten an erhöhten oder tiefer gelegenen Standorten Standsicherheit und Stabilität der Arbeitsplätze und ihrer Zugänge auf geeignete Weise zu gewährleisten und zu überprüfen, insbesondere nach einer Veränderung der Höhe oder Tiefe des Arbeitsplatzes,

b) bei Ausschachtungen, Brunnenbauarbeiten, unterirdischen oder Tunnelarbeiten geeignete Verschalungen oder Abschrägungen vorzusehen; vor Beginn von Erdarbeiten sind geeignete Maßnahmen durchzuführen, um die Gefährdung durch unterirdisch verlegte Kabel und andere Versorgungsleitungen festzustellen und auf ein Mindestmaß zu verringern,

c) bei Arbeiten, bei denen Sauerstoffmangel auftreten kann, geeignete Maßnahmen zu treffen, um einer Gefahr vorzubeugen und eine wirksame und sofortige Hilfeleistung zu ermöglichen; Einzelarbeitsplätze in Bereichen, in denen erhöhte Gefahr von Sauerstoffmangel besteht, sind nur zulässig, wenn diese ständig von außen überwacht werden und alle geeigneten Vorkehrungen getroffen sind, um eine wirksame und sofortige Hilfeleistung zu ermöglichen,

d) beim Auf-, Um- sowie Abbau von Spundwänden und Senkkästen angemessene Vorrichtungen vorzusehen, damit sich die Beschäftigten beim Eindringen von Wasser und Material retten können,

e) bei Laderampen Absturzsicherungen vorzusehen.

Abbrucharbeiten sowie Arbeiten mit schweren Massivbauelementen, insbesondere Auf- und Abbau von Stahl- und Betonkonstruktionen sowie Montage und Demontage von Spundwänden und Senkkästen, dürfen nur unter Aufsicht einer befähigten Person geplant und durchgeführt werden.

Arbeitsstättenverordnung **Anhang 6**

(5) Vorhandene elektrische Freileitungen müssen nach Möglichkeit außerhalb des Baustellengeländes verlegt oder freigeschaltet werden. Wenn dies nicht möglich ist, sind geeignete Abschrankungen, Abschirmungen oder Hinweise anzubringen, um Fahrzeuge und Einrichtungen von diesen Leitungen fern zu halten.

7. Berufskrankheiten-Verordnung – BKV

in der Fassung der Bekanntmachung vom 31.10.1997, BGBl. I 2623;
zuletzt geändert durch Verordnung vom 5.9.2002, BGBl I, 3541

Auf Grund des § 9 Abs. 1 und 6 und des § 193 Abs. 8 des Siebten Buches Sozialgesetzbuch – Gesetzliche Unfallversicherung – (Artikel 1 des Gesetzes vom 7. August 1996, BGBl I S. 1254) verordnet die Bundesregierung:

§ 1 Berufskrankheiten

Berufskrankheiten sind die in der Anlage bezeichneten Krankheiten, die Versicherte infolge einer den Versicherungsschutz nach § 2, 3 oder 6 des Siebten Buches Sozialgesetzbuch begründenden Tätigkeit erleiden.

§ 2 Erweiterter Versicherungsschutz in Unternehmen der Seefahrt

Für Versicherte in Unternehmen der Seefahrt erstreckt sich die Versicherung gegen Tropenkrankheiten und Fleckfieber auch auf die Zeit, in der sie an Land beurlaubt sind.

§ 3 Maßnahmen gegen Berufskrankheiten, Übergangsleistung

(1) Besteht für Versicherte die Gefahr, daß eine Berufskrankheit entsteht, wiederauflebt oder sich verschlimmert, haben die Unfallversicherungsträger dieser Gefahr mit allen geeigneten Mitteln entgegenzuwirken. Ist die Gefahr gleichwohl nicht zu beseitigen, haben die Unfallversicherungsträger darauf hinzuwirken, daß die Versicherten die gefährdende Tätigkeit unterlassen. Den für den medizinischen Arbeitsschutz zuständigen Stellen ist Gelegenheit zur Äußerung zu geben.

(2) Versicherte, die die gefährdende Tätigkeit unterlassen, weil die Gefahr fortbesteht, haben zum Ausgleich hierdurch verursachter Minderungen des Verdienstes oder sonstiger wirtschaftlicher Nachteile gegen den Unfallversicherungsträger Anspruch auf Übergangsleistungen. Als Übergangsleistung wird ein einmaliger Betrag bis zur Höhe der Vollrente oder eine monatlich wiederkehrende Zahlung bis zur Höhe eines Zwölftels der Vollrente längstens für die Dauer von fünf Jahren gezahlt. Renten wegen Minderung der Erwerbsfähigkeit sind nicht zu berücksichtigen.

§ 4 Mitwirkung der für den medizinischen Arbeitsschutz zuständigen Stellen

(1) Die für den medizinischen Arbeitsschutz zuständigen Stellen wirken bei der Feststellung von Berufskrankheiten und von Krankheiten, die nach § 9

Abs. 2 des Siebten Buches Sozialgesetzbuch wie Berufskrankheiten anzuerkennen sind, nach Maßgabe der Absätze 2 bis 4 mit.

(2) Die Unfallversicherungsträger haben die für den medizinischen Arbeitsschutz zuständigen Stellen über die Einleitung eines Feststellungsverfahrens unverzüglich schriftlich zu unterrichten; als Unterrichtung gilt auch die Obersendung der Anzeige nach § 193 Abs. 2 und 7 oder § 202 des Siebten Buches Sozialgesetzbuch. Die Unfallversicherungsträger beteiligen die für den medizinischen Arbeitsschutz zuständigen Stellen an dem weiteren Feststellungsverfahren; das nähere Verfahren können die Unfallversicherungsträger mit den für den medizinischen Arbeitsschutz zuständigen Stellen durch Vereinbarung regeln.

(3) In den Fällen der weiteren Beteiligung nach Absatz 2 Satz 2 haben die Unfallversicherungsträger vor der abschließenden Entscheidung die für den medizinischen Arbeitsschutz zuständigen Stellen über die Ergebnisse ihrer Ermittlungen zu unterrichten. Soweit die Ermittlungsergebnisse aus Sicht der für den medizinischen Arbeitsschutz zuständigen Stellen nicht vollständig sind, können sie den Unfallversicherungsträgern ergänzende Beweiserhebungen vorschlagen; diesen Vorschlägen haben die Unfallversicherungsträger zu folgen.

(4) Nach Vorliegen aller Ermittlungsergebnisse können die für den medizinischen Arbeitsschutz zuständigen Stellen ein Zusammenhangsgutachten erstellen. Zur Vorbereitung dieser Gutachten können sie die Versicherten untersuchen oder andere Ärzte auf Kosten der Unfallversicherungsträger mit Untersuchungen beauftragen.

§ 5 Gebühren

(1) Erstellen die für den medizinischen Arbeitsschutz zuständigen Stellen ein Zusammenhangsgutachten nach § 4 Abs. 4, erhalten sie von den Unfallversicherungsträgern jeweils eine Gebühr in Höhe von 200 Euro. Mit dieser Gebühr sind alle Personal- und Sachkosten, die bei der Erstellung des Gutachtens entstehen, einschließlich der Kosten für die ärztliche Untersuchung von Versicherten durch die für den medizinischen Arbeitsschutz zuständigen Stellen abgegolten.

(2) Ein Gutachten im Sinne des Absatzes 1 setzt voraus, daß der Gutachter unter Würdigung
1. der Arbeitsanamnese des Versicherten und der festgestellten Einwirkungen am Arbeitsplatz,
2. der Beschwerden, der vorliegenden Befunde und der Diagnose
eine eigenständig begründete schriftliche Bewertung des Ursachenzusammenhangs zwischen der Erkrankung und den tätigkeitsbezogenen Gefährdungen unter Berücksichtigung der besonderen für die gesetzliche Unfallversicherung geltenden Bestimmungen vornimmt.

Anhang 7 *Berufskrankheitenverordnung*

§ 6 Rückwirkung

(1) Leidet ein Versicherter am 1. Oktober 2002 an einer Krankheit nach Nummer 4112 der Anlage, ist diese auf Antrag als Berufskrankheit anzuerkennen, wenn der Versicherungsfall nach dem 30. November 1997 eingetreten ist. Satz 1 gilt auch für eine Krankheit nach Nummer 2106 der Anlage, wenn diese nicht bereits nach der Nummer 2106 der Anlage in der am 1. Dezember 1997 in Kraft getretenen Fassung als Berufskrankheit anerkannt werden kann.

(2) Leidet ein Versicherter am 1. Dezember 1997 an einer Krankheit nach Nummer 1316, 1317, 4104 (Kehlkopfkrebs) oder 4111 der Anlage, ist diese auf Antrag als Berufskrankheit anzuerkennen, wenn der Versicherungsfall nach dem 31. Dezember 1992 eingetreten ist.

(3) Hat ein Versicherter am 1. Januar 1993 an einer Krankheit gelitten, die erst auf Grund der Zweiten Verordnung zur Änderung der Berufskrankheiten-Verordnung vom 18. Dezember 1992 (BGBl. I S. 2343) als Berufskrankheit anerkannt werden kann, ist die Krankheit auf Antrag als Berufskrankheit anzuerkennen, wenn der Versicherungsfall nach dem 31. März 1988 eingetreten ist.

(4) Hat ein Versicherter am 1. April 1988 an einer Krankheit gelitten, die erst auf Grund der Verordnung zur Änderung der Berufskrankheiten-Verordnung vom 22. März 1988 (BGBl. I S. 400) als Berufskrankheit anerkannt werden kann, ist die Krankheit auf Antrag als Berufskrankheit anzuerkennen, wenn der Versicherungsfall nach dem 31. Dezember 1976 eingetreten ist.

(5) Bindende Bescheide und rechtskräftige Entscheidungen stehen der Anerkennung als Berufskrankheit nach den Absätzen 1 bis 4 nicht entgegen. Leistungen werden rückwirkend längstens für einen Zeitraum bis zu vier Jahren erbracht; der Zeitraum ist vom Beginn des Jahres an zu rechnen, in dem der Antrag gestellt worden ist.

§ 7

(weggefallen)

§ 8 Inkrafttreten, Außerkrafttreten

(1) Diese Verordnung tritt am 1. Dezember 1997 in Kraft.
(2) Gleichzeitig treten außer Kraft:
die Berufskrankheiten-Verordnung vom 20. Juni 1968 (BGBl. I S. 721), zuletzt geändert durch Artikel 1 der Verordnung vom 18. Dezember 1992 (BGBl. I S. 2343);
Artikel 3 Abs. 2 der Verordnung zur Änderung der Berufskrankheiten-Verordnung vom 22. März 1988 (BGBl. I S. 400);
Artikel 2 Abs. 2 der Zweiten Verordnung zur Änderung der Berufskrankheiten-Verordnung vom 18. Dezember 1992 (BGBl. I S. 2343).

Berufskrankheitenverordnung **Anhang 7**

Anlage 1 – Liste der Berufskrankheiten

Nr.	Krankheiten

1 Durch chemische Einwirkungen verursachte Krankheiten
11 Metalle oder Metalloide
1101 Erkrankungen durch Blei oder seine Verbindungen
1102 Erkrankungen durch Quecksilber oder seine Verbindungen
1103 Erkrankungen durch Chrom oder seine Verbindungen
1104 Erkrankungen durch Cadmium oder seine Verbindungen
1105 Erkrankungen durch Mangan oder seine Verbindungen
1106 Erkrankungen durch Thallium oder seine Verbindungen
1107 Erkrankungen durch Vanadium oder seine Verbindungen
1108 Erkrankungen durch Arsen oder seine Verbindungen
1109 Erkrankungen durch Phosphor oder seine anorganischen Verbindungen
1110 Erkrankungen durch Beryllium oder seine Verbindungen

12 Erstickungsgase
1201 Erkrankungen durch Kohlenmonoxid
1202 Erkrankungen durch Schwefelwasserstoff

13 Lösemittel, Schädlingsbekämpfungsmittel (Pestizide) und sonstige chemische Stoffe

1301 Schleimhautveränderungen, Krebs oder andere Neubildungen der Harnwege durch aromatische Amine
1302 Erkrankungen durch Halogenkohlenwasserstoffe
1303 Erkrankungen durch Benzol, seine Homologe oder durch Styrol
1304 Erkrankungen durch Nitro- oder Aminoverbindungen des Benzols oder seiner Homologe oder ihrer Abkömmlinge
1305 Erkrankungen durch Schwefelkohlenstoff
1306 Erkrankungen durch Methylalkohol (Methanol)
1307 Erkrankungen durch organische Phosphorverbindungen
1308 Erkrankungen durch Fluor oder seine Verbindungen
1309 Erkrankungen durch Salpetersäureester
1310 Erkrankungen durch halogenierte Alkyl-, Aryl- oder Alkylaryloxide
1311 Erkrankungen durch halogenierte Alkyl-, Aryl- oder Alkylarylsulfide
1312 Erkrankungen der Zähne durch Säuren
1313 Hornhautschädigungen des Auges durch Benzochinon
1314 Erkrankungen durch para-tertiär-Butylphenol
1315 Erkrankungen durch Isocyanate, die zur Unterlassung aller Tätigkeiten gezwungen haben, die für die Entstehung, die Verschlimmerung oder das Wiederaufleben der Krankheit ursächlich waren oder sein können
1316 Erkrankungen der Leber durch Dimethylformamid

Anhang 7 *Berufskrankheitenverordnung*

1317 Polyneuropathie oder Enzephalopathie durch organische Lösungsmittel oder deren Gemische
Zu den Nummern 1101 bis 1110, 1201 und 1202, 1303 bis 1309 und 1315: Ausgenommen sind Hauterkrankungen. Diese gelten als Krankheiten im Sinne dieser Anlage nur insoweit, als sie Erscheinungen einer Allgemeinerkrankung sind, die durch Aufnahme der schädigenden Stoffe in den Körper verursacht werden oder gemäß Nummer 5101 zu entschädigen sind.

2   Durch physikalische Einwirkungen verursachte Krankheiten

21   Mechanische Einwirkungen

2101 Erkrankungen der Sehnenscheiden oder des Sehnengleitgewebes sowie der Sehnen- oder Muskelansätze, die zur Unterlassung aller Tätigkeiten gezwungen haben, die für die Entstehung, die Verschlimmerung oder das Wiederaufleben der Krankheit ursächlich waren oder sein können

2102 Meniskusschäden nach mehrjährigen andauernden oder häufig wiederkehrenden, die Kniegelenke überdurchschnittlich belastenden Tätigkeiten

2103 Erkrankungen durch Erschütterung bei Arbeit mit Druckluftwerkzeugen oder gleichartig wirkenden Werkzeugen oder Maschinen

2104 Vibrationsbedingte Durchblutungsstörungen an den Händen, die zur Unterlassung aller Tätigkeiten gezwungen haben, die für die Entstehung, die Verschlimmerung oder das Wiederaufleben der Krankheit ursächlich waren oder sein können

2105 Chronische Erkrankungen der Schleimbeutel durch ständigen Druck

2106 Druckschädigung der Nerven

2107 Abrißbrüche der Wirbelfortsätze

2108 Bandscheibenbedingte Erkrankungen der Lendenwirbelsäule durch langjähriges Heben oder Tragen schwerer Lasten oder durch langjährige Tätigkeiten in extremer Rumpfbeugehaltung, die zur Unterlassung aller Tätigkeiten gezwungen haben, die für die Entstehung, die Verschlimmerung oder das Wiederaufleben der Krankheit ursächlich waren oder sein können

2109 Bandscheibenbedingte Erkrankungen der Halswirbelsäule durch langjähriges Tragen schwerer Lasten auf der Schulter, die zur Unterlassung aller Tätigkeiten gezwungen haben, die für die Entstehung, die Verschlimmerung oder das Wiederaufleben der Krankheit ursächlich waren oder sein können

2110 Bandscheibenbedingte Erkrankungen der Lendenwirbelsäule durch langjährige, vorwiegend vertikale Einwirkung von Ganzkörperschwingungen im Sitzen, die zur Unterlassung aller Tätigkeiten gezwungen haben, die für die Entstehung, die Verschlimmerung oder das Wiederaufleben der Krankheit ursächlich waren oder sein können

Berufskrankheitenverordnung Anhang 7

2111 Erhöhte Zahnabrasionen durch mehrjährige quarzstaubbelastende Tätigkeit

22 Druckluft
2201 Erkrankungen durch Arbeit in Druckluft

23 Lärm
2301 Lärmschwerhörigkeit

24 Strahlen
2401 Grauer Star durch Wärmestrahlung
2402 Erkrankungen durch ionisierende Strahlen

3 Durch Infektionserreger oder Parasiten verursachte Krankheiten sowie Tropenkrankheiten

3101 Infektionskrankheiten, wenn der Versicherte im Gesundheitsdienst, in der Wohlfahrtspflege oder in einem Laboratorium tätig oder durch eine andere Tätigkeit der Infektionsgefahr in ähnlichem Maße besonders ausgesetzt war
3102 Von Tieren auf Menschen übertragbare Krankheiten
3103 Wurmkrankheit der Bergleute, verursacht durch Ankylostoma duodenale oder Strongyloides stercoralis
3104 Tropenkrankheiten, Fleckfieber

4 Erkrankungen der Atemwege und der Lungen, des Rippenfells und Bauchfells

41 Erkrankungen durch anorganische Stäube
4101 Quarzstaublungenerkrankung (Silikose)
4102 Quarzstaublungenerkrankung in Verbindung mit aktiver Lungentuberkulose (Silikotuberkulose)
4103 Asbeststaublungenerkrankung (Asbestose) oder durch Asbeststaub verursachte Erkrankung der Pleura
4104 Lungenkrebs oder Kehlkopfkrebs
in Verbindung mit Asbeststaublungenerkrankung (Asbestose),
in Verbindung mit durch Asbeststaub verursachter Erkrankung der Pleura oder
bei Nachweis der Einwirkung einer kumulativen Asbest-Faserstaub-Dosis am Arbeitsplatz von mindestens 25 Faserjahren (25×10^6 [(Fasern/m^3) x Jahre])
4105 Durch Asbest verursachtes Mesotheliom des Rippenfells, des Bauchfells oder des Pericards

Anhang 7 *Berufskrankheitenverordnung*

4106 Erkrankungen der tieferen Atemwege und der Lungen durch Aluminium oder seine Verbindungen

4107 Erkrankungen an Lungenfibrose durch Metallstäube bei der Herstellung oder Verarbeitung von Hartmetallen

4108 Erkrankungen der tieferen Atemwege und der Lungen durch Thomasmehl (Thomasphosphat)

4109 Bösartige Neubildungen der Atemwege und der Lungen durch Nickel oder seine Verbindungen

4110 Bösartige Neubildungen der Atemwege und der Lungen durch Kokereirohgase

4111 Chronische obstruktive Bronchitis oder Emphysem von Bergleuten unter Tage im Steinkohlebergbau bei Nachweis einer kumulativen Dosis von in der Regel 100 Feinstaubjahren [(mg/m^3) x Jahre]

4112 Lungenkrebs durch die Einwirkung von kristallinem Siliziumdiuxid (SiO2) bei nachgewiesener Quarzstaublungenerkrankung (Silikose oder Siliko-Tuberkulose)

42 Erkrankungen durch organische Stäube

4201 Exogen-allergische Alveolitis

4202 Erkrankungen der tieferen Atemwege und der Lungen durch Rohbaumwoll-, Rohflachs- oder Rohhanfstaub (Byssinose)

4203 Adenokarzinome der Nasenhaupt- und Nasennebenhöhlen durch Stäube von Eichen- oder Buchenholz

43 obstruktive Atemwegserkrankungen

4301 Durch allergisierende Stoffe verursachte obstruktive Atemwegserkrankungen (einschließlich Rhinopathie), die zur Unterlassung aller Tätigkeiten gezwungen haben, die für die Entstehung, die Verschlimmerung oder das Wiederaufleben der Krankheit ursächlich waren oder sein können

4302 Durch chemisch-irritativ oder toxisch wirkende Stoffe verursachte obstruktive Atemwegserkrankungen, die zur Unterlassung aller Tätigkeiten gezwungen haben, die für die Entstehung, die Verschlimmerung oder das Wiederaufleben der Krankheit ursächlich waren oder sein können

5 Hautkrankheiten

5101 Schwere oder wiederholt rückfällige Hauterkrankungen, die zur Unterlassung aller Tätigkeiten gezwungen haben, die für die Entstehung, die Verschlimmerung oder das Wiederaufleben der Krankheit ursächlich waren oder sein können

5102 Hautkrebs oder zur Krebsbildung neigende Hautveränderungen durch Ruß, Rohparaffin, Teer, Anthrazen, Pech oder ähnliche Stoffe

Berufskrankheitenverordnung **Anhang 7**

6 Krankheiten sonstiger Ursache
6101 Augenzittern der Bergleute

8. Gesetz zum Schutz vor gefährlichen Stoffen (Chemikaliengesetz – ChemG)

in der Fassung der Bekanntmachung vom 20.6.2002, BGBl. I 2090;
zuletzt geändert durch Gesetz vom 13.5.2004, BGBl. I 934
(Auszug)

§ 3 Begriffsbestimmungen

Im Sinne dieses Gesetzes sind
1. Stoffe:
chemische Elemente oder chemische Verbindungen, wie sie natürlich vorkommen oder hergestellt werden, einschließlich der zur Wahrung der Stabilität notwendigen Hilfsstoffe und der durch das Herstellungsverfahren bedingten Verunreinigungen, mit Ausnahme von Lösungsmitteln, die von dem Stoff ohne Beeinträchtigung seiner Stabilität und ohne Änderung seiner Zusammensetzung abgetrennt werden können;
2. alte Stoffe:
Stoffe, die im Altstoffverzeichnis der Europäischen Gemeinschaften – EINECS – (ABl. EG Nr. 146 A vom 15. Juni 1990) in der jeweils jüngsten im Amtsblatt der Europäischen Gemeinschaften veröffentlichten Fassung bezeichnet sind;
3. neue Stoffe:
Stoffe, die nicht alte Stoffe im Sinne der Nummer 2 sind;
3a. Polymer:
ein Stoff, der aus Molekülen besteht, die durch eine Kette einer oder mehrerer Arten von Monomereinheiten gekennzeichnet sind, und der eine einfache Gewichtsmehrheit von Molekülen mit mindestens drei Monomereinheiten enthält, die zumindest mit einer weiteren Monomereinheit oder einem sonstigen Reaktanten eine kovalente Bindung eingegangen sind, sowie weniger als eine einfache Gewichtsmehrheit von Molekülen mit demselben Molekulargewicht, wenn diese Moleküle innerhalb eines bestimmten Molekulargewichtsbereichs liegen, wobei die Unterschiede beim Molekulargewicht im Wesentlichen auf die Unterschiede in der Zahl der Monomereinheiten zurückzuführen sind; eine Monomereinheit im Sinne dieser Begriffsbestimmung ist die gebundene Form eines Monomers in einem Polymer;
4. Zubereitungen:
aus zwei oder mehreren Stoffen bestehende Gemenge, Gemische oder Lösungen;
5. Erzeugnisse:
Stoffe oder Zubereitungen, die bei der Herstellung eine spezifische Gestalt, Oberfläche oder Form erhalten haben, die deren Funktion mehr bestimmen

Chemikaliengesetz **Anhang 8**

als ihre chemische Zusammensetzung, als solche oder in zusammengefügter Form;
6. Einstufung:
eine Zuordnung zu einem Gefährlichkeitsmerkmal;
7. Hersteller:
eine natürliche oder juristische Person oder eine nicht rechtsfähige Personenvereinigung, die einen Stoff, eine Zubereitung oder ein Erzeugnis herstellt oder gewinnt;
8. Einführer:
eine natürliche oder juristische Person oder eine nicht rechtsfähige Personenvereinigung, die einen Stoff, eine Zubereitung oder ein Erzeugnis in den Geltungsbereich dieses Gesetzes verbringt; kein Einführer ist, wer lediglich einen Transitverkehr unter zollamtlicher Überwachung durchführt, soweit keine Be- oder Verarbeitung erfolgt;
9. Inverkehrbringen:
die Abgabe an Dritte oder die Bereitstellung für Dritte; das Verbringen in den Geltungsbereich dieses Gesetzes gilt als Inverkehrbringen, soweit es sich nicht lediglich um einen Transitverkehr nach Nummer 8 zweiter Halbsatz handelt;
10. Verwenden:
Gebrauchen, Verbrauchen, Lagern, Aufbewahren, Be- und Verarbeiten, Abfüllen, Umfüllen, Mischen, Entfernen, Vernichten und innerbetriebliches Befördern;
11. wissenschaftliche Forschung und Entwicklung:
Durchführung wissenschaftlicher Versuche oder Analysen unter kontrollierten Bedingungen einschließlich der Bestimmung der Eigenschaften, der Leistung und der Wirksamkeit sowie wissenschaftlicher Untersuchungen im Hinblick auf die Produktentwicklung;
12. verfahrensorientierte Forschung und Entwicklung:
die Weiterentwicklung eines Stoffes, bei der die Anwendungsgebiete des Stoffes auf Pilotanlagenebene oder im Rahmen von Produktionsversuchen erprobt werden.

§ 3 a Gefährliche Stoffe und gefährliche Zubereitungen

(1) Gefährliche Stoffe oder gefährliche Zubereitungen sind Stoffe oder Zubereitungen, die
1. explosionsgefährlich,
2. brandfördernd,
3. hochentzündlich,
4. leichtentzündlich,
5. entzündlich,
6. sehr giftig,

Anhang 8 *Chemikaliengesetz*

7. giftig,
8. gesundheitsschädlich,
9. ätzend,
10. reizend,
11. sensibilisierend,
12. krebserzeugend,
13. fortpflanzungsgefährdend,
14. erbgutverändernd oder
15. umweltgefährlich sind;
ausgenommen sind gefährliche Eigenschaften ionisierender Strahlen.

(2) Umweltgefährlich sind Stoffe oder Zubereitungen, die selbst oder deren Umwandlungsprodukte geeignet sind, die Beschaffenheit des Naturhaushaltes, von Wasser, Boden oder Luft, Klima, Tieren, Pflanzen oder Mikroorganismen derart zu verändern, dass dadurch sofort oder später Gefahren für die Umwelt herbeigeführt werden können.

(3) (weggefallen)

(4) Die Bundesregierung wird ermächtigt, durch Rechtsverordnung mit Zustimmung des Bundesrates nähere Vorschriften über die Festlegung der in Absatz 1 genannten Gefährlichkeitsmerkmale zu erlassen.

§ 19 Maßnahmen zum Schutz von Beschäftigten

(1) Die Bundesregierung wird ermächtigt, durch Rechtsverordnung mit Zustimmung des Bundesrates, soweit es zum Schutz von Leben und Gesundheit des Menschen einschließlich des Schutzes der Arbeitskraft und der menschengerechten Gestaltung der Arbeit erforderlich ist, beim Herstellen und Verwenden von Stoffen, Zubereitungen und Erzeugnissen sowie bei Tätigkeiten in deren Gefahrenbereich Maßnahmen der in Absatz 3 beschriebenen Art vorzuschreiben. Satz 1 gilt nicht für Maßnahmen nach Absatz 3, soweit entsprechende Vorschriften nach dem Atomgesetz, Bundes-Immissionsschutzgesetz, Pflanzenschutzgesetz oder Sprengstoffgesetz bestehen.

(2) Gefahrstoffe im Sinne dieser Vorschrift sind
1. gefährliche Stoffe und Zubereitungen nach § 3a sowie Stoffe und Zubereitungen, die sonstige chronisch schädigende Eigenschaften besitzen,
2. Stoffe, Zubereitungen und Erzeugnisse, die explosionsfähig sind,
3. Stoffe, Zubereitungen und Erzeugnisse, aus denen bei der Herstellung oder Verwendung Stoffe oder Zubereitungen nach Nummer 1 und 2 entstehen oder freigesetzt werden können,
4. sonstige gefährliche chemische Arbeitsstoffe im Sinne des Artikels 2 Buchstabe b in Verbindung mit Buchstabe a der Richtlinie 98/24/EG des Rates vom 7. April 1998 zum Schutz von Gesundheit und Sicherheit der Arbeitnehmer vor der Gefährdung durch chemische Arbeitsstoffe bei der Arbeit (ABl. EG Nr. L 131 S. 11),

Chemikaliengesetz **Anhang 8**

5. Stoffe, Zubereitungen und Erzeugnisse, die erfahrungsgemäß Krankheitserreger übertragen können.

(3) Durch Rechtsverordnung nach Absatz 1 kann insbesondere bestimmt werden,

1. wie derjenige, der andere mit der Herstellung oder Verwendung von Stoffen, Zubereitungen oder Erzeugnissen beschäftigt, zu ermitteln hat, ob es sich im Hinblick auf die vorgesehene Herstellung oder Verwendung um einen Gefahrstoff handelt, soweit nicht bereits eine Einstufung nach den Vorschriften des Dritten Abschnitts erfolgt ist,
2. dass derjenige, der andere mit der Herstellung oder Verwendung von Gefahrstoffen beschäftigt, verpflichtet wird zu prüfen, ob Stoffe, Zubereitungen oder Erzeugnisse oder Herstellungs- oder Verwendungsverfahren mit einem geringeren Risiko für die menschliche Gesundheit verfügbar sind und dass er diese verwenden soll oder zu verwenden hat, soweit es ihm zumutbar ist,
2a. dass der Hersteller oder Einführer dem Arbeitgeber auf Verlangen die gefährlichen Inhaltsstoffe der Gefahrstoffe sowie die gültigen Grenzwerte und, falls solche noch nicht vorhanden sind, Empfehlungen für einzuhaltende Stoffkonzentrationen und die von den Gefahrstoffen ausgehenden Gefahren oder die zu ergreifenden Maßnahmen mitzuteilen hat,
3. wie die Arbeitsstätte einschließlich der technischen Anlagen, die technischen Arbeitsmittel und die Arbeitsverfahren beschaffen, eingerichtet sein oder betrieben werden müssen, damit sie dem Stand der Technik, Arbeitsmedizin und Hygiene sowie den gesicherten sicherheitstechnischen, arbeitsmedizinischen, hygienischen und sonstigen arbeitswissenschaftlichen Erkenntnissen entsprechen, die zum Schutz der Beschäftigten zu beachten sind,
4. wie der Betrieb geregelt sein muss, insbesondere
   a) dass Stoffe und Zubereitungen bezeichnet und wie Gefahrstoffe innerbetrieblich verpackt, gekennzeichnet und erfasst sein müssen, damit die Beschäftigten durch eine ungeeignete Verpackung nicht gefährdet und durch eine Kennzeichnung über die von ihnen ausgehenden Gefahren unterrichtet werden,
   b) wie das Herstellungs- oder Verwendungsverfahren gestaltet sein muss, damit die Beschäftigten nicht gefährdet und die Grenzwerte oder Richtwerte über die Konzentration gefährlicher Stoffe oder Zubereitungen am Arbeitsplatz nach dem Stand der Technik unterschritten werden,
   c) welche Vorkehrungen getroffen werden müssen, damit Gefahrstoffe nicht in die Hände Unbefugter gelangen oder sonst abhanden kommen,
   d) welche persönlichen Schutzausrüstungen zur Verfügung gestellt und von den Beschäftigten bestimmungsgemäß benutzt werden müssen,

Anhang 8   *Chemikaliengesetz*

    e) wie die Zahl der Beschäftigten, die Gefahrstoffen ausgesetzt werden, beschränkt und wie die Dauer einer solchen Beschäftigung begrenzt sein muss,
    f) wie die Beschäftigten sich verhalten müssen, damit sie sich selbst und andere nicht gefährden, und welche Voraussetzungen hierfür zu treffen sind, insbesondere welche Kenntnisse und Fähigkeiten Beschäftigte haben müssen und welche Nachweise hierüber zu erbringen sind,
    g) unter welchen Umständen Zugangs- und Beschäftigungsbeschränkungen zum Schutz der Beschäftigten vorgesehen werden müssen,
    h) dass ein Projektleiter für bestimmte Herstellungs- oder Verwendungsverfahren zu bestellen ist, welche Verantwortlichkeiten diesem zuzuweisen sind und welche Sachkunde dieser nachzuweisen hat,
5. wie den Beschäftigten die anzuwendenden Vorschriften in einer tätigkeitsbezogenen Betriebsanweisung dauerhaft zur Kenntnis zu bringen sind, und in welchen Zeitabständen anhand der Betriebsanweisung über die auftretenden Gefahren und die erforderlichen Schutzmaßnahmen zu unterweisen ist,
6. welche Vorkehrungen zur Verhinderung von Betriebsstörungen und zur Begrenzung ihrer Auswirkungen für die Beschäftigten und welche Maßnahmen zur Organisation der Ersten Hilfe zu treffen sind,
7. dass und welche verantwortlichen Aufsichtspersonen für Bereiche, in denen Beschäftigte besonderen Gefahren ausgesetzt sind, bestellt und welche Befugnisse ihnen übertragen werden müssen, damit die Arbeitsschutzaufgaben erfüllt werden können,
8. dass im Hinblick auf den Schutz der Beschäftigten eine Gefahrenbeurteilung vorzunehmen ist, welche Unterlagen hierfür zu erstellen sind und dass diese Unterlagen zur Überprüfung der Gefahrenbeurteilung von der zuständigen Landesbehörde der Bundesanstalt für Arbeitsschutz zugeleitet werden können,
9. welche Unterlagen zur Abwendung von Gefahren für die Beschäftigten zur Einsicht durch die zuständige Landesbehörde bereitzuhalten und auf Verlangen vorzulegen sind,
10. dass ein Herstellungs- oder Verwendungsverfahren, bei dem besondere Gefahren für die Beschäftigten bestehen oder zu besorgen sind, der zuständigen Landesbehörde angezeigt oder von der zuständigen Landesbehörde erlaubt sein muss,
11. dass Arbeiten, bei denen bestimmte gefährliche Stoffe oder Zubereitungen freigesetzt werden können, nur von dafür behördlich anerkannten Betrieben durchgeführt werden dürfen,
12. dass die Beschäftigten gesundheitlich zu überwachen sind, hierüber Aufzeichnungen zu führen sind und zu diesem Zweck

a) derjenige, der andere mit der Herstellung oder Verwendung von Gefahrstoffen beschäftigt, insbesondere verpflichtet werden kann, die Beschäftigten ärztlich untersuchen zu lassen,
b) der Arzt, der mit einer Vorsorgeuntersuchung beauftragt ist, in Zusammenhang mit dem Untersuchungsbefund bestimmte Pflichten zu erfüllen hat, insbesondere hinsichtlich des Inhalts einer von ihm auszustellenden Bescheinigung und der Unterrichtung und Beratung über das Ergebnis der Untersuchung,
c) die zuständige Behörde entscheidet, wenn Feststellungen des Arztes für unzutreffend gehalten werden,
d) die in die Aufzeichnung aufzunehmenden Daten dem zuständigen Träger der gesetzlichen Unfallversicherung oder einer von ihm beauftragten Stelle zum Zwecke der Ermittlung arbeitsbedingter Gesundheitsgefahren oder Berufskrankheiten übermittelt werden,
13. dass der Arbeitgeber dem Betriebs- oder Personalrat Vorgänge mitzuteilen hat, die er erfahren muss, um seine Aufgaben erfüllen zu können,
14. dass die zuständigen Landesbehörden ermächtigt werden, zur Durchführung von Rechtsverordnungen bestimmte Anordnungen im Einzelfall zu erlassen, insbesondere bei Gefahr im Verzug auch gegen Aufsichtspersonen und sonstige Beschäftigte,
15. dass die Betriebsanlagen und Arbeitsverfahren, in denen bestimmte Gefahrstoffe hergestellt oder verwendet werden, durch einen Sachkundigen oder einen Sachverständigen geprüft werden müssen.

(4) Wegen der Anforderungen nach Absatz 3 kann auf jedermann zugängliche Bekanntmachungen sachverständiger Stellen verwiesen werden; hierbei ist
1. in der Rechtsverordnung das Datum der Bekanntmachung anzugeben und die Bezugsquelle genau zu bezeichnen,
2. die Bekanntmachung bei der Bundesanstalt für Arbeitsschutz archivmäßig gesichert niederzulegen und in der Rechtsverordnung darauf hinzuweisen.

§ 26 Bußgeldvorschriften

(1) Ordnungswidrig handelt, wer vorsätzlich oder fahrlässig
1. entgegen § 4 Abs. 1 Satz 1 oder Abs. 2 Satz 1, auch in Verbindung mit Abs. 4, einen Stoff in den Verkehr bringt oder einführt,
1a. entgegen § 4 Abs. 3 einen Stoff einführt,
1b. einer vollziehbaren Anordnung nach § 5 Abs. 3 Nr. 1 oder § 11 Abs. 1 Satz 1 Nr. 3, auch in Verbindung mit Abs. 2 Satz 1, zuwiderhandelt,
2. entgegen § 7a Abs. 1 Satz 3 die erforderlichen Angaben oder Prüfnachweise nicht oder nicht rechtzeitig nachreicht,
3. entgegen § 8 Abs. 3 einen angemeldeten Stoff vor Ablauf der dort bezeichneten Frist in den Verkehr bringt,

4. einer vollziehbaren Anordnung nach § 11 Abs. 3, auch in Verbindung mit § 20 Abs. 2 Satz 1, zuwiderhandelt,
4 a. entgegen § 12 a Satz 1, § 12 h Abs. 1 Satz 1 oder § 12 i Abs. 4 Satz 1, auch in Verbindung mit Satz 2, ein Biozid-Produkt oder einen Biozid-Wirkstoff in den Verkehr bringt,
4 b. einer vollziehbaren Anordnung nach § 12 i Abs. 2 Satz 2 zuwiderhandelt,
4 c. ohne Genehmigung nach § 12 i Abs. 3 Satz 1 einen Versuch durchführt,
5. a) entgegen § 13 Abs. 1, auch in Verbindung mit Abs. 2 Satz 1 oder Abs. 3, einen Stoff, eine Zubereitung, einen Biozid-Wirkstoff, ein Biozid-Produkt oder ein Erzeugnis nicht oder nicht in der vorgeschriebenen Weise einstuft, verpackt oder kennzeichnet,
b) entgegen § 15 Abs. 1, auch in Verbindung mit Abs. 2, einen Stoff, eine Zubereitung, ein Erzeugnis, einen Biozid-Wirkstoff oder ein Biozid-Produkt ohne die vorgeschriebene Verpackung oder Kennzeichnung in den Verkehr bringt oder
c) einer Rechtsverordnung nach § 14 Abs. 1 Nr. 3 Buchstabe a, d oder e über die Verpackung und Kennzeichnung oder nach § 14 Abs. 1 Nr. 3 Buchstabe b oder Abs. 2 Satz 2 über die Mitlieferung bestimmter Angaben oder Empfehlungen zuwiderhandelt, soweit sie für einen bestimmten Tatbestand auf diese Bußgeldvorschrift verweist,
5 a. entgegen § 15 a Abs. 1 oder 2 Satz 1 für einen gefährlichen Stoff oder ein Biozid-Produkt wirbt,
6. entgegen § 16, auch in Verbindung mit § 16 a Abs. 3, § 16 a Abs. 1 oder Abs. 2, § 16 e Abs. 1 Satz 1, 3, auch in Verbindung mit einer Rechtsverordnung nach Abs. 5 Nr. 2 oder 3, oder § 16 f Abs. 1 Satz 1 eine Mitteilung oder entgegen § 16 a Abs. 1 Satz 1 Nr. 9 eine Versicherung nicht, nicht richtig, nicht vollständig oder nicht rechtzeitig vornimmt oder abgibt,
6 a. entgegen § 16 b Abs. 1 Satz 1 oder Abs. 2 eine Mitteilung nicht, nicht richtig, nicht vollständig oder nicht rechtzeitig vornimmt, entgegen § 16 b Abs. 3 einen Prüfnachweis nicht, nicht vollständig oder nicht rechtzeitig vorlegt oder entgegen § 16 c Abs. 1 oder § 16 f Abs. 2 Satz 1 eine Liste oder eine Angabe nicht, nicht vollständig oder nicht rechtzeitig übermittelt,
6 b. einer Rechtsverordnung nach § 16 c Abs. 2, § 16 d oder § 16 f Abs. 2 Satz 2 über Mitteilungspflichten bei alten Stoffen oder bei Zubereitungen oder über Übermittlungspflichten bei Biozid-Wirkstoffen zuwiderhandelt, soweit sie für einen bestimmten Tatbestand auf diese Bußgeldvorschrift verweist,
7. einer Rechtsverordnung nach § 17 Abs. 1 Nr. 1 Buchstabe b oder c oder Nr. 2 Buchstabe a, c oder d, jeweils auch in Verbindung mit Abs. 3 Satz 1, über das Herstellen, das Inverkehrbringen oder das Verwenden dort bezeichneter Stoffe, Zubereitungen, Erzeugnisse, Biozid-Wirkstoffe oder Biozid-Produkte zuwiderhandelt, soweit die Rechtsverordnung für einen bestimmten Tatbestand auf diese Bußgeldvorschrift verweist,

Chemikaliengesetz **Anhang 8**

8. einer Rechtsverordnung nach
   a) § 18 Abs. 1 über giftige Tiere und Pflanzen,
   b) § 19 Abs. 1 in Verbindung mit Abs. 3 über Maßnahmen zum Schutz von Beschäftigten zuwiderhandelt, soweit sie für einen bestimmten Tatbestand auf diese Bußgeldvorschrift verweist,
8a. entgegen § 20a Abs. 2 Satz 1 nicht oder nicht rechtzeitig anfragt, ob Wirbeltierversuche erforderlich sind,
9. entgegen § 21 Abs. 3 eine Auskunft trotz Anmahnung nicht erteilt, entgegen § 21 Abs. 4 Satz 1 Nr. 2 Unterlagen nicht vorlegt oder einer Pflicht nach § 21 Abs. 4 Satz 3 nicht nachkommt,
10. einer vollziehbaren Anordnung
    a) nach § 23 Abs. 1 oder
    b) nach § 23 Abs. 2 Satz 3 in Verbindung mit Satz 1 über das Herstellen, das Inverkehrbringen oder das Verwenden von Stoffen, Zubereitungen oder Erzeugnissen zuwiderhandelt oder
11. einer unmittelbar geltenden Vorschrift in Rechtsakten der Europäischen Gemeinschaften zuwiderhandelt, die Sachbereiche dieses Gesetzes betrifft, soweit eine Rechtsverordnung nach Satz 2 für einen bestimmten Tatbestand auf diese Bußgeldvorschrift verweist und die Zuwiderhandlung nicht nach § 27 Abs. 1 Nr. 3 oder Abs. 2 als Straftat geahndet werden kann. Die Bundesregierung wird ermächtigt, durch Rechtsverordnung mit Zustimmung des Bundesrates die einzelnen Tatbestände der Rechtsakte, die nach Satz 1 als Ordnungswidrigkeit mit Geldbuße geahndet werden können, zu bezeichnen, soweit dies zur Durchführung der Rechtsakte erforderlich ist.

(2) Die Ordnungswidrigkeit kann in den Fällen des Absatzes 1 Nr. 1, 1b, 3, 4, 4a bis 4c, 5, 6a, 6b, 7, 8 Buchstabe b, Nr. 10 und 11 mit einer Geldbuße bis zu fünfzigtausend Euro, in den Fällen des Absatzes 1 Nr. 1a, 2, 5a, 6, 8 Buchstabe a, Nr. 8a und Nr. 9 mit einer Geldbuße bis zu zehntausend Euro geahndet werden.

(3) Verwaltungsbehörde im Sinne des § 36 Abs. 1 Nr. 1 des Gesetzes über Ordnungswidrigkeiten ist
1. in den Fällen des Absatzes 1 Nr. 9 in Verbindung mit § 21 Abs. 3 Satz 2
   a) die Zulassungsstelle und die Anmeldestelle jeweils für ihren Geschäftsbereich gemäß § 21 Abs. 2 Satz 2 oder
   b) die in der Rechtsverordnung nach § 21 Abs. 2a bezeichnete Bundesbehörde, soweit ihr die in § 21 Abs. 3 Satz 1 bezeichneten Befugnisse zustehen,
2. in den Fällen des Absatzes 1 Nr. 11 in Verbindung mit § 5 Nr. 7, 8 und 9 der Chemikalien Straf- und Bußgeldverordnung die Anmeldestelle,
3. im Übrigen die nach Landesrecht zuständige Behörde.

Anhang 8 *Chemikaliengesetz*

§ 27 Strafvorschriften

(1) Mit Freiheitsstrafe bis zu zwei Jahren oder mit Geldstrafe wird bestraft, wer
1. einer Rechtsverordnung nach § 17 Abs. 1 Nr. 1 Buchstabe a, Nr. 2 Buchstabe b oder Nr. 3, jeweils auch in Verbindung mit Abs. 2, 3 Satz 1, Abs. 4 oder 6 über das Herstellen, das Inverkehrbringen oder das Verwenden dort bezeichneter Stoffe, Zubereitungen, Erzeugnisse, Biozid-Wirkstoffe oder Biozid-Produkte zuwiderhandelt, soweit sie für einen bestimmten Tatbestand auf diese Strafvorschrift verweist,
2. einer vollziehbaren Anordnung nach § 23 Abs. 2 Satz 1 über das Herstellen, das Inverkehrbringen oder das Verwenden gefährlicher Stoffe, Zubereitungen oder Erzeugnisse zuwiderhandelt oder
3. einer unmittelbar geltenden Vorschrift in Rechtsakten der Europäischen Gemeinschaften zuwiderhandelt, die inhaltlich einer Regelung entspricht, zu der die in Nummer 1 genannten Vorschriften ermächtigen, soweit eine Rechtsverordnung nach Satz 2 für einen bestimmten Tatbestand auf diese Strafvorschrift verweist. Die Bundesregierung wird ermächtigt, soweit die zur Durchsetzung der Rechtsakte der Europäischen Gemeinschaften erforderlich ist, durch Rechtsverordnung mit Zustimmung des Bundesrates die Tatbestände zu bezeichnen, die als Straftat nach Satz 1 zu ahnden sind.

(2) Mit Freiheitsstrafe bis zu fünf Jahren oder mit Geldstrafe wird bestraft, wer durch eine in Absatz 1 oder eine in § 26 Abs. 1 Nr. 1, 4, 4a bis 4c, 5, 8 Buchstabe b, Nr. 10 oder 11 bezeichnete Handlung das Leben oder die Gesundheit eines anderen oder fremde Sachen von bedeutendem Wert gefährdet.

(3) Der Versuch ist strafbar.

(4) Handelt der Täter fahrlässig, so ist die Strafe
1. in den Fällen des Absatzes 1 Freiheitsstrafe bis zu einem Jahr oder Geldstrafe,
2. in den Fällen des Absatzes 2 Freiheitsstrafe bis zu zwei Jahren oder Geldstrafe.

(5) Das Gericht kann von Strafe nach Absatz 2 absehen, wenn der Täter freiwillig die Gefahr abwendet, bevor ein erheblicher Schaden entsteht. Unter denselben Voraussetzungen wird der Täter nicht nach Absatz 4 Nr. 2 bestraft. Wird ohne Zutun des Täters die Gefahr abgewendet, so genügt sein freiwilliges und ernsthaftes Bemühen, dieses Ziel zu erreichen.

(6) Die Absätze 1 bis 5 gelten nicht, wenn die Tat nach den §§ 328, 330 oder 330a des Strafgesetzbuches mit gleicher oder schwererer Strafe bedroht ist.

8.1 Verordnung zum Schutz vor Gefahrstoffen (Gefahrstoffverordnung – GefStoffV)

vom 23.12.2004, BGBl. I 3758;
geändert durch Art. 2 der Verordnung vom 23.12.2004, BGBl. I 3855
(Auszug)

§ 3 Begriffsbestimmungen

(1) »Gefahrstoffe« im Sinne dieser Vorschrift sind
1. gefährliche Stoffe und Zubereitungen nach § 3a des Chemikaliengesetzes sowie Stoffe und Zubereitungen, die sonstige chronisch schädigende Eigenschaften besitzen,
2. Stoffe, Zubereitungen und Erzeugnisse, die explosionsfähig sind,
3. Stoffe, Zubereitungen und Erzeugnisse, aus denen bei der Herstellung oder Verwendung Stoffe oder Zubereitungen nach Nummer 1 oder 2 entstehen oder freigesetzt werden können,
4. sonstige gefährliche chemische Arbeitsstoffe im Sinne des Artikels 2 Buchstabe b in Verbindung mit Buchstabe a der Richtlinie 98/24/EG des Rates vom 7. April 1998 zum Schutz von Gesundheit und Sicherheit der Arbeitnehmer vor der Gefährdung durch chemische Arbeitsstoffe bei der Arbeit (ABl. EG Nr. L 131 S. 11).

(2) Krebserzeugend, erbgutverändernd oder fruchtbarkeitsgefährdend im Sinne des Dritten und Vierten Abschnitts ist
1. ein Stoff, der die in Anhang VI der Richtlinie 67/548/EWG genannten Kriterien für die Einstufung als krebserzeugender, erbgutverändernder oder fruchtbarkeitsgefährdender Stoff erfüllt,
2. eine Zubereitung, die einen oder mehrere der in Nummer 1 genannten Stoffe enthält, sofern die Konzentration eines oder mehrerer der einzelnen Stoffe die Anforderungen für die Einstufung einer Zubereitung als krebserzeugend, erbgutverändernd oder fruchtbarkeitsgefährdend erfüllt. Die Konzentrationsgrenzen sind festgelegt:
   a) in Anhang I der Richtlinie 67/548/EWG oder
   b) in Anhang II der Richtlinie 1999/45/EG, sofern der Stoff oder die Stoffe in Anhang I der Richtlinie 67/548/EWG nicht oder ohne Konzentrationsgrenzen aufgeführt sind,
3. ein Stoff, eine Zubereitung oder ein Verfahren, die in einer Bekanntmachung des Bundesministeriums für Wirtschaft und Arbeit nach § 21 Abs. 4 als krebserzeugend, erbgutverändernd oder fruchtbarkeitsgefährdend bezeichnet werden.

(3) Eine »Tätigkeit« ist jede Arbeit, bei der Stoffe, Zubereitungen oder Erzeugnisse im Rahmen eines Prozesses einschließlich Produktion, Handhabung, Lagerung, Beförderung, Entsorgung und Behandlung verwendet werden

Anhang 8.1 — *Gefahrstoffverordnung*

oder verwendet werden sollen oder bei der Stoffe oder Zubereitungen entstehen oder auftreten. Hierzu gehören insbesondere das Verwenden im Sinne des § 3 Nr. 10 des Chemikaliengesetzes sowie das Herstellen. Tätigkeiten im Sinne dieser Verordnung sind auch Bedien- und Überwachungsarbeiten, sofern diese zu einer Gefährdung von Beschäftigten durch Gefahrstoffe führen können.

(4) »Lagern« ist das Aufbewahren zur späteren Verwendung sowie zur Abgabe an Andere. Es schließt die Bereitstellung zur Beförderung ein, wenn die Beförderung nicht binnen 24 Stunden nach der Bereitstellung oder am darauffolgenden Werktag erfolgt. Ist dieser Werktag ein Samstag, so endet die Frist mit Ablauf des nächsten Werktages.

(5) Dem »Arbeitgeber« stehen der Unternehmer ohne Beschäftigte sowie der Auftraggeber und Zwischenmeister im Sinne des Heimarbeitsgesetzes gleich. Den »Beschäftigten« stehen die in Heimarbeit Beschäftigten sowie Schüler, Studenten und sonstige Personen, insbesondere an wissenschaftlichen Einrichtungen Tätige, die Tätigkeiten mit Gefahrstoffen durchführen, gleich. Für Schüler und Studenten gelten die Regelungen dieser Verordnung über die Beteiligung der Personalvertretungen nicht. Wird in dieser Verordnung die männliche Sprachform verwendet, so gilt die weibliche Sprachform als mit erfasst.

(6) Der »Arbeitsplatzgrenzwert« ist der Grenzwert für die zeitlich gewichtete durchschnittliche Konzentration eines Stoffes in der Luft am Arbeitsplatz in Bezug auf einen gegebenen Referenzzeitraum. Er gibt an, bei welcher Konzentration eines Stoffes akute oder chronische schädliche Auswirkungen auf die Gesundheit im allgemeinen nicht zu erwarten sind.

(7) Der »biologische Grenzwert« ist der Grenzwert für die toxikologisch-arbeitsmedizinisch abgeleitete Konzentration eines Stoffes, seines Metaboliten oder eines Beanspruchungsindikators im entsprechenden biologischen Material, bei dem im allgemeinen die Gesundheit eines Beschäftigten nicht beeinträchtigt wird.

(8) Ein »explosionsfähiges Gemisch« ist ein Gemisch aus brennbaren Gasen, Dämpfen, Nebeln oder Stäuben, in dem sich der Verbrennungsvorgang nach erfolgter Zündung auf das gesamte unverbrannte Gemisch überträgt. Ein »gefährliches explosionsfähiges Gemisch« ist ein explosionsfähiges Gemisch, das in solcher Menge auftritt, dass besondere Schutzmaßnahmen für die Aufrechterhaltung der Gesundheit und Sicherheit der Beschäftigten oder anderer Personen erforderlich werden (gefahrdrohende Menge). »Explosionsfähige Atmosphäre« ist ein explosionsfähiges Gemisch unter atmosphärischen Bedingungen im Gemisch mit Luft.

(9) Stoffe, Zubereitungen und Erzeugnisse sind »explosionsfähig«,
1. wenn sie mit oder ohne Luft durch Zündquellen wie äußere thermische Einwirkungen, mechanische Beanspruchungen oder Detonationsstöße zu einer chemischen Umsetzung gebracht werden können, bei der hochge-

Gefahrstoffverordnung Anhang 8.1

spannte Gase in so kurzer Zeit entstehen, dass ein sprunghafter Temperatur- und Druckanstieg hervorgerufen wird, oder
2. im Gemisch mit Luft, wenn nach Wirksamwerden einer Zündquelle eine selbsttätig sich fortpflanzende Flammenausbreitung stattfindet, die im allgemeinen mit einem sprunghaften Temperatur- und Druckanstieg verbunden ist.

(10) Der »Stand der Technik« ist der Entwicklungsstand fortschrittlicher Verfahren, Einrichtungen oder Betriebsweisen, der die praktische Eignung einer Maßnahme zum Schutz der Gesundheit und zur Sicherheit der Beschäftigten gesichert erscheinen lässt. Bei der Bestimmung des Standes der Technik sind insbesondere vergleichbare Verfahren, Einrichtungen oder Betriebsweisen heranzuziehen, die mit Erfolg in der Praxis erprobt worden sind. Gleiches gilt für die Anforderungen an die Arbeitsmedizin und die Arbeitsplatzhygiene.

Zweiter Abschnitt   Gefahrstoffinformation

§ 4   Gefährlichkeitsmerkmale

Gefährlich sind Stoffe und Zubereitungen, die eine oder mehrere der in § 3 a Abs. 1 des Chemikaliengesetzes genannten und in Anhang VI der Richtlinie 67/548/EWG näher bestimmten Eigenschaften aufweisen. Sie sind
1. explosionsgefährlich, wenn sie in festem, flüssigem, pastenförmigem oder gelatinösem Zustand auch ohne Beteiligung von Luftsauerstoff exotherm und unter schneller Entwicklung von Gasen reagieren können und unter festgelegten Prüfbedingungen detonieren, schnell deflagrieren oder beim Erhitzen unter teilweisem Einschluss explodieren,
2. brandfördernd, wenn sie in der Regel selbst nicht brennbar sind, aber bei Berührung mit brennbaren Stoffen oder Zubereitungen, überwiegend durch Sauerstoffabgabe, die Brandgefahr und die Heftigkeit eines Brandes beträchtlich erhöhen,
3. hochentzündlich, wenn sie
   a) in flüssigem Zustand einen extrem niedrigen Flammpunkt und einen niedrigen Siedepunkt haben,
   b) als Gase bei gewöhnlicher Temperatur und Normaldruck in Mischung mit Luft einen Explosionsbereich haben,
4. leichtentzündlich, wenn sie
   a) sich bei gewöhnlicher Temperatur an der Luft ohne Energiezufuhr erhitzen und schließlich entzünden können,

Anhang 8.1 — Gefahrstoffverordnung

    b) in festem Zustand durch kurzzeitige Einwirkung einer Zündquelle leicht entzündet werden können und nach deren Entfernen in gefährlicher Weise weiterbrennen oder weiterglimmen,
    c) in flüssigem Zustand einen sehr niedrigen Flammpunkt haben,
    d) bei Berührung mit Wasser oder mit feuchter Luft hochentzündliche Gase in gefährlicher Menge entwickeln,

5. entzündlich, wenn sie in flüssigem Zustand einen niedrigen Flammpunkt haben,
6. sehr giftig, wenn sie in sehr geringer Menge bei Einatmen, Verschlucken oder Aufnahme über die Haut zum Tode führen oder akute oder chronische Gesundheitsschäden verursachen können,
7. giftig, wenn sie in geringer Menge bei Einatmen, Verschlucken oder Aufnahme über die Haut zum Tode führen oder akute oder chronische Gesundheitsschäden verursachen können,
8. gesundheitsschädlich, wenn sie bei Einatmen, Verschlucken oder Aufnahme über die Haut zum Tode führen oder akute oder chronische Gesundheitsschäden verursachen können,
9. ätzend, wenn sie lebende Gewebe bei Berührung zerstören können,
10. reizend, wenn sie – ohne ätzend zu sein – bei kurzzeitigem, länger andauerndem oder wiederholtem Kontakt mit Haut oder Schleimhaut eine Entzündung hervorrufen können,
11. sensibilisierend, wenn sie bei Einatmen oder Aufnahme über die Haut Überempfindlichkeitsreaktionen hervorrufen können, so dass bei künftiger Exposition gegenüber dem Stoff oder der Zubereitung charakteristische Störungen auftreten,
12. krebserzeugend (karzinogen), wenn sie bei Einatmen, Verschlucken oder Aufnahme über die Haut Krebs erregen oder die Krebshäufigkeit erhöhen können,
13. fortpflanzungsgefährdend (reproduktionstoxisch), wenn sie bei Einatmen, Verschlucken oder Aufnahme über die Haut
    a) nichtvererbbare Schäden der Nachkommenschaft hervorrufen oder deren Häufigkeit erhöhen (fruchtschädigend) oder
    b) eine Beeinträchtigung der männlichen oder weiblichen Fortpflanzungsfunktionen oder -fähigkeit zur Folge haben können (fruchtbarkeitsgefährdend),
14. erbgutverändernd (mutagen), wenn sie bei Einatmen, Verschlucken oder Aufnahme über die Haut vererbbare genetische Schäden zur Folge haben oder deren Häufigkeit erhöhen können,
15. umweltgefährlich, wenn sie selbst oder ihre Umwandlungsprodukte geeignet sind, die Beschaffenheit des Naturhaushalts, von Wasser, Boden oder Luft, Klima, Tieren, Pflanzen oder Mikroorganismen derart zu verändern, dass dadurch sofort oder später Gefahren für die Umwelt herbeigeführt werden können.

Gefahrstoffverordnung

§ 5 Einstufung, Verpackung und Kennzeichnung

(1) Der Hersteller oder Einführer hat Stoffe und Zubereitungen vor dem Inverkehrbringen einzustufen. Für Stoffe, die in Anhang I der Richtlinie 67/548/EWG aufgeführt sind, gilt die dort festgelegte Einstufung. Stoffe, die nicht in Anhang I der Richtlinie 67/548/EWG aufgeführt sind, muss der Hersteller oder Einführer nach Anhang VI der Richtlinie 67/548/EWG einstufen. Bei der Einstufung der Stoffe hat er alle gefährlichen Eigenschaften nach
1. den Ergebnissen der Prüfungen nach den §§ 7, 9 und 9a des Chemikaliengesetzes oder
2. gesicherter wissenschaftlicher Erkenntnis durch Zuordnung zu den Gefährlichkeitsmerkmalen des § 4 oder
3. den in einem Zulassungsverfahren gewonnenen Erkenntnissen

zu berücksichtigen. Ferner hat er für alte Stoffe im Sinne des § 3 Nr. 2 des Chemikaliengesetzes, die noch nicht in Anhang I der Richtlinie 67/548/EWG aufgeführt sind, Nachforschungen anzustellen, um die einschlägigen und zugänglichen Angaben zu den Eigenschaften dieser Stoffe zu beschaffen. Die Bekanntmachungen des Bundesministeriums für Wirtschaft und Arbeit nach § 21 Abs. 4 sind zu beachten.

(2) Der Hersteller oder Einführer hat Zubereitungen nach der Richtlinie 1999/45/EWG einzustufen.

(3) Der Hersteller oder Einführer hat Biozid-Wirkstoffe, die als solche in Verkehr gebracht werden und zugleich biologische Arbeitsstoffe sind, sowie Biozid-Produkte, die biologische Arbeitsstoffe enthalten, zusätzlich nach den §§ 3 und 4 der Biostoffverordnung einzustufen.

(4) Wer als Hersteller, Einführer oder erneuter Inverkehrbringer gefährliche Stoffe, Zubereitungen oder Biozid-Produkte in den Verkehr bringt, hat sie entsprechend der Einstufung nach den Absätzen 1 bis 3 zu verpacken und zu kennzeichnen. Werden gefährliche Stoffe und Zubereitungen unverpackt in den Verkehr gebracht, sind jeder Liefereinheit geeignete Sicherheitsinformationen vorzugsweise ein Sicherheitsdatenblatt mitzugeben. Die Angaben nach Satz 1 und 2 sind in deutscher Sprache abzufassen.

(5) Ergänzend zu den allgemeinen Vorschriften der Absätze 1 bis 4 sind die besonderen Bestimmungen des Anhangs II zu beachten.

§ 6 Sicherheitsdatenblatt

(1) Wer als Hersteller, Einführer oder erneuter Inverkehrbringer gefährliche Stoffe oder gefährliche Zubereitungen in den Verkehr bringt, hat den Abnehmern spätestens bei der ersten Lieferung nach Maßgabe der Richtlinie 91/155/EWG kostenlos ein Sicherheitsdatenblatt in deutscher Sprache zu übermitteln. Werden Zubereitungen nach Artikel 14 Nr. 2.1 Buchstabe b der Richtlinie 1999/45/EG in den Verkehr gebracht, hat der Hersteller, Einführer oder der erneute Inverkehrbringer dem beruflichen Verwender auf Anforderung ein Sicherheits-

Anhang 8.1 *Gefahrstoffverordnung*

datenblatt zur Verfügung zu stellen. Der Hersteller oder Einführer hat insbesondere dafür zu sorgen, dass das Sicherheitsdatenblatt von einer fachkundigen Person erstellt wird, fachlich richtig sowie vollständig ausgefüllt ist und regelmäßig aktualisiert wird.

(2) Im Sicherheitsdatenblatt zu Stoffen, die in einer Bekanntmachung des Bundesministeriums für Wirtschaft und Arbeit nach § 21 Abs. 4 als krebserzeugend, erbgutverändernd oder fortpflanzungsgefährdend bezeichnet werden, ist auf die entsprechende Wirkung dieser Stoffe hinzuweisen. Erforderlichenfalls sind Angaben zur sicheren Verwendung aufzunehmen. Satz 1 gilt für Zubereitungen entsprechend. Im Sicherheitsdatenblatt zu Stoffen und Zubereitungen ist auch auf Tätigkeiten hinzuweisen, die in einer Bekanntmachung des Bundesministeriums für Wirtschaft und Arbeit nach § 21 Abs. 4 als krebserzeugend, erbgutverändernd oder fortpflanzungsgefährdend bezeichnet werden.

(3) Absatz 1 und 2 gelten nicht für die Abgabe an den privaten Endverbraucher.

(4) Auf der Verpackung solcher Zubereitungen, die im Einzelhandel angeboten oder für jedermann erhältlich sind und die als sehr giftig (T+), giftig (T) oder ätzend (C) eingestuft sind, muss nach Maßgabe der Richtlinie 1999/45/EG eine genaue und allgemein verständliche Gebrauchsanweisung angebracht sein. Falls dies technisch nicht möglich ist, muss die Gebrauchsanweisung der Verpackung beigefügt werden.

Dritter Abschnitt   Allgemeine Schutzmaßnahmen

§ 7 Informationsermittlung und Gefährdungsbeurteilung

(1) Bei der Beurteilung der Arbeitsbedingungen nach § 5 des Arbeitsschutzgesetzes vom 7. August 1996 (BGBl. I S. 1246), zuletzt geändert durch Artikel 83 des Gesetzes vom 23. Dezember 2003 (BGBl. I S. 2848), hat der Arbeitgeber zunächst festzustellen, ob die Beschäftigten Tätigkeiten mit Gefahrstoffen durchführen oder ob Gefahrstoffe bei diesen Tätigkeiten entstehen oder freigesetzt werden. Ist dies der Fall, so hat er alle hiervon ausgehenden Gefährdungen für die Gesundheit und Sicherheit der Beschäftigten unter folgenden Gesichtspunkten zu beurteilen:
gefährliche Eigenschaften der Stoffe oder Zubereitungen,
1. Informationen des Herstellers oder Inverkehrbringers zum Gesundheitsschutz und zur Sicherheit insbesondere im Sicherheitsdatenblatt nach § 6,
2. Ausmaß, Art und Dauer der Exposition unter Berücksichtigung aller Expositionswege; dabei sind die Ergebnisse nach § 9 Abs. 4 und § 10 Abs. 2 zu berücksichtigen,

3. physikalisch-chemische Wirkungen,
4. Möglichkeiten einer Substitution,
5. Arbeitsbedingungen und Verfahren, einschließlich der Arbeitsmittel und der Gefahrstoffmenge,
6. Arbeitsplatzgrenzwerte und biologische Grenzwerte,
7. Wirksamkeit der getroffenen oder zu treffenden Schutzmaßnahmen,
8. Schlussfolgerungen aus durchgeführten arbeitsmedizinischen Vorsorgeuntersuchungen.
9. Der Arbeitgeber darf eine Tätigkeit mit Gefahrstoffen erst aufnehmen lassen, nachdem eine Gefährdungsbeurteilung vorgenommen wurde und die erforderlichen Schutzmaßnahmen getroffen wurden.

(2) Der Arbeitgeber hat sich die für die Gefährdungsbeurteilung notwendigen Informationen beim Inverkehrbringer oder bei anderen ohne weiteres zugänglichen Quellen zu beschaffen. Soweit geeignet, gehört zu diesen Informationen auch die besondere Beurteilung hinsichtlich der Gefährdung für die Verwender, die auf der Grundlage von EG-Vorschriften für chemische Stoffe erstellt wird. Sofern die EG-Vorschriften insbesondere die Richtlinie 67/548/EWG und die Richtlinie 1999/45/EG keine Informationspflicht (zum Beispiel ein Sicherheitsdatenblatt) vorsehen, hat der Inverkehrbringer dem Arbeitgeber auf Anfrage alle Informationen über die Gefahrstoffe zur Verfügung zu stellen, die zur Anwendung von Satz 1 und 2 erforderlich sind. Stoffe und Zubereitungen, die nicht vom Inverkehrbringer gemäß § 5 Abs. 1 oder 2 eingestuft und gekennzeichnet worden sind, hat der Arbeitgeber gemäß den Richtlinien 67/548/EWG oder 1999/45/EG selbst einzustufen, zumindest aber die von den Stoffen oder Zubereitungen ausgehenden Gefährdungen für die Beschäftigten zu ermitteln. Dies gilt auch für Tätigkeiten mit Gefahrstoffen, die nicht gekennzeichnet sind oder die keinem Gefährlichkeitsmerkmal nach § 3a des Chemikaliengesetzes zugeordnet werden können, die aber aufgrund ihrer physikalischen, chemischen oder toxischen Eigenschaften und der Art und Weise wie sie am Arbeitsplatz verwendet werden oder vorhanden sind, eine Gefährdung für die Gesundheit und die Sicherheit der Beschäftigten darstellen können.

(3) Der Arbeitgeber hat festzustellen, ob die verwendeten Stoffe, Zubereitungen oder Erzeugnisse bei Tätigkeiten, auch unter Berücksichtigung verwendeter Arbeitsmittel, Verfahren und der Arbeitsumgebung sowie ihrer möglichen Wechselwirkungen, zu Brand- oder Explosionsgefahren führen können. Insbesondere ist zu ermitteln, ob die Stoffe, Zubereitungen oder Erzeugnisse aufgrund ihrer Eigenschaften und der Art und Weise, wie sie am Arbeitsplatz verwendet werden oder dort vorhanden sind, explosionsfähige Gemische bilden können. Bei nichtatmosphärischen Bedingungen sind auch die möglichen Veränderungen der für den Explosionsschutz relevanten sicherheitstechnischen Kenngrößen zu ermitteln und zu berücksichtigen.

(4) Bei der Gefährdungsbeurteilung sind auch Tätigkeiten innerhalb des Unternehmens oder Betriebs zu berücksichtigen, bei denen anzunehmen ist,

dass auch nach Ausschöpfung sämtlicher technischer Maßnahmen die Möglichkeit einer Exposition besteht (zum Beispiel Wartungsarbeiten). Darüber hinaus sind auch andere Tätigkeiten wie zum Beispiel Bedien- und Überwachungstätigkeiten zu berücksichtigen, sofern diese zu einer Gefährdung von Beschäftigten durch Gefahrstoffe führen können.

(5) Die mit den Tätigkeiten verbundenen inhalativen, dermalen und physikalisch-chemischen Gefährdungen sind unabhängig voneinander zu beurteilen und in der Gefährdungsbeurteilung zusammen zu führen. Treten bei einer Tätigkeit mehrere Gefahrstoffe gleichzeitig auf, ist eine mögliche Wechsel- oder Kombinationswirkung der Gefahrstoffe mit Einfluss auf die Gesundheit und Sicherheit der Beschäftigten bei der Gefährdungsbeurteilung zu berücksichtigen.

(6) Der Arbeitgeber hat die Gefährdungsbeurteilung unabhängig von der Zahl der Beschäftigten nach Maßgabe des Satzes 2 und vor Aufnahme der Tätigkeit zu dokumentieren. In der Dokumentation ist anzugeben, welche Gefährdungen am Arbeitsplatz auftreten können und welche Maßnahmen gemäß dem Dritten und Vierten Abschnitt durchgeführt werden müssen. Im Falle von Tätigkeiten mit geringer Gefährdung nach Absatz 9 ist keine detaillierte Dokumentation erforderlich. In allen anderen Fällen ist nachvollziehbar zu begründen, wenn auf eine detaillierte Dokumentation verzichtet wird. Die Gefährdungsbeurteilung ist zu aktualisieren, wenn maßgebliche Veränderungen dies erforderlich machen oder wenn sich eine Aktualisierung aufgrund der Ergebnisse der arbeitsmedizinischen Vorsorge als notwendig erweist.

(7) Die Gefährdungsbeurteilung darf nur von fachkundigen Personen durchgeführt werden. Verfügt der Arbeitgeber nicht selbst über die entsprechenden Kenntnisse, so hat er sich fachkundig beraten zu lassen. Fachkundige Personen sind insbesondere der Betriebsarzt und die Fachkraft für Arbeitssicherheit. Der Arbeitgeber kann bei der Festlegung der Maßnahmen eine Gefährdungsbeurteilung übernehmen, die ihm der Hersteller oder Inverkehrbringer mitgeliefert hat, sofern er seine Tätigkeit entsprechend den dort gemachten Angaben und Festlegungen durchführt.

(8) Der Arbeitgeber hat ein Verzeichnis der im Betrieb verwendeten Gefahrstoffe zu führen, in dem auf die entsprechenden Sicherheitsdatenblätter verwiesen wird. Dies gilt nicht für Gefahrstoffe, die bei Tätigkeiten nach Absatz 9 nur zu einer geringen Gefährdung der Beschäftigten führen. Das Verzeichnis muss allen betroffenen Beschäftigten und ihren Vertretern zugänglich sein.

(9) Ergibt sich aus der Gefährdungsbeurteilung für bestimmte Tätigkeiten aufgrund
1. der Arbeitsbedingungen,
2. einer nur geringen verwendeten Stoffmenge und
3. einer nach Höhe und Dauer niedrigen Exposition
insgesamt eine nur geringe Gefährdung der Beschäftigten und reichen die nach § 8 Abs. 1 bis 8 ergriffenen Maßnahmen zum Schutz der Beschäftigten aus, so

Gefahrstoffverordnung Anhang 8.1

müssen keine weiteren Maßnahmen nach den §§ 9 bis 17 getroffen werden (Schutzstufe 1).
Satz 1 gilt nicht für Tätigkeiten mit Gefahrstoffen, die
1. als giftig, sehr giftig oder krebserzeugend, erbgutverändernd oder fruchtbarkeitsgefährdend Kategorie 1 oder 2 eingestuft oder gekennzeichnet sind oder
2. in einer Bekanntmachung des Bundesministeriums für Wirtschaft und Arbeit nach § 21 Abs. 4 als krebserzeugend, erbgutverändernd oder fruchtbarkeitsgefährdend Kategorie 1 oder 2 bezeichnet werden.
(10) Werden keine Tätigkeiten mit Gefahrstoffen durchgeführt, die
1. als giftig, sehr giftig, oder krebserzeugend, erbgutverändernd oder fruchtbarkeitsgefährdend Kategorie 1 oder 2 eingestuft oder gekennzeichnet sind oder
2. in einer Bekanntmachung des Bundesministeriums für Wirtschaft und Arbeit nach § 21 Abs. 4 als krebserzeugend, erbgutverändernd oder fruchtbarkeitsgefährdend Kategorie 1 oder 2 bezeichnet werden,
und reichen die aufgrund der Gefährdungsbeurteilung getroffenen Schutzmaßnahmen nach den §§ 8 und 9 aus, um die Gesundheit und Sicherheit der Beschäftigten zu gewährleisten, müssen die Maßnahmen nach § 10 und § 11 nicht getroffen werden (Schutzstufe 2).

§ 8 Grundsätze für die Verhütung von Gefährdungen; Tätigkeiten mit geringer Gefährdung (Schutzstufe 1)

(1) Im Rahmen seiner Verpflichtung, die Gesundheit und die Sicherheit der Beschäftigten bei allen Tätigkeiten mit Gefahrstoffen sicherzustellen, hat der Arbeitgeber die erforderlichen Maßnahmen nach dem Arbeitsschutzgesetz und zusätzlich die in dieser Verordnung genannten Maßnahmen zu treffen. Dabei hat er vorrangig die vom Bundesministerium für Wirtschaft und Arbeit nach § 21 Abs. 4 bekannt gemachten Regeln und Erkenntnisse des Ausschusses für Gefahrstoffe zu beachten. Bei Einhaltung der in Satz 2 genannten Regeln und Erkenntnisse ist in der Regel davon auszugehen, dass die in der Verordnung gestellten entsprechenden Anforderungen erfüllt sind. Von diesen Regeln und Erkenntnissen kann abgewichen werden, wenn durch andere Maßnahmen zumindest in vergleichbarer Weise der Schutz der Gesundheit und die Sicherheit der Beschäftigten gewährleistet wird. Dies ist in der Dokumentation der Gefährdungsbeurteilung zu begründen.
(2) Die Gefährdung der Gesundheit und der Sicherheit der Beschäftigten bei Tätigkeiten mit Gefahrstoffen ist durch folgende Maßnahmen zu beseitigen oder auf ein Minimum zu reduzieren:
1. Gestaltung des Arbeitsplatzes und Arbeitsorganisation,
2. Bereitstellung geeigneter Arbeitsmittel für Tätigkeiten mit Gefahrstoffen und entsprechende Wartungsverfahren zur Gewährleistung der Gesundheit und Sicherheit der Beschäftigten bei der Arbeit,

3. Begrenzung der Anzahl der Beschäftigten, die Gefahrstoffen ausgesetzt sind oder ausgesetzt sein können,
4. Begrenzung der Dauer und des Ausmaßes der Exposition,
5. angemessene Hygienemaßnahmen, insbesondere die regelmäßige Reinigung des Arbeitsplatzes,
6. Begrenzung der am Arbeitsplatz vorhandenen Gefahrstoffe auf die für die betreffende Tätigkeit erforderliche Menge,
7. geeignete Arbeitsmethoden und Verfahren, welche die Gesundheit und Sicherheit der Beschäftigten nicht beeinträchtigen, einschließlich Vorkehrungen für die sichere Handhabung, Lagerung und Beförderung von Gefahrstoffen und von Abfällen, die Gefahrstoffe enthalten, am Arbeitsplatz.

Die Kontamination des Arbeitsplatzes und die Gefährdung der Beschäftigten ist so gering wie möglich zu halten. Der Arbeitgeber hat die Funktion und die Wirksamkeit der technischen Schutzmaßnahmen regelmäßig, mindestens jedoch jedes dritte Jahr, zu überprüfen; das Ergebnis der Prüfung ist aufzuzeichnen.

(3) Bei Tätigkeiten nach § 7 Abs. 2 Satz 4 hat der Arbeitgeber entsprechend der Gefährdungsbeurteilung geeignete Maßnahmen nach den §§ 8 bis 18 zu treffen.

(4) Der Arbeitgeber hat sicherzustellen, dass alle bei Tätigkeiten verwendeten Stoffe und Zubereitungen identifizierbar sind. Gefährliche Stoffe und Zubereitungen sind innerbetrieblich mit einer Kennzeichnung zu versehen, die wesentliche Informationen zu ihrer Einstufung, den mit ihrer Handhabung verbundenen Gefahren und den zu beachtenden Sicherheitsmaßnahmen enthält. Vorzugsweise ist die Kennzeichnung zu wählen, die den Vorgaben der Richtlinien 67/548/EWG oder 1999/45/EG entspricht. Der Arbeitgeber stellt ferner sicher, dass Apparaturen und Rohrleitungen, die Gefahrstoffe enthalten, so gekennzeichnet sind, dass mindestens die enthaltenen Gefahrstoffe sowie die davon ausgehenden Gefahren eindeutig identifizierbar sind. Kennzeichnungspflichten nach anderen Rechtsvorschriften bleiben unberührt.

(5) Solange der Arbeitgeber den Verpflichtungen der Absätze 3 und 4 nicht nachgekommen ist, darf er Tätigkeiten mit den dort genannten Stoffen und Zubereitungen nicht durchführen lassen. Die Sätze 2 und 3 des Absatzes 4 gelten nicht für neue Stoffe in wissenschaftlichen Laboratorien, solange eine Exposition der Beschäftigten bei Tätigkeiten mit diesen Stoffen vermieden wird.

(6) Gefahrstoffe sind so aufzubewahren oder zu lagern, dass sie die menschliche Gesundheit und die Umwelt nicht gefährden. Es sind dabei Vorkehrungen zu treffen, um Missbrauch oder Fehlgebrauch zu verhindern. Bei der Aufbewahrung zur Abgabe oder zur sofortigen Verwendung müssen die mit der Verwendung verbundenen Gefahren und eine vorhandene Kennzeichnung nach Absatz 4 erkennbar sein.

(7) Gefahrstoffe dürfen nicht in solchen Behältern aufbewahrt oder gelagert werden, durch deren Form oder Bezeichnung der Inhalt mit Lebensmitteln verwechselt werden kann. Gefahrstoffe dürfen nur übersichtlich geordnet und

nicht in unmittelbarer Nähe von Arzneimitteln, Lebens- oder Futtermitteln einschließlich deren Zusatzstoffe aufbewahrt oder gelagert werden.

(8) Gefahrstoffe, die nicht mehr benötigt werden, und Behältnisse, die geleert worden sind, die aber noch Reste von Gefahrstoffen enthalten können, sind sicher zu handhaben, vom Arbeitsplatz zu entfernen, zu lagern oder sachgerecht zu entsorgen.

§ 9 Grundmaßnahmen zum Schutz der Beschäftigten (Schutzstufe 2)

(1) Der Arbeitgeber hat dafür zu sorgen, dass die durch einen Gefahrstoff bedingte Gefährdung der Gesundheit und Sicherheit der Beschäftigten bei der Arbeit durch die in der Gefährdungsbeurteilung festgelegten Maßnahmen beseitigt oder auf ein Mindestmaß verringert wird. Um dieser Verpflichtung nachzukommen, hat der Arbeitgeber bevorzugt eine Substitution durchzuführen. Insbesondere hat er Tätigkeiten mit Gefahrstoffen zu vermeiden oder Gefahrstoffe durch Stoffe, Zubereitungen oder Erzeugnisse oder Verfahren zu ersetzen, die unter den jeweiligen Verwendungsbedingungen für die Gesundheit und Sicherheit der Beschäftigten nicht oder weniger gefährlich sind. Der Verzicht auf eine mögliche Substitution ist in der Dokumentation der Gefährdungsbeurteilung zu begründen.

(2) Lässt sich die Gefährdung entsprechend Absatz 1 nicht beseitigen, hat der Arbeitgeber diese durch Maßnahmen in der nachstehenden Rangordnung auf ein Mindestmaß zu verringern
1. Gestaltung geeigneter Verfahren und technischer Steuerungseinrichtungen sowie Verwendung geeigneter Arbeitsmittel und Materialien nach dem Stand der Technik,
2. Durchführung kollektiver Schutzmaßnahmen an der Gefahrenquelle, wie zum Beispiel angemessene Be- und Entlüftung und geeignete organisatorische Maßnahmen,
3. sofern eine Gefährdung nicht durch Maßnahmen nach Nummer 1 und 2 verhütet werden kann, Durchführung von individuellen Schutzmaßnahmen, die auch die Anwendung persönlicher Schutzausrüstung umfassen.

(3) Beschäftigten müssen bereitgestellte persönliche Schutzausrüstungen benutzen, solange eine Gefährdung besteht. Der Arbeitgeber darf das Tragen von belastender persönlicher Schutzausrüstung nicht als ständige Maßnahme zulassen und dadurch technische oder organisatorische Schutzmaßnahmen nicht ersetzen. Der Arbeitgeber stellt sicher, dass
1. die Schutzausrüstungen an einem dafür vorgesehenen Ort sachgerecht aufbewahrt werden,
2. die Schutzausrüstungen vor Gebrauch geprüft und nach Gebrauch gereinigt werden und
3. schadhafte Ausrüstungen vor erneutem Gebrauch ausgebessert oder ausgetauscht werden.

Anhang 8.1 *Gefahrstoffverordnung*

Der Arbeitgeber ist verpflichtet, getrennte Aufbewahrungsmöglichkeiten für die Arbeits- oder Schutzkleidung einerseits und die Straßenkleidung andererseits zur Verfügung zu stellen, sofern bei Tätigkeiten eine Gefährdung der Beschäftigten durch eine Verunreinigung der Arbeitskleidung zu erwarten ist.

(4) Der Arbeitgeber hat zu ermitteln, ob die Arbeitsplatzgrenzwerte eingehalten sind. Dies kann durch Arbeitsplatzmessungen oder durch andere gleichwertige Beurteilungsverfahren erfolgen. Werden Tätigkeiten entsprechend eines vom Ausschuss für Gefahrstoffe ermittelten und vom Bundesministerium für Wirtschaft und Arbeit veröffentlichten verfahrens- und stoffspezifischen Kriteriums durchgeführt, kann der Arbeitgeber von einer Einhaltung der Arbeitsplatzgrenzwerte ausgehen.

(5) Bei der Überschreitung eines Arbeitsplatzgrenzwerts muss der Arbeitgeber unverzüglich die Gefährdungsbeurteilung erneut durchführen und entsprechende Schutzmaßnahmen nach Absatz 2 Nr. 1 und 2 treffen, um den Arbeitsplatzgrenzwert einzuhalten. Wird trotz der durchgeführten technischen und organisatorischen Schutzmaßnahmen der Arbeitsplatzgrenzwert nicht eingehalten oder besteht bei hautresorptiven, reizenden, ätzenden oder hautsensibilisierenden Gefahrstoffen oder Gefahrstoffen, welche die Gesundheit der Beschäftigten irreversibel schädigen können, eine Gefährdung durch Hautkontakt, hat der Arbeitgeber unverzüglich zusätzliche Schutzmaßnahmen durchzuführen, insbesondere persönliche Schutzausrüstung bereitzustellen.

(6) Wer Messungen durchführt, muss über die notwendige Fachkunde und über die erforderlichen Einrichtungen verfügen. Der Arbeitgeber, der eine akkreditierte Messstelle beauftragt, kann davon ausgehen, dass die von dieser Messstelle festgestellten Erkenntnisse zutreffend sind.

(7) Der Arbeitgeber hat bei allen Ermittlungen und Messungen die vom Bundesministerium für Wirtschaft und Arbeit nach § 21 Abs. 4 bekannt gemachten Verfahren, Messregeln und Grenzwerte zu beachten, bei denen die entsprechenden Bestimmungen
1. der Richtlinie 98/24/EG und insbesondere der Richtlinien nach Artikel 3 Abs. 2 dieser Richtlinie zu Arbeitsplatzgrenzwerten und
2. der Richtlinie 90/394/EWG sowie
3. der Richtlinie 83/477/EWG
in ihrer jeweils geltenden Fassung berücksichtigt worden sind.

(8) Sofern Tätigkeiten mit Gefahrstoffen durchgeführt werden, für die kein Arbeitsplatzgrenzwert vorliegt, kann der Arbeitgeber die Wirksamkeit der getroffenen Schutzmaßnahmen durch geeignete Beurteilungsmethoden nachweisen. Liegen geeignete Beurteilungsmethoden nicht vor, ist eine Messung erforderlich.

(9) Die Beschäftigten dürfen in Arbeitsbereichen, in denen die Gefahr einer Kontamination durch Gefahrstoffe besteht, keine Nahrungs- oder Genussmittel zu sich nehmen. Der Arbeitgeber hat hierfür vor Aufnahme der Tätigkeiten geeignete Bereiche einzurichten.

Gefahrstoffverordnung **Anhang 8.1**

(10) Wenn Tätigkeiten mit Gefahrstoffen von einem Beschäftigten alleine ausgeführt werden, hat der Arbeitgeber in Abhängigkeit von dem Ergebnis der Gefährdungsbeurteilung zusätzliche Schutzmaßnahmen zu treffen oder eine angemessene Aufsicht zu gewährleisten. Dies kann auch durch Einsatz technischer Mittel sichergestellt werden.

(11) Bei Tätigkeiten mit Biozidprodukten ist ordnungsgemäß und nach guter fachlicher Praxis zu verfahren. Biozidprodukte dürfen nicht verwendet werden, soweit damit zu rechnen ist, dass ihre Anwendung im Einzelfall schädliche Auswirkungen auf die Gesundheit von Menschen, Nicht-Zielorganismen oder auf die Umwelt hat. Zur ordnungsgemäßen Anwendung gehört es insbesondere, dass
1. die Verwendung gemäß den in der Zulassung eines Biozidprodukts festgelegten Bedingungen und gemäß seiner Kennzeichnung erfolgt und
2. der Einsatz von Biozidprodukten durch eine sachgerechte Berücksichtigung physikalischer, biologischer, chemischer und sonstiger Alternativen auf das Mindestmaß begrenzt wird.

Die Sätze 1 bis 3 gelten auch in Haushalten.

(12) Wer als Arbeitgeber die in Anhang III bezeichneten Gefahrstoffe herstellt oder verwendet oder den dort genannten Tätigkeiten nachgeht, hat die §§ 7 bis 19 und die Vorschriften des Anhangs III zu beachten.

Vierter Abschnitt   Ergänzende Schutzmaßnahmen

§ 10   Ergänzende Schutzmaßnahmen bei Tätigkeiten mit hoher Gefährdung (Schutzstufe 3)

(1) Ist die Substitution eines Gefahrstoffs durch Stoffe, Zubereitungen oder Erzeugnisse oder Verfahren, die bei ihrer Verwendung oder Anwendung nicht oder weniger gefährlich für die Gesundheit und Sicherheit sind, technisch nicht möglich, so hat der Arbeitgeber dafür zu sorgen, dass die Herstellung und die Verwendung des Gefahrstoffs in einem geschlossenen System stattfindet. Durch Verwendung dicht verschließbarer Behälter hat der Arbeitgeber insbesondere eine sichere Lagerung, Handhabung und Beförderung auch bei der Abfallbeseitigung zu gewährleisten. Ist die Anwendung eines geschlossenen Systems technisch nicht möglich, so hat der Arbeitgeber dafür zu sorgen, dass die Gefährdung der Beschäftigten, insbesondere die Exposition, nach dem Stand der Technik so weit wie möglich verringert wird.

(2) Der Arbeitgeber stellt sicher, dass die Arbeitsplatzgrenzwerte eingehalten werden. Er hat die erforderlichen Messungen durchzuführen, um die Einhaltung der Arbeitsplatzgrenzwerte zu überprüfen. Messungen sind auch durchzufüh-

Anhang 8.1 *Gefahrstoffverordnung*

ren, wenn sich die Bedingungen ändern, welche die Exposition der Beschäftigten beeinflussen können. Die Ergebnisse sind aufzuzeichnen, aufzubewahren und den Beschäftigten und ihren Vertretern zugänglich zu machen. Satz 2 gilt nicht, wenn der Arbeitgeber mittels anderer gleichwertiger Nachweismethoden eindeutig belegt, dass der Arbeitsplatzgrenzwert eingehalten ist oder Tätigkeiten entsprechend eines vom Ausschuss für Gefahrstoffe ermittelten und vom Bundesministerium für Wirtschaft und Arbeit veröffentlichten verfahrens- und stoffspezifischen Kriteriums durchgeführt werden. Ist die Einhaltung des Arbeitsplatzgrenzwerts nicht möglich, insbesondere bei Abbruch-, Sanierungs- und Instandhaltungsarbeiten, hat der Arbeitgeber die Exposition der Beschäftigten nach dem Stand der Technik soweit wie möglich zu verringern und unverzüglich zusätzliche Schutzmaßnahmen durchzuführen, insbesondere persönliche Schutzausrüstung bereitzustellen. § 9 Abs. 3 gilt entsprechend. In der Dokumentation der Gefährdungsbeurteilung nach § 7 Abs. 6 ist festzulegen, welche weiteren Maßnahmen zur Einhaltung des Arbeitsplatzgrenzwerts durchgeführt werden.

(3) Der Arbeitgeber hat geeignete Maßnahmen durchzuführen, um zu gewährleisten, dass Arbeitsbereiche nur den Beschäftigten zugänglich sind, die sie zur Ausübung ihrer Arbeit oder zur Durchführung bestimmter Aufgaben betreten müssen. Mit T+ und T gekennzeichnete Stoffe und Zubereitungen sind unter Verschluss oder so aufzubewahren oder zu lagern, dass nur fachkundige Personen Zugang haben. Satz 2 gilt nicht für Ottokraftstoffe an Tankstellen.

§ 11 Ergänzende Schutzmaßnahmen bei Tätigkeiten mit krebserzeugenden, erbgutverändernden und fruchtbarkeitsgefährdenden Gefahrstoffen (Schutzstufe 4)

(1) Die nachfolgenden Absätze 2 bis 4 gelten nicht, wenn
1. ein Arbeitsplatzgrenzwert vom Ausschuss für Gefahrstoffe festgelegt und vom Bundesministerium für Wirtschaft und Arbeit bekannt gegeben wurde und dieser eingehalten wird oder
2. Tätigkeiten entsprechend eines vom Ausschuss für Gefahrstoffe ermittelten und vom Bundesministerium für Wirtschaft und Arbeit veröffentlichten verfahrens- und stoffspezifischen Kriteriums durchgeführt werden.
3. Die Einhaltung des Arbeitsplatzgrenzwerts ist in der Gefährdungsbeurteilung zu dokumentieren. § 10 Abs. 2 Satz 5 findet keine Anwendung.

(2) In den Fällen, in denen Tätigkeiten mit krebserzeugenden, erbgutverändernden oder fruchtbarkeitsgefährdenden Gefahrstoffen der Kategorie 1 oder 2 durchgeführt werden, hat der Arbeitgeber die folgenden Maßnahmen durchzuführen:
1. Messungen dieser Stoffe, insbesondere zur frühzeitigen Ermittlung erhöhter Expositionen infolge eines unvorhersehbaren Ereignisses oder eines Unfalles,

Gefahrstoffverordnung   **Anhang 8.1**

2. Abgrenzung der Gefahrenbereiche und Anbringung von Warn- und Sicherheitszeichen, einschließlich des Zeichens »Rauchen verboten«, in Bereichen, in denen Beschäftigte diesen Gefahrstoffen ausgesetzt sind oder ausgesetzt sein können.

(3) Bei bestimmten Tätigkeiten, insbesondere bei Abbruch-, Sanierungs- und Instandhaltungsarbeiten, bei denen die Möglichkeit einer beträchtlichen Erhöhung der Exposition der Beschäftigten durch krebserzeugende, erbgutverändernde oder fruchtbarkeitsgefährdende Gefahrstoffe der Kategorie 1 oder 2 vorherzusehen ist und bei denen jede Möglichkeit weiterer technischer Schutzmaßnahmen zur Begrenzung dieser Exposition bereits ausgeschöpft wurde, führt der Arbeitgeber nach Konsultierung der Beschäftigten oder ihrer Vertreter in dem Unternehmen oder Betrieb die erforderlichen Maßnahmen durch, um die Dauer der Exposition der Beschäftigten soweit wie möglich zu verkürzen und den Schutz der Beschäftigten während dieser Tätigkeiten zu gewährleisten. In den Fällen des Satzes 1 hat der Arbeitgeber den betreffenden Beschäftigten Schutzkleidung und Atemschutzgeräte zur Verfügung zu stellen, die sie während der gesamten Dauer der erhöhten Exposition tragen müssen. Dies darf nur von begrenzter Dauer sein und ist für jeden Beschäftigten auf das unbedingt erforderliche Mindestmaß zu beschränken.

(4) In Arbeitsbereiche, in denen Tätigkeiten mit krebserzeugenden, erbgutverändernden oder fruchtbarkeitsgefährdenden Stoffen der Kategorie 1 oder 2 durchgeführt werden, darf dort abgesaugte Luft nicht zurückgeführt werden. Abweichend von Satz 1 darf die in einem Arbeitsbereich abgesaugte Luft dorthin zurückgeführt werden, wenn sie unter Anwendung behördlicher oder berufsgenossenschaftlich anerkannter Verfahren oder Geräte ausreichend von solchen Stoffen gereinigt ist. Die Luft muss dann so geführt oder gereinigt werden, dass krebserzeugende, erbgutverändernde oder fruchtbarkeitsgefährdende Stoffe nicht in die Atemluft anderer Beschäftigten gelangen.

§ 12 Ergänzende Schutzmaßnahmen gegen physikalisch-chemische Einwirkungen, insbesondere gegen Brand- und Explosionsgefahren

Auf der Grundlage der Gefährdungsbeurteilung führt der Arbeitgeber technische und organisatorische Maßnahmen durch, um die Beschäftigten gegen Gefährdungen durch physikalisch-chemische Eigenschaften von Gefahrstoffen zu schützen. Insbesondere sind chemisch instabile, brennbare und andere aufgrund ihrer gefährlichen Eigenschaften unvereinbare Gefahrstoffe so zu handhaben und zu lagern, dass hierdurch keine Gefährdungen für die Beschäftigten entstehen. Zur Vermeidung von Brand- und Explosionsgefahren führt er insbesondere Maßnahmen in der nachstehenden Rangordnung durch:
1. gefährliche Mengen oder Konzentrationen von Gefahrstoffen, die zu Brand- oder Explosionsgefahren führen können, sind zu vermeiden,

Anhang 8.1 *Gefahrstoffverordnung*

2. Zündquellen, die zu Bränden oder Explosionen führen können, sind zu vermeiden,
3. schädliche Auswirkungen durch Brände oder Explosionen auf die Gesundheit und Sicherheit der Beschäftigten sind zu verringern.

Bei der Durchführung der Maßnahmen nach Satz 1, 2 und 3 ist insbesondere Anhang III Nr. 1 zu beachten. Die Vorschriften der Betriebssicherheitsverordnung bleiben unberührt.

§ 13 Betriebsstörungen, Unfälle und Notfälle

(1) Um den Schutz der Gesundheit und die Sicherheit der Beschäftigten bei einer Betriebsstörung, einem Unfall oder einem Notfall zu gewährleisten, legt der Arbeitgeber rechtzeitig Notfallmaßnahmen fest, die beim Eintreten eines derartigen Ereignisses angewendet werden müssen. Dies schließt die Durchführung von einschlägigen Sicherheitsübungen in regelmäßigen Abständen und die Bereitstellung angemessener Erste-Hilfe-Einrichtungen ein.

(2) Tritt eines der in Absatz 1 Satz 1 genannten Ereignisse ein, so führt der Arbeitgeber unverzüglich Maßnahmen zur Minderung der Auswirkungen des Ereignisses und zur Unterrichtung der betroffenen Beschäftigten durch. Der Arbeitgeber führt unverzüglich Maßnahmen zur Wiederherstellung der normalen Betriebssituation durch. Es dürfen nur diejenigen Beschäftigten in dem betroffenen Bereich tätig werden, deren Anwesenheit für Instandsetzungsarbeiten und sonstige notwendige Tätigkeiten unbedingt erforderlich ist.

(3) Die Beschäftigten, die in dem betroffenen Bereich arbeiten, sind vom Arbeitgeber rechtzeitig mit geeigneter Schutzkleidung, persönlicher Schutzausrüstung, speziellen Sicherheitseinrichtungen und besonderen Arbeitsmitteln auszustatten, die sie so lange benutzen müssen, wie die Situation fortbesteht. Die Anwendung belastender persönlicher Schutzausrüstung muss für den einzelnen Beschäftigten zeitlich begrenzt sein. Ungeschützte Personen dürfen nicht in dem betroffenen Bereich verbleiben.

(4) Der Arbeitgeber hat Warn- und sonstige Kommunikationssysteme zur Verfügung zu stellen, die erforderlich sind, um eine erhöhte Gefährdung der Gesundheit und Sicherheit anzuzeigen, so dass eine angemessene Reaktion möglich ist und Abhilfemaßnahmen sowie Hilfs-, Evakuierungs- und Rettungsmaßnahmen im Bedarfsfall unverzüglich eingeleitet werden können.

(5) Der Arbeitgeber stellt sicher, dass Informationen über die Notfallmaßnahmen in Bezug auf Gefahrstoffe zur Verfügung stehen. Die zuständigen innerbetrieblichen und betriebsfremden Unfall- und Notfalldienste erhalten Zugang zu diesen Informationen. Dazu zählen:
1. Vorabmitteilung von einschlägigen Gefahren bei der Arbeit, von Maßnahmen zur Feststellung von Gefahren, von Vorsichtsmaßregeln und Verfahren, damit die Notfalldienste ihre eigenen Abhilfe- und Sicherheitsmaßnahmen vorbereiten können,

Gefahrstoffverordnung Anhang 8.1

2. alle verfügbaren Informationen über spezifische Gefahren, die bei einem Unfall oder Notfall auftreten oder auftreten können, einschließlich Informationen über die nach den vorstehenden Absätzen genannten Verfahren.

§ 14 Unterrichtung und Unterweisung der Beschäftigten

(1) Der Arbeitgeber stellt sicher, dass den Beschäftigten eine schriftliche Betriebsanweisung gemäß Satz 3, die der Gefährdungsbeurteilung Rechnung trägt, in für die Beschäftigten verständlicher Form und Sprache zugänglich gemacht wird. Die Betriebsanweisung muss mindestens Folgendes enthalten:
1. Informationen über die am Arbeitsplatz auftretenden Gefahrstoffe, wie zum Beispiel Bezeichnung der Gefahrstoffe, ihre Kennzeichnung sowie Gefährdungen der Gesundheit und der Sicherheit,
2. Informationen über angemessene Vorsichtsmaßregeln und Maßnahmen, die der Beschäftigte zu seinem eigenen Schutz und zum Schutz der anderen Beschäftigten am Arbeitsplatz durchzuführen hat. Dazu gehören insbesondere
   a) Hygienevorschriften,
   b) Informationen über Maßnahmen, die zur Verhütung einer Exposition zu ergreifen sind,
   c) Informationen zum Tragen und Benutzen von Schutzausrüstungen und Schutzkleidung,
3. Informationen über Maßnahmen, die von den Beschäftigten, insbesondere von Rettungsmannschaften, bei Betriebsstörungen, Unfällen und Notfällen und zur Verhütung von diesen durchzuführen sind.

Die Betriebsanweisung muss bei jeder maßgeblichen Veränderung der Arbeitsbedingungen aktualisiert werden. Der Arbeitgeber stellt ferner sicher, dass die Beschäftigten
1. Zugang zu allen Sicherheitsdatenblättern über die Stoffe und Zubereitungen haben, mit denen Beschäftigte Tätigkeiten durchführen, und
2. in den Methoden und Verfahren unterrichtet werden, die im Hinblick auf die Sicherheit bei der Verwendung von Gefahrstoffen angewendet werden müssen.

(2) Der Arbeitgeber stellt sicher, dass die Beschäftigten anhand der Betriebsanweisung über auftretende Gefährdungen und entsprechende Schutzmaßnahmen mündlich unterwiesen werden. Die Unterweisung muss vor Aufnahme der Beschäftigung und danach mindestens jährlich arbeitsplatzbezogen durchgeführt werden. Sie muss in für die Beschäftigten verständlicher Form und Sprache erfolgen. Inhalt und Zeitpunkt der Unterweisung sind schriftlich fest zu halten und vom Unterwiesenen durch Unterschrift zu bestätigen.

(3) Der Arbeitgeber hat sicherzustellen, dass für alle Beschäftigten, die Tätigkeiten mit Gefahrstoffen durchführen, eine allgemeine arbeitsmedizinisch-toxikologische Beratung durchgeführt wird. Diese Beratung soll im Rahmen der

Anhang 8.1 *Gefahrstoffverordnung*

Unterweisung nach Absatz 2 erfolgen. Dabei sind die Beschäftigten über Angebotsuntersuchungen nach § 16 Abs. 3 zu unterrichten sowie auf besondere Gesundheitsgefahren bei Tätigkeiten mit bestimmten Gefahrstoffen hinzuweisen. Die Beratung ist unter Beteiligung des Arztes nach § 15 Abs. 3 Satz 2 durchzuführen, falls dies aus arbeitsmedizinischen Gründen erforderlich sein sollte.

(4) Der Arbeitgeber hat bei Tätigkeiten mit krebserzeugenden, erbgutverändernden oder fruchtbarkeitsgefährdenden Gefahrstoffen der Kategorie 1 oder 2 zu gewährleisten, dass
1. die Beschäftigten und ihre Vertreter nachprüfen können, ob die Bestimmungen dieser Verordnung Anwendung finden und zwar insbesondere in Bezug auf
    a) die mit der Auswahl, dem Tragen und der Verwendung von Schutzkleidung und Schutzausrüstungen verbundenen Folgen für die Gesundheit und die Sicherheit der Beschäftigten,
    b) auf durchzuführende Maßnahmen im Sinne des § 11 Abs. 3 Satz 1,
2. die Beschäftigten und ihre Vertreter bei einer erhöhten Exposition einschließlich der in § 11 Abs. 3 genannten Fälle unverzüglich unterrichtet und über die Ursachen sowie über die bereits durchgeführten oder noch durchzuführenden Gegenmaßnahmen informiert werden,
3. ein aktualisiertes Verzeichnis der Beschäftigten geführt wird, die Tätigkeiten durchführen, bei denen die Ergebnisse der Gefährdungsbeurteilung eine Gefährdung der Gesundheit oder der Sicherheit der Beschäftigten erkennen lassen, gegebenenfalls – soweit die betreffende Information verfügbar ist – unter Angabe der Exposition, der sie möglicherweise ausgesetzt waren,
4. der Arzt nach § 15 Abs. 3 Satz 2 und die zuständige Behörde sowie jede andere für die Gesundheit oder die Sicherheit am Arbeitsplatz verantwortliche Person Zugang zu dem unter Nummer 3 genannten Verzeichnis hat,
5. jeder Beschäftigte Zugang zu den ihn persönlich betreffenden Angaben in dem Verzeichnis hat,
6. die Beschäftigten und ihre Vertreter in den Unternehmen oder Betrieben Zugang zu den nicht personenbezogenen Informationen allgemeiner Art haben.

§ 15 Arbeitsmedizinische Vorsorge

(1) Im Rahmen der nach § 3 des Arbeitsschutzgesetzes zu treffenden Maßnahmen hat der Arbeitgeber für eine angemessene arbeitsmedizinische Vorsorge zu sorgen. Sie umfasst die zur Verhütung arbeitsbedingter Gesundheitsgefahren erforderlichen arbeitsmedizinischen Maßnahmen. Bei Tätigkeiten mit Gefahrstoffen gehören dazu insbesondere

1. die arbeitsmedizinische Beurteilung gefahrstoff- und tätigkeitsbedingter Gesundheitsgefährdungen einschließlich der Empfehlung geeigneter Schutzmaßnahmen,
2. die Aufklärung und Beratung der Beschäftigten über die mit der Tätigkeit verbundenen Gesundheitsgefährdungen einschließlich solcher, die sich aus vorhandenen gesundheitlichen Beeinträchtigungen ergeben können,
3. spezielle arbeitsmedizinische Vorsorgeuntersuchungen zur Früherkennung von Gesundheitsstörungen und Berufskrankheiten,
4. arbeitsmedizinisch begründete Empfehlungen zur Überprüfung von Arbeitsplätzen und zur Wiederholung der Gefährdungsbeurteilung,
5. die Fortentwicklung des betrieblichen Gesundheitsschutzes bei Tätigkeiten mit Gefahrstoffen auf der Grundlage gewonnener Erkenntnisse.

(2) Die speziellen arbeitsmedizinischen Vorsorgeuntersuchungen werden vom Arbeitgeber veranlasst oder angeboten und erfolgen als
1. Erstuntersuchungen vor Aufnahme einer gefährdenden Tätigkeit,
2. Nachuntersuchungen in regelmäßigen Abständen während dieser Tätigkeit,
3. Nachuntersuchungen bei Beendigung dieser Tätigkeit,
4. Nachuntersuchungen bei Tätigkeiten mit krebserzeugenden oder erbgutverändernden Stoffen der Kategorien 1 und 2 auch nach Beendigung der Beschäftigung,
5. Untersuchungen aus besonderem Anlass nach § 16 Abs. 4.

Die Vorsorgeuntersuchungen umfassen in der Regel
1. die Begehung oder die Kenntnis des Arbeitsplatzes durch den Arzt,
2. die arbeitsmedizinische Befragung und Untersuchung des Beschäftigten,
3. die Beurteilung des Gesundheitszustands der Beschäftigten unter Berücksichtigung der Arbeitsplatzverhältnisse,
4. die individuelle arbeitsmedizinische Beratung und
5. die Dokumentation der Untersuchungsergebnisse.

Biomonitoring ist, soweit anerkannte Verfahren dafür zur Verfügung stehen und Werte zur Beurteilung, insbesondere biologische Grenzwerte, vorhanden sind, Bestandteil der arbeitsmedizinischen Vorsorgeuntersuchungen.

(3) Der Arbeitgeber hat die Durchführung der arbeitsmedizinischen Vorsorgeuntersuchungen durch Beauftragung eines Arztes sicherzustellen. Er darf nur Ärzte beauftragen, die Fachärzte für Arbeitsmedizin sind oder die Zusatzbezeichnung »Betriebsmedizin« führen. Der beauftragte Arzt hat für arbeitsmedizinische Vorsorgeuntersuchungen, die besondere Fachkenntnisse oder eine spezielle Ausrüstung erfordern, Ärzte hinzuzuziehen, die diese Anforderungen erfüllen. Ist ein Betriebsarzt nach § 2 des Arbeitssicherheitsgesetzes bestellt, so soll der Arbeitgeber vorrangig diesen auch mit den speziellen Vorsorgeuntersuchungen beauftragen. Dem Arzt sind alle erforderlichen Auskünfte über die Arbeitsplatzverhältnisse, insbesondere über die Ergebnisse der Gefährdungsbeurteilung, zu erteilen und die Begehung der Arbeitsplätze zu ermöglichen. Ihm

Anhang 8.1 *Gefahrstoffverordnung*

ist auf Verlangen Einsicht in das Verzeichnis nach § 14 Abs. 4 Nr. 3 und in die Vorsorgekartei nach Absatz 5 zu gewähren.

(4) Bei arbeitsmedizinischen Vorsorgeuntersuchungen ist
1. der Untersuchungsbefund schriftlich festzuhalten,
2. der Beschäftigte über den Untersuchungsbefund zu unterrichten,
3. dem Beschäftigten eine Bescheinigung darüber auszustellen, ob und inwieweit gegen die Ausübung der Tätigkeit gesundheitliche Bedenken bestehen und
4. dem Arbeitgeber nur im Fall einer Untersuchung nach § 16 Abs. 1 eine Kopie der Bescheinigung des Untersuchungsergebnisses nach Nummer 3 auszuhändigen.

Erkenntnisse, die im Zusammenhang mit der arbeitsmedizinischen Vorsorge nach dieser Verordnung gewonnen wurden, müssen bei der Erfüllung der Aufgaben nach § 3 des Arbeitssicherheitsgesetzes berücksichtigt werden.

(5) Für Beschäftigte, die nach § 16 Abs. 1 ärztlich untersucht worden sind, ist vom Arbeitgeber eine Vorsorgekartei zu führen. Die Vorsorgekartei muss insbesondere die in § 14 Abs. 4 Nr. 3 genannten Angaben zur Exposition sowie das Ergebnis der arbeitsmedizinischen Vorsorgeuntersuchung enthalten. Die Vorsorgekartei kann das Verzeichnis nach § 14 Abs. 4 Nr. 3 ersetzen. Die Kartei ist in angemessener Weise so zu führen, dass sie zu einem späteren Zeitpunkt ausgewertet werden kann. Die betroffenen Beschäftigten oder von ihnen bevollmächtigte Personen sind berechtigt, die sie betreffenden Angaben einzusehen.

(6) Der Arbeitgeber hat die Vorsorgekartei für jeden Beschäftigten bis zur Beendigung des Arbeits- oder Beschäftigungsverhältnisses aufzubewahren. Danach ist dem Beschäftigten der ihn betreffende Auszug aus der Kartei auszuhändigen. Der Arbeitgeber hat eine Kopie des dem Beschäftigten ausgehändigten Auszugs wie Personalunterlagen aufzubewahren. Dies gilt auch für das Verzeichnis nach § 14 Abs. 4 Nr. 3.

§ 16 Veranlassung und Angebot arbeitsmedizinischer Vorsorgeuntersuchungen

(1) Der Arbeitgeber hat die in § 15 Abs. 2 Satz 1 Nr. 1 bis 3 genannten arbeitsmedizinischen Vorsorgeuntersuchungen regelmäßig zu veranlassen, wenn
1. bei Tätigkeiten mit den in Anhang V Nr. 1 genannten Gefahrstoffen der Arbeitsplatzgrenzwert nicht eingehalten wird,
2. bei Tätigkeiten mit den in Anhang V Nr. 1 genannten Gefahrstoffen, soweit sie hautresorptiv sind, eine Gesundheitsgefährdung durch direkten Hautkontakt besteht oder
3. Tätigkeiten entsprechend Anhang V Nr. 2.1 durchgeführt werden.

(2) Die durchgeführte arbeitsmedizinische Vorsorgeuntersuchung nach Absatz 1 ist Voraussetzung für die Beschäftigung oder Weiterbeschäftigung mit den entsprechenden Tätigkeiten.

(3) Der Arbeitgeber hat den Beschäftigten die in § 15 Abs. 2 Satz 1 Nr. 1 und 2 genannten arbeitsmedizinischen Vorsorgeuntersuchungen
1. bei allen Tätigkeiten mit den im Anhang V Nr. 1 genannten Gefahrstoffen, wenn eine Exposition besteht, oder
2. bei den in Anhang V Nr. 2.2 aufgeführten Tätigkeiten
anzubieten. Die in § 15 Abs. 2 Satz 1 Nr. 4 genannten Nachuntersuchungen sind bei Tätigkeiten mit Exposition gegenüber krebserzeugenden oder erbgutverändernden Stoffen und Zubereitungen der Kategorien 1 oder 2 anzubieten.

(4) Haben sich Beschäftigte eine Erkrankung zugezogen, die auf Tätigkeiten mit Gefahrstoffen zurückzuführen sein kann, sind ihnen unverzüglich arbeitsmedizinische Untersuchungen nach § 15 Abs. 2 Satz 1 Nr. 5 anzubieten. Dies gilt auch für Beschäftigte mit vergleichbaren Tätigkeiten, wenn Anhaltspunkte dafür bestehen, dass sie ebenfalls gefährdet sein können.

(5) Ist dem Arbeitgeber bekannt, dass bei einem Beschäftigten aufgrund der Arbeitsplatzbedingungen gesundheitliche Bedenken gegen die weitere Ausübung der Tätigkeit bestehen, hat er unverzüglich zusätzliche Schutzmaßnahmen zu treffen. Hierzu zählt auch die Möglichkeit, dem Beschäftigten eine andere Tätigkeit zuzuweisen, bei der keine Gefährdung durch eine weitere Exposition besteht. Er hat dies dem Betriebs- oder Personalrat und der zuständigen Behörde mitzuteilen und die Gefährdungsbeurteilung zu wiederholen. Halten im Falle des § 15 Abs. 4 Satz 1 Nr. 4 die untersuchte Person oder der Arbeitgeber das Untersuchungsergebnis für unzutreffend, entscheidet auf Antrag die zuständige Behörde.

Fünfter Abschnitt Verbote und Beschränkungen

§ 18 Herstellungs- und Verwendungsverbote

(1) Nach Maßgabe des Anhangs IV bestehen Herstellungs- und Verwendungsverbote für bestimmte Stoffe, Zubereitungen und Erzeugnisse, die insbesondere
1. krebserzeugende oder erbgutverändernde Eigenschaften haben,
2. sehr giftig oder giftig sind oder
3. die Umwelt schädigen können.
Soweit in Anhang IV nicht etwas anderes bestimmt ist, gelten die Herstellungs- und Verwendungsverbote nach Satz 1 nicht für

Anhang 8.1 *Gefahrstoffverordnung*

1. Forschungs-, Analyse- und wissenschaftliche Lehrzwecke in den dafür erforderlichen Mengen,
2. Abbruch-, Sanierungs- und Instandhaltungsarbeiten und
3. die gemeinwohlverträgliche Abfallbeseitigung.

Soweit in Anhang IV nicht etwas anderes bestimmt ist, beinhalten die Verwendungsverbote nach Satz 1 kein Gebot des Entfernens von Stoffen, Zubereitungen oder Erzeugnissen, die bereits vor Inkrafttreten der jeweiligen Verbote rechtmäßig verwendet wurden. Satz 1, 2 und 3 gelten auch in Haushalten.

(2) Der Arbeitgeber darf in Heimarbeit Beschäftigte nur Tätigkeiten mit geringer Gefährdung im Sinne des § 7 Abs. 9 durchführen lassen.

Sechster Abschnitt Vollzugsregelungen und Schlussvorschriften

§ 19 Unterrichtung der Behörde

(1) Der Arbeitgeber hat der zuständigen Behörde unverzüglich eine Mitteilung zu erstatten
1. über jeden Unfall und jede Betriebsstörung, die bei Tätigkeiten mit Gefahrstoffen zu einer ernsten Gesundheitsschädigung der Beschäftigten geführt haben, oder
2. über Krankheits- und Todesfälle, bei denen konkrete Anhaltspunkte für eine Verursachung durch die Tätigkeit mit Gefahrstoffen bestehen, mit der genauen Angabe der Tätigkeit und der Gefährdungsbeurteilung.

Lassen sich die für die Mitteilung nach Satz 1 erforderlichen Angaben gleichwertig aus Mitteilungen nach anderen Rechtsvorschriften entnehmen, kann die Mitteilungspflicht auch durch Übermittlung einer Durchschrift dieser Mitteilungen an die zuständige Behörde erfüllt werden. Der Arbeitgeber hat den betroffenen Beschäftigten oder, wenn ein Betriebs- oder Personalrat vorhanden ist, diesem Abdrucke der Mitteilungen nach Satz 1 oder 2 zur Kenntnis zu geben.

(2) Unbeschadet des § 22 des Arbeitsschutzgesetzes ist der zuständigen Behörde auf ihr Verlangen Folgendes mitzuteilen:
1. das Ergebnis der Gefährdungsbeurteilung und die der Beurteilung zugrunde liegenden Informationen einschließlich der Dokumentation der Gefährdungsbeurteilung,
2. die Tätigkeiten, bei denen Beschäftigte tatsächlich oder möglicherweise gegenüber Gefahrstoffen exponiert worden sind, und die Anzahl dieser Beschäftigten,
3. die nach § 13 des Arbeitsschutzgesetzes verantwortlichen Personen,

4. die durchgeführten Schutz- und Vorsorgemaßnahmen einschließlich der Betriebsanweisungen.
Der Arbeitgeber hat der zuständigen Behörde bei Tätigkeiten mit krebserzeugenden, erbgutverändernden oder fruchtbarkeitsgefährdenden Gefahrstoffen der Kategorie 1 oder 2 zusätzlich auf ihr Verlangen Folgendes mitzuteilen:
1. das Ergebnis einer Substitutionsprüfung,
2. sachdienliche Informationen über
   a) durchgeführte Tätigkeiten und angewandte industrielle Verfahren und die Gründe für die Verwendung dieser Gefahrstoffe,
   b) Menge der hergestellten oder verwendeten Gefahrstoffe,
   c) Art der zu verwendenden Schutzausrüstung,
   d) Art und Grad der Exposition,
   e) Fälle von Substitution.
(3) Der Arbeitgeber hat der zuständigen Behörde auf Verlangen eine Kopie der Vorsorgekartei nach § 15 Abs. 5 zu übermitteln.
(4) Auf Verlangen der zuständigen Behörde ist die in § 6 Abs. 1 geforderte Fachkunde nachzuweisen.

§ 20 Behördliche Ausnahmen, Anordnungen und Befugnisse

(1) Die zuständige Behörde kann auf schriftlichen Antrag des Arbeitgebers Ausnahmen von den Vorschriften der §§ 7 bis 19 einschließlich der Anhänge II bis V erteilen, wenn die Durchführung der Vorschrift im Einzelfall zu einer unverhältnismäßigen Härte führen würde und die Abweichung mit dem Schutz der Beschäftigten vereinbar ist. Verbote oder Beschränkungen nach anderen Rechtsvorschriften bleiben unberührt. Der Arbeitgeber hat der zuständigen Behörde im Ausnahmeantrag darzulegen
1. den Grund für die Beantragung der Ausnahmeregelung,
2. die jährlich zu verwendende Menge des Gefahrstoffs,
3. die betroffenen Tätigkeiten, Reaktionen und Verfahren,
4. die Zahl der voraussichtlich betroffenen Beschäftigen,
5. die geplanten Sicherheitsmaßnahmen zur Gewährleistung des Gesundheitsschutzes und der Sicherheit der betroffenen Beschäftigen,
6. die getroffenen technischen und organisatorischen Maßnahmen zur Verringerung oder Vermeidung einer Exposition der Beschäftigten.
(2) Die Ausnahme nach Absatz 1 kann auch im Zusammenhang mit Verwaltungsverfahren nach anderen Rechtsvorschriften beantragt werden.
(3) Die zuständige Behörde kann im Einzelfall zulassen, dass die Vorschriften des § 5 Abs. 4 und Anhang II Nr. 1 auf das Inverkehrbringen von Stoffen oder Zubereitungen ganz oder teilweise nicht angewendet werden, wenn es sich um brandfördernde, leichtentzündliche, entzündliche, gesundheitsschädliche, umweltgefährliche oder reizende Stoffe oder Zubereitungen in so geringer

Anhang 8.1 *Gefahrstoffverordnung*

Menge handelt, dass eine Gefährdung nicht zu befürchten ist. Satz 1 gilt nicht für Biozid-Produkte.

(4) Die zuständige Behörde kann über die nach § 23 des Chemikaliengesetzes möglichen Anordnungen hinaus die Maßnahmen anordnen, die der Hersteller, Inverkehrbringer oder Arbeitgeber im Einzelfall zur Erfüllung der sich aus dem Zweiten bis Fünften Abschnitt dieser Verordnung ergebenden Pflichten zu treffen hat. Dabei kann sie insbesondere anordnen, dass der Arbeitgeber

1. unabhängig von einer bestehenden Rechtsverordnung nach § 19 des Chemikaliengesetzes die zur Abwendung besonderer Gefahren notwendigen Maßnahmen treffen muss,
2. festzustellen hat, ob und in welchem Umfang ein vermuteter Gefahrenzustand tatsächlich besteht und welche Maßnahmen zur Abwendung der Gefahren getroffen werden müssen,
3. die Arbeit einzustellen hat, bei der die Beschäftigten gefährdet sind, wenn er die zur Abwendung der Gefahr angeordneten notwendigen Maßnahmen nicht sofort oder innerhalb der gesetzten Frist durchführt.

Bei Gefahr im Verzug können die Anordnungen auch gegen weisungsberechtigte Personen im Betrieb erlassen werden.

(5) Die zuständige Behörde kann dem Arbeitgeber Tätigkeiten mit Gefahrstoffen untersagen, insbesondere eine Stilllegung der betroffenen Arbeitsbereiche anordnen, wenn der Arbeitgeber seiner Verpflichtung nach § 19 Abs. 2 zur Vorlage der Gefährdungsbeurteilung nicht nachkommt.

(6) Die Überwachung der Einhaltung der Vorschriften dieser Verordnung erstreckt sich auch auf die in § 2 in Bezug genommenen und in Anhang I aufgeführten Richtlinien der Europäischen Gemeinschaft.

§ 21 Ausschuss für Gefahrstoffe

(1) Zur Beratung in allen Fragen des Arbeitsschutzes zu Gefahrstoffen wird beim Bundesministerium für Wirtschaft und Arbeit der Ausschuss für Gefahrstoffe (AGS) gebildet, in dem fachkundige Vertreter der Arbeitgeberverbände, der Gewerkschaften, der Länderbehörden, der Träger der gesetzlichen Unfallversicherung und weitere fachkundige Personen, insbesondere der Wissenschaft, in angemessener Zahl vertreten sein sollen. Die Gesamtzahl der Mitglieder soll 21 Personen nicht überschreiten. Für jedes Mitglied ist ein Stellvertreter zu benennen. Die Mitgliedschaft im Ausschuss für Gefahrstoffe ist ehrenamtlich.

(2) Das Bundesministerium für Wirtschaft und Arbeit beruft die Mitglieder des Ausschusses und für jedes Mitglied einen Stellvertreter. Der Ausschuss gibt sich eine Geschäftsordnung und wählt den Vorsitzenden aus seiner Mitte. Die Geschäftsordnung und die Wahl des Vorsitzenden bedürfen der Zustimmung des Bundesministeriums für Wirtschaft und Arbeit.

(3) Zu den Aufgaben des Ausschusses gehört es:

Gefahrstoffverordnung Anhang 8.1

1. dem Stand der Technik, Arbeitsmedizin und Arbeitshygiene entsprechende Regeln und sonstige gesicherte wissenschaftliche Erkenntnisse für Tätigkeiten mit Gefahrstoffen einschließlich deren Einstufung und Kennzeichnung zu ermitteln,
2. Regeln zu ermitteln, wie die in dieser Verordnung gestellten Anforderungen erfüllt werden können,
3. das Bundesministerium für Wirtschaft und Arbeit in allen Fragen zu Gefahrstoffen zu beraten,
4. Arbeitsplatzgrenzwerte und biologische Grenzwerte für Gefahrstoffe vorzuschlagen und regelmäßig zu überprüfen, wobei Folgendes zu berücksichtigen ist:
    a) bei der Festlegung der Grenzwerte ist sicher zu stellen, dass der Schutz der Gesundheit der Beschäftigten gewahrt ist,
    b) für jeden Stoff, für den ein Arbeitsplatzgrenzwert oder ein biologischer Grenzwert auf EG-Ebene festgelegt wurde, ist unter Berücksichtigung des gemeinschaftlichen Grenzwerts ein nationaler Grenzwert vorzuschlagen und
5. Regeln für die Durchführung arbeitsmedizinischer Vorsorge zu ermitteln, wobei Folgendes zu berücksichtigen ist:
    a) der Zusammenhang zwischen der Exposition der Beschäftigten gegenüber einem Gefahrstoff mit einer bestimmbaren Krankheit oder einer gesundheitsschädlichen Auswirkung,
    b) die Wahrscheinlichkeit, dass die Krankheit oder Auswirkung unter den besonderen Arbeitsbedingungen der Beschäftigten auftritt,
    c) anerkannte Techniken zur Feststellung von Anzeichen der Krankheit oder ihrer Auswirkungen und
    d) das Gefährdungspotential der Untersuchungstechnik für den Beschäftigten.

Bei der Wahrnehmung seiner Aufgaben berücksichtigt der Ausschuss für Gefahrstoffe die allgemeinen Grundsätze des Arbeitsschutzes nach § 4 des Arbeitsschutzgesetzes.

(4) Das Bundesministerium für Wirtschaft und Arbeit kann die vom Ausschuss für Gefahrstoffe nach Absatz 3 ermittelten Regeln und Erkenntnisse im Bundesarbeitsblatt bekannt geben.

(5) Die Bundesministerien sowie die obersten Landesbehörden haben das Recht, zu den Sitzungen des Ausschusses Vertreter zu entsenden. Diesen Vertretern ist auf Verlangen in der Sitzung das Wort zu erteilen.

(6) Die Geschäfte des Ausschusses führt die Bundesanstalt für Arbeitsschutz und Arbeitsmedizin.

Anhang 8.1 *Gefahrstoffverordnung*

Anhang IV Herstellungs- und Verwendungsverbote

Inhaltsübersicht

Nr. 1 Asbest
Nr. 2 2-Naphthylamin, 4-Aminobiphenyl, Benzidin, 4-Nitrobiphenyl
Nr. 3 Arsen und seine Verbindungen
Nr. 4 Benzol
Nr. 5 Hexachlorcyclohexan (HCH)
Nr. 6 Bleikarbonate
Nr. 7 Quecksilber und seine Verbindungen
Nr. 8 Zinnorganische Verbindungen
Nr. 9 Di-μ-oxo-di-n-butylstanniohydroxyboran
Nr. 10 Dekorationsgegenstände, die flüssige gefährliche Stoffe oder Zubereitungen enthalten
Nr. 11 Aliphatische Chlorkohlenwasserstoffe
Nr. 12 Pentachlorphenol und seine Verbindungen
Nr. 13 Teeröle
Nr. 14 Polychlorierte Biphenyle und Terphenyle sowie Monomethyltetrachlordiphenylmethan, Monomethyldichlordiphenylmethan und Monomethyldibromdiphenylmethan
Nr. 15 Vinylchlorid
Nr. 16 Starke Säure-Verfahren zur Herstellung von Isopropanol
Nr. 17 Cadmium und seine Verbindungen
Nr. 18 Kurzkettige Chlorparaffine
Nr. 19 Kühlschmierstoffe
Nr. 20 DDT
Nr. 21 Hexachlorethan
Nr. 22 Biopersistente Fasern
Nr. 23 Besonders gefährliche krebserzeugende Stoffe
Nr. 24 Flammschutzmittel
Nr. 25 Azofarbstoffe
Nr. 26 Alkylphenole
Nr. 27 Chromathaltiger Zement

Anhang IV Nr. 1 Asbest

(1) Folgende asbesthaltige Gefahrstoffe dürfen nicht hergestellt oder verwendet werden:
1. Asbest,
2. Zubereitungen, die einen Massengehalt von mehr als 0,1 % Asbest enthalten,
3. Erzeugnisse, die Asbest oder Zubereitungen nach Nummer 2 enthalten.
   (2) Absatz 1 gilt nicht für
1. Abbrucharbeiten,

Gefahrstoffverordnung Anhang 8.1

2. Sanierungs- oder Instandhaltungsarbeiten an bestehenden Anlagen, Fahrzeugen, Gebäuden, Einrichtungen oder Geräten mit Ausnahme von
   - Überdeckungsarbeiten an Asbestzementdächern,
   - Reinigungs- und Beschichtungsarbeiten an unbeschichteten Asbestzementdächern,
   - Arbeiten, die zu einem Abtrag der Oberfläche von Asbestprodukten führen, wie zum Beispiel Abschleifen, Druckreinigen oder Abbürsten, es sei denn, es handelt sich um emissionsarme Verfahren, die behördlich oder berufsgenossenschaftlich anerkannt sind.
3. die Gewinnung, Aufbereitung, Weiterverarbeitung und Wiederverwendung natürlich vorkommender mineralischer Rohstoffe und daraus hergestellter Zubereitungen und Erzeugnisse, die Asbest mit einem Massengehalt von nicht mehr als 0,1 % enthalten,
4. Materialien, die als Versatzmaterial im Untertage-Bergbau verwendet werden und in denen Asbest mittels hydraulischer Bindung durch Zement oder andere gleichwertige Stoffe in Formkörpern oder in Gebinden eingeschlossen ist, bei denen eine Freisetzung von Asbestfasern ausgeschlossen ist,
5. die Verwendung von vor dem 31. Dezember 1994 hergestellten Acetylenflaschen mit chrysotilhaltigen porösen Massen bis zum Ende ihrer Lebensdauer, wenn eine Exposition der Beschäftigten ausgeschlossen ist.

Anhang IV Nr. 2 2-Naphthylamin, 4-Aminobiphenyl, Benzidin, 4-Nitrobiphenyl

Gefahrstoffe, die
1. 2-Naphthylamin oder seine Salze,
2. 4-Aminobiphenyl oder seine Salze,
3. Benzidin oder seine Salze oder
4. 4-Nitrobiphenyl
5. mit einem Massengehalt von gleich oder mehr als 0,1 % enthalten, dürfen nicht hergestellt oder nicht verwendet werden. Satz 1 gilt nicht für die Herstellung und Verwendung, wenn die Stoffe während einer chemischen Reaktion in einem geschlossenen System entstehen und umgewandelt werden, so dass sie am Ende der Reaktion oder des Arbeitsvorgangs im Endprodukt in einer Konzentration von weniger als 0,1 % vorhanden sind.

Anhang IV Nr. 3 Arsen und seine Verbindungen

(1) Gefahrstoffe mit einem Massengehalt von gleich oder mehr als 0,3 % Arsen dürfen nicht verwendet werden
1. zum Reinigen in befahrbaren Behältern und anderen engen Räumen,
2. in Farbmitteln und Anstrichstoffen,
3. in Schädlingsbekämpfungsmitteln,

Anhang 8.1 *Gefahrstoffverordnung*

4. beim Herstellen von Flachglas (zum Beispiel Fensterglas) und Verpackungsglas für Lebensmittel,
5. bei der Lederherstellung, der Aufbereitung von Rauchwaren, der Textilveredelung und der Tierpräparation,
6. bei der Herstellung von Emaille,
7. in Beiz- und Reinigungsmitteln, ausgenommen Phosphorsäurebeizen,
8. bei der chemischen (reduktiven) Metallabscheidung zur Oberflächenbehandlung,
9. bei der Herstellung von pyrotechnischen Gegenständen,
10. in Metallklebern.

(2) Arsenverbindungen und Zubereitungen, die Arsenverbindungen enthalten, dürfen nicht verwendet werden
1. zur Aufbereitung von Wasser im industriellen, gewerblichen und kommunalen Bereich, unabhängig von seiner Verwendung.
2. zur Verhinderung des Bewuchses durch Mikroorganismen, Pflanzen oder Tiere an
   a) Bootskörpern,
   b) Kästen, Schwimmern, Netzen sowie anderen Geräten oder Einrichtungen für die Fisch- und Muschelzucht,
   c) vollständig oder teilweise untergetauchten Geräten oder Einrichtungen jeder Art,
3. als biozide Wirkstoffe in Farben zur Verhinderung des Bewuchses durch Mikroorganismen, Pflanzen oder Tiere an Gegenständen (Antifoulingfarben),
4. zum Schutz von Holz.

(3) Das Verbot des Absatzes 2 Nr. 3 gilt nicht für Kupfer-Chrom-Arsenverbindungen (CCA) Typ C (Chrom als CrO_3 47,5 %, Kupfer als CuO 18,5 %, Arsen als As_2O_5 34,0 %), die in Industrieanlagen im Vakuum oder unter Druck zur Imprägnierung von Holz verwendet werden.

(4) Mit Kupfer-Chrom-Arsenverbindungen behandelte Hölzer nach Absatz 3 dürfen, sofern das Holzschutzmittel vollständig fixiert ist, für folgende gewerbliche und industrielle Zwecke verwendet werden:
1. als Bauholz in öffentlichen und landwirtschaftlichen Gebäuden, Bürogebäuden und Industriebetrieben, sofern der Einsatz aus sicherheitstechnischen Gründen erforderlich ist,
2. in Brücken und bei Brückenbauarbeiten,
3. als Bauholz in Süßwasser und in Brackwasser zum Beispiel für Molen,
4. als Lärmschutz,
5. als Lawinenschutz,
6. als Leitplanken,
7. für aus entrindeten Nadelrundhölzern gefertigte Weidezäune,
8. in Erdstützwänden,
9. als Strom- und Telekommunikationsmasten,

Gefahrstoffverordnung **Anhang 8.1**

10. als Bahnschwellen für Untergrundbahnen.
(5) Die Verwendung der in Absatz 4 genannten Hölzer ist jedoch verboten
1. in Wohnbauten, unabhängig von Ihrer Zweckbestimmung,
2. für Anwendungen mit dem Risiko eines wiederholten Hautkontakts,
3. in Meeresgewässern,
4. für landwirtschaftliche Zwecke, ausgenommen Weidezäune und Bauholz gemäß Absatz 4,
5. für Anwendungen, bei denen das behandelte Holz mit Zwischen- oder Endprodukten in Kontakt kommen kann, die für den menschlichen oder tierischen Verzehr bestimmt sind.

Anhang IV Nr. 4 Benzol

Gefahrstoffe mit einem Massengehalt von gleich oder mehr als 0,1 % Benzol dürfen nicht verwendet werden. Satz 1 gilt nicht für
1. Treibstoffe, die zum Betrieb von Verbrennungsmotoren mit Fremdzündung bestimmt sind,
2. die Verwendung von Stoffen und Zubereitungen, die bei industriellen Verfahren in geschlossenen Systemen zur Anwendung kommen,
3. die Verwendung von Rohöl, Rohbenzin und Treibstoffkomponenten, die bei industriellen Verfahren zur Anwendung kommen.

Anhang IV Nr. 5 Hexachlorcyclohexan (HCH)

Hexachlorcyclohexan (HCH) darf nicht als biozider Wirkstoff in Farben zur Verhinderung des Bewuchses durch Mikroorganismen, Pflanzen oder Tiere an Gegenständen (Antifoulingfarben) verwendet werden.

Anhang IV Nr. 6 Bleikarbonate, Bleisulfate

(1) Gefahrstoffe, die folgende Bleiverbindungen enthalten, dürfen nicht als Farben verwendet werden:
1. wasserfreies neutrales Bleikarbonat,
2. Bleihydrokarbonat,
3. Bleisulfate.

(2) Absatz 1 gilt nicht für die Verwendung als Farben, die zur Erhaltung oder originalgetreuen Wiederherstellung von Kunstwerken und historischen Bestandteilen oder von Einrichtungen denkmalgeschützter Gebäude bestimmt sind, wenn die Verwendung von Ersatzstoffen nicht möglich ist.

Anhang IV Nr. 7 Quecksilber und seine Verbindungen

(1) Gefahrstoffe, die Quecksilberverbindungen enthalten, dürfen nicht verwendet werden

Anhang 8.1 *Gefahrstoffverordnung*

1. zum Schutz von Holz,
2. zur Imprägnierung von schweren industriellen Textilien und von zu deren Herstellung vorgesehenen Garnen,
3. zur Aufbereitung von Wasser im industriellen, gewerblichen und kommunalen Bereich, unabhängig von seiner Verwendung.

(2) Quecksilberverbindungen dürfen nicht als biozide Wirkstoffe in Farben zur Verhinderung des Bewuchses durch Mikroorganismen, Pflanzen oder Tiere an Gegenständen (Antifoulingfarben) verwendet werden.

Anhang IV Nr. 8 Zinnorganische Verbindungen

(1) Gefahrstoffe, die zinnorganische Verbindungen enthalten, dürfen nicht zur Aufbereitung von Wasser im industriellen, gewerblichen und kommunalen Bereich, unabhängig von seiner Verwendung, verwendet werden.

(2) Zinnorganische Verbindungen dürfen nicht als biozide Wirkstoffe in Farben zur Verhinderung des Bewuchses durch Mikroorganismen, Pflanzen oder Tiere an Gegenständen (Antifoulingfarben) verwendet werden.

Anhang IV Nr. 9 Di-μ-oxo-di-n-butylstanniohydroxyboran

Gefahrstoffe mit einem Massengehalt von gleich oder mehr als 0,1 % Di-μ-oxo-di-nbutylstanniohydroxyboran dürfen nicht hergestellt oder verwendet werden. Satz 1 gilt nicht für die Verarbeitung zu Endprodukten, in denen Di-μ-oxo-di-n-butylstanniohydroxyboran mit einem Massengehalt von weniger als 0,1 % enthalten ist.

Anhang IV Nr. 10 Dekorationsgegenstände, die flüssige gefährliche Stoffe oder Zubereitungen enthalten

Dekorationsgegenstände mit flüssigen Stoffen oder Zubereitungen, die nach dem Zweiten Abschnitt dieser Verordnung als gefährlich eingestuft oder einzustufen sind, dürfen nicht hergestellt werden.

Anhang IV Nr. 11 Aliphatische Chlorkohlenwasserstoffe

1. Tetrachlormethan (Tetrachlorkohlenstoff),
2. 1,1,2,2-Tetrachlorethan,
3. 1,1,1,2-Tetrachlorethan,
4. Pentachlorethan,
5. Trichlormethan (Chloroform),
6. 1,1,2-Trichlorethan,
7. 1,1-Dichlorethylen,
8. 1,1,1-Trichlorethan,

Gefahrstoffverordnung Anhang 8.1

9. Stoffe, Zubereitungen und Erzeugnisse mit einem Massengehalt der Stoffe nach Nummer 1 bis 4 von 0,1 % oder darüber,
10. Stoffe und Zubereitungen mit einem Massengehalt der Stoffe nach Nummer 5 bis 8 von 0,1 % oder darüber

dürfen nur in geschlossenen Anlagen verwendet werden.

Anhang IV Nr. 12 Pentachlorphenol und seine Verbindungen

(1) Folgende Stoffe, Zubereitungen und Erzeugnisse dürfen nicht hergestellt oder verwendet werden:
1. Pentachlorphenol,
2. Pentachlorphenolnatrium sowie die übrigen Pentachlorphenolsalze und -verbindungen,
3. Zubereitungen mit einem Massengehalt von insgesamt mehr als 0,01 % der in den Nummern 1 und 2 genannten Stoffe sowie
4. Erzeugnisse, die mit einer Zubereitung behandelt worden sind, die Stoffe nach Nummer 1 oder 2 enthielt und deren von einer Behandlung erfassten Teile mehr als 5 Milligramm pro Kilogramm (ppm) der Stoffe nach Nummer 1 oder 2 enthalten.

(2) Das Verbot nach Absatz 1 gilt nicht für Holzbestandteile von Gebäuden und Möbeln sowie für Textilien, die vor dem 23. Dezember 1989 mit Zubereitungen behandelt wurden, die Stoffe nach Absatz 1 Nr. 1 oder 2 enthielten. In dem in Artikel 3 des Einigungsvertrages genannten Gebiet tritt an die Stelle des 23. Dezember 1989 der 3. Oktober 1990.

(3) Absatz 1 Nr. 4 gilt nicht für Altholz, welches nach der Altholzverordnung verwertet wird.

Anhang IV Nr. 13 Teeröle

13.1 Verbote

(1) Holzschutzmittel, die Rohteere, Teeröle oder deren Bestandteile oder Destillationsrückstände (Pech), insbesondere
1. Kreosot 8001-58-9
2. Kreosotöl 61789-28-4
3. Destillate (Kohlenteer), Naphthalinöle 84650-04-4
4. Kreosotöl, Acenaphthenfraktion 90640-84-9
5. höhersiedende Destillate (Kohlenteer) 65996-91-0
6. Anthracenöl 90640-80-5
7. Teersäuren, Kohle, roh 65996-85-2
8. Kreosot, Holz 8021-39-4
9. Niedrigtemperatur-Kohleteeralkalin, Extraktrückstände 122384-78-5,

enthalten, dürfen nicht hergestellt oder verwendet werden.

Anhang 8.1 *Gefahrstoffverordnung*

(2) Erzeugnisse, die ganz oder teilweise aus Holz oder Holzwerkstoffen bestehen und die mit den in Absatz 1 genannten Holzschutzmitteln behandelt worden sind, dürfen nicht verwendet werden.

13.2 Ausnahmen bei Holzschutzmitteln

(1) Das Verbot nach Nummer 13.1 Absatz 1 gilt nicht für das Herstellen und das Verwenden von Holzschutzmitteln mit einem Massengehalt von weniger als 50 Milligramm pro Kilogramm Benzo(a)pyren und einem Massengehalt von weniger als 3 % wasserlöslicher Phenole in geschlossenen Anlagen
1. in industriellen Verfahren oder
2. zu gewerblichen Zwecken für die Wiederbehandlung vor Ort.

13.3 Ausnahmen bei Erzeugnissen

(1) Das Verbot nach Nummer 13.1 Abs. 2 gilt nicht für
1. Erzeugnisse, die mit Holzschutzmitteln nach Nummer 13.2 behandelt wurden und ausschließlich für gewerbliche oder industrielle Zwecke verwendet werden (zum Beispiel Eisenbahnschwellen, Strom- und Telegrafenmasten, Zäune, Baumstützen für die Landwirtschaft, Rebpfähle, Spundwände für Häfen und Wasserwege) und
2. gebrauchte Erzeugnisse, die vor der Anwendung dieser Verordnung mit Holzschutzmitteln nach Nummer 13.1 Absatz 1 behandelt wurden, die nicht den Anforderungen der Nummer 13.2 entsprechen, sofern diese ausschließlich erneut als Eisenbahnschwellen oder Strom- und Telegrafenmasten oder für gewerbliche oder industrielle Zwecke anderer Art gemäß dem ursprünglichen Herstellungszweck wiederverwendet werden.

(2) Die Verwendung der in Absatz 1 genannten Erzeugnisse ist jedoch verboten
1. in Innenräumen, unabhängig von deren Zweckbestimmung,
2. bei der Herstellung von Spielzeugen,
3. auf Spielplätzen,
4. in Gärten und Parks sowie anderen Orten, sofern die Gefahr eines häufigen Hautkontakts besteht,
5. bei der Herstellung von Gartenmobiliar,
6. als Behälter von lebenden Pflanzen,
7. als Verpackungen, die mit Roh-, Zwischen- oder Enderzeugnissen für die menschliche oder tierische Ernährung in Berührung kommen können und
8. als sonstiges Material, das die in Nummer 6 und 7 genannten Erzeugnisse kontaminieren kann oder zu deren Herstellung oder Wiederaufbereitung dient.

(3) Das Verbot nach Nummer 13.1. Abs. 2 gilt nicht für Altholz, welches nach der Altholzverordnung verwertet wird.

Gefahrstoffverordnung **Anhang 8.1**

Anhang IV Nr. 14 Polychlorierte Biphenyle und Terphenyle sowie Monomethyltetrachlordiphenylmethan, Monomethyldichlordiphenylmethan und Monomethyldibromdiphenylmethan

(1) Folgende Stoffe, Zubereitungen und Erzeugnisse dürfen nicht hergestellt oder verwendet werden:
1. polychlorierte (das heißt tri- und höherchlorierte) Biphenyle (PCB),
2. polychlorierte Terphenyle (PCT),
3. Monomethyltetrachlordiphenylmethan,
4. Monomethyldichlordiphenylmethan,
5. Monomethyldibromdiphenylmethan,
6. Zubereitungen mit insgesamt mehr als 50 Milligramm pro Kilogramm der Stoffe nach Nummer 1 bis 5,
7. Erzeugnisse, die Stoffe nach Nummer 1 bis 5 oder Zubereitungen nach Nummer 6 enthalten,
8. Zubereitungen und Erzeugnisse, bei denen der Verdacht besteht, dass sie unter Nummer 6 oder 7 fallen, solange bis das Gegenteil bewiesen ist.

(2) Das Verbot nach Absatz 1 gilt nicht für
1. die in § 2 Abs. 1 Nr. 1 und 2 und Absatz 2 Satz 1 des Chemikaliengesetzes aufgeführten Stoffe und Zubereitungen,
2. das Mischen gleicher Stoffe, Zubereitungen oder Erzeugnisse nach Absatz 1, sofern es nicht dem Wiederauffüllen von Erzeugnissen dient, die PCB oder PCT enthalten,
3. die Verwendung von Erzeugnissen nach Absatz 1 Nr. 7 und 8 zum Zwecke der Verwertung nach § 2 Abs. 2 der PCB/PCT-Abfallverordnung,
4. Altholz, welches nach der Altholzverordnung verwertet wird,
5. Holzhackschnitzel, Holzspäne, Holzwerkstoffe und daraus hergestellte Erzeugnisse, die nicht insgesamt mehr als 5 Milligramm pro Kilogramm der Stoffe nach Absatz 1 Nr. 1 bis 5 enthalten,
6. die vorübergehende außerbetriebliche Überlassung von Transformatoren zum ausschließlichen Zweck einer zulässigen Instandhaltung, Beförderung oder Neubefüllung,
7. das Neubefüllen von PCB- oder PCT-kontaminierten Transformatoren mit Isolierflüssigkeiten, die kein PCB oder PCT enthalten, wenn
   a) die PCB-Konzentration in der auszutauschenden Isolierflüssigkeit einen Wert von 2000 Milligramm pro Kilogramm (ppm) nicht überschreitet und
   b) die PCB-Konzentration der Isolierflüssigkeit nach der Neubefüllung auch nach einer Betriebszeit von sechs Monaten den in Absatz 1 Nr. 6 genannten Grenzwert nicht überschreiten wird; nach Ablauf dieses Zeitraumes hat der Betreiber die Einhaltung des Grenzwerts nach Absatz 1 Nr. 6 durch eine Messung der PCB-Konzentration der Isolierflüssigkeit zu überprüfen.

(3) Das Verbot nach Absatz 1 gilt nicht für die Reinigung und anschließende Neubefüllung von Transformatoren, die Isolierflüssigkeiten mit mehr als 1000

Anhang 8.1 *Gefahrstoffverordnung*

Milligramm pro Kilogramm PCB enthalten und für Reinigungsverfahren, die zur unmittelbaren Zerstörung der in der Isolierflüssigkeit enthaltenen PCB oder PCT führen, wenn
1. die PCB-Konzentration der Isolierflüssigkeit nach Beendigung des Reinigungsprozesses, der einmaligen Neubefüllung mit Isolierflüssigkeiten, die kein PCB oder PCT enthalten, und erforderlichenfalls einer Nachreinigung ohne Neubefüllung den Grenzwert nach Absatz 1 Nr. 6 dauerhaft nicht überschreiten wird,
2. die insgesamt bei der Entleerung und Reinigung anfallende Menge flüssiger Abfälle das 1,2-fache der maximal zulässigen Füllstandsmenge des Transformators nicht überschreitet,
3. die ordnungsgemäße Entsorgung der anfallenden Abfälle sichergestellt ist,
4. die bei Außerbetriebnahme des gereinigten Transformators anfallende Isolierflüssigkeit ordnungsgemäß verwertet wird, und
5. Gefahren für Leben und Gesundheit des Menschen oder für die Umwelt nicht zu besorgen sind.

Der Betreiber des Transformators hat die Reinigung nach Satz 1 der zuständigen Behörde sechs Wochen vor Beginn anzuzeigen sowie mitzuteilen, wer die Reinigung durchführt, welches Verfahren dabei angewendet wird und welcher zeitliche Ablauf vorgesehen ist. Die Reinigung darf nur von einem behördlich anerkannten Betrieb durchgeführt werden. Das angewandte Reinigungsverfahren ist auch im Verfahren zur Anerkennung des Betriebes darzulegen. Die Anerkennung ist zu erteilen, wenn keine Bedenken gegen die Zuverlässigkeit des Betriebes und die Eignung des Reinigungsverfahrens bestehen. Nach Abschluss der Maßnahme ist die dauerhafte Einhaltung des Grenzwerts nach Absatz 1 Nr. 6 durch Vorlage der Ergebnisse einer Messung der PCB-Konzentration in der Isolierflüssigkeit der zuständigen Behörde nachzuweisen, die nach einer Betriebszeit von einem Jahr nach der Neubefüllung oder von sechs Monaten nach einer abschließenden Nachreinigung durchzuführen ist. Anschließend hat der Betreiber die PCB-Konzentration in der Isolierflüssigkeit des Transformators nach vier Jahren zu messen und das Messergebnis der zuständigen Behörde mitzuteilen.

(4) Stoffe im Sinne von Absatz 1 Nr. 1 bis 5, Zubereitungen im Sinne von Absatz 1 Nr. 6 oder 8 sowie Bauteile in Erzeugnissen im Sinne von Absatz 1 Nr. 7 oder 8, die PCB als Dielektrikum enthalten, sind zu entfernen und nach der PCB/PCT-Abfallverordnung zu beseitigen.

Anhang IV Nr. 15 Vinylchlorid

Erzeugnisse, die Vinylchlorid (Chlorethen) als Treibgas für Aerosole enthalten, dürfen nicht hergestellt oder verwendet werden. Ausgenommen von dem Verbot nach Satz 1 sind die in § 2 Abs. 1 Nr. 1 und 2 und Abs. 2 Satz 1 des Chemikaliengesetzes aufgeführten Stoffe und Zubereitungen.

Gefahrstoffverordnung Anhang 8.1

Anhang IV   Nr. 16 Starke Säure-Verfahren zur Herstellung von Isopropanol

Isopropanol darf nach dem Starke Säure-Verfahren nicht hergestellt werden.

Anhang IV   Nr. 17 Cadmium und seine Verbindungen

17.1   Cadmium und seine Verbindungen zur Einfärbung

(1) Cadmium und Cadmiumverbindungen dürfen nicht zum Einfärben von Erzeugnissen oder ihrer Bestandteile, die aus den folgenden Stoffen und Zubereitungen hergestellt wurden, verwendet werden:
1. Polyvinylchlorid (PVC),
2. Polyurethan (PUR),
3. Polyethylen niedriger Dichte mit Ausnahme des für die Herstellung von Pigmentpräparationen (»master batch«) verwendeten Polyethylens niedriger Dichte,
4. Celluloseacetat (CA),
5. Celluloseacetobutyrat (CAB),
6. Epoxidharze,
7. Melaminharzformaldehyd (MF),
8. Harnstoffformaldehyd (UF),
9. ungesättigte Polyester (UP),
10. Polyethylenterephthalat (PET),
11. Polybutylenterephthalat (PBT),
12. Polystyrol glasklar/Standard,
13. Acrylnitrilmethylmethacrylat (AMMA),
14. vernetztes Polyethylen (VPE),
15. Polystyrol, schlagfest (SB) und
16. Polypropylen (PP).

Das Verbot nach Satz 1 gilt nicht für Erzeugnisse, soweit sie aus Sicherheitsgründen mit Cadmium oder Cadmiumverbindungen gefärbt oder stabilisiert werden müssen.

(2) Anstrichfarben und Lacke mit einem Massengehalt an Cadmium oder Cadmiumverbindungen von über 0,01 % dürfen nicht verwendet werden. Das Verbot nach Satz 1 gilt nicht für Zubereitungen mit hohem Zinkanteil, sofern der Massengehalt von Cadmium oder Cadmiumverbindungen so niedrig wie möglich gehalten wird und 0,1 % nicht übersteigt.

17.2   Cadmium und seine Verbindungen als Stabilisierungsmittel

Cadmium und seine Verbindungen dürfen nicht als Stabilisierungsmittel in den nachstehend aufgeführten Erzeugnissen aus Vinylchloridpolymeren und -copolymeren verwendet werden:

Anhang 8.1 *Gefahrstoffverordnung*

1. Verpackungsmaterial,
2. Bürobedarf und Schulbedarf,
3. Beschläge,
4. Bekleidung und Accessoires (einschließlich Handschuhe),
5. Boden- und Wandverkleidungen,
6. imprägnierte, bestrichene oder beschichtete Textilien,
7. Kunstleder,
8. Schallplatten,
9. Rohre und Anschlussteile,
10. Pendeltüren,
11. Innen- und Außenverkleidung sowie Karosserieböden von Straßenverkehrsmitteln,
12. Beschichtung von im Baugewerbe oder in der Industrie verwendeten Stahlblechen sowie
13. Kabelisolierungen.

Das Verbot nach Satz 1 gilt nicht für Erzeugnisse, soweit sie aus Sicherheitsgründen mit Cadmium oder Cadmiumverbindungen gefärbt oder stabilisiert sein müssen.

17.3 Cadmium und seine Verbindungen zur Cadmierung

(1) Cadmium und seine Verbindungen dürfen nicht zur Oberflächenbehandlung metallischer Oberflächen verwendet werden
1. von folgenden Erzeugnissen:
   a) Haushaltsgeräte,
   b) Möbel,
   c) sanitäre Anlagen,
   d) Zentralheizungen und Klimaanlagen,
   e) Personenkraftwagen und landwirtschaftliche Fahrzeuge,
   f) Schienenfahrzeuge,
   g) Schiffe,
   h) in der Materialflusstechnik eingesetzte Einrichtungen,
2. von Geräten und Maschinen zur Herstellung von
   a) Erzeugnissen im Sinne der Nummer 1 Buchstabe a bis g,
   b) Textilien und Bekleidung,
   c) Papier und Pappe,
   d) Lebensmitteln sowie
3. von Geräten und Maschinen für
   a) die Landwirtschaft,
   b) das Gefrieren und Tiefgefrieren,
   c) Druckereien und Buchbindereien.

Das Verbot gilt auch für Bestandteile dieser Erzeugnisse, Geräte und Maschinen.

(2) Absatz 1 gilt nicht für
1. Erzeugnisse und deren Bestandteile, sofern die Anwendung

a) in der Luft- und Raumfahrt,
b) im Bergbau,
c) in der off-shore-Technik sowie
d) im Kernenergiebereich
ein hohes Sicherheitsniveau erfordert,
2. Komponenten von Sicherheitseinrichtungen in
a) Straßenverkehrsmitteln,
b) landwirtschaftlichen Fahrzeugen,
c) Schienenfahrzeugen und
d) Schiffen,
3. elektrische Kontakte von Geräten, wenn es für deren Zuverlässigkeit erforderlich ist.

Anhang IV   Nr. 18 Kurzkettige Chlorparaffine (Alkane, C10-C13, Chlor)

Kurzkettige Chlorparaffine sowie Stoffe und Zubereitungen, die kurzkettige Chlorparaffine mit einem Massengehalt von insgesamt mehr als 1 % enthalten, dürfen nicht verwendet werden
1. in der Metallverarbeitung und Metallbearbeitung sowie
2. zum Behandeln von Leder.

Anhang IV   Nr. 19 Kühlschmierstoffe

(1) Kühlschmierstoffe, denen nitrosierende Agenzien als Komponenten zugesetzt worden sind, dürfen nicht verwendet werden.
(2) Der Arbeitgeber hat sich im Rahmen der Gefährdungsbeurteilung nach § 7 zu vergewissern, dass den eingesetzten Kühlschmierstoffen keine nitrosierenden Stoffe zugesetzt wurden.

Anhang IV   Nr. 20 DDT

1,1,1-Trichlor-2,2-bis(4-chlorphenyl)ethan und seine Isomere (DDT) sowie Zubereitungen, die DDT als Wirkstoff enthalten, dürfen nicht hergestellt oder verwendet werden.

Anhang IV   Nr. 21 Hexachlorethan

Hexachlorethan darf zur Herstellung oder Verarbeitung von Nichteisenmetallen nicht verwendet werden.

Anhang 8.1 *Gefahrstoffverordnung*

Anhang IV Nr. 22 Biopersistente Fasern

(1) Folgende mineralfaserhaltige Gefahrstoffe dürfen nicht zu Zwecken der Wärme- und Schalldämmung im Hochbau einschließlich technischer Isolierungen hergestellt oder verwendet werden:
1. Künstliche Mineralfasern (künstlich hergestellte ungerichtete glasige (Silikat-) Fasern mit einem Massengehalt von über 18 % an Oxiden von Natrium, Kalium, Calcium, Magnesium und Barium),
2. Zubereitungen und Erzeugnisse, die künstliche Mineralfasern mit einem Massengehalt von insgesamt mehr als 0,1 % enthalten.

(2) Absatz 1 gilt nicht, wenn die künstlichen Mineralfasern eines der folgenden Kriterien erfüllen:
1. ein geeigneter Intraperitonealtest hat keine Anzeichen von übermäßiger Kanzerogenität zum Ausdruck gebracht,
2. die Halbwertszeit nach intratrachealer Instillation von 2 mg einer Fasersuspension für Fasern mit einer Länge größer 5 Mikrometer, einem Durchmesser kleiner 3 Mikrometer und einem Länge-zu-Durchmesser-Verhältnis von größer 3 zu 1 (WHO-Fasern) beträgt höchstens 40 Tage,
3. der Kanzerogenitätsindex KI, der sich aus der Differenz zwischen der Summe der Massengehalte (in %) der Oxide von Natrium, Kalium, Bor, Calcium, Magnesium, Barium und dem doppelten Massengehalt (in %) von Aluminiumoxid ergibt, ist bei künstlichen Mineralfasern mindestens 40,
4. Glasfasern, die für Hochtemperaturanwendungen bestimmt sind, die
   a) eine Klassifikationstemperatur von 1000 Grad Celsius bis zu 1200 Grad Celsius erfordern, besitzen eine Halbwertzeit nach den unter Satz 1 Nr. 2 genannten Kriterien von höchstens 65 Tagen oder
   b) eine Klassifikationstemperatur von über 1200 Grad Celsius erfordern, besitzen eine Halbwertzeit nach den unter Satz 1 Nr. 2 genannten Kriterien von höchstens 100 Tagen.

(3) Spritzverfahren unter Verwendung von krebserzeugenden Mineralfasern sind verboten.

Anhang IV Nr. 23 Besonders gefährliche krebserzeugende Stoffe

Die folgenden Gefahrstoffe dürfen nur in geschlossenen Anlagen hergestellt oder verwendet werden:
1. 6-Amino-2-ethoxynaphthalin,
2. Bis(chlormethyl)ether,
3. Cadmiumchlorid (in atembarer Form),
4. Chlormethyl-methylether,
5. Dimethylcarbamoylchlorid,
6. Hexamethylphosphorsäuretriamid,
7. 1,3-Propansulton,

Gefahrstoffverordnung Anhang 8.1

8. N-Nitrosaminverbindungen, ausgenommen solche, bei denen sich in entsprechenden Prüfungen ein Hinweis auf krebserzeugende Wirkungen nicht ergeben hat,
9. Tetranitromethan,
10. 1,2,3-Trichlorpropan.

Anhang IV Nr. 24 Flammschutzmittel

Pentabromdiphenylether (C12H5Br5O) und Octabromdiphenylether (C12H2Br8O) sowie Stoffe und Zubereitungen mit einem Massengehalt von insgesamt mehr als 0,1 % dieser Stoffe dürfen nicht verwendet werden. Das Verbot gilt bis zum 31.März 2006 nicht für die Verwendung von Pentabromdiphenylether und pentabromdiphenyletherhaltigen Zubereitungen in Notevakuierungssystemen von Flugzeugen sowie deren Bestandteilen.

Anhang IV Nr. 25 Azofarbstoffe

Stoffe und Zubereitungen mit einem Massengehalt von mehr als 0,1 % des »Blauen Farbstoffs« mit der EG-Nummer 405-665-4 (Gemisch aus: Dinatrium-(6-(4-anisidino)-3-sulfonato- 2-(3,5-dinitro- 2-oxido-phenylazo)- 1-naphtholato)(1-(5-chlor- 2-oxido-phenylazo)-2-naphtholato) chromat(1-) und Trinatrium bis (6-(4-anisidino)-3-sulfonato- 2-(3,5-dinitro-2-oxido-phenylazo)- 1-naphtholato)chromat(1-)) dürfen zum Färben von Textil- und Ledererzeugnissen nicht verwendet werden.

Anhang IV Nr. 26 Alkylphenole

Nonylphenol [C6H4(OH)C9H19] und Nonylphenolethoxylate [C15H23O(C2H4O)nH] sowie Zubereitungen mit einem Massengehalt von insgesamt mehr als 0,1 % Nonylphenol oder 0,1 % Nonylphenolethoxylate dürfen für folgende Zwecke nicht verwendet werden:
1. zur gewerblichen Reinigung, ausgenommen in geschlossenen Anlagen für die chemische Reinigung sowie in sonstigen Reinigungsanlagen, sofern die Reinigungsflüssigkeit aus den vorgenannten Anlagen recycelt oder verbrannt wird,
2. zur Haushaltsreinigung,
3. zur Textil- und Lederverarbeitung, ausgenommen Verarbeitungsprozesse, bei denen kein Nonylphenolethoxylat in das Abwasser gelangt, sowie in Anlagen zum Entfetten von Schafshäuten, sofern die organische Fraktion vor der biologischen Abwasserbehandlung vollständig aus dem Prozesswasser entfernt wird,
4. als Emulgator in Zitzenbehandlungsmitteln,

Anhang 8.1 *Gefahrstoffverordnung*

5. zur Metallbearbeitung und Metallverarbeitung, ausgenommen in geschlossenen Anlagen, bei denen die Reinigungsflüssigkeit recycelt oder verbrannt wird,
6. zur Herstellung von Zellstoff und Papier,
7. als Bestandteil von kosmetischen Mitteln,
8. als Bestandteil von sonstigen Körperpflegemitteln, ausgenommen als Spermizid,
9. als Formulierungshilfsstoff in Pflanzenschutzmitteln und Bioziden, ausgenommen vor dem 17. Juli 2003 zugelassene Pflanzenschutzmittel und Biozide bis zum Auslaufen der Zulassung, sowie Biozide, die der Übergangsregelung nach § 28 Abs. 8 des Chemikaliengesetzes unterliegen.

Anhang IV Nr. 27 Chromathaltiger Zement

Zement und Zubereitungen, die Zement enthalten, dürfen nicht verwendet werden, wenn in der nach Wasserzugabe gebrauchsfertigen Form der Gehalt an löslichem Chrom VI mehr als 2 Milligramm pro Kilogramm Trockenmasse des Zements beträgt. Hiervon ausgenommen ist die Verwendung in überwachten geschlossenen und vollautomatischen Prozessen sowie in solchen Prozessen, bei denen Zement und zementhaltige Zubereitungen ausschließlich mit Maschinen in Berührung kommen und keine Gefahr von Hautkontakt besteht.

Anhang V Arbeitsmedizinische Vorsorgeuntersuchungen

Inhaltsübersicht
Nr. 1   Liste der Gefahrstoffe
Nr. 2   Listen der Tätigkeiten
Nr. 2.1 Tätigkeiten, bei denen Vorsorgeuntersuchungen zu veranlassen sind
Nr. 2.2 Tätigkeiten, bei denen Vorsorgeuntersuchungen anzubieten sind

Anhang V Nr. 1 Liste der Gefahrstoffe

- Gefahrstoff
- Acrylnitril
- Alkylquecksilber
- Alveolengängiger Staub (A-Staub)
- Aromatische Nitro- und Aminoverbindungen
- Arsen und Arsenverbindungen
- Asbest
- Benzol
- Beryllium
- Blei und anorganische Bleiverbindungen
- Bleitetraethyl und Bleitetramethyl

Gefahrstoffverordnung Anhang 8.1

- Cadmium und Cadmiumverbindungen
- Chrom-VI-verbindungen
- Dimethylformamid
- Einatembarer Staub (E-Staub)
- Fluor und anorganische Fluorverbindungen
- Glycerintrinitrat und Glykoldinitrat (Nitroglycerin/Nitroglykol)
- Hartholzstaub
- Kohlenstoffdisulfid
- Kohlenmonoxid
- Mehlstaub
- Methanol
- Nickel und Nickelverbindungen
- Polycyclische aromatische Kohlenwasserstoffe (Pyrolyseprodukte aus organischem Material)
- weißer Phosphor (Tetraphosphor)
- Platinverbindungen
- Quecksilber und anorganische Quecksilberverbindungen
- Schwefelwasserstoff
- Silikogener Staub
- Styrol
- Tetrachlorethen
- Toluol
- Trichlorethen
- Vinylchlorid
- Xylol

Anhang V Nr. 2 Listen der Tätigkeiten

2.1 Tätigkeiten, bei denen Vorsorgeuntersuchungen zu veranlassen sind

1. Feuchtarbeit von regelmäßig 4 Stunden oder mehr pro Tag,
2. Schweißen und Trennen von Metallen bei Überschreitung einer Luftkonzentration von 3 Milligramm pro Kubikmeter Schweißrauch,
3. Tätigkeiten mit Belastung durch Getreide- und Futtermittelstäube bei Überschreitung einer Luftkonzentration von 4 Milligramm pro Kubikmeter einatembarem Staub,
4. Tätigkeiten mit Belastung durch Isocyanate, bei denen ein regelmäßiger Hautkontakt nicht vermieden werden kann oder einer Luftkonzentration von 0,05 Milligramm pro Kubikmeter überschritten wird,
5. Tätigkeiten mit Belastung durch Labortierstaub in Tierhaltungsräumen und -anlagen,
6. Tätigkeiten mit Benutzung von Naturgummilatexhandschuhen mit mehr als 30 Mikrogramm Protein pro Gramm im Handschuhmaterial,

Anhang 8.1 *Gefahrstoffverordnung*

7. Tätigkeiten mit Belastung durch unausgehärtete Epoxidharze und Kontakt über die Haut oder die Atemwege.

2.2 Tätigkeiten, bei denen Vorsorgeuntersuchungen anzubieten sind

1. Schädlingsbekämpfung nach Anhang III Nr. 4,
2. Begasungen nach Anhang III Nr. 5,
3. Tätigkeiten mit folgenden Stoffe oder deren Gemischen: n-Hexan, n-Heptan, 2-Butanon, 2-Hexanon, Methanol, Ethanol, 2-Methoxyethanol, Benzol, Toluol, Xylol, Styrol, Dichlormethan, 1,1,1-Trichlorethan, Trichlorethen, Tetrachlorethen,
4. Tätigkeiten mit krebserzeugenden oder erbgutverändernden Stoffen oder Zubereitungen der Kategorie 1 oder 2,
5. Feuchtarbeit von regelmäßig mehr als 2 Stunden,
6. Schweißen und Trennen von Metallen bei Einhaltung einer Luftkonzentration von 3 Milligramm pro Kubikmeter Schweißrauch,
7. Tätigkeiten mit Belastung durch Getreide- und Futtermittelstäube bei Überschreitung einer Luftkonzentration von 1 Milligramm pro Kubikmeter einatembarem Staub.

9. Verordnung über den Schutz vor Schäden durch Röntgenstrahlen (Röntgenverordnung – RöV)

in der Fassung der Bekanntmachung vom 30.4.2003, BGBl. I 604
(Auszug)

§ 22 Zutritt zu Strahlenschutzbereichen

(1) Personen darf der Zutritt
1. zu Überwachungsbereichen nur erlaubt werden, wenn
   a) sie darin eine dem Betrieb der Röntgeneinrichtung dienende Aufgabe wahrnehmen,
   b) an ihnen nach § 25 Abs. 1 Röntgenstrahlung angewendet werden soll oder ihr Aufenthalt in diesem Bereich als Proband, helfende Person oder Tierhalter erforderlich ist,
   c) bei Auszubildenden oder Studierenden dies zur Erreichung ihres Ausbildungszieles erforderlich ist oder
   d) sie Besucher sind,
2. zu Kontrollbereichen nur erlaubt werden, wenn
   a) sie zur Durchführung oder Aufrechterhaltung der darin vorgesehenen Betriebsvorgänge tätig werden müssen,
   b) an ihnen nach § 25 Abs. 1 Röntgenstrahlung angewendet werden soll oder ihr Aufenthalt in diesem Bereich als Proband, helfende Person oder Tierhalter erforderlich ist und eine zur Ausübung des ärztlichen, zahnärztlichen oder tierärztlichen Berufs berechtigte Person, die die erforderliche Fachkunde im Strahlenschutz besitzt, zugestimmt hat,
   c) bei Auszubildenden oder Studierenden dies zur Erreichung ihres Ausbildungszieles erforderlich ist oder
   d) bei schwangeren Frauen, die nach Buchstabe a oder c den Kontrollbereich betreten dürfen, der fachkundige Strahlenschutzverantwortliche oder der Strahlenschutzbeauftragte dies ausdrücklich gestattet und durch geeignete Überwachungsmaßnahmen sicherstellt, dass der besondere Dosisgrenzwert nach § 31a Abs. 4 Satz 2 eingehalten und dies dokumentiert wird.

Die zuständige Behörde kann gestatten, dass der fachkundige Strahlenschutzverantwortliche oder der zuständige Strahlenschutzbeauftragte auch anderen Personen den Zutritt zu Strahlenschutzbereichen erlaubt. Betretungsrechte auf Grund anderer gesetzlicher Regelungen bleiben unberührt.

(2) Schwangeren Frauen darf der Zutritt zu Kontrollbereichen als helfende Person abweichend von Absatz 1 Satz 1 Nr. 2 Buchstabe b nur gestattet werden, wenn zwingende Gründe dies erfordern. Schwangeren Frauen darf der Zutritt zu Kontrollbereichen als Tierhalterin nicht gestattet werden.

Anhang 9 *Röntgenverordnung*

§ 31a Dosisgrenzwerte bei beruflicher Strahlenexposition

(1) Für beruflich strahlenexponierte Personen darf die effektive Dosis den Grenzwert von 20 Millisievert im Kalenderjahr nicht überschreiten. Die zuständige Behörde kann im Einzelfall für ein einzelnes Jahr eine effektive Dosis von 50 Millisievert zulassen, wobei für fünf aufeinander folgende Jahre 100 Millisievert nicht überschritten werden dürfen.

(2) Für beruflich strahlenexponierte Personen darf die Organdosis
1. für die Augenlinse den Grenzwert von 150 Millisievert,
2. für die Haut, die Hände, die Unterarme, die Füße und Knöchel jeweils den Grenzwert von 500 Millisievert,
3. für die Keimdrüsen, die Gebärmutter und das Knochenmark (rot) jeweils den Grenzwert von 50 Millisievert,
4. für die Schilddrüse und die Knochenoberfläche jeweils den Grenzwert von 300 Millisievert,
5. für den Dickdarm, die Lunge, den Magen, die Blase, die Brust, die Leber, die Speiseröhre, andere Organe oder Gewebe gemäß Anlage 3 Fußnote 1, soweit nicht unter Nummer 3 genannt, jeweils den Grenzwert von 150 Millisievert im Kalenderjahr nicht überschreiten.

(3) Für Personen unter 18 Jahren darf die effektive Dosis den Grenzwert von 1 Millisievert im Kalenderjahr nicht überschreiten. Die Organdosis für die Augenlinse darf den Grenzwert von 15 Millisievert, für die Haut, die Hände, die Unterarme, die Füße und Knöchel jeweils den Grenzwert von 50 Millisievert im Kalenderjahr nicht überschreiten. Abweichend von den Sätzen 1 und 2 kann die zuständige Behörde für Auszubildende und Studierende im Alter zwischen 16 und 18 Jahren festlegen, dass die effektive Dosis den Grenzwert von 6 Millisievert, die Organdosis der Augenlinse den Grenzwert von 45 Millisievert und die Organdosis der Haut, der Hände, der Unterarme, der Füße und Knöchel jeweils den Grenzwert von 150 Millisievert im Kalenderjahr nicht überschreiten darf, wenn dies zur Erreichung des Ausbildungszieles notwendig ist.

(4) Bei gebärfähigen Frauen darf die über einen Monat kumulierte Dosis der Gebärmutter den Grenzwert von 2 Millisievert nicht überschreiten. Für ein ungeborenes Kind, das auf Grund der Beschäftigung der Mutter einer Strahlenexposition ausgesetzt ist, darf die Äquivalentdosis vom Zeitpunkt der Mitteilung der Schwangerschaft bis zu deren Ende den Grenzwert von 1 Millisievert nicht überschreiten. Als Äquivalentdosis des ungeborenen Kindes gilt die Organdosis der Gebärmutter der schwangeren Frau.

(5) Bei der Ermittlung der Körperdosis ist die berufliche Strahlenexposition aus dem Anwendungsbereich der Strahlenschutzverordnung sowie die berufliche Strahlenexposition, die außerhalb des räumlichen Geltungsbereiches dieser Verordnung erfolgt, einzubeziehen. Die natürliche Strahlenexposition, die medizinische Strahlenexposition und die Exposition als helfende Person sind nicht zu berücksichtigen.

Röntgenverordnung

§ 36 Unterweisung

(1) Personen, denen nach § 22 Abs. 1 Nr. 2 Buchstabe a und c der Zutritt zum Kontrollbereich gestattet wird, sind vor dem erstmaligen Zutritt über die Arbeitsmethoden, die möglichen Gefahren, die anzuwendenden Sicherheits- und Schutzmaßnahmen und den für ihre Beschäftigung oder ihre Anwesenheit wesentlichen Inhalt dieser Verordnung, der Genehmigung oder Anzeige und der Strahlenschutzanweisung zu unterweisen. Satz 1 gilt entsprechend auch für Personen, die außerhalb des Kontrollbereichs Röntgenstrahlung anwenden, soweit diese Tätigkeit der Genehmigung oder der Anzeige bedarf. Die Unterweisung ist mindestens einmal im Jahr zu wiederholen. Sie kann Bestandteil sonstiger erforderlicher Unterweisungen nach immissionsschutz- oder arbeitsschutzrechtlichen Vorschriften sein.

(2) Andere Personen, denen der Zutritt zu Kontrollbereichen gestattet wird, sind vorher über die möglichen Gefahren und ihre Vermeidung zu unterweisen.

(3) Frauen sind im Rahmen der Unterweisungen nach Absatz 1 oder 2 darauf hinzuweisen, dass eine Schwangerschaft im Hinblick auf die Risiken einer Strahlenexposition für das ungeborene Kind so früh wie möglich mitzuteilen ist.

(4) Über den Inhalt und den Zeitpunkt der Unterweisung nach Absatz 1 oder 2 sind Aufzeichnungen zu führen, die von der unterwiesenen Person zu unterzeichnen sind. Die Aufzeichnungen sind in den Fällen des Absatzes 1 fünf Jahre, in denen des Absatzes 2 ein Jahr lang nach der Unterweisung aufzubewahren und der zuständigen Behörde auf Verlangen vorzulegen.

Anhang 10 *Strahlenschutzverordnung*

10. Verordnung über den Schutz vor Schäden durch ionisierende Strahlen (Strahlenschutzverordnung – StrSchV)

vom 20.7.2001, BGBl. I 2001, 1714, (2002, 1459);
geändert durch Artikel 2 der Verordnung vom 18.6.2002 BGBl. I 1869
(Auszug)

§ 3 Begriffsbestimmungen

(1) Für die Systematik und Anwendung dieser Verordnung wird zwischen Tätigkeiten und Arbeiten unterschieden.
1. Tätigkeiten sind:
   a) der Betrieb von Anlagen zur Erzeugung von ionisierenden Strahlen,
   b) der Zusatz von radioaktiven Stoffen bei der Herstellung bestimmter Produkte oder die Aktivierung dieser Produkte,
   c) sonstige Handlungen, die die Strahlenexposition oder Kontamination erhöhen können,
      aa) weil sie mit künstlich erzeugten radioaktiven Stoffen erfolgen oder
      bb) weil sie mit natürlich vorkommenden radioaktiven Stoffen erfolgen,
      und diese Handlungen aufgrund der Radioaktivität dieser Stoffe oder zur Nutzung dieser Stoffe als Kernbrennstoff oder zur Erzeugung von Kernbrennstoff durchgeführt werden,
2. Arbeiten sind:
Handlungen, die, ohne Tätigkeit zu sein, bei natürlich vorkommender Radioaktivität die Strahlenexposition oder Kontamination erhöhen können
   a) im Zusammenhang mit der Aufsuchung, Gewinnung, Erzeugung, Lagerung, Bearbeitung, Verarbeitung und sonstigen Verwendung von Materialien,
   b) soweit sie mit Materialien erfolgen, die bei betrieblichen Abläufen anfallen, soweit diese Handlungen nicht bereits unter Buchstabe a fallen,
   c) im Zusammenhang mit der Verwertung oder Beseitigung von Materialien, die durch Handlungen nach Buchstabe a oder b anfallen,
   d) durch dabei einwirkende natürliche terrestrische Strahlungsquellen, insbesondere von Radon-222 und Radonzerfallsprodukten, soweit diese Handlungen nicht bereits unter Buchstaben a bis c fallen und nicht zu einem unter Buchstabe a genannten Zweck erfolgen, oder
   e) im Zusammenhang mit der Berufsausübung des fliegenden Personals in Flugzeugen.
Nicht als Arbeiten im Sinne dieser Verordnung gelten die landwirtschaftliche, forstwirtschaftliche oder bautechnische Bearbeitung der Erdoberfläche,

Strahlenschutzverordnung **Anhang 10**

soweit diese Handlungen nicht zum Zwecke der Entfernung von Verunreinigungen nach § 101 erfolgen.
(2) Im Sinne dieser Verordnung sind im Übrigen:
1. Abfälle:
   a) radioaktive Abfälle:
   Radioaktive Stoffe im Sinne des § 2 Abs. 1 des Atomgesetzes, die nach § 9a des Atomgesetzes geordnet beseitigt werden müssen, ausgenommen Ableitungen im Sinne des § 47;
   b) Behandlung radioaktiver Abfälle:
   Verarbeitung von radioaktiven Abfällen zu Abfallprodukten (z. B. durch Verfestigen, Einbinden, Vergießen oder Trocknen);
   c) Abfallgebinde:
   Einheit aus Abfallprodukt, auch mit Verpackung, und Abfallbehälter;
   d) Abfallprodukt:
   verarbeiteter radioaktiver Abfall ohne Verpackung und Abfallbehälter;
2. Ableitung:
   Abgabe flüssiger, aerosolgebundener oder gasförmiger radioaktiver Stoffe aus Anlagen und Einrichtungen auf hierfür vorgesehenen Wegen;
3. Aktivität, spezifische:
   Verhältnis der Aktivität eines Radionuklids zur Masse des Materials, in dem das Radionuklid verteilt ist. Bei festen radioaktiven Stoffen ist die Bezugsmasse für die Bestimmung der spezifischen Aktivität die Masse des Körpers oder Gegenstandes, mit dem die Radioaktivität bei vorgesehener Anwendung untrennbar verbunden ist. Bei gasförmigen radioaktiven Stoffen ist die Bezugsmasse die Masse des Gases oder Gasgemisches;
4. Aktivitätskonzentration:
   Verhältnis der Aktivität eines Radionuklids zum Volumen des Materials, in dem das Radionuklid verteilt ist;
5. Anlagen:
   Anlagen im Sinne dieser Verordnung sind Anlagen im Sinne der §§ 7 und 9a Abs. 3 Satz 1 Halbsatz 2 des Atomgesetzes sowie Anlagen zur Erzeugung ionisierender Strahlen im Sinne des § 11 Abs. 1 Nr. 2 des Atomgesetzes, die geeignet sind, Photonen oder Teilchenstrahlung gewollt oder ungewollt zu erzeugen (insbesondere Elektronenbeschleuniger, Ionenbeschleuniger, Plasmaanlagen);
6. Bestrahlungsvorrichtung:
   Gerät mit Abschirmung, das umschlossene radioaktive Stoffe enthält oder Bestandteil von Anlagen zur Spaltung von Kernbrennstoffen ist und das zeitweise durch Öffnen der Abschirmung oder Ausfahren dieser radioaktiven Stoffe ionisierende Strahlung aussendet,
   a) die im Zusammenhang mit der Anwendung am Menschen oder am Tier in der Tierheilkunde verwendet wird oder

Anhang 10   *Strahlenschutzverordnung*

    b) mit der zu anderen Zwecken eine Wirkung in den zu bestrahlenden Objekten hervorgerufen werden soll und bei dem die Aktivität 2×10^{13} Becquerel überschreitet;

7. Betriebsgelände:
Grundstück, auf dem sich Anlagen oder Einrichtungen befinden und zu dem der Zugang oder auf dem die Aufenthaltsdauer von Personen durch den Strahlenschutzverantwortlichen beschränkt werden können;

8. Dekontamination:
Beseitigung oder Verminderung einer Kontamination;

9. Dosis:
    a) Äquivalentdosis:
Produkt aus der Energiedosis (absorbierte Dosis) im ICRU-Weichteilgewebe und dem Qualitätsfaktor der Veröffentlichung Nr. 51 der International Commission on Radiation Units and Measurements (ICRU report 51, ICRU Publications, 7910 Woodmont Avenue, Suite 800, Bethesda, Maryland 20814, U.S.A.). Beim Vorliegen mehrerer Strahlungsarten und -energien ist die gesamte Äquivalentdosis die Summe ihrer ermittelten Einzelbeiträge;

    b) effektive Dosis:
Summe der gewichteten Organdosen in den in Anlage VI Teil C angegebenen Geweben oder Organen des Körpers durch äußere oder innere Strahlenexposition;

    c) Körperdosis:
Sammelbegriff für Organdosis und effektive Dosis. Die Körperdosis für einen Bezugszeitraum (z. B. Kalenderjahr, Monat) ist die Summe aus der durch äußere Strahlenexposition während dieses Bezugszeitraums erhaltenen Dosis und der Folgedosis, die durch eine während dieses Bezugszeitraums stattfindende Aktivitätszufuhr bedingt ist;

    d) Organdosis:
Produkt aus der mittleren Energiedosis in einem Organ, Gewebe oder Körperteil und dem Strahlungs-Wichtungsfaktor nach Anlage VI Teil C. Beim Vorliegen mehrerer Strahlungsarten und -energien ist die Organdosis die Summe der nach Anlage VI Teil B ermittelten Einzelbeiträge durch äußere oder innere Strahlenexposition;

    e) Ortsdosis:
Äquivalentdosis, gemessen mit den in Anlage VI Teil A angegebenen Messgrößen an einem bestimmten Ort;

    f) Ortsdosisleistung:
In einem bestimmten Zeitintervall erzeugte Ortsdosis, dividiert durch die Länge des Zeitintervalls;

    g) Personendosis:
Äquivalentdosis, gemessen mit den in Anlage VI Teil A angegebenen

Messgrößen an einer für die Strahlenexposition repräsentativen Stelle der Körperoberfläche;
10. Einrichtungen:
Gebäude, Gebäudeteile oder einzelne Räume, in denen nach den §§ 5, 6 oder 9 des Atomgesetzes oder nach § 7 dieser Verordnung mit radioaktiven Stoffen umgegangen oder nach § 11 Abs. 2 eine Anlage zur Erzeugung ionisierender Strahlung betrieben wird;
11. Einwirkungsstelle, ungünstigste:
Stelle in der Umgebung einer Anlage oder Einrichtung, bei der aufgrund der Verteilung der abgeleiteten radioaktiven Stoffe in der Umwelt unter Berücksichtigung realer Nutzungsmöglichkeiten durch Aufenthalt oder durch Verzehr dort erzeugter Lebensmittel die höchste Strahlenexposition der Referenzperson zu erwarten ist;
12. Einzelpersonen der Bevölkerung:
Mitglieder der allgemeinen Bevölkerung, die weder beruflich strahlenexponierte Personen sind noch medizinisch oder als helfende Person exponiert sind;
13. Expositionspfad:
Weg der radioaktiven Stoffe von der Ableitung aus einer Anlage oder Einrichtung über einen Ausbreitungs- oder Transportvorgang bis zu einer Strahlenexposition des Menschen;
14. Forschung, medizinische:
Anwendung radioaktiver Stoffe oder ionisierender Strahlung am Menschen, soweit sie der Fortentwicklung der Heilkunde oder der medizinischen Wissenschaft und nicht in erster Linie der Untersuchung oder Behandlung des einzelnen Patienten dient;
15. Freigabe:
Verwaltungsakt, der die Entlassung radioaktiver Stoffe sowie beweglicher Gegenstände, von Gebäuden, Bodenflächen, Anlagen oder Anlagenteilen, die aktiviert oder mit radioaktiven Stoffen kontaminiert sind und die aus Tätigkeiten nach § 2 Abs. 1 Nr. 1 Buchstabe a, c oder d stammen, aus dem Regelungsbereich
a) des Atomgesetzes und
b) darauf beruhender Rechtsverordnungen sowie verwaltungsbehördlicher Entscheidungen zur Verwendung, Verwertung, Beseitigung, Innehabung oder zu deren Weitergabe an Dritte als nicht radioaktive Stoffe bewirkt;
16. Freigrenzen:
Werte der Aktivität und spezifischen Aktivität radioaktiver Stoffe nach Anlage III Tabelle 1 Spalte 2 und 3, bei deren Überschreitung Tätigkeiten mit diesen radioaktiven Stoffen der Überwachung nach dieser Verordnung unterliegen;
17. Indikation, rechtfertigende:
Entscheidung eines Arztes mit der erforderlichen Fachkunde im Strahlen-

schutz, dass und in welcher Weise radioaktive Stoffe oder ionisierende Strahlung am Menschen in der Heilkunde oder Zahnheilkunde angewendet werden;

18. Konsumgüter:
Für den Endverbraucher bestimmte Bedarfsgegenstände im Sinne des Lebensmittel- und Bedarfsgegenständegesetzes sowie Güter und Gegenstände des täglichen Gebrauchs zur Verwendung im häuslichen und beruflichen Bereich, ausgenommen Baustoffe und bauartzugelassene Vorrichtungen, in die sonstige radioaktive Stoffe nach § 2 Abs. 1 des Atomgesetzes eingefügt sind;

19. Kontamination:
Verunreinigung mit radioaktiven Stoffen
   a) Oberflächenkontamination:
   Verunreinigung einer Oberfläche mit radioaktiven Stoffen, die die nicht festhaftende, die festhaftende und die über die Oberfläche eingedrungene Aktivität umfasst. Die Einheit der Messgröße der Oberflächenkontamination ist die flächenbezogene Aktivität in Becquerel pro Quadratzentimeter;
   b) Oberflächenkontamination, nicht festhaftende:
   Verunreinigung einer Oberfläche mit radioaktiven Stoffen, bei denen eine Weiterverbreitung der radioaktiven Stoffe nicht ausgeschlossen werden kann;

20. Materialien:
Stoffe, die natürlich vorkommende Radionuklide enthalten oder mit solchen Stoffen kontaminiert sind. Dabei bleiben für diese Begriffsbestimmung natürliche und künstliche Radionuklide, die Gegenstand von Tätigkeiten sind oder waren, oder aus Ereignissen nach § 51 Abs. 1 Satz 1 stammen, unberücksichtigt. Ebenso bleiben Kontaminationen in der Umwelt aufgrund von Kernwaffenversuchen und kerntechnischen Unfällen außerhalb des Geltungsbereiches dieser Verordnung unberücksichtigt;

21. Medizinphysik-Experte:
In medizinischer Physik besonders ausgebildeter Diplom-Physiker mit der erforderlichen Fachkunde im Strahlenschutz oder eine inhaltlich gleichwertig ausgebildete sonstige Person mit Hochschul- oder Fachhochschulabschluss und mit der erforderlichen Fachkunde im Strahlenschutz;

22. Notstandssituation, radiologische:
Situation im Sinne des Artikels 2 der Richtlinie 89/618/EURATOM vom 27. November 1989 (Richtlinie des Rates vom 27. November 1989 über die Unterrichtung der Bevölkerung über die bei einer radiologischen Notstandssituation geltenden Verhaltensmaßregeln und zu ergreifenden Gesundheitsschutzmaßnahmen; ABl. EG Nr. L 357 S. 31), die auf den Bevölkerungsgrenzwert von 5 Millisievert im Kalenderjahr der Richtlinie 80/836/EURATOM vom 15. Juli 1980 (Richtlinie des Rates vom

Strahlenschutzverordnung Anhang 10

15. Juli 1980 zur Änderung der Richtlinien, mit denen die Grundnormen für den Gesundheitsschutz der Bevölkerung und der Arbeitskräfte gegen die Gefahren ionisierender Strahlungen festgelegt wurden; ABl. EG Nr. L 246 S. 1) verweist;
23. Person, beruflich strahlenexponierte:
Beruflich strahlenexponierte Person im Sinne dieser Verordnung ist
a) im Bereich der Tätigkeiten diejenige der Kategorie A oder B des § 54, und
b) im Bereich der Arbeiten diejenige, für die die Abschätzung nach § 95 Abs. 1 ergeben hat, dass die effektive Dosis im Kalenderjahr 6 Millisievert überschreiten kann, oder für die die Ermittlung nach § 103 Abs. 1 ergeben hat, dass die effektive Dosis im Kalenderjahr 1 Millisievert überschreiten kann;
24. Person, helfende:
Person, die außerhalb ihrer beruflichen Tätigkeit freiwillig oder mit Einwilligung ihres gesetzlichen Vertreters Personen unterstützt oder betreut, an denen in Ausübung der Heilkunde oder Zahnheilkunde oder im Rahmen der medizinischen Forschung radioaktive Stoffe oder ionisierende Strahlung angewandt werden;
25. Referenzperson:
Normperson, von der bei der Ermittlung der Strahlenexposition nach § 47 ausgegangen wird. Die Annahmen zur Ermittlung der Strahlenexposition dieser Normperson (Lebensgewohnheiten und übrige Annahmen für die Dosisberechnung) sind in Anlage VII festgelegt;
26. Referenzwerte, diagnostische:
a) Dosiswerte bei medizinischer Anwendung ionisierender Strahlung oder
b) empfohlene Aktivitätswerte bei medizinischer Anwendung radioaktiver Arzneimittel, für typische Untersuchungen, bezogen auf Standardphantome oder auf Patientengruppen mit Standardmaßen, für einzelne Gerätekategorien;
27. Rückstände:
Materialien, die in den in Anlage XII Teil A genannten industriellen und bergbaulichen Prozessen anfallen und die dort genannten Voraussetzungen erfüllen;
28. Störfall:
Ereignisablauf, bei dessen Eintreten der Betrieb der Anlage oder die Tätigkeit aus sicherheitstechnischen Gründen nicht fortgeführt werden kann und für den die Anlage auszulegen ist oder für den bei der Tätigkeit vorsorglich Schutzvorkehrungen vorzusehen sind. § 7 Abs. 2a des Atomgesetzes bleibt unberührt;
29. Stoffe, offene und umschlossene radioaktive:

Anhang 10 *Strahlenschutzverordnung*

   a) Stoffe, offene radioaktive:
   Alle radioaktiven Stoffe mit Ausnahme der umschlossenen radioaktiven Stoffe;
   b) Stoffe, umschlossene radioaktive:
   Radioaktive Stoffe, die ständig von einer allseitig dichten, festen, inaktiven Hülle umschlossen oder in festen inaktiven Stoffen ständig so eingebettet sind, dass bei üblicher betriebsmäßiger Beanspruchung ein Austritt radioaktiver Stoffe mit Sicherheit verhindert wird; eine Abmessung muss mindestens 0,2 cm betragen;
30. Strahlenexposition:
    Einwirkung ionisierender Strahlung auf den menschlichen Körper. Ganzkörperexposition ist die Einwirkung ionisierender Strahlung auf den ganzen Körper, Teilkörperexposition ist die Einwirkung ionisierender Strahlung auf einzelne Organe, Gewebe oder Körperteile. Äußere Strahlenexposition ist die Einwirkung durch Strahlungsquellen außerhalb des Körpers, innere Strahlenexposition ist die Einwirkung durch Strahlungsquellen innerhalb des Körpers;
31. Strahlenexposition, berufliche:
    Die Strahlenexposition einer Person, die
    a) zum Ausübenden einer Tätigkeit nach § 2 Abs. 1 Nr. 1 oder einer Arbeit nach § 2 Abs. 1 Nr. 2 in einem Beschäftigungs- oder Ausbildungsverhältnis steht oder diese Tätigkeit oder Arbeit selbst ausübt,
    b) eine Aufgabe nach § 19 oder § 20 des Atomgesetzes oder nach § 66 dieser Verordnung wahrnimmt, oder
    c) im Rahmen des § 15 oder § 95 dieser Verordnung in fremden Anlagen, Einrichtungen oder Betriebsstätten beschäftigt ist, dort eine Aufgabe nach § 15 selbst wahrnimmt oder nach § 95 eine Arbeit selbst ausübt.
    Eine nicht mit der Berufsausübung zusammenhängende Strahlenexposition bleibt dabei unberücksichtigt;
32. Strahlenexposition, medizinische:
    a) Exposition einer Person im Rahmen ihrer Untersuchung oder Behandlung in der Heilkunde oder Zahnheilkunde (Patient),
    b) Exposition einer Person, an der mit ihrer Einwilligung oder mit Einwilligung ihres gesetzlichen Vertreters radioaktive Stoffe oder ionisierende Strahlung in der medizinischen Forschung angewendet werden (Proband);
33. Strahlenschutzbereiche:
    Überwachungsbereich, Kontrollbereich und Sperrbereich als Teil des Kontrollbereichs;
34. Umgang mit radioaktiven Stoffen:
    Gewinnung, Erzeugung, Lagerung, Bearbeitung, Verarbeitung, sonstige Verwendung und Beseitigung von radioaktiven Stoffen im Sinne des § 2 des Atomgesetzes, soweit es sich nicht um Arbeiten handelt, sowie der

Strahlenschutzverordnung Anhang 10

Betrieb von Bestrahlungsvorrichtungen; als Umgang gilt auch die Aufsuchung, Gewinnung und Aufbereitung von radioaktiven Bodenschätzen im Sinne des Bundesberggesetzes;
35. Unfall:
Ereignisablauf, der für eine oder mehrere Personen eine effektive Dosis von mehr als 50 Millisievert zur Folge haben kann;
36. Verbringung:
a) Einfuhr in den Geltungsbereich dieser Verordnung aus einem Staat, der nicht Mitgliedstaat der Europäischen Gemeinschaften ist,
b) Ausfuhr aus dem Geltungsbereich dieser Verordnung in einen Staat, der nicht Mitgliedstaat der Europäischen Gemeinschaften ist, oder
c) grenzüberschreitender Warenverkehr aus einem Mitgliedstaat der Europäischen Gemeinschaften in den Geltungsbereich dieser Verordnung oder in einen Mitgliedstaat der Europäischen Gemeinschaften aus dem Geltungsbereich dieser Verordnung;
37. Vorsorge, arbeitsmedizinische:
Ärztliche Untersuchung, gesundheitliche Beurteilung und Beratung einer beruflich strahlenexponierten Person durch einen Arzt nach § 64 Abs. 1 Satz 1.
38. Zusatz radioaktiver Stoffe:
Zweckgerichteter Zusatz von Radionukliden zu Stoffen zur Erzeugung besonderer Eigenschaften, wenn
a) der Zusatz künstlich erzeugter Radionuklide zu Stoffen dazu führt, dass die spezifische Aktivität im Produkt 500 Mikrobecquerel je Gramm überschreitet, oder
b) der Zusatz natürlich vorkommender Radionuklide dazu führt, dass deren spezifische Aktivität im Produkt ein Fünftel der Freigrenzen der Anlage III Tabelle 1 Spalte 3 überschreitet.
Es ist unerheblich, ob der Zusatz aufgrund der Radioaktivität oder aufgrund anderer Eigenschaften erfolgt.

§ 5 Dosisbegrenzung

Wer eine Tätigkeit nach § 2 Abs. 1 Nr. 1 Buchstabe a bis d plant, ausübt oder ausüben lässt, ist verpflichtet dafür zu sorgen, dass die Dosisgrenzwerte der §§ 46, 47, 55, 56 und 58 nicht überschritten werden. Die Grenzwerte der effektiven Dosis im Kalenderjahr betragen nach § 46 Abs. 1 für den Schutz von Einzelpersonen der Bevölkerung 1 Millisievert und nach § 55 Abs. 1 Satz 1 für den Schutz beruflich strahlenexponierter Personen bei deren Berufsausübung 20 Millisievert.

Anhang 10   *Strahlenschutzverordnung*

§ 36 Strahlenschutzbereiche

(1) Bei genehmigungs- und anzeigebedürftigen Tätigkeiten nach § 2 Abs. 1 Nr. 1 Buchstabe a, c oder d sind Strahlenschutzbereiche nach Maßgabe des Satzes 2 einzurichten. Je nach Höhe der Strahlenexposition wird zwischen Überwachungsbereichen, Kontrollbereichen und Sperrbereichen, letztere als Teile der Kontrollbereiche, unterschieden; dabei sind äußere und innere Strahlenexposition zu berücksichtigen:
1. Überwachungsbereiche sind nicht zum Kontrollbereich gehörende betriebliche Bereiche, in denen Personen im Kalenderjahr eine effektive Dosis von mehr als 1 Millisievert oder höhere Organdosen als 15 Millisievert für die Augenlinse oder 50 Millisievert für die Haut, die Hände, die Unterarme, die Füße und Knöchel erhalten können,
2. Kontrollbereiche sind Bereiche, in denen Personen im Kalenderjahr eine effektive Dosis von mehr als 6 Millisievert oder höhere Organdosen als 45 Millisievert für die Augenlinse oder 150 Millisievert für die Haut, die Hände, die Unterarme, die Füße und Knöchel erhalten können,
3. Sperrbereiche sind Bereiche des Kontrollbereiches, in denen die Ortsdosisleistung höher als 3 Millisievert durch Stunde sein kann.

Maßgebend bei der Festlegung der Grenze von Kontrollbereich oder Überwachungsbereich ist eine Aufenthaltszeit von 40 Stunden je Woche und 50 Wochen im Kalenderjahr, soweit keine anderen begründeten Angaben über die Aufenthaltszeit vorliegen.

(2) Kontrollbereiche und Sperrbereiche sind abzugrenzen und deutlich sichtbar und dauerhaft zusätzlich zur Kennzeichnung nach § 68 Abs. 1 Satz 1 Nr. 3 mit dem Zusatz »KONTROLLBEREICH« oder »SPERRBEREICH – KEIN ZUTRITT –« zu kennzeichnen. Sperrbereiche sind darüber hinaus so abzusichern, dass Personen, auch mit einzelnen Körperteilen, nicht unkontrolliert hineingelangen können. Die Behörde kann Ausnahmen von den Sätzen 1 und 2 gestatten, wenn dadurch Einzelne oder die Allgemeinheit nicht gefährdet werden.

(3) Die zuständige Behörde kann bestimmen, dass weitere Bereiche als Strahlenschutzbereiche zu behandeln sind, wenn dies zum Schutz Einzelner oder der Allgemeinheit erforderlich ist. Beim Betrieb von Anlagen zur Erzeugung ionisierender Strahlung oder Bestrahlungsvorrichtungen kann die zuständige Behörde zulassen, dass Bereiche nur während der Einschaltzeit dieser Anlagen oder Vorrichtungen als Kontrollbereiche oder Sperrbereiche gelten.

(4) Bei ortsveränderlichem Umgang mit radioaktiven Stoffen und beim Betrieb von ortsveränderlichen Anlagen zur Erzeugung ionisierender Strahlen oder Bestrahlungsvorrichtungen ist ein nach Absatz 1 Satz 2 Nr. 2 einzurichtender Kontrollbereich so abzugrenzen und zu kennzeichnen, dass unbeteiligte Personen diesen nicht unbeabsichtigt betreten können. Kann ausgeschlossen werden, dass unbeteiligte Personen den Kontrollbereich unbeabsichtigt betreten können, ist die Abgrenzung nicht erforderlich.

Strahlenschutzverordnung   **Anhang 10**

§ 37 Zutritt zu Strahlenschutzbereichen

(1) Personen darf der Zutritt
1. zu Überwachungsbereichen nur erlaubt werden, wenn
   a) sie darin eine dem Betrieb dienende Aufgabe wahrnehmen,
   b) ihr Aufenthalt in diesem Bereich als Patient, Proband oder helfende Person erforderlich ist,
   c) bei Auszubildenden oder Studierenden dies zur Erreichung ihres Ausbildungszieles erforderlich ist oder
   d) sie Besucher sind,
2. zu Kontrollbereichen nur erlaubt werden, wenn
   a) sie zur Durchführung oder Aufrechterhaltung der darin vorgesehenen Betriebsvorgänge tätig werden müssen,
   b) ihr Aufenthalt in diesem Bereich als Patient, Proband oder helfende Person erforderlich ist und eine zur Ausübung des ärztlichen oder zahnärztlichen Berufs berechtigte Person, die die erforderliche Fachkunde im Strahlenschutz besitzt, zugestimmt hat oder
   c) bei Auszubildenden oder Studierenden dies zur Erreichung ihres Ausbildungszieles erforderlich ist,
   d) bei schwangeren Frauen der fachkundige Strahlenschutzverantwortliche oder der Strahlenschutzbeauftragte dies gestattet und durch geeignete Überwachungsmaßnahmen sicherstellt, dass der besondere Dosisgrenzwert nach § 55 Abs. 4 Satz 2 eingehalten und dies dokumentiert wird,
3. zu Sperrbereichen nur erlaubt werden, wenn
   a) sie zur Durchführung der im Sperrbereich vorgesehenen Betriebsvorgänge oder aus zwingenden Gründen tätig werden müssen und sie unter der Kontrolle eines Strahlenschutzbeauftragten oder einer von ihm beauftragten Person, die die erforderliche Fachkunde im Strahlenschutz besitzt, stehen oder
   b) ihr Aufenthalt in diesem Bereich als Patient, Proband oder helfende Person erforderlich ist und eine zur Ausübung des ärztlichen oder zahnärztlichen Berufs berechtigte Person, die die erforderliche Fachkunde im Strahlenschutz besitzt, schriftlich zugestimmt hat.

Die zuständige Behörde kann gestatten, dass der fachkundige Strahlenschutzverantwortliche oder der zuständige Strahlenschutzbeauftragte auch anderen Personen den Zutritt zu Strahlenschutzbereichen erlaubt. Betretungsrechte aufgrund anderer gesetzlicher Regelungen bleiben unberührt.

(2) Schwangeren Frauen darf der Zutritt
1. zu Sperrbereichen nicht gestattet werden, sofern nicht ihr Aufenthalt als Patientin erforderlich ist,
2. zu Kontrollbereichen als helfende Person abweichend von Absatz 1 Satz 1 Nr. 2 Buchstabe b nur gestattet werden, wenn zwingende Gründe dies erfordern.

Anhang 10 *Strahlenschutzverordnung*

§ 43 Schutzvorkehrungen

(1) Der Schutz beruflich strahlenexponierter Personen vor äußerer und innerer Strahlenexposition ist vorrangig durch bauliche und technische Vorrichtungen oder durch geeignete Arbeitsverfahren sicherzustellen.

(2) Sobald eine Frau ihren Arbeitgeber darüber informiert hat, dass sie schwanger ist oder stillt, sind ihre Arbeitsbedingungen so zu gestalten, dass eine innere berufliche Strahlenexposition ausgeschlossen ist.

(3) Bei Personen, die mit offenen radioaktiven Stoffen umgehen, deren Aktivität die Freigrenzen der Anlage III Tabelle 1 Spalte 2 und 3 überschreitet, ist sicherzustellen, dass sie die erforderliche Schutzkleidung tragen und die erforderlichen Schutzausrüstungen verwenden. Ihnen ist ein Verhalten zu untersagen, bei dem sie oder andere Personen von dem Umgang herrührende radioaktive Stoffe in den Körper aufnehmen können, insbesondere durch Essen, Trinken, Rauchen, durch die Verwendung von Gesundheitspflegemitteln oder kosmetischen Mitteln. Dies gilt auch für Personen, die sich in Bereichen aufhalten, in denen mit offenen radioaktiven Stoffen umgegangen wird, deren Aktivität die Freigrenzen der Anlage III Tabelle 1 Spalte 2 und 3 überschreitet. Offene radioaktive Stoffe dürfen an Arbeitsplätzen nur so lange und in solchen Aktivitäten vorhanden sein, wie das Arbeitsverfahren es erfordert.

§ 55 Schutz bei beruflicher Strahlenexposition

(1) Für beruflich strahlenexponierte Personen beträgt der Grenzwert der effektiven Dosis 20 Millisievert im Kalenderjahr. § 58 bleibt unberührt. Die zuständige Behörde kann im Einzelfall für ein einzelnes Jahr eine effektive Dosis von 50 Millisievert zulassen, wobei für fünf aufeinander folgende Jahre 100 Millisievert nicht überschritten werden dürfen.

(2) Der Grenzwert der Organdosis beträgt für beruflich strahlenexponierte Personen:
1. für die Augenlinse 150 Millisievert,
2. für die Haut, die Hände, die Unterarme, die Füße und Knöchel jeweils 500 Millisievert,
3. für die Keimdrüsen, die Gebärmutter und das Knochenmark (rot) jeweils 50 Millisievert,
4. für die Schilddrüse und die Knochenoberfläche jeweils 300 Millisievert,
5. für den Dickdarm, die Lunge, den Magen, die Blase, die Brust, die Leber, die Speiseröhre, andere Organe oder Gewebe gemäß Anlage VI Teil C Nr. 2 Fußnote 1, soweit nicht unter Nummer 3 genannt, jeweils 150 Millisievert im Kalenderjahr.

(3) Für Personen unter 18 Jahren beträgt der Grenzwert der effektiven Dosis 1 Millisievert im Kalenderjahr. Der Grenzwert der Organdosis beträgt für die Augenlinse 15 Millisievert, für die Haut, die Hände, die Unterarme, die Füße und Knöchel jeweils 50 Millisievert im Kalenderjahr. Abweichend von den

Sätzen 1 und 2 kann die zuständige Behörde für Auszubildende und Studierende im Alter zwischen 16 und 18 Jahren einen Grenzwert von 6 Millisievert für die effektive Dosis, 45 Millisievert für die Organdosis der Augenlinse und jeweils 150 Millisievert für die Organdosis der Haut, der Hände, der Unterarme, der Füße und Knöchel im Kalenderjahr festlegen, wenn dies zur Erreichung des Ausbildungszieles notwendig ist.

(4) Bei gebärfähigen Frauen beträgt der Grenzwert für die über einen Monat kumulierte Dosis an der Gebärmutter 2 Millisievert. Für ein ungeborenes Kind, das aufgrund der Beschäftigung der Mutter einer Strahlenexposition ausgesetzt ist, beträgt der Grenzwert der Dosis aus äußerer und innerer Strahlenexposition vom Zeitpunkt der Mitteilung über die Schwangerschaft bis zu deren Ende 1 Millisievert.

§ 58 Besonders zugelassene Strahlenexpositionen

(1) Unter außergewöhnlichen, im Einzelfall zu beurteilenden Umständen kann die zuständige Behörde zur Durchführung notwendiger spezifischer Arbeitsvorgänge Strahlenexpositionen abweichend von § 55 Abs. 1, 2 und 4 Satz 1 zulassen. Für diese besonders zugelassene Strahlenexposition beträgt der Grenzwert der effektiven Dosis 100 Millisievert, der Grenzwert der Organdosis für die Augenlinse 300 Millisievert, der Grenzwert der Organdosis für die Haut, die Hände, die Unterarme, die Füße und Knöchel jeweils 1 Sievert für eine Person im Berufsleben.

(2) Einer Strahlenexposition nach Absatz 1 dürfen nur Freiwillige, die beruflich strahlenexponierte Personen der Kategorie A sind, ausgesetzt werden, ausgenommen schwangere Frauen und, wenn die Möglichkeit einer Kontamination nicht ausgeschlossen werden kann, stillende Frauen.

(3) Eine Strahlenexposition nach Absatz 1 ist im Voraus zu rechtfertigen. Die Personen nach Absatz 2 sind über das mit der Strahlenexposition verbundene Strahlenrisiko aufzuklären. Der Betriebsrat oder der Personalrat, die Fachkräfte für Arbeitssicherheit, der Arzt nach § 64 Abs. 1 Satz 1 oder die Betriebsärzte, soweit sie nicht Ärzte nach § 64 Abs. 1 Satz 1 sind, sind zu beteiligen.

(4) Die Körperdosis durch eine Strahlenexposition nach Absatz 1 ist unter Berücksichtigung der Expositionsbedingungen zu ermitteln. Sie ist in den Aufzeichnungen nach §§ 42 und 64 Abs. 3 getrennt von den übrigen Ergebnissen der Messungen und Ermittlungen der Körperdosis einzutragen. Die Strahlenexposition nach Absatz 1 ist bei der Summe der in allen Kalenderjahren ermittelten effektiven Dosen nach § 56 zu berücksichtigen.

(5) Wurden bei einer Strahlenexposition nach Absatz 1 die Grenzwerte des § 55 Abs. 1 oder 2 überschritten, so ist diese Überschreitung allein kein Grund, die Person ohne ihr Einverständnis von ihrer bisherigen Beschäftigung auszuschließen.

Anhang 11

11. Gesetz über die Krankenversicherung der Landwirte (KVLG)

vom 10.8.1972 (BGBl. I S. 1433), zuletzt geändert durch Gesetz vom 14.11.2003 (BGBl. I S. 2190)
(Auszug)

IV. Leistungen bei Schwangerschaft und Mutterschaft

§ 22 Umfang

(1) Die Leistungen bei Schwangerschaft und Mutterschaft umfassen
1. ärztliche Betreuung und Hebammenhilfe,
2. Versorgung mit Arznei-, Verband- und Heilmitteln,
3. stationäre Entbindung,
4. häusliche Pflege,
5. Betriebshilfe, Haushaltshilfe,
6. Mutterschaftsgeld.

(2) Für die Leistungen nach Absatz 1 gelten die für die Leistungen nach dem Fünften Buch Sozialgesetzbuch geltenden Vorschriften entsprechend, soweit nichts Abweichendes bestimmt ist. § 16 Abs. 1 des Fünften Buches Sozialgesetzbuch gilt nicht für den Anspruch auf Mutterschaftsgeld. Bei Anwendung des § 65 Abs. 2 des Fünften Buches Sozialgesetzbuch bleiben die Leistungen nach Absatz 1 unberücksichtigt.

§ 23 Ärztliche Betreuung, Hebammenhilfe

(1) Die Versicherte hat während der Schwangerschaft, bei und nach der Entbindung Anspruch auf ärztliche Betreuung einschließlich der Untersuchungen zur Feststellung der Schwangerschaft und zur Schwangerenvorsorge sowie auf Hebammenhilfe. Die ärztliche Betreuung umfaßt auch die Beratung der Schwangeren zur Bedeutung der Mundgesundheit für Mutter und Kind einschließlich des Zusammenhangs zwischen Ernährung und Krankheitsrisiko sowie der Einschätzung oder Bestimmung des Übertragungsrisikos von Karies.

(2) Bei Schwangerschaftsbeschwerden und im Zusammenhang mit der Entbindung gelten die §§ 31 Abs. 3, 32 Abs. 2 und 33 Abs. 2 des Fünften Buches Sozialgesetzbuch nicht.

§ 24 Stationäre Entbindung

Wird die Versicherte zur Entbindung in ein Krankenhaus oder eine andere Einrichtung aufgenommen, hat sie für sich und das Neugeborene auch Anspruch auf Unterkunft, Pflege und Verpflegung, für die Zeit nach der Entbindung jedoch für längstens sechs Tage. Für diese Zeit besteht kein Anspruch auf

Krankenversicherung der Landwirte **Anhang 11**

Krankenhausbehandlung. § 39 Abs. 2 des Fünften Buches Sozialgesetzbuch gilt entsprechend.

§ 25 Häusliche Pflege

Die Versicherte hat Anspruch auf häusliche Pflege, soweit diese wegen Schwangerschaft oder Entbindung erforderlich ist. § 37 Abs. 3 und 4 des Fünften Buches Sozialgesetzbuch gilt entsprechend.

§ 26 Betriebshilfe

(1) Die Satzung kann bestimmen, daß für versicherungspflichtige landwirtschaftliche Unternehmer anstelle von Mutterschaftsgeld Betriebshilfe während der Schwangerschaft und bis zum Ablauf von acht Wochen nach der Entbindung, nach Mehrlings- und Frühgeburten bis zum Ablauf von zwölf Wochen nach der Entbindung, gewährt wird, wenn die Bewirtschaftung des Unternehmens gefährdet ist. Bei Frühgeburten und sonstigen vorzeitigen Entbindungen ist § 6 Abs. 1 Satz 2 des Mutterschutzgesetzes entsprechend anzuwenden.

(2) Die Satzung kann die Betriebshilfe erstrecken auf
1. den Ehegatten des versicherten landwirtschaftlichen Unternehmers,
2. die versicherten mitarbeitenden Familienangehörigen,
3. Unternehmen, in denen Arbeitnehmer oder versicherungspflichtige mitarbeitende Familienangehörige ständig beschäftigt werden.

§ 27 Haushaltshilfe

(1) Die Satzung kann bestimmen, daß für landwirtschaftliche Unternehmer Haushaltshilfe gewährt wird, wenn der Versicherten, dem Ehegatten des Versicherten oder dem versicherten mitarbeitenden Familienangehörigen, letzterem, sofern er die Aufgaben des versicherten landwirtschaftlichen Unternehmers ständig wahrnimmt, wegen Schwangerschaft oder Entbindung die Weiterführung des Haushalts nicht möglich und diese auf andere Weise nicht sicherzustellen ist.

(2) Die sonstigen in der Krankenversicherung der Landwirte Versicherten mit eigenem Haushalt erhalten Haushaltshilfe, soweit ihnen wegen Schwangerschaft oder Entbindung die Weiterführung des Haushalts nicht möglich ist und eine andere im Haushalt lebende Person den Haushalt nicht weiterführen kann.

§ 28 Ersatzkraft bei Betriebs- oder Haushaltshilfe

Als Betriebs- oder Haushaltshilfe ist eine Ersatzkraft zu stellen. Kann eine Ersatzkraft nicht gestellt werden oder besteht Grund, von der Gestellung einer Ersatzkraft abzusehen, sind die Kosten für eine selbstbeschaffte betriebsfremde Ersatzkraft in angemessener Höhe zu erstatten. Die Satzung regelt das Nähere.

Anhang 11 *Krankenversicherung der Landwirte*

Sie hat dabei die Besonderheiten landwirtschaftlicher Betriebe und Haushalte zu berücksichtigen. Für Verwandte und Verschwägerte bis zum zweiten Grad werden keine Kosten erstattet; die Krankenkasse kann jedoch die erforderlichen Fahrkosten und den Verdienstausfall erstatten, wenn die Erstattung in einem angemessenen Verhältnis zu den sonst für eine Ersatzkraft entstehenden Kosten steht.

§ 29 Mutterschaftsgeld

(1) Die in Absatz 2 und 3 genannten weiblichen Mitglieder, die bei Arbeitsunfähigkeit Anspruch auf Krankengeld haben oder denen wegen der Schutzfristen nach § 3 Abs. 2 und § 6 Abs. 1 des Mutterschutzgesetzes kein Arbeitsentgelt gezahlt wird, erhalten Mutterschaftsgeld.

(2) Für
1. versicherungspflichtige mitarbeitende Familienangehörige, die rentenversicherungspflichtig sind,
2. sonstige Mitglieder,

die bei Beginn der Schutzfrist nach § 3 Abs. 2 des Mutterschutzgesetzes in einem Arbeitsverhältnis stehen oder in Heimarbeit beschäftigt sind oder deren Arbeitsverhältnis während ihrer Schwangerschaft oder der Schutzfrist nach § 6 Abs. 1 des Mutterschutzgesetzes nach Maßgabe von § 9 Abs. 3 des Mutterschutzgesetzes aufgelöst worden ist, wird als Mutterschaftsgeld das um die gesetzlichen Abzüge verminderte durchschnittliche kalendertägliche Arbeitsentgelt der letzten drei abgerechneten Kalendermonate vor Beginn der Schutzfrist nach § 3 Abs. 2 des Mutterschutzgesetzes gezahlt. Es beträgt höchstens 13 Euro für den Kalendertag. Einmalig gezahltes Arbeitsentgelt (§ 23a des Vierten Buches Sozialgesetzbuch) sowie Tage, an denen infolge von Kurzarbeit, Arbeitsausfällen oder unverschuldeter Arbeitsversäumnis kein oder ein vermindertes Arbeitsentgelt erzielt wurde, bleiben außer Betracht. Ist danach eine Berechnung nicht möglich, ist das durchschnittliche kalendertägliche Arbeitsentgelt einer gleichartig Beschäftigten zugrunde zu legen. Für Mitglieder, deren Arbeitsverhältnis während der Mutterschutzfristen oder nach der Geburt beginnt, wird das Mutterschaftsgeld von Beginn des Arbeitsverhältnisses an gezahlt. Übersteigt das Arbeitsentgelt 13 Euro kalendertäglich, wird der übersteigende Betrag vom Arbeitgeber oder vom Bund nach den Vorschriften des Mutterschutzgesetzes gezahlt.

(3) Für
1. versicherungspflichtige mitarbeitende Familienangehörige, die rentenversicherungspflichtig sind, jedoch die Voraussetzungen für den Bezug des Mutterschaftsgeldes nach Absatz 2 nicht erfüllen,
2. mitarbeitende Familienangehörige, die nicht rentenversicherungspflichtig sind,

3. die in § 5 Abs. 1 Nr. 2 des Fünften Buches Sozialgesetzbuch genannten Versicherten

wird das Mutterschaftsgeld in Höhe des Krankengeldes gezahlt.

(4) Das Mutterschaftsgeld wird für die letzten sechs Wochen vor der Entbindung, den Entbindungstag und für die ersten acht Wochen, bei Mehrlings- und Frühgeburten für die ersten zwölf Wochen nach der Entbindung gezahlt. Bei Frühgeburten und sonstigen vorzeitigen Entbindungen verlängert sich die Bezugsdauer um den Zeitraum, der nach § 3 Abs. 2 des Mutterschutzgesetzes nicht in Anspruch genommen werden konnte. Für die Zahlung des Mutterschaftsgeldes vor der Entbindung ist das Zeugnis eines Arztes oder einer Hebamme maßgebend, in dem der mutmaßliche Tag der Entbindung angegeben ist. Das Zeugnis darf nicht früher als eine Woche vor Beginn der Schutzfrist nach § 3 Abs. 2 des Mutterschutzgesetzes ausgestellt sein. Bei Geburten nach dem mutmaßlichen Tag der Entbindung verlängert sich die Bezugsdauer vor der Geburt entsprechend.

(5) Der Anspruch auf Mutterschaftsgeld ruht, soweit und solange das Mitglied beitragspflichtiges Arbeitsentgelt oder Arbeitseinkommen erhält. Dies gilt nicht für einmalig gezahltes Arbeitsentgelt.

§ 30 (aufgehoben)
§ 31 (aufgehoben)

Anhang 12 *Sozialgesetzbuch V*

12. Sozialgesetzbuch Fünftes Buch
SGB V – Gesetzliche Krankenversicherung

in der Fassung der Bekanntmachung vom 20.12.1988, BGBl. I 2477, 2482; zuletzt geändert durch Artikel 9 Gesetz vom 26.5.2005, BGBl. I 1418 (Auszug)

§ 49 Ruhen des Krankengeldes

(1) Der Anspruch auf Krankengeld ruht,
1. soweit und solange Versicherte beitragspflichtiges Arbeitsentgelt oder Arbeitseinkommen erhalten; dies gilt nicht für einmalig gezahltes Arbeitsentgelt,
2. solange Versicherte Elternzeit nach dem Bundeserziehungsgeldgesetz in Anspruch nehmen; dies gilt nicht, wenn die Arbeitsunfähigkeit vor Beginn der Elternzeit eingetreten ist oder das Krankengeld aus dem Arbeitsentgelt zu berechnen ist, das aus einer versicherungspflichtigen Beschäftigung während der Elternzeit erzielt worden ist,
3. soweit und solange Versicherte Versorgungskrankengeld, Übergangsgeld, Unterhaltsgeld, Kurzarbeitergeld oder Winterausfallgeld beziehen,
3 a. solange Versicherte Mutterschaftsgeld, Verletztengeld, Arbeitslosengeld oder Arbeitslosengeld II beziehen oder der Anspruch wegen einer Sperrzeit nach dem Dritten Buch ruht,
4. soweit und solange Versicherte Entgeltersatzleistungen, die ihrer Art nach den in Nummer 3 genannten Leistungen vergleichbar sind, von einem Träger der Sozialversicherung oder einer staatlichen Stelle im Ausland erhalten,
5. solange die Arbeitsunfähigkeit der Krankenkasse nicht gemeldet wird; dies gilt nicht, wenn die Meldung innerhalb einer Woche nach Beginn der Arbeitsunfähigkeit erfolgt,
6. soweit und solange für Zeiten einer Freistellung von der Arbeitsleistung (§ 7 Abs. 1a des Vierten Buches) eine Arbeitsleistung nicht geschuldet wird.

(2) Absatz 1 Nr. 3 und 4 ist auch auf einen Krankengeldanspruch anzuwenden, der für einen Zeitraum vor dem 1. Januar 1990 geltend gemacht wird und über den noch keine nicht mehr anfechtbare Entscheidung getroffen worden ist. Vor dem 23. Februar 1989 ergangene Verwaltungsakte über das Ruhen eines Krankengeldanspruchs sind nicht nach § 44 Abs. 1 des Zehnten Buches zurückzunehmen.

(3) Auf Grund gesetzlicher Bestimmungen gesenkte Entgelt- oder Entgeltersatzleistungen dürfen bei der Anwendung des Absatzes 1 nicht aufgestockt werden.

(4) Erbringt ein anderer Träger der Sozialversicherung bei ambulanter Ausführung von Leistungen zur medizinischen Rehabilitation Verletztengeld, Ver-

sorgungskrankengeld oder Übergangsgeld, werden diesem Träger auf Verlangen seine Aufwendungen für diese Leistungen im Rahmen der nach § 13 Abs. 2 Nr. 7 des Neunten Buches vereinbarten gemeinsamen Empfehlungen erstattet.

§ 192 Fortbestehen der Mitgliedschaft Versicherungspflichtiger

(1) Die Mitgliedschaft Versicherungspflichtiger bleibt erhalten, solange
1. sie sich in einem rechtmäßigen Arbeitskampf befinden,
2. Anspruch auf Krankengeld oder Mutterschaftsgeld besteht oder eine dieser Leistungen oder nach gesetzlichen Vorschriften Erziehungsgeld bezogen oder Elternzeit in Anspruch genommen wird,
3. von einem Rehabilitationsträger während einer Leistung zur medizinischen Rehabilitation Verletztengeld, Versorgungskrankengeld oder Übergangsgeld gezahlt wird oder
4. Kurzarbeiter- oder Winterausfallgeld nach dem Dritten Buch bezogen wird.

(2) Während der Schwangerschaft bleibt die Mitgliedschaft Versicherungspflichtiger auch erhalten, wenn das Beschäftigungsverhältnis vom Arbeitgeber zulässig aufgelöst oder das Mitglied unter Wegfall des Arbeitsentgelts beurlaubt worden ist, es sei denn, es besteht eine Mitgliedschaft nach anderen Vorschriften.

§ 224 Beitragsfreiheit bei Krankengeld, Mutterschaftsgeld oder Erziehungsgeld

(1) Beitragsfrei ist ein Mitglied für die Dauer des Anspruchs auf Krankengeld oder Mutterschaftsgeld oder des Bezugs von Erziehungsgeld. Die Beitragsfreiheit erstreckt sich nur auf die in Satz 1 genannten Leistungen.

(2) Durch die Beitragsfreiheit wird ein Anspruch auf Schadensersatz nicht ausgeschlossen oder gemindert.

§ 250 Tragung der Beiträge durch das Mitglied

(1) Versicherungspflichtige tragen die Beiträge allein
1. aus den Versorgungsbezügen,
2. aus dem Arbeitseinkommen,
3. aus den beitragspflichtigen Einnahmen nach § 236 Abs. 1.

(2) Freiwillige Mitglieder, in § 189 genannte Rentenantragsteller sowie Schwangere, deren Mitgliedschaft nach § 192 Abs. 2 erhalten bleibt, tragen den Beitrag allein.

Anhang 13 *Sozialgesetzbuch VI*

13. Sozialgesetzbuch Sechstes Buch
SGB VI – Gesetzliche Rentenversicherung

in der Fassung der Bekanntmachung vom 19.2.2002, BGBl. I 754, 1404, 3384; zuletzt geändert durch Artikel 21 Gesetz vom 22.4.2005, BGBl. I 1106 (Auszug)

§ 13 Leistungsumfang

(1) ....
(2) Der Träger der Rentenversicherung erbringt nicht
1. Leistungen zur medizinischen Rehabilitation in der Phase akuter Behandlungsbedürftigkeit einer Krankheit, es sei denn, die Behandlungsbedürftigkeit tritt während der Ausführung von Leistungen zur medizinischen Rehabilitation ein,
2. Leistungen zur medizinischen Rehabilitation anstelle einer sonst erforderlichen Krankenhausbehandlung,
3. Leistungen zur medizinischen Rehabilitation, die dem allgemein anerkannten Stand medizinischer Erkenntnisse nicht entsprechen.
(3) Der Träger der Rentenversicherung erbringt nach Absatz 2 Nr. 1 im Benehmen mit dem Träger der Krankenversicherung für diesen Krankenbehandlung und Leistungen bei Schwangerschaft und Mutterschaft. Der Träger der Rentenversicherung kann von dem Träger der Krankenversicherung Erstattung der hierauf entfallenden Aufwendungen verlangen.
(4) ...

§ 20 Anspruch

(1) Anspruch auf Übergangsgeld haben Versicherte, die
1. von einem Träger der Rentenversicherung Leistungen zur medizinischen Rehabilitation oder Leistungen zur Teilhabe am Arbeitsleben oder sonstigen Leistungen zur Teilhabe erhalten,
2. (weggefallen)
3. bei Leistungen zur medizinischen Rehabilitation oder sonstige Leistungen zur Teilhabe unmittelbar vor Beginn der Arbeitsunfähigkeit oder, wenn sie nicht arbeitsunfähig sind, unmittelbar vor Beginn der Leistungen
   a) Arbeitsentgelt oder Arbeitseinkommen erzielt und im Bemessungszeitraum Beiträge zur Rentenversicherung gezahlt haben oder
   b) Krankengeld, Verletztengeld, Versorgungskrankengeld, Übergangsgeld, Kurzarbeitergeld, Winterausfallgeld, Arbeitslosengeld, Arbeitslosengeld II oder Mutterschaftsgeld bezogen haben und für die von dem der Sozialleistung zugrunde liegenden Arbeitsentgelt oder Arbeitseinkommen oder

Sozialgesetzbuch VI **Anhang 13**

im Falle des Bezugs von Arbeitslosengeld II zuvor aus Arbeitsentgelt oder Arbeitseinkommen Beiträge zur Rentenversicherung gezahlt worden sind.
(1 a) bis (4) (weggefallen)

§ 21 Höhe und Berechnung

(1) Höhe und Berechnung des Übergangsgeldes bestimmen sich nach Teil 1 Kapitel 6 des Neunten Buches, soweit die Absätze 2 bis 4 nichts Abweichendes bestimmen.
(2) Die Berechnungsgrundlage für das Übergangsgeld wird für Versicherte, die Arbeitseinkommen erzielt haben, und für freiwillig Versicherte, die Arbeitsentgelt erzielt haben, aus 80 vom Hundert des Einkommens ermittelt, das den vor Beginn der Leistungen für das letzte Kalenderjahr (Bemessungszeitraum) gezahlten Beiträgen zugrunde liegt.
(3) § 49 des Neunten Buches wird mit der Maßgabe angewendet, dass Versicherte unmittelbar vor dem Bezug der dort genannten Leistungen Pflichtbeiträge geleistet haben.
(4) Versicherte, die unmittelbar vor Beginn der Arbeitsunfähigkeit oder, wenn sie nicht arbeitsunfähig sind, unmittelbar vor Beginn der medizinischen Leistungen Arbeitslosengeld bezogen und die zuvor Pflichtbeiträge gezahlt haben, erhalten Übergangsgeld bei medizinischen Leistungen in Höhe des bei Krankheit zu erbringenden Krankengeldes (§ 47b des Fünften Buches); Versicherte, die unmittelbar vor Beginn der Arbeitsunfähigkeit oder, wenn sie nicht arbeitsunfähig sind, unmittelbar vor Beginn der medizinischen Leistungen Arbeitslosengeld II bezogen und die zuvor Pflichtbeiträge gezahlt haben, erhalten Übergangsgeld bei medizinischen Leistungen in Höhe des Betrages des Arbeitslosengeldes II. Dies gilt nicht für Empfänger der Leistung,
a) die Arbeitslosengeld II nur darlehensweise oder
b) die nur Leistungen nach § 23 Abs. 3 Satz 1 des Zweiten Buches beziehen, oder
c) die auf Grund von § 2 Abs. 1a des Bundesausbildungsförderungsgesetzes keinen Anspruch auf Ausbildungsförderung haben oder
d) deren Bedarf sich nach § 12 Abs. 1 Nr. 1 des Bundesausbildungsförderungsgesetzes oder nach § 66 Abs. 1 Satz 1 des Dritten Buches bemisst.
(5) Für Versicherte, die im Bemessungszeitraum eine Bergmannsprämie bezogen haben, wird die Berechnungsgrundlage um einen Betrag in Höhe der gezahlten Bergmannsprämie erhöht.

§ 54 Begriffsbestimmungen

(1) Rentenrechtliche Zeiten sind
1. Beitragszeiten,
   a) als Zeiten mit vollwertigen Beiträgen,

Anhang 13 *Sozialgesetzbuch VI*

b) als beitragsgeminderte Zeiten,
2. beitragsfreie Zeiten und
3. Berücksichtigungszeiten.

(2) Zeiten mit vollwertigen Beiträgen sind Kalendermonate, die mit Beiträgen belegt und nicht beitragsgeminderte Zeiten sind.

(3) Beitragsgeminderte Zeiten sind Kalendermonate, die sowohl mit Beitragszeiten als auch Anrechnungszeiten, einer Zurechnungszeit oder Ersatzzeiten (Fünftes Kapitel) belegt sind. Als beitragsgeminderte Zeiten gelten Kalendermonate mit Pflichtbeiträgen für eine Berufsausbildung (Zeiten einer beruflichen Ausbildung).

(4) Beitragsfreie Zeiten sind Kalendermonate, die mit Anrechnungszeiten, mit einer Zurechnungszeit oder mit Ersatzzeiten belegt sind, wenn für sie nicht auch Beiträge gezahlt worden sind.

§ 55 Beitragszeiten

(1) Beitragszeiten sind Zeiten, für die nach Bundesrecht Pflichtbeiträge (Pflichtbeitragszeiten) oder freiwillige Beiträge gezahlt worden sind. Pflichtbeitragszeiten sind auch Zeiten, für die Pflichtbeiträge nach besonderen Vorschriften als gezahlt gelten. Als Beitragszeiten gelten auch Zeiten, für die Entgeltpunkte gutgeschrieben worden sind, weil gleichzeitig Berücksichtigungszeiten wegen Kindererziehung oder Zeiten der Pflege eines pflegebedürftigen Kindes für mehrere Kinder vorliegen.

(2) Soweit ein Anspruch auf Rente eine bestimmte Anzahl an Pflichtbeiträgen für eine versicherte Beschäftigung oder Tätigkeit voraussetzt, zählen hierzu auch
1. freiwillige Beiträge, die als Pflichtbeiträge gelten, oder
2. Pflichtbeiträge, für die aus den in § 3 oder 4 genannten Gründen Beiträge gezahlt worden sind oder als gezahlt gelten, oder
3. Beiträge für Anrechnungszeiten, die ein Leistungsträger mitgetragen hat.

§ 56 Kindererziehungszeiten

(1) Kindererziehungszeiten sind Zeiten der Erziehung eines Kindes in dessen ersten drei Lebensjahren. Für einen Elternteil (§ 56 Abs. 1 Satz 1 Nr. 3 und Abs. 3 Nr. 2 und 3 Erstes Buch) wird eine Kindererziehungszeit angerechnet, wenn
1. die Erziehungszeit diesem Elternteil zuzuordnen ist,
2. die Erziehung im Gebiet der Bundesrepublik Deutschland erfolgt ist oder einer solchen gleichsteht und
3. der Elternteil nicht von der Anrechnung ausgeschlossen ist.

(2) Eine Erziehungszeit ist dem Elternteil zuzuordnen, der sein Kind erzogen hat. Haben mehrere Elternteile das Kind gemeinsam erzogen, wird die Erziehungszeit einem Elternteil zugeordnet. Haben die Eltern ihr Kind gemeinsam

erzogen, können sie durch eine übereinstimmende Erklärung bestimmen, welchem Elternteil sie zuzuordnen ist. Die Zuordnung kann auf einen Teil der Erziehungszeit beschränkt werden. Die übereinstimmende Erklärung der Eltern ist mit Wirkung für künftige Kalendermonate abzugeben. Die Zuordnung kann rückwirkend für bis zu zwei Kalendermonate vor Abgabe der Erklärung erfolgen, es sei denn, für einen Elternteil ist unter Berücksichtigung dieser Zeiten eine Leistung bindend festgestellt oder eine rechtskräftige Entscheidung über einen Versorgungsausgleich durchgeführt. Für die Abgabe der Erklärung gilt § 16 des Ersten Buches über die Antragstellung entsprechend. Haben die Eltern eine übereinstimmende Erklärung nicht abgegeben, ist die Erziehungszeit der Mutter zuzuordnen. Haben mehrere Elternteile das Kind erzogen, ist die Erziehungszeit demjenigen zuzuordnen, der das Kind überwiegend erzogen hat, soweit sich aus Satz 3 nicht etwas anderes ergibt.

(3) Eine Erziehung ist im Gebiet der Bundesrepublik Deutschland erfolgt, wenn der erziehende Elternteil sich mit dem Kind dort gewöhnlich aufgehalten hat. Einer Erziehung im Gebiet der Bundesrepublik Deutschland steht gleich, wenn der erziehende Elternteil sich mit seinem Kind im Ausland gewöhnlich aufgehalten hat und während der Erziehung oder unmittelbar vor der Geburt des Kindes wegen einer dort ausgeübten Beschäftigung oder selbständigen Tätigkeit Pflichtbeitragszeiten hat. Dies gilt bei einem gemeinsamen Aufenthalt von Ehegatten oder Lebenspartnern im Ausland auch, wenn der Ehegatte oder Lebenspartner des erziehenden Elternteils solche Pflichtbeitragszeiten hat oder nur deshalb nicht hat, weil er zu den in § 5 Abs. 1 und 4 genannten Personen gehörte oder von der Versicherungspflicht befreit war.

(4) Elternteile sind von der Anrechnung ausgeschlossen, wenn sie
1. während der Erziehungszeit oder unmittelbar vor der Geburt des Kindes eine Beschäftigung oder selbständige Tätigkeit im Gebiet der Bundesrepublik Deutschland ausgeübt haben, die aufgrund
   a) einer zeitlich begrenzten Entsendung in dieses Gebiet (§ 5 Viertes Buch) oder
   b) einer Regelung des zwischen- oder überstaatlichen Rechts oder einer für Bedienstete internationaler Organisationen getroffenen Regelung (§ 6 Viertes Buch)
den Vorschriften über die Versicherungspflicht nicht unterliegt,
2. während der Erziehungszeit zu den in § 5 Abs. 1 und 4 genannten Personen gehören, eine Teilrente wegen Alters beziehen oder von der Versicherungspflicht befreit waren und nach dieser Zeit nicht nachversichert worden sind oder
3. während der Erziehungszeit Abgeordnete, Minister oder Parlamentarische Staatssekretäre waren und nicht ohne Anspruch auf Versorgung ausgeschieden sind.

(5) Die Kindererziehungszeit beginnt nach Ablauf des Monats der Geburt und endet nach 36 Kalendermonaten. Wird während dieses Zeitraums vom erzie-

henden Elternteil ein weiteres Kind erzogen, für das ihm eine Kindererziehungszeit anzurechnen ist, wird die Kindererziehungszeit für dieses und jedes weitere Kind um die Anzahl an Kalendermonaten der gleichzeitigen Erziehung verlängert.

§ 57 Berücksichtigungszeiten

Die Zeit der Erziehung eines Kindes bis zu dessen vollendetem zehnten Lebensjahr ist bei einem Elternteil eine Berücksichtigungszeit, soweit die Voraussetzungen für die Anrechnung einer Kindererziehungszeit auch in dieser Zeit vorliegen. Dies gilt für Zeiten einer mehr als geringfügig ausgeübten selbständigen Tätigkeit nur, soweit diese Zeiten auch Pflichtbeitragszeiten sind.

§ 58 Anrechnungszeiten

(1) Anrechnungszeiten sind Zeiten, in denen Versicherte
1. wegen Krankheit arbeitsunfähig gewesen sind oder Leistungen zur medizinischen Rehabilitation oder zur Teilhabe am Arbeitsleben erhalten haben,
1a. nach dem vollendeten 17. und vor dem vollendeten 25. Lebensjahr mindestens einen Kalendermonat krank gewesen sind, soweit die Zeiten nicht mit anderen rentenrechtlichen Zeiten belegt sind,
2. wegen Schwangerschaft oder Mutterschaft während der Schutzfristen nach dem Mutterschutzgesetz eine versicherte Beschäftigung oder selbständige Tätigkeit nicht ausgeübt haben,
3. wegen Arbeitslosigkeit bei einer deutschen Agentur für Arbeit als Arbeitsuchende gemeldet waren und eine öffentlich-rechtliche Leistung bezogen oder nur wegen des zu berücksichtigenden Einkommens oder Vermögens nicht bezogen haben,
3a. nach dem vollendeten 17. Lebensjahr mindestens einen Kalendermonat bei einer deutschen Agentur für Arbeit als Ausbildungsuchende gemeldet waren, soweit die Zeiten nicht mit anderen rentenrechtlichen Zeiten belegt sind,
4. nach dem vollendeten 17. Lebensjahr eine Schule, Fachschule oder Hochschule besucht oder an einer berufsvorbereitenden Bildungsmaßnahme teilgenommen haben (Zeiten einer schulischen Ausbildung), insgesamt jedoch höchstens bis zu acht Jahren, oder
5. eine Rente bezogen haben, soweit diese Zeiten auch als Zurechnungszeit in der Rente berücksichtigt waren, und die vor dem Beginn dieser Rente liegende Zurechnungszeit.

Berufsvorbereitende Bildungsmaßnahmen sind alle beruflichen Bildungsmaßnahmen, die auf die Aufnahme einer Berufsausbildung vorbereiten oder der beruflichen Eingliederung dienen, sowie Vorbereitungslehrgänge zum nachträglichen Erwerb des Hauptschulabschlusses und allgemeinbildende Kurse zum

Sozialgesetzbuch VI

Abbau von schwerwiegenden beruflichen Bildungsdefiziten. Zeiten, in denen Versicherte nach Vollendung des 25. Lebensjahres wegen des Bezugs von Sozialleistungen versicherungspflichtig waren, sind nicht Anrechnungszeiten.
(2)–(5) ...

§ 249 Beitragszeiten wegen Kindererziehung

(1) Die Kindererziehungszeit für ein vor dem 1. Januar 1992 geborenes Kind endet zwölf Kalendermonate nach Ablauf des Monats der Geburt.
(2)–(6) ...
(7) (weggefallen)

§ 252 Anrechnungszeiten

(1)–(5) ...
(6) Bei selbständig Tätigen, die auf Antrag versicherungspflichtig waren, und bei Handwerkern sind Zeiten vor dem 1. Januar 1992, in denen sie
1. wegen Krankheit arbeitsunfähig gewesen sind oder Leistungen zur medizinischen Rehabilitation oder zur Teilhabe am Arbeitsleben erhalten haben,
2. wegen Schwangerschaft oder Mutterschaft während der Schutzfristen nach dem Mutterschutzgesetz eine versicherte selbständige Tätigkeit nicht ausgeübt haben,

nur dann Anrechnungszeiten, wenn sie in ihrem Betrieb mit Ausnahme eines Lehrlings, des Ehegatten oder eines Verwandten ersten Grades Personen nicht beschäftigt haben, die wegen dieser Beschäftigung versicherungspflichtig waren. Anrechnungszeiten nach dem 30. April 1985 liegen auch vor, wenn die Versicherten mit Ausnahme von Lehrlingen und des Ehegatten oder eines Verwandten ersten Grades Personen nicht beschäftigt haben, die wegen dieser Beschäftigung versicherungspflichtig waren.
(7)–(9) ...

Anhang 14 *Sozialgesetzbuch XII*

14. Sozialgesetzbuch Zwölftes Buch
SGB XII – Sozialhilfe

in der Fassung der Bekanntmachung vom 27.12.2003, BGBl. I 2003, 3022, 3023; zuletzt geändert durch Artikel 10 und 27 Nr. 2 Gesetz vom 21.3.2005, BGBl. I 818
(Auszug)

§ 50 Hilfe bei Schwangerschaft und Mutterschaft
Bei Schwangerschaft und Mutterschaft werden
1. ärztliche Behandlung und Betreuung sowie Hebammenhilfe,
2. Versorgung mit Arznei-, Verband- und Heilmitteln,
3. Pflege in einer stationären Einrichtung und
4. häusliche Pflegeleistungen nach § 65 Abs. 1
geleistet.

§ 65 Andere Leistungen

(1) Pflegebedürftigen im Sinne des § 61 Abs. 1 sind die angemessenen Aufwendungen der Pflegeperson zu erstatten; auch können angemessene Beihilfen geleistet sowie Beiträge der Pflegeperson für eine angemessene Alterssicherung übernommen werden, wenn diese nicht anderweitig sichergestellt ist. Ist neben oder anstelle der Pflege nach § 63 Satz 1 die Heranziehung einer besonderen Pflegekraft erforderlich oder eine Beratung oder zeitweilige Entlastung der Pflegeperson geboten, sind die angemessenen Kosten zu übernehmen.

(2) Pflegebedürftigen, die Pflegegeld nach § 64 erhalten, sind zusätzlich die Aufwendungen für die Beiträge einer Pflegeperson oder einer besonderen Pflegekraft für eine angemessene Alterssicherung zu erstatten, wenn diese nicht anderweitig sichergestellt ist.

Bundesvertriebenengesetz Anhang 15

15. Gesetz über die Angelegenheiten der Vertriebenen und Flüchtlinge

Neugefasst durch Bekanntgabe vom 2.6.1993 BGBl. I 829;
zuletzt geändert durch Artikel 6 Gesetz vom 30.7.2004 BGBl. I 1950
(Auszug)

§ 11 Leistungen bei Krankheit

(1) Wer als Spätaussiedler aus den Aussiedlungsgebieten innerhalb von zwei Monaten nach dem Verlassen dieser Gebiete im Geltungsbereich dieses Gesetzes seinen ständigen Aufenthalt genommen hat, erhält einmalig Leistungen wie ein Versicherter der gesetzlichen Krankenversicherung, wenn der Leistungsgrund am Tag der Aufenthaltsnahme gegeben ist oder innerhalb von drei Monaten danach eintritt. Stirbt ein Berechtigter, während er Leistungen nach Satz 1 erhält, hat derjenige, der die Bestattungskosten trägt, Anspruch auf einen Zuschuß zu den Bestattungskosten (Sterbegeld) nach § 59 des Fünften Buches Sozialgesetzbuch.

(2) Die Leistungen bei Krankheit nach den §§ 27 bis 43a des Fünften Buches Sozialgesetzbuch und die im Zusammenhang mit diesen Leistungen notwendigen Fahrkosten (§ 60 des Fünften Buches Sozialgesetzbuch) werden längstens für die ersten 78 Wochen von dem Tag der Aufenthaltsnahme im Geltungsbereich dieses Gesetzes an gewährt, Krankengeld und Mutterschaftsgeld nach § 200 der Reichsversicherungsordnung längstens für 156 Tage, die anderen Leistungen bis zum Ablauf der Frist von drei Monaten nach Absatz 1 Satz 1. Leistungen zur Entbindung einschließlich Mutterschaftsgeld oder Entbindungsgeld werden gewährt, wenn die Entbindung in der Frist von drei Monaten nach Absatz 1 Satz 1 liegt.

(3) Krankengeld (§§ 44 bis 51 des Fünften Buches Sozialgesetzbuch) und Mutterschaftsgeld (§ 200 der Reichsversicherungsordnung) erhalten Berechtigte nur, wenn sie bis zum Verlassen der in Absatz 1 genannten Gebiete
1. in einem Arbeitsverhältnis gestanden haben,
2. in Gewahrsam gehalten wurden und Berechtigte im Sinne des § 1 Abs. 1 Nr. 1 des Häftlingshilfegesetzes sind,
3. eine Tätigkeit als Selbständiger oder mithelfender Familienangehöriger hauptberuflich ausgeübt haben,
4. eine gesetzliche Wehrpflicht erfüllt haben oder
5. wegen ihrer Volkszugehörigkeit, ihrer Aussiedlungs- oder Übersiedlungsabsicht oder wegen eines vergleichbaren nach freiheitlich-demokratischer Auffassung von ihnen nicht zu vertretenden Grundes gehindert waren, eine Beschäftigung nach Nummer 1 oder eine Tätigkeit nach Nummer 3 auszuüben.

Anhang 15

Auf eine Leistung nach Absatz 1 besteht kein Anspruch, wenn die Berechtigten hierauf einen Anspruch nach anderen gesetzlichen Vorschriften haben, ausgenommen einen Anspruch auf Grund einer Krankenversicherung nach § 5 Abs. 1 Nr. 2 des Fünften Buches Sozialgesetzbuch, wenn festgestellt wurde, daß ein Bezieher von Eingliederungshilfe bereits bei Beginn des Leistungsbezugs arbeitsunfähig war.

(4) Krankengeld oder Mutterschaftsgeld erhält der Berechtigte in Höhe der Leistungen zur Sicherung des Lebensunterhalts nach dem Zweiten Buch Sozialgesetzbuch. Die Vorschriften des Zweiten Buches Sozialgesetzbuch über die Bedürftigkeit und das bei den Leistungen zur Sicherung des Lebensunterhalts zu berücksichtigende Einkommen sind nicht anzuwenden.

(5) Die Leistungen gewährt die für den Wohnort der Berechtigten zuständige Allgemeine Ortskrankenkasse. Haben die Berechtigten früher einer anderen Krankenkasse angehört, so haben sie das Recht, die Leistungen bei dieser zu beantragen.

(5 a) Berechtigte, die eine Leistung nach den Absätzen 1 bis 4 in Anspruch nehmen, haben dem Leistungserbringer vor Inanspruchnahme der Leistung einen Berechtigungsschein der nach Absatz 5 zuständigen Krankenkasse auszuhändigen. In dringenden Fällen kann der Berechtigungsschein nachgereicht werden. Ärzte, Zahnärzte, Krankenhäuser, Apotheken und sonstige Leistungserbringer haben für Leistungen nach Absatz 1 nur Anspruch auf die Vergütung, die sie erhalten würden, wenn der Spätaussiedler Versicherter der gesetzlichen Krankenversicherung wäre.

(6) Der Aufwand, der den Krankenkassen entsteht, wird ihnen aus Mitteln des Bundes erstattet. Als Ersatz für Verwaltungskosten erhalten die Krankenkassen 8 vom Hundert ihres Aufwands für die nach den Absätzen 1 bis 5 gewährten Leistungen.

(7) Bei Gewährung der Leistungen gelten die §§ 61 und 62 des Fünften Buches Sozialgesetzbuch über die vollständige und teilweise Befreiung von der Zuzahlung und anderen Kosten entsprechend. Ferner sind hierbei und bei der Erstattung des Aufwands und der Verwaltungskosten an die Krankenkassen das Erste und Zehnte Buch Sozialgesetzbuch entsprechend anzuwenden, § 110 des Zehnten Buches Sozialgesetzbuch jedoch mit der Maßgabe, daß die Krankenkasse Erstattungen nach Absatz 6 auch unterhalb des in § 110 Satz 2 des Zehnten Buches Sozialgesetzbuch genannten Betrages verlangen kann, wenn dieser Betrag durch Zusammenrechnung der Erstattungsansprüche in mehreren Einzelfällen erreicht wird.

(7 a) Bei der Gewährung von Leistungen sind die Vorschriften anzuwenden, die in dem Land gelten, das nach § 8 für den Spätaussiedler als Aufnahmeland festgelegt ist oder festgelegt wird oder dem der Spätaussiedler ohne Festlegung zugerechnet wird.

(8) Für Rechtsstreitigkeiten auf Grund der Vorschriften der Absätze 1 bis 7 a ist der Rechtsweg zu den Gerichten der Sozialgerichtsbarkeit gegeben.

Sozialgesetzbuch III

16. Sozialgesetzbuch Drittes Buch
SGB III – Arbeitsförderung

in der Fassung der Bekanntmachung vom 24.3.1997, BGBl. I 1997, 594, 595; zuletzt geändert durch Artikel 3 Gesetz vom 8.6.2005, BGBl. I 1530 (Auszug)

§ 142 Ruhen des Anspruchs bei anderen Sozialleistungen

(1) Der Anspruch auf Arbeitslosengeld ruht während der Zeit, für die dem Arbeitslosen ein Anspruch auf eine der folgenden Leistungen zuerkannt ist:
1. ...
2. Krankengeld, Versorgungskrankengeld, Verletztengeld, Mutterschaftsgeld oder Übergangsgeld nach diesem oder einem anderen Gesetz, dem eine Leistung zur Teilhabe zugrunde liegt, wegen der der Arbeitslose keine ganztägige Erwerbstätigkeit ausüben kann,
3. ...
4. ...

Ist dem Arbeitslosen eine Rente wegen teilweiser Erwerbsminderung zuerkannt, kann er sein Restleistungsvermögen jedoch unter den üblichen Bedingungen des allgemeinen Arbeitsmarktes nicht mehr verwerten, hat die Agentur für Arbeit den Arbeitslosen unverzüglich aufzufordern, innerhalb eines Monats einen Antrag auf Rente wegen voller Erwerbsminderung zu stellen. Stellt der Arbeitslose den Antrag nicht, ruht der Anspruch auf Arbeitslosengeld vom Tage nach Ablauf der Frist an bis zu dem Tage, an dem der Arbeitslose den Antrag stellt.

(2) – (4) ...

17. Hebammenhilfe-Gebührenverordnung – HebGV

in der Fassung der Bekanntmachung vom 28.10.1986, BGBl. I 1662;
zuletzt geändert durch Verordnung vom 21.7.2004, BGBl. I 1731

§ 1 Anwendungsbereich

(1) Die Vergütungen für die Leistungen der freiberuflichen Hebammen im Rahmen der Hebammenhilfe in der gesetzlichen Krankenversicherung bestimmen sich nach dieser Verordnung.

(2) Als Hebammen im Sinne dieser Verordnung gelten auch Entbindungspfleger.

§ 2 Vergütungen

(1) Als Vergütungen zahlen die Krankenkassen nach Maßgabe der Bestimmungen dieser Verordnung Gebühren für die in der für den jeweiligen Abrechnungszeitraum bestimmten Fassung des Gebührenverzeichnisses (Anlage) genannten Leistungen, Ersatz von Auslagen und Wegegeld.

(2) Als Nacht gilt die Zeit von 20 bis 8 Uhr.

§ 3 Auslagen

(1) Als Auslagen kann die Hebamme neben den für die einzelnen Leistungen vorgesehenen Gebühren nach Maßgabe der Absätze 2 bis 6 die ihr entstandenen Kosten der für die Vorsorgeuntersuchung der Schwangeren, für die Hilfe bei Schwangerschaftsbeschwerden oder Wehen, für die Hilfe bei einer Geburt, für die Überwachung des Wochenbettverlaufs sowie für die Unterstützung bei Stillschwierigkeiten notwendigen Materialien und apothekenpflichtigen Arzneimittel berechnen, die mit ihrer Anwendung verbraucht sind oder zur weiteren Verwendung überlassen werden. Dabei ist auf wirtschaftliche Beschaffung zu achten. Lebensmittel sowie Diätetika nach § 1 des Lebensmittel- und Bedarfsgegenständegesetzes sowie Kosmetika und Körperpflegeprodukte können nicht zu Lasten der gesetzlichen Krankenversicherung abgerechnet werden.

(2) Auslagen für mit der Anwendung verbrauchte oder zur weiteren Verwendung überlassene Materialien sind ausschließlich als Pauschalen ohne Einzelnachweis abzurechnen. Die Pauschalen betragen:

a) für jede einzelne Vorsorgeuntersuchung 2,50 Euro,
b) für die Hilfe bei der Geburt 31 Euro sowie für die Versorgung einer Naht bei Geburtsverletzungen zusätzlich 27,50 Euro sowie
c) für die gesamte Zeit der Wochenbettbetreuung 24,50 Euro, wenn diese nicht mehr als vier Tage nach der Geburt übernommen wird; bei späterer Über-

Hebammenhilfe-Gebührenverordnung **Anhang 17**

nahme der Betreuung beträgt die Pauschale für die gesamte Zeit der Wochenbettbetreuung 13,30 Euro.

(3) Zusätzlich zu den Pauschalen für Materialienbedarf nach Absatz 2 können die entstandenen Kosten für im Zusammenhang mit den in Absatz 1 genannten Leistungen notwendige apothekenpflichtige Arzneimittel nach Maßgabe der Absätze 4 bis 6 berechnet werden, sofern diese Arzneimittel verbraucht oder zu weiteren Verwendung überlassen wurden. Für diese Arzneimittel trägt die Krankenkasse die Kosten höchstens bis zur Höhe des Betrages, der sich nach der Arzneimittel-Preisverordnung in der bis zum 31. Dezember 2003 geltenden Fassung ergibt. Die Arzneimittel sind in der Abrechnung einzeln aufzulisten.

(4) Aus den Wirkstoffgruppen der
a) Antidiarrhoika,
b) Antiemetika,
c) Antihypotonika,
d) Dermatika – mit Ausnahme der zur Wundversorgung oder zur Entzündungsbehandlung zugelassenen und bei der Mutter und/oder bei dem Neugeborenen anwendbaren Dermatika –,
e) Ophtalmika,
f) Vitamin D – auch in Kombination mit Fluorsalzen –, sowie
g) Vitamin K

darf jeweils nur ein Arzneimittel der kleinsten Packungsgröße berechnet werden.

Aus den Wirkstoffgruppen der
a) Antimykotika,
b) Carminativa und
c) Galle- und Lebertherapeutika

darf jeweils nur ein Arzneimittel der kleinsten Packungsgröße berechnet werden, wenn zuvor allgemeine nicht medikamentöse Maßnahmen wie zum Beispiel diätetischer oder physikalischer Art ohne ausreichenden Erfolg angewandt wurden.

(5) Kosten für Arzneimittel, die
a) nicht der Apothekenpflicht unterliegen,
b) nach der Verordnung über verschreibungspflichtige Arzneimittel nicht an Hebammen abgegeben werden dürfen,
c) nach § 34 Abs. 1 SGB V in der bis zum 31.12.2003 geltenden Fassung ausgeschlossen sind,
d) nach § 34 Abs. 1 Satz 7 und Abs. 3 SGB V ausgeschlossen sind oder
e) im Rahmen nicht allgemein anerkannter Therapieverfahren eingesetzt werden,

können nicht berechnet werden.

(6) Für Arzneimittel der besonderen Therapieeinrichtungen der Phytotherapie, der Homöopathie sowie der anthroposophischen Medizin gelten die Absätze 3 bis 5 entsprechend. Arzneimittel, die der homöopathischen oder

anthroposophischen Therapierichtung zugeordnet werden, können berechnet werden, wenn aus dem jeweiligen Arzneimittelbild Wirkungen und Anwendungen ableitbar sind, die in den Tätigkeitsbereich der Hebammenhilfe fallen.

(7) Die Spitzenverbände der Krankenkassen und die für die Wahrnehmung der wirtschaftlichen Interessen gebildeten maßgeblichen Spitzenorganisationen der Hebammen regeln das Nähere über die Abrechnung nach den Absätzen 2 bis 6 in einer Vereinbarung.

§ 4 Wegegeld

(1) Die Hebamme erhält für jeden Besuch aus Anlass einer abrechnungsfähigen Leistung Wegegeld; hierdurch sind auch Zeitversäumnisse abgegolten. Wege zwischen der Wohnung oder Praxis der Hebamme und einem Krankenhaus zur Ableistung eines Schichtdienstes sind nicht berechnungsfähig.

(2) Bei Benutzung öffentlicher Verkehrsmittel werden als Wegegeld die Fahrkosten erstattet. In den übrigen Fällen beträgt das Wegegeld
a) bei einer Entfernung von nicht mehr als zwei Kilometern zwischen der Wohnung oder Praxis der Hebamme und der Stelle der Leistung 1,55 Euro, bei Nacht 2,20 Euro,
b) bei einer Entfernung von mehr als zwei Kilometern zwischen der Wohnung oder Praxis der Hebamme und der Stelle der Leistung für jeden zurückgelegten Kilometer 0,55 Euro, bei Nacht 0,75 Euro.

(3) Hat eine andere als die nächstwohnende Hebamme Hilfe geleistet, so kann die Krankenkasse die Zahlung des dadurch entstehenden Mehrbetrages an Wegegeld ablehnen, wenn der Weg von der Stelle der Leistung zur Wohnung oder Praxis der anderen Hebamme mehr als 20 Kilometer länger ist als zur Wohnung oder Praxis der nächstwohnenden Hebamme. Dies gilt nicht, wenn das Wegegeld anfällt, weil mehrere Hebammen die Dienstleistungen in einem Krankenhaus nach einem vereinbarten Einsatzplan ausführen oder wenn die Zuziehung der anderen Hebamme nach der besonderen Lage des Falles aus anderen Gründen gerechtfertigt war.

(4) Besucht die Hebamme mehrere Frauen auf einem Weg, ist das Wegegeld insgesamt nur einmal und nur anteilig nach dem Verhältnis der zurückgelegten Gesamtstrecke zu der Zahl der besuchten Frauen zu berechnen.

§ 5 Abrechnung mit den Krankenkassen

(1) Die Hebamme soll ihre Rechnung innerhalb eines Monats nach der Entbindung bei der zuständigen Krankenkasse einreichen. Die Rechnung muss alle zur Prüfung des Anspruchs notwendigen Angaben, insbesondere die Angaben nach § 291 Abs. 2 Satz 1 Nr. 1 bis 3, 5 bis 7 sowie 9 und 10 des Fünften Buches Sozialgesetzbuch enthalten.

(2) In der Rechnung sind die berechneten Leistungen mit ihrem jeweiligen Datum und, soweit dies für die Höhe der Vergütung von Bedeutung ist, auch Zeit und Dauer der abgerechneten Leistungen anzugeben. Ist im Gebührenverzeichnis eine ärztliche Anordnung vorgeschrieben, so ist diese der Rechnung beizufügen.

(3) Bei der Abrechnung sind die von den Spitzenverbänden der Krankenkassen gemeinsam erstellten Richtlinien nach § 302 Abs. 2 des Fünften Buches Sozialgesetzbuch über Form und Inhalt des Abrechnungsverfahrens zu beachten.

(4) Die Krankenkasse hat die Rechnung innerhalb von drei Wochen nach Rechnungseingang zu begleichen, soweit eine Leistungspflicht besteht. Wird die Rechnung beanstandet, hat die Krankenkasse der Hebamme innerhalb derselben Frist den Grund der Beanstandung mitzuteilen und, sofern sich die Beanstandung nur auf einen Teil der Rechnung erstreckt, den unstreitigen Rechnungsbetrag zu zahlen.

(5) Jede Hebamme verwendet bei der Abrechnung mit den Krankenkassen das Kennzeichen nach § 293 des Fünften Buches Sozialgesetzbuch. Rechnet eine Hebamme ihre Leistungen über eine zentrale Stelle ab, so ist in der Abrechnung neben dem Kennzeichen der abrechnenden Stelle das Kennzeichen der Hebamme anzugeben. Die unter dem Kennzeichen gespeicherten Angaben sind verbindlich für das Abrechnungsverfahren. Änderungen der unter dem Kennzeichen gespeicherten Daten sind der mit der Vergabe und Pflege des Kennzeichens beauftragten Stelle unverzüglich mitzuteilen.

§ 6 Übergangsvorschrift

Diese Verordnung in der Fassung der Verordnung vom 21. Juli 2004 (BGBl. I S. 1731) findet bei Geburten und Fehlgeburten vom Inkrafttreten dieser Verordnung an mit der Maßgabe Anwendung, dass für die Vergütung sämtlicher Hilfeleistungen die Gebühren nach der vom Inkrafttreten dieser Verordnung an geltenden Fassung des Gebührenverzeichnisses dieser Verordnung zu berechnen sind.

Anhang 17

Hebammenhilfe-Gebührenverordnung

Anlage (zu § 2 Abs. 1)

Gebührenverzeichnis

	A. Leistungen der Mutterschaftsvorsorge und Schwangerenbetreuung	
01	Beratung der Schwangeren, auch fernmündlich. Die Gebühr nach Nummer 1 ist während der Schwangerschaft insgesamt höchstens zwölfmal berechnungsfähig. Sie ist an demselben Tag neben Leistungen nach den Nummern 2, 4, 5 und 8 nicht berechnungsfähig.	5,45
02	Vorsorgeuntersuchung der Schwangeren nach Maßgabe der Richtlinien des Gemeinsamen Bundesausschusses über die ärztliche Betreuung während der Schwangerschaft und nach der Entbindung (Mutterschafts-Richtlinien) in der jeweils geltenden Fassung). Die Vorsorgeuntersuchung umfasst folgende Leistungen: Gewichtskontrolle, Blutdruckmessung, Urinuntersuchung auf Eiweiß und Zucker, Kontrolle des Standes der Gebärmutter, Feststellung der Lage, Stellung und Haltung des Kindes, Kontrolle der kindlichen Herztöne, allgemeine Beratung der Schwangeren, Dokumentation im Mutterpass des Gemeinsamen Bundesausschusses in der jeweils geltenden Fassung. Die Gebühr nach Nummer 2 ist berechnungsfähig a) bei normalem Schwangerschaftsverlauf, b) bei pathologischem Schwangerschaftsverlauf, wenn die Hebamme die Vorsorgeuntersuchung auf ärztliche Anordnung vornimmt oder wenn die Schwangere wegen des pathologischen Schwangerschaftsverlaufs ärztliche Betreuung trotz Empfehlung der Hebamme nicht in Anspruch nehmen möchte. Die Vorsorgeuntersuchungen sollen im Abstand von vier Wochen stattfinden; in den letzten zwei Schwangerschaftsmonaten sind je zwei Vorsorgeuntersuchungen angezeigt.	21,80

03	Entnahme von Körpermaterial zur Durchführung notwendiger Laboruntersuchungen im Rahmen der Richtlinien des Gemeinsamen Bundesausschusses über die ärztliche Betreuung während der Schwangerschaft und nach der Entbindung (Mutterschafts-Richtlinien) in der jeweils geltenden Fassung, je Entnahme, einschließlich Veranlassung der Laboruntersuchung(en), Versand- und Portokosten, Dokumentation im Mutterpass nach den Mutterschafts-Richtlinien und Befundübermittlung. Die Leistungen nach den Nummern 2 und 3 sind nur berechnungsfähig, soweit sie nicht bereits im Mutterpass dokumentiert sind.	5,45
04	Hilfe bei Schwangerschaftsbeschwerden oder bei Wehen, für jede angefangene halbe Stunde.	13,60
05	Hilfe bei Schwangerschaftsbeschwerden oder bei Wehen bei Nacht, an Samstagen ab 12 Uhr sowie an Sonn- und Feiertagen, für jede angefangene halbe Stunde. Dauert die Leistung nach den Nummern 4 und 5 länger als drei Stunden, so ist die Notwendigkeit der über drei Stunden hinausgehenden Hilfe in der Rechnung zu begründen.	16,90
06	Kardiotokographische Überwachung bei Indikationen nach Maßgabe der Anlage 2 zu den Richtlinien des Gemeinsamen Bundesausschusses über die ärztliche Betreuung während der Schwangerschaft und nach der Entbindung (Mutterschafts-Richtlinien) in der jeweils geltenden Fassung einschließlich Dokumentation im Mutterpass nach den Mutterschafts-Richtlinien in der jeweils geltenden Fassung. Die Gebühr für die Leistung nach Nummer 6 ist je Tag höchstens zweimal berechnungsfähig, es sei denn, dass weitere Überwachungen an einem Tag ärztlich angeordnet werden.	6,00
07	Geburtsvorbereitung bei Unterweisung in der Gruppe, bis zu zehn Schwangere je Gruppe und höchstens 14 Stunden, für jede Schwangere je Unterrichtsstunde (60 Minuten).	5,45
08	Geburtsvorbereitung bei Einzelunterweisung auf ärztliche Anordnung, höchstens 14 Stunden, je Unterrichtsstunde (60 Minuten). Die Gebühren für die Leistungen nach den Nummern 7 und 8 umfassen insbesondere die Unterrichtung über den Schwangerschaftsverlauf, die psychische Vorbereitung auf Geburt und Wochenbett, gymnastische Übungen, Entspannungsübungen und Übungen der Atemtechnik.	13,60

Anhang 17

Hebammenhilfe-Gebührenverordnung

	B. Geburtshilfe	
09	Hilfe bei der Geburt eines Kindes in einem Krankenhaus	190,60
10	Hilfe bei einer außerklinischen Geburt in einer Einrichtung unter ärztlicher Leitung	190,60
11	Hilfe bei einer außerklinischen Geburt in einer von Hebammen geleiteten Einrichtung	340,30
12	Hilfe bei einer Hausgeburt	408,40
13	Hilfe bei einer Fehlgeburt. Die Gebühren für die Leistungen nach den Nummern 9 bis 13 umfassen mit Ausnahme der gegebenenfalls gesondert berechnungsfähigen Leistung nach Nummer 14 die Hilfe für die Dauer von bis zu acht Stunden vor der Geburt des Kindes oder einer Fehlgeburt und die Hilfe für die Dauer von bis zu drei Stunden danach einschließlich aller damit verbundenen Leistungen und Dokumentationen. Die jeweilige Gebühr steht der Hebamme auch dann zu, wenn sie erst nach der Geburt, jedoch vor Vollendung der Versorgung der Mutter und des Kindes Hilfe leisten konnte.	89,80
14	Versorgung eines Dammschnitts oder eines Dammrisses I. oder II. Grades	24,00
15	Zuschlag für Hilfe bei der Geburt von Zwillingen und mehr Kindern, für das zweite und jedes weitere Kind, je Kind	54,50
16	Hilfe bei einer nicht vollendeten Geburt in einem Krankenhaus oder in einer außerklinischen Einrichtung unter ärztlicher Leitung. Die Gebühr für die Leistung nach Nummer 16 umfasst die Hilfe für die Dauer von bis zu fünf Stunden vor Beendigung der Geburtshilfe einschließlich aller damit verbundenen Leistungen. Sie ist nur berechnungsfähig, wenn die Schwangere in ein anderes Krankenhaus verlegt wird und die Hebamme dort keine weitere Hilfe leistet.	98,00

Hebammenhilfe-Gebührenverordnung Anhang 17

17	Hilfe bei einer nicht vollendeten Hausgeburt oder einer nicht vollendeten außerklinischen Geburt in einer von Hebammen geleiteten Einrichtung. Die Gebühr für die Leistung nach Nummer 17 umfasst die Hilfe für die Dauer von bis zu fünf Stunden vor Beendigung der Geburtshilfe einschließlich aller damit verbundenen Leistungen. Sie ist nur in unmittelbarem Zusammenhang mit einer Hausgeburt oder einer außerklinischen Geburt in einer von Hebammen geleiteten Einrichtung berechnungsfähig, wenn die Hebamme die vorher geplante und bereits begonnene Hausgeburt oder außerklinische Geburt aufgrund unvorhergesehener Umstände abbrechen muss und die Hebamme die Schwangere in ein Krankenhaus überweist oder begleitet und dort keine weitere Hilfe leistet.	136,10
18	Zuschlag zu den Leistungen nach den Nummern 9 bis 13, 16 und 17 bei Hilfe bei Nacht, an Samstagen ab 12 Uhr sowie an Sonn- und Feiertagen Der Zuschlag beträgt 25 vom Hundert der jeweiligen Gebühr. Maßgebend für die Berechnungsfähigkeit des Zuschlags ist bei den Leistungen nach den Nummern 9 bis 12 der Zeitpunkt der Geburt, bei der Leistung nach Nummer 13 der Zeitpunkt der Fehlgeburt und bei den Leistungen nach den Nummern 16 und 17 der Zeitpunkt der Beendigung der Hilfe.	
19	Hilfe bei einer außerklinischen Geburt oder Fehlgeburt durch eine zweite Hebamme, für jede angefangene halbe Stunde	13,60
20	Hilfe bei einer außerklinischen Geburt oder Fehlgeburt durch eine zweite Hebamme bei Nacht, an Samstagen ab 12 Uhr sowie an Sonn- und Feiertagen, für jede angefangene halbe Stunde. Gebühren für Leistungen nach den Nummern 19 und 20 sind für eine Hilfeleistung der zweiten Hebamme von bis zu vier Stunden berechnungsfähig. Dies gilt entsprechend, wenn die Geburt oder Fehlgeburt nicht außerklinisch vollendet wird.	16,90
21	Perinatalerhebung bei einer außerklinischen Geburt nach vorgeschriebenem Formblatt einschließlich Versand- und Portokosten. Mit der Gebühr sind auch die Kosten für die Auswertung des Formblatts abgegolten.	5,45

C. Leistungen während des Wochenbetts	
Allgemeine Bestimmungen	
a) Die Leistungen nach den Nummern 22 bis 35 dienen der Überwachung des Wochenbettverlaufs und umfassen insbesondere die Beratung, Betreuung und/oder Versorgung von Mutter und Kind einschließlich aller damit verbundenen Leistungen mit Ausnahme der Leistungen nach den Nummern 36 und 37. Die Leistungen nach den Nummern 22 bis 33, 35 und 37 sind auch nach einer Fehlgeburt berechnungsfähig. b) In den ersten zehn Tagen nach der Geburt ist an demselben Tag jeweils ein Besuch nach Nummer 22, 23, 27, 28, 30 oder 31 berechnungsfähig. Wird der erste Besuch bereits am Tage der Geburt ausgeführt, können weitere Besuche nach Nummer 22, 23, 27, 28, 30 oder 31 nur für die folgenden neun Tage berechnet werden. Wird die Wochenbettbetreuung erst im Laufe der ersten zehn Tage nach der Geburt von einer anderen Hebamme übernommen, werden die Besuche bis zum zehnten Tag nach der Geburt vergütet. Bei fernmündlicher Beratung, die in den ersten zehn Tagen nach der Geburt einen Besuch nach Nummer 22, 23, 27, 28, 30 oder 31 ersetzt, ist eine Gebühr analog Nummer 35 berechnungsfähig. c) In dem Zeitraum zwischen dem elften Tag nach der Geburt bis zum Ablauf von acht Wochen nach der Geburt sind insgesamt bis zu 16 Leistungen nach Nummer 22, 23, 25 bis 33 oder 35 berechnungsfähig, weitere Besuche nach Nummer 25, 26, 29, 32 oder 33 dabei jedoch nur nach Maßgabe der Allgemeinen Bestimmung nach Buchstabe d. Mehr als 16 Leistungen nach Nummer 22, 23, 25 bis 33 oder 35 sind in diesem Zeitraum nur berechnungsfähig, soweit sie ärztlich angeordnet sind. d) Ein weiterer Besuch an demselben Tag ist berechnungsfähig aa) nach ambulanter Entbindung in den ersten zehn Tagen nach der Geburt nach Nummer 25 oder 26 sowie	

Hebammenhilfe-Gebührenverordnung **Anhang 17**

	bb) unabhängig von der Art der Entbindung nach Nummer 25, 26, 29, 32 oder 33 während des gesamten Zeitraums bis zum Ablauf von acht Wochen nach der Geburt bei Vorliegen insbesondere folgender Besuchsgründe: schwere Stillstörungen, verzögerte Rückbildung, nach Sekundärnaht oder Dammriss III. Grades, bei Beratung und Anleitung der Mutter zur Versorgung und Ernährung des Säuglings im Anschluss an dessen stationäre Behandlung oder nach ärztlicher Anordnung. Der Grund ist in der Rechnung anzugeben. Mehr als zwei Besuche an demselben Tag sind nur berechnungsfähig, wenn sie ärztlich angeordnet worden sind. e) Nach Ablauf von acht Wochen nach der Geburt sind Besuche nur auf ärztliche Anordnung bei pathologischem Wochenbettverlauf berechnungsfähig.	
22	Hausbesuch nach der Geburt	24,50
23	Hausbesuch nach der Geburt an Sonn- und Feiertagen	30,50
24	Zuschlag zu der Gebühr nach Nummer 22 oder 23 für den ersten Hausbesuch nach der Geburt	5,45
25	Weiterer Hausbesuch an demselben Tag	24,50
26	Weiterer Hausbesuch an demselben Sonn- und Feiertag	30,50
27	Besuch im Krankenhaus oder in einer außerklinischen Einrichtung unter ärztlicher Leitung nach der Geburt	9,30
28	Besuch im Krankenhaus oder in einer außerklinischen Einrichtung unter ärztlicher Leitung nach der Geburt an Sonn- und Feiertagen	11,40
29	Weiterer Besuch im Krankenhaus oder in einer außerklinischen Einrichtung unter ärztlicher Leitung an demselben Tag	9,30
30	Besuch in einer von Hebammen geleiteten Einrichtung nach der Geburt	19,10
31	Besuch in einer von Hebammen geleiteten Einrichtung nach der Geburt an einem Sonn- oder Feiertag	24,00
32	Weiterer Besuch in einer von Hebammen geleiteten Einrichtung an demselben Tag	19,10
33	Weiterer Besuch in einer von Hebammen geleiteten Einrichtung an demselben Sonn- oder Feiertag	24,00

Anhang 17 Hebammenhilfe-Gebührenverordnung

34	Zuschlag für einen Besuch nach der Geburt von Zwillingen und mehr Kindern zu den Gebühren nach den Nummern 22, 23 und 25 bis 33, für das zweite und jedes weitere Kind, je Kind	8,20
35	Fernmündliche Beratung der Wöchnerin	4,90
36	Erstuntersuchung des Kindes einschließlich Eintragung der Befunde in das Untersuchungsheft für Kinder (U 1) nach den Richtlinien des Gemeinsamen Bundesausschusses über die Früherkennung von Krankheiten bei Kindern bis zur Vollendung des 6. Lebensjahres (Kinder-Richtlinien) in der jeweils geltenden Fassung	7,10
37	Entnahme von Körpermaterial zur Durchführung notwendiger Laboruntersuchungen im Rahmen der Richtlinien des gemeinsamen Bundesausschusses über die ärztliche Betreuung während der Schwangerschaft und nach der Entbindung (Mutterschafts-Richtlinien) oder im Rahmen der Richtlinien des gemeinsamen Bundesausschusses über die Früherkennung von Krankheiten bei Kindern bis zur Vollendung des 6. Lebensjahres (Kinder-Richtlinien) in der jeweils geltenden Fassung, je Entnahme, einschließlich Veranlassung der Laboruntersuchung(en), Versand- und Portokosten, Dokumentation nach den vorgenannten Richtlinien und Befundübermittlung Leistungen nach Nummer 37 sind nur berechnungsfähig, soweit sie nicht bereits im Mutterpass oder im Untersuchungsheft für Kinder dokumentiert sind.	5,45

	D. Sonstige Leistungen	
38	Wache auf ärztliche Anordnung, je angefangene Stunde	16,30
39	Wache auf ärztliche Anordnung bei Nacht, an Samstagen ab 12 Uhr sowie an Sonn- und Feiertagen, je angefangene Stunde	20,70
40	Rückbildungsgymnastik bei Unterweisung in der Gruppe, bis zu zehn Teilnehmerinnen je Gruppe und höchstens zehn Stunden, für jede Teilnehmerin je Unterrichtsstunde (60 Minuten). Die Leistung nach Nummer 40 ist nur berechnungsfähig, wenn die Rückbildungsgymnastik in den ersten vier Monaten nach der Geburt begonnen und bis zum Ende des neunten Monats nach der Geburt abgeschlossen wird.	5,45
41	Beratung der Mutter bei Stillschwierigkeiten	24,50
42	Fernmündliche Beratung der Mutter bei Stillschwierigkeiten. Die Gebühren nach den Nummern 41 und/oder 42 sind frühestens nach Ablauf von acht Wochen nach der Geburt bis zum Ende der Abstillphase berechnungsfähig. Sie sind jeweils höchstens zweimal in diesem Zeitraum berechnungsfähig.	4,90

Anhang 18 *Mutterschafts-Richtlinien*

18. Mutterschafts-Richtlinien über ärztliche Betreuung

in der Fassung des Bundesausschusses der Ärzte und Krankenkassen vom 10.12.1985 (BAnz. Nr. 60a vom 27.3.1986); zuletzt geändert am 24.3.2003 (BAnz. Nr. 126 vom 11.7.2003)

Allgemeines

...

1. Durch die ärztliche Betreuung während der Schwangerschaft und nach der Entbindung sollen mögliche Gefahren für Leben und Gesundheit von Mutter oder Kind abgewendet sowie Gesundheitsstörungen rechtzeitig erkannt und der Behandlung zugeführt werden.

Vorrangiges Ziel der ärztlichen Schwangerenvorsorge ist die frühzeitige Erkennung von Risikoschwangerschaften und Risikogeburten.

...

7. Ärztliche Betreuung im Sinne der §§ 196 RVO und 23 KVLG sind solche Maßnahmen, welche der Überwachung des Gesundheitszustandes der Schwangeren bzw. Wöchnerinnen dienen, soweit sie nicht ärztliche Behandlung im Sinne des § 28 Abs. 1 SGB V darstellen. Im einzelnen gehören zu der Betreuung:
a) Untersuchungen und Beratungen während der Schwangerschaft (siehe Abschnitt A.)
b) Frühzeitige Erkennung und besondere Überwachung von Risikoschwangerschaften – amnioskopische und kardiotokographische Untersuchungen, Ultraschalldiagnostik, Fruchtwasseruntersuchungen usw. – (siehe Abschnitt B.)
c) Serologische Untersuchungen auf Infektionen
   – z. B. Lues, Röteln, Hepatitis B
   – bei begründetem Verdacht auf Toxoplasmose und andere Infektionen
   – zum Ausschluß einer HIV-Infektion; auf freiwilliger Basis nach vorheriger ärztlicher Beratung der Schwangeren
   sowie
   – blutgruppenserologische Untersuchungen während der Schwangerschaft (siehe Abschnitt C.)
d) Blutgruppenserologische Untersuchungen nach Geburt oder Fehlgeburt und Anti-D-Immunglobulin-Prophylaxe (siehe Abschnitt D.)
e) Untersuchungen und Beratungen der Wöchnerin (siehe Abschnitt F.)
f) Medikamentöse Maßnahmen und Verordnungen von Verband- und Heilmitteln (siehe Abschnitt G.)
g) Aufzeichnungen und Bescheinigungen (siehe Abschnitt H.).

Anhang 18

A. Untersuchungen und Beratungen sowie sonstige Maßnahmen während der Schwangerschaft

1. Die Schwangere soll in ausreichendem Maße ärztlich untersucht und beraten werden. Die Beratung soll sich auch auf die Risiken einer HIV-Infektion bzw. AIDS-Erkrankung erstrecken. Dabei soll der Arzt auch über die Infektionsmöglichkeiten und deren Häufung bei bestimmten Verhaltensweisen informieren. Darüber hinaus soll der Arzt im letzten Drittel der Schwangerschaft bedarfsgerecht über die Bedeutung der Mundgesundheit für Mutter und Kind aufklären.

In die ärztliche Beratung sind auch ernährungsmedizinische Empfehlungen als Maßnahme der Gesundheitsförderung einzubeziehen. Dabei ist insbesondere auf eine ausreichende Jodzufuhr (in der Regel ist eine zusätzliche Zufuhr von 10 bis 200 µg Jodid pro Tag notwendig) und den Zusammenhang zwischen Ernährung und Kariesrisiko hinzuweisen.

Die Schwangere soll über ihren Rechtsanspruch auf Beratung zu all-gemeinen Fragen der Schwangerschaft nach § 2 des Schwangerschaftskonfliktgesetzes (SchKG) unterrichtet werden.

2. Die erste Untersuchung nach Feststellung der Schwangerschaft sollte möglichst frühzeitig erfolgen. Sie umfaßt:
a) Die Familienanamnese,
   die Eigenanamnese,
   die Schwangerschaftsanamnese,
   die Arbeits- und Sozialanamnese;
b) Die Allgemeinuntersuchung,
   die gynäkologische Untersuchung (einschließlich eines Zervixabstriches zur Untersuchung auf Chlamydia trachomatis mittels eines geeigneten Antigennachweises oder eines Nukleinsäurenachweises ohne Amplifikation (sog. Gensonden-Test)) und weitere diagnostische Maßnahmen:
   Blutdruckmessung,
   Feststellung des Körpergewichts,
   Untersuchung des Mittelstrahlurins auf Eiweiß, Zucker und Sediment, gegebenenfalls bakteriologische Untersuchungen (z.B. bei auffälliger Anamnese, Blutdruckerhöhung, Sedimentbefund),
   Hämoglobinbestimmung und – je nach dem Ergebnis dieser Bestimmung (bei weniger als 11,2 g pro 100 ml = 70% Hb) – Zählung der Erythrozyten.

3. Ergeben sich im Rahmen der Mutterschaftsvorsorge Anhaltspunkte für ein genetisch bedingtes Risiko, so ist der Arzt gehalten, die Schwangere über die Möglichkeiten einer humangenetischen Beratung und/oder humangenetischen Untersuchung aufzuklären.

4. Die nachfolgenden Untersuchungen sollen – unabhängig von der Behandlung von Beschwerden und Krankheitserscheinungen – im allgemeinen im Abstand von vier Wochen stattfinden und umfassen:

Anhang 18 *Mutterschafts-Richtlinien*

Gewichtskontrolle,
Blutdruckmessung,
Untersuchung des Mittelstrahlurins auf Eiweiß, Zucker und Sediment, gegebenenfalls bakteriologische Untersuchungen (z.B. bei auffälliger Anamnese, Blutdruckerhöhung, Sedimentbefund),
Hämoglobinbestimmung – im Regelfall ab 6. Monat, falls bei Erstuntersuchung normal –; je nach dem Ergebnis dieser Bestimmung (bei weniger als 11,2 g je 100 ml = 70 % Hb) Zählung der Erythrozyten,
Kontrolle des Standes der Gebärmutter,
Kontrolle der kindlichen Herzaktionen,
Feststellung der Lage des Kindes.
In den letzten zwei Schwangerschaftsmonaten sind im allgemeinen je zwei Untersuchungen angezeigt.

5. Im Verlauf der Schwangerschaft soll ein Ultraschall-Screening mittels B-Mode-Verfahren durchgeführt werden. Die Untersuchungen erfolgen
– von Beginn der 9. bis zum Ende der 12. SSW (1. Screening)
– von Beginn der 19. bis zum Ende der 22. SSW (2. Screening)
– von Beginn der 29. bis zum Ende der 32. SSW (3. Screening).

Dieses Ultraschall-Screening dient der Überwachung einer normal verlaufenden Schwangerschaft insbesondere mit dem Ziel
– der genauen Bestimmung des Gestationsalters
– der Kontrolle der somatischen Entwicklung des Feten
– der Suche nach auffälligen fetalen Merkmalen
– dem frühzeitigen Erkennen von Mehrlingsschwangerschaften.

Der Inhalt des Screening ist für die jeweiligen Untersuchungszeiträume in Anlage 1a festgelegt.

Ergeben sich aus dem Screening auffällige Befunde, die der Kontrolle durch Ultraschall-Untersuchungen mit B-Mode oder gegebenenfalls anderen sonographischen Verfahren bedürfen, sind diese Kontroll-Untersuchungen auch außerhalb der vorgegebenen Untersuchungszeiträume Bestandteil des Screening.

Dies gilt insbesondere für Untersuchungen bei den in Anlage 1b aufgeführten Indikationen.

6. Ergibt sich aus den Screening-Untersuchungen – gegebenenfalls einschließlich der Kontrolluntersuchungen – die Notwendigkeit zu einer weiterführenden sonographischen Diagnostik, auch mit anderen sonographischen Verfahren, sind diese Untersuchungen ebenfalls Bestandteil der Mutterschaftsvorsorge, aber nicht mehr des Screening. Dies gilt auch für alle weiterführenden sonographischen Untersuchungen, die notwendig werden, den Schwangerschaftsverlauf und die Entwicklung des Feten zu kontrollieren, um gegebenenfalls therapeutische Maßnahmen ergreifen oder geburtshilfliche Konsequenzen ziehen zu können. Die Indikationen hierfür sind in den Anlagen 1c und 1d angeführt.

Mutterschafts-Richtlinien **Anhang 18**

Die Anwendung dopplersonographischer Untersuchungen zur weiter-führenden Diagnostik ist ebenfalls Bestandteil der Mutterschaftsvorsorge. Diese Untersuchungen können nur nach Maßgabe der in Anlage 1d aufgeführten Indikationen durchgeführt werden.

Ergibt sich aus sonographischen Untersuchungen die Notwendigkeit zu weiterführender sonographischer Diagnostik durch einen anderen Arzt, sind die relevanten Bilddokumentationen, welche die Indikation zu dieser weiterführenden Diagnostik begründen, diesem Arzt vor der Untersuchung zur Verfügung zu stellen.

7. Untersuchungen nach Nr. 4 können auch von einer Hebamme im Umfang ihrer beruflichen Befugnisse (Gewichtskontrolle, Blutdruckmessung, Urinuntersuchung auf Eiweiß und Zucker, Kontrolle des Standes der Gebärmutter, Feststellung der Lage, Stellung und Haltung des Kindes, Kontrolle der kindlichen Herztöne sowie allgemeine Beratung der Schwangeren) durchgeführt und im Mutterpaß dokumentiert werden, wenn der Arzt dies im Einzelfall angeordnet hat oder wenn der Arzt einen normalen Schwangerschaftsverlauf festgestellt hat und daher seinerseits keine Bedenken gegenüber weiteren Vorsorgeuntersuchungen durch die Hebamme bestehen. Die Delegierung der Untersuchungen an die Hebamme entbindet den Arzt nicht von der Verpflichtung zur Durchführung der von ihm vorzunehmenden Untersuchungen (Untersuchung des Urinsediments, gegebenenfalls bakteriologische Untersuchung, Hämoglobinbestimmung, Ultraschalluntersuchung sowie die Untersuchungen bei Risikoschwangerschaft).

8. Der betreuende Arzt soll die Schwangere in der von ihr gewählten Entbindungsklinik rechtzeitig vor der zu erwartenden Geburt vorstellen. Dabei soll die Planung der Geburtsleitung durch den betreuenden Arzt der Entbindungsklinik erfolgen. Dies schließt eine geburtshilfliche Untersuchung, eine Besprechung mit der Schwangeren sowie gegebenenfalls eine sonographische Untersuchung ein.

B. Erkennung und besondere Überwachung der Risikoschwangerschaften und Risikogeburten

1. Risikoschwangerschaften sind Schwangerschaften, bei denen aufgrund der Vorgeschichte oder erhobener Befunde mit einem erhöhten Risiko für Leben und Gesundheit von Mutter oder Kind zu rechnen ist. Dazu zählen insbesondere:

I. Nach Anamnese
a) Schwere Allgemeinerkrankungen der Mutter (z.B. an Niere und Leber oder erhebliche Adipositas)
b) Zustand nach Sterilitätsbehandlung, wiederholten Aborten oder Frühgeburten
c) Totgeborenes oder geschädigtes Kind

Anhang 18 *Mutterschafts-Richtlinien*

d) Vorausgegangene Entbindungen von Kindern über 4.000 g Gewicht, hypotrophen Kindern (small for date babies), Mehrlingen
e) Zustand nach Uterusoperationen (z. B. Sectio, Myom, Fehlbildung)
f) Komplikationen bei vorangegangenen Entbindungen (z. B. Placenta praevia, vorzeitige Lösung der Placenta, Rißverletzungen, Atonie oder sonstige Nachgeburtsblutungen, Gerinnungsstörungen, Krämpfe, Thromboembolie)
g) Erstgebärende unter 18 Jahren oder über 35 Jahre
h) Mehrgebärende über 40 Jahre, Vielgebärende mit mehr als vier Kindern (Gefahren: Genetische Defekte, sog. Placentainsuffizienz, geburtsmechanische Komplikationen).
II. Nach Befund (jetzige Schwangerschaft)
a) EPH-Gestose (d. h. Blutdruck 140/90 oder mehr, Eiweißausscheidung 1 ‰ bzw. 1 g/24 Std. oder mehr, Ödeme oder Gewichtszunahme von mehr als 500 g je Woche im letzten Trimenon); Pyelonephritis (Keimzahlen über 100.000 im Mittelstrahlurin)
b) Anämie unter 10 g/100 ml (g%)
c) Diabetes mellitus
d) Uterine Blutung
e) Blutgruppen-Inkompatibilität (Früherkennung und Prophylaxe des Morbus haemolyticus fetalis bzw. neonatorum)
f) Diskrepanz zwischen Uterus- bzw. Kindsgröße und Schwangerschaftsdauer (z. B. fraglicher Geburtstermin, retardiertes Wachstum, Riesenkind, Gemini, Molenbildung, Hydramnion, Myom)
g) Drohende Frühgeburt (vorzeitige Wehen, Zervixinsuffizienz)
h) Mehrlinge; pathologische Kindslagen
i) Überschreitung des Geburtstermins bzw. Unklarheit über den Termin.
2. Aus Risikoschwangerschaften können sich Risikogeburten entwickeln. Bei folgenden Befunden ist mit einem erhöhten Risiko unter der Geburt zu rechnen:
a) Frühgeburt
b) Placenta praevia, vorzeitige Placentalösung
c) Jede Art von Mißverhältnis Kind/Geburtswege.
3. Bei Risikoschwangerschaften können häufigere als vierwöchentliche Untersuchungen (bis zur 32. Woche) bzw. häufigere als zweiwöchentliche Untersuchungen (in den letzten 8 Schwangerschaftswochen) angezeigt sein.
4. Bei Risikoschwangerschaften können neben den üblichen Untersuchungen noch folgende in Frage kommen:
a) Ultraschall-Untersuchungen (Sonographie)
   (Die Voraussetzungen für die Durchführung von zusätzlichen Ultraschall-Untersuchungen bei Risikoschwangerschaften, die über das sonographische Screening hinausgehen, werden im Abschnitt A. Nr. 6 abgehandelt und sind in den Anlagen 1c und 1d zu diesen Richtlinien spezifiziert.)

Mutterschafts-Richtlinien **Anhang 18**

b) Tokographische Untersuchungen vor der 28. Schwangerschaftswoche bei Verdacht auf vorzeitige Wehentätigkeit oder bei medikamentöser Wehenhemmung
c) Kardiotokographische Untersuchungen (CTG) (Kardiotokographische Untersuchungen können in der Schwangerenvorsorge nicht routinemäßig durchgeführt werden. Sie sind nur nach Maßgabe des Indikationskataloges nach Anlage 2 der Richtlinien angezeigt)
d) Amnioskopien
e) Fruchtwasseruntersuchungen nach Gewinnung des Fruchtwassers durch Amniozentese
f) Transzervikale Gewinnung von Chorionzottengewebe oder transabdominale Gewinnung von Plazentagewebe

5. Von der Erkennung eines Risikomerkmals ab soll ein Arzt die Betreuung einer Schwangeren nur dann weiterführen, wenn er die Untersuchungen nach Nr. 4. a) bis f.) erbringen oder veranlassen und die sich daraus ergebenen Maßnahmen durchführen kann. Anderenfalls soll er die Schwangere einem Arzt überweisen, der über solche Möglichkeiten verfügt.

6. Der betreuende Arzt soll die Schwangere bei der Wahl der Entbindungsklinik unter dem Gesichtspunkt beraten, daß die Klinik über die nötigen personellen und apparativen Möglichkeiten zur Betreuung von Risikogeburten und/oder Risikokindern verfügt.

C. Serologische Untersuchungen und Maßnahmen während der Schwangerschaft

1. Bei jeder Schwangeren sollte zu einem möglichst frühen Zeitpunkt aus einer Blutprobe
a) der TPHA (Treponemapallidum-Hämagglutinationstest) als Lues-Suchreaktion (LSR),
b) der Röteln-Hämagglutinationshemmungstest (Röteln-HAH),
c) gegebenenfalls ein HIV-Test,
d) die Bestimmung der Blutgruppe und des Rh-Faktors D,
e) ein Antikörper-Suchtest (AK)
durchgeführt werden.

Zu a): Ist die Lues-Suchreaktion positiv, so sollen aus derselben Blutprobe die üblichen serologischen Untersuchungen auf Lues durchgeführt werden.
Bei der Lues-Suchreaktion ist lediglich die Durchführung und nicht das Ergebnis der Untersuchung im Mutterpaß zu dokumentieren.

Zu b): Immunität und damit Schutz vor Röteln-Embryopathie für die bestehende Schwangerschaft ist anzunehmen, wenn spezifische Antikörper rechtzeitig vor Eintritt dieser Schwangerschaft nach-gewiesen worden sind und der Befund ordnungsgemäß dokumentiert worden ist. Der Arzt ist gehalten, sich solche Befunde vorlegen zu lassen und sie in den Mutterpaß zu übertragen. Auch nach erfolgter Rötelnschutzimpfung ist der Nachweis spezifischer Antikörper zu erbringen und entsprechend zu dokumentieren. Liegen Befunde aus der Vorschwangerschaftszeit vor, die auf Immunität schließen lassen (siehe Abs. 2), so besteht Schutz vor einer Röteln-Embryopathie.

Liegen entsprechende Befunde nicht vor, so ist der Immunstatus der Schwangeren unverzüglich mittels des HAH-Tests zu bestimmen. Ein positiver Antikörpernachweis gilt ohne zusätzliche Untersuchungen als erbracht, wenn der HAH-Titer mindestens 1:32 beträgt. Bei niedrigeren HAH-Titern ist die Spezifität des Antikörpernachweises durch eine andere geeignete Methode zu sichern, für welche die benötigten Reagenzien staatlich zugelassen sind. Bestätigt diese Untersuchung die Spezifität des Ergebnisses, kann auch dann Immunität angenommen werden. Im serologischen Befund ist wörtlich auszudrücken, ob Immunität angenommen werden kann oder nicht.

Wird Immunität erstmals während der laufenden Schwangerschaft festgestellt, kann Schutz vor Röteln-Embryopathie nur dann angenommen werden, wenn sich aus der gezielt erhobenen Anamnese keine für die Schwangerschaft relevanten Anhaltspunkte für Röteln-Kontakt oder eine frische Röteln-Infektion ergeben. Der Arzt, der die Schwangere betreut, ist deshalb gehalten, die Anamnese sorgfältig zu erheben und zu dokumentieren sowie Auffälligkeiten dem Serologen mitzuteilen. Bei auffälliger Anamnese sind weitere serologische Untersuchungen erforderlich (Nachweis rötelnspezifischer IgM-Antikörper und/oder Kontrolle des Titerverlaufs). Die weiterführenden serologischen Untersuchungen sind nicht notwendig, wenn innerhalb von 11 Tagen nach erwiesenem oder vermutetem Röteln-Kontakt spezifische Antikörper nachgewiesen werden.

Zulassung der Reagenzien durch das Bundesamt für Sera und Impfstoffe (Paul-Ehrlich-Institut), Frankfurt

Schwangere, bei denen ein Befund vorliegt, der nicht auf Immunität schließen läßt, sollen aufgefordert werden, sich unverzüglich zur ärztlichen Beratung zu begeben, falls sie innerhalb der ersten vier Schwangerschaftsmonate Röteln-Kontakt haben oder an rötelnverdächtigen Symptomen erkranken. Auch ohne derartige Verdachtsmomente soll bei diesen Schwangeren in der 16. -17. Schwangerschaftswoche eine erneute Antikörper-Untersuchung gemäß Abs. 2 durchgeführt werden.

Eine aktive Rötelnschutzimpfung soll während der Schwangerschaft nicht vorgenommen werden.

Zu c): Aus dem Blut der Schwangeren ist ein immunochemischer Antikörpertest vorzunehmen, für welchen die benötigten Reagenzien staatlich zugelassen sind. Ist diese Untersuchung positiv, so muß das Ergebnis mittels Immuno-Blot aus derselben Blutprobe gesichert werden. Alle notwendigen weiterführenden Untersuchungen sind Bestandteil der kurativen Versorgung.

Die AIDS-Beratung und die sich gegebenenfalls daran anschließende HIV-Untersuchung werden im Mutterpaß nicht dokumentiert.

Mutterschafts-Richtlinien **Anhang 18**

Zu d): Die Untersuchung des Rh-Merkmals D erfolgt mit mindestens zwei verschiedenen Testreagenzien. Für die Untersuchung wird die Anwendung zweier monoklonaler Antikörper (IgM-Typ), die die Kategorie D^{VI} nicht erfassen, empfohlen. Bei negativem Ergebnis beider Testansätze gilt die Schwangere als Rh negativ (D negativ). Bei übereinstimmend positivem Ergebnis der beiden Testansätze ist die Schwangere Rh positiv. Bei Diskrepanzen oder schwach positiven Ergebnissen der Testansätze ist eine Klärung z.B. im indirekten Antiglobulintest mit geeigneten Test reagenzien notwendig. Fällt dieser Test positiv aus, so ist die Schwangere Rh positiv (D^{weak} positiv).

Zulassung der Reagenzien durch das Bundesamt für Sera und Impfstoffe (Paul-Ehrlich-Institut), Frankfurt

Die Bestimmung der Blutgruppe und des Rh-Faktors entfällt, wenn entsprechende Untersuchungsergenisse bereits vorliegen und von einem Arzt bescheinigt wurden.

Zu e): Der Antikörpersuchtest wird mittels des indirekten Antiglobulintests gegen zwei Test-Blutmuster mit den Antigenen D, C, c, E, e, Kell, Fy und S durchgeführt. Bei Nachweis von Antikörpern sollen möglichst aus derselben Blutprobe deren Spezifität und Titerhöhe bestimmt werden.

Gegebenenfalls müssen in solchen Fällen auch das Blut des Kindesvaters und die Bestimmung weiterer Blutgruppen-Antigene der Mutter in die Untersuchung einbezogen werden. Eine schriftliche Erläuterung der Befunde an den überweisenden Arzt kann sich dabei als notwendig erweisen.

Auch nicht zum Morbus haemolyticus neonatorum führende Antikörper (IgM und/oder Kälte-Antikörper) sind in den Mutterpaß einzutragen, da sie gegebenenfalls bei einer Bluttransfusion für die Schwangere wichtig sein können.

2. Ein weiterer Antikörper-Suchtest ist bei allen Schwangeren (Rh-positiven und Rh-negativen) in der 24.-27. Schwangerschaftswoche durchzuführen. Sind bei Rh-negativen Schwangeren keine Anti-D-Antikörper nachweisbar, so soll in der 28.-30. Schwangerschaftswoche eine Standarddosis (um 300 μg) Anti-D-Immunglobulin injiziert werden, um möglichst bis zur Geburt eine Sensibilisierung der Schwangeren zu verhindern. Das Datum der präpartalen Anti-D-Prophylaxe ist im Mutterpaß zu vermerken.

3. Bei allen Schwangeren ist nach der 32. Schwangerschaftswoche, möglichst nahe am Geburtstermin, das Blut auf HBsAg zu untersuchen. Dabei ist eine immunchemische Untersuchungsmethode zu verwenden, die mindestens 5 ng/ml HBsAg nachzuweisen in der Lage ist. Ist das Ergebnis positiv, soll das Neugeborene unmittelbar post partum gegen Hepatitis B aktiv/passiv immunisiert werden.

Die Untersuchung auf HBsAg entfällt, wenn Immunität (z.B. nach Schutzimpfung) nachgewiesen ist.

Anhang 18 *Mutterschafts-Richtlinien*

D. Blutgruppenserologische Untersuchungen nach Geburt oder Fehlgeburt und Anti-D-Immunglobulin-Prophylaxe

...

2. Rh-negativen Frauen mit Fehlgeburt bzw. Schwangerschaftsabbruch sollte so bald wie möglich, jedoch innerhalb 72 Stunden post abortum bzw. nach Schwangerschaftsabbruch, Anti-D-Immunglobulin injiziert werden. Entsprechende blutgruppenserologische Untersuchungen sind erforderlichenfalls durchzuführen.

E. Voraussetzungen für die Durchführung serologischer Untersuchungen

Die serologischen Untersuchungen nach den Abschnitten C. und D. sollen nur von solchen Ärzten durchgeführt werden, die über die entsprechenden Kenntnisse und Einrichtungen verfügen. Dieselben Voraussetzungen gelten für Untersuchungen in Instituten.

F. Untersuchungen und Beratungen der Wöchnerin

1. Eine Untersuchung soll innerhalb der ersten Woche nach der Entbindung vorgenommen werden. Dabei soll das Hämoglobin bestimmt werden.

2. Eine weitere Untersuchung soll etwa sechs Wochen, spätestens jedoch acht Wochen nach der Entbindung durchgeführt werden. Die Untersuchung umfaßt:

Allgemeinuntersuchung (falls erforderlich einschließlich Hb-Bestimmung),
Feststellung des gynäkologischen Befundes,
Blutdruckmessung,
Untersuchung des Mittelstrahlurins auf Eiweiß, Zucker und Sediment, gegebenenfalls bakteriologische Untersuchungen (z. B. bei auffälliger Anamnese, Blutdruckerhöhung, Sedimentbefund) sowie Beratung der Mutter.

G. Medikamentöse Maßnahmen und Verordnung von Verband- und Heilmitteln

Medikamentöse Maßnahmen sowie die Verordnung von Verband- und Heilmitteln sind im Rahmen der Mutterschaftsvorsorge nur zulässig zur Behandlung von Beschwerden, die schwangerschaftsbedingt sind, aber noch keinen Krankheitswert haben. Bei Verordnungen wegen Schwangerschaftsbeschwerden und im Zusammenhang mit der Entbindung ist die Versicherte von der Entrichtung der Verordnungsblattgebühr befreit.

Mutterschafts-Richtlinien **Anhang 18**

H. Aufzeichnungen und Bescheinigungen

1. Nach Feststellung der Schwangerschaft stellt der Arzt der Schwangeren einen Mutterpaß aus, sofern sie nicht bereits einen Paß dieses Musters besitzt.
2. Nach diesem Mutterpaß richten sich auch die vom Arzt vorzunehmenden Eintragungen der Ergebnisse der Untersuchungen im Rahmen der ärztlichen Betreuung während der Schwangerschaft und nach der Entbindung. Darüber hinausgehende für die Schwangerschaft relevante Untersuchungsergebnisse sollen in den Mutterpaß eingetragen werden, soweit die Eintragung durch die Richtlinien nicht ausgeschlossen ist (Lues-Suchreaktion, AIDS-Beratung sowie HIV-Untersuchung).
3. Die Befunde der ärztlichen Betreuung und der blutgruppenserologischen Untersuchungen hält der Arzt für seine Patientenkartei fest und stellt sie bei eventuellem Arztwechsel dem anderen Arzt auf dessen Anforderung zur Verfügung, sofern die Schwangere zustimmt.
4. Beim Anlegen eines weiteren Mutterpasses sind die Blutgruppenbefunde zu übertragen. Die Richtigkeit der Übertragung ist ärztlich zu bescheinigen.
5. Der Arbeitsausschuß »Mutterschafts-Richtlinien« des Bundesausschusses der Ärzte und Krankenkassen ist berechtigt, Änderungen am Mutterpaß vorzunehmen, deren Notwendigkeit sich aus der praktischen Anwendung ergibt, soweit dadurch der Mutterpaß nicht in seinem Aufbau und in seinem wesentlichen Inhalt verändert wird.

I. Inkrafttreten

Die Richtlinien treten am 28. März 1986 in Kraft.

Anlage 1 (a bis d)
(zu den Abschnitten A. Nr. 5 und B. Nr. 4 der Mutterschafts-Richtlinien)

Ultraschall-Untersuchungen in der Schwangerschaft (Sonographie)

Es gilt die Anlage 1 der Mutterschafts-Richtlinien in der Fassung vom 22. November 1994 zuzüglich der Änderungen vom 8. Mai 1995 und 17. Dezember 1996.

Anlage 1 a
(zu Abschnitt A. Nr. 5 der Mutterschafts-Richtlinien)

Anhang 18 *Mutterschafts-Richtlinien*

Ultraschall-Screening in der Schwangerschaft

Die nachfolgend aufgeführten Befunde sind mittels B-Mode-Verfahren im jeweiligen Zeitraum zu erheben. Dabei ist die jeweilige Bilddokumentation durchzuführen.

1. Untersuchung von Beginn der 9. bis zum Ende der 12. SSW

Intrauteriner Sitz:	ja/nein
Embryo darstellbar:	ja/nein
V. a. Mehrlingsschwangerschaft:	ja/nein
Herzaktion:	ja/nein
Biometrie I (ein Maß):	
– Scheitelsteißlänge (SSL)	
– oder: Biparietaler Durchmesser (BPD)	
– Zeitgerechte Entwicklung:	ja/nein/kontrollbedürftig
– Auffälligkeiten:	ja/nein/kontrollbedürftig
– Weiterführende Untersuchung veranlaßt:	ja/nein

Bilddokumentation der Biometrie und gegebenenfalls kontrollbedürftiger Befunde

2. Untersuchung von Beginn der 19. bis zum Ende der 22. SSW

Einlingsschwangerschaft:	ja/nein
Lebenszeichen:	ja/nein
Biometrie II (4 Maße):	
– Biparietaler Durchmesser (BPD)	
– Fronto-okzipitaler Durchmesser (FOD)	
oder: Kopfumfang (KU)	
– Abdomen/Thorax-quer-Durchmesser (ATD)	
oder: Abdomen/Thorax-a. p.-Durchmesser (APD)	
oder: Abdomen/Thorax-Umfang (AU)	
– Femurlänge (FL) oder: Humeruslänge (HL)	
– Zeitgerechte Entwicklung:	ja/nein/kontrollbedürftig
Hinweiszeichen für Entwicklungsstörungen hinsichtlich:	
– Fruchtwassermenge	ja/nein/kontrollbedürftig
– körperlicher Entwicklung	ja/nein/kontrollbedürftig
– Körperumriß	ja/nein/kontrollbedürftig
– fetaler Strukturen	ja/nein/kontrollbedürftig
– Herzaktion	ja/nein/kontrollbedürftig
– Bewegungen	ja/nein/kontrollbedürftig
– Plazentalokalisation und -struktur:	*normal/kontrollbedürftig*
– Weiterführende Untersuchung veranlaßt:	ja/nein

Mutterschafts-Richtlinien **Anhang 18**

Bilddokumentation je eines Kopf-, Rumpf- und Extremitätenmaßes sowie gegebenenfalls kontrollbedürftiger Befunde

3. Untersuchung von Beginn der 29. bis zum Ende der 32. SSW
Einlingsschwangerschaft: ja/nein
Lebenszeichen: ja/nein
Kindslage:
Biometrie III (4 Maße):
– Biparietaler Durchmesser (BPD)
– Fronto-okzipitaler Durchmesser (FOD)
oder: Kopfumfang (KU)
– Abdomen/Thorax-quer-Durchmesser (ATD)
oder: Abdomen/Thorax-a. p.-Durchmesser (APD)
oder: Abdomen/Thorax-Umfang (AU)
– Femurlänge (FL)
oder: Humeruslänge (HL)
Zeitgerechte Entwicklung: ja/nein/kontrollbedürftig
Kontrolle der Hinweiszeichen für Entwicklungsstörungen gemäß dem 2. Screening
Plazentalokalisation und -struktur: normal/kontrollbedürftig
Weiterführende Untersuchung veranlaßt: ja/nein
Bilddokumentation je eines Kopf-, Rumpf- und Extremitätenmaßes sowie gegebenenfalls kontrollbedürftiger Befunde

Anlage 1 b
(zu den Abschnitten A. Nr. 5 und B. Nr. 4 der Mutterschafts-Richtlinien)
Über die in Anlage 1 a genannten Screening-Untersuchungen hinaus können bei Vorliegen einer der nachfolgend angeführten Indikationen weitere sonographische Untersuchungen zur Überwachung der Schwangerschaft angezeigt sein, die als Kontrolluntersuchungen Bestandteil des Screening sind.
1. Sicherung des Schwangerschaftsalters bei
   – unklarer Regelanamnese
   – Diskrepanz zwischen Uterusgröße und berechnetem Gestationsalter aufgrund des klinischen oder sonographischen Befundes
   – fehlenden Untersuchungsergebnissen aus dem Ultraschall-Screening bei Übernahme der Mutterschaftsvorsorge durch einen anderen Arzt
2. Kontrolle des fetalen Wachstums bei
   – Schwangeren mit einer Erkrankung, die zu Entwicklungsstörungen des Feten führen kann,
   – Verdacht auf Entwicklungsstörung des Feten aufgrund vorausgegangener Untersuchungen
3. Überwachung einer Mehrlingsschwangerschaft

Anhang 18 *Mutterschafts-Richtlinien*

4. Neu- oder Nachbeurteilung des Schwangerschaftsalters bei auffälligen Ergebnissen der in der Mutterschaftsvorsorge notwendigen serologischen Untersuchungen der Mutter
5. Diagnostik und Kontrolle des Plazentasitzes bei vermuteter oder nachgewiesener Plazenta praevia
6. Erstmaliges Auftreten einer uterinen Blutung
7. Verdacht auf intrauterinen Fruchttod
8. Verdacht auf Lageanomalie ab Beginn der 36. SSW.

Anlage 1 c
(zu Abschnitt B. Nr. 4 der Mutterschafts-Richtlinien)
Über die in Anlage 1a und 1b genannten Untersuchungen hinaus können weitere Ultraschall-Untersuchungen mittels B-Mode oder auch mit anderen sonographischen Verfahren angezeigt sein, wenn sie der Abklärung und/oder Überwachung von pathologischen Befunden dienen und eine der nachfolgend aufgeführten Indikationen vorliegt. Diese Untersuchungen gehören zwar zum Programm der Mutterschaftsvorsorge, sind aber nicht mehr Bestandteil des Screening.
I.
1. Rezidivierende oder persistierende uterine Blutung
2. Gestörte intrauterine Frühschwangerschaft
3. Frühschwangerschaft bei liegendem IUP, Uterus myomatosus, Adnextumor
4. Nachkontrolle intrauteriner Eingriffe
5. Cervixmessung mittels Ultraschall bei Cervixinsuffizienz oder Verdacht
6. Bestätigter vorzeitiger Blasensprung und/oder vorzeitige Wehentätigkeit
7. Kontrolle und gegebenenfalls Verlaufsbeobachtung nach Bestätgung einer bestehenden Anomalie oder Erkrankung des Fetus
8. Verdacht auf vorzeitige Plazentalösung
9. Ultraschall-Kontrollen bei gestörtem Geburtsverlauf z.B. vor, während und nach äußerer Wendung aus Beckenend- oder Querlage in Schädellage.
Für die Durchführung der unter I. angeführten Ultraschalluntersuchungen ist die Erfüllung der Anforderungen gemäß Abschnitt 11.1 der Ultraschall-Vereinbarung Voraussetzung, für die unter II. angeführten Ultraschalluntersuchungen sind die Anforderungen nach Abschnitt 11.2 der Ultraschall-Vereinbarung zu erfüllen.
II.
1. Durchführung intrauteriner Eingriffe wie Amniocentese, Chorionzottenbiopsie, Fetalblutgewinnung, Körperhöhlen- oder Gefäßpunktionen, Fruchtwasserersatz-Auffüllungen, Transfusionen, Anlegen von Shunts, Fetoskopie
2. Gezielte Ausschlußdiagnostik bei erhöhtem Risiko für Fehlbildungen oder Erkrankungen des Fetus aufgrund von
   a) ultraschalldiagnostischen Hinweisen

Mutterschafts-Richtlinien **Anhang 18**

b) laborchemischen Befunden
c) genetisch bedingten oder familiär gehäuften Erkrankungen oder Fehlbildungen in der Familienanamnese
d) teratogenen Noxen
oder als Alternative zur invasiven pränatalen Diagnostik.

Anlage 1 d
(zu Abschnitt B. Nr. 4 der Mutterschafts-Richtlinien)
Dopplersonographische Untersuchungen
Die Anwendung der Dopplersonographie als Maßnahme der Mutterschaftsvorsorge ist nur bei einer oder mehreren der nachfolgend aufgeführten Indikationen und – mit Ausnahme der Fehlbildungsdiagnostik – nur in der zweiten Schwangerschaftshälfte zulässig.
1. Verdacht auf intrauterine Wachstumsretardierung
2. Schwangerschaftsinduzierte Hypertonie/Präeklampsie/Eklampsie
3. Zustand nach Mangelgeburt/intrauterinem Fruchttod
4. Zustand nach Präeklampsie/Eklampsie
5. Auffälligkeiten der fetalen Herzfrequenzregistrierung
6. Begründeter Verdacht auf Fehlbildung/fetale Erkrankung
7. Mehrlingsschwangerschaft bei diskordantem Wachstum
8. Abklärung bei Verdacht auf Herzfehler/Herzerkrankungen.

Für die Durchführung der unter I. angeführten Ultraschalluntersuchungen ist die Erfüllung der Anforderungen gemäß Abschnitt 11.1 der Ultraschall-Vereinbarung Voraussetzung, für die unter II. angeführten Ultraschalluntersuchungen sind die Anforderungen nach Abschnitt 11.2 der Ultraschall-Vereinbarung zu erfüllen.

Anlage 2
(zu Abschnitt B. Nr. 4c der Mutterschafts-Richtlinien)

Indikationen zur Kardiotokographie (CTG) während der Schwangerschaft

Die Kardiotokographie ist im Rahmen der Schwangerenvorsorge nur angezeigt, wenn eine der nachfolgend aufgeführten Indikationen vorliegt:

A. Indikationen zur erstmaligen CTG

– in der 26. und 27. Schwangerschaftswoche drohende Frühgeburt
– ab der 28. Schwangerschaftswoche
a) Auskultatorisch festgestellte Herztonalterationen
b) Verdacht auf vorzeitige Wehentätigkeit.

Anhang 18

B. Indikationen zur CTG-Wiederholung

CTG-Alterationen
a) Anhaltende Tachykardie (160/Minute)
b) Bradykardie (100/Minute)
c) Dezeleration(en) (auch wiederholter Dip null)
d) Hypooszillation, Anoszillation
e) Unklarer Kardiotokogramm-Befund bei Verdacht auf vorzeitige Wehentätigkeit
f) Mehrlinge
g) Intrauteriner Fruchttod bei früherer Schwangerschaft
h) Verdacht auf Placenta-Insuffizienz nach klinischem oder biochemischem Befund
i) Verdacht auf Übertragung
j) Uterine Blutung
Medikamentöse Wehenhemmung

19. Richtlinie 92/85/EWG des Rates vom 19. Oktober 1992 (EG-Muttschutz-RL)

über die Durchführung von Maßnahmen zur Verbesserung der Sicherheit und des Gesundheitsschutzes von schwangeren Arbeitnehmerinnen, Wöchnerinnen und stillenden Arbeitnehmerinnen am Arbeitsplatz
(Amtsblatt Nr. L 348 vom 28/11/1992 S. 0001 – 0008)
Der Rat der Europäischen Gemeinschaften – gestützt auf den Vertrag zur Gründung der Europäischen Wirtschaftsgemeinschaft, insbesondere auf Artikel 118 a, hat folgende Richtlinie erlassen:

Abschnitt I Ziel und Definitionen

Artikel 1 Ziel

(1) Ziel dieser Richtlinie, die die zehnte Einzelrichtlinie im Sinne von Artikel 16 Absatz 1 der Richtlinie 89/391/EWG darstellt, ist die Durchführung von Maßnahmen zur Verbesserung der Sicherheit und des Gesundheitsschutzes von schwangeren Arbeitnehmerinnen, Wöchnerinnen und stillenden Arbeitnehmerinnen am Arbeitsplatz.

(2) Die Bestimmungen der Richtlinie 89/391/EWG mit Ausnahme von Artikel 2 Absatz 2 gelten unbeschadet strengerer und/oder spezifischer Bestimmungen dieser Richtlinie uneingeschränkt für den gesamten Bereich im Sinne von Absatz 1.

(3) Aus dieser Richtlinie lässt sich bei ihrer Umsetzung keine Rechtfertigung für einen Abbau des der schwangeren Arbeitnehmerin, der Wöchnerin oder der stillenden Arbeitnehmerin gewährten Schutzes im Vergleich mit der Lage ableiten, die in den einzelnen Mitgliedstaaten zum Zeitpunkt des Erlasses dieser Richtlinie besteht.

Artikel 2 Definitionen

Im Sinne dieser Richtlinie gilt als
a) »schwangere Arbeitnehmerin« jede schwangere Arbeitnehmerin, die den Arbeitgeber gemäß den einzelstaatlichen Rechtsvorschriften und/oder Gepflogenheiten von ihrer Schwangerschaft unterrichtet;
b) »Wöchnerin« jede Arbeitnehmerin kurz nach einer Entbindung im Sinne der einzelstaatlichen Rechtsvorschriften und/oder Gepflogenheiten, die den Arbeitgeber gemäß diesen Rechtsvorschriften und/oder Gepflogenheiten von ihrer Entbindung unterrichtet;

c) »stillende Arbeitnehmerin« jede stillende Arbeitnehmerin im Sinne der einzelstaatlichen Rechtsvorschriften und/oder Gepflogenheiten, die den Arbeitgeber gemäß diesen Rechtsvorschriften und/oder Gepflogenheiten darüber unterrichtet, daß sie stillt.

Abschnitt II   Allgemeine Bestimmungen

Artikel 3   Leitlinien

(1) Die Kommission erstellt im Benehmen mit den Mitgliedstaaten und mit Unterstützung des Beratenden Ausschusses für Sicherheit, Arbeitshygiene und Gesundheitsschutz am Arbeitsplatz Leitlinien für die Beurteilung der chemischen, physikalischen und biologischen Agenzien sowie der industriellen Verfahren, die als Gefahrenquelle für Gesundheit und Sicherheit der Arbeitnehmerinnen im Sinne des Artikels 2 gelten.

Die in Unterabsatz 1 genannten Leitlinien erstrecken sich auch auf die Bewegungen und Körperhaltungen, die geistige und körperliche Ermüdung und die sonstigen, mit der Tätigkeit der Arbeitnehmerinnen im Sinne des Artikels 2 verbundenen körperlichen und geistigen Belastungen.

(2) Die in Absatz 1 genannten Leitlinien sollen als Leitfaden für die in Artikel 4 Absatz 1 vorgesehene Beurteilung dienen.

Zu diesem Zweck bringen die Mitgliedstaaten diese Leitlinien den Arbeitgebern und den Arbeitnehmerinnen und/oder ihren Vertretern in dem betreffenden Mitgliedstaat zur Kenntnis.

Artikel 4   Beurteilung und Unterrichtung

(1) Für jede Tätigkeit, bei der ein besonderes Risiko einer Exposition gegenüber den in der nicht erschöpfenden Liste in Anhang I genannten Agenzien, Verfahren und Arbeitsbedingungen besteht, sind in dem betreffenden Unternehmen und/oder Betrieb vom Arbeitgeber selbst oder durch die in Artikel 7 der Richtlinie 89/391/EWG genannten Dienste für die Gefahrenverhütung Art, Ausmaß und Dauer der Exposition der Arbeitnehmerinnen im Sinne des Artikels 2 zu beurteilen, damit

– alle Risiken für Sicherheit und Gesundheit sowie alle Auswirkungen auf Schwangerschaft oder Stillzeit der Arbeitnehmerinnen im Sinne des Artikels 2 abgeschätzt und

– die zu ergreifenden Maßnahmen bestimmt werden können.

(2) Unbeschadet des Artikels 10 der Richtlinie 89/391/EWG werden in dem betreffenden Unternehmen und/oder Betrieb die Arbeitnehmerinnen im Sinne

des Artikels 2 sowie diejenigen Arbeitnehmerinnen, die sich in einer der in Artikel 2 genannten Situationen befinden könnten, und/oder ihre Vertreter über die Ergebnisse der Beurteilung nach Absatz 1 und über die in bezug auf Sicherheit und Gesundheitsschutz am Arbeitsplatz zu ergreifenden Maßnahmen unterrichtet.

Artikel 5 Konsequenzen aus der Beurteilung

(1) Ergibt die Beurteilung nach Artikel 4 Absatz 1 das Vorhandensein einer Gefährdung für Sicherheit oder Gesundheit sowie eine mögliche Auswirkung auf Schwangerschaft oder Stillzeit einer Arbeitnehmerin im Sinne des Artikels 2, so trifft der Arbeitgeber unbeschadet des Artikels 6 der Richtlinie 89/391/EWG die erforderlichen Maßnahmen, um durch eine einstweilige Umgestaltung der Arbeitsbedingungen und/oder der Arbeitszeiten der betreffenden Arbeitnehmerin auszuschließen, daß die Arbeitnehmerin dieser Gefährdung ausgesetzt ist.

(2) Ist die Umgestaltung der Arbeitsbedingungen und/oder der Arbeitszeiten technisch und/oder sachlich nicht möglich oder aus gebührend nachgewiesenen Gründen nicht zumutbar, so trifft der Arbeitgeber die erforderlichen Maßnahmen für einen Arbeitsplatzwechsel der betreffenden Arbeitnehmerin.

(3) Ist der Arbeitsplatzwechsel technisch und/oder sachlich nicht möglich oder aus gebührend nachgewiesenen Gründen nicht zumutbar, so wird die betreffende Arbeitnehmerin während des gesamten zum Schutz ihrer Sicherheit und Gesundheit erforderlichen Zeitraums entsprechend den einzelstaatlichen Rechtsvorschriften und/oder Gepflogenheiten beurlaubt.

(4) Die Bestimmungen dieses Artikels gelten sinngemäß für den Fall, daß eine Arbeitnehmerin, die eine nach Artikel 6 verbotene Tätigkeit ausübt, schwanger wird oder stillt und ihren Arbeitgeber davon unterrichtet.

Artikel 6 Verbot der Exposition

Neben den allgemeinen Vorschriften zum Schutz der Arbeitnehmer und insbesondere den Vorschriften über die Grenzwerte berufsbedingter Expositionen gilt folgendes:
1. Schwangere Arbeitnehmerinnen im Sinne des Artikels 2 Buchstabe a) dürfen in keinem Fall zu Tätigkeiten verpflichtet werden, bei denen die Beurteilung ergeben hat, daß das Risiko einer die Sicherheit oder Gesundheit gefährdenden Exposition gegenüber den in Anhang II Abschnitt A aufgeführten Agenzien und Arbeitsbedingungen besteht.
2. Stillende Arbeitnehmerinnen im Sinne des Artikels 2 Buchstabe c) dürfen in keinem Fall zu Tätigkeiten verpflichtet werden, bei denen die Beurteilung ergeben hat, daß das Risiko einer die Sicherheit oder Gesundheit gefährdenden Exposition gegenüber den in Anhang II Abschnitt B aufgeführten Agenzien und Arbeitsbedingungen besteht.

Anhang 19

Artikel 7 Nachtarbeit

(1) Die Mitgliedstaaten treffen die erforderlichen Maßnahmen, damit Arbeitnehmerinnen im Sinne des Artikels 2 während ihrer Schwangerschaft und während eines von der für die Sicherheit und den Gesundheitsschutz zuständigen einzelstaatlichen Behörde festzulegenden Zeitraums nach der Entbindung nicht zu Nachtarbeit verpflichtet werden, vorbehaltlich eines nach den von den Mitgliedstaaten zu bestimmenden Einzelheiten vorzulegenden ärztlichen Attestes, in dem die entsprechende Notwendigkeit im Hinblick auf die Sicherheit und den Gesundheitsschutz der Arbeitnehmerin bestätigt wird.

(2) Die in Absatz 1 genannten Maßnahmen müssen entsprechend den einzelstaatlichen Rechtsvorschriften und/oder Gepflogenheiten folgendes ermöglichen:
a) die Umsetzung an einen Arbeitsplatz mit Tagarbeit oder
b) die Beurlaubung oder die Verlängerung des Mutterschaftsurlaubs, sofern eine solche Umsetzung technisch oder sachlich nicht möglich oder aus gebührend nachgewiesenen Gründen nicht zumutbar ist.

Artikel 8 Mutterschaftsurlaub

(1) Die Mitgliedstaaten treffen die erforderlichen Maßnahmen, um sicherzustellen, daß den Arbeitnehmerinnen im Sinne des Artikels 2 ein Mutterschaftsurlaub von mindestens 14 Wochen ohne Unterbrechung gewährt wird, die sich entsprechend den einzelstaatlichen Rechtsvorschriften und/oder Gepflogenheiten auf die Zeit vor und/oder nach der Entbindung aufteilen.

(2) Der Mutterschaftsurlaub gemäß Absatz 1 muß einen obligatorischen Mutterschaftsurlaub von mindestens zwei Wochen umfassen, die sich entsprechend den einzelstaatlichen Rechtsvorschriften und/oder Gepflogenheiten auf die Zeit vor und/oder nach der Entbindung aufteilen.

Artikel 9 Freistellung von der Arbeit für Vorsorgeuntersuchungen

Die Mitgliedstaaten treffen die erforderlichen Maßnahmen, damit schwangeren Arbeitnehmerinnen im Sinne des Artikels 2 Buchstabe a) entsprechend den einzelstaatlichen Rechtsvorschriften und/oder Gepflogenheiten eine Freistellung von der Arbeit gewährt wird, die es ihnen erlaubt, die Vorsorgeuntersuchungen während der Schwangerschaft ohne Lohn- bzw. Gehaltseinbussen wahrzunehmen, wenn diese Untersuchungen während der Arbeitszeit stattfinden müssen.

Artikel 10 Verbot der Kündigung

Um den Arbeitnehmerinnen im Sinne des Artikels 2 die Ausübung der in diesem Artikel anerkannten Rechte in bezug auf ihre Sicherheit und ihren Gesundheitsschutz zu gewährleisten, wird folgendes vorgesehen:

1. Die Mitgliedstaaten treffen die erforderlichen Maßnahmen, um die Kündigung der Arbeitnehmerinnen im Sinne des Artikels 2 während der Zeit vom Beginn der Schwangerschaft bis zum Ende des Mutterschaftsurlaubs nach Artikel 8 Absatz 1 zu verbieten; davon ausgenommen sind die nicht mit ihrem Zustand in Zusammenhang stehenden Ausnahmefälle, die entsprechend den einzelstaatlichen Rechtsvorschriften und/oder Gepflogenheiten zulässig sind, wobei gegebenenfalls die zuständige Behörde ihre Zustimmung erteilen muß.
2. Wird einer Arbeitnehmerin im Sinne des Artikels 2 während der in Nummer 1 genannten Zeit gekündigt, so muß der Arbeitgeber schriftlich berechtigte Kündigungsgründe anführen.
3. Die Mitgliedstaaten treffen die erforderlichen Maßnahmen, um Arbeitnehmerinnen im Sinne des Artikels 2 vor den Folgen einer nach Nummer 1 widerrechtlichen Kündigung zu schützen.

Artikel 11 Mit dem Arbeitsvertrag verbundene Rechte

Um den Arbeitnehmerinnen im Sinne des Artikels 2 die Ausübung der in diesem Artikel anerkannten Rechte in bezug auf ihre Sicherheit und ihren Gesundheitsschutz zu gewährleisten, wird folgendes vorgesehen:
1. In den in den Artikeln 5, 6 und 7 genannten Fällen müssen die mit dem Arbeitsvertrag verbundenen Rechte der Arbeitnehmerinnen im Sinne des Artikels 2, einschließlich der Fortzahlung eines Arbeitsentgelts und/oder des Anspruchs auf eine angemessene Sozialleistung, entsprechend den einzelstaatlichen Rechtsvorschriften und/oder Gepflogenheiten gewährleistet sein.
2. In dem in Artikel 8 genannten Fall müssen gewährleistet sein:
   a) die mit dem Arbeitsvertrag der Arbeitnehmerinnen im Sinne des Artikels 2 verbundenen anderen Rechte als die unter dem nachstehenden Buchstaben b) genannten;
   b) die Fortzahlung eines Arbeitsentgelts und/oder der Anspruch auf eine angemessene Sozialleistung für die Arbeitnehmerinnen im Sinne des Artikels 2.
3. Die Sozialleistung nach Nummer 2 Buchstabe b) gilt als angemessen, wenn sie mindestens den Bezuegen entspricht, die die betreffende Arbeitnehmerin im Falle einer Unterbrechung ihrer Erwerbstätigkeit aus gesundheitlichen Gründen erhalten würde, wobei es gegebenenfalls eine von den einzelstaatlichen Gesetzgebern festgelegte Obergrenze gibt.
4. Es steht den Mitgliedstaaten frei, den Anspruch auf die Fortzahlung des Arbeitsentgelts oder die in Nummer 1 und Nummer 2 Buchstabe b) genannte Sozialleistung davon abhängig zu machen, daß die betreffende Arbeitnehmerin die in den einzelstaatlichen Rechtsvorschriften vorgesehe-

nen Bedingungen für das Entstehen eines Anspruchs auf diese Leistungen erfüllt.

Nach diesen Bedingungen darf keinesfalls vorgesehen sein, daß dem voraussichtlichen Zeitpunkt der Entbindung eine Erwerbstätigkeit von mehr als zwölf Monaten unmittelbar vorangegangen sein muß.

Artikel 12 Rechtsschutz

Die Mitgliedstaaten erlassen die innerstaatlichen Vorschriften, die notwendig sind, damit jede Arbeitnehmerin, die sich durch die Nichterfuellung der Verpflichtungen aus dieser Richtlinie für beschwert hält, ihre Rechte gerichtlich und/oder entsprechend den innerstaatlichen Rechtsvorschriften und/oder Gebräuchen durch Befassung anderer zuständiger Stellen geltend machen kann.

Artikel 13 Anpassung der Anhänge

(1) Rein technische Anpassungen des Anhangs I zur Berücksichtigung des technischen Fortschritts, der Entwicklung der internationalen Vorschriften oder Spezifikationen und des Wissensstandes auf dem Gebiet, auf das diese Richtlinie Anwendung findet, werden nach dem Verfahren des Artikels 17 der Richtlinie 89/391/EWG vorgenommen.

(2) Anhang II kann nur nach dem Verfahren des Artikels 118a des Vertrages geändert werden.

Artikel 14 Schlußbestimmungen

(1) Die Mitgliedstaaten erlassen die erforderlichen Rechts- und Verwaltungsvorschriften, um dieser Richtlinie spätestens zwei Jahre nach ihrem Erlaß nachzukommen, bzw. vergewissern sich, daß die Sozialpartner bis spätestens zwei Jahre nach dem Erlaß dieser Richtlinie die notwendigen Vorschriften durch Vereinbarungen einführen, wobei die Mitgliedstaaten die notwendigen Vorkehrungen zu treffen haben, um jederzeit in der Lage zu sein, die dieser Richtlinie entsprechenden Ergebnisse zu gewährleisten. Sie setzen die Kommission unverzueglich davon in Kenntnis.

(2) Wenn die Mitgliedstaaten die Vorschriften nach Absatz 1 erlassen, nehmen sie in den Vorschriften selbst oder durch einen Hinweis bei der amtlichen Veröffentlichung auf diese Richtlinie Bezug. Die Mitgliedstaaten regeln die Einzelheiten der Bezugnahme.

(3) Die Mitgliedstaaten teilen der Kommission den Wortlaut der wesentlichen einzelstaatlichen Rechtsvorschriften mit, die auf dem unter diese Richtlinie fallenden Gebiet bereits erlassen worden sind oder von ihnen erlassen werden.

EG-Mutterschutz-Richtlinie **Anhang 19**

(4) Die Mitgliedstaaten erstatten der Kommission alle fünf Jahre Bericht über die praktische Durchführung der Bestimmungen dieser Richtlinie und geben dabei die Standpunkte der Sozialpartner an.

Die Mitgliedstaaten erstatten der Kommission jedoch erstmalig vier Jahre nach der Annahme dieser Richtlinie Bericht über deren praktische Durchführung; dabei erwähnen sie die Standpunkte der Sozialpartner.

Die Kommission unterrichtet das Europäische Parlament, den Rat, den Wirtschafts- und Sozialausschuß und den Beratenden Ausschuß für Sicherheit, Arbeitshygiene und Gesundheitsschutz am Arbeitsplatz darüber.

(5) Die Kommission legt dem Europäischen Parlament, dem Rat und dem Wirtschafts- und Sozialausschuß regelmäßig einen Bericht über die Anwendung dieser Richtlinie unter Berücksichtigung der Absätze 1, 2 und 3 vor.

(6) Der Rat überprüft diese Richtlinie aufgrund einer Bewertung im Anschluß an die Berichte nach Absatz 4 Unterabsatz 2 und gegebenenfalls eines spätestens fünf Jahre nach ihrer Annahme vorzulegenden Vorschlags der Kommission.

Artikel 15

Diese Richtlinie ist an die Mitgliedstaaten gerichtet.
Geschehen zu Luxemburg am 19. Oktober 1992.

Anhang I (der EG-MuSch-RL)

Nicht erschöpfende Liste der Agenzien, Verfahren und Arbeitsbedingungen nach Artikel 4 Absatz 1

A. Agenzien

1. Physikalische Agenzien, sofern sie als Agenzien gelten, die zu Schädigungen des Fötus führen und/oder eine Lösung der Plazenta verursachen können, insbesondere
a) Stöße, Erschütterungen oder Bewegungen;
b) Bewegen schwerer Lasten von Hand, gefahrenträchtig insbesondere für den Rücken- und Lendenwirbelbereich;
c) Lärm;
d) ionisierende Strahlungen[1];
e) nicht ionisierende Strahlungen;
f) extreme Kälte und Hitze;
g) Bewegungen und Körperhaltungen, sowohl innerhalb als auch ausserhalb des Betriebs, geistige und körperliche Ermüdung und sonstige mit der Tätigkeit der Arbeitnehmerin im Sinne des Artikels 2 verbundene körperliche Belastungen.

1 Siehe Richtlinie 80/836/Euratom (ABl. Nr. L 246 vom 17.9.1980, S. 1).

Anhang 19 *EG-Mutterschutz-Richtlinie*

2. Biologische Agenzien

Biologische Agenzien der Risikogruppen 2 bis 4 im Sinne des Artikels 2 Buchstabe d) der Richtlinie 90/679/EWG[2], soweit bekannt ist, daß diese Agenzien oder die im Fall einer durch sie hervorgerufenen Schädigung anzuwendenden therapeutischen Maßnahmen die Gesundheit der schwangeren Arbeitnehmerin und des ungeborenen Kindes gefährden und soweit sie noch nicht in Anhang II aufgenommen sind.

3. Chemische Agenzien

Folgende chemische Agenzien, soweit bekannt ist, daß sie die Gesundheit der schwangeren Arbeitnehmerin und des ungeborenen Kindes gefährden und soweit sie noch nicht in Anhang II aufgenommen sind:

a) nach der Richtlinie 67/548/EWG[3] als R 40, R 45, R 46 und R 47 gekennzeichnete Stoffe, sofern sie noch nicht in Anhang II aufgenommen sind;
b) die in Anhang I der Richtlinie 90/394/EW[4]G aufgeführten chemischen Agenzien;
c) Quecksilber und Quecksilberderivate;
d) Mitosehemmstoffe;
e) Kohlenmonoxid;
f) gefährliche chemische Agenzien, die nachweislich in die Haut eindringen.

B. Verfahren

– Die in Anhang I der Richtlinie 90/394/EWG aufgeführten industriellen Verfahren.

C. Arbeitsbedingungen

– Bergbauarbeiten unter Tage.

Anhang II (der EG-MuSch-RL)

Nicht erschöpfende Liste der Agenzien und Arbeitsbedingungen nach Artikel 6

A. Schwangere Arbeitnehmerinnen im Sinne des Artikels 2 Buchstabe a)

1. Agenzien
a) Physikalische Agenzien
 – Arbeit bei Überdruck, z.B. in Druckkammern, beim Tauchen.
b) Biologische Agenzien

---

2 ABl. Nr. L 374 vom 31.12.1990, S. 1.
3 ABl. Nr. L 196 vom 16.8.1967, S. 1; Richtlinie zuletzt geändert durch die Richtlinie 90/517/EWG (ABl. Nr. L 287 vom 19.10.1990, S. 37).
4 ABl. Nr. L 196 vom 26.7.1990, S. 1.

Folgende biologische Agenzien:
- Toxoplasma,
- Rötelvirus,

außer in Fällen, in denen nachgewiesen wird, daß die Arbeitnehmerin durch Immunisierung ausreichend gegen diese Agenzien geschützt ist.

c) Chemische Agenzien
- Blei und Bleiderivate, soweit die Gefahr besteht, daß diese Agenzien vom menschlichen Organismus absorbiert werden.

2. Arbeitsbedingungen
- Bergbauarbeiten unter Tage.

B. Stillende Arbeitnehmerinnen im Sinne des Artikels 2 Buchstabe c)

1. Agenzien
a) Chemische Agenzien
- Blei und Bleiderivate, soweit die Gefahr besteht, daß diese Agenzien vom menschlichen Organismus absorbiert werden.

2. Arbeitsbedingungen
- Bergbauarbeiten unter Tage.

Erklärung des Rates und der Kommission zu Artikel 11 Nummer 3 der Richtlinie 92/85/EWG zur Aufnahme in das Protokoll der 1 608. Tagung des Rates (Luxemburg, den 19. Oktober 1992)

Der Rat und die Kommission erklären erklären:

»Bei der Festlegung der Höhe der Leistungen nach Artikel 11 Nummer 2 Buchstabe b) und Nummer 3 wird lediglich aus technischen Gründen auf die Leistungen Bezug genommen, die die Arbeitnehmerin im Falle einer Unterbrechung ihrer Erwerbstätigkeit aus gesundheitlichen Gründen erhalten würde. Diese Bezugnahme bedeutet keineswegs die Gleichstellung von Schwangerschaft und Geburt mit Krankheit. Die nationalen Sozialversicherungsvorschriften aller Mitgliedstaaten sehen vor, daß während einer krankheitsbedingten Abwesenheit vom Arbeitsplatz eine Leistung gezahlt wird. Die in der gewählten Formulierung hergestellte Verbindung mit diesen Leistungen soll lediglich dazu dienen, einen konkreten, festen Bezugsbetrag in allen Mitgliedstaaten für die Festlegung des Mindestbetrags der zu zahlenden Mutterschaftsleistung vorzusehen. Werden in einzelnen Mitgliedstaaten höhere Leistungen gezahlt als in der Richtlinie vorgesehen, so werden diese Leistungen selbstverständlich beibehalten. Dies geht aus Artikel 1 Absatz 3 der Richtlinie deutlich hervor.«

Anhang 20 *Änderungsrichtlinie Gleichbehandlung*

20. Richtlinie 2002/73/EG des Europäischen Parlaments und des Rates vom 23. September 2002

zur Änderung der Richtlinie 76/207/EWG des Rates zur Verwirklichung des Grundsatzes der Gleichbehandlung von Männern und Frauen hinsichtlich des Zugangs zur Beschäftigung, zur Berufsbildung und zum beruflichen Aufstieg sowie in Bezug auf die Arbeitsbedingungen
(Amtsblatt Nr. L 269 vom 05/10/2002 S. 0015 – 0020)

DAS EUROPÄISCHE PARLAMENT UND DER RAT DER EUROPÄISCHEN UNION – gestützt auf den Vertrag zur Gründung der Europäischen Gemeinschaft, insbesondere auf Artikel 141 Absatz 3, auf Vorschlag der Kommission[1], nach Stellungnahme des Wirtschafts- und Sozialausschusses[2], gemäß dem Verfahren des Artikels 251 des Vertrags[3] aufgrund des vom Vermittlungsausschuss am 19. April 2002 gebilligten gemeinsamen Entwurfs, in Erwägung nachstehender Gründe:

(1) Nach Artikel 6 des Vertrags über die Europäische Union beruht die Europäische Union auf den Grundsätzen der Freiheit, der Demokratie, der Achtung der Menschenrechte und Grundfreiheiten sowie der Rechtsstaatlichkeit; diese Grundsätze sind allen Mitgliedstaaten gemeinsam. Ferner achtet die Union nach Artikel 6 die Grundrechte, wie sie in der Europäischen Konvention zum Schutze der Menschenrechte und Grundfreiheiten gewährleistet sind und wie sie sich aus den gemeinsamen Verfassungsüberlieferungen der Mitgliedstaaten als allgemeine Grundsätze des Gemeinschaftsrechts ergeben.

(2) Die Gleichheit aller Menschen vor dem Gesetz und der Schutz vor Diskriminierung ist ein allgemeines Menschenrecht; dieses Recht wurde in der Allgemeinen Erklärung der Menschenrechte, im VN-Übereinkommen zur Beseitigung aller Formen der Diskriminierung von Frauen, im Internationalen Übereinkommen zur Beseitigung jeder Form von Rassendiskriminierung, im Internationalen Pakt der VN über bürgerliche und politische Rechte, im Internationalen Pakt der VN über wirtschaftliche, soziale und kulturelle Rechte sowie in der Konvention zum Schutze der Menschenrechte und Grundfreiheiten anerkannt, die von allen Mitgliedstaaten unterzeichnet wurden.

---

1 ABl. C 337 E vom 28.11.2000, S. 204, undABl. C 270 E vom 25.9.2001, S. 9.
2 ABl. C 123 vom 25.4.2001, S. 81.
3 Stellungnahme des Europäischen Parlaments vom 31. Mai 2001 (ABl. C 47 vom 21.2.2002, S. 19), Gemeinsamer Standpunkt des Rates vom 23. Juli 2001 (ABl. C 307 vom 31.10.2001, S. 5) und Beschluss des Europäischen Parlaments vom 24. Oktober 2001 (ABl. C 112 E vom 9.5.2002, S. 14). Beschluss des Europäischen Parlaments vom 12. Juni 2002 und Beschluss des Rates vom 13. Juni 2002.

(3) Diese Richtlinie achtet die Grundrechte und entspricht den insbesondere mit der Charta der Grundrechte der Europäischen Union anerkannten Grundsätzen.

(4) Die Gleichstellung von Männern und Frauen stellt nach Artikel 2 und Artikel 3 Absatz 2 des EG-Vertrags sowie nach der Rechtsprechung des Gerichtshofs ein grundlegendes Prinzip dar. In diesen Vertragsbestimmungen wird die Gleichstellung von Männern und Frauen als Aufgabe und Ziel der Gemeinschaft bezeichnet, und es wird eine positive Verpflichtung begründet, sie bei allen Tätigkeiten der Gemeinschaft zu fördern.

(5) Artikel 141 des Vertrags, insbesondere Absatz 3, stellt speziell auf die Chancengleichheit und die Gleichbehandlung von Männern und Frauen in Arbeits- und Beschäftigungsfragen ab.

(6) In der Richtlinie 76/207/EWG des Rates[4] werden die Begriffe der unmittelbaren und der mittelbaren Diskriminierung nicht definiert. Der Rat hat auf der Grundlage von Artikel 13 des Vertrags die Richtlinie 2000/43/EG vom 29. Juni 2000 zur Anwendung des Gleichbehandlungsgrundsatzes ohne Unterschied der Rasse oder der ethnischen Herkunft[5] und die Richtlinie 2000/78/EG vom 27. November 2000 zur Festlegung eines allgemeinen Rahmens für die Verwirklichung der Gleichbehandlung in Beschäftigung und Beruf[6] angenommen, in denen die Begriffe der unmittelbaren und der mittelbaren Diskriminierung definiert werden. Daher ist es angezeigt, Begriffsbestimmungen in Bezug auf das Geschlecht aufzunehmen, die mit diesen Richtlinien übereinstimmen.

(7) Diese Richtlinie berührt nicht die Vereinigungsfreiheit einschließlich des Rechts jeder Person, zum Schutz ihrer Interessen Gewerkschaften zu gründen und Gewerkschaften beizutreten. Maßnahmen im Sinne von Artikel 141 Absatz 4 des Vertrags können die Mitgliedschaft in oder die Fortsetzung der Tätigkeit von Organisationen und Gewerkschaften einschließen, deren Hauptziel es ist, dem Grundsatz der Gleichbehandlung von Männern und Frauen in der Praxis Geltung zu verschaffen.

(8) Die Belästigung einer Person aufgrund ihres Geschlechts und die sexuelle Belästigung stellen einen Verstoß gegen den Grundsatz der Gleichbehandlung von Frauen und Männern dar; daher sollten diese Begriffe bestimmt und die betreffenden Formen der Diskriminierung verboten werden. Diesbezüglich ist darauf hinzuweisen, dass diese Formen der Diskriminierung nicht nur am Arbeitsplatz vorkommen, sondern auch im Zusammenhang mit dem Zugang zur Beschäftigung und zur beruflichen Ausbildung sowie während der Beschäftigung und der Berufstätigkeit.

(9) In diesem Zusammenhang sollten die Arbeitgeber und die für Berufsbildung zuständigen Personen ersucht werden, Maßnahmen zu ergreifen, um im

---

4 ABl. L 39 vom 14.2.1976, S. 40.
5 ABl. L 180 vom 19.7.2000, S. 22.
6 ABl. L 303 vom 2.12.2000, S. 16.

Anhang 20 *Änderungsrichtlinie Gleichbehandlung*

Einklang mit den innerstaatlichen Rechtsvorschriften und Gepflogenheiten gegen alle Formen der sexuellen Diskriminierung vorzugehen und insbesondere präventive Maßnahmen zur Bekämpfung der Belästigung und der sexuellen Belästigung am Arbeitsplatz zu treffen.

(10) Die Beurteilung von Sachverhalten, die auf eine unmittelbare oder mittelbare Diskriminierung schließen lassen, obliegt den einzelstaatlichen gerichtlichen Instanzen oder anderen zuständigen Stellen nach den nationalen Rechtsvorschriften oder Gepflogenheiten. In diesen einzelstaatlichen Vorschriften kann insbesondere vorgesehen sein, dass eine mittelbare Diskriminierung mit allen Mitteln einschließlich statistischer Beweise festgestellt werden kann. Nach der Rechtsprechung des Gerichtshofs[7] liegt eine Diskriminierung vor, wenn unterschiedliche Vorschriften auf gleiche Sachverhalte angewandt werden oder wenn dieselbe Vorschrift auf ungleiche Sachverhalte angewandt wird.

(11) Die beruflichen Tätigkeiten, die die Mitgliedstaaten vom Anwendungsbereich der Richtlinie 76/207/EWG ausschließen können, sollten auf die Fälle beschränkt werden, in denen die Beschäftigung einer Person eines bestimmten Geschlechts aufgrund der Art der betreffenden speziellen Tätigkeit erforderlich ist, sofern damit ein legitimes Ziel verfolgt und dem Grundsatz der Verhältnismäßigkeit, wie er sich aus der Rechtsprechung des Gerichtshofs ergibt[8], entsprochen wird.

(12) Der Gerichtshof hat in ständiger Rechtsprechung anerkannt, dass der Schutz der körperlichen Verfassung der Frau während und nach einer Schwangerschaft ein legitimes, dem Gleichbehandlungsgrundsatz nicht entgegenstehendes Ziel ist. Er hat ferner in ständiger Rechtsprechung befunden, dass die Schlechterstellung von Frauen im Zusammenhang mit Schwangerschaft oder Mutterschaft eine unmittelbare Diskriminierung aufgrund des Geschlechts darstellt. Die vorliegende Richtlinie lässt somit die Richtlinie 92/85/EWG des Rates vom 19. Oktober 1992 über die Durchführung von Maßnahmen zur Verbesserung der Sicherheit und des Gesundheitsschutzes von schwangeren Arbeitnehmerinnen, Wöchnerinnen und stillenden Arbeitnehmerinnen am Arbeitsplatz (zehnte Einzelrichtlinie im Sinne des Artikels 16 Absatz 1 der Richtlinie 89/391/EWG)[9], mit der die physische und psychische Verfassung von Schwangeren, Wöchnerinnen und stillenden Frauen geschützt werden soll, unberührt. In den Erwägungsgründen jener Richtlinie heißt es, dass der Schutz der Sicherheit und der Gesundheit von schwangeren Arbeitnehmerinnen, Wöchnerinnen und stillenden Arbeitnehmerinnen Frauen auf dem Arbeitsmarkt nicht benachteiligen und die Richtlinien zur Gleichbehandlung von Männern und Frauen nicht beeinträchtigen sollte. Der Gerichtshof hat den Schutz der Rechte der Frauen

---

7 Rechtssache C-394/96 (Brown), Slg. 1998, I-4185, und Rechtssache C-342/93 (Gillespie), Slg. 1996, I-475.
8 Rechtssache C-222/84 (Johnston), Slg. 1986, S. 1651, Rechtssache C-273/97 (Sirdar), Slg. 1999, I-7403, und Rechtssache C-285/98 (Kreil), Slg. 2000, I-69.
9 ABl. L 348 vom 28.11.1992, S. 1.

im Bereich der Beschäftigung anerkannt, insbesondere den Anspruch auf Rückkehr an ihren früheren Arbeitsplatz oder einen gleichwertigen Arbeitsplatz unter Bedingungen, die für sie nicht weniger günstig sind, sowie darauf, dass ihnen alle Verbesserungen der Arbeitsbedingungen zugute kommen, auf die sie während ihrer Abwesenheit Anspruch gehabt hätten.

(13) In der Entschließung des Rates und der im Rat Vereinigten Minister für Beschäftigung und Sozialpolitik vom 29. Juni 2000 über eine ausgewogene Teilhabe von Frauen und Männern am Berufs- und Familienleben[10] wurden die Mitgliedstaaten ermutigt, die Möglichkeit zu prüfen, in ihrer jeweiligen Rechtsordnung männlichen Arbeitnehmern unter Wahrung ihrer bestehenden arbeitsbezogenen Rechte ein individuelles, nicht übertragbares Recht auf Vaterschaftsurlaub zuzuerkennen. In diesem Zusammenhang ist hervorzuheben, dass es den Mitgliedstaaten obliegt zu bestimmen, ob sie dieses Recht zuerkennen oder nicht, und die etwaigen Bedingungen – außer der Entlassung und der Wiederaufnahme der Arbeit – festzulegen, die nicht in den Geltungsbereich dieser Richtlinie fallen.

(14) Die Mitgliedstaaten können gemäß Artikel 141 Absatz 4 des Vertrags zur Erleichterung der Berufstätigkeit des unterrepräsentierten Geschlechts oder zur Verhinderung bzw. zum Ausgleich von Benachteiligungen in der beruflichen Laufbahn spezifische Vergünstigungen beibehalten oder beschließen. In Anbetracht der aktuellen Situation und unter Berücksichtigung der Erklärung 28 zum Vertrag von Amsterdam sollten die Mitgliedstaaten in erster Linie eine Verbesserung der Lage der Frauen im Arbeitsleben anstreben.

(15) Das Diskriminierungsverbot sollte nicht der Beibehaltung oder dem Erlass von Maßnahmen entgegenstehen, mit denen bezweckt wird, Benachteiligungen von Personen eines Geschlechts zu verhindern oder auszugleichen. Diese Maßnahmen lassen die Einrichtung und Beibehaltung von Organisationen von Personen desselben Geschlechts zu, wenn deren Zweck hauptsächlich darin besteht, die besonderen Bedürfnisse dieser Personen zu berücksichtigen und die Gleichstellung von Männern und Frauen zu fördern.

(16) Der Grundsatz des gleichen Entgelts für Männer und Frauen ist in Artikel 141 des Vertrags und in der Richtlinie 75/117/EWG des Rates vom 10. Februar 1975 zur Angleichung der Rechtsvorschriften der Mitgliedstaaten über die Anwendung des Grundsatzes des gleichen Entgelts für Männer und Frauen[11] bereits fest verankert und wird vom Gerichtshof in ständiger Rechtsprechung bestätigt; dieser Grundsatz ist ein wesentlicher und unerlässlicher Bestandteil des gemeinschaftlichen Besitzstandes im Bereich der Diskriminierung aufgrund des Geschlechts.

(17) Der Gerichtshof hat entschieden, dass in Anbetracht des grundlegenden Charakters des Anspruchs auf einen effektiven gerichtlichen Rechtsschutz die

10 ABl. C 218 vom 31.7.2000, S. 5.
11 ABl. L 45 vom 19.2.1975, S. 19.

Anhang 20 *Änderungsrichtlinie Gleichbehandlung*

Arbeitnehmer diesen Schutz selbst noch nach Beendigung des Beschäftigungsverhältnisses genießen müssen[12]. Ein Arbeitnehmer, der eine Person, die nach dieser Richtlinie Schutz genießt, verteidigt oder für ihn als Zeuge aussagt, sollte denselben Schutz genießen.

(18) Der Gerichtshof hat entschieden, dass der Gleichbehandlungsgrundsatz nur dann als tatsächlich verwirklicht angesehen werden kann, wenn bei Verstößen gegen diesen Grundsatz den Arbeitnehmern, die Opfer einer Diskriminierung wurden, eine dem erlittenen Schaden angemessene Entschädigung zuerkannt wird. Er hat ferner entschieden, dass eine im Voraus festgelegte Hoechstgrenze einer wirksamen Entschädigung entgegenstehen kann und die Gewährung von Zinsen zum Ausgleich des entstandenen Schadens nicht ausgeschlossen werden darf[13].

(19) Nach der Rechtsprechung des Gerichtshofs sind einzelstaatliche Vorschriften betreffend die Fristen für die Rechtsverfolgung zulässig, sofern sie für derartige Klagen nicht ungünstiger sind als für gleichartige Klagen, die das innerstaatliche Recht betreffen, und sofern sie die Ausübung der durch das Gemeinschaftsrecht gewährten Rechte nicht praktisch unmöglich machen.

(20) Opfer von Diskriminierungen aufgrund des Geschlechts sollten über einen angemessenen Rechtsschutz verfügen. Um einen effektiveren Schutz zu gewährleisten, sollte auch die Möglichkeit bestehen, dass sich Verbände, Organisationen und andere juristische Personen unbeschadet der nationalen Verfahrensregeln bezüglich der Vertretung und Verteidigung vor Gericht bei einem entsprechenden Beschluss der Mitgliedstaaten im Namen eines Opfers oder zu seiner Unterstützung an einem Verfahren beteiligen.

(21) Die Mitgliedstaaten sollten den Dialog zwischen den Sozialpartnern und – im Rahmen der einzelstaatlichen Praxis – mit den Nichtregierungsorganisationen fördern, mit dem Ziel, gegen die verschiedenen Formen von Diskriminierung aufgrund des Geschlechts am Arbeitsplatz anzugehen und diese zu bekämpfen.

(22) Die Mitgliedstaaten sollten wirksame, verhältnismäßige und abschreckende Sanktionen festlegen, die bei einer Verletzung der aus der Richtlinie 76/207/EWG erwachsenden Verpflichtungen zu verhängen sind.

(23) Im Einklang mit dem in Artikel 5 des Vertrags niedergelegten Grundsatz der Subsidiarität können die Ziele der in Betracht gezogenen Maßnahme auf der Ebene der Mitgliedstaaten nicht ausreichend erreicht werden; sie können daher besser auf Gemeinschaftsebene verwirklicht werden. Im Einklang mit dem in demselben Artikel genannten Grundsatz der Verhältnismäßigkeit geht diese Richtlinie nicht über das hierfür erforderliche Maß hinaus.

(24) Die Richtlinie 76/207/EWG sollte daher entsprechend geändert werden –

---

12 Rechtssache C-185/97, (Coote), Slg. 1998, I-5199.
13 Rechtssache C-180/95 (Draehmpaehl), Slg. 1997, I-2195. Rechtssache C-271/95 (Marshall), Slg. 1993, I-4367.

Änderungsrichtlinie Gleichbehandlung

HABEN FOLGENDE RICHTLINIE ERLASSEN:

Artikel 1

Die Richtlinie 76/207/EWG wird wie folgt geändert:
1. In Artikel 1 wird folgender Absatz eingefügt: »(1a) Die Mitgliedstaaten berücksichtigen aktiv das Ziel der Gleichstellung von Frauen und Männern bei der Formulierung und Umsetzung der Rechts- und Verwaltungsvorschriften, Politiken und Tätigkeiten in den in Absatz 1 genannten Bereichen.«
2. Artikel 2 erhält folgende Fassung: »Artikel 2
(1) Der Grundsatz der Gleichbehandlung im Sinne der nachstehenden Bestimmungen beinhaltet, dass keine unmittelbare oder mittelbare Diskriminierung aufgrund des Geschlechts – insbesondere unter Bezugnahme auf den Ehe- oder Familienstand – erfolgen darf.
(2) Im Sinne dieser Richtlinie bezeichnet der Ausdruck
– ›unmittelbare Diskriminierung‹: wenn eine Person aufgrund ihres Geschlechts in einer vergleichbaren Situation eine weniger günstige Behandlung erfährt, als eine andere Person erfährt, erfahren hat oder erfahren würde;
– ›mittelbare Diskriminierung‹: wenn dem Anschein nach neutrale Vorschriften, Kriterien oder Verfahren Personen, die einem Geschlecht angehören, in besonderer Weise gegenüber Personen des anderen Geschlechts benachteiligen können, es sei denn, die betreffenden Vorschriften, Kriterien oder Verfahren sind durch ein rechtmäßiges Ziel sachlich gerechtfertigt und die Mittel sind zur Erreichung dieses Ziels angemessen und erforderlich;
– ›Belästigung‹: wenn unerwünschte geschlechtsbezogene Verhaltensweisen gegenüber einer Person erfolgen, die bezwecken oder bewirken, dass die Würde der betreffenden Person verletzt und ein von Einschüchterungen, Anfeindungen, Erniedrigungen, Entwürdigungen oder Beleidigungen gekennzeichnetes Umfeld geschaffen wird;
– ›sexuelle Belästigung‹: jede Form von unerwünschtem Verhalten sexueller Natur, das sich in unerwünschter verbaler, nicht-verbaler oder physischer Form äußert und das bezweckt oder bewirkt, dass die Würde der betreffenden Person verletzt wird, insbesondere wenn ein von Einschüchterungen, Anfeindungen, Erniedrigungen, Entwürdigungen und Beleidigungen gekennzeichnetes Umfeld geschaffen wird.
(3) Belästigung und sexuelle Belästigung im Sinne dieser Richtlinie gelten als Diskriminierung aufgrund des Geschlechts und sind daher verboten.
Die Zurückweisung oder Duldung solcher Verhaltensweisen durch die betreffende Person darf nicht als Grundlage für eine Entscheidung herangezogen werden, die diese Person berührt.
(4) Die Anweisung zur Diskriminierung einer Person aufgrund des Geschlechts gilt als Diskriminierung im Sinne dieser Richtlinie.

(5) Die Mitgliedstaaten ersuchen in Einklang mit ihren nationalen Rechtsvorschriften, Tarifverträgen oder tariflichen Praktiken die Arbeitgeber und die für Berufsbildung zuständigen Personen, Maßnahmen zu ergreifen, um allen Formen der Diskriminierung aufgrund des Geschlechts und insbesondere Belästigung und sexueller Belästigung am Arbeitsplatz vorzubeugen.

(6) Die Mitgliedstaaten können im Hinblick auf den Zugang zur Beschäftigung einschließlich der zu diesem Zweck erfolgenden Berufsbildung vorsehen, dass eine Ungleichbehandlung wegen eines geschlechtsbezogenen Merkmals keine Diskriminierung darstellt, wenn das betreffende Merkmal aufgrund der Art einer bestimmten beruflichen Tätigkeit oder der Bedingungen ihrer Ausübung eine wesentliche und entscheidende berufliche Anforderung darstellt, sofern es sich um einen rechtmäßigen Zweck und eine angemessene Anforderung handelt.

(7) Diese Richtlinie steht nicht den Vorschriften zum Schutz der Frau, insbesondere bei Schwangerschaft und Mutterschaft, entgegen.

Frauen im Mutterschaftsurlaub haben nach Ablauf des Mutterschaftsurlaubs Anspruch darauf, an ihren früheren Arbeitsplatz oder einen gleichwertigen Arbeitsplatz unter Bedingungen, die für sie nicht weniger günstig sind, zurückzukehren, und darauf, dass ihnen auch alle Verbesserungen der Arbeitsbedingungen, auf die sie während ihrer Abwesenheit Anspruch gehabt hätten, zugute kommen.

Die ungünstigere Behandlung einer Frau im Zusammenhang mit Schwangerschaft oder Mutterschaftsurlaub im Sinne der Richtlinie 92/85/EWG gilt als Diskriminierung im Sinne dieser Richtlinie.

Diese Richtlinie berührt nicht die Bestimmungen der Richtlinie 96/34/EG des Rates vom 3. Juni 1996 zu der von UNICE, CEEP und EGB geschlossenen Rahmenvereinbarung über Elternurlaub[14] und der Richtlinie 92/85/EWG des Rates vom 19. Oktober 1992 über die Durchführung von Maßnahmen zur Verbesserung der Sicherheit und des Gesundheitsschutzes von schwangeren Arbeitnehmerinnen, Wöchnerinnen und stillenden Arbeitnehmerinnen am Arbeitsplatz (zehnte Einzelrichtlinie im Sinne des Artikels 16 Absatz 1 der Richtlinie 89/391/EWG)[15]. Sie lässt ferner das Recht der Mitgliedstaaten unberührt, eigene Rechte auf Vaterschaftsurlaub und/oder Adoptionsurlaub anzuerkennen. Die Mitgliedstaaten, die derartige Rechte anerkennen, treffen die erforderlichen Maßnahmen, um Arbeitnehmer und Arbeitnehmerinnen vor Entlassung infolge der Inanspruchnahme dieser Rechte zu schützen, und gewährleisten, dass sie nach Ablauf des Urlaubs Anspruch darauf haben, an ihren früheren Arbeitsplatz oder einen gleichwertigen Arbeitsplatz zurückzukehren, und zwar unter Bedingungen, die für sie nicht weniger günstig sind, und

---

14 ABl. L 145 vom 19.6.1996, S. 4.
15 ABl. L 348 vom 28.11.1992, S. 1.

Änderungsrichtlinie Gleichbehandlung **Anhang 20**

darauf, dass ihnen auch alle Verbesserungen der Arbeitsbedingungen, auf die sie während ihrer Abwesenheit Anspruch gehabt hätten, zugute kommen.
(8) Die Mitgliedstaaten können im Hinblick auf die Gewährleistung der vollen Gleichstellung von Männern und Frauen Maßnahmen im Sinne von Artikel 141 Absatz 4 des Vertrags beibehalten oder beschließen.«
3. Artikel 3 erhält folgende Fassung: »Artikel 3
(1) Die Anwendung des Grundsatzes der Gleichbehandlung bedeutet, dass es im öffentlichen und privaten Bereich einschließlich öffentlicher Stellen in Bezug auf folgende Punkte keinerlei unmittelbare oder mittelbare Diskriminierung aufgrund des Geschlechts geben darf:
a) die Bedingungen – einschließlich Auswahlkriterien und Einstellungsbedingungen – für den Zugang zu unselbständiger oder selbständiger Erwerbstätigkeit, unabhängig von Tätigkeitsfeld und beruflicher Position einschließlich des beruflichen Aufstiegs;
b) den Zugang zu allen Formen und allen Ebenen der Berufsberatung, der Berufsausbildung, der beruflichen Weiterbildung und der Umschulung einschließlich der praktischen Berufserfahrung;
c) die Beschäftigungs- und Arbeitsbedingungen einschließlich der Entlassungsbedingungen sowie das Arbeitsentgelt nach Maßgabe der Richtlinie 75/117/EWG;
d) die Mitgliedschaft und Mitwirkung in einer Arbeitnehmer- oder Arbeitgeberorganisation oder einer Organisation, deren Mitglieder einer bestimmten Berufsgruppe angehören, einschließlich der Inanspruchnahme der Leistungen solcher Organisationen.
(2) Zu diesem Zweck treffen die Mitgliedstaaten die erforderlichen Maßnahmen, um sicherzustellen, dass
a) die Rechts- und Verwaltungsvorschriften, die dem Gleichbehandlungsgrundsatz zuwiderlaufen, aufgehoben werden;
b) die mit dem Gleichbehandlungsgrundsatz nicht zu vereinbarenden Bestimmungen in Arbeits- und Tarifverträgen, Betriebsordnungen und Statuten der freien Berufe und der Arbeitgeber- und Arbeitnehmerorganisationen nichtig sind, für nichtig erklärt werden können oder geändert werden.«
4. Die Artikel 4 und 5 werden gestrichen.
5. Artikel 6 erhält folgende Fassung: »Artikel 6
(1) Die Mitgliedstaaten stellen sicher, dass alle Personen, die sich durch die Nichtanwendung des Gleichbehandlungsgrundsatzes in ihren Rechten für verletzt halten, ihre Ansprüche aus dieser Richtlinie auf dem Gerichts- und/oder Verwaltungsweg sowie, wenn die Mitgliedstaaten es für angezeigt halten, in Schlichtungsverfahren geltend machen können, selbst wenn das Verhältnis, während dessen die Diskriminierung vorgekommen sein soll, bereits beendet ist.
(2) Die Mitgliedstaaten treffen im Rahmen ihrer nationalen Rechtsordnung die erforderlichen Maßnahmen um sicherzustellen, dass der einer Person durch eine Diskriminierung in Form eines Verstoßes gegen Artikel 3 entstandene

Anhang 20 *Änderungsrichtlinie Gleichbehandlung*

Schaden – je nach den Rechtsvorschriften der Mitgliedstaaten – tatsächlich und wirksam ausgeglichen oder ersetzt wird, wobei dies auf eine abschreckende und dem erlittenen Schaden angemessene Art und Weise geschehen muss; dabei darf ein solcher Ausgleich oder eine solche Entschädigung nur in den Fällen durch eine im Voraus festgelegte Hoechstgrenze begrenzt werden, in denen der Arbeitgeber nachweisen kann, dass der einem/einer Bewerber/in durch die Diskriminierung im Sinne dieser Richtlinie entstandene Schaden allein darin besteht, dass die Berücksichtigung seiner/ihrer Bewerbung verweigert wird.

(3) Die Mitgliedstaaten stellen sicher, dass Verbände, Organisationen oder andere juristische Personen, die gemäß den in ihrem einzelstaatlichen Recht festgelegten Kriterien ein rechtmäßiges Interesse daran haben, für die Einhaltung der Bestimmungen dieser Richtlinie zu sorgen, sich entweder im Namen der beschwerten Person oder zu deren Unterstützung und mit deren Einwilligung an den in dieser Richtlinie zur Durchsetzung der Ansprüche vorgesehenen Gerichts- und/oder Verwaltungsverfahren beteiligen können.

(4) Die Absätze 1 und 3 lassen einzelstaatliche Regelungen über Fristen für die Rechtsverfolgung betreffend den Grundsatz der Gleichbehandlung unberührt.«

6. Artikel 7 erhält folgende Fassung: »Artikel 7

Die Mitgliedstaaten treffen im Rahmen ihrer nationalen Rechtsordnung die erforderlichen Maßnahmen, um die Arbeitnehmer sowie die aufgrund der innerstaatlichen Rechtsvorschriften und/oder Gepflogenheiten vorgesehenen Arbeitnehmervertreter vor Entlassung oder anderen Benachteiligungen durch den Arbeitgeber zu schützen, die als Reaktion auf eine Beschwerde innerhalb des betreffenden Unternehmens oder auf die Einleitung eines Verfahrens zur Durchsetzung des Gleichbehandlungsgrundsatzes erfolgen.«

7. Die folgenden Artikel werden eingefügt: »Artikel 8a

(1) Jeder Mitgliedstaat bezeichnet eine oder mehrere Stellen, deren Aufgabe darin besteht, die Verwirklichung der Gleichbehandlung aller Personen ohne Diskriminierung aufgrund des Geschlechts zu fördern, zu analysieren, zu beobachten und zu unterstützen. Diese Stellen können Teil von Einrichtungen sein, die auf nationaler Ebene für den Schutz der Menschenrechte oder der Rechte des Einzelnen zuständig sind.

(2) Die Mitgliedstaaten stellen sicher, dass es zu den Zuständigkeiten dieser Stellen gehört,

a) unbeschadet der Rechte der Opfer und der Verbände, der Organisationen oder anderer juristischer Personen nach Artikel 6 Absatz 3 die Opfer von Diskriminierungen auf unabhängige Weise dabei zu unterstützen, ihrer Beschwerde wegen Diskriminierung nachzugehen;
b) unabhängige Untersuchungen zum Thema der Diskriminierung durchzuführen;
c) unabhängige Berichte zu veröffentlichen und Empfehlungen zu allen Aspekten vorzulegen, die mit diesen Diskriminierungen in Zusammenhang stehen.

Änderungsrichtlinie Gleichbehandlung Anhang 20

Artikel 8 b

(1) Die Mitgliedstaaten treffen im Einklang mit den nationalen Gepflogenheiten und Verfahren geeignete Maßnahmen zur Förderung des sozialen Dialogs zwischen den Sozialpartnern mit dem Ziel, die Verwirklichung der Gleichbehandlung, unter anderem durch Überwachung der betrieblichen Praxis, durch Tarifverträge, Verhaltenskodizes, Forschungsarbeiten oder durch einen Austausch von Erfahrungen und bewährten Verfahren, voranzubringen.

(2) Soweit mit den nationalen Gepflogenheiten und Verfahren vereinbar, ersuchen die Mitgliedstaaten die Sozialpartner ohne Eingriff in deren Autonomie, die Gleichstellung von Männern und Frauen zu fördern und auf geeigneter Ebene Antidiskriminierungsvereinbarungen zu schließen, die die in Artikel 1 genannten Bereiche betreffen, soweit diese in den Verantwortungsbereich der Tarifparteien fallen. Die Vereinbarungen müssen den in dieser Richtlinie festgelegten Mindestanforderungen sowie den einschlägigen nationalen Durchführungsbestimmungen entsprechen.

(3) Die Mitgliedstaaten ersuchen in Übereinstimmung mit den nationalen Gesetzen, Tarifverträgen oder Gepflogenheiten die Arbeitgeber, die Gleichbehandlung von Frauen und Männern am Arbeitsplatz in geplanter und systematischer Weise zu fördern.

(4) Zu diesem Zweck sollten die Arbeitgeber ersucht werden, den Arbeitnehmern und/oder den Arbeitnehmervertretern in regelmäßigen angemessenen Abständen Informationen über die Gleichbehandlung von Frauen und Männern in ihrem Betrieb zu geben.

Diese Informationen können Statistiken über den Anteil von Frauen und Männern auf den unterschiedlichen Ebenen des Betriebs sowie mögliche Maßnahmen zur Verbesserung der Situation in Zusammenarbeit mit den Arbeitnehmervertretern enthalten.

Artikel 8 c

Die Mitgliedstaaten fördern den Dialog mit den jeweiligen Nichtregierungsorganisationen, die gemäß den einzelstaatlichen Rechtsvorschriften und Gepflogenheiten ein rechtmäßiges Interesse daran haben, sich an der Bekämpfung von Diskriminierung aufgrund des Geschlechts zu beteiligen, um die Einhaltung des Grundsatzes der Gleichbehandlung zu fördern.

Artikel 8 d

Die Mitgliedstaaten legen die Regeln für die Sanktionen fest, die bei einem Verstoß gegen die einzelstaatlichen Vorschriften zur Umsetzung dieser Richtlinie zu verhängen sind, und treffen alle erforderlichen Maßnahmen, um deren Anwendung zu gewährleisten.

Anhang 20 *Änderungsrichtlinie Gleichbehandlung*

Die Sanktionen, die auch Schadenersatzleistungen an die Opfer umfassen können, müssen wirksam, verhältnismäßig und abschreckend sein. Die Mitgliedstaaten teilen diese Vorschriften der Kommission spätestens am 5. Oktober 2005 mit und unterrichten sie unverzüglich über alle späteren Änderungen dieser Vorschriften.

Artikel 8e

(1) Die Mitgliedstaaten können Vorschriften einführen oder beibehalten, die im Hinblick auf die Wahrung des Gleichbehandlungsgrundsatzes günstiger als die in dieser Richtlinie vorgesehenen Vorschriften sind.

(2) Die Umsetzung dieser Richtlinie darf keinesfalls als Rechtfertigung für eine Absenkung des von den Mitgliedstaaten bereits garantierten Schutzniveaus in Bezug auf Diskriminierungen in den von der Richtlinie abgedeckten Bereichen benutzt werden.«

Artikel 2

(1) Die Mitgliedstaaten setzen die Rechts- und Verwaltungsvorschriften in Kraft, die erforderlich sind, um dieser Richtlinie spätestens am 5. Oktober 2005 nachzukommen, oder stellen spätestens bis zu diesem Zeitpunkt sicher, dass die Sozialpartner im Wege einer Vereinbarung die erforderlichen Bestimmungen einführen. Die Mitgliedstaaten treffen alle notwendigen Maßnahmen, um jederzeit gewährleisten zu können, dass die durch die Richtlinie vorgeschriebenen Ergebnisse erzielt werden. Sie setzen die Kommission unverzüglich davon in Kenntnis.

Wenn die Mitgliedstaaten diese Vorschriften erlassen, nehmen sie in den Vorschriften selbst oder durch einen Hinweis bei der amtlichen Veröffentlichung auf diese Richtlinie Bezug. Die Mitgliedstaaten regeln die Einzelheiten der Bezugnahme.

(2) Innerhalb von drei Jahren nach Inkrafttreten dieser Richtlinie übermitteln die Mitgliedstaaten der Kommission alle Informationen, die diese benötigt, um einen Bericht an das Europäische Parlament und den Rat über die Anwendung der Richtlinie zu erstellen.

(3) Unbeschadet des Absatzes 2 übermitteln die Mitgliedstaaten der Kommission alle vier Jahre den Wortlaut der Rechts- und Verwaltungsvorschriften über Maßnahmen nach Artikel 141 Absatz 4 des Vertrags sowie Berichte über diese Maßnahmen und deren Umsetzung. Auf der Grundlage dieser Informationen verabschiedet und veröffentlicht die Kommission alle vier Jahre einen Bericht, der eine vergleichende Bewertung solcher Maßnahmen unter Berücksichtigung der Erklärung Nr. 28 in der Schlussakte des Vertrags von Amsterdam enthält.

Änderungsrichtlinie Gleichbehandlung **Anhang 20**

Artikel 3

Diese Richtlinie tritt am Tag ihrer Veröffentlichung im Amtsblatt der Europäischen Gemeinschaften in Kraft.

Artikel 4

Diese Richtlinie ist an alle Mitgliedstaaten gerichtet.

Geschehen zu Brüssel am 23. September 2002.
Im Namen des Europäischen Parlaments
Der Präsident
P. Cox
Im Namen des Rates
Der Präsident
M. Fischer Boel

Sachverzeichnis

Die fettgedruckte Zahl bezeichnet den Paragraphen; Paragraphen ohne nähere Bezeichnung weisen auf das Mutterschutzgesetz, Paragraphen mit der Bezeichnung RVO auf die Reichsversicherungsordnung, Paragraphen mit der Bezeichnung BErzGG auf das Bundeserziehungsgeldgesetz hin. Die folgenden Ziffern sind die Randnummern. Einf. bezeichnet die Einführung, Anh. den Anhang.

A

Ablehnung s. Verweigerung der Arbeit

Abschlußzwang zugunsten der Mütter **9**, 94, 106, 109

Abstillen, Mitteilungspflicht nach – **6**, 52

Abtreibung 6, 14; s. Schwangerschaftsabbruch

Abtretung von Mutterschaftsgeld **200 RVO**, 131, 84; – Mutterschutzlohn **11**, 84; – Zuschuß **14**, 65

Adoptivmütter, kein Mutterschutz für – **6**, 16

Änderungskündigung, Kündigungsverbot bei – **9**, 43

Akkordarbeit, Ausnahme vom Verbot der – **4**, 78 ff.; **6**, 50; Begriff der – **4**, 73; kein Rechtsanspruch auf – **4**, 79; Zweck des Verbots **4**, 72

Akkordlohn, Berechnung des Durchschnittsverdienstes bei – **11**, 32; **200 RVO**, 37

Akkordverbot – **4**, 72 ff.

Allgemeine Ortskrankenkasse, Auszahlung an Spätaussiedlerinnen – **13**, 20; Lohnausgleichsverfahren durch – **11**, 88 ff.; **14**, 73

Alliierte Streikkräfte 1, 27

Altenheime Arbeitszeit **8**, 45

Altersversorgung, betriebliche – bei Erhaltung von Rechten **10**, 15

Alterszulagen, Arbeitsentgelt **11**, 36

Ambulante Geburt, Leistungen bei – **197 RVO**, 3

Amtsarzt, keine Untersuchungspflicht durch den – **3**, 8; keine Nachuntersuchungspflicht durch den – **3**, 16

Andere Versicherte **200 RVO**, 2 ff.

Anfechtung des Arbeitsvertrages **9**, 88; – wegen Irrtums **9**, 90; – wegen arglistiger Täuschung **9**, 91 f.; – der Kündigung durch die Frau **9**, 120 f.; – der Zulässigkeitserklärung **9**, 75; **20**, 15 f.

Anfechtungsklage gegen Verwaltungsakt **20**, 15; – gegen Zulässigkeitserklärung **9**, 75; **20**, 16; Klageberechtigung bei – **20**, 16

An- und Abfahrwege, Gefährdung durch **3**, 6; **4**, 69

Angehörige, Familienversicherung – **195 RVO** 23 ff.; Mutterschaftsgeld für – **200 RVO**, 16, 104

Angestelltenversicherung s. Rentenversicherung

Anlernverhältnis 9, 108 f.

Annahmeverzug vor **3**, 4; **3**, 28; **9**, 14

Anordnungen der Aufsichtsbehörde s. Aufsichtsbehörde

Anrechnung von Arbeitsentgelt auf Mutterschaftsgeld **200 RVO**, 150 ff.; – von Mutterschaftsgeld auf Erziehungsgeld **11**, 46 ff.

Anstaltshaushalt, – kein Familienhaushalt

Anstifter zu Straftaten und Ordnungswidrigkeiten **21**, 14

651

Sachverzeichnis

Antrag auf Ausnahme vom Akkordverbot 78 f.; – vom Kündigungsverbot 9, 78 ff.; – auf Mutterschaftsgeld 200 RVO, 124

Antrittsgebühr Arbeitsentgelt 11, 37

Anweisungen der übergeordneten Behörde 20, 3

Anwesenheitsprämie Arbeitsentgelt 11, 37

Arbeitgeber, Adressat der Mitteilung nach 5 und 9 MuSchG 5, 5; 9, 15 ff.; Bedeutung der Kenntnis des – s 3 21, 32; 4, 4; 5, 9; 9, 15 ff.; Begriff des – s 21, 1; Haftung des -s 2, 37; 3, 9, 36; 4, 91; 5, 9, 14, 17 f.; 6, 50; 7, 19; 8, 56; Verantwortung des -s für Einhaltung der Beschäftigungsverbote 3, 49; 4, 4; 5, 9; 6, 27, 50; 8, 2; strafrechtl. Verantwortung des – 21, 1 ff. für Vertreter 21, 10; Vertreter des -s 5, 5; 9, 18; 21, 2 v.; zahlungsunfähiger – 14, 22, 56

Arbeitgeberanteile zu Sozialversicherungsbeiträgen vor 3, 19 f.; 200 RVO 135 f.

Arbeitnehmerin, Anspruch auf Erziehungsgeld; – Mutterschaftsgeld 13, 21, 24; Mutterschutzlohn der – 11, 6 f.; Anwendbarkeit des MuSchG auf – 1, 1 ff.; Begriff 1, 5; – bei den Stationierungsstreitkräften 1, 27, 17

Arbeitsausfall, Begriff – 11, 59; Verdienstkürzung durch – 11, 59

Arbeitsbefreiung für Untersuchungen 16, 2

Arbeitsbereitschaft, Arbeitszeit, 8, 20 f.

Arbeitsentgelt, Anrechnung von – auf Mutterschaftsgeld 200 RVO, 150 ff. Begriff des -s 11, 30; 200 RVO, 22; – bei Berechnung des Mutterschaftsgeldes 200 RVO, 22, 41 ff.; – des Zuschusses zum – 14, 38 ff.; – bei Berechnung des Mutterschutzlohnes 11, 31 ff.; – bei Beschäftigungsverboten 3, 43 ff.; 4, 90; 6, 54; 8, 52; 11, 1 ff.; einmalig gezahltes – 11, 46 f., 200 RVO, 33 ff.; – bei Fehlgeburt 6, 13; – bei freiwilliger Weiterarbeit 3, 43 f.; – bei Freizeit für Untersuchungen 16, 6; – bei Gestaltung des Arbeitsplatzes 2, 29; – bei Krankheit vor 3, 17; 6, 44; – und Lohnsteuer 200 RVO, 43 ff.; – für Stillzeiten 7, 11 ff.; – bei verbotswidriger Kündigung 9, 49; s. auch Durchschnittsverdienst, Nettoarbeitsentgelt, Verdienst

Arbeitserlaubnis, Arbeitsvertrag ohne – 9, 87

Arbeitsförderung Mütter, SGB III Anh. 16

Arbeitsgericht, – und Arztbescheinigung 3, 14, 15, 17; Zuständigkeit des -s bei Zahlungsansprüchen 3, 29; 7, 18; 11, 87; 14, 67; 16, 7; bei Kündigung 9, 76

Arbeitskampf s. Aussperrung, Streik

Arbeitskleidung, Ersatz für – kein Arbeitsentgelt 11, 40

Arbeitskraft, Gefährdung der – 21, 16 f.

Arbeitslose, keine Geltung des MuSchG für – 1, 14; Mutterschaftsgeld für – 200 RVO 77, 102 f.; Mutterschaftsleistungen für – 196 RVO, 4; Stellung der -n nach Kündigung 9, 42, 77, 122; 10, 10

Arbeitslosengeld und Erziehungsgeld 200 RVO, 123; – nach Kündigung 9, 77; – bei unterlassener Mitteilung 9, 42; – und Mutterschaftsgeld 200 RVO, 144

Arbeitslosenversicherung bei Beschäftigungsverboten 21 vor 3; – bei Erziehungsurlaub und Mutterschaftsgeld 200 RVO, 140 – bei Mutterschaftsgeld 200 RVO, 140

Arbeitsort im Ausland 1, 24; 195 RVO, 14 ff.; – im Bundesgebiet 1, 23;

Arbeitsplatz, Anordnungen der Aufsichtsbehörde bei Gestaltung des -es 2, 26 ff.; 6, 53, 56; 20, 14; Begriff des -es 2, 9; Mitwirkung des Betriebsrates bei Gestaltung des -es 2, 32 ff.; 6 57; 20, 14; Einrichtung und Unterhaltung des -es 2, 9 ff.; 4, 76; – für stillende Mütter 2, 28; 6, 50 ff.; 20, 14; – s. MuSchVO; Arbeitsplatzschutz s. Kündigungsschutz

Arbeitsplatzgrenzwert 4, 16

Arbeitspflicht im Arbeitskampf 9, 119; Aufleben der – nach Schutzfrist 6, 29; – Schutzfrist 6, 28

Sachverzeichnis

Arbeitsschutzvorschriften, Geltung der neben den Beschäftigungsverboten 4, 5; – und MuSchG 2, 3

Arbeitsstätte s. Arbeitsplatz

ArbeitsstättenVO Anh. 6

Arbeitsstatut, Anwendung des MuSchG unabhängig vom – 1, 17

Arbeitsunfähigkeit s. Krankheit, Leistungsfähigkeit

Arbeitsunfall, Schadenersatzpflicht des Arbeitgebers bei – 2, 38

Arbeitsverhältnis, zur Ausbildung 1, 6; 9, 108; – zur Aushilfe 1, 7; 9, 105; – Ausland 1, 24; 13, 25; befristetes – 9, 94 ff.; Begriff des -ses 1, 2; 9, 108; 11, 33; Bestand des -ses bei Beschäftigungsverboten 3 vor 3; 6, 28; MuSchG bei Doppel- 1, 2; – im Haushalt faktisches – 1, 4; Lehrverhältnis 1, 6; 9, 108; Leih – 1, 10; mehrfaches – 1, 2; – und Mutterschaftsgeld 200 RVO, 74 ff.; – und Zuschuß zum – 14, 62 f.; Mindestdauer für Mutterschaftsgeld 200 RVO, 19, 48 ff.; Mindestdauer für Zuschuß 14, 10; mittelbares – 1, 9; – zur Probe 1, 7; 9, 105; – einer Schwerbeschädigten 1, 7; – bei Teilzeitarbeit 1, 7; – bei unständiger Beschäftigung 1, 7; – für Mutterschaftsgeld 13, 24; 200 RVO, 19; – für Zuschuß 14, 19; s. auch unter Anfechtung, Auflösung, Kündigung des -ses

Arbeitsversäumnis 11, 56 ff.; 200 RVO, 55, 62; Begriff der – 11, 56; verschuldete – 11, 57

Arbeitsvertrag, befristeter – 9, 94 ff.; Kopplung mit – des Mannes 9, 114; nichtiger – 4, 7; 9, 83 ff.; s. auch Anfechtung, Aufhebung, Kündigung des -es

Arbeitszeit, Arbeitsbereitschaft als – 8, 18; andere Verteilung der – 8, 24; Begriff der – 8, 18; Bereitschaftsdienst als – 8, 18; Dauer der – einschl. Berufsschulzeit bei Jugendlichen 8, 22; Grenzen der – 8, 19; – von Jugendlichen 8, 22; Kurzpausen als – 8, 18; – in der Landwirtschaft 8, 23; Mehrarbeit 8, 20; Regelung über Dauer und Lage der – für Mütter 2, 13; Stillzeit als – 7, 1 ff.; 8, 18; Verkürzung der – durch Aufsichtsbehörde 2, 25; 4, 86; 7, 15; Verkürzung der – wegen eines Beschäftigungsverbots 3, 23, 26; 4, 86; 11, 16; s. auch Mehrarbeit

Arglistige Täuschung, Anfechtung wegen – durch Arbeitgeber 5, 22; 9, 88 ff.; – durch die Frau 9, 127 ff.

Arznei-, Verband- und Heilmittel, Anspruch der Versicherten auf – 196 RVO, 24 ff.; Begriff – 196 RVO, 26 f.; Zuzahlung für – 196 RVO, 30

Arzt, Begriff des – 3, 8; Beurteilung des Arbeitsplatzes durch den – 2, 10; Betreuung der Versicherten durch den – 196 RVO, 9 ff.; Fehldiagnose des – 9, 37; Verpflichtung der Hebamme zur Hinzuziehung eines – 196 RVO, 17; s. weiter unter Zeugnis

Ärztliche Betreuung, Begriff – 196 RVO, 9; – neben der Hilfe der Hebamme bei der Entbindung 196 RVO, 23; Richtlinien für – 196 RVO, 13; Anh. 18; Umfang der – 196 RVO, 11 ff.; Vorsorgeuntersuchungen 196 RVO, 14

Ärztliche Untersuchung vor Einstellung 5, 23; Freistellung für – 16, 2

Ärztliches Zeugnis s. Zeugnis

Asbest 4, 28

Asylbewerber – und MuSchG 1, 14; 195 RVO 36

Aufgabe des MuSchG Einf. 1 ff.

Aufhebungsvertrag 9, 120; Anfechtung des -es 9, 9, 127; Auflösung des Arbeitsverhältnisses durch – 9, 120; 10, 11; Widerruf des – 9, 130

Auflösung des Arbeitsverhältnisses durch Anfechtung 9, 88 ff.; durch Aufhebungsvertrag, 9, 120, 127 ff.; durch Aussperrung 9, 117; durch Eintritt einer Bedingung 9, 114 f.; durch Kündigung des Arbeitgebers 9, 42, 71; 13, 33; durch Kündigung der Frau 9, 120; 10, 7; 13, 38 f.; 14, 24; ohne Kündigung 9, 82 ff.; durch Lossagung bei Nichtigkeit 9, 83; bei unterlassener Mitteilung 9, 42, 77 f.; Stellung der Frau nach – 9, 42, 77 f.; 10, 10; 11, 80; 13, 35; 14, 10, 20, 24; 200

Sachverzeichnis

RVO, 21; durch Zeitablauf **9,** 93 ff.; – nach Zulässigkeitserklärung **9,** 91 ff.

Aufrechnung, Zulässigkeit der – gegenüber Mutterschutzlohn **11,** 84; – gegenüber Zuschuß **14,** 65; Zulässigkeit der – durch Krankenkasse **200 RVO,** 130

Aufsicht über Ausführung des; – des MuSchG **20,** 1 ff.; Inhalt der – **20,** 7; der – unterliegende Personen **20,** 6; der – unterliegende Vorschriften **20,** 5

Aufsichtsbeamte s. Aufsichtsbehörde

Aufsichtsbehörde, Anordnungen der – **2,** 26 f.; **9** vor **3,** 46; **4,** 10, 78 ff.; **6,** 56; **7,** 15 f.; **8,** 53 f.; **20,** 3, 10; **21,** 4; Auskunft an – **19,** 1 ff.; Ausnahmebewilligung der – vom Akkordverbot **4,** 48 ff.; – Kündigung **9,** 70 ff.; – vom Mehr-, Nacht- und Sonntagsarbeitsverbot **8,** 53; Benachrichtigung der – von Kündigung **9,** 123 ff.; **10,** 7; von Mitteilung der Frau **5,** 10; Erforschung von Straftaten durch – **20,** 12; Erstattung von Jahresberichten durch – **20,** 13; Geheimhaltungspflicht der – **20,** 13; Hinzuziehung des Betriebsrats durch – **20,** 14; örtlich zuständige – **20,** 4; Rechtsmittel gegen Anordnungen der – **20,** 15 ff.; Revision durch **20,** 7, 8; sachlich zuständige – **9,** 72; Verwaltungszwang durch **20,** 11; Zulässigkeitserklärung durch – **9,** 71 ff.

Aufsichtsbeschwerde 20, 15

Aufsichtspflicht, strafrechtliche – **21,** 12

Auftraggeber für Heimarbeiterinnen, **1,** 31, 1; **24,** 1-3

Auftragsangelegenheit, Ausgleichsverfahren für kleine Betriebe **11,** 88 ff.; **14,** 73

Aufwandsentschädigung kein Arbeitsentgelt **11,** 39

Ausbildungsverhältnis, – und Beschäftigungsverbote **26** vor **3;** – Berufsschule **6,** 21; Geltung des MuSchG im – **1,** 6; Kündigung eines -ses **9,** 108 f.; – und Mutterschaftsgeld **13,** 24; **200 RVO,** 23

Ausfallzeiten und Mutterschaftsgeld **200 RVO,** 51 ff., 63 – Mutterschutzlohn **11,** 59

Aushang s. Auslage

Aushilfsarbeitsverhältnis 1, 7; **9,** 105

Auskunft, Pflicht zur – **19,** 2; zur – verpflichtete Personen **19,** 6

Ausland, MuSchG bei Arbeit im – **1,** 24; Mutterschaftsgeld und – **13,** 26; **195 RVO,** 14 ff.; Mutterschaftsleistungen und – **195 RVO,** 14 ff.; Zahlung ins – **200 RVO,** 132

Ausländerinnen, – aus dem EWG-Bereich **1,** 26; **195 RVO** 19 f.; **200 RVO,** 47; Geltung des MuSchG für – **1,** 17 ff.; Mutterschaftsleistungen an – **195 RVO,** 14 ff.; Lohnsteuerabzug bei – **200 RVO,** 46

Auslage des MuSchG, Pflicht zur – **18,** 6, 7; – in deutscher Sprache **18,** 7; geeignete Stelle für – **18,** 8

Auslösung als Arbeitsentgelt **11,** 41

Ausnahmegenehmigung vom Akkordverbot **4,** 78 ff.; vom Kündigungsverbot **9,** 57 ff.; vom Mehr-, Nacht-, Sonn- und Feiertagsarbeitsverbot **8,** 53 f.

Ausschlußfrist, keine – für Mutterschaftsgeld **200 RVO,** 124 ff.; für Mutterschutzlohn **11,** 85; für Zuschuß zum – **14,** 65; für Mitteilung der Schwangerschaft oder Entbindung bei Kündigung **9,** 33

Aussetzen mit der Arbeit, Abgeltung von Sachbezügen bei – **11,** 33; – wegen eines Verbots **11,** 12 ff.; – und Mutterschaftsgeld **200 RVO,** 51 ff., 63; – für Mutterschutzlohn **11,** 10, 11; s. auch Krankheit, Leistungsfähigkeit

Aussiedlerin und MuSchG **1,** 25; – und Mutterschaftsgeld **13,** 20; **14,** 20

Aussperrung, Wirkung der – auf Kündigungsschutz **9,** 117; auf Mutterschaftsgeld **9,** 117; **13,** 34 f.; auf Mutterschutzlohn **9,** 117; **11,** 23, 80; **14,** 34; s. Streik

Außenarbeiterin 1, 31

Auszubildende, 1, 6; Kündigungsschutz für – **9,** 110; Mutterschutzlohn **11,** 32

Asylbewerberin 1, 14

Sachverzeichnis

B

Badeanstalten, Sonn- und Feiertagsarbeit in – **8,** 45

Bauchhöhlenschwangerschaft 3, 2

BBG Anh. 3

Beamtinnen, Beurlaubung von – **Anh.** 3; keine Geltung des MuSchG für – **1,** 16; kein Mutterschaftsgeld für – **13,** 24; Mutterschutz für – **Anh.** 3, 4; Nachversicherung von – **200 RVO,** 139

Beauftragte Personen, – Adressat der Mitteilung der Schwangerschaft **5,** 5; **9,** 23 f.; Geltung der Straf- und Bußgeldvorschriften für – **21,** 6 f.

Bedienungsgeld, Arbeitsentgelt **11,** 35; Berechnungszeitraum beim – **11,** 71

Bedingtes Arbeitsverhältnis 9, 114

Beförderungsmittel, Verbot der Beschäftigung auf – **4,** 68

Befragung vor Einstellung **5,** 19 ff.; **9,** 91

Befristetes Arbeitsverhältnis 9, 92 ff.; Kettenarbeitsverträge **9,** 101; Lehr- und Anlernverhältnisse **9,** 42; Mutterschaftsgeld bei – **13,** 29; Probe- und Aushilfsarbeitsverträge **9,** 105

Beherbergungsbetrieb Nachtarbeit im – **8,** 26 f.; Sonntagsarbeit im – **8,** 39 f., 45

Beherbergungswesen s. Gast- und Schankwirtschaften

Behörde – für Kündigung **9,** 69 ff.; s. ferner Aufsichtsbehörde

Beihilfe, strafrechtliche **21,** 14

Beihilfen kein Arbeitsentgelt **11,** 44

Behinderte 1, 7; Mutterschaftsleistungen für – **196 RVO,** 4

Beiträge zur Krankenversicherung **Anh.** 12; – während der Schutzfristen **20 vor** 3; **200 RVO,** 134; – nach Zulässigkeitserklärung der Kündigung **9,** 77 f.; – zur Rentenversicherung **Anh.** 17; **23 vor** 3; **200 RVO,** 134 ff.; Rückzahlung von – **195 RVO,** 22; **keine** – von Zuschuß zum Mutterschaftsgeld **14,** 72

Bekanntgabe der Schwangerschaft durch Mutter **5,** 1 f.; unbefugte – durch Arbeitgeber **5,** 11; – gegenüber Betriebsrat **2,** 36; **5,** 13

Benachrichtigen der Aufsichtsbehörde von Mitteilung **5,** 10; – von Kündigung **9,** 122 ff.; **10,** 7

Benachteiligungsverbot 5, 9; **9,** 97, 111

Berechnung, – Mutterschaftsgeldes **200 RVO,** 60 ff.; – des Mutterschutzlohnes **11,** 74 ff.

Berechnungszeitraum für das Mutterschaftsgeld **200 RVO,** 48 ff.; – für den Mutterschutzlohn **11,** 61 ff.; Mindest – **11,** 66; – für den Zuschuß **14,** 38; – bei Freischichten **200 RVO,** 64 f.; Verlängerung des -s **11,** 71

Bereiterklärung zur Arbeitsleistung während Schutzfrist **3,** 39 ff., – nach **6,** 37; Widerruf der – **3,** 42, **6,** 39 ff.

Bereitschaftsdienst Arbeitszeit **8,** 20, 34; – Mutterschutzlohn **11,** 42, 52

Berufsausbildungsverhältnis, – MuSchG **1,** 6; **26 vor** 3; **9,** 108; **11,** 32; s. auch Ausbildungsverhältnis, Lehrverhältnis

Berufsbildungswerke, Frauen in -n **1,** 7

Berufserkrankungen 4, 49 f.; **Anh.** 7

Berufskrankheitenverordnung 4, 52; **Anh.** 7

Berufsschulzeit, kein Beschäftigungsverbot während – **3,** 37; **6,** 27

Beschäftigung, – zur Aushilfe **1,** 7; mehrfache – **1,** 7; Begriff – **8,** 9; Mutterschutzlohn bei Wechsel der **11,** 10; nebenberufliche – **1,** 2; – zur Probe **1,** 7, 107; Teilzeit **1,** 7; unständige **1,** 7; Wechsel der – **11,** 10 ff.

Beschäftigungsverbote, Arten der – **vor** 3, 2; allg. in anderen Gesetzen **4,** 5; – bei Akkordarbeit **4,** 72 ff.; Arbeitsentgelt bei – n **3,** 27, 43 ff.; **4,** 90; **6,** 54; **8,** 52; **11,** 1 ff.; – durch Aufsichtsbehörde **3,** 46; **4,** 84 ff.; Ausnahmen von – s. Ausnahmegenehmigungen; – auf Beförderungsmitteln, **4,** 68; Auswirkungen der – 3 f. **vor** 3; – bei Berufserkrankungen **4,** 48 ff.; – vor der Entbindung **3,** 21 ff., 30 ff, **4,** 1 ff.; **8,** 1 ff.; – nach der Entbindung **6,** 17 ff.; – nach Schutzfrist **6,** 44; **7,** 1 ff.; **8,** 1 ff.; –

Sachverzeichnis

wegen individueller Gefährdung 3, 21 ff.; – bei gefährlichen Arbeiten 4, 9 ff.; – bei Lastenbeförderung 4, 42; – bei Lärmeinwirkung 4, 39 ff.; Leistungsverweigerungsrecht der Frau bei – n 2, 38; 4, 91; – bei Stillzeit 4, 77, 7, 19; – bei Mehrarbeit 8, 18 ff.; wegen Minderleistungsfähigkeit 6, 45 f.; Mutterschutzlohn bei -n 11, 1 ff.; – durch MuSchArbV 2, 83 ff.; vgl. ferner MuSchArbV vor 2, 39 ff.; – bei Nachtarbeit 8, 25 ff.; Nichtigkeit des Vertrages wegen eines -s 4, 7; 8, 14; 9, 89; Schadensersatzansprüche bei -n 10 vor 3; – während der Schutzfristen 3, 23, 36 ff.; 6, 19 f.; – bei schweren Arbeiten 4, 12, 13, 42; bei Sonn- und Feiertagsarbeit 8, 34; – bei Staubeinwirkung 4, 48; – bei Arbeiten im Stehen 4, 43; – für stillende Mütter 6, 50 ff.; – bei Strahleneinwirkung 4, 34 f.; Umfang und Dauer des -s nach 3 Abs. 1 3, 23, 36 ff.; nach 6 Abs. 1 6, 17 ff.; Umsetzung bei -n 5 vor 3; 3, 16 f.; 4, 71; 6, 54 f.; 8, 25, 34; – bei Unfallgefahren 4, 71; – VOen **Anh.** 4 ff.; Verantwortung und Haftung des Arbeitgebers für s. unter Arbeitgeber

Bescheinigung der ärztl. Untersuchung **Anh.** 18 Abschnitt H

Beschwerde gegen Verfügungen der Aufsichtsbehörde 20, 15

Besonderer Fall als Voraussetzung der Befreiung vom Kündigungsverbot 9, 59 ff.

Betraute Personen, Geltung der Straf- und Bußgeldvorschriften für – 21, 6 f.

Betrieb, Geltung des MuSchG in -en 1, 17; Pflicht zur Auslage des MuSchG 18, 1, 6; Revision des -es 20, 7, 8

Betriebsrat, Aufgaben des -s bei Arbeitsplatzgestaltung 2, 32 ff.; – bei Beschäftigungsverboten 3, 47 ff; 4, 89; 6, 57; 7, 17; 8, 55; – Befugnis des -s zur Vorlage von Unterlagen 19, 7; Benachrichtigung des -s 2, 36; Benachrichtigung der Aufsichtsbehörde durch – 20, 14; Beschwerden an – 2, 32 f.; 7, 17; Beteiligung des -s bei anderer Verteilung der Arbeitszeit 8, 55; Hinzuziehung des -s zu Betriebsbesichtigungen 20, 14; Kündigung – 9, 74, 134;

Mitteilung der Schwangerschaft an – 2, 36; 5, 11 f.; Unterstützung der Aufsichtsbehörde durch – 4, 86; 20, 14

Betriebsrisiko, Mutterschutzlohn bei – 11, 21; Zuschuß des Arbeitgebers und – 14, 35

Betriebsstillegung – als besonderer Fall 9, 60; Kündigungsverbot bei – 9, 43; Mutterschaftsgeld bei – 14, 25 f.; Mutterschutzlohn bei – 11, 80; Zuschuß zum Mutterschaftsgeld bei – 14, 22, 28, 55

Betriebsübergang 9, 19

Betriebsvereinbarungen über Arbeitsplatzgestaltung 2, 33

Betriebsversammlung, Verdienstausfall wegen – 11, 55

Betriebszugehörigkeit bei Erhaltung von Rechten 10, 11

Beweislast, – bei ärztlichem Beschäftigungsverbot 3, 10, 14, 17; für Benachteiligung wegen Schwangerschaft 9, 107, 112; – für Mitteilung der Schwangerschaft 9, 41

Bewilligung s. Ausnahmegenehmigung

BGB Fristen **Anh.** 2

Bildschirmarbeit 4, 35

Biologische Stoffe 2, 45, 54, 82 f.; 4, 22, 29 f.; **Anh.** 5

Bruttoarbeitsentgelt 14, 38 ff.

BSHG s. SGB XII **Anh.** 14

Bühnen 8, 29 ff., 39, 47; 9, 100

Bummeltage 11, 57

Bund, Mutterschaftsgeld zu Lasten des -es 13, 48; Zuschuß zu Lasten des -es 14, 70; Bundesbeteiligung **vor 195 RVO** 7

Bundesausschuß der Ärzte und Krankenkassen, Richtlinien des – **Anh.** 18

Bundesbeamtengesetz Anh. 3

Bundesbeamtinnen s. Beamtinnen

Bundesländer, Ausführung des MuSchG durch – 20, 1 ff.; Einführung in den neuen 5 vor 195 RVO

Bundespost s. Postdienst

656

Sachverzeichnis

Bundesversicherungsamt, Zahlstelle für Mutterschaftsgeld 13, 48; 14, 70

Bußgeld, Bußgeldkatalog s. Ordnungswidrigkeiten

C

Caritative Tätigkeiten 1, 7

D

Darbietungen, Beschäftigung bei – 8, 39, 47

Dauerarbeitsverhältnis 9, 1, 5, 86, 99

Deklaratorische Bedeutung des 13 Abs. 1 13, 1 f.; – der Leistungen für versicherte Frauen im MuSchG 15, 1

Deutsche Bundespost s. Postdienst

Dienstanweisungen über Hinzuziehung des Betriebsrats 20, 14

Dienstordnungsangestellte 1, 16

Dienstwohnung s. Wohnung

Dienstzulagen Arbeitsentgelt 11, 36

Diskriminierungsverbot für die Beschäftigung von Arbeitnehmerinnen aus dem EG-Bereich 1, 26; 9, 58; 13, 16; 200 RVO, 47

Diplomatische Vertretung 1, 29

Doppelleistung bei Berechnung des Durchschnittsverdienstes 11, 45

Doppelwoche, Begriff der – 8, 20

Dreizehntes Monatsgehalt und Verdienst 11, 45

Drohung des Arbeitgebers vor Kündigung 9, 129

Durchführung des Gesetzes s. Aufsicht

Durchschnittsverdienst, Berechnung des -es beim Mutterschaftsgeld 200 RVO, 48 ff.; beim Mutterschutzlohn 11, 74 ff.; beim Zuschuß 14, 37 ff.; s. auch Arbeitsentgelt, Verdienst

E

EG-Änderungs-Richtlinie Gleichbehandlung Anh. 20

EG-Angehörige 1, 23, 26; 195 RVO, 19 f.; 196 RVO, 6; 200 RVO, 47; s. EWG

EG-MuSch-Richtlinie Einf. 90 ff.; 2, 6; 4, 3; Anh. 19

EG-Richtlinien 2, 4 ff.; Anh. 19 f.

Ehefrau als mithelfende Familienangehörige 1, 14

Ehegatte, Begriff des – n 195 RVO, 26; Familienversicherung für – 195 RVO, 23 ff.

Einkommensnachweis – für Mutterschaftsgeld 200 RVO, 124

Einkommensteuer auf Mutterschaftsgeld; 200 RVO, 133; – für Mutterschutzlohn 11, 85; – für den Zuschuss 14, 72; – Steuerkarte 200 RVO, 43 ff.

Einmalige Zuwendungen 11, 45 ff.; 14, 42; 200 RVO, 33 f.

Einwirkungen, schädliche – auf Mütter 2, 48 f., 92 ff.; 4, 14 ff.

Einstellung, Befragung vor – 5, 19 ff.; 9, 91

Einstellungszusage 5, 25

Elektrokarren, Beschäftigungsverbot bei 4, 68

Eltern; Familienversicherung für – 195 RVO, 23 ff.

Entbindung, ambulante – 197 RVO, 3; Anspruch auf ärztliche Betreuung und Hebammenhilfe nach – 196 RVO, 15 ff.; – im Ausland 195 RVO, 14 ff.; Begriff der – 6, 6 ff.; Beschäftigungsverbot nach – 6, 17 ff.; Haushaltshilfe – 199 RVO, 1 ff.; häusliche Pflege – 198 RVO, 1 ff.; Kenntnis des Arbeitgebers von der – 9, 15 ff.; Mitteilung des mutmaßlichen Tages der – 5, 1 ff.; Mitteilung der – nach Kündigung 9, 20 ff.; Frist für Mitteilung über die – 9, 30 ff.; Mutterschaftsgeld bei – 13, 1 ff.; 200 RVO, 1 ff.; Mutterschaftsleistungen bei – 195 RVO, 1 ff.; Schutzfrist vor der – 3, 30 ff.; Schutzfrist nach der – 6, 17 ff.; – Versicherungsfall 196 RVO, 8

657

Sachverzeichnis

Entbindung im Krankenhaus, Anspruch auf Entbindung im – 197 RVO, 1 ff.; Dauer des Aufenthalts im – 197 RVO, 5; Fahrkosten zur – 197 RVO, 23; freie Wahl des – 197 RVO, 14 ff.; – Kostenübernahme für Neugeborene 197 RVO, 4; Zuzahlung – 197 RVO, 13

Entbindungsgeld – Wegfall des 200 b RVO, 1

Entgeltausfall, kein – bei Freistellung für Untersuchungen 16, 3, 4

Entgeltbegriff, arbeitsrechtlicher – 11, 30 ff.; 14, 17 sozialversicherungsrechtlicher – 200 RVO, 22 ff.

Entgeltfortzahlung 17 vor 3; 3, 19; 6, 44; 11, 13

Entgeltpflicht des Arbeitgebers 2, 30; 3, 27 ff.; 43 f.; 4, 90; 6, 28, 54; 7, 11 ff.; 8, 52; 11, 1 ff.; der Unternehmer 1, 9; der Verleiher 1, 10

Entgeltschutz bei Beschäftigungsverboten 11, 1, 24, 28

Entleiher 1, 10

Entlohnungsart, Mutterschutzlohn bei Wechsel der – 11, 10 ff.

Entwicklungshelfer 1, 14, 25

Enumerationsprinzip bei Bußgeldvorschriften 21, 3

Erfinderbelohnungen kein Arbeitsentgelt 11, 46

Erhaltung von Rechten nach Kündigung 10, 11 ff.

Erholungsurlaub, Auswirkung von Beschäftigungsverboten auf – vor 3, 14 ff.; 3, 28; 6, 22

Erholungsurlaub, 17, 1 ff.; Abgeltung von – 17, 6; Anspruch auf – 17, 3; Dauer von – 17, 3; Übertragung des – 17, 4

Erkundungspflicht des Arbeitgebers 2, 48 ff.

Ermessensentscheidung bei Erteilung von Ausnahmen 4 79; 9, 70

Ersatzmütter, s. Leihmütter

Erschütterungen, gesundheitsgefährliche 4, 38

Erstattung von Kosten für Mutterschaftsgeld 13, 41, 48

Erwerbsarbeit, Mutterschaftsgeld – 200 RVO, 150 ff.; 13, 41; Schutzfrist – 6, 27

Erziehungsjahre 200 RVO, 136; Anh. 13

Erziehungszeiten Anh. 13

Essenszuschüsse kein Arbeitsentgelt 11, 38

EuGH, Befragung zur Schwangerschaft vor der Einstellung 5, 21

EWG, Diskriminierungsverbot in 1, 26; 200 RVO, 47; – und Kündigung 9, 58; Leistungen für – Angehörige 195 RVO, 19 f.; 196 RVO, 6; Mutterschaftsgeld für – 13, 16; 200 RVO, 47; s. EG

Exterritoriale Personen 1, 23

F

Facharzt, keine Untersuchungspflicht durch – 3, 8

Fahrtkosten zum Arzt 16, 6; – zur Entbindungsanstalt 197 RVO, 23; – zu Untersuchungen 16, 6

Fahrvergütungen kein Arbeitsentgelt 11, 40

Fahrzeuge, Beschäftigung von Frauen auf -n 4, 38, 68

Faktisches Arbeitsverhältnis 1, 4; 9, 84

Familienangehörige, mithelfende – 1, 14; Entbindungsgeld weggefallen 200 b RVO, 1; Familienversicherung für – 195 RVO, 23 ff.; Mutterschaftsgeld für – eines Versicherten 13, 15; 200 RVO, 16, 104; s. auch Familienversicherung

Familienhaushalt, Anspruch auf Mutterschutzlohn für die im – Beschäftigten 11, 19; höchstzulässige Arbeitszeit im – 8, 23; Begriff des -s 9, 9; Geltung des MuSchG im – 1, 12 ff; Kündigung der im – beschäftigten Frauen 9, 7; Revision der -e 20, 8

Familienversicherung; Anspruchsberechtigte 195 RVO, 25 ff.; Begriff – 195 RVO, 23; Ehegatte – 195 RVO, 26 f.; Einkommensgrenzen für – 195 RVO, 38 ff. – im Inland 195 RVO, 21; Kinder in – 195 RVO, 29 ff.; Umfang des

Sachverzeichnis

Anspruchs; **195 RVO**, 23 ff.; Voraussetzungen für – **195 RVO**, 23 ff.; zuständige Kasse **195 RVO**, 45 f.

Fehldiagnose des Arztes und Kündigung 9, 37

Fehlgeburt, Begriff der – 6, 13; Gefahr der – bei beschwerlichen An- und Abfahrtswegen zur Arbeitsstätte 3, 6; Mutterschaftsgeld bei – 6, 13; **200 RVO**, 119; Ende Mutterschutzlohn bei – 11, 81; Beschwerden bei – als Krankheit 6, 13, 14; Ende des Kündigungsverbots bei – 9, 13, 53; nach – keine Schutzfrist und kein Mutterschaftsgeld 6, 13; **200 RVO**, 119; kein Zuschuß 14, 54

Fehlzeiten, Auswirkung von – bei Beschäftigungsverboten 11 ff. vor 3; bei Berechnung des Mutterschaftsgeldes **200 RVO**, 51 f., 63; des Mutterschutzlohns 11, 56 ff., 77

Feiertage, Arbeit vor – n und Schutzfrist 6, 30; Ausnahmen vom Beschäftigungsverbot 8, 38 ff.; Begriff der – 8, 35 f.; Beschäftigungsverbot 8, 34 ff.; Ersatzruhezeit für – 8, 39 ff.; Heimarbeiterinnen – 8, 49; Recht des Arbeitsortes bei – 8, 37; Umsetzung wegen – 8, 50 ff.; s. Sonntagsarbeit

Fensterputzen, Beschäftigungsverbot beim – 4, 71

Fischerei, Geltung des MuSchG in der – 1, 17

Fließarbeit, Ausnahmen vom Verbot der 4, 76 ff.; Begriff der – 4, 76

Förderlehrgänge 1, 7

Forstwirtschaft s. Landwirtschaft

Fortbildungsverhältnis, Anwendung des MuSchG auf – 1, 6

Fortzahlung des Arbeitsentgelts, – bei Beschäftigungsverboten 3, 27 f., 43 ff.; 4, 90; 6, 54; 11, 1 ff.; – bei Fehlgeburt 6, 13; – bei Freizeit für Untersuchungen 16, 4; – bei Krankheit 6, 44; 11, 80; – bei verbotswidriger Kündigung 9, 49 f.; für stillende Mütter 6, 44 ff.; 7, 11 ff.; Ruhen des Mutterschaftsgeldes bei – **200 RVO**, 150 ff.; – bei Umsetzung 3, 27, 45; 4, 90; 6, 54; Verzicht auf – für Stillzeit 7, 13; s. auch Mutterschutzlohn

Frage nach Schwangerschaft 5, 20; 9, 37

Frauen auf Fahrzeugen 4, 38, 68

Freie Berufe 6; keine Geltung des MuSchG für – 1, 14 f.; – verfassungsgemäß 1, 15; als Versicherte – **200 RVO**, 17, 80

Freiwilliges soziales Jahr 1, 7

Freiwillig Versicherte, Krankenversicherung für – Gesetzestext **Anh.** 12; Mutterschaftsgeld für – 13, 1; **200 RVO**, 1 ff.; Mutterschaftsleistungen für – 15, 1; **195 RVO**, 1; **196 RVO**, 3

Freiwillige Weiterarbeit während der Schutzfrist vor der Entbindung 3, 38 ff.; Anrechnung des Arbeitsentgelts bei – auf Mutterschaftsgeld 3, 45; **200 RVO**, 150 ff.; Widerruf der Erklärung zur – 3, 42; kein Zuschuß bei – 14, 26 f.; – nach der Entbindung 6, 32 ff.; – Tod des Kindes 6, 33

Freiwillige Weiterversicherung und Anspruch auf Mutterschaftsgeld 13, 3, 8; **200 RVO**, 1 f., 7, 12

Freistellung für Untersuchungen, Anspruch auf – 16, 1 ff.; kein Entgeltausfall wegen – 16, 6; – Folgen bei Nichtdurchführung 16, 7

Freizeitausgleich und Mutterschaftslohn 11, 42

Frist, Berechnung der -en 3, 25, 35; 6, 22; 9, 31; Vorschriften über – **Anh.** 2

Fristversäumnis bei – Kündigung 9, 36 ff.

Frühgeburt, Begriff 6, 10; Mutterschaftsgeld nach – **200 RVO**, 107; Schutzfrist nach – 6, 23; Verlängerung der – 6, 23 ff.; Zuschuß bei – 14, 53

Fürsorgepflicht des Arbeitgebers 2, 38; 3, 6; – bei Freistellung für Untersuchungen 16, 1; – bei Krankheit nach Ablauf der Schutzfrist 6, 44, 49; – während Schutzfrist 6, 29

G

Garantielohn im Gaststättengewerbe 11, 35

Sachverzeichnis

Gartenbau s. Landwirtschaft

Gase, gesundheitsgefährliche – 4, 31

Gast- und Schankwirtschaften, Begriff 8, 27; Nachtarbeit in – 8, 25 ff.; Sonn- und Feiertagsarbeit in – 8, 39 ff.; – Verdienst 11, 35

Geburtsgewicht 6, 7, 9, 10 ff.

Geburtsurkunde – für Mutterschaftsgeld 200 RVO, 124; – für Schutzfrist 6, 13, 18

Gefahrenzulagen Arbeitsentgelt 11, 37

Gefährdung von Mutter oder Kind, Arbeitsplatzgestaltung zur Vermeidung der – 2, 10; Beschäftigungsregelung zur Vermeidung der – 2, 13; Klageberechtigung bei – 20, 16; Strafbarkeit – 21, 19 f.; – als Voraussetzung für Beschäftigungsverbot 3, 3 ff.

Gefährliche Arbeitsstoffe 2, 92, 94 ff., 99 ff.; 4, 19 ff.; Auslöseschwelle der – 4, 16; Einwirkungen der – 4, 14

GefStoffV 4, 24 ff.; Anh. 8.1

Gegenvorstellung bei der Aufsichtsbehörde 20, 15

Geheimhaltung, Pflicht der Aufsichtsbehörde zur – 20, 13

Gehilfe i. S. d. Strafrechts 21, 11 ff.

Geldbuße, Mindest- und Höchstbetrag der – 21, 24; Rechtsmittel gegen Bußgeldbescheid 21, 27; neben Zwangsgeld 20, 11

Geltendmachung des Mutterschaftsgeldes 200 RVO, 124 ff.; – des Mutterschutzlohns 11, 88; – des Zuschusses zum Mutterschaftsgeld 14, 65, 69; – der Stillzeit 7, 3, 11

Geltungsbereich des MuSchG, persönlicher – 1, 1 ff.; räumlicher – 1, 23 ff.; sachlicher – 1, 17 ff.; – bei Mutterschaftsgeld 13, 25; – der Mutterschaftsleistungen 195 RVO, 5 ff.; 196 RVO, 1 ff.

Genehmigung s. Ausnahme

Gerichtliche Entscheidung gegen Anordnung der Aufsichtsbehörde 20, 15; gegen Bußgeldbescheid 21, 27; gegen Zulässigkeitserklärung 9, 75; beim Mutterschaftsgeld 200 RVO, 126

Gerüste, Beschäftigungsverbot für Arbeiten auf -n 4, 71

Geschichte des Mutterschutzes Einf. 5 ff.

Gesellschafter, strafrechtliche Verantwortung von -n 21, 4

Gesetzliche Abzüge 14, 42; 200 RVO, 41 ff.

Gesetzliche Vertreter, strafrechtliche Verantwortung von – n 21, 5; Zustimmung der – zur Arbeit Minderjähriger während der Schutzfrist 3, 41

Gesundheitsgefahren, Mitwirkung des Betriebsrats bei der Bekämpfung von – 2, 32 ff., 48 ff.; 3, 47; 4, 89

Gesundheitsgefährdung, Beurteilung der – 2, 48 ff. – als Voraussetzung für Beschäftigungsverbot 2, 83 ff.; 3, 3 f.; – Straftat 21, 19 f.

Gesundheitsgefährliche Stoffe 4, 19 ff.; – Strahlen 4, 34 ff.

Gewerbeaufsichtsämter s. Aufsichtsbehörden

Gewinnbeteiligungen kein Verdienst 11, 46

Gleichbehandlung 5, 20 ff.; 9, 97, 111

Gleichgestellte Frauen (1 Abs. 2 HAG), – und MuSchG 1, 1, 30 ff.; Anspruch – auf Mutterschaftsgeld der – 13, 31; Anspruch auf Mutterschutzlohn der – 11, 6; Anspruch auf Zuschuß 24, 4, 5; Anwendung des MuSchG auf – 1, 1, 10, 30 ff.; 13, 6; 24, 1–3; Arbeitszeit der – 8, 49; Durchschnittsentgelt der – bei Beschäftigungsverboten 24, 2, 3; Freistellung für Untersuchungen 24, 3; Kündigungsschutz der – 9, 131 f.; Stillzeit für – 7, 14; Verbot der Ausgabe von Heimarbeit an – 24, 2

Gratifikationen bei Beschäftigungsverboten vor 3, 10; – nach Kündigung 10, 9; – und Verdienst 11, 46

Grenzgänger, ausländische – 1, 23; deutsche – 1, 24; Mutterschaftsleistungen für – 196 RVO, 7

660

Sachverzeichnis

H

Haftung, zivilrechtliche – des Arbeitgebers 2, 3; 3, 49f.; 4, 91; 8, 17f.; 7, 19; 8, 56; 9, 51; 15, 4; 16, 5; der Arbeitnehmerin 3, 16; 5, 2, 17; 6, 23; 7, 9; der Aufsichtsbehörde 20, 13

Handelsvertreterinnen 1, 14

Hausangestellte 1, 12 f.

Hausfrauen, – kein MuSchG 1, 14

Hausgehilfin 1, 12 f.

Hausgewerbetreibende s. Heimarbeiterinnen

Haushalt s. Familienhaushalt

Haushaltshilfe 199 RVO, 1 ff.

Häusliche Pflege 198 RVO, 1 ff.

Hauspflegerinnen, Hilfe durch – 199 RVO, 12

Hausschwangere 1, 14

Hauswirtschaftliche Arbeiten, – zulässige Höchstarbeitszeit bei – 8, 23; Sonn- und Feiertagsarbeit bei – 8, 34; – Haushaltshilfe 199 RVO, 6

Hebamme, Anstaltshebamme 196 RVO, 22; Begriff – 196 RVO, 17; Feststellung des Geburtsgewichts durch – 6, 5, 10, 10; Feststellung eines wesentlichen Mangels an Reifezeichen durch – 6, 13, 16; Irrtum der – 3, 34; 5, 1; 200 RVO, 114; Kosten – 5, 17 f.; Anh. 17; Primat der – bei der Entbindung 196 RVO, 23; Stillbescheinigung der – 6, 51; 7, 6; Zeugnis über Gefährdung von Mutter oder Kind durch – 3, 8; Zeugnis über den mutmaßlichen Tag der Entbindung durch – 3, 32; 5, 8, 14 f.; 9, 16; 200 RVO, 124 f.; s. auch Hebammenhilfe

Hebammenhilfe, Begriff – 196 RVO, 17; – Gebühren Anh. 17; – freie Hebammenwahl der Versicherten 196 RVO, 18; – und ärztliche Hilfe 196 RVO, 23

HebGV Anh. 17

Heben, Bewegen, Befördern von Lasten 4, 42

Heilmittel 196 RVO, 28

Heimarbeit, Auftraggeber, Zwischenmeister an Stelle des Arbeitgebers 1, 30 ff.; – keine Akkordarbeit 4, 73 f.; Ausgabeverbot von – 24, 2; Kündigungsverbot bei – 9, 50; – MuSchG 1, 30 ff.; – und Mutterschutz 1, 32 ff.; Verdienst bei – 200 RVO, 28

Heimarbeiterinnen, Anspruch auf Mutterschaftsgeld der – 13, 31; 200 RVO, 21, 28; – bei Auflösung des Heimarbeitsverhältnisses 13, 35; 24, 4, 5; Anspruch auf Mutterschutzlohn der – 11, 6; Anwendung des MuSchG auf – 1, 1, 10, 30 ff.; Arbeitszeit der – 8, 49; Auslage des MuSchG – 18, 4; Durchschnittsentgelt der – bei Beschäftigungsverboten 24, 2, 3; – Freistellung für Untersuchungen 24, 3; den – Gleichgestellte 13, 31; Kündigungsschutz der – 9, 131 f.; Stillzeit für – 7, 14; Verbot der Ausgabe von Heimarbeit an – 24, 2; Zuschuß der – 14, 5; 24, 5

Heimarbeitsverhältnis, Anpassung an Besonderheiten der – ses 24, 1, 3; – als Voraussetzung für den Bezug von Mutterschaftsgeld 13, 31, 37

Heiratsbeihilfen kein Arbeitsentgelt 11, 46

Heuerlingsverhältnis, Anwendung des MuSchG auf – 1, 10

Hitze, gesundheitsgefährdende – 4, 37

Höchstarbeitszeit, tägliche und in der Doppelwoche zulässige – 8, 19 ff.

Höchstbetrag des Mutterschaftsgeldes 13, 43; 200 RVO, 70 ff.; des Mutterschutzlohns 11, 29 f.

I

IAO Ü Nr. 3 9, 67

Inkrafttreten 26, 1

Insolvenzverfahren siehe Konkursverfahren

Internationale Organisationen, – MuSchG 1, 29

Irrtum, – des Arbeitgebers bei Abschluß des Arbeitsvertrages 9, 90; – der Arbeitnehmerin über das Bestehen einer

Sachverzeichnis

Schwangerschaft 9, 13, 127f.; – bei Eigenkündigung 9, 127f.; – des Arztes oder der Hebamme über den mutmaßlichen Tag der Entbindung 3, 34; 5, 16; 9, 13, 39; 11, 79; 200 RVO, 117; Anfechtung wegen -s s. Anfechtung; – bei Zahlungen 11, 49; 200 RVO, 131

J

Jahresberichte der Aufsichtsbehörde 20, 13

Jubiläumsgeschenke kein Arbeitsentgelt 11, 46f.

Jugendliche, zulässige Arbeitszeit 8, 22

Juristische Personen als Arbeitgeber 21, 2f.; Geltung der Straf- und Bußgeldvorschriften für Organe von 21, 1

K

Kälte, gesundheitsgefährdende – 4, 37

Karitative Tätigkeit kein Arbeitsverhältnis 1, 7, 13

Karenzurlaub kein Anspruch auf – 10, 1

Kassenarbeitsplätze 4, 36

Kassenwechsel 197 RVO, 24; 200 RVO, 125

Kenntnis des Arbeitgebers von der Schwangerschaft oder Entbindung 3, 31; 4, 1; 5, 14; Erkundungspflicht des Arbeitgebers 9, 3; Folgen der – 4, 1, 6, 5; 9, 3; s. auch Haftung, Mitteilung, Zeugnis

Kettenarbeitsverträge 9, 101

Kinder, Begriff 195 RVO, 29ff.; Familienversicherung für – 195 RVO, 25ff.

Kindererziehungsjahr s. Erziehungsjahr

Kinderzuschläge, Bestandteil des Arbeitsentgelts 11, 36

Kirchlicher Dienst 1, 8, 14

Klage, – gegen Kündigung 9, 75; – auf Mutterschaftsgeld 13, 49; 200 RVO, 126; – auf Mutterschutzlohn 11, 85; – auf Zuschuß 14, 69, 70; – gegen Zulässigerklärung 9, 75

Klageberechtigter gegen Verwaltungsakte 20, 15; 200 RVO, 126

Konkurs und Arbeitsverhältnis 13, 36

Konkursverfahren, jetzt Insolvenz, Kündigung im – 9, 43, 60; Zuschuß zum Mutterschaftsgeld im – 14, 22f., 56ff.

Konkursverwalter, Kündigung durch – 9, 60

Kosten – für Zuschuß zum Mutterschaftsgeld – 14, 1, 4ff.; – für Mutterschutzlohn 11, 4f., 88, 87; – für Untersuchungen im Rahmen von Mutterschaftsleistungen 195 RVO, 4, 16

Kosten für das Zeugnis des Arztes oder der Hebamme s. Zeugnis

Kostenerstattung des Bundes 14, 70

Krankengeld – neben Mutterschaftsgeld kein – 15f. vor 3; 200 RVO, 141f.; Mutterschaftsgeld in Höhe des – es 200 RVO, 76ff., 157; neben – kein Mutterschutzlohn 11, 18, 81

Krankenhaus, Mehr-, Nachtarbeit keine im – 8, 1ff.; Sonn- und Feiertagsarbeit im – 8, 39, 45; Drittunternehmen im – 8, 6, 45

Krankenhausbehandlung und Entbindungsanstaltspflege 197 RVO, 1ff.

Krankenkassen, Beaufsichtigung der – 20, 5; Erstattung der Aufwendungen der – 14, 70; – Nachprüfung unglaubwürdiger Angaben durch – Übergang des Anspruchs auf Arbeitsentgelt auf – 200 RVO, 158f.; Wechsel der Kassenzuständigkeit; 197 RVO, 24; 200 RVO, 125; Zahlung des Mutterschaftsgeldes durch 200 RVO, 124ff.; Zahlung des Zuschusses durch – 14, 70

Krankenpflegeanstalten, Sonn- und Feiertagsarbeit in – 8, 39, 45

Krankenversicherung, Gesetzestext zur – Anh. 12; Beiträge zur – 20 vor 3; 14, 72; 200 RVO, 134; – der Landwirte Anh. 11

Krankheit, Arbeitsunfähigkeit infolge – 17 vor 3; 3, 18ff.; 6, 44; 11, 18ff.; – im Berechnungszeitraum 11, 44, 57f.; 200

Sachverzeichnis

RVO, 51; – nach Entbindung 6, 44; – Fortzahlung des Arbeitsentgelts bei – 20 ff. **vor 3;** 6, 43; 11, 45; Haushaltshilfe bei – 199 RVO, 3; – während Schwangerschaft 20 ff. **vor 3**; Wegfall des Mutterschutzlohns bei – 11, 81; kein Wegfall des Mutterschaftsgeldes bei – 200 RVO, 141

Krankheitserreger 2, 93; 4, 29

Kündigung mit Landesbehörde 9, 57 ff.

Kündigung durch den Arbeitgeber, Änderungskündigung 9, 43; – bei Aussperrung 9, 117 f.; 13, 34; – nach Entbindung 9, 54; – wegen Existenz 9, 60 f.; nach Fehlgeburt 6, 13; 9, 12, 53; Frist für Mutter gegen – 9, 30 ff.; – Gründe in der Person 9, 62 f.; – ohne Kenntnis des Arbeitgebers von Schwangerschaft oder Entbindung 9, 15 ff., 42; Mitteilung der Arbeitnehmerin nach – 9, 20 ff.; Nachprüfung der – durch Arbeitsgericht 9, 75; Nichtigkeit – 9, 47 – vor der Schwangerschaft 9, 13; 9; 48 – während der Schwangerschaft 9, 3; – bei erneuter Schwangerschaft 9, 56, 73; – nach Schwangerschaftsabbruch 6, 14; 9, 12, 52; – durch Stationierungsstreitkräfte 1, 27 f.; 9, 11; – Stellung nach Kündigung 9, 77; – bei Streik – 9, 117 f.; 10, 9 f.; 13, 32 ff.; 14, 20; Wiederholung der – 9, 47; Verwirkung des – Schutzes 9, 46; Verzicht der Arbeitnehmerin auf – 9, 45; Zugang der – 9, 14; – nach Zulässigkeitserklärung 9, 30; s. auch Auflösung, Kündigungsschutz, Kündigungsverbot

Kündigung durch die Arbeitnehmerin 9, 120 ff.; 10, 3 f.; Anfechtung der – 9, 127; Benachrichtigung der Aufsichtsbehörde von der – 9, 123 ff.; 10, 2; – ohne Einhaltung einer Frist 10, 3; – zur Erhaltung von Rechten 10, 11 ff.; rechtzeitige Mitteilung der – 10, 7; Rechtslage nach – 9, 42, 77 f., 123; 10, 10; 11, 80; 13, 20 ff.

Kündigungsfristen 9, 64 f.; 10, 3, 7

Kündigungsschutz bei anfechtbarem Vertrag 9, 88 ff.; bei Aussperrung 9, 117 f.; bei befristetem Arbeitsverhältnis 9, 92 ff.; Beginn des – s 9, 53; beim Berufsausbildungsverhältnis 9, 108; Dauer des -es 9, 52 ff.; Ende des -s 9, 52, 54; – bei erneuter Schwangerschaft während der Schutzzeit 9, 56, 63; – im Familienhaushalt 9, 61; – bei Fehlgeburt 6, 13; 9, 12, 53; Fristüberschreitung – 9, 33 ff.; – für Heimarbeiterinnen 9, 131 f.; – und Kenntnis des Arbeitgebers 9, 15 ff.; – beim Lehrverhältnis 9, 108; – bei nichtigem Vertrag 9, 83 ff.; – beim Probearbeitsverhältnis 9, 105; Versäumung der Frist für – 9, 33 ff.; Verwirkung des – es 9, 46; Verzicht der Arbeitnehmerin auf – 9, 45; s. auch Kündigungsverbot

Kündigungsverbot des 9 MuSchG, Ausnahme vom – durch Behörde 9, 57 ff.; – für den Familienhaushalt 9, 18 ff.; – bei Aussperrung 9, 117 f.; 13, 34; Bedeutung und Wirkung des – s 9, 43 ff.; Befreiung vom – 9, 57 ff.; bei Betriebsstillegung 9, 43, 60; – im Insolvenzverfahren 9, 43, 60; bei Massenentlassung 9, 43, 60; – für Probearbeitsverhältnis 9, 105; keine Strafbarkeit bei Verletzung des – s 9, 51; Folgen bei Verstoß gegen – 9, 47, 49 ff.; Voraussetzung des -s 9, 12 ff.; Zweck des -s 9, 1 f.; s. auch Kündigungsschutz

Kündigungsverbot Verhältnis – zu MuSchG 9, 13 ff.

Künstler, Ausnahme vom Nachtarbeitsverbot für – 8, 29 ff.; Mutterschaftsgeld für – 200 RVO, 80, 96

Kurzarbeit, Begriff – 11, 58; Berücksichtigung von – 11, 22, 59; Mutterschaftsgeld bei – 200 RVO, 55; Mutterschutzlohn bei – 11, 22, 59; Zuschuß bei – 14, 28

Kurzarbeitergeld und Mutterschaftsgeld 200 RVO, 156

Kurzpausen 2, 13; 8, 18

KVLG Anh. 11

L

Laboratorien 4, 30

Länder siehe Bundesländer

Landesbehörde, Zulassung der Kündigung durch – 9, 57 ff.

Sachverzeichnis

Landesrecht, nach – zuständige Behörden 20, 1

Landwirtschaft, Arbeitszeit in der – **8**, 23; Begriff – **8**, 7; Krankenversicherung in der – **Anh. 11**; Geltung des MuSchG in der – **1**, 17; KVLG – **Anh. 11**; Melken von Vieh **8**, 28; Mutterschaftsgeld in der – **200 RVO**, 20, **Anh. 11**; § 29; Mutterschaftshilfe in der – **Anh. 11**; Nachtarbeit in der – **8**, 10; Sonn- und Feiertagsarbeit, keine in der – **8**, 34; Versicherung in der – **Anh. 11**

Landwirtschaftliche Nebenbetriebe 8, 23; s. auch Landwirtschaft

Laserstrahlen 4, 36 a

Lärm 4, 39 ff., 55; VO zu – **Anh.** 6, 7

Lasten, Heben, Bewegen oder Befördern von – **4**, 42

Lebendgeburt, Begriff **6**, 9

Lebensgemeinschaft, nichteheliche **195 RVO,** 27

Lehrverhältnis 1, 6; **9**, 108

Leibesfrucht, schädliche Einwirkungen auf die – **4**, 14; – bei Berufskrankheit der Mutter **4**, 92

Leiharbeitsverhältnis 1, 10

Leihmutter 3, 14; **6**, 15, **7**, 2; **13**, 13; **200 RVO**, 11, 161

Leistungsfähigkeit, verminderte – nach Entbindung **6**, 27 ff.; **11**, 82; – vor Entbindung **3**, 12, 15

Leistungsverweigerungsrecht der Arbeitnehmerin **2**, 37; **3 vor 3**; **4**, 7

Leitende Angestellte, Geltung des MuSchG für – **1**, 1

Leiter, Beschäftigungsverbot für Arbeiten auf -n **4**, 71

Lernschwester 1, 6

Liegemöglichkeiten, Einrichtung von -n **2**, 28

Lohn s. Arbeitsentgelt

Lohnausgleichsverfahren 11, 88 ff.; **14**, 73

Lohnersatzanspruch, mutterschutzrechtlicher – **11**, 2

Lohnfortzahlung im Krankheitsfall **20 vor 3**; **3**, 18 f.; **6**, 19; **11**, 81; – kein Arbeitsentgelt **11**, 44; – bei Fehlgeburt **6**, 13

Lohnsteuer, -abzug **200 RVO**, 43 f.; -freiheit **14**, 72; -pflicht des Mutterschutzlohns **11**, 48; Wahl der Steuerklasse **14**, 44 ff.; **200 RVO**, 43 f.

Lohnsteuerkarte, Eintragungen in – **14**, 44 ff.; **200 RVO**, 43 ff.

Lohnzahlungspflicht; Ruhen der – während Schutzfrist **3 vor 3**; **6**, 4

Luftfahrt, Geltung des MuSchG in der – **1**, 17

M

Maschinen, Einrichtung von – **2**, 10; – mit Fußeinrückung **4**, 47

Massenentlassung, Kündigungsverbot bei – **9**, 43

Maximale Arbeitsplatzkonzentration, MAK-Wert **4**, 15 f.

Medikamente bei Schwangerschaft **196 RVO**, 24 ff. und in Abschnitt G der Richtlinie im **Anh. 18**

Mehrarbeit, Ausnahme vom Verbot der – **8**, 53; Begriff – **8**, 20 ff.; – von Frauen unter 18 Jahren **8**, 22; im Familienhaushalt **8**, 23; – in der Landwirtschaft **8**, 23; – bei 5-Tage-Woche **8**, 24; Überschreitung einer der Grenzen **8**, 20; s. auch Arbeitszeit

Mehrarbeitsverbot s. Arbeitszeit, Mehrarbeit

Mehrarbeitszuschläge 11, 42, 52, 76; **200 RVO**, 26

Mehrfache Beschäftigung 1, 2; – und Mutterschaftsgeld **200 RVO**, 74 f.; – und Zuschuß **14**, 62 f.

Mehrlingsgeburten, Begriff der – **6**, 12; Mutterschaftsgeld bei – **200 RVO**, 106 f.; Schutzfrist nach – **6**, 19 ff., 23; Zuschuß bei – **14**, 53

Minderjährige, Bereiterklärung zur Arbeit während der Schutzfrist **3**, 39, 41;

Sachverzeichnis

Zustimmung des gesetzlichen Vertreters zur Arbeit -r 3, 41

Minderleistungsfähigkeit s. Leistungsfähigkeit

Mindestbetrag kein – des Mutterschaftsgeldes 200 RVO, 70

Mindestdauer der Mitgliedschaft, 200 RVO, 19 f.

Mindestmutterschaftsgeld, kein – bei versicherten Frauen 200 RVO, 70

Mindeststillzeiten 7, 6

Mitglieder einer Truppe, Anwendung des MuSchG auf – 1, 28

Mitgliedschaft, Beginn und Ende der – 196 RVO 5

Mithelfende Familienangehörige 1, 14

Mitteilung der Kündigung der Arbeitnehmerin an die Aufsichtsbehörde 9, 123 f.

Mitteilung der Schwangerschaft 5, 1 ff.; Adressat der – 5, 5; 9, 23 f.; – an den Arbeitgeber oder Vertreter 5, 5; 9, 23 ff.; – an Aufsichtsbehörde 5, 10; – an den Betriebsrat 2, 32 ff.; 5, 13; Empfänger der – 5, 5; – durch die Frau oder Dritte 9, 22; Folgen unterlassener – 9, 33 ff., 42; Frist für die – 9, 30 ff.; Fristüberschreitung für – 9, 33 ff.; Inhalt und Form der – 5, 6 ff.; 9, 25 ff.; Kosten bei unrichtiger – 5, 17; unbefugte Bekanntgabe der – 5, 11; Verpflichtung der Arbeitnehmerin zur – 5, 1; – an den Werksarzt 9, 24; Wirkung der – 5, 9; Zeitpunkt für – 5, 7; Zugang der – 5, 5; 9, 14

Mittelbares Arbeitsverhältnis 1, 9

Mißgeburt 6, 13; s. auch Fehlgeburt

Musikaufführungen, Beschäftigung bei 8, 31 f.

MuSchArbV Gesetzestext 2, 38 ff.; Erläuterungen 2, 39 ff.

MuSchG, – Gesetzestext S. 1 ff.; Erläuterungen S. 39 ff.

MuSchV Beamtinnen Anh. 4

MuRiV Gesetzestext Anh. 5

MuSchSoldV Soldatinnen Anh. 4.1

Mutterpaß Anh. 18 in Abschnitt H

Mutterschaftsgeld, Anspruch auf – für versicherte Frauen 3, 33 f.; 6, 31; 9, 79; 13, 1 ff.; 200 RVO, 1 ff.; nachgehender – 200 RVO, 8; Anspruch auf – für nicht versicherte Frauen 13, 8 ff.; Anspruchsberechtigte 13, 14 ff.; 200 RVO, 4 ff.; Anspruchsvoraussetzungen – 13, 21 ff.; 200 RVO, 12 ff.; Antragstellung – 13, 42, 48 f.; 200 RVO, 124 ff.; Arbeitsentgelt und – 200 RVO, 150 ff.; – bei Berechnung des -es 200 RVO, 22 ff.; – für Arbeitslose 200 RVO, 77, 102 f.; Arbeitsverhältnis – 13, 24; – bei aufgelöstem Arbeitsverhältnis 13, 33 ff.; – bei befristetem Arbeitsverhältnis 13, 29; – bei gekündigtem Arbeitsverhältnis 13, 4, 40; 200 RVO, 19; Mindestarbeitsverhältnis – 13, 30; 200 RVO, 19; Aufrechnung gegen – 200 RVO, 130; Aufsicht über Zahlung des -es durch Krankenkassen 20, 5; – im Ausland 195 RVO, 14 ff.; – für Aussiedlerinnen 13, 20; Berechnung des -es 200 RVO, 60 ff.; Berechnungszeitraum 200 RVO, 48 ff.; Dauer und Ende des Anspruchs auf – 200 RVO, 107 ff., 161; – und Erziehungsgeld 13, 46 f.; 200 RVO, 120 ff.; – für EWG-Angehörige 13, 16; 195 RVO, 18 f., 196 RVO, 6; 200 RVO, 47; Fälligkeit des -es 200 RVO, 129; Fehlzeiten bei Berechnung des – 200 RVO, 61 ff.; Freischichten – 200 RVO, 64 f.; Geltendmachung des – 200 RVO, 124 ff.; – bei Heimarbeit 13, 31 f.; 200 RVO, 21; Höhe des -es 13, 43; 200 RVO, 70 f., 105 f.; – höchstpersönlicher Anspruch 13, 13; 200 RVO, 11; – und Krankenversicherung Gesetzestext Anh. 11, 12; – und private Krankenversicherung 13, 50; Krankengeld und – 200 RVO, 76 ff.; – bei mehreren Arbeitsverhältnissen 200 RVO, 74 f.; – in Metallindustrie 200 RVO, 66; Nettoarbeitsentgelt und – 200 RVO, 41 ff.; Pfändung des -es 200 RVO, 130; Rahmenfrist für Anspruch auf –; 200 RVO, 19; – und Leistungen der Rentenversicherung, 200 RVO 146 ff.; Anh. 13; Ruhen des Anspruchs auf – bei Arbeitsentgelt 13, 41; 200 RVO, 151 ff.; ruhendes Arbeitsverhält-

665

Sachverzeichnis

nis und – 13, 28; Spätaussiedlerinnen 13, 20, 26; 14, 20; 16, 2; 200 RVO, 68; Anh. 15; Sperrzeit – 200 RVO, 9; Steuerfreiheit des -es; 200 RVO, 133; Überblick über – 13, 3 ff.; Übertragung des Anspruchs auf – 200 RVO, 131; Verdiensterhöhungen und – 200 RVO, 38 ff.; Verjährung des – 200 RVO, 130; Versicherungsfall für – 200 RVO, 6 – für Vertriebene 13, 26; Vorrang des – vor Erziehungsgeld 200 RVO, 120 ff.; Zahlung des -es 200 RVO, 127 f.; Zeugnis des Arztes oder der Hebamme für den Bezug von – 200 RVO, 114 ff.; Zusammentreffen des – es mit anderen Ansprüchen 200 RVO, 141 ff.; zuständige Kasse für Auszahlung des -es 13, 48; 200 RVO, 125

Mutterschaftsleistungen, Anspruch auf – für versicherte Frauen 15, 1; 195 RVO, 1 ff.; 196 RVO, 1 ff.; kein Anspruch auf – für nicht versicherte Frauen 15, 2; – für Arbeitslose 196 RVO, 4; Arzneimittel u. a. als – 196 RVO, 24 ff.; – und ärztliche Betreuung 196 RVO, 9 ff.; – für ausländische Arbeitnehmerinnen 196 RVO, 6 f.; – bei Auslandsaufenthalt – 195 RVO, 14 ff.; – für Asylbewerber 195 RVO, 36; Begriff – 195 RVO, 3 f.; – bei der Entbindung 196 RVO, 8; 197 RVO, 1 ff.; – Familienversicherung 195 RVO, 23 ff.; – für Grenzgängerinnen 196 RVO, 7; – Haushaltshilfe 199 RVO, 1 ff.; – Häusliche Pflege 198 RVO, 1 ff.; Hebammenhilfe als – 196 RVO, 17 f.; – im Krankenhaus 197 RVO, 1 ff.; Katalog der – 195 RVO, 3 f.; Pflege in einer Anstalt als – 197 RVO, 1 ff.; Rechtsgrundlage der – 195 RVO, 3; Richtlinien für ärztliche Betreuung im Rahmen von – Anh. 18; – während der Schwangerschaft 196 RVO, 8; Voraussetzungen der – 196 RVO, 1 ff.; keine Vorversicherungszeiten für – 196 RVO, 2; s. auch Familienversicherung

Mutterschafts-Richtlinien über ärztliche Behandlung Anh. 18

Mutterschaftsvorsorgeschein Anh. 18 Abschnitt H

Mutterschutz, – Aufgaben Einf. 1 ff.; – Geltungsbereich – 1, 1 ff.; Geschichte – Einf. 5 ff.; Überblick – Einf. 57 ff.

Mutterschutzlohn, Abtretungen des – 11, 84; – Anspruchsberechtigte 11, 6 ff.; – bei Arbeitsausfällen 11, 58 ff.; – bei Arbeitsversäumnis 11, 56 f.; Art des -s 11, 5; bei Aussperrung 11, 23, 80; – wegen Aussetzung mit der Arbeit 11, 10 ff.; Beginn des – 11, 78; Berechnung des -s 11, 74 ff.; Berechnungszeitraum für die Berechnung des -s 11, 61 ff.; – bei Bereitschaftsdienst 11, 42, 52; Ende des – 11, 79 ff.; im Familienhaushalt 11, 9; bei Fehlgeburt kein – 6, 13; 11, 81; Fehlzeiten bei Berechnung des – 11, 56 ff.; Geltendmachung des – 11, 87; – Heimarbeit 11, 6; Höhe des – 11, 28 f.; Kausalität für – 11, 12 f.; – bei Krankheit 11, 17 ff., 80; – bei Kurzarbeit 11, 22, 58 f.; – und Lohnausgleichsverfahren 11, 88 f.; Pfändung des – 11, 84; – bei Sachbezügen 11, 33; – bei Schutzfrist 11, 7, 24; bei Schwangerschaftsabbruch kein – 3, 2; 6, 14; 11, 81; – bei erneuter Schwangerschaft 11, 72; Überblick über – 11, 28 f.; Verdienst als Grundlage der Berechnung des -s 11, 30 ff.; Verdiensterhöhungen bei der Berechnung des -s 11, 50 ff.; Verdienstminderungen 11, 54 ff.; Verfassungsmäßigkeit des – 11, 3; Verjährung des Anspruchs auf – 11, 85; Verzicht auf – 11, 83; Voraussetzungen für den Anspruch auf – 11, 10 ff.; Ursächlichkeit der Beschäftigungsverbote für den – 11, 12 f.; Umsetzungsverweigerung – 11, 27; Zweck des Anspruchs auf – 11, 1 f., 61

Mutterschutzrichtlinie EG Anh. 19

Mütterunterstützung für Nichterwerbstätige Sozialhilfe Anh. 14

N

Nachholarbeiten aus Anlaß von Feiertagen 6, 30; 8, 24

Nachholen der Mitteilung der Schwangerschaft 9, 39

Sachverzeichnis

Nachtarbeit, – in Gaststätte **8**, 26 f.; – von Künstlerinnen 29 ff.; – in der Landwirtschaft **8**, 28; – bei Musikaufführungen **8**, 31 f.; – im Theater **8**, 31 f.; Umsetzung von – in Tagesarbeit **8**, 25, 50 f.; Zuschläge als Arbeitsentgelt **11**, 42

Nachtarbeitsverbot 8, 25 ff.; Ausnahmen vom – **8**, 26 ff.; – für Dritte **8**, 6; Umsetzung bei **8**, 25, 50 f.; Verletzung des – **8**, 56; Wirkung des – auf Arbeitsvertrag **8**, 13 f.; Zulassung von Ausnahmen durch Aufsichtsbehörde – **8**, 53 f.

Nachuntersuchung der schwangeren Frau, – auf Verlangen des Arbeitgebers **3**, 16; Kosten der – **3**, 16

Narkosegase 4, 32

Nässe 4, 37

NATO s. Stationierungsstreitkräfte

Nebenberufliche Beschäftigung 1, 7

Nebenbetrieb 18, 1, s. auch Betrieb

Netto-Arbeitsentgelt 14, 37; **200 RVO**, 41 ff.

Neue Bundesländer, – Überblick **Einf.** 50

Nichtigkeit des Arbeitsvertrages 3 vor **3**; **4**, 7; **8**, 13 f.; **9**, 83 ff.

Nichtigkeit der Kündigung des Arbeitgebers 9, 47

Nicht versicherte Frauen, Kreis der – n **13**, 14 ff.; – als Familienangehörige eines Versicherten **13**, 15; **195 RVO**, 23 ff.; – Freistellung für Untersuchungen **16**, 1 ff.; Mutterschaftsgeld für – **13**, 8 ff.; Mutterschaftsleistungen für – **15**, 2; Zuschuß für – **14**, 10; s. auch Familienversicherung

Nutzungsentschädigung für Dienstwohnung **6**, 28; – als Arbeitsentgelt **11**, 33; – bei Mutterschaftsgeld **200 RVO**, 29

O

Öffentlicher Dienst, – Erhaltung von Rechten im – **10**, 15 f.; Erziehungsgeld im – **1**, 23 ff.; Geltung des MuSchG im – **1**, 6, 8, 16; **3**, 44; **6**, 55; **8**, 21; **10**, 15 ff.; **11**, 47; **20**, 2; **Anh.** 3, 4; s. Beamtinnen, Bundesländer

Offenbarungspflicht der Arbeitnehmerin **5**, 24; **9**, 91

Omnibus, Beschäftigung auf – **4**, 68

Opportunitätsprinzip bei Verfolgung von Ordnungswidrigkeiten **21**, 27

Ordnungswidrigkeiten, Abgrenzung zu Straftaten **21**, 16, 27; Ahndung von – **21**, 24; – von Beauftragten **21**, 7 f.; Bußgeld bei – **21**, 24; Erforschung von – durch Aufsichtsbehörde **20**, 27; – von Gesellschaftern **21**, 2 ff.; – von gesetzlichen Vertretern **21**, 2 ff.; Opportunitätsprinzip bei Verfolgung von – **21**, 27; – von Organen **21**, 2 ff.; Täter und Teilnehmer der – **21**, 1 ff.; Tatbestände der – **21**, 16 f.; Verfahren bei – **21**, 26; – bei Verletzung der Aufsichtspflicht **21**, 12; Voraussetzung für – der arbeitgeberähnlichen Personen **21**, 2 ff.

Organe, strafrechtliche Verantwortung von -n **21**, 2 ff.

Organmitglieder, keine Geltung des MuSchG für – **1**, 14

Ortskrankenkasse s. Allgemeine

Ortspolizeibehörden, Wahrnehmung der Befugnisse – durch Aufsichtsbehörde **20**, 8

P

Personalrat s. Betriebsrat

Pfändung – des Mutterschaftsgeldes **200 RVO**, 130; des Mutterschutzlohns **11**, 84; – des Zuschusses zum Mutterschaftsgeld **14**, 65

Pflege in einer Entbindungs- oder Krankenanstalt **197 RVO**, 1 ff.; Dauer – **197 RVO**, 7; Fahrkosten – zur **197 RVO**, 23; häusliche – **198 RVO**, 1 ff.

Pflegeheime, Beschäftigung in -n **8**, 45

Pflegekinder, Krankenversicherung **195 RVO**, 30

Pflegeversicherung, Beiträge, Leistungen vor **3**, 22

667

Sachverzeichnis

Pflichtverletzung als Kündigungsgrund 9, 62

Postdienst 4, 13, 45; 8, 43

Prämien, Arbeiten im -system 4, 72 ff.; – bei Mutterschutzlohn 11, 38, 47

Prämienlohn als Arbeitsentgelt 11, 37

Praktikantinnen 1, 6; Mutterschaftsleistungen für – 196 RVO, 4

Private Krankenversicherung, Mutterschaftsgeld und – 13, 50

Probearbeitsverhältnis 1, 1, 7; Verbot der Kündigung eines nicht befristeten -ses 9, 105

Provision als Arbeitsentgelt 11, 33; 200 RVO, 35; Berechnung des Mutterschutzlohns bei schwankenden -en 11, 72

Prüfung, Berufsschule in der Schutzfrist 6, 27

Publizisten, Mutterschaftsgeld für – 200 RVO, 80, 96

Pünktlichkeitsprämie 11, 37

Q

Qualitätsprämien, kein Akkordverbot bei – 4, 74

Quantitätsprämien, Akkordverbot bei – 4, 74

R

Radioaktive Stoffe 4, 34 f.; Anh. 10

Rahmenfrist für Mutterschaftsgeld 13, 3; 200 RVO, 19 f.

Rechtsmittel gegen den Bußgeldbescheid 21, 27; gegen Verwaltungsakte 20, 15; 200 RVO, 126

Rechtsverordnungen, Ermächtigung zum Erlaß von – 2, 24 f.

Rechtsweg gegen Aufsichtsbehörden 20, 15 ff.; für Mutterschaftsgeld 13, 48 f.; 14, 68; 200 RVO, 126; für Zuschuß zum Mutterschaftsgeld 14, 67 ff.

Regelentgelt, Berechnung des – 200 RVO, 87 ff.

Rehabilitanden, Mutterschaftsgeld für – 200 RVO, 15, 94; Mutterschaftsleistungen für – 196 RVO, 4

Religiöse Tätigkeit 1, 14

Rentenversicherung, – Gesetzestext für Mütter Anh. 13; 23 vor 3; 200 RVO, 135 ff.

Rentnerinnen, Mutterschaftsleistungen für – 196 RVO, 4; – Mutterschaftsgeld 200 RVO, 15, 76, 93

Rezeptgebühr s. Zuzahlung

Richtlinien über die ärztliche Betreuung Anh. 18; – der EG Anh. 19, 20

Risikoschwangerschaft, Beschäftigungsverbot bei – 3, 4 ff.; ärztliche Behandlung bei – Anh. 18 Abschnitt B

Röntgenstrahlen 4, 34

RöntgenVO Anh. 9

Röteln 4, 54

Rückforderung der Krankenkasse 200 RVO, 131

Rufbereitschaft 8, 18, 34; s. Bereitschaftsdienste

Ruhendes Arbeitsverhältnis, – und Schutzfrist 3 vor 3; 6, 22; – Streik 9, 119; – als Voraussetzung für das Mutterschaftsgeld 13, 28

Ruhepausen, – bei Arbeit im Sitzen 2, 17 f.; gesetzliche – und Arbeitszeit 8, 18; – zum Stillen 7, 4 ff.

RVO, – Gesetzestext S. 13; – Erläuterungen S. 363 ff.

S

Sachaufwendungen der Krankenkasse 195 RVO, 4; 196 RVO, 24 ff.

Sachbezüge als Arbeitsentgelt 11, 33; – beim Mutterschaftsgeld 200 RVO, 29

Schadensersatz s. Haftung

Schiffahrt, MuSchG in der – 1, 17; Mutterschaftsleistungen in der – 196 RVO, 1 ff.

Sachverzeichnis

Schmerzensgeld bei Verletzung des Kündigungsverbots 9, 51; s. auch Haftung des Arbeitgebers

Schmutzzulagen als Arbeitsentgelt 11, 37f.

Schülerin, kein Mutterschutz 1, 14; – Sozialhilfe **Anh.** 14

Schutzfristen, Beschäftigungsverbote während der – 3, 37ff.; 6, 17ff.; Mutterschaftsgeld während der – 3, 43; 6, 31; 13, 21ff.; 200 RVO, 12ff., 76ff.; kein Mutterschutzlohn während der – 11, 6

Schutzfrist vor der Entbindung, Arbeitsentgelt während – 3, 43f.; ärztliches Zeugnis – 3, 7ff., 21ff.; Berechnung der – 3, 34f.; Bereiterklärung der Arbeitnehmerin zur Arbeitsleistung während der – 3, 38ff.; Beschäftigung während der – 3, 36f.; Beschäftigungsverbote während der – 3, 36ff.; Dauer der – 3, 34f.; Mutterschaftsgeld – 13, 21ff.; 200 RVO, 12ff.; Weiterarbeit während – 3, 38ff.

Schutzfrist nach der Entbindung, Arbeitsunfähigkeit nach Ablauf der – 6, 44; Berechnung der – 6, 19, 22; Beschäftigungsverbot während der – 6, 27; – Ausnahme – 6, 32ff.; Dauer der – 6, 19ff.; Ende der – 6, 29f.; – bei Frühgeburten 6, 23f.; – bei Mehrlingsgeburten 6, 23f.; Mutterschaftsgeld 6, 31; 13, 21; 200 RVO, 12ff., 76ff.; Verbot von Vorholarbeit vor Ablauf der – 6, 17ff.; Verlängerung der – 6, 23ff.; Voraussetzung für – 6, 17ff.; – Wiederaufnahme der Arbeit bei Tod des Kindes 6, 32ff.; Wirkung der – 6, 27f.

Schutzgesetz i. S. d. 823 Abs. 2 BGB 2, 38; 3, 49; 4, 91; 5, 14; 7, 19; 8, 56; 9, 51; 16, 7; 18, 10

Schwangerschaft, Befragung nach der – 5, 19ff.; Beginn der – 3, 2; 9, 53; 11, 65; Begriff der – 3, 2; 196 RVO, 8, 13; – Beschwerden 196 RVO, 31; Berechnung der Dauer der – 4, 43; 9, 53; 11, 65; Ende der – 3, 2; 6, 1ff.; 9, 53; erneute – 9, 56, 63; 11, 73; – während der Elternzeit 200 RVO, 122; Feststellung der – **Anh.** 18 in Abschnitt A; Gefährdung der – 3, 3ff.; Irrtum über Bestehen der – 9, 13; –

Krankheit 7 vor 3; 3, 4; 11, 18ff.; 195 RVO, 2; Kündigungsverbot während der – 9, 12, 53; Mitteilung der – durch die Frau 5, 1ff.; 9, 20ff.; Nachweis der – auf Verlangen des Arbeitgebers 5, 6, 15; 3, 4; Schwangerschaftsfrühtest 9, 29; Vermutung der – 5, 6, 15; 9, 15f., 28f.; – Voraussetzung für Anwendung der Beschäftigungsverbote 3, 1; 4, 4; – für Kündigungsverbot 9, 15, 53; s. auch Mutterschaftsleistungen

Schwangerschaftsabbruch 6, 14; 9, 13; 11, 81; 26ff. nach 200 b RVO

Schwangerschaftsgymnastik 196 RVO, 15

Schwere körperliche Arbeiten 4, 12f.

Selbständige, – im MuSchG 1, 14f.; Mutterschaftsgeld für – 200 RVO, 80, 95; Mutterschaftsleistungen für – 196 RVO, 4; kein Mutterschutz für – 1, 14f.

Serologische Untersuchung **Anh.** 18 Abschnitt C

SGB Fristen Anh. 2

SGB III Anh. 16

SGB V Anh. 12

SGB VI Anh. 13

Sinn des MuSchG **Einf.** 1ff.; s. auch Zweck

Sitzen, Beschäftigung im – 2, 17ff.

Sitzgelegenheit bei Arbeit im Stehen 2, 15f.; 4, 43

Sonderkündigungsrecht der Arbeitnehmerin 10, 3f.

Sonderurlaub; – Beamte **Anh.** 3

Sonntagsarbeit, Ausnahmen vom Verbot der – 8, 38ff.; Beschäftigungsverbot – 8, 34ff.; – für Drittunternehmen 8, 6; Ersatzruhezeit für – 8, 38ff.; – für Gaststätten 8, 39, 45; Heimarbeiterinnen – 8, 49; – für Krankenhäuser 8, 45; – für Musikaufführungen 8, 47; – für Rundfunk 8, 48; – für Verkehrswesen 8, 43f.; Mutterschutzlohn wegen – 11, 12, 26; Umsetzung bei – 8, 50ff.; Verbot der – 8, 34ff.; Zuschläge für – als Arbeitsent-

669

Sachverzeichnis

gelt 11, 36f.; kein Arbeitsentgelt 200 RVO, 25

Soziales Jahr 1, 7

Sozialgericht, Klage auf Zahlung des Mutterschaftsgeldes 13, 49; 200 RVO, 126; – des Zuschusses 14, 69f.

Sozialhilfe, – kein MuSchG 1, 14; – für Mütter Anh. 14

Sozialversicherungsbeiträge vor 3, 17; 200 RVO, 133ff.; – Mutterschaftsgeld 200 RVO, 135ff.; s. auch Kranken- und Rentenversicherung

Sozialversicherungsrechtlicher Entgeltbegriff 200 RVO, 22ff.

Spätaussiedlerin 13, 20, 26; 14, 20; 200 RVO, 68; Anh. 15; s. Aussiedlerin

Spinnmaschinen 4, 46

Staatsangehörigkeit, – MuSchG unabhängig von der – 1, 23ff.; – Mutterschaftsleistungen 196 RVO, 6

Stationäre Entbindung 197 RVO, 1ff.; s. Entbindung im Krankenhaus

Stationierungsstreitkräfte, Geltung des MuSchG bei den -n 1, 27ff.; 9, 11; Kündigung bei Beschäftigung bei den -n 9, 11

Staub 4, 31

Stehen, Beschäftigung im – 2, 15f.; Verbot der Beschäftigung im – 4, 43

Stenotypistinnen 2, 18

Steuerfreiheit 11, 84; 13, 51; 14, 72; 200 RVO, 133f.

Steuerklasse, Wahl der – 14, 44ff.; 200 RVO, 43ff.

Stillende Mütter, Anordnungen der Aufsichtsbehörde zugunsten – 7, 15f.; Arbeitsplatzgestaltung für – 2, 27; Beschäftigungsverbote für – 6, 32ff.; Liegemöglichkeiten für – 2, 28; 7, 16; Mitteilungspflicht nach Beendigung des Stillens 6, 52; Stillbescheinigung 6, 51; 7, 3

Stillpausen 7, 6

Stillräume, Anordnung der Aufsichtsbehörde 7, 15f.; Einrichtung von -n 7, 15f.; Einschaltung des Betriebsrats 7, 17

Stillzeit, Anspruch auf – 7, 2; Arbeitsentgelt – 7, 11; – und Arbeitszeit 7, 6; 8, 18; Aufgabe des Betriebsrats bei -en 7, 17; Begriff – 7, 4; Dauer der – 7, 4ff.; Endgrenze für – 7, 8f.; Erlöschen des Anspruchs auf – 7, 2; Gleitzeit und – 7, 5; – bei Heimarbeit 7, 14; Lage der – 7, 10; Regelung der – durch Aufsichtsbehörde 7, 15; Stillbescheinigung 7, 3; – auf Verlangen 7, 3; zeitliche Grenze für – 7, 4ff.; Zweck der – 7, 1

Stoffe, gesundheitsgefährdende, – 2, 54ff., 92ff.; – 4, 19ff.

Strahlen 4, 34f.

StrahlenschutzVO Anh. 10

Strafgefangene, keine Geltung des MuSchG für – 1, 14

Straftaten, Abgrenzung zu Ordnungswidrigkeiten 21, 14f.; Legalitätsprinzip bei Verfolgung von – 21, 26; Verfahren bei Verfolgung von – 21, 20

Streitkräfte, s. Stationierungsstreitkräfte

Streik, Kündigungsschutz bei – 9, 117; Mutterschaftsgeld bei – 9, 117; 13, 14ff., 34; 200 RVO, 12ff.; – und Mutterschaftsleistungen 196 RVO, 1ff.; kein Mutterschutzlohn bei 11, 23; kein Zuschuß bei – 14, 28, 31ff.; s. auch Aussperrung

Studentinnen kein Mutterschutz für – 1, 14; Entbindungsgeld 200 b RVO, 5; Mutterschaftsleistungen für – 196 RVO, 4; – als Werkstudenten 13, 15

T

Tage- und Übernachtungsgelder kein Arbeitsentgelt 11, 40

Täuschung s. arglistige

Telearbeit 1, 11

Teilnehmer, strafrechtliche – 21, 11

Teilzeitbeschäftigung 1, 7; – und Mutterschaftsgeld 13, 15

Sachverzeichnis

Territorialitätsprinzip 1, 17; **195 RVO,** 14 ff.

Theater, Beschäftigung beim – **8,** 29 ff., 39, 47; **9,** 100

Tod, Ende des Mutterschaftsgeldes bei – der Frau **200 RVO,** 119, 161; Ende des Zuschusses bei – der Frau **14,** 54

Tod des Kindes, kein Ende des Kündigungsschutzes bei – **9,** 13; – Mutterschaftsgeld bei – **200 RVO,** 119; Schutzfrist bei – **6,** 32 ff.

Totgeburt 6, 7, 9, **14**

Trennungsentschädigung kein Arbeitsentgelt **11,** 40

Treuepflicht der Arbeitnehmerin, – bei Arbeitsplatzgestaltung **2,** 16; – bei Inanspruchnahme der Stillzeiten **7,** 5; – bei Kündigung **10,** 6; – zur Mitteilung der Schwangerschaft **5,** 2; – zur Nachuntersuchung **3,** 9; – während Schutzfrist **6,** 23; – zur Vorlage einer Stillbescheinigung **6,** 51 f.; **7,** 3; – zur Vorlage eines Zeugnisses **5,** 15; **9,** 29

Treueprämien kein Arbeitsenggelt **11,** 46

Trinkgeld kein Arbeitsentgelt **11,** 35

Truppenstatut, NATO – **1,** 27 ff.; s. Stationierungsstreitkräfte

U

Überblick Mutterschutz **Einf.** 57 ff.; – Mutterschaftsgeld **13,** 3 ff.

Übergangsgeld und Mutterschaftsgeld **200 RVO,** 145 f.

Übersiedlerin s. Aussiedlerin

Überstunden, Zuschläge für – und Arbeitsentgelt **11,** 42, 52, 76; **200 RVO,** 25

Umsetzung, – auf einen anderen Arbeitsplatz **2,** 75, 86; **5** f. vor **3; 3,** 27 f.; **4,** 90; **8,** 50 f.; Ablehnung der – **7** vor **3; 11,** 13, 27; Gewerbeaufsicht bei – **9** vor **3;** – in Tagschicht **8,** 25, 50 f.; Verweigerung der – **7** vor **3; 11,** 10, 27; – auf Arbeit an Werktagen **8,** 34, 50 f.

Umschulungsverhältnis, Anwendung des MuSchG auf – **1,** 6

Unfallgefahren, als Beschäftigungsverbot **4,** 71

Unfalluntersuchungen, Hinzuziehung des Betriebsrats – **20,** 14

Untätigkeitsklage 20, 15

Unterrichtung des Arbeitgebers während der Elternzeit – über Schwangerschaft **5,** 1 ff.

Untersuchungen vor Einstellung während und nach Schwangerschaft, Kosten für – **5,** 17 f.

Unterstützungen kein Arbeitsentgelt **11,** 45

Urlaub, Anspruch auf Erholungs- **14** ff. vor **3; 6,** 28

Urlaubsabgeltung kein Arbeitsentgelt **11,** 43; – beim Mutterschaftsgeld **200 RVO,** 34

Urlaubsentgelt als Arbeitsentgelt **11,** 43

Urlaubsgeld kein Arbeitsentgelt **11,** 43; einmalig gezahltes – **200 RVO,** 34, 155

V

Verantwortung, strafrechtliche – **21,** 1 f.

Verbandmittel s. Arzneimittel

Verbotene Arbeit, – Auswirkungen auf Mutterschaftsgeld **3,** 18, 23; **22;** – auf Mutterschutzlohn **11,** 67

Verdienst, Akkord- und Prämienlohn **11,** 32; Bedienungsgeld **11,** 35; Begriff **11,** 30; **200 RVO,** 22; Beihilfen **11,** 45; Berechnungszeitraum für Durchschnitts- **11,** 61 ff.; **14,** 37 ff.; **200 RVO,** 48 ff.; Berechnungszeitraum bei schwankendem **11,** 75; **200 RVO,** 58; Dreizehntes Monatsgehalt **11,** 45; einmalige Zuwendungen **11,** 45 ff.; **200 RVO,** 33 ff.; gleichbleibender – **11,** 74; Gratifikationen **11,** 46 ff.; Heiratsbeihilfen – **11,** 46; Jubiläumsgeschenke **11,** 46; Krankengeld **11,** 44; Kurzarbeitergeld **11,** 44, 58; – für Mutterschaftsgeld **200 RVO,** 22 ff.; – für Zuschuß zum – **14,** 38 ff.; für Mutterschutzlohn **11,** 30 ff.; Provision **11,** 34; Sachbezüge **11,** 33; Schlechtwettergeld

Sachverzeichnis

11, 44; 45; Tantiemen 11, 46; Treueprämien 11, 46; Überstundenzuschläge 11, 41; 200 RVO, 25; unterschiedlich hoher – 11, 71, 75; Unterstützungen 11, 44; Urlaubsentgelt 11, 43; – Ausfälle wegen Nichtbeschäftigung an Sonn- und Feiertagen 11, 26; bei Verdiensterhöhungen 11, 49 ff.; Vermögenswirksame Leistungen 12 f. vor 3; 11, 47; 200 RVO, 27; Wegezeitentschädigung 11, 40; Zeiten ohne – 11, 54 f.; Zulagen 11, 36; Zuschläge für Nacht-, Sonn- und Feiertagsarbeit 11, 42 f.; s. auch Arbeitsentgelt, Durchschnittsverdienst

Verdienstausfall bei verschuldeter Arbeitsversäumnis 11, 56 f.; 200 RVO, 51 ff.; bei einer unbezahlten Betriebsversammlung 11, 55; – durch Elternzeit 11, 55; bei einem Streik – 11, 55; 14, 31; 200 RVO, 12 f.; – für weniger als einen Tag 11, 55; 200 RVO, 51

Verdiensterhöhung bei Berechnung des Mutterschaftsgeldes 200 RVO, 38 f.; bei Berechnung des Mutterschutzlohnes 11, 49 ff.

Verdienstminderung bei Berechnung des Mutterschaftsgeldes 200 RVO, 40; bei Berechnung des Mutterschutzlohnes 11, 54 ff.

Verfassungswidrig; Kündigung – 9, 32, 57; MuSchG – Selbständige 1, 15; Mitteilungsfrist – 9, 31 f.; Mutterschutzlohn nicht – 11, 13 f.; Zuschuß zum Mutterschaftsgeld nicht – 14, 5 ff.

Verfehlungen der Arbeitnehmerin, keine Kündigung bei – 9, 43; Zulässigkeitserklärung der Kündigung bei 9, 62 f.

Verfügungen der Aufsichtsbehörde s. Aufsichtsbehörde

Vergleichsverfahren, Kündigung im – 9, 43, 60; Zuschuß in – 14, 22 f.

Verjährung des Anspruchs auf Mutterschaftsgeld 13, 41; 200 RVO, 130; des Anspruchs auf Mutterschutzlohn 11, 86; des Anspruchs auf Zuschuß 14, 65, 69

Verkehrswesen, Sonn- und Feiertagsarbeit im – 8, 43 f.

Verkürzung der Arbeitszeit s. Arbeitszeit

Verlängerung der Schutzfrist bei Frühgeburten 6, 23 ff.

Verleiher 1, 10

Verletzung der Beschäftigungsverbote, Folgen bei – 2, 37 f.; 3, 49 f.; 4, 91; 5, 10; 6, 58; 7, 18 f.; 8, 56; 21, 1 ff.; s. auch Ordnungswidrigkeiten, Straftaten

Verminderte Leistungsfähigkeit im Zusammenhang mit der Entbindung s. Leistungsfähigkeit

Vermögenswirksame Leistungen bei Beschäftigungsverboten 12 f. vor 3; – beim Arbeitgeberzuschuß 14, 40, 78; – bei Mutterschaftsgeld 200 RVO, 27; – bei Mutterschutzlohn 11, 47

Vermutung der Schwangerschaft 5, 6, 15; – und Kündigungsverbot 9, 15 f., 28 f.

Verpflichtungsklage 20, 15

Versäumen der Zweiwochenfrist bei Kündigung 9, 30 ff.

Verschulden, Begriff des -s bei Arbeitsversäumnis 11, 57 f.; 200 RVO, 55

Versicherte, Begriff 196 RVO, 1, 3; Beginn und Ende der Mitgliedschaft – 196 RVO, 5; Umfang der Leistungen für – 195 RVO, 1 f.; s. auch Mutterschaftsgeld, Mutterschaftleistungen

Versicherungsfall bei Schwangerschaft 195 RVO, 1; 196 RVO, 8; 197 RVO, 1; 198 RVO, 3; 200 RVO, 6

Versicherungspflicht bei Mutterschaftsgeld Gesetzestext Anh. 12; 19 f. vor 3; 200 RVO, 134 ff.; – von 12 Wochen als Voraussetzung für Mutterschaftsgeld; 200 RVO, 19 ff.

Verspätete Geltendmachung, – des Kündigungsschutzes 9, 30 ff.

Versicherungsverhältnis bei Mutterschaftsgeld 13, 18; 200 RVO, 12 ff.; – bei Mutterschaftsleistungen 195 RVO, 1 ff.; 196 RVO, 1 f.; s. auch Kranken- und Rentenversicherung

Verstöße s. Verletzung

Verstöße MuSchArbV, 74, 89, 103, 105 ff.

Vertragswidriges Verhalten des Arbeitgebers, Kündigung wegen – 13, 35; Scha-

Sachverzeichnis

densersatzansprüche wegen – 2, 36 f.; 3, 36; 4, 63; 6, 40; 7, 18 f.; 8, 56; 16, 4; – der Arbeitnehmerin 9, 62 f.; s. auch Haftung

Vertreter des Arbeitgebers 5, 5; 9, 18; 21, 2 f.

Vertriebene 13, 26

Verwaltung, Geltung des MuSchG in – en 1, 17; Pflicht zur Auslage des MuSchG 18, 3; Revision der -en 20, 2, 7

Verwaltungsakte 4, 79 ff., 84 ff.; 7, 15 f.; 9, 71, 75; fehlerhafte – 20, 15; Rechtsmittel gegen – 20, 15; 200 RVO, 126

Verwaltungsrechtsweg 20, 15; 200 RVO, 126

Verwaltungsvorschriften 20, 2; – 196 RVO, 12

Verwaltungszwang 20, 11

Verweigerung der Arbeit 11, 27; s. Leistungsverweigerung

Verwirkung des Kündigungsschutzes 9, 46

Verzicht, kein – auf Einhaltung der Beschäftigungsverbote 4, 4; 8, 9; – auf den Kündigungsschutz 9, 45; – auf Mutterschutzlohn 11, 83; – auf Zahlung des Arbeitsentgelts für Stillzeiten 7, 13; – auf Zuschuß 14, 66

Verzug des Arbeitgebers bei Beschäftigungsverboten 4 vor 3; der Arbeitnehmerin 7 vor 3; 3, 16

Volontärinnen 1, 6

Vorholarbeiten vor Ablauf der Schutzfrist 6, 30; 8, 24

Vorlagepflicht des Arbeitgebers von Lohnlisten u. a. an Aufsichtsbehörde 19, 4; an Betriebsrat 19, 7

Vorrang von Arbeitsentgelt vor Mutterschaftsgeld 200 RVO, 150 ff.; – von Mutterschaftsgeld vor Erziehungsgeld 200 RVO, 120 f.

Vorsorgeuntersuchungen 196 RVO, 9 ff.; s. Mutterschaftsleistungen

Vorsorgliche Mitteilung s. Mitteilung

Vorversicherungszeit für Mutterschaftsgeld 200 RVO, 19 ff.

W

Wahl der Steuerklasse 14, 44 ff.; 200 RVO, 43 ff.

Wanderarbeitnehmer 1, 20; 200 RVO, 46 f.

Webstühle 4, 46

Wechsel des Betriebsinhabers 9, 19; 14, 55

Wechsel der Entlohnungsart, Mutterschutzlohn bei – 11, 10 ff.

Wegegeld als Arbeitsentgelt 11, 41

Wegezeitentschädigung als Arbeitsentgelt 11, 40

Weg zur und von der Arbeitsstätte, Beschäftigungsverbot 3, 6

Weihnachtsgeld, kein Abzug beim – 11 vor 3; – kein Arbeitentgelt 11, 45 f.

Weihnachtsgratifikation 11 vor 3; kein Arbeitsentgelt 11, 45 f.; s. auch Gratifikation

Weiterarbeit während der Schutzfrist vor der Entbindung 3, 38 ff.; – nach Entbindung 6, 32 ff.; Widerruf der Erklärung zur – 3, 42; 6, 38 ff.

Weiterbeschäftigung bei Befristung 9, 94, 110; – nach Streik 9, 117

Werksarzt 2, 14; Nachuntersuchung durch – 3, 16; 5, 15 f.; Zeugnis über Gefährdung von Mutter oder Kind durch – 3, 7 ff.

Werksfürsorgerin 2, 14; 5, 15 f.

Werkstätten für Behinderte 1, 6

Werkstudenten 13, 15, s. Studenten

Widerspruch gegen Verwaltungsakt 20, 15

Wiederaufnahme der Arbeit bei Tod des Kindes 6, 32 ff.

Wochenarbeitszeit 8, 20 ff.; s. auch Arbeitszeit

Wochenhilfe s. Mutterschaftsleistungen

Wohnort, Begriff 13, 25 ff.

Wohnsitz und Familienversicherung 195 RVO, 34

Wohnung während der Schutzfrist 6, 19

Wohnungsgeld als Arbeitsentgelt 11, 33

Sachverzeichnis

Z

Zehrgelder kein Arbeitsentgelt 11, 38

Zeugnis, ärztliches – bei Arbeitsunfähigkeit 3, 7 ff., 13; Bedeutung des -ses 3, 10 ff., 21 f., 23 ff.; – Beweiswert 3, 12; Zweifel an Richtigkeit – 3, 14, 16; 5, 17 f.; 6, 16 f.; 9, 27, 29; 200 RVO, 114 ff.; erneutes – 3, 13; Form des – 3, 9; Zeugnisänderung 3, 13; Zeitnahes – 3, 33; Frist für Vorlage des – ses 3, 20; 9, 29; – über Frühgeburt 6, 10; – über Gefährdung von Mutter oder Kind 3, 7 ff.; – Wiederaufnahme der Arbeit 6, 32; Irrtum des Arztes im – 3, 34; 5, 16; 11, 79; 200 RVO, 114; Kosten des -ses 3, 16 ff.; 5, 17 f.; – für Mutterschaftsgeld 200 RVO, 114 ff.; – über Schwangerschaft und Entbindung 3, 19, 21; 200 RVO, 114 ff.; unrichtiges – 3, 9, 21; – auf Verlangen des Arbeitgebers 3, 9 f.; zeitnahes – 3, 33

Zeugnis der Hebamme s. Hebamme

Zugang einer Kündigung 9, 14

Zulagen als Arbeitsentgelt 11, 36 f.; 200 RVO, 36

Zulässig aufgelöstes Arbeitsverhältnis s. Auflösung

Zulässigerklärung der Kündigung durch Landesbehörde 9, 71 ff.; Anfechtbarkeit der – 9, 75; 20, 15

Zumutbarkeit bei Umsetzung 2, 75; 5 f. vor 3; 3, 27 f.; 8, 50

Zurückhalten s. Leistungsverweigerung

Zusammentreffen mehrerer Beschäftigungsverbote 11, 11 f.; – des Anspruchs auf Mutterschaftsgeld mit anderen Ansprüchen 200 RVO, 141 ff.

Zuschuß zum Mutterschaftsgeld vom arbeitsrechtlichen Entgelt 14, 38 ff.; Anspruchsberechtigte 14, 10 f.; Anspruchsverpflichtete 14, 13 f.; Art des – 14, 8 f.; – bei Auflösung des Arbeitsverhältnisses 14, 13 f., 20 ff.; Berechnung des – 14, 37 ff.

Zuständige Behörde s. Behörde

Zuwendungen, Behandlung von – beim Mutterschaftsgeld 200 RVO, 36 f.; – beim Mutterschutz 11 ff. vor 3; 6, 28

Zuwiderhandlung s. Ordnungswidrigkeiten, Straftaten

Zuzahlung, keine – für Arznei-, Verband-, Heil- und Hilfsmittel 196 RVO, 30 f.

Zwangsmittel der Aufsichtsbehörde 20, 10

Zweiwochenfrist nach Kündigung 9, 30 ff.